complete book of Yukim

CD로 완성하는 육임대전

CD로 완성하는 육임대전

complete book of yukim

이을로

—이을로—

동학사

천지 기운의 피리를 부는 이를 위하여

　밝게 빛나는 전구를 보면서 전기의 존재를 아는 이는, 나뭇잎 하나의 움직임을 바라보면서 천지 기운의 움직임을 알아차린다. 울타리의 공간과 줄서기의 시간, 즉 울줄 속에서 순환과 어그러짐이 하염없이 이어져 사시사철 바람을 만들고 파도를 만든다. 그러나 우리는 울줄 속에 직접 들어설 수 없고, 단지 울줄이 만들어내는 흔들림들을 바라봄으로써 앎에 도달할 수 있다고 생각할 뿐이다.

　어떤 이는 바라봄을 넘어서서 북을 두드려 양기를 세우고, 장구채를 휘둘러 음기를 희롱하며, 징으로 땅을 울리고 꽹과리로 하늘을 열어 음양과 천지의 기운을 직접 맛보려고 한다. 또한, 어떤 이는 천지 기운을 자기 몸에 담아 피리의 몸통을 통해 내보냄으로써 맛깔스런 소리를 보여 주기도 한다.

　그러므로 피리를 부는 이는 천지 기운의 번역가이다. 온전하게 번역하려면 몸통의 구멍을 대충대충 뚫어서는 안 된다. 천지 이치에 맞는 방법으로 피리를 만들어야 자연을 담아 소리를 만들어낼 수 있는 것이다. 천지 이치에 맞는 방법을 찾는 것. 이를 동양에서는 상수철학(象數哲學)이라고 하는데, 바라봄의 측상(測象)과 밝힘에 수리를 이용하는 추수(推數)가 그것이다. 그리고 추수의 결과를 표시한 것을 식(式)이라고 한다. 이 중 기본이 되는 것이 기을임삼식(奇乙壬三式)이다. 삼식인 기문둔갑과 태을수 · 육임 중에서, 우리는 이제부터 육임(六壬)이라는 방식으로 만들어진 피리를 불고자 한다.

　제 아무리 엄격한 규칙으로 정교하게 구멍을 낸 피리라고 해도 연주자의 손놀림이 서툴면 조화로운 소리를 낼 수 없는 법이다. 제대로 익힌 이들만이 천지 기운의 소리를 제대로 전할 수 있다. 이 책은 육임이라는 피리를 익힐 수 있는 악보로 준비하였다. 부족하지만 천지 기운을 전하는 좋은 소리를 만드는 데 도움이 되었으면 하는 바람이다.

乙酉年 秋分 丁巳7局
斗崗院에서 이 을 로 拜

『육임대전』을 제대로 알기 위하여

1 서술 원칙

하지론과 풍부한 사례를 통해 실제 임상의 분위기를 익히도록 하였고, 720국 각 조식에 천반도와 지반도 그리고 필법의 특징을 함께 실었다. 또한 필법부 전체 해설을 통해 과전의 감각을 익히도록 하였다.

2 전체 구성

본문은 임상론 · 기초론 · 조식론 · 정단론 · 하지론 · 신살론 등 모두 6부로 구성되었으며, 부록에는 정단시 유용한 일출 · 일몰 자연시 일람, 720국 조식 일람, 필법부 100법 해설을 실었다.

3 자연시각

육임을 비롯해 역학 등에서는 시계시가 아닌 자연시를 사용한다. 특히, 육임은 일출 · 일몰시각과 문점시에 따라 과전이 완전히 달라지므로 이 부분이 매우 중요하다. 부록의 지역별 · 날짜별 자연시를 참조해야 정확한 조식을 할 수 있다.

4 색인 활용

육임에는 많은 과전 특징과 신살들이 있다. 이를 효과적으로 이용할 수 있도록 가나다 순서로 정리하여 설명하고, 해당 항목을 쉽게 찾을 수 있도록 가나다 순서로 색인도 만들어놓았다.

5 학습 방법

육임 운용시 색인 형태의 단문으로 되어 있는 해석을 보고 판단하는 것은 위험한 방법이며 판단 결과의 근본적인 이유를 알아야 한다. 그러려면 육임 과전을 전체적으로 파악하는 시각을 가져야 한다. 먼저 이 책의 전체 구조를 살펴보고 육임의 대강을 안 후에 각 부분을 깊이 있게 학습하길 권한다.

6 필법사항

필법부는 육임의 복잡한 구조를 명쾌하게 이해할 수 있는 고서로 필법부 전체의 해설을 실었다. 임상론 · 기초론 · 조식론을 읽고 나서 정단론에 들어가기 전에 읽어보면 과전을 제대로 이해할 수 있을 것이다.

이 책의 내용에 대한 의문사항은 두강원 홈페이지 www.uleenet.com 의 질문게시판을 이용하기 바란다.

차례

❋ 천지 기운의 피리를 부는 이를 위하여   4

❋ 『육임대전』을 제대로 알기 위하여   6

1부 • 임상론

- 정단 사례 1 : 직장은 언제 구할까요   22
- 정단 사례 2 : 바람이 났군요   27
- 정단 사례 3 : 이혼해야 할까요   31
- 정단 사례 4 : 창업하면 잘 될까요   34
- 정단 사례 5 : 죽을 수 있다고 합니다   36
- 정단 사례 6 : 선거에 출마할까요   39
- 정단 사례 7 : 개업하려고 합니다   43
- 정단 사례 8 : 태풍 피해가 있을까   46

2부 • 기초론

1장_ 육임의 기초
1 육임의 유래   50
2 육임의 정의   51
3 육임의 의미   53
4 육임의 흐름   53

2장_ 음양오행
1 음양   56
2 오행   58
3 천간지지   62
4 육십갑자와 사주   66

3장_ 생극과 육친

1 오행생극   77

2 육친   81

4장_ 합과 형충파해

1 천간합   87

2 지지합   89

3 천간충   96

4 지지충   96

5 형   98

6 파   100

7 해   101

5장_ 왕상휴수사와 운성

1 왕상휴수사   103

2 십이운성   108

3부 • 조식론

1장_ 월장가시

1 시간 선택   114

2 월장가시   120

2장_ 천장부설

1 천장의 개념   126

2 천장부설 방법   127

3 천을귀인의 원리   129

3장_ 사과 조식

1 일간의 기궁　　　　　　　　131
2 사과 조식 방법　　　　　　131

4장_ 둔간과 공망의 부설

1 둔간과 공망의 의의　　　　134
2 둔간과 공망의 표시 방법　134
3 둔간의 효용　　　　　　　135

5장_ 태세·연명·행년의 부설

1 태세와 연명　　　　　　　136
2 행년　　　　　　　　　　136

6장_ 삼전의 발용

1 원수과　　　　　　　　　140
2 중심과　　　　　　　　　142
3 지일과　　　　　　　　　142
4 섭해과　　　　　　　　　144
5 요극과　　　　　　　　　147
6 묘성과　　　　　　　　　148
7 별책과　　　　　　　　　150
8 팔전과　　　　　　　　　152
9 복음과　　　　　　　　　153
10 반음과　　　　　　　　　155

4부 • 정단론

1장_ 정단팔문

■ 정단팔문의 의의와 종류　　　160
■ 정단팔문을 이용한 해단　　　162

2장_ 천지반

■ 내전과 외전　　　163
■ 초전의 천지반　　　165
■ 협극　　　165

3장_ 일진 정단

■ 일진의 의의　　　168
■ 일진과 주객동정　　　168
■ 일진의 생극관계　　　171
■ 일진과 상신의 교차관계　　　174

4장_ 사과 정단

■ 과전은 체용　　　177
■ 사과의 의의　　　178
■ 사과 정단　　　178

5장_ 삼전 정단

■ 삼전의 의의　　　180
■ 삼전의 해석　　　183
■ 초전의 해석　　　186
■ 과전의 구조와 해석　　　190

6장_ 십과식 정단

1 원수과   241

2 중심과   245

3 지일과   252

4 섭해과   257

5 요극과   263

6 묘성과   268

7 별책과   272

8 팔전과   275

9 복음과   279

10 반음과   284

7장_ 천장 정단

1 천장의 기초 이론   289

2 천장별 정단   295

8장_ 둔간과 천신 정단

1 둔간 정단   364

2 천신 정단   372

9장_ 점시와 연명 정단

1 점시   379

2 연명   382

10장_ 유신론

1 사신과 유신   387

2 천장삼전법   389

3 인물 유신   390

5부 • 하지론

1장_ 지두법

1 지지의 삼분류   396

2 지두법   398

2장_ 소망

• 정단 사례 _ 외국연수를 갈 수 있나요   403

1 소망점의 의미   405

2 사과와 일진으로 본 소망점   406

3 삼전으로 본 소망점   408

4 유신과 천장으로 보는 소망점   410

5 소망점에 참고할 사항   410

3장_ 승부 · 선거 · 시험

• 정단 사례 1 _ 국회의원 선거에서 공천
받을 수 있는가   412

• 정단 사례 2 _ 시험에 합격할 수 있는가   414

1 승부 정단   416

2 선거 정단   419

3 시험 정단   421

4 승부점과 관련 있는 격국   424

4장_ 시세

1 시세 정단의 원칙   425

2 시세 정단에 참고할 사항   426

3 시세 정단의 예   428

5장_ 결혼

• 정단 사례 _ 재혼하려고 합니다   430
   1 결혼 정단 방법   433
   2 결혼 상대의 성정과 외모   435
   3 결혼 성립 판단   436
   4 결혼 정단에서 참고할 사항   442
   5 결혼의 응기와 택일   442

6장_ 부부·가정·가택

• 정단 사례 _ 바람난 부인이 돌아올까   443
   1 부부 정단   446
   2 가정 정단   450
   3 육친 정단   457
   4 가택 정단   458

7장_ 임신·출산

• 정단 사례 _ 임신입니다   463
   1 임신·출산의 유신   465
   2 임신 판단   465
   3 임신·출산시 남녀 성별 판단   468
   4 출산시 난산 여부 판단   471
   5 임신·출산의 응기   473
   6 필법부의 출산 관련 항목   474

8장_ 질병

• 정단 사례 _ 치료가 될까요   475
   1 질병 정단의 기본   478
   2 질병의 상태 판단   481

③ 질병 치료 487

④ 사망 정단 488

⑤ 질병 정단에서 참고할 사항 491

9장_ 산소

• 정단 사례 _ 이장해야 하나요 492

❶ 산소 정단의 기본 493

❷ 산소의 길흉 판단 493

❸ 산소를 쓰는 법 495

10장_ 방문

❶ 방문 정단의 기본 497

❷ 일진의 생극관계와 방문 정단 498

❸ 천을귀인과 방문 정단 499

❹ 삼전과 방문 정단 501

❺ 지두법과 방문 정단 502

11장_ 직장

• 정단 사례 _ 직장을 옮겨도 될까요 503

❶ 적성 판단 504

❷ 구직 정단 508

❸ 공직점 510

❹ 직장 정단의 길흉 510

❺ 응기 513

12장_ 재물

• 정단 사례 _ 주식투자로 빚을 많이 졌는데

해결될까요 514

1 재물 정단의 기본 517

2 육친과 재물 정단 520

3 과식의 형태와 재물 정단 524

4 재물의 응기와 택방 · 택시 525

13장_ 구인

• 정단 사례 _ 여종업원을 고용해야 할까요 527

1 구인의 유신 528

2 고용하면 좋은 경우 528

3 고용하면 흉한 경우 529

4 고용인이 도주한 경우의 판단 531

14장_ 여행

1 여행의 유신과 정단의 기본 532

2 여행에 길한 경우 534

3 여행에 흉한 경우 536

4 여행 수단 537

5 여행의 득실 539

6 응기와 택방 540

15장_ 대인

• 정단 사례 _ 남편이 돌아올까요 541

1 나간 사람의 상태와 사망 정단 543

2 소식 정단 543

3 초대에 따른 대인 정단 544

4 일반적인 대인 정단 545

5 대인 정단의 택방 551

6 대인 정단의 응기 553

16장_ 도난·분실

- 정단 사례 _ 분실물을 찾을 수 있을까   555
  - 1 분실·도둑 정단의 기본   557
  - 2 분실물의 방향·장소·회수   559
  - 3 도난 판단   560
  - 4 범인 판단   560
  - 5 범인의 체포   562
  - 6 범인의 체포 응기   564

17장_ 소송

- 정단 사례 _ 조카가 풀려날까요   565
  - 1 소송의 유신과 정단의 기본   567
  - 2 소송의 승패   569
  - 3 형량의 경중   569
  - 4 소송 정단에서 참고할 사항   570

18장_ 날씨

- 정단 사례 _ 비가 언제 갤까   572
  - 1 날씨 판단의 기본과 유신   573
  - 2 날씨와 간상신의 생극관계   573
  - 3 날씨와 삼전   575
  - 4 날씨와 지두법   576
  - 5 날씨와 십과식   576
  - 6 날씨와 천장   577
  - 7 날씨와 천신   579
  - 8 날씨의 응기   580

19장_ 응기 · 택방

1 응기의 기본   583

2 辰 · 戌 · 丑 · 未로 본 응기   585

3 응기의 원근   586

4 수리 응기   587

5 장소와 방위 선택   588

6 공망의 응기와 택방   590

6부 • 신살론

1장_ 공망

1 공망의 의의   592

2 공망의 일반적 영향   592

3 공망의 종류별 영향   593

4 육친 공망   595

5 천장의 공망   597

6 공망으로 보지 않는 경우   597

2장_ 십이신살

1 십이신살의 정의   599

2 십이신살의 종류와 영향   599

3장_ 십이운성

1 십이운성의 구조   602

2 십이운성의 해석   603

4장_ 신살 일람   606

5장_ 신살표
     1 연지 기준   649
     2 월지 기준   650
     3 일지 기준   657
     4 일간 기준   657

부록·1_일출·일몰 자연시 일람
     1 일러두기   660
     2 지역별 자연시 차이   660
     3 날짜별 자연시 일람   663

부록·2_ 필법부 100법 해설
     1 필법부 소개   678
     2 필법부의 격이름 색인   679
     3 필법부 전체 해설   685

부록·3_720국 조식 일람
     1 일러두기   905
     2 720국 조식과 특징   906

✱ 프로그램 설명   1266

1

臨床論

임상론

육임을 본격적으로 공부하기 전에 몇 가지 점단 사례를 통해 육임의 감각을 익히는 것을 목적으로 한다. 사례를 본격적으로 분석하기보다는 육임 점단이 어떻게 이루어지는지 살펴본다. 또한, 각종 사례를 통하여 대강의 육임 점단 방법을 익히고 학습 방향을 정하는 데 도움이 되었으면 하는 바람이다.

1 정단 사례

직장은 언제 구할까요

臨床論

무슨 도사 흉내를 내는 것도 아니고 강태공 흉내를 내는 것도 아닌데, 점을 치며 사람을 기다리는 마음을 이해할지 모르겠다. 배운 것을 확인해보고 싶은 욕심 때문이다. 역학을 공부하다 보면 이상한 말들이 많다. 명리를 배울 때 '화개중중 고독지신'이라는 말을 보고 화개(華蓋)가 팔자에 쫙 깔려 있는 중년분을 상담하길 학수고대한 적이 있다. 육임을 공부하면서는 초전이 卯·酉·未·亥이고 태음이 타는 혼인점을 쳐보고 싶어 안달한 적도 있다. 이런 결혼점이면 반드시 재가를 하거나 여자가 처녀가 아니라는 것을 확인해보고 싶어서다. 하긴 처녀가 아닌 것은 확인해볼 수도 없겠지만, 이게 진짜인지 궁금하여 사람을 기다리게 된다. 이 때가 단법에 미치는 시기이므로 경계해야 하지만, 이러한 시기가 없으면 실력도 늘지 않으니 난감한 노릇이다.

이런 시기가 지나고 각종 단법들이 서로 얽혀서 무엇을 위주로 판단해야 할지 결정을 못 하고 헤매는 시기가 오는데, 이 시기가 어느 정도 지난 뒤에야 무엇인가 조금씩 보이기 시작한다. 이어서 임상의 칼을 내두르는 시기에 도달하면 신명이 나지만, 좀 지나면 상담이 아주 지겨울 때가 가끔씩 찾아온다. 2004년 어린이날 다음날이 바로 그런 날이었다.

주섬주섬 상담실을 정리하는 늦은 시간에 허여멀쑥한 40대 남자가 방문하였다. 남자가 봐도 칭찬을 아끼지 않을 미남형으로 적당한 체격에 키가 훤칠한 귀공자처럼 생기신 분이다. 정중히 인사를 한 후 자리에 앉자마자 생년월일을 불러주며 팔자 분석을 좀 해달라고 청하였다.

```
時 日 月 年 乾命
乙 癸 丁 乙
卯 巳 亥 巳
```

팔자를 쓰윽 보니 전형적인 재다신약(財多身弱) 사주이다. 일간이 기운을 받을 곳은 월령 亥水인데 亥水의 형편이 가관이다. 양쪽에서 巳亥충이 되고, 머리 위에는 丁火의 불기운이 있다. 이런 상황이면 자신의 몸을 보전하기에 급급하여 일간을 응원해줄 수 없다. 이런 가운데 바짝 붙어 있는 시주에서 일간의 물기를 쭉쭉 빨아들이고 있으니 어디 기댈 곳이 없는 상황이다. "음. 재물과 처를 쥐지 못하겠군" 혼자 중얼거리면서 육임국을 짜보았다. 역시, 상황이 이해가 간다.

- **문점자의 연명과 행년** : 1965년 乙巳생, 2004년 40세, 행년 乙巳(남)
- **문점 일시와 문점일의 사주** : 양력 2004년 5월 6일 오후 8시 29분, 乙酉 2국_야점, 酉월장

```
時 日 月 年 酉將
丙 乙 己 甲
戌 酉 巳 申
```

말전	중전	초전		4과	3과	2과	1과
天空	白虎	太常		白虎	太常	朱雀	六合
○午	○未	甲申		○未	甲申	庚寅	辛卯
○未	申	酉		申	酉	卯	乙(辰)

주야	武后	常天	白蛇	空雀	龍合	陳陳	合龍	雀空	蛇白	天常	后武	陰陰
천반	丁亥	戊子	己丑	庚寅	辛卯	壬辰	癸巳	○午	○未	甲申	乙酉	丙戌
지반	子	丑	寅	卯	辰	巳	○午	○未	申	酉	戌	亥

　　과가 과연 길과인가? 천을·청룡·태상·육합이 간지상신에 타서 초전으로 발용이 되는 경우에 길과로 보는 것이 육임의 원칙이다. 그러나 이 방법은 천장 위주로 보는 단법으로 한계가 있다. 우선 일지 택상의 강한 관귀가 일간을 극하므로 흉과에 가깝다. 군이 천장을 감안한다면 위의 사주가 전형적인 재다신약의 사주인 것을 고려하여 유박불수격(帷薄不修格)도 참조하여야 한다. 이 격은 천후·육합·현무가 삼전에 있는 경우를 말하며, 음란하고 인륜이 무너지는 상이라고 본다. 위의 과는 비록 삼전에 이러한 음신(淫神)들이 없지만 간상신에 타고 있으므로 그 영향을 받을 수 있다.

　　방해가 있고 매사에 어려운 상황이다. 3과의 요극(遙剋)을 발용한 효시(嚆矢) 요극과이다. 3과에서 일간을 향하여 활을 쏘는 상황이므로 동요가 있지만 해결할 수 있다. 아울러 삼전 중 중전·말전이 공망이고 비공(非空)은 초전 관귀이니 옴치고 뛰기가 어려운 상황이다. 그러나 초전의 申은 의신(儀神)이고 순수(旬首)가 용신이 되었으므로 흉한 가운데 길이 다가오는 상이다. 중전과 말전이 공망인 각답공망(脚踏空亡)이므로 물러나는 것보다는 내일을 보고 나아가는 것이 좋다.

　　또한 지상신이 겸왕한 상태로 일간을 극하고 있다. 유신으로 볼 때는 청룡이 남편, 천후가 부인이다. 일진으로 가정점을 보는 경우 일간은 사람, 일지는 가택과 부인으로 보며 이 둘을 합하여 인택(人宅)이라고 한다. 가택이 일간을 극하는 상태에서는 편안할 수 없으며 가족간에 불화한다. 즉, 인택에 동요가 있으며 문점자가 약한 상태다.

더 나아가 본인이 맥을 못 추는 상이다. 삼전의 생의 종극(終極) 육친이 지상신이 되고, 지상신이 일간의 관귀가 되기 때문이다. 이 상태에서 일간을 지상신에 올리면 운성 절지에 해당되므로 이것도 참고한다. 위의 경우는 그 밖에도 연상신과 명상신에 타고 있는 천장을 참고하는데, 행년상신과 명상신에 구진이 타고 있다. 辰에 구진이 타고 있으면 번민과 마음의 고통이 있는 것으로 본다.

이런 말을 듣고 상담을 청한 이가 현재의 상황을 설명하였다. 5년 가량 외국에서 사업을 하기 위해 떠돌이생활을 하였으나 2004년 알거지로 귀국하여 집사람을 볼 면목이 없어 친구집에 있으며, 가끔 자식의 얼굴을 보려고 집에 들른다는 사실을 말하면서 부인이 혹시 바람은 안 났는지, 이혼하게 될지 살펴봐달라고 하였다.

그래서 다시 살펴보니 위의 과는 卯·酉일 점에 초전이 지반 卯·酉 위에 있어서 의혹격(疑惑格)에 해당된다. 그러나 의혹만 있을 뿐 이혼까지는 가지 않는다. 부부간에 이별 문제가 있을 때 간지상신에 각각 길신과 길장이 타고 일진 상하가 상생하면 부부 갈등이 해소된다. 이 과의 경우 간상신에 육합이 타고 지상신에 태상이 타고 있으므로 길장이 탄 것이며 일진이 모두 힘이 있다. 그러나 가택이 일간을 일방적으로 극을 하므로 불편한 집임에는 틀림이 없다. 일간이 겸왕하니 왕록(旺祿)이 내게 임하였다. 이혼 등을 염두에 두고 경거망동하지 말고, 점차 나아지는 방법을 찾으라는 신호이다.

그럼 일은 언제 해결될 것인가? 삼전 申·未·午는 역퇴여격(逆退茹格)이다. 비록 중전·말전이 공망이기는 하지만, 음기인 申이 점차 밝은 자리인 午의 자리로 이동하므로 개선의 여지는 있다. 원론적인 응기론으로 보면 문제가 금방 해결될 듯하다. 이유는 ① 일지가 용신이 되면 응기가 그 날 이루어지고 ② 순수를 초전으로 하는 경우 응기가 그 순(旬) 내에 있으며 ③ 간지의 양신(陽神)이 삼전에 들면 일이 신속하게 처리된다고 보기 때문이다. 그러나 모든 응기는 사안과 성격 등을 참고하는 것이 원칙이다. 사안을 보면 점인은 결국 직장을 잡아서 떳떳한 수입이 있어야 해결이 될 듯하다. 응기를 좀 멀리 잡아보면, 말전을 충하는 천반이 있는 지반 지지, 즉 2004년 丑월이 되어야 응기가 시작된다. 이 때 응기가 시작된다면 주작이 승한 2005년 卯월에는 취직이 될 것이다. 실제로 양력 2005년 3월 4일 점인에게 안부 겸 상담을 청하는 메일이 왔다. 정치인을 돕는 일, 외국 주재 한국회사 일, 지방 소재 임시직, 이 세 가지 중 어느 것이 본인에게 맞는지 봐달라는 것이다. 卯월에는 자리를 얻을 듯 싶다.

바람이 났군요

  과험(果驗)이라는 말이 있다. 육임을 공부할 때 보면 과전 해석 뒤에 써 있는 말이다. 과험하건대 그 부인이 죽었다, 과험하건대 점인이 누월에 벼슬에 올랐더라 이런 식으로 사용되는 말이다. 쉽게 풀이하면 결과를 경험해보니 어찌 됐다는 말이다. 고인들이 일부러 거짓말을 써놓았을 리는 없다. 그런데 실제로 공부를 하면서 열심히 머리를 써서 과전을 풀이해보면, 이현령비현령(耳懸鈴鼻懸鈴) 식으로 갖다 붙인 해석처럼 생각이 될 정도로 절묘하여 공부하는 사람을 초라하게 만드는 것이 과험이라는 말이다. 이번 사례는 우리를 심란하게 하는 그 과험을 안 한 사례다.

  마음이 안정이 안 돼서요. 완강하게 전화로만 상담을 청하는 이에게 왜 상담하느냐고 물었더니 대답한 말이다. 개인적으로 전화 상담을 아주 싫어한다. 조그만 구멍을 통해 말을 주고받는 것이 생리적으로 안 맞을 뿐만 아니라 한쪽 머리가 얼얼해지고 전화를 잡은 손에 땀이 배는 것도 아주 싫다. 그래서 전화로 상담을 청하는 사람들에게 경상도나 전라도가 아니라면 직접 뵙기를 청하는 편이다. 이런 말이 오가고 전화를 끊은 뒤 까맣게 잊고 있었는데 어느 날 갑자기 상담실에 들러서 상담을 하게 된 사례다. 오신 분은 40대가 갓 넘어 보이고, 시원한 눈매에 밉지 않은 얼굴로 천한 느낌이 전혀 들지 않았다. 마음이 안정이 안 돼서요. 이 분이 상담 전에 유일하게 한 말이다.

- **문점자의 연명과 행년** : 1960년 庚子생, 2005년 46세, 행년 丁亥(여)
- **문점 일시와 문점일의 사주** : 2005년 3월 4일 오후 5시 10분, 丁亥10국_
  주점, 亥월장

```
時 日 月 年   亥將
戊 丁 戊 乙
申 亥 寅 酉
```

말전	중전	초전
玄武	螣蛇	靑龍
庚寅	丙戌	○午
亥	○未	卯

4과	3과	2과	1과
天空	玄武	太陰	螣蛇
癸巳	庚寅	己丑	丙戌
寅	亥	戌	丁(○未)

주야	常空	白龍	空陳	龍合	陳雀	合蛇	雀大	蛇后	大陰	后武	陰常	武白
천반	辛卯	壬辰	癸巳	○午	○未	甲申	乙酉	丙戌	丁亥	戊子	己丑	庚寅
지반	子	丑	寅	卯	辰	巳	○午	○未	申	酉	戌	亥

과전을 조금만 궁리하면 점인의 상황이 영화처럼 펼쳐진다. 우선 이 국의 특징을 보면 동사엄목(冬蛇掩目), 초전 청룡, 식상 강화, 소모사로 요약할 수 있다.

동사엄목은 묘성과(昴星課) 중 음일(陰日)에 해당하는 과이다. 위의 과는 암말이 다리를 벌리고 호랑이 밑에 깔려 있는 상태에서 초전으로 발용이 되었다. 본래 묘성과는 혼미하고 정체되며 음란의 기운을 몰고 오는 과전이다. 이런 가운데 초전에 청룡이 타므로 분명 남자와 관련된 일이다.

이를 남편으로 보지 않은 것은 식상이 강화되었기 때문이다. 삼전의 상황을 보면 寅午戌 화국(火局)으로 염상격(炎上格)에 해당되며, 불기운이 간상신의 상관을 강하게 밀어붙이고 있다. 상관이 생재(生財)하는 경우, 적절한 기운이 있고 재물그릇이 아름다워야 한다. 그러나 위의 국은 염상의 도움을 받으므로 기운이 너무 강하다. 또한 재물그릇은 과전에 떠 있지 않은 상태이고, 지반에 있는 재물의 상황을 보면 내전(內戰)과 외전(外戰)으로 안팎으로 찌그러진 상황이다. 이런 상태라면 상관이 향할 곳이 뻔하다. 바로 박관살(剝官殺)의 역할을 하여 남편을 치는 일에 열중한다. 그러므로 청룡은 남편이 아닌 외간남자로 보는 것이 맞다. 사과의 간지상신은 모두 하생상(下生上) 하는 상태이므로 소모·소비와 관련된 일이다. 그럼 남자에게 음란함으로 엮여서 마음고생하고 돈을 바치는 상황인가?

상대 남자는 어떤지 청룡을 삼전법으로 살펴보면 초전은 오가묘(午加卯)로 공망이고, 중전은 공망에 내전 상태이며 주작이니 붉은 참새마냥 헛된 말에 능할 것이다. 또한 말전은 천후가 子에 타서 득기하므로 술을 잘 먹는다. 어딜 봐도 희망을 걸 위인이 못 된다.

이런 상태에서 간상신으로 점인의 현재 상황을 보면 丁火의 묘신(墓神)이 있으므로 묘신부일(墓神覆日)이다. 이럴 때는 충하는 辰이 우르르 달려와서 뚜껑을 열어주어야 하는데 과전에 나타나지 않고, 설령 충을 하러 온다고 해도 백호 혈광지신(血光之神)을 데리고 오니 열어준들 소용이 없다. 또한 간상신에 戌이 타니 참관(斬關)이다. 이 때 청룡이나 육합이 있으면 도망이라도 간다. 그러나 이 과는 등사가 있으니 폐색과 답답함의 기운이다.

이 정도면 피난 불능의 상황이다. 묘신부일 상태에서 한 걸음씩 앞으로 나아가보자. 초전을 보니 청룡인 길장이 탔고 오가묘 명당(明堂)이기는 하지만 공망이 되어버렸다. 중전을 보니 또한 공망이고 괴이한 일을 몰고 오는 흉장 등사이므로 바랄 것이 없으며, 마지막으로 말전에 희망을 걸어보지만 도둑 현무지신이 버티고 있다. 갈 길이 험하고 현재 상황도 오갈 데 없는 답답한 형편이다. 겨울뱀이 눈알이 나가버렸다. 바로 동사엄목의 형편이다.

언제쯤 해결이 될 것인가? 음란사라는 것이 끝이 있게 마련으로 언제쯤 종결이 될지 살펴본다. 유신이 卯·酉에 임하고 寅월 정단에 초전이 같은 계절인 卯라는 것을 감안하면 응기가 빠르다고 볼 수 있다. 흉사의 결말 시기는 말전을 충하는 천반이 있는 지반 지지이므로 巳월에 응기가 있다고 할 수 있다. 늦은 경우에는 태세상신으로 보며 丑월에 해당된다. 상담을 청한 분에게 丑월에 해결의 기미가 보인다는 말로 마감하였다. 며칠이 지나서 자신의 구구절절한 사연을 담아 메일을 보내왔는데 내용은 위의 해석과 별로 다르지 않다.

정단 사례 **3**

이혼해야 할까요

양력 2002년 2월 28일 밤 9시 29분에 지방에 거주하는 여자분에게서 전화로 연락이 왔다. 깊은 밤 시간에 평생 운세를 전화로 상담하고 싶다는 것이다. 요즈음 쇼핑증후군 환자들처럼 그냥 이곳저곳을 돌아다니며 상담을 하는 분들이 많긴 하지만, 야심한 시각에 취미로 운세를 보는 것은 아닐 터인데 교양 있는 목소리로 그냥 전체 운세의 흐름이나 봐달라고 하니 난감한 노릇이다. 점인의 사주와 기문국을 짜고 문점시로 육임국을 조식하여 먼저 현재의 문제가 무엇인지 짚어본다.

- **문점자의 연명과 행년** : 1969년 己酉생, 2002년 34세, 행년 己亥(여)
- **문점 일시와 문점일의 사주** : 양력 2002년 2월 28일 오후 9시 29분, 丁卯 12국_야점, 亥월장

```
時 日 月 年 亥將
庚 丁 壬 壬
戌 卯 寅 午
```

말전	중전	초전
六合	勾陳	靑龍
庚午	己巳	戊辰
巳	辰	卯

4과	3과	2과	1과
勾陳	靑龍	天乙	螣蛇
己巳	戊辰	癸酉	壬申
辰	卯	申	丁(未)

주야	陰常	武白	常空	白龍	空陳	龍合	陳雀	合蛇	雀天	蛇后	天陰	后武
천반	乙丑	丙寅	丁卯	戊辰	己巳	庚午	辛未	壬申	癸酉	○戌	○亥	甲子
지반	子	丑	寅	卯	辰	巳	午	未	申	酉	○戌	○亥

상담을 하고 며칠 후 육임에 관심이 있는 제자분에게 위의 문점 일시를 주고 가정 상황을 판단해 오라고 숙제를 주었다. 제자분이 말하기를 가옥은 좁고 가인은 많으며 집 아래에 해골이 있어서 흉하다는 것이다. 이유를 묻자 육임책에서 丁卯12국의 가정란을 보니 이런 말이 있다는 것이다. 그러면 부적을 쓰던지 해골을 파내야 하지 않나 질문을 하면서 근본적인 이유에 대해 설명을 부탁하자 얼굴을 붉히며 아무 소리 못하였다. 육임의 단호한 정단에 매료되어 많은 분들이 육임에 접근하지만 결국 이런 식으로 끝나는 것을 많이 보았다. 두꺼운 육임책 한 권에 조견표 한 장만 코팅해놓으면 모두 해결이 되니 얼마나 편한가? 그렇다고 천지이법의 골격에 붙은 복잡한 육임 신살에 매달려서 허송세월을 하라는 것이 아니다. 상담을 하려면 적어도 천지이법의 골격 정도는 이해하고 이유를 궁리해보는 자세가 필요하다.

위의 사주를 보면 申金월 戊土 일간이 신약하고 시주와 일지에 관살이 뭉쳐 있는 전형적인 관살혼잡(官殺混雜)의 사주이다. 기문둔갑 평생국의 특징이 인수가 관살의 기운을 말려주지 못하는 부부 대립의 형상인데, 2002년의 소운궁에 수생(受生)한 관성이 와서 본인을 옥죄는 소운(小運)이다. 사주와 기문 평생국을 종합해보면 부부 문제가 있다.

육임국으로 보면 섭해과(涉害課) 중 찰미(察微)에 속하며, 덕도 없고 인자함도 없는 상이다. 가면 뒤에 나를 해치는 기운이 숨어 있고, 주변으로부터 배신당하는 것이 특징인 국으로 그 기미를 자세히 관찰하라는 의미다. 사주와 기문국을 종합하면 남편의 문제로 부부간에 다툼이 있을 기운이다.

남편과 관련된 일은 음신(陰神)으로 판단한다. 천장삼전법을 이용하면 남편의 유신이 청룡이 되며, 유신삼전법을 이용하면 삼전이 辰 · 巳 · 午이고 삼전의 천장은 청룡 · 구진 · 육합이 된다. 위 과전의 삼전과 유신삼전이 같은 상황이다. 유신삼전을 결합하여 해석하면 청룡이 辰土에 붙어 卯木 위에 있으니 목극토(木剋土)로 내전이 되어 남편과 관련하여 분란이 있음을 알 수 있고, 巳火 위의 구진은 쟁투 · 논쟁의 기운이니 이를 다시 확인할 수 있다. 다음으로 午火에 앉은 육합이 득기하므로 남편의 바람과 관련된 것임을 알 수 있다.

가정이 불안하고 편안하지 못하여 헤어지고 떠나는 상이 되는 것은 위의 과전이 의혹격(疑惑格)이기 때문이다. 『육임심경(六壬心鏡)』에서 용전괘(龍戰卦)로 설명하고 있는 이 격은 卯 · 酉일 점에서 점인의 행년이나 초전이 지반 卯 · 酉 위에 있는 경우로, 매사에 의심스런 일이 발생하며 특히 가정사에 크게 영향을 미친다.

점인이 이혼을 원하여 이를 육임으로 살펴보았다. 결정한 대로 이혼을 밀고 나가면 방해는 없다고 판단되는데, 이는 삼전이 辰 · 巳 · 午로 진여(進茹)가 되기 때문이다. 진여는 전진하면 이익이다. 위의 국은 한편으로는 辰천강이 초전에 발용된 참관(斬關)으로 전진하는 데 방해가 있을 수 있으나, 점인의 명상신 戌이 辰戌충을 하므로 방해가 없어진다.

남편은 그 동안 상습적으로 도박을 하고 외간여자를 집으로 끌어들여 부인에게 발각되기까지 하였다고 한다. 점인은 상담 후 남편과 이혼하였다. 2002년 이혼한 후 충남 서산에 자리를 잡고 살고 있으며 지금도 가끔 편지를 보내온다. 편지를 보면 지금도 전 남편에게 미련을 못 버리고 있지만, 기문으로 볼 때 2007년에는 새출발을 할 것으로 예상된다.

4 정단 사례

창업하면 잘 될까요

양력 2003년 5월 12일 오후 1시 55분에 불쑥 들어와서 상담을 청한 경우이다. 한 분은 까무잡잡한 얼굴에 키가 큰 편이고, 다른 한 분은 배가 나오고 얼굴이 희여멀건 중년의 남자분들이었다. 자리에 앉자마자 서울 명일동에 회사를 창업하기 위해 사무실을 계약할 예정인데, 계약이 잘 되고 두 사람의 소망이 이루어질지 봐달라고 부탁하였다. 키가 큰 분은 문점 당시 무역회사의 상무로 재직 중이며, 뚱뚱한 분은 같은 회사의 이사였다. 그리고 키가 큰 분이 새로 창업하는 회사의 대표를 맡아서 동업 형식으로 회사를 운영할 예정이라는 것이다.

- **문점자의 연명과 행년** : 1964년 甲辰生, 2003년 40세, 행년 乙巳(남)
- **문점 일시와 문점일의 사주** : 양력 2003년 5월 12일 오후 1시 55분 37초,
  乙卯11국_주점, 酉월장

時 日 月 年 酉將
癸 乙 丁 癸
未 酉 巳 未

말전	중전	초전		4과	3과	2과	1과
太常	太陰	天乙		螣蛇	六合	天乙	朱雀
○子	壬戌	庚申		己未	丁巳	庚申	戊午
戌	申	午		巳	卯	午	乙(辰)

주야	空陰	龍武	陳常	合白	雀空	蛇龍	天陳	后合	陰雀	武蛇	常天	白后
천반	甲寅	乙卯	丙辰	丁巳	戊午	己未	庚申	辛酉	壬戌	癸亥	○子	○丑
지반	○子	○丑	寅	卯	辰	巳	午	未	申	酉	戌	亥

계약이 5월 19일 壬辰일에 이루어진다는 것은 삼전의 천반이 申·戌·子로 삼합 중에서 辰土가 빠져 합이 이루어지지 않으므로 辰일에 응기가 이루어지는 것으로 판단한 것이다. 즉, 계약은 양력 2003년 5월 19일에 이루어진다고 본다. 그러나 당분간 소모만 있고 수익이 발생하지 않으므로 경거망동하지 않아야 한다.

또한 위의 국은 삼전의 구성이 섭삼연격(涉三淵格)을 이룬다. 이 격은 장거리여행을 결정할 때 외에는 일반적으로 흉작용을 한다. 섭삼연일 때는 현재 도모하는 일이 위험하다. 재물과 관련된 일은 일진의 간지가 모두 목기(木氣)로 이루어져 있어 비견의 영향을 넘어서 겁재적인 작용을 한다고 하지만, 오히려 일간이 약해진 상태로 재물을 장악할 수 있는 힘이 없어지는 형세로 보아야 한다. 이는 일간 乙木이 午火와 주작에 의해 탈기되기 때문이다. 아울러 일지인 가택도 목생화(木生火)로 기운이 빠지므로 자신과 가택의 소모만 있지 들어오는 재물은 없다.

실제로 점인은 다니던 회사를 그만두고 창업하였으나 예정하였던 아이템의 판매가 실패하여 2003년 내내 곤경에 처하였고, 엄청난 투자 자금을 감당하기 어려운 상황이 되었다.

5 정단 사례

죽을 수 있다고 합니다

양력 2004년 10월 29일 오후 8시 50분에 이루어진 문점이다. 문점 내용은 점인의 어린 아들이 갑자기 병으로 입원하였는데 치료의 진행 상황을 알고 싶다는 것이다. 특히, 아는 보살이 3일 내에 죽을 수 있다고 하여 무척 불안해하였다. 그러나 아이는 소화기 계통의 질병으로 치료될 수 있는 것으로 판단되었다. 지금부터 그 이유를 살펴본다. 문점 일시의 사주는 다음과 같으며 연명은 戊이고, 辛巳8국_야점이다.

- **문점 일시와 문점일의 사주 :** 양력 2004년 10월 29일 오후 8시 50분, 辛巳8국_야점, 卯월장

時	日	月	年	卯將
戊	辛	甲	甲	
戌	巳	戌	申	

말전	중전	초전		4과	3과	2과	1과
白虎	朱雀	玄武		玄武	勾陳	朱雀	玄武
丁丑	○申	己卯		己卯	甲戌	○申	己卯
○申	卯	戌		戌	巳	卯	辛(戌)

주야	武后	常天	白蛇	空雀	龍合	陳陳	合龍	雀空	蛇白	天常	后武	陰陰
천반	辛巳	壬午	癸未	○申	○酉	甲戌	乙亥	丙子	丁丑	戊寅	己卯	庚辰
지반	子	丑	寅	卯	辰	巳	午	未	○申	○酉	戌	亥

위의 辛巳8국은 중심과(重審課)이며, 여덕(勵德)·불비(不備)·난수(亂首)를 특징으로 하는 국으로 질병점의 경우 파란과 기복이 있다고 보는 것이 일반적이다. 실제로 판단해보면 이 국은 일간 辛의 묘신(墓神) 丑에 백호가 붙어 있는 호묘격(虎墓格)으로 몸에 적괴(積塊)가 생긴 상태다. 그러나 묘신이 공망 위에 있으므로 치료가 된다.

좀더 자세히 살펴보면 아이는 소화기 계통의 질병이다. 辛일의 정신(丁神)은 일간의 관귀가 되는데, 여기에 백호가 붙으면 그곳이 환자의 아픈 곳이 되며, 정신이 붙은 천반이 丑이면 비장·복부 질환이다. 또한 이 국은 폐구격(閉口格)으로 지반 순수(旬首)인 戌의 상신에 현무가 붙은 경우이다. 이 경우 말을 못 하는 증상, 음식을 먹지 못하거나 기관지나 목이 막히는 증상 등이 있다고 본다.

즉, 일시적인 질병이다. 이 질병을 금일정신(金日丁神)의 상태로 봐서 흉하게 볼 수도 있으나, 정신이 있는 천반이 명상신에게 목극토(木剋土)가 되므로 걱정하지 않아도 된다. 금일정신이란 육갑순 내의 정신이 삼전·일진·연명상신의 둔간이 되는 경우로 일반인에게는 흉하다. 단, 연명상신에서 정신이 붙은 천반의 글자를 극하거나 제거하는 경우, 일반인은 식상이 관살을 누르는 식상제살(食傷制殺)의 효과가 있으므로 흉이 없어진다.

결과적으로 치료가 되는 질병인데, 월의 영향을 고려하지 않으면 죽을 수 있다고 판단할 수도 있다. 이는 육편판격(六片板格)의 영향을 잘못 볼 수도 있다는 것이다. 육편판격은 육합에 신가묘(申加卯)인 상태로 시입관(尸入棺)이라고도 한다. 申金은 신체, 卯木은 누워 있는 판, 육합은 위에 덮은 판을 말하니 마치 시신이 관 속에 들어 있는 것과 같아서 붙여진 이름이다. 사망에 이를 수 있으나 9월점은 申金이 생기(生氣)가 되기 때문에 위에 육합이 없으면 단순히 침대 위에 누워서 앓는 것으로 보는 것이 맞다.

  실제로 나중에 급성 장염으로 판명되어 일주일 동안 입원하여 치료한 후 퇴원하였다.

선거에 출마할까요

을씨년스런 봄비가 추적추적 오는 날 예약하신 분이 들어왔다. 생김새가 반듯한 게 누구나 한번 보면 칭찬할만한 용모를 가진 분으로 특히 턱이 아주 잘생겼다.

관상에서는 오악(五岳, 이마 · 좌우 광대뼈 · 코 · 턱)을 중요시한다. 오악이란 얼굴에 불룩 솟아나와 있는 다섯 부분을 말한다. 어떤 사람은 관상을 볼 때 얼굴 쪼개기를 먼저 하지만, 관상은 이 다섯 봉우리의 조화를 보는 것이 우선이다. 관상에서는 턱을 하정, 또는 지각이라고 한다. 턱은 뾰족하거나 좁지 않으며 둥글고 두텁고 충만해야 말년운이 좋다. 턱이 뾰족한 것은 지공(地空)이라고 하여 말년운이 별볼일 없다.

40대 후반의 턱이 잘생긴 점인은 자리에 앉자마자 자신의 전체적인 운의 흐름을 묻고 앞으로의 정치 운세가 어떤지를 물었다. 결정용인지 참고용인지 묻자 심각한 표정으로 올해의 운세가 어떤지만 되물었다. 기문둔갑으로 언뜻 보니 임가경(壬加庚)에 화해(禍害) · 두문(杜門)의 운이라. 작두 끝 시퍼란 칼날 위의 이슬방울이니 분리되는 일이고 이별운이며, 식신(食神)이 화해이므로 명예를 치는 운이고, 두문이므로 극이성(剋而成)으로 이루기가 어렵다. 시집갈 처녀가 집에서 뜨개질이나 하면서 준비할 기운이다.

　보이는 대로 숨도 쉬지 않고 말을 하자 이 분이 한숨부터 쉬며 정치에 몸을 담고 올해까지 없앤 돈이 엄청나다며 그간의 사정을 실토하셨다. 그리고 이번에 당에서 지방자치단체장 선거에 출마해보라고 권유하여 일주일을 곰곰이 생각해보다가 혹시 자신이 팔자에 없는 정치에 천착하고 있는지 알아보러 왔다는 것이다. 그렇지. 여우가 곰이 될 수 없듯이 곰이 여우짓을 할 수 없으리라. 정치도 운기 판세에 맞아야 할 수 있다. 점인에게 도와줄 사람도 없고 정치를 할 운도 없다고 아주 단호하게 획을 긋자 움찔하였다.

- **문점자의 연명과 행년** : 1957년 丁酉생, 2004년 48세, 행년 癸丑(남)
- **문점 일시와 문점일의 사주** : 양력 2004년 4월 24일 오전 11시 59분, 癸酉10국_주점, 酉월장

　　　　時 日 月 年 酉將
　　　　戊 癸 戊 甲
　　　　午 酉 辰 申

말전	중전	초전
靑龍	朱雀	天后
○戊	辛未	戊辰
未	辰	丑

4과	3과	2과	1과
太陰	白虎	朱雀	天后
丁卯	甲子	辛未	戊辰
子	酉	辰	癸(丑)

주야	陰大	后蛇	大雀	蛇合	雀陳	合龍	陳空	龍白	空常	白武	常陰	武后
천반	丁卯	戊辰	己巳	庚午	辛未	壬申	癸酉	○戊	○亥	甲子	乙丑	丙寅
지반	子	丑	寅	卯	辰	巳	午	未	申	酉	○戊	○亥

　상황이 좋지 않다. 필법에 중귀수창격(衆鬼雖彰格)이란 것이 있다. 간

단히 설명하자면 귀살이 무리를 지어 공격하는데 간상신이나 지상신이 해결을 해주는 격이다. 이 격은 전체 형세를 보고 간지상신에서 해결할 기운을 찾는다고 이해하면 된다. 위의 국을 보면 사과에는 별로 문제가 없어 보인다. 위의 과는 원수과(元首課)이며, 1과가 상극하여 발용이 된 삼전이 문제다. 삼전이 토기(土氣) 천지인데 이것이 일간을 극하는 관귀로 작용한다. 간상신이 강한 목기(木氣)이고 귀인이나 청룡 정도가 타고 있으면 해결이 될 텐데, 간상신도 토기이고 일간의 음신도 토기다. 이런 귀살의 영향을 일간이 감당할 수 없어 보인다.

지상에 비겁의 기운이 있어서 도와주려고 하지만 승한 천장이 백호라서 별로 도움이 될 것 같지 않고, 4과의 식상이 지반 子水의 생을 받고 길장 태음이 탔으나 일간과 거리가 너무 먼 것이 흠이다. 결론은 귀살에 둘러싸여 있고, 귀살을 제압할 기운이 제 역할을 못 하므로 중귀수창 중 가인해화격(家人解禍格)에도 해당이 안 된다.

우선 점인이 구청장으로 출마하기 위해서는 당 내부의 허락을 받아야하므로 귀인의 상황을 보는데 귀인이 과전에 없으므로 역할이 떨어진다. 그래도 귀인이 도와줄 수 있는 상황인지 삼전법으로 살펴보니 귀인의 초전은 목생화(木生火), 화생토(火生土)로 힘차고 좋다. 중전은 육합이 타는데 지반과 천신은 화금상전(火金相戰)으로 깨졌고, 육합의 원래 오행과는 금목상전(金木相戰)이 된다. 내전의 상황이다. 육합이 申에 타면 혼인이고 분쟁이라. 다툼이 생긴다는 말이다. 말전이 공망인데 천공이 탔으니 없던 일이 돼버린다. 점인을 도와줄 귀인의 상황은 '도와준다 → 분란이 생긴다 → 없던 일이 된다'로 흘러간다.

다음으로 드글드글 모여 있는 중귀(重鬼)를 해결해줄 태음의 형편을 보자. 태음은 본래 귀인을 호위하는 천장이며 육길장(六吉將) 중의 하나이다. 태음을 처첩의 음란사로 보는 분도 있지만 길장에 속하는 천장이다. 또한 태음과 일간이 상생하면 여인의 재물을 얻게 된다. 그런데 태음이 3과의 음신이므로 가택 쪽으로 방향을 돌려서 생각해본다. 지상에 권위의 상징인 백호가 타고 있으니 지상이 뜻하는 부인이 고집을 부리고 있고, 그 음신인 태음이 卯에 타고 있으므로 가정에 불화가 있으며 다툼의 기운을 내포하고 있다. 과전의 상황으로 볼 때 부인의 도움이 절대적인데 천장으로 보면 그다지 밝지 않다.

시기적으로는 어떤가? 주된 질문이 "공천을 받아서 구청장 선거에 나가면 괜찮은가?"인데 이를 시기적으로 살펴본다. 위의 국은 주야귀인이 간상신을 인종(引從)하니 丑월에 응기가 있다고 판단할 수 있으며, 또는 말전을 합하는 卯의 지반인 子월을 생각해볼 수도 있다. 그러나 이 때는 이미 선거가 끝나는 시기다. 마지막으로 주귀(晝貴)가 있는 지반 寅월을 응기로 볼 수 있는데, 이것은 2개월 전이다. 이렇게 응기로 보았을 때도 공천과는 거리가 멀다.

이러한 판단 결과를 듣자 점인도 이제는 정치를 접고 건물을 몇 채 지으려고 하는데 부인의 반대가 심하다며 넋두리를 한참 하다가 상담실을 나갔다. 상담 뒷정리를 하면서 2004년의 운기 특징을 주역으로 살펴보니 지천태(地天泰) 육사(六四)가 동하였다. 즉, 지천태괘의 사효(四爻)인 음효가 동하였다. "화쇠춘풍 암운장기 욕도강동 주마무기(花衰春風 暗雲將起 欲渡江東 走馬無氣)." 봄바람에 꽃이 시들고 어두운 구름이 일어나니 강동을 건너려 하나 달리는 말이 기운이 없다. 유방에게 패한 항우가 강동을 건너면서 한탄한 것에 빗대어 지천태 육사를 해석한 글이다. 바로 점인의 상황이기도 하다.

정단 사례 **7**

개업하려고 합니다

    중년의 남자분이 늦은 시간에 부인과 같이 방문하였다. 보통의 중년 남자분들처럼 멀뚱히 앉아 있더니 그냥 신수나 봐달라며 장사를 할 시기 인가, 재물을 모을 수 있는가 살펴달라고 하였다.

- **문점자의 연명과 행년** : 1969년 己酉생, 2004년 36세, 행년 辛丑(남)
- **문점 일시와 문점일의 사주** : 양력 2004년 4월 15일 오후 8시 57분, 戌월장
※ 청명절이므로 전달의 월지 卯木과 합하는 戌土를 월장으로 한다.

時日月年戌將
甲甲戊甲
戌子辰申

말전	중전	초전		4과	3과	2과	1과
白虎	勾陳	螣蛇		天后	天后	螣蛇	螣蛇
壬申	己巳	丙寅		甲子	甲子	丙寅	丙寅
申	巳	寅		子	子	寅	甲(寅)

주야	白后	空天	龍蛇	陳雀	合合	雀陳	蛇龍	天空	后白	陰常	武武	常陰
천반	甲子	乙丑	丙寅	丁卯	戊辰	己巳	庚午	辛未	壬申	癸酉	○戌	○亥
지반	子	丑	寅	卯	辰	巳	午	未	申	酉	○戌	○亥

위의 甲子1국은 점시가 일간의 재성이고 원태(元胎)이므로 재물점으로 판단되며, 간상신에 왕록(旺祿)이 가림했으니 실제로 장사를 할 마음은 없다고 본다. 즉, 재물에 대한 점이며 현재 모색만 할 뿐 바로 장사할 마음은 없다.

위의 국은 복음(伏吟)에 속하는 자임(自任)으로 아직 장사를 할 시기는 아니며 기다려야 한다. 복음은 월장과 점시가 같은 경우로 천지반이 같으므로 천지의 길신과 흉살이 자신의 자리를 지키는 것이다. 엎드려서 다음의 때를 기다려야 하는 것이 복음과이다. 즉, 급격한 변화에 반대하는 기운이며, 예전의 것을 지키면서 새로운 운을 기다리는 과전이다. 복음에 양일은 1과가 발용되는 경우로 자임격이라고 한다. 이 과는 스스로의 강함을 믿는 과로 스스로 설치다가 나중에는 막히는 운이다. 양일의 복음과는 마음은 움직이지만 중지하고 때를 기다리는 것이 좋고, 음일은 기회만 노릴 뿐 움직이지 않는 상이다.

돈을 벌 수 있겠는가? 이렇게 부적절한 시기임에도 불구하고 무리해서 장사나 사업을 시작하는 경우 돈을 벌 수 없을 뿐만 아니라 오히려 잃는다. 재물점에서는 사신(事神)이 재성이 되고, 유신(類神)은 청룡이다. 이런 사류가 과전에 나타난 것이 없으므로 재물을 얻기는 힘들다. 아울러 점시 戌土가 공망이고 현무가 타서 재물을 얻기보다는 잃을 운이다. 일지상신이 일간의 재성일 경우에 재물과 관련된 계획이 이루어진다고 본다. 위의 국은 지상신에 인수가 동한다. 겸왕한 子水는 강한 자가 된다. 이렇게 지나치게 강한 경우에는 순리에 의해 생을 하기보다는 극을 한다는 원칙에 따라 일간을 도와주기보다는 식상을 치는 역할, 즉 도식(倒食)의 역할을 한다고 보아야 한다.

위 국의 삼전을 볼 때 생현태(生玄胎)에 해당되므로 복음이지만 생기가 일어나 재물을 얻을 수 있지 않을까 판단할 수도 있다. 그러나 이와 같은 판단은 삼전에 흉장인 등사·구진·백호가 있고 삼형(三刑)을 이루고 있으므로 문제가 있다. 단, 삼형에도 불구하고 일간의 기운이 강하여 형의 영향을 크게 받지 않는다.

그렇다면 장사를 언제 시작할 것인가? 올해에는 시작하지 않는 것이 좋다. 굳이 무리를 한다면 청룡이 득기한 午월에 시작하는 것이 좋다. 삼전 중에 백호·육합·이마(二馬)를 보면 정중동(靜中動)이라고 하였다. 그러나 중전의 천장 구진은 꺾여서 펴기 힘든 상황이고, 백호가 본향(本鄕)에 앉아서 기세가 등등하므로 어려움이 따른다.

실제로 상담 후의 뒤풀이 시간에 2004년 부인과 하던 꽃가게를 그만두고 쉬고 있다는 말을 하였다. 부인이 힘이 들어 자기 혼자 할 수 있는 일을 찾고 있으며 당구장을 할까 생각 중이라는 것이다. 기문둔갑으로 봐도 2004년의 흐름은 겁재의 운이므로 아무래도 권할 상황이 아니다.

8 정단 사례

태풍 피해가 있을까

태풍 예보를 듣고 걱정이 되어 월장가시하여 辛卯9국_주점을 얻었다.
강한 태풍이 될 것인지, 집안에 손해가 있을지 살펴본다.

말전	중전	초전		4과	3과	2과	1과
天后	六合	白虎		六合	白虎	太常	天乙
辛卯	丁亥	○未		丁亥	○未	○午	庚寅
亥	○未	卯		○未	卯	寅	辛(戌)

주야	陰陰	武后	常大	白蛇	空雀	龍合	陳陳	合龍	雀空	蛇白	大常	后武
천반	壬辰	癸巳	○午	○未	甲申	乙酉	丙戌	丁亥	戊子	己丑	庚寅	辛卯
지반	子	丑	寅	卯	辰	巳	○午	○未	申	酉	戌	亥

날씨는 바람이 강하고 비는 많지 않다. 간상에 寅 풍신(風神)이 타고,
삼전의 亥·卯·未 곡직도 풍신이므로 바람이 있다. 풍백(風佰)인 未의
입지가 卯에 있으니 바람이 새벽부터 시작되었다. 삼전에 백호가 있고
未가 있는 경우 큰 바람이라고 하는데, 초전과 중전이 공망이므로 바람
이 강한 정도이지 태풍은 아니다. 일간 辛이 삼합을 극하고 수원(水源)인
금기(金氣)가 없으며, 辰천강이 양지(陽支)에 있으므로 바람과 함께 올
비가 많지 않다.

피해는 없겠는가? 삼전 목기(木氣)가 일간이나 일지를 극하지 않으므로 큰 피해는 없다. 그러나 초전이 일지 卯의 묘신(墓神)이므로 작은 걱정이 있고, 지상에 백호가 타서 가족 중에 다칠 수도 있으므로 조심해야 한다.

2

基礎論

기초론

천문, 인사(人事), 지리 중 동양학에서 인사를 보는 최고의 점술은 육임
이다. 이 장에서는 육임의 유래와 흐름을 살펴보고, 육임의 기초가 되는
음양오행의 기본적인 사항을 알아본다. 나아가 음양오행의 틀인 간지와
사주를 세우는 방법, 음양과 오행의 상호관계를 규정하는 육친과 합형충
파해, 오행의 왕상에 대한 개념도 설명한다.

1 육임의 기초

1. 육임의 유래

『황제용수경(皇帝龍首經)』의 서문에서는 육임의 유래를 다음과 같이 설명하고 있다. 황제가 하늘에 오를 때 그의 세 아들을 불러놓고 말하길 "이 용수경에는 내가 옛적에 구천현녀(九天玄女)에게 받은 육임12경(六壬12經)과 구전하여 받은 36용(用)이 있다. 이것을 내가 너희에게 전하려고 하는데 진실로 행할 수 있겠는가? 이 경은 안으로는 너희 스스로를 돕고, 밖으로는 백성에게 선정을 베풀어서 덕을 쌓게 하는 보물이다. 너희가 이를 행하지 못하거나 현자가 아니라면 이 술법이 흉기가 될 터이니 명산의 깊은 곳에 묻어서 망령되게 누설치 말고, 함부로 신장(神將)을 사용하지 못하게 하라." 하였다. 용수경이라는 책이름은 황제가 죽을 때 황제가 보이지 않고 용의 머리가 보인 것에서 유래한다.

용수경에서 황제에게 육임을 전했다고 하는 구천현녀의 '현(玄)'은 우주구천(宇宙九天)을 가리키고 '여(女)' 란 음양을 말하니, 즉 황제가 우주를 만든 이로부터 받은 것이 육임이다. 이에 대해 『사고전서(四庫全書)』에서도 육임은 후세의 점술가들이 만들어낼 수 없는 것으로 『사고전서』 이전에 어떠한 형태로든 맥을 이어왔음을 분명히 하였다.

본래 구천현녀가 황제에게 전한 것은 천서(天書)·인서(人書)·지서

(地書)의 삼서(三書) 중 인서에 해당하는 부분이다. 인서는 천편(天篇)·
인편(人篇)·지편(地篇)의 삼편(三篇)으로 구성되어 있으며, 이 중 천편
은 태을신수(太乙神數), 인편은 육임신과(六壬神課), 지편은 기문둔갑
(奇門遁甲)으로 이를 합하여 기을임삼식(奇乙壬三式) 또는 기을임삼수
(奇乙壬三數)라고 한다. 삼수 중 하나를 모르는 자와 동양학을 논하지
말라는 것은 동양학의 핵심이 삼수에 있기 때문이다. 삼수에서 천문(天
文)은 태을, 인사(人事)는 육임, 지리(地理)는 기문이며, 이 책에서는 육
임을 기을임삼식의 하나로서 살펴본다.

한편 동양학을 상수(象數) 철학이라고 하는데, 상수란 보이는 상을 그
리는 측상(測象)과 수리를 이용하여 보이지 않는 분야를 밝히는 추수(推
數)를 합친 말이다. 여기서 수리를 이용하여 추수한 결과를 표시하는 양
식을 식반(式盤)이라 하고, 이를 줄여서 식(式)이라고 한다. 즉, 보이지
않는 분야를 추수하여 표시한 세 개의 식이 기을임삼식이다.

상수의 측상과 추수를 엄격하게 구분해보면 하늘을 올려보고 그린 앙
관천문도(仰觀天文圖)는 측상한 것이며, 식반은 실제로 본 사실을 그린
것이 아니라 수리적으로 계산한 결과라는 차이가 있다. 또한 식반은 사
람의 시각으로 본 천문의 모양이 아니라 신의 시각으로 그린 천문도이
다. 이 중 신이 주체가 되어 바라본 천문의 모양은 태을, 인사의 모양은
육임, 지리의 모양은 기문으로 표시되는 것이다. 그리고 이 책에서 알아
보고자 하는 것이 인사를 보는 최고의 학문으로 알려진 육임이다.

2. 육임의 정의

육임은 자연 운행의 대표인 태양이 한 시진(時辰), 즉 30°마다 바뀌는
12궁을 월장(月將)으로 정하고, 정단하는 시각에 월장을 올려서 사과삼
전(四課三傳)을 만들어 길흉화복을 점치는 정단법(正斷法)이다. 사과삼
전[줄여서 과전(課傳)]은 천반(天盤)과 지반(地盤)으로 구성되는데 천반

은 길흉을 보고, 지반은 화복을 본다. 또한 정단하여 나온 방향을 택하고 시기를 선택하는 데 지반을 이용한다.

육임에서 사과(四課) 중 일진(日辰)은 나와 상대가 결정되는 곳이며, 사과는 사상(四象)으로 음양 내외를 보는 곳이다. 삼전(三傳)은 삼재(三才)를 보는 곳으로 천인지를 통해 일의 시작과 중간 과정, 그리고 결과를 본다. 이렇게 일진·사과·삼전에서 얻은 화신(化身)의 징표를 통해 길흉화복을 알아보고 나아갈 길을 찾는 것이 육임 정단의 본질이다. 예를 들어 양력 2005년 9월 8일 오후 1시 9분에 점을 쳤다면 점을 치는 시간의 사주와 과전은 다음과 같다.

```
時日月年
壬乙乙乙
午未酉酉
```

말전	중전	초전		4과	3과	2과	1과
雀空	龍合	陰陰		合龍	雀空	空雀	龍合
甲午	癸卯	戊戌		○巳	甲午	壬寅	癸卯
未	○辰	亥		午	未	卯	乙(○辰)

주야	武后	常大	白蛇	空雀	龍合	陳陳	合龍	雀空	蛇白	大常	后武	陰陰
천반	己亥	庚子	辛丑	壬寅	癸卯	○辰	○巳	甲午	乙未	丙申	丁酉	戊戌
지반	子	丑	寅	卯	○辰	○巳	午	未	申	酉	戌	亥

위의 국은 지반 중 문점 시간(時干)인 午에 월장인 巳를 올려서 12지지를 순행으로 돌려 붙였다. 결과적으로 천반의 子가 지반의 丑에 올라서므로 2국이라 하고, 乙未일에 정단하였으므로 乙未2국이다. 그리고 일정한 법칙에 따라 1~4과를 만드는데 이를 사과라고 하며, 이 사과에서 일정 원칙에 따라 초전·중전·말전의 삼전(三傳)을 만들고 여기에 천장

(天將)을 올리면 과전(課傳)이 완성된다. 위에서 말전 바로 아래에 표시된 작공(雀空)이란 주간의 점에는 주작(朱雀), 야간의 점에는 천공(天空)이라는 천장이 닿게 된다는 표시다.

3. 육임의 의미

육임(六壬)은 천간의 甲·乙·丙·丁·戊·己·庚·辛·壬·癸 중 壬을 취하여 사용한다. 육(六)이라는 숫자를 사용하는 것은 1과 5를 더한 수이기 때문이다. 1은 양수(陽水)로 수(數)의 시작이고, 5는 양토(陽土)로 만물의 근원이기 때문에 이의 성수(成數)인 6을 취해서 사용한다. 壬은 양수(陽水)로 만물이 시작되는 글자이기 때문에 취하여 사용한다. 만물이 물에서 시작되었다고 보는 것은 역학의 출발점인 하도(河圖)의 용의 꼬리 쪽 생식기에 수(水)가 있고, 낙서(洛書)의 거북이 꼬리 쪽에도 수를 뜻하는 징표가 있기 때문으로, 물을 생명현상의 기본이며 시작이 되는 요소로 본다. 어머니의 자궁이나 인류의 탄생지로 보이는 질퍽한 늪지도 모두 생명의 탄생과 연관이 있다. 마찬가지로 壬을 양수이며 천일생수(天一生數, 모든 수의 시작이 1이라는 뜻)로서 모든 수(數)의 시작으로 보는 것과도 연관이 있다. 육임의 의미에 대해서는 이 밖에도 많은 설이 있지만 만물의 근원과 시작에서 취했다고 보는 것은 모두 같다.

4. 육임의 흐름

1) 육임의 시대별 서적

주(周) 문왕 때 강태공(姜太公)이 삼식(三式)에 밝은 것으로 전해지며, 이후 청(淸) 대에 이르기까지 육임 관련 서적이 다수 나왔다. 주요 서적으로는 ① 춘추전국시대(春秋戰國時代)에 육임의 고법인 『금궤옥형경

(金匱玉衡經)』이 출현하였고 ② 삼국시대에 제갈공명이 저술한 『육임류원(六壬類苑)』이 있으며 ③ 수(隨) 대에 육임의 유래를 밝힌 『황제용수경(皇帝龍首經)』이 수록된 『수서경적지(隋書經籍志)』가 나왔다. ④ 당(唐) 숙종 때는 서도부(徐道符)가 『육임심경(六壬心鏡)』을 저술하였고 ⑤ 송(宋) 대에는 묘공달(苗公達)이 『묘공귀촬각(苗公鬼撮脚)』을 저술하였으며, 소언화(邵彦和)가 『육임구감(六壬口鑑)』을, 능복지(凌福之)가 『필법부(畢法賦)』를 저술하였다. ⑥ 명(明) 대에는 곽재래(郭載騋)의 『육임대전(六壬大全)』, 진공헌(陳公獻)의 『육임지남(六壬指南)』이 있다. ⑦ 청대에는 『고금도서집성(古今圖書集成)』의 「예술전(藝術全)」 술수부(術數部)에 있는 '대육임류집(大六壬類集)'에 육임의 주요 자료들이 수록되어 있고, 『사고전서(四庫全書)』 「자부(子部)」와 「술수부(術數部)」에 『육임대전』이 수록되어 있다. 이러한 육임 서적들은 오늘날 육임 이론의 근간이 된다.

2) 육임의 앞날

사람들은 미래가 불확실할 때 점술에 의지한다. 점술이란 '특별한 방법으로 과거 · 현재 · 미래에 대한 정보를 얻어서 불확실함을 확실함으로 바꾸는 것'이라고 정의할 수 있다. 점술을 이용하는 사람을 보고 미신에 의지한다고 하는데, 과학적으로 설명할 수 없다고 그냥 미신이라고 보아야 하는지 의문이다.

예를 들어, 영국에서 우두에 감염된 사람은 천연두에 걸리지 않는다는 것을 미신으로 여겼지만, 17세기 말에 에드워드 제너가 그 미신을 진지하게 받아들여 천연두를 예방하는 백신을 개발하였다. 알렉산더 플레밍은 상처에 곰팡이가 핀 빵을 붙이면 치료가 된다는 미신으로부터 페니실린을 발견하였다. 또한 1939년 크라프트가 『천체생물학』이란 책을 통해 1939년 11월 7일부터 10일에 걸쳐 히틀러의 위험을 경고했고, 그의 말대로 히틀러는 1939년 11월 8일 몇 분 차이로 목숨을 건진 사실이 있다. 프랑스의 점술가인 '태양의 부인(la dame du soleil)'은 박정희 전 대통령의 사망을 예언한 바도 있다. 이러한 예로 볼 때 과연 점과 예언을 미신이라고만 치부할 수 있나 하는 의문이 생긴다. — 과학 관련 기고가 이종호 박사의 글 인용

물론 점술은 인과법칙이 완벽하게 성립되지 않는 불완전한 통계라는 약점이 있다. 또한 오늘날의 복잡하고 다양한 생활을 천문 지리와 음양 오행 등의 단순한 잣대로만 잰다는 것도 문제일 수 있다. 그러나 놀라운 과학의 발전과 컴퓨터의 출현이 불완전한 예측을 완벽한 정단(正斷)이 되도록 도와주고 있다.

미래가 한 치 앞을 내다볼 수 없을 정도로 불확실해질수록 점술의 수요는 늘어날 것이다. 특히, 육임은 질문 시각인 문점시(問占時)를 취하며, 720과전의 해석을 통해 삶의 모든 분야의 길흉화복을 정단할 수 있다. 나아가 꾸준한 임상 결과를 축적하여 완전한 통계를 제공할 수도 있는 매력적인 분야이다. 『21세기 사전』의 저자인 아탈리는 점술이 '정보 기술, 생명공학과 접목되어 21세기에 더욱 번창할 것'이라고 예측했다.

2

음양오행

 육임의 정단 도구는 과전(課傳)이다. 과전은 음양오행으로 이루어진 간지(干支)와 천장(天將)이 바탕이 된다. 또한 문점시의 연월일시도 간지가 결합된 육십갑자로 구성되므로 이 장에서는 육임 운용에서 기초가 되는 음양과 오행에 대해 먼저 살펴본다.

1. 음양

 열자(列子)는 천지창조를 네 단계로 설명하였으니 태역(太易)·태초(太初)·태시(太始)·태소(太素)의 단계다. 태역의 단계는 기운이 일어나지 않은 상태이고, 태초는 기운이 시작되는 단계이며, 태시는 형상이 시작되고, 태소는 성질이 시작되는 시기로 보았다. 형상과 성질, 즉 형질(形質)이 갖춰져야 창조가 되는 것이다.

 창조 후 모든 것은 생물로서 '변화'의 과정을 거친다. 변화로 인해 항상 그대로 있지 않은 것이 무상(無常)이라는 개념이다. 이를 터득한 사람에게 무상의 경지를 터득하였다고 하는데, 본래 무상인 변화를 변화로 받아들인 것에 대해 터득하였다고 말하는 자체가 우스운 일이다. 어찌됐든 동양학에서는 변화의 과정을 음과 양, 즉 음양으로 나누어 살핀다. 밤

과 낮, 수축과 팽창, 스러짐과 나타남, 이 모든 것을 변화의 단계, 음양의
변화로 본다.

변화를 연구한다는 것은 생물의 시간과 공간의 흐름을 이해한다는 것
이고, 그 변화를 굽어볼 수 있는 사람은 그 흐름을 터득한 이라고 할 수
있다. 도를 터득한 사람이 음양을 '동양의 이분법적인 분류 개념이다'라
는 식으로 접근할 수가 없다. 나아가 '현상과 사물을 서로 상대적이거나
상반되는 두 개의 측면으로 나누고, 각각 음과 양으로 구분하여 일반적으
로 표현한 것'이라고 보는 것도 충분치가 않다. 음양을 너무 획일적으로
구분하는 것은 이분법적인 서양식 사고로, 전체적인 관점에서 볼 때 실제
로 사용하는 음양의 개념은 매우 유동적이며 폭넓게 사용된다는 사실을
알아야 한다.

음양의 개념이 맥진에 사용되는 예를 보면, 음양의 변화 과정 중 양
(陽)은 상승하고 음(陰)은 하강하므로, 사람의 맥 중 부맥은 양에 속하고
침맥은 음에 속한다. 또한 표증(表證)은 양증의 증상이고 이증(裏證)은
음증의 증상이다.

다른 예로 심장 호르몬 분비와 신장 기능의 연구로 전북대 의학과 조
경우(曺景宇) 교수가 분쉬의학상을 수상한 사례를 들 수 있다. 이 연구는
심장에서 분비되는 호르몬이 심장과 신장에 영향을 주며, 심장에서의 호
르몬 분비량과 분비 방법에 따라 심장과 신장의 기능이 결정된다는 내용
이다. 이는 인체의 기능을 음양의 변화 과정으로 보는 역학적 접근과도
매우 부합되는 연구로 우리의 몸을 음과 양의 세력, 아(我)와 비아(非我)
의 대립으로 보고, 그것이 융화되고 기제(旣濟)되어야 하며 이러한 음양
의 균형이 깨질 경우 변화 과정의 이탈로 병이 생긴다는 것을 알려주는
사례다.

길흉화복도 변화 속에서 추구되는 것이고, 변화를 구분하는 가장 기본
이 되는 것이 음양이다. 이러한 음양이 육임에서 구체적으로 어떻게 사
용되는지는 정단론(定斷論)과 하지론(何知論)에서 살펴본다.

2. 오행

이제까지 변화에 있어서의 음양의 개념을 알아보았다. 변화란 움직인다는 것으로 가만히 있지 않는 것이며, 이를 간단히 화(化)라고 한다. 예를 들어 봄이 되면 모든 나무가 싹이 나서 땅 위로 솟아 나오고, 여름이 되면 잎이 무성해지며, 가을이 되면 열매를 맺고, 겨울이 되면 열매가 땅에 떨어져서 대지의 품에 숨으며, 다시 봄이 되면 싹이 트는 화(化)의 과정을 계속한다.

이와 같이 다섯 단계로 이루어진 시간의 변화를 동양에서는 생(生) · 장(長) · 화(化) · 수(收) · 장(藏)으로 나누어 설명한다. 한편, 공간의 변화는 木 · 火 · 土 · 金 · 水로 설명하며 이를 오행이라고 하는데, 오행 중 木 · 火는 양의 단계이고 金 · 水는 음의 단계에 속한다. 다음 표에서 태어남과 싹틈, 그리고 생(生)하는 것이 木이라는 것은 나무 자체가 아니라 변화의 성질을 말하는 것이며, 변화의 단계가 마치 나무와 같다는 것이다.

변화의 예	나무의 예	공간의 변화	시간의 변화	오행의 변화
태어남	싹틈	동	생	木
번성함	잎이 무성함	남	장	火
큰 변화	중앙의 어떤 힘	중앙	화	土
줄어듦	열매 · 과일	서	수	金
감춰짐	씨가 땅에 숨음	북	장	水

이처럼 간단한 오행의 개념이 사람들의 무한한 상상력과 결합되고 점술가들의 자의적인 해석 등으로 천변만화의 변화를 거쳐 오늘에 이르고 있다. 현재 통용되는 오행의 개념을 요약하면 다음과 같다.

① 木의 특성은 외양내음(外陽內陰)이며, 굽거나 펴지는 성질[곡직(曲直)]이 있고, 역동적이다. 속하는 간지(干支)는 甲 · 乙과 寅 · 卯이다.

② 火의 특성은 외양내양(外陽內陽)이며, 위로 솟아오르고[염상(炎上)]

따뜻하며[온열(溫熱)] 변화시키는[화물(化物)] 성질이 있다. 간지는 丙·丁과 巳·午이다.

③ 土의 특성으로는 모든 것을 떠받치고[재물(載物)] 키우는[생화(生化)] 성질이 있으며, 간지는 戊·己와 辰·戌·丑·未다.

④ 金의 특성은 외음내양(外陰內陽)이며, 소리를 내고[발성(發聲)] 죽이며[숙살(肅殺)] 실견(實堅)의 성질이 있다. 속하는 간지는 庚·辛과 申·酉이다.

⑤ 水의 특성은 외음내음(外陰內陰)이며, 차갑고 싸늘하며[한량(寒凉)] 아래로 흐르고[취하(取下)] 윤택하게 하며[자윤(滋潤)] 저장하는[폐장(閉藏)] 성질이 있다. 간지는 壬·癸와 亥·子이다.

음양오행 사상이야말로 동양 삼수인 기을임(奇乙壬)의 존립 기반이므로 평생을 통해 연구하여도 부족하다. 따라서 음양오행과 관련된 다양한 서적들을 참고하여 깊이 있게 연구할 필요가 있다. 모름지기 '확신이 없는 간명자는 지적 사기꾼이며, 실력이 없는 간명자는 지적 공갈배'라는 말을 가슴에 새기길 바란다. 다음은 오행의 배속 표이다.

구분	木	火	土	金	水
오성(五星)	목성	화성	토성	금성	수성
오장(五臟)	간장	심장	비장	폐장	심장
오부(五腑)	담(쓸개)	소장	위장	대장	방광
오색(五色)	청색	적색	황색	백색	흑색
오관(五觀)	눈	혀	입	코	귀
오사(五事)	보다	말하다	생각하다	냄새 맡다	듣다
오방(五方)	동(이괘)	남(건괘)	중앙(음양)	서(감괘)	북(곤괘)
오계(五季)	봄	여름	환절기	가을	겨울
오덕(五德)	인(仁)	예(禮)	신(信)	의(義)	지(智)
오미(五味)	신맛	쓴맛	단맛	매운맛	짠맛

오악(五惡)	바람	열	서·습	건조	한
오체(五體)	근육	소화·생식	피부	배설	생식
오취(五臭)	노린내	탄내	향내	비린내	썩은 냄새
오지(五志)	화	기쁨	생각	슬픔	공포
오욕(五慾)	수면욕	명예욕	식욕	재물욕	성욕
오액(五液)	눈물	땀	침	콧물	애액(愛液)
오산(五山)	나무산	바위산	평평한 산	종모양의 산	습지산
오주(五主)	신경	혈맥	기육(氣肉)	피부	골수
오화(五華)	손톱	얼굴색	입술	피모	머리카락
오맥(五脈)	현맥	홍맥	완맥	부맥	침맥
오신(五神)	혼(魂)	신(神)	의(意)	백(魄)	정신(精)
오곡(五穀)	참깨	보리	벼	밤·기장	콩
오역(五役)	색(色)	냄새	맛	소리	액(液)
오변(五變)	쥐는 것	근심	딸꾹질	기침	떨다
오성(五聲)	부르는 소리	웃는 소리	노랫소리	통곡소리	신음소리
오과(五果)	자두	은행	대추	복숭아	밤
오감(五感)	시각·촉각	직감	미각	후각	청각
수리(數理)	3·8	2·7	5·10	4·9	1·6
십간	甲·乙	丙·丁	戊·己	庚·辛	壬·癸
십이지지	寅·卯	巳·午	丑·辰·未·戌	申·酉	亥·子
역괘(易卦)	진(震)·손(巽)	이(離)	곤(坤)·간(艮)	건(乾)·태(兌)	감(坎)
온도	따스함	더위	무더위	서늘함	추위
동물	네발짐승	조류	포유류	갑각류	어류
하루	아침	낮	오후	저녁	밤
대기	풍기	열기	습기	건조	한기
공기	탄소	산소	인	질소	수소
나라	일본	미국	중국	한국	소련
성인	예수	소크라테스	창조자	석가	공자
요소	풍(風)	화(火)	공(空)	지(地)	수(水)

균형	오른팔	왼팔	몸통	오른쪽다리	왼쪽다리
골격	두개골	경추	척추	흉추	요추
손가락	검지	중지	엄지	약지	새끼손가락
사물	꽹과리	징	무대	북	장고
본질	영체	인간	마음(혼)	육신	창조자
정치	여당	야당	법	찬성하는 사람	반대하는 사람
윷놀이	도	모	개	걸	윷
문장	발단	전개	문맥	절정	결말
내용	기	승	흐름	전	결
오대양	북대서양	남대서양	북태평양	인도양	남태평양
육대주	유럽	오세아니아	아시아(중국)	아메리카	아프리카
오선지	알토	베이스	선율	테너	소프라노
위치	왼쪽	위	가운데	오른쪽	아래
문학	시	소설	평론	수필	희곡
미술	조소	회화	평론(이론)	광고	디자인
악기	목관악기	금관악기	지휘자	바이올린	첼로
직업	사(士)	술(術)	농(農)	공(工)	상(商)
입체	점	선	입체도형	면	입체
사주(四柱)	연주	월주	오행	일주	시주
교리	말세론	부활론	메시아	천년왕국론	재림론
연산	더하기	곱하기	0	나누기	빼기
모음	아	오	으·이	어	우
경락	기(氣)	정(精)	경락(經絡)	혈(血)	신(神)
가정	아들	어머니	사랑	딸	아버지
바다	청해	홍해	황해	백해	흑해
사군자	매화	난초	성품	국화	대나무
행복	직업	사랑	행복	성취	휴가
육하원칙	누가	어디서	왜·어떻게	무엇을	언제
표현	비유	확대	관점	비교	축소

영양소	비타민	탄수화물	단백질	무기질	지방
비타민	C	B	D	E	A
품사	형용사	대명사	동사	부사	명사
술어	제1수식어	목적어	술어	제2수식어	주어
풍수	좌청룡	남주작	명당혈	우백호	북현무
체질	태양인	소양인	음양합일인	태음인	소음인
혈액형	AB형	A형	표준형	O형	B형
언어	읽기	쓰기	사고	말하기	듣기
사상	수정공산주의	자본주의	나라	수정자본주의	공산주의
반응	약산성	강산성	중성	약알칼리성	강알칼리성

3. 천간지지

1) 간지의 개념

음양오행의 기운은 간지로 나타낸다. 간지란 천간(天干)과 지지(地支)를 합친 말로 천지(天地)라고도 한다. 간지의 기원에 대하여 중국 헌원황제(軒轅黃帝)가 치우천왕(蚩尤天王)을 싸워서 물리친 후 하늘에 기도하여 얻은 열 명의 천신이 천간이고, 천간의 배필이 지지라는 말이 있다. 그러나 일반적으로 간지는 양기(陽氣)의 순환과정을 대표하는 것으로 이해하고 있다. 간지를 순서대로 배열하여 음양오행을 구분하면 다음과 같다.

천간	甲	乙	丙	丁	戊	己	庚	辛	壬	癸
음양	양	음	양	음	양	음	양	음	양	음
오행	木	木	火	火	土	土	金	金	水	水
지지	子	丑	寅	卯	辰	巳	午	未	申	酉	戌	亥
음양	양	음	양	음	양	음	양	음	양	음	양	음
오행	水	土	木	木	土	火	火	土	金	金	土	水

정리해보면 양에 속하는 간지는 甲·丙·戊·庚·壬과 子·寅·辰·午·申·戌이고, 음에 속하는 간지는 乙·丁·己·辛·癸와 丑·卯·巳·未·酉·亥다. 오행의 경우 木은 甲·乙·寅·卯, 火는 丙·丁·巳·午, 土는 戊·己·辰·戌·丑·未, 金은 庚·辛·申·酉, 水는 壬·癸·亥·子가 된다.

2) 십간의 개념

천간은 음양의 성쇠를 바탕으로 시간적 변화를 나타낸다. 양기의 변화 과정을 통해 천간의 의미를 살펴보면, ① 甲은 나무의 껍질이 터지는 것으로 생명의 발아를 의미하고, 양이 비로소 일어나는 시기가 된다. ② 乙은 양이 솟아 나오기 시작하는 단계다. 굽는다[屈]는 의미도 있는데 이는 양이 굽어서 솟아 나오는 시기이기 때문이다. ③ 丙은 밝을 병(炳)을 말하며, 양기가 본래의 빛을 드러내는 시기가 이 시기다. ④ 丁은 양이 무르익어 사물이 만들어지는 시기이고 ⑤ 戊는 무성할 무(茂)로 양기가 무성한 시기이며 ⑥ 己는 벼리 기(紀)로 양기가 사물에 완전하게 표기가 되는 시기를 말하니 배가 배다워지고 사과가 사과다워지는 시기다. ⑦ 庚은 굳을 견(堅)과 같으니 양기가 과실 등에 굳게 들어가는 시기이고 ⑧ 辛은 매울 신, 괴로울 신이니 양기가 본래의 체(體)로부터 이별하는 아픔이 있는 시기이며 ⑨ 壬은 아이밸 임(姙)이니 양의 기운이 다시 잉태되기 시작하는 시기이고 ⑩ 癸는 규탁(揆度, 만물을 헤아리고 측정함)한다는 의미이니 양의 생명을 키워가는 조심스런 시기가 된다. 천간은 육임에서 과전에 숨어 있는 둔간(遁干)으로 사용된다. 자세한 사항은 정단론(定斷論)에서 다루기로 한다.

3) 십이지지의 개념

지지의 의미도 천간과 같이 음양의 변화 과정으로 설명된다. ① 子는 새끼칠 자의 의미로 동지부터 양기가 새끼를 치기 시작함을 말하고 ② 丑은 맬 뉴, 맺을 뉴(紐)로 차가운 기운이 스스로 물러나는 시기이며 ③ 寅

은 넓힐 연(演)이니 양기가 슬개골처럼 스스로 튀어나오는 것을 말한다. ④卯는 무릅쓸 모(冒)이니 양기가 땅 위로 솟아 나오기 위해 어려움을 무릅쓴다는 것이고 ⑤辰은 기지개 펼 신(伸)이니 양기가 솟아 나와 기지개를 펴는 시기이며 ⑥巳는 이미 기(已)로 이제 양기가 다 이루어진 시기임을 나타낸다. ⑦午는 거스를 오(忤)로 하지의 음기가 양기를 거스르며 만나서 서로 미워하는 시기이고 ⑧未는 어두울 매(昧)이니 이제 양기가 기울어서 어두워진다는 것이며, 또한 맛[味]을 의미하니 만물이 성숙하여 맛이 있음을 가리키기도 한다. ⑨申은 신속기성(申束己成)으로 만물이 완성됨을 나타내고, 또한 몸[身]으로 물체가 이미 장성한 시기이며 ⑩酉는 이룰 취(就)이니 모든 것을 성취함을 말하고 ⑪戌은 멸(滅)이니 양기가 스스로 모두 성취한 후 땅으로 떨어짐을 나타내며 ⑫亥는 씨 핵(核)이니 씨처럼 양기가 만물에 감추어져 있음을 나타낸다.

이렇게 음양의 변화로 지지를 설명하는 것과 달리 28수(二十八宿)에서 지지가 나왔다는 설명도 있다. 28수란 북극성을 중심으로 적도상에 위치한 28개의 별을 가리키며, 각항저방심미기(角亢氐房心尾箕) 두우여허위실벽(斗牛女虛危室壁) 규루위묘필자참(奎婁胃昴畢觜參) 정귀류성장익진(井鬼柳星張翼軫)이 있다.

28수는 항성(恒星)이고 역학에서 쓰는 木·火·土·金·水의 오행은 객성(客星)이라고 한다. 그리고 이러한 항성과 객성이 만나는 것을 보고 인간사와 개인의 운명, 개인의 건강을 알아보는 것이 28수의 기본 용도다. 예를 들어 객성은 12년마다 한 번씩 28수의 어느 한 자리에 오게 되는데, 만약 그 자리에 금성(金星)이 오면 그 지역에 전쟁이 일어난다. 28수는 우리의 전래 윷판(오늘날의 윷판과는 조금 다름)에 배치된 28수와 같으며, 별자리와 지지의 관계는 다음과 같다.

(1) 東 청룡이 이끄는 7개의 별
 ·각수(角宿) - 이무기
 ·항수(亢宿) - 용(辰, 용을 대표로 함)

・저수(氐宿) ― 담비

・방수(房宿) ― 토끼

・심수(心宿) ― 여우(卯, 토끼를 대표로 함)

・미수(尾宿) ― 호랑이

・기수(箕宿) ― 표범(寅, 호랑이를 대표로 함)

(2) 北 현무가 이끄는 7개의 별

・두수(斗宿) ― 게

・우수(牛宿) ― 소(丑, 소를 대표로 함)

・여수(女宿) ― 박쥐

・허수(虛宿) ― 쥐

・위수(危宿) ― 제비(子, 쥐를 대표로 함)

・실수(室宿) ― 돼지

・벽수(壁宿) ― 설유(亥, 돼지를 대표로 함)

(3) 西 백호가 이끄는 7개의 별

・규수(奎宿) ― 이리

・누수(婁宿) ― 개(戌, 개를 대표로 함)

・위수(胃宿) ― 꿩

・묘수(昴宿) ― 닭

・필수(畢宿) ― 새(酉, 닭을 대표로 함)

・자수(觜宿) ― 원숭이

・참수(參宿) ― 유인원(申, 원숭이를 대표로 함)

(4) 南 주작이 이끄는 7개의 별

・정수(井宿) ― 큰 사슴

・귀수(鬼宿) ― 양(未, 양을 대표로 함)

・유수(柳宿) ― 노루

- 성수(星宿) — 말
- 장수(張宿) — 사슴(午, 말을 대표로 함)
- 익수(翼宿) — 뱀
- 진수(軫宿) — 지렁이(巳, 뱀을 대표로 함)

4. 육십갑자와 사주

1) 육십갑자

천간과 지지는 일정한 원칙에 따라 결합하여 간지(干支)가 되며, 모두 60개의 간지로 이루어지므로 육십갑자(六十甲子)라고 한다.

천간은 甲·乙·丙·丁·戊·己·庚·辛·壬·癸의 순서이고, 지지는 子·丑·寅·卯·辰·巳·午·未·申·酉·戌·亥의 순서다. 천간과 지지가 이 순서대로 하나씩 결합하는데, 결과적으로 양간은 양지와 결합하고 음간은 음지와 결합하게 된다.

	甲	乙	丙	丁	戊	己	庚	辛	壬	癸	공망	공망
甲子순	甲子	乙丑	丙寅	丁卯	戊辰	己巳	庚午	辛未	壬申	癸酉	○戌	○亥
甲戌순	甲戌	乙亥	丙子	丁丑	戊寅	己卯	庚辰	辛巳	壬午	癸未	○申	○酉
甲申순	甲申	乙酉	丙戌	丁亥	戊子	己丑	庚寅	辛卯	壬辰	癸巳	○午	○未
甲午순	甲午	乙未	丙申	丁酉	戊戌	己亥	庚子	辛丑	壬寅	癸卯	○辰	○巳
甲辰순	甲辰	乙巳	丙午	丁未	戊申	己酉	庚戌	辛亥	壬子	癸丑	○寅	○卯
甲寅순	甲寅	乙卯	丙辰	丁巳	戊午	己未	庚申	辛酉	壬戌	癸亥	○子	○丑

위의 표에서 甲子로 시작되는 10개의 간지를 甲子순이라고 하며 역학에서 매우 중요하게 취급된다. 공망(空亡)은 하나의 순(旬)에서 십간과 결합하지 못한 2개의 지지를 말하는데, 보통 순공망(旬空亡)이라고 한다. 이렇게 천간과 지지를 결합시킨 간지로 사람의 생년·생월·생일·

생시를 나타내는데, 이 네 개의 기둥을 사주(四柱)라고 한다. 그리고 사주는 위에 천간이 네 개 있고 아래에 지지가 네 개 있어서 여덟 글자, 즉 팔자(八字)가 된다. 어느 한 사람의 사주팔자를 뽑는다는 것은 연월일시에 60개의 간지 중 어느 것을 사용할지를 정하는 것이다.

2) 사주팔자

골방에 틀어 박혀서 변화나 음양오행의 흐름만 보며 스스로 변화를 만들어내는 독화지인(獨化之人)의 경지를 바란다면 모를까 육임에는 상대가 있다. 문점자(問占者) 또는 문점 대상의 운기를 보려면 상대방이나 그 날의 사주를 뽑는 것이 필수이다. 사주를 뽑는다는 것은 육임 조식(造式)의 기본일 뿐만 아니라 육임의 해석에서도 매우 중요하므로 정확하게 뽑아야 한다.

(1) 연주 세우기

역학에서는 1년의 시작을 입춘(立春)으로 보고 있다. 기문둔갑에서는 음력 정월 초하루를 1년의 기점으로 보아 대국(大局) 등을 뽑고, 또 동지(冬至)가 일양시생(一陽始生)하는 기점이 되므로 동지를 기준으로 해야 한다는 설도 있지만 연주(年柱)를 세우는 것은 입춘을 기준으로 하는 것이 원칙이다.

즉, 입춘이 안 되었으면 역학에서는 그 전해의 간지를 쓴다. 예를 들어 음력 2006년 1월 5일생은 설이 지났기 때문에 일반적으로 개띠인 丙戌년생으로 쓰고 있지만, 2006년의 입춘은 음력 2006년 1월 7일에 들어오므로 2006년의 전해인 닭띠 乙酉년생이 되는 것이다. 즉, 음력 설이 지났으므로 戌해의 개띠로 쓰고 있지만 역학에서는 酉해의 닭띠가 되는 것이다.

한편 입춘을 한 해의 시작으로 보는 것이 일반적이지만 동지를 한 해의 시작으로 보아야 한다는 이론도 있다. 동지를 기준으로 하는 것은 수렵민족에게서, 입춘을 기준으로 하는 것은 농경민족에게서 나왔다는 설도 있다. 역사적으로 보면 중국 은나라에서는 子월을, 하나라에서는 丑

월을, 주나라에 들어서는 입춘이 기준이 되는 寅월을 한 해의 시작으로 삼았다. 현재는 입춘을 기준으로 하는 것이 대세로 입춘을 기준으로 하여 연주를 뽑는다.

(2) 월주 세우기
한 해의 시작이 입춘 절(節)을 기준으로 하는 것과 같이 월도 절기(節氣) 중 절(節)을 중심으로 하여 바뀐다. 또한 절기 중 기(氣)는 육임과 기문에서 월장의 개념과 관련하여 매우 중요하게 취급되므로 그 순서와 함께 모두 알아두는 것이 좋다.

월 절기	1월 (寅월)	2월 (卯월)	3월 (辰월)	4월 (巳월)	5월 (午월)	6월 (未월)	7월 (申월)	8월 (酉월)	9월 (戌월)	10월 (亥월)	11월 (子월)	12월 (丑월)
절	입춘	경칩	청명	입하	망종	소서	입추	백로	한로	입동	대설	소한
기	우수	춘분	곡우	소만	하지	대서	처서	추분	상강	소설	동지	대한

월은 절이 드는 시각, 즉 절입시를 기준으로 바뀌며 만세력에 자세히 표시되어 있다. 예를 들어 1955년 乙未생 양띠로 음력 1월 23일이 생일이고 그 해의 입춘이 음력 1월 24일 10시 20분에 들어온다면, 월지는 아직 입춘절이 안 되었으므로 전해의 12월 월지인 丑이 된다. 월지는 寅월을 1월로 하여 순서대로 헤아린다. 월지와 결합되는 월간은 다음의 표와 같이 해당되는 해의 천간합에 의해 정해진다. 즉, 연간이 甲이거나 己인 해에는 甲己합하여 오행이 土가 되고, 土를 생하는 火의 양간(陽干) 丙이 寅월의 월간으로 와서 丙寅월이 된다. 위의 예에서는 乙未년으로 연간이 乙이므로 乙庚합하여 오행이 金이 되고, 金을 생하는 戊가 寅월의 월간으로 오므로 丑월은 己丑월이 된다.

월＼연간	甲·己→土	乙·庚→金	丙·辛→水	丁·壬→木	戊·癸→火
寅월	丙寅	戊寅	庚寅	壬寅	甲寅
卯월	丁卯	己卯	辛卯	癸卯	乙卯
辰월	戊辰	庚辰	壬辰	甲辰	丙辰
巳월	己巳	辛巳	癸巳	乙巳	丁巳
午월	庚午	壬午	甲午	丙午	戊午
未월	辛未	癸未	乙未	丁未	己未
申월	壬申	甲申	丙申	戊申	庚申
酉월	癸酉	乙酉	丁酉	己酉	辛酉
戌월	甲戌	丙戌	戊戌	庚戌	壬戌
亥월	乙亥	丁亥	己亥	辛亥	癸亥
子월	丙子	戊子	庚子	壬子	甲子
丑월	丁丑	己丑	辛丑	癸丑	乙丑

(3) 일주 세우기와 정자시법

일주(日柱)는 만세력에서 쉽게 찾아볼 수 있다. 단, 하루의 시작을 子시 초(初)로 보며, 사주를 찾을 때는 시계시가 아닌 자연시를 사용한다는 점을 유념한다.

1996년 음력 2월 26일 시계로 오후 11시에 대전에서 출생한 경우, 태어난 시간을 자연시로 구하면 34분을 더하여 오후 11시 34분이 된다. 이 경우에 하루의 시작은 子시 초, 즉 밤 11시부터이므로 庚辰 괴강 일주라고 하면 틀리고 辛巳 일주로 보는 것이 맞다. 만약 시계로 10시 25분에 태어났다면 34분을 더해도 10시 59분이므로 자연시로도 아직 子시가 안되어 庚辰 일주가 맞다.

이렇듯 사주의 주인공이 子시에 태어났을 때 하루의 시작을 자시 초(初)로 볼 것인가, 아니면 子시 정(正)으로 볼 것인가는 중요한 문제다. 왜냐하면 하루의 시작을 子시 초로 보지 않고 자정(子正)으로 보아 子시를 야자시(夜子時)와 조자시(朝子時)로 구분하여 일주를 다르게 보는 경우에 사주가 완전히 달라지기 때문이다. 이와 같이 子시를 두 개로 나누어 보는 것을 자각양시론(子刻兩時論)이라 하며, 하루의 시작을 언제로 볼 것인가는 일진을 중요시하는 육임에서도 매우 중요한 사항이다.

송나라 서균(徐均, 일명 서대승)의 『연해자평』, 명대의 『명리정종』과 만육오(萬育吾)의 『삼명통회』, 청대의 『자평진전』·『적천수징의』·『명리약언』 등 많은 고서들에는 조자시와 야자시에 대한 내용이 없다. 즉, 자정이 아니라 子시 초에 하루가 시작된다고 본 것이다. 근대에 들어와 중국 서낙오(徐樂吾)의 『자평수언(子平粹言)』, 원수산의 『명리탐원(命理探原)』, 오준민의 『명리신론』 등에서 야자시를 적용한 사례들이 나오고 있다. 원수산은 생일 간지는 오늘에 속하고 생시 간지는 내일에 속하는 것을 야자시라고 정의하였다. 우리나라에서는 이석영의 『사주첩경』에서 야자시의 개념을 사용하였으나, 박재완의 『명리요강』에서는 원칙에 벗어난 이론이라 하여 사용하지 않았다.

자각양시론을 주장하는 것은 역사적 흐름을 무시하고 동지 팥죽을 먹으면 한 살 더 먹는다는 속담처럼 한 해의 시작을 동지로 볼 수 있다고 주장하는 것과 같다. 중기(中氣)인 동지를 시간으로 바꾸어 생각하면 子시의 중간인 자정이 되므로 하루의 시작을 자정으로 볼 수 있지 않느냐고 주장하는 것이 아닐까. 더 나아가서는 육임의 월장가시가 중기를 기준으로 하니까 각 달[月]의 시작도 절기를 버리고 중기를 기준으로 하자는 이야기와 같다. 한편 자각양시론이 이치에 맞지 않는 방법이지만 실제로는 적중하므로 이것이 정설이라고 주장하는 사람도 있다. 그러나 이 주장이 모든 사주를 자각양시론으로 풀어보고 현실과 맞는지 확인한 후에 하는 말인지 의심된다.

조자시와 야자시를 구분하는 자각양시론의 등장은 서양의 시계문화가 들어오면서 생겨난 변화이다. 子시를 쪼개서 자정을 만들고 이를 하루의 시작으로 보는 것은 기계적 근대사상의 산물이고 시계 중심의 사고방식이라고 할 수 있다. 그럼에도 일부 선각(先覺)들이 이 방법을 사용하였다고 하여 따라서 사용하는 것은 문제가 있다. 필자는 자각양시론을 채용하지 않고 하루의 시작을 자시 초로 본다. 어느 방법을 택하는가는 각자의 몫이지만, 우선은 하루의 시작을 자시 초로 알고 일주를 구할 것을 권한다.

(4) 시주 세우기와 자연시

시주를 세울 때 가장 조심해야 할 것이 역학에서 사용하는 시각이 시계의 시각과 다르다는 사실이다. 역학에서는 자연시를 사용하지만 시계의 시각은 일본의 표준시인 동경135도 표준시에 맞춰져 있기 때문이다. 여기서 자연시란 지역마다의 실제시(태양시)를 말하며, 표준시란 편의상 어떤 특정 지역의 평균시를 여러 지역이 공통으로 사용하는 것을 가리킨다.

시(時)	자연시	별칭
子	23:00 ~ 00:59	야반(夜半)
丑	01:00 ~ 02:59	계명(鷄鳴)
寅	03:00 ~ 04:59	평단(平旦)
卯	05:00 ~ 06:59	일출(日出)
辰	07:00 ~ 08:59	식시(食時)
巳	09:00 ~ 10:59	우중(隅中)
午	11:00 ~ 12:59	일중(日中)
未	13:00 ~ 14:59	일질(日昳)
申	15:00 ~ 16:59	포시(哺時)
酉	17:00 ~ 18:59	일입(日入)
戌	19:00 ~ 20:59	황혼(黃昏)
亥	21:00 ~ 22:59	인정(人定)

그러므로 子시라고 하면 시계로 23시 ~ 0시 59분이 아닌 23시 30분 ~ 1시 29분으로 보는데, 이는 동경135도 표준시가 아니라 우리나라의 자연시에 해당되는 동경127도30분 표준시를 기준으로 한 것이다. 우리나라의 대전 지역을 기준으로 한 동경127도30분 표준시는 일본의 고베 부근을 기준으로 한 동경135도 표준시와 30분의 차이가 난다. 지구가 동진(東進), 즉 서에서 동으로 회전하므로 동경135도 표준시의 시각이 2시이면 우리나라의 동경127도30분 표준시 시각으로는 1시 30분이 되는 것이다. 사주를 입명하는 경우 이러한 자연시와 표준시의 차이를 고려하여야 정확한 사주 입명이 된다.

~ 1908년 3월 31일	동경127도 표준시(서울 기준)
1908년 4월 1일 ~ 1911년 12월 31일	동경127도30분 표준시
1912년 1월 1일 ~ 1954년 3월 20일	동경135도 표준시
1954년 3월 21일 ~ 1961년 8월 9일	동경127도30분 표준시
1961년 8월 10일 ~ 현재	동경135도 표준시

이 밖에 서머타임도 사주 입명에서 고려하여야 할 주요 요소인데 시중의 만세력마다 서머타임의 적용기간이 제각각이다. 『보기 쉬운 사주만세력』(동학사, 2001년)의 경우 서머타임과 관련된 기사가 실린 신문의 이름과 날짜가 명시되어 있어서 가장 신뢰감이 가고 내용이 상세하여 이를 기준으로 한다.

서머타임 실시기간에 태어난 사람은 시계로 본 출생시에서 1시간을 빼주어야 자연시를 적용할 수 있는 표준시가 나온다. 다음 표는 서머타임이 실시된 기간으로 모든 날짜는 양력 기준이다.

1948년	시작	5월 31일 23시를 24시로 조정	동경135도 표준시 사용
	종료	9월 12일 24시를 23시로 조정	
1949년	시작	4월 2일 23시를 24시로 조정	동경135도 표준시 사용
	종료	4월 10일 24시를 23시로 조정	
1950년	시작	3월 31일 23시를 24시로 조정	동경135도 표준시 사용
	종료	9월 9일 24시를 23시로 조정	
1951년	시작	5월 6일 23시를 24시로 조정	동경135도 표준시 사용
	종료	9월 8일 24시를 23시로 조정	
1955년	시작	5월 5일 00시를 01시로 조정	동경127도30분 표준시 사용
	종료	9월 9일 01시를 00시로 조정	
1956년	시작	5월 2일 00시를 01시로 조정	동경127도30분 표준시 사용
	종료	9월 30일 01시를 00시로 조정	
1957년	시작	5월 5일 00시를 01시로 조정	동경127도30분 표준시 사용
	종료	9월 22일 01시를 00시로 조정	
1958년	시작	5월 4일 00시를 01시로 조정	동경127도30분 표준시 사용
	종료	9월 21일 01시를 00시로 조정	
1959년	시작	5월 3일 00시를 01시로 조정	동경127도30분 표준시 사용
	종료	9월 20일 01시를 00시로 조정	
1960년	시작	5월 1일 00시를 01시로 조정	동경127도30분 표준시 사용
	종료	9월 18일 01시를 00시로 조정	
1987년	시작	5월 10일 02시를 03시로 조정	동경135도 표준시 사용
	종료	10월 11일 03시를 02시로 조정	
1988년	시작	5월 8일 02시를 03시로 조정	동경135도 표준시 사용
	종료	10월 9일 03시를 02시로 조정	

① 남중시각으로 본 자연시

일출시각과 일몰시각은 육임에서 귀인을 순행할지 역행할지를 결정하는 아주 중요한 기준이며, 남중시각은 실질적인 자연시를 알려준다. 다음의 표는 한국표준시(KST)로 본 2004년 양력 1월의 일출시각·남중시각(정오시각)·일몰시각을 정리한 것이다. 예를 들어, 다음 표에서 지역별 차이를 무시하고 우리나라 표준시로만 볼 때 2004년 1월 2일의 구시는 시계시로 23시 36분부터 1시 35분까지다. 이렇게 자연시는 날짜마다 바뀌므로 정확한 자연시를 알려면 한국천문연구원의 자료를 활용한다.

날짜	요일	일출시각	남중시각	일몰시각
1일	목	07:47	12:35	17:24
2일	금	07:47	12:36	17:25
3일	토	07:47	12:36	17:25
4일	일	07:47	12:37	17:26
5일	월	07:47	12:37	17:27
6일	화	07:47	12:38	17:28
7일	수	07:47	12:38	17:29
8일	목	07:47	12:38	17:30
9일	금	07:47	12:39	17:31
10일	토	07:47	12:39	17:32
11일	일	07:47	12:40	17:32
12일	월	07:47	12:40	17:33
13일	화	07:47	12:40	17:34
14일	수	07:46	12:41	17:35
15일	목	07:46	12:41	17:36
16일	금	07:46	12:42	17:37
17일	토	07:45	12:42	17:38
18일	일	07:45	12:42	17:40
19일	월	07:45	12:43	17:41
20일	화	07:44	12:43	17:42
21일	수	07:44	12:43	17:43
22일	목	07:43	12:43	17:44
23일	금	07:43	12:44	17:45
24일	토	07:42	12:44	17:46
25일	일	07:42	12:44	17:47
26일	월	07:41	12:44	17:48
27일	화	07:40	12:45	17:49
28일	수	07:40	12:45	17:50

29일	목	07:39	12:45	17:52
30일	금	07:38	12:45	17:53
31일	토	07:37	12:45	17:52

② 지역별 자연시의 차이

표준시를 지역의 위치 차이를 고려하여 자연시로 바꾸려면 경도 차이에 따른 시간 차이를 구하여 더하거나 빼줘야 한다. 각 시의 자연시와 표준시 차이는 다음과 같으며, 그 밖의 지방은 한국천문연구원의 자료를 참고한다(부록1 일출·일몰 자연시 일람 참고).

서울특별시	+02:22
부산직할시	+03:42
인천광역시	-05:54
대구광역시	-04:06
울산광역시	-07:02
광주광역시	+02:38
대전광역시	+00:34

만약 경북 울릉군이라면 13분 6초를 빼줘야 하며, 전남 신안군의 경우는 5분 42초를 더해야 하므로 작은 차이가 아니다. 간단한 예로 양력 2004년 1월 31일 시계시로 13시 30분에 출생한 경우를 보면, 1월 31일의 정오시각을 감안했을 때 시계시로 13시 45분부터 未時가 된다. 그리고 경북 울릉군에서 태어났다면 지역별 차이를 고려하여 다시 13분 6초를 빼야 하므로 13시 31분 54초부터가 未時이며, 위의 사람은 태어난 시각이 未時가 아닌 午時가 된다. 시지를 구하면 시간을 찾아서 시주를 정한다. 다음의 표는 일간(日干)에 따른 시주(時柱)를 정리한 시간지 조견표로 위에서 예로 든 사람의 경우 태어난 날이 甲일이라면 시주는 庚午時가 된다.

시지＼일간	甲己→土	乙庚→金	丙辛→水	丁壬→木	戊癸→火
子시(23:00~00:59)	甲子	丙子	戊子	庚子	壬子
丑시(01:00~02:59)	乙丑	丁丑	己丑	辛丑	癸丑
寅시(03:00~04:59)	丙寅	戊寅	庚寅	壬寅	甲寅
卯시(05:00~06:59)	丁卯	己卯	辛卯	癸卯	乙卯
辰시(07:00~08:59)	戊辰	庚辰	壬辰	甲辰	丙辰
巳시(09:00~10:59)	己巳	辛巳	癸巳	乙巳	丁巳
午시(11:00~12:59)	庚午	壬午	甲午	丙午	戊午
未시(13:00~14:59)	辛未	癸未	乙未	丁未	己未
申시(15:00~16:59)	壬申	甲申	丙申	戊申	庚申
酉시(17:00~18:59)	癸酉	乙酉	丁酉	己酉	辛酉
戌시(19:00~20:59)	甲戌	丙戌	戊戌	庚戌	壬戌
亥시(21:00~22:59)	乙亥	丁亥	己亥	辛亥	癸亥

이제까지 다룬 사주팔자에 대한 사항을 요약해보면, 사주 중 한 해[年]의 시작은 '입춘'이 드는 시각부터이고, 달[月]의 시작은 절기 중 절(節)이 드는 시각부터다. 또한, 날[日]은 자시 초부터 바뀐다고 보며, 시(時)는 자연시를 사용한다.

1. 오행생극

상생(相生)과 상극(相剋)은 오행의 관계를 말한다. 결론부터 말하자면 존재의 밖에서 존재를 억제하는 기운을 역학 용어로 상극이라 하고, 존재를 낳는 기운을 상생이라고 한다. 줄여서 생극(生剋)이라고도 한다. 생이란 낳고 만들고 도와준다는 의미이고, 극은 억누르고 규제하고 친다는 의미다. 상생이 엄마의 자궁이요 젖꼭지 같은 것이라면, 상극은 세상의 차가움이요 자연의 자극 같은 것이라고 할 수 있다.

세상의 모든 존재는 도와주고 낳는 상생의 기운과 규제하고 자극하는 상극의 기운이 어우러져서 만들어진다. 상생이든 상극이든 어느 한 기운이 너무 많아지면 존재의 틀이 무너진다. 사람이든 동물이든 자연이든 어떤 존재나 형태가 있고 특유의 성질이 있다. 성질을 기(氣)라 하고 형태를 형(形)이라고 하면, 기는 상생에 의해 이루어지고 형은 상극에 의해 만들어진다.

생극의 개념을 바탕으로 육친의 개념이 나오고 운기의 신왕(身旺)·신약(身弱)의 분류가 생겨나며, 육임 과전의 운기에서 필요한 기운을 살피게 되므로 생극은 음양오행과 함께 육임의 기초가 된다.

1) 상생의 개념

巳(火) 辰(土)	午(火)	未(土) 申(金)
卯(木)	중앙土	酉(金)
寅(木) 丑(土)	子(水)	戌(土) 亥(水)

위의 표는 12지지를 순서대로 구궁(九宮)에 표시한 것이다. 표를 보면 음양이 8개의 좀더 작은 토막으로 나뉘어 있다. 양은 木·火로 나뉘고, 음은 金·水로 구분되었다. 음양 중 음은 하강하는 기운이므로 변화에서 水 오행의 전 단계인 金 오행이 음에 속하며, 양은 상승하는 기운이므로 자연의 변화를 나타낸 도식으로 보아 火 오행의 전 단계인 木 오행이 양에 속하게 된다.

그러면 오행 중 土는 어떤가? 土는 변화의 단계를 나타낸 사각형의 구궁 모퉁이에 있으면서 각 오행의 변화에 관여한다. 그래서 역학에서는 土가 앉은 자리를 '모퉁이 우(隅)'를 써서 우방(隅方)이라고 한다. 오행을 크게 음양으로 나눠서 보면 양에서 음으로 변화할 때 변화의 기운이 가장 강하게 작용해야 하므로 土가 양의 대표격인 火의 뒤에 자리하여 양에서 음으로 넘어가는 매개체가 된다. 위의 표에서는 未가 이러한 작용을 하며, 그래서 未를 토중지토(土中之土)라고 한다.

즉, 오행의 변화 과정을 볼 때 火로 상승하기 위해서는 木을 거치고, 水로 하강하기 위해서는 金을 거친다. 간단히 요약하면 목생화(木生火), 화생토(火生土), 토생금(土生金), 금생수(金生水), 수생목(水生木)이 된다.

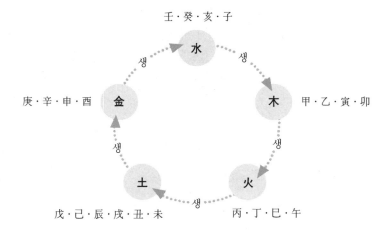

이러한 상생의 원리를 잘 설명해주는 것이 하도(河圖)이며, 오행이 서로 생하는 작용을 보여주고 있다. 오행의 수리 배속이 다음의 하도 그림에 잘 나타나 있으므로 숫자에 관심을 갖고 보도록 한다.

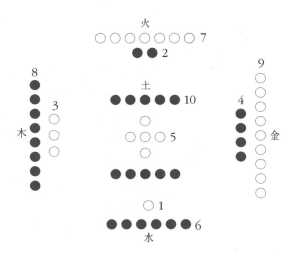

2) 상극의 개념

하나라 우임금이 낙수(洛水)에서 발견한 거북이 등에 그려진 그림이 신구낙서(神龜洛書)로 여기에서 오행의 상극 원리가 나왔다. 아래의 그림은 신구낙서를 알아보기 쉽게 변형한 것으로 역시 숫자의 오행을 주의 깊게 보아야 한다.

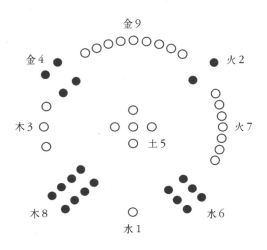

위의 그림을 하단 중앙에서 출발하여 시계 반대방향으로 돌리면 수극화(水剋火), 화극금(火剋金), 금극목(金剋木)이 되고 木은 중궁의 土를 극하여 목극토(木剋土)가 되며 다음으로 토극수(土剋水)가 된다. 이것이 오행의 상극관계로, 상극관계를 보면 이른바 '비상생 간상극(比相生 間相剋)'의 현상을 발견할 수 있다. 즉, 하도에서 木→火→土→金→水라는 상생의 흐름을 보면 바로 옆의 오행을 상생하므로 비상생이 되며, 여기서 상극하는 것끼리 선을 그어보면 한 칸 다음의 오행을 극하므로 간상극이라고 한다.

2. 육친

1) 육친의 개념

육친(六親)이란 음양오행의 상생·상극을 바탕으로 육임 정단에서 나를 뜻하는 일간과 과전의 다른 요소가 어떤 관계인지를 나타낸 것이다. 즉, 복잡한 음양오행의 관계를 간략하게 나타낸 것으로 비견(比肩)·겁재(劫財)·식신(食神)·상관(傷官)·편재(偏財)·정재(正財)·편관(偏官)·정관(正官)·편인(偏印)·정인(正印)의 열 가지가 있으며, 다른 이름으로 육신(六神), 십신(十神)이라고도 한다. 아래의 표에서 나로 표시한 것은 점사일의 일간이다. 예를 들어 일간이 甲인 경우 丙이나 巳를 만나면 식신이 되고, 壬이나 亥를 만나면 편인이 된다.

↓나(일간)	甲·寅	乙·卯	丙·巳	丁·午	戊辰·戌	己·丑未	庚·申	辛·酉	壬·亥	癸·子
甲·寅	비견	겁재	식신	상관	편재	정재	편관	정관	편인	정인
乙·卯	겁재	비견	상관	식신	정재	편재	정관	편관	정인	편인
丙·巳	편인	정인	비견	겁재	식신	상관	편재	정재	편관	정관
丁·午	정인	편인	겁재	비견	상관	식신	정재	편재	정관	편관
戊辰·戌	편관	정관	편인	정인	비견	겁재	식신	상관	편재	정재
己·丑未	정관	편관	정인	편인	겁재	비견	상관	식신	정재	편재
庚·申	편재	정재	편관	정관	편인	정인	비견	겁재	식신	상관
辛·酉	정재	편재	정관	편관	정인	편인	겁재	비견	상관	식신
壬·亥	식신	상관	편재	정재	편관	정관	편인	정인	비견	겁재
癸·子	상관	식신	정재	편재	정관	편관	정인	편인	겁재	비견

위의 표에서 알 수 있듯이 육친은 음양오행의 관계에 의해 만들어지는 상생과 상극의 또 다른 이름이라고 할 수 있다. 오행은 서로 생하기도 하고 극도 한다. 木은 火를 생하고, 火는 土를 생하고, 또 木은 土를 극하고, 土는 水를 극하는 등 다양한 관계가 있으며, 이러한 관계를 나타내는 부

호와 같은 것을 육친이라고 한다. 역학의 특수부호인 셈이다. 일간이 양
(陽)의 木인 甲일 경우에 육친은 다음과 같다.

일간 甲과의 관계	오행	육친	육친 구분
일간과 같은 오행	木	비겁	甲—비견 乙—겁재
일간이 생하는 오행	火	식상	丙—식신 丁—상관
일간을 생하는 오행	水	인수	壬—편인 癸—정인
일간이 극하는 오행	土	재성	戊—편재 己—정재
일간을 극하는 오행	金	관성	庚—편관 辛—정관

또한 육친을 부모, 형제, 처첩 등으로 구분하면 다음과 같다.

생자이신(生者二神)	생아자위부모(生我者爲父母)	편인—엄마 정인—아버지
	아생자위자손(我生者爲子孫)	식신—손녀 상관—손자
극자이신(剋者二神)	극아자위관귀(剋我者爲官鬼)	편관—혼(鬼) 정관—관(官)
	아극자위처재(我剋者爲妻財)	편재—첩 정재—처
화자이신(和者二神)	비화자위형제(比化者爲兄弟)	비견—나(남자) 겁재—형

2) 육친의 속성

육임에서는 육친을 사신(事神)이라고 한다. 육임 정단에서 유신(類神)
과 사신은 아주 중요한 역할을 한다. 예를 들어 질병점에서 백호라는 천
장은 질병을 볼 때 주목해야 할 기운이므로 질병의 유신 또는 병신(病神)
이라 하고, 나를 극하는 관귀(官鬼)는 사신이 되므로 병의 원인이 된다고
본다. 만약 관귀가 무겁고 금기(金氣)라면 금극목(金剋木) 하여 木이 손
상되므로 간담(肝膽)이 병의 원인이라고 보는 것이다. 각 육친에 대한 해
석은 정단론과 하지론에서 자세히 알아보고 여기서는 기본적인 것만 간
단히 살펴본다.

(1) 생아자

생아자(生我者)는 일간인 나를 생하는 사람으로 나를 낳아준 사람을 말하며, 음양이 다르면 정인이고 음양이 같으면 편인이다. 예를 들어 甲은 癸, 癸는 庚, 庚은 己, 己는 丙이 정인이고, 甲은 壬, 壬은 庚, 庚은 戊, 戊는 丙, 丙은 甲이 편인이 된다. 정인과 편인을 합하여 인성(印星) 또는 인수(印綬)라고 하며, 가족으로는 나를 낳아준 부모를 의미한다. 여자를 기준으로 할 때 정인은 부친이 되고, 편인은 모친이 된다. 그러나 기문둔갑에서는 육친의 정법(正法)을 써서 남녀를 불문하고 정인을 부친, 편인을 모친으로 보기도 한다. 육친의 가족관계에 대한 견해는 제각각이다. 이 책에서는 가장 많이 사용되는 분류 기준을 따랐다.

(2) 아생자

아생자(我生者)는 일간인 내가 낳은 사람으로 내가 생하는 사람을 말하며, 음양이 같으면 식신이고 음양이 다르면 상관이다. 예를 들어 甲은 丙, 丙은 戊, 戊는 庚, 庚은 壬이 식신이고, 甲은 丁, 丁은 戊, 戊는 辛, 辛은 壬, 壬은 乙이 상관이다. 식신과 상관을 합하여 상식(傷食) 또는 식상(食傷)이라고도 한다. 가족관계로 보면 내가 여자인 경우 식신은 딸이 되고 상관은 아들이 된다.

(3) 극아자

극아자(剋我者)는 일간인 나를 극하는 오행을 말한다. 음양이 같은 진극(眞剋)인 경우에는 편관이 되고, 음양이 다른 가극(假剋)인 경우에는 정관이 되며, 합하여 관성(官星) 또는 관살(官殺)이라고 한다. 진극은 양이 양을 극하는 것처럼 같은 음양 간의 극을 말하고, 가극은 음이 양을 극하는 것처럼 다른 음양 간의 극을 말한다. 진극이 되는 편관은 칠살(七殺)·살(殺) 또는 귀(鬼)라고 한다. 甲은 辛, 辛은 丙, 丙은 癸, 癸는 戊가 정관이고, 甲은 庚, 庚은 丙, 丙은 壬, 壬은 戊가 편관이다. 내가 규제하고 극제하는 것이 아니라 나를 극제하고 규제하는 것이기 때문에 직장·직업·관청을 의미하며, 여자에게는 남편이 된다. 정관은 정당한 남편이고 정당한 직업이 되며, 편관은 정부(情夫)·애인을 뜻하고 편협된 직업, 무관(武官) 등을 의미한다. 또한 편관의 경우 일간인 나를 사정없이 치는 기운이기 때문에 귀가 되고 살이 된다.

(4) 아극자

아극자(我剋者)는 일간인 내가 극제하는 것으로 음양이 다르면 정재이고, 음양이 같아서 편중되면 편재다. 甲은 己, 己는 壬, 壬은 丁, 丁은 庚, 庚은 乙이 정재이고, 甲은 戊, 戊는 壬, 壬은 丙, 丙은 庚, 庚은 甲이 편재다. 정재는 내가 규제하고 관리하는 것으로 재물·처가 된다. 정당한 노력의 대가인 봉급과 정식으로 혼인하여 맞은 처가 된다. 편재는 편중된 재물 즉, 복권당첨·고리대금·상속·도박·밀수 등으로 모은 재물이나 정부·애인·첩 등이 된다. 정재와 편재를 합하여 재성(財星)이라고 한다.

(5) 비화자·비아자

비화자(比和者) 또는 비아자(比我者)는 일간인 나와 오행이 같은 경우를 말한다. 비견은 오행도 같고 음양도 같은 경우이다. 예를 들어 甲은 甲, 乙은 乙, 庚은 庚, 癸는 癸가 비견이다. 겁재는 오행은 같으나 음양이 다른 경우로 甲은 乙, 丙은 丁, 戊는 己, 庚은 辛, 壬은 癸다. 비견과 겁재를 합하여 비겁(比劫) 또는 견겁(肩劫)이라고도 하는데, 사회관계나 가족관계로는 형제·동료·친구를 의미한다. 비화(比和)를 비화(比化)로 쓰기도 한다.

3) 육친의 전체 흐름을 보는 법

육친은 변화할 수 있으므로 육친 각각의 특성만 보지 말고 육친에 대한 종합적인 시각을 갖고 보아야 한다. 예를 들어, 식신이 강하면 상관의 역할을 하며, 정재가 강하면 편재로, 정관의 기운이 강하면 편관 즉 칠살로 변하고, 정인이 왕성하면 편인이 될 수 있다. 이것을 두고 정(正)이 두 개 이상이면 편(偏)으로 보라고 하는데, 이렇게 수치만 가지고 단정할 것이 아니라 주변의 상황을 모두 고려하여 결정하여야 한다. 만약 육임국에 비견이 있는데 이것이 월령(月令)을 얻고 앉은 자리인 지반의 오행을 얻고 있다면 비견이 겁재의 작용을 할 수 있는 일차적인 조건은 충족된다. 그리고 과전의 다른 요소로부터 왕한 인수가 생조를 많이 받는다면 이차적인 조건도 충족된다. 이러한 조건들이 충족되면 이미 이 육친은 비견이 아니라 겁재로 작용할 수 있다는 것을 고려한다. 더욱이 비견의 기운을 소통시키는 식상이 무력하면 바로 재성을 쳐서 점인이 재물과 인연이 없게 된다.

육친은 생극의 작용만 하는 것이 아니다. 비겁을 중심으로 생각하면, 대개의 경우 비겁은 식상을 생하거나 재성을 깨는 요소로만 생각하기 쉬운데 생극 외에 두 가지 방향을 생각할 수 있다.

① 인수의 기운을 뺀다는 것이다. 이 경우 인수의 기운이 미약하면 인수가 파인(破印)이 되는 경우라고 할 수 있는데, 이는 인수와 재성의 관계에서 재성이 아주 강할 때 나타나지만 비겁이 강할 때도 일어날 수 있다. 물론 강한 재성이 가장 직접적으로 작용하지만 비겁이 인수의 기운을 무력하게 한다는 점을 고려한다.

② 상외(相畏) 현상으로, 비겁을 억누르는 관성을 오히려 칠 수 있다는 점도 고려한다.

4 합과 형충파해

『오요권형』에 이르기를 "합(合)하면 친(親)이고 불합(不合)이면 소(疏)하다."고 하였다. 과전은 서로를 생극으로 조율하는데 이 중 특별한 관계를 유지하는 것이 합형충파해(合刑沖破害)다. 즉, 천간과 지지는 음양오행을 바탕으로 하는 생극과 육친의 관계뿐만 아니라, 서로 모이고 충돌하며 해치는 관계가 있다. 더 나아가 특수한 관계의 신살을 만들기도 한다. 이 중 신살에 대한 사항은 따로 신살론에서 자세히 알아보기로 하고, 이 장에서는 합과 형충파해에 대해서 알아본다.

합과 형충파해를 간단히 정리하면 다음과 같다.

① 간합(干合) : 甲己土 · 乙庚金 · 丙辛水 · 丁壬木 · 戊癸火

② 방합(方合) : 寅卯辰 방합 · 巳午未 방합 · 申酉戌 방합 · 亥子丑 방합

③ 삼합(三合) : 신자진합수(申子辰合水) · 사유축합금(巳酉丑合金) · 인오술합화(寅午戌合火) · 해묘미합목(亥卯未合木)

④ 육합(六合) : 자축합토(子丑合土) · 인해합목(寅亥合木) · 묘술합화(卯戌合火) · 진유합금(辰酉合金) · 사신합수(巳申合水) · 오미합화토(午未合火土)

⑤ 지형(支刑) : 寅巳申 삼형 · 丑戌未 삼형 · 子卯 상형 · 午辰亥酉 자형

⑥ 천충(天沖) : 甲庚충 · 乙辛충 · 丙壬충 · 丁癸충

⑦ 육충(六沖) : 子午충 · 卯酉충 · 寅申충 · 巳亥충 · 辰戌충 · 丑未충
⑧ 육파(六破) : 子酉파 · 丑辰파 · 寅亥파 · 卯午파 · 巳申파 · 戌未파
⑨ 육해(六害) : 子未해 · 丑午해 · 寅巳해 · 卯辰해 · 申亥해 · 酉戌해

1. 천간합

천간합은 간합(干合)이라고 하며 甲己土 · 乙庚金 · 丙辛水 · 丁壬木 · 戊癸火를 말한다. 예를 들어, 甲과 己는 서로 합을 하여 土로 변한다는 것이다.

『황제내경(黃帝內經)』의 「오운행대론편(五運行大論篇)」에서는 천간 합의 원리에 대해 "천문(天門)은 천간으로 戊[규벽(奎璧)]이고 지호(地戶)는 천간으로 己[각진(角軫)]인데, 甲년이나 己년에는 戊己의 황색 기운이 각진인 지호를 통과하고, 戊 · 癸년에는 붉은 기운이 각진을 통과한다."고 설명하고 있다.

간합하는 천간은 서로 상극을 하지만 만나면 합을 하는 관계로 자신으로부터 여섯 번째 글자와 합을 하여 육합이라고도 한다. 육임에서 과전의 둔간이 합을 이루는 경우 극보다는 합이 되는 것으로 해석한다.

1) 천간합의 영향

육임에서는 과전이 지지 중심으로 이루어지므로 지지의 삼합과 육합을 주로 사용하고, 간합은 일간과 둔간의 합만 참고한다. 그러나 실제로 합을 볼 때는 간합을 가장 먼저 보고 다음으로 육합을 보며 그 후에 삼합을 본다.

간지가 서로 합하는 것을 동심(同心)이라 하며, 서로 화합하고 협력하여 일을 이룬다고 본다. 합 중에서는 특히 일진과의 합을 중시한다. 그러나 합을 하면서 교차하여 형충파해가 되거나, 공망이나 천공이 타는 경우 화합하는 가운데 분란이 있거나 온전한 화합을 이루지 못한다. 합이

길신(吉神)이나 길장(吉將)과 합을 하면 완전한 길(吉)이고, 흉신(凶神)이나 흉장(凶將)과 합을 하면 이를 제어할 구신(救神)이 없을 경우 흉한 일이 있다. 그러나 합이 되는 경우에는 흉한 가운데도 길하다.

2) 천간합의 종류

① 甲己합 : 중정지합(中正之合)이라 한다. 변화하는 오행이 중앙의 土로 변하기 때문에 붙여진 이름이다. 귀인과 덕신(德神)이 있으면 윗사람의 도움을 받고 여러 가지 흉이 해소된다. 甲己합이 되면서 현무·태음·천후·육합이 卯·酉에 타면 간사하고 부정한 일이 일어난다.

② 乙庚합 : 인의지합(仁義之合)이라 하는데 인(仁)은 乙의 속성에서, 의(義)는 庚의 속성에서 나온 것이다. 길신이 타면 인자하고 평화롭지만, 흉신이 타면 자비롭지 않고 바르지 못한 일이 일어난다. 乙庚합이 되면서 현무·태음·천후·육합이 卯·酉에 타면 거짓된 행동을 한다.

③ 丙辛합 : 태양의 위용과 서방의 숙살 기운이 합쳐져서 위엄지합(威嚴之合)이라 하며, 위제지합(威制之合)이라고도 한다. 길신과 함께 있으면 위신과 위용이 있지만, 흉신과 같이 있으면 아랫사람이 복종하지 않는다.

④ 丁壬합 : 인수지합(仁壽之合)은 합으로 변화하는 木의 속성 때문에 붙여진 이름이다. 길신이 타면 도모하는 일이 이루어지지만, 흉신이 타면 집안에 음란한 일이 있다. 丁壬합이 되면서 현무·태음·천후·육합이 卯·酉에 타면 집안에 음란함이 더 강해진다.

⑤ 戊癸합 : 정이 없이 합을 한다 하여 무정지합(無情之合)이라고 한다. 길신이 타도 목적을 완전히 이루지 못하며, 흉신이 타면 매사에 공허하게 끝이 나고 이중적인 행동을 하며 질투와 시기하는 일도 있게 된다.

2. 지지합

지지합은 지합(支合 또는 地合)이라고도 하며, 지지의 방합과 삼합·육합을 모두 가리키는 말이다. 이 중에서 삼합의 작용이 가장 강한 것으로 본다.

1) 지지의 방합

지지가 같은 방향 또는 계절끼리 합을 이루는 것을 방합이라고 하며, 寅卯辰 방합·巳午未 방합·申酉戌 방합·亥子丑 방합이 있다.

삼합이 혈연의 합이라면 방합은 친구의 합으로 일종의 연합을 하는 것으로 본다. 그러므로 방합은 세력의 합으로 보면 된다. 삼합과 마찬가지로 합하는 글자 중 子·午·卯·酉가 빠지면 방합이 안 되는 것으로 본다.

2) 지지의 삼합

지지 중 비슷한 성질을 가진 세 지지가 합하는 관계를 삼합이라 하며, 신자진합수(申子辰合水)·사유축합금(巳酉丑合金)·인오술합화(寅午戌合火)·해묘미합목(亥卯未合木)이 있다.

삼합이 되는 이유는 지지 속에 숨겨진 지장간이 공통인자를 가지고 있기 때문이다. 각 지지의 지장간은 다음과 같다.

지지	子	丑	寅	卯	辰	巳	午	未	申	酉	戌	亥
초기	壬	癸	戊	甲	乙	戊	丙	丁	戊·己	庚	辛	戊
중기		辛	丙		癸	庚	己	乙	壬		丁	甲
정기	癸	己	甲	乙	戊	丙	丁	己	庚	辛	戊	壬

예를 들어 신자진합수의 경우, 申의 지장간은 戊·己·壬·庚, 子의 지장간은 壬·癸, 辰의 지장간은 乙·癸·戊로 지장간들이 모두 공통적

으로 수기(水氣)를 갖고 있다. 그러므로 申·子·辰 세 글자가 모이면 합을 하여 水가 되는 것이다.

삼합에서 합의 중심이 되는 것은 제왕(帝旺)으로 불리는 子·午·卯·酉인데, 각각의 합에 子·午·卯·酉가 있어야 합이 된다. 예를 들어 申·辰만 있으면 제왕의 글자가 빠졌으므로 합이 되지 않는다. 그러나 申·子만 있는 경우는 반합(半合)이라 하여 삼합에 준하여 해석한다. 이와 관련하여 삼육(三六)이 서로 부른다는 말이 있는데, 이는 삼전이 삼합이 되면서 삼합의 子·午·卯·酉와 간지상신이 육합을 하는 경우를 말한다. 예를 들어 삼전이 申·子·辰이고 간상이나 지상에 丑을 보는 경우이다. 이 경우 매사에 길하지만 질병점에는 흉하다. 참고로 방위의 합인 寅卯辰 방합·巳午未 방합·申酉戌 방합·亥子丑 방합은 삼합이라고 하지 않는다. 삼합이 되는 경우에는 합이 되는 구성요소의 육친을 무시하고 화(化)하는 오행의 육친으로 해석한다.

(1) 삼합의 일반적인 영향

극은 동(動)을 만들고 합은 화(和)를 만든다. 기본적으로 합은 화합하고 성취하는 역할을 한다. 음양이 배합하고 기수(奇數)·우수(偶數)가 배합되어 성사의 기운으로 본다. 삼합이 된 삼전의 육친이 일간의 관귀가 되는 경우에는 일간을 극하는 성분으로 작용하므로 무조건 성사와 화합의 기운으로만 볼 수는 없다. 관귀가 되는 경우를 나누어 살펴보면, 목귀(木鬼)는 부상수, 화귀(火鬼)는 불로 인한 화(禍), 금귀(金鬼)는 사고로 다치는 일이며, 토귀(土鬼)는 소화기 질환이나 송사수인데 백호가 있으면 더욱 흉하다. 또한, 삼합과 직장의 관계를 볼 때 삼합이 관성이 있으면 취직에 유리하다고 판단하는데 이것은 일간이 강하고 간상에 길장이 타는 경우로 한정된다.

보통 寅卯辰과 같은 합을 방위의 합이란 의미에서 방합(方合)이라 하며, 친구의 합 또는 세력의 합이라고 한다. 이에 반해 삼합은 혈연의 합이라고 한다. 즉, 寅午戌과 같은 경우 공통적으로 뜨거운 피를 가지고 있기 때문이다. 이렇게 뜨거운 가족이 뭉쳐서 일방적으로 일간을 공격하는 경우에는 분명히 문제가 있을 것이다. 이와 같이 삼합의 영향을 볼 때는 먼저 삼합의 오행이 어떤 역할을 하는지 보아야 한다.

(2) 삼합의 종류

육임에서 삼전이 삼합을 이루는 경우 화하는 오행의 특성을 빌려서 별도의 격으로 부른다. 예를 들어 삼합이 되어 목국(木局)이 되면 곡직격(曲直格)이라고 하는데, 이는 사물의 옳고 그름을 말하는 것이 아니라 나무의 기운이 구부러지다가 바로 크는 것과 같은 기운을 형상화한 것이다. 삼합의 각 명칭은 삼전 亥卯未 삼합 목국이면 곡직격, 삼전 寅午戌 삼합 화국(火局)이면 염상격(炎上格), 삼전 辰戌丑未 토국(土局)이면 가색격(稼穡格), 삼전 巳酉丑 삼합 금국(金局)이면 종혁격(從革格), 삼전 申子辰 삼합 수국(水局)이면 윤하격(潤下格)이다. 삼전이 삼합을 이룰 때 삼합오행에 따른 고유의 영향이 있으므로 육친효의 영향을 해석할 때 참고한다.

① 亥卯未 곡직격 : 어짊으로 성취할 수 있으나 일이 꼬인다. 소송점의 경우 삼전이 곡직으로 일간을 극하면 구속될 수 있다. 결혼에는 좋으며, 출산하는 경우 남자아이다.

② 寅午戌 염상격 : 문명과 문화의 상으로 번성하고 발달하며 공명을 떨친다. 출산하는 경우에는 남자아이다.

③ 辰戌丑未 가색격 : 가택과 땅에 관한 일이다. 내정을 보는 경우 가색격이면 가택이나 여행의 일로 본다. 특히 삼전에 이동의 기운을 나타내는 정신(丁神)이 있으면 가택의 이동이나 여행으로 판단한다. 또한 탄사(彈射)·중심(重審)이면서 가색격인 경우 재물에 대한 점이다.

④ 巳酉丑 종혁격 : 변화하고 개혁하며 숙살(肅殺)의 기운이다. 출산하는 경우 여자아이다.

⑤ 申子辰 윤하격 : 끝없이 변화하고 주변과 화합한다. 출산하는 경우 여자아이다.

(3) 삼전 삼합의 구성별 영향

삼합의 구성은 여러 측면에서 살펴볼 수 있다. 삼전 亥卯未 삼합 목국 (木局)인 곡직격의 예를 보면, 아래 표에서 ①은 삼합이 木의 장생(長生)·왕지(旺地)·묘신(墓神)으로 이루어졌다는 것이며, ②③은 삼합의 구성을 지지의 별칭으로 본 것이다. 寅·申·巳·亥를 맹신(孟神) 또는 역마(驛馬), 子·午·卯·酉를 중신(仲神) 또는 제왕(帝王), 辰·戌·丑·未를 계신(季神) 또는 화개(華蓋)라고 한다.

亥	卯	未	
생(生)	왕(旺)	묘(墓)	⋯⋯ ①
맹신	중신	계신	⋯⋯ ②
역마	제왕	화개	⋯⋯ ③

삼전의 초전·중전·말전이 亥·卯·未 순서로 구성된 경우를 순합 (順合)이라 하고, 未·卯·亥 순서로 구성된 경우를 역합(逆合)이라 하며, 이런 순서가 아닌 경우를 전합(轉合)이라고 한다. 그리고 이러한 합의 종류에 따라 영향이 다르다고 보며 각각의 경우를 별칭을 붙여서 해석하기도 한다. 그러나 기본적으로 삼합은 순(順)을 좋아하고 역(逆)을 꺼리며, 역인 경우에는 움직임을 피하고 가만히 있는 것으로 요약할 수 있다.

(4) 삼합과 하지론

삼전의 삼합은 육임의 각종 판단에 이용되는데, 가장 대표적인 것이 물건 정단과 기후 정단이다.

① 물건 정단 : 곡직격은 풀이나 나무류의 긴 물건, 염상격은 불과 관련이 있고 가벼우며 뾰족한 물건, 가색격은 흙과 관련이 있고 두터우며 둥근 물건, 종혁격은 쇠와 관련이 있고 단단한 물건, 윤하격은 물과 관련이 있는 구부러진 물건이다.

② 기후 정단 : 곡직격은 바람이며, 염상격은 맑으나 공망이면 비가 되고, 가색격은 흐리거나 가는 비다. 종혁격은 흐리고 수장(水將)이 타는 경우 비가 되며, 백호가 있는 경우에는 바람이 된다. 윤하격은 비가 오지만 공망이거나 일간이 극하는 경우에는 맑다.

(5) 삼전 삼합과 응기

삼전에 삼합이 있으면 응기는 달을 넘기거나 일신(一神)이 보충되는 날 이뤄진다. 관련이 있거나 얽힌 일은 점월을 넘기면 해결되며, 지지 하나가 없어서 삼합이 안 되는 경우[절요(折腰)]에는 없는 지지가 오는 날 응기가 된다. 만약 삼전에 없는 지지가 간상신에 있는 경우[주합(湊合)]에는 뜻밖에 화합하는 일이 있고, 그 일의 종류는 간지상에 있는 천장으로 판단한다. 또한 한 글자가 빠진 경우를 대용격(待用格)이라고 하는데, 응기를 따질 때 공망이나 천공이 있으면 일반적인 응기 원칙에 따라 변화한다.

(6) 삼합격의 속국

① 곡직격 : 乙卯5국 · 乙卯9국 · 乙未5국 · 乙未9국 · 乙亥5국 · 乙亥9국 · 丁卯5국 · 丁卯9국 · 丁未5국 · 丁未9국 · 丁巳5국 · 丁酉9국 · 丁亥5국 · 丁亥9국 · 己卯5국 · 己未5국 · 己未9국 · 己巳5국 · 己酉9국 · 己亥5국 · 己亥9국 · 辛卯5국 · 辛未5국 · 辛未9국 · 辛亥5국 · 辛亥9국 · 壬子5국 · 壬子9국 · 壬寅9국 · 壬辰9국 · 壬午9국 · 壬申9국 · 壬戌5국 · 壬戌9국 · 癸卯5국 · 癸亥5국

② 염상격 : 甲子5국 · 甲寅5국 · 甲辰5국 · 甲午5국 · 甲午9국 · 甲申5국 · 甲戌5국 · 甲戌9국 · 丙寅5국 · 丙午5국 · 丁亥10국 · 戊寅5국 · 戊午5국 · 戊午9국 · 戊戌5국 · 己丑10국 · 己酉2국 · 庚寅5국 · 庚午5국 · 辛卯4국 · 辛巳5국 · 辛酉9국 · 壬寅5국 · 壬午5국

③ 가색격 : 乙丑1국 · 乙丑4국 · 乙丑7국 · 乙未10국 · 乙亥4국 · 乙亥10국 · 丁丑1국 · 丁未1국 · 己丑1국 · 己未1국 · 辛丑1국 · 辛未1국 · 壬

辰10국 · 壬戌10국 · 癸丑1국 · 癸丑4국 · 癸丑7국 · 癸丑10국 · 癸卯1
국 · 癸卯4국 · 癸巳1국 · 癸巳4국 · 癸未4국 · 癸未7국 · 癸未10국 · 癸酉
1국 · 癸酉10국 · 癸亥1국 · 癸亥10국

④ 종혁격 : 乙丑5국 · 乙丑9국 · 乙巳5국 · 乙巳9국 · 乙酉5국 · 丙子9
국 · 丙寅9국 · 丙辰9국 · 丙午9국 · 丙申9국 · 丙戌5국 · 丙戌9국 · 丁丑
5국 · 丁丑9국 · 丁巳9국 · 丁酉5국 · 己丑5국 · 己丑9국 · 己巳9국 · 己
酉5국 · 辛丑5국 · 辛丑9국 · 辛巳9국 · 辛酉5국 · 癸丑5국 · 癸丑9국 ·
癸卯9국 · 癸巳5국 · 癸巳9국 · 癸未5국 · 癸未9국 · 癸酉5국 · 癸酉9
국 · 癸亥9국

⑤ 윤하격 : 甲子9국 · 甲辰9국 · 甲申9국 · 乙酉9국 · 丙子5국 · 丙辰5
국 · 丙申5국 · 戊子9국 · 戊辰5국 · 戊辰9국 · 戊申5국 · 戊申9국 · 庚子5
국 · 庚子9국 · 庚寅9국 · 庚辰5국 · 庚辰9국 · 庚午9국 · 庚申5국 · 庚申9
국 · 庚戌5국 · 庚戌9국 · 壬申5국

3) 지지의 육합

지지가 서로 합을 하는 관계로 6개의 합이 이루어져 육합(六合)이라
하며 지합(支合)이라고도 한다. 자축합토(子丑合土) · 인해합목(寅亥合
木) · 묘술합화(卯戌合火) · 진유합금(辰酉合金) · 사신합수(巳申合水) ·
오미합화토(午未合火土)를 말한다. 오미합화토의 경우는 土로 변한다고
보는 설과 합을 하되 변하지 않는다는 설이 있다.

육합은 십이지지를 원형상에 배치하고 子 · 丑의 가운데와 午 · 未의
가운데를 이은 선을 중심으로 대칭이 되는 상대편과 합하는 것이다. 이
중 寅亥 · 辰酉 · 午未는 생을 하면서 합을 하므로 합의 작용력이 크지만,
子丑 · 卯戌 · 巳申은 극을 하면서 합을 하므로 합의 작용력이 떨어진다.
특히, 지합은 간합보다 합의 작용력이 떨어진다고 보지만 육임에서는 지
합을 더 중요하게 본다.

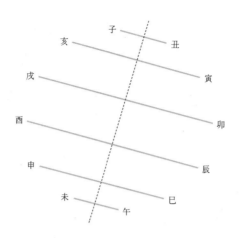

(1) 육합의 영향

① 지지의 육합은 합을 고려하지 않는 경우가 많아 변화를 이끌어내지 못한다고 본다. 즉, 子와 丑이 같이 있으면 이를 土로 보는 경우가 드물다. 그러나 합은 기본적으로 화합하고 목적을 달성하는 데 도움을 준다.

② 일진인 1·3과가 합을 하는 경우 서로 화합하고 일의 성취에 도움이 된다. 그러나 질병 정단이나 소송 등에는 좋지 않다. 금방 종결되지 않기 때문이다.

③ 육합 중 한 글자가 공망이 되거나 형충파해가 되는 경우 합을 하는 가운데 갈등이 있게 된다. 이 때는 합의 힘도 감소된다. 또한 합을 하면서 일간을 극하고 흉장이 타는 경우에는 화합하는 가운데 해로움이 있다.

(2) 육합의 종류

① 子丑합토 : 화합하는 부부의 합이다. 천후와 子가 합하고 태음·육합·천후 등이 합을 하는 경우 혼인을 점치면 모두 성사된다.

② 寅亥합목 : 도와주고 설기되는 부자의 합이지만, 파합(破合)이라고 하여 길신이 타지 않으면 순리대로 되지 않고 온전한 합도 되지 않는다.

③ 卯戌합화 : 火로 화(化)하여 약속을 하는 형제의 합이다.

④ 辰酉합금 : 辰이 자신을 맡기는 친구의 합이다.

⑤ 巳申합수 : 서로 의심하면서 합을 하는 승도(僧道)의 합이며, 형합(刑合)으로 온전한 합이 되지 않고 길신이 있어야 합의 목적을 이룬다.

⑥ 午未합화토 : 午는 밝아지고, 未는 어두워지는 군신 간의 합이다.

3. 천간충

천간이 서로 부딪치고 충돌하는 것으로 甲庚충 · 乙辛충 · 丙壬충 · 丁癸충을 말한다. 십간이 자신으로부터 일곱 번째의 천간과 만나 충돌한다 하여 칠충(七沖)이라 하며 천충(天沖)이라고도 한다. 육합으로 합하였던 것들이 서로 충돌하여 극하고 이별하는 것으로 양(陽) 대 양, 음(陰) 대 음끼리 충의 관계가 형성된다.

길신이나 길장을 충하면 좋지 않으나, 흉신이나 흉장을 충하면 흉이 길로 변한다. 1과를 충하는 경우 나의 신상에 동요가 생기고, 3과를 충하는 경우에는 집안에 동요가 있거나 이사할 일이 생긴다.

또한 충하는 천신이 타는 천장별로 영향이 다르게 나타나는데, 육합에 타면 자식에게 변고가 있거나 음란한 일이 발생하고, 구진에 타면 분란이 생기며, 백호에 타면 질액이 발생하거나 사고가 난다. 현무에 타면 도망하는 일이 생기며, 태음이나 천후에 타는 경우는 음란한 일이나 은밀하게 추진하는 일이 생긴다.

4. 지지충

지지가 서로 대립하고 싸우는 관계로 육충(六沖) 또는 지충(支沖)이라고 한다. 子午충 · 卯酉충 · 寅申충 · 巳亥충 · 辰戌충 · 丑未충을 말하며, 다음과 같이 크게 세 가지로 분류할 수 있다.

① 제왕의 충 : 子午충 · 卯酉충

② 역마의 충 : 寅申충 · 巳亥충
③ 고(庫)의 충 : 辰戌충 · 丑未충

1) 육충의 영향

충돌하고 깨지는 것이 육충이다. 어느 것이 이길지는 육충이 천간충인 천충으로부터 나왔다는 것을 생각해보면 알 수 있다. 예를 들어 子午충인 경우 子의 지장간 癸 · 壬과 午의 지장간 丁 · 己 · 丙이 싸우는데, 천충의 입장에서 보면 각각의 지장간인 丁과 癸가 충이 되는 것이며 이로 인해 지지도 충돌하는 것이다. 따라서 육충의 승부는 각 지지의 지장간 일수를 고려하여 서로의 힘을 비교하여야 할 뿐만 아니라 계절, 지반과의 관계, 과전 전체의 상황까지도 고려해야 한다.

육임 과전에 충하는 지지가 있어도 충으로 보지 않는 경우가 있다. 먼저 충이불충(沖而不沖)의 경우로, 예를 들어 巳亥충의 경우 두 글자 사이에 寅이 있으면 생으로 이어지므로 충이 안 된다. 다음은 탐합망충(貪合忘沖)의 경우로, 이는 합과 충이 같이 있으면 합을 하지 충을 안 한다는 뜻이다. 이 경우 합과 충을 동시에 한다고 보기도 하지만, 생극작용은 생이 우선한다는 것을 고려하면 합이 우선되는 것이 타당하다. 합과 충이 동시에 작용하는 경우에도 주변 상황과 왕쇠에 따라 어느 하나가 더 영향력을 발휘하므로 과전을 잘 관찰한다.

2) 육충의 종류

① 子午충 : 남녀간의 다툼이 있다. 子와 午는 음양이지(陰陽二至)이며, 음과 양이 다투는 것과 같아서 남녀간에 분쟁이 일어나며 분주하고 일만 많다. 충돌은 아주 근본적인 것으로 주의하지 않으면 수습할 수 없다.

② 卯酉충 : 문호(門戶)와 가정에 동요가 있다. 부부간에 불화하며, 가족간에 분쟁으로 이별할 일이 생긴다. 卯는 태양의 문이고, 酉는 달의 문으로 이 둘이 다투는 상이다.

③ 寅申충 : 寅 · 申은 도로의 신(神)으로 충이 되면 남녀간에 불화가

있으며 서로 의심한다. 역마의 충으로 길흉의 발동이 빠르다.

④ 巳亥충 : 巳ㆍ亥는 묘당(廟堂)의 궁(宮)이다. 충이 되면 순역(順逆)이 반복되어 목적한 것을 얻지 못하고 손실이 있다. 음양의 충이고 역마의 충으로 변화는 근본적인 것이고 빠르다.

⑤ 辰戌충 : 길흉이 확실하지 않은 충이다. 아랫사람이 도주할 우려가 있다.

⑥ 丑未충 : 일을 도모하는 사람들의 의지가 달라서 일이 실현되는 것이 없다. 형제간에 분란이 있기도 하다.

5. 형

형(刑) 또는 지형(支刑)은 서로 충돌하고 극하는 관계로, 충과 비슷한 작용을 하는 寅巳申 삼형ㆍ丑戌未 삼형ㆍ子卯 상형ㆍ午辰亥酉 자형을 말한다.

형을 설명하는 원리에는 사혹십악(四惑十惡)의 원리와 기운이 강하여 흉화가 발생하는 것으로 보는 두 가지 원리가 있다. 사혹십악의 원리는 형의 결과만 본 것으로 순행하여 네 번째 자리가 사혹(四惑)이고, 역행하여 열 번째 자리가 십악(十惡)에 해당한다는 것이다. 예를 들어, 寅巳申 삼형은 巳가 寅에서부터 순행하여 네 번째 자리이고, 寅에서부터 역행하여 열 번째 자리이므로 형을 한다고 설명한다.

이와 달리 형을 지지의 삼합과 방합의 관계로 설명하는 경우도 있다. 이는 합 상호간에 상생(水ㆍ木)이나 동류(火ㆍ金)의 구성을 보일 때 그 상호간의 관계로 힘이 더 강해져서 화가 발생한다고 보는 것이다. 그러므로 형의 작용을 말할 때 두 지지 간에 서로 형벌을 가하고 깨지는 것보다 어느 기운이 강해지는가에 주목해야 한다. 예를 들어, 寅巳형은 화기(火氣)에 해당하는 육친이 강해져서 흉화가 발생하며, 한편으로는 화극금(火剋金)의 작용으로 금기(金氣)에 해당하는 육친에 손상을 줄 수 있다는 것을 생각해야 한다. 또한, 형의 작용을 너무 크게 생각해서 전체 과정의 흐름을 무시하면 전혀 다른 판단 결과가 나오므로 주의한다.

방합 오행	火	金	水	水
방합	巳午未	申酉戌	申子辰	亥子丑
	刑刑刑	刑刑刑	刑刑刑	刑刑刑
삼합	寅午戌	巳酉丑	寅卯辰	亥卯未
삼합 오행	火	金	木	木

위의 표를 보면 삼합과 방합의 각 지지를 처음·중간·마지막으로 나누어 위아래로 배합시킨 것이 형이라는 것을 알 수 있다. 왼쪽에서부터 寅巳형·午午형·戌未형·巳申형·酉酉형·丑戌형·寅申형·子卯형·辰辰형·亥亥형·子卯형·丑未형이 된다. 또 子卯형은 水와 木에서 중복되어 나타난다.

1) 형의 영향

형은 경우에 따라 그 힘이 충보다 강하기도 하고 약할 때도 있다. 초전이 형이 되는 경우 형상(刑傷)이 발생한다. 1과에서 형을 하면 남자가 손상되고, 3과에서 형을 하면 여자에게 문제가 생긴다. 1과를 형하면 일이 외사(外事)에 속하고, 3과를 형하면 일이 내사(內事)이다. 외사인 경우는 길흉이 빠르게 나타나고, 내사인 경우는 반응이 늦어진다.

또한 형은 안정을 해치는 성분으로 일진을 형하는 경우 출행하면 안되고, 월지를 형하는 경우는 소송을 하면 안 된다. 한편, 형은 소인의 상으로 보아 가출한 지 2~3일 된 경우 가출 방향이 소인이면 형의 입지가되고, 윗사람이면 일덕의 입지가 된다.

2) 형의 종류

① 寅巳申 무은지형(無恩之刑) : 寅巳형은 분쟁이 발생하여 관재가 되

고 도망과 관련된 일이 생긴다. 巳申형은 육합 중에 서로를 형하는 관계로 이별과 만남, 화합과 불화가 반복된다. 寅申은 형과 충이 겹쳐 있는 상으로 서로간의 분쟁이 깊고 이로 인해 재액을 초래한다.

② 丑戌未 지세지형(持勢之刑) : 서로의 세력을 믿고 행동하는 형으로 분쟁 중에 관사의 우려가 있다.

③ 子卯 무례지형(無禮之刑) : 상하 또는 가정에 질서가 없어진다. 子가 卯를 형하는 경우 윗사람에게 불리하고 가정에 불화가 생긴다. 卯가 子를 형하는 경우에는 밝음이 어둠으로 들어가는 상으로 자식이나 아랫사람에게 좋지 않다.

④ 午辰亥酉 자형 : 진퇴를 결정할 수 없고 매사에 화액을 부른다.

6. 파

지지 간에 서로 합을 방해하는 작용을 하는 것으로 육파(六破)·지파(支破)라고 한다. 子酉파·丑辰파·寅亥파·卯午파·巳申파·戌未파를 말한다.

1) 파의 영향

파(破)는 충돌하고 부서져서 흩어진다는 의미다. 그러므로 파가 되면 흉한 일은 없어지고, 길한 일은 이루어지지 않는다. 예를 들어 관귀를 파하는 경우 흉이 없어진다. 대체로 파를 만나면 되는 일이 없지만 길신이 타는 경우에는 나중에 도모하는 일을 이룰 수 있다. 파가 있으면서 공망이나 천공이 타면 매사에 이루어지는 것이 없다. 또, 삼전에 파가 있으면 정단의 목적을 도중에 바꾸게 되므로 완전한 것이 없게 된다. 이 중 초전에 파가 있으면 도모하는 일이 이루어지는 것이 없고, 중전에 있으면 의혹의 일이 발생하며, 말전에 있으면 매듭이 안 지어진다.

2) 파의 종류

① 子酉파 : 아이와 여자에게 해가 있다.

② 丑辰파 : 묘소나 출입문을 닫는 일이 있다.

③ 寅亥파 : 합을 하면서 파가 되는 경우로 실패와 성사가 반복된다.

④ 卯午파 : 집안에 불완전함이 있다.

⑤ 巳申파 : 몸에 형상(刑傷)을 당한다.

⑥ 戌未파 : 몸에 형상을 당한다.

7. 해

지지 상호간에 해치고 뚫는 성질이 있으며 육해(六害) 또는 지해(支害)라고 한다. 子未해 · 丑午해 · 寅巳해 · 卯辰해 · 申亥해 · 酉戌해를 말한다. 뚫는 성질이 있어서 상천살(相穿殺)이라고도 하며, 십이신살의 육해살(六害殺)과는 아무 관련이 없다.

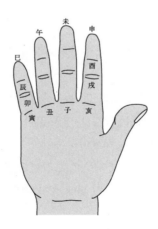

육해는 위의 손바닥 그림과 같이 위아래가 일직선으로 이어지는 구조이다. 어떤 사람은 생극제화의 논리에 맞지 않는다며 육해의 사용을 꺼

리기도 한다. 그러나 육임에서 외호내착격(外好內錯格)인 壬申10국의 경우, 간지상신이 육합을 하면서 기궁과 일지가 육해가 되면 방해하는 요소로 보는 등 그 쓰임새가 있으므로 무조건 부정해서는 안 된다.

참고로 육해를 부정하는 사람들의 논리는 오행의 생극제화를 우선하라는 것인데, 예를 들어 子未해의 경우 토극수(土剋水) 하므로 子의 입장에서 보면 未를 뚫을 방법이 없다. 이런 점을 떠나서 해는 형·충보다 작용력이 떨어지는 것은 사실이다.

1) 해의 영향

해(害)란 침해되고 방해를 받는다는 의미로 현상을 유지하는 것이 좋으며, 진행하면 장애로 인해 실패하거나 정체된다. 도모하는 일이 성공하는 경우에도 먼저 장애가 있고 나서 성공한다. 특히 초전과 말전의 해를 중요하게 본다. 상해하는 천반이 양(陽)이고 지반도 양인 양비(陽比)면 남자, 음비(陰比)면 여자가 상해를 입는다. 상하의 기세가 약하면 노인이나 부인이고, 강하면 청년이나 장년이다.

2) 해의 종류

① 子未해 : 일이 불완전하게 추진되고 도모하는 일에 재화(災禍)와 구설이 생기기 쉽다.

② 丑午해 : 부부간에 불화하고 다른 사람과 다툼과 분란이 있으며, 성취되는 것도 없고 추진하는 것도 분명치 않다.

③ 寅巳해 : 일을 추진하는 데 어려움이 있고 형상(刑傷)을 당한다.

④ 卯辰해 : 도모하는 일이 다툼으로 인해 결말을 보기 어렵다.

⑤ 申亥해 : 일은 방해가 있은 뒤에 성사되며 추진하는 일을 오래 계속하지 못한다.

⑥ 酉戌해 : 구설이 분분하고 고용인과 가족에게 재해가 있으므로 현실을 지키는 것이 좋다.

5
왕상휴수사와 운성

1. 왕상휴수사

왕상휴수사(旺相休囚死)부터는 육임의 전문 용어들이 나오는데 먼저 사과삼전(四課三傳)의 구성 요소를 어떻게 부르는지 알아보고 설명하기로 한다.

말전	중전	초전
太常	白虎	天空
癸丑	○寅	○卯
○寅	○卯	辰

4과	3과	2과	1과
青龍	勾陳	天空	青龍
甲辰	乙巳	○卯	甲辰
巳	午	辰	丙(巳)

위의 과전은 丙午2국_주점(晝占)의 과전이다. 2국은 천반의 子가 지지의 순서로 2번궁인 丑에 탔다는 것이고, 주점이란 卯시 이후 酉시 전인 낮에 정단하였다는 것이다. 초전·중전·말전을 삼전(三傳)이라 하고 1과·2과·3과·4과를 합하여 사과(四課)라고 하며, 사과와 삼전을 합쳐서 사과삼전 또는 과전(課傳)이라 한다. 또한 일간 丙 위에 있는 辰을 간상신(干上神), 일지 午 위에 있는 巳를 지상신(支上神)이라고 하며, 간상에 있는 갑진(甲辰) 중 甲을 둔간(遁干), 일간이 탄 巳를 기궁(寄宮)

이라 한다. 육임에서 신장(神將)이란 천신(天神)과 천장(天將)을 말하는데, 천신은 천반(天盤)의 별칭이다. O는 공망(空亡)이라는 표시다. 좀더 자세한 것은 조식론에서 설명하기로 한다.

육임을 공부하다 보면 왕상휴수사 중 왕상(旺相)과 휴수(休囚)라는 말이 많이 나온다. 기운을 얻고 있는지를 판단하는 말인데, 자세히 보면 무엇으로부터 왕상인지 그 기준이 정확하지 않다. 예를 들어 재물점에서는 청룡 위주로 판단하는데, 왕상의 기운에 승(乘)하고 왕상의 지(地)에 임할 때 좋다고 하였으며, 부부점에서는 청룡이 타는 천신이 왕상이면 남편이 힘이 있고 사수이면 무력하며, 부인은 천후로 보아 왕상이면 좋고 사수여도 괜찮다는 말이 있다. 이런 말들이 육임을 공부하는 이들을 혼란스럽게 한다.

일진과 용신의 왕상은 육임에서 중요한 판단 도구로 많이 쓰이는데 왕상의 기준이 천반인지 지반인지, 계절을 중심으로 하는지가 아리송하다. 또한 청룡 같은 천장의 오행은 어느 것을 기준으로 하는지도 의문이다. 육임 관련의 책들을 보면 천장은 천반의 오행을 따른다고 누차 강조하였다. 그런데 외전(外戰)과 내전(內戰)을 볼 때는 천장 자체의 오행으로 생극을 따진다. 그럼 왕상휴수사도 천장 자체의 오행으로 보는 것인가라는 의문이 생길 수 있다. 이런 의문점에 대해서는 왕상휴수사가 쓰이는 각 항목에서 살펴보기로 하고 여기서는 왕상휴수사의 개념만 살펴본다.

1) 왕상휴수사의 정의

오행의 왕상휴수사는 일간과 과전의 다른 오행과의 관계를 왕·상·휴·수·사로 나타낸 것이다. 예를 들어 일간이 甲木일 때 월지가 일간 木과 같은 오행인 木이고 계절이 봄이면 왕(旺)한 상태, 월지가 일간 木을 생하는 水이고 겨울이면 상(相)인 상태, 월지가 일간 木이 생하는 火이고 여름이면 휴(休)인 상태, 월지가 일간 木이 극하는 土이고 사시(四時)의 계절이면 수(囚)인 상태, 월지가 일간 木을 극하는 金이고 가을이면 사(死)인 상태다.

다시 정리하면 다음과 같다.

① 왕 : 일간과 같은 오행인 계절에 일간은 '왕'한 상태가 된다.

② 상 : 일간을 생해주는 계절에 일간은 '상'의 상태가 된다.

③ 휴 : 일간이 생하는 계절에 일간은 '휴'의 상태가 된다.

④ 수 : 일간이 극하고 치는 계절에 일간은 '수'의 상태가 된다.

⑤ 사 : 일간을 극하는 계절에 일간은 '사'의 상태가 된다.

일간이 甲인 경우에는 다음과 같다.

일간 甲木과의 관계	월	일간의 상태	별칭
일간과 같은 오행인 계절(木節)	寅·卯월	왕―최강	득시자(得時者)
일간을 생하는 계절(水生木)	亥·子월	상―강	득래자(得來者)
일간이 생하는 계절(木生火)	巳·午월	휴―약	과거자(過去者)
일간이 극하는 계절(木剋土)	辰·戌·丑·未월	수―중약	극기자(剋氣者)
일간을 극하는 계절(金剋木)	申·酉월	사―최약	기극자(氣剋者)

2) 왕상휴수사의 용도

왕상휴수사의 가장 중요한 용도는 일간의 힘의 세기를 측정하는 것이다. 힘의 세기는 왕 → 상 → 휴 → 수 → 사의 순서로 약해진다. 보통 일간의 힘의 세기는 월령(月令)과 비교하여 알 수 있는데, 힘이 있다는 것은 일간이 월지에서 왕상의 상태인 경우를 말한다. 월지에서의 왕상을 득령(得令)이라고 한다.

3) 육임의 왕상휴수사

육임의 왕상휴수사는 명리학의 이론과 거의 비슷하며, 비교하는 요소가 많다는 것과 용어에서 조금 차이가 있다. 예를 들어 명리학에서는 일간만 기준으로 하는데, 육임에서는 천장이나 정단에서 중요시하는 유신(類神)의 왕상도 따진다. 또한 오왕법(五旺法)이라고 하여 왕상의 명칭이 다음과 같이 조금 다르다.

① 기왕(氣旺)은 계절을 얻는 것으로 천시(天時)를 얻는 경우이다. 예를 들어, 木의 기운이 목절(木節)인 寅·卯월에 닿아 있는 경우이다.

② 지왕(地旺)은 지리를 얻은 것이니 천신이 지반을 얻는 경우이다. 예를 들어, 오승광(午勝光)이 巳의 자리나 寅의 자리에 앉는 경우이다.

③ 일왕(日旺)은 일간이 강해지는 경우로 간상신이 일간을 생하거나 천장이 일간과 같은 오행인 경우이다.

④ 시왕(時旺)은 점시(占時)가 왕상인 경우이다.

⑤ 화왕(化旺)은 삼합 등으로 과전의 요소가 합하여 기운이 강해지는 것을 말한다.

육임에서 일진의 왕쇠를 판단할 때 관심을 갖고 봐야 할 것은 어느 것으로부터 왕상이 되고 휴수가 되는지이며, 왕쇠의 기준을 정리하면 다음과 같다.

(1) 왕쇠는 지반을 위주로 한다

왕쇠는 사시(四時)보다 지반(地盤)과의 생극관계 위주로 살피는 것이 원칙이다. 즉, 지반이 흉신·흉장을 극하면 흉하지 않고, 지반이 길신·길장을 극하는 경우 온전히 길하지 않다. 예를 들어 寅에 속하는 천장인 청룡이 寅·卯 지반에 있는 경우 지왕으로 왕성한 상태에 있다고 한다. 지반을 위주로 하는 또 다른 예로, 일간 기궁의 자리는 왕성한데 일간의 관귀는 쇠약한 자리에 앉은 경우 관귀가 역할을 하지 못한다고 본다. 물론 계절의 영향을 고려하지만 천반이 지반의 생을 받는 자리에 앉아야 온전히 왕성하다고 본다.

(2) 왕쇠는 사시를 참고한다

계절을 참고하는 것은 미래의 큰 일(大局觀)을 점칠 때 사용하고, 일상의 작은 일(目下觀)은 지반 위주로 생극을 논하는 것이 원칙이다. 보통 사시 중 월령을 얻는 것을 기왕이라고 한다. 예를 들어 봄인 寅·卯·辰월에 점을 치는 경우 寅木이 기왕하다고 말한다.

(3) 천장은 승한 천반을 기준으로 왕쇠를 정하기도 한다

천장의 왕쇠는 천장 자체의 오행으로 보는 것이 원칙이다. 다만, 승한 천반을 기준으로 보기도 한다. 즉, 寅 청룡이 천반이 申·酉이고 亥·子의 지반에 있을 때 지왕으로 청룡이 왕성하다고 본다. 이 방법은 내전·외전을 보는 방법과 같다. 이는 천장이 천신의 오행에 따른다는 육임의 원칙에 반하므로 주의해야 한다.

실제로 사용하는 것을 보면, 재물점의 경우 청룡이 유신이 되는데 왕상의 천반에 승하고 왕상의 지지에 임하며 일진과 생합할 때 가장 길하게 보는 것과 같이 천반도 고려하고 지반도 고려한다. 다른 예로 사물을 보는 방법에서, 등사를 보아 등사가 왕상의 천신에 타고 있는 경우에 옛날 물건이거나 생기가 있는 물건이고, 사수의 천신에 타고 있는 경우에는 죽은 물건이거나 생기가 없는 물건으로 볼 때가 있다. 병을 정단할 때는 백호가 왕상하면 병이 깊으며, 백호의 음신이 백호를 극하는 경우 병이 치료된다고 본다.

(4) 일진의 왕쇠는 삼전의 생극을 고려한다

육임에서는 초전을 중요시한다. 초전은 과전에서 주된 일을 보는 곳으로, 초전이 일간을 생하는 경우 다른 곳에서 극하는 관귀가 있어도 그 해로움이 덜하다고 보고, 일간이 甲木이고 삼전에 수기(水氣)가 왕성한 경우 수생목(水生木)으로 삼전의 기운이 일간을 돕는 것이며, 이 경우 木의 기운이 강하므로 가을인 금왕절에 점을 쳐도 금극목(金剋木)으로 木이 잘린다고 보지 않는다. 일간의 왕쇠를 삼전과의 생극으로 보는 예다. 즉, 왕(旺)은 삼전의 비겁이니 나를 기운 있게 하고, 상(相)은 인수이니 추진하는 데 힘을 얻으며, 휴(休)는 식상이니 나의 힘을 설기시키며, 수(囚)는 재성이니 힘이 분산되고, 사(死)는 나를 치는 칠살의 기운이라는 것을 기본으로 하여 일간의 기운을 판단한다.

4) 왕상휴수사의 활용

실제로 왕상의 개념이 어떻게 사용되는지 庚辰6국_주점의 가택점을 통해 알아본다. 부모의 건물로 인하여 흉하다고 하는데 그 이유가 무엇일까?

말전	중전	초전
靑龍	天乙	白虎
○申	丁丑	壬午
丑	午	亥

4과	3과	2과	1과
白虎	朱雀	六合	太陰
壬午	乙亥	甲戌	己卯
亥	辰	卯	庚(○申)

중전에 있는 정신(丁神)은 육임에서 역마와 같이 동적인 기운을 나타내는 동신(動神)이다. 육임에서는 동적인 면이 강조되고 지반보다 동적인 육처인 천반을 보는데, 여기에 동적인 기운을 나타내는 정신이 오면 그 움직임이 빨라진다.

金일의 정신은 화극금(火剋金)이 되므로 문점자에게 관귀의 기운이다. 그러므로 일반인에게 흉하다. 흉한 사항은 둔간 정신에 붙은 천장에 따라 다르다. 위의 국과 같이 천을귀인이 붙는 경우에는 나를 돕는 이가 이동한 것이며, 정신이 붙은 천반의 육친을 원인 제공자·동기로 보고, 정신의 영향을 보면 위 국의 丑土는 庚金의 인수가 되므로 부모·윗사람이 된다. 이 국의 경우는 부모의 산소 또는 건물·토지 등으로 인해 흉하다. 구체적으로 산소인지 건물 또는 토지인지의 구분은 왕상휴수사를 이용한다. 즉, 왕상이면 토지·건물이고, 휴수이면 산소로 구분한다. 위의 국에서는 중전 丑土가 午火의 생을 받아서 왕상하므로 토지·건물로 본다.

2. 십이운성

1) 십이운성의 의의

십이운성(十二運星)은 장생(長生)·목욕(沐浴)·관대(冠帶)·건록(建

祿)·제왕(帝王)·쇠(衰)·병(病)·사(死)·묘(墓)·절(絶)·태(胎)·양(養) 등 12단계의 변화 과정을 말한다. 천간이 지지를 만났을 때 천간과 지지의 오행 사이에 서로 기운을 얻거나 잃는 왕쇠 관계를 12단계로 분류한 것으로 운명에 미치는 영향력을 설명해준다. 십간 기운의 성쇠를 천리 순환의 이치와 같이 사람이 태어나서 사망할 때까지의 과정에 비유하여 인간과 우주만물의 생로병사 과정을 풀이하였다.

오행의 변화 과정이 사람이 살아가는 과정과 비슷하므로 십이운성의 각 단계를 사람이 살아가는 과정과 비교하여 살펴보면 다음과 같다. 십이운성의 각 단계는 ( ) 안에 한자로 표시하였다. ① 사람이 어머니의 뱃속에 수태되어(胎), ② 자궁에서 일정기간을 자라고(養), ③ 세상에 나온다(長生). ④ 태어나면 우선 목욕을 하고(沐浴, 성장해가는 것을 의미), ⑤ 벌거 벗은 상태로 지내다가 옷을 입고 관도 쓰니 성인이 된다(冠帶). ⑥ 세상에 뿌리를 내리고 취직을 하여 봉급도 타고 승진도 하며(建祿), ⑦ 인생의 황금기를 구가하지만(帝旺), ⑧ 요즈음 유행하는 명퇴 등으로 쇠락하고(衰), ⑨ 나이가 들면 병이 들며(病), ⑩ 죽어서(死), ⑪ 묘에 묻히게 된다(墓). ⑫ 그리고는 세상과 단절되어 잊혀지는 것이다(絶).

운성은 일간을 중심으로 사주의 각 지지에 대조하며, 때로는 연월일시의 각 천간에서 사주의 각 지지를 상호 대조하기도 한다. 이것을 일명 포태법(胞胎法)이라고 하며 불교의 십이인연법(十二因緣法)과 유사하다. 다음의 십이운성을 정리한 표는 양(陽)이 생하는 곳에서 음(陰)이 사한다는 양생음사(陽生陰死)를 취하지 않고, 음양이 같은 운성이 적용되는 오행운성(五行運星)의 원칙을 적용하였다. 또한, 풍수나 택일 등에서 水와 土에 같은 운성을 적용하는 수토동근(水土同根)의 방법을 사용하지 않고, 火와 土에 같은 운성을 적용하는 화토동근(火土同根)의 방법을 사용하였다.

십이운성 \ 연간	甲・乙	丙・丁	戊・己	庚・辛	壬・癸
장생	亥	寅	寅	巳	申
목욕	子	卯	卯	午	酉
관대	丑	辰	辰	未	戌
건록	寅	巳	巳	申	亥
제왕	卯	午	午	酉	子
쇠	辰	未	未	戌	丑
병	巳	申	申	亥	寅
사	午	酉	酉	子	卯
묘	未	戌	戌	丑	辰
절	申	亥	亥	寅	巳
태	酉	子	子	卯	午
양	戌	丑	丑	辰	未

십이운성은 줄여서 생욕대(生浴帶) 녹왕쇠(祿旺衰) 병사묘(病死墓) 절태양(絶胎養)으로도 부르며, 건록을 관궁(冠宮), 묘를 장(藏・葬)・고(庫), 절을 포(胞)라고도 한다.

2) 십이운성의 활용

십이운성의 이론은 동양학 전반을 지배하는 논리이며, 육임에서는 운성을 구보팔살(九寶八殺)의 일부로 중요하게 다룬다. 구보팔살 중 구보는 덕(德)・합(合)・기(奇)・의(儀)・녹(祿)・마(馬)・성(星)・왕(旺)・귀(貴)이고, 팔살은 형(刑)・충(沖)・파(破)・해(害)・묘(墓)・귀(鬼, 칠살)・패(敗, 사지・절지)・공(空)이다. 이에 대해서는 정단을 통해 상세히 알아보고 여기서는 운성을 사람의 병증과 관련하여 살펴본다.

『동의보감』에 고풍작목(高風雀目)이라는 병이 있는데 이는 요즈음의 야맹증과 같은 것이다. 해가 뉘엿뉘엿 넘어가려고 할 때부터 아무것도 보지 못하고 여러 해가 지나면 눈동자가 금빛으로 되는 것을 황풍(黃風)이라고 하는데 이것은 치료하지 못한다고 하였다.

이러한 작목의 중상은 해가 저물면 아무것도 보지 못하다가 새벽이 되면 다시 잘 보는 것으로, 원인은 간이 허하기 때문이다. 『황제내경』에 "눈은 혈을 받아야 잘 볼 수 있다."고 씌어 있다. 간에 혈이 없으면 눈 앞이 뿌옇게 되어 보이지 않는다.

그런데 저녁에 눈이 어두워졌다가 아침에 다시 밝아지는 것은 무엇 때문인가. 그것은 간목(肝木)의 기가 23시(子時, 십이운성으로는 욕)에 생기를 받아 7시(辰時, 십이운성의 녹왕쇠)부터 왕성해지고, 17시[십이운성의 태로 금극목(金剋木)이 되는 시간부터는 끊어지기 시작하여 19~21시[십이운성으로 양시이며 금기(金氣)와 금기를 지장간으로 가지고 있는 戌時에 속한다] 사이에는 극도로 쇠약해지기 때문이다. 그러므로 눈이 어두워졌다가 7시가 되면 간목의 기가 점차 왕성해지면서 눈이 다시 밝아지는 것이다.

작목이 오래되면 누렇게 부으면서 죽는 것은 무엇 때문인가. 간목의 기는 17시에 끊어지는데 신수(腎水)와 비토(脾土)는 이 때 자란다. 이와 같이 간목은 쇠약해지고 비토는 왕성해지기 때문에 누렇게 붓는다. 이럴 때는 평위산(平胃散)을 써서 비토의 기를 고르게 하고 사물탕(四物湯)을 써서 간이 허한 것을 보하는 것이 좋다.

3) 십이운성과 수토동근

십이운성의 적용 기준은 고서마다 다르다. 어느 책에서는 水와 土를 같은 오행으로 보는 수토동근의 방법을 사용하는가 하면, 어느 책에서는 火와 土를 같은 오행으로 보는 화토동근의 방법을 적용하였다.

수토동근의 이론적 근거를 보면, 천일(天一)은 水를 생하고 천오(天五)는 土를 생하므로 水는 만물의 형성을 위한 근본 조건이 되며, 土는 만물의 근원으로 水와 土가 동일하다고 본다. 또한 『협기변방서(協紀辨方書)』의 '오행생왕론(五行生旺論)'에서도 水와 土는 巳에서 절(絶)이 된다고 하여 동일하다는 입장을 취하고 있다.

이에 반해 화토동근을 주장하는 근거는 오행의 생극원리, 구궁도에서

火・土의 위치, 중앙 土가 곤궁(坤宮)에 기생한다는 기곤원칙(寄坤原則)
으로 보아 火・土는 동일한 운성을 적용해야 한다는 것이다. 실제로『육
임지남(六壬指南)』,『육임수언(六壬粹言)』등에서 화토동근을 적용하였
고, 필법부(畢法賦)의 녹현탈격(祿玄奪格)・지록극격(支祿剋格)・피난
불능격(避難不能格)・호태격(互胎格)・잉손격(孕損格) 등의 해설에서
이를 확인할 수 있다. 필자는 이 책에서는 화토동근의 방법을 적용하였
으며, 수토동근을 적용한 고서를 인용한 경우에는 원래의 내용을 그대로
설명하였다.

4) 십이운성과 양생음사

십이운성의 적용에서 수토동근과 더불어 문제가 되는 것이 양생음사
를 적용해야 하는가이다. 양생음사(陽生陰死)란 양간(陽干)이 장생인 자
리가 음간(陰干)에게는 사지가 된다는 논리다. 이것은『자평서』의 “寅申
巳亥는 오양장생지국(五陽長生之局)이요, 子午卯酉는 오음장생지국(五
陰長生之局)”이란 설명에서 나온 논리다. 예를 들어 양목인 甲은 午에서
사(死)하고, 음목인 乙은 午에서 생한다. 양생음사를 적용할 경우 양은
12지를 순행하고, 음은 역행한다.

그러나 이 책에서는 음양 운성을 모두 순행하여 붙이는 오행운성법을
사용하였다. 양생음사를 적용하면 甲木이 亥에서 장생이고, 乙木은 亥에
서 死이다. 水는 木을 생한다. 또한 甲木의 편인이 亥이고, 乙木의 정인
이 亥다. 정인이나 편인이나 모두 나를 생하는 인수이고, 더욱이 정인은
진정한 인수로서 부모의 자리가 되는데 죽음의 자리라는 것은 이치에 안
맞는다. 따라서 앞으로 음양과 상관없이 오행을 기준으로 하여 십이운성
을 적용하기 바란다.

3

造式論

조식론

육임정단의 기초가 되는 과정은 월장가시로부터 시작된다. 그리고 생극을 바탕으로 움직이는 기운을 포착하여 일정한 원칙에 따라 사과와 삼전을 만든다. 이 장에서는 조식을 하기 위하여 꼭 알아야 할 하적상 우선의 원칙, 생극의 깊이를 보는 방법, 구종십과식의 조식 과정 등에 대해 자세히 살펴본다.

1

월장가시

1. 시간 선택

1) 육임 조식의 대강

육임 판단의 기초가 되는 것을 보통 과전(課傳)이라고 한다. 과전의 수는 60간지×12시각×음양둔 2둔으로 총 1,440개다. 편의상 고유의 국수(局數)로 분류하는데, 국수는 子가 지반의 어느 지지에 앉아 있는지를 기준으로 한다.

다음은 지지의 순서 수로, 예를 들어 甲子일인데 지반 子가 丑 위에 있는 경우 甲子2국으로 분류한다. 낮에 정단하면 주점이라 하고, 야간에 정단하는 경우에는 야점이라고 한다. 즉, 위의 예를 육임으로 정단하기 위해서 만든 국은 '甲子2국_주점'이 된다.

子	丑	寅	卯	辰	巳	午	未	申	酉	戌	亥
1	2	3	4	5	6	7	8	9	10	11	12

과전은 ① 월장가시(月將加時) ② 천장부설(天將附設) ③ 사과조식(四課造式) ④ 삼전발용(三傳發用)의 순서로 만들어진다. 월장가시란 정단 시각에 해당하는 지반에 월장인 천반을 올리는 것으로 이렇게 만들어지

는 것이 천지반(天地盤)이다. 여기에 천장을 부설하고, 이를 바탕으로 생극관계를 살펴서 사과를 만들며, 일정한 원칙에 따라 삼전을 발용한 후 각종 신살을 부설하면 과전이 완성된다.

2) 시간 선택

육임에 필요한 과전을 만들려면 먼저 시간을 선택해야 하는데, 시간은 문점 시간으로 한다. 즉, 점을 치기 위해 묻는 시간이 점시(占時)로 정시(正時)라고도 하는데, 엄격히 구분하면 정시는 점시와 다를 수 있다. 일반적으로는 점을 치는 시간으로 조식을 하므로 점시와 정시가 같지만, 인위적으로 점시를 조정하는 차객법과 일사일점주의를 적용하는 경우에는 점시와 정시가 달라진다.

우리나라의 표준시계시로 보면 子시는 23시 30분부터 1시 29분이다. 점시를 정할 때 가장 주의할 점은 표준시가 아닌 자연시를 적용한다는 것이다[p.51 (4) 시주 세우기와 자연시 참고]. 가장 정확한 자연시를 구하려면 각 지역별로 일출시각과 일몰시각을 구하여 정오시각을 구하고, 이를 바탕으로 午시를 정한 후 나머지 시간을 정한다.

예를 들어, 양력 2005년 9월 11일(음력 8월 8일 일요일) 시계로 낮 1시 28분에 거제도에 사는 남자로부터 상담을 요청받은 경우이다. 이 때 점시가 未시이므로 지반 未위에 월장을 올린다. 한국천문연구원 자료를 기준으로 한 서울 · 거제 · 신안의 남중시각은 다음과 같다. 주의할 것은 다음의 시각은 양력 2005년 9월 11일의 자료로 일출시각 · 남중시각 · 일몰시각이 날짜마다 달라진다는 것이다. 예를 들어, 거제는 양력 2005년 9월 18일의 일출시각이 06시 05분이 아니라 06분 10분이다.

지역	일출시각	남중시각	일몰시각	午시
서울	06:10:22	12:28:50	18:46:40	11:28:50~13:28:49
거제	06:05:16	12:22:14	18:38:38	11:22:14~13:22:13
신안	06:15:31	12:32:10	18:48:16	11:32:10~13:32:09

위의 표에서 거제의 경우 오후 1시 22분 14초부터 未시가 된다는 것을 알 수 있다. 한국표준시로 午시는 11시 30분부터 13시 29분까지이고, 위의 예는 점시가 낮 13시 28분이므로 午시일 것 같지만 지역별 시간 차이를 고려하면 未시가 된다. 위에서 예로 든 사주와 지반도는 다음과 같다.

- **정단 일시** : 양력 2005년 9월 11일 오후 1시 28분, 거제시
- **인적 사항과 정단 사주** : 乾命, 1971년 辛亥생

時 日 月 年
己 戊 乙 乙
未 戌 酉 酉

지반	子	丑	寅	卯	辰	巳	午	未	申	酉	戌	亥

육임에서는 지지를 지반(地盤)이라고 하며, 위와 같이 어느 육임 조식이나 같다. 참고로 절(節)인 백로는 양력 9월 7일 오후 8시 56분에 들고, 기(氣)인 추분은 양력 9월 23일 오전 7시 22분에 들어오므로 정단일의 사주 월지는 酉가 된다.

3) 점시를 구하는 방법
(1) 문점시
육임에서는 점시를 문점시(問占時)로 하는 것이 원칙이다. 즉, 문점을 하는 시각을 점시로 이용한다. 따라서 미리 앞서서 점을 칠 수 없다. 이는 시각을 이용하는 육임의 특성상 당연한 것이다. 점의 응기가 일어난 시점, 즉 의문이 들 때가 언제인지는 여러 가지 상황이 있을 수 있으나 점을 치는 시점인 문점시를 기준으로 한다. 예를 들어, 2006년 4월 2일에

있을 합격자 발표의 결과를 3월 1일 묻는다면 점시는 보통 3월 1일을 기준으로 한다. 예외적으로 가뭄이 오래 계속되어 비가 언제 올지를 구하는 점인 경우, 문점시를 취해도 되고 가뭄이 시작된 일시를 취해도 된다. 질병 점사의 경우에도 병이 생긴 시점으로 점시를 취할 수 있다. 어떤 점시를 이용하든 모든 점사에 정성을 다하면 된다.

(2) 구두보시법

구두보시법(口頭報時法)은 점을 치러 온 사람에게 점시 중 하나를 선택하게 하여 점사시를 정하는 방법이다. 두 가지 방법이 있는데 ① 점을 치러 온 사람이 시간을 말하게 한다. 예를 들어, 오전 1시 50분이라고 하면 丑시로 정한다. ② 숫자를 부르게 하여 지지의 순서 수로 정한다. 예를 들어 61이라면 이를 12로 나누고 남은 수 1을 기준으로 한다. 지지 순서로 첫 번째가 子이므로 子시로 정한다.

(3) 지분법

지분법(地分法)은 점을 치러 올 때 출발한 방향으로 점시를 정하는 방법이다. 예를 들어, 정동 방향에서 왔으면 점사시를 정동 방향에 해당하는 지지 卯로 정한다. 참고로 이 경우 점을 치는 목적은 온 방향의 상신(上神), 즉 점사시로 선택한 것의 천반의 상신을 해석하면 알 수 있다. 또한 방위가 정확하지 않은 경우에는 그 사람의 연명상신으로 판단한다.

(4) 기타

합기법(盒器法)은 지름 6촌, 높이 3촌의 합기를 이용한다. 중앙에 태극이라는 문자를 새기고 그 주위에 12개의 구멍을 판 후, 구슬을 오른손에 쥐고 왼쪽으로 굴려서 구슬이 떨어진 지지를 점시로 취한다.

또 다른 방법으로 활주법(活籌法)은 子부터 亥까지 적은 12개의 산대를 통 속에 넣고 정신을 집중하여 한 개를 빼서 이것으로 점시를 정한다.

원반을 이용하는 방법은 원형 판에 십이지지를 적어서 돌려 잡히는 지지를 점사시로 이용한다.

4) 차객법

육임은 그 날의 간지를 기준으로 월장에 점시를 가하므로, 같은 시각에 두 사람 이상을 정단하는 경우에 과전이 같아진다. 차객법(次客法)은 이와 같이 같은 장소에서 문점하는 사람이 많은 경우에 점시를 만드는 방법이다. 점시 기준의 삼오법칙이 가장 널리 이용된다. 어떤 점사시를 사용하든 사용을 주저하거나 정신을 집중하지 않고 가볍게 선택하면 정령(精靈)이 흐려져서 효험을 볼 수 없다.

(1) 삼오법칙

나중에 온 사람의 점시를 정할 때 먼저 온 사람이 양시(陽時)면 세 칸을 앞으로 가고, 음시(陰時)면 다섯 칸을 뒤로 가는 방법이다. 예를 들어, 먼저 온 사람이 寅시면 다음 사람은 세 칸 나아가서 巳시가 점시가 된다. 만약 먼저 온 사람이 음시인 巳시라면 巳시에서 뒤로 다섯 칸 가서 子시가 다음 사람의 점시가 된다. 이 방법으로 모두 알 수 있다 하여 전삼후오 백사가거(前三後五 百事可擧)라고 한다. 천문현상과 관련이 있는 것으로 추측된다.

(2) 석차객법

『육임신정경』에 나와 있는 방법으로 양장가정시(陽將加正時)면 먼저 사람은 그대로 쓰고, 다음 사람은 뒤로 세 번, 그 다음 사람은 앞으로 다섯 번 간다. 음장가정시면 먼저 사람은 앞으로 다섯 번, 다음 사람은 뒤로 세 번 간다. 예를 들어 월장이 子신후이면 子는 양이므로 양장이 된다. 따라서 첫 사람은 정시(正時)인 子, 다음 사람은 酉, 그 다음 사람은 寅이 점사시가 된다. 『육임신정경』에 나와 있는 "양장임정시선용후삼차용전오 음장가정시선용전오차용후삼(陽將臨正時先用後三次用前五 陰將加正時先用前五次用後三)"의 방법이다.

(3) 기타

그 밖에 『영할경』의 차객법을 원문으로 소개하면 다음과 같다.

第一客月將加正時, 第二客用月建加太歲, 第三客用太歲加月建,

第四客用月建加日干, 第五客用歲干加正時, 第六客用月將加日干,

第七客用月將加太歲, 第八客用太歲加月將, 第九客用月將加本命,

第十客用月將加行年, 第十一客用太歲加本命, 第十二客用太歲加行年

제일 먼저 사람은 정시(正時)에 월장을 올리고, 두 번째 사람은 태세 위에 월건을 올리는 등의 방법으로 월장에 점시를 가하도록 설명하고 있다.

5) 일사일점주의

점시와 관련하여 흔히 가질 수 있는 의문이 '점을 다시 칠 수 있는가' 이다. 육임에서는 일사일점(一事一占)이라 하여 한 가지 점사에 대해 한 번만 정단하는 것이 철칙이다. 한 번 제사에 올린 것은 다시 제삿상에 올릴 수 없는 것과 같은 이치다. 단, 다음과 같은 경우에는 예외가 있을 수 있다.

① 점을 친 후 사건의 본질이 변하였을 경우에는 다시 점을 치지 않고 처음에 친 점을 갖고 다시 정단한다.

② 점의 실체가 없는 경우에 다시 점을 칠 수 있다. 즉, 사과가 전공(全空)이 되어 과전의 실체가 없는 경우에는 다시 점을 칠 수 있다. 예를 들어 다음에 오는 丙午4국의 경우, 간지상신이 일간을 생하고 있지만 모두 공망을 맞아 힘을 보탤 수 없다. 또한 3과와 4과가 모두 관귀여서 점인을 극하므로 점인이 기댈 곳이 없이 힘만 빠지는 유여탈기(有餘脫氣)의 상황이다. 사과가 모두 공망이 되므로 진실된 것이 없고, 이별하거나 헤어지는 일에는 좋으나 도모하는 것은 이루어지는 것이 없다. 이 경우에는 순(旬)을 지나서 다시 정단한다.

말전	중전	초전
丙午	己酉	壬子
酉	子	○卯

4과	3과	2과	1과
壬子	○卯	辛亥	○寅
○卯	午	○寅	丙(巳)

③ 사건이 계속되는 경우에는 정단을 다시 할 수 있다. 예를 들어, 나와 관계없이 신문 등에 실린 도둑이 잡힐 수 있는지 점치는 경우이다. 이 경우에 간지상신이 현무가 탄 상신을 극하거나 경찰인 구진이 현무가 탄 상신을 극하면 잡히고, 그렇지 않은 경우에는 잡히지 않는다. 시일이 지나도 범인이 잡히지 않은 경우에는 100일 정도 지나 이 사안을 다시 점쳐서 정단할 수 있다.

④ 많은 건을 정단하면 정령이 흐려져서 만족할만한 결과를 얻을 수 없는데 부득이하게 하나의 과전으로 여러 사안을 정단하는 경우, 처음에는 과전 전체로 보고 다음의 건은 중전, 마지막으로 말전을 순차적으로 해석하기도 한다. 그러나 어떤 사안을 최우선으로 할지가 분명하지 않으므로 사용을 자제하는 것이 좋다.

2. 월장가시

1) 월장의 개념

월장은 태양이 지나는 위치궁 즉 궤도를 말하며, 태양 자체를 월장이라고도 한다. 그러므로 육임에서 모든 별의 우두머리가 되는 중요한 요소이다. 또한 육임에서는 점시를 선봉문(先鋒門)이라 하는 반면, 월장을 직사문(直事門)이라 하여 육임 정단팔문의 하나로서 중요하게 취급한다. 육임 조식에서는 점시를 구한 다음 사과를 만들기 전에 정해진 시간의 지지 위에 월장을 올린다.

다음 표에서 지월장(地月將)은 월의 지지(地支)로 육임에서 지신(支神)이라고도 한다. 천월장(天月將)은 월장을 가리키며, 다른 말로 천신(天神)이라고 한다. 월의 지지와 육합하는 지지로 정하는데, 그 이유는 월건 즉 지구는 우회전하고, 월장 즉 태양은 시계방향으로 좌회전하므로 서로 육합하는 것을 취하여 천지의 교접하는 시기를 기준으로 하려는 것이다. 예를 들어 1월의 천월장 亥는 1월의 지지인 寅과 육합하며, 우수후를 지배하는 기운이라는 것을 의미한다. 이 책에서는 특별한 경우를 제외하고는 천월장을 월장으로 쓴다. 지기장(地氣將)은 절(節), 천기장(天氣將)은 월령의 중기(中氣)를 말한다.

	1월	2월	3월	4월	5월	6월	7월	8월	9월	10월	11월	12월
지월장	寅	卯	辰	巳	午	未	申	酉	戌	亥	子	丑
천월장	亥	戌	酉	申	未	午	巳	辰	卯	寅	丑	子
지기장	입춘	경칩	청명	입하	망종	소서	입추	백로	한로	입동	대설	소한
천기장	우수	춘분	곡우	소만	하지	대서	처서	추분	상강	소설	동지	대한

다음은 월장을 좀더 자세히 정리한 것으로, 예를 들어 정단 일시가 대한 절입시각부터 우수 절입시각 사이에 있으면 정단시에 子월장을 올린다.
- 우수 절입시각부터 춘분 절입시각 전까지 亥월장을 사용한다.
- 춘분 절입시각부터 곡우 절입시각 전까지 戌월장을 사용한다.
- 곡우 절입시각부터 소만 절입시각 전까지 酉월장을 사용한다.
- 소만 절입시각부터 하지 절입시각 전까지 申월장을 사용한다.
- 하지 절입시각부터 대서 절입시각 전까지 未월장을 사용한다.
- 대서 절입시각부터 처서 절입시각 전까지 午월장을 사용한다.
- 처서 절입시각부터 추분 절입시각 전까지 巳월장을 사용한다.
- 추분 절입시각부터 상강 절입시각 전까지 辰월장을 사용한다.
- 상강 절입시각부터 소설 절입시각 전까지 卯월장을 사용한다.
- 소설 절입시각부터 동지 절입시각 전까지 寅월장을 사용한다.
- 동지 절입시각부터 대한 절입시각 전까지 丑월장을 사용한다.
- 대한 절입시각부터 우수 절입시각 전까지 子월장을 사용한다.

2) 월장의 종류와 의미

일반적인 육임 포국에서는 월장의 명칭은 나타나지 않고 지지만 표시된다. 천반 지지인 월장은 천신이라고 하고, 지반지지는 지신이라 하며,

지월장인 십이귀신은 천장(天將)이라고 한다. 각 월장의 별칭을 정리하면 다음과 같다.

월	지기장	지월장	천기장	천월장
1월	입춘	寅월	우수	亥등명
2월	경칩	卯월	춘분	戌하괴
3월	청명	辰월	곡우	酉종괴
4월	입하	巳월	소만	申전송
5월	망종	午월	하지	未소길
6월	소서	未월	대서	午승광
7월	입추	申월	처서	巳태을
8월	백로	酉월	추분	辰천강
9월	한로	戌월	상강	卯태충
10월	입동	亥월	소설	寅공조
11월	대서	子월	동지	丑대길
12월	소한	丑월	대한	子신후

위의 표에서 12월의 경우 소한부터 월건 丑이 시작되고, 대한부터 월장 子를 쓰며, 12월장 子의 이름이 신후라는 뜻이다. 각 월장의 의미를 간단히 살펴보면 다음과 같다.

① 1월장 해등명(亥登明) : 삼양(三陽)이 일어나는 것을 의미

② 2월장 술하괴(戌河魁) : 卯가 물에 응하여 같은 종류가 모인다는 유취(類聚)의 의미

③ 3월장 유종괴(酉從魁) : 초목에 따라 나온다는 의미

④ 4월장 신전송(申傳送) : 음을 전하고 양기를 보낸다는 의미

⑤ 5월장 미소길(未小吉) : 만물을 작게 이룬다는 의미

⑥ 6월장 오승광(午勝光) : 여름의 양기가 쉬지 않는다는 의미

⑦ 7월장 사태을(巳太乙) : 申월에 만물이 성숙해진다는 의미

⑧ 8월장 진천강(辰天罡) : 酉월은 강하고 숙살의 기운이 있다는 의미

⑨ 9월장 묘태충(卯太沖) : 만물이 충돌한다는 의미

⑩ 10월장 인공조(寅功曹) : 亥월에 한 해를 결산하고 그 과실을 따지는 세공회계(歲功會計)를 한다는 의미

⑪ 11월장 축대길(丑大吉) : 양기가 돌아와 크게 길하다는 의미

⑫ 12월장 자신후(子神后) : 만물에 보답한다는 의미

3) 월장가시의 조식

시간을 정하는 법에서 예로 든 양력 2005년 9월 11일 일요일 오후 1시 28분에 거제도에 사는 남자로부터 상담을 요청받은 경우를 다시 살펴본다. 이 경우 절(絶)인 백로는 양력 9월 7일 오전 8시 56분에 들고, 기(氣)인 추분은 양력 9월 23일 7시 22분에 들어온다. 따라서 정단일의 사주 월지는 酉가 되지만, 월장의 기준이 되는 추분은 아직 안 지났으므로 월장은 전달인 申과 육합하는 巳가 된다. 그리고 월장 巳를 점시인 未에 올려서 지반을 무조건 순행으로 배치한다. 즉, 천월장은 12궁을 무조건 순행하여 배치한다.

- **정단 일시** : 양력 2005년 9월 11일 오후 1시 28분 未時, 巳월장, 거제시
- **인적 사항** : 乾命, 1971년 辛亥생

時日月年 巳將
己戊乙乙
未戌酉酉

천반	戌	亥	子	丑	寅	卯	辰	巳	午	未	申	酉
지반	子	丑	寅	卯	辰	巳	午	未	申	酉	戌	亥

실제로 육임을 운용할 때는 과전에서 월장의 이름을 생략하고 위와 같이 지지만 표시한다. 위의 경우는 戊戌일 정단이고 천반 子 밑에 지반이 寅이며 주점이므로 戊戌3국_주점이 된다.

이제까지 살펴본 방법은 절기 중 중기(中氣)를 기준으로 하여 월장을 정하는 방법으로 국내에서 널리 사용되며, 일본의 아부태산(阿部泰山)도 이 방법을 사용하고 있다. 그 밖에 일부에서 사용하는 또 다른 방법을 소개하면 다음과 같다.

(1) 절기에 생성수를 더하는 방법

생성수(生成數), 즉 생수(生數)인 1·2·3·4와 성수(成數)인 6·7·8·9를 이용하는 방법으로, 각 절기의 절입일에 생성수를 더한다. 월장이 음이면 성수, 양이면 생수를 더하는데, 土인 경우는 해당 방향의 수를 음양에 따라 사용한다. 예를 들어, 1월인 경우 입춘이 든 날에 생성수 6을 더하여 그 날부터 월장을 亥로 사용한다.

월	월건	월장	생성수
1월	寅월	亥	6
2월	卯월	戌	4
3월	辰월	酉	9
4월	巳월	申	4
5월	午월	未	7
6월	未월	午	2
7월	申월	巳	7
8월	酉월	辰	3
9월	戌월	卯	8
10월	亥월	寅	3
11월	子월	丑	6
12월	丑월	子	1

(2) 중기에 생성수를 더하는 방법

해당 월의 중기(中氣)에 생성수를 더하는 방법이다. 예를 들어, 1월은 중기가 우수(雨水)이므로 우수의 날에 생성수 6을 더하여 그 날부터 월장을 亥로 본다.

(3) 초신법(招神法)

명나라 요광효(姚廣孝)가 사용하였다고 알려진 방법으로 절입일(節入日)과 중기 사이에 드는 진월장(眞月將)의 날부터 해당 월장을 사용하는 방법이다. 예를 들어, 1월인 경우 입춘과 우수 사이에 드는 亥일 중 중기인 우수와 가장 가까운 亥일부터 亥월장을 사용한다.

2 천장부설

1. 천장의 개념

천장(天將)은 지월장(地月將)을 말하며, 12귀신(十二貴神) 또는 십이천장(十二天將)이라고도 한다. 육임의 각종 서적들을 보면 천장을 신장(神將)이라고 하거나 천반을 신장이라고 하는 등 용어가 통일되어 있지 않다. 이 책에서는 『육임탐원(六壬探原)』의 기준에 따라 12신장을 천장(天將)이라 하고, 천반의 천월장을 천신(天神)이라 하며, 이 둘을 합하여 신장이라고 한다. 참고로 천장을 천관(天官)으로, 천장을 장(將)으로, 지반을 신(神)으로 호칭한 고서도 있다. 천장의 명칭은 다음과 같다.

소속	壬·子	己·丑	甲·寅	乙·卯	戊·辰	丁·巳	丙·午	己·未	庚·申	辛·酉	戊·戌	癸·亥
천장	천후	천을	청룡	육합	구진	등사	주작	태상	백호	태음	천공	현무

천장은 천을을 중심으로 木·火와 金·水의 천장이 보필하듯이 배치된다. 배치 순서는 ① 천을(天乙) ② 등사(螣蛇) ③ 주작(朱雀) ④ 육합(六合) ⑤ 구진(勾陳) ⑥ 청룡(靑龍) ⑦ 천공(天空) ⑧ 백호(白虎) ⑨ 태상(太常) ⑩ 현무(玄武) ⑪ 태음(太陰) ⑫ 천후(天后)이다. 이것을 줄여서 천사작합(天蛇雀合) 진룡공백(陳龍空白) 상무음후(常武陰后)로 암기한다.

2. 천장부설 방법

시간을 정하고 월장을 앉히는 월장가시가 끝나면 육임 조식의 두 번째 단계로 12천장을 과전에 순서대로 배치한다. 배치 순서는 ①점시를 기준으로 양귀(陽貴)와 음귀(陰貴)를 구분한 후 일간에 따른 양귀 또는 음귀를 찾아서 천신에 천을귀인(줄여서 천을)을 앉힌다. ②천을이 앉은 자리가 양지이면 순행, 음지이면 역행하여 나머지 천장들을 순서대로 배치한다.

1) 양귀와 음귀 구분

양귀와 음귀는 점시를 기준으로 하며 일출 후에는 양귀, 일몰 후에는 음귀를 쓴다. 편의상 卯·辰·巳·午·未·申시는 양귀를 쓰고, 酉·戌·亥·子·丑·寅시는 음귀를 쓰며 이를 '卯酉의 법칙'이라고 한다. 그러나 원칙은 일몰과 일출 시각을 기준으로 하며, 표준시가 아닌 자연시를 적용한다. 각 일간의 양귀와 음귀는 다음과 같다.

일간	甲	乙	丙	丁	戊	己	庚	辛	壬	癸
양귀	未	申	酉	亥	丑	子	丑	寅	卯	巳
음귀	丑	子	亥	酉	未	申	未	午	巳	卯

월장가시의 조식에서 예로 든 정단일시가 양력 2005년 9월 11일 오후 1시 28분인 경우는 일출 후이고 일몰 전이므로 양귀를 써야 한다. 그리고 일진이 戊戌이므로 일간의 양귀는 丑이 되고, 丑이 있는 천신(천반) 위에 천을을 올린다. 간단히 정리하면 천을에 해당하는 천신 위에 천을을 표시한다.

				천을							
천반	戌	亥	子	丑	寅	卯	辰	巳	午	未	申	酉
지반	子	丑	寅	卯	辰	巳	午	未	申	酉	戌	亥

2) 천장 배치

양귀와 음귀를 구분하여 천을을 배치하였으면 천을이 앉은 자리가 양지인지 음지인지 살펴본다. 양지에 있으면 십이지지를 순행하여 천장을 배치하고, 음지에 있으면 십이지지를 역행하여 천장을 배치한다. 즉, 천장을 배치할 때 천을이 지반의 亥・子・丑・寅・卯・辰 위에 있으면 양지이므로 십이지지의 자리를 순행하여 배치하고, 지반의 巳・午・未・申・酉・戌 위에 있으면 음지이므로 십이지지의 자리를 역행하여 배치한다. 배치 순서는 천을 → 등사 → 주작 → 육합 → 구진 → 청룡 → 천공 → 백호→ 태상 → 현무 → 태음 → 천후의 순서이다.

다시 정리하면 주귀이든 야귀이든 천을이 亥부터 辰에 있으면 순행, 巳부터 戌에 있으면 역행한다. 그리고 역행과 순행을 구분하는 기준이 되는 亥를 천문(天門)이라 하고, 巳는 지호(地戶)라고 한다. 다음의 표에서 ○는 양지이고, ●는 음지다.

지반	子	丑	寅	卯	辰	巳	午	未	申	酉	戌	亥
양・음지	○	○	○	○	○	●	●	●	●	●	●	○

위의 예는 천을이 양지에 있으므로 천을에 해당하는 丑부터 천장을 십이지지의 순서대로 순행시켜서 앉히면 다음과 같다. 천장은 주・야를 모두 표시하면 주점에 숨어 있는 야점의 귀인 즉, 염막귀인(簾幕貴人) 등의 상황을 알 수 있는 등 여러 가지로 편리하므로 앞으로 종종 과전을 이런 방식으로 표시할 것이다. 아래의 경우 천장 현무가 천신 戌에 승(乘)하고, 지반 子에 임(臨)했다고 말한다. 또는 戌에 현무가 승했다고 한다. 정확히 표현하면 지반 위에 천반이 임하고, 천신 위에 천장이 승하며, 천장 위에 둔간이 승한다고 하는 것이 원칙이다.

• **정단 일시** : 음력 2005년 8월 8일 오후 1시 28분, 未時, 거제시
　　　　　　　　양력 2005년 9월 11일 오후 1시 28분

• 인적 사항과 정단사주 : 乾命

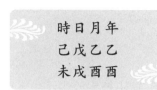

時日月年
己戊乙乙
未戌酉酉

주점	武	陰	后	天	蛇	雀	合	陳	龍	空	白	常
천반	戌	亥	子	丑	寅	卯	辰	巳	午	未	申	酉
지반	子	丑	寅	卯	辰	巳	午	未	申	酉	戌	亥

3. 천을귀인의 원리

이 책에서 귀인은 『육임대전(六壬大全)』의 선천귀인도(先天貴人圖)와 일치하는 『협기변방서(協紀辨方書)』의 귀인을 기준으로 한다.

1) 양귀의 원리

양귀를 정하는 방법은 선천인 곤궁(坤宮)에서부터 순행으로 천간을 매겨서 천간과 육합하는 자리의 지지를 취한다. 단, 순행을 시킬 때 辰의 자리는 천라(天羅)라 하여 건너뛰고, 午의 자리는 선천의 시작궁인 子와 대충(對沖)을 하므로 건너뛰며, 戌의 자리는 지망(地網)이므로 건너뛴다. 또한 한 바퀴 돌고 난 다음 子의 자리에 천을이 거듭해서 앉지 않으므로 건너뛰어서 丑에 癸를 붙인다. 표로 나타내면 다음과 같다.

지지	子	丑	寅	卯	辰	巳	午	未	申	酉	戌	亥
천간	甲→ 중복	乙 癸	丙	丁	천라	戊	대충	己	庚	辛	지망	壬

앞의 표에서 甲의 양귀는 甲과 육합하는 己 위의 未, 乙의 양귀는 乙과 육합하는 庚 위의 申이 된다. 나머지 천간도 이런 방법으로 양귀를 구한다(p.108의 양귀·음귀 표 참고).

2) 음귀의 원리

음귀를 정하는 방법은 후천(後天)인 곤궁의 申에서부터 역으로 천간을 매겨서 천간과 육합하는 자리의 지지를 취한다. 단, 辰·戌과 대충하는 곳, 중복되는 곳을 건너뛰는 것은 양귀를 정하는 방법과 같다. 표로 나타내면 다음과 같다.

지지	子	丑	寅	卯	辰	巳	午	未	申	酉	戌	亥
천간	庚	己	대충	戊	천라	丁	丙	乙	←甲 癸 중복	壬	지망	辛

甲의 음귀는 甲과 육합하는 己 위의 丑, 乙의 음귀는 乙과 육합하는 庚 위의 子가 된다. 나머지 천간도 이런 방법으로 음귀를 정한다(p.108의 양귀·음귀 표 참고).

1. 일간의 기궁

사과를 조식하기 위해서는 천지반도 이외에 기궁(寄宮)의 개념을 알아야 한다. 기궁이란 일간이 빌붙어 살고 있는 궁으로 甲·丙·戊·庚·壬의 양간은 녹(祿)의 자리이고, 乙·丁·己·辛·癸의 음간은 녹의 다음 자리(祿後一位)인 양인(羊刃·陽刃)이다. 이 경우 火·土에 속하는 일간은 화토동색(火土同色)의 원칙에 따라 기궁이 같다.

십간	甲	乙	丙	丁	戊	己	庚	辛	壬	癸
기궁	寅	辰	巳	未	巳	未	申	戌	亥	丑

2. 사과 조식 방법

육임에서 사과(四課)는 점일인 일진에서 분화된 사상(四象)이다. 즉, 점일을 양의(兩儀)라 하면 사과는 사상을 말한다. 육임점을 칠 때 분석하는 것이 사과와 삼전인데 사과와 삼전은 천지반도를 기초로 하여 만든다. 사과를 어떻게 만드는지 다음의 예를 통해 알아본다.

- **정단 일시** : 양력 2005년 9월 11일 오후 1시 28분, 未시, 거제시
- **정단 일진** : 戊戌일

주점	武	陰	后	天	蛇	雀	合	陳	龍	空	白	常
천반	戌	亥	子	丑	寅	卯	辰	巳	午	未	申	酉
지반	子	丑	寅	卯	辰	巳	午	未	申	酉	戌	亥

사과의 각 요소에 번호를 붙여서 그 의미와 함께 사과의 조식 방법을 자세히 알아본다.

천지반 \ 과	4과	3과	2과	1과
천반	⑧ 일지음신	⑥ 일지상신	④ 일간음신	② 일간상신
지반	⑦ 일지상신	⑤ 일지	③ 일간상신	① 일간

① 일간(日干) : 점사일의 일간을 그대로 쓴다. 즉, 戊戌일이므로 戊가 된다. 사과 중 일간은 대개 문점자이며 '나'로 표현하기도 한다. 점사의 주체가 되는 사람이며, 팔문 중 외사문(外事門)이 된다.

② 일간상신(日干上神) : 일간상신은 줄여서 간상신(干上神) 또는 간상(干上)이라고도 한다. 일간의 기궁에 해당하는 지반 위의 천반이다. 일간 戊의 기궁은 巳이므로 巳의 천반인 卯를 쓴다.

③ 일간상신 : ②의 일간상신을 그대로 내려 써서 卯가 된다.

④ 일간음신(日干陰神) : 일간상신에 해당하는 지반의 상신이다. 천지 반도를 보면 卯 위에 丑이 있으므로 丑이 일간음신이 된다.

⑤ 일지(日支) : 점사일의 일지를 그대로 가져다 쓴다. 즉, 戊戌일이므로 戌이 된다. 일간과 일지를 합쳐 일진(日辰)이라고 하는데, 일지는 진(辰)에 해당한다. 일진 중 일간이 '나'를 의미하고 외사문(外事門)이라면, 일지는 '그'에 해당하며 내사문(內事門)이다. 만약 삼전의 초전이 일지에서 나오면 대개 내부의 일이라고 판단한다.

⑥ 일지상신(日支上神) : 지상신(支上神) 또는 줄여서 지상(支上)이라고 한다. 일지에 해당하는 지반의 천반이 일지상신이 되므로 戌 위의 申이 지상신이 된다.

⑦ 일지상신 : ⑥의 일지상신을 그대로 써서 申이 된다.

⑧ 일지음신(日支陰神) : 일지상신에 해당하는 지반 위의 천반이 일지음신이 된다. 즉, 申 위에 있는 午가 된다.

각 과의 천장은 천반을 그대로 따라간다. 앞의 戊戌3국_주점의 예로 월장가시부터 천장부설, 사과 조식까지의 과정을 정리하여 사과와 천지반도를 만들어보면 다음과 같다. 사과 중 1과와 2과를 양과(陽課) 또는 일과(日課)라고 하며, 3과와 4과를 음과(陰課) 또는 진과(辰課)라고 한다.

4과	3과	2과	1과
龍	白	天	雀
午	申	丑	卯
申	戌	卯	戊(巳)

주점	武	陰	后	天	蛇	雀	合	陳	龍	空	白	常
천반	戌	亥	子	丑	寅	卯	辰	巳	午	未	申	酉
지반	子	丑	寅	卯	辰	巳	午	未	申	酉	戌	亥

4
둔간과 공망의 부설

1. 둔간과 공망의 의의

육임의 과전에서 지지에 숨어 있는 천간을 둔간(遁干)이라고 한다. 과전의 둔간은 점일의 일주를 기준으로 하며, 일주가 속해 있는 육십갑자 순(旬)의 천간을 둔간으로 삼는다. 이 때 천간과 결합하고 남은 지지를 공망이라고 한다. 둔간을 붙이는 방법에는 점일의 일주를 기준으로 하는 방법과 시주를 기준으로 하는 방법이 있는데, 이 책에서는 점일을 기준으로 하는 일반적인 방법을 따랐다.

2. 둔간과 공망의 표시 방법

둔간을 부설하기 위해서는 육십갑자의 순(旬) 개념을 알아야 한다. 순이란 10개의 간지를 이끄는 대표 주자를 말한다. 즉, 甲子순이란 甲子가 이끄는 10개의 간지를 말하며, 乙丑 또한 甲子순에 속한다고 표현한다.

앞에서 나온 戊戌3국_주점의 예를 보면, 둔간은 점일을 기준으로 하므로 戊戌일이 속해 있는 甲午순의 '甲午, 乙未, 丙申, 丁酉, 戊戌, 己亥, 庚子, 辛丑, 壬寅, 癸卯' 순서로 둔간을 붙인다. 또한, 甲午순에는 辰·巳가 공망이므로 辰·巳 앞에 ○로 공망임을 표시한다. 둔간은 천반에만 표시하고, 공망은 지반과 천반에 모두 표시하면 다음과 같다. 대개의 경우 둔간을 천반에만 붙여서 사용한다.

4과	3과	2과	1과
龍	白	天	雀
甲午	丙申	辛丑	癸卯
申	戌	卯	戌(○巳)

주점	武	陰	后	天	蛇	雀	合	陳	龍	空	白	常
천반	戊戌	己亥	庚子	辛丑	壬寅	癸卯	○辰	○巳	甲午	乙未	丙申	丁酉
지반	子	丑	寅	卯	○辰	○巳	午	未	申	酉	戌	亥

3. 둔간의 효용

사주명리에서는 천간이 드러나서 팔자의 네 자를 차지하고 있고, 명식의 판단에서 매우 중요한 역할을 한다. 그러나 육임에서는 천간이 천지반에 드러나지 않고 숨어 있다. 이런 둔간을 사용하는 이유는 천간이 천반의 지지와 항상 같이 움직이므로 숨은 사건을 파악하기 위해서다. 예를 들어, 과전에 재물을 나타내는 유신이 없는 경우에 둔간에 재성이 있으면 이를 취하여 재물의 상황을 정단한다. 세밀하게 정단할 때만 둔간을 사용하기도 한다.

5
태세 · 연명 · 행년의 부설

1. 태세와 연명

태세(太歲)는 점을 치는 해의 간지를 말한다. 乙酉년에 점을 치면 酉가 있는 과전의 지반에 '세(歲)'라고 표시한다. 태세를 세군(歲君)이라고도 하며, 乙酉년 중 乙만을 세군이라고도 한다. 정단할 때 태세상신과 일진의 생극관계를 중시한다.

연명(年命)은 문점자가 태어난 해의 지지를 말한다. 태세와 같이 연명에 해당하는 과전의 지반에 '명(命)'이라고 표시한다. 연명은 본명(本命)이라고도 하며, 또한 연명과 행년을 합쳐서 연명이라고도 한다. 이 책에서는 연명을 본명의 의미로 사용한다. 연명상신은 과전과의 생극관계로 인해 변화를 일으키는 성분이 되므로 육임에서 변화문(變化門)이라고 한다.

2. 행년

행년(行年)은 문점자의 정단하는 해의 나이에 따라 변하는 성분으로 운을 보좌하는 역할을 한다. 행년을 정하는 방법은, 남자는 丙寅에서 1세를 시작하여 지반을 순행하고, 여자는 壬申에서 1세를 시작하여 지반을 역행한다. 나이가 60이 넘은 경우 다음의 행년표에서 60을 더하여 본다. 조식할 때는 해당 지반에 '행(行)'이라고 표시하며, 태세·연명과 같이 그 상신(上神)을 참고하여 해석한다. 예를 들어, 1971년 辛亥생 남자가 2005년에 점을 친다면 우리 나이로 35세이므로 행년이 庚子이며, 子가 있는 지반에 '행'을 표시한다(p.138 표 참고).

조식론에서 점시부터 태세·연명·행년의 부설에 이르기까지 모든 조식의 단계를 정리하여 표시하면 다음과 같다.

- **정단 일시** : 양력 2005년 9월 11일 오후 1시 28분 未時, 거제시, 戊戌 3국_주점
- **인적 사항과 정단 사주** : 乾命, 1971년 辛亥생

> 時日月年
> 己戊乙乙
> 未戌酉酉

4과	3과	2과	1과
龍	白	天	雀
甲午	丙申	辛丑	癸卯
申	戌	卯	戌(○巳)

주점	武	陰	后	天	蛇	雀	合	陳	龍	空	白	常
천반	戊戌	己亥	庚子	辛丑	壬寅	癸卯	○辰	○巳	甲午	乙未	丙申	丁酉
지반	子	丑	寅	卯	○辰	○巳	午	未	申	酉	戌	亥
			행년					점시		태세		연명

【남자】

甲子	乙丑	**丙寅**	丁卯	戊辰	己巳	庚午	辛未	壬申	癸酉
59	60	1	2	3	4	5	6	7	8
甲戌	乙亥	丙子	丁丑	戊寅	己卯	庚辰	辛巳	壬午	癸未
9	10	11	12	13	14	15	16	17	18
甲申	乙酉	丙戌	丁亥	戊子	己丑	庚寅	辛卯	壬辰	癸巳
19	20	21	22	23	24	25	26	27	28
甲午	乙未	丙申	丁酉	戊戌	己亥	庚子	辛丑	壬寅	癸卯
29	30	31	32	33	34	35	36	37	38
甲辰	乙巳	丙午	丁未	戊申	己酉	庚戌	辛亥	壬子	癸丑
39	40	41	42	43	44	45	46	47	48
甲寅	乙卯	丙辰	丁巳	戊午	己未	庚申	辛酉	壬戌	癸亥
49	50	51	52	53	54	55	56	57	58

【여자】

甲子	乙丑	丙寅	丁卯	戊辰	己巳	庚午	辛未	**壬申**	癸酉
9	8	7	6	5	4	3	2	1	60
甲戌	乙亥	丙子	丁丑	戊寅	己卯	庚辰	辛巳	壬午	癸未
59	58	57	56	55	54	53	52	51	50
甲申	乙酉	丙戌	丁亥	戊子	己丑	庚寅	辛卯	壬辰	癸巳
49	48	47	46	45	44	43	42	41	40
甲午	乙未	丙申	丁酉	戊戌	己亥	庚子	辛丑	壬寅	癸卯
39	38	37	36	35	34	33	32	31	30
甲辰	乙巳	丙午	丁未	戊申	己酉	庚戌	辛亥	壬子	癸丑
29	28	27	26	25	24	23	22	21	20
甲寅	乙卯	丙辰	丁巳	戊午	己未	庚申	辛酉	壬戌	癸亥
19	18	17	16	15	14	13	12	11	10

이제까지 천지반을 만들고 사과를 만드는 모든 과정이 삼전(三傳)을 만들기 위한 준비 단계라고 할 수 있다. 삼전은 초전(初傳)·중전(中傳)·말전(末傳)을 말하며, 문점 사항의 진행 과정을 나타낸다. 사과가 현재 상태라면 삼전은 앞으로의 진행 상태를 나타내므로 비록 사과가 흉하더라도 삼전이 길하면 과전이 길하다고 본다.

삼전 중 진행 상황의 뿌리와 발단이 되는 초전은 용신(用神)·발용(發用)이라고도 하며, 팔문 중 발단문(發端門)에 해당한다. 중전은 일의 중간 과정을 나타내므로 이역문(移易門)이라 하며, 말전은 모든 일이 귀결되는 곳이므로 귀결문(歸結門)이라고 한다.

삼전은 육임에서 중요하게 다뤄지는 부분으로 육임의 구처(九處) 중 삼처(三處)가 삼전이고, 오신(五神) 중 용신이 삼전이며, 육처(六處)에 초전과 말전이 포함되어 있는 등 육임의 구조에서도 그 중요성을 확인할 수 있다. 육임의 구성 요소를 보면 크게 구처(九處) 삼층(三層) 오신(五神)으로 분류할 수 있다. 구처는 일간상신(日干上神)·일음(日陰, 2과)·진상(辰上, 지상신)·진음(辰陰, 4과)·초전·중전·말전·연명(年命, 본명)·행년을 말한다. 삼층은 천반·지반·둔간을 말하며, 오신은 용신·사신(事神)·유신(類神)·양신(陽神)·음신(陰神)을 말한다. 오신 중 용신은 초전이고, 사신은 점의 목적이 되는 사건의 성패와 길흉을 정하는 신으로 대개는 점의 대상이 되는 육친을 가리킨다. 양신은 간상신, 음신은 2과와 4과를 말한다. 또한 육임의 구조 중 육처는 정단할 때 가장 중요한 과전의 요소로 간상신 · 지상신 · 초전 · 말전 · 연상신 · 명상신을 가리키며, 이들을 줄여서 간지상신 · 초말전 · 연명상신이라고도 한다.

한편 삼전의 발용과 관련하여 자주 얘기되는 것이 구종십과식(九宗十課式)이다. 삼전을 만드는 방법이 9가지여서 구종이라 하며, 이렇게 만들어진 10종류의 과식을 십과식이라고 한다. 십과식은 원수과(元首課) · 중심과(重審課) · 지일과(知一課) · 섭해과(涉害課) · 요극과(遙剋課) · 묘성과(昴星課) · 별책과(別責課) · 팔전과(八專課) · 복음과(伏吟課) · 반음과(返吟課)의 10개이며, 구종은 원수과와 중심과를 합쳐서 적극과(賊剋課)가 되므로 9종이 된다. 과전은 각 과별로 원수과 118개, 중심과 218개, 지일과 83개, 섭해과 75개, 요극과 65개, 묘성과 16개, 별책과 9개, 팔전과 16개, 복음과 60개, 반음과 60개로 모두 720과가 된다.

1. 원수과

원수과는 삼전 중 초전은 사과에서 상극하(上剋下) 하는 사과의 천반을 초전으로 발용하고, 중전은 초전의 천반으로, 말전은 중전의 천반으로 한다. 이와 같이 중전과 말전을 구하는 방법을 조상법(照常法)이라고 한다. 甲子4국의 예를 보면 다음과 같다.

말전	중전	초전		4과	3과	2과	1과
甲子	丁卯	庚午		庚午	癸酉	壬申	○亥
卯	午	酉		酉	子	○亥	甲(寅)

천반	癸酉	○戌	○亥	甲子	乙丑	丙寅	丁卯	戊辰	己巳	庚午	辛未	壬申
지반	子	丑	寅	卯	辰	巳	午	未	申	酉	○戌	○亥

육임에서 사과의 천반이 지반을 극하면 상극하(上剋下)라 하고, 반대로 지반이 천반을 극하는 상태를 하적상(下賊上)이라 하며, 이 둘을 간단히 줄여서 적극(賊剋)이라고 한다. 초전을 만드는 것을 발용(發用)한다고 하는데, 발용의 원칙은 하적상을 우선하고 다음으로 상극하를 고려한다. 즉, 하적상을 하는 것이 없으면 상극하를 하는 천반을 초전으로 발용한다. 여기서 상극하를 하는 천반을 초전으로 발용하는 것이 원수과, 하적상을 하는 것을 천반으로 발용하는 것이 중심과이다.

위의 사과를 보면 4과의 午火가 지반의 酉金을 화극금(火剋金) 하고 있으므로 庚午를 초전으로 삼는다. 중전은 초전의 천반인 庚午를 아래로 내린다. 즉, 庚午를 중전의 지반으로 삼고, 지반 午火의 위에 있는 丁卯를 중전으로 삼는다. 마찬가지로 중전의 천반인 丁卯를 말전의 지반으로 내리고, 위에 있는 천반 甲子를 말전으로 삼는다.

이와 같은 방법으로 발용하는 원수과의 과식은 118개이며, 원수과와 중심과의 발용법을 담고 있는 적극법의 원전은 다음과 같다.

取課先從下賊呼(취과선종하적호)

사과를 정한 다음에 먼저 지반인 하에서 상을 적(賊)하는 것을 찾는다. 즉, 하적상을 먼저 찾으니 이것이 적극법 중 적을 쓰는 중심과이다.

如無下賊上剋初(여무하적상극초)

만약 하적을 하는 것이 없을 경우에는 상극하는 것을 찾는다. 즉, 상극하 하는 것을 취하니 이것이 적극법 중 극을 쓰는 원수과이다.

初傳之上名中次(초전지상명중차)

초전을 정하면 초전의 상신을 중전으로 삼는다.

中上加臨是末居(중상가림시말거)

중전의 상신으로 말전을 삼는다. 이와 같이 상신을 차례로 지반으로 삼아 삼전을 만드는 방법을 조상법이라고 한다.

2. 중심과

원수과가 상극하를 위주로 하는 것과 달리 중심과는 하적상 위주로 초전을 발용한다. 즉, 초전은 사과 중 하적상 하는 과의 천반을 초전으로 발용하고, 중전은 초전의 천반으로 중전을 삼고, 말전은 중전의 천반으로 말전을 삼는다. 壬申5국의 예를 보면 다음과 같다.

말전	중전	초전
戊辰	壬申	甲子
申	子	辰

4과	3과	2과	1과
甲子	戊辰	丁卯	辛未
辰	申	未	壬(○亥)

천반	壬申	癸酉	○戌	○亥	甲子	乙丑	丙寅	丁卯	戊辰	己巳	庚午	辛未
지반	子	丑	寅	卯	辰	巳	午	未	申	酉	○戌	○亥

사과를 보면 2과는 목극토(木剋土)로 상극하를 하고 있고, 4과는 토극수(土剋水)로 하적상을 하고 있다. 즉, 적극이 하나씩 있는 경우이다. 이 경우 원수과에서 말한 것처럼 하적상을 우선하여 발용하고, 중전과 말전은 원수과와 같은 방식으로 구한다.

이 방법으로 발용하는 중심과의 과식은 모두 218개이다. 원수과와 중심과가 모두 적극으로 삼전을 만들기 때문에 둘을 합쳐서 적극과라고 한다.

3. 지일과

지일과는 지일비용과(知一比用課)라고도 한다. 하적상 또는 상극하를 하는 것이 2~3개이고, 적극을 받는 것이 음양이 다른 경우에 초전을 발용시켜서 만드는 과이다. 초전은 극을 받는 지반이나 천반 중 일진과 음양이 같은 것으로 하고, 중전은 초전의 천반으로, 말전은 중전의 천반으로 한다.

지일과는 지일과와 비용과 두 가지로 나뉜다. 지일과는 2개 이상의 천반이 지반을 극하고, 극하는 천반과 극을 받는 지반의 음양이 다른 경우에 극을 받는 지반 중 일진과 음양이 같은 것을 초전으로 발용한다. 비용과는 2개 이상의 지반이 천반을 극하고, 극하는 지반과 극을 받는 천반의 음양이 다른 경우에 극을 받는 천반 중 일진과 음양이 같은 것을 초전으로 발용한다. 이렇게 음양이 같은 것을 쓴다 하여 비용과라 한다.

지일과와 비용과는 무조건 천반을 발용하는 적극법과 조금 다르므로 주의하여야 한다. 보통은 지일과와 비용과를 구분하지 않고 지일과로 합쳐서 사용하기도 한다. 발용할 때 하적을 우선하고 다음에 상극을 발용하는 것은 적극법과 같다. 음양이 같지 않고, 상극하는 과의 음양이 같은 경우 섭해과의 방법으로 초전을 발용한다. 다음의 두 경우는 지일과와 비용과의 예로 사과의 상극은 각 과의 하단에 표시하였다.

말전	중전	초전
癸卯	戊戌	○巳
戌	○巳	子

4과	3과	2과	1과
丁酉	○辰	○巳	庚子
○辰	亥	子	己(未)
생	극	적	적

위의 己亥8국은 1과와 2과가 하적상을 보이고 子와 巳의 음양이 다르므로 지일비용법을 적용한다. 이 경우 초전으로 일진과 음양이 같은 것을 발용하는데, 일진이 음이므로 巳를 발용한다.

말전	중전	초전
壬子	乙巳	庚戌
巳	戌	○卯

4과	3과	2과	1과
壬子	乙巳	庚戌	○卯
巳	戌	○卯	庚(申)
극	생	적	적

위의 庚戌6국은 사과에서 하적상을 하는 것이 1과와 2과 두 개다. 일진

이 양이므로 극을 받는 것 중 천반 戌을 초전으로 발용한다. 중전과 말전은 조상법에 따른다. 앞에서 살펴본 두 예는 모두 비용과에 해당된다.

정리하면, 지일과에서는 앞의 원수과나 중심과와 마찬가지로 하적상을 우선하며 상극하를 나중에 취한다. 이 때 적극을 하는 것이 여러 개이고 음양이 다른 경우, 극을 받는 것 중 일진과 음양이 같은 것을 발용한다.

지일비용법에 따른 과식의 수는 83개이며 원전의 내용은 다음과 같다.

下賊或三二四侵 若逢上剋亦同云 常將天日比神用

(하적혹삼이사침 약봉상극역동운 상장천일비신용)

하적상을 하거나 상극하를 하는 것이 여러 개인 경우 일진과 음양이 같은 비용이 되는 것을 초전으로 삼는다.

陽日用陽陰用陰(양일용양음용음)

일진이 양일이면 양지를 쓰고, 음일이면 음지를 쓴다.

若又俱備但不備 立法別有涉害陳(약우구비단불비 입법별유섭해진)

만약 음양이 같이 극을 받지 않고 극을 받는 것이 모두 양이거나 음인 경우 섭해법에 따른다.

4. 섭해과

섭해과는 원수과·중심과·비용과로 삼전을 발용시킬 수 없는 경우에 사용하는 방법이다. 섭(涉)이란 건넌다는 뜻이고, 해(害)는 극(剋)을 말한다. 지반을 건널 때 극이 깊은 것을 취하여 용신으로 하기 때문에 섭해라고 한다. 초전은 사과 중 극이 많은 천반으로 삼고, 중전은 초전의 천반으로, 말전은 중전의 천반으로 삼는다.

즉, 적극과나 비용과에 속하지 않을 때 극이 많은 것을 취해서 초전을 발용하여 만드는 과전이 섭해과이다. 극이 많은 것이 여러 개인 경우에는 다음의 순서로 초전을 발용한다. ① 지반 중 사맹(四孟)의 상신. 이 경우를 견기과(見機課)라고 한다. ② 지반 중 사중(四仲)의 상신. 이 경우를 찰미과(察微課)라고 한다. ③ 앞의 ①②로도 발용할 수 없는 경우 '복등 (復等)'의 규칙을 적용한다. 복등이란 발용할 천반이 극을 받는 횟수도 같고 앉은 궁도 맹신과 중신으로 같은 경우이다. 이 때는 점일이 양일(陽 日)인지 음일(陰日)인지를 구분하여 발용한다. 점일이 양일이면 1과와 2 과 중에서 발용하고, 음일이면 3과와 4과에서 발용한다. 이 기준에 의해 발용이 되는 경우를 철하(綴瑕)라 하며, 戊辰6국이 여기에 해당된다. 사 맹은 寅·申·巳·亥, 사중은 子·午·卯·酉이다.

극이 많다는 것은, 극이 있는 사과의 천반 지지를 지반의 지지, 즉 본 가(本家)에 갈 때까지 지지의 순서대로 헤아렸을 때 극의 수가 많은 것을 뜻한다. 이 때 극이 되는 횟수는 지지로부터 극을 당하는 것뿐만 아니라, 지지의 지장간 중 오행이 다른 것으로부터 극을 당하는 것도 포함하여 계산한다. 다음은 丁卯3국의 예다.

말전	중전	초전		4과	3과	2과	1과
辛未	癸酉	○亥		○亥	乙丑	丁卯	己巳
酉	○亥	丑		丑	卯	巳	丁(未)

천반	○戌	○亥	甲子	乙丑	丙寅	丁卯	戊辰	己巳	庚午	辛未	壬申	癸酉
지반	子	丑	寅	卯	辰	巳	午	未	申	酉	○戌	○亥

위의 사과와 지반도를 보면 3과와 4과가 서로 극이 되어 섭해법을 적 용하여야 한다. 극을 헤아리는 방법은 전통적인 방법을 사용한다. ① 천 반 丑이 지반 본가로 갈 때 지반 卯木에 일극, 지반 辰土 중에 있는 지장 간 乙木에 극이 되어 모두 두 개의 극이 있다. ② 천반 亥가 지반 본가로 갈 때는 지반 丑에 극, 지반 辰에 극, 지반 巳火 중 戊土에 극, 未 중에 있 는 지장간 己土에 극, 지반 戌에 극이 되어 다섯 개의 극이 있다. 결과적 으로 亥水가 극이 많으므로 亥水를 초전으로 발용한다.

섭해과는 75개이며, 『대육임대전(大六壬大全)』「섭해법시결」에 나와 있는 원전의 내용은 다음과 같다.

涉害行來本家止(섭해행래본가지)

섭해과는 돌아와 본가에 와서 끝이 되는 바

路逢多剋爲用取(노봉극위용취)

본가에 돌아오는 길에 극이 많은 것을 취하여 발용한다.

孟深仲季當休(맹심중계당휴)

사맹은 극이 깊고, 사중은 극이 얕으며, 사계는 사용하지 않는다.

復等柔辰剛日宜(복등유진강일의)

이 중 사맹이나 사중이 같은 경우 음일은 3과와 4과에서 발용하고, 양일은 1과와 2과에서 발용한다.

시중의 서적들을 보면 섭해과의 원전 내용 중 ‘다극(多剋)’의 해석 방법에서 다음과 같은 몇 가지 문제점이 나타난다.

① 지반과 지장간으로부터 극을 당한다고 보는 것이다. 예를 들어 아래의 경우 천반 丑이 卯木으로부터 한 번, 卯 중 乙木으로부터 한 번으로 모두 두 번의 극을 당한다고 보는 것이다. 그렇다면 卯木은 지장간이 甲·乙이므로 卯의 자리에서만 세 번의 극을 당한다는 것이다.

천반	○戌	○亥	甲子	乙丑	丙寅	丁卯	戊辰	己巳	庚午	辛未	壬申	癸酉
지반	子	丑	寅	卯	辰	巳	午	未	申	酉	○戌	○亥
지장간	壬	癸	戊	甲	乙	戊	丙	丁	戊·己	庚	辛	戊
		辛	丙		癸	庚	己	乙	壬		丁	甲
	癸	己	甲	乙	戊	丙	丁	己	庚	辛	戊	壬

② 지장간의 무분별한 적용으로 인해 혼란이 생긴다. 위의 지장간 표를 보면 천반 丑이 본가인 지반 丑으로 갈 때까지 극을 당하는 횟수는 모두 네 번이다. 시중에서는 극의 횟수가 제각각인데 정확히 따진 것과는 차이가 있음을 알 수 있다.

③ 육임에서는 천지 기운의 움직임을 극하는 데 있다고 본다. 그런데

과연 극을 많이 받는지 적게 받는지를 따질 때 지반의 지장간까지 동원하여야 하는지 의문이다. 점월과의 관계, 지반과의 생극관계, 득기의 왕상휴수사를 모두 감안하여 심천을 보는 것이 마땅하다. 그럼에도 불구하고 이 책에서는 현재 통용되고 있는 일반적인 방법을 기준으로 하여 섭해과를 설명하였다. 언젠가는 섭해에 대한 바른 조식과 해석이 정립되기를 바란다.

5. 요극과

요극과는 사과 중에 하적이나 상극이 없을 때 삼전을 발용하는 방법이다. 초전을 발용하는 방법은 ① 먼저 2·3·4과 중에서 점일의 일간을 극하는 천반을 찾아 초전으로 삼는다. ② 만약 일간을 극하는 천반이 없는 경우에는 일간이 극하는 천반을 초전으로 삼고, ③ 일간이 극하는 천반이 둘 이상일 경우에는 일간의 음양에 따라 양일은 양의 지지, 음일은 음의 지지를 초전으로 발용한다. 요극과 중 일간이 천반을 극하는 것을 탄사과(彈射課)라 하며, 천반이 일간을 극하는 것은 효시과(嚆矢課)라고 한다. 효시를 쑥대로 만든 화살이라는 의미로 호시(蒿矢)라고도 한다. 중전은 초전의 천반으로 삼고, 말전은 중전의 천반으로 삼는다. 다음의 예는 壬辰10국이다.

말전	중전	초전
壬辰	己丑	丙戌
丑	戌	○未

4과	3과	2과	1과
丙戌	○未	癸巳	庚寅
○未	辰	寅	壬(亥)

이런 방법으로 발용이 되는 요극과의 수는 65개이며 원전의 내용은 다음과 같다.

四課無剋號爲遙(사과무극호위요)

사과 중에 상극이나 하적이 없을 때를 요(遙)라고 한다.

日與神兮遞互招 先取神遙剋其日 如無方取日來遙

(일여신혜체호초 선취신요극기일 여무방취일래요)

이 경우 일간과 다른 상신들이 극하는 것을 보는데, 먼저 일간을 극하는 것을 취하고, 그렇지 않을 때는 일간이 극하는 것을 초전으로 삼는다.

或有日剋乎兩神 復有兩神來剋日 擇與日干比者用 陽日用陽陰用陰

(혹유일극호양신 부유양신래극일 택여일간비자용 양일용양음용음)

만약 일간이 극하는 과, 또는 일간을 극하는 과가 둘 이상일 때는 일간의 음양에 따라 양일은 양지, 음일은 음지를 쓴다.

6. 묘성과

묘성과는 동양의 별자리 28수 중 酉에 해당하는 묘성(昴星)을 초전으로 쓰는 삼전의 발용법이다. 즉, 사과 중에 적극(賊剋)이나 요극(遙剋)이 없는 경우 酉를 중심으로 초전을 발용하는 방법이다. 삼전의 발용법은 양일과 음일을 구분하며 다음과 같다.

구분	초전	중전	말전
양일	지반 酉궁의 천반	지상신	간상신
음일	천반 酉궁의 지지	간상신	지상신

묘성과는 음·양일에 따라 발용 방법이 다른데, 원전에서는 초전의 발용법에 대해 양일이면 위를 보고 음일이면 아래를 보라고 적고 있다. 이는 酉가 원래 닭을 의미하므로, 양일에 酉 위의 천반을 초전으로 발용하는 것은 닭이 하늘의 묘성을 보고 우는 것에 비유되며, 음일에 酉 아래의 지지를 초전으로 발용하는 것은 호랑이가 酉시에 활동을 시작하며 하산하는

것에 비유된다. 또한 酉가 숙살(肅殺)과 생사의 출입문이 되기 때문에 사과에 적극과 요극이 없을 때는 이를 택하는 것으로 설명하고 있다.

묘성과는 음·양일에 따라 부르는 이름이 다르다. 필법부(畢法賦)에서는 양일을 묘성과라 하고, 음일을 호시과(虎視課)라고 한다. 또한, 과경(課經)에서는 양일을 호시전봉(虎視轉逢)이라 하고, 음일을 동사엄목(冬蛇掩目)이라고 한다. 또, 묘성과를 계절에 따라 봄은 호시(虎視), 여름은 전봉(轉逢), 가을은 묘성(昴星), 겨울은 동사엄목으로 분류하기도 하며, 동사엄목은 동사과와 엄목과로 나눈다.

다음은 丁丑4국의 예다. 음일인 경우 천반 酉가 있는 궁의 지지를 발용하므로 子를 발용하고, 중전은 간상신 辰을 발용하며, 말전은 지상신 戌을 발용한다.

말전	중전	초전		4과	3과	2과	1과
甲戌	庚辰	丙子		癸未	甲戌	丁丑	庚辰
丑	未	卯		戌	丑	辰	丁(未)

천반	○酉	甲戌	乙亥	丙子	丁丑	戊寅	己卯	庚辰	辛巳	壬午	癸未	○申
지반	子	丑	寅	卯	辰	巳	午	未	○申	○酉	戌	亥

이런 방법으로 발용되는 묘성과의 수는 16개이며 원전의 내용은 다음과 같다.

無遙無剋昴星窮(무요무극묘성궁)

요극도 없고 극하는 것도 없을 경우에는 묘성법을 사용한다.

陽仰陰俯酉位中(양앙음부유위중)

酉를 기준으로 하여 양일은 위를 보고 음일은 아래를 본다.

剛日先辰而後日(강일선진이후일)

양일일 경우 지상신을 중전으로 간상신을 말전으로 하고,

柔日先而後辰(유일선이후진)

음일일 경우에는 간상신을 중전으로 지상신을 말전으로 한다.

참고로 일부에서 묘성과를 앙성과(昴星課)라고도 하는데, 묘성과는 28수 중 酉에 해당하는 묘성에서 유래한 것이므로 잘못된 주장이다. 28수는 각항저방심미기(角亢氐房心尾箕), 두우여허위실벽(斗牛女虛危室壁), 규루위묘필자삼(奎婁胃昴畢觜參), 정귀류성장익진(井鬼柳星張翼軫)이다.

7. 별책과

별책과는 사과의 상황을 보았을 때 천반과 지반 간에 적극이 없고, 일간과 요극도 없으며, 2과와 3과가 같아서 세 개의 과밖에 없는 상황에서 삼전을 발용하는 방법이다. 초전은 양일에는 간상신, 음일에는 일지 삼합의 다음 천반으로 삼는다. 중전과 말전은 양일과 음일을 구별하지 않고 모두 일간상신으로 삼는다. 별책과는 양일인 경우를 무음과(蕪淫課), 음일인 경우를 불비과(不備課)로 구분해서 부르기도 한다.

별책은 본래 다른 하나의 신을 지반에서 데려와 쓴다는 뜻이다. 일간이 양간일 경우, 양간의 움직임이 강하므로 일간과 합하는 천간 기궁의 천반으로 초전을 삼는다. 다음 戊午12국의 경우는 일간 戊와 합하는 것이 癸이고, 癸의 기궁이 丑이므로 丑 위의 천반 寅을 초전으로 발용한다. 천간합에는 甲己합·乙庚합·丙辛합·丁壬합·戊癸합 등이 있다.

말전	중전	초전		4과	3과	2과	1과
戊午	戊午	甲寅		庚申	己未	己未	戊午
巳	巳	○丑		未	午	午	戊(巳)

천반	○丑	甲寅	乙卯	丙辰	丁巳	戊午	己未	庚申	辛酉	壬戌	癸亥	○子
지반	○子	○丑	寅	卯	辰	巳	午	未	申	酉	戌	亥

일간이 음일인 경우에는 일지 삼합의 다음 지지를 삼전의 초전으로 취

한다. 삼합의 종류로는 申子辰·寅午戌·亥卯未·巳酉丑이 있다. 예를 들어, 巳일이면 酉, 酉일이면 丑, 丑일이면 巳가 초전이 된다. 다음의 辛酉2국은 사과의 상황을 보면 천반과 지반 사이에 적극이 없고 일간과의 요극도 없는 상황이며, 2과와 3과가 같아 세 개의 과밖에 없으므로 별책과이다. 또한, 일지가 酉로 음일이므로 巳酉丑 삼합에서 酉의 다음 지지인 丑을 발용한다. 중전과 말전은 모두 간상신을 쓰므로 酉가 된다.

말전	중전	초전
辛酉	辛酉	○丑
戌	戌	寅

4과	3과	2과	1과
己未	庚申	庚申	辛酉
申	酉	酉	辛(戌)

천반	癸亥	○子	○丑	甲寅	乙卯	丙辰	丁巳	戊午	己未	庚申	辛酉	壬戌
지반	○子	○丑	寅	卯	辰	巳	午	未	申	酉	戌	亥

이와 같이 삼전을 발용하는 별책과의 수는 9개이며 원전의 내용은 다음과 같다.

四課不全三課備(사과부전삼과비)

완전한 사과가 못 되고 삼과이며,

無遙無剋別責例(무요무극별책례)

요도 극도 없을 때는 별책과가 된다.

剛日干合上頭神(강일간합상두신)

양일은 일간과 간합하는 천반으로 초전을 삼고,

柔日支前三合取(유일지전삼합취)

음일은 일지와 삼합을 하는 다음 지지를 초전으로 삼는다.

陰陽中末干中歸(음양중말간중귀)

중전과 말전은 음·양일을 불문하고 간상신을 쓴다.

8. 팔전과

팔전과는 사과가 완전하지 못하여 두 과밖에 없고 극도 없을 때 삼전을 발용하는 방법이다. 양과(兩課)이므로 요극과에는 해당되지 않는다. 초전은 음·양일을 구분하여 양일은 일간상신, 즉 일간양신에서 순행하여 세 번째 지지(예를 들어 亥이면 丑), 음일은 4과 즉 일지음신에서 역행하여 세 번째 지지가 초전이 된다. 중전과 말전은 음·양일 구분 없이 간상신으로 한다.

다음의 庚申8국은 사과 중 극이 없고, 1과와 3과가 같고 2과와 4과가 같으므로 팔전과가 된다. 또한 양일이므로 일간상신에서부터 순행하면 丑 → 寅 → 卯로 乙卯가 초전이 된다.

말전	중전	초전
○丑	○丑	乙卯
申	申	戌

4과	3과	2과	1과
戊午	○丑	戊午	○丑
○丑	申	○丑	庚(申)

다음의 己未11국은 음일이므로 4과에서 역행하면 亥 → 戌 → 酉로 세 번째 지지인 酉가 초전이 된다. 또한 삼전이 동일하므로 독족(獨足)이 된다. 독족이란 삼전의 지반이 같은 경우로 720국 중 하나밖에 없다.

말전	중전	초전
辛酉	辛酉	辛酉
未	未	未

4과	3과	2과	1과
癸亥	辛酉	癸亥	辛酉
酉	未	酉	己(未)

이런 방법으로 발용하는 팔전과의 수는 16개이며 원전의 내용은 다음과 같다.

兩課無剋號八專(양과무극호팔전)

사과가 양과로 극적이 없는 경우가 팔전과이다.

陽日日陽順行三(양일일양순행삼)

양일인 경우 양신인 간상신에서 순행으로 세 번 가고,

陰日辰陰逆三位(음일진음역삼위)

음일인 경우는 일지음신인 4과에서 역행으로 세 번 가서 초전으로 한다.

中末總向日上眠(중말총향일상면)

중전과 말전은 일간상신으로 한다.

9. 복음과

복음과는 월장과 점시가 같아서 지반과 천반이 같을 때 삼전을 발용하는 방법이다. 사과에 극이 있으면 극을 우선하여 초전으로 삼는다. 극이 없는 경우, 양일에는 일간상신을 초전으로 삼고, 음일에는 일지상신을 초전으로 삼는다. 중전과 말전은 초전의 삼형으로 삼는다. 즉, 극이 있거나 없거나 중전은 초전을 형하는 것으로 하고, 말전은 중전을 형하는 것으로 한다. 만약 초전이 자형이 되었을 경우 양일은 일지상신을 중전으로 하고, 음일은 일간상신을 중전으로 한다. 이 경우 중전이 자형이 되었으면 중전을 충하는 것을 말전으로 한다.

다음의 癸丑1국은 1과에 극이 있으므로 극하는 간상신을 초전으로 한다. 중전은 초전을 형하는 戌, 말전은 중전을 형하는 未가 된다.

말전	중전	초전
丁未	庚戌	癸丑
未	戌	丑

4과	3과	2과	1과
癸丑	癸丑	癸丑	癸丑
丑	丑	丑	癸(丑)

다음의 壬辰1국은 사과 중에 극이 없으므로 점일이 음일인지 양일인지를 본다. 壬辰일은 양일이므로 간상신 亥를 초전으로 한다. 초전 亥는 자형이 되므로 지상신 辰이 중전이 된다. 중전 辰도 자형이 되므로 말전

은 중전을 충하는 戌이 된다.

말전	중전	초전
丙戌	壬辰	丁亥
戌	辰	亥

4과	3과	2과	1과
壬辰	壬辰	丁亥	丁亥
辰	辰	亥	壬(亥)

　다음의 辛酉1국은 복음에 극이 없으며 음일이므로 지상신인 酉를 초전으로 한다. 초전 酉가 자형이므로 음일의 戌을 중전으로 하고, 말전은 중전을 형하는 未로 삼는다.

말전	중전	초전
己未	壬戌	辛酉
未	戌	酉

4과	3과	2과	1과
辛酉	辛酉	壬戌	壬戌
酉	酉	戌	辛(戌)

　다음의 壬戌1국은 복음에 극이 없는 양일이므로 간상신 亥를 초전으로 한다. 亥는 자형이므로 양일의 지상신 戌을 중전으로 하고, 말전은 중전을 형하는 未로 삼는다.

말전	중전	초전
己未	壬戌	癸亥
未	戌	亥

4과	3과	2과	1과
壬戌	壬戌	癸亥	癸亥
戌	戌	亥	壬(亥)

　다음의 乙卯1국은 극이 있으므로 초전이 辰이 된다. 문제는 중전인데, 초전이 자형일 경우 음일은 간상신을 중전으로 삼는 것이 원칙이다. 그러나 아래의 경우는 원칙에 따라 간상신을 중전으로 하면 자형이 되므로 지상신으로 중전을 삼았다. 너무 원칙에 매달리지 말라는 뜻에서 예로 들었다.

말전	중전	초전
○子	乙卯	丙辰
○子	卯	辰

4과	3과	2과	1과
乙卯	乙卯	丙辰	丙辰
卯	卯	辰	乙(辰)

이런 방법으로 발용하는 복음과의 수는 60개로, 60갑자 중 1국은 모두 복음과이다. 원전의 내용은 다음과 같다.

伏吟有剋還爲用(복음유극환위용)
천지반이 같은 복음인 경우 극이 있으면 이를 초전으로 쓴다.
無剋剛干柔取辰(무극강간유취진)
극이 없는 경우는 양일은 간상신, 음일은 지상신을 초전으로 한다.
刑之作中末(형지작중말)
중전과 말전은 초전의 형으로 하고,
若也自刑爲發用(약야자형위발용)
초전이 자형이 된 경우에는 양일은 지상신을 중전으로 하며,
次傳顚倒日辰倂(차전전도일진병)
음일은 간상신을 중전으로 한다.
次傳更復自刑者(차전갱부자형자)
중전이 말전과 자형이 되는 경우
取末傳不用刑(취말전부용형)
중전을 충하는 것으로 말전을 삼고 형하는 것으로 말전을 삼지 않는다.

10. 반음과

반음과는 천지반이 칠충으로 이루어질 때 삼전을 발용시키는 방법이다. 칠충은 子午·丑未·寅申·卯酉·辰戌·巳亥를 말한다. 삼전을 정하는 방법은 사과 중에 상극이 있는 경우와 없는 경우가 다르다.

먼저 사과 중에 극이 있는 경우를 무의(無依)라 하며, 적극(賊剋)·지

일(知一)·섭해(涉害)의 방법을 사용하여 초전을 삼는다. 즉, 초전은 극이 되는 천반으로 삼고 중전과 말전은 음신으로 정한다. 또는 중전은 초전을 칠충하는 천반으로 하고 말전은 중전을 형하는 천반으로 삼으며, 자형이 되는 경우에는 칠충이 되는 지지를 취한다. 형에는 寅巳·巳申·申寅·丑戌·戌未·未丑 등의 육형과 子卯 상형, 午午·辰辰·亥亥·酉酉 등의 자형이 있다.

다음으로 사과 중에 극이 없는 경우는 정란(井欄)이라 하며, 초전은 점일의 지지 삼합 중 역마 지지의 천반을 발용한다. 중전은 지상신, 말전은 간상신이 된다. 역마 지지는 申·子·辰일은 寅, 巳·酉·丑일은 亥, 寅·午·戌일은 申, 亥·卯·未일은 巳이다.

다음의 癸卯7국은 천지반이 모두 칠충하는 반음과이다. 사과 중 하적상이 되는 卯가 초전이 되고, 초전인 卯를 칠충하는 酉가 중전이며, 말전은 중전을 칠충하는 卯가 된다.

말전	중전	초전
癸卯	丁酉	癸卯
酉	卯	酉

4과	3과	2과	1과
癸卯	丁酉	辛丑	乙未
酉	卯	未	癸(丑)

다음의 辛未7국은 일지가 未다. 일지가 亥卯未 목국(木局)에 해당하므로 삼합이 되는 글자 중 역마인 亥의 천반을 초전으로 한다. 중전은 지상신인 丑, 말전은 간상신인 辰이 된다.

말전	중전	초전
戊辰	乙丑	己巳
○戌	未	○亥

4과	3과	2과	1과
辛未	乙丑	○戌	戊辰
丑	未	辰	辛(○戌)

천반	庚午	辛未	壬申	癸酉	○戌	○亥	甲子	乙丑	丙寅	丁卯	戊辰	己巳
지반	子	丑	寅	卯	辰	巳	午	未	申	酉	○戌	○亥

다음의 丁丑7국은 일지가 丑으로 巳酉丑 금국(金局)에 해당하며, 삼합이 되는 글자 중 역마인 巳의 천반을 초전으로 한다.

말전	중전	초전		4과	3과	2과	1과
丁丑	癸未	乙亥		丁丑	癸未	癸未	丁丑
未	丑	巳		未	丑	丑	丁(未)

천반	壬午	癸未	○申	○酉	甲戌	乙亥	丙子	丁丑	戊寅	己卯	庚辰	辛巳
지반	子	丑	寅	卯	辰	巳	午	未	○申	○酉	戌	亥

이런 방법으로 발용하는 반음과의 수는 60개이며, 60갑자 중 7국은 모두 반음과에 해당된다. 반음과 조식에 대한 원전의 내용은 다음과 같다.

返吟有尅亦爲用(반음유극역위용)

반음과 역시 극이 있으면 발용한다.

無尅別有井欄名(무극별유정난명)

극이 없는 경우는 정란이라고 한다.

丑日用亥未用巳(축일용해미용사)

丑일은 역마인 亥를 초전으로 삼고, 未일은 巳를 초전으로 한다.

辰中日末容易尋(진중일말용이심)

중전은 지상신이 되고, 말전은 간상신이 된다.

4

正斷論

정단론

육임에서 추단(推斷)이란 있을 수 없고 정확한 정단(正斷)밖에 없다. 그리고 이러한 정단은 과전의 구조에 대한 이해와 과전을 구성하는 각 요소에 대한 올바른 해석이 바탕이 된다. 이 장에서는 천지반의 생극관계에서부터 과전을 10종류로 분류한 십과식의 해석 방법, 천장의 역할과 유신에 대해 알아본다.

1
정단팔문

1. 정단팔문의 의의와 종류

육임의 조식은 적극(賊剋)이 기초가 된다. 즉, 사과에서 하적상(下賊上) 하거나 상극하(上剋下) 하는 것을 삼전으로 발용하는 것이 조식의 시작이다. 이와 같이 육임은 상생이 아닌 상극으로 변화가 시작되고, 변화는 사과와 삼전의 형태로 나타난다. 이런 이유로 사과를 현재 상황, 삼전을 앞으로의 진행 상황으로 구분하여 과전을 살피며, 점시·연명 등과 과전의 요소를 정단팔문(正斷八門)으로 구분하여 살피는 것이 육임 정단의 기본이다.

기문둔갑에도 생문·상문·두문 등의 일가팔문(日家八門)과 시가팔문(時家八門)이 있으나 이는 장소적인 개념이 아니라 시간적인 변화 과정을 보는 문이다. 이에 반하여 육임의 팔문은 조식의 요소와 과전의 장소가 어떻게 작용하며, 어떤 의미가 있는지 살피는 문이다.

육임 팔문의 종류로는 선봉문(先鋒門)·직사문(直事門)·외사문(外事門)·내사문(內事門)·발단문(發端門)·이역문(移易門)·귀결문(歸結門)·변화문(變化門)이 있다.

① 선봉문 : 점시(占時). 점시는 과전을 조식하기 전에 정단의 동기를 알 수 있기 때문에 선봉문이라고 한다. 정단일의 일주와 시주를 대조하

여 문점의 성패와 길흉을 살핀다.

② 직사문 : 월장(月將). 육임에서 과전의 조식은 점시에 월장을 가하는 것으로 시작한다. 이러한 시작으로 길흉의 동기가 생기므로 월장을 직사문이라고 한다. 월장은 태양과 같은 존재로, 월장이 삼전 중에 있으면 모든 흉이 없어지므로 월장을 '명(明)'이라고도 한다.

③ 외사문 : 일간(日干). 1과인 일간과 간상신을 외사문으로 보기도 한다. 1과는 문점자의 외적인 일을 주관하기 때문에 외사문이라고 한다. 예를 들어, 간상신이 초전으로 발용하면 정단할 일이 가정의 일이 아닌 외부의 일이라고 본다.

④ 내사문 : 일지(日支). 사과 중 3과는 일지의 양신이 되고 4과는 일지의 음신이 되는데, 3과는 가정의 길흉이나 내부의 일을 주관하는 장소이므로 내사문이라고 한다. 따라서 3과와 4과 중에서 초전이 발용되면 정단할 일이 내부의 일이라고 본다.

⑤ 발단문 : 삼전 중 초전. 초전은 감정할 사항에 대한 길흉화복의 동기가 처음 일어나는 장소이므로 발단문이라고 한다. 만약 초전이 좋으면 일의 시작이 좋고, 초전이 흉하고 흉신·흉장이 있으면 일의 시작에 문제가 있다고 본다.

⑥ 이역문 : 삼전 중 중전. 정단할 사안의 진행 과정 중에서 중간 단계의 길흉을 보는 곳이 중전이므로 이역문이라고 한다. 예를 들어 초전은 길하지만 중전이 흉한 경우 일의 시작은 좋지만 중간에 장애가 있어서 문제가 된다고 본다.

⑦ 귀결문 : 삼전 중 말전을 가리키며 '귀계문(歸計門)'이라고도 한다. 초전에서 시작한 일이 중전의 변화 과정을 거쳐 귀결되는 곳이 말전이다. 즉, 사안의 최종 진행결과를 보는 곳이 말전이다.

⑧ 변화문 : 연명을 가리키며 '변체문(變體門)'이라고도 한다. 문점자의 연령에 따라 달라지는 연명상신이 사과삼전의 길흉을 변화시키는 요소가 된다.

2. 정단팔문을 이용한 해단

말전	중전	초전
癸卯	己亥	乙未
亥	未	卯

4과	3과	2과	1과
乙未	癸卯	癸卯	己亥
卯	亥	亥	己(未)

　　위의 己亥9국은 1과와 4과가 하적상을 하므로 섭해로 발용한다. 사과
는 현재 상황이고 삼전은 진행 상황인데, 이 과전은 사과와 삼전이 같다.
이런 경우를 회환격(回環格)이라 한다. 이 경우 점인이 소망하는 것에 변
화가 없으므로 흉한 일을 점치면 흉사가 계속되고, 길한 일을 점치면 길
사가 계속된다. 무슨 일이나 예전의 것을 지키고 새로운 변화를 피하는
것이 좋다. 또한 초전인 발단문의 未, 중전인 이역문의 亥, 말전인 귀결
문의 卯가 亥卯未 목국(木局)을 이루며, 木이 일간인 나를 목극토(木剋
土)로 치는 관귀의 성분이 된다. 일의 발단부터 진행·결과가 모두 나를
치는 상황이라는 것은, 새롭게 일을 벌이기보다는 진행 과정에 크게 차
질이 생기지 않도록 조심해야 한다는 의미다.

1. 내전과 외전

1) 내전과 외전의 의의

정단팔문이 과전 요소들의 관계를 보는 것이라면, 내전(內戰)과 외전
(外戰)은 과전을 이루는 천반과 지반의 생극관계를 본다. 육임국은 천인
지(天人地) 삼재로 이루어지는데 천(天)은 천장, 인(人)은 천반, 지(地)는
지반에 해당한다. 이런 관계는 기문둔갑의 삼중반(三重盤)도 같다. 기문
에서는 천인지가 각각 천봉구성·팔문·구궁오행이 되며, 천인지 관계
를 볼 때 천이 인을 극하고 인이 지를 극하는 것은 자연스럽다고 봐서 흉
이 작다고 판단한다. 이와 마찬가지로 육임에서도 천반과 지반의 생극
방향에 따라 길흉을 다르게 본다.

육임국에서 생극관계를 보기 전에 천장·천반·지반에 대한 설명을
이해하기 위해 꼭 알아야 할 것이 승(乘)과 임(臨)이다. 승은 천장과 천반
의 관계이며, 임은 천반과 지반의 관계다. 다음의 癸巳7국_야점에서 초
전을 설명할 때 태음은 천신 巳에 승했다고 표현하며, 천신 巳는 지반 亥
에 임했다고 표현한다. 또한 천신 巳가 태음에 승했다고 표현하기도 하
며, 둔간 癸가 천장 위에 승했다고도 한다. 그리고 천장이 타는 천반을
승신(乘神)이라고도 한다.

내전과 외전에서 내(內)는 천반을 말하고 외(外)는 천장을 말한다. 이 중 내전은 천반 오행이 천장 오행을 극하는 경우이며, 외전은 천장 오행이 천반 오행을 극하는 경우이다.

말전	중전	초전
太陰	勾陳	太陰
癸巳	丁亥	癸巳
亥	巳	亥

4과	3과	2과	1과
太陰	勾陳	朱雀	太常
癸巳	丁亥	己丑	○未
亥	巳	○未	癸(丑)

위의 癸巳7국은 초전을 보면, 천장 태음의 오행이 金으로 천반 巳로부터 극을 당하고 있으므로 내전이 된다. 중전은 구진 토장(土將)이 천반 亥水를 토극수(土剋水)를 하고 있으므로 외전이 된다. 진정한 외전은 천장 극 천반을 하고, 천반 극 지반을 할 때다. 위 국의 중전과 같은 경우이다.

위와 같이 삼전의 생극을 볼 때 천장 오행이 천신 오행을 따르지 않지만, 육임에서는 천장 오행이 천신 오행을 따르는 것이 기본 원칙이다. 예를 들어, 구진이 토장이지만 천신 卯木 위에 있으면 구진의 오행이 木이 된다. 사과삼전을 이루는 요소들의 기본적인 생극관계는 천장과 천신을 같은 오행으로 보지만, 삼전 간의 생극관계를 보여주는 내 · 외전이나 협극(夾剋)을 볼 때는 천장 본래의 오행을 취하므로 주의한다.

2) 내전과 외전의 해석
내전이나 외전은 다음과 같이 해석을 달리한다.
① 내전은 안으로부터, 외전은 밖으로부터 재앙이 온다.
② 내전은 흉화가 심하고, 외전은 흉화(凶禍)가 가볍다. 내전인 경우, 흉이 강하여 여기에 흉신 · 흉장이 타면 해결되기 어렵다고 본다. 그러나 외전인 경우에는, 길신 · 길장이 타면 흉화가 해결될 수 있다. 내전이나 외전이 모두 흉한데 외전을 길하다고 잘못 판단하는 경우도 있으므로 주의

한다.

③ 내전은 내부에서 길흉이 결정되며, 외전은 외부에서 결정된다. 외전의 예를 보면 천반이 일간을 극하는 경우이다. 이 경우 자신의 자유를 속박 받고 다른 사람의 지시를 받게 된다.

④ 12운성으로 휴수이고 공망인데 외전이 되면 그 흉이 깊다. 즉, 약한 기운에 있으면 외전도 그 흉이 깊다고 판단한다.

⑤ 내·외전이 있으면 길함이 오래가지 못한다. 취직점의 경우 일진이 생합하면 오래 근무하게 되고, 일진이 내·외전을 하면 취직이 되어도 오래 못 간다.

⑥ 이사점의 경우 지상(支上)에 내·외전이 있으면 이사를 안 가는 것이 좋다. 회환·주편(周編)격인 경우도 같다.

2. 초전의 천지반

내전·외전과 별도로 초전 또는 초전의 상하관계로 길흉의 원인을 알 수 있다. 즉, ① 초전이 상극하를 하면 남자에게 일이 생긴다. 길흉은 밖에서 일어나며, 남자에게 이롭고, 행동을 먼저 하는 것이 이롭다. ② 초전이 하적상을 하면 여자에게 일이 생긴다. 길흉은 안에서 일어나며, 여자에게 이롭고, 먼저 행동하지 말고 응대하는 것이 이롭다.

3. 협극

1) 협극의 의의

협극이란 천반을 상하 또는 좌우에서 극하는 것이다. 천장이 천반을 극하는 외전이면서 동시에 지반에서도 천반을 극하는 경우, 즉 상하에서 극하는 경우에 협극이 된다. 초전과 말전이 중전을 극하는 것은 좌우에서 극하는 협극이다. 나아가 초전이 1과·3과의 천반으로부터 극을 받는 경우에도 협극이라고 한다. 초전이 협극이 되는 경우를 '핍박살(逼迫殺)'이라고도 한다. 다음 甲子5국의 초전을 보면 천반 戌이 천장 육합으로부터 목극토(木剋土)가 되고, 지반 寅木으로부터 목극토가 되므로 협극에 해당된다.

말전	중전	초전
白后	后白	合合
丙寅	庚午	○戌
午	○戌	寅

4과	3과	2과	1과
武武	蛇龍	后白	合合
戊辰	壬申	庚午	○戌
申	子	○戌	甲(寅)

2) 협극의 해석

육임국에서 협극을 어떻게 해석하는지 초조협극격(初遭夾剋格)과 가법부정격(家法不正格)을 통해 알아본다. 초조협극격은 초전의 천반이 지반과 천장으로부터 동시에 극을 받는 경우로 자신의 의지와 관계없이 행동하게 된다. 어떤 행동인지는 초전의 육친을 보고 판단한다. 초전의 육친이 재성이라면 자신의 의지와 관계없이 재물을 낭비하며, 비겁이라면 자신의 일이 다른 사람의 결정에 좌우된다. 관귀라면 오히려 길하다고 보는데, 이는 자신의 근심이 협극으로 인해 없어지기 때문이다. 다음의 壬子6국은 주·야점에 초전의 재성이 협극이 되는 경우이다.

말전	중전	초전
白武	雀陳	武后
戊申	癸丑	丙午
丑	午	亥

4과	3과	2과	1과
蛇合	常陰	雀陳	武后
○寅	丁未	癸丑	丙午
未	子	午	壬(亥)

가법부정격은 삼전이 모두 협극이 되는 것이다. 가정의 법도가 무너지고 실력이 부족한 자가 이끄는 상으로 잘못된 것을 밝히고 다스려야 하

는 과전이다. 다음의 乙丑8국_야점이 여기에 해당된다.

말전	중전	초전
天乙	靑龍	太陰
甲子	辛未	丙寅
未	寅	酉

4과	3과	2과	1과
螣蛇	天空	太陰	六合
○亥	庚午	丙寅	癸酉
午	丑	酉	乙(辰)

3
일진 정단

1. 일진의 의의

일진(日辰)에서 일(日)은 일간이며, 진(辰)은 일지를 뜻한다. 일간이 '나'라면, 일지는 내가 사는 곳이기도 하고 삼전이 사는 곳이기도 하다. 보통 3과를 인택(人宅)이라 하고, 인은 나와 상대되는 '그'이며, 택은 나의 거처가 된다. 지상은 양신(陽神)인 그와 나의 가택 사정을 보는 곳이며, 음신(陰神)인 4과는 인택의 길흉을 보좌하고 간섭하는 곳이다. 예를 들어, 3과가 길하면 나 자신이 길한 곳에 있으며 편안한 곳에 거하는 것이다.

2. 일진과 주객동정

사과는 체이고 현재 상황이며, 삼전은 용이고 장래의 일이므로 정단에서는 사과를 먼저 본다. 사과는 일진의 양신과 음신을 보는 곳이므로 사과를 보는 것이 곧 일진을 보는 것이라고 할 수 있다. 그러므로 과전을 볼 때 가장 먼저 일진을 보며, 일진과 관련하여 가장 먼저 살필 것이 일진의 주객동정이다.

1) 주객동정

육임 정단도 결국은 상호관계에서 취길피흉을 보는 것이므로 관계를 정립할 필요가 있으며, 관계는 주객동정으로 요약된다. 주객에서 주는 '나'이고 객은 '그'이다. 동정에서 동은 선동자(先動者)로 먼저 움직인 자이고, 정은 선동자의 움직임에 반응을 보이는 자이다. 예를 들어, 내가 전화를 해서 만나자는 약속을 하면 나는 객이고 그가 주이다. 그 밖의 주객 구분은 다음과 같다.

① 동정(動靜)에서는 주가 정(靜)이고, 객은 동(動)이다.

② 발성(發聲)에서는 주가 응답하는 자이고, 객은 먼저 발성하는 자이다.

③ 출병(出兵)에서는 주가 상대방이고, 객은 출병하는 본인이다.

④ 음양(陰陽)에서는 주가 음(陰)이고, 객은 양(陽)이다.

⑤ 공격(攻擊)에서는 주가 공격을 받은 자이고, 객은 기습 공격을 한 자이다.

⑥ 방향에서는 주가 좌산반(坐山盤)이고, 객은 입향반(立向盤)이다.

2) 일진과 주객동정

『오요권형(五要權衡)』에서 피아(彼我)의 구별에 대해, 일간은 나[主]이고 내가 아닌 모든 것이 그[客]라고 하였다. 크게 보면 일진은 나이고, 삼전은 그이다. 삼전은 일의 진행 상황이라고 했는데, 이는 내가 어찌할 수 없는 환경이나 사정이므로 그라고 본 것이다. 작게 보면 일간은 나이고 일간이 아닌 모든 것이 그이며, 더 작은 개념으로 보면 일간은 나이고 일지는 그이다.

일간을 나로 볼 때 이는 나를 주로 보라는 것이지 사람인 나로 보라는 것이 아니다. 주는 정, 객은 동과 연결된다. 이와 같이 주객을 정하는 것이 정단의 출발인데 이를 구별하기 어려운 경우가 있다. 예를 들어 출산점인 경우, 아기가 주체가 되므로 일진 중 일(日)은 아기가 되고 산모는 진(辰)이 된다. 다른 예로 문점자와 관계 없는 승부를 정단하는 경우에도 주객을 어떻게 구분해야 할지 난감할 수 있다.

말전	중전	초전
螣蛇	朱雀	六合
丙午	乙巳	甲辰
巳	辰	○卯

4과	3과	2과	1과
螣蛇	朱雀	六合	勾陳
丙午	乙巳	甲辰	○卯
巳	辰	○卯	甲(○寅)

위의 경우는 甲辰12국_주점으로 문점자와 전혀 상관이 없는 두 사람의 승부를 알아본다. 일간이 일지를 목극토(木剋土) 하므로 내가 이기는데, 내가 누구인지를 결정해야 한다. 만약 경비업에 종사하는 사람과 연예계에 종사하는 사람의 승부라면 일진에 탄 천장으로 사람을 정할 수 있다. 구진은 군인·경찰이며 주작은 연예인이나 문서를 다루는 사람이므로, 내가 이긴다고 할 때 나는 경비업에 종사하는 사람이다. 이와 같이 주객을 정하는 일은 육임의 전 분야를 이해해야 가능하다.

3) 동정과 성취

주객동정론으로 일의 진행과 성취를 알 수 있다.

① 과전을 동정(動靜)으로 나누면 사과는 안정을 보는 곳이며, 삼전은 동함을 보는 것이다. 이 중 삼전의 초전은 일의 동기가 되는 곳이며, 중전은 진행 과정, 말전은 귀결이 되는 곳으로 보는 것이 육임의 원칙이다. 이러한 원칙에 의하면 사과를 대표하는 일진이 길하고 삼전이 흉하면 현재 상태를 유지하는 것이 좋고, 반대로 삼전이 길하고 일진이 흉하면 적극적으로 움직이는 것이 좋다.

② 일진에서는 일(日)이 동함을 주관하는 곳이며, 일지는 안정을 주관하는 곳이다.

③ 간상신은 나중이 되고, 일간은 먼저가 된다. 예를 들어 지상신에서 일간을 생하면 처음이 쉽고, 지상신에서 간상신을 생하면 나중이 쉽다. 반대로 지상신이 일간을 극하면 처음이 어렵고, 간상신을 극하면 나중이 어렵다.

3. 일진의 생극관계

1) 간상신과 일간의 생극

간상신은 일간과 가장 밀접한 관계다. 그러므로 서로 생합하기를 원하며 제극하는 것을 싫어한다. 간상신이 일간을 극하는 경우 간상에 탄 천장에 따라 다음과 같은 영향이 있다.

① 주작이 타서 일간을 극하는 경우 어린이에게 흉액이 발생한다.

② 구진이 타서 일간을 극하는 경우 소송 등의 일이 생긴다. 특히, 일간이 약하면 더욱 흉하다.

③ 청룡이 타서 일간을 극하는 경우 재물로 인해 다툼이 있다.

④ 백호가 있으면 혈광지신(血光之神)이 극하는 경우로 질병과 액이 발생하는데, 묘신(墓神)이 있거나 흉살이 있으면 더욱 흉하다.

⑤ 현무가 타서 일간을 극하는 경우 분쟁이나 구설이 있다. 이 밖에도 도적지신인 현무가 일간의 재성을 극하면 재물의 손실이 있다.

⑥ 천후가 타서 일간을 극하는 경우 처와 다투거나 음모·구설이 있다.

특히, 육임에서 육흉장(六凶將)인 등사·주작·구진·천공·백호·현무가 간상에 타서 일간을 극하면 흉액이 심하다고 보고 과전을 해석한다.

2) 일진의 생극관계

(1) 상충(相沖)

일진의 생극관계에는 여러 가지가 있다. 다음 甲申10국의 예에서 일진 관계를 보면, 일간의 기궁과 일지가 寅申충이 되고, 간지상신은 巳亥충이 된다. 나와 그가 충돌하고, 간섭하는 기운들도 충돌하는 형상이므로 함께 도모하는 일에 화합하기보다는 시기하고 분열하는 과전이다.

말전	중전	초전
庚寅	丁亥	甲申
亥	申	巳

4과	3과	2과	1과
庚寅	丁亥	甲申	癸巳
亥	申	巳	甲(寅)

(2) 교차탈(交叉脫)

간상신은 일지에 의해 탈기되고, 지상신은 일간에 의해 탈기되어 교차 탈인 경우에는 서로 소모가 되는 상이다. 이 때 도적지신인 현무가 간상 에 타고 있으면 내가 더 많이 소모된다. 그러나 간지가 서로 교차해서 합 하는 경우에는 서로 화합하고 협력한다.

(3) 역상(逆相)

지상신이 일간을 극하는 경우에는 순역 중 역의 형태가 되어 다툼과 재물의 손실이 있고 분리가 일어난다.

3) 일진상의 신살 영향

육임에서 좋은 역할을 하는 구보(九寶)에는 덕(德)·합(合)·기(奇)· 의(儀)·녹(祿)·마(馬)·성(星)·왕(旺)·귀(貴)가 있고, 나쁜 역할을 하는 팔살(八殺)에는 형(刑)·충(沖)·파(破)·해(害)·묘(墓)·귀(鬼, 칠살)·패(敗, 死地·絕地)·공(空)이 있다. 이것들이 일진에 있을 때 어 떤 영향이 있는지 살펴본다.

① 일진에 녹마(祿馬)를 보면 영전하거나 이동하여 발전이 있다. 군자는 천관(遷官)하니 직장을 옮기거나 승진하고, 소인은 가택의 이동이나 움직 임이 있게 된다. 그러나 일간이 쇠약하고 지상신에 일간의 건록이 있을 때 는 내가 그에게 굴복하는 상으로 불리해진다. 그리고 일의 진행이 바르지 못한 방향으로 흐르게 된다.

② 일진에 덕신(德神)을 보고 길장이 타는 경우 매사에 적극적으로 방 침을 정하면 유리하며, 일진에 육합을 보는 경우에는 서로 화합하여 행 동하는 것은 길하지만 해산하거나 이별하는 일은 흉하다.

③ 일진에서 공망이 되는 경우 모든 것이 유명무실로 이루어지는 것 이 없다.

④ 일진이 서로 왕성하면 세력이 비슷하다.

다음의 庚寅12국은 간상신이 일간 申의 왕신(旺神)이고, 지상신은 일지

寅의 왕신이다. 승부 정단인 경우, 서로 왕성하므로 실력이 비슷하지만 나중에는 내가 이긴다. 일간인 내가 그를 금극목(金剋木) 하기 때문이다.

말전	중전	초전
○午	癸巳	壬辰
巳	辰	卯

4과	3과	2과	1과
壬辰	辛卯	丙戌	乙酉
卯	寅	酉	庚(申)

⑤ 일진이 묘신인 경우에는 혼미하다. 예를 들어, 간상신이 일간의 묘신이고 지상신이 일지의 묘신인 경우이다. 이 경우 인택이 혼미하여 사람이 혼미한 기운 속에서 헤매는 것과 같고, 가택은 먼지 속에 있는 것과 같으며, 서로 아무 결실이 없이 방황하고 소망하는 일마다 이루어지는 것이 없다.

다음의 甲申8국은 일간 寅의 묘신이 未이고, 일지 申의 묘신은 申의 지반인 丑이 되므로 간지상신이 모두 간지의 묘신인 경우이다. 더욱이 야점이라면 간상신이 공망이고 이 위에 천공이 타고 있다. 천공이 공망과 같은 작용을 하여 공망이 중첩된 경우로, 진실된 것이 아무것도 없고 구하는 것의 실상이 없으니 헛될 뿐이다.

말전	중전	초전
合合	陰常	龍蛇
丙戌	癸巳	戊子
巳	子	○未

4과	3과	2과	1과
后白	空天	龍蛇	天空
○午	己丑	戊子	○未
丑	申	○未	甲(寅)

위의 甲申8국이 간지와 간지상신의 관계로 묘신을 본 것이라면 다음의 壬申6국은 일진과 지반의 관계에서 묘신을 본 것이다. 일간의 기궁 亥는 앉은 자리인 辰이 묘신이 되고, 일지인 申은 지반 丑에 묘신이 된다. 묘신은 기본적으로 애매함을 주관하는 성분인데, 일진이 묘신 위에 있는 경우 스스로를 애매하고 혼미한 상태로 이끌어 화액을 불러들인다. 가택

에 있어서는 명의 등으로 인해 다른 사람에게 뺏기는 일이 생기거나, 전·월세 임대 등이 성사되지 않는다.

말전	중전	초전		4과	3과	2과	1과
白武	雀陳	武后		龍白	天雀	雀陳	武后
壬申	乙丑	庚午		○戊	丁卯	乙丑	庚午
丑	午	○亥		卯	申	午	壬(○亥)

주야	常陰	白武	空常	龍白	陳空	合龍	雀陳	蛇合	天雀	后蛇	陰天	武后
천반	辛未	壬申	癸酉	○戊	○亥	甲子	乙丑	丙寅	丁卯	戊辰	己巳	庚午
지반	子	丑	寅	卯	辰	巳	午	未	申	酉	○戌	○亥

4. 일진과 상신의 교차관계

1) 교차생

구생(俱生)이 간지상신이 그 간지를 상생하는 것이라면, 호생은 간지상신이 교차하여 간지를 상생하는 것이다. 호생하면 모든 일에 길조이며, 재앙이 있어도 흉이 되지 않는다. 다음의 庚午6국은 호생(互生)에 해당된다. 초전과 중전이 공망이라 헛되긴 하지만 호생의 영향으로 흉이 줄어드는 상황이다.

말전	중전	초전		4과	3과	2과	1과
甲子	己巳	○戌		壬申	乙丑	○戌	丁卯
巳	○戌	卯		丑	午	卯	庚(申)

2) 교차극

다음의 壬午12국은 교차하여 극하는 관계다. 간상신 子는 일지 午를 수극화(水剋火) 하고, 지상신 未는 일간 壬을 토극수(土剋水) 하고 있다.

이 경우 소송점이라면 양쪽 모두 벌을 받게 된다고 본다. 승부점이라면 양쪽 모두 손실을 보고 제3의 인물이 이익을 얻을 수 있다. 질병점인 경우에는 상처를 입는다. 부부점에서는 부부가 서로 불화·반목하고 바람이 난다. 사과에서 일간은 남편을 뜻하고, 일지는 부인을 뜻하기 때문이다. 교섭점인 경우에는 서로 다른 마음을 품고 해치려는 마음까지 있다. 더 나아가 子·丑은 지합, 子·午는 칠충, 子·未는 육해가 되어 화합하는 가운데 서로 손해를 보고 알력이 있는 상이다. 교차극이 되는 경우 각자의 손상 정도는 과전이나 연명상에서 어떤 것이 더 극을 받는지를 보고 판단한다.

말전	중전	초전
己卯	戊寅	丁丑
寅	丑	子

4과	3과	2과	1과
○申	癸未	丁丑	丙子
未	午	子	壬(亥)

3) 일진상신과 일진의 관계

교차생극 등 일진상신과 일진의 관계를 정리하면 다음과 같다.

① 장기(壯基) : 일지가 일간상신이 되고, 간상신이 일간과 비화(比化)되는 경우이다. 모든 일이 길하지만 나의 기운이 강하여 재물에는 좋지 않다.

② 귀복(歸福) : 일지가 간상신이 되고, 간상신이 일간을 생하는 경우이다. 다른 사람이 나를 생하고 모든 일이 나의 뜻대로 이루어지며 만사가 길하다. 만약 귀인이 승하는 경우, 다른 사람의 도움이 있고 공망이 되는 것을 싫어한다.

③ 탈아(脫我) : 일지가 간상신이 되고 간상신을 일간이 생하는 경우로 다른 사람이 나의 기운을 빼지만 경계하면 해가 덜하다. 허비백출(虛費百出)한다고 한다.

④ 기아(欺我) : 일지가 간상신이 되고, 간상신이 일간을 극하는 경우로 아랫사람이 나를 극하고 방해하며 여러 가지 일이 불리하다.

⑤ 초부(招夫) : 일지가 간상신이 되고 간상신이 일간으로부터 극을 받는 경우로 적은 노력으로 많은 이익을 얻는다.

⑥ 배본(培本) : 일간 기궁이 지상신이 되고 지상신과 일지가 비화되는 경우로 화합하고 매사가 즐겁다.

⑦ 부취(俯就) : 일간 기궁이 지상신이 되고, 지상신이 일지를 생하는 경우이다. 내가 상대에게 무엇인가를 원하지만 뜻대로 안 된다.

⑧ 취욕(取辱) : 일간 기궁이 지상신이 되고, 지상신이 일지에게 극을 받는 경우이다. 스스로 재난을 초래하는 상이다.

⑨ 췌서(贅壻) : 일간 기궁이 지상신이 되고, 지상신이 일지를 극하는 경우이다. 다른 사람으로부터 이익을 본다.

⑩ 구합(求合) : 일간 기궁이 지상신이 되고, 지상신이 일지와 육합하는 경우이다. 내 뜻을 굽히고 그와 합하며 복종하는 상이다.

⑪ 귀합(歸合) : 일지가 간상신과 합하고 일간의 기궁과도 합하는 경우이다. 모든 일에서 노력 없이 얻는다.

1. 과전은 체용

육임에서는 사과(四課)를 체(體), 삼전(三傳)을 용(用)으로 본다. 체용 이론에 대해서는 역사적으로 논란이 많은데 체를 나무, 용을 책상으로 보면 된다. 명리에서 용신(用神)은 사주팔자가 가지고 있는 하자를 개선할 수 있는 성분으로 아주 중요하게 취급된다. 명리학에서 격국(格局)을 체, 용신을 용으로 보는 것처럼 육임에서도 용신의 개념은 중요한데, 육임에서는 사과가 체이고, 삼전이 용이다. 사과 중에서도 진정한 체는 일진의 양신(陽神)이 되는 1과와 3과이고, 삼전 중 진정한 용은 초전으로 이를 발용(發用)이라고 한다.

예를 들어 동업이 성립될지를 묻는 경우, 정단할 때 사과에서 보는 것은 동업하려는 뜻[意] 즉 체가 되며, 동업이 성립될 것인지는 삼전의 상황으로 아는 것[知]이다. 이 때 사과의 상황은 동업을 하는 상황인데, 삼전에서 동업이 흉한 것으로 나타나면 결국 동업이 불가하다고 보는 것이 육임 정단의 원칙이다. 이와 같이 체가 없으면 용도 없고 용이 없으면 체도 없으며, 체가 없으면 용이 이루어질 수 없고 용이 없으면 체가 존재하기 어려운 관계다. 그러나 용이 이루어질 수 있는 시기와 장소를 선택하여 뜻을 다시 세울 수 있도록 돕는 것이 육임 정단의 본질이다.

2. 사과의 의의

사과는 천지반 중에서 일진(日辰)을 중심으로 세운다. 일진에서 일간은 '나'이며, 일지는 '그'이고 인택(人宅)을 보는 곳이다. 사과 중 1·3과는 양과(陽課)로 밝은 일을 살피는 곳이고, 2·4과는 음과(陰課)로 숨은 의도를 보는 곳이다. 또한 양과는 독립적으로 역할을 하지 않고 음과의 보좌와 간섭을 받는다.

1과인 일간 위의 간상신은 양신(陽神)이 되고, 양신에서 '나'인 일간을 생합하면 나에게 이익이 되며, 형충파해를 하면 나에게 나쁜 영향이 있다. 즉, 1과의 상하 작용은 나에게 일어나는 일을 보여준다.

2과는 간상신인 양신을 지반으로 내려 천지반 중 해당 지반 위에 있는 천반을 올리는데, 이를 일간의 음신(陰神)이라고 한다. 음신은 양신의 길흉을 음적으로 보좌하는 역할을 한다. 때로는 양신을 지배하는 경우도 생기지만, 기본적으로는 숨은 변화와 의도를 보는 곳이다.

1과와 2과의 관계에서 음신과 양신이 생비(生比)를 하든 생극을 하든 양신의 길흉에 변화가 있다. 음신이 양신을 제극하는 경우에는 양신이 생왕하지 못하기 때문에 길함이 줄어든다. 그러나 천지의 이치가 음이 양을 지배하기보다는 양이 음을 제어하는 것이 마땅하므로 양신이 음신을 극하는 경우에는 어느 정도 길하다고 본다. 3과와 4과의 관계를 보는 방법도 같다. 단, 3과 일지는 내가 아닌 그이며, 인택이라는 점이 다르다.

3. 사과 정단

다음의 丙寅4국_야점으로 현재의 동업 상태를 바꾸면 새로운 재물을 얻을 수 있는지 알아본다. 그인 일지가 간상신이 되어 나를 생하고, 간상신과 지상신이 각각 일간과 일지를 생하는 상황으로 현재 상황에 만족하여 그대로 유지하는 것이 좋다. 간지끼리 寅巳형으로 서로 약간의 알력이 있고, 지상신이 나의 칠살(七殺)이라 걱정이지만 공망이 되므로 큰 문제가 안 된다. 아래 국의 경우는 사과에 상하의 극이 없고 지상신이 일간을 요극하는 요극과(遙剋課)이다. 요극과는 길흉의 영향이 적은 것이 특징이다.

말전	중전	초전
天空	玄武	天乙
己巳	壬申	○亥
申	○亥	寅

4과	3과	2과	1과
玄武	天乙	天乙	六合
壬申	○亥	○亥	丙寅
○亥	寅	寅	丙(巳)

만약 현재 상황에서 움직이는 경우 삼전의 상황을 보는데, 초전이 나를 극하는 칠살이라서 불안하지만 공망으로 용신 공망이 되므로 변화의 시작이 헛되게 된다. 또한, 중전의 재성이 지저공망(地底空亡)에 해당되고 흉장인 도둑 현무가 타서 재물을 구하는 것도 불가능하다. 따라서 위의 경우는 움직여서 긁어 부스럼을 만들지 말고 현재 상황을 유지하는 것이 좋다.

5
삼전 정단

1. 삼전의 의의

1) 삼전의 의의

점시에 월장을 가하여 천지반을 만들고, 이를 기반으로 사과를 조식한 후 일정한 원칙에 따라 만드는 것이 삼전이다. 사과는 현상이고 삼전은 진행인데, 삼전도 일의 진행 순서에 따라 초전을 발단문(發端門), 중전을 이역문(移易門), 말전을 귀결문(歸結門)으로 나누어서 살핀다.

초전은 발단이 되는 곳으로 일의 시초이며 동기를 본다. 발용(發用) 또는 용신(用神)이라고 하는 곳이다. 그러므로 초전은 상하로 생화(生化)되어 손상되지 않아야 하며, 일진과도 생화해야 한다. 삼전에서 중요한 곳이 초전과 말전으로, 초전에 길신과 길장이 타고 덕록(德祿)을 만나면 더욱 좋다.

초전이 일의 동기가 되므로 정단 사항의 허실(虛實)은 초전 위주로 판단한다. 초전이 공망이면 허(虛)이고, 공망이 아니면 실(實)로 본다. 또한 실을 주관하는 것은 순수(旬首)도 된다. 예를 들어 甲寅순인 경우 寅이 초전이 되면 실한 것이며, 초전이 화신(火神)이 아닌 것도 실한 것으로 본다. 또한 巳·午일 점으로 초전에 巳·午가 있으면 허이며, 木·土·金 등의 날에 초전이 木·土·金이면 실이 된다.

중전은 일의 진행을 보는 곳이다. 삼전을 상중하로 나누면 초전이 하이고 중전은 중이며 말전은 상이 되어, 초전이 중전을 생하는 것이 자연스럽고 순한 흐름이다. 중전에 공망이 있으면 일이 성사되지 않고, 중전이 묘신(墓神)인 경우에는 일이 혼미해지고 중단된다.

말전은 일의 진행 과정 중 마지막 부분이다. 시작인 초전과 진행 과정인 중전이 아무리 길해도 말전이 흉하면 일의 결과가 흉하다. 중전과 마찬가지로 말전도 초전과 긴밀한 관계를 유지하고 있다. 초전이 지반에게 극을 받는 경우에 말전이 이를 제어하면 길한 것으로 변하며, 중전과 달리 초전을 극하는 것을 그다지 흉하게 보지 않는다. 또한 삼전 중에서도 초전과 말전을 중시하여 삼전의 생극관계를 초전과 말전의 생극관계로만 보는 것이 보통이다. 즉, 길신·길장이 타는 말전이 초전을 극하는 것은 흉을 길로 바꾸고, 흉신·흉장이 탄 초전이 말전을 극하는 것은 길을 흉으로 바꾼다. 주역에서 괘를 만드는 것과 같이 삼전 중에서 초전이 하, 말전이 상이 되는데, 위가 아래를 극하고 규제하는 것은 천리에 벗어나지 않는다고 보는 것이다. 말전이 공망인 경우 길흉을 불문하고 이루어지는 것이 없다. 삼전의 생극을 볼 때는 삼전의 육친도 참고한다. 예를 들어, 일간에서 초전을 극하고 초전에서 중전을 극하며 중전에서 말전을 극하는 경우, 말전이 일간의 식상이 되기 때문에 재물을 얻는다고 보지 않고 초전이 일간의 재성, 중전이 초전의 재성, 말전은 중전의 재성이 되기 때문에 큰 재물을 얻는다고 보는 것이다.

2) 삼전과 일의 진행

삼전에서 일의 진행은 일간과의 생극관계를 통해 설명된다. 예를 들어 초전이 일간의 관귀가 되고, 중전은 인수, 말전이 재성이 되면 처음에는 일의 진행에 방해가 있다가 나중에 웃어른의 도움이 있어 마침내 재물을 얻는다고 일의 추이를 설명할 수 있다. 그러나 이러한 일의 추이를 보는 것도 사과의 상황이 바탕이 된다는 점에 주의한다. 과전의 상황이 일진이 길하고 삼전이 흉한 경우는 현재 상태는 좋고 장래의 추이는 나쁘다는 것이다. 이 경우 조용히 움직이지 않는 것이 좋으므로 삼전 중 초전·중전 등의 진행 추이도 아무런 역할을 못 한다. 그 밖에 정단에 참고할 사항은 다음과 같다.

① 초전이 십이운성으로 장생이고 말전이 묘신인 경우 일의 시작은 있으나 끝이 없다. 반대인 경우는 처음은 어렵지만 끝에 가서는 힘을 얻게 된다.

② 삼전 중 두 군데가 공망인 경우 공망이 아닌 삼전을 취하여 진행의 길흉을 살핀다. 특히 중전과 말전이 공망이면 초전 위주로 정단한다.

말전	중전	초전
靑龍	六合	螣蛇
乙未	○巳	癸卯
○巳	卯	丑

4과	3과	2과	1과
六合	螣蛇	天乙	太陰
○巳	癸卯	壬寅	庚子
卯	丑	子	辛(戌)

위의 辛丑11국_주점인 경우 결혼을 할 수 있을지 물어서 정단이 어떻게 되는지 살펴본다. 일간과 지상신이 卯戌합을 하고, 간상신과 일지는 子·丑으로 교차합을 하며, 상신과 일진은 서로 子卯형과 丑戌형이 되었다. 즉, 합을 하면서 형이 되어 서로 친한 척하지만 속으로는 칼을 겨누는 형상이다. 아울러 일간은 지상신을 극하고 일지는 간상신을 극하는 이른바 무음(蕪淫)이 되므로 서로 배반하고 이별할 기운이다.

일의 진행을 보는 삼전은 卯·巳·未로 체생(遞生)하여 나를 생해주지만 앞으로의 진행을 보는 중전과 말전이 공망이므로 다른 사람의 도움이 헛되다. 중전과 말전이 공망이면 공망이 아닌 초전으로만 앞으로의 진행을 봐야 한다. 초전의 卯는 재성으로 처나 여자의 일이 발단·동기가 되는데, 천장 등사가 卯·酉 위에 타서 서로 갈등하며 시끄러운 일이 생긴다. 또한 간상신과 초전이 子卯형이 되어 서로를 해치는 쪽으로 진행된다. 즉, 이 과전은 서로 합하다가 이별하는 상이며 결혼까지 하기는 힘들다.

2. 삼전의 해석

1) 음양의 구성으로 본 삼전

주역의 소성괘를 해석할 때와 마찬가지로 삼전도 주된 판단을 하는 삼전이 있다. 예를 들어 소성괘 중 태(兌)는 2음1양이 되는데, 이 때 하나 있는 양이 주효가 되며 사람으로는 소녀로 본다. 마찬가지로 삼전에서도 음이나 양이 하나만 있으면 그것을 주사(主事)하는 것으로 보고, 양일 경우에는 중전으로, 음일 경우에는 말전으로 결과를 판단한다. 이것을 유형별로 살펴보면 다음과 같다.

① 삼전이 1양2음일 경우에는 삼전 중 양이 주사하는 것이고, 중전이 결과이다.

② 삼전이 1음2양일 경우에는 삼전 중 음이 주사하는 것이고, 말전이 결과이다.

③ 삼전이 전부 양일 경우에는 간상신이 주사하는 것이고, 중전이 결과이다.

④ 삼전이 전부 음일 경우에는 지상신이 주사하는 것이고, 말전이 결과이다.

말전	중전	초전
朱雀	靑龍	太常
丁亥	庚寅	癸巳
寅	巳	申

4과	3과	2과	1과
太常	天后	勾陳	白虎
癸巳	甲申	己丑	壬辰
申	亥	辰	丁(○未)

위의 丁亥4국_야점은 초전이 역마인 巳이고 말전에 정신(丁神)이 있어서 활동을 하는 과이다. 삼전이 2음1양이므로 주사는 중전이다. 중전인 寅은 공조(功曹)로 세공회계(歲功會計, 한 해를 결산하고 그 결실을 따짐)의 뜻이 있고 재물과 연관이 있는 천신이다. 즉, 주사는 활동하여 재물을 얻는 일인데, 이것은 사과의 지상신이 재성인 것으로도 알 수 있다.

양이 주사하면 일의 결과는 중전으로 보는데, 중전 청룡이 寅에 승하여 묘왕(廟旺)에 앉은 상이므로 재물의 이익을 얻을 수 있다.

2) 생극관계로 본 삼전

삼전은 생을 좋아하고 극을 싫어한다. 삼전의 생극을 크게 일진과의 생극관계와 삼전의 생극관계로 나누어 살펴본다.

(1) 일진과의 생극관계

삼전에서 일간을 생하면 먼저는 어렵고 나중에는 쉽다. 삼전이 일간을 극하고 일지를 생하면 가택을 점치는 일에는 좋지만 자신의 일에는 좋지 않다. 일지가 삼전이나 일간을 생하는 경우에는 결혼이나 자신의 일에는 좋지만 가택의 일에는 좋지 않다.

(2) 삼전의 생극관계

삼전이 체생인 경우 진행이 순조롭고, 삼전이 순환상생(循環相生)인 경우는 사건이 오래 간다. 체생은 초전이 중전을 생하고 중전이 말전을 생하는 경우이며, 순환상생은 말전이 중전을 생하고 중전이 초전을 생하는 경우이다. 한편, 삼전에서 한 자리를 건너뛰어 생하는 것을 간전생(間傳生)이라 하는데, 이 경우 일을 진행하는 도중에 장애와 지체·이별이 발생한다. 삼전이 체극(遞剋)하는 경우에는 결국 일을 성취하지 못한다. 특히 체극하여 일진을 극하면 모든 점사에 흉하다.

초전과 말전의 생극관계는 모자법(母子法)으로 보면 초전이 모(母)가 되고 말전은 자(子)가 된다. 초전이 말전을 생하는 것은 부모가 자식을 순생(順生)하는 것으로 자연스런 일이므로 모든 일이 순리대로 해결된다. 반대로 말전인 水가 초전인 木을 생하는 경우 등은 역생(逆生)이므로 상하·부자 간에 위계가 없어져서 서로 의심하게 된다.

초전과 말전의 극은 시작과 끝이 서로 극하는 경우이다. 따라서 초전에서 말전을 극하면 시작은 있고 끝이 없는 것으로 불길하게 본다. 초전과 중전이 상생하여 말전과 상극하는 경우에도 결과가 완전하지 못하다.

(3) 삼전이 체생일 때 팔장으로 본 길흉

삼전이 체생하여 나를 생하는 경우 나를 생하는 천장으로 길흉을 살필 수 있다. 즉, 말전이 중전을 생하고 중전이 초전을 생하며 초전이 일진이나 간상신을 생하는 경우이므로 체생하는 초전의 천장으로 길흉을 살피는 것이다. 각 천장별 영향은 다음과 같다.

① 귀인이 있는 경우 웃어른의 도움이나 문서로 인한 기쁨이 있다. 초전에 귀인이 있는 것을 '간귀(干貴)'라고 하는데, 반드시 체생하고 초전에 귀인이 있어야만 하는 것이 아니라 초전에 귀인이 있기만 해도 간귀로 본다.

② 등사가 있는 경우 서로 화합한다. 초전에 등사가 있는 경우를 '공구(恐懼)'라고 하는데, 등사가 놀람과 괴이함을 주장하기 때문에 붙여진 이름이다.

③ 주작이 있는 경우 문서로 인한 기쁨이 있거나 공명을 이룰 수 있다. 초전에 주작이 있는 경우를 '문서(文書)'라고 한다.

④ 육합이 생하는 경우 화합하는 일에 좋고 재물이나 혼인의 즐거움이 있다. 초전에 육합이 있는 경우를 '교합(交合)'이라 한다.

⑤ 구진이 있는 경우 재물이나 전지(田地)·주택 등과 관련하여 즐거움이 있다. 초전에 구진이 있는 경우를 '쟁송(爭訟)'이라 하며, 소송 및 관청과 관련된 일이 생긴다.

⑥ 청룡이 있는 경우 재물이 늘어나는 즐거움이나 가정에 즐거움이 있다. 초전에 청룡이 있는 경우를 '희경(喜慶)'이라 한다.

⑦ 천공이 있는 경우 뜻밖의 재물이 들어오거나 아랫사람으로 인한 즐거움이 있다. 단순히 초전에 천공이 있는 경우를 '조천(朝天)'이라 하며, 이 경우 고위직과 만나거나 헛된 일이 생긴다.

⑧ 백호가 있는 경우 재물의 기쁨이 있거나 권위를 얻지만 죽거나 다

치는 일이 생길 수도 있다. 초전에 백호가 있는 경우를 '재상(災傷)'이라 한다.

⑨ 태상이 있는 경우 재물의 즐거움이나 먹고 마시는 즐거움이 있다. 초전에 태상이 있는 경우를 '연회(宴會)'라 한다.

⑩ 현무가 있는 경우 시비와 허실(虛實)이 뒤섞여 불안하지만 의외의 재물을 얻을 수 있다. 초전에 현무가 있는 경우를 '도탈(逃脫)'이라 한다.

⑪ 태음이 있는 경우 음인이나 여자로부터 도움이 있다. 초전에 태음이 있는 경우를 '암매(暗昧)'라 하며 부녀자와 관련된 일이 있다.

⑫ 천후가 있는 경우 혼인이 이뤄지고 여자나 음인(陰人)으로부터 도움이 있다. 초전에 천후가 있는 경우를 '간부(干婦)'라고 한다.

3. 초전의 해석

1) 초전 발용에 따른 해석

초전이 상극하(上剋下)로 발용이 되는 경우 바깥일에 해당되고, 남자에게 이익이 있으며 앞서는 것이 이익이 된다. 하적상(下賊上)으로 발용이 된 경우에는 가정 안의 일이며 여자에게 이롭고 뒤따르는 것이 길하다.

1·2과가 초전이 되는 경우 바깥에서 일어나는 일, 즉 외사이며 동적인 여행이나 이동과 관련된 일이다. 이 경우 천장이 순행하면 길흉이 빨리 나타난다. 3·4과에서 발용이 되는 경우는 내사에 속하며 정적인 일이고 가정 안의 일이다. 이 경우 천장이 역행하면 길흉이 천천히 진행된다. 또한 4과에서 발용이 되는 경우 '맥월(驀越)'이라 하여 갑자기 사건이 생긴다.

말전	중전	초전
癸巳	庚寅	甲申
巳	寅	申

4과	3과	2과	1과
庚寅	庚寅	甲申	甲申
寅	寅	申	庚(申)

위의 庚寅1국은 복음 중 양일에 속하므로 1과의 간상신이 발용된다. 일지의 역마가 간상신이 되면서 초전이 되므로 자신의 이동성이 강해지는 상이다. 야점인 경우 초전에 천후가 승하고 1과와 3과가 교차하여 충이 되므로 부부가 충돌하는 상이다. 교차충의 상황을 보면 3과인 그보다 1과인 내가 강하며, 그로 인해 이별할 수도 있으므로 주의한다.

초전 천신이 육친이며 비화인 경우는 친구나 동료·형제에 대한 일이고, 식상은 자식에 대한 일이다. 재성은 재물, 관성은 명예에 대한 일이나 움직이면 내게 흉이 되는 일이며, 인수는 부모나 문서에 대한 일이다.

태세의 지지가 초전이 되어 일간과 생합하고 초전에 육길장(六吉將)이 타는 경우를 '천은(天恩)'이라 하며 모든 일에 길하다. 반면에 일간과 형충파해가 되고 육흉장(六凶將)이 타는 경우는 '천화(天禍)'라 하며 재액이 발생한다. 육길장은 귀인·육합·청룡·태상·천후·태음이며, 육흉장은 등사·주작·구진·천공·백호·현무이다.

2) 초전의 생극관계에 따른 해석

초전과 일진은 어느 것이나 생합을 원하고 형충파해를 싫어한다. 생합하면 바라고 도모하는 일을 이룰 수 있고, 형충파해가 되면 이루기 어렵다.

초전이 천장에게 극을 받고 지반으로부터도 극을 받는 것을 '협극(夾剋)'이라고 한다. 협극이 되는 천신은 제 역할을 못 한다. 초전이 비겁이면 자신을 옭아매며, 재성이면 쓰지 못하는 재물이고, 관성이면 나를 치는 기운이 역할을 못 하므로 길하다.

다음의 甲寅11국은 재물점을 보면 초전에 재성이 동하지만 천장과 지반으로부터 협극이 되므로 재물을 얻지 못한다.

말전	중전	초전
后白	蛇龍	合合
庚申	戊午	丙辰
午	辰	寅

4과	3과	2과	1과
蛇龍	合合	蛇龍	合合
戊午	丙辰	戊午	丙辰
辰	寅	辰	甲(寅)

점시나 초전에서 일간을 생하는 경우 도모하는 일이 성사된다. 일간이 초전을 극하는 경우에는 흉하지만 재성이 되므로 금전과 관련된 일이나 혼사는 이루어질 수 있다. 초전이 일간을 극하는 경우에는 바라는 일에 장애가 생긴다. 초전이 1과의 천반을 극하면 자신에게 문제가 생기고, 3과의 천반을 극하면 가정에 번민이 생긴다.

초전이 상하로 극이 되는 경우와 마찬가지로 초전이 1·3과의 천반에 의해 극이 될 때도 협극이라고 한다. 이 경우 자유롭지 못하고 다른 것으로부터 압박을 받는다. 이와 반대로 초전이 1·3과의 천반을 극하는 경우를 '격극(隔尅)'이라고 하는데, 이것도 길하지 않다.

초전이 태세를 극하면 그 해에 어려움이 있고, 월을 극하면 그 달에 재난이 있다. 그러나 초전이 태세를 극하는 경우 태세가 재성이 되므로 길장이 타면 재물을 얻을 수도 있다.

3) 초전의 신살에 따른 해석

(1) 초전 공망인 경우

초전이 공망이 되면 길흉을 불문하고 실제로 이루어지는 것이 없다. 초전의 육친별로 공망이 되었을 때의 영향을 보면 다음과 같다.

① 비겁 공망 : 초전이 비겁이거나 간지삼전이 삼합하여 비겁에 해당되고 공망이 되는 경우를 '실군(失群)'이라 한다. 비겁이 강하여 재성을 치므로 재물을 잃고, 형제가 손상되는 일 등이 있다.

② 식상 공망 : 초전이 식상으로 공망이거나, 간지와 삼전이 삼합하여 식상에 해당되며 공망이 되는 경우를 '명령(螟鈴)'이라 하며 자녀가 손상된다.

③ 재성 공망 : 초전이 재성으로 공망이거나, 간지와 삼전이 삼합하여 재성에 해당되며 공망이 되는 경우를 '환거(鰥居)'라 하며 재물이나 처첩이 손상된다.

④ 관성 공망 : 초전이 관성으로 공망이거나, 간지와 삼전이 삼합하여 관성에 해당되며 공망이 되는 경우는 '상거(孀居)'라 하며 명예가 실추되거나 남편에게 문제가 생긴다.

⑤ 인수 공망 : 초전이 인수로 공망이거나, 간지와 삼전이 삼합하여 인수에 해당되며 공망이 되는 경우를 '고애(孤哀)'라 하며 부모의 신상에 이상이 생긴다.

(2) 초전이 용묘인 경우

초전에 묘신(墓神)이 있는 용묘(用墓)이면 질병점의 경우 사망할 수 있으며, 재물점의 경우는 재물을 잃고 찾지 못한다. 대부분의 일이 지연되고 애매해진다. 초전에 역마가 있는 것을 '용마(用馬)' 또는 '전정(前程)'이라 하며, 주사(主事)는 움직임으로 외출이나 여행을 하게 된다. 만약 용마가 3과의 천반을 극하면 다칠 수 있으므로 여행을 피한다. 초전에 상문조객(喪門弔客)이 있으면 조만간 자신이나 친지에게 기복(忌服, 상제로서 일을 봄)할 일이 생긴다.

4) 초전의 득기 판단

(1) 초전과 왕상휴수사

① 초전이 왕상(旺相)한 경우 매사에 길하여 흉한 일도 길로 변한다.

② 초전이 상(相)인 경우 초전을 도와주는 것이므로 일을 진행하여 공을 이룬다. 휴(休)인 경우는 내가 약해지므로 병에 걸리기 쉽다.

③ 초전이 수(囚)인 경우는 초전이 극을 당하는 것이므로 관재가 일어나기 쉬우며, 일은 목적한 바를 이룰 수 없고 의지처가 없는 상황이다.

④ 초전이 사(死)인 경우 초전이 극을 당하는 기운이므로 몸이 손상되는 것에 주의해야 하며 추진하던 일이 중단된다.

(2) 초전과 십이운성

초전이 장생을 만나면 모든 일이 뜻대로 된다. 또한 일간의 장생이 묘신의 지반에 타면 예전에 끝난 일이 다시 시작되고, 사지(死地)에 해당하는 지반에 타면 대개의 일이 폐지되며, 절지(絶地)에 해당하는 지반에 타면 모든 일이 끝나지만 다시 시작되고 기다리는 사람이 오며 소식도 온다.

4. 과전의 구조와 해석

1) 과전 특징 색인
과전의 구성에 따른 과전 특징을 가나다 순서로 정리하면 다음과 같다.

ㄱ　가색(稼穡) · 간전(間傳) · 격각(隔角) · 고개(高蓋) · 고과(孤寡) · 고조(顧祖) · 고진(孤辰) · 고진과숙(孤辰寡宿) · 곡직(曲直) · 과숙(寡宿) · 관격(關隔) · 관작(官爵) · 교동(狡童) · 귀묘(鬼墓) · 극음(極陰)

ㄷ　단간(斷澗) · 단륜(斷輪) · 등삼천(登三天)

ㅁ　맥월(驀越) · 명몽(溟濛) · 명음(冥陰)

ㅂ　반주(盤珠) · 백화(魄化) · 변영(變盈) · 복앙(伏殃)

ㅅ　사기(死奇) · 삼광(三光) · 삼교(三交) · 삼기(三奇) · 삼양(三陽) · 삼합격(三合格) · 섭삼연(涉三淵) · 순간전(順間傳) · 순여(順茹) · 순의(旬儀) · 순환(循環) · 승계(昇階) · 시둔(時遁)

ㅇ　여명(勵明) · 여명(麗明) · 역간(逆間) · 역여(逆茹) · 연방(聯芳) · 연여(連茹) · 연주(連珠) · 연주삼기(連珠三奇) · 염상(炎上) · 영

양(盈陽)·영양(迎陽)·용덕(龍德)·용묘(用墓)·용잠(龍潛)
용전(龍戰)·유금(流金)·유박(帷薄)·유자(游子)·육의(六儀)
윤하(潤下)·음일(淫泆)·응음(凝陰)·의음(疑陰)·일여(泆女)
입명(入冥)

ㅈ　전패(轉悖)·정화(正和)·종혁(從革)·주인(鑄印)·중음(重陰)
　　진여(進茹)·진연주(進連珠)

ㅊ　천옥(天獄)·출삼양(出三陽)·출양(出陽)·출호(出戶)

ㅌ　퇴간전(退間傳)·퇴여(退茹)·퇴연여(退連茹)

ㅍ　패려(悖戾)·패루(悖淚)

ㅎ　향삼양(向三陽)·향양(向陽)·헌개(軒蓋)·회명(回明)·회양
　　(回陽)·회환(廻還)

2) 삼전 특징 색인

삼전 특징을 삼전의 구성 요소로 분류하여 초전·중전·말전 순서로
정리하면 다음과 같다.

子　子·寅·辰 : 삼양 · 향삼양 · 향양 / 子·亥·戌 : 중음

丑　丑·卯·巳 : 출호 / 丑·亥·酉 : 극음

寅　寅·子·戌 : 명음 / 寅·卯·辰 : 정화 / 寅·辰·午 : 출삼양 ·
　　출양

卯	卯·丑·亥：단간 / 卯·寅·丑：연방 / 卯·巳·未：영양(迎陽)·영양(盈陽) / 卯·戌·巳：단륜
辰	辰·巳·午：승계 / 辰·午·申：등삼천
巳	巳·卯·丑：전패 / 巳·未·酉：변영 / 巳·戌·卯：주인
午	午·卯·子：헌개 / 午·辰·寅：고조 / 午·未·申：여명(麗明)
未	未·巳·卯：회명·회양 / 未·酉·亥：입명
申	申·戌·子：섭삼연
酉	酉·未·巳：여명(勵明) / 酉·亥·丑：응음·의음
戌	戌·申·午：패루·패려
亥	亥·子·丑：용잠 / 亥·丑·卯：명몽 / 亥·酉·未：시둔

3) 삼전 특징 해설

삼전의 특징을 가나다 순서로 해설한다.

간전(間傳)

순간전과 퇴간전을 참고한다. 이 격은 주역괘로는 손위풍에 비유된다.

격각(隔角)

丑寅방·辰巳방·未申방·戌亥방은 동서남북 사방으로 격각이라고 한다. 다음의 丙寅3국 초전이 격각에 해당된다.

말전	중전	초전
癸酉	○亥	乙丑
○亥	丑	卯

4과	3과	2과	1과
○戌	甲子	乙丑	丁卯
子	寅	卯	丙(巳)

격각은 격각별리(隔角別離)라고 하여 이별의 기운을 나타낸다. 예를 들어, 일간의 재성에 해당하는 삼전이 격각이 되는 경우 부부 이별의 기운이 있다고 본다. 또한, 재성에 구진이 들고 격각이 드는 경우 결혼점에서는 재가하는 부인의 건으로 본다.

고개(高蓋)

고개는 삼교 중 연명상신에 길장이 타거나 간상신이 왕성한 경우이다. 넓은 의미의 삼교는 삼전이 子·午·卯·酉 제왕으로만 이루어진 경우를 말하고, 삼교 중 삼전이 午·卯·子인 경우를 승헌이라 하지만, 이 둘을 구분하지 않고 고개승헌이라고 하는 경우가 있다. 다음의 甲子4국은 고개에 해당된다.

말전	중전	초전
甲子	丁卯	庚午
卯	午	酉

4과	3과	2과	1과
庚午	癸酉	壬申	○亥
酉	子	○亥	甲(寅)

소망점에서 고개는 신분이 높은 사람에게는 좋으나 일반인에게는 나쁘다. 용덕·주인·고개·승헌 등은 모두 길괘로 문점자의 신분이 높으면 귀인을 만나서 길한 것으로 보지만, 신분이 낮은 사람인 경우는 신분이 높은 귀인을 만날 가능성이 없으므로 이를 재판관·염라대왕 등으로 해석하기 때문이다.

고개일 경우 시험에 합격하며, 현직 관리라면 승진하고 명리(名利)와 공명(功名)을 얻는다. 원수과(元首課)라면 더욱 좋다. 결혼점에 좋으며, 그 밖에 결혼에 좋은 격으로는 삼양·현태(玄胎)·연여 등이 있다. 고

개의 속국은 甲子4국·丁酉10국·戊子7국·己酉4국·庚子4국·辛酉4
국·壬子4국이다.

고과(孤寡)

고진과숙 참고.

고조(顧祖)

퇴간전 중 삼전이 午·辰·寅인 경우이다. 움직이고 변동하며 복구되
는 상으로, 도모하는 일을 이루기 쉽고 공명이나 재물을 구하는 경우에
얻게 된다. 그러나 질병점은 흉하게 보며 庚일점일 경우에는 더욱 흉하
다. 다음의 甲戌3국과 같은 경우이다. 고조의 속국은 甲申3국·甲戌3
국·庚子3국·庚寅3국·庚辰3국·庚午3국·庚申3국·庚戌3국·辛未3
국·辛酉3국·辛亥3국·壬申3국·壬戌3국이다.

말전	중전	초전
戊寅	庚辰	壬午
辰	午	○申

4과	3과	2과	1과
壬午	○申	甲戌	丙子
○申	戌	子	甲(寅)

고진(孤辰)

고진과숙 참고.

고진과숙(孤辰寡宿)

고진과숙에 대한 설명으로 가장 많이 사용하는 것이 위천리(韋千里)의
『육임이지(六壬易知)』에서 언급한 내용이다. 초전 중 천반의 공망을 고
진, 초전 중 지반의 공망을 과숙이라고 한다. 그 밖의 설명을 보면 ① 초
전의 공망은 고진, 말전의 공망은 과숙이라고 한다. ② 초전의 공망을 고
진과숙 또는 고과로 통칭하는 경우가 있다. ③ 점일의 순공 중 양지는 고
진, 음지는 과숙으로 보는 경우가 있다. 예를 들어 甲戌일의 공망 중 申金

은 고진이고, 酉金은 과숙이다. ④ 점월을 기준으로 방합월(方合月)의 다음 지지는 고진이고, 전 지지는 과숙이다. 이 경우 고진과숙을 진고진(眞孤辰)·진과숙(眞寡宿)이라고 한다. 다음의 乙酉3국은 초전 천반의 공망으로, 고진과숙 중 고진에 해당된다.

말전	중전	초전
辛卯	癸巳	○未
巳	○未	酉

4과	3과	2과	1과
癸巳	○未	戊子	庚寅
○未	酉	寅	乙(辰)

고과의 영향이 강하게 나타나는 경우는 간지상신이 초전이 되고 초전이 공망일 때다. 태세·월건·월장이 초전이 되는 경우 먼저는 실패하지만 나중에는 이룰 수 있다. 고과는 모든 일이 원래대로 되돌아가는 상이며, 하는 일이 그림의 떡이 되고 이루어지는 일이 없다. 육친의 힘이 없고, 타향살이를 하는 흉이 많은 격이다. 과숙일 경우 소식은 진실된 것이 없고, 길흉을 불문하고 이루어지기 힘들다. 그러나 삼기·육의격일 때는 길로 변하며, 일이 처음에는 힘들지만 나중에는 이루어진다. 흉한 일을 점칠 경우에는 흉이 없어진다. 또한 고진과숙은 결혼을 점칠 때 흉하며, 과숙일 경우 분실점에 흉하다. 고진과숙은 재물이나 명예를 얻기 어렵다.

고진과숙의 속국은 전통적인 과전 특징 그대로 제시한다.

① 고과 : 丁丑11국·戊辰10국·己巳7국·癸酉12국

② 고진 : 甲寅2국·甲寅8국·甲寅7국·甲午12국·丁未6국·己未3국·辛丑7국·辛亥8국·壬辰6국·癸丑12국·癸卯9국·癸巳8국

③ 과숙 : 甲寅4국·甲辰8국·乙巳8국·乙亥3국·乙亥11국·丙子10국·丙辰3국·丙辰5국·丙申1국·丙申4국·戊午3국·戊戌7국·己巳11국·己亥4국·己亥7국·庚子8국·庚子11국·庚申10국·辛丑5국·辛丑10국·辛卯5국·辛卯9국·辛未4국·辛未9국·辛酉10국·辛酉11국·壬寅4국·壬寅12국·壬辰9국·壬午10국·壬申1국·癸卯12국·癸

곡직(曲直)

삼합격 참고.

과숙(寡宿)

고진과숙 참고.

관격(關隔)

삼교와 같은 말이다.

관작(官爵)

관작은 연월일 · 연명의 사지(四支)에서 보아 역마가 초전이 되거나 천괴인 戌과 태상이 삼전에 있는 경우에 성립된다. 관작에서 역마는 사명(使命)으로, 천괴는 인신(印神)으로, 태상은 인수(印綬)로 작용한다.

말전	중전	초전
常空	蛇蛇	空常
辛卯	丙戌	癸巳
戌	巳	子

4과	3과	2과	1과
雀天	白白	空常	后合
乙酉	壬辰	癸巳	戊子
辰	亥	子	丁(○未)

위의 丁亥8국_주점은 亥卯未 목국(木局)의 역마가 巳이다. 巳가 초전에 있고, 중전이 戌이며, 말전에 태상이 있으므로 관작에 속한다. 이 국은 戌 중 辛金과 巳 중 丙火의 관계를 보면, 丙火의 불로 辛金을 녹여서 귀하게 만들므로 주인이 되기도 한다.

관작은 직업을 구할 수 있고, 공직자는 영전한다. 관작을 만나면 관직에 있는 사람은 길하지만 일반인은 이 격을 얻어도 승진 등의 길한 일이 별로 없다. 관작은 재물의 이익도 있으나 질병점에는 흉하며, 관작이 역마를 띠고 충을 만나는 경우 진행이 늦어지고, 공망을 만나는 경우 헛된 명예와 재물이 된다. 庚午6국과 같이 관작이 공망이 되는 경우는 관작실인(官爵失印)이라고 한다. 관작의 속국으로는 丁亥8국과 庚午6국이 있다.

교동(狡童)

음일 참고.

귀묘(鬼墓)

귀묘는 초전이 일간의 칠살(七殺)이 되고 묘신(墓神)에도 해당되는 경우로 다음의 壬子11국이 여기에 해당된다.

말전	중전	초전
戊申	丙午	甲辰
午	辰	○寅

4과	3과	2과	1과
甲辰	○寅	○卯	癸丑
○寅	子	丑	壬(亥)

귀묘일 때는 조용히 물러나서 때를 기다려야 한다. 가택이 쇠퇴하고 질병이 극흉하며 재물이 흩어진다. 그러나 초전이 일귀(日鬼)이고 왕상이라면 직장의 공명을 구하는 점일 때는 괜찮다. 다른 정단은 모두 흉이다.

칠살인 귀(鬼)는 대부분의 점사에서 흉하다. 간지에 묘신이 있을 때는 혼란 속에서 행동하고 가정도 발전하지 못한다. 여행도 흉한데, 이는 묘신이 불통하고 부진함을 이끌기 때문이다. 묘신 중 辰·未는 일묘(日墓)로 밤길에 광명을 보게 되고, 丑·戌은 야묘(夜墓)로 혼미함이 극심하다. 또한 일묘인 경우에도 야지(夜地)에 있으면 야묘와 같은 영향이 있다. 귀묘의 속국은 壬子11국·壬寅11국·壬寅12국·壬午8국·壬申8국·壬戌8국·壬戌10국이다.

극음(極陰)

극음은 퇴간전의 하나로 삼전이 丑·亥·酉인 경우이다. 질병점인 경우 매우 흉하며, 색란(色亂)·관재(官災)의 우려가 있다. 다음의 丙午3국과 같은 경우이다.

극음의 속국은 乙巳3국·丙子3국·丙寅3국·丙辰3국·丙午3국·丙申3국·丙戌3국·丁巳3국·戊子3국·戊寅3국·戊辰3국·戊午3국·戊申3국·戊戌3국·己巳3국·辛巳3국·癸卯3국·癸巳3국이다.

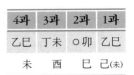

단간(斷澗)

단간은 퇴간전 중 삼전이 卯·丑·亥인 경우로, 공명에서 성과가 없고 보통사람은 재액을 당한다. 고위직에 있는 사람은 주는 자리를 양보하면 흉을 피할 수 있다.

속국으로는 己酉3국과 己亥3국이 있다. 다음은 己酉3국의 과전이다.

말전	중전	초전
辛亥	癸丑	○卯
丑	○卯	巳

4과	3과	2과	1과
乙巳	丁未	○卯	乙巳
未	酉	巳	己(未)

단륜(斷輪)

다음의 癸亥6국과 같이 삼전이 卯·戌·巳로 이루어지는 경우이다. 이 격에 대해 申·酉가 지반이 되고 여기에 탄 천반이 초전으로 발용되는 경우라는 설명이 있으나, 삼전이 卯·戌·巳로 구성되는 경우 모두 申·酉가 지반이 되므로 결국 같은 말이다.

말전	중전	초전
丁巳	壬戌	乙卯
戌	卯	申

4과	3과	2과	1과
○丑	戊午	乙卯	庚申
午	亥	申	癸(○丑)

이 격의 이름은 卯가 바퀴이고, 申金이 금기(金氣)로 卯를 자른다는 의미다. 용이 날아가서 연못에 들어가는 상이다. 어떤 일이나 지연이 되므로 출산이나 질병점에 흉하며, 보통사람은 재물이 늘고 관직 등에 있는 사람은 승진하는 기쁨이 있다. 태상을 만나면 더욱 좋다.

단륜의 속국은 乙丑6국·丁丑6국·己丑6국·辛丑6국·癸丑6국·癸卯6국·癸巳6국·癸未6국·癸酉6국·癸亥6국이다.

등삼천(登三天)

순간전 중 삼전이 辰·午·申으로 구성되는 경우이다. 전진하고 확대되는 상이다. 용이 하늘에 오르는 상이므로 출세하고 영전하지만 공망인 경우는 이루기 힘들다. 질병·소송 등은 확대되므로 흉하다. 기후는 맑은 날이 계속되었으면 비가 온다. 다음의 甲戌11국과 같은 경우이다.

등삼천의 속국은 甲子11국·甲寅11국·甲辰11국·甲午11국·甲申11국·甲戌11국·丙子11국·丙寅11국·戊子11국·戊寅11국·庚子11국·庚寅11국·壬子11국·壬寅11국이다.

말전	중전	초전
○申	壬午	庚辰
午	辰	寅

4과	3과	2과	1과
戊寅	丙子	壬午	庚辰
子	戌	辰	甲(寅)

맥월(驀越)

사과 중 4과가 초전으로 발용되는 경우이다. 다음의 丁丑9국과 같은 경우이다. 4과가 초전으로 발용되기 때문에 모든 일이 지연되다 우연히 진행이 되어 이루어진다.

맥월의 속국은 甲申9국·乙巳2국·乙巳3국·乙巳12국·乙酉8국·丙子12국·丁丑9국·戊寅8국·己丑5국·己卯2국·己卯10국·己酉6국·庚寅8국·庚寅12국·庚辰6국·庚辰8국·庚午8국·辛巳3국·辛亥4국·壬寅3국·癸卯12국·癸未2국이다.

말전	중전	초전
辛巳	丁丑	○酉
丑	○酉	巳

4과	3과	2과	1과
○酉	辛巳	己卯	乙亥
巳	丑	亥	丁(未)

명몽(溟濛)

순간전 중 삼전이 亥·丑·卯로 구성되는 경우이다. 진퇴를 결정하기가 어려우며 어느 것이나 금방 이루어지지 않고 매사에 진실된 것이 없다. 명음(冥陰)이라고도 한다. 다음의 己巳11국과 같은 경우이다. 명몽의 속국으로는 己卯11국과 己巳11국이 있다.

말전	중전	초전
丁卯	乙丑	○亥
丑	○亥	酉

4과	3과	2과	1과
癸酉	辛未	○亥	癸酉
未	巳	酉	己(未)

명음(冥陰)

퇴간전 중 삼전이 寅·子·戌인 경우이다. 밝은 곳에서 어두운 곳으로 들어가는 상이라 모든 일에 손해를 본다. 특히 관사에 아주 흉하다. 명몽을 명음이라고 하는 경우도 있다. 다음의 壬辰3국과 같은 경우이다. 명음의 속국으로는 壬辰3국과 壬午3국이 있다.

말전	중전	초전
丙戌	戊子	庚寅
子	寅	辰

4과	3과	2과	1과
戊子	庚寅	○未	乙酉
寅	辰	酉	壬(亥)

반주(盤珠)

반주는 사과와 삼전이 삼합하여 금국(金局)이 되는 경우이다. 이 때는 다른 사람의 협조를 얻어 고민하는 일이 점차 해결된다. 또한 반주이면서 불비격에도 해당되는 경우 불비의 흉이 줄어든다. 다음의 癸酉9국과 같은 경우이다.

말전	중전	초전
己巳	乙丑	癸酉
丑	酉	巳

4과	3과	2과	1과
己巳	乙丑	癸酉	己巳
丑	酉	巳	癸(丑)

백화(魄化)

백화는 백호가 사신(死神)이나 사기를 띠고 사과에 있으면서 초전으로 발용되거나, 연명·행년에 있으면서 초전이 되는 경우이다. 음해(陰害)가 잇달아 일어나는 상으로 백화가 일간을 극하면 나에게 재액이 있고, 일진을 극하면 가정에 재액이 있다. 질병에 흉하고 소송건도 내게 불리하며, 여행은 손실이고 출산하는 경우 자식에게 대흉하다. 초전이 일간의 묘신에 해당하면 흉이 아주 심하다.

월·일	子	丑	寅	卯	辰	巳	午	未	申	酉	戌	亥
사신	卯	辰	巳	午	未	申	酉	戌	亥	子	丑	寅
사기	辰	巳	午	未	申	酉	戌	亥	子	丑	寅	卯

백화를 해석할 때는 다음을 참고한다. ① 참관(斬關)·삼교·용전·유자·현태(玄胎)·지일(知一)·천망(天網)·백화가 있으면 점사는 도망이나 여행·가출의 건이다. ② 구추(九醜)·백화·귀묘(鬼墓)·천번(天煩)·용전·백호 등이 겸하여 과전에 있을 때 점사는 질병건이다. ③ 백화·복앙·천옥·천지이번(天地二煩) 등의 흉한 괘를 얻은 경우, 이미 흉한 질병이나 관재 등이 있었으면 작용을 다 마쳤으므로 걱정할 필요가

없으나, 만약 흉사가 없었다면 반드시 나쁜 일이 일어난다.

말전	중전	초전
蛇后	陰常	白龍
庚辰	癸未	甲戌
未	戌	丑

4과	3과	2과	1과
陳雀	蛇后	陰常	白龍
丁丑	庚辰	癸未	甲戌
辰	未	戌	癸(丑)

위의 癸未4국_야점은 백호에 사신인 戌이 초전이 되어 백화에 해당된다.

변영(變盈)

순간전 중 삼전이 巳 · 未 · 酉인 경우이다. 모든 일이 흉하며 세력이 강하면 더욱 흉하다. 질병은 오래된 것은 치료하지만 새로운 병은 매우 흉하다. 다음의 癸未11국과 같은 경우이다.

변영의 속국에는 辛卯11국과 癸未11국이 있다.

말전	중전	초전
○酉	癸未	辛巳
未	巳	卯

4과	3과	2과	1과
乙亥	○酉	辛巳	己卯
○酉	未	卯	癸(丑)

복앙(伏殃)

천귀(天鬼)가 일진에 임하여 초전으로 발용이 되거나, 연명에 임해 초전으로 발용이 되는 경우이다. 복앙을 판단할 때 일진에 천귀만 있어도 이 격으로 보는 경우가 있으며, 본래 천귀가 월건을 중심으로 판단하는 신살이지만 일을 기준으로 할 때도 있다.

월건	寅	卯	辰	巳	午	未	申	酉	戌	亥	子	丑
천귀	酉	午	卯	子	酉	午	卯	子	酉	午	卯	子

복앙은 모든 일에 흉한 역할을 하며 질병점에 특히 대흉하다. 정신(丁神)과 같이 있는 것을 꺼린다. 이 격일 경우에는 움직이면 진다. 가정은 살상 사건 등이 일어나 집안이 망하고 있는 사람이 떠난다. 월건이 발용되어 천귀를 띠고 卯·辰이 가해지거나 卯를 만나서 辰을 극할 때 귀최(鬼催)라 하여 그 달 안으로 사망 사건이 일어난다. 출산의 경우에는 천귀가 3과에 승하고 일(日)을 극하면, 임신은 하지만 출산할 때 아이가 죽거나 산후에 아이가 죽는다. 단, 복앙이 있어도 과전에 구신(救神)이 있으면 흉이 해결된다. 정성을 다해서 기도해야 흉이 풀린다. 또한, 점을 쳤을 때 이미 흉한 질병이나 관재 등이 있었으면 작용을 다 마친 것이므로 걱정할 필요가 없지만, 흉사가 없었다면 반드시 나쁜 일이 일어난다.

참고로 필법부에서 천귀일귀격(天鬼日鬼格)이 있다. 이 격은 천귀가 일귀(日鬼)가 되어 육처(六處)에 나타나는 경우이다. 일귀는 일간의 관귀(官鬼)를 말하며, 육처는 간상신과 지상신, 삼전 중의 초전과 말전, 연상신과 명상신을 말한다. 질병점에서 이 격이 이루어지면 유행성 질병이나 홍역·열병에 전염되며, 천귀가 공망이 되면 홍역과 비슷한 증상이 나났다 치료가 되지만 두통이나 발열 등은 피할 수 없다.

다음의 庚午10국은 복앙의 예다. 복앙의 속국으로는 己巳6국과 庚午10국이 있다. 이 중 己巳6국은 일진에 천귀가 있는 경우이고, 庚午10국은 일진의 천귀가 초전으로 발용이 되는 경우이다.

말전	중전	초전
丁卯	甲子	癸酉
子	酉	午

4과	3과	2과	1과
甲子	癸酉	丙寅	○亥
酉	午	○亥	庚(申)

사기(死奇)

남의 도움이나 후원이 없으며 모든 일에 흉한 격이다. 여행하는 경우에 스스로 재액을 부르게 되며, 가족간에 불화하고 결혼점인 경우에 파탄이 되기 쉽다. 질병점인 경우에는 병중이면 대흉하다. 단, 길신의 도움이 있으면 우환이 길로 변하여 흉한 중에도 길함을 도모할 수 있는 격이기도 하다. 다음의 丁卯12국과 같이 辰천강이 지상신이 되고 초전으로 발용이 된 경우이다.

사기의 속국은 甲子9국・甲寅11국・乙卯12국・丙寅11국・丁卯12국・戊子9국・戊寅11국・戊辰2국・己卯12국・庚子9국・庚寅11국・辛卯12국・壬寅11국・癸丑10국・癸卯12국이다.

말전	중전	초전
庚午	己巳	戊辰
巳	辰	卯

4과	3과	2과	1과
己巳	戊辰	癸酉	壬申
辰	卯	申	丁(未)

삼광(三光)

일간・일지・초전이 왕상(旺相)하고 길장(吉將)이 탄 경우이다. 고개승헌에 길장이 타도 삼광이라고 하는 경우가 있다.

말전	중전	초전
○酉	壬午	丁丑
巳	寅	○酉

4과	3과	2과	1과
甲戌	壬午	丁丑	○酉
午	寅	○酉	戊(巳)

위의 戊寅9국은 지반 酉의 상신이 초전이 되는 묘성과(昴星課)로 초전과 말전이 공망이라서 흉하지만 삼광으로 그 영향이 줄어든다. 육임에서 일간은 나이고 일지는 가택이며, 초전 발용은 움직임을 말하는 곳이다. 이 세 곳이 모두 기운이 있고 길한 천장이 타는 경우 매사에 길하다. 그러나 삼광인 경우에도 말전이 형충극해(刑沖剋害)가 되거나 흉한 천장이

타는 경우에는 삼광의 빛을 묻어버린다 하여 흉하게 본다.

삼광인 경우 결혼에 좋고, 직위가 높아지거나 재물을 얻는 기쁨이 있다. 삼광은 귀격으로 문점자가 신분이 높은 경우 귀인을 만나서 길하지만, 신분이 낮은 경우에는 신분이 높은 귀인을 만날 가능성이 없으므로 이를 재판관·염라대왕 등으로 해석하여 흉하게 보기도 한다.

삼교(三交)

구백(九魄)·관격이라고도 한다. 子·午·卯·酉일의 점이며(일교), 일지상신과 삼전이 모두 子·午·卯·酉이고(이교), 초전에 태음·천후·주작·육합이 탄 경우(삼교)에 이루어진다. 예를 들어 다음의 戊子10국_주점인 경우이다. 보통은 子·午·卯·酉일 점에 일지상신과 삼전이 모두 子·午·卯·酉이면 삼교로 보지만, 진정한 삼교격은 해당하는 천장이 子·午·卯·酉이어야 한다. 즉, 子천후·午주작·卯육합·酉태음이 삼전에 있어야 한다.

말전	중전	초전
勾陳	白虎	太陰
乙酉	○午	辛卯
○午	卯	子

4과	3과	2과	1과
白虎	太陰	朱雀	青龍
○午	辛卯	丁亥	甲申
卯	子	申	戊(巳)

삼교는 주역의 체로 천풍구에 해당하며, 음사암매(陰私暗昧)를 특징으로 한다. 모든 일에서 다른 사람의 방해가 있고, 중상모략으로 파탄에 이르기 쉽다. 진퇴가 뜻대로 되지 않으며, 앞날을 예측할 수 없고 일이 얽혀 있는 상황이다. 가정은 파멸하고, 도모하는 일이 분명치 않으며, 재물을 구하는 일은 이루어지지 않는다. 소송은 형사 사건으로 발전한다. 남과의 교제에 은연중 방해가 있다. 병으로 볼 때 삼교는 극음의 과로, 천장에 태음·육합·병부(病符)·곡신(哭神) 등이 있으면 음병(陰病)이거나 부녀자의 병이 된다. 또한 점의 월일시가 子·午·卯·酉이면 삼교

가 풀리지 않아서 흉하며, 삼전에 청룡과 태상이 있으면 흉이 감소되며, 卯육합 · 酉태음이 없으면 삼교의 영향이 적어진다.

삼교 중 연명상신이나 간상신이 왕성한 경우를 고개라 하고, 삼전이 午 · 卯 · 子일 경우를 승헌이라고 한다. 보통 이 둘을 구분하지 않고 고개승헌이라고 한다 .

삼교격 중 교차삼교격(交車三交格)은 삼교를 이루면서 일간 · 일지가 교차하여 육합하는 것을 말한다. 이 경우 서로 화합하는 듯하지만 속에 딴 마음을 품어 싸울 기미가 있다. 다음의 己酉4국과 같은 경우이다.

말전	중전	초전
壬子	○卯	丙午
○卯	午	酉

4과	3과	2과	1과
○卯	丙午	癸丑	甲辰
午	酉	辰	己(未)

그 밖에 삼교의 영향으로, 삼교 · 현태(玄胎) · 참관(斬關) · 교동 · 일여 · 용전(龍戰) · 유자 · 천강(天罡) 등이 있으면 가출이나 도망건이다. 정신(丁神)이 삼교 · 참관 · 폐구(閉口)에 있으면 이동건이다. 또한 삼교 초전에 재성 · 청룡 · 태음 · 천후가 있으며 일지와 합이 되는 경우에는 혼인건이다.

삼교의 속국은 엄격한 의미의 삼교가 아니라 삼전이 子 · 午 · 卯 · 酉로 구성된 경우의 삼교만 제시한다. 甲子4국 · 乙卯7국 · 乙卯10국 · 乙酉7국 · 丙子4국 · 丙子7국 · 丙午4국 · 丙午7국 · 丁卯1국 · 丁卯4국 · 丁卯7국 · 丁卯10국 · 丁未2국 · 丁酉4국 · 丁酉7국 · 丁酉10국 · 戊子7국 · 戊子10국 · 戊午7국 · 戊午10국 · 己卯1국 · 己卯4국 · 己卯7국 · 己卯10국 · 己未2국 · 己未11국 · 己酉4국 · 己酉7국 · 己酉10국 · 庚子4국 · 庚子10국 · 庚午10국 · 辛卯1국 · 辛卯7국 · 辛卯10국 · 辛酉4국 · 辛酉7국 · 辛酉10국 · 壬子4국 · 壬子7국 · 壬子10국 · 壬午7국 · 壬午10국 · 癸卯7국 · 癸卯10국 · 癸酉4국 · 癸酉7국이 삼교에 속한다.

삼기(三奇)

순기(旬奇) 또는 일기(日奇)가 발용되거나, 삼전 중에 기(奇)를 띠는 경우이다. 과경(課經)에서는 순(旬)별로 삼기가 초전에 발용될 때를 삼기격으로 보고 있으며, 삼전 둔간이 모두 삼기이면 연주삼기(連珠三奇)라 하여 더 크게 길하다고 본다. 순기는 다음과 같다.

① 甲子·甲戌순의 순기는 丑이며, 이 때 丑을 '옥당(玉堂)'이라고 한다. 乙·丙·丁 지하삼기 중 甲子순은 乙, 甲戌순은 丁이 초전 둔간이 되는 경우이다.

② 甲申·甲午순의 순기는 子이며, 이 때 子를 '명당(明堂)'이라고 한다. 甲·戊·庚 천상삼기 중 甲申순은 戊, 甲午순은 庚이 초전 둔간으로 발용이 되는 경우이다.

③ 甲辰·甲寅순의 순기는 亥이며, 이 때 亥를 '낙궁(絡宮)'이라고 한다. 壬·癸·辛 인중삼기 중 甲辰순은 辛, 甲寅순은 癸가 초전 둔간으로 발용이 되는 경우이다.

다음의 甲申2국은 일기가 발용이 된 경우로 일기는 다음과 같다.

말전	중전	초전
丙戌	丁亥	戊子
亥	子	丑

4과	3과	2과	1과
○午	○未	戊子	己丑
○未	申	丑	甲(寅)

일간	甲	乙	丙	丁	戊	己	庚	辛	壬	癸
일기	午	巳	辰	卯	寅	丑	未	申	酉	戌

삼기는 주역괘의 뇌지예(雷地豫)와 같다. 상하 내외가 기쁜 상으로, 모든 일에 화합하며 재액이 없어진다. 무슨 일이나 흉이 변하여 길하게 된다. 만약 삼기가 공망일 경우에는 정신적·물질적으로 소모가 있으며, 복이 반감된다. 결혼에는 좋은 인연이 있다. 임신을 하면 귀한 자식을 낳으며, 질병이 있는 경우에는 좋은 의사를 만나서 치료가 된다. 직장에서

는 승진하거나 봉급이 오르는 기쁨이 있다. 승진의 웅기는 천반의 장생에 해당되는 지반지지가 승진의 날에 해당된다.

(1) 기문에서의 삼기

乙은 음목(陰木)의 괴강이고 丙은 양의 정화(精華)가 되며 丁은 음화(陰火)의 정기(正氣)이므로 이 셋이 모이면 그 영향이 기괴하다고 하였다. 기문둔갑에서는 둔갑(遁甲)과 관련하여 설명된다. 甲이 둔갑을 하는 가장 큰 이유는 甲이 庚金의 충돌을 두려워하기 때문인데, 乙木은 자신을 희생하여 庚金과 합이 되고 丙火는 庚金을 충하며 丁火는 庚金을 극하여 이를 중히 쓰는 것이다. 이러한 이유로 乙은 천덕(天德), 丙은 천위(天威), 丁은 태음(太陰)이라는 이름으로도 부른다. 삼기는 천상삼기(甲戊庚), 지하삼기(乙丙丁), 인중삼기(壬癸辛)로 나뉜다.

(2) 명리에서의 삼기

명리에서의 삼기는 사주의 천간에 甲戊庚·乙丙丁·壬癸辛이 차례로 있는 것을 말한다. 또는 재·관·인을 삼기라고도 한다.『자평진전평주』에 이르기를, 정관이 있으면서 재와 인수를 모두 가지고 있으면 이른바 '신강치삼기(身强値三奇)'라고 하여 더욱 귀할 징조라고 하였으며, 삼기가 있는 사주는 정관이 재와 인수 사이에 있어서 재와 인수가 서로 싸우지 않아야 그 격국이 더욱 크게 된다고 하였다.

삼기의 속국은 甲午2국·甲午8국·甲申2국·甲申8국·乙丑4국·乙卯3국·乙亥4국·乙亥12국·丙子3국·丙寅3국·丙辰4국·丙辰12국·丙申5국·丙申11국·丙戌6국·丙戌11국·丁丑1국·丁卯2국·丁巳4국·丁巳5국·丁未4국·丁未9국·丁未10국·丁酉10국·戊子6국·戊寅3국·戊寅9국·戊辰3국·戊戌6국·戊戌11국·己丑2국·己丑4국·己卯2국·己巳2국·己巳3국·己未4국·己未9국·己未10국·己酉6국·己酉9국·己酉12국·己亥12국·庚子5국·庚寅2국·庚寅8국·庚申12국·庚戌12국·辛丑2국·辛卯4국·辛巳3국·辛酉6국·辛酉12

국・辛亥1국・壬子1국・壬寅2국・壬寅8국・壬辰5국・壬午12국・壬申12국・壬戌1국・壬戌12국・癸丑3국・癸丑11국・癸未1국・癸酉1국이다. 이 중 연주삼기(連珠三奇)에 해당하는 것은 己卯2국・己酉12국・庚戌12국・壬申12국이다.

삼양(三陽)

순간전 중 삼전이 子・寅・辰인 경우이다. 점차 밝아지는 상으로 흉이 변하여 길해진다. 대부분의 점사가 길하며, 질병은 치유되고 소송은 화해한다. 주역괘로는 화지진(火地晋)에 비유된다. 다른 이름으로 향양(向陽)이라고도 한다. 다음의 丙申11국과 같은 경우이다.

말전	중전	초전
○辰	壬寅	庚子
寅	子	戌

4과	3과	2과	1과
庚子	戊戌	丁酉	乙未
戌	申	未	丙(○巳)

삼양의 속국으로는 丙申11국・丙戌11국・戊申11국・戊戌11국・庚申11국・庚戌11국・壬申11국・壬戌11국이 있다.

삼합격(三合格)

역학에서 합은 간합(干合)과 지합(支合)으로 나눌 수 있고, 지합을 다시 육합과 삼합으로 나눈다. 또한, 합을 하면 성취할 수 있다고 하는데 과연 합의 영향을 어떻게 볼지 알아본다.

역학의 삼원(三元)은 상원(上元)・중원(中元)・하원(下元)이다. 사주팔자로 보면 상원은 천간, 중원은 지지를 말하며, 하원은 지장간으로 삼합과 관계가 있다.

지장간의 세 가지 기운 중 여기(餘氣)는 전 달의 기운이 남아 있는 것이다. 예를 들어 戌월의 여기 辛金은 酉월 정기(正氣)의 기운이 달을 넘겨서 남아 있고, 중기(中氣)는 여기와 정기의 가운데에 있는 기운이고,

정기(正氣)는 그 달의 마지막에 위치하여 그 달을 대표하는 기운이다. 각 지지의 지장간은 다음과 같다.

지지	子	丑	寅	卯	辰	巳	午	未	申	酉	戌	亥
여기	壬10	癸9	戊7	甲10	乙9	戊7	丙10	丁9	戊·己7	庚10	辛9	戊7
중기		辛3	丙7		癸3	庚7	己9	乙3	壬7		丁3	甲7
정기	癸20	己18	甲16	乙20	戊18	丙16	丁11	己18	庚16	辛20	戊18	壬16

위에서 子의 지장간 壬·癸 옆에 있는 숫자 10과 20은 한 달 중 壬·癸가 활동하는 일수(日數)로 책마다 조금씩 차이가 난다. 위의 표는 여러 고서에 나와 있는 지장간 중 가장 많이 사용하는 것이다.

삼합의 종류에는 亥卯未一木, 申子辰一水, 巳酉丑一金, 寅午戌一火가 있다. 이 중 亥卯未一목국(木局)의 삼합을 보면 亥 중 壬甲(木)戊, 卯 중 乙甲(木), 未 중 己乙(木)丁으로 지장간에 공통적으로 木의 요소를 갖고 있으므로 이 3개의 지지가 모여 있으면 木으로 보는 것이다. 이러한 삼합 중 한 글자가 부족한 경우 명리에서 성국(成局)은 되어도 화국(化局)이라고 하지 않는다. 즉, 子·午·卯·酉가 빠진 경우에는 삼합이 이루어지지 않은 것으로 본다.

육임에서 삼전이 삼합을 이루는 경우 화(化)하는 오행의 특성을 빌려서 별도의 격으로 부른다. 예를 들어 삼합을 이뤄서 목국이 되면 곡직격(曲直格)이라고 하는데, 이는 사물의 옳고 그름이 아니라 나무가 구부러지다가 똑바로 크는 것과 같은 기운의 형상을 가리키는 것이다. 각각 삼전 亥卯未 삼합 목국이면 곡직격, 삼전 寅午戌 삼합 화국(火局)이면 염상격, 삼전 辰戌丑未 토국(土局)이면 가색격, 삼전 巳酉丑 삼합 금국(金局)이면 종혁격, 삼전 申子辰 삼합 수국(水局)이면 윤하격이라고 한다. 이렇게 사과삼전이 삼합을 이루는 것을 순전(純全)이라고 한다.

극은 동(動)을 만들고 합은 화(和)를 만든다. 기본적으로 합은 화합하고 성취하는 역할을 한다. 음양이 배합하고 기수·우수가 배합되어 성사의 기운으로 본다. 그러나 삼합이 된 삼전의 육친이 일간의 관귀가 되는 경우에는 일간을 극하는 성분으로 작용하므로 무조건 성사와 화합의 기운으로만 볼 수 없다.

관귀가 되는 경우를 나누어 살펴보면, 목귀(木鬼)는 부상수, 화귀(火鬼)는 불로 인한 화, 금귀(金鬼)는 다치는 일, 토귀(土鬼)는 소화기 질환이나 송사수이며 백호가 있으면 더욱 흉하다. 또한 삼합과 직장의 관계를 볼 때 삼합이 관성까지 있으면 취직에 유리하다고 판단하기도 하는데, 이 때는 일간이 강하고 간상에 길장이 타는 경우로 한정한다.

보통 寅卯辰과 같은 합을 방위의 합이란 의미에서 방합(方合)이라고 하며 친구의 합, 세력의 합이라고 한다. 이에 반해 삼합은 혈연의 합이라고 한다. 즉, 寅午戌과 같은 경우 공통적으로 뜨거운 피를 가지고 있기 때문이다. 이렇게 뜨거운 가족이 뭉쳐서 일간을 일방적으로 공격하는 경우에는 분명히 문제가 있을 것이다. 이와 같이 삼합의 영향을 볼 때는 먼저 삼합오행이 어떤 역할을 하는지 봐야 한다.

삼전이 삼합을 이룰 때 삼합오행에 따른 고유의 영향은 다음과 같다. 위에서 말한 육친효의 영향을 해석할 때 참고한다.

(1) 곡직(曲直)

삼전이 亥·卯·未로 구성되는 경우이다. 인자한 방법으로 성취할 수는 있으나 일이 꼬인다. 소송점의 경우 삼전이 곡직으로 일간을 극하면 구속될 수 있다. 그러나 결혼에는 좋다. 출산을 하는 경우에는 남자아이다. 시세점의 경우 일반적인 삼합은 흐름이 자연스러우나 곡직과 종혁은 시세에 파란이 있다. 그러나 공망인 경우에는 시세가 유지된다.

속국으로는 乙卯5국·乙卯9국·乙未5국·乙未9국·乙亥5국·乙亥9국·丁卯5국·丁卯9국·丁巳5국·丁未5국·丁未9국·丁酉9국·丁亥5

국·丁亥9국·己卯5국·己卯9국·己巳5국·己未5국·己未9국·己酉9
국·己亥5국·己亥9국·辛卯5국·辛卯9국·辛未5국·辛未9국·辛亥5
국·辛亥9국·壬子5국·壬子9국·壬寅9국·壬辰9국·壬午9국·壬申9
국·壬戌5국·壬戌9국·癸卯5국·癸亥5국이 있다.

(2) 염상(炎上)

삼전이 寅·午·戌로 구성되는 경우이다. 문명과 문화의 상으로, 번성
하고 발달하며 공명을 떨친다. 출산을 하는 경우 남자아이다.

속국으로는 甲子5국·甲寅5국·甲辰5국·甲午5국·甲午9국·甲申5
국·甲戌5국·甲戌9국·丙寅5국·丙午5국·丁亥10국·戊寅5국·戊午
5국·戊午9국·戊戌5국·戊戌9국·庚寅5국·庚午5국·辛巳5국·辛酉
9국·壬寅5국·壬午5국이 있다.

(3) 가색(稼穡)

삼전이 辰·戌·丑·未로 구성되는 경우이다. 가택과 땅에 대한 일이
다. 내정을 보는 경우 가색격이면 가택이나 여행의 건으로 본다. 특히 삼
전에 이동의 기운을 나타내는 정신(丁神)이 있으면 가택의 이동이나 여
행의 건으로 판단한다. 또한 탄사과(彈射課)나 중심과(重審課)이면서 가
색격이면 재물에 대한 점이다. 시세점의 경우 삼전에 토기(土氣)가 많으
면 시세가 정체되고 보합세를 유지한다.

속국으로는 乙丑1국·乙丑4국·乙丑7국·乙丑10국·乙卯4국·乙巳
4국·乙巳10국·乙未1국·乙未4국·乙未7국·乙未10국·乙酉4국·乙
酉10국·乙亥4국·乙亥10국·丁丑1국·丁未1국·己丑1국·己未1국·
辛丑1국·辛未1국·壬辰10국·壬戌10국·癸丑1국·癸丑4국·癸丑7
국·癸丑10국·癸卯1국·癸卯4국·癸巳1국·癸巳4국·癸未1국·癸未
4국·癸未7국·癸未10국·癸酉1국·癸酉10국·癸亥1국·癸亥10국이
있다.

(4) 종혁(從革)

삼전이 巳·酉·丑으로 구성되는 경우이다. 변화하고 개혁하며, 숙살(肅殺)의 기운이다. 출산을 하는 경우 여자아이다. 시세는 예전과 반대되는 방향에서 보합세를 유지한다.

속국으로는 乙丑5국·乙丑9국·乙巳5국·乙巳9국·乙酉5국·丙子9국·丙寅9국·丙辰9국·丙午9국·丙申9국·丙戌5국·丙戌9국·丁丑5국·丁丑9국·丁巳9국·丁酉5국·己丑5국·己丑9국·己巳9국·己酉5국·辛丑5국·辛丑9국·辛巳9국·辛酉5국·癸丑5국·癸丑9국·癸卯9국·癸巳5국·癸巳9국·癸未5국·癸未9국·癸酉5국·癸酉9국·癸亥9국이 있다.

(5) 윤하(潤下)

삼전이 申·子·辰으로 구성되는 경우이다. 끝없이 변화하고 주변과 화합한다. 출산하는 경우 여자아이다.

속국으로는 甲子9국·甲辰9국·甲申9국·乙酉9국·丙子5국·丙辰5국·丙申5국·戊子9국·戊辰5국·戊辰9국·戊申5국·戊申9국·庚子5국·庚子9국·庚寅9국·庚辰5국·庚辰9국·庚午9국·庚申5국·庚戌5국·庚戌9국·壬辰5국·壬申5국이 있다.

이와 같은 삼전의 삼합은 육임의 각종 판단에 이용되는데, 가장 대표적인 것이 물건 정단과 기후 정단이다. 먼저 물건 정단에서 곡직격은 풀이나 나무 종류의 긴 물건, 염상격은 불과 관련 있고 가벼우며 뾰족한 물건, 가색격은 흙과 관련 있고 두터우며 둥근 물건, 종혁격은 쇠와 관련 있고 단단한 물건, 윤하격은 물과 관련 있는 구부러진 물건이다.

기후 정단에서는 곡직격은 바람이며, 염상격은 맑으나 공망이면 비가 된다. 가색격은 흐리거나 가는 비다. 종혁격은 흐리고, 수장(水將)이 타면 비가 된다. 또 백호가 있는 경우에는 바람이 된다. 윤하격은 비가 오지만 공망이거나 일간이 극할 때는 맑다.

삼전에 삼합이 있으면 응기가 달을 넘기거나 일신(一神)이 보충되는 날 이뤄진다. 관련되거나 얽힌 일은 점월이 넘어가면 해결되며, 지지 하나가 없어서 삼합이 안 되는 경우[절요(折腰)] 없는 지지가 오는 날 응기가 된다. 삼전에 없는 지지가 간상신에 있는 경우[주합(湊合)]에는 뜻밖에 화합하는 일이 있고, 그 일의 종류는 간지상에 있는 천장으로 판단한다.

섭삼연(涉三淵)

삼전이 申·戌·子인 경우이다. 도모하는 일이 성사되지 않으며, 눈앞에 위험한 일이 있다. 관사는 흉하고, 질병·소송도 흉하다. 도둑은 잡히지 않고 기다리는 사람도 오지 않는다. 날씨는 비가 오지 않거나, 오랜 비가 내린 뒤 갠 날이 된다. 다음의 庚午11국과 같은 경우이다.

말전	중전	초전
甲子	○戌	壬申
○戌	申	午

4과	3과	2과	1과
○戌	壬申	甲子	○戌
申	午	○戌	庚(申)

섭삼연의 속국은 乙丑11국·乙卯11국·乙巳11국·乙未11국·乙酉11국·乙亥11국·丙辰11국·丙午11국·戊辰11국·戊午11국·庚辰11국·庚午11국·壬辰11국·壬午11국이다.

순간전(順間傳)

순간전은 간전의 하나로 삼전이 寅·辰·午와 같이 한 칸씩 띄어서 순행하는 경우이다. 순간은 앞으로 나아가는 데 방해가 있고, 반대로 퇴간은 후퇴하는 데 방해가 있다. 삼전에 공망이 있으면 순간전으로 보지 않지만 여기서는 공망이 된 것도 속국으로 보았다. 관직에 이동이 있고 질병이 재발하며, 소송은 확대되고 도난을 거듭 당하는 격이다. 기다리는 사람은 오지 않고, 기후는 갠 날이 오래되었으면 비가 온다. 지호인 巳에서 戌에 이르는 것은 음이며, 천문 亥에서 辰에 이르는 것은 양이다. 과전은 음에서 양에 이르는 것은 길사가 많으며, 양에서 음에 이르는 것은 흉사가 많다. 다음의 辛卯11국과 같은 경우이다.

말전	중전	초전
乙酉	○未	癸巳
○未	巳	卯

4과	3과	2과	1과
○未	癸巳	庚寅	戊子
巳	卯	子	辛(戌)

순간전의 속국은 甲子11국·甲寅11국·甲辰11국·甲午11국·甲申11국·甲戌11국·乙丑11국·乙卯11국·乙巳11국·乙未11국·乙酉11국·乙亥11국·丙子11국·丙寅11국·丙辰11국·丙午11국·丙申11국·丙戌11국·丁丑11국·丁卯11국·丁巳11국·丁未11국·丁酉11국·丁亥11국·戊子11국·戊寅11국·戊辰11국·戊午11국·戊申11국·戊戌11국·己丑11국·己卯11국·己巳11국·己酉11국·己亥11국·庚子11국·庚寅11국·庚辰11국·庚午11국·庚申11국·庚戌11국·辛丑11국·辛卯11국·辛巳11국·辛未11국·辛酉11국·辛亥11국·壬子11국·壬寅11국·壬辰11국·壬午11국·壬申11국·壬戌11국·癸丑11국·癸卯11국·癸巳11국·癸未11국·癸酉11국·癸亥11국이다.

순여(順茹)

진연주 참고.

순의(旬儀)

육의 참고.

순환(循環)

삼전이 사과를 떠나지 못하는 것으로 삼전의 요소가 사과의 요소와 같은 경우이다. 이 경우 매사에 반복되어 일이 끝나지 않으며 현상이 지속

된다. 마지막에는 목적을 달성한다. 도모하는 일이 성사되고 길흉이 모두 이루어진다. 도둑은 멀리 가지 않았으며, 기다리는 사람이 돌아온다. 구하면 반드시 얻을 수 있다. 회환인 경우 질병이 금방 치료되기 어렵다. 다음의 己卯5국과 같은 경우이다.

순환의 속국으로는 丁卯9국 · 丁未9국 · 丁酉11국 · 丁亥9국 · 戊子6국 · 己卯5국 · 庚子5국 · 庚寅7국 · 庚辰9국 · 庚午3국 · 癸卯3국 · 癸酉5국이 있다.

말전	중전	초전
乙亥	己卯	癸未
卯	未	亥

4과	3과	2과	1과
癸未	乙亥	乙亥	己卯
亥	卯	卯	己(未)

승계(昇階)

승계격은 섬돌을 오르는 격이라는 의미로 삼전이 辰 · 巳 · 午로 구성되는 경우이다. 辰 · 巳는 태양이 솟아 중천에서 빛나는 때이고, 午는 정양(正陽)으로 임금의 자리이므로 명리를 떨치는 상이다. 모든 일에서 분수를 지키면 형통하지만, 삼전 중 공망이 있으면 그 길함이 줄어든다. 출산은 순산을 하며, 입시 · 선거에서 당선이 된다.

말전	중전	초전
靑龍	勾陳	六合
庚午	己巳	戊辰
巳	辰	卯

4과	3과	2과	1과
螣蛇	天乙	六合	朱雀
丙寅	乙丑	戊辰	丁卯
丑	子	卯	甲(寅)

위의 甲子12국은 중심과(重審課)로 진여를 특징으로 한다. 인사(人事)를 보면 辰 · 巳 · 午의 진여는 무슨 일이나 나아가는 징조이다. 간상의 주작은 문서의 유신이며 진신(進神)이므로 시험에 합격한다.

승계의 속국은 甲子12국 · 甲寅12국 · 甲辰12국 · 甲午12국 · 甲申12

국·甲戌12국·乙卯12국·丙寅12국·丁卯12국·戊寅12국·己卯12
국·庚寅12국·辛卯12국·壬寅12국·癸卯12국이다.

시둔(時遁)

퇴간전 중 삼전이 亥·酉·未로 구성되는 경우이다. 기다리는 사람이
오지 않고 도둑은 잡기 힘들며, 여행은 중단된다. 질병과 소송점인 경우
는 길하다. 군자는 길하며, 상인은 흉하다. 다음의 丁卯3국과 같은 경우
이다.

시둔의 속국은 乙丑3국·乙卯3국·丁丑3국·丁卯3국·己丑3국·己
卯3국·辛丑3국·辛卯3국·癸丑3국이다.

말전	중전	초전
辛未	癸酉	○亥
酉	○亥	丑

4과	3과	2과	1과
○亥	乙丑	丁卯	己巳
丑	卯	巳	丁(未)

여명(勵明)

퇴간전 중 삼전이 酉·未·巳로 구성되는 경우이다. 이 경우 공명을
점치면 좋고 일반인은 소망을 이룰 수 있다. 빠르게 진행해야 결실이 있
다. 삼전이 午·未·申인 여명(麗明)과는 다르다. 다음의 乙亥3국이 여
명(勵明)에 속하며, 그 속국으로는 乙亥3국과 丁亥3국이 있다.

말전	중전	초전
辛巳	癸未	○酉
未	○酉	亥

4과	3과	2과	1과
癸未	○酉	丙子	戊寅
○酉	亥	寅	乙(辰)

여명(麗明)

진연주 중 삼전이 午·未·申으로 구성되는 경우이다. 이 경우 권위는
혼자만 왕성해진다. 삼전이 酉·未·巳인 여명(勵明)과는 다르다. 다음

의 辛巳12국이 여명(麗明)에 해당되며, 그 속국으로는 庚辰12국과 辛巳 12국이 있다.

말전	중전	초전
○申	癸未	壬午
未	午	巳

4과	3과	2과	1과
癸未	壬午	丙子	乙亥
午	巳	亥	辛(戌)

역간(逆間)

퇴간전과 같은 말이다. 퇴간전 참고.

역여(逆茹)

퇴연여 참고.

연방(聯芳)

삼전이 卯·寅·丑인 경우로 연방회린(聯芳悔吝)이라고 한다. 슬픔 뒤에 기쁨이 오며 화합하는 상이다. 다음의 己巳2국과 같은 경우이다.

말전	중전	초전
乙丑	丙寅	丁卯
寅	卯	辰

4과	3과	2과	1과
丁卯	戊辰	己巳	庚午
辰	巳	午	己(未)

연방회린의 속국으로는 乙巳2국·丙辰2국·丙午2국·丙申2국·丙戌 2국·丁巳2국·戊辰2국·戊午2국·戊申2국·戊戌2국·己巳2국·庚辰 2국·辛巳2국·癸巳2국이 있다.

연여(連茹)

연주 참고.

연주(連珠)

진연주와 퇴연여를 말하며, 합쳐서 연여라고도 한다. 이 격은 주역괘로는 지뢰복(地雷復)에 비유된다. 진연주일 경우 초전·중전이 공망이면 후퇴하여 몸을 감추는 것이 좋다. 퇴연여라면 반대로 나아가는 것이 좋다. 말전이 공망이면 진연주는 퇴연여로, 퇴연여는 진연주로 바뀐다.

또한 연여된 지지가 모두 일간의 재성일 경우 물고기가 그물에 걸리는 것처럼 재물을 구하기에 좋은데, 삼전재태과격(三傳財太過格)이 될 수 있으므로 계절의 왕쇠를 감안하여 재물을 구한다. 즉, 재성이 강한 시기에는 일간과 균형이 안 맞아서 재물을 취할 수 없으므로, 일간의 기운이 강해지는 시기에 재물을 취한다. 삼전재태과격의 해석은 필법부를 참고한다.

연여인 경우 삼전이 일간의 재성이 되면 질병점에서 식중독이다. 위독한 상황이지만 연명상신이 비겁이면 재성을 극하므로 치료가 되고, 식상이면 재성을 생하므로 더욱 위험하다.

(1) 진연주

진연주는 이어서 전진하는 상이며, 퇴연여는 이어서 후퇴하는 상이다. 전진하는 경우 진연주와 진기(進氣)를 보고, 후퇴하는 경우에는 퇴연여와 퇴기(退氣)를 본다. 이 중 진기의 예를 보면, 봄에 화기(火氣)를 얻은 경우 진기가 오는 것이므로 왕성하게 되고, 가을의 화기는 이미 퇴기가 되었으므로 후퇴하는 것이 좋다. 진연주와 퇴연여 모두 결과와 영향이 빨리 나타난다.

진연주는 전진을 하면 이익이며, 진여라고도 한다. 삼전이 초전부터 말전이 寅·卯·辰으로 이어진 것이다. 길한 과전은 더욱 길해지고 흉한 과전은 더 흉해진다. 퇴연여보다는 순조롭다. 다음의 甲戌12국과 같은 경우이다.

말전	중전	초전
壬午	辛巳	庚辰
巳	辰	卯

4과	3과	2과	1과
丙子	乙亥	庚辰	己卯
亥	戌	卯	甲(寅)

진연주의 속국으로는 甲子12국 · 甲寅12국 · 甲辰12국 · 甲午12국 · 甲申12국 · 甲戌12국 · 乙丑12국 · 乙卯12국 · 乙巳12국 · 乙未12국 · 乙酉12국 · 乙亥12국 · 丙子12국 · 丙寅12국 · 丙午12국 · 丙申12국 · 丙戌12국 · 丁丑12국 · 丁卯12국 · 丁巳12국 · 丁未12국 · 丁酉12국 · 丁亥12국 · 戊子12국 · 戊寅12국 · 戊戌12국 · 己丑12국 · 己卯12국 · 己酉12국 · 己亥12국 · 庚子12국 · 庚寅12국 · 庚辰12국 · 庚戌12국 · 辛丑12국 · 辛卯12국 · 辛巳12국 · 辛酉12국 · 辛亥12국 · 壬子12국 · 壬寅12국 · 壬辰12국 · 壬午12국 · 壬申12국 · 壬戌12국 · 癸丑12국 · 癸卯12국 · 癸巳12국 · 癸酉12국 · 癸亥12국이 있다.

(2) 퇴연여

퇴연여는 후퇴하면 이기고 모든 일이 뜻대로 되지만, 길한 경우에는 길이 계속되고 흉은 점점 깊어진다. 辰 · 卯 · 寅과 같이 삼전이 거꾸로 이어진 상태이며, 일의 진행이 거꾸로 되기 쉽다. 다른 이름으로 '역여'라고 한다. 다음의 甲戌2국과 같은 경우이다.

말전	중전	초전
甲戌	乙亥	丙子
亥	子	丑

4과	3과	2과	1과
○申	○酉	丙子	丁丑
○酉	戌	丑	甲(寅)

퇴연여의 속국은 甲子2국 · 甲寅2국 · 甲辰2국 · 甲午2국 · 甲申2국 · 甲戌2국 · 乙丑2국 · 乙卯2국 · 乙巳2국 · 乙酉2국 · 乙亥2국 · 丙子2국 · 丙寅2국 · 丙辰2국 · 丙午2국 · 丙申2국 · 丙戌2국 · 丁丑2국 · 丁卯2국 · 丁巳2국 · 丁酉2국 · 丁亥2국 · 戊子2국 · 戊寅2국 · 戊辰2국 · 戊午2국 · 戊

申2국·戊戌2국·己丑2국·己卯2국·己巳2국·己亥2국·庚子2국·庚寅2국·庚辰2국·庚午2국·庚戌2국·辛丑2국·辛卯2국·辛巳2국·辛未2국·辛亥2국·壬子2국·壬寅2국·壬辰2국·壬午2국·壬申2국·壬戌2국·癸丑2국·癸卯2국·癸巳2국·癸未2국·癸酉2국·癸亥2국이다.

연주삼기(連珠三奇)

삼기 참고.

염상(炎上)

삼합격 참고.

영양(盈陽)

순간전 중 삼전이 卯·巳·未로 구성되는 경우이다. 이 때는 모든 일을 빨리 추진하는 것이 좋고 우물쭈물하면 흉하다. 어디에 가서 묵는 것도 좋지 않다. 다음의 己丑11국과 같은 경우이다. 영양의 속국으로는 己丑11국·辛丑11국·癸丑11국이 있다.

말전	중전	초전
○未	癸巳	辛卯
巳	卯	丑

4과	3과	2과	1과
癸巳	辛卯	丁亥	乙酉
卯	丑	酉	己(○未)

영양(迎陽)

영양(盈陽)과 같은 말이다.

용덕(龍德)

태세의 상신에 귀인이 승하여 월장 지지가 초전이 되는 경우이다. 예를 들어 申년점에 申월장이고 다음의 乙酉9국_주점인 경우 초전이 申이 되므로 용덕에 해당된다.

말전	중전	초전
壬辰	戊子	甲申
子	申	辰

4과	3과	2과	1과
癸巳	己丑	戊子	甲申
丑	酉	申	乙(辰)

그 밖에 ① 천을귀인이 초전이 되는 경우 ② 월장이 일지에 있는 경우 ③ 청룡과 덕신(德神)이 같이 있는 경우 ④ 태세신살 중 하나인 경우도 용덕이라고 한다. 용덕이 되는 경우는 다음과 같다.

태세	子	丑	寅	卯	辰	巳	午	未	申	酉	戌	亥
용덕	未	申	酉	戌	亥	子	丑	寅	卯	辰	巳	午

용덕은 용이 날아 오르는 상으로 천은(天恩)의 기쁨이 있으며, 월장이 일지에 있을 경우 가정에 발전이 있다. 죄는 사면이 되고 공명과 재화를 얻기에 유리하다. 원수과(元首課)인 경우에는 더 크게 길작용을 한다. 정신(丁神)과 같이 있으면 지위 상승에 더욱 좋다.

용덕이 있는 경우 합격에 좋은 역할을 한다. 합격에 좋은 영향을 주는 것들로는 주작·청룡·천공·귀인·등사·태상·삼기·육의 등을 들 수 있다. 점을 칠 때 용덕이 있으면 구재(求財)의 점으로 보는 경우가 있다. 구재점으로 보는 경우는 용덕 이외에 탄사(彈射)·중심(重審)·현태(玄胎)·가색·육의 등이 있다. 용덕은 기본적으로 귀격(貴格)이므로 문점자의 신분이 높은 경우 귀인을 만나서 길하다고 보지만, 신분이 낮은 사람인 경우에는 신분이 높은 귀인을 만날 가능성이 없으므로 이를 재판관·염라대왕 등으로 해석하여 흉하게 본다. 용덕의 속국은 천을귀인이 초전이 되는 일부의 경우만이며, 속국으로 乙丑2국·乙丑11국·丙寅4국·戊辰3국이 있다.

용묘(用墓)

용묘는 간상신이 일간의 묘신(墓神)이고, 발용이 지상신의 묘신이 되는 경우이다. 묘신이 막힘을 주도하여 모든 일에서 도모하는 것이 이롭지 않고, 가운은 쇠퇴하며 재물도 소모가 많고 흩어진다. 질병점도 흉하다. 다음의 庚午8국은 간상신 丑이 일간의 묘신이고, 초전은 지상신 亥의 묘신이 된다.

말전	중전	초전
丙寅	癸酉	戊辰
酉	辰	○亥

4과	3과	2과	1과
戊辰	○亥	庚午	乙丑
○亥	午	丑	庚(申)

용잠(龍潛)

월장이 亥이고 삼전이 亥·子·丑인 경우이다. 용잠은 말 그대로 용이 잠겨 있는 상태를 가리키므로 변화할 기운이 물 아래에 있으며, 귀한 물건을 가지고 있지만 스스로 귀하다는 것을 의심하는 일이 생긴다. 즉, 용이 亥·子·丑이라는 도도한 물에 잠겨 있는 상이다. 중천건(重天乾) 초구가 동한 것과 같은 상태다. 이 동효에 대해 공자가 이르기를 "용덕이은 자야 불역호세 불성호명(龍德而隱者也 不易乎世 不成乎名)"이라 하였다. 즉, 물에 잠긴 용이니 쓰지 말고 깊숙이 들어가 자기 수양을 쌓으며 성장을 기다리라는 말이다. 결국 바다가 용을 품고 있어서 미혹만 있을 뿐 뛰어오르기에는 역부족이라는 뜻이다. 그러나 과전에 청룡이 동하여 득기한 경우에는 재물을 얻을 수 있다. 또한 진여는 가만히 있는 것보다 움직이는 것에 이롭다. 다음의 乙酉12국은 삼전이 亥·子·丑으로 용잠에 해당된다.

말전	중전	초전
白蛇	常天	武后
己丑	戊子	丁亥
子	亥	戌

4과	3과	2과	1과
武后	陰陰	雀空	合龍
丁亥	丙戌	○午	癸巳
戌	酉	巳	乙(辰)

용잠의 속국은 삼전이 亥 · 子 · 丑인 것만 소개한다. 乙酉12국 · 丙戌12국 · 丁酉12국 · 戊戌12국 · 己酉12국 · 庚戌12국 · 辛酉12국 · 壬戌12국 · 癸酉12국이 용잠에 해당된다.

용전(龍戰)

음양 중 양의 본질은 움직임이고, 음은 순화이다. 卯 · 酉는 음양이 서로 섞여서 싸우는 형상이 마치 용이 서로 싸우는 것과 같아서 용전이라고 한다. 용전은 ① 삼전이 子 · 午 · 卯 · 酉인 경우 ② 卯 · 酉일(시)점에 卯 · 酉가 초전이 되는 경우 ③ 卯 · 酉일점에 초전이 卯 · 酉이고 연명이 卯 · 酉인 경우를 말하며, 이 세 가지에 모두 해당되어야 진정한 용전이다. 일반적으로는 ②를 용전으로 보며 여기에서도 이 기준을 따랐다. 참고로 삼전이 子 · 午 · 卯 · 酉인 경우를 삼교라고 한다. 다음의 丁酉11국이 용전인 경우이다.

말전	중전	초전
辛丑	己亥	丁酉
亥	酉	未

4과	3과	2과	1과
辛丑	己亥	己亥	丁酉
亥	酉	酉	丁(未)

용전은 반복부정(反復不定)의 상으로 의혹을 불러 일으킨다. 卯는 봄의 신이고 양이며, 酉는 가을의 신이고 음이다. 이 둘이 만나면 서로 의심이 되어 의심 · 분리 · 이별 · 투쟁 · 분란이 있고 진퇴와 길흉이 반복된다. 그러므로 조용히 있는 것이 좋고 경거망동하면 이루어지는 것이 없으며, 함부로 구하는 것은 반드시 후회가 따른다. 특히, 용전에 백호가 타는 경우에는 반드시 싸움이 있다. 용전이 있으면 만난 사람을 이별하고, 집에 있는 사람은 외출하려고 해도 나갈 수가 없으며, 나가면 외출 중에 재액이 있다.

결혼에 흉하므로 결혼하려고 하지 않는다. 결혼에 나쁜 영향을 주는 것으로는 용전 이외에 반음과(返吟課) · 별책과(別責課) · 일여 · 난수(亂

首)·무록(無祿)·절사(絶嗣)·고진·과숙·팔전(八專)·종혁·교동·
무음(蕪淫) 등이 있다.

卯·酉가 초전이 되고 이것이 일간을 극하는 귀살이 되면 병의 정단에
흉하다. 삼전에 이러한 관귀를 극하는 구신(救神)이 있으면 치료될 희망
이 있다. 임신은 안 된다. 구재에도 흉하며, 가정에는 불길한 일과 재액
이 생긴다. 용전이 아니지만 가택에 卯·酉가 있으면 가정에 복록이 없
고 화합도 없다.

용전을 내정과 관련하여 살펴보면 ① 용전이 있는 경우 관사(官事)의
내정이다. 그 밖에 관사의 내정으로 보는 것들로는 도액(度厄)·무음·
천강(天罡)·호시(虎視)·동사(冬蛇)·난수·천옥·윤하·가색 등이 있
다. ② 용전은 여행의 내정이 된다. 그 밖에 여행의 내정으로 보는 것으로
는 팔전·구추(九醜)·삼교·독족(獨足)·도액·난수·천옥·형덕(刑
德)·가색 등이 있다. ③ 용전은 질병의 내정이 된다. 구추·백화(魄
化)·찰미(察微)·귀묘(鬼墓)·천번(天煩)·엄목(掩目)도 질병의 내정
과 관련이 있다.

여기에서는 용전을 卯·酉일점에 卯·酉가 초전이 되는 경우로 한정
하여 소개한다. 속국으로는 乙卯7국·乙卯10국·乙酉7국·丁卯1국·丁
卯7국·丁卯10국·丁卯11국·丁酉1국·丁酉7국·丁酉11국·己卯1
국·己卯7국·己卯10국·己酉1국·己酉3국·己酉7국·己酉10국·辛
卯1국·辛卯7국·辛卯8국·辛卯10국·辛酉1국·辛酉7국·辛酉10국·
癸卯6국·癸卯7국·癸卯9국·癸卯10국·癸酉6국·癸酉7국·癸酉9국
이 있다.

유금(流金)

삼전이 申·酉·戌 서방 금국(金局)이 되는 경우이다. 삼전이 방합을
하는 경우 친구의 합, 방향의 합이라고 하며, 합이 되는 해당 육친의 영
향이 커진다.

말전	중전	초전
甲戌	○酉	○申
○酉	○申	未

4과	3과	2과	1과
己卯	戊寅	○酉	○申
寅	丑	○申	丁(未)

위의 丁丑12국은 삼전이 申·酉·戌로 酉金이다. 재물의 영향이 커진다고 하지만 간상신의 재(財)가 공망으로 재를 지킬 수 없다. 진여로 삼전이 모두 공망이 되어 길흉이 모두 이루어지지 않는다. 재물은 공망을 벗어나는 申·酉·戌일을 지나야 얻을 수 있다.

속국은 삼전이 申·酉·戌인 경우와 戌·酉·申인 경우만 소개하며, 乙亥2국·丙子2국·丙午12국·丁丑12국·丁巳12국·丁未12국·丁亥2국·丁亥12국·戊子2국·己亥2국·庚子2국·辛亥2국·壬子2국·壬辰2국·壬午2국·壬申2국·壬戌2국·癸亥2국이 있다.

유박(帷薄)

유박불수(帷薄不修)를 줄여서 부르는 말로, 팔전과(八傳課) 중에서 삼전에 천후·육합·현무 중 하나가 있는 경우이다.

말전	중전	초전
后白	后白	蛇龍
戊午	戊午	庚申
寅	寅	辰

4과	3과	2과	1과
合合	后白	合合	后白
壬戌	戊午	壬戌	戊午
午	寅	午	甲(寅)

주야	武武	陰常	后白	大空	蛇龍	雀陳	合合	陳雀	龍蛇	空大	白后	常陰
천반	丙辰	丁巳	戊午	己未	庚申	辛酉	壬戌	癸亥	○子	○丑	甲寅	乙卯
지반	○子	○丑	寅	卯	辰	巳	午	未	申	酉	戌	亥

위의 甲寅9국은 사과에 극이 없고 음양 중 양의 기운만 있다. 초전은 간상신에서 세 번째인 申으로 하고, 중전과 말전은 일간상신으로 삼는다. 팔전과는 본래 극제(剋制)가 없으므로 남녀간 부정의 상이다. 위의

국이 주점이라면 삼전에 천후가 둘이 있어서 유박불수격으로 풍기 문란한 상이다. 천지반도를 보면 丑이 酉에 타고 있어서 복태격에 해당하므로 임신의 기운도 있다. 유박은 음양이 합하여 혼잡하고 풍기 문란하며 예의를 잃는다.

유박불수의 속국은 甲寅9국 · 丁未2국 · 丁未3국 · 丁未4국 · 丁未10국 · 己未2국 · 己未3국 · 己未12국 · 庚申8국 · 庚申10국 · 庚申12국이다.

유자(游子)

삼전이 모두 辰 · 戌 · 丑 · 未이고 정신(丁神) 또는 이마(二馬, 역마와 천마)가 있는 경우이다. 이 중 천마가 있으면 해각(海角)이라고 한다. 다음의 乙巳10국과 같은 경우이다.

말전	중전	초전
癸丑	庚戌	丁未
戌	未	辰

4과	3과	2과	1과
辛亥	戊申	庚戌	丁未
申	巳	未	乙(辰)

유자는 이동을 주관하는 과전이다. 바쁘게 움직이고 외출하면 이익이 있지만, 안정하고 가만히 있으면 발전이 없다. 초전 未, 중전 戌의 구조는 멀리 외출하는 상이지만, 반대로 초전 戌, 중전 未의 구조는 돌아오는 상이다. 또한, 행년과 같이 있으면 도망을 가는 상이다. 참관(斬關)과 같이 있을 때는 절적격(絶跡格)이라 하여 종적을 못 찾으며, 음일과 같이 있는 경우는 음사를 일으키고 도망가는 상이다. 질병점인 경우는 고치기 어렵고, 소송과 관련된 일도 흉하다. 날씨를 점치는 경우에는 비가 올 듯하나 오지 않는다.

유자의 속국은 乙丑4국 · 乙巳4국 · 乙巳10국 · 乙未1국 · 乙未4국 · 乙亥10국 · 丁丑1국 · 辛未1국 · 癸丑1국 · 癸丑4국 · 癸丑7국 · 癸丑10국 · 癸未4국 · 癸未7국이다.

순의·지의(支儀)가 발용되거나 삼전 중에 있는 경우이다. 순수(旬首)는 육양이고, 지신(支神)의 으뜸이며 의례(儀禮)를 주장하므로 이렇게 불린다. 순의는 甲子순은 子, 甲戌순은 戌, 甲申순은 申, 甲午순은 午, 甲辰순은 辰, 甲寅순은 寅이다. 지의는 다음의 표와 같다.

일지	子	丑	寅	卯	辰	巳	午	未	申	酉	戌	亥
지의	午	巳	辰	卯	寅	丑	未	申	酉	戌	亥	子

말전	중전	초전
○子	己未	甲寅
未	寅	酉

4과	3과	2과	1과
甲寅	辛酉	乙卯	壬戌
酉	辰	戌	丙(巳)

위의 丙辰8국은 甲寅순으로 순의가 초전으로 발용되고, 辰일의 지의는 寅이 되므로 육의격이 된다. 육의가 있으면 매사에 기쁜 일이 있고, 가운이 왕성하게 일어난다. 육의가 왕상인 경우 죄를 지은 이는 사면이 되고, 질병이 있으면 능력 있는 의사를 만나서 낫게 되며, 삼기와 마찬가지로 어려운데 다른 사람의 도움을 받아 해결할 수 있게 된다. 연명에 있으면 그 영향이 더 크다. 그러나 육의가 공망의 자리에 있으면 기쁨이 공허해진다. 육의 해석에 참고할 사항으로 ① 유자는 질병이나 소송에 나쁘지만 육의가 되는 경우에는 그 흉이 풀린다. ② 육의인 경우 직장인은 승진하고 재물을 얻어서 기쁘다. 육의와 유사한 작용을 하는 것으로는 삼광·삼양·삼기·용덕 등이 있다.

육의의 속국은 甲子4국·甲戌2국·乙未6국·乙酉11국·乙亥11국·丙辰1국·丙辰2국·丙辰8국·丙辰10국·丙戌4국·丙戌10국·丁丑6국·丁丑8국·丁卯1국·丁卯10국·丁巳2국·戊子11국·戊辰6국·戊辰8국·戊午6국·己卯8국·庚子3국·庚子4국·庚子10국·庚子11국·庚寅9국·庚寅11국·辛卯8국·辛酉9국·壬子11국·壬寅11국·壬寅

12국 · 壬戌4국이다.

윤하(潤下)

삼합격 참고.

음일(淫泆)

음일은 초전 卯 · 酉에 육합이나 천후가 타는 경우이다. 子 · 午에 육합이나 천후가 있는 경우에도 음일의 영향이 있는 것으로 보며, 삼전에 육합과 천후가 있는 경우에 음일로 보기도 한다. 이 중 일여는 초전이 천후이고 말전이 육합인 경우로 여자가 선동하며, 교동은 초전이 육합이고 말전이 천후인 경우로 남자가 선동한다. 다음의 己酉_3국 주점은 음일 중 교동에 속한다.

말전	중전	초전
后武	蛇白	合龍
辛亥	癸丑	○卯
丑	○卯	巳

4과	3과	2과	1과
龍合	白蛇	合龍	龍合
乙巳	丁未	○卯	乙巳
未	酉	巳	己(未)

음일은 주역괘로는 수화기제(水火旣濟)에 비유된다. 공연히 일을 꾸미는 것은 이롭지 않으나 음사(陰事)에는 좋다. 卯 · 酉는 음란의 문이고, 육합과 천후는 음란의 신이기 때문에 이 둘이 겹쳐 있으면 음란의 기운이 일어나서 부부가 바람을 피운다. 음일에 결혼하는 것도 좋지 않은데, 정식결혼을 싫어하여 결혼을 피할 수 있다. 교동인 경우에 남자는 부끄러움을 모르고 여자를 유혹하는 것이 특징이며, 색정으로 인한 사건이 생긴다. 결혼은 연애결혼을 한다. 도망점에 좋아서 도둑은 잡기 힘들다. 교동격은 질병이나 소송에 흉하다. 삼교와 음일이 같이 있으면 음란함이 하나가 아니라 여러 대상과 겹쳐서 일어난다. 이번(二煩) · 구추(九醜)와 같이 있는 경우 남자는 부상하고 여자는 매우 흉하다.

고서에 나타난 음일의 속국을 보면 다음과 같다.

① 교동의 속국 : 甲子5국·甲子11국·甲寅5국·甲辰5국·甲辰11
국·甲午5국·甲午11국·甲申5국·乙丑9국·乙未9국·丙寅5국·戊寅
11국·戊午5국·戊午9국·己未5국·己未9국·己酉3국·己酉9국·庚
寅5국·辛丑9국·辛巳9국·辛未5국·壬辰5국·壬申5국이 있다.

② 일여의 속국 : 甲子5국·甲午9국·甲戌9국·甲戌11국·乙卯5국·
乙亥3국·乙亥5국·乙亥9국·丙子2국·丙子5국·丙午5국·戊子11
국·戊寅5국·戊辰1국·戊辰11국·戊申11국·戊戌9국·戊戌11국·己
卯5국·己巳5국·己巳9국·庚申11국·辛丑6국·辛卯5국·辛卯9국·
辛卯11국·辛酉11국·辛亥11국·壬子6국·壬子11국·壬寅11국·壬申
3국·壬戌3국·壬戌6국이 있다.

응음(疑陰)

순간전 중 삼전이 酉·亥·丑으로 구성되는 경우이다. 정단하는 모든
일이 흉하고 좋지 않다. 다음의 丁巳11국과 같은 경우이다. 응음의 속국은
丁丑11국·丁卯11국·丁巳11국·丁未11국·丁酉11국·丁亥11국이다.

말전	중전	초전
○丑	癸亥	辛酉
亥	酉	未

4과	3과	2과	1과
辛酉	己未	癸亥	辛酉
未	巳	酉	丁(未)

의음(疑陰)

응음과 같다.

일여(泆女)

음일 참고.

입명(入冥)

순간전 중 삼전이 未·酉·亥로 구성되는 경우이다. 모든 일이 신속하게 진행되므로 시기를 놓치지 않는 것이 중요하다. 질병점이나 관청과 관련된 점은 흉하며, 길한 일은 빨리 끝나고 흉한 일은 질질 끈다. 다음의 癸卯11국과 같은 경우이다. 입명의 속국은 癸卯11국과 癸巳11국이 있다.

말전	중전	초전
己亥	丁酉	乙未
酉	未	○巳

4과	3과	2과	1과
乙未	○巳	○巳	癸卯
○巳	卯	卯	癸(丑)

전패(轉悖)

퇴간전 중 삼전이 巳·卯·丑으로 구성되는 경우이다. 이 경우 자신을 수양하고 일선에서 물러나 음덕을 쌓아야 한다. 모든 일이 쇠퇴하고 흉하므로 전면에 나서면 흉하다. 속국은 다음의 癸未3국만 있다.

말전	중전	초전
丁丑	己卯	辛巳
卯	巳	未

4과	3과	2과	1과
己卯	辛巳	○酉	乙亥
巳	未	亥	癸(丑)

정화(正和)

진연주 중 삼전이 寅·卯·辰으로 구성되는 경우이다. 발전하고 화합하는 상으로 다른 사람의 도움을 받는다. 다음의 癸丑12국과 같은 경우이다. 정화의 속국은 乙丑12국·丙子12국·戊子12국·己丑12국·庚子12국·辛丑12국·壬子12국·癸丑12국이다.

말전	중전	초전
甲辰	○卯	○寅
○卯	○寅	丑

4과	3과	2과	1과
○卯	○寅	○卯	○寅
○寅	丑	○寅	癸(丑)

삼합격 참고.

주인(鑄印)

주인격은 보통 삼전이 巳·戌·卯인 경우이다. 또한 삼전에 巳·戌이 있거나 술가사(戌加巳)이어도 주인격으로 보는 경우가 있다. 주인격이라도 과전에 태음이나 천마가 보이지 않으면 영향이 떨어진다. 또 과전의 천장에 火가 적고 金이 많으면 파인손모(破印損摸)라 하여 도장을 제대로 만들지 못하는 현상이 일어나므로 주인격의 길한 정도가 떨어진다. 또한 초전이 공망인 경우 처음에는 흉하지만 나중에는 길하다. 천마는 다음과 같다.

월지	子	丑	寅	卯	辰	巳	午	未	申	酉	戌	亥
천마	寅	辰	午	申	戌	子	寅	辰	午	申	戌	子

말전	중전	초전
己卯	甲戌	辛巳
戌	巳	子

4과	3과	2과	1과
丁丑	○申	辛巳	丙子
○申	卯	子	己(未)

위의 己卯8국의 경우, 戌土의 지장간 戊·丁·辛의 辛과 巳火의 지장간 丙·庚·戊 중 丙이 합하여 금기(金氣)를 제련하고, 巳태을은 용광로의 불, 戌천괴는 인모(印模), 卯태충은 인장이 된다.

주인격은 삼전의 구성으로 이루어지며 주역의 화풍정(火風井)에 해당된다. 관록이 좋아지는 격으로, 현직 고위관리는 좋지만 재야 정치인은 좋지 않다.

참고로 육임의 각종 격을 해석할 때는 문점자의 신분을 고려해야 한다. 예를 들어 용덕·주인·고개·승헌·관작·부귀·삼광·삼기·삼양 등이 길괘일 때 문점자가 신분이 높은 경우에는 귀인을 만나서 길하다고 보지만, 신분이 낮은 경우에는 신분이 높은 귀인을 만날 가능성이 없으므로 이를 재판관·염라대왕 등으로 해석하여 흉사로 판단하는 것이 일반적이다. 이 경우도 문점자가 신분이 낮은 경우에는 관사(官事)나 재앙이 있고 목표한 것이 늦게 이루어진다. 임신과 출산점에는 좋지만 질병점과 소송점은 아주 흉하다.

주인격의 속국은 다음과 같은데, 다음 중 8국이 아닌 것은 삼전의 상황을 보고 주인으로 판단한 경우이다. 甲子8국·甲寅8국·甲午8국·甲申6국·甲申8국·乙未8국·丙子8국·丙寅8국·丙申6국·丁丑8국·丁卯8국·丁巳8국·丁未8국·丁亥8국·戊子8국·戊寅8국·己丑8국·己卯8국·己巳8국·己未8국·己亥8국·庚子8국·庚寅8국·辛丑6국·辛未8국·壬子8국·癸未8국·癸亥6국

중음(重陰)

퇴연여 중 삼전이 子·亥·戌인 경우이며, 삼전이 모두 야지(夜地)에 있을 때다. 子는 일양(一陽)이 시작되지만 음기이고, 亥·戌은 음의 경계에 들어가므로 중음이라고 한다. 다음 辛丑2국의 경우이다.

말전	중전	초전
戊戌	己亥	庚子
亥	子	丑

4과	3과	2과	1과
己亥	庚子	丙申	丁酉
子	丑	酉	辛(戌)

중음일 때는 삼전이 양국(陽局)으로 이루어진 것과 달리 무엇이든 조용히 지키는 것이 유리하다. 퇴연여는 안전을 강구하는 좋은 격이다. 여행의 경우에는 어두운 형상으로 위험한 장소를 피해야 한다.

중음의 속국은 甲子2국·甲寅2국·甲辰2국·甲午2국·甲申2국·甲戌2국·乙丑2국·丙寅2국·丁丑2국·戊寅2국·己丑2국·庚寅2국·辛丑2국·壬寅2국·癸丑2국이다.

진여(進茹)

진연주와 같은 말이다. 연주 참고.

진연주(進連珠)

연주 참고.

천옥(天獄)

초전이 관(關)이나 사신(死神) 또는 사기(死氣)가 되고, 점일의 장생에 해당하는 지반에 辰이 타고 있는 경우이다. 천지반도에서 장생 위에 辰이 있기만 해도 천옥으로 보는 경우도 있다. 사신과 사기는 p.201의 표를 참고한다.

말전	중전	초전		4과	3과	2과	1과
丙戌	癸巳	戊子		○午	己丑	戊子	○未
巳	子	○未		丑	申	○未	甲(寅)

천반	癸巳	○午	○未	甲申	乙酉	丙戌	丁亥	戊子	己丑	庚寅	辛卯	壬辰
지반	子	丑	寅	卯	辰	巳	○午	○未	申	酉	戌	亥

위의 甲申8국의 경우 申일의 사기인 子가 초전에 타고 있고, 일간 甲木의 장생인 亥에 辰이 타고 있으므로 천옥에 해당된다.

천옥은 모든 일의 진행이 부진하고 재액이 겹치는 상이다. 관재(官災)가 되기 쉬우므로 법을 지킨다. 연명상신에 戌 또는 구진이 승하여 천옥・천라(天羅)・지망(地網)이 되면 점사는 관재에 관한 일이다.

천옥은 질병점인 경우 치료가 어렵고, 여행을 떠나면 재액을 당한다. 이미 흉한 질병이나 관재 등이 있었으면 작용이 다 끝난 것이므로 걱정하지 않아도 되지만, 만약 흉사가 없었다면 반드시 나쁜 일이 일어난다. 천옥의 속국으로는 甲申8국・乙丑8국・丙辰11국・丁卯6국・辛卯2국이 있다.

출삼양(出三陽)

출양과 같은 말이다.

출양(出陽)

순간전 중 삼전이 寅·辰·午로 구성되는 경우이다. 이 경우 양지에서 나와 음지로 들어가는 형상으로 모든 것이 불명확하고 미궁에 빠진다. 바라는 것이 이루어지지 않고, 질병점과 소송점은 흉하다. 출삼양이라고도 한다. 다음의 辛未11국과 같은 경우이다. 출양의 속국으로는 辛巳11국과 辛未11국이 있다.

말전	중전	초전
庚午	戊辰	丙寅
辰	寅	子

4과	3과	2과	1과
○亥	癸酉	丙寅	甲子
酉	未	子	辛(○戌)

출호(出戶)

순간전 중 삼전이 丑·卯·巳로 구성되는 경우이다. 집을 나간 상이므로 면접점에서는 주인이 없어 만날 수 없으며, 군자는 길하고 소인에겐 흉하다. 기다리는 사람도 오지 않으며 분실사건이 생긴다. 다음의 己酉 11국과 같은 경우이다.

말전	중전	초전
乙巳	○卯	癸丑
卯	丑	亥

4과	3과	2과	1과
癸丑	辛亥	辛亥	己酉
亥	酉	酉	己(未)

출호의 속국으로는 己酉11국·己亥11국·辛酉11국·辛亥11국·癸酉 11국·癸亥11국이 있다.

퇴간전(退間傳)

간전 중 하나로 삼전이 午·辰·寅처럼 한 칸씩 떼어서 역행하는 경우이다. 역간 또는 퇴간이라고도 하며 후퇴하는 데 방해가 있다. 반대로 순간은 앞으로 가는 데 방해가 있다. 삼전 중 공망이 있으면 작용을 하지 않는다. 관직에 이동이 있고 질병이 재발하며, 소송이 확대되고 거듭 도난을 당하는 격이다. 기다리는 사람은 오지 않으며, 기후는 갠 날이 오래되었으면 비가 온다. 다음의 壬寅3국과 같은 경우이다.

말전	중전	초전
甲午	丙申	戊戌
申	戌	子

4과	3과	2과	1과
戊戌	庚子	乙未	丁酉
子	寅	酉	壬(亥)

퇴간전의 속국은 다음과 같으며, 삼전 중 공망이 있는 경우도 속국에 포함시켰다. 甲子3국·甲寅3국·甲辰3국·甲午3국·甲申3국·甲戌3국·乙丑3국·乙卯3국·乙巳3국·乙酉3국·乙亥3국·丙子3국·丙寅3국·丙辰3국·丙午3국·丙申3국·丙戌3국·丁丑3국·丁卯3국·丁巳3국·丁亥3국·戊子3국·戊寅3국·戊辰3국·戊午3국·戊申3국·戊戌3국·己丑3국·己卯3국·己巳3국·己酉3국·己亥3국·庚子3국·庚寅3국·庚辰3국·庚午3국·庚申3국·庚戌3국·辛丑3국·辛卯3국·辛巳3국·辛未3국·辛酉3국·辛亥3국·壬子3국·壬寅3국·壬辰3국·壬午3국·壬申3국·壬戌3국·癸丑3국·癸卯3국·癸未3국·癸巳3국·癸酉3국·癸亥3국

퇴여(退茹)

퇴연여와 같은 말이다. 연주 참고.

퇴연여(退連茹)

연주 참고.

패려(悖戾)

삼전이 戌·申·午인 경우이다. 과전이 모두 양의 지지이고, 지지가 한 칸씩 건너뛰는 간전이다. 패려격 또는 패루격이라고도 하며, 간전과(間傳課)이다. 도발사(倒拔蛇)라고도 한다. 다음의 壬寅3국과 같은 경우이다.

말전	중전	초전
甲午	丙申	戊戌
申	戌	子

4과	3과	2과	1과
戊戌	庚子	乙未	丁酉
子	寅	酉	壬(亥)

패려는 모사를 강행하면 결과적으로 재액이 되지만 노력으로 흉을 막을 수 있다. 기다리는 사람은 오지 않으며, 도둑은 잡기 어렵다. 역간전격(逆間傳格)·회환격(回還格)·주편격(周偏格) 등은 모두 병으로 장기간 고생한다. 초전이 장생, 말전이 묘신이면 치유될 희망이 없다.

패려의 속국으로는 甲子3국·甲寅3국·甲辰3국·甲午3국·壬子3국·壬寅3국이 있다.

패루(悖淚)

패려 참고.

향삼양(向三陽)

삼양과 같은 말이다.

향양(向陽)

삼양과 같은 말이다.

헌개(軒蓋)

헌개는 다음의 己酉4국과 같이 삼전이 午·卯·子로 구성되는 경우이다. 午는 천마, 卯는 천거(天車), 子는 화개가 되므로 헌개격이라고 한다. 헌개는 동요하고 전진하는 격이다. 공명·재물을 얻을 수 있고 질병이 완쾌되며, 기다리는 사람이 빨리 온다. 삼전에 등사·백호가 타고 일진을 극하는 경우에는 이동으로 인한 해가 있다. 주역괘로는 지풍승(地風升)에 비유된다. 헌개의 한자를 軒盖로 쓰는 경우도 있으나 軒蓋가 맞다.

말전	중전	초전
壬子	○卯	丙午
○卯	午	酉

4과	3과	2과	1과
○卯	丙午	癸丑	甲辰
午	酉	辰	己(未)

삼교 중 연명상신이나 간상신이 왕성한 경우를 고개라 하고, 삼전이 午·卯·子인 경우를 승헌이라고도 한다. 보통 이 둘을 구분하지 않고 고개승헌이라고 한다.

헌개의 속국으로는 甲子4국·丙子4국·丁酉4국·己酉4국·庚子4국·辛酉4국·壬子4국·癸酉4국이 있다.

회명(回明)

회양과 같은 말이다.

회양(回陽)

회명이라고도 한다. 삼전이 未·巳·卯로 구성되는 경우이다. 흉한 일이 점차 없어지고, 천천히 진행하는 일은 성공하지만 급히 서두르는 일은 실패하기 쉽다. 기후는 오래 계속된 비가 개는 상이다. 다음의 癸酉3국과 같은 경우이다.

회양의 속국으로는 乙酉3국·癸酉3국·癸亥3국이 있다.

말전	중전	초전
丁卯	己巳	辛未
巳	未	酉

4과	3과	2과	1과
己巳	辛未	癸酉	○亥
未	酉	○亥	癸(丑)

회환(廻還)

순환(循環) 참고.

6
십과식 정단

正
斷
論

육임의 과식(課式)은 총 1440개가 있다. 60간지의 각 날에 12시진(時辰)을 각각 조합하면 720개 과식이 되고, 여기에 다시 천장이 순행하는 것과 역행하는 것의 두 가지 경우를 생각하면 과식이 1440개가 된다. 보통은 천장의 순행과 역행을 구분하지 않고 720과가 있다고 한다.

사주명리에서는 수많은 사주들을 격국으로 구분한 후 특징을 갖고 간명한다. 보통 월지에 있는 지장간의 투출 여부 등을 기준으로 10정격(正格)을 정하고, 팔자 중 지지의 삼합 등을 고려해서 국세(局勢)를 정하여 사주를 해석하는 것이 기본이다.

육임에서는 720개의 과식을 삼전의 조식 방법에 따라 10종류로 나눈다. 이를 구종십과식(九宗十課式)이라고 하며, 원수과(元首課) · 중심과(重審課) · 지일과(知一課) · 섭해과(涉害課) · 요극과(遙剋課) · 묘성과(昴星課) · 별책과(別責課) · 팔전과(八專課) · 복음과(伏吟課) · 반음과(返吟課)의 열 개다. 이러한 분류 방법 외에도 사과삼전의 구성 내용에 따라 수많은 특징과 격으로 분류되지만 가장 기초적인 분류는 십과식이다. 사주명리에서 십정격(十正格)으로 사주를 분류하는 것과 같다. 이 장에서는 십과식의 기초적인 해석 방법을 알아본다.

십
과
식
정
단

240

1. 원수과(元首課)

　원수(元首)의 원(元)은 으뜸을 말하고, 수(首)는 시작을 말한다. 720과의 시작이며 으뜸이 되기 때문에 붙여진 이름이며, 기본적으로 원형이정(元亨利貞)의 상으로 본다.

　육임에서는 상극(相剋)으로 변화의 기미를 본다. 상극은 2가지로 구분하는데 ① 천반에서 지반을 극하는 것을 상극하(上剋下), 줄여서 극(剋)이라고 한다. ② 지반에서 천반을 극하는 것을 하적상(下賊上), 줄여서 적(賊)이라고 한다. '극'은 하늘이 땅을 상극하는 것이므로 남자가 여자를 극하는 것과 같으며, 윗사람이 아랫사람을 극하는 것과 같다. 이 경우 처음에는 기쁘지만 나중에는 걱정하는 상이다. 일은 밖에서 생긴다. '적'은 땅이 하늘을 치는 것과 같으므로 여자와 아랫사람이 변화의 시작이며, 처음에는 혼란스럽고 나중에 기뻐하는 상이다. 일은 안에서 생긴다. 원수과와 같이 상극하 하는 것을 순극(順剋)이라고도 한다.

　원수과의 점사별 해석을 알아보기 전에 먼저 원수과의 조식을 예를 통해 살펴본다. 원수과는 사과 중 상극하를 하는 것이 변화의 출발점이다. ① 사과 중 상극하 하는 과의 천반이 초전이 되고, ② 중전은 초전에 있는 해당 지반의 천반이 되며, ③ 말전은 중전에 있는 해당 지반의 천반이 된다.

말전	중전	초전
蛇龍	后白	武武
戊午	庚申	壬戌
申	戌	○子

4과	3과	2과	1과
武武	白后	武武	白后
壬戌	○子	壬戌	○子
○子	寅	○子	甲(寅)

주야	武武	常陰	白后	空天	龍蛇	陳雀	合合	雀陳	蛇龍	天空	后白	陰常
천반	壬戌	癸亥	○子	○丑	甲寅	乙卯	丙辰	丁巳	戊午	己未	庚申	辛酉
지반	○子	○丑	寅	卯	辰	巳	午	未	申	酉	戌	亥

　위의 과전은 甲寅일점이며, 천반 子가 지반 寅 위에 있어서 3국이므로

甲寅3국이 된다. 사과의 구성을 보면 상극하를 하는 것이 두 군데이므로 지일과로 발용이 될 것 같지만, 극하는 두 개의 사과 구성이 같으므로 상극하를 하나로 봐서 원수과로 발용한다. 그러므로 상극하를 하는 戌이 초전이 되고, 천지반도에서 戌을 지반으로 내리면 申이 천반에 타고 있으므로 申이 중전이 되며, 다시 중전의 申을 지반으로 내리면 천반에 午가 있으므로 午가 말전이 된다.

원수과의 해석은 대체로 길하지만 예외가 있다. 발용에 흉신·흉장이 타거나, 극하는 천반은 무력하고 지반이 강하여 상이 하를 제압하지 못하는 경우에는 반드시 길하다고 볼 수 없다. 원수과의 기본 속성과 함께 반드시 천신·천장·왕세를 참고하여야 바른 과전 해석이 된다.

이러한 내용을 바탕으로 원수과의 각 점사별 해석을 살펴보면 다음과 같다.

소망

원수과의 경우 무슨 일이나 순리대로 진행된다. 일반인이 점을 치는 경우 발전할 수 있으며, 슬픈 일이나 기쁜 일 모두 헛된 일이 되지 않고 실제로 일어난다. 상극하는 것은 자연의 섭리에 맞기 때문에 진실된 것으로 본다. 상극하를 하므로 아랫사람에게는 좋지 않다.

승부

치는 자는 군왕의 상이고 극을 받는 자는 충신의 상으로 원수과에서는 먼저 움직이는 자, 즉 선동자(先動者)가 승리하므로 상대를 먼저 공격하여 기선을 제압해야 한다. 나중에 움직이는 자는 패한다. 간상신의 천장에 따른 영향을 보면 천을은 큰 승리를 얻고, 등사는 도와주는 사람이 다칠 우려가 있으며, 주작은 도와주는 사람들의 사기가 저하된다. 또한 육합은 승리이고 구진은 손상수이며, 청룡과 태상은 큰 승리다. 태음과 천공은 나의 허점을 찔릴 수 있고, 백호는 부상하며, 천후는 불리하다.

시세

대개의 경우 시세가 좋고 사는 것이 유리하다. 사과 중 어느 곳에서 발용이 되었는지에 따라 차이가 있는데, 1 · 2과에서 발용이 되었으면 지금 당장의 시세가 높고, 3 · 4과에서 발용이 되었으면 지금 당장의 시세가 낮다. 시세의 대세는 삼전의 왕쇠와 계절의 영향을 고려한다.

결혼

결혼이 성사되고 화합하는 상이다. 남자에게 더 좋다.

가정

상하가 화합하고 부부도 화합한다. 원수과는 위가 아래를 치는 천지의 이치를 그대로 담은 과이기 때문에 정단의 대부분은 남자의 일이다. 가정에서는 자식이 효도한다.

출산

임신하였으면 남자아이를 낳는다. 그러나 상이 약하고 하가 강하면 딸이 된다.

질병

원수과일 경우 질병이 없어진다.

직장

원수과라면 관직 · 농공 · 상업 등 모든 일에 길하다. 관직에 있는 경우 승진하며, 높은 지위에 있는 경우에는 좋은 부하를 만나고, 낮은 지위에 있는 경우에는 현명한 상사를 모신다. 그러나 기본적으로 원수과는 대인(大人)에게 이익이 있지 소인에게 이익이 있는 과가 아니다.

공명과 관련하여 寅월 甲子일 亥월장 寅시점인 甲子4국_야점에 대한 고서의 해석을 살펴본다.

말전	중전	초전
天后	朱雀	靑龍
甲子	丁卯	庚午
卯	午	酉

4과	3과	2과	1과
靑龍	太常	白虎	太陰
庚午	癸酉	壬申	○亥
酉	子	○亥	甲(寅)

[문] 어떤 점인가?

[답] 4과 午火가 화극금(火剋金)으로 상극하를 하는 것이 하나만 있으므로 원수과에 해당된다. 초전이 식상이므로 자식점이며, 초전 둔간이 庚金 관성이 되고 행년 천장이 육합이 되므로 자식 앞날의 벼슬점이다.

[문] 합격하고 발전할 것인가?

[답] 午년에 합격하며 앞으로 발전할 것이다. 원수과로 모든 일이 순리에 어긋남이 없고, 고개승헌격으로 공직에서 기쁨이 있는 귀한 격이다. 고개승헌은 초전 午는 천마, 중전 卯는 천거(天車), 말전 子는 화개인 경우이다. 귀한 격으로 합격하게 되며, 午년에 합격하는 것은 중전 午火가 천반 卯의 생을 받고 육합이 타기 때문이다. 좋은 성적으로 합격하는 것은 행년과 午未합을 하고 未土가 아괴성(亞魁星)이 되기 때문이다. 또한 이렇게 야점인 경우에는 시험의 유신인 주작이 힘이 있으므로 더욱 좋다.

재물 · 매매

재물점인 경우 이익을 보며, 매매에서도 이익을 얻는다. 시세가 좋고 사는 것이 유리하다. 내정(內情)을 볼 때 원수 · 중심 · 지일 · 췌서(贅壻) 등은 매매의 내정이 있다.

구인

사람을 구하는 경우 충실한 사람을 구한다.

소송

원수과는 상극하로 선동자에게 유리하므로 먼저 진술하는 사람이 유리하다. 또한 원고에게 유리하고 피고에게는 불리하다.

속국

　원수과의 속국은 118개로 다음과 같다. 甲子4국 · 甲子9국 · 甲寅3
국 · 甲寅6국 · 甲午6국 · 甲午9국 · 甲申4국 · 甲申9국 · 甲戌9국 · 乙丑5
국 · 乙丑12국 · 乙卯5국 · 乙巳2국 · 乙未5국 · 乙酉5국 · 乙酉9국 · 乙亥
2국 · 乙亥12국 · 丙子4국 · 丙辰2국 · 丙午2국 · 丙申2국 · 丙申4국 · 丙
申8국 · 丙戌2국 · 丁丑5국 · 丁卯5국 · 丁巳2국 · 丁未5국 · 丁酉4국 · 丁
酉5국 · 丁酉9국 · 丁亥2국 · 丁亥4국 · 戊子9국 · 戊寅4국 · 戊辰4국 · 戊
午2국 · 戊午4국 · 戊午9국 · 戊申2국 · 戊申8국 · 戊申9국 · 戊戌2국 · 戊
戌4국 · 戊戌8국 · 戊戌9국 · 己丑11국 · 己丑12국 · 己巳2국 · 己巳5국 ·
己未5국 · 己酉4국 · 己酉11국 · 己亥2국 · 己亥4국 · 己亥12국 · 庚子2
국 · 庚子9국 · 庚寅4국 · 庚寅9국 · 庚辰2국 · 庚辰4국 · 庚辰9국 · 辛巳2
국 · 辛巳5국 · 庚午4국 · 辛未3국 · 庚申3국 · 庚申4국 · 庚申9국 · 庚戌3
국 · 庚戌4국 · 辛丑11국 · 辛丑12국 · 辛酉3국 · 辛酉4국 · 辛酉11국 · 辛
亥2국 · 辛亥3국 · 辛亥4국 · 辛亥12국 · 壬子2국 · 壬子3국 · 壬寅3국 ·
壬寅4국 · 壬辰3국 · 壬辰4국 · 壬辰12국 · 壬午2국 · 壬午3국 · 壬午4
국 · 壬午12국 · 壬申2국 · 壬申3국 · 壬申4국 · 壬申8국 · 壬申12국 · 壬
戌2국 · 壬戌3국 · 壬戌4국 · 癸丑4국 · 癸丑5국 · 癸丑10국 · 癸丑11국 ·
癸丑12국 · 癸卯4국 · 癸巳2국 · 癸巳4국 · 癸巳5국 · 癸未4국 · 癸未10
국 · 癸酉5국 · 癸酉10국 · 癸酉11국 · 癸亥2국 · 癸亥10국 · 癸亥12국

2. 중심과(重審課)

　구종십과식 중 적극법(賊剋法) 또는 건곤법(乾坤法)은 원수과와 중심
과를 발용시키는 방법이다. 원수과가 상극하를 초전으로 발용시키는 반
면 중심과는 하적상을 초전으로 발용시킨다.

다음의 甲寅5국은 사과에서 2개의 과가 같으므로 불비(不備)다. 이 중 하적상이 되는 戌을 초전으로 하고, 하적상 하는 과의 천반을 초전으로 발용시키므로 중심과가 된다. 중전은 천지반도에서 초전에 해당되는 지반 戌 위의 午로 하고, 말전은 중전에 해당되는 지반 午 위의 寅으로 한다.

말전	중전	초전		4과	3과	2과	1과
白后	后白	合合		后白	合合	后白	合合
甲寅	戊午	壬戌		戊午	壬戌	戊午	壬戌
午	戌	寅		戌	寅	戌	甲(寅)

주야	蛇龍	雀陳	合合	陳雀	龍蛇	空天	白后	常陰	武武	陰常	后白	天空
천반	庚申	辛酉	壬戌	癸亥	○子	○丑	甲寅	乙卯	丙辰	丁巳	戊午	己未
지반	○子	○丑	寅	卯	辰	巳	午	未	申	酉	戌	亥

중심과의 조식 방법을 정리하면 ① 사과 중 하적상 하는 과의 천반을 초전으로 하고, ② 초전궁의 천반을 중전으로 하며, ③ 중전궁의 천반을 말전으로 삼는다. 이 방법으로 삼전을 만드는 것을 조상법(照常法)이라고 한다. 원수과도 이러한 방식으로 삼전을 만든다. 조상법은 삼전을 만드는 것뿐만 아니라 천장삼전(天將三傳)을 만들어서 음신의 역할을 보기 위해서도 중요하다. 위의 甲寅5국이 주점이라면 육합의 천장삼전은 육합·천후·백호가 되며, 태상의 천장삼전은 태상·천을·구진이 된다. 이를 바탕으로 유신의 흐름을 판단하는 것이 천장삼전법이다. 이것은 육임국 판단의 중요한 도구이다.

중심과의 점사별 해석은 다음과 같다.

소망

원수과는 상이 하를 극하고 하늘이 땅을 극하는 것이므로 자연스런 일이다. 그러므로 원수과에서는 먼저는 즐겁지만 나중에는 어려움이 따른다. 그러나 중심과는 땅이 하늘을 극하는 것이므로 처음에는 어려움이 있지만 나중에는 즐거운 상이다. 땅은 본래의 성품이 후덕하고 유순하므로 주역괘로는 중지곤괘(重地坤卦)에 비유된다. 따라서 중심과가 나왔을 때는 자신의 성정을 편안하게 하고 덕을 베풀며 효도해야 조금이라도 결실을 얻을 수 있다.

중심과는 하적상이 되는 것이므로 일이 아래와 내부로부터 일어나고, 중전과 말전이 인연이 되어 일이 진행된다. 예를 들어, 초전이 묘절지(墓絕地)에 있고 중전과 말전이 생왕의 자리에 있으면 처음에 곤란했던 일이 점차 해소된다. 반대로 중전과 말전이 묘절지이고 초전이 득지라면 처음에 곤란했던 일이 해결되지 않는다고 판단한다. 또한, 말전에서 초전을 극하는 경우 처음의 어려움이 해결되고, 초전에서 말전을 극할 때는 일이 흉으로 끝난다. 그러나 초전이 중전을 생하고 중전이 말전을 생하며 말전이 일간을 생하는 경우에는 매우 길한 과전으로 보므로, 중심과 전체를 처음에 곤란하고 나중에 조금 득한다고 일괄적으로 판단하는 것은 문제가 있다.

과전의 해석에서는 당연히 천장도 참조해야 한다. 중심과는 하적상이라는 반란과 반역의 상으로, 시작은 힘들지만 과전 중 길장이 타면 흉이 길로 변한다. 여기에 천장이 역행이 아닌 순행으로 부설되면 더욱 좋다. 당연히 중심과의 초전이나 간상신에 귀인이 있으면 더욱 좋고, 청룡·태상·태음·육합·천후가 말전에 있으면 흉이 변하여 길로 된다. 반대로 말전에 백호나 등사 같은 흉장이 타면 더 흉해진다.

원수과이든 중심과이든 극이 하나만 있어서 발용이 되는 경우에는 하나의 일이 일어난다고 본다. 그러나 극이 많은 경우에는 일이 복잡하고 여러 가지가 뒤섞여 있는 것으로 본다. 다음의 壬申5국과 같은 경우로, 사과를 보면 1과는 토극수(土尅水), 2과는 목극토(木尅土), 4과는 토극수(土尅水)이다. 적극 중 적을 우선한다는 원칙에 따라 4과가 발용이 되는 중심과이다.

말전	중전	초전
后蛇	白武	合龍
戊辰	壬申	甲子
申	子	辰

4과	3과	2과	1과
合龍	后蛇	天雀	常陰
甲子	戊辰	丁卯	辛未
辰	申	未	壬(○亥)

참고로 육계일(六癸日)의 원수과는 공명을 구하는 데 이로우며, 육을 일(六乙日)의 중심과는 각종 일을 도모하는 데 이롭다고 한다.

승부

중심과에서는 나중에 움직이는 자가 승리한다. 즉, 먼저 움직이면 불리하고 나중에 응하는 것이 유리하다. 나는 이롭고 상대는 불리한 과이지만, 중심과의 과는 말 그대로 심사숙고해야 하는 과이므로 이를 고려하여 판단한다. 또한 중심과는 승부를 통해 이익을 얻어도 작은 이익밖에 없는 과이다. 또, 중심과의 과전에 정신(丁神)이 있으면 길흉이 아랫사람에게 있다. 육임에서 '후동자(後動者)'란 나중에 동하는 자이다. 예를 들어 그가 나에게 전화를 하여 승부를 가리자고 하였으면, 그는 선동자이고 나는 후동자가 된다. 다음의 庚戌5국으로 간단히 승부 판단을 해본다.

말전	중전	초전
甲辰	戊申	壬子
申	子	辰

4과	3과	2과	1과
○寅	丙午	壬子	甲辰
午	戌	辰	庚(申)

중심과로 내가 이길 수 있는 과이다. 그러나 초반에는 어려움이 예상된다. 사과 중 3과의 午가 나를 상극하는데, 나의 음신인 子가 수극화(水剋火)로 이를 해결해주고 있다. 또한 삼전이 삼합하여 윤하(潤下)가 되어 상대를 극하므로 나를 해칠 수 없다. 간상신에 辰이 있어서 현재의 나는 정체된 상태지만 일지 戌이 辰戌충하여 개묘(開墓)를 하므로 나중에는 이룰 수 있다.

가정

중심과는 지반에서 천반을 극하는 것을 초전 발용으로 삼기 때문에 집 안의 어른이나 노인에게 좋지 않으며, 일은 가정이나 안에서부터 일어나 고, 부인과 여인으로 인한 일이 많다. 가정에서는 부모가 존경받지 못하 고, 부자 이별과 부부 불화가 특징이다. 모두 아랫사람이 윗사람을 극하 는 것을 의미한다. 초전이 재성이면 처가 남편을 극하는 것이므로 부부 불화로 본다.

출산

중심과일 경우 출산하면 여자아이다. 중심과는 하강상약(下强上弱)이 기 때문이다. 만약 중심과이고 지상신이 초전이 되면 여자아이가 틀림 없다.

말전	중전	초전
庚寅	丁亥	甲申
亥	申	巳

4과	3과	2과	1과
壬辰	己丑	丁亥	甲申
丑	戌	申	丙(巳)

위의 丙戌10국에 대해 출산 판단을 하며 여자아이이고 출산이 어렵다 고 하는 경우가 있는데, 이 과전은 여자아이를 잉태하고 출산에도 아무 문제가 없다. 왜냐하면 ① 중심과는 기본적으로 여자아이를 임신하고, ② 삼전의 음양 구성이 2양1음이므로 이 또한 여자아이이며, ③ 비록 삼전에 寅申충이 있지만 말전이 일간의 장생이 되고, ④ 삼현태(三玄胎) 중 생현 태(生玄胎)에 해당하기 때문이다.

현태는 삼전의 천지반이 모두 寅·申·巳·亥 역마로 이루어진 경우 로 원태(元胎)라고도 한다. 현태의 종류로는 생현태·병현태(病玄胎)· 쇠현태(衰玄胎)가 있어서 삼현태라고 한다. 생현태는 寅·巳·申·亥의 순서로 12지지를 순행한 경우이며, 아이를 갖고 나서부터 점차 하는 일이 잘 되고 아이를 기르면서 가정에 기쁜 일이 있다고 판단한다.

중심과는 질병과 근심의 경우 처음에는 흉하지만 점차 좋아진다. 과전·연명 등의 상황을 전체적으로 감안하여 판단을 달리한다.

직장

중심과인 경우 직장에서 부하가 나를 따르지 않는다. 또한 부하의 말을 믿으면 안 된다. 아래가 위를 범하는 불순한 과이기 때문이다.

재물

중심과인 경우 재물과 관련해서는 먼저 시작하지 않는 것이 좋으며, 돈을 빌리면 나중에 후회하게 된다. 중심과와 탄사(彈射)·가색(稼穡)·육의(六儀)·용덕(龍德) 등에서 초전이 재성인 경우 대개 재물에 대한 점이며, 중심·원수·지일·췌서(贅婿)·무의(無依) 등은 매매나 사업에 대한 건이다.

동업

중심과인 경우 동업이 처음에는 상호 이익이 안 되지만 나중에는 이익이 된다.

소송

중심과인 경우 소송은 피고가 유리하다. 원수과와 반대로 중심과는 후동자에게 유리하기 때문이다. 소송건은 대개 재물에 관한 것이다.

속국

중심과로 발용이 되는 것은 218개로 다음과 같다. 甲子5국·甲子10국·甲子11국·甲子12국·甲寅5국·甲寅10국·甲寅11국·甲寅12국·甲辰10국·甲辰12국·甲午5국·甲午12국·甲申10국·甲申12국·甲戌5국·甲戌10국·乙丑2국·乙丑3국·乙丑4국·乙丑8국·乙丑9국·乙

丑10국·乙丑11국·乙卯2국·乙卯4국·乙卯8국·乙卯11국·乙卯12
국·乙巳3국·乙巳4국·乙巳6국·乙巳8국·乙巳9국·乙巳11국·乙未
4국·乙未6국·乙未9국·乙未10국·乙未11국·乙酉4국·乙酉10국·
乙酉11국·乙酉12국·乙亥4국·乙亥6국·乙亥8국·乙亥9국·乙亥10
국·乙亥11국·丙子3국·丙子8국·丙子9국·丙子10국·丙子11국·丙
寅3국·丙寅5국·丙寅9국·丙寅10국·丙寅11국·丙寅12국·丙辰3
국·丙辰5국·丙辰8국·丙辰9국·丙辰10국·丙辰11국·丙午3국·丙
午5국·丙午9국·丙午11국·丙申3국·丙申5국·丙申9국·丙申10국·
丙申11국·丙戌3국·丙戌9국·丙戌10국·丙戌11국·丙戌12국·丁丑2
국·丁丑3국·丁丑6국·丁丑8국·丁丑9국·丁丑11국·丁丑12국·丁
卯2국·丁卯6국·丁卯8국·丁卯10국·丁卯11국·丁巳3국·丁巳8국·
丁巳9국·丁巳10국·丁巳11국·丁巳12국·丁未9국·丁未11국·丁未
12국·丁酉6국·丁酉11국·丁亥6국·丁亥8국·丁亥9국·丁亥11국·
丁亥12국·戊子3국·戊子6국·戊子8국·戊子11국·戊寅3국·戊寅5
국·戊寅6국·戊寅10국·戊寅11국·戊寅12국·戊辰3국·戊辰5국·戊
辰8국·戊辰11국·戊午3국·戊午5국·戊午6국·戊午10국·戊午11
국·戊申3국·戊申5국·戊申11국·戊戌3국·戊戌6국·戊戌11국·戊
戌12국·己丑2국·己丑3국·己丑6국·己卯2국·己卯6국·己卯10국·
己卯12국·己巳3국·己巳10국·己未9국·己酉6국·己酉9국·己酉12
국·己亥6국·庚子5국·庚子8국·庚寅10국·庚寅12국·庚辰5국·庚
辰8국·庚午10국·庚午5국·庚申11국·庚戌5국·庚戌11국·庚戌12
국·辛丑2국·辛丑3국·辛丑6국·辛丑8국·辛卯2국·辛卯6국·辛卯8
국·辛卯10국·辛卯12국·辛巳3국·辛巳8국·辛巳10국·辛酉6국·辛
酉9국·辛酉12국·辛亥6국·辛亥8국·壬子6국·壬子8국·壬子9국·
壬子11국·壬寅5국·壬寅6국·壬寅9국·壬寅10국·壬寅11국·壬寅12
국·壬辰5국·壬辰8국·壬辰9국·壬辰11국·壬午5국·壬午6국·壬午
9국·壬午10국·壬午11국·壬申5국·壬申9국·壬申11국·壬戌6국·
壬戌9국·壬戌11국·壬戌12국·癸丑2국·癸丑3국·癸丑6국·癸丑8

국·癸卯2국·癸卯8국·癸卯10국·癸卯12국·癸巳3국·癸巳6국·癸巳8국·癸巳10국·癸未6국·癸酉12국·癸亥8국

3. 지일과(知一課)

지일과는 하적상·상극하 하는 것이 2~3개이고, 극하는 것이 음양이 다른 경우에 초전을 발용시키는 방법이다. 초전은 극하는 것 중 일진과 음양이 같은 천반으로 하며, 중전과 말전은 조상법(照常法)으로 정한다.

말전	중전	초전
庚戌	辛亥	壬子
亥	子	丑

4과	3과	2과	1과
○寅	○卯	壬子	癸丑
○卯	辰	丑	甲(○寅)

천반	辛亥	壬子	癸丑	○寅	○卯	甲辰	乙巳	丙午	丁未	戊申	己酉	庚戌
지반	子	丑	○寅	○卯	辰	巳	午	未	申	酉	戌	亥

위의 甲辰2국의 사과를 보면 1·2·3과에 상하의 극이 있다. 적극(賊剋) 중 적이 우선한다는 원칙에 따라야 하는데, 적을 하는 것이 1과와 2과 두 개이다. 양일이므로 양비(陽比)인 2과의 상신을 발용한다. 중전과 말전은 천지반도에서 조상법으로 정한다.

이런 방법으로 발용이 되는 지일비용과(知一比用課) 중 ① 지일은 2~3개의 극적이 되는 것 중에서 나와 가까운 하나를 취한다는 뜻이며 ② 비용(比用)은 과전에 극적이 2개 이상이므로 사안이 두 갈래로 갈라져서 의심이 생기고 복잡한 양상이지만, 결국은 그 중 나와 친한 것 즉 좋다고 생각되는 쪽을 사용하게 된다는 의미다. 이 과일 때 선악이 혼합되어 있는 상태에서 나와 멀리 있는 것을 버리고 가까운 것을 취하여 행동하게 된다. 엄격히 구분하면, 지일은 상극하가 되는 것을 발용하는 것이고, 비용은 하적상이 되는 것을 발용하는 것이지만 이 둘을 구별해도 실익이 없으

므로 보통은 구분하지 않는다.

이러한 내용을 기본으로 하여 지일비용의 점사별 해석을 알아본다.

소망

힘을 합쳐서 일을 추진하면 유리하다. 또한 흉은 같은 종류의 일 또는 친구·동료로 인해 생기며, 먼 것보다 가까운 것을 선택하여 발생한다. 가까운 것은 기쁨이 되고 가까운 것이 아니면 근심이 된다. 지일과는 '비린(比隣)'이라고도 하며, 점의 원인이 같은 종류에 있고 화액이 밖으로부터 온다고 하는데, 이는 상극에 대한 보다 상세한 분석이 필요하다.

상극의 상태를 몇 가지로 나눠서 그 영향을 살펴보면, ① 이극(二剋)에서 선택하는 경우 안으로부터 길하다. 그러나 이 때 초전으로 발용이 된 사과의 상태를 함께 살펴야 한다. 예를 들어 발용에는 흉장 백호가 있고 다른 상극되는 과에 청룡이 붙은 경우 안으로부터 길하다. ② 상극하인 경우는 친구·동료로부터 화를 당하고, 주객 중 객보다 주가 유리하다. ③ 하적상인 경우는 내부로부터 화가 일어나는데 처첩 등으로 인한 것이다. 이 경우에는 주보다 객이 유리하다.

지일과의 일진에 귀인·천후가 있으면 선택에서 주저할 일이 생기고, 과전에 도액(度厄)·무록(無祿) 등이 있으면 일의 추진 과정에 혼란이 있어 흉이 먼저 있게 된다.

승부

지일과는 진퇴를 주저하여 계획과 작전을 다시 세우는 상이다. 처음에 후퇴하고 나중에 전진하면 진행은 늦어지지만 해로움은 없다.

말전	중전	초전
甲辰	○卯	○寅
○卯	○寅	丑

4과	3과	2과	1과
○寅	癸丑	癸丑	壬子
丑	子	子	壬(亥)

위의 壬子12국에서 진퇴를 판단해본다. 2·3·4과에 상극하가 있으므로 지일과가 되고, 양일이므로 양비를 취하여 4과의 寅이 발용된다. 사과는 현재인데, 나는 子丑합으로 얻는 것이 있으나 동료로 인해 갈등이 있다. 삼전이 寅·卯·辰으로 진연주(進連珠)이므로 새롭게 시작할 수는 있지만, 삼전이 모두 공망이라 나아갈 수 없는 상황이다. 차라리 후퇴하여 사과의 합을 취하는 것이 좋다. 또한 지일과는 승부에서 내가 이득을 보지 못한다. 특히 상극하를 하는 경우 우환이 외부로부터 오니 객에게 유리하며 주는 이득을 보지 못한다.

결혼

결혼이 성사되지 않고, 성사되더라도 불화하는 상이다. 하적상은 질투이고, 상극하는 의심이다. 참고로 혼인을 해도 흉한 경우는 지일을 비롯하여 팔전(八專)·종혁(從革)·고진과숙(孤辰寡宿)·용전(龍戰)·삼음(三陰)·교동(狡童)·무음(蕪淫)의 경우이다.

가정

가족간에 화합하지 못한다. 지일과는 삼전의 발용 방법에 따라 두 가지로 구분된다. 하나는 상극하를 하는 일반적인 지일과이고, 하나는 하적상을 하는 비용과이다. 이렇게 볼 때 지일은 동류와 친구에 의한 일이며 외사(外事)로 구분할 수 있고, 비용은 처첩에 대한 의혹이나 가정 내에서 일어나는 옳지 않은 일 등의 내사(內事)로 구분할 수 있다. 근본적으로는 의혹의 일이며, 부정한 일이 가정에 있다.

면접

지일은 상대는 이익이고, 나는 손해다. 두 가지 중 하나를 선택해야 할 걱정이 생긴다.

재물

지일은 가까운 것을 찾는 과이며, 같은 종류끼리 화합하는 것이 좋다. 재물과 관련된 일이나 공동으로 추진하는 일이 좋다.

매매

거래는 상대에게 이익이고 나에게는 손해다. 지일·원수·췌서(贅壻)의 과격에서 상매(商賣)의 기운인 청룡·구진·주작·육합이 간지에 있으면 매매건이다.

동업

지일은 먼 것을 버리고 가까운 것을 취한다. 화합하고 동업하는 것이 좋다.

대인

지일인 경우 가출한 사람이나 기다리는 사람이 가까운 곳에 있다. 점을 쳤을 때 도망이나 가출 등의 내정이 있는 것으로는 지일·삼교(三交)·일여(泆女)·용전(龍戰)·참관(斬關)·백화(魄化) 등이 있다. 또한 초전에 천후·태음·현무·천공·지상신이 있으면 마찬가지로 도망의 내정이 있는 것으로 본다.

분실

이웃의 짓으로 분실물이 가까운 곳에 있다. 참고로 원근 판단은 초전의 상황과 과격 위주로 한다. 초전이 휴수의 자리에 있으면 가까운 데 있고, 왕상의 자리에 있으면 멀리 있다. 또한 초전에 청룡·육합이 있으면 멀리 있고, 귀인·태상이 있으면 가까이 있다. 과격에서 견기(見機)는 집안 사람이며, 복음은 물건을 분실한 것이 아니고 집안에 있다. 이에 반해 반음이나 섭해는 물건이 멀리 있다.

말전	중전	초전
龍后	武白	蛇合
己未	乙卯	癸亥
卯	亥	未

4과	3과	2과	1과
武白	蛇合	武白	蛇合
乙卯	癸亥	乙卯	癸亥
亥	未	亥	己(未)

위의 己未9국 중심과의 분실점을 보면, 주점인 경우에는 현무가 亥卯未 삼합하여 도둑을 잡을 수 없다. 야점인 경우 현무는 巳에 타고, 이를 잡는 구진은 子에 타서 수극화(水剋火)를 하므로 도둑을 잡을 수 있다. 중심과로 동류에 의한 것이므로 분실물이나 도둑은 가까운 곳에서 찾는다.

소송

소송은 하나로 힘을 모으는 것이 유리하므로 화해하는 것이 좋다. 멀고 친하지 않은 대신에 가깝고 친해야 하는 것이 지일과의 본질이다.

응기

지일과는 응기가 늦다. 의심과 분란 상태에서 선택을 못 하기 때문이다.

속국

지일과의 속국은 83국이며 다음과 같다. 甲子2국·甲子3국·甲子6국·甲子8국·甲寅2국·甲寅8국·甲辰2국·甲辰6국·甲午2국·甲午8국·甲午10국·甲申2국·甲申6국·甲申8국·甲戌2국·甲戌6국·甲戌8국·甲戌12국·乙丑6국·乙巳10국·乙未8국·乙酉6국·乙酉8국·丙子2국·丙子12국·丙寅2국·丙寅6국·丙寅8국·丙辰6국·丙午6국·丙午8국·丙午10국·丙申6국·丙戌6국·丙戌8국·丁未6국·丁未8국·丁酉12국·戊子2국·戊子12국·戊寅2국·戊寅8국·戊辰2국·戊午8국·戊申4국·己丑8국·己卯8국·己巳8국·己未6국·己未8국·己亥8국·庚子4국·庚子6국·庚子12국·庚寅2국·庚寅6국·庚寅8국·庚午6국·庚

午8국 · 庚申6국 · 庚戌6국 · 庚戌8국 · 辛丑5국 · 辛丑9국 · 辛卯5국 · 辛
巳9국 · 辛未5국 · 辛未9국 · 辛酉5국 · 辛酉8국 · 辛亥9국 · 壬子4국 · 壬
子12국 · 壬寅2국 · 壬寅8국 · 壬辰2국 · 壬辰6국 · 壬午8국 · 癸卯6국 · 癸
未8국 · 癸酉8국 · 癸亥4국 · 癸亥6국

4. 섭해과(涉害課)

섭해과는 크게 견기(見機)와 찰미(察微)로 구분한다. 초전이 지반
寅 · 申 · 巳 · 亥의 상신이 되는 것은 견기이고, 초전이 지반 子 · 午 ·
卯 · 酉의 상신이 되는 것은 찰미다. 또한 섭해과의 종류로 철하(綴瑕)를
들기도 하는데, 철하는 사과 중에 사맹(四孟) · 사중(四仲) · 사계(四季)
가 모두 있는 경우이므로 반드시 섭해과에만 해당된다고 볼 수 없다. 서
로 다른 기운이 같이 있고, 음양이 서로 싸우며 단련하여 철하라고 한다.
다음의 戊辰6국과 같은 경우이다.

말전	중전	초전
丙寅	辛未	甲子
未	子	巳

4과	3과	2과	1과
庚午	○亥	辛未	甲子
○亥	辰	子	戊(巳)

섭해과는 원수과 · 중심과 · 비용과(比用課)로 삼전을 발용시킬 수 없
는 경우에 사용하는 삼전의 발용 방법으로, 지반을 건널 때 극이 많은 천
반을 취해 초전으로 삼고, 중전과 말전은 조상법으로 정하는 것이 원칙
이다. 극이 많은 것이 여러 개인 경우 사맹의 상신을 우선하고, 다음으로
사중의 상신을 취한다. 맹신 · 중신이 같은 경우 양일이면 1 · 2과 중에서
발용하고, 음일이면 3 · 4과 중에서 발용한다.

이와 같은 섭해과의 발용법은 육임 조식에서 가장 논란이 많다. 논란
이 되는 것은 극의 심천(深淺)을 어떻게 결정하는가이다. 이 점에 대해

조식론에서도 살펴보았지만, 다음의 庚戌9국의 예를 통해 섭해의 발용 문제를 다시 한 번 살펴본다.

말전	중전	초전		4과	3과	2과	1과
壬子	戊申	甲辰		丙午	○寅	甲辰	壬子
申	辰	子		○寅	戌	子	庚(申)

천반	甲辰	乙巳	丙午	丁未	戊申	己酉	庚戌	辛亥	壬子	癸丑	○寅	○卯
지반	子	丑	○寅	○卯	辰	巳	午	未	申	酉	戌	亥

① 전통적인 섭해 발용 : 寅이 초전이 된다. 이 책에서는 혼란을 피하기 위하여 모든 조식에서 전통적인 방법을 따랐다.

② 엄격한 섭해 발용 : 위의 庚戌9국은 2 · 3과가 상극하 상태이고, 극하는 것이 양토(陽土)인 辰과 양목(陽木)인 寅이므로 지일과로 발용할 수 없다. 섭해로 발용시켜야 하는데 극의 심천을 따져보면 辰은 지반 寅 중 甲木에게 한 번 극을 당하고, 寅은 戌 중 辛金에게 한 번, 丑 중 辛金에게 한 번으로 모두 두 번 극을 당한다. 엄격하게 적용하면 좀더 극을 많이 당하는 寅이 초전으로 발용이 되어야 한다.

③ 섭해 발용의 이설 : 극하는 것 중 우선 지반의 4맹신을 취하고, 4맹신이 없으면 4중신의 극을 초전으로 한다. 이 경우에는 辰이 초전이 된다.

섭해의 의미를 보면, 섭해의 섭(涉)은 건넌다는 뜻이며 해(害)는 극을 말한다. 섭해는 극을 많이 받는 것을 과전의 발용으로 삼기 때문에 매사에 곤란하고 풍파가 많은 것이 기본이다.

이 중 사맹(四孟) 상신을 초전으로 하는 견기는 처음에 의심을 하지만 선흉후길의 상으로, 빨리 기회를 잡아서 일을 추진하여야 성공할 수 있다. 견기일 경우 모든 일이 반복되고 정체되며 혼란스러운데, 현재 밖으로 드러난 가능성만 믿고 추진하는 것을 그대로 진행하면 실패하기 쉽고, 새로운 변화를 도모해야 성공할 수 있다.

섭해 중 찰미는 사중(四仲) 상신을 초전으로 삼는다. 웃음 속 비수요, 꿀 속의 독이라. 사람의 덕이 없고 인정이 없는 상으로 배신과 사기를 조심해야 한다. 무턱대고 행동하는 것을 피해야 하지만, 그렇다고 너무 깊이 생각만 하면 좋은 결과를 얻을 수 없다.

다음은 섭해과의 점사별 해석으로 견기와 찰미를 특별히 구분하지 않았다.

소망

섭해는 기본적으로 풍파와 어려움이 많은 상이다. 분명히 건넌다는 뜻이 있지만 작고 사소한 일에서는 결과가 좋지 않다. 여러 곳에서 문제가 생기며 갈피를 잡지 못하는 상으로, 장래의 계획과 계산을 확실히 하면 어려움 뒤에 목적을 이룰 수도 있다.

섭해과일 때 극이 심하면 어려움이 해결되기 어렵고, 극이 적은 것이 발용되면 흉이 깊지 않아서 극복하기 쉽다. 육임에서 극은 동(動)을 주관하므로, 극이 많은 경우 일이 번거롭고 많으며 일의 진행이 복잡하다. 이는 섭해과뿐만 아니라 비용과도 마찬가지다. 반대로 극이 적은 원수과와 중심과는 일이 단순하고 해결도 쉽다. 또한 모든 과전이 극의 방향으로 흉의 경중을 가릴 수 있다. 섭해과에서 상극하를 하는 것이 발용되면 흉이 가볍고, 하적상이 발용되면 흉이 깊다.

승부

승부는 과전의 상황을 종합적으로 판단해야 하는데, 일반적으로 섭해과일 때 내가 먼저 싸움을 일으키면 극이 많아서 내가 불리하다고 본다. 또한 섭해과의 발용에서 양일이며 1·2과에서 발용하는 경우에는 내가 먼저 싸움을 걸고, 음일이며 3·4과에서 발용하는 경우에는 상대가 싸움을 건다.

시세는 비싼 것과 싼 것의 차이가 심하다. 비싼지 싼지는 일반적인 시세 정단의 원칙에 따라 판단한다.

결혼

방해가 있다. 견기인 경우 결혼을 추진하는데 의심되는 일이 생기며, 택일은 예전 사람을 버리면 성공할 수 있다. 다음의 甲辰8국의 예로 살펴본다.

말전	중전	초전
龍蛇	天空	白后
壬子	丁未	○寅
未	○寅	酉

4과	3과	2과	1과
白后	雀陳	龍蛇	天空
○寅	己酉	壬子	丁未
酉	辰	未	甲(○寅)

위의 과전은 결혼하기가 어렵다. 이유는 ① 섭해과로 방해가 많고, ② 초전이 공망으로 고진(孤辰)에 해당되는데 고진은 화합보다 이별하기 쉬운 기운이며, ③ 삼전의 지반이 모두 천반을 극하는 장도액(長度厄)으로 아랫사람이 윗사람을 치고 여자가 남자를 능욕하는 형상이기 때문이다. 그러나 여자라면 결혼할 수 있는데, 이는 주점일 때 천을귀인과 청룡이 과전에 같이 있기 때문이다.

가정

서로 의지할 수 없는 상황이다. 견기인 경우 가정은 매사에 의심할 일이 생긴다.

출산

임신이 늦어지며, 임신을 한 경우 아기가 안 좋다. 출산도 예정일보다 늦어진다. 참고로 임신의 내정으로 보는 것은 원태(元胎)·지번(地煩)·

엄목(掩目)·견기·도액(度厄) 등의 격이고, 사중인 子·午·卯·酉가 초전이 되면서 중전이나 말전에 천후·백호·천희(天喜) 등이 있는 경우 이다.

질병

섭해는 극을 많이 받아서 지체되므로 병의 치료 또한 지체되며, 병의 상태도 위중하다. 더욱이 병부(病符)가 사기(死氣)에 해당하면 매우 흉하다. 또한 찰미에 간상신이 있거나 초전에 사기가 있으면 질병점이다.

직장

직장점인 경우 노력과 소모가 많고 성과는 적다. 목적을 이룬다고 해도 남에게 모략을 당하거나 자신의 책임으로 물러나는 일이 생길 수 있다. 삼전과 일이 형충이 되거나, 귀인이 형충이 되는 경우도 마찬가지다. 견기인 경우 직장을 가지고 있는 사람은 직장을 바꾸는 것이 좋다.

재물

섭해는 고생 뒤에 복을 얻는 상이다. 물심양면으로 소모가 많으며, 나의 노력과 성실함으로 재물을 얻을 수는 있으나 얻는 것이 적다. 행운은 오지 않는다. 참고로 구재(求財)의 내정이 있는 경우는 재성이 초전이 되면서 섭해·유자(游子)·정마(丁馬)·참관(斬關)이 되는 경우이다.

여행

지체되고 방해가 있어서 가고 싶어도 못 간다.

대인

오지 않으며, 오는 경우에도 지체되어 늦게 온다.

분실물이 집에 있으며, 훔친 이는 가까운 곳의 친한 집에 숨어 있다. 견기이면 집안 사람의 짓이고, 복음이면 분실한 물건이 집 밖으로 나가지 않았다고 본다.

서로 소모와 손실이 있다.

섭해와 복음은 응기가 늦다. 천을이 역행하는 경우, 또는 초전이 간지의 뒤에 있는 경우도 응기가 늦다. 그러나 점시가 발용이 되는 경우에는 응기가 빠르다. 또한 삼전의 상황으로 볼 때 진여(進茹)는 응기가 빠르고, 퇴여(退茹)는 응기가 늦다. 삼전에 공망이나 묘신(墓神)이 있는 경우도 응기가 늦다.

섭해과는 모두 75개로 다음과 같다. 甲辰3국・甲辰5국・甲辰8국・甲辰11국・甲午3국・甲午11국・甲申3국・甲申5국・甲申11국・甲戌3국・甲戌11국・乙卯3국・乙卯6국・乙卯9국・乙卯10국・乙亥5국・丙子6국・丁卯3국・丁卯5국・丁卯12국・丁巳6국・丁酉8국・丁亥5국・戊子4국・戊辰6국・戊申6국・己丑5국・己丑9국・己卯3국・己卯5국・己卯9국・己巳6국・己巳9국・己酉5국・己酉8국・己亥5국・己亥9국・己亥11국・庚子3국・庚子11국・庚寅3국・庚寅5국・庚寅11국・庚辰3국・庚辰6국・庚辰11국・庚午3국・庚午5국・庚午9국・庚午11국・庚戌9국・辛卯3국・辛卯9국・辛巳6국・辛未6국・辛未8국・辛亥5국・辛亥11국・壬子5국・壬申6국・壬戌5국・壬戌8국・癸丑9국・癸卯3국・癸卯5국・癸卯9국・癸未5국・癸巳9국・癸未9국・癸酉4국・癸酉6국・癸酉9국・癸亥5국・癸亥9국・癸亥11국

5. 요극과(遙尅課)

요극과는 사과에 극적(尅賊)이 없는 경우에 삼전을 발용시키는 방법으로, 사과 중 비스듬한 위치에서 극하는 것을 취하므로 요극이라고 한다. 초전은 사과 중 천반이 일간을 극하는 것을 취하고, 이것이 없는 경우에는 일간이 천반을 극하는 것을 취한다. 극이 둘 이상이면 양일은 양의 지지, 음일은 음의 지지를 발용한다. 이 때 일간이 천반을 극하는 것은 탄사과(彈射課)라고 하며, 천반이 일간을 극하는 것은 효시과(嚆矢課)라고 한다. 중전·말전은 조상법(照常法)으로 정한다.

말전	중전	초전
己亥	戊戌	丁酉
戊	酉	申

4과	3과	2과	1과
丁酉	丙申	甲午	○巳
申	未	○巳	乙(○辰)

천반	辛丑	壬寅	癸卯	○辰	○巳	甲午	乙未	丙申	丁酉	戊戌	己亥	庚子
지반	子	丑	寅	卯	○辰	○巳	午	未	申	酉	戌	亥

위의 乙未12국은 사과 중 극이 없고 불비가 아니므로 요극으로 삼전을 발용한다. 3과의 申과 4과의 酉가 일간을 금극목(金尅木)으로 요극을 하고 있다. 요극하는 것이 두 개인데 음일이므로 酉로 발용한다. 조상법에 의하면 중전은 戊, 말전은 亥가 된다. 이 과는 요극과 중 효시과이다.

요극과에 대한 점사별 해석은 다음과 같다.

소망

요극으로 발용이 되는 경우 영향력이 미약하다. 요극과 자체가 극적인 변화가 없으므로 길흉이 모두 온화하고 가볍다. 그러나 비스듬히 극을 하는 것이기 때문에 뜻밖에 놀랄 일이 생긴다. 특히, 탄사보다 효시가 더 약하여 길흉에 별로 영향을 미치지 않으므로 천장과의 상극관계로 길흉을 따진다. 또한 요극과는 의심이 생겨서 행동이 소극적으로 되는 경향이 있다. 모사를 꾸미는 경우 책략과 요령이 있어야 한다.

요극과 중 효시과는 호랑이의 위세를 빌려서 행세하는 여우의 상으로, 천반이 일을 극하는 경우에 먼저는 어렵고 나중에는 쉬우나 길흉이 쉽게 나타나지 않는다.

일간이 천반을 극하는 탄사과는 쓰임에 맞지 않아 매사에 부족한 감이 있다. 멀리서 찾지 말고 주변에서 구한다.

요극과로 3 · 4과에서 발용이 되는 경우를 '원사(遠射)'라고 한다. 이때는 길흉의 영향이 점차 소멸된다. 먼저 움직이는 것을 피한다. 일간에 미치는 영향은 거의 없으며 결과도 헛되거나 놀라게 된다. 1 · 2과에서 발용이 되는 경우는 '근사(近射)'라고 한다. 원사보다 흉이 크고 스스로 감당할 능력이 부족하다. 요극과는 1과 2과 3과 4과의 순으로 그 영향력이 작아진다. 요극이 여러 개인 경우는 일이 하나가 아니라 여러 가지가 겹쳐서 일어난다.

탄사격인 경우 발용이 공망이 되면 해당 육친과 인연이 별로 없다. 예를 들어 탄사에 초전이 재성으로 공망이 되었으면 재물과 인연이 없는 것으로 판단한다. 요극에서 삼전이 공망일 경우 '실시(失矢)'라고 하며, 어떤 일이든 성사되는 것이 없다.

요극에서 申 · 酉는 쇠탄환이며 쇠화살이 된다. 申 · 酉가 공망이 되는 경우에는 헛되이 놀랄 일만 있고 실제로 해는 없다. 그러나 삼전에 土 · 金의 기운이 강하여 申 · 酉에 힘이 생기면 '철시(鐵矢)'가 되어 조금 두려워진다. 극을 받는 기운이 어떤 상태인지 따져서 판단하여야 한다.

승부

요극일 경우 승부는 기본적으로 나에게 이롭지만 이긴다고 해도 작은 이익밖에 없다. 효시과는 천반이 일간을 극하는 것이지만 오히려 내게 유익하다. 먼저 움직이는 것보다 나중에 움직이는 것이 유리하다. 탄사격은 내가 극하는 것이지만 결과적으로는 상대에게 이익이 된다. 요극과는 직접적으로 승부를 거는 것보다 대리인을 세우는 등 간접적이고 우회적인 방법으로 승부를 거는 것이 좋다.

요극과 · 묘성과 · 별책과로 초전이 공망이 되고 현무가 타고 있는 경우는 필법에서 인택수탈격(人宅受脫格)이며, 승부와 거래에서는 상대방에게 손해를 변상한다. 서로 이익을 얻으려고 하여 모두 이익이 없다.

결혼

처음에는 불리하지만 나중에는 길하다. 혼인의 내정이 있는 특징으로는 요극 · 팔전(八專) · 원태(元胎) · 교동(狡童) 등이 있다.

가정

집에 손님이 와 있다면 그에게 나를 해치려는 마음이 있으며, 그 사람으로 인하여 구설과 재액이 발생하기 쉽다.

질병

질병은 길흉의 영향이 별로 없다. ① 요극과 · 묘성과 · 별책과로 초전이 공망이 되고 현무가 타고 있는 경우 필법에서의 인택수탈격으로 질병은 소모가 많고 심기가 허약한 질병이다. ② 호시괘(蒿矢卦) 중 庚일점에 申 · 酉가 巳 · 午 위에 있는 경우에는 근육이나 뼈의 통증이다. ③ 요극은 비스듬히 극하는 경우이므로 질병의 상태에 별로 영향을 주지 않지만 과전의 상황을 빈틈없이 잘 관찰할 필요가 있다. 효시과로 삼전에 금기(金氣)를 띠면 사람이 상하는 과인데, 이 때 초전에서 일간을 극하고 이사(二死) · 이혈(二血) · 병부(病符)를 띠는 경우 남자의 병이며, 일지를 극하는 경우는 집안 식구의 병이다. 육처에서 관귀를 제어하지 못하거나 생기가 없는 경우에는 치료하기 어렵다.

말전	중전	초전
龍蛇	雀陳	后白
壬寅	○巳	丙申
○巳	申	亥

4과	3과	2과	1과
白后	陳雀	后白	常陰
庚子	癸卯	丙申	己亥
卯	午	亥	甲(寅)

위의 甲午4국은 사과에 상하 극적이 없으므로 비스듬히 일간을 극하는 2과의 申을 발용한다. 비록 요극이 흔들림만 있을 뿐 길흉이 크지 않다고는 하지만, 土·金의 기운이 강할 때는 흉이 나타난다. 위의 국은 申이 발용되고 이를 제어하는 중전 巳는 공망이 되며, 중전을 돕는 말전은 좌공(坐空)이 되었으므로 金이 세력이 있다. 더욱이 申이 역마가 되고 야점인 경우 백호가 타므로 질병의 흉화가 작지 않고 빠르게 진행된다.

면접

요극일 경우 방문해도 만날 수 없다. 초전이 공망이면 더욱 그렇다.

직장

효시이면서 퇴여(退茹)에 해당하는 경우 군자는 지위가 높아지고 재물을 얻을 수 있다. 戌은 남자 고용인, 酉는 여자 고용인이다. 유신이 사과 상신에 임하여 일간을 요극하는 경우 고용인이 불충하며, 일간이 유신을 극하는 경우에는 고용주가 해고하려는 마음이 있다.

재물

요극이라면 재물을 취할 시기가 아니다. 이익을 얻어도 크지 않다. 요극에서 삼전에 천공·태음·현무가 있으면 비스듬히 극하는 가운데 흉한 천장이 붙어 있어서 사기 등으로 재물을 잃는다. 또한 요극과·묘성과·별책과로 초전이 공망이 되고 현무가 타고 있는 경우 필법에서의 인택수탈격으로 집에 도둑이 들거나 재물의 손실이 있다.

시세

효시과인 경우 시세가 보합으로 유지된다. 변화가 있더라도 기복이 아주 작다.

여행

1·2과에서 발용이 된 경우에는 흉하므로 외출을 삼간다.

대인

탄사일 경우 오지 않고 효시일 경우에는 온다. 초전이 공망이면 오지 않을 확률이 높다.

분실

초전 공망이며 현무가 타는 경우에 분실한다. 분실물은 요극일 경우 멀리 있는데 특히 3·4과에서 발용이 되면 아주 멀리 있다. 일반적으로 멀리 있다고 판단하는 과는 요극을 비롯하여 반음과·섭해과이다.

속국

요극과는 65개이며 다음과 같다. 甲辰4국·甲辰9국·甲午4국·甲戌4국·乙巳5국·乙巳12국·乙未12국·乙酉2국·乙酉3국·乙亥3국·丙子5국·丙寅4국·丙辰4국·丙午4국·丙午12국·丙申12국·丙戌4국·丙戌5국·丁卯4국·丁巳4국·丁巳5국·丁酉2국·丁酉10국·丁亥3국·戊子10국·戊辰9국·戊辰10국·戊申10국·戊戌5국·戊戌10국·己卯4국·己卯11국·己巳4국·己巳11국·己酉3국·己酉10국·己亥3국·己亥10국·庚子10국·庚辰10국·庚辰12국·庚午2국·庚戌2국·庚戌10국·辛卯11국·辛巳4국·辛巳11국·辛巳12국·辛未2국·辛未11국·辛酉10국·辛亥10국·壬子10국·壬辰10국·壬申10국·壬戌10국·癸卯11국·癸巳11국·癸巳12국·癸未2국·癸未3국·癸未11국·癸酉2국·癸酉3국·癸亥3국

6. 묘성과(昴星課)

酉궁은 숙살과 생사의 출입문이 되기 때문에 4과에 적극과 요극이 없을 때 酉를 기준으로 하여 삼전을 발용하는 것이 묘성과이다. 묘성으로 발용시키는 방법을 다음 戊申12국의 예를 통해 살펴본다.

말전	중전	초전		4과	3과	2과	1과
丙午	己酉	庚戌		庚戌	己酉	丁未	丙午
巳	申	酉		酉	申	午	戌(巳)

천반	癸丑	○寅	○卯	甲辰	乙巳	丙午	丁未	戊申	己酉	庚戌	辛亥	壬子
지반	子	丑	○寅	○卯	辰	巳	午	未	申	酉	戌	亥

위의 국은 사과가 각기 다르며 극적과 요극이 없으므로 묘성법으로 삼전을 발용시킨다. 양일이므로 초전은 酉의 상신인 戌이 되고, 중전은 지상신 酉가 되며, 말전은 간상신 午가 된다.

묘성과는 다시 양일(陽日)의 묘성과는 '호시전봉(虎視轉逢)', 음일(陰日)의 묘성과는 '동사엄목(冬蛇掩目)'으로 구분한다. 보통 호시는 양일의 묘성과, 엄목은 음일의 묘성과로 사용한다. 또한 묘성과 중 봄은 호시, 여름은 전봉, 가을은 묘성, 겨울은 동사엄목으로 구분하기도 한다. 필법부에서는 양일의 묘성과를 묘성, 음일의 묘성과를 호시로 구분한다. 묘성이 酉의 천지반을 써서 초전을 발용시키므로 '앙복격(仰伏格)'이라고도 한다.

묘성과의 기본적인 해석을 호시전봉과 동사엄목으로 구분하여 살펴본다. 양일의 묘성과인 호시전봉은 재액이 밖에 있으므로 여행이나 외출 등과 같은 활동을 자제하고 안정한다. 안정하면 평(平)하고, 정도를 넘어서 행동하면 놀랍고 공포스런 일이 생긴다. 특히 남녀간의 색정 문제를 조심한다.

음일의 묘성과인 동사엄목은 매사에 어렵고 캄캄하여 진퇴를 결정하기 어려운 상황이다. 움직여도 진척되는 일이 없고, 특히 여자의 색정 문제로 고생한다. 재액은 호시전봉과 달리 안에서 생긴다.

묘성과의 점사별 해석은 다음과 같다.

소망

묘성과는 점사의 목적이 애매하고 주변에 돕는 이가 없으며, 진퇴를 상의할 곳도 없는 상황이다. 양일이나 음일 모두 놀랍고 괴이한 일이 일어난다. 양일의 호시전봉은 호랑이 꼬리를 밟은 것과 같이 위태한 상황으로 경거망동하지 않고 집안에 있으면 큰 흉화는 피할 수 있다. 음일의 동사엄목은 눈을 가리고 재액이 숨어 있는 상이다. 또한 묘성이라도 삼전에 등사나 백호 같은 흉장이 보이지 않으면 대흉이 일어나지 않으므로 안정을 최고로 친다. 묘성이고 과전에 백호가 중첩되어 나타나면 앞뒤에 호랑이가 있어서 급한 상황으로 힘을 쓸 수 없게 된다. 이는 필법상의 호시봉호격(虎視逢虎格)을 참고한다.

승부

요극과·묘성과·별책과로 초전이 공망이고 현무가 타고 있는 경우 필법에서의 인택수탈격으로 승부는 서로에게 손해만 있을 뿐이다.

시세

묘성과 중 음일의 동사엄목인 경우에는 시세가 떨어진다.

결혼

결혼은 우선 피하는 것이 상책이다. 단, 천후가 왕성하면 여자 쪽에는 좋다.

묘성은 음란의 기운으로 집안에 음란하고 간사스런 일이 발생한다. 묘성은 변하지 않는 것이 좋으므로 변화를 피하면 예전의 상태를 유지할 수 있다. 양일의 호시전봉은 酉의 상신을 취하기 때문에 남자는 기분이 뜨게 되고, 음일의 동사엄목은 말 그대로 눈먼 겨울뱀처럼 기운이 가라앉게 되며, 과전에 현무·천후가 타는 경우 여인의 음란함으로 재액이 있을 수 있다.

말전	중전	초전
后蛇	龍白	蛇合
甲戌	庚辰	丙子
丑	未	卯

4과	3과	2과	1과
常陰	后蛇	雀陳	龍白
癸未	甲戌	丁丑	庚辰
戌	丑	辰	丁(未)

위의 丁丑4국은 묘성과이고 辰천강과 戌하괴가 간지에 겹쳐 있어서 막히고 폐색된 상이다. 주점일 경우 간상신과 중전에 백호가 있어서 호시봉호(虎視逢虎)로 급하지만 힘을 쓸 수 없는 상황이므로 안정하는 것이 가장 좋다. 또한 주점인 경우에 길장인 청룡이 겹쳐 있어서 흉이 적다.

묘성과이면 임신의 내정이 될 수 있다. 출산은 산모에게 좋지 않으며, 아이를 예정일보다 빨리 낳는다. 그러나 초전이 공망이고 천공이 타는 경우에는 예정일이 지나서 출산한다.

또한 묘성과 중 음일은 남자아이고, 양일은 여자아이다. 묘성과를 발용할 때 양일은 지반 酉 상신을 쓰는데 이것이 하늘을 바라보는 여자와 같으므로 딸이며, 음일은 천반 酉 하신을 쓰는데 이것은 엎어져 나오는 남자와 같으므로 아들이다. 己·巳일의 묘성과는 쌍둥이를 출산한다.

참고로 임신의 내정이 있는 과전은 묘성과 이외에 원태(元胎)·견기(見機)·찰미(察微)·도액(度厄) 등이다.

질병

묘성은 변하지 않는 상이므로 질병에 매우 흉하다. 특히 등사나 백호가 삼전에 있으면 대흉하며, 동사인 경우는 사망의 액이 있는 것으로 본다. 음일의 동사엄목인 경우 질병이 안으로 잠복하게 된다. 요극과·묘성과·별책과로 초전 공망이고 현무가 타고 있는 경우 필법에서의 인택수탈격이며, 질병은 소모가 많이 되고 심기가 허약한 병이다.

면접

묘성과인 경우 음일에 방문하면 만날 사람을 못 보며, 보더라도 결과가 좋지 않다. 복음과도 묘성과와 같다.

시험

일(日)과 용신이 왕상한 경우 시험에 합격한다.

재물

묘성과일 경우 정체되고 놀랄 일이 있으므로 재물을 구하려고 하면 안된다. 묘성과일 때 재물의 형태는 두세 가지가 섞여 있는 잡동사니들이며, 먹지 못하는 재물이다. 요극과·묘성과·별책과로 초전이 공망이 되고 현무가 타고 있는 경우는 필법에서의 인택수탈격으로 집에 도둑이 들거나 재물의 손실이 있다.

여행

묘성과 중 양일은 여행에 아주 흉하여 나가면 돌아올 수 없게 된다. 또한 과전에 신가묘(申加卯)가 있고 삼전에 백호·현무가 있는 경우 교통사고 등의 재액이 염려된다. 삼전에 음이 많으면 어두움이 되어 길흉을 따지기 어려우며, 양이 많을 때는 재액이 덜하다는 것도 참고한다.

호시전봉격인 경우 기다리는 사람이 오지 않는다.

분실

묘성과인데 도둑지신인 현무가 지상신에 있으면 반드시 물건을 잃어 버린다. 잃어버린 물건은 가까운 곳에 있고, 도망친 이는 종적을 감춘다. 초전이 공망이 되고 현무가 타고 있는 경우 분실이나 도난사건이 있다.

소송

묘성과는 변하지 않는 상으로 죄를 지은 사람에게는 아주 흉하다. 특 히, 삼전에 등사 · 백호가 있거나 묘성과 중 동사인 경우 수감될 수 있다.

속국

묘성과는 16개로 다음과 같다. 乙未2국 · 乙未3국 · 丁丑4국 · 丁丑10 국 · 丁亥10국 · 戊子5국 · 戊寅9국 · 戊申12국 · 己丑4국 · 己丑10국 · 己 巳12국 · 己酉2국 · 庚午12국 · 辛卯4국 · 辛未12국 · 癸未12국

7. 별책과(別責課)

별책과는 극도 없고 요(遙)도 없으며 사과 중 한 개의 과가 다른 과와 같아 세 개의 과밖에 없는 상황에서 삼전을 발용하는 방법이다. 이 때 사 과 중에 간상신을 별도로 데려와 책임을 준다 하여 이름이 별책과이다. 삼전의 조식 방법은 ① 초전은 양일이면 간합상신, 음일이면 일지삼합의 다음 천반이 발용이 되고 ② 중전과 말전은 양일과 음일을 구별하지 않 고 일간상신으로 한다.

말전	중전	초전		4과	3과	2과	1과
戊午	戊午	癸亥		戊午	丁巳	己未	戊午
巳	巳	戌		巳	辰	午	丙(巳)

천반	○丑	甲寅	乙卯	丙辰	丁巳	戊午	己未	庚申	辛酉	壬戌	癸亥	○子
지반	○子	○丑	寅	卯	辰	巳	午	未	申	酉	戌	亥

위의 丙辰12국 양일의 경우 초전은 일간과 합을 하는 辛의 기궁 戌의 천반이 되는 亥로 삼고, 중전과 말전은 간상신인 午로 삼는다. 참고로 천간합은 甲己합·乙庚합·丙辛합·丁壬합·戊癸합을 말한다.

양일의 별책과를 '무음(蕪淫)', 음일의 별책과를 '불비(不備)'라고도 하지만 구별해도 실익은 없다. 주역괘로는 풍수환(風水渙)에 비유된다.

참고로 과전에서는 양일의 별책과를 무음이라고 하는데, 필법에서는 간상신이 일지를 극하고 지상신이 일간을 극하는 경우에 무음이라고 한다. 무음괘(蕪淫卦)라고도 한다.

별책과의 해석을 점사별로 살펴보면 다음과 같다.

소망

합하는 기운으로 삼전이 발용되므로 모든 일이 시원하게 해결되지 않고 질질 끈다. 또한 전진하려고 해도 합신(合神)의 영향으로 발이 묶여서 이러지도 저러지도 못하는 상황이다.

별책으로 발용이 된 경우 주사(主事)는 나와 직접 관계된 일이 아니라 남과 관계된 일이 많다. 나는 결함이 있고 합신인 다른 사람에게 의존한다. 또한 별책은 따로 일을 꾸미는 상황이다. 즉, 별도의 일을 생각하는 것이므로 변경의 건으로 보면 된다. 약속한 사람은 오지 않고, 가려는 사람은 원래의 목적을 바꾸게 된다. 별도의 행동에 대한 길흉은 일진·용신·천장의 상황으로 판단한다. 상황이 흉할 때는 흉에 응하고, 길할 때는 길에 응한다. 별책 과전에 왕상한 현무가 있으면 어둠 속에 있는 것처

럼 혼란스럽고 바르지 못한 일을 행하게 된다. 팔전·불비(不備)·음일
(淫泆)의 과전도 같다.

승부 · 거래

공격하려 하나 방향이 바뀐다. 요극과·묘성과·별책과이며 초전이
공망이 되고 현무가 타고 있는 경우 필법에서의 인택수탈격으로 거래는
상대방에게 손해를 변상한다. 서로 이익을 얻으려 하므로 서로에게 이익
될 것이 없다.

결혼 · 가정

별책은 음란의 상이고 부부가 외정(外情)이 있는 상이다. 2음1양이면
두 여자가 한 남자를 두고 다투고, 2양1음은 두 남자가 한 여자를 두고
다툰다. 결혼을 하지 않은 혼인점의 경우 반음과 마찬가지로 쉽게 파탄
이 난다. 교차극격(交車剋格)으로 일간상신이 일지를 극하고 일지상신이
일간을 극해도 무음(蕪淫)이라고 하는데, 이 경우 가정에서 서로 칼을 갈
며 배반하는 일이 있다. 결혼은 이뤄지지 않고, 이뤄져도 이별 문제가 생
긴다.

출산

출산이 지연된다.

직장

취업이 지체된다.

재물

사전 준비가 완전하지 않아서 재물을 취하는 것이 지체되고, 처음에
손해를 보고 나중에는 이익을 얻는다.

시세

시세는 예측과 반대로 나타난다. 되도록 매매 등은 안 하는 것이 좋다.

분실

요극과 · 묘성과 · 별책과로 초전이 공망이 되고 현무가 타고 있는 경우 필법에서 인택수탈격으로 집에 도둑이 들거나 재물의 손실이 있다.

질병

요극과 · 묘성과 · 별책과로 초전이 공망이 되고 현무가 타고 있는 경우 필법에서 인택수탈격으로, 질병은 소모가 많이 되고 심기가 허약한 병이다. 양(陽)의 불비이면 한기(寒氣), 음(陰)의 불비는 열병(熱病)이다.

속국

별책과의 속국은 9개로 다음과 같다. 丙辰12국 · 丁酉3국 · 戊辰12국 · 戊午12국 · 辛丑4국 · 辛丑10국 · 辛未4국 · 辛未10국 · 辛酉2국

8. 팔전과(八專課)

팔전과는 양과(兩課)뿐으로 사과가 완전하지 않을 때 삼전을 발용시키는 방법이다. 초전은 양일이면 간상신에서 순행하여 세 번째, 음일이면 4과에서 역행하여 세 번째가 발용된다. 중전과 말전은 양일과 음일의 구분 없이 간상신이 된다. 양일인 甲寅9국의 예를 살펴본다.

말전	중전	초전
戊午	戊午	庚申
寅	寅	辰

4과	3과	2과	1과
壬戌	戊午	壬戌	戊午
午	寅	午	甲(寅)

천반	丙辰	丁巳	戊午	己未	庚申	辛酉	壬戌	癸亥	○子	○丑	甲寅	乙卯
지반	○子	○丑	寅	卯	辰	巳	午	未	申	酉	戌	亥

초전은 간상신에서 세 번째인 申을 초전으로 하고, 중전과 말전은 일간상신으로 삼는다. 팔전과는 본래 극제가 없어서 남녀간에 부정이 있는 형상이며, 위의 국이 주점이라면 삼전에 천후가 둘이라서 유박불수격(帷薄不修格)으로 풍기문란한 상이다. 천지반도를 보면 丑이 酉에 타고 있어 복태격(服胎格)이 되므로 임신의 기운도 있다.

팔전과의 종류를 나누어보면 ① 일반적인 팔전과는 전일(專一)이라 하고 ② 삼전에 천후 · 육합 · 현무가 있으면 유박불수 ③ 삼전이 모두 같을 때는 독족(獨足)이라고 한다. 이 중 유박불수는 유박이라고 줄여서 부르며, 규수의 방에 방을 가리는 발이 없는 것을 말한다.

팔전의 점사별 해석은 다음과 같다.

소망

팔전과는 주역으로 천화동인(天火同人)에 비유된다. 주역에서 천화동인괘를 하늘에 태양이 떠오르니 안으로는 밝고 밖으로는 강건히 수신하여 세상에 함께 나아가는 괘로 보듯, 육임에서는 협력의 상이며 대중이 모이는 상이다. 기본적으로는 흉상으로 본다. 그러나 과전에 천을 · 청룡 · 태상 등의 길장이 타거나 천월덕이 되는 경우에는 여러 사람이 길(吉)을 합쳐서 길한 과가 되기도 한다.

팔전과가 양일이면 전일의 영향으로 모든 일이 신속하게 진행되고 남자에게 기쁜 과이지만, 음일이면 매사에 늦어지며 여자의 경우 음탕해진다.

팔전 중 삼전이 같은 독족은 하나의 다리로 나아갈 수 없으므로 모든 일이 소모만 있고 이루어지는 것이 없다. 팔전(八傳)에서 중전과 말전이 공망이어도 독족으로 본다.

승부

다른 사람의 힘에 의지하여야 성공할 수 있다.

결혼

결혼은 구설이 분분하여 이루어질 수 없고, 이루어져도 파탄이 난다. 특히 태음·육합이 일진에 있으면 결혼을 더욱 꺼리는 상이 된다. 결혼 약속이 이뤄지더라도 파탄이 나기 쉬운 과전으로는 팔전 이외에 지일· 고진과숙(孤辰寡宿)·삼음(三陰)·종혁(從革)·교동(狡童)·무음(蕪淫) 이 있다.

가정

내정 판단에서 가정사로 볼 수 있는 것은 팔전·도액(度厄)·난수(亂 首)·구추(九醜)·삼교(三交)·용전(龍戰)·천옥(天獄)·형덕(刑德) 등 이다. 팔전과에서 양일은 윗사람이 아랫사람을 기만하는 경우이며, 음일 은 처가 남편을 배신하고 아랫사람이 윗사람을 속이는 경우이다. 유박불 수인 경우 가정 내에 풍기가 문란하고 부인이 배신을 한다. 음란한 일이 있으며, 특히 흉장이 타는 경우 당사자가 스스로의 잘못을 알지 못한다. 남자는 수치를 모르고, 여자는 정조를 지키지 못하는 상으로 본다.

출산

팔전 중에서도 독족과인 경우 임신이 잘 안 된다.

직장

직장을 구하는 경우 다른 사람의 도움이 있어야 직장을 얻을 수 있 다. 음일인 경우 직장 내에서 아랫사람이 윗사람에게 대항하는 일이 발 생한다.

재물을 얻으려고 노력을 많이 하지만 비용만 들어갈 뿐 수확이 적다. 특히, 유박불수는 손해만 보는 상이고, 독족은 비용이 없거나 소모만 하는 경우이다. 그러나 상대가 휴수의 자리에 있으면 여러 사람과 함께가 아니라 나 혼자 재물을 취하려 하고, 천희·덕록이 왕상한 경우 재물을 독점할 수 있다. 재물의 형태는 불비과·묘성과·팔전과는 먹을 수 없는 것이고, 팔전과·묘성과·섭해과는 두세 가지가 혼합된 재물이다.

재물을 얻으려고 노력을 많이 하지만 비용만 들어갈 뿐 수확이 적다.

여행

유박불수인 경우 여행의 목적을 이룰 수 없고, 독족은 여행이 좋지 않다. 독족인 경우 굳이 여행하려면 선박·항공기 등을 이용하는 것이 좋다.

분실

잃어버린 물건을 안에서 찾는다. 지일·효시(嚆矢)·호시(蒿矢)·현태(玄胎)인 경우 삼전에 현무나 천공이 있으면 분실이나 도난사건이 있다.

질병

독족인 경우 사망에 이를 수 있다. 독족을 일체(一體)라고도 한다.

속국

팔전과의 속국은 16개로 다음과 같다. 甲寅4국·甲寅9국·丁未2국·丁未3국·丁未4국·丁未10국·己未2국·己未3국·己未4국·己未10국·己未11국·己未12국·庚申2국·庚申8국·庚申10국·庚申12국.

참고로 필법부에서는 독족격의 속국을 己未1국·己未11국·庚申8국으로 보고, 과경에서는 己未11국을 독족으로 본다. 보다 자세한 내용은 필법부의 독족격을 참고한다.

9. 복음과(伏吟課)

복음과는 월장과 점시가 같아서 천지반이 같은 경우이다. 복음이 되면 천지반이 같으므로 변화를 만들어내지 못한다. 복음과 중 양일의 복음은 '자임(自任)', 음일의 복음은 '자신(自信)'으로 구분한다. 양일은 간상신이 발용되어 스스로의 강함을 믿고 의지한다 하여 자임이라고 하고, 음일에는 지상신으로부터 삼전이 발용되어 구성되므로 스스로의 힘만 믿을 수밖에 없어 자신이라고 한다. 특히, 복음과의 삼전에서 초전·중전이 자형이고 말전이 중전을 충하는 경우 '두전(杜傳)'이라고 한다.

복음과의 삼전 조식 방법은 다음과 같다.
① 사과의 극이 있으면 이를 초전으로 삼는다. 극이 1과에 있게 되므로 간상신이 초전이 된다.
② 극이 없는 경우 양일은 간상신, 음일은 지상신으로 초전을 삼는다.
③ 극의 유무와 상관 없이 중전과 말전은 초전의 삼형으로 삼는다.

즉, 중전은 초전을 형하고 말전은 중전을 형한다. 만약 초전과 자형이 되면 양일은 일지상신을 중전으로 하고, 음일은 일간상신을 중전으로 한다. 이 경우 중전이 자형이 되면 중전을 충하는 것으로 말전을 삼는다. 다음의 壬戌1국으로 조식의 예를 살펴본다.

말전	중전	초전
己未	壬戌	癸亥
未	戌	亥

4과	3과	2과	1과
壬戌	壬戌	癸亥	癸亥
戌	戌	亥	壬(亥)

천반	○子	○丑	甲寅	乙卯	丙辰	丁巳	戊午	己未	庚申	辛酉	壬戌	癸亥
지반	○子	○丑	寅	卯	辰	巳	午	未	申	酉	戌	亥

위의 국은 사과에 극이 한 개도 없고 양일이므로 간상신 亥를 초전으로 삼는다. 亥亥 자형이 되므로 중전은 지상신 戌이 되고, 말전은 중전을

삼형하는 未로 삼는다.

　복음과의 기본적인 영향을 보면 다음과 같다.
　① 자임은 자신의 강함만 믿고 스스로 움직이다가 후퇴하지 못하고 갇히는 형상이다. 너무 일을 벌이지 말고 조용히 지켜보면 길한 일이 생긴다.
　② 자신은 움직일 수 없고 매사에 자유가 없는 상이다. 활동하려고 해도 활동할 수가 없다.
　③ 두전은 모든 일을 중도에 변경하는 기운이다. 처음의 생각을 접고 다시 개선하여 행동하면 일을 이룰 수 있다.
　또한 복음은 천지가 적막하고 해와 달이 밝은 빛을 잃는다고 하여 흉한 과로 분류하지만, 삼전의 구성에 따라 길한 과로 분류되는 것도 있다. 길한 과는 육병일(六丙日)의 복음과인데, 삼전이 巳·申·寅이 되는 경우이다. 초전은 일간의 덕록, 중전은 재성, 말전은 장생이 된다.

　복음과의 점사별 해석은 다음과 같다.

소망

　복음은 주역괘로 중산간(重山艮)에 비유된다. 복음이 때를 기다리는 국이므로 무리하지 않고 기다리면 길하다. 복음은 월장과 점시가 같은 경우이다. 이 경우 천반과 지반이 같게 되므로 천지의 길신과 흉살이 자신의 자리에 앉게 된다. 문점인도 땅에 엎드려 다음의 때를 기다린다. 복음과 중 삼전과 간지상신에 천마·역마·정신(丁神)이 있는 경우는 필법에서의 신임정마격(信任丁馬格)으로 정중동을 모색한다. 정마(丁馬)가 과전에 없으나 점인의 연명상신에 辰·戌 괴강이나 정마가 있는 경우에도 신임정마격과 같이 빠르게 변화한다. 또한 다른 국과 마찬가지로 일진의 왕쇠를 보고 행동 여부를 판단하는데, 왕성한 경우에는 전진하고, 쇠퇴할 때는 현재 상황을 유지하는 것이 좋다. 복음은 일의 변화가 없으므로 현재 화액이 있는 상태이면 계속해서 화액이 발생한다. 육무일(六

戊日)의 복음과처럼 말전이 일간을 상극하지만 중전이 말전을 제압하는 양면도격(兩面刀格)인 경우, 처음에는 흉하지만 나중에는 길하다.

가정

분란 중에 움직이려는 기운이 있고, 이전의 것을 지키면서 새 것을 기다리는 것이 좋다. 월이 태세를 상형하고, 태세상신이 월상신을 상형하는 경우에는 가정이 분란으로 소란스러워진다.

이사

복음과라도 정마가 있으면 이사해도 괜찮다.

출산

복음과에 정마가 없고 천장이 흉신이면 출산이 늦어진다. 초전이 공망이고 천공이 타는 경우에도 출산이 늦어진다. 이는 음일의 묘성과와 같다. 자임격인 경우 임신하면 불구인 자식을 낳을 수 있다. 삼전이 모두 양이면 남자아이를 낳는다. 복음과이며 일지에 현무가 타는 경우에는 아기가 선천적으로 문제가 있거나 잔병치레를 한다.

질병

복음과는 중병으로 보며, 자임격이든 자신격이든 말을 못 하는 증상이 있다. 현재 질병에 대한 근심이 있고 괴이한 일도 생기는데, 이는 토신(土神)의 재앙으로 본다. 병의 상태는 초전으로 판단한다. 예를 들어 초전에 목기(木氣)가 겸왕하면 토기(土氣)를 극하므로 비위 등 소화기 계통의 질병이다. 다른 오행들도 같은 방법으로 판단한다.

직장

선거 등에서는 당선이 되어 명예를 얻는다. 그러나 복음과이며 용신에 관성이 있고 천공이나 공망이 있으면 직장을 구하지 못하고, 구하더라도 오래가지 못한다. 다음의 癸亥1국의 예를 통해 알아본다.

말전	중전	초전
陰陳	白白	陳陰
己未	壬戌	○丑
未	戌	○丑

4과	3과	2과	1과
空常	空常	陳陰	陳陰
癸亥	癸亥	○丑	○丑
亥	亥	○丑	癸(○丑)

위의 국은 경거망동하지 않고 다른 사람에게 의존하면 취직이 될 수 있다. 이유는 ① 삼전에서 중전에 백호가 있어 최관부(催官符)가 되며, ② 간상신과 지상신 사이에 일간의 녹을 끼고 있는 간지공정일록격(干支拱定日祿格)으로 취직에 좋고, ③ 과전에 직장을 뜻하는 관성의 기운이 왕성하기 때문이다. 단, 음일의 복음과로 자신이며, 일간의 기운이 간상신의 극을 받아서 약하다. 그러므로 급격히 변화시키려고 경거망동하면 관이 살로 변해서 흉이 될 수 있으므로 남에게 부탁하는 것이 좋다.

재물

복음의 경우 근신하는 마음으로 재물과 관련된 일을 추진하는 것이 좋고 망령되게 행동하면 얻을 수 없다.

시세

시세가 유지되고 있지만 차츰 움직이려는 기미가 있다.

동업

투자는 좋지 않다. 양일인 경우는 투자가 중지되고, 음일은 움직일 마음이 없다. 단, 초전 또는 간상신에 귀인·육합·청룡·태상이 있으면 투자가 가능하다. 또한 복음과 중 중전이 공망인 경우, 상대가 협조하겠다고 말하지만 중도에 마음이 바뀌어 얻는 것이 전혀 없다. 복음과로 일진의 간상신이 육합을 하고 지반 지지도 육합을 하는 간지내외구합격(干

支內外俱合格)인 경우에는 나와 남, 상하가 서로 협력한다. 교섭에 좋다. 단, 합이 되는 글자 중 하나가 공망이 되면 흉하다.

대인

복음과는 지체되는 과이므로 기다리는 사람이 오지 않는다. 그러나 자임격인 경우, 기다리는 사람이 빨리 오고 집을 나간 사람도 멀리 가지 않았다. 자신격인 경우, 올 것인지 안 올 것인지가 분명치 않다. 또한 중전이 공망이면 오려는 사람이 중도에 방해가 있어서 오지 못한다. 그러나 가출이나 도망친 사람은 아주 가까운 곳에 있다. 삼전 중에 이마(二馬)·육합·백호가 있는 경우 고요한 가운데 움직임이 있으며, 기다리는 사람이나 소식이 빨리 온다. 양일 복음과이며 정신(丁神)을 보는 경우에도 빨리 온다. 참고로 복음과같이 기다리는 사람이 가까운 곳에 있는 경우는 삼합·지합· 비용·묘성인 경우이다.

분실

복음은 바깥에 있는 사람이 물건을 훔쳐간 것이 아니라 집에 있다. 도둑은 안에서 찾는다. 두전인 경우에는 분실물을 못 찾는다.
참고로 분실인 경우에 지일은 이웃사람, 견기는 집안 사람의 소행이다.

소송

봄·겨울점일 경우에는 소송과 다툼이 덜 흉하고, 여름·가을점일 경우에는 흉이 심하다.

기후

복음인 경우 이전의 날씨가 계속된다. 참고로 곡직(曲直)·염상(炎上)·가색(稼穡)·종혁(從革)·윤하(潤下)인 경우도 이전의 날씨가 계속되며, 정마가 없으면 변화의 조짐이 없다. 반음으로 공망이 되지 않으면 날씨가 변한다.

물건을 판단할 때 복음과는 가까운 곳에서 온 물건으로 본다. 참고로 반음과일 경우에는 먼 데서 온 물건, 또는 움직이는 물건이다.

복음과의 속국은 60개로 60갑자 중 1국은 모두 복음과이다.

10. 반음과(返吟課)

반음과는 천지반이 칠충(七沖)으로 이루어질 때 삼전을 발용시키는 방법이다. 사과 중에 상극이 있는 경우와 없는 경우에 삼전을 발용시키는 방법이 다르며, 사과 중에 극이 있는 경우를 '무의(無依)', 극이 없는 경우를 '정란(井欄)'이라고 구분하여 사용한다. 정란은 丁未·己未·辛未·丁丑·己丑·辛丑일에 이루어진다.

다음의 己丑7국은 사과가 모두 丑未충으로 이루어졌다. 칠충에 해당되므로 반음과이며, 사과가 모두 토기(土氣)로 비화되어 극이 없는 상태이므로 정란이 된다.

말전	중전	초전
己丑	○未	丁亥
○未	丑	巳

4과	3과	2과	1과
己丑	○未	○未	己丑
○未	丑	丑	己(○未)

천반	○午	○未	甲申	乙酉	丙戌	丁亥	戊子	己丑	庚寅	辛卯	壬辰	癸巳
지반	子	丑	寅	卯	辰	巳	○午	○未	申	酉	戌	亥

극이 없는 정란일 때 삼전의 구성은 ① 초전은 점일 지지삼합 중 역마에 해당되는 지지의 천반이 된다. 巳酉丑 삼합의 역마는 亥이므로 이를 초전으로 삼는다. ② 중전은 지상신을 취하므로 未가 된다. ③ 말전은 간

상신을 취하므로 丑이 된다.

반음과의 점사별 해석은 다음과 같다.

소망

반음의 괘체는 진위뢰(震爲雷)이다. 성공을 목적으로 하는 경우 결과가 좋지 않다. 그러나 실패·우려 등은 오히려 좋은 결과를 낳는다. 다른 사람을 위해 한 일로 인해 오히려 본인이 해를 입는다. 길신·길장이 있으면 상황이 변하여 길이 될 수 있지만, 흉신·흉장인 경우에는 움직여도 아무 이익이 없다.

반음과에서 사과삼전에 상하 상극이 많을 때는 주사(主事)가 복잡하다. 반대로 극이 적을 때는 한 가지 사건만 있다. 사과삼전이 상생을 좋아하기는 하지만 상생이 많으면 허세이며, 생이 적으면 일이 명확해진다. 반음과의 경우 두 갈래 길에서 방황하는 모양으로 고민을 하지만 결정하기가 힘들다. 또한 반음과에서 많이 볼 수 있는 전상좌극격(全傷坐剋格)은 일간은 간상신과 지반으로부터, 일지는 지상신과 지반으로부터 극이나 충을 당하는 경우이다. 진퇴양난으로 현재 상태를 유지하는 것이 좋다. 상세한 것은 필법부의 반음과를 참고한다.

초전과 말전이 같은 글자로 이루어지고 삼전이 모두 공망인 경우는 내거구공격(來去俱空格)이라고 한다. 초전과 말전이 같아서 오락가락하는 형상인데, 모두 공망이 되므로 소망하는 것이 모두 허망하게 끝난다.

성패·선거

봉우리는 높고 계곡은 깊으니 크게 이기거나 크게 패한다.

결혼

반음은 분리가 특징이므로 이루어지기 어렵다. 결혼을 파탄으로 이끄는 것은 반음과·별책과이며, 팔전·종혁(從革)·교동(狡童)·무음(蕪

淫) · 고진(孤辰) · 과숙(寡宿) · 용전(龍戰) · 지일 · 삼음(三陰) 등은 혼인이 이루어져도 결과적으로 흉하다.

가정 · 부부

가정을 이루는 일, 편안함을 도모하는 일이 오히려 헤어지고 흩어지는 것으로 끝난다. 내외간에 괴이한 일이 있고, 모든 일이 길게 이어지지 않으며, 가정에서 상하가 불안하고 서로 감정이 좋지 않다. 움직이는 것보다는 조용히 있는 것이 좋다. 정란이 되는 경우에는 외부에서 구하면 조금은 이루어지지만, 자신이 직접 하는 것은 이루어지지 않고 궁지에 몰린다. 움직이는 것이 좋고, 조용하면 근심이 생긴다. 아울러 속성속패의 경향이 있다. 일신이심(一身二心)으로, 내외 상하간에 불안하며 방해가 있다. 무의(無依) · 무친(無親)은 반음의 또 다른 이름이다. 의지처가 없고 움직이려 해도 움직일 수 없으며, 무슨 일이든 오래 지속하지 못한다. 친지간에 화합하지 못하고 상호 분란의 상이다. 반음과 중 삼전이 卯 · 酉 · 卯인 경우에는 점사가 가정이나 건축 · 도로건이다.

속국은 乙卯7국 · 乙酉7국 · 丁卯7국 · 丁酉7국 · 己卯7국 · 己酉7국 · 辛卯7국 · 辛酉7국 · 癸卯7국 · 癸酉7국이다.

질병

반음은 대개 질병이 두 군데에 있다. 길신 · 길장이 있지 않으면 치료되기 어렵다. 필법부의 한열격(寒熱格)은 巳 · 午가 亥 · 子 위에 있고[사가해(巳加亥) · 사가자(巳加子) · 오가해(午加亥) · 오가자(午加子)] 일간을 극하는 경우에 이루어진다. 결핵에 걸리기 쉬우며, 반음과에 해당하는 경우 심장병 · 학질 · 마음의 병 · 우울증 등이 생긴다. 庚일점에 본명이 申金이고 반음과인 경우에는 인입귀문격(人入鬼門格)으로 질병점으로 보면 사망에 이를 정도로 아주 흉하다.

직장

구하기 어렵고 구해도 오래 못 간다. 간지봉절격(干支逢絶格)은 간상신이 일간의 절지에 있거나 지상신이 일지의 절지에 있는 경우, 녹신(祿神)의 지반이 녹신의 절지가 되는 경우이다. 대개 반음과에 속하므로 모든 결관이 빨리 난다. 이는 절신이 절지인 지반 위에 있기 때문이다. 단, 경영·직장·취직 등은 흉하다. 이는 녹신의 지반이 녹신의 절지가 되기 때문이다.

재물

반음과인 경우 재물을 구하면 잃게 되거나, 구하더라도 반 정도밖에 구할 수 없다. 단, 청룡을 보면 얻을 수 있다. 반음과 중 삼전이 巳·亥·巳인 경우 점사가 현재의 상태를 고치고 이동하며 재물과 문서를 구하는 점이다.

속국은 乙巳7국·乙亥7국·丙辰7국·丙戌7국·丁巳7국·丁亥7국·戊辰7국·戊戌7국·己巳7국·己亥7국·辛巳7국·辛亥7국·壬辰7국·壬戌7국·癸巳7국·癸亥7국이다.

시세

등락과 유동이 심하여 불안정한 상태다. 삼전이 하적상인 경우에 시세가 낮아지고, 상극하인 경우에는 높아진다.

대인

올 사람은 아직 출발하지 않았고, 갈 사람은 떠나지 않는다. 득실은 알 수가 없다. 과전에 삼교(三交)·참관(斬關)·반음·정마(丁馬)가 있으면 원방(遠方)의 대인에 관한 건이다.

분실

복음일 경우 분실물은 가까이 있다. 복음은 가까운 것이고, 반음은 멀리서 온 것 또는 움직이는 물건이다. 원근은 기본적으로 과격(課格) 위주로 판단하고, 발용과 일진으로 판단한다.

여행 · 이동 · 소송

반음과 중 삼전이 寅 · 申 · 寅인 경우 점사는 여행 · 이동 · 소송점이다. 속국은 甲子7국 · 甲寅7국 · 甲辰7국 · 甲午7국 · 甲申7국 · 甲戌7국 · 丙寅7국 · 丙申7국 · 戊寅7국 · 戊申7국 · 庚子7국 · 庚寅7국 · 庚辰7국 · 庚午7국 · 庚申7국 · 庚戌7국 · 壬寅7국 · 壬申7국이다.

기후

반음에 공망이 없으면 날씨가 변하기 쉽다. 반음은 맑기를 바라면 비가 오고, 비를 원하면 맑다. 즉, 반대가 된다.

택방 · 택시

재물을 구할 때 재성이 공망이 되는 경우 공망이 되는 지지의 충방을 취한다. 이를 기변법(奇變法)이라고 하며, 공망으로 기운이 비어 있을 때는 반대편의 채워진 곳에 기운이 모인다는 원칙에 따라 방향을 정한다. 그러나 반음 중에서 戊辰 · 戊戌 · 己丑 · 己未일과 같이 충방도 공망이 되는 경우에는 천지이법으로 그 방향을 정하는 것이 원칙이다.

속국

반음과의 속국은 60개로 60갑자의 각 7국이 된다. 정란의 속국으로는 丁丑7국 · 丁未7국 · 己丑7국 · 己未7국 · 辛丑7국 · 辛未7국의 6개가 있으며, 내거구공격(來去俱空格)으로는 甲辰7국 · 乙丑7국 · 戊子7국 · 戊寅7국 · 戊辰7국 · 戊午7국 · 戊申7국 · 戊戌7국 · 己酉7국 · 己亥7국 · 庚戌7국이 있다.

사주명리나 육임을 공부하는 모든 이들이 가장 바라는 것이 점을 치는 사람이 무슨 목적으로 방문하였는지 아는 것이다. 그러나 어느 책도 방문 목적을 정확하게 알려주는 것은 없다. 비록 육임책들이 육십갑자에 십이지지를 하나씩 결합시켜서 만든 720국에 대해 점사별로 현재의 문점 상황을 설명해주고 있지만, 이것만으로 모든 점사를 정단할 수 있다고 생각하는 것은 위험하다. 단순히 공식을 외우는 것이 아니라 육임의 구성 요소를 알고, 구성 요소 상호간에 작용하는 원리를 이해해야 각종 점사에 대한 접근이 쉽고 올바른 정단이 가능하다.

1. 천장의 기초 이론

1) 육임의 구성 요소

육임 조식은 점치는 시간인 지반(地盤)에 천신(天神)인 월장을 올리는 것으로 시작한다. 이를 천반을 포국한다고 말한다. 여기에 천장(天將)을 지반에 놓인 귀인의 위치에 따라 순행 또는 역행으로 배치하고 사과(四課)를 조식한 후 초전을 발용하여 삼전(三傳)을 만들면 과전이 완성된다. 즉, 육임의 기본적인 구성 요소는 지반·천반·천장·사과·삼전이다.

이들이 어떻게 배치되고 어떤 의미를 갖는지, 상호간에 어떤 작용을 하는지 아는 것이 정단(正斷)의 전부라고 할 수 있다.

이 장에서는 천장에 대해 알아본다. 먼저 천장의 공통적인 내용을 알아보고, 각 천장이 어떻게 해석되는지 살펴본다.

2) 천장의 의미

천장은 일명 십이귀신이라고도 한다. 하늘의 기운을 가리키며, 귀인(貴人)을 중심으로 하여 등사(螣蛇)·주작(朱雀)·육합(六合)·구진(勾陳)·청룡(青龍)·천공(天空)·백호(白虎)·태상(太常)·현무(玄武)·태음(太陰)·천후(天后)의 12개로 이루어져 있다. 귀인을 천을로 바꾸어 육임 조식의 순서대로 천사작합(天蛇雀合) 진룡공백(陳龍空白) 상무음후(常武陰后)로 기억하면 편리하다.

다음의 표는 조식의 순서대로 천장을 배치하고 해당 간지를 살펴본 것이다. 지기(地氣)의 중심인 己·丑에 소속된 귀인과 대충방에 있는 천공을 중심으로 살펴보면, 귀인의 뒤에는 木·火가 배치되어 있고, 천공의 뒤에는 金·水의 기운이 배치되어 있다. 전오후육(前五後六)이란 이와 같은 천장의 배치 방법을 설명하는 것이다.

천장	貴人	螣蛇	朱雀	六合	勾陳	青龍	天空	白虎	太常	玄武	太陰	天后
소속	己·丑	丁·巳	丙·午	乙·卯	戊·辰	甲·寅	戊·戌	庚·申	己·未	癸·亥	辛·酉	壬·子

3) 천장 순역의 길흉

천장을 조식할 때 귀인이 양지에 있으면 순행하고, 음지에 있으면 역행한다. 양지와 음지는 巳·亥를 기준으로 亥·子·丑·寅·卯·辰은 양지가 되고, 巳·午·未·申·酉·戌은 음지가 된다. 예를 들어 甲戌일未시에 점을 친 경우, 未월장이면 지반 未시에 천반 未월장을 올리고 무조건 순행하면 천반의 배치가 끝난다. 이 경우는 시간과 월장이 같으므로 천반과 지반이 같은데, 이를 복음(伏吟)이라고 한다.

　천반의 배치가 끝나면 천장을 부설해야 하는데, 이 때 가장 먼저 해야할 일이 점일의 천을귀인에 해당하는 천반이 어느 지반에 올라타 있는지 알아보는 것이다. 앞의 예는 주점이므로 양귀를 쓴다. 甲의 귀인은 양귀가 未이고 음귀가 丑이므로 양귀를 찾아보면 지반 未의 자리에 있다. 이 자리는 음지이므로 앞에서 설명한 대로 천장을 역행시키며, 다음과같은 천지반이 구성된다. 각 지반에 있는 숫자는 그 지반에 해당하는 숫자로 육임국에서 국수(局數)를 나타낸다. 앞에서 예로 든 甲戌일의 경우, 천반 子 밑에 있는 지반이 천반과 마찬가지로 子이며 子에 해당하는숫자가 1이므로 甲戌1국이 된다. 만약 천반 子 밑에 지반이 未라면 未에해당하는 숫자가 8이므로 甲戌8국이 된다.

주야	白虎	天空	靑龍	勾陳	六合	朱雀	螣蛇	貴人	天后	太陰	玄武	太常
천반	丙子	丁丑	戊寅	己卯	庚辰	辛巳	壬午	癸未	○申	○酉	甲戌	乙亥
지반	1子	2丑	3寅	4卯	5辰	6巳	7午	8未	○申	○酉	11戌	12亥

　천장이 순행하는지 역행하는지에 따라 천장의 길흉을 해석하는 기본적인 시각도 달라진다. 육임의 『오변중황경(五變中黃經)』에서는 천장이순행하는 경우 길(吉)이 먼저 작용하고, 역행하는 경우에는 흉(凶)이 먼저 작용한다고 본다. 역행은 천지 이법에 반하는 배치이기 때문이다. 귀인 등 천장이 순행하는 귀인순치격 같은 경우, 귀인의 협조를 구할 수 있고 일의 진행이 빠르며 천장의 양면성 중 길이 더 큰 역할을 한다. 즉, 귀인이 음지보다는 양지에 있는 것이 길하고 작용이 빠르다. 조식의 원리를 깊이 궁리하지 않으면 이러한 해석을 놓칠 수 있다.

4) 십이천장의 유신과 길흉

　육임 판단에서 각각의 일을 주관하고 영향을 미치는 기운을 유신(類神)이라고 한다. 이러한 유신은 길흉 성패를 관장하므로 세분화해서 알아둘 필요가 있다. 예를 들어, 재물을 구하는 일은 일간의 육친 중 재성과 천장 청룡의 동태를 살핀다. 각 천장의 유신은 다음과 같다. 우선 간단한 개념만 살펴보고 각 천장별 해설에서 자세한 내용을 알아본다.

① 귀인 : 귀인 · 웃어른 · 직장 · 후원
② 등사 : 음사 · 출산 · 혼인 · 괴이한 일
③ 주작 : 문서 · 소식 · 소송 · 구설
④ 육합 : 혼인 · 거래 · 화합 · 자식
⑤ 구진 : 관재 · 범인 · 군인 · 재산
⑥ 청룡 : 재물 · 혼인 · 교육 · 문학
⑦ 천공 : 사기 · 소인 · 승려 · 하인
⑧ 백호 : 질병 · 사망 · 도로 · 혈광(血光)
⑨ 태상 : 부모 · 음식 · 약품 · 경찰
⑩ 현무 : 분실 · 도둑 · 도망 · 음사
⑪ 태음 : 음모 · 바람 · 노인 · 금속
⑫ 천후 : 혼인 · 부녀 · 은혜 · 사면

참고로 주식 투자에 유신을 적용해보면 ① 己 · 丑 귀인은 미곡 · 쌀 가공업체 ② 丁 · 巳 등사는 영화 제작 · 문화사업 ③ 丙 · 午 주작은 출판인쇄 · 화학 ④ 乙 · 卯 육합은 목재 가공 · 기술 연구 ⑤ 戊 · 辰 구진은 주택회사 · 경비업체 ⑥ 甲 · 寅 청룡은 채소 · 녹즙 · 건강식품 ⑦ 戊 · 戌 천공은 청소업체 · 모터 · 펌프회사 ⑧ 庚 · 申 백호는 금속 · 피혁 · 군수품 제조업체 ⑨ 己 · 未 태상은 의류 · 주류 · 호텔 ⑩ 癸 · 亥 현무는 해운업 · 수산업 · 어류가공업체 ⑪ 辛 · 酉 태음은 혼수품 · 보석 ⑫ 壬 · 子 천후는 생리대 · 여성용품 · 콩 가공업체로 본다. 그 밖에 발용과 득기 여부를 보아 주식에 이용하는데, 등락의 적중과 수익 실현 여부를 떠나 유신을 주식에 활용할 수 있다는 것만 참고한다.

천장을 천지반에 순역으로 배치하면 과전에 천장이 네 개가 된다. 대개 이 신장들의 유신 해석과 생극관계를 통하여 길흉을 판단한다. 중요한 것은 유신이 과전에 나타나야 하며, 기운이 강하고 공망이 되지 말아야 한다. 천장이 과전에 없는 경우에도 천지반에 있는 천장들은 음신으로 작용하여 육임 판단에서 중요한 역할을 한다. 이렇게 천장의 음신으로 길흉을 판단하는 천장삼전법(天將三傳法)은 유신론에서 다루기로 한다. 이 방법 때문에 육임을 조식하는 사람은 과전뿐만 아니라 반드시 천지반도 같이 참고하여야 올바른 판단을 내릴 수 있다.

또한 천장은 천장 고유의 길흉이 있고, 천지반과의 관계나 과전에서의 위치에 따라 길흉이 달라진다. 천장 고유의 길흉은 다음과 같다.

소속	己·丑	丁·巳	丙·午	乙·卯	戊·辰	甲·寅	戊·戌	庚·申	己·未	癸·亥	辛·酉	壬·子
천장	貴人	螣蛇	朱雀	六合	勾陳	靑龍	天空	白虎	太常	玄武	太陰	天后
길흉	길	흉	흉	길	흉	길	흉	흉	길	흉	화(和)	화

정리하면 육길장(六吉將)은 ① 귀인 ② 육합 ③ 청룡 ④ 태상 ⑤ 천후 ⑥ 태음이다. 이 중 태음을 흉장으로 봐서 오길장(五吉將)으로 보기도 한다. 천장들은 길흉의 양면성을 가지고 있다. 천장의 길흉을 간단히 살펴보면 천을은 만물을 소생시키지만 상황에 따른 변화가 심하다. 청룡·육합이 제일 길하고 태상은 다음으로 길하다. 천후·태음은 화평의 신장으로 암매한 것을 싫어하고, 주작은 구설을 이끄는 흉신이지만 문장을 이끄는 길작용도 있다. 백호·등사는 흉신 중에서도 아주 흉하며, 천공은 공망과 비슷한 역할을 하는 흉신이지만 입시·취직에는 매우 길하다.

5) 천장의 생극에 따른 길흉

천장은 유신뿐만 아니라 생극관계로도 길흉을 판단한다. 만약 일간·천지반과 상생하면 흉신이라도 흉을 가볍게 보고, 상극을 하면 길신이 있어도 그다지 좋게 보지 않는다. 그러므로 길신은 생조 받기를 원하며, 흉신은 극제 받기를 원한다. 백호·등사가 비록 흉장 중의 흉장이지만 삼전 · 일간 · 연명에서 극제하면 흉하지 않다고 본다.

　천장의 생극관계를 따질 때는 천반 오행, 즉 천신 오행을 따르는 것이 원칙이다. 예를 들어, 원래 소속이 乙 · 卯인 육합이 천반 申에 타고 있으면 육합의 오행을 金으로 보고 사과삼전에 있는 다른 요소와의 생극관계를 따진다. 외전 · 내전의 개념을 사용할 때는 천장 자체의 오행을 이용하기도 하지만 원칙적으로 천장 오행은 천반 오행을 따른다. 천장 · 천신 · 지지 간에 이루어지는 내전과 외전의 협극(夾剋)은 '2장 천지반'을 참고한다.

　예를 들어, 다음의 己巳8국 주점일 때 이루어지는 귀인기탄격(貴人忌憚格)을 살펴보자. 이 격은 귀인이 꺼리고 싫어하는 격으로 귀인이 극을 받아서 제 역할을 할 수 없으므로 일을 추진할 때 웃어른 등의 협조를 받을 수 없다. 이 국의 과전을 보면 간상의 천을은 천반 子水 위에 있고, 이를 중전의 戌土가 토극수(土剋水) 하고 있는 상황이다.

말전	중전	초전
玄武	朱雀	白虎
丁卯	○戌	己巳
戌	巳	子

4과	3과	2과	1과
玄武	朱雀	白虎	天乙
丁卯	○戌	己巳	甲子
戌	巳	子	己(未)

　이와 같이 생조와 극제는 천반 오행을 기준으로 하는 것이 원칙이지만 지반 오행을 참고하는 경우도 많으므로 주의한다. 위의 경우를 신장살몰격(神藏殺沒格)을 중심으로 다시 살펴보자. 신장살몰이란 甲 · 戊 · 庚일에 지반 亥 위에 천을이 들어오는 경우를 말한다. 이 때 신이 숨는다는 신장은 지반 위주로 판단한다. ① 子 지반에 등사가 있는 경우 수극화(水剋火)로 추수(墜水)가 신장이 되고, ② 丑 지반에 주작은 장간 癸에 빠져서 투강(投江), ③ 卯 지반에 구진은 목극토(木剋土)로 수제(受制), ④ 巳 지반에 천공은 투망(投網), ⑤ 午 지반에 백호는 화극금(火剋金)으로 폭

신(爆神), ⑥ 申 지반에 현무는 절족(折足)이 신장이 된다.

천장의 생극관계를 따질 때 천반을 위주로 하고 지반을 참고한다는 원칙에도 예외가 있다. 가장 대표적인 것이 외전과 내전을 따질 때 천장 고유의 오행으로 생극을 따지는 것이다. 또한 상극이 변해서 상생이 되는 선흉후길(先凶後吉)을 따질 때도 천장 고유의 오행을 사용한다. 선흉은 삼전의 천반이 일간을 극하는 상황이고, 후길은 삼전의 천장이 일간을 생하는 경우에 이루어진다. 만약 천장의 오행은 천반의 오행을 따른다는 원칙을 적용하면 선흉후길의 상태가 이루어질 수 없다. 예를 들어, 丙午일에 삼전이 亥子丑 삼합으로 일간을 극하고, 천장 청룡과 육합이 왕상하여 목생화(木生火) 하는 경우이다.

나아가 천장 자체의 오행을 보지 않고 천장이 사는 장소를 기준으로 하는 경우도 있다. 戊申5국의 삼전재태과격(三傳財太過格)인 경우 등사·청룡·현무를 모두 물 속에 사는 동물로 보아 수기(水氣)를 강화시키는 요소로 본 것이 이런 경우이다. 본래 등사는 丁·巳로, 청룡은 甲·寅으로 보는 것과 다르다.

2. 천장별 정단

1) 천을귀인

창업주가 방문하여 다른 기관에서 추천한 사람의 인선 여부를 물었을 때, 판단에서 주안점을 둘 것은 인선을 하는 것이 잘하는 것인지 그리고 인선한 사람의 성품이 어떤지 아는 것이다. 다음의 辛卯3국_야점의 예를 단법으로 살펴보자.

말전	중전	초전
天后	玄武	白虎
○未	乙酉	丁亥
酉	亥	丑

4과	3과	2과	1과
白虎	靑龍	天乙	太陰
丁亥	己丑	○午	甲申
丑	卯	申	辛(戌)

판단 결과 당사자는 실력도 없고 성품이 고집스러워 잘못된 인선이다. 이것은 지상신과 초전의 생합(生合) 여부와 초전에 있는 백호로 판단한 것이다.

판단 방법을 자세히 알아보면 ① 먼저 지상신과 초전의 생합 여부를 살핀다. 지상신과 초전이 상생·육합·삼합하고 초전이 왕상한 경우에는 후회할 인선이 아니지만, 위의 국과 같이 지상신이 초전을 토극수(土剋水) 하고 초전이 지반으로부터 수극(水剋)되어 있는 경우에는 잘못된 인선이다. ② 인선 대상자의 성격은 초전의 천장을 본다. 길장인 귀인·태상·청룡이 타는 경우에는 인품이 높고, 등사는 폭력적인 성향이 있으며, 주작은 구설을 몰고 다니고 말이 앞선다. 육합은 일을 추진하면서 다른 사람을 이용하려 하고, 구진은 폭압적이며, 천공은 진실되지 않고 약속을 안 지킨다. 백호는 살기가 있고 고집이 강하며, 현무는 삿된 마음을 품고, 태음은 공사를 구분 못 하며, 천후는 일의 추진력이 떨어진다.

육임의 과전 판단에서 가장 중요한 것 중의 하나가 점의 사안에 작용하는 사신(事神)과 유신을 판단하는 일이다. 이러한 판단은 천장 고유의 성격을 아는 것에서 출발한다. 천장을 보면 통일된 느낌이 떠올라야 한다. 이 느낌을 바탕으로 다른 방법을 이용하여 결론에 확신을 더하는 것, 이것이 정단이다.

(1) 천을귀인의 역할
천을귀인은 금전·재물·명예를 주관하는 십이천장의 주장(主將)이다.

(2) 천을귀인의 유신

귀인은 재화와 명예를 주관하며, 사람으로는 귀인·남편을 뜻하는 유신이다. 형상과 성정을 보면 형상은 가늘고 작으며, 성정은 경망되지 않고 엄한 성정을 가졌다. 형상을 볼 때 둔간으로 판단을 하는데, 예를 들어 둔간이 甲·乙이면 푸른 옷을 입은 사람이고, 천을귀인의 둔간이 과전 중에 극전(剋戰)을 하면 안면에 부상이 있으며, 지지가 극전을 하면 수족에 이상이 있다.

연상의 귀인은 천을이 되는데 청룡도 귀인에 해당하는 유신이다. 참고로 천장들의 유신을 사람에 적용시켜보면, 천을·청룡은 손위 귀인이며 남편도 된다. 천후는 부인, 태상은 부모, 태음은 형제, 구진·주작은 관리, 천공은 남자 종업원, 태음은 여자 종업원이 된다. 청룡을 남편으로 보는 이유는, 寅이 태양이 뜨는 동쪽으로 생기와 활동을 뜻하는 곳이기 때문이다. 귀인의 색은 황색이고, 귀인의 숫자는 8이다.

재화는 보물과 곡식류, 생사(生絲)와 마(麻), 수목 등이다. 명예는 관록(官祿), 문서와 윗사람의 면접 등이다. 귀인이 상생하거나 왕생한 경우 군자는 명예를 얻고 영전하지만, 소인은 소송을 당하거나 관청으로부터 질책을 당한다. 질병은 오한·두통·어지럼증이다.

(3) 천을귀인의 일반 해석

천을 또는 귀인은 천을귀인을 말한다. 己·丑의 토장(土將)으로 길신이며, 십이천장에서 중심이 되는 자미궁(紫微宮) 밖에 있는 천신이다. 원래 전투를 맡는 천장이지만, 세상에서 좋은 정치를 베푸는 것을 주관하며 복을 얻게 하고 재앙을 약화시키는 역할을 한다.

천지반에서 귀인이 순행하면 길하고 역행하면 흉하다. 그러므로 귀인이 순행하고 일간과 상생하는 경우에는 가까이에 등사·백호 등의 흉신이 있어도 영향을 받지 않지만, 역행하는 경우에는 청룡·육합 등의 길장이 있어도 그다지 길하다고 보지 않는다.

(4) 천을귀인의 생극과 일별 해석

귀인이 일간과 상생하면 귀인의 도움으로 모든 일이 편하지만, 귀인이 일간을 극하는 경우에는 사폐(四閉)라 하여 귀인의 노여움을 사서 도모하는 일이 실패하고 처벌을 받는다. 귀인을 일간이 극하는 경우에는 시비·구설이 생기지만 좋은 일이 있고 이익을 얻는다. 연명과의 생극도 같이 해석한다. 귀인이 일간을 탈기하는 귀인탈기격(貴人脫氣格)은 귀인에게 피해나 손실을 입는다.

3과인 지상에 천을이 있는 경우 집안의 기운이 일어나고 자손이 잘된다고 본다. 청룡·육합이 있는 경우에도 같다. 단, 천장이 타고 있는 천신이 육친 중 칠살인 경우에는 우환이 있다. 천을귀인이 간상신이나 지상신에 있고, 간지상신이 칠살인 경우를 귀승천을격(鬼乘天乙格) 또는 천을신지격(天乙神祇格)이라고 한다. 이 경우 우환이 있는데, 이는 신명(神明)의 기운 때문이다. 즉, 천을귀인은 존귀한 귀신인데 잡귀가 침범하여 우환이 생기는 것이다.

일간과 천장에 귀인이 있을 때의 영향을 일별로 보면 다음과 같다.

① 甲·乙일은 아랫사람의 재물을 얻는다.

② 丙·丁일은 윗사람과 불화가 있다.

③ 戊·己일은 관청과 관련된 일이나 도난수가 있다.

④ 庚·辛일은 윗사람과 관련된 사건을 만난다.

⑤ 壬·癸일은 아랫사람의 도움을 받는다.

(5) 천을귀인의 왕상휴수사

귀인이 지반의 기운을 얻으면 길하고, 얻지 못하면 길함이 떨어진다. 천장이 앉은 자리가 왕상휴수사(旺相休囚死) 중 어느 자리인지에 따라 다음과 같이 해석한다.

① 천을이 왕지에 있으면 관직에서 승진하거나 상을 받는다.

② 상지에 있으면 귀인이 주는 재물을 받는다.

③ 휴지에 있으면 귀인에게 걱정이 생긴다.

④ 수지에 있으면 곤란한 일이 생긴다.

⑤ 사지에 있으면 귀인의 부상 등이 생긴다.

또한, 귀인이 辰·戌에 임할 때는 고민이 생기고 매사가 침체된다. 주야귀인이 지반으로부터 극을 당하는 경우 귀인에게 부탁하면 화를 입는다. 과전의 주야귀인이 지반으로부터 극을 받는 경우를 양귀수극격(兩貴受剋格)이라 한다. 이 격은 삼전의 발용 여부를 불문하고 지반이 귀인을 극하는 경우를 말한다. 이 때는 주야귀인이 모두 극을 받으므로 윗사람을 믿지 않는다. 귀인 자신이 극을 받아서 고통스러우므로 섣부른 부탁은 화를 불러오기 때문이다. 甲·戊·庚 3일은 양귀수극격이 없다.

(6) 천을귀인이 승한 천반에 따른 해석

① 子 : 안식(安息)이며 아랫사람에게 의지한다. 子는 은밀한 장소로 부인·여인에게 병이 있으나 치료가 된다. 삼전에서 태음·식상을 보는 경우에는 부인의 음주에 대한 건이다.

② 丑 : 승당(陞當)이므로 응접실로 볼 수 있으며, 귀인과 면담하여 후원을 받는다. 아울러 식록(食祿)과 인연이 있다.

③ 寅 : 사람을 만나는 일, 방문, 교섭, 공적인 일에 좋고 책과 관련된 일에도 좋다.

④ 卯 : 귀인이 卯에 타는 경우 가정에 이동과 질병, 불안한 일이 있다. 여덕격(勵德格)에 해당하며, 군자는 영전하고 소인은 흉하다. 이동이나 여행에는 좋다.

⑤ 辰 : 귀인이 辰·戌에 타는 경우 귀인이 감옥에 들어간다고 하므로 군자에게는 번민할 일이 생긴다. 우환이 생기고 매사가 정체된다.

⑥ 巳 : 화생토(火生土) 하므로 귀인이 돌보고 사람을 만나 좋은 일이 있으며, 여행하려는 마음이 생긴다. 巳가 월장이라면 재물에 관한 일이고, 정신(丁神)과 같이 있으면 문서에 관한 일이다.

⑦ 午 : 승헌(乘軒)이므로 매사에 평화롭고, 소망·전직·추천에 기쁜

일이 있다.

⑧ 未 : 술자리 · 혼인 등에 참석하여 기쁜 일이 있다.

⑨ 申 : 도로 위에서 재해를 당하기 쉬우나 소망하는 일은 성사되며, 종교 관련의 일과 집회건이 있다.

⑩ 酉 : 사실(私室)이므로 귀인의 협조를 받을 수 없다. 귀인이 卯에 타는 경우 가정에 이동과 질병, 불안한 일이 있다. 여덕격에 해당되며 군자는 영전하고, 소인은 흉하다. 이동이나 여행에는 좋다.

⑪ 戌 : 辰을 참고한다.

⑫ 亥 : 천문(天門)에 오른다고 하며, 순행할 경우 모든 일에서 발전한다. 여성이나 진귀한 물건과 관련된 일이 생긴다.

(7) 천을귀인과 필법부

필법부에서 천을귀인과 관련된 사항은 다음과 같다. 해당 항목을 참고한다. 001법 양귀인종천간격(兩貴引從天干格) · 이귀공년명격(二貴拱年命格) · 간지공귀격(干支拱貴格) · 공귀격(拱貴格) · 초중공지반귀인격(初中拱地盤貴人格) / 003법 염막귀인격(簾幕貴人格) / 004법 천거격(薦擧格) / 011법 중귀수창격(衆鬼雖彰格) / 032법 상장조재격(上將助財格) / 043법 부귀패굴격(富貴敗屈格) / 044법 귀인임림격(貴人臨林格) / 045법 귀복간지격(貴覆干支格) · 주야귀가격(晝夜貴加格) / 046법 귀인순치격(貴人順治格) · 귀인역치격(貴人逆治格) · 귀인차오격(貴人差誤格) / 047법 귀인입옥격(貴人入獄格) / 048법 귀인공망격(貴人空亡格) · 귀승천을격(鬼乘天乙格) · 귀인탈기격(貴人脫氣格) / 049법 귀인기탄격(貴人忌憚格) · 양귀공해격(兩貴空害格) · 양귀수극격(兩貴受剋格) · 백호혹승임축격(白虎或乘臨丑格) / 050법 이귀개공격(二貴皆空格) / 052법 귀색귀호격(貴塞鬼戶格) / 053법 양귀협묘격(兩貴夾墓格) / 068법 제귀격(制鬼格) / 071법 병부합구제사격(病符合舊諸事格) / 086법 장봉내전격(將逢內戰格) / 094법 덕귀합국생신격(德貴合局生身格)

(8) 천을귀인과 하지론

성패 · 선거

길장인 귀인 · 청룡이 삼전에 있거나 간지상신에 있으면 선거 등에 당선된다.

질병

관귀에 귀인이 타는 경우 웃어른이 고민하는 질병이며, 병증은 머리 부위나 가슴 · 배의 병이다. 귀인이 辰 · 戌에 타는 경우에는 중병이 될 수 있다.

시험

귀인이 왕지에 있고 일간과 상생하면 입시에 합격한다. 참고로 귀인은 일귀와 야귀로 구별되는데, 낮에 정단하면 일귀가 나타나고 야귀는 숨는다. 밤에 정단하면 숨는 것을 은장(隱藏)의 귀인 또는 염막귀인(簾膜貴人)이라고 하는데, 은(隱)이란 염막 안에 있기 때문이다. 이러한 염막귀인을 얻고 일간과 상생하면 시험에 합격하거나 선거에 당선된다.

직장

귀인은 일반인에게는 재물을 가져다주는 기운이며, 군자에게는 명예를 가져다주는 기운이다. 보통 승진할 수 있는 운은 간지상신 또는 삼전에 귀인 · 태상 · 청룡의 길장이 있는 경우이다. 귀인과 백호가 같이 들어 있는 경우에는 정계에 진출할 수 있다. 천을귀인이 일간을 극하면 직업을 잃게 되며, 천을귀인과 일간이 상극하면 되도록 관사(官事)에 관계하지 않는 것이 좋다.

재물

귀인과 재성이 같이 있는 경우 웃어른과의 거래로 인한 재물이다.

간지상신 또는 삼전에 귀인이 있으면 합하는 달[月]에 응기가 일어난다. 예를 들어, 지상신 辰에 귀인이 타고 있으면 酉월에 응기가 있다.

2) 등사

음~ 괴이한 일이나 놀랄 일이 있군. 다음의 辛未2국 주점을 보고 한 말이다. 상담실을 방문하는 이들을 보면 대개가 억울하거나 속상하고 답답한 상태이므로 누구에게나 이렇게 말하면 되겠다고 생각할 수 있다. 그러나 어렵게 취직해서 설레는 마음으로 앞으로 직장생활을 하며 무엇을 조심해야 할지 묻는데 이런 말만 한다면 얼마나 당황하고 실망하겠는가? 왜 놀랄 일이 있다고 했는지 辛未2국을 살펴보자.

말전	중전	초전
螣蛇	朱雀	六合
丁卯	戊辰	己巳
辰	巳	午

4과	3과	2과	1과
六合	勾陳	天空	白虎
己巳	庚午	壬申	癸酉
午	未	酉	辛(o戌)

위의 국은 말전을 보면 등사가 정신(丁神)을 타고 있다. 이런 경우를 사호둔귀격(蛇虎遁鬼格) 또는 사호귀정격(蛇虎鬼丁格)이라 한다. 이 격은 과전에서 둔간(遁干)인 庚金이 관귀에 해당하고 관귀에 백호가 탄 경우 또는 과전에 정신이 있고 정신에 등사가 탄 경우에 이루어진다. 이 경우 흉하고 위험한 일이 발생한다. 이유는, 천장 등사는 충격과 괴이한 일, 놀람 등을 만들고 백호는 질액과 사상을 일으키는 흉신인데, 이것이 둔귀(遁鬼)가 되어 일간을 극하기 때문이다. 둔귀는 둔간이 관귀에 해당하는 경우이다.

위의 辛未2국의 경우 정신이 관귀이고 여기에 등사가 붙어 있기 때문에 놀랄 일이 있다고 본 것이다.

(1) 등사의 특징

등사를 매우 급한 불[火], 마부라고 정의를 내린다. 왜냐하면 등사의 오행이 火에 속하며 그 성정이 급하고, 원래 천을귀인의 마부를 하는 신장이기 때문이다.

(2) 등사의 유신

등사의 유신은 괴이함·문화·소인배이며 미친 여자이다. 문화의 신으로 공문서나 문자의 유신도 된다. 등사의 형상은 눈이 작고 이마는 튀어 나왔으며, 성정은 극히 냉정하다. 등사는 놀람의 신(神)이다. 이는 등사가 水·火의 만남을 주관하는 신장이기 때문이다. 또한 등사는 임신·구설·화열(火熱)·뱀 등과 변형된 물건을 의미한다. 물건으로는 작은 재물과 콩류에 해당하며, 맛은 단맛이고, 색은 붉은 색, 숫자는 4이다. 질병은 머리와 눈·사지(四肢)의 질병, 괴이한 사물로 인한 질병이며, 水·木·土신(神)의 재앙으로 인한 질병도 해당된다.

(3) 등사의 일반 해석

등사는 丁·巳의 火에 속하는 흉장이다. 정신은 화신(火神)이므로 등사나 주작이 정신에 붙으면 흉이 더 강하다. 등사는 백호와 더불어 대표적인 흉장이며, 천후·현무와 더불어 음사를 대표하는 신장이기도 하다. 육임의 육흉신인 등사·주작·구진·천공·백호·현무가 무력한 방위에 들어 역할을 못 하는 경우를 신장(神藏)이라 한다. 辰·戌·丑·未인 오행의 오묘살(五墓殺)이 寅·申·巳·亥의 방에 들어 무력해지는 등사는 살몰(殺沒)이라고 할 정도로 흉작용을 하는 신장이다.

(4) 등사의 생극과 일별 해석

사일상생희기지(蛇日相生喜氣至)라는 말은 등사가 기본적으로는 흉장이지만, 일간과 상생관계가 되면 좋은 역할을 한다는 것이다. 등사를 비롯한 신장과 일간의 생극관계를 보면 일간이 생을 받는 것이나 일간이 극을 하는 것은 길작용을 하며, 천장에서 일간을 극할 때는 흉하다. 원전의 "범십이장고희생일역요여승신상생(凡十二將固喜生日亦要與乘神相生)"은 상생할 경우 희신으로 작용한다는 뜻이다. 또한, "불희전극여승목신측희승수신측전여방비(不喜戰克如乘木神則喜乘水神則戰餘倣比)"는 등사가 탄 천반과의 관계를 살피라는 뜻이다. 예를 들어, 화신인 등사가 木의 천반에 타면 왕상한 상태이므로 좋은 기운으로 작용하지만, 水의 천반에 타면 수극화(水剋火)가 되어 흉한 기운이 된다는 설명이다.

등사와 일간의 관계에서는 등사가 일간을 생하는 경우 걱정과 의심스런 일이 해소되며, 일간이 등사를 생하는 경우에는 근심과 침체가 없다. 등사가 일간을 극하면 질병·재액이나 괴이한 일이 생기며, 소인배에게 농락 당하고 배신 당하게 된다. 또는 어린애에게 놀랄 일이 생긴다. 일간이 등사를 극하는 경우에는 몸에 생기가 없고 헛것에 놀라게 되며 괴이한 일이 연달아 일어난다.

일간과 초전에 등사가 탄 경우 길흉을 보면 다음과 같다.
① 甲·乙일은 헛된 놀람과 부실이 있다.
② 丙·丁일은 모든 일이 명쾌하지 못하고 불안하게 진행된다.
③ 戊·己일은 어린이로 인한 기쁨이 있다.
④ 庚·辛일은 문서 사고가 발생하고 구설이 있기 쉽다.
⑤ 壬·癸일은 화액이 몰려올 수 있다.
등사가 천반과 극전이 되는 경우 어린이가 놀라는 증상이 있고, 초전의 등사가 천반과 극전이 되는 경우에는 흉몽으로 마음이 불안하다. 등사가 말전에 있으면 불과 관련된 재앙이 있다.

등사가 지상신에 탄 경우 물건은 적거나 하찮은 물건으로 본다. 가정점인 경우에는 괴이한 일이 있고 여인이 해를 입는 기운이다. 등사가 초전에 있으면 화기(火氣)가 강해 밖으로는 밝으나 안은 어두우며, 마음이 안정되지 않는다.

(5) 등사의 왕상휴수사

등사 등 흉장이 왕상이 되면 재액이 아직 발생하지 않는다. 반대로 사수형극(死囚刑剋)이 되면 재액이 계속 일어난다. 등사가 왕상휴수사 중 어느 자리에 앉았는지에 따라 ① 천장이 왕지에 있으면 관청·관리와 다툼이 있고, ② 천장이 상지에 있으면 다툼으로 재물을 잃으며, ③ 천장이 휴지에 있으면 괴이한 일과 질병이 있다. ④ 천장이 수지에 있으면 무서운 일이 생기고, ⑤ 천장이 사지에 있으면 죽거나 부상 당한다.

(6) 등사가 승한 천반에 따른 해석

① 子 : 등사가 子를 타고 있는 경우 추수(墜水)했다고 한다. 물로 인한 재해나 갑작스런 재해가 있지만 큰 재액은 아니다. 놀라는 일이 있거나 무서운 꿈을 꾸게 된다.

② 丑 : 분쟁이나 다툼이 일어나지만 시간이 지나면 없어진다.

③ 寅 : 등사가 장생의 자리에 앉은 경우이다. 때를 얻어 활동하면 이익이 있고, 때를 잃은 경우에는 한때의 작은 이익밖에 없다.

④ 卯 : 가정이 요동치고 화목하지 못하며 시끄러운 일이 있다. 재액이 크면 피를 본다. 삼전에 卯·酉가 있으면 부인으로 인한 일이다.

⑤ 辰 : 매사에 늦어지고 풀리지 않는 상으로 일을 추진하지 않고 시기를 기다리는 것이 좋다.

⑥ 巳 : 길흉을 떠나 모든 일이 진전되고 바라던 바를 이룬다. 단, 辛·酉일인 경우 관귀의 기운이 있으므로 일시적인 재액이 있다.

⑦ 午 : 안개 속을 헤매는 상으로 매사에 이루어지는 일이 없으며 병으로 고생하기 쉽다.

⑧ 未 : 등사가 숲에 들어가는 것과 같아 입림(入林)이라 하며, 관사(官事)·구설·근심이 있다. 여행은 흉하며 목적을 이룰 수 없다.

⑨ 申 : 가족 또는 타인과 불화가 있으며 다친다.

⑩ 酉 : 가족 중 여자나 아이에게 질병·구설이 있다.

⑪ 戌 : 걱정이 있지만 자연히 사라진다.

⑫ 亥 : 재물의 손해를 보며 등사가 亥에 타서 초전에 있는 경우 부인 또는 종업원이 떠난다. 등사에 정신이 있으면 도망과 관련된 일이다.

(7) 등사와 필법부

필법부에서 등사와 관련된 사항은 다음과 같다. 해당 항목을 참고한 다. 025법 사호승정격(蛇虎乘丁格)·사호둔귀격(蛇虎遁鬼格) / 052법 신 장살몰격(神藏殺沒格) / 053법 양사협묘격(兩蛇夾墓格) / 056법 정신염 목격(丁神厭目格) / 059법 화귀사작극택격(火鬼蛇雀尅宅格) / 062법 사 묘극지격(蛇墓尅支格)·묘문개격(墓門開格) / 068법 제귀격(制鬼格) / 072법 묘문중상격(墓門重喪格) / 086법 장봉내전격(將逢內戰格)

(8) 등사와 하지론 해석

결혼

등사는 음사(陰事)와 임신의 유신이다. 등사가 왕상하고 상생이 되는 경우 임신을 하거나 혼인하는 즐거움이 있다.

가정 · 부부

사례별로 어떤 영향이 있는지 등사와 관련된 격을 중심으로 알아본다.
① 가족이 대흉한 경우 : 등사·백호는 흉신 중의 흉신이다. 이와 관련 하여 묘문개격(墓門開格)은 묘의 문이 열리는 형상으로, 卯·酉일에 점 을 친 경우 일간의 운성 묘신이 지상신으로 있고 백호나 등사가 붙으면 이루어진다. 이 때 가정점이라면 집안에 사람이 죽는 등 흉이 계속해서 일어난다. 지상에 백호가 붙는 경우에는 그 영향이 더욱 크므로 귀신이 나 집터를 눌러주는 조치가 필요하다.
② 화재·재액이 있는 경우 : 화신(火神)인 등사 또는 주작이 있는 천 반이 일지를 극하고 정신이 일간을 극하는 화귀사작극택격(火鬼蛇雀尅 宅格)인 경우에 일어난다.

③ 집안에 분란과 괴이한 일이 일어나는 경우 : 사묘극지격(蛇墓剋支格)은 일간의 묘신이 지상신이고 등사가 있으며 일지를 극하는 경우에 이루어지는 격이다. 집안에 괴이한 일이 일어난다. 단, 사묘(蛇墓)가 일지를 극하지 않는 경우에는 괴이한 일로 당하는 화액이 가볍다.

출산

출산이나 임신으로 산모가 건강을 해치는 경우는 등사의 음신(陰神)을 본다. 예를 들어 등사가 왕상하고 과전에 있으면 임신건일 수 있는데, 음신이 등사가 타고 있는 천반을 상극하면 산모에게 좋지 않다고 본다.

질병

병신(病神)에 등사가 타는 경우 괴이한 일이나 놀란 병이며, 뼈·근육과 관련된 병이거나 오한과 신열이 번갈아가며 나타나는 증상이다. 등사가 본가에 있고 병부(病符)·이사(二死)를 띠는 경우 재해로 인한 병이거나 불안 등으로 생긴 병이다. 간상신은 병의 원인을 보는 곳이다. 이곳에 등사가 있고 관귀·병부·이혈(二血)이 있는 경우 화극금(火剋金)으로 폐 계통의 병이 생긴다. 등사가 탄 천반이 형살(刑殺)에 해당할 경우 질병이나 재액이 바로 생긴다. 1~14세의 질병 정단에서 남자아이는 등사가 일간을 극하는 경우 사망할 우려가 있으며, 여자아이는 등사의 음신(陰神)에서 일간을 극하는 경우 사망할 수 있다.

직장

등사는 놀라운 일이나 무서운 일, 괴이한 문제를 취급한다. 군자는 격정거리가 생기고 관직을 잃거나 명예를 잃는다. 이에 반해 보통사람은 분쟁이 있거나 병을 앓게 된다.

재물

재물을 구하는 경우, 재성과 등사가 왕상·상생이면 재물을 얻기는 하지만 그 재물이 하찮은 재물이 되고, 그 재물로 인해 놀라거나 화(禍)가 있다. 공망이나 형극이 되지 않고 흉살이 더해지지 않아야 큰 재물을 얻을 수 있다.

등사의 응기는 가까이는 丙·丁·巳·午일에 있다. 등사가 일진에 있고 왕상·상생이 될 때는 길로, 휴수·상극될 때는 흉으로 판단한다.

3) 주작

다음의 戊戌2국_주점으로 상대방과의 중요한 교섭에 대해 판단해본다. 다음의 과식으로 봐서 상대는 강하고 헛된 말을 하므로 믿지 말라는 결론이다. 주작과 관련하여 좀더 자세히 살펴본다.

말전	중전	초전
天乙	螣蛇	朱雀
辛丑	壬寅	癸卯
寅	卯	○辰

4과	3과	2과	1과
白虎	太常	朱雀	六合
丙申	丁酉	癸卯	○辰
酉	戌	○辰	戊(○巳)

주야	陰常	后白	天空	蛇龍	雀陳	合合	陳雀	龍蛇	空天	白后	常陰	武武
천반	己亥	庚子	辛丑	壬寅	癸卯	○辰	○巳	甲午	乙未	丙申	丁酉	戊戌
지반	子	丑	寅	卯	○辰	○巳	午	未	申	酉	戌	亥

위의 국을 판단할 때는 일간을 나로 보고, 지상신을 상대로 본다. 지상신이 일간을 목극토(木剋土) 하고 있으므로 이 교섭은 어려움이 있다. 아울러 초전에 문장·소식을 보는 주작이 타고 있으므로 말이 분분할 것이다. 헛된 말이라는 것은 삼전이 흉장이고 주작이 공망이며, 戊己·丙丁일점에 초전 주작이면 문서가 불분명하다는 것을 참고한 것이다. 이 사례를 통하여 육임 정단에서 유신의 중요성을 알았으면 한다.

(1) 주작의 특징

주작은 초풍신(招風神)으로 丙午에 속하는 육임의 6개 흉성 중 하나이다. 초풍신이라는 별명 외에 구설을 강조하여 붉은 참새라고도 한다. 또한, 양기가 극에 달한 기운으로 '비화(飛火)'라고도 한다.

(2) 주작의 유신

주작의 유신은 문서·구설·소송·화기(火氣)다. 또한 문장·재물·혼인·소식·시비·저주·연예인이 해당되며, 성정이 비록 가볍기는 하지만 좋은 편이다. 그 밖에 화재·화상(火傷)·날짐승·말 종류와 과일도 주작의 유신이다. 색은 검붉은 색이고, 숫자는 9이며, 질병은 눈병·열병과 배·가슴병 및 심장 토혈증(吐血症)이다. 질병점에서 삼전에 子·午·辰이 있으면 병이 치료된다고 본다.

(3) 주작의 생극과 일별 해석

일간과 천장의 생극관계로 길흉을 보면, 천장이 일간을 생하는 경우와 일간이 천장을 극하는 경우에는 길작용을 한다. 가장 흉한 것은 천장이 일간을 극하는 경우이다. 이를 바탕으로 주작과 일간의 관계를 보면 ① 주작이 일간을 생하는 경우 문서·소식으로 인해 기쁘다. ② 주작이 일을 극하면 구설수로 편안하지 못하고 재앙이 있으며, 일이 주작을 극하면 문서로 인해 재물을 얻거나 계약할 일이 생긴다.

지상(支上)에 주작이 타면 주변이 시끄럽고 불화와 구설·질병이 생긴다. 주작이 초전에 있으면 관사이고, 말전에 있으면 멀리서 소식이 있다. 단, 주작이 초전에 있는 경우도 소식으로 보기 때문에, 관사는 주작이 초전에 타고 일간을 극하는 경우로 한정한다. 또한 말전 주작에 천마·역마·정마 등이 같이 있으면 먼 여행이나 멀리서 오는 소식, 또는 교역으로 인한 문서로 본다.

일간과 초전에 주작이 탄 경우 ① 甲·乙일의 주작은 남에게 피해를 입고, ② 丙·丁일은 구설이 있거나 불로 인한 화가 있으며, ③ 戊·己일

은 문서가 불분명해진다. ④ 庚·辛일은 문서사고가 있으며, ⑤ 壬·癸
일은 관재나 소송이 있다.

(4) 주작의 왕상휴수사

주작이 득기하면 문장으로 발복하고, 실기하면 구설·화재 또는 가축
의 상해가 있다. 주작이 왕상휴수사 중 어느 자리에 앉았는지에 따라 ①
주작이 왕지에 있으면 관사·구설이고, ② 주작이 상지에 있으면 금전이
나 결혼건이다. ③ 주작이 휴지에 있으면 질병에 대한 일이며, ④ 주작이
수지에 있으면 부자유스런 일이 생기고, ⑤ 주작이 사지에 있으면 흉액
과 관련된 구설이다.

(5) 주작이 승한 천반에 따른 해석

① 子 : 투강(投江)이라고 한다. 재해가 해결되고, 관사에 기쁜 일이 있
다. 재물은 주작이 亥·子·丑 위에 앉은 경우에 약간 얻을 수 있다.

② 丑 : 전택(田宅)에 대한 일이 있으며, 근신하고 예전의 것을 지키는
것이 좋다.

③ 寅 : 안소(安巢), 즉 편안한 집이라고 한다. 멀리서 오는 소식과 학
문하는 즐거움이 있다.

④ 卯 : 움직이지 않는 상으로 기다리는 소식이 오지 않는다.

⑤ 辰 : 착오로 인한 구설이 있다.

⑥ 巳 : 문장이나 서신과 관련된 일은 목적을 이룬다. 연상신이나 귀인
과 상생하는 경우에는 권한을 얻게 된다.

⑦ 午 : 구설·관사와 혼인에 대한 일이 있고 괴이한 일이 생긴다.

⑧ 未 : 재물을 얻지만 슬픈 일이 생긴다.

⑨ 申 : 문서와 소식은 오는 중이다.

⑩ 酉 : 구설이나 질병이 있다.

⑪ 戌 : 소식과 문서는 오지만 착오나 실수하는 일이 생긴다.

⑫ 亥 : 주작입수(朱雀入水)로 움직이면 재물의 손실이 있다.

(6) 주작과 필법부

필법부에서 주작을 이해하는 데 필요한 항목은 다음과 같다. 해당 항목을 참고한다. 003법 주작격(朱雀格) / 025법 금일봉정격(金日逢丁格) / 032법 작귀격(雀鬼格) / 049법 진주작격(眞朱雀格)·귀인기탄격(貴人忌憚格) / 052법 신장살몰격(神藏殺沒格) / 059법 화귀사작극택격(火鬼蛇雀尅宅格) / 070법 주구상회격(朱勾相會格) / 086법 장봉내전격(將逢內戰格)

(7) 주작과 하지론 해석

가정 · 부부

주작이 지상에 있는 경우 집안이 소란하고 문서나 소식이 온다. 또한 눈병에 걸린 가족이 있다. 午·酉일점이라면 부인으로 인해 구설이 있다.

질병

주작이 간상신이나 초전의 중신이 되는 경우 병증은 역병(疫病)·심장병이거나 말과 관련된 병, 오한과 신열이 번갈아 나타나는 증세다. 주작이 초전에 타고 이사(二死)·이혈(二血)을 띠면 자살한다. 또한 주작의 승신이 일지를 극하는 경우에는 가족 중에 자살하는 사람이 있는데, 양지(陽支)를 극하는 경우는 남자이고 음지를 극하는 경우는 여자이다.

산소

지상에 주작이 있는 경우 묘소가 좋지 않다.

시험

귀인·청룡이 삼전이나 간지상신에 있는 경우 선거에 이기거나 시험에 합격한다. 그러나 선거·시험점은 유신인 주작을 떠나서 정단할 수 없다. 주작이 午에 타면 진정한 주작격으로 삼전에 있지 않아도 합격이나 당선하며, 연월이나 월장 상신으로 주작이 왕성하고 일진과 상합하는 경우도 마찬가지다.

재물

재성에 주작이 승하는 경우 대개 재물의 이익이 있다. 그러나 재성에 주작이 타고 관살로 화(化)하여 일간을 극하는 경우에는 재물로 인해 구설과 화란이 있다. 재성에 주작이 타고 황은(皇恩)이나 천조(天詔)를 띠는 경우에는 문서로 인해 재물을 얻는다.

대인

기다리는 사람의 소식에 대한 내정은 주작을 유신으로 한다. 점시·연명·과전에 주작이 있으면 소식이나 서류에 대한 일이다. 점시나 초전에 녹마·정마·인수가 타면 승진이나 공명·재물에 대한 소식이 있고, 관성에 주작이 타면 관청과 관련된 소식이다.

소송

일간은 본인, 죄의 경중은 일진과 연명상신의 상황으로 판단한다. 소송점의 기신(忌神)은 등사·주작·구진·백호이며, 희신(喜神)은 천을·청룡·태상·천후이다. 청룡이 초전에 있으면 소송이 해결되고, 간상신·연명상신에 희신이 타는 경우 형량이 가벼우며, 귀인이 탄 천신이 일간을 상생하는 경우에도 형량이 적다.

기후

사과에 주작이 巳·午이고 곡직격(曲直格)이면 한해(旱害)가 있다.

4) 육합

양력 2002년 3월 9일 오전에 전화상담으로 丙子9국_주점을 얻었다. 남편과 결혼한 지 1년이 조금 넘었으며, 직장에서 새로운 남자를 만나 결혼하려고 하는데 잘 될 것인지 물었다. 즉, 자신이 바람이 났는데 문제가 없는지 봐달라는 것이다.

말전	중전	초전		4과	3과	2과	1과
勾陳	太常	天乙		螣蛇	青龍	太常	天乙
辛巳	丁丑	○酉		○申	庚辰	丁丑	○酉
丑	○酉	巳		辰	子	○酉	丙(巳)

주야	龍白	陳空	合龍	雀陳	蛇合	天雀	后蛇	陰天	武后	常陰	白武	空常
천반	庚辰	辛巳	壬午	癸未	○申	○酉	甲戌	乙亥	丙子	丁丑	戊寅	己卯
지반	子	丑	寅	卯	辰	巳	午	未	○申	○酉	戌	亥

위의 국은 삼전이 巳·酉·丑 종혁으로 이격(離隔)이 되므로 헤어진다. 또한 초전 酉가 간상신 酉와 자형이 되어 이른바 합중범살(合中犯殺)로 호사다마(好事多魔)가 된다. 화합이 깨지고 방해가 있는 상황이다. 육합이 子·午·卯·酉에 오르면 불합(不合)으로 남이 모르는 나쁜 비밀을 갖게 되고, 午에 타면 승당(升堂)이 되므로 다툼과 소송을 피할 수 없다. 정리하면, 이혼하고 다툼이 있다.

(1) 육합의 특징

육합은 육길장 중의 하나로 화합을 이끄는 신장이다. 오행으로는 乙·卯의 목신(木神)이고 청제오음(靑帝五陰)의 장녀이기도 하다. 육합을 음란을 주도하는 흉장으로 분류하기도 하지만 귀인·청룡·태상과 더불어 길장으로 보는 것이 맞다.

(2) 육합의 유신

육합이 주도하는 것은 화합·계약·결혼·임신·승진·교역·급여인상·음식과 제조 생산이다. 사람으로는 자식·형제·친구·중매인이다. 성정은 인기가 있고 사교적이지만 오만함도 있다. 참고로 육합을 중매인으로 볼 때 초전은 남자, 말전은 여자가 된다. 육합이 양지(陽支)에 타면 남자 중매인이고, 음지(陰支)에 타면 여자 중매인이다. 육합 이외에 식상효 · 卯태충 · 亥등명도 자식에 해당한다.

육합의 질병은 음양의 부조화로 생긴 병, 가슴과 배의 통증이다. 짐승으로는 토끼와 같이 털이 있는 종류이며, 색은 광채가 나는 것, 숫자는 6이다. 물건으로 보면 밤[栗] · 참대 · 나무 · 소금 · 쇠붙이 · 돌 종류이다. 예를 들어, 일진에 육합이 있으면 그 물건은 광채가 나고 나무나 쇠붙이 · 돌류이며, 맛은 여러 가지가 섞여 있는데 그 중 짠 맛이 있다고 판단한다.

(3) 육합의 생극과 일별 해석

육합과 일간이 상생하면 화합하여 기쁜 일이 있고, 일간이 육합을 극하면 결혼과 화합의 건이 있으며, 육합이 일간을 극하면 싸우거나 감정이 나빠진다. 해당 육친은 육합이 탄 천반으로 판단한다. 예를 들어 육합이 탄 천신이 재성이면 부녀자와의 다툼이나 재물의 손실이다. 만약 육합이 일간의 녹을 극하면 관사가 일어난다. 연명과의 생극도 같다.

(4) 육합이 간상 · 지상 · 삼전에 있을 때의 해석

일간과 초전에 육합이 있을 때의 길흉을 보면 ① 甲 · 乙일의 육합은 육친간의 화합이며, ② 丙 · 丁일의 육합은 재물로 인한 근심이 생기며, ③ 戊 · 己일의 육합은 먼저는 화합하지만 나중에는 분란이 있다. ④ 庚 · 辛일의 육합은 도모하는 것을 다 못 이루며, ⑤ 壬 · 癸일의 육합은 재물로 인한 즐거움이 있다. 지상신에 천을 · 청룡 · 육합이 타면 가세(家勢)가 일어난다. 육합의 경우 수리나 개축과 관련된 일도 있다. 초전에 육합이 있고 극이 되면 가정에 음란함이 있고, 말전에 육합이 있으면 멀리서 소식이 온다.

(5) 육합의 왕상휴수사에 따른 해석

육합이 왕상하고 삼전에 있는 경우 화합이나 결혼의 기쁨이 있고, 사

수형극(死囚刑尅)이 되는 경우에는 음란·구설·분쟁·손재가 있다. 육합이 왕상휴수사 중 어느 자리에 앉았는지에 따라서 ① 육합이 왕지에 있으면 상을 받거나 승진하는 일이 있으며, ② 상지에 있으면 결혼과 재물이 느는 기쁨이 있고, ③ 휴지에 있으면 질병이 발생한다. ④ 수지에 있으면 인연이 끊기고 나를 해치는 음모가 있으며, ⑤ 사지에 있으면 재물에 대한 다툼 또는 죽거나 다치는 등의 흉이 있다.

(6) 육합이 승한 천반에 따른 해석

내전과 외전의 개념으로 천신과의 관계를 살펴본다. 육합은 목기(木氣)인데 천신이 申·酉의 금신(金神) 위에 있으면 내전이 되고 구설이 분분하다. 辰·戌·丑·未의 토신(土神)에 오르면 외전이 되어 일이 외부에서 발생하고 불안하지만, 남몰래 추진하는 일은 좋다. 육합이 각 천신에 있을 때의 영향은 다음과 같다.

① 子 : 불화하고 반목하며 음란하여 예의가 없지만, 子에 청룡·육합이 타는 경우 여자에겐 경사가 있다. 아울러 육합이 子·午·卯·酉에 오르면 불합(不合)으로 남이 모르는 나쁜 비밀을 갖게 된다.

② 丑 : 결혼은 성사되지만, 토지나 주택에 불안한 일이 생기고 병으로 눕게 된다.

③ 寅 : 승헌(乘軒)이라고도 한다. 매사에 형통한다.

④ 卯 : 육합이 입가(入家)한다 하여 가정에 길하고 결혼이 성사된다. 그러나 육합이 사문(私門)에 들어 간교하고 삿된 일로 구설이 있으며, 남이 모르는 비밀도 갖게 된다.

⑤ 辰 : 결혼이 성사되지만 부인·색정 문제나 관사(官事)가 있다. 일은 진행 중이므로 가만히 있는 것이 좋다.

⑥ 巳 : 소식을 듣는 기쁨은 있으나, 불화하고 놀랄 일이 있다. 육합이 巳나 亥 위에 있고 천마나 역마에 해당되며, 초전 둔간이 도신(盜神)에 해당되면 멀리 여행을 하게 된다.

월	1월	2월	3월	4월	5월	6월	7월	8월	9월	10월	11월	12월
도신	庚	辛	甲	癸	壬	乙	丙	丁	戊	己	庚	辛

⑦ 午 : 승당(升堂)이라 한다. 일은 반 정도 진행이 되고, 가정에 불평이 있으며, 남 모르는 비밀도 있다. 결혼은 성사되지만 결혼으로 인한 소송건이 있다.

⑧ 未 : 가정이 화목하고 결혼이 길하다.

⑨ 申 : 결혼은 중매를 서는 이에 달려 있다. 재물에 대한 분쟁이 있고 병에 걸리기 쉽다. 자식의 질병점에서 申 · 酉 위에 육합이 타는 경우 대흉하다. 과전에 巳 · 申 · 酉가 있는 경우는 질병점에서 대부분 흉하다.

⑩ 酉 : 매사에 막히고 색정으로 인한 재액이 있으며, 남 모르는 비밀을 갖거나 간사스런 일이 일어난다.

⑪ 戌 : 육합이 戌에 타는 경우 색정 문제가 있고 결혼 문제에서 분쟁이 일어나며, 육합이 酉 · 戌 위에 있으면 고용인이 도망치거나 그만둔다.

⑫ 亥 : 결혼이 성사되며, 모든 일이 길하고 평화롭다. 다만 부인이 자기 주장이 강하다.

(7) 육합과 필법부

필법부에서 육합과 관련된 항목은 다음과 같다. 019법 우자격(憂子格) / 039법 태양조무격(太陽照武格) / 040법 후합점혼격(后合占婚格) / 067법 육편판격(六片板格) / 086법 장봉내전격(將逢內戰格) / 090법 참관격(斬關格)

(8) 육합과 하지론 해석

결혼

태음과 육합이 합이 되는 경우 결혼이 성사된다. 천후와 子신후가 합을 해도 결혼이 성사된다. 육합 · 청룡과 일간기궁이 지합(支合)을 하는 경우에는 가정에 결혼과 관련된 일이 있다.

가정 · 부부

이혼을 원할 때 청룡 · 육합 · 천후가 타는 천신과 간지상신이 상극 형 충파해가 되면 이혼한다. 천후가 육합을 극하면 처가 다른 남자를 사랑 하며, 육합이 천후를 극하면 남편이 다른 여자를 사랑한다. 또한 육합이 탄 천신이 절신(絶神) · 이신(離神)이거나, 육합이 탄 천반 둔간과 일간이 전극(戰剋)하는 경우도 이별한다.

과전에 육합과 태음이 모두 있고, 현무가 申 · 酉 · 午에 타서 일진과 같은 경우에는 가족이 가출하여 실종하는 사건이 발생한다. 일여(泆女) 는 초전이 천후이고 말전이 육합인 경우로 여자가 선동하여 바람을 피우 며, 교동(狡童)은 초전이 육합이고 말전이 천후인 경우로 남자가 선동하 여 바람을 피운다. 자세한 것은 과전 특징 중 음일(淫泆)을 참고한다. 천 후와 육합이 삼전에 있기만 해도 부정한 상으로 본다.

참고로 육임에서 음란함을 대표하는 천장으로 육합과 천후를 든다. 육 합을 결혼 전의 연애나 이성교제 중에 다른 이성을 사귀는 것으로 보고, 천후는 결혼 후 바람을 피우는 것으로 구분하기도 한다. 육합에 순정(旬 丁)이 타면 자식을 밖에서 만난다. 육합이 지상신에 있고 양(陽)의 불비 격이면 가정에서 여자의 권한이 강해진다. 천후가 지상에 있는 경우도 같다.

출산

육합은 자식의 신장이다. 필법부에 있는 우자격의 예를 보면, 우자격 (憂子格)은 육합이 극을 받을 때 자식에게 좋지 않은 격으로, 자식의 신장 인 육합을 사기(死氣)가 극하면 출산할 때 태아에게 불리하다고 본다. 예 를 들어, 3월점에는 申이 사기이고 4월점에는 酉가 사기인데, 여기에 목 신(木神)인 육합이 있으면 금극목(金剋木)으로 나쁜 영향이 나타난다.

초전이 태신(胎神)이고 육합이 타는 경우를 잉아(孕兒)라 한다. 이 경우에는 일을 새로 시작하는 것, 감추는 것, 임신의 기운이 있다. 辰·戌에 육합이나 현무가 탈 때는 임신에 관한 일이다. 초전이나 점시·연명상신에 식상효·청룡·육합·태신·생신(生神)·천희가 탈 때는 생산과 관련된 일이거나 가축·토지에 대한 일이다. 육합이 연명상신과 상생하는 경우 자식이 있고, 육합과 연명상신이 상극하는 경우에는 자식이 없다. 식상효는 자식을 뜻하므로 삼전이 모두 인수로 이루어진 경우 도식(倒食)의 역할을 하여 자식이 없게 된다.

질병

관살에 육합이 있는 경우 우울증 등 마음으로 인한 병이다. 자식점에서 申·酉의 금기(金氣)에 卯육합이 타는 경우 질병이 있으면 사망할 수 있다. 초전이 목기(木氣)이고 육합이 타면 木이 중첩이 되므로 중신(重神)이 되고, 여기에 병부(病符)를 띠면 다리의 병으로 걷기가 불편하다. 또한 육합이 卯에 타고 지반이 ±이며 병부를 띠고 일간을 극하는 경우에도 수족에 병이 생긴다.

재물·매매

청룡이나 육합이 일진상신에 있고, 초전과 일간이 비화되는 경우 매매에 관한 일이다. 재성에 육합이 타고 일간과 상합하는 경우에는 매매로 이익을 얻는다. 또는 처로 인해 재물의 이익을 보기도 한다. 수신(水神)이 재성이 되고 육합이 타는 경우에는 다른 사람의 권유로 사업을 하여 이익을 보고, 수세(水勢)가 강한 경우에는 선박이나 물과 관련된 일로 이익을 본다.

분실

도난점을 칠 때 과전에 육합이 있는 것을 꺼린다. 도둑이 도망간 경우 어렵게 잡는다.

간상신에 길장인 청룡이나 육합이 타고 있어도 이들 천장이 일간을 극하는 경우에는 재물에 대한 다툼이나 소송이 있다. 소송점에서 육합은 증인이 된다.

기후

맑을지 비가 올지를 간단히 판단하려면 간상신을 본다. 아울러 초전으로는 날씨의 변화를 본다. 예를 들어, 초전 지반이 화기(火氣)이면서 천신은 토신(土神)이고 육합이 타면 안개가 끼는 것으로 정단한다. 육합은 뇌신(雷神)에 해당한다.

응기

결혼이 성사되는 과전인 경우 육합이 타는 지반의 날에 결혼의 응기가 이루어진다.

5) 구진

다음의 乙未8국_주점은 얼마 전 후배가 여자를 만나러 가며 "여자가 어떨 것 같아요?"라고 물어서 살펴본 것이다. 여자는 하관이 짧고 사각턱에 가까우며 약간 둔감해 보이지만, 사람을 조정하는 능력이 있어서 만만히 볼 상대가 아니라고 보았다. 육임에서 상대의 용모는 지상신의 천장으로 판단한다.

말전	중전	초전
白虎	朱雀	玄武
癸卯	戊戌	○巳
戌	○巳	子

4과	3과	2과	1과
玄武	勾陳	天空	螣蛇
○巳	庚子	壬寅	丁酉
子	未	酉	乙(○辰)

지상신이 귀인이면 숙녀이고, 육합이면 끼 있는 얼굴이며, 천공이면

뚱뚱하고 못생긴 얼굴로 판단한다. 위의 국은 천장이 구진이다. 구진의 외모는 위에서 말한 대로이다. 아울러 사람을 조정한다 한 것은 상대 여자가 다른 사람을 능멸하고 깔보는 성격이라는 것을 완곡하게 표현한 말로, 사과의 천지반 관계를 보면 네 개의 과 중 세 개의 과의 지반이 천반을 극하는 장도액(長度厄)이므로 이렇게 판단한 것이다.

(1) 구진의 특징과 유신

구진은 투쟁과 가택의 천장이다. 구진은 戊·辰의 토장(土將)으로 경찰·관리·군인·형사·투쟁의 유신이 된다. 예를 들어, 정신(丁神)과 구진이 같이 있으면 군인이 출병하거나 멀리 이동하는 것으로 본다. 특히 구진은 현무 도둑지신과 관련하여 이를 잡는 경찰로 본다. 만약 구진이 현무로부터 극을 받는 경우에는 경찰이 도둑을 잡다가 부상을 당하는 형상이므로 도둑을 잡기 어렵다. 반대로 구진이 탄 천신이 현무가 탄 천신을 극하면 도둑을 잡을 수 있다.

또한 구진은 못난 사람이나 소인을 유신으로 한다. 형상은 뚱뚱한 편이고, 성정은 마음이 진중하며 연인이 되면 나를 그리워한다. 아울러 소송의 유신이며, 가택·토지·묘지가 되기도 한다. 물건으로는 물에 사는 벌레와 과일·기와·돌·쇠다. 상태는 파손이 되었으며, 색은 청흑(靑黑)이고 숫자는 5이다. 구진의 질병은 열병·종기 또는 피를 보는 병으로 만성적인 병이다.

구진은 소송의 유신이기도 하다. 일간을 극하는 관성효에 구진이 타고 삼전과 형극하는 경우에는 소송점이다. 구진과 귀인이 상형하는 경우도 소송이나 투쟁과 관련된 점이다.

구진은 가택으로, 점을 칠 때 일간을 생해주는 천신에 구진이 타면 가택·전답·묘지 등과 관련하여 이익을 얻는다.

(2) 구진의 일반 해석

구진은 백호와 더불어 대표적인 흉장이며, 투쟁의 신으로 다툼과 전쟁·소송을 일으키는 천장이다. 그러나 기운이 왕성한 경우에는 좋은 역할을 한다. 예를 들어 구진이 득기한 경우 고위관리로 보고, 실기한 경우에는 일개 무사로 본다. 현무·천공을 좋아하며, 청룡과 천후를 두려워한다. 구진은 흉장이지만 흉의 역할을 못 하는 경우도 있다. 천장 귀인이 순행하며 일간과 상생하는 경우 큰 해를 끼치지 못한다. 또한 구진을 제어하는 천적 태음이 과전에 있고 득기한 경우에는 그 흉이 적어진다.

(3) 구진과 일간의 생극관계에 따른 길흉

구진과 일간이 서로 생하는 경우 전택(田宅)의 이익이 있다. 일간이 구진을 극하는 경우에는 삼전에 흉장인 구진·백호·현무가 있더라도 큰 흉이 되지 않는다. 그러나 관사(官事)나 전택을 수리하는 일이 생긴다. 구진이 일간을 극하는 경우 전택으로 인한 다툼이 있고 매사에 혼란스런 일이 일어난다. 처음에는 길흉을 분간할 수 없지만 결국은 흉액으로 끝난다. 이러한 생극관계는 연명과의 생극관계에도 적용된다.

(4) 구진이 간상·지상·삼전에 있을 때의 해석

일간과 초전에 구진이 탄 경우의 길흉을 보면 ① 甲·乙일의 구진은 길한 가운데 분란이 있고, ② 丙·丁일의 구진은 토지나 집 등 재물로 인한 다툼이 있다. ③ 戊·己일의 구진은 출행 중에 재난이 생기고, ④ 庚·辛일의 구진은 상호간의 분쟁이며, ⑤ 壬·癸일의 구진은 모든 일이 질질 끄는 상태로 진행이 된다.

중전에 구진이 있는 경우 과전에 구신(救神)이 있으면 큰 해가 없다. 그러나 육처에 해당하는 초전과 말전에 흉장인 구진이 있으면 그 해가 크며, 특히 초전에 있는 경우 흉액이 바로 일어나서 가택이 불안하고 질병 등이 발생한다. 초전에 구진이 타서 행년상신을 생하면, 그 해에 토지·전택·가옥 등으로 인해 가정에 기쁜 일이 있다. 또, 구진이 토신(土神)에 타서 초전이 되어 일간을 극하는 경우에는 점인에게 큰 흉액이 생긴다.

(5) 구진의 왕상휴수사에 따른 해석

구진이 왕상휴수사 중 어느 자리에 앉았는지에 따라 ① 구진이 왕지·상지에 있으면 귀인의 다툼이고, ② 구진이 휴지에 있으면 질병이 있거나 전택의 다툼이다. ③ 구진이 수지에 있으면 관사·소송이며, ④ 구진이 사지에 있으면 죽은 이의 재물에 대한 다툼이다. 구진이 지반 卯에 있는 경우에는 수제(受制)라고 한다.

(6) 구진이 승한 천반에 따른 해석

① 子 : 모략과 구설로 인해 해가 있으며, 분란과 소송이 오래간다.

② 丑 : 나의 공을 빼앗기고 다른 사람의 일로 해를 입는다. 丑에 구진·태상이 있으면 남자의 점인 경우 재물·이익 문제로 다툼이 있다.

③ 寅 : 신변이 위험하고 분란이 있기 쉬우나, 의견을 개진하는 것은 좋다.

④ 卯 : 가정에 근심이 있고 관사가 발생한다. 이사나 외출은 좋지 않다. 구진이 卯에 타고 卯가 지상신이 되며 병부(病符)·사신(死神)·혈지(血支)를 띠면 집안에 환자가 있다.

⑤ 辰 : 辰에 구진·백호는 분쟁건이다. 매사에 지지부진하고 고통과 번민의 기운이 있다. 참고로 구진이 辰·戌·丑·未에 임하여 일간을 극하는 경우 흉액이 바로 일어난다. 辰·戌인 경우 흉이 무겁고, 丑·未인 경우에는 흉이 가볍다.

⑥ 巳 : 좋은 일이 있으며, 직장인의 승진·이사에 좋다.

⑦ 午 : 가만히 있으면 무방하나, 움직이는 경우 흉액이 타인으로부터 발생한다.

⑧ 未 : 인역(人驛)이라 하여 매사에 길하다.

⑨ 申 : 집을 수리·개조하는 경우에 길하다.

⑩ 酉 : 질병이나 형사상의 문제가 발생한다.

⑪ 戌 : 매사에 지체되며 관사가 일어난다.

⑫ 亥 : 재물을 구하는 일은 길하다.

(7) 구진과 필법부

필법부에서 구진에 관한 항목은 다음과 같다. 019법 상장조재격(上將助財格) / 052법 신장살몰격(神藏殺沒格) / 053법 양구협묘격(兩勾夾墓格) / 070법 주구상회격(朱勾相會格) / 086법 장봉내전격(將逢內戰格)

(8) 구진과 하지론 해석

가정 · 부부

구진이 지상신에 있으면 전택에 파손된 부분이 있거나 가족 중 병을 앓는 이가 있다. 구진이 지상신에 있으면서 관살효가 되는 경우 파손된 부분을 수리하면 흉액이 발생한다. 집을 이사하는 경우 백호 · 구진 · 등사 · 현무의 방향은 흉방이므로 피해야 한다. 구진이 未에 타는 경우 부부간에 자식이 없고, 격각(隔角) · 형해(刑害)를 띠는 경우에는 점사의 목적이 재가하는 부인의 일이다. 관부를 띠는 경우에는 술자리에서 다툼이 있다. 지상신이 휴수되거나 묘절(墓絶)이 되면서 등사 · 백호 · 현무 · 구진 등의 흉장이 타는 경우 가상(家象)이 불량하다.

출산

백호 · 구진이 있는 경우 출산이 난산이다. 천장에서 구진은 남자아이로 보아, 천반과 지반의 음양이 다른 음양불비인 경우에 승한 천장이 천을 · 주작 · 등사 · 청룡 · 구진 · 백호 · 태상이면 남자아이이며, 육합 · 천공 · 현무 · 태음 · 천후이면 여자아이이다.

질병

구진의 병은 분쟁으로 인한 정신 피로 · 불안 · 쇠약 등이다. 辰에 구진이 탄 경우 인후가 부어서 음식을 못 먹는 병이다. 동쪽을 향하여 기도하면 된다.

구진이 왕상하고 묘신(墓神)에 있으면 산소는 길하다.

구진이 점시를 극하는 경우 취직할 수 없다.

재물점에서는 사신이 재성이 되고, 유신은 청룡 위주로 본다. 아울러 육합 · 구진도 살핀다. 구진이 재성에 있고 왕상하면 교역건이 있다. 재성에 구진이 타고 만어(饅語)를 띠면 다른 사람의 권유로 재물을 얻는다. 재성에 구진이 타고 관성이 나타나서 왕상한 경우에는 소송으로 재물을 얻는다. 또한 재성에 구진이 타고 덕합(德合)을 띠거나, 삼전이 체생할 때 초전에 구진이 타면 토지 · 가옥 · 묘지로 인해 재물을 얻는다.

월	子	丑	寅	卯	辰	巳	午	未	申	酉	戌	亥
만어	辰	巳	午	未	申	酉	戌	亥	子	丑	寅	卯

구진이 역마와 같이 있고 일간을 극하는 경우 외출하면 손해를 본다.

구진은 구름의 신이다. 또 백호와 더불어 바람의 신으로도 본다. 구진이 삼전에 들거나 일진에 임하면 맑다고 보는데, 이는 비의 신인 현무를 제압하기 때문이다.

6) 청룡

다음의 癸酉12국_주점을 얻었을 때 재물을 얻을 수 있는지 살펴본다.

말전	중전	초전
太常	白虎	天空
乙丑	甲子	○亥
子	○亥	○戌

4과	3과	2과	1과
天空	青龍	太陰	玄武
○亥	○戌	丁卯	丙寅
○戌	酉	寅	癸(丑)

주야	常陰	武后	陰大	后蛇	天雀	蛇合	雀陳	合龍	陳空	龍白	空常	白武
천반	乙丑	丙寅	丁卯	戊辰	己巳	庚午	辛未	壬申	癸酉	○戌	○亥	甲子
지반	子	丑	寅	卯	辰	巳	午	未	申	酉	○戌	○亥

위의 과는 간상신이 寅木 식상이고, 주점인 경우에 도둑지신인 현무가 타고 있어서 탈상봉탈격(脫上逢脫格)에 해당된다. 재물을 구하는 일은 소모만 있을 뿐 이루어지는 것이 없다. 4과가 초전으로 발용되는 맥월격(驀越格)이기 때문에 재물을 구하는 일이 지연되다가 우연히 성공할 수 있다. 그러나 이 국은 초전이 공상공(空上空)을 만나므로 우연히 성공하는 것도 기대하기 어렵다.

삼전이 亥 · 子 · 丑이고 亥월장인 경우 용잠(龍潛)이라고 한다. 용이 亥 · 子 · 丑이라는 도도한 물에 잠겨 있는 상이다. 주역의 중천건(重天乾) 초구가 동한 것과 같은 상태다. 이 동효에 대해 공자가 이르기를 "용덕이 은자야 불역호세 불성호명(龍德而隱者也 不易乎世 不成乎名)"이라 하였다. 즉, 물에 잠긴 용이니 쓰지 말고 깊숙이 들어가 자기 수양을 쌓으며 성장을 기다리라는 말이다. 다시 말해서 용을 품고 있어 미혹만 있을 뿐 뛰어오르기는 역부족이라는 말이다. 과전에 청룡이 동하여 득기한 경우에는 재물을 얻을 수 있지만 위의 과전은 그런 상황이 아니다. 단지 위 과전의 특성인 용잠만 보고 재물을 얻을 수 있다고 잘못 판단하면 안 된다.

지상에 청룡이 있는 경우 가세가 흥성하고 재물이 느는 상인데, 위의 과처럼 타고 있는 천신이 관살인 경우에는 그런 영향도 없다.

(1) 청룡의 특징
청룡은 재물의 유신으로 귀인 · 육합 · 태상 · 천후와 함께 육임 천장 중 대표적인 길장이다. 청룡은 甲·寅에 속하며 봄철에 왕성한 단비의 신장이다. 동방청제(東方靑帝)를 보좌하는 신하로 인격이 높고 단정한 천장이기도 하다.

(2) 청룡의 유신

주관하는 것은 재물과 관직·승진·연회·출산·혼인이다. 사람으로는 고위직에 있는 귀인 이외에 문관(무관은 태상)·종교가·승도·인격자·남편(천후는 부인)이 된다. 청룡은 구레나룻과 털을 기른 형상이며, 학문이 높고 인정이 많다. 질병은 머리·눈·사지의 통증이나 열병·종기다. 짐승으로는 용·호랑이·고양이·너구리를 뜻하며, 물건으로는 재물과 보물, 먹을 수 있는 초목류, 배와 자동차, 수레, 목재, 의복을 뜻한다. 색은 황적색이고, 숫자는 7이다.

(3) 청룡의 생극 해석과 일별 해석

다른 천장과 마찬가지로 청룡과 일간이 상생이면 길하고, 청룡을 일간이 극을 하면 길작용을 하고, 청룡이 일간을 극하면 흉작용을 한다. 청룡이 일간과 상생하는 경우, 청룡이 내전상태라도 공망이 되지 않으면 매사에 길하고 재물을 구하는 일에 좋다. 또한 청룡이 일간을 생하면 다른 사람으로부터 재물을 얻거나 은혜를 입는다.

청룡이 일간을 극하면 재물에 손해가 있고, 청룡과 관귀가 일진이 같이 있을 때는 기쁜 가운데 다툼이 일어난다. 또한 청룡이 일진을 극하면 가정에 불안한 일이 생긴다. 그러나 청룡을 일간이 극하면 재물의 이득이 있다. 이런 일간과 청룡의 생극관계는 연명과의 생극에도 적용된다.

일간과 초전에 청룡이 탄 경우의 길흉을 보면 ① 甲·乙일은 재물을 구하다가 손해를 보며, ② 丙·丁일은 재물로 인한 기쁨이 있다. ③ 戊·己일과 庚·辛일도 마찬가지로 재물로 인한 기쁨이 있다. ④ 壬·癸일은 다른 사람의 방해로 재물을 얻는 데 실패한다.

청룡이 지상에 있는 경우에는 다른 사람의 재산을 얻고 자손이 발전하며, 천을·육합이 타는 경우와 마찬가지로 가세가 왕성해진다. 그러나 청룡이 탄 지상신이 일간의 칠살에 해당하면 그렇지 않다.

(4) 청룡의 왕상휴수사에 따른 해석

청룡의 득기 여부로 길흉을 판단할 때 청룡이 지(地)를 얻으면 재물을 얻지만, 지를 잃으면 재물이 흩어진다. 재물·금융·소송 등의 정단에서 청룡이 왕상지에 있으면 길하고, 흉살과 같이 있으면 좋지 않다. 앉은 자리가 왕상휴수사 중 어느 자리에 있는지에 따라 ① 청룡이 왕지에 있으면 관직에 있는 이는 승진한다. ② 청룡이 상지에 있으면 결혼의 경사가 있다. ③ 청룡이 휴지에 있으면 예전의 인연으로 음식과 술을 먹는다. ④ 청룡이 수지에 있으면 아랫사람의 재물과 인연이 있다. ⑤ 청룡이 사지에 있으면 죽은 이의 재물과 인연이 생긴다.

(5) 청룡이 승한 천반에 따른 해석

① 子 : 길한 운이며, 재물·가구·배·자동차로 인한 이득이 있다. 집에 임신과 관련된 일이 있거나 임산부가 있으며, 子에 청룡·육합이 타는 경우 여자에게는 경사가 있다.

② 丑 : 아직은 목적한 바를 이루지 못하고 고민한다.

③ 寅 : 청룡이 묘왕(廟旺)에 앉은 상으로 사업 경영으로 이익을 보고 자손도 잘 된다. 문학 등에도 발전이 있다. 그러나 과전에 申이 같이 있으면 분란수가 있다.

④ 卯 : 전진하면 좋다. 가정에 기쁜 일이 있고, 다른 이로부터 재물의 이익을 볼 수도 있다. 그러나 과전에 酉가 있어서 충이 되면 흉하다. 亥·卯·未·酉 사지(四支)에 삼장(三將)인 천후·태음·청룡이 타고 과전에 있으면 이부(二夫)의 과이다. 불비(不備)이고 삼전에 사지가 있는 경우도 같다.

⑤ 辰 : 진퇴를 망설이는데 전진하는 게 좋다. 그러나 재물이나 애정으

로 인한 갑작스런 재액이 생기기 쉬우므로 조심한다.

⑥ 巳 : 진행에 애로가 있으므로 전진을 멈추는 것이 좋다.

⑦ 午 : 연회가 있거나 남녀가 만나는 일이 있다. 재물로 인해 의외의 재액이 있으나 辛일이면 흉이 길로 변한다.

⑧ 未 : 예전의 것을 지키면 유리하고, 전진하면 재해가 있다.

⑨ 申 : 도로상에서 재해가 생기기 쉽다. 예전의 것을 지키는 것이 유리하다.

⑩ 酉 : 절족(折足)이므로 여행이나 전진은 좋지 않다.

⑪ 戌 : 재물로 인한 분쟁이 있고 추진하는 것이 헛된 노력으로 끝난다.

⑫ 亥 : 망설임 없이 활동하고, 전진하면 크게 길하다. 가정에 재물과 기쁨이 있다.

(6) 청룡과 필법부

청룡과 관련하여 필법부에서 참고할 것은 다음과 같다. 015법 탈상봉탈격(脫上逢脫格) / 034법 우중다행격(憂中多幸格) / 090법 참관격(斬關格) / 092법 용가생기격(龍加生氣格)

(7) 청룡과 하지론 해석

결혼

새로 결혼할 경우 천후의 승신이 청룡의 승신을 극하면 남편이 손상된다. 결혼점에서 청룡이 천후·육합·천희(天喜)와 합하면 크게 길하다.

가정·부부

이혼을 원할 때 청룡·육합·천후가 탄 천신과 간지상신이 상극 또는 형충파해 되면 이혼한다. 천후가 육합을 극하는 경우에는 처가 다른 남자를 사랑하며, 육합이 천후를 극하는 경우에는 남편이 다른 여자를 사랑한다. 만약 청룡과 일간 기궁이 지합(支合)하면 가정에 결혼건이 있다.
육합도 마찬가지다.

질병

질병점인 경우 청룡이 삼전에 있으면 연회나 술·음식에 의한 병이다.
청룡이 寅에 타고 있으면 간·쓸개나 소화기 계통의 병이 있다. 간·쓸
개의 병은 실증(實症)에 해당되고, 비위(脾胃)의 질병은 허증(虛症)에 해
당된다. 청룡은 대개 길장으로 취급되지만 질병점에서는 흉장이다.

시험

청룡이 과전에 있고 덕록(德祿)이 천문(天門)에 타는 경우 시험에 높
은 점수로 합격한다.

직장

청룡은 관직에 있는 이에게는 승진을 주관하며, 일반인에게는 영화를
주장한다. 관직에 대한 점에서 문관은 청룡을 보고 무관은 태상을 본다.
정단할 때 태세에 청룡이나 태상이 타면 직장인은 영전한다. 공적인 일
을 볼 때는 청룡이 길장이지만, 형살이 있고 일간이 극을 받으면 도리어
흉이 된다.

재물·매매

청룡은 재물의 유신이다. 청룡이 왕상의 자리에 있고 일진과 생합이 되
면 재물점에서 길하다. 청룡이 탄 천신이 일간의 관귀가 되면 재물을 얻은
뒤에 재물로 인해 재액이 있다. 과전에 청룡의 기운이 있고, 연명상신이
재성효에 생기·장생·천희 등이 있으면 재산이 불어난다. 그러나 청룡
에서 연명상신을 극하는 경우에는 재물이 흩어진다. 청룡이나 육합이 일
진상신에 있고 초전과 일간이 비화되는 경우 매매에 대한 일이 있다.

청룡이 순정(旬丁)에 타면 멀리 여행을 가게 된다.

대인

청룡은 원행(遠行)을 주관하므로, 대인 정단에서 기다리는 사람이 다른 곳을 들러서 온다.

분실

도난점에는 청룡이 나타나는 것을 꺼린다. 멀리 도망가서 잡기가 힘들기 때문이다.

소송

간상신에 길장인 청룡이나 육합이 타고 있어도 이들 천장이 일간을 극하면 재물에 대한 다툼이나 소송이 발생한다.

7) 천공

천공은 천장이 아니다? 천장의 시각으로 보면 지구가 己 · 丑의 천을이 된다. 그리고 지구의 반대편인 끝없는 허공은 戊 · 戌의 천공이 된다. 천공이 천장이 아니라는 말은 허공이 배속되는 천공은 천장의 반열에 올릴수 없다는 뜻이다. 말 만들기 좋아하는 사람들이 주장하는 이러한 논리대로라면 육합칠충 중 칠충의 자리는 항상 공망에 해당한다고 보아야 할 것이다. 또한 의미상 천을의 대충방이 천공이 된다면 丑未충에 해당하는 태상은 어떤 자리인지도 궁금하다. 천공은 비어 있다는 것을 강조하기위하여 천장이 아니라는 말이 나왔을 것이다.

(1) 천공의 특징

천공은 간사한 사기꾼에 비유되는 신장이다. 육임점을 칠 때 가장 먼저 볼 것이 과전의 구조이다. 구조의 기초는 극적(剋賊)으로 초전을 발용하여 만드는 삼전이다. 사과와 삼전의 구조가 뼈대라면 살이 되는 것은 사신과 유신이다. 특히 육임의 특징은 유신인 천장을 이용한다는 것이다. 이러한 유신이 '나'인 일간과 어떤 관계인지 살피는 것은 과전 분석에 이어 육임 정단에서 반드시 해야 할 일이다.

다음에 유신을 보는데, 천공은 부실과 사기(詐欺)의 신이라고 한다. 따라서 사기를 볼 때는 천공을 본다. 천공은 천지의 잡된 기운이 모인 戊 · 戌의 토장(土將)으로 비천하며, 삿된 기운을 몰고 와서 일을 그르치고 헛되게 만드는 천장이다.

(2) 천공의 유신

천공은 군자의 이동과 입시 합격 · 공사 계약 · 재물 · 구설 · 시비를 주관하는 간사스런 신이며, 기본적으로는 공망과 같은 역할을 하여 사물이 점점 없어지게 한다.

삼전이 모두 공망인 경우 매사에 이루어지는 것이 없으나, 해산(解散)이나 우려 · 의혹 등에는 좋은 역할을 한다. 삼전이 모두 공망이 되는 것은 진여(進茹) · 퇴여(退茹) 중에 많다. 삼전 중 두 개가 공망이고 하나에 천공이 타도 삼전이 모두 공망인 경우로 간주하고 영향을 살핀다. 또한 간상신이 공망이고 천공이 타면 공상(空上)에 공(空)이 타는 것과 같아서 도모하는 일이 성취되지 않는다. 그러나 천공이 생왕하고 일간을 생하는 경우에는 재물의 기쁨이 있고 아랫사람이 충실하게 근무한다.

천공이 뜻하는 사람은 종업원, 못생긴 여자, 가난한 사람이며 형상은 늙은 듯 보이고 풍채가 좋다. 종업원 중 남자 종업원은 戌하괴나 천공이 되고, 여자 종업원은 酉종괴나 태음이 된다. 질병은 복통 · 대변 불통 · 관절 이상이다. 짐승으로는 이리 · 늑대 · 개 종류이며, 천공을 물건으로 보면 우물, 빈 물건, 악취 나는 물건이다. 색은 회색, 숫자는 5이다.

(3) 천공의 생극 해석과 일별 해석

일간이 천공을 생하면 흉이 있더라도 가볍고, 천공이 일간을 생하면 종업원이나 부하의 도움을 받으며 의외의 재물을 얻는다. 일간이 천공을 극하면 내가 노력하고 활동해야 함을 뜻하며 집수리를 한다. 천공이 일 간을 극하면 부하나 아랫사람에게 기만 당하거나, 질병점에서 매우 좋지 않다. 또한 도난·분실·손재가 있다. 이러한 생극관계는 연명과의 관계 에서도 동일하게 적용된다.

일간이나 초전에 천공이 있는 경우를 각 일별로 살펴보면 ① 甲·乙일 은 매사에 헛된 생각이며, ② 丙·丁일은 부하나 고용인에 의한 손재이 고, ③ 戊·己일은 가정 내의 불안한 일이다. ④ 庚·辛일은 길흉에 별로 영향이 없고, ⑤ 壬·癸일은 참된 일과 헛된 일이 뒤섞여 있다. 단, 천공 이 간상신에 있으면서 생왕한 경우에는 재물의 이익이 있다.

초전에 천공과 함께 정마(丁馬) 또는 망신이 있으면서 일간을 극하는 경우 객지에서 병에 걸리거나 도망가는 사람이 있다. 만약 일간에서 설 기가 되는 경우에는 남에게 속아서 손실을 입는다.

천공이 지상신에 있는 경우에는 다른 곳에서 집으로 소식이 오거나, 가운의 쇠퇴·걱정거리, 가족간에 불화가 있으며 여자 환자가 발생한다. 또한 지상신에 천공이 있으며 묘신에도 해당되는 경우에는 묘지나 가택 에 탈이 있다.

(4) 천공의 왕상휴수사에 따른 해석
천공이 왕상휴수사 중 어느 자리에 앉았는지에 따라 ① 천공이 왕지에 있으면 귀인이 사기를 당하고, ② 천공이 상지나 휴지에 있으면 재물의 사기이며, ③ 천공이 수지에 있으면 재판 등과 관련해서 사기를 당하고, ④ 천공이 사지에 있으면 죽은 사람의 일로 사기를 당한다.

(5) 천공이 승한 천반에 따른 해석
천공이 타고 있는 천신에 따른 해석은 다음과 같다.
① 子 : 아랫사람이나 부인에게 재액이 있다.

② 丑 : 윗사람의 말에 속는다. 辰·戌·丑·未 자리에 천공이 있으면 막혀 있는 상태로, 큰 일은 성취하지 못하고 작은 일은 이룰 수 있다.

③ 寅 : 공사(公私) 간에 시비·구설이 있다.

④ 卯 : 집안 손님에게 속거나 부상 당한다. 아랫사람이 가출하거나 실종된다.

⑤ 辰 : 매사에 언쟁과 모욕이 있다. 丑을 참고한다.

⑥ 巳 : 집이 파손되거나 부엌을 수리한다. 또한 진행이 지체되고 혼란스러워진다. 천공이 巳에 승하여 초전으로 발용이 된 경우는 혈리(血痢)의 병이 있다. 천공이 巳의 지반에 앉는 경우를 투망(投網)이라고 한다.

⑦ 午 : 흉사가 변하여 작은 기쁨이 있으며 문장(文章)을 다루게 된다.

⑧ 未 : 재물의 기쁨이 있고 술 마실 일도 생긴다. 丑을 참고한다.

⑨ 申 : 매사에 게을러지고, 진위 여부를 판단하며 고민하게 되어 고설(鼓舌)이라고 한다. 대개는 흉 쪽으로 간다.

⑩ 酉 : 아랫사람이 가출·실종된다. 매사에 길흉이 평범하게 나타나지만 음사(陰事)가 있다.

⑪ 戌 : 병자는 보행이 어렵다. 지반 酉 위에 戌이나 천공이 있는 경우 아랫사람의 도주나 색란이 있기 쉽다. 丑을 참고한다. 참고로 천공이 戌에 있으면 본가에 있는 것으로 보며, 종업원이 충실하게 자기의 본분을 다하여 작은 일은 이룰 수 있다.

⑫ 亥 : 작은 이익은 있으나 간사한 사람의 사기에 걸리게 된다. 또, 지상신에 있는 경우에는 가신(家神)으로 인한 재앙이 있다.

(6) 천공과 필법부

필법부에서 천공과 관련된 항목은 다음과 같다. 015법 탈상봉탈격(脫上逢脫格) / 016법 탈공격(脫空格)·공상승공격(空上乘空格) / 043법 부귀패굴격(富貴敗屈格) / 052법 신장살몰격(神藏殺沒格) / 053법 양공협묘격(兩空夾墓格) / 074법 사과개공격(四課皆空格) / 086법 장봉내전격(將逢內戰格)

(7) 천공과 하지론 해석

소망

자신의 소망을 남에게 부탁하는 경우 천공이 있으면 사기를 당하거나 허사가 된다.

성패

선거나 입시에 천공이 있으면 길하다. 천공은 글을 아뢰는 주서(奏書)의 신장이기 때문이다.

결혼

여자의 자리에 천공이 있는 경우 그 여자는 뚱뚱하고 못생긴 여자이다. 결혼점에서 천공이 발용되고 지상신에도 있으면 그 집에 과부나 고아가 있다.

출산

음일의 묘성과나 복음과이고 초전이 공망이며 천공이 있으면 출산을 늦게 한다. 백호·구진·천공이 과전에 나란히 보이면 출생하는 자식이 불초(不肖)한 자식이며, 지상신이 卯이고 천공이 승하는 경우 불구인 아이를 낳을 수 있다.

태아의 성별을 구분할 때 천공은 여자에 해당된다. 양비나 음비가 아니고 천반 양, 지반 음이면 음양불비(陰陽不比)라 하며, 이 때는 초전에 승한 천장으로 남녀를 구분한다. 천을·등사·주작·구진·청룡·백호·태상인 경우 남자이며, 육합·천공·현무·태음·천후인 경우는 여자이다.

질병

질병점을 볼 때 병증은 지상신을 참고한다. 예를 들어 戌 천반에 천공이 타는 경우 비위의 병이거나, 토기(土氣)가 중신(重神)이 되어 수기(水氣)를 극하여 보행이 곤란하며, 골수에 이상이 있을 수 있다.

직장

지상신이 일간을 생하면서 삼전이 길하고 천공이 초전에 있는 경우 관직을 얻는다. 그러나 복음과이며 초전이 관성이 되고 천공이나 공망이 되는 경우 직장을 얻지 못한다. 공망이 아니면 늦게 공명을 얻는다. 또한 丙일이나 戊일점으로 巳 초전에 천공이 타면 빨리 취직할 수 있다.

재물

재물점에서 재성에 천공과 만어(饅語)가 타는 경우 부하나 고용인에 의해 재물을 얻어도 말이 무성하다. 또한, 투자 결정에서 초전이나 간상신에 천공이 타면 상대에게 허를 찔릴 염려가 있으므로 주의한다. 또한 점시ㆍ간상신ㆍ초전에서 재성에 천공이 들면 허망한 재물을 구하려는 것이다. 만어는 월지 기준의 신살표를 참고한다.

구인

종업원의 점에서는 천공이 유신이 된다. 천공의 승신(乘神)과 간지상신이 생합하고 형충파해가 되지 않으면 길하고, 그렇지 않은 경우에는 도망하거나 좋지 않다. 또한 천공이 辰ㆍ戌에 탈 때도 좋지 않은 인물이다.

분실

분실점에서 지상신이 천공이나 공망이 되고 현무가 없으면 집안사람이 감춘 것이다. 그러나 일간상신이 일지상신을 극하고 천공ㆍ현무가 과전에 보이면 도둑맞은 것이다.

소송

천공이 지상신에 있고, 삼전에 관신(關神)이 들거나 간지상신에 묘신이 나타나는 경우 구속이 된다.

월	子	丑	寅	卯	辰	巳	午	未	申	酉	戌	亥
관신	戌	戌	丑	丑	丑	辰	辰	辰	未	未	未	戌

8) 백호

다음은 戊午5국_주점인 경우로, 이 예를 통해 삼전에 타는 백호의 영향을 알아본다.

말전	중전	초전
天后	白虎	六合
甲寅	戊午	壬戌
午	戌	寅

4과	3과	2과	1과
六合	天后	勾陳	天乙
壬戌	甲寅	辛酉	○丑
寅	午	○丑	戌(巳)

위와 같이 낮에 점을 쳐서 5국이 되는 경우 집안 어른에게 재액이 있다. 이는 중전 인수효에 백호가 탔기 때문이다. 또한 밤에 취직점을 치는 경우, 말전에 백호가 타므로 취직을 하게 된다. 이는 말전의 寅木이 戊일간의 관귀가 되는데 여기에 백호가 붙어서 최관사자(催官使者)가 되기 때문이다.

(1) 백호의 특징

백호는 庚·申의 금장(金將)으로 맹렬한 혈광지신이다. 사고와 재액을 불러 일으키고 색정과 음행을 즐기는 천장이다. 그러나 기세가 좋으면 재물과 권위를 가져오기도 한다.

(2) 백호의 유신

백호의 형상은 목이 짧고 머리가 짧으며, 성정은 위엄이 있고 맹렬하며 자존심이 강하다. 백호의 유신은 질병·환자·사망·상복·재해·관재(官災)·도로·통신·재물·보물·마(麻)·금속류·칼·광물 등이다. 질병으로는 종기·두목혈광(頭目血光)이며, 숫자로는 7이다.

백호의 대표적인 유신 중 하나가 질병으로 백호를 병신(病神)이라고도 한다. 그러므로 질병점을 칠 때 백호가 나타나는 것을 크게 꺼린다. 만약 과전에 백호가 나타나지 않으면 병을 치료할 수 있다. 과전에 백호가 있어서 질병에 아주 흉하게 작용하는 것은 ① 백호가 탄 천신이 일간을 극하는 경우, 즉 천신이 관귀에 해당하는 경우, ② 백호가 행년상신을 극하는 경우, ③ 백호가 일진이나 연명상신을 극하는 경우이다. 그러나 백호가 공망인 경우, 덕신(德神)과 같이 있는 경우, 구신(救神)이 있는 경우에는 그 영향이 작아진다.

백호는 권위의 신장이기도 하다. 특히, 기세가 있는 상태로 관귀에 있으면 관직이나 직장점에 매우 좋다. 또한, 백호는 재물을 관장하여 과전의 상황이 좋으면 재물을 모을 수 있다.

(3) 백호의 일반 해석

모든 천장들과 마찬가지로 백호도 자신의 본기(本氣)와 같은 승신에 타면 그 영향이 커진다. 즉, 백호가 申·酉에 타는 경우 그 영향이 더 크다고 본다. 예를 들어 질병점에서 금기(金氣)인 백호는 더 나쁘게 보며, 부인의 상을 볼 때 초전에 천후가 타고 삼전에 백호가 있으며 게다가 금기 위에 있으면 아주 흉악한 상으로 본다.

(4) 백호의 생극과 일별 해석

백호가 일간을 생하는 경우 가정이 발전하며, 백호가 일간을 극하면 질병의 액이 있다. 일간이 백호를 극하면 기다리는 이가 오고 있는 중이며 큰 재물을 얻을 수 있고, 백호의 흉이 감소된다. 만약 삼전·연명에 백호·구진·현무 등의 흉장이 있어도 일간이 극을 하면 그 흉이 가볍다. 연명과의 생극도 일간과의 생극관계와 같이 해석한다.

간상의 묘신에 백호가 타는 경우 매사가 혼미하고 질병건으로 흉하다.

이 경우 간상의 묘신이 공망이라도 흉을 피할 수 없다. 간상 또는 초전에 백호가 있을 경우의 영향을 일별로 보면 ① 甲·乙일은 가정 내의 불안한 일이며, ② 丙·丁일도 마찬가지다. ③ 戊·己일은 구설·재난이며, ④ 庚·辛일은 질병사이고, ⑤ 壬·癸일은 외출하는 경우 손해를 본다.

백호가 상조(喪弔)를 띠고 지상(支上)에 있으면 집안에서 상복을 입을 일이 있고, 간혹 밖에서 상복을 입을 일이 생긴다. 참고로 상조는 상문 조객을 말하여 다음과 같다.

연지	子	丑	寅	卯	辰	巳	午	未	申	酉	戌	亥
상문	寅	卯	辰	巳	午	未	申	酉	戌	亥	子	丑
조객	戌	亥	子	丑	寅	卯	辰	巳	午	未	申	酉

(5) 백호의 왕상휴수사에 따른 해석

백호가 왕상휴수사 중 어느 자리에 앉았는지에 따라 ① 백호가 왕지에 있으면 관사와 비통함이 있고, ② 백호가 상지에 있으면 원한에 의한 다툼이 있으며, ③ 백호가 휴지에 있으면 질병이 있다. ④ 백호가 수지에 있으면 다툼·사고가 있고, ⑤ 백호가 사지에 있으면 질병과 사상이 있다.

(6) 백호가 승한 천반에 따른 해석

① 子 : 물로 인한 화액이 있고, 여자가 병이 든다. 소식은 오지 않는다.

② 丑 : 가옥·전토나 가축에 재액이 있다.

③ 寅 : 백호가 생사의 권한을 가지므로 처음에는 흉하지만 결국 흉이 길로 변한다. 가정의 분란을 조심한다.

④ 卯 : 질병·사망 또는 도로상의 재액이 있다.

⑤ 辰 : 辰에 승하면 분쟁·관재(官災) 및 흉사이다. 야간에 점을 치는 경우 더욱 흉하다. 참고로 辰에 구진이 타는 경우에도 분쟁이 있다.

⑥ 巳 : 처음에는 재액이 있으나 나중에는 길하다.

⑦ 午 : 질병에 걸리거나 상복을 입을 수 있고, 재물을 얻을 수도 있다.

참고로 백호가 지반 午에 임하는 경우를 소신(燒身)이라고 한다.

⑧ 未 : 가축이나 전토의 손실이 있다.

⑨ 申 : 분란과 소송이 있지만 끝은 좋다. 질병을 조심하며 여행은 금한다. 백호가 申에 타는 경우 금기(金氣)가 겹쳐서 피를 보는 병이나 피부병·치질·골절상이 있다. 참고로 신가오(申加午)를 백호투주작(白虎投朱雀)이라고 하며, 오가진(午加辰)도 신가오와 같은 영향이 있다.

⑩ 酉 : 사망 또는 도로상의 재액이 있다.

⑪ 戌 : 다른 사람에게 모략을 당하며, 소식은 오는 중이다. 이 경우 일지상신이 묘신(墓神)에 해당하면 묘에 관한 다툼이 있다.

⑫ 亥 : 기다리는 소식은 오지 않고, 집에 임신을 한 이가 있다. 자식의 질병점을 볼 경우 亥 위에 백호가 있으면 대흉하다. 亥등명을 아이로 본다.

(7) 백호와 필법부

필법부에서 백호와 관련된 항목은 다음과 같다. 004법 최관사자(催官使者) / 007법 왕록가림격(旺祿加臨格)·녹피현탈격(祿被玄奪格) / 025법 사호둔귀격(蛇虎遁鬼格)·사호승정격(蛇虎乘丁格) / 026법 마재호귀격(馬載虎鬼格) / 030법 사수충택격(獅獸沖宅格) / 034법 우중다행격(憂中多幸格) / 049법 백호혹승임축격(白虎或乘臨丑格) / 051법 괴도천문격(魁度天門格) / 052법 신장살몰격(神藏殺沒格) / 053법 양호협묘격(兩虎夾墓格) / 061법 호귀가간격(虎鬼加干格)·간승묘호격(干乘墓虎格) / 062법 묘문개격(墓門開格)·지승묘호격(支乘墓虎格) / 067법 호승정귀격(虎乘丁鬼格)·혈염병호작귀격(血厭病虎作鬼格)·녹신폐구격(祿神閉口格)·호묘격(虎墓格)·생사격(生死格)·백호병증격(白虎病症格)·호시봉호격(虎視逢虎格)·백호입상차격(白虎入喪車格) / 068법 제귀격(制鬼格) / 069법 호승둔귀격(虎乘遯鬼格) / 071법 병부택극격(病符宅剋格) / 086법 장봉내전격(將逢內戰格) / 091법 호림간귀격(虎臨干鬼格)·호귀승마격(虎鬼乘馬格) / 095법 백의식시격(白蟻食尸格)

(8) 백호와 하지론 해석

결혼

여자에게 백호가 타는 경우 고집이 있고, 얼굴이 못생겼다.

가정 · 부부

백호가 승한 신이 지상신을 극하는 경우 가운이 쇠퇴하며, 삼전에 백호 · 등사가 있는 경우 부부간에 화목하지 못하다. 백호가 지상신에 있고 일간의 묘신인 경우 사기(死氣)이면 가정에 재난이 있다. 이사 방위로 볼 때는 백호 · 등사 · 구진 · 현무가 있는 지반의 방위가 흉한 방위이다. 이 방위로 이사하면 재액이 있고 질병이 생긴다.

월지	子	丑	寅	卯	辰	巳	午	未	申	酉	戌	亥
사기	午	未	申	酉	戌	亥	子	丑	寅	卯	辰	巳

출산

백호와 구진인 경우 출산은 난산이다. 백호는 혈신(血神)이라고 하여, 백호가 초전에 있는 경우 당일에 출산하거나 조산한다. 출산일은 백호가 임하는 지반의 날이다. 식상효에 사기와 공망이 타고, 현태(玄胎)에 현무 · 백호 · 등사가 타는 경우에 임신하면 아이가 죽을 수 있다.

질병

백호는 등사 · 천후와 함께 대표적인 병신(病神)이다. 백호와 질병에 대해서는 하지론의 8장 질병을 참고한다.

산소

백호가 임하는 방향에는 암석이나 신당이 있다. 가택점을 치는 경우에도 동일하게 본다.

직장

직장을 판단할 때 백호는 최관(催官)이 된다. 관귀와 백호가 간상이나 연명상신으로 있는 것을 최관이라고 하며 빨리 임명된다. 단, 공망이 되는 경우에는 영향이 없다.

재물·매매

재성에 백호가 있고 겁살(劫殺)이나 덕합(德合)을 띠면 군대나 도둑과 관련된 재물을 얻는다. 체생(遞生)이고 초전이 백호인 경우에는 불행한 일이나 사상(死傷)과 관련하여 재물을 얻는다.

여행

천마와 백호가 같이 있으면 반드시 움직일 일이 있다. 천마와 申이 있는 경우도 같다.

대인

대인점에서 백호가 초전에 있으면 즉시 오고, 중전에 있으면 오고 있는 중이며, 말전에 있으면 오지 않는다. 삼전에 백호가 있는 경우에도 소식이 빨리 온다.

분실

현무의 음신이 내전 상태에 있고 구진과 백호가 타는 경우 범인을 잡을 수 있다.

소송

초전의 백호, 말전의 등사는 죄가 중하다. 이런 상태를 호두사미(虎頭蛇尾)라고 한다.

백호는 바람의 천장으로 뇌전대풍신(雷電大風神)이라고 한다. 백호가 기운이 있는 천신이나 지반에 있으면 큰 바람이 일어난다. 바람의 방향은 지반을 본다. 예를 들어, 午의 지반 위에 있으면 정남향에서 부는 바람이다. 바람이 일어나는 시간은 천신 未 아래에 있는 지반의 시각으로 판단한다. 예를 들어, 미가인(未加寅)이면 寅시부터 바람이 일기 시작한다.

9) 태상

말전	중전	초전
太常	太常	天空
癸亥	癸亥	○丑
寅	寅	辰

4과	3과	2과	1과
天后	太常	天后	太常
庚申	癸亥	庚申	癸亥
亥	寅	亥	甲(寅)

주야	陰常	武武	常陰	白后	空天	龍蛇	陳雀	合合	雀陳	蛇龍	天空	后白
천반	辛酉	壬戌	癸亥	○子	○丑	甲寅	乙卯	丙辰	丁巳	戊午	己未	庚申
지반	○子	○丑	寅	卯	辰	巳	午	未	申	酉	戌	亥

　　친구와 동업하여 무슨 일을 하면 좋을지 물어서 주점에 甲寅4국을 얻었다. 태상은 식록(食祿)을 주장하는 천장인데, 이것이 일간의 장생 자리에 앉아 있으므로 다른 이로부터 재물을 얻는 상이지만 다음의 문제가 있다. ① 본 과는 팔전(八專)으로 발용이 되었다. 팔전은 기본적으로 흉한 과이지만 과전에 길장인 태상이 타서 힘을 합쳐 일을 하기에는 좋다. 그러나 팔전의 본질상 서로 다른 마음을 품을 우려가 있으므로 사전 계약 등을 확실히 해두는 것이 좋다. 동업에 부정적인 것은 간지상신이 亥亥 자형으로 사승살(四勝殺)에 준하는 격이라는 것도 참고한 것이다. 사승살은 서로 자신이 낫다며 공을 세우려고 경쟁하다가 서로를 형해(刑害)하는 격이다. ② 甲寅일은 간지의 오행이 같아서 비겁의 영향이 강해져 겁재의 작용을 하고, 일간의 재성이 공망인데 천공이 타서 재물이 비

어 있는 상이므로 재물의 이익이 없다. 지상에 태상이 있는 경우 태상의 유신을 참고하여 음식·술·의복 장사를 하면 좋다고 하지만 위와 같은 문제점 때문에 보류하는 것이 좋다.

(1) 태상의 특징
태상은 己·未의 토장(土將)으로 술과 음식·결혼·재물을 주장한다.

(2) 태상의 유신
주관하는 일은 의복·음식·인수(印綬)로 직위 이동·결혼·연회· 재물·우물이다. 참고로 태상은 己·未인데, 未는 미(味)이므로 식록(食祿)과 의복을 주관한다. 사람으로는 부모 중 부친·군인(청룡은 문관, 태상은 무관)이다. 형상은 이마가 넓고, 성정은 원만하며 우아하고 단정하지만 아집이 강하다. 그리고 잘 먹는다. 참고로 자식은 육합이 되고, 웃어른은 태상, 부친은 일덕(日德), 모친은 천후로 구분하기도 한다. 태상의 질병은 사지와 두목(頭目)의 병, 신불(神佛)에 의한 재앙으로 오는 병, 불안증이다. 태상을 물건으로 보면 주옥(珠玉)·오곡이고, 색은 황색, 숫자는 8이다.

(3) 태상의 일반 해석
태상과 일간이 상생하는 경우 재물이 늘고 승진하며 결혼할 수 있다. 태상을 일간이 극하는 경우도 상생하는 경우와 유사하다. 태상이 일간을 극하면 도둑을 만나며, 즐거운 모임 중에 분쟁과 구설이 있다.

일간과 초전에 태상이 타는 경우 탄 천장의 길흉을 보면 ① 甲·乙일에 태상이 있는 경우 주식(酒食)의 자리에서 분쟁이 있으며, ② 丙·丁일의 태상은 집안에 기쁨이 있고, ③ 戊·己일의 태상은 이치에 맞지 않는 일로 사건이 생기고, ④ 庚·辛일의 태상은 음식이나 연회로 인해 재액이 생기기 쉽고, ⑤ 壬·癸일의 태상은 집안에 불화가 있다.

간상신에 태상이 타고 일간의 장생이 되는 경우 결혼 문제가 생긴다.

태상이 지상에 있으면 가정이 화평하고, 여자의 경우 외가의 재물을 얻게 된다. 지상신에 태상이 있고 일간의 장생에 해당하는 경우는 술집이나 음식점, 의복을 다루는 일을 하면 좋다. 초전에 태상이 타는 경우 집안에 과부가 있다.

(4) 태상의 왕상휴수사에 따른 해석

태상이 지(地)를 얻으면 보화와 재산이 되고 의식(衣食)이 되지만, 지를 잃으면 재물의 가치가 없는 것들이다. 태상이 앉은 자리가 왕상휴수사 중 어느 자리에 있는지에 따라 다음과 같이 해석한다. ① 태상이 왕지·상지에 있으면 웃어른이나 귀인으로부터 술·음식이나 재물을 얻거나 결혼의 즐거움이 있다. ② 태상이 휴지에 있을 때는 환자의 재물이나 의복에 대한 일이다. ③ 태상이 수지에 있을 때는 관사(官事)가 있다. ④ 태상이 사지에 있을 때는 유산을 받는 즐거움이 있다.

(5) 태상이 승한 천반에 따른 해석

① 子 : 주식(酒食)에 의한 상벌이 있다.

② 丑 : 丑에 타는 경우 승진하며, 관직에 있는 이는 영전한다. 연명상신이나 초전 丑에 구진이나 태상이 타면 남자의 정단인 경우 재물의 이익과 관련된 일이 있다.

③ 寅 : 남에게 모략을 당하고 신용을 잃는다.

④ 卯 : 손재 또는 분실이 있다.

⑤ 辰 : 명성을 얻고 직위가 올라간다.

⑥ 巳 : 이름을 날리고 직장에서 영화가 있다.

⑦ 午 : 태상이 午에 타는 경우 직장에서 추천이나 은혜를 받는다. 이때를 승헌(乘軒)이라고 한다. 참고로 승헌은 삼교(三交)이면서 삼전이 午·卯·子인 경우, 태상이 午에 타는 경우, 귀인이 午에 타는 경우를 말한다. 이 중 삼전이 午·卯·子인 경우를 고개승헌(高蓋乘軒)이라고 한다.

⑧ 未 : 태상의 본가로 돌아가는 것이며, 초대받는 기쁨이 있다.

⑨ 申 : 직장을 얻고, 먹고 마시는 즐거움이 있다.

⑩ 酉 : 재물과 관련된 일은 처음에는 순탄하지만 나중에는 서로 경쟁하게 된다. 남자는 여자를 만나는 즐거움이 있다.

⑪ 戌 : 주변과 불화하여 분란이 있고 송사가 발생한다.

⑫ 亥 : 상극하로 위는 좋아하고 아래를 미워하니, 윗사람에게 기쁨이 있다.

(6) 태상과 필법부

태상과 관련된 필법 사항은 다음과 같다. 015법 탈상봉탈격(脫上逢脫格) / 026법 우녀상회격(牛女相會格) · 태상지생격(太常支生格) · 태상간생격(太常干生格) / 032법 상장조재격(上將助財格) / 067법 연희치병격(宴喜致病格) / 072법 내외효복격(內外孝服格) / 086법 장봉내전격(將逢內戰格)

(7) 태상과 하지론 해석

점사의 목적별로 태상이 어떻게 해석되는지 살펴본다.

소망

태상은 의식(衣食)을 주관하는 천장이다. 태상이 공망을 맞고 흉살이 타는 경우 매사에 이루어지지 않는다.

결혼

간상신에 태상이 타고 간상신이 일간의 장생에 해당하는 경우 결혼과 관련하여 문제가 발생한다. 천후의 음신 천반에 태상이 승하는 경우에는 상대 여자가 성정이 정숙하다. 청룡과 태상을 만나면 결혼하게 되지만 육합이 같이 있는 경우에는 색정으로 흐를 수 있다. 결혼점에서 간상에 귀인이 타는 경우 남자가 준수하고, 지상에 태상이 타는 경우에는 여자가 그러하다.

가정 · 부부

정신(丁神)과 태상이 같이 있는 경우 집안의 웃어른에게 걱정할 일이
생긴다. 태상은 웃어른으로 태상이 공망이며 상문조객을 만나면 웃어른
의 상복을 입을 수 있다.

출산

삼전에 청룡 · 육합 · 태상을 보는 경우 출산이 안전하다.

질병

태상은 연회의 천장으로 태상이 겁살과 같이 있고 일간을 극하는 경우
연회로 인한 질액이 생긴다.

직장

태상은 인수(印綬) 즉 인끈이다. 그러므로 태상이 공망을 맞으면 직장
에서 승진하기 어렵다. 戌은 천인(天印)이라고 하는데, 戌이 태상에 타서
초전이 되어 왕상하고 삼기(三奇) · 육의(六儀) · 승헌(乘軒)의 특징을 보
일 때는 반드시 공명을 얻을 수 있다. 또한 태상이 초전에 있고 일진에도
있는 경우 관직에 있는 이는 자리를 옮기게 되고, 일반인은 결혼하는 즐
거움이 있다.

재물

초전이 건록이고 태상이 타면 의록(衣祿)이라 한다. 이 때 재물을 얻고
관직에 나가는 일이 생긴다. 길장인 귀인 · 청룡 · 태상 · 육합이 과전에
있고, 과격이 삼기(三奇) · 삼양(三陽) · 육의(六儀) 등의 특징을 보이며
삼전이 일간을 생하는 경우는 명리(名利)에 발달이 있다. 초전에 태상과
파쇄(破碎)가 타서 행년상신을 극하는 경우는 재물에 대한 다툼이 생긴

다. 그러나 말전이 태상이 승한 천신을 제압하면 해결된다.

월·일	子	丑	寅	卯	辰	巳	午	未	申	酉	戌	亥
파쇄	巳	丑	酉	巳	丑	酉	巳	丑	酉	巳	丑	酉

여행

태상이 사계(四季)인 辰·戌·丑·未에 있고, 백호가 午·卯에 타는 경우 여행할 일이 생긴다.

대인

기다리는 사람에 대한 소식은 주작 위주로 판단한다. 만약 주작의 음신(陰神)에 백호·천강(天罡)이 타면 흉한 소식이며, 청룡과 태상이 타면 길한 내용이다.

기후

천후의 판단은 간상신으로 하고 변화는 삼전으로 본다. 이 때 태상은 비가 올 것 같은 순풍신(順風神)이 되어 맑다.

택방

위급 피난의 별법으로 태음·태상·육합이 앉은 자리인 사문(私門)을 택하는 방법이 있다. 그러나 이러한 사문도 나를 극하는 관귀의 방향은 피해야 한다.

10) 현무

마늘밭을 밭떼기로 계약하러 가는 사람으로부터 문점을 받아 다음의 辛丑3국_주점을 얻었다. 다음의 조식으로 계약을 해야 할지 판단해본다.

말전	중전	초전		4과	3과	2과	1과
青龍	白虎	玄武		白虎	玄武	勾陳	天空
乙未	丁酉	己亥		丁酉	己亥	甲午	丙申
酉	亥	丑		亥	丑	申	辛(戌)

주야	常常	武白	陰空	后龍	天陳	蛇合	雀雀	合蛇	陳天	龍后	空陰	白武
천반	戊戌	己亥	庚子	辛丑	壬寅	癸卯	○辰	○巳	甲午	乙未	丙申	丁酉
지반	子	丑	寅	卯	○辰	○巳	午	未	申	酉	戌	亥

위의 사과로 현재 상태를 보면 간지상신 申·亥가 육해라서 거래 상대
방과 알력과 의혹이 있다. 앞으로의 진행 상태를 삼전의 상황으로 보면,
초전 亥는 일지 巳·酉·丑 금국(金局)의 역마가 되고, 중전에 정신(丁
神)이 있으므로 이동 문제다. 그러나 초전과 중전에 흉장 현무와 백호가
타므로 결과는 좋지 않다. 또한, 삼전이 未·酉·亥로 역간전(逆間傳)일
경우 후퇴하는 것이 상책이다. 위의 국과 같이 식상의 사신에 현무가 타
는 경우를 귀탈승현격(鬼脫乘玄格)이라고 한다. 이 경우 반드시 재물에
손실이 있으므로 역간전의 기운대로 나중을 기약하는 것이 좋고, 계약하
면 손해를 본다.

(1) 현무의 특징
현무는 순음(純陰)의 천장으로 음사은닉(陰私隱匿)·도적허모(盜賊虛
耗)와 만물의 종료를 주장하는 癸·亥에 속하는 흉장이다. 청룡·등사·
주작을 좋아하고 천공·구진을 싫어한다.

(2) 현무의 유신
현무가 주장하는 것을 보면 상생·왕상할 때는 재물과 귀인을 만나고,
극전이나 휴수사의 상태일 때는 도둑을 만난다. 현무는 여자·소인·실
종·질병·이별을 주도하는 천장이다. 그 밖에 간사(奸邪)·옥송(獄
訟)·거마(車馬)·파가(破家)·상재(傷財)를 주도하기도 한다.

사람으로는 도둑과 사인(邪人)·소인배·여자이다. 형상은 추해 보이고, 성정은 왕상하면 총명하고 지혜가 있으며, 일반적으로 밝고 착해 보인다. 그러나 한편으로는 고독한 성정도 있다. 질병은 요통·심통(心痛)·복통이나 창만증(脹滿, 복강에 물이 괴어 배가 부푸는 증세), 수충(水蟲, 물 속에 사는 독충)으로 인한 질병이다. 짐승으로는 물에 살고 비늘이 있는 동물이며, 물건으로는 콩류와 여자의 물건이며, 색은 흑색, 숫자는 4이다.

(3) 현무의 일반 해석

현무와 일간이 상생하면 시비와 허실(虛實)이 뒤섞이고 가정 내 불안이 사라지지 않는다. 그러나 의외의 재물을 얻을 수 있다. 현무가 일간을 극하면 당장 도둑을 만나며, 일간이 현무를 극하면 도둑을 잡기에 좋고 오히려 기쁜 일이 생긴다. 연명과 현무의 관계도 같다.

일간과 초전에 현무가 탈 때의 길흉을 일별로 보면 ① 甲·乙일은 처음에는 재물을 얻지만 나중에는 재물을 잃는다. ② 丙·丁일은 도난을 당하거나 다른 사람에게 재물을 빼앗긴다. ③ 戊·己일은 재물을 도둑맞는다. ④ 庚·辛일은 처음에는 손해를 보지만 나중에는 이익이다. ⑤ 壬·癸일은 도난·분실이 있다.

지상(支上)에 현무가 타는 경우 내우외환이 있고 도난·도망과 관련된 일이 있다.

(4) 현무의 왕상휴수사에 따른 해석

현무가 왕상하고 일간과 합이 되는 경우 교역(交易)을 취급하고, 휴수가 되면 사기로 재물을 잃거나 분실하는 일이 생긴다. 현무가 왕상휴수사 중 어느 자리에 앉았는지에 따라 ① 현무가 왕지에 있으면 웃어른의 재물을 잃고, ② 상지에 있으면 관청과 관련된 일로 재물을 잃는다. ③ 휴지에 있으면 병으로 재물을 잃고, ④ 수지에 있으면 도둑으로 인한 형사상의 문제가 발생하며, ⑤ 사지에 있으면 도난이나 사망과 관련된 일이다.

(5) 현무가 승한 천반에 따른 해석

① 子 : 현무가 亥 · 子 위에 있으면 반드시 도난 사건이 있다. 현무가 子에 타면 여행 중 도난을 당하며, 도주한 사람이 집에 있다. 도둑은 정북쪽에서 오며, 몸은 작고 얼굴은 검은 편이다. 성씨는 수성(水姓)이다.

② 丑 : 부정한 물건과 관련된 일이 생긴다. 도둑점인 경우 도둑은 동북쪽에서 오며, 얼굴은 둥근 편에 황백색이고, 다리나 절 근처에 산다.

③ 寅 : 평화롭고 재해는 일어나지 않지만 도난 당한 물건은 찾지 못한다. 도둑은 동북쪽에서 온다. 도둑의 몸은 큰 편이며 얼굴에 점이 있고 성씨가 목성(木姓)이다.

④ 卯 : 도난을 주의해야 한다. 卯 · 酉에 현무가 타는 경우 집 안에서 도난을 당하며, 관사가 발생한다. 도둑은 동쪽에서 오며, 얼굴이 흰 편이고 몸은 마르고 작다.

⑤ 辰 : 아랫사람의 가출이나 도망 사건이 있다. 도둑점인 경우 도둑이 동남쪽에서 오며, 얼굴이 황색이고 키는 작으며 흉악한 상이다.

⑥ 巳 : 매사 완결되는 일이 없으며, 파재 또는 해산 등으로 놀랄 일이 있다. 도둑점인 경우 도둑은 동남쪽에서 오며, 보통 체격에 붉은 얼굴이고 하천한 인물이다.

⑦ 午 : 업무에 변화가 생기며, 도난을 당하지만 큰 손해는 아니다. 도둑은 남쪽에서 오며, 이마가 뾰족하고 목소리가 크며 얼굴은 붉다.

⑧ 未 : 귀인에게는 길하지만 소인에게는 도난 사건이 있다. 직장을 옮길 기운이 있으며, 음식물을 주의해야 한다. 도둑은 남서쪽에서 오며 뚱뚱한 사람이다.

⑨ 申 : 재물을 잃고, 도난과 관련하여 몸을 다친다. 도둑은 남서쪽에서 오며, 몸이 크고 하얀 얼굴이다. 癸巳일 정단시 출행하면 대액을 만난다.

⑩ 酉 : 집 안에서 도난을 당하며, 도둑을 잡다가 도리어 해를 입는다. 서쪽에서 도둑이 오며, 몸이 가늘고 흉악한 상으로 얼굴에 점이 있다. 또한 아랫사람이 도망하여 재물의 손실을 볼 수 있다.

⑪ 戌 : 도둑은 힘이 약해서 잡히게 된다. 도둑이 북서쪽에서 오며, 키

가 크고 야위었으며 이목구비가 크다. 아울러 동물로 인한 해가 있고, 고용인이 실종된다.

⑫ 亥 : 亥에 승하면 복장(伏藏)이라고 하여 숨게 되고, 업무상 재해가 일어나기 쉽다. 亥에 백호·현무가 타면 종교에 맹신할 징조가 있다. 도둑점인 경우 도둑은 북서쪽에서 오며, 키가 작고 얼굴이 검은 편이며 이목구비가 반듯하지 않다.

(6) 현무와 필법부

필법부에서 현무과 관련하여 참고할 격은 다음과 같다. 007법 왕록가림격(旺祿加臨格)·녹피현탈격(祿被玄奪格) / 009법 사익취손격(捨益就損格)·피난불능격(避難不能格) / 015법 탈상봉탈격(脫上逢脫格) / 035법 귀탈승현격(鬼脫乘玄格)·재공승현격(財空乘玄格)·인택수탈격(人宅受脫格) / 038법 녹작폐구격(祿作閉口格)·폐구격(閉口格) / 039법 태양조무격(太陽照武格) / 052법 신장살몰격(神藏殺沒格) / 067법 욕분살(浴盆殺)·수혼신(收魂神) / 090법 참관격(斬關格)

(7) 현무와 하지론 해석

가정 · 부부

관리의 가정인 경우 관재가 있거나 스스로 형해(刑害)하는 일이 발생한다. 육합과 태음이 과전에 모두 있으며, 현무가 申·酉·午에 타고 일진과 같은 경우에는 가족이 가출하여 실종되는 사건이 일어난다.

출산

辰·戌에 육합이나 현무가 탈 경우 임신에 관한 일이다. 초전이나 점시·연명상신에 식상효·청룡·육합·태신(胎神)·생신(生神)·천희(天喜)가 탈 때는 생산과 관련된 일이거나 가축·토지에 관한 일이다.

현무가 간상신에 있는 경우 주색이나 과로 등이 병의 원인이다. 신장·방광 계통의 질병이나 요통이 생긴다. 현무가 辰·未에 겹쳐 타고 일진을 극하면 물로 인한 재난이 있고, 亥에 현무가 있는 중신(重神)의 경우에는 눈병을 앓는다.

재물

현무와 재성이 같이 있는 경우 재물을 잃는다. 재물과 관련된 일은 이루어지는 것보다 손해보는 일이 많다. 재물을 얻는 경우에도 음사(陰事)로 얻게 된다.

분실

간지상에 현무가 있고 일간을 극하면 도둑과 분실을 조심해야 하며, 종업원 등 다른 사람으로 인해 손해를 본다. 현무에 순정(旬丁)이 있으면 분실한 물건을 찾지 못한다. 현무를 구진이 제극하는 경우 도둑을 잡을 수 있다. 현무의 음신인 도신(盜神)에 길장이 타고 현무가 탄 천신과 상생하는 경우에는 도둑을 잡을 수 없고, 흉장이 타고 상극하는 경우에는 도둑을 잡을 수 있다. 참고로 식상을 도신으로 부르는 경우도 있다. 현무가 지상신에 있는 묘성과는 반드시 분실하는 일이 생긴다. 또한 현무가 유도(遊都)·괴강(魁罡)과 합을 하는 경우 도둑 사건이 발생한다.

일간	甲	乙	丙	丁	戊	己	庚	辛	壬	癸
유도	丑	子	寅	巳	申	丑	子	寅	巳	申

11) 태음

한국에 있는 우크라이나 인으로부터 가정사에 대한 문점을 받아 辛酉 4국_주점을 얻었다. 다음의 조식으로 어떤 상황인지 알아본다.

말전	중전	초전
朱雀	天后	太常
○子	乙卯	戊午
卯	午	酉

4과	3과	2과	1과
天后	太常	太陰	白虎
乙卯	戊午	丙辰	己未
午	酉	未	辛(戌)

위의 국에서 간상신과 초전은 午未합을 하고, 2과는 중전과 卯辰 육해하며, 지상신은 말전과 子午충, 4과는 말전과 子卯형이 되었다. 합은 화합이지만 형충파해가 되어 있으므로 가정에 불화가 있음을 알 수 있으며, 지상신인 午가 일간을 극하여 힘든 상황이다. 또한 위의 과는 子·午·卯·酉일점에(일교), 지상신과 삼전이 모두 子·午·卯·酉이며(이교), 초전에 태음이 타서 삼교에 해당된다. 삼교는 길흉이 대부분 안으로부터 일어나며, 음사암매(陰私暗昧)로 인해 가정 파탄이 있기 쉬운 상황이다. 말전 子가 일간의 관귀를 子午충으로 다스려서 구신의 역할을 하지만 순공이 되어 역할이 떨어지고, 나중에는 午未합의 영향으로 화합을 이룬다.

(1) 태음의 특징

태음은 辛·酉의 금신(金神)으로 태양이 진 뒤 나타나는 호위의 용사이며, 숙살의 권리가 있는 엄하고 위용이 있는 길장에 속한다. 득지하면 시비가 분명하고 신망이 있으나, 실지하면 비첩의 속성을 보인다. 태음은 청룡·태상·천후를 좋아하고, 주작·등사·천공을 두려워한다. 참고로 육임에서 육흉장은 등사·주작·구진·천공·백호·현무이고, 칠흉장이라고 하면 태음이 추가된다.

(2) 태음의 유신

태음이 주장하는 것은 음란과 간사함, 혼미함과 불명(不明), 결혼, 금전이다. 사람은 형제자매, 부인, 여자 고용인, 음란한 사람, 무당, 종교인이다. 형상은 뼈대가 가늘고 색기가 강하며, 성정은 냉정하지만 사사로운 정으로 상대와 교통한다. 이에 반해 같은 금장(金將)인 백호는 자신의 고집대로만 행한다. 참고로 남자 고용인은 戌 또는 천공, 여자 고용인은 酉 또는 태음이며, 태음 이외에 재성과 천후도 부인이 된다.

질병은 손발의 손상과 심복의 재앙으로 인한 증상이다. 짐승으로는 나는 것, 박쥐, 꿩류이며 물건으로는 여자의 물건, 금은보석, 칼류, 물에 감춰진 물건이고 곡식으로는 오곡, 벼와 콩류이다. 색은 황색이고, 숫자는 6이다.

(3) 태음의 일반 해석

태음과 일간이 상생하면 음인이나 여자로부터 도움이 있고, 태음이 일간을 극하면 여자나 종교인으로 인해 손실을 본다. 아랫사람이 도주할 우려가 있으며, 태음이 간상신에 있으면서 일간을 극하는 경우에는 색란과 관련된 일이 있다. 특히 卯·酉에 있는 경우에 더 심하다. 태음을 일간이 극하면 재물이 생기거나 경사가 있다.

일간과 초전에 태음이 있는 경우의 길흉을 일별로 보면 ① 甲·乙일의 태음은 도주 사건이며, ② 丙·丁일의 태음은 일에 부족함이 있어서 성과가 나기 어렵고, ③ 戊·己일의 태음은 소망하는 일이 이루어지지 않는다. ④ 庚·辛일의 태음은 이룰 수 없는 욕망으로 고민이 생기고, ⑤ 壬·癸일의 태음은 매사에 분명하게 매듭지어지는 일이 없다.

지상(支上)에 있는 출산점의 경우 귀한 여자아이를 보고 집안에 광채가 있다.

(4) 태음과 필법부

필법부에서 태음과 관련된 사항으로는 086법 장봉내전격(將逢內戰格)이 있다.

(5) 태음의 왕상휴수사에 따른 해석

태음이 왕상하고 상생하면 여자로 인해 재물이 늘고 임신과 출산의 기뽐이 있지만, 제극되고 사수가 되면 여자나 소인의 질환이 있고 구설이 있다. 태음이 왕상휴수사 중 어느 자리에 앉았는지에 따라 ① 태음이 왕지에 있으면 결혼으로 재물의 이익을 보고, 숨은 사건으로 이익을 본다. ② 태음이 상지에 있으면 재물을 숨기게 된다. ③ 태음이 휴지에 있으면 무당이나 종교에 관한 일이 있다. ④ 태음이 수지에 있으면 음란한 일로 눈물을 흘릴 일이 있다. ⑤ 태음이 사지에 있으면 음사(陰事)로 인해 죽거나 다치는 일이 있다.

(6) 태음이 승한 천반에 따른 해석

① 子 : 견우와 직녀의 신인 子·丑이 간지상신에 있고, 이 위에 태음·천후가 타는 경우 원하는 애정사가 이뤄진다. 아울러 부인이 질투한다.

② 丑 : 윗사람과 아랫사람이 모여서 일을 추진한다.

③ 寅 : 물건을 고치고 윗사람과 화합하며, 직위가 올라가고 은혜를 받는다. 태음이 寅·申에 타면 있던 구설이 자연히 사라진다.

④ 卯 : 亥·卯·未·酉 사지에 천후·태음·청룡의 삼장이 타고 과전에 있으면 이부(二夫)의 과이다. 불비(不備)이고 삼전에 사지가 있는 경우도 같다. 부정한 방법으로 일을 도모하면 이룰 수 없다.

⑤ 辰 : 재물이나 문서가 움직이고 다툼의 징조가 있으며, 처는 낙태하여 몸이 상한다.

⑥ 巳 : 부녀자로 인한 구설이 있고, 분실 사건으로 놀랄 일이 생긴다.

⑦ 午 : 재물·문서와 관련된 일로 발전이 있다. 丙·午일인 경우 재물의 이익이 있다.

⑧ 未 : 결혼과 관련된 일이 있으며 여자의 품행이 불량하다. 서류나 문서와 관련하여 사기를 당할 수 있다.

⑨ 申 : 권력을 잡는 상으로, 대인에게는 유리하고 소인에게는 불리하다. 또한 음인(陰人)에게 해를 입는다. 구설이 있는 것은 사라진다. 申·酉에 태음이 타는 경우를 발검(拔劍)이라고 한다.

⑩ 酉 : 문서나 서적에 관한 일이 있다. 고용인이 있는 경우 질병이나

출입에 걱정할 일이 생긴다. 결혼점에서는 여자의 품행이 불량하고, 음인에게 해를 입는다.

⑪ 戌 : 여자는 색란과 관련된 일이 있고 괴이한 사건이 발생한다. 고용인은 훔치려는 마음이 생긴다.

⑫ 亥 : 매사에 일을 진행하는 것과 반대되는 결과가 나타나고 길흉도 반대로 나타난다. 결혼점에서는 여자의 품행이 불량하며 질병에 걸릴 수 있다.

(7) 태음과 하지론 해석

결혼

결혼점에서 좋고 나쁨을 볼 때, 남자는 간상신을 중시하고 여자는 지상신을 중시한다. 만약 지상신 卯 · 亥 · 酉 · 未에 태음이 타서 초전이 된 경우 여자가 부정한 상이다. 초전이 처인 재성이 되고 덕신(德神) · 천후가 일간과 합을 하면서 간상신에 태음이나 천후가 타는 경우에는 좋은 처를 만난다. 점단일이 구추일(九醜日)이며 삼전에 태음이나 천후가 타고 천희(天喜) · 함지(咸池) · 지합이 되는 경우, 상대 여자가 미인이라도 정조가 있는 여성이 아니다.

참고로 구추일은 乙卯 · 乙酉 · 己卯 · 己酉 · 辛卯 · 辛酉 · 戊子 · 戊午 · 壬子 · 壬午일이다.

가정 · 부부

육합과 태음이 모두 과전에 있고, 현무가 申 · 酉 · 午에 타서 일진과 같은 경우 가족이 가출하여 실종되는 사건이 발생한다. 천후가 지상신에 있고 양의 불비격이면 가정에서 여자의 권한이 강해진다. 육합이 지상(支上)에 있는 경우에도 마찬가지다. 태음에 순정(旬丁)이 승하면 비첩(婢妾)이 사통(私通)한다.

출산

출산점에서 과전에 태음을 보면 출산을 빨리 한다.

질병

태음이 왕상하면 질병이 낫지 않는다. 초전 酉에 태음이 타는 경우 금기(金氣)가 겹쳐서 폐·대장의 질병이 있다. 관귀나 간상신에 태음이 타는 경우에는 생각이 지나쳐서 생기는 질병이나 우울증, 부인병, 뼈·근육의 통증이나 부종이 있다. 태음이 삼전에 있으면 환자가 말을 못 하는 증상이 있을 수 있다.

재물 · 매매

태음은 재물을 늘리는 기운이다. 태음이 초전에 있으면서 일간과 합을 하는 경우 여인으로 인해 재물을 얻거나 결혼의 기쁨이 있다. 재성에 육합이나 태상이 있으면 장사로 가운을 일으킨다. 그러나 현무와 파신(破神)을 함께 보면 재물의 손실이 있다.

구인

일간이 고용주가 되고 지상신은 고용인이 되며, 태음과 酉는 여자 고용인이 된다. 지상신이 일간을 생하거나, 일간과 태음의 승신이 상생하는 경우 여자 고용인을 채용하면 길하다.

택방

위급한 상황을 피하기 위한 피난인 경우 사문(私門)인 태음·육합·태상이 있는 지반 방위를 택한다. 단, 그 방향이 일간의 관귀 방향이면 피한다. 사문은 지사문(地私門)으로 기문둔갑에서도 사용된다.

대인

태음이 왕상한 경우 기다리는 사람에게 소식이 없다.

태음이 나타나면 도둑을 잡을 수 없다. 태음이 일진에 있는 경우 도둑이 지사문(地私門)에 들기 때문이다.

소송

태음이 나타나서 일(日)과 상생하는 경우 작은 죄라면 용서 받는다. 또한, 태음이 형극이 되는 경우에는 정성을 다하면 유리해진다.

기후

삼전이 巳酉丑 종혁(從革)인데 겨울에 태음을 보면 결빙이 심하므로 주의한다.

12) 천후

남편의 바람을 의심하는 부인이 문점하여 辛丑9국_야점을 얻었다. 판단 결과 현재 다투는 상이며 이별할 것으로 판단된다. 다음의 과전을 통해 판단 이유를 자세히 알아본다.

말전	중전	초전
天后	白虎	六合
○巳	辛丑	丁酉
丑	酉	○巳

4과	3과	2과	1과
六合	天后	天乙	太常
丁酉	○巳	甲午	壬寅
○巳	丑	寅	辛(戌)

과전의 특징을 보면, 하적상 하는 것이 1과의 辛·寅과 4과의 巳·酉로 두 개가 있다. 이 경우 일진과 음양이 같은 것을 초전으로 발용시키므로 4과의 천반 酉가 초전이 되는 지일과이다. 지일과는 불화하는 상이고 지일에 하적상을 하므로 질투로 볼 수도 있다.

또한 위의 과는 무음(蕪淫)에 해당된다. 무음은 일진이 교차극(交叉剋) 하는 것을 말한다. 즉, 간상신은 일지를 극하고, 지상신은 일간을 극하는 경우이다. 부부간에 서로 다투고 의심하며 다른 마음을 갖고 있다.

위의 과는 교동(狡童)에도 해당되는데, 교동은 삼전에 육합과 천후가 있는 음일(淫泆) 중 초전이 육합이고 말전이 천후일 때 이루어지는 격이다. 사통(私通)하고 남자가 말전의 천후를 추구하는 음란한 상이다. 교동에 삼전 종혁이 되므로 이격신(離隔神)이 되어 이별하게 된다.

(1) 천후의 특징

천후는 천을귀인의 처로 천지의 인자한 어머니이며, 壬・子에 속하는 길장이다. 청룡・태상・귀인・육합을 좋아하고, 구진과 천공을 싫어한다.

(2) 천후의 유신

천후가 주관하는 것은 집안의 음사(陰事), 결혼, 임신과 출산, 군자의 직위 이동, 은택(恩澤)을 베풀고 덕을 행하는 일이다. 흉작용을 할 때는 음란한 기운, 헛된 일, 구설, 도망 등에 작용한다. 천후를 결혼의 천장으로 볼 때 육합은 중매인이 된다. 음란의 기운 중 육합을 결혼 전에 이성을 사귀는 것으로 본다면, 천후는 결혼 후에 바람을 피우는 상이다.

사람으로는 처・귀부인・어머니(아버지는 일덕)・산모・어린이다. 천후는 28수 중 여수(女宿)에 있고, 丑 귀인과 子丑합이 되어 처의 유신이 된다. 형상은 정갈하지만 약간 교만해 보이고, 흉살악신(凶殺惡神)과 같이 있을 때는 천부(賤婦)의 상이다. 성정은 지(地)를 얻는 경우 인격이 높고 청렴하지만, 지를 잃으면 문란하고 간교하다. 질병은 대소변의 이상, 음양의 부조화, 장부의 질병이거나 수신(水神)의 앙화(殃禍)로 인한 병이다. 물건 중 곡식으로는 벼와 콩류이고, 여자용 물건, 금속이나 돌, 초목(草木)이다. 천후가 천공과 합이 되고 육음(六陰)에 귀살(鬼殺)이면 더러운 물건이다. 짐승은 쥐와 박쥐이며, 색은 흰색이고, 숫자는 9이다.

(3) 천후의 일반 해석

천후가 일간과 상생하면 친밀한 상이며 혼인이 이루어진다. 천후가 일간을 극하면 부부가 불화하며, 부인이 남편을 상하게 한다. 또한 애매한 사건이 일어난다. 일간이 천후를 극하면 가정에 경사가 있고 부인의 재물을 얻게 되며, 은밀한 관계로 술과 음식을 같이 먹는 일이 생긴다. 또한 남자가 여자를 싫어하는 상이다. 연명과의 극도 동일하게 해석한다.

천후가 일진에 있고 태세에도 있는 경우에는 은혜·은전의 일이 즉시 일어난다.

초전에 천후가 있으면 어떤 일이나 부녀자와 관련된다. 초전의 천후는 간부(姦婦)로 보기도 한다. 초전의 천후가 亥·子·卯·酉에 타고 일간을 극하는 경우 욕(浴)의 방위를 택하면 색란이 일어나며, 이 때 육처의 구진이 함께 일간을 극하는 경우에는 관사가 있을 수 있다. 일간과 초전에 천후가 있는 경우의 일별 영향을 보면 ① 甲·乙일은 일이 불분명해지고, ② 丙·丁일은 부녀자와 분쟁이 있으며, ③ 戊·己일은 바깥일에 기쁨이 있다. ④ 庚·辛일은 구설·도주와 관련된 일이 있고, ⑤ 壬·癸일은 감정적인 행동으로 재난이 있다.

(4) 천후의 왕상휴수사에 따른 해석

천후가 왕상휴수사 중 어느 자리에 앉았는지에 따라 ① 천후가 왕지에 있으면 결혼과 관련된 일, 술·음식에 관한 일이 있다. ② 천후가 상지에 있으면 부녀자에게 음사(陰事)가 있다. ③ 천후가 휴지에 있으면 질병과 음사가 있다. ④ 천후가 수지에 있으면 간사스런 사건이 있다. ⑤ 천후가 사지에 있으면 사상(死傷)·재물과 관련된 일이 있다.

(5) 천후가 승한 천반에 따른 해석

① 子 : 매사를 조용하게 처리하는 것이 좋고, 결혼이 이루어진다. 子·丑인 견우와 직녀신이 간지상신에 있고, 이 위에 태음·천후가 타는 경우에는 원하는 애정사가 이루어진다.

② 丑 : 고민이 있고, 여자에게는 결혼 문제가 있으며, 남자는 여자에게 재물을 얻거나 전택으로 인한 즐거움이 있다.

③ 寅 : 가정이 화목하고 번영한다. 애정과 결혼 문제가 있다.

④ 卯 : 문란하고 색정과 관련된 일이 있다. 亥·卯·未·酉 사지에 천후·태음·청룡의 삼장이 타서 과전에 있으면 이부(二夫)인 과이다. 불비(不備)이고 삼전에 사지가 있는 경우도 동일하다.

⑤ 辰 : 슬픈 일이 있고 질병으로 고생한다. 辰이 부인의 연명에도 해당되는 경우 임신 중이면 낙태한다.

⑥ 巳 : 간사·음란으로 재해가 있으며, 부인에게 병이 있다.

⑦ 午 : 음란해지고, 임신한 경우 질환으로 고생한다.

⑧ 未 : 결혼과 관련된 일이 있고, 부인에게 우환이 생긴다.

⑨ 申 : 음란한 일이 일어나고 색정에 빠진다.

⑩ 酉 : 집안에 문란한 일이 있고 천박해지는 일이 생긴다. 음신이 申이면 색란과 관련된 일이다.

⑪ 戌 : 재물을 잃고 소송건이 있다.

⑫ 亥 : 질병과 물로 인한 재해가 있다.

(6) 천후와 필법부

천후와 관련된 필법 사항은 다음과 같다. 019법 삼현태격(三玄胎格)·우모격(憂母格) / 030법 혈염극택격(血厭剋宅格) / 040법 후합점혼격(后合占婚格) / 053법 양후협묘격(兩后夾墓格) / 086법 장봉내전격(將逢內戰格)

(7) 천후와 하지론 해석

결혼

결혼점에서는 천후를 찾는 것이 원칙이다. 천후가 탄 천신과 일간이 생합하면 결혼할 수 있다. 천후가 일간을 극할 때는 여자가 남자를 배반하고, 일간이 천후를 극할 때는 남자가 여자를 배반한다. 삼전에 丑이 있는 경우 방해가 있지만 결혼에 성공한다. 과전에 천후와 육합이 있으면 연애결혼을 한다. 만약 이 중 하나가 공망이면 상대방이 헛된 마음을 갖고 있다. 결혼에서 청룡은 남자이고 여자는 천후이다. 그러므로 청룡이 천후를 생하면 남자가 여자에게 도움이 되고, 천후가 청룡을 생하면 여자가 남자에게 도움이 된다.

가정 · 부부

천후 · 육합 · 현무는 음란의 기운을 몰고 온다. 천후 · 육합이 과전에 있으면 남자는 수치심이 없고 여자는 정조 개념이 없다. 이혼을 원하는 경우 청룡 · 육합 · 천후의 천신과 간지상신이 상극이나 형충파해가 되면 이혼한다. 천후가 육합을 극하는 경우 여자가 남자를 싫어하고, 육합이 천후를 극하는 경우에는 남자가 여자를 싫어한다. 천후에 순정(旬丁)이 있으면 부인이 다른 곳으로 간다.

출산

辰 · 戌에 현무나 천후가 타는 경우 처가 임신을 한다. 천후는 산모이고 육합은 자식으로, 출산점에서 이 둘이 흉지에 앉으면 좋지 않게 본다.

질병

천후가 子에 타는 경우 水가 겹치는 중수(重水)가 되어 신장을 범하므로 부인의 병이 치료되기 어렵다. 또한 천후가 巳에 타고 酉나 亥 위에 있는 경우에도 부인에게 병이 있다. 초전에 천후가 타서 일간을 극하며 함지(咸池) · 병부(病符)를 띠면 성병에 걸린다. 병은 신장 계통의 병이나 눈이 흐려지는 증상이다.

재물

재성에 천후가 타는 경우 여인으로부터 재물을 얻게 된다. 초전에 천후가 있고 말전이 재성인 경우 색정으로 인해 재물의 손실이 있다.

택일

결혼 날짜는 남자라면 청룡의 음신 지지, 여자라면 천후의 음신 지지로 한다. 결혼하려는 날이 가까울 때는 일(日)의 지지, 먼 경우에는 월의 지지로 택한다.

8
둔간과 천신 정단

1. 둔간 정단

1) 둔간의 의의

둔간은 천반에 숨어 있는 십간을 말한다. 육임 정단에 오신(五神)과 삼층(三層)이라는 말이 있다. 오신은 정단할 때 주목하여야 할 다섯 곳으로 용신(用神)·사신(事神)·유신(類神)·양신(陽神)·음신(陰神)이다. 삼층은 육임의 기본 구조를 나타내는 세 곳으로 천반(天盤)·지반(地盤)·둔간(遁干)을 말한다. 보통 천지반을 기반으로 하여 육임의 사과삼전이 만들어지기 때문에 천반과 지반을 중요시하는데, 둔간도 삼층의 하나로서 중요한 존재다.『오변중황경(五變中黃經)』중 둔간의 이용법을 보면 둔간이 얼마나 중요하게 취급되는지 알 수 있다. 천시(天時)는 천반, 지리와 가택·묘소는 지반, 인사(人事)는 둔간을 중요시한다.

둔간의 사용에서 대표적인 것이 유신 대용이다. 즉, 과전에 유신이 없을 때 둔간하여 유신이 나타나면 이를 취하여 길흉을 정한다. 예를 들어, 병이 치료되는 시기를 둔간 식상의 날로 본다. 또, 甲일에 점을 쳤을 때 치료가 될 수 있는 날은 식상에 해당하는 丙·丁이 붙은 날이다.
다른 예로 재물 정단에서 업종을 선택할 때 삼전 중 강한 육친으로 업종을 정하고, 직업의 적성을 판단할 때도 삼전 중 가장 강한 둔간의 육친으로 적성을 정한다. 예를 들어, 육친 중 식신이 가장 강하면 기술자·건축설계사·요리사 등에 적당하다고 판단한다. 육임에서 사람의 행색을 볼 때도 둔간을 이용한다. 예를 들어, 둔간이 甲·乙이면 푸른 옷을 입은 사람으로 본다.

한편 둔간으로 천간합을 보는데, 예를 들어 간지상신의 둔간이 합을 하면 결혼할 수 있다. 다음 辛卯3국의 경우 둔간이 甲己합이 되고, 지상(支上)에서 주점에 천후가 있고 야점에 청룡이 타며, 지상신이 간상신을 토생금(土生金) 하므로 결혼할 수 있는 과전이다.

말전	중전	초전
龍后	白武	武白
○未	乙酉	丁亥
酉	亥	丑

4과	3과	2과	1과
武白	后龍	陳天	空陰
丁亥	己丑	○午	甲申
丑	卯	申	辛(戌)

둔간은 동정(動靜)의 기준으로도 사용된다. 초대에 응할지, 아니면 초대를 할지 판단할 때 먼저 주객동정론에 의하여 내가 움직일지를 판단한다. 점시가 오양간(五陽干)이면 움직이고, 오음간(五陰干)이면 움직이지 않는다. 아울러 점시의 둔간이 일간을 극하면 결정에 신중해야 한다.

2) 둔간과 재물

재물점을 볼 때 간상·지상·연명상신에 있는 삼재(三財)를 중시하고 둔간의 재성보다 녹신(祿神)을 중시하지만, 실제 적용에서는 둔간을 중요시하는 경우가 많다. 예를 들어, 다음 丙寅10국의 경우 간상신이 재성이고 둔간이 관귀다. 이 경우 재물로 인해 화가 있고, 음식을 잘못 먹어서 아프거나 처첩으로 인해 소송사건이 있다. 보통 육임 정단에서는 재물을 얻지만 이로 인해 화가 생긴다고 해석한다.

말전	중전	초전
丙寅	○亥	壬申
○亥	申	巳

4과	3과	2과	1과
壬申	己巳	○亥	壬申
巳	寅	申	丙(巳)

둔간이 재물과 관련하여 사용하는 개념 중 재상재(財上財)가 있다. 다음 壬戌7국의 경우, 간상신이 재성이고 둔간도 재성으로 재상재에 해당된다. 재상재인 경우 많은 재물을 얻을 수 있다. 이 국은 수화상충(水火相沖)으로 약해진 일간이 강한 지상신 辰에게 극을 받고 있으며, 재성은 관귀를 생조하고 관귀는 나를 치는 흐름이다. 결국 재물을 얻지만 이로 인해 다툼이 있는 상이다.

말전	중전	초전
丁巳	癸亥	丁巳
亥	巳	亥

4과	3과	2과	1과
壬戌	丙辰	癸亥	丁巳
辰	戌	巳	壬(亥)

3) 둔간과 관귀

육임에서 관귀(官鬼)라고 하면 정관과 편관을 말한다. 정관은 나를 치는 것 중 음양이 다른 것이고, 편관은 나를 치는 것 중 음양이 같은 것이다. 나를 치며 음양이 같다는 것은 밀어내는 기운이 더 강하다는 뜻이다. 그러므로 편관은 나를 치는 기운이 더 강하게 나타난다. 또한 편관은 나로부터 일곱 번째 자리가 되므로 '칠살(七殺)'이라고 한다. 즉, 庚은 1甲, 2乙, 3丙, 4丁, 5戊, 6己, 7庚이 되므로 甲의 칠살이 된다. 이러한 관귀는 나를 옥죄고 억압하며 규제하는 성분으로 육친 중 가장 흉한 기운이다. 그리고 내가 약할 때는 나에게 질병과 액을 가져오는 성분이 되지만, 내가 강할 때는 나에게 명예를 가져다 주는 이중적인 성분이다. 보통 관귀는 나를 치는 흉액의 기운이 된다.

육임의 관귀는 명리의 관귀와 호칭이 다르며 그 종류도 여러 가지인데, 첫째 관귀 중 둔간이 관귀가 되는 경우를 '둔귀(遁鬼)'라고 한다. 둔귀를 '암귀(暗鬼)'라고도 한다. 다른 육친과 달리 둔귀는 중용(重用)을 하는데, 이는 지지의 관귀는 일간과의 극이 천지간에 극을 하는 것이므로 약하게 작용하지만, 둔귀는 하늘과 하늘의 극으로 강하게 작용하기 때문이다. 이런 이유로 "진길흉(眞吉凶)은 둔간이 아니면 나타나지 않는다."고 하였다.

두 번째로 초전이나 간상신이 일간의 관귀인 것을 '명귀(明鬼)'라고 한다. 또 반대로 지상신이 관귀인 것을 '암귀(暗鬼)'라고 한다. 정리하면 명귀는 드러난 관귀, 둔귀와 암귀는 숨은 관귀다. 그리고 만약 명귀와 둔귀·암귀가 과전에 겹쳐 있으면 내가 안팎으로 공격을 당하는 것이므로 흉액이 깊다. 이를 말려줄 강한 식상이 있으면 구신(救神)의 역할을 하겠지만 이 구신마저 절지에 있는 있는 경우에는 흉액이 그대로 나타나게 된다.

예를 들어 다음의 壬戌5국은 간상신과 초전이 관귀이므로 명귀가 되고, 각 둔간이 己이므로 둔귀도 가지고 있다. 즉, 관귀의 상황만 볼 때는 명귀와 암귀의 공격을 받고 있어서 흉액이 깊다고 볼 수 있다. 그러나 문제가 있으면 해답이 있다. 구신을 찾아보면 2과 음신이 목극토(木剋土)를 해주고 있는데, 음신 卯는 자신의 묘신(墓神) 위에 앉아 있어서 구신 역할을 하기에는 역부족이다. 그래서 삼전을 보니 亥卯未 목국(木局)으로 강력한 식상의 기운이 있어서 목극토(木剋土)로 명귀와 암귀를 다스리므로 흉이 발생하지 않는다.

말전	중전	초전
癸亥	乙卯	己未
卯	未	亥

4과	3과	2과	1과
甲寅	戊午	乙卯	己未
午	戌	未	壬(亥)

또 다른 예로 다음의 辛亥9국_야점은 과전에 둔간 정신(丁神)이 있고 정신에 등사가 탄 경우이다. 이 경우 흉하고 위험한 일이 생긴다. 이유는

등사가 충격과 괴이한 일, 놀람 등을 일으키는 흉신인데, 이것이 둔귀에 해당되어 일간을 극하기 때문이다. 또한 중전의 亥 식상은 삼전이 亥卯未 목국(木局)이 되어 둔귀를 생하므로 흉액이 해결될 수 없는 상황이다.

말전	중전	초전
玄武	青龍	螣蛇
○卯	辛亥	丁未
亥	未	○卯

4과	3과	2과	1과
螣蛇	玄武	天乙	太常
丁未	○卯	丙午	○寅
○卯	亥	○寅	辛(戌)

또 하나 다음의 戊辰11국_야점의 예를 보면, 이 국은 말전에 백호가 있고 甲인 둔귀가 타고 있다. 호승둔귀격(虎乘遯鬼格)으로 모든 점사에 흉하고 장애가 없어지지 않는다. 공망인 경우 길흉이 모두 이뤄지지 않는다고 하지만, 이 경우에는 공망이어도 재앙이 풀리지 않아 가파른 길에서 적군을 만나는데 뒤에 복병을 만나는 형상으로 비유된다. 이 국에서는 초전인 申이 흉액을 해결하는 역할을 해야 하는데, 자체로 화금상전(火金相戰)이 되어 제 역할을 할 기력이 없는 상황이다.

말전	중전	초전
白虎	玄武	天后
甲子	○戌	壬申
○戌	申	午

4과	3과	2과	1과
天后	螣蛇	太陰	天乙
壬申	庚午	癸酉	辛未
午	辰	未	戌(巳)

4) 둔간과 삼기

둔간과 관련하여 중요한 개념 중 하나가 삼기(三奇)다. 삼기에는 세 종류가 있는데 천상삼기의 甲·戊·庚, 지하삼기의 乙·丙·丁, 인중삼기의 壬·癸·辛으로 분류한다. 이 중 육임에서 주로 사용하는 것은 천상삼기와 지하삼기다. 과전에서 삼전삼기격은 삼전의 둔간이 甲·戊·庚이거나 乙·丙·丁인 경우이고, 삼전이 모두 삼기로 이루어진 경우는 연주삼기(連珠三奇)라 하여 매우 크게 길하다고 본다. 乙은 태양이고 丙은 달이며 丁은 별로, 일월성(日月星)이 삼전을 수호하기 때문이다.

다음의 壬申12국은 삼전에 乙·丙·丁 삼기가 있어서 매우 길하고 화합에 좋다. 더욱이 과전에 子·丑이 있으므로 결혼 정단의 경우 반드시 성사된다. 그러나 간지상신은 子酉파가 되고, 간지의 지반은 申亥 육해로 서로 형충파해가 되므로 화합하는 가운데 약간의 다툼과 알력이 있는 상이다.

말전	중전	초전
丁卯	丙寅	乙丑
寅	丑	子

4과	3과	2과	1과
○戌	癸酉	乙丑	甲子
酉	申	子	壬(○亥)

육임에서 삼기를 찾는 방법은 다음의 두 가지다.

① 점일이 속한 육순(六旬)에서 찾는 방법이다. 예를 들어 己巳일이면 己巳일은 甲子순에 속하고, 甲子순에는 甲子·乙丑·丙寅·丁卯·戊辰·己巳·庚午·辛未·壬申·癸酉가 있다. 여기서 甲·戊·庚을 찾으면 甲子·戊辰·庚午이다. 즉, 삼전에 子·辰·午가 있으면 둔간이 삼기가 되는 것이다. 『육임지남(六壬指南)』·『육임수언(六壬粹言)』에서 이용하는 방법으로 대부분은 이 방법으로 삼기를 찾는다.

② 점시가 속한 육순에서 찾는 방법이다. 이것은 『오변중황경(五變中黃經)』에서 사용한 방법으로 '오자원건법(五子元建法)'이라고 한다. 예를 들어 庚辰일 卯시에 점을 치면, 庚辰일의 시간은 丙子·丁丑·戊寅·己卯·庚辰·辛巳·壬午·癸未·甲申·乙酉·丙戌·丁亥가 된다. 여기서 甲·戊·庚을 찾으면 甲申·戊寅·庚辰이며, 만약 삼전이 申·寅·辰이 되면 둔간이 삼기가 되는 것이다.

5) 둔간별 의의

육임에서 둔간은 숨겨진 육친이나 삼기의 귀함으로 작용한다. 그 밖에도 과전에서 둔간 자체의 성격이 작용하는 경우가 있으므로 이를 각 둔간별로 살펴본다. 이 중 둔간 丁은 정신(丁神)으로 정단에서 중요하게 쓰이므로 잘 알아둔다.

① 甲 : 천간의 시작으로 육갑이 있는 경우 변혁과 쇄신의 역할을 한다.

② 乙 : 乙은 삼기 丁·丙·乙 중 일정(日精)이 된다. 乙과 丙은 음양이 시작되는 곳으로, 삿된 기운은 숨고 흉이 해소된다. 그러므로 이 둘은 밝은 일에는 크게 이롭고, 어둡고 삿된 일에는 도움이 안 된다. 乙·丙이 있으면 혼인이 성사되고 집안이 평안하며, 도망하는 경우에는 어두운 곳에서 출구를 만난 격이고, 도둑 정단인 경우 도둑이 드러나서 잡히게 된다. 초전 둔간이 乙·丙인 경우 가정이 평안하고 흉이 없다.

③ 丙 : 丙은 삼기 丁·丙·乙 중 월정(月精)이 된다. 과전에 미치는 영향은 乙과 같으므로 乙을 참고한다.

④ 丁 : 丁은 옥녀(玉女)라는 별의 정(精)이다. 영험이 있어서 도망하는 사람은 멀리 달아나고, 도둑은 몸을 숨기며, 결혼은 성사된다. 정신(丁神)은 둔간 丁이 붙은 천반을 말하는데, 丁 자체를 말하기도 하며 순정(旬丁)이라는 이름으로도 부른다. 순정은 甲子순에서는 丁卯, 甲戌순에서는 丁丑, 甲申순에서는 丁亥, 甲午순에서는 丁酉, 甲辰순에서는 丁未, 甲寅순에서는 丁巳가 된다.

또한 정신은 역마와 같이 동적인 기운을 나타내는 동신(動神)이다. 육임에서는 동적인 면을 강조하여 기운을 살피는데, 지반보다 동적이며 육처인 천반을 보고, 여기에 동적인 기운의 정신이 붙으면 더 가속성이 생긴다. 정신이 동적인 성질이 있는 것은 일곱 번째 간지가 천극지극(天剋地剋)이 되기 때문이다. 예를 들어 수일(水日)인 癸酉일의 경우를 보면 갑자순이 丁卯, 戊辰, 己巳, 庚午, 辛未, 壬申, 癸酉가 되며, 癸酉에서부터 역으로 일곱 번째가 丁卯로 천극지극이 된다. 이러한 예가 적용되는 것이 든 수일정신(水日丁神)과 금일정신(金日丁神)으로 정신의 동적인 성격을 가장 잘 갖고 있다.

정신의 동적인 성격을 피난도생격(避難逃生格)과 금일봉정격(金日逢丁格)을 통하여 살펴보면, 피난도생격은 본명상신에 정신이 둔간으로 장생지에 앉은 경우이다. 예를 들어, 본명상신이 亥인데 둔간이 丁이 붙고 본명은 申이 되는 경우이다. 본명상신에 정신이 있는 경우 동요가 일어나며, 장생지에 있으면 힘을 받아서 이동성이 더 강해지기 때문이다.

금일봉정격은 金일에 정신이 삼전·일진·연명상신에 둔간된 경우이다. 이 경우 정신이 화극금(火剋金)이 되므로 명주에게는 관귀가 되는 기운이다. 따라서 일반인에게는 흉하지만 관직에 있는 사람에게는 좋으며, 취직점이나 승진점에서 빠른 이동을 나타내어 좋은 역할을 한다.

말전	중전	초전
辛巳	丁丑	○酉
丑	○酉	巳

4과	3과	2과	1과
丁丑	○酉	壬午	戊寅
○酉	巳	寅	辛(戊)

위의 辛巳9국은 삼전이 巳·酉·丑으로 종혁(從革)이 되어 추진하던 것을 바꾸는 일이 생긴다. 그러나 金일이고 정신이 중전에 있어서 재액을 초래한다. 재물의 상황을 보면 간상신에 寅 재성이 있지만 삼전이 금국(金局)으로 비겁이 강해 재물을 빼앗기는 상황이다. 또한 간상신의 寅은 말전의 巳 관귀를 생하므로 재물로 인한 화액이 우려되는 상황이다.

⑤ 戊 : 戊는 양기가 서서히 감춰지고 숨는 기운이며, 육기(六己)는 일음(一陰)이 시작되는 기운이다. 그러므로 戊를 음복(陰伏)의 신이라고 한다. 초전에 둔간 戊가 있는 경우 여행 정단에서는 길하다.

⑥ 己 : 己는 육음(六陰)의 첫 번째이므로 모두 조용한 것이 좋다.

⑦ 庚 : 육경(六庚)과 육신(六辛)은 살기가 있는 숙살지기(肅殺之氣)이므로 움직임에 좋지 않다. 움직이면 사상(死傷)의 기운이 된다. 오직 도둑점에 쓸 수 있다.

⑧ 辛 : 庚을 참고한다.

⑨ 壬 : 육임의 水는 오행의 시작이고 만물의 시작이며 움직임의 근원이 된다. 정단에서는 동기를 싹트게 하는 역할을 한다.

⑩ 癸 : 육계(六癸)는 천간의 끝으로 천지가 조용하여 복장(伏藏)할 수 있는 둔간이다. 일명 폐구(閉口)로 마치 물 속에 가라앉아 있어 억울한 심사를 풀 길이 없는 것처럼 본다. 다음의 壬戌1국은 비록 간상에 왕록이 있지만 육계이므로 왕록을 버리고, 이 경우 점인은 삼전의 상황에 따라 새로운 일을 추구한다. 癸는 수지종효(數之終效)의 둔간이기 때문이다. 다음의 壬戌1국을 참고한다.

말전	중전	초전
己未	壬戌	癸亥
未	戌	亥

4과	3과	2과	1과
壬戌	壬戌	癸亥	癸亥
戌	戌	亥	壬(亥)

2. 천신 정단

1) 월장의 의의

월장은 동정의 기운을 나타내는 복덕의 신으로 육임에서 최고의 길신이다. 또한 월장은 정단하는 달[月]의 중기(中氣)를 지나서 그 달의 월건(月建)과 합하는 신이다. 『오요권형(五要權衡)』의 「유명(幽明)」에 이르기를 "단주(旦晝)는 명(明)이고 생기도 명(明)이며 월장도 명(明)이다." 하여, 월장이 태양궁이며 매우 밝은 기운임을 분명히 하였다. 그러므로 삼전 중 초전이나 간지상신 및 연명상신에 월장이 타는 경우 온갖 흉액을 풀어주는 역할을 한다. 월장이 나타나면 흉이 풀어지며, 길과인 경우 길은 더 길하다. 마치 태양이 뜨면 흉성이 지는 것과 같이 재앙이 해소된다.

정시(正時)에 월장이 올라서면 이를 선두로 천신이 지반에 차례로 배치되어 천반이 만들어진다. 천신은 각자 고유의 형상이 있으며, 각 천신이 하나의 월장이 될 수 있다.

2) 월장의 해석

(1) 자신후(子神后)

12월(丑월)의 월장 子신후는 丑과 합하는 기운으로, 생육을 끝내고 만물과 모든 신에 보답한다는 의미의 수신(水神)이다. 별명이 화개(華蓋)이며, 천후점에서 수신인 子가 亥·子에 타는 경우 亥시 또는 子시에 비가 내린다. 신후의 형상은 요염하고 예쁘며 사람으로는 처, 양자나 자식, 도살자, 염색공, 뱃사공이 된다. 신후의 장소는 강과 호수이고, 주거지로는 방이 된다. 자연으로는 구름이며, 물건으로는 물통이고 항아리이며 병이다. 식물로는 매운맛이 있는 채소이고, 동물로는 쥐·제비와 비린내 나는 동물이다. 子신후의 색은 검고, 맛은 짜며, 숫자는 9이다.

과전 정단에서 子신후는 별명이 탐랑(貪狼)으로 괴이한 일의 유신이 된다. 子의 상신이 일진과 상극하고 육흉장이 타는 경우 가정에 괴이한 일이 일어난다. 아울러 삼전에 있으며 등사가 타는 경우에도 괴이한 일이 일어난다. 육흉장은 등사·주작·구진·천공·백호·현무이다.

(2) 축대길(丑大吉)

11월(子월)의 월장 丑대길은 양기가 돌아와 크게 길하다는 의미의 토신(土神)이다. 丑대길의 형상은 키가 작고 용모가 추하며 머리는 크다. 사람으로는 현자·장자(長子)이며 불가에 입문한 승려이다. 장소는 밭이고 산소인데 축가해(丑加亥)가 되면 다리[橋]로 본다. 丑대길은 천후로는 비를 내리게 하는 우사(雨師)가 된다. 동물로는 게와 소·거북이며 꿩과 같은 금계류이다. 물건으로는 모자나 두건과 같은 의복이고 곡물을 담는 되가 된다. 색은 청황색(靑黃色) 또는 황백색(黃白色)으로 보며, 맛은 달고, 숫자는 8이다.

과전 정단에서 丑은 산모의 배가 된다. 필법부의 복태격(服胎格)은 丑인 배 안에 운성으로 태신이 있는 경우에 이루어지는 격이다. 산모의 배속에 태아가 있는 경우이므로 임신을 하게 된다.

(3) 인공조(寅功曹)

10월(亥月)의 월장인 寅공조는 10월이 되어 세공회계(歲功會計)를 한다는 의미의 목신(木神)이다. 별명이 천리(天使)다. 인물로는 학자나 도사(道士)이고 관직에 있는 사람이며 음악가이고 종교인이다. 천신 寅·申은 귀인의 상이다. 예를 들어, 초전이 寅·申이고 정마(丁馬)에 귀신을 띠며 말전이 지상에 타는 경우 반드시 귀인이나 웃어른의 방문이 있다. 장소는 산림이고, 주거지로는 木이 곡직(曲直)이므로 도로이다. 천후를 볼 때 寅공조는 풍신(風神)이 되며, 물건으로는 탁자나 의자이며 제기(祭器)도 된다. 아울러 종지나 접시·수저도 해당된다. 동물로는 호랑이·고양이·살쾡이이며, 식물로는 과실수이다. 색은 청록색이며, 맛은 신맛이고, 숫자는 7이다.

과전 정단시에 寅은 천리라 하고, 申은 천성(天成)이라 하며 구직의 유신이다. 이러한 寅·申이 생왕하여 육처에 나타나면 구직의 목적을 이룰 수 있다.

(4) 묘태충(卯太沖)

9월(戌月)의 월장인 卯태충은 만물이 충돌한다는 의미가 있다. 별명이 출호(出戶)이다. 卯태충의 형상은 키가 크고 허리는 가늘다. 인물로는 술수를 부리는 사람, 스님, 잘 알려지지 않은 종교를 믿는 사람이며 아들이나 맏아들이다. 예를 들어, 가택을 나타내는 지상에 卯태충이 있고 간상에 子가 있어서 발용이 되는 경우 가정에 자식의 병고가 생긴다. 卯태충의 장소는 우편물을 취급하는 곳이나 역(驛) 또는 산림이다. 주거지로 볼 때는 문에 해당된다. 문 중에 卯는 대문이며, 酉는 후문이다. 천후를 보면 卯는 뇌신(雷神)으로 우뢰와 전기이며, 물건으로는 죄인에게 씌우는 형틀·베개·휘장·바구니와 상자이며 선박이나 차량이 된다. 악기로는 피리·퉁소·거문고·가야금·북이다. 동식물로는 토끼·당나귀·노새·여우가 된다. 卯태충의 색은 청색이며, 맛은 시고, 숫자는 6이다.

과전 정단시에 卯태충은 출호(出戶)라 하여 삼전에 있으면 여행을 하게 된다. 그러나 만약 삼전 중에 卯를 보고 등사나 백호가 타는 경우에는 자동차 사고 등이 일어나므로 조심해야 한다. 또한, 卯에 천을귀인이 타는 경우 이동하는 여행에 좋으나, 구진이 타는 경우에는 이사로 인한 근심이 있다.

(5) 진천강(辰天罡)

8월(酉월)의 월장 辰천강은 시기적으로 강한 숙살의 기운이 있다는 의미를 가진 토신(土神)이다. 형상은 얼굴이 둥근 편이고 수염이 많으며, 인물로는 조직의 우두머리·장군이나 군인·장사꾼 또는 흉악한 무리다. 천강은 두령의 신으로, 시험점에서 염막귀인에 진천강이 있으면 수석합격을 한다고 본다.

辰천강의 장소는 산이고, 주거지로는 흙이 쌓여 있는 곳이다. 천후로는 안개를 이끄는 무신(霧神)이며, 물건으로는 기와벽돌·담장·쇠고랑이다. 동식물로는 소금에 절인 것이나 자라·물고기·용이다. 색은 황색이거나 청황색(靑黃色)이며, 맛은 달고, 숫자는 5이다.

(6) 사태을(巳太乙)

7월(申월)의 월장인 巳태을은 申월에 만물이 성숙한다는 의미를 가지고 있다. 아울러 巳는 투쟁과 구설·괴이함을 이끄는 신이다. 화신(火神)이며 별명은 상거(喪車)이다. 형상은 이마가 나오고 입이 크며, 마르고 키가 크다. 사람으로는 재능이 있는 장인·손님·연구원이며, 장녀·주부·요리사·화가·술사가 된다. 장소는 기와를 굽는 곳이며, 주거지로는 주방이다. 물건으로는 절구와 방망이·솥(조리용)·광주리(음식용)이며, 동식물로는 뱀과 지렁이·매미다. 천후로는 풍문(風門)·청신(晴神)·전격(電擊)·무지개다. 배나 비행기를 탈 때는 巳·未를 중심으로 정단하는데, 巳는 풍문이고 未는 풍백(風伯)이기 때문이다. 이 두 신이 일진에 있으면서 일간을 극하는 경우에는 내게 해로운 일이 생기고, 일지를 극하는 경우에는 배나 비행기가 손상된다. 과전이 길과이고 일진이 왕상하면 피해가 없고, 巳·未에 백호나 겁살 또는 대살(大殺)이 타면 폭풍이 일어난다. 이 경우 일진이 휴수사이면 여행이 흉하다. 巳태을은 반점이 있는 색이며, 맛은 쓰고, 숫자는 4이다.

　과전 정단시 부인 행년에 巳태을과 육합이 함께 타면 임신하게 되며, 巳는 상거라고 하여 질병점에서 이 천신이 삼전에 있는 것을 꺼린다.

　(7) 오승광(午勝光)

　6월(未月)의 월장인 午승광은 여름의 양기가 쉬지 않는다는 의미를 가진 화신(火神)이다. 문서와 관사(官事)에 관여하는 신이다. 형상은 얼굴이 크고 길며, 눈이 크고 사시다. 사람으로는 부인·무당이거나 철공소에서 일하는 사람 또는 말을 지키는 사람이다. 장소는 시장이나 여관이며, 주거지로는 마당이다. 천후로는 청신(晴神)이며, 물건으로는 주방에서 쓰는 상이나 상자, 동식물로는 누에·말·노루·사슴이나 공작이다. 색은 적색이고, 맛은 쓰며, 숫자는 9이다.

　과전 정단시 육처(六處) 중 어느 한 곳에 午와 申이 같이 있으면 마음에 의심이 생겨서 결정하기가 힘들며, 丑과 午가 같이 있으면 구설이 생긴다. 丑·午는 구설을 일으키는 기운이 강해서 丑은 주신(魄神), 午는 저신(咀神)이라고 한다.

　(8) 미소길(未小吉)

　5월(午月)의 월장 未소길은 만물이 성장하여 작게나마 이루어 길하다는 의미를 가진 토신(土神)이다. 별명이 고신(孤神)이다. 형상은 빛이 나며 키가 작다. 사람으로는 친구·시어머니·처의 형제·여동생 또는 술을 빚는 사람이나 무용으로 이름을 떨치는 사람이다. 장소는 평원이고, 주거지로는 과수원·채소밭이나 우물이다. 未소길을 천후로 볼 때는 풍신(風神)·풍백(風伯)이다. 물건은 화장품이나 화장품 용기, 술병이나 잔이며, 동식물로는 비둘기·기러기·양을 뜻한다. 색은 황색이며, 맛은 달고, 숫자는 8이다.

과전 정단시에 未는 고신이 되므로 육처에 未 · 酉가 중첩되고 둔간이 일간을 극하면 부부가 이별한다. 酉는 이신(離神)이다.

(9) 신전송(申傳送)

4월(巳월)의 월장 申전송은 음을 전하고 양기를 보낸다는 의미를 가진 금신(金神)이다. 별명은 수성(愁星) · 천성(天成)이다. 형상은 목이 짧고 눈이 이상하며, 얼굴은 희고 털은 황색이다. 사람으로는 의사나 무의(巫醫) · 운전수 · 사냥꾼 · 행상 · 우편배달부이다. 장소는 야적장이며, 주거지로는 도로이다. 천후로 신전송은 수신(水神)이 되며, 물건으로는 금은 보화나 동전이다. 동물로는 원숭이와 거위 · 붕새이고 식물로는 밀이다. 색은 흑색인데, 『오요권형(五要權衡)』에서는 백색으로 되어 있다. 맛은 맵고, 숫자는 7이다.

과전 정단시 申은 수성이라 하여 질병 정단에서 삼전에 있는 것을 꺼린다. 申이 일간을 극하는 경우 구신(救神)이 있어도 치료가 질질 끌며 늦어진다. 또한, 申은 천성으로 구직의 유신이 된다. 생왕하며 육처에 나타나는 경우 구직의 목적을 이룰 수 있다. 아울러 申은 도로의 유신으로 申에 흉장이 타지 않고 길장이 타면 여행에 길하다.

(10) 유종괴(酉從魁)

3월(辰월)의 월장 酉종괴는 초목에 뒤따라 나온다는 의미가 있는 금신(金神)이다. 별명이 아괴성(亞魁星) · 이신(離神) · 모성(冒星)이다. 형상은 단정하고 희며, 털은 황색이다. 사람으로는 처 · 여종업원 · 어린 여자 · 하수인 · 정부가 된다. 장소로는 성곽, 주거지로는 후문이다. 천후를 볼 때는 음신(陰神)이며, 물건으로는 보석 · 거울 · 칼 · 돈이고, 동물로는 꿩이나 닭 · 오리가 속한다. 색은 백색이며, 맛은 맵고, 숫자는 6이다.

과전 정단시에는 酉가 戌하괴를 따른다 하여 아괴성(亞魁星)이라고도 하며 문명의 기운을 뜻한다. 酉가 간상신이나 연명상신으로 있으면 시험에 합격한다. 또한, 酉는 후문(後門)이며 이신(離神)이다. 육처에 未 · 酉

가 중첩되고 둔간이 일간을 극하면 부부가 이별한다. 酉에 천을귀인이 타는 경우 이동하는 여행에 좋지만, 청룡이 酉에 타는 경우에는 절족(絕足)이라 하여 전진하는 일이나 여행에 흉하게 본다. 酉는 모성(冒星)으로 삼전에 있으면서 일간을 극하는 경우 구신이 있어도 치료가 어렵다.

(11) 술하괴(戌河魁)

2월(卯월)의 월장 戌하괴는 卯가 물에 응하는 유취(類聚)의 의미가 있는 토신(土神)이다. 별명이 천인(天印)이다. 형상은 흉하게 생겼으며 개와 같이 머리가 뾰족하다. 사람으로는 계급이 낮은 군인이나 하수인·하급관리다. 戌하괴가 태상과 같이 있는 경우 하급관리나 벼슬을 주는 권한을 가진 관리다. 장소는 병영과 막사이며, 주거지로는 욕실이다. 戌하괴는 천후에서는 운신(雲神)으로 작용한다. 물건으로는 호미·가래나 무기인 칼이다. 동물로는 개와 승냥이다. 색은 황흑색(黃黑色)이고, 맛은 달며, 숫자는 5이다.

과전 정단시 戌은 별명이 천인으로, 태상에 타서 초전이 되고 삼기(三奇)·육의(六儀) 등의 길격을 띠는 경우 구직의 목적을 이룰 수 있다. 또한 戌하괴는 문명의 별로, 시험점에서 연명상신에 있는 경우 수석합격을 하는 것으로 본다.

(12) 해등명(亥登明)

1월(寅월)의 월장인 亥등명은 삼양(三陽)이 일어나는 것을 의미한다. 형상은 얼굴이 길고 뚱뚱하며 추하고 눈은 작다. 사람으로는 어린아이·조각가나 난간을 만드는 사람 또는 돼지를 키우는 사람이다. 장소로는 물가에 있는 누각, 주거지로는 하수구 또는 화장실이다. 물건으로는 동물의 우리 또는 난간이며 가축의 먹이그릇이 된다. 동물로는 돼지나 곰이다. 색은 옅은 청색이고, 맛은 짜며, 숫자는 4이다. 천후를 볼 때 해등명은 우신(雨神)이 된다. 귀인이 다른 이름으로 강명(降明)인 亥·子에 타는 경우 청우(晴雨) 여부를 점치면 亥시와 子시에 비가 내린다.

1. 점시

1) 점시의 의의

육임에서 점시(占時)는 변화의 출발인 태극(太極)이다. 점시를 바탕으로 태양궁인 월장을 가하여 천지반을 만들고, 다음으로 일진인 양의(兩儀)가 만들어지며, 이어서 사과인 사상(四象)이 만들어진다. 그리고 사과에서 앞으로의 진행 상황을 보는 삼전이 만들어지므로, 점시는 변화의 출발 지점이 된다. 그러므로 점시를 정시(正時)라 하고, 길흉화복이 시작되는 곳으로 팔문 중 선봉문(先鋒門)이 된다.

삼전 중 초전을 발용(發用)이라 하며 점시도 발용이 된다. 발용은 모두 극제(剋制)나 형충파해(刑沖破害) 등 다른 것에 의해 손상되는 것을 꺼린다. 점시를 볼 때 가장 먼저 일간과 간상과의 생극관계와 신살 등의 관계를 보며, 다음에 일지와 지상신, 이어서 초전과의 관계를 본다. 예를 들어 점시의 상신이 일간의 관귀가 되고, 초전이 점시의 관귀를 돕는 경우 정단의 사안은 모두 흉하다.

점시는 그 자체가 길흉으로 작용하는 경우도 있다. 예를 들어, 낮에 점을 칠 때 조시(造時)로 밤의 시를 얻으면, 정단하는 일이 혼미해져서 질병은 치료되지 않고 소송에서 지게 된다. 반대로 밤에 점을 쳐서 낮의 시간을 얻는 경우에는 길하다.

2) 점시와 육친

甲·乙일에 시간이 申·酉이거나, 시간의 상신이 申·酉이면 시간이 일간을 극하는 경우이다. 만약 초전이 辰·戌이면, 초전은 점시를 돕고 점시는 일간을 극하는 경우이다. 이를 천망사장(天網四張)이라 하여 정단하는 일이 모두 흉하다.

참고로 점시와 초전이 동시에 일간을 극하는 경우도 천망사장이라 한다. 이 때는 매사에 흉이 크다. 하늘 그물인 천망이 펼쳐진 것과 같아 도둑을 쉽게 잡을 수 있다. 단, 과전 안에 초전을 극하는 지반이 있으면 그물이 찢어진 파망(破網)이라 하여 잡기가 어렵다. 대신 초전이 아닌 중전이 관귀이면 흉이 가볍고, 이 경우 천망사장으로 보지 않는다.

다음의 庚辰12국과 같이 卯·酉의 지반에 辰·戌이 타는 경우도 천망사장이라 하여 만물이 파손되는 상으로 본다.

말전	중전	초전
○申	癸未	壬午
未	午	巳

4과	3과	2과	1과
壬午	辛巳	甲戌	○酉
巳	辰	○酉	庚(○申)

육임 정단에서 점시와 일간이 생합(生合)하는 것을 좋아하지만, 정단의 목적에 따라 극이 꼭 나쁘게만 작용하는 것은 아니다. 점시를 볼 때는 점시의 지반이 아닌 점시의 상신 위주로 판단하는데, 일간이 점시의 상신을 극하여 재성의 관계인 경우 재물을 구하는 일이나 처첩에 관한 점사가 된다. 이 경우 점시의 상신에 청룡이 타면 재물을 구할 수 있다. 이 때 초전이 왕상의 자리에 있으면 새로운 재물로 보고, 휴수의 자리에 있으면 예전의 재물로 본다. 승장이 백호인 경우에는 출입으로 재물을 얻거나 처첩의 질병을 예지할 수 있다. 백호는 왕래와 질병의 천장이기 때문이다.

이와 같이 점시는 선봉문이며, 점시에 타는 상신의 육친과 천장으로 정단의 목적을 알 수 있다.

3) 점시와 합형충파해

점시가 일진 중 어느 것과 합 또는 형충파해를 이루고 있는지에 따라 내사(內事)와 외사(外事)로 구분한다. 일간이나 간상신과의 관계는 외사로 보고, 일지 또는 지상신과의 관계는 내사로 본다.

점시가 일간·간상신과 삼합·육합이 되면 외사로서 화합과 관련된 일이 있다. 만약 합을 하면서 재성을 띠면 외부의 재물을 얻거나 처첩과 화합을 이루게 된다. 또한 일지나 지상신과 합이 되면 내부적으로 화합한다. 그러나 합을 하고 관귀가 있으며 난수(亂首)나 절사(絶嗣)의 과전이 되는 경우에는 화합을 해치고 상하가 문란해져서 집안에 질서가 없어진다.

점시와 일간이 칠충이 되면 외부적으로 다툼이 있고, 점시가 지상신과 칠충이 되면 집안 다툼이 있다. 점시가 일진의 파(日破)에 해당되는 경우에는 분실과 도망이 있다. 점시와 일간이 육해(六害)가 되면 주변에 우려할 일이 생기고, 일지와 육해가 되면 집안에 우려할 일이 생긴다. 또한 점시가 일(日)의 공망이 되는 경우에는 길흉이 모두 이루어지지 않는다.

4) 점시와 신살

점시가 일의 묘신(墓神)인 경우 생왕의 자리에 있으면 토지나 건물과 관련된 일이 생기고, 휴수의 자리에 있으면 묘소와 관련된 일이 생긴다. 또한 점시가 일간의 역마가 되면 출입·왕래와 관련된 일이 생기는데, 역마가 재성이면 재물로 인한 출입이고, 역마가 관성에 해당되면 관사로 인해 출입할 일이 생긴다.

2. 연명

1) 연명의 의의

연명(年命)이란 문점자가 태어난 해의 지지를 말한다. 연명은 원래 행년(行年)과 본명(本命)을 합친 말로, 정단하는 해인 태세(太歲)를 연명이라고도 한다. 행년은 남자의 경우 丙寅에서 출발하여 자신의 나이만큼 헤아려서 닿는 지지이며, 여자의 경우 壬申에서부터 자신의 나이만큼 헤아려서 닿는 지지다.

육임에서 일간은 '나'이며 일간을 제외한 모든 요소를 '그'에 해당하는 성분으로 보는데, 연명은 나와 동일하게 취급한다. 그러므로 일간과 연명은 취급 방법이나 해석 방법이 같다. 그러나 엄격하게 구분하면, 연명상신은 일간에 응하여 길흉을 변화시키는 변화문(變化門)·변체문(變體門)으로 작용한다. 예를 들어, 삼전에 재성이 있으면 재물의 유신으로 보지만, 연명상신이 관귀가 되는 경우 재생관(財生官)으로 관귀의 역할이 강화되어 재물로 인한 화액이 있다고 본다. 또한, 삼전에 관귀가 강하고 일진이 약세인 경우 관귀가 칠살로 작용하여 나에게 흉작용을 하지만, 연명상신이 식상인 경우에는 연명상신이 치귀자(治鬼者)로 작용하여 나의 흉액을 해소하는 구원자가 된다. 이와 같이 연명상신은 길흉을 변화시키는 성분이다.

연명 중 태세의 역할도 중요한데, 태세가 일간이나 간상신을 생하면 재액이 나를 해치지 못한다. "지(地)를 얻는 것은 중(衆)을 얻는 것보다 못하며, 중을 얻는 것은 기(氣)를 얻는 것보다 못하다. 기를 얻는 것은 천시(天時)를 얻는 것보다 못하며, 천시를 얻는 것은 태세존신(太歲尊神)의 생을 얻는 것보다 못하다."는 말이 있을 정도로 태세는 사시(四時)를 주관하는 지존(至尊)의 신으로 여겨진다.

2) 연명의 사용 방법

(1) 연명상신을 유신으로 쓴다

각종 정단에서 과전에 유신(類神)이 없는 경우 연명상신이 유신으로 작용한다. 또한 상신의 상황으로 길흉을 정단할 수도 있다. 연명상신에 월장이 있으면 일체의 화액이 없어지고, 귀인을 보면 웃어른의 도움이 있으며, 재성을 보는 경우 재물을 구하면 길하고, 관성을 보는 경우에는 명예를 구하면 길하며, 천마와 역마를 보는 경우에는 출행하면 길하다.

(2) 연명상신으로 타인과의 길흉을 살핀다

집에 손님이 온 경우, 손님으로 인해 이익이 있을지 없을지를 일간과 연명상신의 생극관계로 알 수 있다. 예를 들어, 손님의 연명상신이 일간을 생하면 나에게 이익이 되는 사람이다. 연명상신에 흉장이 타면 재액이 있거나 빈천한 사람이고, 길장이 타면 길한 사람으로 본다.

마찬가지로 식구들과의 이익도 판단할 수 있다. 가택의 길흉을 볼 때는 가장의 연명상신을 사용하며, 나와의 생극과 형충파해 등을 통해 이익 여부를 판별하고, 상신에 탄 천장으로 길흉을 판단하여 가계 경영에 참고할 수 있다.

(3) 연명상신을 이용하여 택일을 한다

녹마귀신(祿馬貴神)을 이용하는 방법으로, 연명상신과 합하는 글자가 녹마귀신에 해당하지 않을 때는 녹마귀신이 오는 연월일을 택하여 일을 도모한다. 연월일의 선택은 일의 경중을 고려한다. 예를 들어, 연명상신이 寅이라면 寅과 합하는 것이 亥이며, 亥가 녹마귀신에 해당하지 않으면 녹마귀신이 되는 해에 일을 도모하라는 것이다. 녹마귀신은 삼길(三吉)이라고 하며, 녹은 일간의 건록(建祿), 마는 일지의 역마(驛馬), 귀신은 천을귀인(天乙貴人)을 말한다.

3) 연명의 해석

(1) 연명상신과 일간의 상극관계

연명상신과 일간은 생합을 좋아하고 형충파해를 싫어한다. 만약 간상신·명상신·연상신이 서로 육합이나 삼합을 하면 그 해에 반드시 기쁜 일이 있다.

일간에서 연명을 극하는 것은 연명상신이 재성이 되는 경우로 재물이나 처첩을 구하는 일에 좋다. 연명상신이 일상신을 극하는 경우에는 매사에 노고가 많은데, 일간을 극하면 몸에 손상이 있고 일지를 극하면 집안에 손실이 있다. 상문조객을 띠는 경우 가정에 상복을 입을 일이 생기고, 병부(病符)를 띠는 경우에는 가정에 질병이 발생한다. 또한 극을 하는 관귀가 화귀(火鬼)를 띠면 불로 인한 재액을 만난다. 그러나 공명(功名) 정단에서는 연명상신이 관성이 되면 공명을 이룰 수 있다.

(2) 연명상신과 초전 천장과의 생극관계

연명상신을 해석할 때 제일 먼저 일진과의 생극관계를 보고, 다음으로 초전과의 생극관계를 보며, 이어서 연명상신과 천장과의 관계를 본다. 이 중 초전과의 생극관계를 천장별로 살피면 다음과 같다.

① 초전의 귀인이 연명상신을 극하는 경우 웃어른으로부터 협조를 얻을 수 없다.

② 초전의 등사가 연명상신을 극하는 경우 괴이한 일이나 놀랄 일이 생기고 다툼이 있다. 초전이 병부(病符)를 띠는 경우에는 질병이 발생하며, 삼전 중에 관귀를 극하는 것이 있으면 병이 가볍다. 반대로 초전의 등사가 연명상신을 생하는 경우에는 다른 사람과 협조하여 재물을 얻고 기쁜 일이 있다.

③ 초전의 주작이 寅에 타고 연명상신을 극하는 경우 문서로 인해 구설과 재액이 있고, 화신(火神)에 타서 연명상신을 극하는 경우에는 불로 인한 재난이 발생한다.

④ 초전의 육합이 연명상신을 극하는 경우 자식이나 형제·친구와 불

화하거나 자식의 일로 재액이 있다.

⑤ 초전의 구진이 연명상신을 극하는 경우 가택이나 토지 또는 묘소의 일로 문제가 발생한다. 반대로 초전의 구진이 연명산신을 생하는 경우에는 재물이나 가택과 관련하여 즐거운 일이 있다.

⑥ 초전의 청룡이 연명상신을 극하는 경우 기쁜 일로 인한 재물의 손실이 있고, 丑未충에 희신(喜神)이나 성신(成神)이 있는 경우에는 재물로 인한 다툼이 있다.

⑦ 초전의 천공이 연명상신을 극하는 경우 남에게 사기를 당한다. 만약 초전에 정마를 띠면 고용인의 원망을 듣는 일이나 종업원이 도주하는 일이 생긴다. 반대로 초전의 천공이 연명상신과 생합하는 경우에는 종업원으로 인해 기쁜 일이 생긴다.

⑧ 초전의 백호가 연명상신을 극하는 경우 재액이나 질병과 관련된 일이 있다. 초전에 관부(官符)가 있는 경우에는 소송 사건이 생긴다. 백호는 출행의 신으로 출입·왕래할 일이 생기는데, 삼전이 공망이거나 정마가 없는 경우에는 출행하면 좋지 않다.

⑨ 초전의 태상이 연명상신을 극하는 경우 재물을 다투는 일이 생긴다.

⑩ 초전의 현무가 연명상신을 극하는 경우 도난을 당한다.

⑪ 초전의 태음이 연명상신을 극하는 경우 부인으로 인해 해를 입는다.

⑫ 초전의 천후가 연명상신을 극하는 경우 부인이나 여종업원으로 인해 재해가 발생하며, 색정으로 인한 재액이 있다.

(3) 연명상신과 천장

연명이나 행년은 모두 상신과 생합하는 것을 좋아하고 제극이나 형충파해를 싫어한다. 또한 천장과의 생극관계에 따라 다음과 같이 길흉이 달라진다.

① 연명의 사중불사(死中不死) : 연명상신이 연명을 극하는데 천장이 이를 말려주는 경우이다. 예를 들어, 연명이 木이고 상신이 金이면 금극목(金剋木)이 되지만, 천장에 수장(水將)이 타는 경우 상신이 생에 마음

을 뺏겨서 극을 잊어버린다.

② 연명의 생처불생(生處不生) : 연명상신의 생이 온전치 못한 경우이다. 예를 들어, 연명이 木이고 상신이 水이면 수생목(水生木)으로 생이 되지만, 이 위에 토장(土將)이 타는 경우 토극수(土剋水)가 되어 생하는 수신(水神)을 극하므로 생이 온전하지 못하다.

③ 연명의 은상가은(恩上加恩) : 연명궁의 천장이 연명상신을 생하고, 연명상신은 연명을 생하는 경우이다. 즉, 생생으로 이루어지는 경우 더욱 길하다.

④ 연명의 난성이난(難星而難) : 연명상신이 연명을 극하고 천장이 연명을 극하는 경우이다. 흉이 더욱 커진다.

1. 사신과 유신

1) 사신과 유신의 의의

기문둔갑이라는 학문을 처음 접했을 때 기문국에 포국되는 여러 가지 요소들을 보고 기가 질렸던 적이 있다. 기문의 의기(儀奇)는 천반을 중요시하고, 홍국수(洪局數)는 지반을 위주로 한다는 것을 아는 데 정말 많은 시간이 걸렸다. 그러나 아직도 보필신장의 왕상함을 따질 때는 헷갈릴 때가 있다. 워낙 포국 요소가 복잡하고 영향을 주는 성분들이 많기 때문이다. 이에 반해 육임 포국은 천장과 천지반, 사과와 삼전이 전부라고 할 수 있을 정도로 아주 간단하다.

그러나 육임 포국이 간단하다고 쉽게 생각했다가는 낭패를 보기 십상이다. 실제로 판단을 하려면 무엇을 기준으로 해야 할지 망설여지는 경우가 많기 때문이다. 그래서 육임국을 판단할 때는 중요한 것 위주로 분석을 하는데, 육임 정단에서 가장 중요하며 먼저 보아야 할 것이 육처(六處)이고 다음이 삼요(三要)이다. 육처는 간상신(干上神)과 지상신(支上神), 삼전의 초전과 말전, 연상신(年上神)과 명상신(命上神)을 말하며, 육처 중 간상신과 초전에 유신(類神)을 더하여 삼요라고 한다.

즉, 육임 정단은 간상신과 다른 과전 요소의 생극관계로 나의 길흉에 응하는 기운을 헤아리고, 각종 유신을 해석하여 화복(禍福)을 정하는 것이다. 유신은 사신(事神)과 합쳐서 사류(事類)라고도 하는데, 이 둘을 구분하지 않고 유신이라 통틀어 부르고 있다. 이 책에서는 사신을 육친(六親)의 개념으로 사용하고, 육친 이외의 유신들만 유신으로 칭한다. 예를 들어, 남자의 결혼에서 천후와 재성이 유신이고 여자의 결혼에서는 청룡과 관성이 유신이라고 할 때, 이 책에서는 천후와 청룡만 유신이라 하고 재성과 관성은 사신이라고 한다.

모든 점사에서 과전에 나타난 사류(事類)가 손상되지 않고 왕상하여야 소망하는 것을 이룰 수 있다. 또한 사류가 왕상하면 응기가 빠르고, 휴수이면 응기가 느리다. 사류가 너무 쇠약하면 응기가 없이 끝나므로 길흉이 없다.

2) 유신을 정하는 원칙

이제까지 살펴본 것처럼 유신의 종류는 정단의 종류에 따라 수없이 많다. 또한 하나의 과전에 여러 개의 유신이 중복되어 나타날 때가 많다. 이때 유신을 정하는 원칙은 다음과 같다.

(1) 유신이 나타나지 않는 경우

유신이 육처에 나타나지 않는 경우에는 길흉의 응기가 이루어지지 않는다. 유신이 육처에 없고 천지반 중 천반에만 나타나는 경우를 회(晦)라고 하며, 육처에 나타나는 경우를 현(顯)한다고 한다. 당연히 정단에 길한 유신은 현하는 것이 좋고, 흉신은 회하는 것이 좋다. 또한 정단의 목적과 관련이 없는 유신은 논하지 않는다. 필법에서 이르는 '비점현류물언지(非占現類勿言之)'가 바로 이를 두고 한 말이다.

(2) 유신이 여러 개인 경우

천장과 삼전에 있는 것을 우선한다. 예를 들어 유신이 천장과 천신 두 곳에 있으면 천장의 것을 취하고, 사과와 삼전에 중복되어 있는 경우에는 삼전에 있는 것을 중시한다.

말전	중전	초전
靑龍	天空	白虎
○丑	○子	癸亥
○子	亥	戌

4과	3과	2과	1과
白虎	太常	天空	白虎
癸亥	壬戌	○子	癸亥
戌	酉	亥	辛(戌)

위의 辛酉12국_야점의 경우, 남자의 고용에 대한 정단이라면 유신이 戌하괴와 천공이 되며, 이 중 삼전에 있는 천공을 우선하여 취한다. 비록 종업원이 거하는 3과에 태상인 길장이 탔으나 유신인 천공이 공망이 되어 취직이 된 후 그의 역할이 없어진다는 것을 알 수 있다.

2. 천장삼전법

『임귀(壬歸)』에서는 양으로 길흉의 형상을 보고, 음으로 길흉이 돌아가는 사정을 본다고 하였다. 즉, 음신(陰神)인 유신의 상신(上神)에 따라 사정이 달라진다는 것이다.

본래 사과삼전 중 초전은 사과의 음신이라고 볼 수 있고, 중전은 초전의 음신, 말전은 중전의 음신이 된다. 이러한 방법으로 각 유신의 속사정과 일의 진행을 보는 것이 천장삼전법(天將三傳法)이다. 물론 통변(通變)에 의해 천신으로도 이런 방법을 쓸 수 있지만, 천장이 대표적으로 쓰이기 때문에 이런 이름이 붙었다. 임귀에서는 유신삼전변통법(類神三傳變通法)으로 소개되어 있다. 이 방법은 과전 전체의 복잡성을 떠나 단지 해당 유신만 추적하는 간단한 방법이라 하여 이간(易簡)이라고 한다.

유신에 해당하는 천장이 없는 경우에는 ① 과전의 전체적인 상황에 의하고, ② 천장 대신 천신으로 삼전을 만들어서 살필 수 있다. 천장 대신 천신을 사용하는 방법을 변통지법(變通之法)이라고 한다. 예를 들어 귀인이 없는 경우에는 丑대길을, 등사가 없는 경우에는 巳태을을, 천후가 없는 경우에는 子신후를 사용하여 삼전을 만들어서 판단한다.

다음의 丁酉6국_야점으로 천장삼전법이 어떻게 사용되는지 알아본다.

말전	중전	초전		4과	3과	2과	1과
勾陳	玄武	朱雀		朱雀	白虎	天乙	青龍
辛丑	甲午	己亥		己亥	○辰	丁酉	壬寅
午	亥	○辰		○辰	酉	寅	丁(未)

주야	常陰	武后	陰天	后蛇	天雀	蛇合	雀陳	合龍	陳空	龍白	空常	白武
천반	乙未	丙申	丁酉	戊戌	己亥	庚子	辛丑	壬寅	癸卯	○辰	○巳	甲午
지반	子	丑	寅	卯	○辰	○巳	午	未	申	酉	戌	亥

위의 국을 얻은 경우, 남편의 사정을 들여다보기 위해서는 남편의 유신인 청룡으로 다음과 같이 삼전을 만들어서 판단한다.

말전	중전	초전
白虎	天乙	青龍
○辰	丁酉	壬寅
酉	寅	未

3. 인물 유신

실제로 육임을 운용할 때 가장 어려운 것이 유신에 대한 것이다. 이에 대해 이미 천장과 천신을 통해 알아보았으며, 앞으로 하지론(何知論)에서도 각각의 유신에 대해 자세히 살펴볼 것이다. 여기서는 유신 중 인물에 대한 사항만 소개한다. 천장과 천신에서 설명한 내용을 복습하는 계기가 되길 바란다.

(1) 부모의 유신

인수와 부(父)는 덕신(德神), 모(母)는 천후를 대표로 한다. 태상을 부친으로 보기도 한다. 이 중 대표하는 것만 이용하는 사례도 있으나 너무 간략하게 사용하고 있다는 염려가 있다. 사신은 육친에 대한 사항을 참고한다.

(2) 남편의 유신

관성과 청룡을 대표로 한다. 천을을 남편으로 보기도 한다.

(3) 부인의 유신

재성 · 천후와 子신후를 대표로 한다. 태음 · 午승광 · 酉종괴도 부인에 속하는 유신이다.

(4) 자식의 유신

식상 · 육합을 대표로 한다. 子신후도 자식이며, 맏아들은 卯태충, 장녀는 巳태을, 어린아이는 亥등명이 유신이 된다.

(5) 형제의 유신

형제는 비겁 · 태음 · 卯태충 · 亥등명을 대표로 한다. 여동생은 未소길과 육합을 유신으로 하기도 한다.

(6) 친구의 유신

비겁과 육합을 대표로 한다. 未소길도 친구의 유신이다.

(7) 군인의 유신

장군은 辰천강, 하급 군인은 구진이나 戌하괴, 무관은 태상이다. 참고로 문관은 청룡이다.

(8) 관리의 유신

고위직에 있는 귀인은 청룡, 하급 관리는 戌하괴, 재무직에 있는 사람은 寅공조이다.

(9) 종업원의 유신

남자 종업원은 천공과 戌하괴, 여자 종업원은 태음과 酉종괴를 대표로 한다.

(10) 예술가의 유신

연예인은 주작, 재능이 있는 장인은 巳태을, 무용가는 未소길, 조각가는 亥등명, 음악가는 寅공조이다.

(11) 여자의 유신

일반적인 여자는 현무, 미친 여자 또는 무당은 등사나 申전송, 음란한 여자는 태음, 못생긴 여자는 천공, 시어머니 또는 처의 형제는 未소길, 여자아이는 酉종괴다.

(12) 기타 유신

중매인은 육합, 종교인은 청룡 또는 태음이나 卯태충, 도둑이나 소인배는 현무, 흉악한 무리는 辰천강, 하수인은 등사 또는 戌하괴와 酉종괴다. 도축하는 사람이나 염색공·뱃사공은 子신후, 운전수나 행상은 申전송, 연구원은 巳태을, 학자는 寅공조, 경찰은 구진이다.

5

何知論

하지론

이 장에서는 사람이 살아가면서 부딪치는 수많은 문제들을 육임의 잣대로 정단하는 방법을 배운다. 사과는 현재이고, 삼전은 앞으로의 진행 상황이라는 유치한 시각에서 벗어나, 소망을 이룰 수 있는지부터 방향과 일시를 잡는 방법까지 총 19개의 항목별 사례와 방법을 제시한다.

1
지두법

집을 나간 부인이 돌아올 것인지를 물어 甲戌3국_주점을 얻었다. 문점
은 2005년 乙酉년에 이루어졌고, 집을 나간 부인의 나이는 41세로 행년
이 壬辰이다.

말전	중전	초전
青龍	六合	螣蛇
戊寅	庚辰	壬午
辰	午	○申

4과	3과	2과	1과
螣蛇	天后	玄武	白虎
壬午	○申	甲戌	丙子
○申	戌	子	甲(寅)

주야	武武	常陰	白后	空天	龍蛇	陳雀	合合	雀陳	蛇龍	天空	后白	陰常
천반	甲戌	乙亥	丙子	丁丑	戊寅	己卯	庚辰	辛巳	壬午	癸未	○申	○酉
지반	子	丑	寅	卯	辰	巳	午	未	○申	○酉	戌	亥

사과를 보면 처에게 문제가 있다는 것을 알 수 있다. 이는 일지가 재성
이고 지상신이 칠살이 되기 때문이다. 또한 부인의 유신인 천후의 상황을
봐도 알 수 있다. 천후가 일간과 상생하면 부부가 친밀한 상이며, 천후가
일간을 극하면 부부가 불화한다. 위의 국과 같이 천후 승신인 申이 일간
을 극하는 경우에는 부인이 남편을 상하게 한다. 그러나 간상신과 지상신
이 申子辰 삼합을 하고 칠살이 공망이므로 절망할 상황은 아니다.

누구의 문제인가? 주귀 未와 야귀 丑이 卯·酉 위에 있으므로 문점을 청한 이에게 허물이 있는 상이다. 과전이 모두 양으로 육양(六陽)에 해당하므로 숨겼던 일이 드러나는 상이다. 이것으로 미루어 볼 때 문점자의 허물이 드러나 부인이 가출한 것이다.

부인의 상황은 어떤가? 부인의 상황도 만만치 않다. 부인인 천후가 申에 타니 색정과 관련된 일이고, 태음·천후·천공·현무가 지상신에 타면 색정이 발동하여 가출한 것으로 본다. 위의 국이 여기에 해당된다.

부인이 스스로 돌아올 것인지 살펴보면, 돌아오지만 늦게 戌월에 돌아온다. 이유는 ① 삼전이 午·辰·寅이니 고조(顧祖)로 복구되는 상이며, ② 과전인 섭해의 영향을 보면 오지 않거나 지체되어 늦게 돌아오고, ③ 지두법으로 보아 辰천강 밑의 지반이 사맹(四孟)이면 아직 출발을 안한 상태이고, 사중(四仲)이면 오는 중이며, 사계(四季)이면 빨리 온다고 보는데 진가오(辰加午)이므로 온다고 본 것이다. 戌월에 돌아온다는 것은 말전 寅을 충하는 申의 지반 戌을 본 것이다. 흉사이므로 충을 기준으로 하였다.

집을 나가서 사고 등으로 죽었는지 생사 여부는, 당사자의 행년 지반이 사맹이면 살아 있고, 사중이면 병이 든 상태이며, 사계이면 죽은 것이다. 위의 경우는 행년이 壬辰이고 천지반도에서 辰의 지반에 사중인 午가 있으므로 부인이 살아 있다. 또한, 행년인 辰이 입지에서 전극(戰剋)되지 않은 것도 살아 있다는 것을 확인시켜준다.

하지론을 시작하며 대인점(待人占)을 문 열기의 예로 들었다. 육임에서 하지는 어찌 하(何), 알 지(知)로, 각 정단 사항을 어떻게 알 것인지 알아본다. 하지의 분야에는 소망·성패·승부·시세·결혼·가정·출산·질병·산소·면접·시험·직장·재물·구인·여행·대인·분실·소송·기후·응기 등이 있다.

이들을 정단하기 위해서는 이제까지 설명했던 육임의 기초이론과 조식 방법은 물론 십과식·과전 해석방법·천장·구보팔살(九寶八殺)·신살 등을 모두 이용해야 하므로 하지야말로 육임의 꽃이라고 할 수 있다. 이 장에서는 하지론을 본격적으로 시작하기 전에 지반의 삼분류를 이용한 지두법(指斗法)에 대해 알아본다.

1. 지지의 삼분류

1) 지지의 삼분류 방법과 이용

　지지는 역학에서 천간과 결합하는 12개의 글자를 말한다. 지지의 정의와 특성에 대해서 많은 이론이 있지만, 육임에서는 지지를 세 종류로 분류하여 사용하는 예가 많다. 세 종류는 ① 사맹(四孟)의 寅·申·巳·亥 ② 사중(四仲)의 子·午·卯·酉 ③ 사계(四季)의 辰·戌·丑·未다. 지지의 분류 명칭은 또 다른 이름으로 사맹을 맹신(孟神)이나 역마(驛馬), 사중을 중신(仲神)이나 제왕(帝王), 사계를 계신(季神)이나 화개(華蓋)라고도 한다. 이 중 역마와 화개는 십이신살의 명칭으로 부르는 것이며, 제왕은 십이운성의 명칭으로 부르는 것이다. 다음 표에서 십이신살의 장성(將星)이 운성에서는 제왕에 해당된다.

지지　십이신살	망신	장성	반안	역마	육해	화개	겁살	재살	천살	지살	연살	월살
申·子·辰	亥	子	丑	寅	卯	辰	巳	午	未	申	酉	戌
亥·卯·未	寅	卯	辰	巳	午	未	申	酉	戌	亥	子	丑
寅·午·戌	巳	午	未	申	酉	戌	亥	子	丑	寅	卯	辰
巳·酉·丑	申	酉	戌	亥	子	丑	寅	卯	辰	巳	午	未

　지지의 삼분류와 관련하여 명리학에서는 팔자에 寅·申·巳·亥가 많으면 이동성이 강하고, 子·午·卯·酉가 많으면 자존심이 세며, 辰·

戌·丑·未가 많으면 화개가 중중(重重)하여 고독한 팔자로 본다. 육임에서는 지지의 삼분류를 정단에 이용하는데, 다음의 예를 통해 구체적으로 어떻게 사용되는지 살펴본다.

말전	중전	초전		4과	3과	2과	1과
乙亥	丙子	丁丑		丁丑	戊寅	辛巳	壬午
子	丑	寅		寅	卯	午	巳(未)

천반	乙亥	丙子	丁丑	戊寅	己卯	庚辰	辛巳	壬午	癸未	○申	○酉	甲戌
지반	子	丑	寅	卯	辰	巳	午	未	○申	○酉	戌	亥

여행 중 으슥한 곳에서 멀리 사람이 있는 것을 발견하였을 때 이 사람이 해를 줄 것인지 판단하기 위해 월장가시하여 위의 국을 얻었다. 子의 지반에 사계 辰·戌·丑·未가 있으므로 이 사람은 나에게 해를 줄 사람이며, 위험을 느낄 때는 辰의 지반인 巳의 방위로 숨는다. 만약 자가사맹(子加四孟)이면 좋은 사람이고, 자가사중(子加四仲)이면 보통사람이다.

2) 지지의 삼분류를 이용한 정단
(1) 가출한 사람이나 대인의 생사 판단
가출한 사람이나 대인의 생사 여부를 볼 때 당사자의 연명이나 행년의 지반을 보아 사맹이면 살아 있고, 사중이면 병들어 있으며, 사계면 이미 죽었다고 본다. 또한 연명상신이 巳·亥인 경우에는 빨리 돌아오지만, 寅·申인 경우에는 돌아오지 않으며, 초전에 백호가 있으면 빨리 오고, 중전에 백호가 있으면 오는 도중이며, 말전에 백호가 있으면 늦게 돌아온다.

(2) 상대의 선악 판단
다른 사람이 내 집에 묵을 것을 청하여 상대의 선악을 판단하는 경우 간상신을 나로 보고 지상신을 상대로 봐서 결정한다. 이 때 묵기를 청하는 사람의 선악 판단은 천반 子가 있는 지반으로 판단한다. 지반이 사맹이면 선하고, 사중이면 보통사람이며, 사계면 악한 사람이다.

(3) 중매인의 성의 판단

중매인의 유신은 육합이다. 육합이 타는 천신이 사맹 위에 있으면 중매인이 성의가 있고, 사중 위에 있으면 보통이며, 사계 위에 있으면 전혀 성의가 없다.

(4) 도둑 판단

유도살(遊都殺)을 기준으로 한다. 유도살이 왕상하면서 일진을 극하는 경우 도둑의 피해를 입는다. 또한 구진이 유도를 극하는 경우 도둑을 잡을 수 있다. 천반 유도가 있는 지반이 사맹이면 도둑이 오지 않고, 사중이면 도둑이 올 수도 있으며, 사계면 도둑이 온다.

(5) 소식 판단

우신(憂神)을 기준으로 한다. 우신은 통신의 신살로 사맹 위에 있으면 소식이 오지 않고, 사중 위에 있으면 오는 중이며, 사계 위에 있으면 소식이 바로 온다.

일·월지	子	丑	寅	卯	辰	巳	午	未	申	酉	戌	亥
우신	亥	亥	丑	丑	丑	子	子	子	戌	戌	戌	亥

2. 지두법

지지의 삼분류와 관련하여 육임에서 중요한 정단 방법이 지두법(指斗法)이다. 이것은 辰 천강신(天罡神)을 각종 육임 정단에 사용하는 방법이다. 천문과 인간의 관계를 보면, 북극성 → 북두칠성 → 삼태성 → 28수/

오위(五緯)·木火土金水/칠요(七曜)·칠정(七政) → 인간 → 구궁으로 이어진다. 이것은 구궁 지반 위에 사는 우리가 받고 있는 기운의 영향을 순서대로 나열한 것이다. 육임에서 북두칠성의 1성은 辰 방향에 있고 7성은 戌 방향에 있는데, 이 중 1성을 이용하여 각종 점을 치는 방법이 지두법이다.

천신 辰의 기본 역할은 동정(動靜)을 변화시키는 것이다. 예를 들어, 연명이나 행년상신에 辰이 있으면 이제까지 움직이던 일은 멈추고, 멈췄던 일들은 움직이게 된다. 만약 사업이 부진하던 사람이 연명상신에서 辰을 만나면 사업이 활발하게 진행된다. 즉, 동을 정으로, 흉을 길로 변화시키는 역할을 한다.

이런 이유로 辰을 육임에서는 대각성(大角星)이라고 한다. 기본적인 사용 방법은 천신 辰천강 밑의 지반을 앞에서 설명한 대로 세 종류로 나누어서 정단에 사용한다. 이 방법은 택방에서도 이용되는데, 예를 들어 의약을 구하는 방향은 辰의 지반 방위를 택하고, 위급한 상황에서의 도피 방위도 辰천강 밑의 지반 방위를 택한다. 그 밖에 구체적인 사용 방법을 알아보는데, 분야별로 상세한 판단 방법은 각각의 하지론에서 다루고 이 장에서는 지두법과 관련된 사항만 살펴본다.

1) 소망의 성취 판단과 조격법

소망하는 일이 달성될지, 추진 대책을 세워야 할지를 알려면 월장가시하여 辰천강이 어디에 탔는지로 판단한다.

(1) 사맹에 타는 경우

다른 지반에 있는 것보다는 일을 진행하는 것이 좋다. 이 중 寅은 매사에 진행에 유리하고 승부를 걸면 큰 이익을 본다. 申은 경쟁이 일어나고 시작을 잠시 보류하는 것이 좋다. 巳는 매사에 진행에 유리하며, 亥는 목표를 달성하기 어렵고 손해를 가져온다.

(2) 사중에 타는 경우

방해가 많고 불안한 일이 있으며 장애가 있다. 이른바 막힘이 있는지를 보는 조격법(阻隔法)은 천강 밑의 子・午・卯・酉 위주로 판단한다. 천의 관격(關隔)을 만나면 천시(天時)의 방해가 있고, 지의 관격을 만나면 지리의 방해가 있으며, 장애의 종류는 타고 있는 천장에 따라 다르다. 예를 들어, 백호가 타면 질병으로 인한 장애가 있다고 판단한다. 지반별로 보면 진가자(辰加子)는 천관(天關)으로, 도중에 좌절하고 불안한 일이 생긴다. 진가오(辰加午)는 지관(地關)으로, 오락을 삼가고 마음을 안정시켜야 화를 피할 수 있다. 진가묘(辰加卯)는 천격(天隔)으로, 때를 피하고 숨는 일 외에는 이익이 될 것이 없다. 진가유(辰加酉)는 지격(地隔)으로 실패하고 손해를 본다.

(3) 사계에 타는 경우

현재의 상황을 유지하는 것이 좋다. 이를 辰천강이 탄 지반별로 살펴보면, 辰은 막힌 상이므로 예전의 것을 지켜야 한다. 戌은 방침을 변경해야 하고 아랫사람으로 인해 고심할 일이 있다. 丑은 작은 일은 이룰 수 있으나 큰일은 이루기 어렵다. 未는 소통되는 상으로 작은 이익을 얻을 수 있다.

2) 위탁 판단

일의 위탁 여부를 정단할 때는 일간을 나로 보고 지상신을 위탁 받는 사람으로 보아 생극과 형충파해 등을 살핀다. 지두법으로 辰천강이 사맹에 타면 윗사람의 일을 하기 힘들고, 사중에 타면 동년배의 일을 하기 힘들며, 사계에 타면 아랫사람의 일을 하기가 힘들다.

3) 차입・매매 판단

월장가시하여 辰천강이 사맹에 타면 차입과 매매가 불가능하고, 사중에 타면 차입 목표를 모두 이룰 수 없으며, 사계에 타면 원하는 것을 모두 차입할 수 있고 매매의 목적도 달성한다.

4) 결혼 판단

결혼은 청룡이나 천후가 타는 천신과 간지상신이 극이나 형충파해가 안 될 때 이루어진다. 또한 辰천강이 사맹에 타면 혼인이 성립되지 않고, 사중·사계에 타면 혼인이 성립된다.

5) 출산시 남녀 판단

출산시 남녀를 판단하는 방법은 여러 가지가 있다. 지두법으로 판단하는 경우 辰천강이 사맹에 타면 남자아이, 사중에 타면 여자아이이며, 사계에 타면 난산이다.

6) 질병 판단

월장가시하여 辰천강이 사맹에 타면 병이 중하고, 사중에 타면 병이 가벼우며, 사계에 타면 치료가 늦다.

7) 대인점

기다리는 사람이 올지를 판단할 때 辰천강이 어디에 타고 있는지 보아, 사맹이면 아직 출발을 안 한 상태이고, 사중이면 오는 중이며, 사계면 빨리 온다. 그러나 복음에 해당하는 경우는 오지 않는다. 또한 辰과 관련 없이 점시가 일(日)의 역마이고, 사계인 辰·戌·丑·未나 정신이 공망이 되지 않는 경우에도 온다.

8) 여행의 이익 판단

이익을 얻기 위한 여행인 경우, 辰천강이 사맹에 타면 이익이 없으므로 떠나지 않는 것이 좋다. 사중에 타면 이익이 없고, 사계에 타면 이익이 크다. 이 방법은 이익을 얻기 위한 여행의 출행 방위를 정할 때도 사용한다.

9) 여행에서 길을 잃었을 경우

辰천강이 사맹에 타면 왼쪽으로 향하고, 사중에 타면 중간으로, 사계에 타면 오른쪽으로 향한다. 만약 길이 없는 경우에는 辰의 지반 방위로 나아가면 길을 찾을 수 있다. 참고로 상대방이 어떤 손에 돈을 가지고 있는지 알고자 할 때 辰이 사맹에 타면 왼손, 사중 · 사계에 타면 오른손에 있다고 판단한다.

10) 분실점과 도주 거리 판단

물건을 분실한 경우 辰천강이 사맹에 타면 물건을 찾게 되며 분실물은 남쪽에 있다. 사중에 타면 늦게 찾게 되며 분실물은 동쪽에 있다. 사계에 타면 찾을 수 없고 분실물은 북서쪽에 있다.

도둑에 의해 분실한 경우 도둑이 도주한 거리는 辰천강이 사맹에 타면 가깝고, 사중에 타면 50리 안이며, 사계에 타면 멀리 도망한 것이다.

11) 면접 · 방문 판단

방문점에서 일간은 나이며, 지상신은 상대방이다. 서로 생합하면 반드시 좋은 결과가 있다. 지두법을 사용하는 경우 辰천강이 사맹에 타면 집에 있고, 초전과 방위의 상신이 합을 하는 경우에도 집에 있다. 사중에 타면 기다리면 만날 수 있고, 사계에 타면 부재중이거나 만날 수 없다. 또한 과전이 복음이거나 음일의 묘성과이면 부재중이다.

면접 등에서 상대방의 나이는 辰천강이 사맹에 타면 16세 이하로 어리고, 사중에 타면 44세 이하로 중년이며, 사계에 타면 노년이다. 또한 유기하면 어리고, 무기하면 늙은 것으로 본다. 이렇게 辰천강이 탄 지반과 유기 · 무기 여부로 나이를 아는 방법은 『오요권형(五要權衡)』에 설명되어 있다.

🖋 정단 사례_외국연수를 갈 수 있나요

2004년 5월에 기구한 사연으로 상담을 청했던 분이 있다. 결혼 후 아이를 낳으면서 남편과 사이가 멀어져서 별거를 시작하였다는 대학교수 분이다. 어찌하다 2004년 초 한 남자를 사귀게 되었고, 얼마 안 지나 이 남자가 인격파탄 증세에 성격이 아주 거칠어서 헤어졌다고 한다. 헤어진 후 온갖 악담과 유언비어를 퍼뜨려서 직장생활을 잠시 접고 지방에 있는 친구 집에 머물고 있으면서 상담을 청하여 직장 복귀와 외국연수 여부를 물었다.

나중에 이 분의 전화를 다시 받은 것이 양력 2004년 11월 8일 오후 11시 54분이다. 외국연수를 위해 비자발급을 신청했는데 문제가 생겼다며, 이것이 해결되어 외국연수를 갈 수 있을지 물었다.

- **문점자의 연명과 행년** : 1962년 壬寅생, 2004년 43세
- **문점 일시와 문점일의 사주** : 양력 2004년 11월 8일 오후 11시 54분, 壬辰10국_야점

時日月年
庚壬乙甲
子辰亥申

말전	중전	초전
天后	太常	靑龍
壬辰	己丑	丙戌
丑	戌	○未

4과	3과	2과	1과
靑龍	朱雀	天乙	玄武
丙戌	○未	癸巳	庚寅
○未	辰	寅	壬(亥)

주야	大陰	蛇后	雀天	合蛇	陳雀	龍合	空陳	白龍	常空	武白	陰常	后武
천반	辛卯	壬辰	癸巳	○午	○未	甲申	乙酉	丙戌	丁亥	戊子	己丑	庚寅
지반	子	丑	寅	卯	辰	巳	○午	○未	申	酉	戌	亥

1) 현재 상황

현재 약간의 어려움이 있다. 1과 천반이 식상이고, 손실의 흉장인 현무가 타고 있기 때문이다. 또한 일진이 상극이 된다. 즉, 지상신 未土는 일간을 토극수(土剋水) 하고, 간상신 寅木은 일지를 목극토(木剋土) 하고 있는 상황이다. 이 경우 일을 추진하는 과정에 손실과 문제가 생길 수 있다.

2) 장래의 추이

어려움이 있긴 하지만 비자 문제는 해결된다. 판단 근거는 다음과 같다.

① 어려운 문제가 없는 과체다. 이 국은 문제가 생기기 어려운 효시(嚆矢)를 특징으로 한다. 효시란 요극(遙剋)의 하나이다. 요극은 사과에 상극하나 하적상이 없고, 일간이 사과의 천반을 극하거나 사과의 천반이 일간을 극하는 경우이다. 이 중 사과의 천반이 일간을 극하는 것을 효시라고 한다. 이 국은 4과 천반이 일간을 토극수(土剋水) 하여 초전 발용이 된 상태다. 일간을 중심으로 볼 때 너무 멀리서 화살을 쏘는 상황이므로

방해하는 힘이 더욱 줄어든다. 그리고 초전이 공망이라서 일간을 극하는 힘이 줄어들고, 삼전에 타고 있는 천장들이 길장이라는 점도 고려해야 한다.

② 간상신이 구신(救神) 역할을 한다. 장래의 상황을 보는 삼전에 관귀가 모여 있으나, 간상신인 식상이 극관(尅官)을 하므로 구신의 역할을 한다. 만약 위의 국과 달리 초전이 공망이 아니고 삼형이 아니면 극관에 어려움이 있을 수 있다고 볼 수도 있다.

③ 귀인이 방해의 기운을 막고 있다. 2과를 보면 귀인이 寅木 위에 타고 있다. 寅은 귀호(鬼戶)라 하여 방해하는 귀신이 드나드는 통로가 된다. 이를 귀인이 막고 있는 형상이므로 추진하여 결말을 볼 수 있다.

④ 유신의 상황이 좋다. 문서의 유신은 주작이다. 주작의 상황을 삼전법으로 보면 초전은 미가진(未加辰)으로 힘이 있고, 중전은 술가미(戌加未)로 길장인 청룡이 타고 있으며, 말전은 축가술(丑加戌)로 태상이 타고 있다. 또한 문서를 내주는 상대를 귀인으로 볼 수 있는데 귀인이 장생의 자리에 있으므로 좋은 상황이다.

3) 실제

후에 비자를 발급 받으면서 신체검사 결과로 다시 문제가 되었으나 모두 해결하였고, 양력 2004년 12월에 외국에 나가 연수 중이라는 전화를 받았다.

1. 소망점의 의미

본래 하지론 중 소망을 이룰 수 있을지 보는 방법은 따로 없다고 할 수도 있다. 왜냐하면 육임 정단의 대부분이 문점자의 각 소망에 대한 정단이기 때문이다. 즉, 하지론 중 재물점은 재물에 대한 소망점이다. 그래서 이 장에서는 하지론 중 분야를 나눌 수 없는 사항들에 대해 개론적인 내용을 살피도록 한다. 특히, 육임의 정단 방법 중 천장과 신살에 대한 복잡한 해석은 되도록 생략하고, 과전 전체를 살피는 데 중점을 두고 소망점을 알아본다.

소망점을 보는 방법을 간단히 요약하면, ① 일간은 나이고 지상신은 목적이며, ② 간상신이 나에게 응하는 기운이고, ③ 이룰 수 있는지 여부는 사과와 일진의 구성, 삼전의 상황, 유신과 천장의 기세로 정단한다. 그러나 소망을 이룰 수 있을지 판단하는 것은 그렇게 간단한 것이 아니며 고려할 것이 많다. 이들 판단 요소가 모두 좋아야 소망을 이룰 수 있는데, 편의상 이를 몇 개 부분으로 나누어 살펴본다.

2. 사과와 일진으로 본 소망점

1) 사과

사과(四課)는 현재의 상황이고, 삼전은 장래 일의 추이를 보는 곳이다. 과전이 모두 양으로 이루어진 경우 공적인 일을 도모하기에 이롭고, 모두 음인 경우에는 사적인 일을 도모하기에 이롭다. 과전에 음이 하나도 없지만 점인의 연명에 음이 있는 경우도 같다. 그러나 사과가 모두 공망이면 현재가 모두 비어 있는 것과 같으므로 문점자가 막연히 바라기만 할뿐 구체적인 방침을 결정하지 못하는 상태다. 이 상태에서 일을 시작하면 아무것도 이루어지지 않는다.

2) 일진

일진(日辰) 중 일간은 나이고, 일지는 일의 목적이며, 각 상신은 나와 목적에 영향을 미치는 요소이다. 먼저 간지상신에 대해 살펴본다.

① 간상신은 나를 보좌하는 곳으로 과전의 나쁜 상황을 개선할 수 있다. 예를 들어, 삼전이 모두 일간의 관귀인데 간상신이 식상인 경우, 식신제살(食神制殺)이 되어 소망 성취에 도움이 된다. 참고로 육임에서 삼

길(三吉)은 건록·역마·귀인을 말하고, 이기(二忌)는 나를 치는 관귀와 설기 요소인 식상을 말한다. 식상은 이기이지만 육임국의 상황에 따라서 는 식신제살 하여 이기 중 하나인 관살을 치는 치귀자(治鬼者)의 역할을 하므로 무조건 피할 것은 아니다.

② 간상신이 묘신이 되는 경우 소망을 이루는 데 방해가 된다. 귀인이 탄 경우도 마찬가지다.

③ 간상신이 관귀가 되고 이 위에 백호가 타는 경우에는 두 개의 흉한 기운이 나를 방해하는 상황이므로 소망을 이룰 수 없다.

④ 간상과 지상에 주야귀인이 모두 타고 있는 경우 귀인의 협조로 소망 을 이룰 수 있다. 단, 일간의 기궁이나 일지가 辰·戌일 경우 귀인이 입옥 (入獄)된다 하여 귀인이 곤란한 상황이 되므로 협조를 얻을 수 없다. 참고 로 주야귀인이 과전의 어디에 있는지를 떠나 모두 공망인 경우 귀인의 도 움이 없다. 단, 공망의 순이 끝나면 협조를 이끌어낼 수도 있다.

다음으로 일진 상하가 생합을 하는 경우 소망을 이룰 수 있고, 상극이 나 육해(六害)가 되는 경우에는 소망을 이룰 수 없다. 예를 들어 일간과 간상신, 일지와 지상신이 육해면 서로 해치기만 할 뿐 도와줄 의사가 없 으므로 소망을 이룰 수 없다.

또한 간상신은 목적인 일지와 극을 하고, 지상신은 나인 일간과 극을 하는 소위 교차극이 되는 경우 거래 상대방이 서로 해칠 마음이 있는 것 이므로 소망을 이룰 수 없다.

마지막으로 3·4과가 모두 관귀가 되는 경우 내가 이루려는 목적과 그 음신이 오히려 나를 치는 상황이므로 이루어지는 것이 아무것도 없다. 이 경우 3·4과가 모두 공망이 되면 흉이 먼저 발생하고 나중에 없어진 다. 또한, 명귀(明鬼)와 암귀(暗鬼)의 공격을 같이 받는 경우에도 소망을 이룰 수 없다. 명귀는 간상신이 관귀이고 암귀는 지상신이 관귀인 경우로 내가 안팎으로 공격을 당하는 상황이다. 참고로 둔간이 관귀일 경우 둔귀(遁鬼) 또는 암귀라고 한다. 둔귀도 관귀의 역할을 하므로 이기에 준하여 해석한다. 삼전에서 제압하는 기운이 있으면 큰 해가 없다.

3. 삼전으로 본 소망점

삼전은 일의 추이를 보는 곳이며, 소망의 성취 여부와 진퇴를 보는 곳이기도 하다. 또한 과전에서 일진은 동정(動靜) 중 정(靜)을 보는 곳이고, 삼전은 동(動)을 보는 곳이다. 따라서 일진이 흉하고 삼전이 길한 경우 전진하면 길하다. 반대로 삼전이 흉한데 일진이 좋으면 조용히 멈춰 있는 것이 좋다. 예를 들어, 간지상신이 왕지에 임하는 경우이다. 음·양일에 따라 주목하는 곳이 다른데 양일은 일간, 음일은 일진을 중시하여 동정을 결정한다. 과체로 보면 역마·천마·정신(丁神)·유자(游子)·참관(斬關)은 움직이는 것이 좋고, 辰·戌·丑·未로 이루어진 가색(稼穡)과 묘신이 합이 된 경우에는 가만히 있는 것이 좋다. 물론 소망점을 볼 때 과전 전체의 길흉도 참고하여 움직일 것인지 말 것인지 판단한다.

또한 삼전이 사과의 구성과 같다면 현재 상황과 미래의 진행 상황이 같다는 의미다. 이 경우는 마음먹은 일이 진행되지 못하고 반복되기만 하여 소망을 이룰 수 없는 회환(回環)의 상황이 되어버린다.

소망을 이루기 위해서는 내가 그에게 부탁하는 경우도 있고, 그가 내게 와서 부탁을 하는 경우도 있다. 예를 들어, 초전에 지상신이 있고 말전에 간상신이 있으면 그가 나에게 부탁을 하여 이루는 상이다. 말전은 일의 결과를 보는 곳인데, 말전에 간상신이 있다는 것은 일의 결과가 내게 있다는 것을 뜻한다.

그 밖에 삼전이 체생(遞生)하는 경우는 다른 사람의 도움으로 소망을 이룰 수 있다. 체생은 초전 생 중전, 중전 생 말전, 말전 생 일간을 하는 경우이다. 이와 반대로 삼전이 차례로 일간을 극하는 체극(遞剋)인 경우는 다른 사람이 나를 해치는 상이므로 소망을 이룰 수 없다.

삼전 중에서도 초전은 사물의 동기를 보는 발단문(發端門)이다. 이런 초전이 상생·비화되면 소망을 이룰 수 있지만 상극이 되는 경우에는 흉역할을 한다. 특히, 초전이 내전이 되면 소망을 이룰 수 없다. 내전이란 지반이 천반을 극하고, 천반이 천장을 극하는 경우이다. 이 경우 흉의 종류는 내전을 당하는 천장으로 알 수 있다.

아울러 초전의 상황으로 소망의 응기를 본다. 초전에 겁살이나 성신(成神)이 타면 소망을 이루는 시기가 빠르고, 초전에 역마가 있거나 말전에 성신이 있으면 지연된다. 또한 초전의 지반으로 소망이 이루어지는 해와 달을 알 수 있다. 즉, 연지가 초전 지반이면 그 해에 이루어지고, 월지이면 그 달에 이루어진다.

월지	子	丑	寅	卯	辰	巳	午	未	申	酉	戌	亥
성신	亥	寅	巳	申	亥	寅	巳	申	亥	寅	巳	申

삼전이 소망점에서 목적이 되는 지상신을 끼워서 끌어줄 때 소망을 이룰 수 있다. 다음은 중전에 지상신 辰을 끼워서 말전은 끌어주고 초전 巳는 밀어주는 상황이 된다.

말전	중전	초전
辛卯	丙戌	癸巳
戌	巳	子

4과	3과	2과	1과
乙酉	壬辰	癸巳	戊子
辰	亥	子	丁(○未)

4. 유신과 천장으로 보는 소망점

소망의 성취는 과전의 상황, 특히 일진을 중심으로 판단한다. 일진 상하가 생합하고 생극이나 형충파해가 되지 않아야 하는 것이 기본 조건이다.

다음으로 과전에서 사류(事類)가 손상되지 않고 왕상하여야 소망을 온전히 이룰 수 있다. 사류란 사신(事神)과 유신(類神)을 합친 말로, 사신은 비겁·식상·재성·관성·인수를 말하고, 유신은 정단할 때 주시해야 할 과전 요소이다. 보통은 유신을 천장으로 본다. 예를 들어 재물점의 사신은 재성이 되고, 유신은 청룡이 된다. 이러한 사류가 과전에 있고 힘이 있어야 소망을 이룰 수 있다.

만약 유신이 과전에 있더라도 왕상하지 않고 휴수가 되면 소망을 이루는 시기가 늦어진다. 또한 유신이 卯·酉에 타면 응기가 빠르고 辰·戌에 타면 응기가 늦어진다.

5. 소망점에 참고할 사항

1) 초전과 말전의 십이운성
초전과 말전에 있는 십이운성으로 소망 성취의 추이를 살필 수 있다. 예를 들어, 초전에 장생이 있고 말전에 묘신이 있는 경우 일이 점차 악화되며, 반대인 경우 일이 점차 호전되어 이룰 수 있다.

2) 지두법
소망의 성취 여부를 지두법(指斗法)으로 알아보면, 辰천강이 사맹(四孟)에 타는 경우 진행하는 것이 좋고, 사중(四仲)에 타면 방해가 많고 불안한 일이 생기며 장애가 있고, 사계(四季)에 타면 현재 상황을 유지하는 것이 좋다. 자세한 것은 지두법을 참고한다.

3) 필법부 관련 항목

소망과 관련하여 필법부에서 참고할 항목은 다음과 같다. 관련이 있는 격의 이름은 각 법에서 하나씩만 제시하였으므로 자세한 것은 각 법을 참고한다. 001법 초말인종지지격(初末引從地支格) / 002법 회환격(回環格) / 005법 오양격(五陽格) / 006법 오음격(五陰格) / 008법 권섭부정격(權攝不正格) / 009법 사취개불가격(捨就皆不可格) / 011법 중귀수창격(衆鬼雖彰格) / 012법 호가호위격(狐假虎威格) / 013법 귀적불범격(鬼賊不犯格) / 016법 탈공격(脫空格) / 018법 답각진공격(踏脚眞空格) / 021법 교차극격(交車剋格) / 022법 간지상회격(干支相會格) / 023법 피구아사격(彼求我事格) / 024법 아구피사격(我求彼事格) / 025법 흉괴격(凶怪格) / 026법 마재호귀격(馬載虎鬼格) / 031법 삼전체생격(三傳遞生格) / 032법 삼전호극격(三傳互剋格) / 033법 난변이격(難變易格) / 034법 우중다행격(憂中多幸格) / 037법 말조초혜격(末助初兮格) / 045법 귀복간지격(貴覆干支格) / 046법 귀인역치격(貴人逆治格) / 047법 귀인입옥격(貴人入獄格) / 048법 귀인탈기격(貴人脫氣格) / 049법 양귀수극격(兩貴受剋格) / 050법 이귀개공격(二貴皆空格) / 051법 괴도천문격(魁度天門格) / 052법 신장살몰격(神藏殺沒格) / 053법 양공협묘격(兩空夾墓格) / 054법 호시봉호격(虎視逢虎格) / 056법 묘신부일(墓神覆日) / 058법 용파신심격(用破身心格) / 061법 호귀가간격(虎鬼加干格) / 069법 명암이귀격(明暗二鬼格) / 070법 귀살삼사격(鬼殺三四格) / 073법 진퇴양난격(進退兩難格) / 074법 사과개공격(四課皆空格) / 076법 피차시기해격(彼此猜忌害格)_5형 / 079법 절신가생격(絶神加生格) / 082법 불행전자격(不行傳者格) / 085법 부구앙수격(俯丘仰讐格) / 086법 장봉내전격(將逢內戰格) / 089법 길복음과(吉伏吟課) / 090법 사반음괘(似返吟卦) / 094법 희구격(喜懼格) / 095법 삼전무기격(三傳無氣格) / 100법 이흉제흉격(二凶制凶格)

3 승부 · 선거 · 시험

🔵 **정단 사례 ＊1_ 국회의원 선거에서 공천 받을 수 있는가**

양력 2004년 2월 9일 오후 2시 38분에 이루어진 방문점이다. 경기도에서 국회의원 선거에 출마하기 위해 준비하는 변호사가 지역구의 당내 경선이 있는데 당선이 될지 물었다.

• **문점자의 연명과 행년** : 1959년 己亥생, 2004년 46세, 행년 辛亥(남)
• **문점 일시와 문점일의 사주** : 양력 2004년 2월 9일 오후 2시 38분, 戊午 8국_주점

時	日	月	年
己	戊	丙	甲
未	午	寅	申

말전	중전	초전		4과	3과	2과	1과
天后	勾陳	玄武		玄武	朱雀	太陰	六合
甲寅	辛酉	丙辰		丙辰	癸亥	乙卯	壬戌
酉	辰	亥		亥	午	戌	戌(巳)

주야	常陰	白后	空天	龍蛇	陳雀	合合	雀陳	蛇龍	天空	后白	陰常	武武
천반	丁巳	戊午	己未	庚申	辛酉	壬戌	癸亥	○子	○丑	甲寅	乙卯	丙辰
지반	○子	○丑	寅	卯	辰	巳	午	未	申	酉	戌	亥

1) 당내 경선

당내 경선에서 당선되지 못하고 재물의 손실만 있게 된다. 당선되지 못하는 이유는 다음과 같다.

① 선거에 당선되는 경우는 1과와 3과의 천지반이 상생하며, 선거의 유신이나 도움을 주는 길신이 타고 있는 경우이다. 또는 1과와 3과의 천반에서 교차하여 녹마를 보거나, 삼전이 왕상하고 길신이 타고 있으면 당선된다고 본다. 즉, 1과와 3과가 힘이 있거나 길신이 타면 선거에 당선된다.

위의 국은 3과가 수화상충(水火相沖)으로 아름답지 못하고, 3과의 지상신이 1과의 지반과 수화상충이 된다.

② 초전을 피선거인으로 보는데, 위의 국은 초전이 폐구(閉口)되어서 불미하다. 참고로 간상신과 말전은 선거의 길흉이 되며 길흉은 천장의 길흉으로 판단하는데, 천장을 선거와 관련하여 보면 소모밖에 없다.

③ 삼전·간지상신·연명에 천을·청룡·태상이나 월장이 있고 왕성하면 당선된다고 보는데, 위의 국은 여기에도 해당되지 않는다.

한편 일간의 묘신이 일간을 덮어 묘신부일(墓神覆日)이 되므로 점인이 혼미하며, 1과에 戌하괴가 있고 초전에 辰천강이 있어서 기운이 막힌 상이다.

초전 辰천강은 현무가 같이 있으므로 참관이면서 재성이 폐구가 된 재작폐구(財作閉口)이므로 재물의 손실만 있다. 또한 일간의 묘신은 수토동색(水土同色)의 방법을 적용했을 때 辰이 된다. 일간의 묘신이 초전이면서 辰·戌·丑·未인 사계관신(四季關神)이면 간묘병관(干墓倂關)이라 하며, 사람과 가택에 흉하다. 이 경우 일간의 양신과 음신이 초전이 되면 사람에게 흉하고, 3과와 4과가 초전이 되면 가택이 약해지므로 위의 국은 가택의 소모가 있다. 또한 지상신인 亥水 재성에 주작이 타고 있어서 집안에 구설과 다툼이 있게 된다.

2) 실제

당내 경선에서 실패한 후 정치에 대한 관심을 접고 본업인 변호사사무실 운영에 전념하고 있다.

🟢 정단 사례★2 _ 시험에 합격할 수 있는가

2003년 3월 10일 오후 7시 36분의 점사이다. 다국적기업의 국내회사 직원들이 떼로 몰려와서 상담하였다. 여직원 2명과 남직원 5명이 방문하였는데, 이 중 마지막에 상담을 한 사례다. 작은 키에 맑은 눈을 가진 젊은이로 가정이나 직장에 큰 문제가 없으며, 2003년 준비를 하는 일이 있는데 그 결과가 어찌 될지 봐달라는 것이었다. 또한 점인이 대학 재학시절부터 역학에 관심이 있어서 명리와 기문둔갑을 공부하였는데 육임으로 점을 쳐달라고 부탁하였다.

- 문점자의 연명과 행년 : 1971년 辛亥생, 2003년 33세, 행년 戊戌(남)
- 문점 일시와 문점일의 사주 : 양력 2003년 3월 10일 오후 7시 36분, 壬午 11국_야점, 亥월장

※ 양력 2003년 3월 10일은 오후 7시 43분에 戌시로 변경되므로 이 경우는 그

전 시간인 酉시로 조식해야 한다. 또, 일몰시가 오후 6시 34분이므로 야귀를
적용한다.

$$時\ 日\ 月\ 年$$
$$己\ 壬\ 乙\ 癸$$
$$酉\ 午\ 卯\ 未$$

말전	중전	초전
白虎	靑龍	六合
丙子	甲戌	○申
戌	○申	午

4과	3과	2과	1과
靑龍	六合	太陰	太常
甲戌	○申	己卯	丁丑
○申	午	丑	壬(亥)

주야	后武	天陰	蛇后	雀天	合蛇	陳雀	龍合	空陳	白龍	常空	武白	陰常
천반	戊寅	己卯	庚辰	辛巳	壬午	癸未	○申	○酉	甲戌	乙亥	丙子	丁丑
지반	子	丑	寅	卯	辰	巳	午	未	○申	○酉	戌	亥

1) 합격 판단

명예에 대한 점이며 시험 또는 문서와 관련이 있다. 사과는 현재 상황
이며, 삼전은 결과와 길흉을 보는 곳이다. 1과의 간상신에 관살효가 있으
므로 명예와 관련된 일이며, 점시와 초전이 인수이므로 문서를 잡는 일
이나 시험과 관련이 있다.

시험에서 떨어지는데 이유는 다음과 같다.

① 과전의 특징을 보면 하적상으로 발용하는 중심과이다. 아래에서 위
를 극하기 때문에 모든 것이 순조롭지 않다. 중심과인 경우 초전이 기세
가 없더라도 말전이 왕상하면 길하다. 위의 국은 초전이 화금상전(火金
相戰)이고, 말전은 지반에게 토극수(土剋水)가 되어 초전·말전이 모두
기세가 없으므로 길하다고 볼 수 없다.

또한 말전에 흉신 백호가 있는 것도 참고한다. 아무리 말전이 왕성해

도 사호(蛇虎)가 있으면 결과가 흉으로 변한다. 위의 국은 태세상신이 일간을 생하고 지상신이 일간을 생하지만, 전체적인 구조로 볼 때 시험 합격과는 거리가 멀다.

② 시험의 합격 여부를 육친효로 볼 때는 인수인 문서로 보는데, 초전에 인수가 발용되기는 하였으나 지반과 화금상전이 되고 공망이 되어 시험에 합격하기 어렵다.

③ 위의 국은 시험의 유신인 주작이 화생토(火生土)로 생지에 있으므로 시험에 합격한다고 볼 수도 있다. 그러나 주작이 생하는 토기(土氣)가 간상신인 관성과 같은 오행이라 관성이 강화되는 형세다. 즉, 주작이 일간의 관성을 생조하는 요소가 되어 결과적으로 관성이 일간을 상극하는 상이 되므로 유신인 주작만 봐도 시험 합격과는 거리가 있다.

2) 실제

점인이 2004년 6월에 자식의 작명 문제로 다시 방문하였는데, 몇 점 차이로 시험에 실패한 것을 확인하였다.

1. 승부 정단

1) 일반적인 승부 정단

승부는 나와 그의 싸움이다. 나는 일간이며, 그는 일간을 제외한 모든 과전 요소가 된다. 또한 연명도 넓은 의미에서는 그이지만 좁은 의미에서는 내가 되며, 이런 시각으로 볼 때 연명상신도 그가 된다. 일진 중 일은 주(主)가 되고, 진(辰)은 객(客)이 되므로 승부와 관련된 전쟁·소송·시험·시합 등은 모두 주객의 생극관계를 살펴서 정단한다.

(1) 일진과 승부

일진이 주객으로 구분되고, 일진의 상하도 주객과 존비(尊卑)로 구분된다.

① 주객은 동정(動靜)과 같은 의미로도 사용되는데 동정으로 볼 때 상(上)이 동(動), 하(下)가 정(靜)이다. 그러므로 상극하를 하는 경우에는 선동자(先動者)가 유리하고, 하적상을 하는 경우에는 선동자가 불리하다. 소송점인 경우 원고가 선동자가 되므로 상극하를 하면 원고가 승리하고, 하적상의 형태를 보일 때는 피고가 승리한다.

② 일진은 존비로 구분된다. 만약 일(日)이 진(辰)을 극하는 경우 윗사람이 아랫사람을 이긴다.

(2) 간상신과 승부

간상신은 나에 대한 길흉이고 상대방을 나타낸다.

① 일간과 간상신의 생극관계를 보아 간상신이 일간을 생하는 경우 승부에 이로우며, 일간이 상극이 되는 경우에는 승부에 흉이 된다.

② 내가 간상신을 극하면 문제가 없고, 비화(比和)되면 뜻을 같이 하는 경우이다. 일간이 지상신을 극하고, 지상신은 간상신을 극하는 경우 앞은 길하고 뒤는 흉하다.

(3) 일지와 승부

일지는 그를 대표한다.

① 일지를 일간이 극하는 경우 내가 그를 제압하는 것이므로 승부에 길하고, 일지가 나를 극하면 승부에 흉하다.

② 일지가 일간의 설기 요소, 즉 식상이 되면 내가 그에게 이익을 준다.

③ 일지가 간상신이 되어 일간을 생하는 경우 그가 내게 와서 이익을 주며, 극하는 경우에는 내게 손해를 끼친다.

(4) 지상신과 승부

지상신은 그이고 목적이며 그에게 영향을 미치는 요소이다.

① 나인 일간이 지상신을 생하면 내가 손해를 보고, 지상신이 일간이나 간상신을 생하면 내게 이익이 된다.

② 지상신이 2과인 일간의 음신(陰神)을 생하면 상대가 몰래 나를 돕는 상이다. 그러나 일간이 2과에게 극을 받으면 그 효과가 반감된다.

2) 승부와 전쟁

(1) 원칙

일반적인 승부와 같이 전쟁에 준하는 승부에서도 일간은 나이고 일지는 적이다. 승부는 일진과 일진상신의 생극관계로 알 수 있으며, 구진은 나를 돕는 천장이고 현무는 적을 돕는 천장이다.

(2) 전쟁 발발 판단

유도(游都)를 중심으로 판단한다. 과전에 극과 형충파해가 중첩되고 유도가 타는 경우 전쟁이 일어난다. 간지상신에 유도가 타는 경우에는 전쟁이 가깝고, 삼전의 월지나 태세의 지지에 유도가 타는 경우에는 그 달이나 그 해에 전쟁이 일어난다. 예를 들어, 유도가 丑 위에 있으면 丑월에 전쟁이 일어난다.

일간신살	甲	乙	丙	丁	戊	己	庚	辛	壬	癸
유도	丑	子	寅	巳	申	丑	子	寅	巳	申

(3) 전쟁 정단

① 나를 돕는 천장인 구진에서 유도를 극하면 내게 유리하며, 유도가 현무가 탄 천신을 생하면 내게 불리하다.

② 적의 힘은 유도가 생왕한지, 휴수의 지(地)에 있는지로 판단한다. 유도가 왕(旺)에 타서 일진을 극하면 적의 세력이 강하고, 반대인 경우에는 약하다.

③ 천반의 유도가 사맹(四孟)인 寅・申・巳・亥에 타면 적이 오지 않

고, 사중(四仲)에 타면 도중에 적을 만나며, 사계(四季)에 타면 적이 빠르게 공격해온다. 도둑점도 동일하게 적용된다.

④ 적이 있는 방향은 천목(天目)이 있는 천반의 입지(立支)다.

⑤ 전쟁 등의 상황에서 도망하는 방향은 辰천강의 입지를 본다. 입지가 양이면 왼쪽, 음이면 오른쪽으로 도망간다. 일종의 위급피난법(危急避難法)이다.

월지	子	丑	寅	卯	辰	巳	午	未	申	酉	戌	亥
천목	丑	丑	辰	辰	辰	未	未	未	戌	戌	戌	丑

2. 선거 정단

1) 선거 정단의 기초 이론

일간 또는 초전은 피선거인이 되고, 간상신과 말전은 선거의 길흉에 응하며, 일지상신은 선거가 이루어지는 장소이다. 또한 선거는 주작·천공·관귀·인수를 유신으로 하며, 희신(喜神)·구신(救神)은 청룡이 된다. 월장은 국회의원선거 등과 같은 큰 선거의 유신이 되고, 태세는 지방선거의 유신이 되는데, 천반 유신의 지반으로부터의 득기 여부를 보고 역량을 판단한다. 예를 들어, 천반이 쇠약한 자리에 있으면 세력이 없는 것이다. 그 밖에 선거에 좋은 영향을 주는 유신과 신살은 귀인·육합·등사·주작·태상·생기(生氣)·삼기(三奇)·육의(六儀)·용덕(龍德)·부귀(富貴)·역마 등이며, 흉한 역할을 하는 것은 구진·백호·현무·태음·천후·공망·병부(病符)·월염(月厭)·묘신(墓神) 등이다.

2) 당선 판단

선거의 당락을 여러 상황별로 나누어 살펴본다.

(1) 일진으로 보아 당선되는 경우

① 일진상신에서 녹마(祿馬)를 보고 일진과 상생하는 경우, 간상에 주작이나 순수(旬首)가 타는 경우, 순수가 초전이 되거나 연명상신이 되는 경우 등이면 선거에 당선된다.

② 간상신에 귀인·육합·청룡·태상·천후·태음 등의 육길장이 타고 간지상신이 공망이 되지 않으면 선거에 당선되며, 반대로 일진이 상극이나 형충파해가 되는 경우에는 흉하다. 시험의 경우도 같다.

(2) 유신으로 보아 당선되는 경우

① 선거의 유신이 타는 천반과 일간·일지가 상생상합이 되는 경우 선거에 당선되며, 유신이 일간을 극할 때는 방해가 있어서 마음고생을 하게 된다.

② 귀인·청룡이 삼전에 있거나 간지상신에 타는 경우, 막귀(幕貴)가 과전·연명상신 등에 있고 생합하는 경우, 막귀가 丑·未에 타는 경우에도 당선이 된다. 막귀란 말 그대로 발을 드리운 채 숨어 있는 귀인이 있다는 뜻이다. 즉, 주점에 야귀(夜貴)를 보고, 야점에 주귀(晝貴)를 보는 것을 말한다. 또한 귀인이 초전의 丑·未에 타면 귀두(鬼斗)라 하여 당선된다.

③ 유신인 주작에서 일간을 생하고 극·공망·형충파해가 안 되며 초전이 청룡인 경우에 당선되며, 주작이 午에 탄 경우 진주작격이 되어 과전에 주작이 들지 않더라도 당선이 된다. 시험점에도 동일하게 적용된다.

(3) 삼전으로 보아 당선되는 경우

① 삼전이 체생하고 일간을 생하며 공망이 되지 않으면 추천으로 당선된다.

② 삼전에 길장이 탄 채 왕상하고 형극이 없으면서 일진·연명상신과 생합하면 당선된다.

(4) 당선되지 않는 경우

선거의 당락은 일진과 연명, 유신, 삼전의 상황에 의해 결정되는데, 각종 격국에서도 선거의 당락을 살필 수 있다. 예를 들어 필법상의 괴도천문격(魁度天門格)이나 원소근단격(原消根斷格) 등은 당선과 거리가 먼 격이다. 괴도천문격은 戌이 亥에 가해져서 초전이 되는 경우로 걸림과 막힘이 있는 격이고, 원소근단격은 원천이 없어지고 뿌리가 잘라진다는 격으로 과전이 모두 하생상(下生上) 하는 경우이다. 두 가지 격 모두 선거에 패배한다.

원소근단과 반대로 과전이 모두 상생하(上生下)인 경우는 우로윤택격(雨露潤澤格)이라 한다. 이 경우 선거점에서 일반인의 원조로 당선된다.

3. 시험 정단

1) 시험 정단의 원칙

시험점은 과전 · 주작과 관련 육친을 위주로 판단한다.

① 과전은 과전의 특징과 1 · 3과의 관계를 본다.

② 시험점의 유신은 주작이다. 또한 천공 · 청룡 · 장생 등을 참고한다.

③ 시험점에서 인수는 문서이고 관살은 명예의 육친효이므로 이 둘을 주시한다.

2) 시험 정단 방법

① 시험점에서 일간은 시험을 보는 당사자, 일지는 문제, 태세지지는 시험을 보는 장소, 월장지지는 시험관이다. 태세상신 · 월장 · 월건 · 지상신과 일간이 생합하면 시험에 길하다. 아울러 어느 점에서나 일(日)과 용신의 왕상(旺相)은 중요한 판단 도구이므로 이것도 함께 살핀다. 예를 들어, 일과 용신이 왕상하면 시험에 합격하는 것으로 본다. 그리고 그 길흉은 삼전의 상황으로 판단한다.

② 시험의 유신인 주작이 생왕지에 있으면 시험에 합격한다고 본다. 그러나 이 경우에도 일간과의 관계를 봐야 한다. 예를 들어 유신과의 생합을 참고하여, 유신이 타고 있는 천신과 일간이 육합·삼합하면 시험점에 더 길하다고 본다.

③ 관살효인 경우 명예를 추구하는 일에는 나쁘지 않지만 시험점은 인수 위주로 판단한다. 삼전에 인수가 동하여 세력이 있으면 시험점에 좋다.

3) 시험 정단에서 참고할 사항

① 시험점에서는 酉종괴를 참고한다. 酉는 아괴성(亞魁星)이라고도 하며, 문명의 기운을 뜻하는 戌하괴를 따른다 하여 아괴라고 한다. 酉가 간상신이나 연명상신으로 있으면 시험점에 좋다. 단, 공망은 꺼린다.

② 시험에서 귀인이 왕지에 있고 일간과 상생하면 시험에 합격하는 것으로 보며, 염막귀인(簾膜貴人)도 좋은 역할을 한다. 낮에 정단하면 일귀는 나타나고 야귀는 숨는데, 숨는 귀인을 은장(隱藏)의 귀인 또는 염막귀인이라고 한다. 과전에 염막귀인을 얻고 일간과 상생하면 시험이나 선거 등에서 1등으로 급제 또는 당선된다.

승부점 중 시험점은 선거점과 정단 방법이 유사하므로 나머지는 선거점을 참고한다.

4) 시험 정단의 예

시험점과 관련하여 甲子국의 예를 몇 가지 살펴본다.

다음의 甲子1국은 간상과 지상에 丑을 끼고 있어서 직장인은 승진하고 시험에 합격한다. 아울러 야점인 경우 3과 백호, 4과 백호로 육호병렬(六虎竝列)이 된다. 이 경우 직장점·시험점은 권위의 신인 백호를 쌍으로 얻어서 좋으나, 질병·소송점은 나를 치는 기운인 혈광지신(血光之神)이 되므로 흉하다. 또한 야점인 경우 말전의 백호가 관귀가 되므로 최관사자(催官使者)가 되어 관직에서 기쁜 일이 있으며, 간상의 寅이 일덕(日德)·녹신(祿神)이 되어 있는 상황도 취직에 도움이 된다.

말전	중전	초전
后白	雀陳	龍蛇
壬申	己巳	丙寅
申	巳	寅

4과	3과	2과	1과
白后	白后	龍蛇	龍蛇
甲子	甲子	丙寅	丙寅
子	子	寅	甲(寅)

다음의 甲子4국은 시험에 합격한다. 이 국은 삼전이 午·卯·子로 이루어진 고개승헌격(高蓋乘軒格)이다. 이 때 午는 천마(天馬), 卯는 천거(天車), 子는 화개(華蓋)가 된다. 이 경우 관직과 시험점에 아주 좋으며, 야점이면 시험의 유신인 주작이 힘이 있어서 더욱 좋다.

말전	중전	초전
白后	陳雀	蛇龍
甲子	丁卯	庚午
卯	午	酉

4과	3과	2과	1과
蛇龍	陰常	后白	常陰
庚午	癸酉	壬申	○亥
酉	子	○亥	甲(寅)

다음의 甲子6국은 시험에 합격하며, 현직에 있는 경우 영전한다. 직업이 없는 사람은 여자의 도움으로 직업을 얻게 된다. 초전 寅은 일간의 녹신이 되며, 일지 子의 역마가 되니 녹신과 역마가 동거한다. 녹이 움직이는 것이므로 영전한다. 말전의 辰 재성이 간상신 관귀효를 생하므로 여자의 도움으로 직업을 얻는 상황이며, 간상신의 관귀는 관직과 명예를 얻는 일에 길하다. 또한 간상신이 아괴성인 酉金인데, 아괴 酉가 간상신이나 연명상신으로 있으면 시험점에 좋다.

말전	중전	초전
武武	雀陳	白后
戊辰	癸酉	丙寅
酉	寅	未

4과	3과	2과	1과
白后	天空	武武	雀陳
丙寅	辛未	戊辰	癸酉
未	子	酉	甲(寅)

다음의 甲子12국은 시험에 합격한다. 삼전이 辰·巳·午로 섬돌을 오르는 형상의 승계격이다. 주점은 중전의 주작이 힘이 있기 때문이고, 야점은 간상신에 주작이 타고 있기 때문이다.

말전	중전	초전
蛇龍	雀陳	合合
庚午	己巳	戊辰
巳	辰	卯

4과	3과	2과	1과
龍蛇	空天	合合	陳雀
丙寅	乙丑	戊辰	丁卯
丑	子	卯	甲(寅)

4. 승부점과 관련 있는 격국

승부점과 관련이 있는 필법부의 격은 다음과 같다. 관련 격의 이름은 각 법에서 하나씩만 소개한다. 002법 수미상견격(首尾相見格) / 003법 염막귀인격(簾幕貴人格) / 017법 진여공망격(進茹空亡格) / 018법 답각공망격(踏脚空亡格) / 022법 간지내외구합격(干支內外俱合格) / 037법 포계불투격(抱鷄不鬪格) / 049법 진주작격(眞朱雀格) / 063법 피아부상격(彼我負傷格) / 069법 호승둔귀격(虎乘遯鬼格) / 075법 주객형상격(主客刑上格)– 자형 / 076법 인희아우격(人喜我憂格) / 077법 호생격(互生格) / 078법 호왕격(互旺格)

1. 시세 정단의 원칙

육임 정단은 일사일점주의에 따라 한 가지 일에 한 번만 조식하여 정단 하는 것이 원칙이지만, 시세점은 그 특성상 여러 번 정단해도 된다. 시세 판단은 삼전의 상황을 보는데 삼전의 기세가 있으면 시세가 높고, 기세가 없으면 낮다. 일간을 기준으로 한 기세는 당장의 시세이고, 기후(氣候)를 기준으로 한 삼전의 기세는 대세로 본다. 초전이 1 · 2과에서 발용되면 시 세가 높고, 3 · 4과에서 발용되면 시세가 낮다.이를 삼전을 초전 · 중전 · 말전으로 구분하여 적용하는데, 초전은 1과에서 발용이 되고 말전은 4과 에서 발용이 되는 경우 처음에는 시세가 높다가 나중에 떨어지는 것으로 본다.

이 방법은 장소와 주택의 고저에도 적용된다. 예를 들어 분실점에서 지 상신이 초전이면 분실한 물건이 낮은 곳에 있으며, 주택점에서 초전이 간 상신이 되면 지세가 높은 곳에 있는 집이라고 정단한다.

말전	중전	초전
○亥	丙寅	己巳
寅	巳	申

4과	3과	2과	1과
甲子	丁卯	丙寅	己巳
卯	午	巳	庚(申)

시세를 정단하기 위해 월장가시하여 위의 庚午4국을 얻은 경우, 현재의 시세는 높고 여름점이라면 앞으로 최고가에 이르게 된다. 이유는 위 국의 경우, 사과 중 2·3·4과가 상생하(上生下)이고 1과만 상극하(上剋下)가 되어 1과가 발용이 되므로 원수과가 된다. 본래 육임에서는 극적(剋賊) 중 하적상을 우선하여 초전으로 발용한다. 그렇다고 하적상을 하는 것이 순리는 아니다. 원수과는 하늘이 땅을 극하는 것과 같이 자연스런 상이며, 시세는 높다고 보는 것이 원칙이다.

사과를 음양으로 나누면 1과와 2과는 양이고, 3과와 4과는 음이 된다. 초전이 양에서 발용이 된 경우 시세가 높고, 음에서 발용이 된 경우에는 시세가 낮다. 위 국의 경우 간상신 巳가 발용이 되었으므로 현재의 시세가 높다. 대세를 볼 때는 계절의 영향을 보는데, 삼전의 구조가 말전 생중전하여 초전을 생하는 구조이고 여름점이면 화기(火氣)가 강해지므로 시세가 극에 이른다고 정단할 수 있다. 또한 위의 국은 삼전이 寅·申·巳·亥로 이루어진 원태(元胎)에 해당된다. 이 경우 생기를 일으키는 寅·申·巳·亥의 활동으로 꽃이 피고 열매를 얻는 격이므로 시세가 높아진다.

2. 시세 정단에 참고할 사항

1) 십과식과 시세

시세와 관련된 구종십과식의 내용 중 중요한 것만 간추려 설명한다.

① 원수과 : 대개의 경우 시세가 좋고 사는 것이 유리하다. 사과 중 어느 곳에서 발용이 되었는지에 따라 구분한다.

② 섭해과 : 시세 차가 심하다. 시세가 높고 낮음은 일반적인 시세 정단의 원칙에 따른다.

③ 요극과 : 효시과인 경우 시세는 보합으로 유지된다. 변화가 있더라도 기복이 아주 작다.

④ 묘성과 : 묘성과 중 음일의 동사엄목(冬蛇掩目)인 경우에는 시세가 떨어진다.

⑤ 별책과 : 시세가 예측과 반대로 나타난다. 되도록 매매 등에 손을 대지 않는 것이 좋다.

⑥ 복음과 : 시세가 유지되지만 차츰 움직이려는 기미가 있다.

⑦ 반음과 : 등락과 유동이 심한 불안정한 상태를 보인다.

2) 과전의 특징과 시세

(1) 삼전이 삼합인 경우

시세의 흐름이 자연스럽다. 특징별로 보면 곡직(曲直)인 경우 시세에 파란이 있다. 그러나 공망인 경우는 시세가 유지된다. 종혁(從革)은 지금까지와 반대 방향에서 보합세로 유지되며, 가색(稼穡)인 경우는 시세가 정체되고 변화가 적다.

(2) 과전 특징이 육음 · 육양인 경우

육음(六陰)인 경우 하락으로 보합이며, 육양(六陽)인 경우는 상승으로 보합이 된다. 회환(回環)은 높았다 낮았다 하고, 원태(元胎)는 점차 높아진다.

3) 삼전과 시세

삼전의 구성이 하적상을 보이는 경우 시세가 낮아지고, 상극하를 보일 때는 높아진다.

초전이 공망이면 상향이든 하향이든 그 세력이 약화된다. 간상신이 초전으로 된 경우 시세가 높아지지만 초전이 공망이면 상승세가 약해진다.

또한 역마가 공망인 경우에는 시세 변화가 적다. 사과가 초전으로 되는 경우 어떤 일이나 우연히 발생하므로 시세도 우연히 바뀌게 된다. 辰천강이 초전이나 일간에 있는 경우에는 시세가 과거와 반대로 된다.

3. 시세 정단의 예

다음의 己丑7국은 역마 亥를 초전으로 하는 정란사(井欄射)에 해당하는 반음이다. 반음은 시세가 안정적이지 못하고 기복이 심한 것을 특징으로 한다. 이 국은 중전과 말전이 1·2과가 되므로 시세가 급격히 올라간다.

말전	중전	초전
己丑	○未	丁亥
○未	丑	巳

4과	3과	2과	1과
己丑	○未	○未	己丑
○未	丑	丑	己(○未)

다음의 甲申3국은 지상신이 초전이므로 현재 시세는 하락하지만 상승세로 바뀌게 된다. 퇴간전으로 계속 하락할 것 같지만 말전 寅이 공망이 안 되고 일간의 녹신이 되기 때문이다.

말전	중전	초전
庚寅	壬辰	○午
辰	○午	申

4과	3과	2과	1과
壬辰	○午	丙戌	戊子
○午	申	子	甲(寅)

다음의 壬戌3국은 원수과(元首課)로 시세가 높을 것 같지만 반대로 현재 시세가 낮은 상태이며 점차 낮아진다. 음신인 4과가 초전이 되므로 당장의 시세가 낮으며, 퇴간전(退間傳)·고조(顧祖)의 영향으로 앞으로도 점진적으로 계속 떨어질 것이다. 말전 寅은 초전 午의 장생의 자리이고 인

수인 부모의 자리이므로, 초전 자식에서 시작하여 말전인 부모를 생하는 것과 같이 시세가 후퇴한다.

말전	중전	초전
甲寅	丙辰	戊午
辰	午	申

4과	3과	2과	1과
戊午	庚申	己未	辛酉
申	戌	酉	壬(亥)

🌑 정단 사례 _ 재혼하려고 합니다

상담실에 찾아오신 남자분이 동향이라 반갑게 인사하고 상담 내용을 물으니 궁합을 봤으면 하였다. 50이 훨씬 넘은 분으로 초혼이 아니다.

- **문점자의 연명과 행년** : 1952년 壬辰생, 2005년 54세, 행년 己未(남)
  1978년 戊午생, 2005년 28세, 행년 乙巳(여)
- **문점 일시와 문점일의 사주** : 양력 2005년 2월 18일 오후 1시 46분, 癸酉
  8국_주점

※우수가 2월 18일 오후 10시 31분이므로 전달 丑월의 합인 子가 월장이 된다.

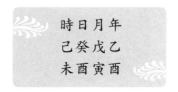

時日月年
己癸戊乙
未酉寅酉

말전	중전	초전		4과	3과	2과	1과
天乙	白虎	朱雀		朱雀	玄武	天空	螣蛇
己巳	甲子	辛未		辛未	丙寅	○亥	庚午
子	未	寅		寅	酉	午	癸(丑)

주야	大陰	蛇武	雀常	合白	陳空	龍龍	空陳	白合	常雀	武蛇	陰大	后后
천반	己巳	庚午	辛未	壬申	癸酉	○戌	○亥	甲子	乙丑	丙寅	丁卯	戊辰
지반	子	丑	寅	卯	辰	巳	午	未	申	酉	○戌	○亥

1) 상대 여자

상대 여자는 음란하고, 문점자를 좋아하기는 하지만 일시적인 것이다. 음란함은 순음(純陰)의 천신인 현무가 일지에 타고 있는 것을 본 것이다. 주변에 구설이 있다는 것은 일지 음신에 주작이 탔기 때문이다. 결혼점에서 일간은 남편이고, 처가 일지다. 3과의 천지반이 1과의 천지반을 생하니 여자가 남자를 좋아하는 것이다. 그러나 여자의 본명 천장이 천공으로 사신(詐神)이 되므로 헛된 것이며, 천공이 천반 亥에 타고 있어서 고민 중이고 구설이 있는 상태다.

2) 중매인

소개는 문점자의 친구가 하였으나 친구는 내심 여자를 싫어하는 상황이다. 초전은 남편, 중전은 중매인, 말전은 부인이 된다. 말전이 초전을 화생토(火生土) 하므로 이 점에서도 여자가 남자를 좋아하는 것을 알 수 있다. 중전이 일간의 비겁이므로 친구로 본다. 중전의 중매인은 여자인 말전을 수극화(水剋火) 하므로 내심 싫어한다고 볼 수 있다. 결혼점에서는 육합을 중매인으로 보기도 한다.

3) 결혼 판단

이 결혼 당사자는 마음이 혼란하고, 다툼과 흉으로 끝을 맺는다. 위의 국은 지일과로 의혹과 혼란 속에 결정을 해야 하는 상이다. 가정의 불화와 문란함이 특징인 삼전이기도 하다. 삼전 지반이 모두 천반을 극하는 유도액(幼度厄)이기 때문이다. 도액인 경우에도 일간이 왕상하면 해결이 되지만, 위의 국과 같은 경우는 간상신과 수화상충(水火相沖)이 되고 월령을 얻지 못하여 왕상으로 볼 수 없다. 또한 위의 국은 삼전일진내전격(三傳日辰內戰格)·삼전내전격(三傳內戰格)에도 해당되므로 혼란스러운 상황을 더욱 부추긴다.

문점자 본인의 연명이 辰인데 여기에 구진이 있으므로 이것 또한 혼란수이다. 연명의 지신(支神) 辰이 토극수(土剋水)로 일간을 극하므로 흉한 기운으로 끝난다. 구진이 자리한 지지가 일간을 극하더라도 중전·말전에서 구진을 극하면 흉을 면할 수 있다고 보는데, 말전 巳가 내전 중이라 역할을 하기 어렵다고 본다. 혼란을 겪고 결국에는 다툼과 흉으로 끝을 맺게 된다는 것은, 말전이 초전을 생하고 초전이 일간을 극하는 것에서도 확인할 수 있다.

4) 상대 여자의 남편 상황

육임 판단이 끝난 후 상대 여자분의 기문국을 조식하여 국에 실린 남편의 상황을 살펴보니 남편의 기운이 수화상충으로 깨져서 무력하다. 2005년 관성·태음·경문(景門)이 동하여 분명히 바람수이고, 바람의 기운은 2006년과 2007년에도 계속된다. 큰 흐름을 보면 30세에서 37세까지 편관의 운으로 남자의 기운에 노출이 된 상태다. 이런 판단을 듣고 문점자는 여자분이 자신을 떠나지 않을까 걱정하는 눈치다. 인택이 교차상극(交叉相剋)하고 있으므로 불안하고, 등사·현무의 흉장이 탔으므로 재물의 손실에 주의해야 할 것이다.

1. 결혼 정단 방법

1) 결혼 정단의 요약

결혼점에서 일간은 나이고 일지는 그이다. 남자를 기준으로 하면 일간과 귀인·육합·청룡은 남자이고, 일지와 천후는 여자가 된다. 육합과 중전은 중매인이다. 육친으로는 관성이 남편, 재성이 부인이다. 간상신은 남자의 길흉에 응하고, 지상신은 여자의 길흉에 응한다. 또한 결혼점에서는 간상신과 지상신을 직접 남녀로 보는 경우도 많으며, 각자의 연명상신도 간지상신에 준하여 해석한다.

결혼에 성공하는 경우는 간지 또는 연명상신이 생합을 하는 경우이다. 반대로 간지가 서로 형충이 되거나 상극이 되는 경우는 결혼에 꺼린다. 만약 간상신이 지상신을 극하면 여자가 결혼을 못 하고, 지상신이 간상신을 극하면 남자가 결혼을 못 한다. 丑귀인이 남자라면 이와 합하는 子천후는 여자가 된다. 丑을 견우라 하고, 子를 직녀라 하여 삼전에 子·丑이 있으면 결혼에 성공한다. 또한, 청룡을 남자로 보는 것은 寅이 생기와 활동의 장소이기 때문이다.

결혼의 성사를 지두법(指斗法)으로 보는 경우에는 辰천강이 사맹(四孟)에 타면 결혼이 성사되지 않고, 사중(四仲)·사계(四季)에 타면 성사된다.

2) 결혼 정단의 대강

결혼점에서는 일진·삼전·천장·육친 등 여러 육임의 요소를 고려하여 정단한다. 본격적인 결혼 정단에 앞서 이 중 대표적으로 사용되는 방법들을 알아본다.

(1) 일진의 관계로 본 결혼

다음의 乙未10국은 간지상신이 戌未형이 되어 결혼이 어려운 상이다. 또한 일지가 간상신으로 와서 일간의 극을 받으므로 췌서(贅壻)가 된다. 일지는 그이고 일간은 나로, 그가 와서 내게 의지하므로 나의 몸이 상대방에게 탈기되어 소모가 있으며, 남자의 경우 데릴사위로 결혼할 수도 있다. 원래 데릴사위인 서양자(壻養子)로 결혼하는 것은 일간의 기궁이 지상신이 되는 경우이다. 반대로 일지가 간상신이 되면 여자가 남자의 집으로 간다. 酉 위에 정신(丁神)이 타서 삼전에 있거나 酉 위에 巳·午가 있는 경우에도 데릴사위가 된다.

말전	중전	초전
辛丑	戊戌	乙未
戌	未	○辰

4과	3과	2과	1과
辛丑	戊戌	戊戌	乙未
戌	未	未	乙(○辰)

(2) 천장으로 본 결혼

다음의 국은 甲午5국_야점이다. 卯·酉는 음란의 문이고 육합과 천후는 음란의 신이기 때문에, 이 둘이 겹쳐 있으면 음란의 기운이 일어나 결혼점이 나쁘다. 육합과 천후가 삼전에 같이 있으면 음일(淫泆)이라고 하는데, 음일 중 일여(泆女)는 초전이 천후이고 말전이 육합인 경우로 여자가 선동하며, 교동(狡童)은 초전이 육합이고 말전이 천후인 경우로 남자가 선동한다. 그러나 정식결혼을 싫어하고 색정으로 흐르게 된다. 이 국은 남자가 선동하고 여자가 남자를 싫어하여 결혼할 수 없으며, 결혼한다면 연애결혼이 된다. 필법의 후합점혼격(后合占婚格)에 해당된다.

말전	중전	초전
天后	白虎	六合
壬寅	甲午	戊戌
午	戌	寅

4과	3과	2과	1과
六合	天后	白虎	六合
戊戌	壬寅	甲午	戊戌
寅	午	戌	甲(寅)

2. 결혼 상대의 성정과 외모

1) 간지로 본 성정

결혼에 있어서 간상신이 왕상하면 남자에게 좋고, 지상신이 왕상하면 여자에게 길하다. 또한 간지가 공망이면 해당되는 사람의 집이 가난하다. 즉, 지상신이 공망이면 여자의 집이 가난한 편이다. 결혼 상대의 가정 사정은 음신으로 판단한다. 남자의 가정 사정은 음신인 2과로 보고, 여자는 4과로 판단한다. 음신이 왕상하면 그 집이 화목하고 부유한 것으로 본다. 각 음신이 양신과 생합·비화되면 화목한 가정이다.

남자와 여자의 성정과 용모는 1·3과에 탄 천장으로 가늠할 수 있는데 천장별로 보면 다음과 같다.

① 귀인이 승하면 미인이고 숙녀다.

② 등사는 고치기 힘든 병이 있고 얼굴이 붉은 편이다.

③ 주작이 巳·午에 타면 문장에 능하고 쾌활한 사람이며, 亥·子에 타면 얼굴에 점이 있고, 寅·卯·申·酉에 타면 모발이 적고, 辰·戌·丑·未에 타면 주근깨가 많다.

④ 육합이면 호감형이고 인정이 있으나 허영심이 강하다.

⑤ 구진이 타면 얼굴이 짧고 못생겼으며 키가 작다.

⑥ 청룡이 승하면 미인이고 깨끗한 사람이다.

⑦ 천공은 비만이고 얼굴이 못생겼다.

⑧ 백호는 흉한 상이다.

⑨ 태상은 원만하며 잘 먹는 편이다.

⑩ 현무가 승하면 살빛이 검고 비만인 편이다.

⑪ 태음은 미인이다.

⑫ 천후도 미인이다.

2) 청룡과 천후로 본 성정

청룡은 남자이고, 천후는 여자다. 청룡이 왕상하면 남자의 성정이 좋으며, 청룡의 음신이 길장인 경우 좋은 남자로 본다. 여자의 경우에는 천후의 음신으로 본다. 한편, 청룡이 탄 천신이 천후의 천신을 생하면 남자가 여자에게 이익을 주는 경우이며, 천후가 탄 천신이 청룡이 탄 천신을 생하면 여자가 남자에게 이익을 준다. 천신이 비화되면 서로에게 이익이 되는 경우이다.

3) 연명상신으로 본 성정

연명상신의 오행으로 결혼 상대방의 성정과 안색을 살필 수 있다. 상신에 탄 천장이 길장인지 흉장인지 구분하고, 왕상 여부를 고려하여 길흉을 판단한다.

① 木이면 안색이 청색이며, 성정은 길할 때는 인자하지만 흉할 때는 난잡하다.

② 火이면 안색이 붉고, 성정은 길할 때는 예의가 있으나 흉할 때는 광폭하고 용두사미인 경향이 있다.

③ 土이면 안색이 누런 빛이며, 성정은 길한 경우 신용을 잘 지키고, 흉한 경우에는 아둔하다. 辰·戌인 경우에는 못생겼다.

④ 金이면 안색이 희며, 성정은 길한 경우 숙살(肅殺)의 권위를 가지고, 흉한 경우에는 잔인하고 살기가 있다.

⑤ 水이면 안색이 검은 편이며, 성정은 길한 경우 지혜가 있고, 흉한 경우에는 권모술수에 능하고 사기치기를 좋아한다.

연명이 확실하지 않을 경우 남자는 청룡의 입지(立支), 여자는 천후의 입지 천반을 연명으로 삼아서 정단한다.

3. 결혼 성립 판단

결혼의 성립 여부는 간지상신의 관계와 결혼의 유신 상황으로 정단한다. 먼저 간상신과 지상신이 생합·비화·상생하는 경우, 간지상신이 삼전과 합이 되는 경우에는 결혼이 이루어진다. 그러나 1·3과가 상하 상극하거나 교차상극을 하는 경우에는 이루어지지 않는다. 일간이나 간지 상신이 청룡·천후·육합이 탄 천신과 상극이나 형충파해가 되는 경우에도 결혼이 성립되지 않는다. 그 밖에 과전이 길하고 삼전에 청룡·천후·육합·태상이 타는 경우, 육합의 천신과 청룡·천후가 탄 천신이 상극되지 않고 형충파해가 되지 않는 경우에 결혼이 성립된다. 또한 간지 상신에 子·丑이 있고 초전에 태음이나 천후가 타는 경우에도 반드시 결혼하며, 초전과 연명상신이 子·丑과 합을 하는 경우에도 결혼한다. 子·丑은 견우와 직녀신으로 비유된다. 子·丑이 상하지합(上下支合)하고 육합·태상이 타는 경우에도 역시 결혼한다.

1) 일진으로 본 결혼 성립 여부
(1) 간지상신이 공망인 경우
간상신이 공망인 경우 남자측에서 성의가 없고, 지상신이 공망인 경우에는 여자측에서 성의가 없다. 또한 일간상신이 酉에 타는 경우 이별을 주사하여 결혼이 성립되지 않는다.

(2) 일진의 교차상극
일간이 지상신을 극하고, 일지가 간상신을 극하면 부부무음격(夫婦蕪淫格)이라 하여 결혼이 이루어지기 어렵다. 또한 부부 각자의 연명상신이 각자의 간지상신이 되는 경우에도 결혼이 이루어지지 않는다. 이런 경우를 진해리괘(眞解離卦)라고 한다.

(3) 일진의 합과 형충파해
일진이 교차합이 되는 경우 결혼이 성립될 수 있으나, 일진상신 중 하나가 공망이 되거나 중전·말전이 공망이 되면 결국 안 하게 된다. 또한 서로 子卯형이 되는 경우 예의가 없고 결혼에 좋지 않으며, 일간과 지상신이 충이 되는 경우 결혼이 성립되지 않는다. 교차해서 육해가 되는 경우는 결혼이 성립될 수 있으나 다툼으로 파경에 이를 수 있다.

2) 천장으로 본 결혼

칠신(七神)은 卯・亥・酉・未와 子・午・戌이고, 칠장(七將)은 주작・육합・구진・청룡・현무・태음・천후이다. 칠신에 칠장이 타는 경우 결혼해서 아름다운 처를 맞아들인다고 본다. 참고로 칠신 중 卯・亥・酉・未를 사지(四支) 또는 사신(四神)이라고 한다. 십이천장 중 결혼의 유신으로 중요한 천장을 알아본다.

(1) 등사

등사는 음사(陰事)를 주도하는 천장으로 왕상하고 일간과 상생이 되면 결혼의 기쁨이 있다. 초전의 등사가 간지상신과 극이나 형충파해가 되는 경우 색정으로 인한 재해가 있다.

(2) 육합

육합이 일간을 극하면 결혼에 분란이 생긴다. 육합이 지상신과 생합하면 연애결혼하고, 육합과 태음이 합이 되면 결혼이 이루어진다. 또한 육합이 子에 타면 횡포하여 남의 처를 빼앗는다.

결혼점에서 중매인은 육합과 중전이다. 중전을 중매인으로 볼 때 초전은 남자, 말전은 여자가 된다. 육합의 승신과 청룡・천후의 승신이 상생・비화되는 경우에는 중매인을 믿을 수 있다. 초전 또는 육합에서 일간을 생하는 경우는 중매인이 남자를 돕는 것이고, 지상신을 생하는 경우는 여자를 돕는 것이다. 육합이나 중전이 공망이거나, 중전에 천공이 타거나, 중전이 사수(死囚)이면 중매인을 믿을 수 없다. 지지의 삼분류로 중매인을 보는 별도의 방법에 따르면, 육합 승신이 사맹(四孟)에 타면 중매인이 믿을 수 있는 사람이고, 사중(四仲)에 타면 평범하며, 사계(四季)에 타면 믿을 수 없다.

(3) 청룡

청룡은 결혼의 희신으로 천후·육합·천희(天喜)와 합하는 경우 결혼에 크게 길하며, 청룡의 승신과 일진이 생합하는 경우 결혼이 성립된다. 청룡이 덕신(德神)에 타서 초전에 있는 경우에도 결혼이 성립된다. 천후의 승신에서 청룡의 승신을 극하면 여자가 남자를 극하여 남편이 손상된다.

(4) 천공

결혼점에서 천공이 초전이 되고 지상신에도 있는 경우 그 집에 과부나 고아가 있다.

(5) 태음

지상신이 卯·亥·酉·未의 사지이고 태음이 타서 초전이 된 경우 여자가 음란하다. 초전이 재성이 되고, 덕신(德神)·천후가 일간과 합하며, 간상신에 태음이나 천후가 타는 경우는 좋은 처를 만난다.

(6) 천후

천후가 일간을 극할 때는 여자가 남자를 배반하고, 일간이 천후를 극할 때는 남자가 여자를 배반한다. 삼전에 丑이 있는 경우 결혼에 방해가 있다가 성공한다. 또한 말전이 식상에 천후이면 결혼 등에 재물을 쓸 일이 있다. 초전에 천후가 있는 경우 결혼과 관련된 일이 있는데, 간지와 형충되고 지상신이 공망이 되면 결혼이 성립되지 않는다. 천후가 과전에 나타나지 않아도 천후의 승신과 일진이 상생하고 간지상신이 발용이 되며, 덕신과 희신(喜神)을 띠는 경우에는 결혼이 성립된다. 같은 시기에 혼담이 겹칠 때는 여자가 살고 있는 방위를 지반의 천신과 천후가 탄 천신이 상생하는 곳을 택하여 혼담을 진행한다.

3) 삼전으로 본 결혼
① 간상신이 발용이 되어 일지를 생하면 남자가 결혼을 요구하는 경우

이며, 지상신이 발용이 되어 간상신을 생하는 경우는 여자가 결혼에 적극적인 경우이다. 이 경우 청룡·육합·덕신·희신이 초전에 있으면 결혼이 성립된다. 그러나 사과 중 4과가 초전으로 발용이 되는 맥월(驀越)인 경우 결혼의 성립이 지연되며 이루어지더라도 우연히 이루어진다.

② 삼전이 삼합 금국(金局)이 되는 경우 결혼이 성립되기 어렵고, 사는 부부도 파경을 맞을 우려가 있다. 삼전이 巳·酉·丑 종혁으로 지상신과 형이 되면 둘 중 한 명이 다른 사람과 연애를 하고 있는 중이다. 부부점인 경우에도 동일하다. 삼전의 巳·酉·丑 종혁은 이격신(離隔神)이라 하여 이별을 주도하는 성분이다.

③ 삼전이 상형(相刑)으로 되고 초전에 백호·천공·공망 등이 있는 경우 결혼이 성립되지 않는다. 초전이 공망인 경우를 과숙(寡宿)이라고도 하며 결혼 상대방의 성정이 흉하다.

④ 결혼점에서 초전이 사지(四支)인 卯·亥·酉·未이고 태음이 타는 경우 여자가 처녀가 아니거나 재가이다. 또한 사과가 불비이고 삼전에 사지가 있으며, 육합이 타거나 辰에 태음이 타는 경우도 상대 여자가 성정이 좋지 않거나 하자가 있다.

⑤ 卯·酉일점에 초전이 지반 卯·酉 위에 있는 의혹격(疑惑格)이면 부부가 서로 다투는 상으로 결혼이 성립되지 않는다. 또한 초전 卯가 일간의 재성이 되고 천후·천희를 띠는 경우 결혼 후에 파혼이 될 우려가 있다.

4) 재성으로 본 결혼

결혼의 사신은 재관(財官)이다. 남자의 결혼점에는 재성이 사신이고, 여자의 결혼점에는 관성이 사신이 된다. 각 사신이 공망이 되는 경우 결혼은 이루어지지 않는다.

지상신이 재성을 생하고 재성에 육합인 중매인이 타는 경우는 결혼이 빨리 이뤄진다. 성신(成神)이나 천희를 띠고 나와 합을 하면 더욱 좋다. 또, 초전이 재성이며 삼전에 태음·육합·천후가 같이 있는 경우도 결혼이 성립된다.

5) 연애결혼을 하는 경우

(1) 과전이 함지·음일이나 간문을 띠는 경우

① 음일(淫洪)이나 간문(奸門)이 삼전 중 공망이나 극이 되는 자리에 있지 않으면 사통하여 정을 통한 후에 결혼한다. 그러나 공망이나 극지에 있으면 연애하다 헤어지기 쉽다.

② 초전의 천지반이 상하로 子·未 육해가 되며, 삼전에 卯·酉가 있고 함지와 간문을 띠는 경우 정을 통한 후에 결혼한다. 초전과 간지상신이 합을 하고 함지(咸池)·간문을 띠는 경우도 마찬가지다.

③ 간지상신에 함지·간문이 있고, 초전에 천후나 수신(水神)이 타는 경우 색정과 관련된 일이 있다. 이 때 과전에 흉신악장(凶神惡將)이 타는 경우 색란이 일어난다.

일	子	丑	寅	卯	辰	巳	午	未	申	酉	戌	亥
함지	酉	午	卯	子	酉	午	卯	子	酉	午	卯	子
월	子	丑	寅	卯	辰	巳	午	未	申	酉	戌	亥
간문	寅	巳	申	亥	寅	巳	申	亥	寅	巳	申	亥

(2) 육합과 천후가 있는 경우

육합과 천후는 음란한 기운으로, 육합이 결혼하기 전의 연애라면 천후는 결혼 후의 사통이다.

① 과전에 천후와 육합이 같이 있기만 해도 연애결혼을 하는 것으로 보며, 삼전에 천후·육합이 타고 과전이 음일이나 간문이며 공망이 아닌 경우에 연애결혼을 한다.

② 제1천반에 천후가 있고 제3천반에 육합이 타는 경우에 연애결혼을 한다.

③ 초전이 재성이며 삼전에 육합·천후가 같이 있는 경우 정식 결혼을 하는데, 재성이 휴지나 절지에 있거나 목욕·함지와 만나면 연애결혼을 한다.

④ 火인 일간이 金인 초전을 극하며, 삼전의 육합·천후가 무력하고

간문·함지 등이 있는 경우 연애결혼을 한다.

4. 결혼 정단에서 참고할 사항

1) 결혼 성립에 좋은 것
원수(元首)와 삼현태격(三玄胎格)·교차삼교격(交車三交格)·태상지생격(太常支生格)·우녀상회격(牛女相會格)이 있다. 삼광(三光)·삼기(三奇)·삼양(三陽)·현태(玄胎)·육의(六儀)·연여(連茹)·고개(高蓋)도 좋은 역할을 하는 특징들이다.

2) 결혼 성립에 흉한 것
과식으로는 지일(知一)·섭해(涉害)·팔전(八專)·묘성(昴星)·별책(別責)·반음(返吟)이 있으며, 종혁(從革)·용전(龍戰)·일여(泆女)·난수(亂首)·무록(無祿)·교동(狡童)·삼음(三陰)·무음(蕪淫)·절사(絶嗣)·사기(死奇)·격각(隔角)도 흉한 역할을 하는 특징들이다. 신살로는 고진과숙(孤辰寡宿)·도화(桃花)·함지·월염(月厭)·구추(九醜)·만어(饅語)가 흉한 역할을 한다.

5. 결혼의 응기와 택일

결혼 날짜는 남자는 청룡 음신의 지지, 여자는 천후 음신의 지지를 취한다. 가까운 것은 일의 지지로 보고, 먼 것은 월과 해의 지지로 본다. 별법으로 남녀가 처음 이성을 아는 날이 丑의 입지일(立支日)이므로 이 날을 기준으로 결혼 날짜를 택하기도 한다. 결혼이 성립될 수 있는 과전이며 월장이나 월건이 삼전에 있으면 그 달에 결혼한다.

정단 사례 _ 바람난 부인이 돌아올까

사나운 봄바람이 부는 날, 스물이 갓 넘어 보이는 젊은이가 방문했다. 실제로 확인해보니 삼십을 훌쩍 넘긴 아저씨였다. 먼저 무엇 때문에 왔는지 살펴보기로 한다.

- **문점자의 연명과 행년** : 1972년 壬子생, 2005년 34세, 행년 己亥(남)
- **문점 일시와 문점일의 사주** : 양력 2005년 3월 12일 오후 12시 46분, 乙未8국_주점

時 日 月 年 亥將
壬 乙 己 乙
午 未 卯 酉

말전	중전	초전
白虎	朱雀	玄武
癸卯	戊戌	○巳
戊	○巳	子

4과	3과	2과	1과
玄武	勾陳	天空	螣蛇
○巳	庚子	壬寅	丁酉
子	未	酉	乙(○辰)

주야	武白	陰空	后龍	天陳	蛇合	雀雀	合蛇	陳天	龍后	空陰	白武	常常
천반	○巳	甲午	乙未	丙申	丁酉	戊戌	己亥	庚子	辛丑	壬寅	癸卯	○辰
지반	子	丑	寅	卯	○辰	○巳	午	未	申	酉	戌	亥

1) 과전의 구조

과전은 구조부터 보는 것이 원칙이다. 단법으로 초전을 살펴서 현무가 공망 巳에 타고 있으므로 분명 가정사라고 판단하는 방법도 있다. 그러나 이런 단법들에 휘말리기 시작하면 밑도 끝도 없이 많은 단법들로 정신을 못 차리게 된다. 또, 다 기억할 수도 없다. 그러면 "단법에도 원리가 있으니 원리를 이해하면 공통적으로 적용할 수 있지 않느냐?"고 말하는 사람도 있다. 그러나 이것은 멀리 돌아가는 방법이다. 또한, 육임 정단은 구조에서부터 시작해야 한다고 강조하자 복잡한 격이름만 보면 머리가 아프다고 하소연하는 사람도 있다. 그러나 특징적인 모양을 살펴서 이름을 정한 것으로, 이름이 중요한 게 아니라 모양이 중요한 것이다. 위의 乙未8국도 먼저 점인의 현재 상태를 알 수 있는 사과의 구조부터 살펴보면 다음과 같다.

① 사과 중 2·3·4과 세 개가 하적상이다.
② 간상신이 지상신을 금생수(金生水) 하고 있다.
③ 간상신이 관귀이고, 지상의 둔간 또한 관귀다.

이 과를 보고 가정에 음기(陰氣)가 있지만 한편으로 화합하는 기운도 있다고 보는 것은 초학자의 판단이다. 물론 이 판단이 전혀 틀리다고 볼 수 없으나, 이는 전체 중 일부만 본 것이다. 사과의 특징 중 가장 큰 것이 유도액(幼度厄)으로 이루어졌다는 것이다. 2·3·4과가 하적상으로 밑에서 위를 치므로 유도액이다. 가정의 질서가 문란하고, 위아래가 불화하며 능멸하는 상태라는 것을 말해준다. 간상신이 지상신을 금생수(金生水) 하기 때문에 가정의 화합이라고 생각할 수도 있지만, 간상신이 칠살이고 지상신 둔간이 일간의 관성인 것을 보면 가정의 문란함에 더 비중을 두게 된다.

2) 부부 정단 결과

어려 보이는 분이라 자식 문제보다 부부 문제에 초점을 맞춰서 질문하였다. "부인이 바람을 피우고 있지요?" 하고 질문하자 완강히 부인하여 육임국을 옆으로 밀어놓고 기문둔갑으로 부인의 2005년 소운을 다시 살펴보았다. 기문둔갑의 소운궁은 다음과 같다.

子 — 壬 천예 육합
子 — 辛 생기 휴문
욕(浴). 연년(年年). 일년(日年)

육합은 화합과 혼인의 경사를 뜻하고 휴문은 천인상합(天人相合)이라 운성 목욕에 쌍으로 도화가 들었으니 분명 바람인데, 문점자는 부인에게 버림받았다는 상처가 아픈지 계속 부인하였다. 그러면서도 어찌해야 될지 의견을 구했다.

질문을 하는 모양이 계속 살아야 할지, 아니면 헤어져야 할지를 묻는 것이라 앞으로의 흐름을 삼전으로 판단해본다. 먼저 발용인 초전을 보니 지일과(知一課) 중 비용과(比用課)로 발용이 되었다. 비용과는 사과 중 두 개 이상의 지반이 천반을 극할 때 발용시키는 방법이다. 사안이 두 갈래로 갈라져서 의심스럽고 복잡한 양상으로 화합이 되지 않는다. 잠깐 수습이 되더라도 결국에는 불화하게 되는 과이다. 화합이 헛되다고 판단한 것은 삼전이 巳 · 戌 · 卯로 주인(鑄印)이며 초전이 공망인 것도 고려한 것이다. 천장의 상태를 보면 초전 현무, 말전 백호로 흉이 계속된다.

그렇다면 부인이 돌아오게 할 수 있는가? 우선, 삼전에 부인의 사신(事神)인 재성이 공망이고 구설의 천장인 주작이 올라타 있는 것이 눈에 거슬린다. 다음에 부인을 생해주는 식상이 공망인 것도 문점자가 부인을 적극적으로 집에 돌아오게 할 능력이 없다는 것을 나타낸다.

천후를 천장삼전법으로 조식하여 부인의 상태를 살펴보자. 초전은 미가인(未加寅), 중전은 자가미(子加未), 말전은 사가자(巳加子)로 모두 내전 상태다. 더욱이 중전 천장이 구진이고 말전은 현무로 아주 흉한 상태임을 알 수 있다. 점인은 부인이 돌아오도록 적극적으로 행동하지 않고, 부인은 부인대로 헤매는 형국이니 가정으로 돌아오기가 힘들다.

그래도 문점자에게는 응기로 볼 때 음력 4월에 부인에게 적극적으로 귀가할 것을 권해보라고 하였다. 말전을 합하는 천반의 지지 월을 취한 것이다. 그러나 흉한 3월을 그냥 넘길 수 있을지 걱정이 앞선다. 3월은 말전을 충하는 천반 아래의 지지다. 또, 육임 응기상 간상신이 일간을 극하고 정신(丁神)이 있는 경우 그 응기가 빠르다는 것을 감안한 것이다.

1. 부부 정단

1) 부부 정단의 요점

부부점에서 일간은 나, 일지는 아내와 남편이 되고, 지상신은 그에 응하는 길흉이 된다. 그러나 보통은 지상신을 아내로 보며, 일간과 간합(干合)하는 글자를 부인으로 보기도 한다. 또한 청룡과 관성은 남편, 재성과 천후는 부인이 된다. 이를 바탕으로 부부 정단의 예를 간단히 살펴본다.

① 일진이 생합하는 경우 부부가 화합하지만, 상극·형충이 되는 경우에는 불화한다. 지상에 흉신·흉장이 타는 경우 그 배우자가 불량하다.

② 부부 중 누가 먼저 죽을 것인지 알고 싶으면 부부의 유신을 사용한다. 청룡이 지상신을 극하는 경우 부인이 먼저 죽고, 천후가 간상신을 극하는 경우에는 남편이 먼저 죽는다.

③ 사과가 불량하고 재성이 없는 경우 처와의 인연이 불량하다.

· 삼전 재성의 둔간이 일간의 둔귀(遁鬼)이면 처로 인해 소송이 생긴다. 만약 재성에 주작이 타고 일간과 형충이 되면 소송으로 인해 이별한다.

· 삼전에 처의 유신인 재성이 둘이면 가정에 처첩이 함께 기거하는 상이다.

· 초전에 재성이 있고 중전과 말전이 공망인 경우 중도에 부부가 이별한다.

· 丑寅 · 辰巳 · 未申 · 戌亥는 구궁 중 격각(隔角)에 해당되어 이곳을 격각살이라고 한다. 일간의 처인 재성에 해당하는 삼전이 격각이 되면 부부가 이별한다.

2) 사과와 부부

(1) 교차극이 되는 경우

다음 庚子8국의 경우 간상신과 일지가 토극수(土剋水) 하고, 지상신이 일간을 화극금(火剋金) 하므로 교차극이 된다. 이런 경우 무음(蕪淫)이라 하여 부부간에 사정(私情)이 있고 불화한다. 미소 뒤에 칼을 감추고 있는 상으로 부부간에 서로 도와주려는 뜻이 없다. 이 국에 대해 일부에서는 교차하여 巳申합과 子丑합이 되므로, 먼저는 교차상극의 영향으로 다툼이 있으나 나중에 화합하는 상이라고도 하는데 천지 이법상 상극을 우선하는 것이 맞다. 또한 초전이 공망으로 과숙(寡宿)이 되므로 부부 화합과는 거리가 멀다. 연명상신이 서로 형충 · 상극하는 경우도 같다. 과경(課經)에서 이러한 교차상극 이외에 사과가 온전치 못한 불비과(不備課)도 무음으로 본다.

말전	중전	초전
癸卯	戊戌	ㅇ巳
戌	ㅇ巳	子

4과	3과	2과	1과
戊戌	ㅇ巳	甲午	辛丑
ㅇ巳	子	丑	庚(申)

(2) 교차충과 교차합이 되는 경우

일간기궁과 지상신, 일지와 간상신이 충이 되는 교차충인 경우에도 교차극과 마찬가지로 부부간에 충돌한다. 주객이나 육친과도 불화하는 상이다. 반대로 일간기궁과 지상신, 일지와 간상신이 삼합을 이루는 교차합인 경우에는 부부가 서로 화합하고, 교역이나 화합과 관련된 일에도 좋다.

(3) 불비인 경우

사과 중 두 개의 과가 같아서 한 과가 모자란 경우이다. 이양일음(二陽一陰)이면 음의 불비격으로 두 남자가 한 여자를 두고 다투는 상이고, 이음일양(二陰一陽)이면 양의 불비격으로 두 여자가 한 남자를 두고 다투는 상이다. 부부가 서로 배반하고 사정이 있는 상이다. 특히 음신(淫神)인 육합 · 천후 · 현무가 삼전에 있으면 불비의 영향이 더 강하게 나타난다.

3) 천장과 부부

① 팔전과에서 천후 · 육합 · 현무 중 어느 하나가 삼전에 있는 경우를 유박불수(帷薄不修)라고 한다. 팔전과가 아니라도 천후 · 육합 · 현무는 음란의 기운을 몰고 오는 천장들이다. 유박인 경우 예의를 잃고 부부 사이에 부정한 일이 생기며, 남자는 수치를 모르고 여자는 정조를 잃는 상이다. 또한 초전에 등사가 있고 일진에 함지(咸池) · 간문(奸門)이 타는 경우 부부 음란의 건이 있다.

② 삼장(三將)은 천후 · 태음 · 청룡을 말한다. 사지(四支)인 亥 · 卯 · 酉 · 未에 이런 음신(淫神)이 타는 경우 이부(二夫)의 상황으로 부부간에 색란이 있다.

③ 초전에 천후가 있고 삼전에 백호가 금기(金氣) 위에 있는 경우 독한 부인이다. 천후의 승신이 일간을 극하거나 형충하는 경우 남편을 해치며, 일지를 극하거나 형충하는 경우에는 식구를 해친다. 또한 과전의 다른 곳과 극하거나 형충하는 경우 남을 해치거나 원수가 된다.

④ 태음이 초전에 있으며 함지를 띠고 천희(天喜) · 덕신(德神)이 일간을 생하는 경우 남자가 바람을 피거나 재물을 빼앗긴다. 또한 초전에 천후가 탄 천신이 일간을 극하고 함지 · 병부(病符) · 간문을 띠는 경우에는 색을 밝히다가 병을 얻는다.

연 · 월지	子	丑	寅	卯	辰	巳	午	未	申	酉	戌	亥
병부	亥	子	丑	寅	卯	辰	巳	午	未	申	酉	戌

4) 부부 정단에서 참고할 사항

(1) 해리괘

부부 쌍방의 행년궁의 행년과 연상신이 서로 상충 · 상극하는 경우를 해리괘(解離卦)라고 한다. 부부가 서로 다른 마음으로 반목하고 불화하며, 이별을 하거나 사별하게 된다. 예를 들어 여자의 행년궁이 신가자(申加子)이고 남자의 행년궁이 인가오(寅加午)일 때다.

참고로 필법의 진해리괘는 일간이 지상신을 극하고 일지가 간상신을 극하며, 더 나아가 부부 각자의 연명상신이 각자의 간지상신이 되는 경우를 말한다.

(2) 육처

육처(六處)에 未 · 酉가 중첩되고 둔간이 일간을 극하는 경우는 부부가 이별한다. 육처는 간상신 · 지상신 · 초전 · 말전 · 연상신 · 명상신이다. 未는 고신(孤神)이며, 酉는 이신(離神)이다.

(3) 이혼 정단

부부간에 이별 문제가 있을 때, 일진상신에 각각 길신 · 길장이 타고 일진 상하가 상생하면 부부 갈등이 해소된다. 반대로 흉신악장이면서 상하가 상극하면 이별의 기운이다. 이혼을 원할 때 다음의 경우에는 이혼한다.

① 간지 상하가 상극하는 경우. 그러나 이 때도 교차하여 합을 이루면

중재자가 나타나서 해결이 된다. 간지상신이 극이나 형충파해가 되는 경우, 또는 간지가 교차해서 극이나 형·충이 되는 경우에도 이혼한다. 일진에 申·卯가 있는 경우 처가 두 마음을 가지고 있으며, 일진에 丑·申이 있는 경우 처가 다른 사람에게 정을 두고 있다. 만약 여자가 정단하는 경우라면 남편의 마음이 이와 같다.

② 남녀의 연명상신이 극이나 형충파해가 되는 경우 이혼한다. 남자의 연명상신이 여명의 상신을 극할 때는 여자가 손상되고, 반대일 경우는 남자가 손상된다.

③ 청룡·육합·천후가 타는 천신과 간지상신이 상극이나 형충파해가 되는 경우에도 이혼한다. 특히, 천후가 육합을 극하면 처가 다른 남자를 사랑하는 것이며, 육합이 천후를 극하면 남편이 다른 여자를 사랑하는 것이다.

④ 삼전이 형·충이 되고 백호나 천공·공망이 초전에 타는 경우, 또는 삼전이 巳酉丑 종혁격인 경우에도 이혼한다. 종혁은 이격(離隔)의 기운이다.

2. 가정 정단

1) 가정 정단 요약

일간은 사람이고, 일지는 가택이며, 간지상신은 각각에 응하는 길흉이다. 따라서 간지와 상신이 상생하며 길신·길장이 타는 경우 가정이 길하다. 그 밖에 간지상신이 삼합·육합이 되고 길신이 타거나, 간지상신에 길장이 타고 이를 초전으로 하는 경우도 길하다.

2) 사과와 가정

① 사과의 하가 상을 극하는 난수(亂首)와 사과의 상이 하를 극하는 절사(絶嗣)의 경우 가정에 분쟁이 있으며 주변과도 친하게 지내지 못한다.

② 일지가 상신과 서로 묘신이나 목욕(沐浴)이 되는 경우는 흉하다. 즉, 일간의 묘신이 간상신이고, 지상신이 일지의 묘신이 되면 집안의 일이 답답하고 지체되는 일이 생긴다. 서로 목욕이 되는 경우는 가정에 재해가 있고 장애가 발생한다.

3) 일진과 가정
(1) 지상신으로 본 가정

지상신은 가정의 유신으로 지상신과 일지의 생극관계나 지상에 탄 천장에 따라 가정에 미치는 영향이 달라진다. 이를 나누어 살펴보면 다음과 같다.

① 간상신이 일간의 왕신(旺神)이고 지상신이 일지의 왕신이면 가정과 부부에 길운을 가져다준다. 단, 현재 상황을 유지하거나 복구하는 것이 좋다.

② 월장이 지상신이 되는 경우를 용덕(龍德)이라 하며 가정에 좋은 일이 있다.

③ 일지가 金이고 지상이 火로 화극금(火剋金)을 이루며 형·충이 되거나 모신(耗神)이 있는 경우는 가운이 흉하고 재물이 없어진다.

④ 시와 일지가 공망이 되거나 형충파해가 되고, 연월이나 연명이 삼전에 드는 경우 가정에 분란이 있다. 또한 역마가 공망이 될 경우에도 가정에 분란이 있다.

⑤ 삼전이 지상신의 관귀를 생하는 경우 가정에 재해가 있다. 이 경우 연명상신이 식상이 되어 관귀를 제어하면 큰 화는 생기지 않는다. 또한 지상신이 관귀이고 이것이 발용이 되어 일지를 극하는 경우 지상귀(支上鬼)라 하여 모든 화액이 집안에서 생긴다. 지상귀가 되는 경우 양귀(兩貴)가 공망과 육해가 되면 윗사람의 노여움을 사게 되므로 윗사람에게 의존할 생각을 하지 말아야 한다.

⑥ 정신(丁神)이 왕상하며 이사(二死)를 띠고 간지상신을 극하는 경우 가정에 흉액이 깊고 사망의 액이 있을 수 있다.

⑦ 지상신이 초전이 되고 관살이면 식구들이 내게 해를 끼친다. 또 일간의 음신인 4과에서 일간을 극하는 경우 암중(暗中) 방해가 있다.

⑧ 지상신에 탄 천장으로 가정의 길흉을 점칠 수 있다. 초전에 탄 천장도 이에 준해서 적용하는데, 천장별로 살펴보면 다음과 같다.

• 귀인 : 가운이 흥하고 가정이 화합한다. 지상에도 귀인이 있고 초전에도 귀인이 있는 경우는 그 집에 양성(兩性)이 같이 살고 있다.

• 등사 : 괴이한 일이 발생하거나 놀랄 일이 생긴다. 丙·丁일 정단에서 초전이 등사거나 염상격(炎上格)인 경우에도 동일하다. 卯·酉일점인 경우, 일간의 운성 묘신이 지상신으로 있고 백호나 등사가 붙으면 집안에 사람이 죽는 등 흉한 일이 계속해서 일어난다.

• 주작 : 문서나 소식이 오며, 가정이 소란하다. 午·酉일 정단의 경우 부인으로 인한 구설과 재액이 있다.

• 육합 : 가정이 화목하고 즐거움이 있다. 지상에 육합이 있고 일간의 귀(鬼)가 되면 색란의 건이 있을 수 있으며, 이혼을 원할 때 청룡·육합·천후가 타는 천신과 간지상신이 상극이나 형충파해가 되는 경우는 이혼하게 된다.

• 구진 : 주택이 훼손되고 식구 중 병환이 있다. 구진과 일귀(日鬼)가 지상에 있는 경우는 주택 수리로 인한 재액이 있고, 재물을 잃는다. 지상 구진이고 삼전에 백호가 있으면 부인의 병이고, 주작이 있는 경우는 관사가 발생한다.

• 청룡 : 가정에 재물의 기쁨이 있고, 결혼의 건이 있다. 묘가진(卯加辰)으로 청룡이 타서 초전이 되는 경우 재물로 인해 형제간에 다툼이 있다.

• 천공 : 가운이 쇠퇴하고 걱정할 일이 생기며 친족의 불화가 있다. 여자에게는 질액이 있다.

• 백호 : 질병과 관재가 있고 삼전에 구진·주작이 있는 경우는 소송의 건이며, 구진·현무는 자녀에게 질액이 있다. 백호가 申·酉에 타서 지상에 있는 경우 여인의 질병점에 대흉하다. 가정의 관재는 흉장인 구진과 백호를 중심으로 판단한다. 구진과 백호에서 일간을 극하면 흉하고, 일간

을 생하는 경우는 길하다. 백호가 일간을 극하지 않고 삼전에 청룡·태상·육합이 있는 경우 흉이 해소된다. 그러나 삼전에서 일간을 극하면 중벌을 받게 된다.

· 태상 : 가정이 행복하고 결혼의 건이 있다. 삼전에 흉장이 타는 경우는 불행한 일이 있다.

· 현무 : 도난·분실·수해 등이 있다.

· 태음 : 귀녀를 얻으며 재물을 얻는다. 태음이나 천후가 타고 양의 불비면 여자가 가정에서 권한이 크다.

· 천후 : 초전에 태상이면 집에 과부가 있으며, 지상에서 천후가 辰·戌에 타는 경우는 부인의 신변에 재액이 있다. 등사가 있으면 환자가 발생한다.

⑨ 태세가 지상에 있으며 병부(病符)가 타면 그 해에 병자가 생기고, 상조(喪弔)가 타면 집안에 사람이 다치거나 죽는 일이 있다.

⑩ 지상에 파쇄(破碎)·모신(耗神)이 타고 일간의 관귀가 되는 경우 가정이 부인에 의해 파탄이 된다. 부인의 역할은 타고 있는 천장으로 판단한다. 모신은 다음과 같다.

태세	子	丑	寅	卯	辰	巳	午	未	申	酉	戌	亥
대모	午	未	申	酉	戌	亥	子	丑	寅	卯	辰	巳
소모	巳	午	未	申	酉	戌	亥	子	丑	寅	卯	辰

(2) 간상신으로 본 가정

① 간상신에 있는 길신·길장이 일간을 생하는 경우, 지상신이 일간을 생하는 경우, 일지가 지상신이 되어 일간을 생하는 경우는 가정에 좋은 일이 있다. 또한 간상신에 길신·길장이 타고 일지를 극하는 경우에도 가정점에서는 길과로 본다.

② 간상신에 흉신·흉장이 타고 일간을 극하는 경우는 가정 정단에 흉과이다. 또한 일지가 간상신에 타고 백호·사기·묘신이 타는 경우도 흉

과이다.

③ 설기가 심한 경우는 가족의 질병이나 재물의 손실이 있다. 예를 들어 일진상신이 일진 각각을 설기하고 일간이 일지를 생하는 경우이다.

④ 상신과 일진이 교차상극을 하는 경우 가정에 재액이나 불안한 일이 있다.

(3) 가정점에 영향을 미치는 신살

일간은 나를 보는 곳이다. 간상신은 나에게 응하는 장소로 이 곳에 탄 신살과 특징으로 길흉을 구분하면 다음과 같다.

① 길한 경우 : 길신·길장이 타는 경우, 청룡·천을·육합·태상이 타는 경우, 일덕(日德)·일귀(日貴)·일록(日祿)·장생(長生)이 있는 경우, 삼기(三奇)·삼양(三陽)·육의(六儀)·부귀의 격을 띠는 경우는 길하다.

② 흉한 경우 : 흉신·흉장이 타는 경우, 등사·백호의 천장인 경우, 묘신(墓神)·사신(死神)·사기(死氣)·고과(孤寡)·절사(絕嗣)·무록(無祿)·무음(蕪淫)인 경우도 가정점에 흉하다.

4) 삼전으로 보는 가정

(1) 초전과 가정

① 삼전이 체생(遞生)으로 일간을 생하고 왕상하며, 초전에 덕신·길신을 만나는 경우 가정이 길하다.

② 초전 둔간이 乙·丙인 경우 가정이 편안하고 흉이 없다. 십간 丁·丙·乙은 명리나 기문둔갑에서 모두 특별하게 취급한다. 기문에서 乙은 일기(日奇)로 일(日)의 정화가 깃든 기운이고, 丙은 월기(月奇)로 달의 정화가 깃든 것이며, 丁은 성기(星奇)라 하여 별의 정화가 깃든 것이다. 합치면 일월성을 이루는 기이한 존재가 되며, 이것은 육임의 시각도 마찬가지다. 을기(乙氣)가 있는 경우 삿된 기운이 엎드리고 흉이 흩어지므로 초전 둔간이 乙인 경우 가택점에서 평안하다고 본다.

③ 초전이 일간을 극하는 경우 내게 손해가 있고, 일지를 극하는 경우에

는 가정이 불안하다. 무록 · 무음 · 고과 · 절사의 과체인 경우는 더욱 흉하다. 삼전이 일간을 극해도 간상의 천장이 일간을 생하면 관인상생(官印相生)의 격이 되어 괜찮다. 또한 천장이 일간을 극하고 삼전이 일간을 생하는 경우도 관인상생격이 된다.

④ 초전이 지상신이고 일진을 극하며 상문조객(喪門弔客) · 월귀(月鬼)를 띠는 경우 집안에 사망건이 있다.

(2) 삼전과 가정

① 초전이 공망이고 묘신이거나, 삼전의 기세가 쇠약하고 초전에 흉장이 타는 경우 가정에 흉이 있다.

② 삼전이 모두 하극상(下剋上) 하는 삼전내전격(三傳內戰格)은 모든 일에 상처가 있고, 서로 불화가 깊으며, 소송은 대개 집안일 때문에 생긴다. 또한 삼전이 모두 협극이 되는 가법부정격(家法不正格)은 가정의 법도가 무너진 상태다. 실력이 있는 사람이 다시금 이끌어야 해결이 된다. 협극의 예는 다음의 乙亥8국_야점을 참고한다. 삼전이 천장과 지반으로부터 초전은 금극목(金剋木), 중전은 목극토(木剋土), 말전은 토극수(土剋水)가 되고 있다.

말전	중전	초전
天乙	青龍	太陰
丙子	癸未	戊寅
未	寅	○酉

4과	3과	2과	1과
六合	太常	太陰	六合
○酉	庚辰	戊寅	○酉
辰	亥	○酉	乙(辰)

5) 卯 · 酉로 보는 가정

卯 · 酉는 가정의 신이다. 卯 · 酉가 있는 과전이 가정과 관련하여 어떻게 해석되는지 살펴본다.

① 卯 · 酉에 천장이 타는 몇 가지 경우를 살펴보면 다음과 같다.

· 卯 · 酉에 귀인이 타면 가정이 불안하고 질병 문제가 생긴다.

· 卯에 등사가 타는 경우 가정에 불안한 일이 있고 시끄럽다.

· 卯에 육합이 타는 경우 사문(私門)에 드는 격으로 구설이 분분하고 다른 사람이 모르는 비밀이 생긴다. 酉에 육합이 타는 경우는 가정에 간사한 일이 있다.

· 卯에 구진이 타는 경우 가정에 근심스런 일이나 관사(官事)가 발생한다.

· 卯에 현무가 타면 가정에 분실 사건이 있다.

· 卯에 천후가 타면 가정이 문란해지고 색란이 일어난다.

② 卯·酉가 서로 가해지는 경우, 즉 묘가유(卯加酉) 또는 유가묘(酉加卯)가 되는 경우 이사하거나 집을 고칠 일이 생긴다.

③ 대모·소모인 모신(耗神)이 卯·酉가 되거나 지상신이 되어 일지를 극하는 경우 가정에서 재물의 손실이 있고 만사가 불안해진다. 여기에 왕한 상태의 정신이 관귀가 되고 월염을 띠면 더욱 더 그러하다.

④ 卯·酉가 초전이 되고 육합 천장이나 회신(會神)·성신(成神)을 띠면 가정에 결혼의 경사가 있고, 생기나 덕신을 띠는 경우에는 임신하는 기쁨이 있다.

⑤ 卯·酉일에 점을 쳐서 초전이나 행년이 지반 卯·酉에 있으면 의혹격(疑惑格)으로 가정이 불안하고 분리·이별하게 된다.

6) 가정점에서 참고할 사항

(1) 구종십과식

구종십과식에서 가정·부부와 관련된 사항은 다음과 같다.

① 원수과 : 가정이 화합한다. 남자가 주도를 한다.

② 지일과 : 가족간에 의심하고 부정(否定)의 상태다.

③ 묘성과 : 집안에 음란한 일이 있고 간사스런 사건이 일어난다.

④ 팔전과 : 가족간에 기만하고 부부간에 풍기가 문란하다.

⑤ 복음과 : 가정은 정중동의 상태다. 조금 더 시간을 갖는 것이 좋다.

⑥ 반음과 : 가족간에 불화하고 분란이 있으며 충돌과 이별이 생긴다.

(2) 필법부 관련 항목

핍법부에서 가정과 관련된 항목은 다음과 같다. 관련 격의 이름은 각 법에서 하나씩만 제시한다. 001법 일지인종격(日支引從格) / 003법 원소근단격(原消根斷格) / 021법 교차삼합격(交車三合格) / 022법 외호이차야격(外好裏差枒格) / 025법 사호승정격(蛇虎乘丁格) / 027법 인재치화격(因財致禍格) / 029법 췌서격(贅壻格) / 030법 사수충택격(獅獸沖宅格) / 036법 파패신임택격(破敗神臨宅格) / 040법 후합점혼격(后合占婚格) / 048법 귀승천을격(鬼乘天乙格) / 055법 나망격(羅網格) / 060법 태양사택격(太陽射宅格) / 062법 사묘극지격(蛇墓剋支格) / 064법 부부무음격(夫婦蕪淫格) / 072법 묘문중상격(墓門重喪格) / 085법 가법부정격(家法不正格) / 086법 삼전일진내전격(三傳日辰內戰格) / 087법 인택좌묘격(人宅坐墓格) / 094법 장상재흉격(長上災凶格) / 095법 육효현괘(六爻現卦)

(3) 가정점에서 길흉 작용을 하는 요소

가정점은 일진을 중심으로 본다. 일진이나 과전에서 길작용을 하는 것과 흉작용을 하는 것을 구분하면 다음과 같다.

① 길작용 : 천덕(天德) · 월덕(月德) · 세덕(世德) · 역마 · 천마(天馬) · 희신 · 성신 · 회신(會神) · 육합 · 복덕(福德) · 금당(金堂) 등

② 흉작용 : 공망 · 형충파해 · 대모 · 소모 · 병부 · 묘신 · 월염 · 천도(天盜) · 파쇄 · 삼살(三殺) · 사기(死氣) · 사신(死神) · 혈기(血忌) · 대살(大殺) · 화귀(火鬼) · 천귀(天鬼) 등

3. 육친 정단

1) 삼전의 상황으로 판단

삼전이 모두 비겁이면 재성이 파괴되므로 재물과 처에게 흉액이 있다. 모두 식상이면 관성을 치므로 남편에게 문제가 있고, 모두 재성이면 재괴

인(財壞印)이 되므로 부모에게 문제가 있으며, 삼전이 모두 인수이면 자식에게 문제가 있다.

2) 연명상신으로 판단

연명에 탄 천장 위주로 길흉을 정하고, 과전을 보는 일반 원칙을 적용한다. 예를 들어 연명상신에 월장이나 태세가 타는 경우 그 육친이 길하며, 귀인·육합·청룡·태상·천후 등의 길장이 타는 경우에도 해당 육친이 길하다. 가장의 연명이 흉할 때는 가족 중 길한 사람에게 힘을 실어주는 것이 좋다.

4. 가택 정단

1) 가택 정단 방법

가택의 유신은 일지이며 구진이다. 가택을 일지로 볼 때 일간은 내가된다. 삼전과 일지가 상생하고 일간을 극하거나 설기하지 않으면 나와 집이 모두 화평하다. 또한 일진은 가장의 연명상신과 상생하는 것을 좋아하고, 상극을 싫어한다. 만약 삼전에서 일간을 생하고 지상신이 삼전을 생하는 경우 사람은 왕성하고 가택은 쇠퇴한다. 바로 인왕쇠택(人旺衰宅)의 경우이다.

구진은 가택이며 전지(田地)다. 점을 칠 때 일간을 생해주는 천신에 구진이 타는 경우 가택·전지·묘지 등과 관련된 일에서 이익을 얻는다. 또한, 초전에 구진이 타서 행년상신을 생하면 그 해에 토지와 주택으로 인한 기쁨이 있다. 참고로 구진은 전쟁과 소송의 유신이기도 하다.

2) 주택 매입 결정

가택 정단에서 집을 새로 구입하는 경우, 간상신은 새집이고 지상신은 옛집이다. 집을 구입하는 경우 간지상신의 상황을 보는데, 예를 들어 지상신이 일지의 역마가 되고 공망이 되면 이동할 수 없다고 본다. 또한 일간을 나로 보고, 일지는 집으로 본다. 이런 기준을 바탕으로 다음의 甲戌5국_야점의 예를 살펴본다.

말전	중전	초전
天后	白虎	六合
戊寅	壬午	甲戌
午	戌	寅

4과	3과	2과	1과
天后	白虎	白虎	六合
戊寅	壬午	壬午	甲戌
午	戌	戌	甲(寅)

위의 국은 삼전의 초전 재성이 지반과 육합으로부터 협극이 되어 재물의 손실 등이 우려되어 어쩔 수 없이 행동하지만 결국 낭비하게 된다. 일간은 삼전에 탈기되고, 일지는 삼전에서 생을 받는 경우이다. 삼전의 강한 화기(火氣)가 일지를 도와주고 일간은 지상신을 도와주는 형태로 내가 다른 사람에게 의지하여 집을 넓히는 형상이지만, 甲木 일간의 입장에서 보면 삼전의 화기로 인해 설기가 심하므로 내 쪽에서 소모가 많다. 집을 팔고 이사를 가면 좋은 경우이다. 또한, 집 매매에는 숨은 방해가 있게 된다. 이는 삼전에서 寅·午·戌 염상(炎上)으로 합을 이루고, 지상신과 午午 자형을 이루고 있기 때문이다. 겉으로는 협력하지만, 자신이 하는 일에서 화합이 깨지고 다른 사람의 방해가 있다.

3) 이사와 수리 등 주택과 관련된 결정
(1) 이사할 수 있는 경우

① 1과 천지반이 왕상하고 3과 천지반이 쇠약하면 이사를 보류하고 현재의 집에서 사는 것이 좋고, 3과 천지반이 왕상하고 1과가 쇠약하면 이사를 하는 것이 좋다.

② 지상신은 가택의 유신이다. 이곳에 정신이 타는 경우 집을 옮기거나 수리하게 된다. 삼전이 辰·戌·丑·未로 이루어진 가색격이거나 삼전에 정신이 있는 경우 이사하거나 여행을 한다. 복음에 정마가 있는 경

우도 이사해도 된다.

③ 참관격(斬關格)이며, 등사가 협묘(夾墓)하고 과전에 충·파가 없을 경우도 이사해도 무방하다.

④ 간상신에 일지의 역마를 보는 경우 이사하게 된다. 또한 역마의 글자와 점시가 합을 하는 경우도 이동의 내정이다. 직장인은 직장을 옮긴다. 삼전에 역마가 있거나 생기가 있는 경우에는 이사하는 것이 좋다.

⑤ 초전이 화기(火氣) 관살이고 주작이 탔으며 이를 말려줄 구신이 없는 경우, 집에 화재가 발생할 수 있으므로 이사를 가는 것이 좋다.

⑥ 이사의 길흉을 보는 별법으로 가장의 연명을 이용하는 방법이 있다. 연명에 월장을 가하여 천지반을 포국하고 일지의 지반을 보아, 지반상신이 寅·申·子·午이면 이사가 길하고 나머지는 이사가 길하지 않다.

(2) 이사를 보류해야 하는 경우

① 구추격(九醜格)·주편격(周偏格)·회환격(回環格)인 경우

② 辰·戌이 간지상신이 되는 경우

③ 3과에 천장이 내전·외전 상태인 경우

④ 백호 또는 寅이 삼전에 들어 있는 경우

⑤ 초전이 장생이고 말전이 묘신인 경우

⑥ 연명상신에 양인(羊刃)이나 묘신이 있는 경우

⑦ 삼전에 금신(金神)·상조(喪弔)·공망이 있는 경우

⑧ 과전의 모든 것이 하생상(下生上)을 하는 경우. 이와 같은 경우는 설기가 너무 심하여 뿌리가 잘라지는 격이므로 이사나 변동을 안 하는 것이 좋다. 가정에 설기가 심하여 인택이 소모가 많은 경우로, 다음의 辛卯11국과 같다.

말전	중전	초전
乙酉	○未	癸巳
○未	巳	卯

4과	3과	2과	1과
○未	癸巳	庚寅	戊子
巳	卯	子	辛(戌)

(3) 임대 · 매매 판단

월장가시하여 삼전에서 일지를 극하고 일간을 생하는 경우는 집을 세를 주고, 일지를 생하고 일간을 극하는 경우에는 집을 파는 것이 좋다. 집을 세를 줄 때는 일간을 나로 하고, 지상신을 세를 들어오는 사람으로 한다. 일간이 지상신을 극하는 경우 내가 그를 지배하는 상황이므로 빌려줘도 좋다. 또한 일진 상하가 서로 상생하거나 생합하는 경우도 세를 줘도 된다. 삼전의 상황으로 볼 때는 중전이나 말전이 초전을 극하는 경우에 세를 줘도 된다. 세를 주지 말아야 할 경우는 반대로 보면 된다.

(4) 가택의 주변 판단

『오요권형(五要權衡)』에서 말하는 주택의 전후좌우의 이웃을 보는 방법에 의하면, 일지가 子이면 丑은 왼쪽 이웃이고 亥는 오른쪽 이웃이며, 대충방인 午는 맞은편 집이고 맞은편 집의 좌우는 좌우의 신을 본다. 이런 이웃들이 일간상신과 생극 · 형충이 되는지로 화합과 불화를 따진다. 일부에서 2과는 오른쪽 집, 4과는 왼쪽 집으로 본다는 것은 원문을 잘못 해석한 것이다. 별법으로, 일지 전이면 앞이고 일지 후면 뒤로 보며, 삼전 중에는 초전이 앞이고 중전을 뒤로 보는 방법이 있다. 또한 가택의 유신으로 보면 卯는 대문, 酉는 후문이 된다.

(5) 주택의 신축과 이전 방향

주택의 신축과 이전 방향은 일간 · 간상신과 생합하고 왕상의 방향, 건록이나 건록과 합하는 방향을 택한다. 일간 · 간상신과 형충이 되거나 공망이 되는 경우, 흉장인 백호 · 등사 · 구진 · 현무가 타는 방위는 신축이나 이전 방향으로 좋지 않다.

(6) 수리하는 경우

지상신이 卯 · 酉이고 육합이 탄 채 발용이 되는 경우 집안을 수리할 일이 생긴다. 가부를 판단하는 방법 중 1법은 행년을 이용하는 법이다.

주택을 수리할 때는 집주인의 행년에 태세를 올려서 천지반을 만들어 판단한다. 연명상신이 子·午·寅·申이면 수리에 길하고, 丑·未는 조금 길하며, 巳·亥는 반길반흉하고, 辰·戌·卯·酉는 흉하다. 또한 태세의 상신이 일간을 극하는 경우와 삼전에 삼살이 드는 경우도 수리하지 말아야 한다. 삼살은 寅·申·巳·亥년에는 酉, 子·午·卯·酉년에는 巳, 辰·戌·丑·未년에는 丑이다.

2법은 본명을 이용하는 방법으로, 본명의 이전 오지(五支)의 천지반을 살펴서 판단한다. 그 천반에서 3과 상신을 충극하는 경우와 辰·戌이 천반이 되는 경우는 수리에 좋지 않다. 본명의 이전 오지는 순행하여 다섯 번째가 되는 지지를 말하는 것으로, 예를 들어 子년생이면 巳가 된다.

🦋 정단 사례 _ 임신입니다

　사전 예약도 없이 청춘남녀가 상담실로 불쑥 들어섰다. 남자는 인상이 아주 좋고, 여자는 가만히 있어도 애교가 철철 넘치는 스타일이다. 결정하기 힘든 문제가 있어서 왔는데 어찌 해야 될지 물으며, 두 사람의 궁합도 함께 봐달라고 하였다. 무슨 문제인지 물어도 서로 얼굴만 쳐다볼 뿐 응답이 없어서 문점시를 취해 여자의 육임국으로 문제를 판단키로 하였다.

- **문점자의 연명과 행년** : 1976년 丙辰생, 2003년 28세, 행년 乙巳(여)
- **문점 일시와 문점일의 사주** : 양력 2003년 3월 24일 오전 11시 32분, 丙申
　　　　　　　　　　　　　　8국_주점, 戌월장

※ 자연시를 적용하는 경우, 문점일의 정오시가 12시 38분이므로 오전 11시 38분까지를 巳시로 본다.

時	日	月	年
癸	丙	乙	癸
巳	申	卯	未

말전	중전	초전		4과	3과	2과	1과
勾陳	天后	天空		玄武	勾陳	天空	螣蛇
辛丑	丙申	癸卯		甲午	辛丑	癸卯	戊戌
申	卯	戌		丑	申	戌	丙(오)

주야	常空	武龍	陰陳	后合	天雀	蛇蛇	雀天	合后	陳陰	龍武	空常	白白
천반	○巳	甲午	乙未	丙申	丁酉	戊戌	己亥	庚子	辛丑	壬寅	癸卯	○辰
지반	子	丑	寅	卯	○辰	○巳	午	未	申	酉	戌	亥

1) 현재 상황

현재 문제를 해결하기 난감한 상황으로 판단된다. 이유는 ① 간상신이 일간의 묘신이고, 지상신이 일지의 묘신인 간지승묘격(干支乘墓格)이다. 현재 혼미하며 서로 방황하는 형상이다. 위의 국은 간상신이면서 일간의 묘신인 戌土를 초전이 卯戌합을 하므로 승묘의 영향이 더 강하게 나타난다. ② 辰·戌이 간지상신으로 있는 진참관격(眞斬關格)이다. 이 격은 빗장을 열어서 통하게 한다고 해도 辰천강과 戌하괴가 겹쳐 있어서 막히고 건너기 어려운 상이다. ③ 양사협묘격(兩蛇夾墓格)으로 간상신 밑에 등사의 본가인 巳火가 있고 위에 등사가 있으며, 간상신 戌土는 일간의 묘신이다. 질병점에서는 치유 불가능한 상태로 볼 정도로 흉하게 본다.

2) 임신 판단

임신한 것으로 판단되는데 왜 그런지 위의 국을 자세히 살펴본다.

① 월건의 상신에 천후·생기·육합이 있는 경우 임신하는데, 위의 국은 월건 卯월이 중전에 있으며 천후가 타고 있다.

② 간상신·지상신·연명상신에 자식의 유신인 식상효가 있고 공망이 되지 않을 때도 임신이 되는데, 위의 국은 간상신이 식상효이며 임신을 나타내는 등사가 닿아 있다.

③ 초전이 사중(四仲)인 子·午·卯·酉이고 중전·말전에 천후·백호·재성효·식상효가 있어도 임신의 정단이다. 일간의 식상효가 일지

임신·출산

상신이고 삼전에서 천후를 보면 태아에 대한 점이다.

그러나 아이를 낙태하기 쉽다. 중전 천후가 申에 타서 음란과 색정으로 인한 임신으로 보인다. 1과에 식상효인 자식이 있고 임신의 천장인 등사가 있지만, 등사의 음신이 천공으로 불미하다. 또한 일간의 태신이 子로 未土의 자리에 앉아 무력하고, 강한 과전의 土에 상처를 받는 상황이며, 명상신 酉와 파살(破殺)이 들었기 때문이다. 태신이 일간의 관귀인 것도 좋은 상황이 아니다.

3) 실제

상담 당시 임신 중이며 낙태의 기운이 있다고 하자 두 사람이 모두 펄쩍 뛰었다. 얼마 있다 결혼 택일을 하러 올 것이며 아이 작명도 부탁한다고 하였는데, 현재까지 아무런 연락이 없다.

1. 임신 · 출산의 유신

임신 · 출산점에서 태아는 일간 · 육합이며, 산모는 일지 · 천후 · 재성이다. 식상 · 육합 · 청룡도 태아가 된다. 또한 간상신은 태아에 응하는 기운이고, 지상신과 연명상신은 산모에 응하는 기운이다. 특히, 출산점에서는 일반적인 주객이론과 달리 일간이 태아가 되고 일지는 산모가 되므로 주의한다.

2. 임신 판단

1) 임신하는 달

임신하는 달은 처의 연명상신의 장생 입지(立地)가 된다. 예를 들어 명상신이 木이면 亥월이 임신하는 달이 된다. 산모인 일지가 간상에 더해지는 경우에는 연달아 임신을 한다.

2) 유신의 상황으로 본 임신과 쌍둥이

① 자식은 십이운성의 태신(胎神)과 식상이 유신이 된다. 간지·연명·삼전에 유신이 있고 왕상하거나 장생의 자리에 있으면 임신이 된다.

② 태신이 지상신인 재성에 가해지고 지상신이 초전이 되는 경우 부인이 임신한다.

③ 초전이 일간의 태신이고 지상신이 생기인 경우 처가 임신한다. 또한 태신이나 이혈(二血)인 혈지(血支)·혈기(血忌)가 초전이고 왕상한 경우도 임신을 한다. 그러나 공망이 되면 임신을 못 하고 임신하더라도 기르기가 어렵다. 태신이 충이 되는 경우 태아에게 동요가 있다.

④ 자식의 유신인 식상에 백호가 타는 경우 임신한 아이에게 손상수가 있고 출산 후 기르기 어렵다.

⑤ 쌍둥이가 되는 경우는 다음과 같다.

· 초전에 巳·亥가 겹치는 경우

· 월장과 월건이 만나는 경우

· 과전에 간지가 겹쳐 나타나는 경우

· 귀신(貴神)이 사맹(四孟)에 임하는 경우

· 부인의 행년에 천후가 타고, 연명상신에 신후를 보는 경우

· 己巳일의 묘성

· 태신과 식상이 육처에 두 개 있는 경우

다음의 戊子1국은 일간의 태신이 子가 되어 3·4과에 태신이 병립하므로 쌍둥이가 된다. 출산은 지상신이 간상신을 극하여 아무런 문제가 없는 상황이다.

말전	중전	초전
蛇龍	白后	陳雀
庚寅	甲申	癸巳
寅	申	巳

4과	3과	2과	1과
后白	后白	陳雀	陳雀
戊子	戊子	癸巳	癸巳
子	子	巳	戊(巳)

3) 일진 · 삼전 · 연명으로 본 임신

① 임신의 기운이 있어도 과전에 식상이 출현하지 않으면 자식과 인연이 없다.

② 일진상신이 서로 합이 되고 삼전이 왕상하면 임신을 하지만, 일진상신이 형충이 되거나 삼전이 휴수 · 공망이 되는 경우는 임신이 되지 않는다.

③ 삼전에 식상이 나타나거나 간지상신이 초전에 들고 백호 · 천후가 타면 임신한다. 삼전 중 중전은 자궁이 된다. 그러므로 중전이 공망이 되면 임신이 안 되거나 출산해도 키우기 어렵다. 중전과 말전이 공망인 경우도 마찬가지이며, 말전에서 태신을 극하는 경우에는 임신을 해도 조산하기 쉽다.

④ 부부의 연명상신이 서로 합(삼합 · 육합 · 덕합)을 하고, 육처에 식상이 장생이 되며 공망이나 육해가 타지 않으면 임신한다. 반대로 부부의 연명상신이 형충파해나 공망이 되는 경우에는 임신이 되지 않는다.

4) 과격으로 본 임신

① 천지반 중 丑이 子에 가해지는 복태격(腹胎格)인 경우 임신한다.

② 식상에 사기(死氣) · 공망이 타고 절사 · 무록 · 사절(四絶)인 경우나, 현무 · 백호 · 등사가 타는 경우에는 임신이 되지 않는다.

③ 원태(元胎)는 출산에 길한 격이지만, 원태가 공망이 되면 임신이 되지 않는다. 임신이 된 경우에도 기르기 힘들다.

임신 · 출산

467

5) 천장으로 본 임신

① 3과를 위주로 육합·천후·백호가 타는 경우 임신한다.

② 辰·戌에 현무·천후가 타는 경우 임신한다.

③ 월건상신에 육합·천후·생기가 있는 경우 임신한다.

④ 부인의 행년에 巳태을이 타고 육합이 타면 임신한다.

⑤ 辰이 午에 타고 등사가 있는 경우 집안에 임신한 이가 있다. 식상효에 등사가 탄 경우 임신한다.

⑥ 寅이 초전이 되고 청룡이 타면서 생기가 닿고 왕상하면 임신한다. 왕상하지 않으면 재물의 기쁨이 있다.

⑦ 천후에 덕희(德喜)가 닿고 초전이 왕상하면 순산한다.

3. 임신·출산시 남녀 성별 판단

1) 일반적인 남녀 구별법
(1) 연명상신과 삼전을 이용한 판단

연명상신이 양이면 남자, 음이면 여자이다. 부부의 연명상신이 다른 경우에는 삼전으로 남녀를 구분한다.

① 삼전이 모두 양이면 여자이고, 삼전이 모두 음이면 남자이다.

② 일행득기격 중 곡직과 염상은 남자, 종혁과 윤하는 여자이다.

③ 이양일음(二陽一陰)이면 여자, 일양이음(一陽二陰)이면 남자이다.

④ 상(上)이 강하면 남자, 하(下)가 강하면 여자이다. 예를 들어, 원수과일 경우 보통 남자이지만 상극하를 하는 상이 약하면 도리어 딸이 되고, 중심과일 경우도 보통 여자이지만 하적상을 하는 하가 약하면 남자로 본다.

말전	중전	초전
戊子	○未	庚寅
○未	寅	酉

4과	3과	2과	1과
庚寅	乙酉	乙酉	壬辰
酉	辰	辰	壬(亥)

위의 壬辰8국의 경우 초전에 일간의 식상효가 있으므로 임신하며, 삼전이 이양일음이므로 여자아이다. 또한 삼전이 모두 하는 강하고 상은 약하므로 여자라는 것을 알 수 있다. 출산 정단의 경우는 간지상신이 辰酉합이 되어 아기가 어머니를 그리워하는 상이므로 출산이 늦어진다.

말전	중전	초전
庚辰	己卯	戊寅
卯	寅	丑

4과	3과	2과	1과
戊寅	丁丑	癸未	壬午
丑	子	午	丙(巳)

삼전이 이양일음이면 여자, 일양이음이면 남자로 보는 것이 원칙이지만, 양동(陽動)이 많으면 남자로 보는 경우가 있다. 위의 丙子12국의 경우 삼전이 이양일음으로 여자아이를 임신한 것으로 볼 수 있으나 간상신이 午로 양이며, 삼전이 寅·卯·辰으로 양동이므로 남자아이를 임신한 것으로 본다. 출산 정단의 경우는 초전과 말전이 식상을 상극하므로 순산한다.

(2) 비화를 이용한 판단

양일(陽日)의 양비(陽比)이면 남자아이, 음일의 음비이면 여자아이다. 비화(比化)가 되지 않는 경우에는 여자아이로 본다. 예를 들어 甲일의 卯는 양비가 되지 않으므로 여자아이로 본다. 삼전에 식상이 있는 경우에는 식상이 양이면 남자, 음이면 여자로 본다.

말전	중전	초전
丙子	庚辰	○申
辰	○申	子

4과	3과	2과	1과
庚辰	○申	○酉	丁丑
○申	子	丑	丙(巳)

위의 丙子5국의 경우 간상신과 중전에 일간의 식상이 있으므로 임신의 조짐이 있다. 남녀 구별은 간상신이 음이므로 여자아이다. 자궁에 해당하

는 중전의 경우 식상이 있으나 공망이 되므로 식상효를 남녀를 구분하는 기준으로 삼지 않는다. 만약 출산점에서 이 국을 얻었다면 출산이 지연된 다. 이는 과전에 합이 많아서 어머니의 배를 그리워하기 때문이다.

2) 기타 남녀 구별법

(1) 점시로 구별하는 방법

점시의 천지반이 비화가 되는 경우에는 음의 비화이든 양의 비화이든 남자로 보고, 비화가 안 되는 경우에는 여자로 본다.

(2) 과격의 특징으로 구별하는 방법

① 사상(四上)에서 하를 극하면 남자이고, 사하(四下)에서 상을 극하면 여자이다.

② 묘성과(昴星課)의 음일은 남자아이, 양일은 여자아이다. 이유는 묘성과를 발용할 때 양일은 지반 酉 상신을 쓰는데, 이것이 하늘을 바라보는 여자와 같으므로 딸이다. 음일은 천반 酉 하신을 쓰는데, 이것이 엎어져 나오는 남자와 같으므로 아들이 된다.

③ 불비과 중 음의 불비는 남자아이, 양의 불비격은 여자아이다. 불비격이면 태아에 결함이 있다.

(3) 태신으로 구별하는 방법

십이운성 태신(胎神)이 월장에 타면 남자이고, 월건에 타면 여자이다. 만약 월장과 월건이 동일할 때는 남자로 본다. 그러나 공망이 되거나 간지가 초전과 극파(剋破)가 되는 경우에는 여자이다.

(4) 오요권형(五要權衡)의 남녀 판단 방법

순양(純陽)이나 일음이양이면 남자이고, 순음(純陰)이나 일양이음이면 여자가 된다. 또한 양신(陽神)이 양의 자리에 앉으면 남자이고, 음신(陰神)이 음의 자리에 앉으면 여자가 된다. 순양이란 양의 자리에 양신이 앉은 것으로, 현무가 술가신(戌加申)에 앉는 것을 말한다. 그 밖에 천장을 양장(陽將)과 음장(陰將)으로 구분하여 남녀를 판단하는데 양장이면 남자, 음장이면 여자로 본다. 7양장은 ① 귀인 ② 등사 ③ 주작 ④ 구진 ⑤ 청룡 ⑥ 백호 ⑦ 현무이며, 5음장은 ① 육합 ② 천공 ③ 태상 ④ 태음 ⑤ 천후이다.

4. 출산시 난산 여부 판단

1) 간지의 관계와 합으로 본 난산 여부

지상신이 간상신을 생하면 순산하고, 간상신이 지상신을 생하는 경우에는 순산하지 못한다. 출산을 정단하는 경우 공망이나 탈기가 좋고 삼합이나 지합을 싫어한다. 이는 합이 되면 아이가 어머니의 자궁을 그리워하기 때문이다. 예를 들어, 간상신이 공망이고 삼전이 상극하는 경우에 출산이 쉽다.

2) 삼전의 상황으로 본 난산 여부

① 진여(進茹) · 순간전(順間傳)과 같이 삼전이 순행하고 귀인이 순행하는 경우 순산하며, 삼전이 역행하고 귀인이 역행하는 경우에는 아기가 다리가 먼저 나오는 등 난산이 된다.

② 삼전이 일간과 간상신을 극하는 경우 아기를 기르기 어렵다. 삼전이 일지와 지상신을 극하는 경우에는 산모가 손상된다. 삼전이 점시를 극하는 경우에는 모자가 모두 흉하다.

③ 삼전이 장생이거나 말전이 장생인 경우도 순산한다. 삼전이 왕상하고 장생이나 탈기를 만나는 경우에도 순산한다.

④ 삼전의 삼합은 출산이 늦고, 말전에서 초전을 극하는 경우에는 순산한다.

3) 태신으로 본 난산 여부

① 산모의 연명상신이 태신이 되고 초전이나 간상신에서 충하는 경우에 유산이 될 수 있으며, 태신이 관귀가 되고 절지에 있는 경우에는 임신이나 출산이 모두 좋지 않다. 또한 태신이 묘(墓)에 앉는 경우 출산이 지연된다.

② 초전이 태신이 되고 천희 또는 생기를 띠는 경우 출산을 하게 된다. 이 때 초전이 일지를 극하면 초전이 일지의 관귀가 되므로 산모가 상한다. 일간을 극하는 경우에는 자식이 상한다. 어떤 경우나 출산점에는 좋지 않다. 참고로 초전에 태신이 있으면 임신의 내정으로 볼 수 있는 경우는 초전에 육합·태음·천후·청룡이 있거나 생기·천희·욕분(浴盆)·현태(玄胎)·삼양(三陽)·삼광(三光) 등이 있는 경우이다.

③ 과전의 태신이 극지에 있는 경우 태아에게 흉액이 있다. 부부의 연명상신에서 태신을 극하는 경우에는 비록 생기가 있더라도 난산이 되고 조산한다. 연명상신이 지상신을 손상하면 산모가 손상되고, 간상신을 손상하면 태아가 상한다. 유산하는 경우를 좀더 살펴보면, 지상신이 간상신을 극하고 초전 寅·未가 편관이며 백호·등사가 타는 경우, 원태(元胎)에 식상이 공망이고 현무·백호·등사가 타는 경우에 유산할 수 있다. 등사가 산모의 자리인 지상(支上)에 있는 경우에는 산모가 출산 후 사망할 수 있다.

4) 신살로 본 난산 여부

① 혈지(血支)와 혈기(血忌)가 운성 태신을 극하는 경우 출산점에서 순산이고, 임신의 안전면에서는 흉이 된다. 단, 혈지와 혈기가 공망이 되면 전혀 영향을 끼치지 않는다.

② 식상효에 사기(死氣)와 공망이 타고, 현태에 현무·백호·등사가 타는 경우 임신하면 아이가 죽을 수 있다. 또한 월염(月厭)에 사기가 붙어도 출산점에 반드시 흉하다.

③ 욕분(浴盆)은 아이의 질병점에 해로운 살이다. 지반의 욕분 위에 亥

水・子水가 올라가거나, 천반 욕분살 위에 子・亥가 올라가 있는 경우에는 어린아이의 질병점에서 아주 흉하게 보며 사망 시기가 빨라진다. 그러나 욕분살은 출산점에서는 길한 것으로 보며, 남자아이로 본다.

월지	子	丑	寅	卯	辰	巳	午	未	申	酉	戌	亥
욕분	丑	丑	辰	辰	辰	未	未	未	戌	戌	戌	丑

5. 임신・출산의 응기

1) 출산의 완급

삼전에 합이 많으면 출산이 늦고, 삼전이 형충이 되면 출산이 빠르다. 말전이 초전・중전・일간을 생하는 경우는 달을 넘겨서 출산한다. 일간이 아기인데 말전이 이를 생하기 때문이다. 그 밖에 복음과 중 정신(丁神)이 없고 흉장이 타는 경우 출산이 지연되고, 불비(不備)・묘성(昴星)・호시(虎視)인 경우 출산이 빠르다. 불비인 경우는 열달을 채우지 않고 출산한다. 백호가 초전에 있는 경우에도 출산이 빠르거나 당일에 출산한다. 또한 간상신으로 출산의 완급을 가릴 수 있는데, 간상신이 사맹(四孟)이면 해산일이 남았고, 사중(四仲)이면 해산 도중이며, 사계(四季)이면 해산이 가깝다.

2) 출산 일시

1법으로 태신을 이용하는 방법이 있다. 운성 태신을 충하는 날이 출생일이 된다. 운성은 일간을 위주로 하지만 일지를 기준으로 할 때도 있다. 출생시는 태신을 파(破)하는 시(時)가 된다. 예를 들어, 庚일의 운성 태신은 卯이므로 출생일은 卯를 충하는 酉일이 되고, 출생시는 卯를 파하는 午시가 된다.

출산 응기를 따지는 별법으로 보면, 출산일은 귀인이 순행하는 경우

천반 午의 입지(立支)가 되는 날이고, 귀인이 역행하는 경우는 지반 午의
천반이 되는 날이다. 출산일을 午를 기준으로 하는 이유는, 천후가 子에
해당하는 천장으로 수장(水將)에 속하며, 水는 申子辰 삼합을 하여 태신
이 午의 자리에 닿기 때문이다. 출산시는 초전의 전(前) 지지로 따지는
방법이 있다. 예를 들어, 초전이 子이면 출산시는 亥가 된다.

1법과 별법에서 설명한 날 이외에 출산일로 볼 수 있는 날은 ① 백호
입지인 날. 백호는 혈광신인 흉장이지만 출산일을 아는 신이기도 하다.
초전에 백호가 있는 경우 출산이 빠르다. ② 생기일, ③ 식상이 장생인
날, ④ 일간의 운성이 양(養)에 해당하는 천반의 입지일, ⑤ 산모 출생년
의 납음오행을 기준으로 납음오행의 운성 태신을 충ㆍ파하는 날, ⑥ 출
산월에 운성 태신을 육해하거나 형하는 날, ⑦ 천희일 등이다.

사계신살	子	丑	寅	卯	辰	巳	午	未	申	酉	戌	亥
천희	未	未	戌	戌	戌	丑	丑	丑	辰	辰	辰	未

6. 필법부의 출산 관련 항목

필법부에서 임신ㆍ출산과 관련된 항목은 다음과 같다. 관련 격의 이름
은 각 법에서 하나씩만 제시한다. 이 중 019법은 출산에 대한 종합적인
내용이 있으므로 반드시 참고한다. 002법 천심격(天心格) / 010법 후목
무용격(朽木無用格) / 019법 탈재생기격(脫財生氣格) / 038법 폐구격(閉
口格) / 053법 양사협묘격(兩蛇夾墓格) / 088법 간지승묘격(干支乘墓格)

🌸 **정단 사례** _ 치료가 될까요

작년 크리스마스에 오후 9시가 조금 넘어서 제자분으로부터 전화가
왔다. 제자분은 한 민족종교단체의 총무를 보시는 분이다. 그 단체의 고
위직에 계신 분의 딸이 얼마 전 작은 수술을 받았는데, 경과가 좋지 않다
가 갑자기 응급실로 실려갔다는 것이다. 모친이 병의 진행이 궁금하여
육임으로 점을 쳤더니 다음과 같은 결과가 나왔다고 한다.

- 불치(不治)·사우(死憂)가 있다.
- 말전 귀효(鬼爻)에 백호가 있어서 병으로 죽을 우려가 있다.
- 고열로 고생하다가 치료하지 못하고 죽는다.

제자분이 정말 이렇게 진행이 될지 물었다. 그래서 어떻게 해석하였는
지 묻자 육임책마다 내용은 조금 다르지만 해석이 다 같다는 것이다. 과
연 응급실로 실려간 병자가 위독한 상황이 될지 살펴본다.

- **문점자의 연명과 행년** : 1983년 癸亥생, 2003년 21세, 행년 壬子(여)
- **문점 일시와 문점일의 사주** : 양력 2004년 12월 25일 오후 9시 11분, 戊
  寅10국_야점

말전	중전	초전
白虎	勾陳	螣蛇
戊寅	乙亥	○申
亥	○申	巳

4과	3과	2과	1과
螣蛇	太陰	勾陳	螣蛇
○申	辛巳	乙亥	○申
巳	寅	○申	戊(巳)

주야	陰常	武武	常陰	白后	空天	龍蛇	陳雀	合合	雀陳	蛇龍	天空	后白
천반	己卯	庚辰	辛巳	壬午	癸未	○申	○酉	甲戌	乙亥	丙子	丁丑	戊寅
지반	子	丑	寅	卯	辰	巳	午	未	○申	○酉	戌	亥

1) 병세 판단

병의 원인은 1과의 천장으로 본다. 등사가 타고 있으므로 놀란 것이 원인이다. 병증은 지상신을 중심으로 보는데, 화기(火氣)가 지반 寅의 생을 받고 백호 승신의 생도 받으므로 화기와 관련된 병이다. 일간의 장생과 백호가 같이 있는 경우 사기(邪氣) 또는 과로로 인한 병이다. 종합하면 사기로 인한 정신과 관련된 병임을 알 수 있다.

병증을 초전의 상황으로 보는 경우도 있다. 초전의 상황을 보면 申金이 내전과 외전이 겹쳐 있고 공망이어서 제 역할을 못 한다. 지반 巳에 등사가 있어서 이 또한 화기가 강하기 때문에 생긴 병임을 말해준다. 초전의 천지반이 火·金으로 구성될 때는 뜨는 중세를 보인다. 나아가 관살에 승한 천장이 백호인 경우에도 놀라거나 두통 등의 병으로 본다.

한편, 백호의 양신이나 음신 중 어느 것이라도 지(地)를 얻어 일간을 극하는 경우 사망까지 갈 정도로 흉하다. 그러나 위의 국은 음신이 일간을 생하므로 그 흉이 줄어든다.

삼전이 1음2양일 경우에 사신(事神)을 보는 원칙으로, 삼전 중 음이 주사가 되며 말전이 일의 결과가 된다는 말이 있다. 위의 국은 삼전을 보면 중전의 쟁투지신 구진이 일의 주사가 되며, 일의 결과는 백호가 된다. 삼전의 천장이 등사·구진·백호로 흉장만 타고 있는 것도 흉한 기운을 말해준다.

참고로 과전에 백호가 나타나지 않으면 병이 있어도 그 병이 가볍고 치료될 수 있는 병으로 본다. 그러나 초전 백호, 말전 등사는 병의 상태가 중하다는 것을 말한다. 보통 이런 상태를 호두사미(虎頭蛇尾)라고 하며, 소송점 등에서는 결과가 안 좋은 것으로 판단한다. 문점 사항이 질병의 치료 여부이니 이를 원용하여 판단한 것이다.

2) 치료 여부

비록 병이 가볍지 않지만 치료가 된다. 이유는, 백호가 말전에 있지만 천을이 순행하여 그 영향이 감소하기 때문이다. 질병을 볼 때 백호는 병신(病神), 관귀는 병의 원인, 일지상신이 병증이다. 이 경우 일지상신이 일간을 극하면 아주 흉하게 보는데, 위의 국은 일간 戊가 일지상신의 생을 받고 있어서 극흉의 경우에 속하지 않는다. 또한 일지상신이 병증이 되는데, 간상신이 일지를 극하고 있으므로 길조로 봐야 하며, 백호의 음신인 巳가 일간을 생하므로 치료될 수 있다. 만약 백호의 음신이 일진 · 연명 등을 극하는 경우에는 치료하기 힘들다.

3) 치료 시기

2005년 辰월에 차도가 있을 것이다. 질병점의 경우 백호의 승신이 일간을 극해서 관귀가 되면, 관귀를 돕는 월일이 두렵고 극제하는 월일이 길하다. 위 국의 경우 2004년 丑월로 보지 않은 것은 질병의 증세가 급성이 아니고 丑월에 현무가 탔으며, 辰월에는 천을귀인이 타고 있기 때문이다. 참고로 천을귀인은 매사에 길하지만 병점에서는 안 좋게 보는 경우도 있다. 만약 과전이 극흉이고 환자가 위독하다면 申일에 사망한다. 이는 일간 절신(絶神) 천반의 지반일을 사망일로 본 것이다. 戊 일간의 절신은 亥이고, 그 지반은 申이다.

4) 요양의 방위

子월의 천의(天醫)는 寅이고 지의(地醫)는 申에 해당하는데, 천의의 방위는 일간을 극하므로 제외한다. 간상신이 있는 지의의 방향, 즉 지의의 지반 巳의 방향에서 요양을 하면 좋다. 단, 위의 국과 같은 경우 의사의 지시를 따르는 것이 좋다. 초전은 약이고, 중전은 질병의 상태, 말전이 의사가 되는데 중전이 말전을 생하므로 좋은 의사를 만난 것으로 봐야 한다.

5) 실제

환자의 상태가 궁금하던 중 양력 2005년 3월 16일에 제자분으로부터 연락이 왔다. 가끔 헛소리를 하는 증상이 있어서 아직도 입원하여 치료 중이라고 한다. 위독한 상태는 아니며, 가끔 병문안을 오는 남자친구와 병원 옆의 대학에서 데이트를 즐길 정도라고 하였다.

1. 질병 정단의 기본

1) 질병점의 대강

질병점에서는 일간을 환자, 지상신을 병증으로 본다. 따라서 지상신이 일간을 극할 때 백호·등사·천후의 상황이 어떤지 보고 관귀·묘신(墓神)을 보며, 연명과 행년상신을 함께 살핀다.

질병을 정단하는 경우 첫째, 병의 증상을 보고 둘째, 치료 방법을 보며 셋째, 사망 여부를 본다. 특히 병의 증상을 보는 방법은 여러 가지가 있는데, 가장 대표적인 것이 지상신으로 병증을 보는 방법과 백호·관귀와 삼전 중 초전을 이용하여 판단하는 방법이다.

그 밖에 과전의 형태나 천장, 묘신과 신살을 이용하여 병증을 판단한다. 이 중 백호는 병신(病神), 관귀는 병의 원인으로 본다. 예를 들어 관귀가 무겁고 금기(金氣)라면 금극목(金剋木) 하여 木이 손상되므로 간·쓸개가 병의 원인이 된다고 본다.

병의 증상을 보는 또 다른 방법으로는 오행과 육친을 이용한 기본적인 방법이 있다. 甲子2국과 같이 과전에 수기(水氣)가 많은 경우 화기(火氣)

의 손상이 있기 때문에 신경쇠약과 같은 증상이 나타난다. 병증을 오행의 태과불급으로도 볼 수 있는데, 같은 신경쇠약이라도 과전에 금기(金氣)가 강한 경우에는 木을 치므로 뇌신경 이상으로 오는 신경쇠약이 된다. 또한 지상신의 상황으로도 병증을 알 수 있는데, 3과의 구성이 水·土의 싸움이 되는 경우에는 水의 이상으로 혈행부조(血行不調)가 된다. 마찬가지로 과전에 화기가 많은 염상(炎上)인 경우에는 정신적인 소모가 병의 원인이다.

과전에 특정 육친이 많은 경우 극을 받는 육친의 병점에 흉하다. 예를 들어 甲子2국과 같이 과전에 재성이 많은 경우, 재괴인(財壞印)의 현상으로 인수인 부모나 웃어른의 질병점이 흉하다. 특히 나를 치는 관귀의 기운이 많은 경우에 질병점을 치면 사망할 우려가 있다. 다음 癸未1국의 경우는 과전이 온통 관귀다. 이 경우 인수가 역할을 하면 관인상생(官印相生)이 될 수 있지만, 이 국의 경우는 인수가 공망이므로 이런 역할을 기대할 수 없다.

말전	중전	초전
癸未	甲戌	丁丑
未	戌	丑

4과	3과	2과	1과
癸未	癸未	丁丑	丁丑
未	未	丑	癸(丑)

여러 가지 정단 방법을 이용하여 병의 증상에 대해 판단하였으면 질병의 응기를 보고 의사를 구하는 방향과 치료 방법을 정하는데, 이 때 의신(醫神)과 천의와 지의를 고려하여 결정한다. 예를 들어, 천의가 타는 지반 방위를 택하여 의사를 선택한다.

2) 인체의 배속
질병의 배속은 둔간과 지지를 기준으로 판단한다. 해당 오행이 강하면 실증(實症)이 되고, 다른 오행으로부터 극을 받아서 약한 경우에는 허증

(虛症)의 증상을 보인다. 오행에 따른 인체의 배속은 다음과 같다.

(1) 木의 배속

간장 계통. 간지별로 보면 ① 甲은 담·머리 ② 乙은 간·목 ③ 寅은 담·풍(風)·모발·관절·손가락 ④ 卯는 간·목·손·혈행이다.

(2) 火의 배속

심장과 정신 계통. 간지별로 보면 ① 丙은 소장·어깨 ② 丁은 심장·가슴 ③ 巳는 삼초(三焦)와 소장·넓적다리·얼굴 ④ 午는 심장·눈·혀·정신이다.

(3) 土의 배속

비위 등 소화기 계통. 간지별로 보면 ① 戊는 위장·갈비 ② 己는 비장과 장 ③ 丑은 비장·배·모발 ④ 辰은 피부와 어깨·등덜미 ⑤ 未는 위장·배·입과 입술·치아 ⑥ 戌은 명문(命門)·가슴·겨드랑이·무릎이다.

(4) 金의 배속

호흡기 계통. 간지별로 보면 ① 庚은 대장·배꼽 부위[제륜(臍輪)] ② 辛은 폐·다리(股) ③ 申은 대장·음모·뼈와 근육 ④ 酉는 폐·입·목·혈행이다.

(5) 水의 배속

생식기와 신장 계통. 간지별로 보면 ① 壬은 방광·삼초(三焦)·정강이 ② 癸는 신장·다리(足) ③ 亥는 방광 ④ 子는 방광·귀·허리·음부이다.

동양에서 신장은 실체가 없는 기관으로 명문(命門)과 신수(腎水, 정액)

로 나뉘며, 명문은 심포와 삼초로 나뉜다. 심포는 인체의 고장을 방지하는 소극적인 음이며, 삼초는 몸의 기관을 운전하는 적극적인 양으로 구분된다. 또한 신수는 신(생식)과 방광(비뇨)으로 구분된다.

2. 질병의 상태 판단

1) 간지상신과 병증

병을 보는 기본적인 방법은 일간은 환자, 지상신은 병증으로 보는 것이다. 간상신의 천장은 병의 원인이 되는데, 관살의 오행을 병의 원인으로 보는 경우도 있다. 그러므로 병을 판단할 때 환자인 일간이나 간상신이 일지나 지상을 극하는 경우는 좋으며, 반대로 일지나 지상신이 일간이나 간상신을 극하는 경우는 병세가 나빠지므로 좋지 않다. 또한 병을 보는 천장인 백호 · 등사 · 천후가 일간을 극하는 경우도 좋지 않으나 일간이 왕상하면 이러한 극들을 이겨낼 힘이 있으므로 문제가 심각하지 않다. 아울러 병의 유신이 지반을 얻지 못하여 쇠약한 경우에는 일간을 극하더라도 영향력이 작으므로 문제되지 않는다. 만약 일간이 쇠약하고 병의 유신이 극왕한 경우에는 사망에 이를 수도 있다. 병의 유신이 환자의 행년상신을 극하는 경우에도 같다.

지상신으로 병증을 볼 때는 앞에서 설명한 오행에 따른 인체의 배속을 참고한다. 예를 들어 寅의 인체 배속은 담 · 풍(風) · 모발 · 관절 · 손가락으로, 만약 지상신이 寅이라면 담 계통의 질병이나 간 · 쓸개의 이상으로 눈병이 있을 수 있다. 여기에 청룡이 타는 경우 중신(重神)이 되어 목극토(木剋土)를 하므로 토기(土氣)의 이상으로 소화기 계통의 병이 된다. 다른 천신이 타는 경우도 이와 같은 방법으로 정단한다.

병의 원인은 간상에 탄 천장으로 판단하는데 ① 귀인이 타는 경우 정

신 피로 ② 등사는 놀란 일 ③ 주작은 고민과 구설 ④ 육합은 정서적 혼란
이나 기쁜 일 ⑤ 구진은 남녀 간의 감정 ⑥ 청룡은 재물 ⑦ 천공은 사기
⑧ 백호는 전염 ⑨ 태상은 과음·과식 ⑩ 현무는 도둑 ⑪ 태음은 색(色)
이나 간사 ⑫ 천후는 주색이 병의 원인이라고 본다.

2) 삼전과 병증

삼전의 상황으로는 병이 치료가 될지 알 수 있다. 삼전 중 초전은 약,
중전은 질병의 상태, 말전은 의사이다. 그러므로 초전이나 말전에서 중전
을 극하면 약과 의사가 효과가 있으며 치료가 된다. 반대로 중전이 초전
을 극하면 약을 잘못 쓰는 것이며, 중전에서 말전을 극하면 의사의 치료
가 효과가 없는 것이다. 질병 정단에서는 삼전에 巳·申·酉 세 글자가
있는 것을 싫어한다. 巳는 상거(喪車)라고 하며, 申은 수성(愁星), 酉는 모
성(冒星)이라는 별칭으로 부른다. 이 중 어느 한 글자가 일간을 극하면 구
신이 있더라도 치료가 질질 끌게 된다. 그러나 간상신이 이 세 글자를 극
하는 경우에는 치료될 수 있다.

중신(重神)이란 천장이 자신의 원래 자리에 앉는 것을 말한다. 예를 들
어, 등사가 巳에 앉을 때다. 질병 정단에서 초전에 중신이 있는 경우 병
증은 대개가 급성이며, 이 경우 일간이 장생을 극하면 대흉하다. 더욱이
백호가 일간을 극하면 흉액을 피할 수 없다. 단, 백호가 일간을 극하지
않는 경우에는 치료될 수 있다.

초전에 중신이 있을 때의 병증은 오행의 생극 원리에 따라 허실을 구
분하여 살핀다. 예를 들어 목기(木氣) 중신, 즉 천신이 寅이고 천장이 청
룡으로 초전이 이루어진 경우 목기가 태과하므로 간·쓸개의 실증이 된
다. 또한 목극토(木剋土)로 위장을 치므로 비위가 손상된다. 다른 중신도
이와 같은 방법으로 판단한다.

삼전의 상황과 초전 용신의 상황으로는 병증을 판단할 수 있다. 다음

壬午4국의 경우 초전 巳이고 말전 亥이므로 위는 열이 있고 아래는 냉한 병증으로 오한과 신열이 번갈아 나타난다. 또한 원수과로 초전의 巳가 금기(金氣)를 극하므로 하반신이 불통되는 증상이 있다.

말전	중전	초전
乙亥	戊寅	辛巳
寅	巳	○申

4과	3과	2과	1과
丙子	己卯	辛巳	○申
卯	午	○申	壬(亥)

3) 백호와 병증

백호는 질병의 대표적인 유신이다. 따라서 사과에도 백호가 있고 삼전에도 백호가 있는 경우 육호병렬(六虎竝列)이라고 하며, 병신(病神)이 겹쳐 있는 상이므로 질병점에서 흉하게 본다. 반대로 과전에 백호가 나타나지 않으면 질병이 있더라도 증세가 가볍다. 또한 과전에 백호가 나타나면 오장(五臟)의 병이고, 백호가 나타나지 않으면 육부(六腑)의 병이다. 백호 이외의 천장과 질병의 관계는 각 천장에 대한 해설을 참고한다.

(1) 백호와 병의 원인

간상신에 백호가 타는 경우 전염이나 놀란 일 또는 물질의 소모 등이 병의 원인이다. 또한 초전에 백호가 중신이 되는 경우에는 금기(金氣)의 실증(實症)으로 인해 폐병·해수·객혈이 되거나, 목기(木氣)의 허증(虛症)을 일으켜서 두통이 생긴다.

(2) 백호와 병의 증상

백호가 탄 천지반으로 병의 증상을 알 수 있는데, 백호가 천신 중 巳·午·未·申·酉·戌에 타면 외과 질병이고, 亥·子·丑·寅·卯·辰에 타면 내과 질병이다. 별법으로 백호가 탄 천지반이 상극하(上剋下)·하생상(下生上) 하는 경우는 외과, 하적상·상생하 하는 경우는 내과로 보는 방법도 있다. 또한 백호가 양신(陽神)에 타면 우측에, 음신에 타면 좌측에 병이 있다.

백호가 승한 천신으로 병의 증세를 보면, 백호가 木의 천신에 타면 목극토(木剋土)가 되어 토기(土氣)에 이상이 생기므로 비위에 병이 생긴다. 오행의 속성으로 보면 극하는 것은 실증이 되고 극을 받는 것은 허증이 되므로, 백호가 木의 천신에 타는 경우 폐·대장은 실증이 되고 간과 쓸개는 허증으로 인한 질병이 생긴다고 정단한다. 수극되는 오행을 이용하여 백호가 승한 나머지 천신에 어떤 질병이 나타나는지 살펴보면, 火의 천신에 타는 경우 폐·대장의 질병이고, 土의 천신에 타는 경우 신장·방광 계통의 질병이며, 金의 천신에 타는 경우는 간·쓸개의 질병이고, 水의 천신에 타는 경우는 심장이나 소장 계통의 질병이다.

그 밖에 백호가 일간을 극하면 상태가 좋지 않고 일간이 백호를 극하면 길하며, 백호가 초전이고 병부(病符)·이사(二死)를 띠면 중병으로 본다. 연명상신에 백호와 원진이 같이 들면 질병점에 대흉하다.

(3) 백호와 치료 판단

일간이 백호를 생하는 경우 치료하기 어려우며, 백호가 일간을 생하는 경우에는 치료할 수 있다. 그러나 백호가 일간을 극하는 경우라도 간상신에서 백호 승신을 극하거나, 백호의 음신이 백호 승신을 극하는 경우에는 치료가 된다.

백호의 승신(乘神)으로 보았을 때는 백호 승신과 일간이 상생하는 경우 치료가 되며, 백호 승신과 일간이 비화되는 경우 치료가 더디며, 백호 승신이 일간을 극하는 경우 치료하기 어렵고, 백호 승신을 일간이 극하는 경우에는 치료가 된다. 또한 점시와 백호 승신이 상생이 되는 경우에도 치료가 되며, 연명상신을 백호 승신이 극하는 것도 질병점에서는 흉하다.

그 밖에 초전의 백호가 일간이나 간상신을 극하는 경우 치료가 어렵지만, 일간을 생하는 경우에는 치료될 수 있다. 연명상신도 간상신과 동일하게 취급한다. 백호가 일간을 극하는 경우에도 간상신에서 이를 제극하면 구신이 되어 치료될 수 있다. 또한 백호의 음신을 지반에서 극하거나, 음신이 백호를 극하는 경우에도 구신이 된다.

한편 백호가 일지상신에 있고 병부나 천귀(天鬼)를 띠며 일지를 극하는 경우에는 집안에 환자가 있거나 질병이 겹쳐서 일어난다.

월지	子	丑	寅	卯	辰	巳	午	未	申	酉	戌	亥
천귀	卯	子	酉	午	卯	子	酉	午	卯	子	酉	午

4) 과격과 병증

원수과 · 중심과 등 십과식에 의한 질병 판단은 반드시 해당 항목을 참고하기 바란다. 이 장에서는 십과식 이외의 과격 특징 중 질병과 관련된 것만 알아본다. 질병에 좋은 과격은 삼기(三奇) · 삼양(三陽) · 시둔(時遁) · 육의(六儀) · 헌개(軒蓋)이며, 질병에 흉한 과격은 고조(顧祖) · 귀묘(鬼墓) · 극음(極陰) · 관작(官爵) · 단륜(斷輪) · 도액(度厄) · 등삼천(登三天) · 무록(無祿) · 복앙(伏殃) · 변영(變盈) · 백화(魄化) · 사절(四絶) · 섭삼연(涉三淵) · 순간전(順間傳) · 입명(入冥) · 용전(龍戰) · 유자(游子) · 음일(淫泆) · 용묘(用墓) · 주인(鑄印) · 천옥(天獄) · 출양(出陽) · 회환(廻還) 또는 순환(循環)이다.

질병 정단에서 삼전이 삼합하는 경우 치료가 오래 걸리고, 삼전이 공망인 경우 오래된 병은 사망하지만 새로 생긴 병은 치료가 된다.

삼전이 亥 · 卯 · 未 곡직(曲直)인 경우 병이 몸 전체에 퍼지고, 삼전이 寅午戌 화국(火局)의 염상(炎上)인 경우는 병증이 음허(陰虛)로 인한 열이 많은 병이거나 정신적 소모로 인한 병이다. 예를 들어 辛巳5국과 같은 경우이다.

5) 십이운성 · 공망과 병증

일간의 운성 묘신(墓神)이 과전에 병립하는 경우 병이 아주 흉하다. 예를 들어, 지상과 말전에 묘신이 병립하는 丁丑4국과 같은 경우이다. 또한 삼전에 일간의 운성으로 묘신이 있는 경우 질병 정단에서 흉하다. 초전에 묘신이 있고 일간이 힘이 없는 경우 병을 앓는 사람이 반드시 사망하며, 백호 · 등사 · 천후가 묘신에 드는 경우도 생명이 위험하다. 질병점에서는 묘신이 육처에 드는 것을 모두 기피한다.

십이운성으로 보아 초전에 장생이 않는 것은 기뻐하는데, 만약 초전에 절(絕)을 만나면 대개 사망한다. 다음 丙子2국의 경우 일간 丙을 중심으로 십이운성을 보면 초전 戌이 묘신이고, 중전 酉는 사신, 말전 申은 병신으로 모든 병에 아주 불길하다.

말전	중전	초전
○申	○酉	甲戌
○酉	戌	亥

4과	3과	2과	1과
甲戌	乙亥	己卯	庚辰
亥	子	辰	丙(巳)

공망은 질병점에서 기피하는데 몇 가지 예외가 있다. 예를 들어 병증을 나타내는 지상신이 공망이 되는 경우는 길하며, 백호가 공망인 경우도 길하다. 또한 초전이 공망인 경우 새로운 병은 치료되기 쉬우나 오래된 병은 위험하다. 다음의 甲戌4국_야점과 같은 경우 병신인 백호가 과전에 출현하고 천반이 관귀에 해당하면 질병의 상태가 중하지만, 공망이므로 치료될 수 있다고 본다.

말전	중전	초전
螣蛇	勾陳	白虎
戊寅	辛巳	○申
巳	○申	亥

4과	3과	2과	1과
六合	天空	白虎	太陰
庚辰	癸未	○申	乙亥
未	戌	亥	甲(寅)

3. 질병 치료

1) 행년을 이용한 판단

의약을 구하는 방향은 행년(行年)을 이용한다. 남자는 행년에 辰을 올리고, 여자는 행년에 戌을 올려서 천지반을 만든다. 여기서 남자는 寅의 입지, 여자는 申의 입지가 의약을 구하는 방향이 된다. 다음과 같이 남자의 행년이 寅인 경우 子의 방향이 의약을 구하는 방향이다. 이 경우 子를 의신(醫神)이라고 한다.

천반	寅	卯	辰	巳	午	未	申	酉	戌	亥	子	丑
지반	子	丑	寅	卯	辰	巳	午	未	申	酉	戌	亥

의신의 지반에서 일지를 극하거나 백호를 극하는 것이 좋다. 만약 극을 하지 않는 경우에는 일간기궁을 의신으로 삼고, 이것 또한 일지나 백호를 극하지 않으면 귀인 아래의 지반으로 의신을 삼으며, 다음으로 백호를 극하는 천반의 지반으로 의신을 삼아 나간다. 의신이 일간을 극하면 약의 효과가 없고, 일간이 의신을 극하면 나와 인연이 없는 의사이다. 의신이 木·土에 앉는 경우에는 탕약, 水이면 환약, 金이면 침술, 火이면 뜸으로 치료하는 것이 좋다. 단, 水에 앉으면 좋지 않다.

2) 이의를 이용한 판단

이의(二醫)는 천의와 지의로, 이 둘을 동시에 사용하여 치료 방법이나 의사를 선택한다. 천의 또는 지의가 앉는 방향에서 의사나 약을 구한다.

월지	子	丑	寅	卯	辰	巳	午	未	申	酉	戌	亥
천의	寅	卯	辰	巳	午	未	申	酉	戌	亥	子	丑
지의	申	酉	戌	亥	子	丑	寅	卯	辰	巳	午	未

3) 삼전과 식상을 이용한 판단

의약 판단에 행년과 더불어 사용하는 것이 삼전과 식상을 이용한 방법이다. 삼전 중 초전은 약, 중전은 질병 반응, 말전은 의사로 본다. 중전을 초전이나 말전에서 극하는 경우 치료의 성과가 있으나 중전에서 초전을 극하면 약의 효과가 없으며, 중전이 말전을 극하는 경우는 의사가 인연이 없는 경우이다.

과전에 식상이 유력한 경우에는 식상이 승한 천신을 이용하여 의약을 구한다. 식상은 치귀자(治鬼者)로 질병을 다스리는 효과가 있는 육친이다. ① 식상이 亥·子 위에 있으면 탕약 ② 식상이 寅·卯와 辰·戌·丑·未 위에 있으면 환약·가루약 ③ 巳·午 위에 있으면 뜸 ④ 申·酉 위에 있으면 침으로 치료한다.

4. 사망 정단

1) 장수 여부 정단

질병이 있을 때 우선 환자가 장수할 수 있을지를 판단한다. 장수 여부는 일진과 일진상신, 삼전, 연명과 연명상신의 상황으로 판단한다.

① 간상신에서 일간을 생하거나 지상신에서 일지를 생하는 경우에 장수한다.

② 삼전이 사맹(四孟)이면 장수하고, 사중(四仲)은 수명이 보통이며, 사계(四季)인 경우에는 수명이 짧다. 삼전이 사맹인 경우라도 삼전이 일간을 생해야 장수하며, 일간이 삼전을 생하는 경우는 원소근단(原消根斷)이라 하여 몸이 허약하다고 본다. 일반적으로 원소근단이란 과전이 모두 하생상(下生上) 하는 것을 말한다. 또한, 과전에 묘신이 있는 경우도 원소근단이라고 한다.

③ 연명상신이 연명을 생하는 경우 장수하지만, 상신이 공망인 경우는 단명한다.

④ 십이운성으로 연명상신이 일간의 장생·관대·건록·제왕인 경우는 장수하고, 쇠·병·사·묘·절·태·양·목욕인 경우는 장수하지 못한다.

2) 백호와 사망 판단

질병점에서 사망을 판단할 때는 병신(病神)인 백호 이외에 등사와 천후를 나이별로 적용하는데, 1~13세일 경우 남자아이는 등사가 일간을 극할 때, 여자아이는 등사의 음신이 일간을 극할 때 대흉하다. 14~49세일 경우 남자는 백호가 일간을 극할 때, 여자는 백호의 음신이 일간을 극할 때 대흉하다. 50세 이상일 경우 남자는 왕한 백호가 일간을 극할 때, 여자는 왕한 천후가 일간을 극할 때 대흉하므로 사망할 수 있다.

그 밖에 사망할 수 있는 경우를 백호 중심으로 살펴보면 다음과 같다.

① 백호의 양신(陽神)이나 음신(陰神)이 득지하여 일간을 극하거나 행년상신을 극하는 경우, 육처에 있는 묘신 위에 백호나 등사가 타서 일간을 극하고 이를 해결하는 구신이 없는 경우에 사망한다. 예를 들어 일간의 덕록(德祿)이 초전에 있고 공망이 아니면 구신이 되어 질병이 오래 걸리긴 하지만 치료된다.

② 환자의 연명상신이 절신(絶神)·사신(死神)인 경우나 백호·천후·등사가 절신·사신·공망의 자리에 있는 경우도 위험하다.

③ 행년상신이 辰이나 戌이고 백호가 타는 경우 오래된 질병이면 사망할 수 있다.

④ 병에 걸린 날을 기준으로 월장가시하여 백호·등사·괴강이 일간·간지상신·연명상신을 극하는 경우에 위험하다. 병에 걸린 날을 모를 때는 점일의 간상신이나 백호 승신에서 환자의 명상신이나 행년을 극하면 위험하다.

⑤ 백호가 간상에 일간의 묘신에 타는 경우 다른 사람으로 인하여 처벌을 받고 병으로 사망할 수 있다. 이 경우 간상이 공망이 되는 것도 꺼

린다.

⑥ 간상신과 점시가 卯의 자리에 있는 경우에도 사망한다.

⑦ 병신인 백호가 사마(絲麻)와 같이 있는 경우에는 자살할 확률이 높다. 사마는 자살이나 교살 등을 일으키는 흉살이다.

월지	子	丑	寅	卯	辰	巳	午	未	申	酉	戌	亥
사마	子	子	卯	卯	卯	午	午	午	酉	酉	酉	子

⑧ 백호가 간지상에 임하고 사살(死殺)이 삼전에 있는 경우 병이 치료되지 않고 사망한다.

일·월지	子	丑	寅	卯	辰	巳	午	未	申	酉	戌	亥
사살	辰	巳	午	未	申	酉	戌	亥	子	丑	寅	卯

⑨ 백호가 초전으로 卯·酉에 상문조객(喪門弔客)·곡신(哭神)이 타고 일간을 극하는 경우에는 집안에 죽거나 다치는 일이 있다. 곡신이 백호와 같이 있는 경우 슬픈 일이 있으며, 亥·子 위에 곡신이 타는 경우에는 슬픈 일에 대흉한 기운이 된다.

월지	子	丑	寅	卯	辰	巳	午	未	申	酉	戌	亥
곡신	辰	辰	未	未	未	戌	戌	戌	丑	丑	丑	辰

⑩ 행년상신 辰·戌에 백호가 승하는 경우 사망할 수 있다.

3) 사망의 응기

사망일은 절신의 입지일(立支日)이다. 예를 들어 甲의 절신은 申이고 그 밑의 지반이 酉라면 酉일이 사망일이다. 병증에 따라 이와 같은 방법으로 사망 연월일을 정한다.

5. 질병 정단에서 참고할 사항

필법부에서 질병과 관련된 격은 다음과 같다. 특히 필법부의 067법은
모두 질병 정단과 관련이 있으므로 반드시 참고한다. 002법 천심격(天心
格)·회환격(回環格) / 003법 원소근단격(原消根斷格) / 006법 육음격
(六陰格) / 010법 후목무용격(朽木無用格) / 011법 중귀수창격(衆鬼雖彰
格) / 014법 전재태왕격(傳財太旺格) / 017법 탈공격(脫空格_進茹 중) /
018법 심사격(尋死格) / 019법 삼현태격(三玄胎格) / 023법 아구피사격
(我求彼事格) / 027법 재둔귀격(財遁鬼格) / 032법 상장조재격(上將助財
格) / 034법 낙이생우격(樂裏生憂格) / 035법 인택수탈격(人宅受脫格) /
036법 간지개패격(干支皆敗格) / 038법 폐구격(閉口格) / 051법 괴도천
문격(魁度天門格) / 053법 양사협묘격(兩蛇夾墓格) / 061법 간승묘호격
(干乘墓虎格) / 062법 지승묘호격(支乘墓虎格) / 067법 백호병증격(白虎
病症格)·운량신격(運糧神格)·녹량신격(祿糧神格)·절체괘(絶體卦)·
생사격(生死格)·백호일귀격(白虎日鬼格)·호묘격(虎墓格)·호승정귀
격(虎乘丁鬼格)·효시격(蒿矢格)·연여격(連茹格)·착륜격(斲輪格)·
공록격(空祿格)·육편판격(六片板格)·백호입상차격(白虎入喪車格)·
인입귀문격(人入鬼門格)·수혼신(收魂神)·욕분살(浴盆殺)·한열격(寒
熱格)·연희치병격(宴喜致病格)·인처치병격(因妻致病格) / 068법 포도
격(捕盜格)·병체난담하격(病體難擔荷格) / 069법 호승둔귀격(虎乘遯鬼
格) / 070법 귀살삼사격(鬼殺三四格)·천귀일귀격(天鬼日鬼格) / 071법
병부택극격(病符宅剋格) / 074법 삼전개공격(三傳皆空格) / 079법 간지
봉절격(干支逢絶格) / 080법 상호승사격(上互乘死格) / 082법 독족격(獨
足格) / 083법 삼육상호격(三六相呼格) / 086법 삼전일진내전격(三傳日
辰內戰格) / 091법 호림간귀격(虎臨干鬼格) / 095법 백의식시격(白蟻食
尸格)

9

산소

何
知
論

◉ 정단 사례 _ 이장해야 하나요

선산에 가족 납골당을 만들어서 이장하려는 분이 상담을 청하여 다음의
壬戌6국_주점을 얻었다. 산소의 상황과 이장이 가능한지를 판단해본다.

말전	중전	초전
白虎	朱雀	玄武
庚申	○丑	戊午
○丑	午	亥

4과	3과	2과	1과
六合	太陰	朱雀	玄武
○子	丁巳	○丑	戊午
巳	戌	午	壬(亥)

주야	常陰	白武	空常	龍白	陳空	合龍	雀陳	蛇合	天雀	后蛇	陰天	武后
천반	己未	庚申	辛酉	壬戌	癸亥	○子	○丑	甲寅	乙卯	丙辰	丁巳	戊午
지반	○子	○丑	寅	卯	辰	巳	午	未	申	酉	戌	亥

위의 국을 지상신의 삼분류를 이용하여 산소의 길흉을 보면 子 · 午 ·
卯 · 酉 중 子로 길상은 아니지만 아주 흉상도 아니라고 판단할 수 있다. 그
러나 공망이 되어 한쪽이 훼손된 상황이다. 더욱이 망인은 3과의 지반이
되는데, 지상신과 일지는 상생이 되지만 일지가 일간을 극하여 흉하다. 그
리고 묘지는 4과의 지반이 되는데, 상신과 수화상충(水火相沖)이 되어 좋

산
소

492

다고 볼 수 없다. 부모의 묘인 경우 인수인 말전의 申이 申의 묘신에 앉아 있고, 백호인 흉장이 타서 백의식시(白蟻食尸)의 상황이다. 백의식시란 흰 개미가 시신을 훼손한다는 격으로 시신이 손상되어 흉작용을 한다.

이장은 할 수 없는 것으로 판단된다. 지상에 둔간 정신(丁神)이 있고 말전이 일지의 역마로 이동할 마음은 있으나, 초전은 실하고 중전과 말전이 공망이어서 마음만 있지 이전을 안 한다. 과전의 형태가 子가 巳에 가담하고 午가 亥에 가담하는 사절(四絶)로 도모하는 것이 순탄하게 진행되지 않는다는 것도 참고하였다. 간지상신이 같은 화기(火氣)로 비화되므로 다행히 큰 흉은 없다.

1. 산소 정단의 기본

산소 정단에서 일간은 산 사람, 일지는 망인(亡人), 일지의 음신인 4과는 산소가 된다. 산소점에서 3과를 사분(死墳), 4과를 생분(生墳)으로 구분하기도 하지만 주된 판단은 4과에서 한다. 4과 생분에 백호 · 등사의 흉장과 사신(死神) · 사살(死殺)이 있는 것을 꺼리며, 생분 상신과 일간 · 간상신이 생합하는 것은 길하다. 또한 4과인 생분 상신이 왕상하고 길장이 타는 경우에도 길하다. 3과 사분에서 일간이나 간상신을 극하는 경우와 3과의 천지반이 상극 · 형해가 되는 경우는 흉상이다.

2. 산소의 길흉 판단

1) 사과로 본 길흉

산소점의 기본은 일진과 일진상신, 4과의 생극관계를 보는 것이다. 산소의 길흉 판단에 있어서는 먼저 산소인 4과의 상황을 본다. 4과 지반인 묘(墓) 위에 寅 · 申 · 巳 · 亥가 있으면 산소가 길상이고, 子 · 午 · 卯 · 酉를 보면 나쁘지 않으며, 辰·戌·丑·未를 보면 지세가 좋지 않다. 또한 지상신이 왕상하고 길장이 타면 좋고, 휴수에 흉장이 타면 가운이 쇠퇴하는 상이다. 예를 들어 다음의 丙子7국과 같은 경우는 4과 상하가 상극하여 산소가 흉하다.

말전	중전	초전
壬午	丙子	壬午
子	午	子

4과	3과	2과	1과
丙午	壬子	辛巳	乙亥
子	午	亥	丙(巳)

2) 일진의 생극과 천장으로 본 길흉

일진상신이 서로 생하는 경우에 길하며, 일진이 상생하고 망인을 보는 지상이 생합하는 경우는 나와 망인이 모두 편한 상태다. 일진이나 일진상신 간에 생하지 않고 비화되는 경우에 큰 흉은 없다. 지상에 등사·백호가 있는 경우 묘상이 흉하며, 백호가 정신과 같이 있으며 일간을 극하는 경우에도 산소가 흉상이고 가운이 산소로 인해 쇠퇴한다. 주작이 타거나 공망 또는 지형(支刑)인 경우 산소가 좋지 않으며, 구진이 타는 경우에는 산소가 길하고 변치 않는다. 공망이 되는 경우 간단공헐(間斷空歇)이라고 하여 산소에 훼손된 부분이 있다. 청룡·등사가 타는 경우는 산소가 길하며, 지상신이 일지의 묘신이 되는 경우도 산소가 길하다.

3) 삼전으로 본 길흉

산소의 길흉을 볼 때 삼전이 일간을 생하면 묘상이 길하다고 보지만, 반대로 일간이 삼전을 생하는 것은 흉하다. 또한 귀신이 순행하고 삼전에 寅·申·巳·亥 역마를 보는 것은 음장(蔭長)이라 하여 길하고, 귀신이 역행하며 子·午·卯·酉를 보는 것은 음말(蔭末)이라고 하여 소길이다.

산소점에서 초전의 오행으로 자식의 일도 알 수 있는데 어떤 오행이나 공망이 되면 고독한 자식이 있게 된다. 오행별로는 다음과 같이 판단한다.

① 초전 오행이 木이고 왕상하며 길장이 타는 경우 자식이 후덕하고 문

장에 능하며, 사수이면 건축 · 토목 등에 종사한다.

② 초전 오행이 火이고 왕상하며 길장이 타는 경우 자식이 명성이 있고 문명에 밝으며, 사수이면 삿된 기운이 많고 불과 관련된 일에 종사한다.

③ 초전 오행이 土이고 왕상하며 길장이 타는 경우 자식이 재력이 있으며, 사수이면 농업이나 건축 등에 종사한다.

④ 초전 오행이 金이고 왕상하며 길장이 타는 경우 자식이 공명을 이루지만, 사수이면 살기가 있고 천한 일에 종사한다.

⑤ 초전 오행이 水이고 왕상하며 길장이 타는 경우 지혜가 있으나, 사수이면 수산업이나 천업에 종사한다.

4) 산소 길흉 판단의 참고사항

(1) 辰 · 戌 · 丑 · 未와 산소의 길흉

산소의 길흉을 볼 때 지반 辰 · 戌 · 丑 · 未 위에 寅이나 申이 있으면 묘상이 길하다. 참고로 월상신에 戌이 승하고 戌이 초전이 되며, 간지상신이 사기(死氣)나 묘신(墓神)을 띠는 경우 산소에 관한 정단이다. 戌이 아니라 辰인 경우도 같다.

(2) 묘신과 산소의 길흉

지상신에 천공이 있고 지상신이 묘신에도 해당되면 묘지나 가택에 탈이 있는 상태다. 그러나 지상신이 일지의 묘신이고 길장이 타는 경우에는 산소가 길하다. 정단 점시가 일지의 묘신인 경우에는 산소로 인해 다투거나 토지 분쟁이 있으며, 또는 다치거나 죽는다.

3. 산소를 쓰는 법

1) 장례 택일

장례일을 정할 때는 천반 丑 · 未가 있는 입지의 날을 피한다. 천반 丑의

지반인 날은 천충(天層)이라 하고, 천반 未의 지반인 날은 천상(天喪)이라
하여 장례일로 꺼린다.

2) 산소의 방향 선택

처음 산소를 만들면서 산소의 방향을 잡을 때는 지반 亥에 태세를 가하
여, 천반이 寅·申·巳·亥인 입지를 택하면 길한 방향이다. 흉한 방향은
월장가시하여 천반 卯·酉·丑·未의 아래 지반인 방위로 이 방위를 피한
다. 卯 아래에는 물이 많고, 酉 아래에는 돌이, 丑 아래에는 뼈가, 未 아래
에는 썩은 나무가 있다.

1. 방문 정단의 기본

방문점에서 일간은 나이고, 일지와 천을귀인은 내가 방문하는 상대방이다. 간상신은 나에게 응하는 기운이고 지상신은 그에게 응하는 기운으로, 일반적으로 이들 상호간의 생극관계로 방문의 길흉을 본다.

말전	중전	초전
戊午	戊午	庚申
寅	寅	辰

4과	3과	2과	1과
壬戌	戊午	壬戌	戊午
午	寅	午	甲(寅)

위의 甲寅9국의 경우 나와 그를 생극관계로 볼 때 비화되므로 방문하면 만날 수는 있으나 방문한 이익은 없다. 초전이 일지의 역마로 이동하려는 마음은 있다. 그러나 간지상신이 십이운성으로 사신(死神)이 되어 나와 그가 약화되는 상황이므로 방문하면 이익이 없는 것이다. 이런 경우에는 방문을 피하는 것이 좋다.

2. 일진의 생극관계와 방문 정단

방문점에서 일진의 생극관계를 보아 그인 일지나 지상신에서 나인 일간을 생하는 경우 방문하면 득이 된다. 상생이 되는 경우에는 일지나 지상신이 일간을 생하는 것이 좋고, 반대로 일간이 일지나 지상신을 생하여 설기가 되는 경우 방문점에 좋지 않다.

일지나 지상신에서 일간을 극하는 경우 방문해서 득이 없다. 상극 중 일간이 지상신을 극하는 경우는 재물 등의 이익이 있지만, 지상신이 일간을 극하는 경우에는 방문점에 이익이 없다. 지상신이 공망이 되는 경우, 그에게 도움을 받을 수 없거나 상대가 진심이 아니다. 특히 1과가 공망이면 내가 방문하지 않고, 3과가 공망이면 상대가 오지 않는다. 상대인 지상신이 일간과 비화되는 경우에는 방문하면 사람을 만날 수 있다.

다음 壬子6국의 경우 지상신이 일간의 관성이 되지만, 간지상신이 午未합이 되어 방문하면 만날 수 있고 화합한다.

말전	중전	초전
戊申	癸丑	丙午
丑	午	亥

4과	3과	2과	1과
○寅	丁未	癸丑	丙午
未	子	午	壬(亥)

다음의 辛卯2국은 일간이 지상신을 극하는 경우, 즉 지상신이 재성인 경우로 방문하여 재물을 얻거나 이익이 있다.

말전	중전	초전
丁亥	戊子	己丑
子	丑	寅

4과	3과	2과	1과
己丑	庚寅	甲申	乙酉
寅	卯	酉	辛(戌)

다음의 丙戌11국은 상대인 지상신이 일간 상신의 극을 받아서 재성으로 이익이 있을 것 같지만, 일진상신 간이 원진이라 만날 수 없고 만나도 손해다.

말전	중전	초전
壬辰	庚寅	戊子
寅	子	戌

4과	3과	2과	1과
庚寅	戊子	乙酉	○未
子	戌	○未	丙(巳)

3. 천을귀인과 방문 정단

1) 귀인을 만나는 경우

천을귀인은 방문의 목적이 되는 유신이다. 귀인과 일진의 관계, 귀인의 상황을 보고 방문하여 상대를 만날지, 목적을 이룰지 판단한다.

① 귀인과 일진상신이 상생하는 경우 방문해서 기쁨이 있고, 상극이되거나 공망이 되는 경우는 방문의 이익이 없거나 상대가 화를 낸다.

② 丙子3국과 같이 삼전에 양귀가 모두 있는 경우는 방문해서 상대를 만나면 성과가 있으며, 주야귀가격(晝夜貴加格)과 같이 주야귀인이 육처에 있는 경우에는 방문하여 귀인의 협조를 얻을 수 있다. 단, 야점에는 야귀가, 주점에는 주귀가 공망이 되지 않아야 협조를 얻을 수 있다. 공망이면 귀인을 만나기도 어렵다.

말전	중전	초전
太常	天乙	勾陳
壬辰	戊子	甲申
子	申	辰

4과	3과	2과	1과
白虎	天后	天乙	勾陳
癸巳	己丑	戊子	甲申
丑	酉	申	乙(辰)

주야	常常	武白	陰空	后龍	天陳	蛇合	雀雀	合蛇	陳天	龍后	空陰	白武
천반	壬辰	癸巳	○午	○未	甲申	乙酉	丙戌	丁亥	戊子	己丑	庚寅	辛卯
지반	子	丑	寅	卯	辰	巳	○午	○未	申	酉	戌	亥

위의 乙酉9국은 나인 일간이 지상신인 상대를 극하여 재성이 되므로 방문하면 이익이 있는 상이다. 삼전에 乙의 주야귀인인 申·子가 나타나

고, 육처 중 간상과 초전에 귀인이 있는 것으로도 이익이 있다는 것을 알 수 있다. 그러나 과전에 귀인이 많으면 도리어 도움이 줄어든다.

2) 귀인의 상황이 좋지 않은 경우

귀인의 상황이 좋지 않으면 방문 목적을 이룰 수 없다. 예를 들어 양귀와 음귀가 모두 공망이 되는 경우, 귀인이 辰의 지(地)에 닿은 귀인입옥(貴人入獄)이거나 백호가 귀인의 본가인 丑에 타는 백호혹승임축격(白虎或乘臨丑格), 주야귀인이 앉은 지반으로부터 극을 받는 양귀수극격(兩貴受剋格) 등인 경우에는 방문해도 이익을 얻을 수 없다. 귀인이 스스로 고통 속에 있기 때문이다.

말전	중전	초전		4과	3과	2과	1과
癸卯	丁酉	癸卯		癸卯	丁酉	辛丑	乙未
酉	卯	酉		酉	卯	未	癸(丑)

주야	蛇武	雀常	合白	陳空	龍龍	空陳	白合	常雀	武蛇	陰天	后后	天陰
천반	甲午	乙未	丙申	丁酉	戊戌	己亥	庚子	辛丑	壬寅	癸卯	○辰	○巳
지반	子	丑	寅	卯	○辰	○巳	午	未	申	酉	戌	亥

위의 癸卯7국은 癸의 귀인이 巳·卯인데, 巳는 지반 亥로부터 수극화(水剋火)가 되고 卯는 지반 酉로부터 금극목(金剋木)이 된다. 즉, 주야귀인이 모두 자리에서 극을 당하여 방문해도 귀인의 협조를 얻을 수 없다. 또한, 나인 1과가 상대인 3과에 설기가 되는 것도 방문의 목적을 이룰 수 없게 하는 이유이다.

3) 귀인의 부재 여부 판단

방문할 때 귀인의 부재 여부는 귀인이 탄 천반으로 알 수 있다.
① 귀인이 子에 타는 경우 귀인을 만날 수 있다.
② 丑은 집에 있으나 만나지 못하고 상황이 좋지 않다.

③ 寅은 목적을 이룬다.

④ 卯에 타면 외출 중이다.

⑤ 辰에 타면 상대가 병중이거나 상황이 흉하다.

⑥ 巳에 타면 외출 중이지만 바로 돌아온다.

⑦ 午에 타면 기다리면 만난다.

⑧ 未에 타면 만나서 연회가 있다.

⑨ 申에 타면 외출 중이다.

⑩ 酉에 타면 집에 있어서 만난다.

⑪ 戌에 타면 외출 중이다.

⑫ 亥에 타면 기다려서 만날 수 있다.

4. 삼전과 방문 정단

삼전의 상황으로 방문 목적을 이룰 수 있는지 알 수 있다.

① 초전 또는 일간과 방문하는 방향의 지지가 합을 이루는 경우 방문하면 상대를 만날 수 있다. 그러나 생합하지 않고 충극이 되는 경우에는 부재 중으로 만날 수 없다.

② 초전의 천지반 중 천반 공망은 고진(孤辰)이며, 지반 공망은 과숙(寡宿)이다. 고과(孤寡)일 때는 방문하여 실질적인 이익이 없다. 말전이 공망인 경우도 방문 목적을 이루기 어렵다.

③ 출호격(出戶格)인 경우에는 방문하여 사람을 만날 수 없다. 다음의 辛亥11국과 같은 경우로, 삼전 丑·卯·巳 중 卯는 문호(門戶)이고 巳는 지호(地戶)로 사람이 문을 나가는 형상이다.

말전	중전	초전
乙巳	○卯	癸丑
○卯	丑	亥

4과	3과	2과	1과
○卯	癸丑	○寅	壬子
丑	亥	子	辛(戌)

5. 지두법과 방문 정단

방문점에서 지두법을 사용하여 살펴보면 辰천강이 사맹(四孟)에 타는 경우 집에 있고, 사중(四仲)에 타는 경우 기다리면 만날 수 있으며, 사계(四季)에 타는 경우 부재 중이거나 만날 수 없다. 참고로 방문·면접 등에서 상대방의 나이도 지두법으로 알 수 있는데, 辰천강이 사맹에 타면 16세 이하로 어리고, 사중에 타면 44세 이하의 중년이며, 사계에 타면 노년이다. 또한 유기하면 어리고 무기하면 늙은 것으로 본다.

💮 정단 사례 _직장을 옮겨도 될까요

　양력 2005년 1월 19일 오후 1시 51분의 문점이다. 문점자는 프리랜서 방송작가로 당시 네 번째로 옮긴 프로그램에서 일하고 있었다. 자신의 발전을 위하여 옮겨야겠다고 생각하는데 어떻게 해야 할지 물었다. 기문둔갑으로 소운을 보니 갑가신위 목곤쇄와(甲加辛爲 木棍碎瓦)이다. 즉, 몽둥이로 기와를 깨뜨리는 형상이므로 왔다갔다 하는 것이 불리하고 움직임이 좋지 않다. 기문으로 소운을 본 후 육임국을 조식하여 판단해보았다.

- 문점자의 연명과 행년 : 1979년 己未생, 2004년 26세, 행년 丁未(여)
- 문점 일시와 문점일의 사주 : 양력 2005년 1월 19일 오후 1시 51분, 癸卯
　　　　　　　　　　　　　　　　7국_주점, 丑월장

時	日	月	年
己	癸	丁	甲
未	卯	丑	申

말전	중전	초전		4과	3과	2과	1과
太陰	勾陳	太陰		太陰	勾陳	太常	朱雀
癸卯	丁酉	癸卯		癸卯	丁酉	辛丑	乙未
酉	卯	酉		酉	卯	未	癸(丑)

주야	蛇武	雀常	合白	陳空	龍龍	空陳	白合	常雀	武蛇	陰天	后后	天陰
천반	甲午	乙未	丙申	丁酉	戊戌	己亥	庚子	辛丑	壬寅	癸卯	○辰	○巳
지반	子	丑	寅	卯	○辰	○巳	午	未	申	酉	戌	亥

부득이하게 직장을 옮겨야 하는 상황이다. 자신의 발전을 위해 옮겨야 겠다고 하지만 실제로는 직장에 분란이 있고 필화사건과 같은 일이 있다. 이는 초전 용신이 묘가유(卯加酉)로 용전(龍戰)이고 의혹격(疑惑格)이며, 또한 간상신에 未土 관귀가 있고 주작이 탄 작귀격(雀鬼格)이기 때문이다. 직장의 이동수는 지반 卯·酉 위에 천을귀인이 있는 여덕(勵德)으로 알 수 있다. 이 경우 야점이면 영향이 더 강하게 나타난다.

그런데 상황이 좋지 않다. 위 국의 경우 점인이 가만히 있으려고 해도 떠나거나 분산이 된다. 그러나 의지처가 없고 움직이려고 해도 움직일 수 없으니 사면초가이다. 이직을 목적으로 하는 경우 결과가 좋지 않으며, 부탁해도 도와주는 이가 없다. 반음(返吟)이기 때문이며, 주야귀인이 모두 극을 받으므로 윗사람을 믿지 못할 상황이다. 귀인이 극을 받아 고통 속에 있으므로 선부른 부탁은 화를 불러오기 십상이다.

점인은 만류에도 불구하고 이직을 결심하였다. 천지이법인 육임의 신호로 볼 때 이직에 큰 고통이 따를 것이다. 혹시 이직에 성공한다 해도 점사일 이후 1년 동안은 어려움이 많을 것으로 예상된다.

1. 적성 판단

일간을 기준으로 한 삼전의 둔간 중 가장 강력한 육친으로 직업의 적성을 삼는다. 극제를 받거나 형충파해가 되는 경우에는 초전 천신의 오행으로 판단한다. 예를 들어, 木에 해당하는 경우에는 나무와 관련된 업종에 적성이 있다. 가장 강력한 육친별 직업 적성은 다음과 같다.

1) 비견의 직업

탐정, 문학가, 태권도 등의 운동선수, 형사, 독립적으로 하는 사업, 장사, 윗사람의 지시를 덜 받는 지점·출장소·영업소, 국가의 녹을 먹는 직업, 직장인, 학업을 겸하는 회사원, 변호사·계리사·변리사·의사·기자 등의 자유직, 특수한 기술을 가진 기사(技師) 등. 독립하여 경영하는 자영업이나 공동 경영과도 인연이 있으나 형충파해가 되면 동업에 좋지 않다.

2) 겁재의 직업

승려, 도박성이 있는 직업, 노동자, 권투선수, 독립적으로 하는 사업, 금전을 직접 취급하지 않는 유흥과 관련된 물장사, 윗사람의 지시를 덜 받는 지점·출장소·영업소 직원, 건설회사 직원, 법조인 등. 삼전에 겁살(劫殺)이 있는 경우도 같다.

3) 식신의 직업

사업, 컴퓨터디자이너, 연구원, 화가, 광부, 기술자, 건축설계사, 작곡가, 전문가, 제조업, 극작가, 증권 분석가, 교육계 및 학계에도 적합하며, 교섭 등을 주선하는 일, 요리업, 식료품 관련 장사도 좋다. 또 일반적인 봉급생활도 무난하다.

4) 상관의 직업

관광버스 기사와 유사직, 부동산 중개업, 유통업, 자동차 딜러, 매춘과 관련된 일, 언론인, 무용가, 가수, 성악가, 보험설계사, 건축 매매업, 중개인, 브로커, 옷장사, 잡지 기자, 대리점, 상업, 교사, 학자로 성공하며, 변호사, 계리사, 흥행가(興行家), 기공사 등 각종 경쟁적 업무에도 양호하다. 재성이 있으면 상업에서도 성공을 거두며, 관살이 있으면 무당·안마사·침술사 등 편업(偏業)에 맞는다.

참고로 다음의 경우는 문예직에 맞는다. ① 초전이 관성에 청룡이나 황은(皇恩)·태양(太陽)이 있고 형충파해나 공망이 안 되는 경우 문예직에 맞는다. ② 과전에 申·子가 왕상하며 덕신이나 합·녹을 보고 초전이 왕상하면서 삼합이나 지합을 이루고 있으면 예술 계통에 공명이 있다. ③ 진가오(辰加午)에 청룡·역마·천마를 보고 공망이 안 되면 문학에서 대성한다. 午는 문장의 신으로 이 위에 용이 타는 것이며, 역마가 타면 말 위에 말이 타는 것이며, 청룡이 타면 용 위에 용이 타는 것이다.

월지	子	丑	寅	卯	辰	巳	午	未	申	酉	戌	亥
황은	卯	巳	未	酉	亥	丑	卯	巳	未	酉	亥	丑

5) 편재의 직업

골프 선수, 프로듀서, 조종사, 항해사, 택시기사, 실내장식가, 감독, 이비인후과의사, 무속인, 풍수가, 한의사, 편집인, 패션 디자이너, 외환 딜러, 속기사, 임대업, 탁구선수, 만화가, 안과의사, 경비원, 영화배우, 촬영기사 등. 일반적으로 상업에 적합하지만 출입이 빈번한 청부업, 중개업, 금융업, 교통통신업 등도 좋으며, 해외 무역업 또는 무역회사 사원도 양호하다. 삼전에 역마가 있는 경우도 같다.

6) 정재의 직업

미용사, 보석감정사, 외과·내과·치과·피부과·비뇨기과 의사, 회계사, 세무사 등. 정재는 재물에 집착을 보이므로 상업 및 공업에 적합하며, 성실하게 금전을 관리하는 은행 계통, 외교관 및 행상도 적성에 맞는다.

참고로 申이 왕성한 재성이 되고 천희나 덕신(德神)을 띠는 경우 재정 분야에 맞는다. 초전 午에 귀인이 타고 황서(皇書)·천조(天詔)를 띠는 경우에는 재무와 관련된 일에 취직이 되며, 직업이 있는 사람은 승진한다. 황서는 공명과 취직 등에 기쁨을 주는 신살로 다음과 같다.

월지	子	丑	寅	卯	辰	巳	午	未	申	酉	戌	亥
황서	亥	亥	寅	寅	寅	巳	巳	巳	申	申	申	亥

7) 편관의 직업

간호사, 군인, 정치인, 기능공, 교육자, 국악인, 은행원, 문구점, 경찰관, 목사, 방사선과, 신부, 자원봉사자, 야구선수, 항공기 승무원, 어부, 경호원, 청부업, 조선업, 건축업, 감독업 등에 적합하며, 일반적으로 일과 관련하여 대인관계가 복잡한 기자, 감찰, 군·경관 등의 직업도 맞는다.

8) 정관의 직업

법무사, 방송인, 판사, 공무원, 국회의원, 직장인, 감정평가 등. 정관은 다른 사람과 협조하여 봉사하는 일 등을 가지며 성실성과 정직함을 필요로 하는 모든 직업에서 성공할 수 있다. 일록(日祿)이 있는 경우 정관과 같은 역할을 한다.

9) 편인의 직업

수행하는 사람, 신경정신과의사, 딴지작가, 종교인, 감사, 검사, 의사, 평론가, 기사(技師), 역학인 등 편업에 적합하며 자선사업 등과 같은 비생산적인 사업도 괜찮다.

10) 정인의 직업

문화사업이나 종교와 관련된 직업, 음악가, 양어장, 변호사, 산부인과의사, 수의사, 번역가, 요리사, 학원, 서점, 음식장사, 발명가, 전업주부, 유치원, 예언가, 통역, 농부, 축구선수가 적성에 맞는다.

2. 구직 정단

1) 구직 정단의 기본

구직점에서 일간은 나이고 간상신은 나에 응하는 기운이며, 일지는 직업이고 지상신은 직업에 응하는 기운이다. 일진과 함께 본명과 행년도 참고한다. 구직의 유신은 태세와 월장·천을·주작·태상·청룡·백호이며, 육친으로는 관성·재성과 인수이다. 또한 일덕(日德)·천역(天驛)·역마·천마·건록과 寅 천리(天吏)·申 천성(天成)도 구직의 유신이다. 그러므로 일진과 간지상신들이 생합·왕상하고, 유신들이 장생이거나 생왕하면서 육처(六處)에 나타나는 경우 구직의 목적을 이룰 수 있다.

반대로 유신들이 공망·형충이거나 묘·사절에 앉는 경우에는 구직의 목적을 이룰 수 없다. 아울러 역마나 기타의 유신에서 일간이 극이 되거나 공망이 되면 구직에 실패한다. 구직 분야에 따라 좋아하는 유신이 다른데 관직은 관성, 문서나 시험에 대한 것은 주작, 무관은 태상, 문관과 기술 계통은 청룡이 나타나야 한다.

2) 구직이 되는 경우

① 사과 중 1과는 현재의 나를 보는 곳으로 구직 당사자가 되기도 하며, 삼전은 구직의 추이를 보는 곳이다. 그러므로 구직 정단에서는 1과나 초전에 덕록(德祿)이나 길신·길장이 있어야 하며, 중전·말전이 공망이 되지 않아야 구직 목적을 이룰 수 있다. 반대로 중전과 말전이 공망이 되거나 형충이 되는 경우에는 구직 목적을 이룰 수 없다.

② 신왕한 사람만이 재관을 감당할 수 있다는 말이 있다. 이는 일간의 기운이 왕성하여 어느 정도 힘이 있어야 재물과 명예를 감당할 수 있다는 뜻이다. 그러므로 구직 정단에서는 약한 일간을 극하는 관성에 귀인이 타는 것을 흉하게 본다. 그러나 관성에 귀인이 타도 일간이 왕성하고 일진에 천희·삼기·육의·덕록이 타는 경우 구직 목적을 이룰 수 있다.

③ 귀인·청룡·태상이나 관성이 육처인 간지상신·초말전·연명상

신에 있으면 생왕하고, 극제 · 형충파해가 되지 않으면 구직의 목적을 이룰 수 있다. 또한 간지상신에 백호 · 황은 · 천조(天詔)를 띠는 경우에도 중요한 지위에 오를 수 있고, 천인(天印)인 戌이 태상에 타서 초전이 되고 삼기 · 육의 등의 길격을 띠는 경우에 구직의 목적을 이룰 수 있다.

④ 초전이 명예를 뜻하는 관성이 되고, 이마(二馬)인 천마와 역마인 경우 구직에 성공한다.

⑤ 일진에 천마 · 역마 · 건록 · 덕신을 보고 초전 丑 · 未에 귀인이 타는 경우 윗사람의 도움으로 취직할 수 있다. 丑 · 未는 귀인의 본가인데 여기에 귀인이 타는 경우 귀에 귀가 타서 귀인의 협조를 얻기 때문이다. 또한 연명 또는 행년에 귀인이 있고 귀인이 일간의 앞에 있는 경우에는 다른 사람의 추천으로 취직을 할 수 있으나, 귀인이 일간의 뒤에 있는 경우에는 구직 목적을 이룰 수 없다.

3) 구직이 안 되는 경우

① 초전에 역마나 생기가 있어도 지반이 공망이 되면 말이 나아가지 못하므로 취직을 못 한다. 또한 복음이고 초전에 관성이 있지만 공망이나 천공이 타는 경우에도 취직을 못 한다. 그러나 공망이 아니면 늦게라도 취직할 수 있다. 기본적으로 복음과는 지체되는 상이다.

② 무록(無祿)은 사과가 상극하인 경우로 구직이 안 된다. 간상신이나 초전이 관성이어도 무록이면 취직이 되는 경우 말직이다. 다음의 丙子6국과 같은 경우이다. 참고로 원소근단(原消根斷)은 사과가 모두 하생상(下生上) 하는 경우이며, 무록은 사과가 모두 상극하(上剋下) 하는 경우이다. 십악대패일(十惡大敗日)을 무록일이라고도 하는데, 甲辰 · 乙巳 · 壬申 · 丙申 · 丁亥 · 庚辰 · 戊戌 · 癸亥 · 辛巳 · 己丑을 말한다.

말전	중전	초전
戊寅	癸未	丙子
未	子	巳

4과	3과	2과	1과
戊寅	癸未	癸未	丙子
未	子	子	丙(巳)

3. 공직점

일간이 직업을 구하는 사람이고 지상(支上)이 관공서와 관직이며, 태세는 고관(高官)이고 월건은 차관(次官)이다. 또한 청룡은 문관의 유신이고, 태상은 무관의 유신이다.

공직에 근무하는 경우는 ① 지상이 일간을 생하고 삼전이 길하며 천공이 초전에 있는 경우 ② 관직 정단에서 초전에 문관의 유신인 청룡이나 무관의 유신인 태상을 보는 경우 ③ 일진에 천마·역마를 보거나 청룡과 태상·寅천리·申천성이 타고 삼전에 인수가 있는 경우에는 ④ 초전에 관성·역마가 타는 경우 ⑤ 지상에 관성이 있고 태세·월건과 일간·연명상신이 생합하는 경우 등이다. 특히, 일간과 관성이 모두 왕성하거나 용전(龍戰)이 되어 황은·천조(天詔)를 띠는 경우 두 개의 관직을 겸직한다.

반대로 공직에 근무할 수 없는 경우는 ① 삼전에 녹마가 있으나 묘신에 있거나 형충파해가 되는 경우, 또는 녹마가 수사(囚死)가 되는 경우 ② 관성효가 공망이 되는 경우 ③ 관성을 치는 식상효가 삼전에 강왕(强旺)한 경우 등이다.

4. 직장 정단의 길흉

1) 길흉 판단 방법

직장인의 직장 정단에서 일간은 나이고 간상신은 나에게 응하는 기운이며, 지상신은 직장이고 연명상신은 직장의 진퇴 등에 응하는 기운이다. 간지상신이 길신·길장을 얻고 왕상·상생하면 직장이 안정되고, 간지상신에 흉신·흉장이 타고 상하가 상극하면 직장이 불안하다.

직장의 유신인 지상신이 나에게 응하는 간상신을 극하고, 간상신은 약한 일간을 극하는 경우 직장에서 흉이 깊고 실직할 수 있다. 단, 연명상신에서 구해주는 기운이 있으면 흉이 덜하다. 연명상신에 申천성이 타면 직장 이동의 기운이 되는데, 길장이 타는 경우에는 길한 방향으로, 흉장이 타는 경우에는 흉한 방향으로 이동이 된다. 또한 과전에 설기하는 식상의 기운이 있고 이를 구하는 육친 즉 인수가 없거나, 과전이 巳·酉·丑의 종혁(從革)이거나, 삼전 천지반이 모두 寅·申·巳·亥의 역마로 이루어진 현태(玄胎)인 경우에는 직장이나 직위에 변동이 있다. 이 경우 일간이 간상신의 생조를 받거나 길장이 타면 길하다.

2) 직장 정단에서 길한 경우

태세는 지존(至尊), 월장(月將)은 복덕, 건록(建祿)은 식록(食祿)의 신이다. 이러한 신들이 삼전에 있거나 연지나 월장의 지지에 타서 형충이 안 되고 왕상하며 공망이 안 되는 경우 승진한다. 그 밖에 월건상신에서 일간을 생하면 상관의 신임을 얻어 승진하며, 간지상신에 녹마가 있는 경우, 초전에 월장이 타고 말전에 길장이 있는 경우, 초전에 태세가 있고 청룡·태상·역마·천마·삼기 등이 있는 경우에도 승진한다.

명리(名利)를 얻기 위해서는 우선 일간인 나와 간상신이 왕상하고 관성도 왕상해야 한다. 더불어 연명과 행년상신이 왕상한 경우에도 명리를 얻을 수 있다. 그러나 만약 관성이 육처에 있으나 왕지에 있지 않고, 공망이나 형충 또는 식상을 만나거나, 사절(死絶)·묘고(墓庫)를 만나면 명리를 얻을 수 없다.

마찬가지로 金일의 정신(丁神)과 같이 관성의 둔간이 삼전·일진·연명상신에 있는 경우도 관직에 있는 사람에게 좋으며, 취직점·승진점에서도 빠른 이동을 나타내서 좋은 역할을 한다. 그러나 이 경우 연명상신에서 정신이 붙은 천반의 글자를 극하거나 제거하면 이익이 없다. 이와 같은 금일봉정격(金日逢丁格)의 예가 다음의 辛酉8국이다.

말전	중전	초전
丁巳	○子	己未
○子	未	寅

4과	3과	2과	1과
己未	甲寅	庚申	乙卯
寅	酉	卯	辛(戌)

또한, 정신이 일간의 둔귀가 아니라도 삼전의 둔간이 甲·戊·庚이거나 乙·丙·丁인 경우는 삼전삼기격(三傳三奇格)에 해당되어 승진한다. 다음의 戊辰2국과 같은 경우이다.

말전	중전	초전
乙丑	丙寅	丁卯
寅	卯	辰

4과	3과	2과	1과
丙寅	丁卯	丁卯	戊辰
卯	辰	辰	戊(巳)

주작이 관성이며 직부(直符)를 띠면서 귀인이 간상에 있고 야귀나 일간을 생하는 경우, 또는 태세상신·청룡·태상이 일간을 생하는 경우에는 봉급이 오른다.

일간신살	甲	乙	丙	丁	戊	己	庚	辛	壬	癸
직부	巳	辰	卯	寅	丑	午	未	申	酉	戌

삼전에서 간상신을 인종(引從)하는 경우 승진한다. 다음의 庚辰8국은 간상신 丑을 삼전에서 子·丑·寅으로 인종하는 일간인종격(日干引從格)에 해당된다.

말전	중전	초전
丙子	癸未	戊寅
未	寅	○酉

4과	3과	2과	1과
戊寅	○酉	壬午	丁丑
○酉	辰	丑	庚(○申)

3) 직장 정단에서 흉한 경우

연명에 흉신·흉장이 타고 공망이 되며, 덕신·건록·관성이 공망이 되는 경우에는 실직하거나 직장에서 흉이 있다. 또한 간상에 관귀가 있고 주작이 타는 경우 정치가는 탄핵을 받고, 직장인은 징계나 구설이 있다. 작가·기자에게는 필화사건이 있다.

다음 戊子3국_주점의 경우는 이러한 영향 외에도 천을이 지반 卯·酉에 있는 여덕(勵德)이므로, 고위직에 있는 사람은 직위에 변동이 있고 하위직은 퇴직하게 된다.

말전	중전	초전
太常	太陰	天乙
乙酉	丁亥	己丑
亥	丑	卯

4과	3과	2과	1과
白虎	玄武	天乙	朱雀
甲申	丙戌	己丑	辛卯
戌	子	卯	戊(巳)

관성이 미가축(未加丑)인 경우 직장인이라면 실직할 우려가 있으나, 관성이 축가미(丑加未)인 경우에는 취직이나 입시 등의 목적을 이룬다. 주작이 폐구(閉口)를 이루거나 삼전이 하에서 상을 체극(遞剋)하는 경우, 또 삼전이 상에서 하를 체극하고 일간을 극하는 경우에 직장에서 다른 사람의 모함 등으로 탄핵을 받는다.

5. 응기

직장 정단에서 취직·취임하는 날은 건록의 입지일이고, 승진하는 날은 장생의 입지일이다.

12
재물

● **정단 사례 _ 주식투자로 빚을 많이 졌는데 해결될까요**

남편 몰래 주식에 투자하여 손실을 보는 바람에 빚이 많이 생겼으며, 지금 남편도 직장 문제로 아주 힘든 상황인데 어떻게 하면 좋겠는지 상담을 청하였다. 그러나 전혀 어려움이 없는 표정이었다. 사주를 뽑아보니, 甲木 일주가 흙구덩이에 푹 빠져버린 팔자다. 토다금매(土多金埋)로 재성이 많으니 욕심이 많겠고, 흙이 재물이니 재괴인(財壞印)의 영향을 받아서 뻔뻔한 면도 있을 것이다. 결국 육임국으로 현재의 상황은 어떤지, 앞으로 일이 어떻게 되어갈지 살펴보기로 하였다.

- **문점자의 연명과 행년** : 1963년 壬寅생, 2002년 40세, 행년 癸巳(여)
- **문점 일시와 문점일의 사주** : 양력 2002년 4월 1일 오전 11시 28분, 己亥
  8국

※ 문점일의 자연시는 서울의 경우 오전 11시 38분에 辰시와 巳시가 나뉘므로 이 국은 巳시로 조식해야 한다.

재
물

514

時日月年
己己癸壬
巳亥卯午

말전	중전	초전		4과	3과	2과	1과
玄武	朱雀	白虎		六合	太常	白虎	天乙
癸卯	戊戌	○巳		丁酉	○辰	○巳	庚子
戌	○巳	子		○辰	亥	子	己(未)

주야	白武	空陰	龍后	陳天	合蛇	雀雀	蛇合	天陳	后龍	陰空	武白	常常
천반	○巳	甲午	乙未	丙申	丁酉	戊戌	己亥	庚子	辛丑	壬寅	癸卯	○辰
지반	子	丑	寅	卯	○辰	○巳	午	未	申	酉	戌	亥

1) 현재 상황

사과에 하적상(下賊上)하는 것이 두 개로 집안에 분란이 있고 상황이 좋지 않다. 위와 같이 지일과(知一課)인 경우 가정이 화합하지 못한다. 일지에는 辰천강이 올라 있어 참관이 된다. 참관을 이동의 기운이라고 하는데 탈출·도망·잠적의 기운도 참관이 가진 기운이다. 이런 사과의 상황만 봐도 현재 상태가 흉하다고 볼 수 있다.

2) 과전의 상황

점인이 어떤 대책을 세울 경우 언제가 좋을지 시기와 결과를 보면, 선택은 늦어지고 결과는 좋지 않다. 위의 국은 지일비용과 중 지일과에 속하므로 하적상 하는 두 개 중 하나를 초전 발용해야 하는데, 점일이 음일이므로 같은 음인 巳火를 발용시킨다. 위의 국과 같이 일진에 귀인·태상의 길장이 타는 경우 의심과 분란의 상태에서 선택을 못 하여 행동이 늦어진다. 일진에 천후가 있는 경우도 마찬가지다. 또한, 선택한 결과는 삼전의 상황으로 보아 분명히 좋은 흐름이 아니다. 초전·중전이 공망이며, 초전과 말전에 백호와 현무가 타고 있기 때문이다. 특히 일의 결과를 보는 말전에 손재와 도둑을 의미하는 현무가 있으므로, 위의 국이 재물점이라는 것을 고려했을 때 매우 좋지 않다.

3) 주변의 도움

만일 주식투자를 계속하여 본전을 찾기로 결정한다면, 사방을 둘러보아도 점인을 도와주는 기운은 없고 손해를 끼치는 기운뿐이다. 말전이 초전을 생하고 초전이 나를 생하므로 혹시 숨은 사람의 도움이 있지 않을까 생각할 수도 있다. 그러나 초전과 말전에 모두 흉장이 탔고 초전이 공망이므로 이런 바람도 물거품이 된다. 공망의 영향을 애써 무시한다고 해도 말전의 현무는 순음(純陰)이고 도둑이니, 도둑의 심보를 가진 여자가 도와주기는 고사하고 꼬드기는 것으로밖에 해석할 수 없다.

그럼 부모는 나의 곤경을 해결할 수 있을까? 이것도 곤란하다. 부모의 사신(事神)은 초전의 巳火가 된다. 공망인 것을 떠나서 중전 戌이 巳火의 묘신이니, 묘 속의 무능력한 부모가 아무 도움을 줄 수 없다.

마지막으로 간상에 있는 귀인은 어떤가? 귀인이 토극수(土剋水)로 고통 속에 있어 한숨만 쉴 뿐이다. 귀인기탄격(貴人忌憚格)이 바로 이런 상황으로 이모저모 살펴봐도 도와주는 기운이 없다. 지상신이 진고(眞庫)가 되므로 큰 재물을 얻을 수 있다고 말하고 싶었지만, 이렇게 도와주는 기운이 없고 초전과 중전이 공망이어서는 손해를 보고 파산할 게 뻔한데 잠깐 좋자고 거짓말을 할 수는 없다. 부모도 도움이 안 된다는 말에 점인이 그제야 한숨을 꺼질 듯이 쉬며, 이제는 남편에게 사실을 말하는 수밖에 없다고 한다.

4) 대책

점인이 남편에게 사실을 모두 털어놓았을 경우 어떻게 될지 위 국의 특징인 주인(鑄印)과 지일을 통하여 살펴본다. 주인격은 고위관리나 승진점 등에는 좋지만 일반인에게는 흉하고 문책을 당할 일이 있다. 분명히 남편의 힐난이 뒤따를 것이다. 그러나 먼 것을 버리고 가까운 것을 취한다는 지일의 특징으로 보아 남편에게 사실을 말하는 방법밖에는 없다. 점인이 고개를 숙이고 상담실을 나간 후 응기를 따져보니 辰월이면 해결이 될 수 있을 것 같다. 그러나 점인의 사주를 보면 주식으로 한몫 챙기겠다는 유혹에서 평생 벗어날 수 없을 듯하다. 재물을 탐하다가 원천이 되는 기운마저 부숴버리는 재괴인의 현상이 어디 이 젊은 부인에게만 있겠는가.

1. 재물 정단의 기본

1) 재물의 유신

육임의 점사는 과전의 사류(事類)로 판단하는 것이 원칙이다. 사(事)는 사신(事神)을 말하며 일간을 중심으로 한 육친이다. 유신(類神)은 천장을 중심으로 한다. 재물점에서는 사신이 재성이 되고, 유신은 청룡 위주로 본다. 또한 식상은 재성을 생하는 요소이니 재물의 원천이 되는 사신이다. 재물 정단에서는 이외에도 구하는 재물의 크기에 따라 유신을 달리하여 판단하기도 한다. 즉, 재물을 많이 구할 때는 월장을 나로 하고 육합은 상대방이 되며, 재물을 적게 구할 때는 점시를 나로 하고 청룡을 상대방으로 하여 판단한다. 서로 생화되거나 내가 다른 사람을 극하는 경우에는 목적을 이룰 수 있지만, 다른 사람이 나를 극하는 경우에는 이룰 수 없다. 또한 나와 그가 공망이 되는 경우에도 목적을 이룰 수 없다. 재물의 유신과 관련하여 다음 壬午8국의 예를 본다.

말전	중전	초전
蛇武	空陳	后后
戊寅	○酉	庚辰
○酉	辰	亥

4과	3과	2과	1과
后后	陳空	空陳	后后
庚辰	乙亥	○酉	庚辰
亥	午	辰	壬(亥)

사과는 현재 상황이고 삼전은 장래의 추이다. 위의 국과 같이 일간을 중심으로 볼 때 간상신이 운성 묘인 경우는 일간이 삼전의 생기를 취하기 위해 활동을 한다. 그러나 초전도 마찬가지이고, 한 걸음 더 나아가 중전을 바라보지만 순공이 되며, 말전은 설기가 되어 취하지 못하므로 다시 현재의 상황으로 돌아온다. 마침 일간의 기궁이 지상에 올라 있고 일지가 일간의 재물이니 재물을 취하려 하는 경우인데, 사과삼전에 재성이 없고 주야점을 막론하고 청룡이 없으므로 재물을 쉽게 취할 수 없다. 그러나 재성이나 청룡의 지반 방위로 가면 재물을 취할 수 있다.

이와 같이 어떤 정단의 목적을 이룰 수 있을지는 정단의 유신이 과전에 출현하였는지를 우선으로 하여 판단한다. 더하여 천장의 길흉, 연명상신과 일간상신의 관계, 삼전의 상황도 고려하여 소망을 이룰 수 있을지를 전체적으로 살핀다.

예를 들어 연명상신이 간상신을 극하는 경우, 초전이 말전을 극하는 경우에는 소망을 이루기 힘들다. 반대로 명상신과 간상신이 생화하는 경우, 말전이 초전을 극하는 경우에는 소망을 이룰 수 있다. 즉, 삼전의 생극 상황으로 소망의 난이도를 점친다.

2) 재성의 기본 해석

육처에 재성이 나타나야 재물을 얻을 수 있다. 간지상신과 연명상신에 재성이 있는 삼재(三財)를 좋아하며, 이 경우 둔간이 재성이면 큰 재물을 얻는다. 또 재물점에서는 둔간보다 일간이나 명상의 녹신(祿神)을 귀하게 여긴다. 연명상신이 寅 또는 申이고 이것이 일간의 재성이 되는 경우에 재물을 얻게 되며, 지상신이 일간의 재성이 되는 경우에도 재물에 대한 소망이 이루어진다. 삼전에 재성이 있으면 재물을 구하기가 쉽고 재성이 巳·亥인 경우는 자재 거래로 인한 재물이다.

재성이 계절과 오행이 같거나 계절의 오행이 생을 받는 경우, 그리고 지반의 생을 받고 지리의 이익을 얻어 왕상하며 일진연명과 상생하는 경우 재물을 얻을 수 있다. 반대로 재성이 귀지(鬼地)에 있거나 휴수이며 공망의 자리에 있으면 얻을 수 없고, 얻더라도 적은 양에 그친다. 다음 甲子8국의 예를 본다.

말전	중전	초전
合合	陰常	龍蛇
○戊	己巳	甲子
巳	子	未

4과	3과	2과	1과
合合	陰常	龍蛇	天空
○戊	己巳	甲子	辛未
巳	子	未	甲(寅)

　1·4과와 간상에 재물의 유신인 재성이 있고 주점인 경우, 초전에 청룡이 있으므로 재물을 얻을 수 있다. 그러나 간상의 未土 재성은 일간의 묘신에 해당하므로 묻힌 재물로 구하기 힘들다. 묘신을 충하여 문을 열어주는 丑일에는 가능하다. 말전 재성으로 눈을 돌려보면, 지반을 얻고 중전에 식상이 있으나 공망을 맞아서 빨리 구하지 않으면 구하기 힘들므로, 결국 중전에 둔간 재물인 己土를 취할 수밖에 없다.

　재성의 기준에는 두 가지가 있다. 하나는 일간을 기준으로 하는 3·4과의 재성으로 외재(外財)라고 한다. 이 경우 외재가 안으로 들기 때문에 재물의 목적을 이룰 수 있다. 다른 하나는 일지를 기준으로 하는 1·2과의 재성으로 내재(內財)라고 한다. 이 경우는 물이 밖으로 나가는 것이며 재물을 출자하는 경우이다. 이 경우 길신·길장이 타면 효과가 있지만, 흉신·흉장이 타거나 휴수 등의 자리에 있어서 기운이 무력하면 투자에서 소기의 성과를 거둘 수 없다.

3) 청룡의 기본 해석
　재물점에서 재물의 유신인 청룡이 나타나는 경우에도 왕상의 천반에 승하고 왕상의 지지에 임하며 일진과 생합할 때 가장 길하다고 본다. 또한 청룡이 탄 육친이 일간의 관귀인 경우에는 재물이 화를 불러온다. 일종의 귀화(鬼化)가 되는 셈이다. 자세한 것은 천장론을 참고한다.

4) 재물을 구하는 난이도와 구하는 재물의 양

재물 정단에서 재물을 구하는 난이도는 다음과 같다.

① 초전에 녹신·덕신이 있으면 재물을 얻기 쉽다. 초전이 일간을 극하고 일간이 중전과 말전을 극하면 먼저는 어렵고 나중에는 쉬워지며, 반대로 일간이 초전을 극하고 중전과 말전이 일간을 극할 때는 빨리 행동을 취하지 않으면 재물을 구할 수 없다.

② 지상신이 일간을 생하는 경우는 재물을 얻기 쉽지만, 지상신이 일간을 극하는 경우 또는 형충이 되는 경우는 재물을 얻기 힘들다.

③ 재물의 유신이 초전에 있으면 재물을 얻기 쉽고, 말전에 있으면 재물을 얻기 어렵다.

④ 간상에 재성이 타는 경우도 재물을 얻기 쉽다.

또한 구하는 재물의 양은 다음과 같이 판단한다.

① 육처 또는 태세상신에 재물의 유신이 있고 손상되지 않은 경우는 많은 재물이고, 유신을 보지 못하면 적은 재물이다.

② 재신이 왕상하면 구하는 재물의 양이 많고, 휴수이면 적다.

③ 초전에 재성이 있는 경우는 구하는 재물의 양이 많고, 중전과 말전에 재성이 있는 경우는 적다.

④ 간상이나 점시에 모신(耗神)을 보는 경우 구하는 재물의 양이 적다. 모신은 대모(大耗)와 소모(小耗)를 말한다.

2. 육친과 재물 정단

1) 재성과 재물

재물 정단에서 육처에 재성이 왕성하면 길하게 작용하지만, 재성이 너무 많으면 오히려 흉하다. 이른바 과유불급이나 재다신약(財多身弱)의 상황이 되는 것이다.

다음의 庚辰2국의 경우, 일간의 재성이 지상·초전·중전에 있고 삼전 지반이 寅卯辰 목국(木局)이며, 중전의 재성이 힘이 있어서 재성이 과도하다. 중전이 일지의 역마이고 말전에 정신(丁神)이 있어서 노력하면 작은 재물을 얻을 수 있을 뿐이다. 큰 재물은 재성이 귀화(鬼化)하여 오히려 흉이 될 뿐이다.

말전	중전	초전
丁丑	戊寅	己卯
寅	卯	辰

4과	3과	2과	1과
戊寅	己卯	壬午	癸未
卯	辰	未	庚(○申)

과전의 일진상신에 재성이 교차되어 있는 경우 재물과 인연이 있다. 다음의 辛卯1국은 복음이지만 재물을 많이 얻는다. 간상에 일지의 재성이 교차하고 지상에 일간의 재성이 교차하며, 일진과 일진상신은 卯戌합이 되어 그와 내가 화합하여 재물을 얻는 상이며, 초전의 卯木은 재성이 병립한 상황이므로 큰 재물을 얻는다. 단, 주점인 경우 재성에 등사가 타서 재물을 얻고 놀랄 일이 생긴다.

말전	중전	초전
陳天	陰空	蛇合
○午	戊子	辛卯
○午	子	卯

4과	3과	2과	1과
蛇合	蛇合	常常	常常
辛卯	辛卯	丙戌	丙戌
卯	卯	戌	辛(戌)

재물을 얻은 뒤에 재액이 있는 경우로는 ① 삼전이 모두 일간의 재성이 되는 상태에서 간상신이나 지상신이 관귀가 되는 재화귀격(財化鬼格), ② 육처에 재성이 있고 삼전에 관귀가 있어 재생관(財生官)이 이루어지는 경우, ③ 육처에 재성이 있으나 둔간이 관귀(官鬼)로 귀화하는 경우를 들 수 있다. 이 경우 재물 때문에 고민하고 이루어지는 것은 별로 없으며, 분수에 맞지 않는 재물을 얻은 뒤에는 흉이 있다. 다음의 辛未2

국과 같은 경우로 말전에 일간의 재성이 있으나 丁이 있어서 귀화한다.

말전	중전	초전
丁卯	戊辰	己巳
辰	巳	午

4과	3과	2과	1과
己巳	庚午	壬申	癸酉
午	未	酉	辛(○戌)

재성이 육처에 있더라도 설기되는 장소에 있으면 재물이 소모된다. 다음 甲子6국의 경우 2·3과와 말전에 재성이 있어서 재물을 얻을 수는 있으나, 2과와 말전의 재성은 토생금(土生金)으로 설기되고 3과의 재성은 토극수(土剋水)로 설기되어 재물이 소비된다. 또한 중전에 관귀가 있어서 귀화되므로 재물로 인해 흉한 일이 생긴다. 아울러 말전에서는 둔간이 재성이 되어 재가 겹쳐 있는 형상이므로 이성 문제가 있다.

말전	중전	초전
戊辰	癸酉	丙寅
酉	寅	未

4과	3과	2과	1과
丙寅	辛未	戊辰	癸酉
未	子	酉	甲(寅)

2) 재성 이외의 육친과 재물

재물 정단에서는 재성을 중심으로 판단하는 것이 원칙이다. 그러나 오행의 생극관계로 이루어진 육친은 생과 극을 통해 서로 영향을 주고받으며, 각 육친의 상황 역시 재성에 영향을 미친다. 이렇게 재물에 영향을 미치는 여러 육친들 중 대표적인 육친을 살펴본다.

(1) 비겁과 재물

일간의 왕신(旺神)이나 녹신이 간상신인 경우를 왕록가림격(旺祿加臨格)이라고 한다. 이 격을 엄격하게 적용하면 왕신이나 녹신이 공망이 안되고 현무나 백호가 과전에 없으며 둔간이 癸가 아니어야 한다. 이 경우나는 왕록을 따라야 하므로 현재 상황에서 다른 변화를 꾀하면 안 된다.

변화를 꾀하면 군겁쟁재(群劫爭財)의 영향으로 재물의 손해를 본다.

또한 삼전이 모두 비겁이 되는 동류현괘(同類現卦)의 경우 재물운이 흉하고 처에게도 흉하다. 비겁이 무리를 이루면 육친 생극의 원칙상 쟁재가 되기 때문이다. 단, 간지상신·연명상신에 득기한 식상이 있어서 소통시키면, 오히려 식신생재(食神生財)로 재물이 늘고 처에게 문제가 생기지 않는다. 다음 壬子1국_야점의 경우 3·4과와 중전에 재물의 유신인 청룡이 타고 있으나 비겁이 중중하여 재물을 탐하면 안 된다.

말전	중전	초전
朱雀	青龍	天空
○卯	壬子	辛亥
○卯	子	亥

4과	3과	2과	1과
青龍	青龍	天空	天空
壬子	壬子	辛亥	辛亥
子	子	亥	壬(亥)

(2) 식상과 재물

재물을 만드는 3요소는 비겁의 장악력, 식상의 활동력, 재성의 유지력으로 이 세 가지가 조화를 이루어야 한다. 활동이 없이 재물을 만들 수 없으므로 식상은 재물의 원천이 되는 기운이며, 따라서 재물점에서 귀하게 사용된다. 예를 들어 삼전에 재물의 원천이 되는 식상이 있으면 재물 정단에서 길하게 보며, 초전이 재성이고 중전과 말전이 식상인 경우, 또는 중전에 재성이 있고 말전에 식상이 있어서 생을 하는 경우에 재물점에서 특히 좋게 본다.

식상은 위와 같이 재물점에 좋지만 한편으로는 일간을 설기하는 요소로 작용할 때도 있다.

① 일간이 간상신을 생하고 간상신은 천장을 생하는 경우 ② 삼전이 삼합 등으로 일간의 기운을 설기하는 경우 ③ 과전이 모두 일간을 설기하는 경우 ④ 간상신과 일지가 일간의 기운을 설기하는 경우 등이다. 이와 같은 경우를 탈상봉탈격(脫上逢脫格)이라고 하여 일간의 기운이 빠지

는 것으로 보며, 재물점에서는 재물을 낳아주는 식상효가 중첩되어 있으므로 재물을 얻기 쉽다고 본다. 재성이 과전에 나타나는 경우에는 더욱 좋다. 그러나 지나친 탈기는 흠이 되므로 다음의 庚子9국_야점과 같이 헛된 일에 소모하는 일이 없도록 해야 한다.

말전	중전	초전
靑龍	螣蛇	玄武
庚子	丙申	○辰
申	○辰	子

4과	3과	2과	1과
螣蛇	玄武	玄武	靑龍
丙申	○辰	○辰	庚子
○辰	子	子	庚(申)

3. 과식의 형태와 재물 정단

1) 필법부와 재물

필법부에서 재물 정단과 관련된 항목은 다음과 같다. 관련 있는 격의 이름은 각 법에서 하나씩만 제시한다. 007법 왕록가림격(旺祿加臨格) / 009법 사익취손격(捨益就損格) / 014법 재신공망격(財神空亡格) / 015법 탈상봉탈격(脫上逢脫格) / 021법 교차합재격(交車合財格) / 026법 태상지생격(太常支生格) / 027법 차전환채격(借錢還債格) / 028법 공재격(空財格) / 031법 장생재신격(將生財神格) / 032법 상장조재격(上將助財格) / 033법 사손취익격(捨損取益格) / 035법 인택수탈격(人宅受脫格) / 037법 알구화출격(謁求禍出格) / 038법 재작폐구격(財作閉口格) / 041법 간지녹마격(干支祿馬格) / 053법 양구협묘격(兩勾夾墓格) / 057법 유여탈기격(有餘脫氣格) / 065법 묘신생기격(墓神生氣格) / 066법 지묘재성격(支墓財星格) / 079법 체호작절격(遞互作絶格) / 081법 장생탈기입묘격(長生脫氣入墓格) / 092법 용가생기격(龍加生氣格) / 094법 견재무재격(見財無財格) / 095법 나거취재격(懶去取財格)

그 밖에 매매와 관련된 항목으로는 030법 혈염극택격(血厭剋宅格) /

088법 욕기옥우격(欲棄屋宇格)이 있으며, 동업과 관련된 항목으로는 001법 양귀인종천간격(兩貴引從天干格) / 021법 교차장생격(交車長生格) / 022법 간지상회격(干支相會格) / 053법 양상협묘격(兩常夾墓格) / 077법 구생격(俱生格) / 084법 합중범살격(合中犯殺格) / 087법 호좌구묘격(互坐丘墓格) / 088법 간지승묘격(干支乘墓格)이 있다. 매매 · 동업과 관련된 격도 각 법에서 하나씩만 제시하였다.

2) 체생과 체극

말전이 중전을 생하고, 중전이 초전을 생하며, 초전은 일간이나 일진상신을 생하는 경우를 체생(遞生)이라고 한다. 이 경우 체생하는 초전에 있는 천장의 종류에 따라 재물을 구하는 방법과 종류를 다르게 해석한다. 이 부분에 대한 자세한 사항은 천장론을 참고로 한다. 이와 반대로 일간 또는 간상신이 초전을 극하고, 초전이 중전을 극하며, 중전은 말전을 극하는 체극(遞剋)의 경우를 필법상 구재대획(求財大獲)이라고 한다. 다음의 乙丑8국과 같은 경우로 큰 재물을 얻게 된다.

말전	중전	초전
甲子	辛未	丙寅
未	寅	酉

4과	3과	2과	1과
○亥	庚午	丙寅	癸酉
午	丑	酉	乙(辰)

4. 재물의 응기와 택방 · 택시

재물을 구하는 시기는 재성이 구하는 입지(立支)로 정한다. 만약 입지가 연지(年支)이면 그 해에 바라는 재물을 얻을 수 있고, 입지가 일지이면 그 날에 재물을 얻을 수 있다. 또는 재성이 왕성한 날 바라는 재물을 얻을 수 있다고 본다. 청룡이 승하는 지반의 날이나 말전과 지합하는 날도 재물과 인연이 있는 날이다.

삼전이 모두 재성으로 재성의 기운이 너무 강한 경우에는 일간과 재성의 균형이 맞는 시기를 기다려서 재물을 구해야 한다. 즉, 일간이 왕성해지고 재성의 기운이 약해지는 방위를 택하거나 월일을 택해야 재물을 얻을 수 있다.

묘신이 재성에 해당될 때는 수량 등이 정해지지 않은 불확실한 재물을 얻는다. 웅기는 묘신을 충하는 날이다. 예를 들어 묘신이 寅이라면 申일이 웅기일이다. 재성이 공망이면 공망이 되는 지지의 충방을 취한다. 이를 기변법(奇變法)이라고 하는데, 공망의 방향인 고방(孤方)이 비어 있을 때는 그 대충방인 허방(虛方)이 채워지므로 허방으로 방향을 정하는 것이다.

정단 사례 _ 여종업원을 고용해야 할까요

여종업원을 고용해야 할지 물어서 월장가시하여 乙未8국_주점을 얻어
살펴보았다.

말전	중전	초전
白虎	朱雀	玄武
癸卯	戊戌	ㅇ巳
戌	ㅇ巳	子

4과	3과	2과	1과
玄武	勾陳	天空	螣蛇
ㅇ巳	庚子	壬寅	丁酉
子	未	酉	乙(ㅇ辰)

고용 여부를 정단한 결과 고용해서는 안 된다. 이유는 ① 2·3·4과가
하극상을 하므로 도액(度厄) 중 유도액(幼度厄)에 해당된다. 도액은 기본
적으로 위아래가 바로서지 못하는 상으로, 아래가 위를 극하니 아랫사람
이 윗사람을 능멸하는 상이다. ② 말전에 있는 건록 卯는 나의 양식으로 이
를 간상신 酉가 상충하는데, 酉는 여종업원의 유신이다. 또한 酉는 간상에
타서 일간인 나를 극하므로 도움이 안 된다. 고용한 경우 酉에 정신(丁神)
이 붙어 있어서 흉이 금방 나타난다. 여종업원이 아니고 남자 종업원이라
고 해도 남자 종업원의 유신인 戌이 공망이므로 이 역시 나에게 도움이 안

된다. ③ 비록 巳 · 戌 · 卯가 주인(鑄印)에 해당되지만 초전과 중전이 공망이어서 파인(破印)이 되므로 이루어지는 것이 없고, 삼전에 흉장이 탔다.

1. 구인의 유신

구인의 유신은 ① 戌과 천공이 남자 고용인의 유신이며, 酉와 태음은 여자 고용인의 유신이다. 또 고용주와 고용인의 연명상신의 생합 여부 등을 비교하여 고용을 결정하기도 한다. 유신이 임하는 곳의 천반을 고용인의 궁, 고인궁(雇人宮)이라고 한다. ② 일간이 고용주, 간상신이 고용을 하는 장소이며, 일지상신은 고용인이 된다. 이 중 ①은 고용 여부를 결정할 때 많이 사용하며, ②는 현재 고용 중인 사람의 선악이나 고용 여부를 판단할 때 사용하는데, ①과 ②의 방법을 모두 참고하여 정단하는 경우도 많다.

한편, 구인점에서는 고용인의 유신으로 천공과 태음보다 酉 · 戌을 더 많이 사용하고 천공 등은 별법으로 사용하는데, 천공이 사용되는 예는 다음과 같다. ① 천공이 탄 천반과 간지상신이 생합하는 경우 구인에 길하며, 천공이 辰 · 戌에 탈 때는 사람이 불량하므로 고용하지 말아야 한다. ② 천공에 정신(丁神)이 들면 고용인이 도망간다. ③ 천공이 초전에 타서 행년상신과 생합하면 그 해에 고용인으로 인해 기쁜 일이 있다.

참고로 일부에서 戌과 辰을 종업원으로 보는 경우가 있는데, 본래 辰 천강의 유신이 우두머리나 장군이므로 이를 종업원으로 보는 것은 문제가 있다.

2. 고용하면 좋은 경우

① 고용인의 유신이 일간을 생하는 경우

② 일지나 지상신이 일간을 생하는 경우

③ 원수과인 경우 사람을 구하면 충실한 사람을 구한다.

④ 고용인 궁에 길장이 타고 일진상신이 상생하는 경우

⑤ 삼전이 진여(進茹)이고 왕성한 경우 오래 근무할 사람이다.

⑥ 여러 사람 중에서 고용할 때는 각자의 연명상신과 일간의 생합 여부, 연명상신에 타는 천장을 보고 선택한다. 지원자의 연명이 불분명한 경우에는 월건을 연명으로 대신한다.

⑦ 일간기궁의 지지가 지상신이 되고 길장이 타는 경우

다음 辛酉12국의 경우 주야점을 막론하고 길장 태상이 지상에 타고 기궁이 간상신이 되어 구인점에 길하다. 단, 불비(不備)가 되므로 고용인이 일하면서 두 마음을 가질 우려가 있다.

말전	중전	초전
后龍	陰空	武白
○丑	○子	癸亥
○子	亥	戌

4과	3과	2과	1과
武白	常常	陰空	武白
癸亥	壬戌	○子	癸亥
戌	酉	亥	辛(戌)

3. 고용하면 흉한 경우

① 고용인의 성정은 유신인 酉·戌이 앉은 자리의 지반과 어떤 관계인지를 보고 판단한다. 예를 들어, 형충파해가 되면 고용인의 성정이 아름답지 못하다.

② 일간을 극하는 경우 고용하지 않는 것이 좋다. 간상신에 고용인의 유신이 있고 일간을 극하는 경우, 고용인의 유신이 일간을 극하는 경우, 유신이 사과에 있고 일간을 요극하는 경우에는 고용인이 충직하지 않으므로 고용하지 않는 것이 좋다. 일간이 고용인의 유신을 요극하는 경우

고용주가 고용인을 해고하려는 마음이 있다.

③ 유신에 흉장인 등사·백호·현무가 타는 경우 고용에 흉하다.

④ 유신이 공망인 경우 오래 근무하지 않는다.

⑤ 불비격인 경우 고용인이 진퇴의 두 마음을 가지고 있다.

⑥ 삼전이 퇴여(退茹)이고 수사(囚死)이면 오래 근무하지 못한다.

⑦ 3과나 초전의 구조를 보아 다음과 같은 경우는 고용하지 않는다.

· 진가해(辰加亥)인 경우 주인을 배신한다.

· 술가유(戌加酉)·유가술(酉加戌)인 경우에는 주인 몰래 음모를 꾸미거나 간사한 사람이다.

· 진가술(辰加戌)·술가진(戌加辰)인 경우에는 근무 자세가 좋지 않거나 도망갈 수 있다.

· 자가오(子加午)·오가자(午加子)인 경우는 종업원 간에 불화가 있다.

· 묘가유(卯加酉)·유가묘(酉加卯)에 육합이 타는 경우에는 색정 문제를 일으킬 사람이다. 또한 종업원의 유신에 육합이 타는 경우 도망갈 우려가 있다.

⑧ 일지가 간상신에 타고 흉장이 타는 경우에는 고용하지 않으며, 일간기궁이 지상에 타고 길장이 타는 경우에는 고용한다. 다음 辛酉2국의 경우 일지가 간상신에 타고 주점에는 백호, 야점에는 현무가 타므로 고용하면 안 된다.

말전	중전	초전
白武	白武	后龍
辛酉	辛酉	○丑
戌	戌	寅

4과	3과	2과	1과
龍后	空陰	空陰	白武
己未	庚申	庚申	辛酉
申	酉	酉	辛(戌)

⑨ 고용인의 유신이 지상신이 되고 일지를 극하는 경우 고용이 성사되지만 고용인이 게으르다. 또한 지상신이 酉·戌 일지 중 하나를 극하는 경우에는 고용인으로 적합하지 않다.

말전	중전	초전
○酉	乙亥	丁丑
亥	丑	卯

4과	3과	2과	1과
○申	甲戌	丁丑	己卯
戌	子	卯	丙(巳)

위의 丙子3국을 보면 지상에 남자 종업원의 유신인 戌이 있으나 일지를 극하고, 여자 종업원의 유신인 酉는 말전에 있으나 공망이고 지반에 설기된다. 이 경우 종업원을 고용해도 나에게 힘이 되지 않으며, 특히 남자 종업원의 경우는 고용하지 않는 것이 좋다.

4. 고용인이 도주한 경우의 판단

고용인이 도주한 경우 유신인 酉·戌이 사과에 없으면 이미 멀리 도망간 것이다. 酉·戌이 사과에 있는 경우 ① 유신이 지상에 있으면 스스로 돌아오고, ② 유신이 4과에 타고 있으면 친한 사람의 집에 머물고 있다. ③ 유신이 간상에 있으면 밖에서 찾게 되며, ④ 유신이 2과에 있으면 근처에 숨어 있다.

14
여행

1. 여행의 유신과 정단의 기본

1) 여행의 유신

여행 정단에서 일간과 연명상신은 여행을 떠나는 사람이고, 간상신은 여행자의 길흉에 응하며, 지상신은 여행 중의 길흉과 목적지가 된다. 그러므로 지상신이 일간이나 간상신을 극하지 않는 경우에 여행을 해야 길하다.

또한 여행의 유신은 역마 · 천마 · 정신(丁神) · 백호와 辰 · 戌 등이다. 이러한 유신이 과전에 나타나지 않더라도 연명에 나타나면 여행을 하게 된다. 반대로 과전이나 연명에 이러한 유신이 나타나지 않는 경우에는 여행을 하지 않는 것이 좋다.

여행의 유신 중에서 가장 중요한 것은 역마다. 역마를 적용할 때 두 가지 기준이 있는데 하나는 일지를 기준으로 한 지마(支馬)이고, 하나는 일간의 기궁을 기준으로 한 일마(日馬)이다. 정단에서는 두 가지를 모두 사용한다.

말전	중전	초전
常空	龍合	雀天
○亥	壬申	己巳
申	巳	寅

4과	3과	2과	1과
后武	常空	雀天	后武
丙寅	○亥	己巳	丙寅
○亥	申	寅	壬(○亥)

위의 壬申10국의 경우, 일지를 중심으로 역마를 살펴보면 일지가 申·子·辰에 속하므로 寅이 역마가 된다. 1·4과의 역마는 공망이 되고, 壬일간의 입장에서 보면 역마는 식상이 되어 탈기가 된다. 사과에만 역마가 있고 삼전에 없으며, 역마가 공망이 되므로 여행을 하기 어렵다. 혹시여행을 한다고 해도 역마가 식상이고 야점인 경우, 역마에 현무가 타서여행 도중 도난이나 분실의 우려가 있다.

말전	중전	초전
后白	白后	合合
庚寅	○午	丙戌
○午	戌	寅

4과	3과	2과	1과
白后	合合	蛇龍	武武
○午	丙戌	戊子	壬辰
戌	寅	辰	庚(申)

위의 庚寅5국의 경우, 일간의 기궁이 申이므로 申·子·辰의 역마는 寅이 된다. 말전에 역마가 있으나 중전과 말전이 공망이 되어 여행 도중에 돌아오게 된다. 역마를 일마로 본 경우이다.

여행의 유신 중 역마와 같은 역할을 하는 것이 정신(丁神)과 천마(天馬)이다. 천마와 백호가 같이 있으면 반드시 움직일 일이 있고, 천마와申이 같이 있는 경우도 마찬가지다. 이는 申전송도 도로의 유신으로 여행과 관련이 있기 때문이다. 또한 卯는 출호(出戶)라고 하여 삼전에 있는경우 여행을 하게 된다.

다음 癸酉11국의 경우 삼전이 순간전(順間傳)이고 卯가 있으므로 여행을 하게 된다. 그러나 만약 삼전에서 卯를 보고 등사나 백호가 타는 경우에는 자동차 사고 등이 일어나므로 여행을 중단하는 것이 좋다. 천신

중 酉는 후문이고, 卯는 대문으로 본다.

말전	중전	초전
天雀	陰天	常陰
己巳	丁卯	乙丑
卯	丑	○亥

4과	3과	2과	1과
常陰	空常	天雀	陰天
乙丑	○亥	己巳	丁卯
○亥	酉	卯	癸(丑)

2) 여행 정단의 기본

여행 정단에서는 같은 역마라도 사과와 삼전의 역마를 구분해서 본다. 일간이나 연명상신 또는 여행을 하는 방위상신 중에 역마가 타서 사과에 있으면 움직일 뜻이 있는 것이고, 삼전에 역마가 있어야 비로소 움직인다. 삼전 중 초전은 장래의 진행을 보는 곳이다. 초전이 일상(日上)과 일의 음신이 되는 경우에는 외부적인 일이고 여행이나 움직임을 주관하며, 지상(支上)과 일지의 음신이면 정적인 일이고 가정의 일을 주관한다.

예를 들어 甲戌10국의 경우, 일지상신이 정신(丁神)이므로 출입을 할 상이지만 초전의 역마가 공망이 되므로 출발이 정해지지 않았다고 정단한다. 초전에 역마가 있는 경우를 전정(前程)이라 하며, 외출이나 여행을 하게 되는 기운으로 여행이 빠르게 이뤄지고 가까운 곳을 여행하게 된다. 반대로 말전에 역마가 있는 경우는 먼 곳을 방문하게 되며 늦게 출발한다. 또한 여행의 유신이 있는 것을 떠나 초전에 백호·현무나 일귀(日鬼)가 타는 경우에는 여행 중 흉한 일이 생기므로 여행을 중단한다.

2. 여행에 길한 경우

1) 일진의 상태가 여행에 길한 경우

일간은 여행자이며 지상신은 목적이다. 그러므로 일진상신이 사수(死囚)가 되지 않고 왕상하면 여행에 좋다. 또한 지상신이 일간 또는 연명상신을 상생하는 경우도 여행에 길하다. 간상이나 삼전에 덕신·녹신·생기·천희가 있는 경우는 좋은 일로 여행하는 것이며, 여행의 결과도 좋다. 삼전의 한 글자와 간상·지상 중의 하나가 육합을 이루고 삼전이 삼합이 되는 경우에는 여행에 큰 흉이 없다. 삼합의 오행이 일간을 극하는 경우도 흉으로 고통스럽지는 않다. 단, 이 경우에 결말을 지을 일이 있어서 여행하는 것이라면 일의 결말을 보지 못하고 현재의 상황이 계속되므로 여행의 목적을 이룰 수 없다. 필법상 삼육상호격(三六相呼格)인 경우이다.

2) 역마의 육친이 여행에 길한 경우

역마에 해당하는 육친이 재성이면 재물을 취하는 여행에 좋고, 역마에 해당하는 육친이 인수이면 여행에 길하다. 그러나 인수인 경우 재물의 원신인 식상을 치므로 소모가 많은 여행이 된다.

말전	중전	초전
丙寅	壬申	己巳
寅	申	巳

4과	3과	2과	1과
己巳	己巳	辛未	辛未
巳	巳	未	己(未)

위의 조식은 己巳1국이다. 일간기궁 亥·卯·未의 역마인 巳가 3·4과에 있고 초전에도 있다. 과전에 모두 역마가 동하므로 여행하려는 마음도 있고 빨리 떠나게 된다. 또한 역마가 일간의 인수가 되므로 길하다. 위의 국은 복음에 해당하므로 무조건 정(靜)하는 것이 좋다고 판단하면 안 된다.

3) 천신이 여행에 길한 경우

卯는 대문·문호(門戶)·역(驛)·주차(舟車)를 의미하는 천신이고, 酉는 후문이며 이신(離神)으로 이동과 이별을 주도하는 천신이다. 여기에 천을귀인이 타는 경우 이동이나 여행에 좋다. 단, 卯·酉일(시) 점에

卯・酉가 초전이 되는 경우 용전(龍戰)이라고 하여 만난 사람과 이별하고, 집에 있는 사람은 외출하려고 해도 나갈 수가 없으며, 만약 나가면 외출 중에 재액이 있다. 또한 구진이 卯에 타는 경우 이사로 인해 근심이 있고, 청룡이 酉에 타는 경우에는 절족(絶足)이라 하여 전진하는 일이나 여행에 흉하게 본다.

그 밖에 申은 도로의 유신으로 申에 흉장이 타지 않고 길장이 타면 여행에 길하다. 또, 둔간 중 육무(六戊)는 양기가 서서히 감춰지고 숨는 기운이며, 육기(六己)는 일음(一陰)이 시작되는 기운이다. 그러므로 戊를 음복(陰伏)의 신이라고 하며, 초전에 둔간 戊가 있으면 여행 정단에서 길한 것으로 본다.

3. 여행에 흉한 경우

1) 간상신 · 연명상신의 상황이 여행에 흉한 경우

간상신이 일간을 극하고 지상에 있는 경우 여행이 뜻대로 안 되고 집으로 돌아가게 된다. 또한 간상신이나 연명상신에 戌 · 未가 있거나 卯 · 辰이 있는 경우 재액이 있고, 亥가 辰 · 戌 · 丑 · 未 위에 있는 경우에도 여행하지 않는 것이 좋다. 흉장인 백호 · 현무가 있고 명상신을 극하는 경우도 마찬가지로 여행에 흉하다.

간상신이나 삼전의 초전에 흉살이 앉은 경우도 여행하지 않는 것이 좋다. 왕망(往亡, 여행 중에 사망) · 천거(天車, 차와 배가 전복) · 유도(遊都, 도난수) · 노도(魯都, 겁탈수) · 일귀(日鬼, 여행 중 재액) · 일묘(日墓, 여행 중 방해) 등이 흉살에 해당한다.

2) 역마가 공망인 경우

다음의 丁巳3국은 지마인 亥가 공망이고 초전도 공망이다. 간상에 정신이 있어서 움직이려는 마음은 있으나, 중전 역마가 공망이므로 마굿간에 말이 묶인 것같이 출발할 수가 없다. 출발하더라도 여행 중에 문제가 생긴다.

말전	중전	초전
辛酉	癸亥	○丑
亥	○丑	卯

4과	3과	2과	1과
○丑	乙卯	乙卯	丁巳
卯	巳	巳	丁(未)

3) 출문이 손상된 경우

출문(出門)인 그 해의 지상신이 행년상신으로부터 극을 받거나, 출문이 연명상신을 극하는 경우에는 여행 중 재액이 생긴다.

4) 과전의 구조가 여행에 흉한 경우

팔전과 중 유박불수(帷薄不修)이면 여행의 목적을 이루지 못하고, 독족(獨足)이면 여행하면 안 된다. 그러나 독족인 경우 선박·항공기 등을 이용하면 흉을 줄일 수 있다. 섭해과(涉害課)인 경우에는 지체와 방해가 심해서 여행할 수 없으며, 묘성과(昴星課) 중 양일의 여행은 아주 흉하여 돌아올 수 없는 일이 생길 수 있다. 퇴연여(退連茹) 중 삼전이 子·亥·戌인 중음(重陰)의 경우는 무엇이든 조용히 지키고 있는 것이 유리하며 여행에 흉하다. 특히 위험한 장소로 여행하는 것을 피해야 한다.

4. 여행 수단

1) 수륙 행로 선택

간상신이 왕상하면 육로를 이용하는 것이 좋고, 지상신이 왕상하면 수로를 이용하는 것이 좋다. 그 밖에 역마에 천공이 타면 비행기 여행이 적당하고, 공망에 천공이 타면 비행기 여행이 좋지 않다. 천공에 대해서는 辛巳10국과 癸巳11국을 참고한다.

말전	중전	초전
壬辰	甲申	戊子
申	子	辰

4과	3과	2과	1과
甲申	戊子	辛卯	○未
子	辰	○未	壬(亥)

위의 壬辰5국의 경우, 육상 여행은 흉하지만 배를 이용한 여행은 길하다. 이는 간상신이 공망이 되고, 삼전은 삼합 수국(水局)이 되어 지상신을 생하기 때문이다.

말전	중전	초전
己丑	戊子	丁亥
子	亥	戌

4과	3과	2과	1과
戊子	丁亥	○未	○午
亥	戌	○午	丙(巳)

위의 丙戌12국은 초전에 일마가 있고 정신이 있으므로 여행을 한다. 삼전의 亥·子·丑은 수국(水局)으로 지상신이 강해져서 수로를 이용하는 것이 좋을 것 같지만, 삼합 오행이 일간의 관귀가 되므로 수로를 이용한 여행이 좋지 않다.

2) 승선 정단

배나 비행기를 탈 때는 巳·未를 중심으로 정단한다. 巳는 풍문(風門)이고, 未는 풍백(風佰)이다. 이 두 신이 일진에 있으면서 일간을 극하면 내게 해가 있고, 일지를 극하면 배나 비행기가 손상된다. 과전이 길과이고 일진이 왕상한 경우에는 피해가 없고, 巳·未에 백호·겁살·대살(大殺)이 타는 경우에는 폭풍이 일어나므로 일진이 휴수사(休囚死)이면 여행에 흉하다.

5. 여행의 득실

1) 득실 판단의 기본

여행의 득실은 일진 관계로 살핀다. 3과에서 1과를 생하면 여행에 길하고, 3과에서 1과를 극하면 여행에 흉하므로 여행을 그만두는 것이 좋다. 가도 목적을 이룰 수 없다. 여행의 성공 여부는 일간을 여행하는 사람으로 하고, 일지상신은 여행을 가는 목적지로 본다. 그 밖에 역마의 상황과 지두법을 참고한다.

2) 역마로 본 여행의 득실 판단

역마의 육친과 역마에 탄 천장이 무엇인지에 따라 여행의 득실을 정단할 수 있다. 다음의 庚寅4국의 예를 살펴본다.

말전	중전	초전
陰常	蛇龍	陳雀
丁亥	庚寅	癸巳
寅	巳	申

4과	3과	2과	1과
白后	陰常	蛇龍	陳雀
甲申	丁亥	庚寅	癸巳
亥	寅	巳	庚(申)

위의 국은 중전이 일간의 역마이고 일간의 재성에 해당되어 금전을 목적으로 한 여행이나 수금을 목적으로 한 여행은 길하다. 주점인 경우 등사가 타서 흉하지만, 야점인 경우에는 청룡이 타서 더 좋다. 단, 간지가 천충지충으로 어려움이 예상된다.

3) 지두법에 의한 여행의 득실 판단

이익을 얻기 위한 여행은, 辰천강이 사맹(四孟)인 寅·申·巳·亥에 타면 이익이 없으므로 떠나지 않는 것이 좋고, 사중(四仲)인 子·午·卯·酉에 타면 이익이 없으며, 사계(四季)인 辰·戌·丑·未에 타면 이익이 크다. 이 방법은 이익을 얻기 위한 여행의 방위를 정할 때도 사용한다.

6. 응기와 택방

1) 여행의 출발 일시
출발 일시를 정하는 대표적인 방법은 천반 중 고신(孤神)인 未, 또는 도로의 유신인 천반 申의 지반지신의 일시로 정하는 것이다. 단, 역마가 공망인 경우는 공망일이 지나면 출발한다.

2) 위급할 때 피난하는 방향
위급한 상황에서 피난하는 경우 사문(私門)인 태음·육합·태상이 있는 지반의 방위를 택한다. 사문 중에서 생왕인 장소에 숨는다. 단, 그 방향이 일간의 관귀 방향이면 피하며, 삼전이 寅·卯·辰으로 진(進)이면 앞으로 나아가고, 辰·卯·寅으로 퇴(退)이면 뒤로 물러선다. 또한 초전이 왕상이면 멀리 가고, 사수(死囚)이면 가까운 데 숨는다. 사문은 지사문(地私門)이라고도 하며 기문둔갑에서도 택방·택시에 널리 사용되는 방향이다.

3) 여행 중 길을 잃은 경우
여행에서 길을 잃었을 때 월장가시하여 辰천강이 사맹인 寅·申·巳·亥에 타면 왼쪽으로 향하고, 사중인 子·午·卯·酉에 타면 중간으로, 사계인 辰·戌·丑·未에 타면 오른쪽으로 향한다. 만약 길이 없으면 辰의 지반 방위를 향하여 나아가면 길을 발견할 수 있다.

📖 정단 사례 _ 남편이 돌아올까요

어느 날 갑자기 공항에서 외국에 다녀오겠다는 전화 후 연락이 없는 남편이 돌아올지를 물은 사례다. 특히, 주변사람으로부터 여자와 동행하였다는 말을 들어서 아예 그 여자와 외국에 눌러 사는 게 아닌지 걱정하였다. 정단시의 사주는 다음과 같고 남편의 연명은 未, 행년은 卯이며 월장가시하여 戊辰4국_주점을 얻었다.

- **문점자의 연명과 행년** : 1955년 乙未생, 2004년 50세, 행년 乙卯(남)
- **문점 일시와 문점일의 사주** : 양력 2004년 10월 16일 오후 1시 28분, 戊辰4국_주점
※ 문점일의 자연시는 오후 1시 18분에 未시가 된다.

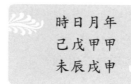

時 日 月 年
己 戊 甲 甲
未 辰 戌 申

말전	중전	초전		4과	3과	2과	1과
白虎	太陰	螣蛇		玄武	天乙	太陰	螣蛇
壬申	○亥	丙寅		○戌	乙丑	○亥	丙寅
○亥	寅	巳		丑	辰	寅	戌(巳)

주야	常陰	武武	陰常	后白	天空	蛇龍	雀陳	合合	陳雀	龍蛇	空天	白后
천반	癸酉	○戌	○亥	甲子	乙丑	丙寅	丁卯	戊辰	己巳	庚午	辛未	壬申
지반	子	丑	寅	卯	辰	巳	午	未	申	酉	○戌	○亥

1) 남편의 현재 상황

초전이 관성으로 남편의 일임에 틀림없다. 남편이 여자와 바람난 것이 아닐까 의심하는데, 연명 未에 육합이 들었으나 남편을 유신삼전법(類神三傳法)으로 보면 초전에 등사, 중전에 태음, 말전에 백호가 탔으므로 바람난 상은 아니다. 중전의 태음은 여자로 볼 수 있으나 공망이 되어 사통(私通)까지 갈 상황은 아니다. 남편의 현재 상황은 남편의 연명이 未로 연명상신에 辰이 타고 있으며, 행년 卯가 사중의 午에 타고 있으므로 좋지 않다. 그러나 연명상신이 왕하므로 죽지는 않은 상황이다.

2) 남편의 귀가 시기

남편이 언제 돌아올지 살펴보면 비록 초전에 역마가 있지만 일찍 돌아오지 않는다. 이는 백호가 말전에 있고, 삼전이 원태(元胎)이며, 천마가 공망이기 때문이다. 먼저 백호를 이용하여 대인 정단을 해보면, 초전의 백호는 빨리 오고, 중전의 백호는 오는 도중이며, 말전의 백호는 늦게 돌아온다. 또한 원태는 삼전의 천지반이 모두 寅・申・巳・亥의 역마로 이루어진 경우를 말하는데, 원태면 기다리는 사람이 돌아오기 힘들다. 마지막으로 戌월의 천마는 戌이 되는데, 천마가 삼전에 들지 않고 4과에 있다. 또한 천마가 공망이므로 쉽게 오지 않는다. 그러나 고거감래격(苦去甘來格)으로 삼전이 申 생 亥 생 寅을 하여 일간을 극하지만 초전과 말전이 寅申충으로 구원하고 있고, 초전에 남편인 관성이 있어서 비관적인 상황은 아니다. 그래도 중전과 말전이 공망이고, 위에서 살펴본 것처럼 쉽게 올 상황이 아니다. 위의 국은 불행전자(不行傳者)로 초전의 역마 寅과 합하는 亥의 하신(下神) 寅월에 돌아오는 것으로 정단하였다.

3) 실제
문점자의 남편은 2005년 2월 초에 돌아왔다.

1. 나간 사람의 상태와 사망 정단

가출한 사람이 있는 곳은 연명상신의 방위이며, 근황은 지두법을 이용하여 알아본다. 연명상신이 사맹(四孟)이면 편안하고, 사중(四仲)이면 편안하지 못하며, 사계(四季)이면 흉한 상태다. 연명상신 이외에 가출한 사람의 유신으로도 있는 곳을 판단한다.

한편, 오랫동안 나가 있는 사람의 생존 여부는 행년·연명·백호를 중심으로 본다. ① 행년이나 연명의 지반을 보아 사맹이면 살아 있고, 사중이면 병들어 있으며, 사계면 이미 죽은 상태다. 이 경우 판단에서 행년을 더 중요하게 본다. ② 연명상신이 생왕하면 살아 있고, 사묘이면 흉하다. 병이 있는 경우 비록 묘신(墓神)에 있더라도 과전에 묘신을 충하는 글자가 있으면 병이 점차 치유된다. ③ 백호의 승신이 지상신을 극하면 흉하고, 극하지 않으면 생존한 것으로 본다.

2. 소식 정단

일간이 나이고 초전은 기다리는 사람이다. 유신은 午와 주작, 寅과 청룡, 신신(信神)이다. 초전과 일간이 비화·생합하거나 초전에서 일간을 극하는 경우 소식이 오고, 일간에서 초전을 극하는 경우에는 소식이 없다. 그 밖에 午와 주작, 또는 寅과 청룡이 육처에 있거나 주작이 火의 지지에 타는 경우 소식이 온다. 소식이 오는 날은 주작을 충하거나 합이 되는 날이다. 초전에 천마·역마의 이마(二馬)가 타는 경우에도 소식이 오며, 정마(丁馬)가 있는 경우에는 소식이 빠르다. 신신이 일진이나 삼전에 타는 경우 역시 소식이 온다. 그러나 공망이나 천공이 타면 소식이 없거나 헛된 소식이다.

월지	子	丑	寅	卯	辰	巳	午	未	申	酉	戌	亥
신신	丑	寅	卯	辰	巳	午	未	申	酉	戌	亥	子

주작으로 판단할 때 주작이 육처에 없는 경우 한지(閑地)에 있다고 하며, 이 경우는 소식이 없다. 만약 소식이 온다면 주작이 승한 천신의 날에 온다. 또한 주작의 음신에 청룡·태상이 타면 길한 소식이고, 천강·백호가 타면 흉한 소식이다.

3. 초대에 따른 대인 정단

1) 초대 여부의 판단

초대에 응할지, 아니면 초대를 할지 판단할 때 먼저 주객동정론으로 내가 움직일지를 판단하는 것이 좋다. 점시가 오양간(五陽干)이면 움직이고, 오음간(五陰干)이면 움직이지 않는다. 또한 연명상신이나 일간기궁과 점시가 지형(支刑)이 되는 경우나 점시 둔간이 일간을 극하는 경우는 결정에 신중해야 한다.

주객동정(主客動靜) 중 주(主)는 정(靜)과 같고, 객(客)은 동(動)과 같다. 주는 안정하는 것이고 뒤에 움직이는 것이며, 객은 먼저 선동하여 움직이는 것을 말한다. 주일 경우는 점시가 오음간이므로 己·庚·辛·壬·癸의 시를 말한다. 객일 경우는 甲·乙·丙·丁·戊의 시간을 말하므로 일반적으로 말하는 양간(陽干) · 음간(陰干)의 개념과는 다르다. 오음간일 경우는 먼저 선동한 자가 쇠약하고 후동자(後動者)는 강해진다. 만일 내가 누군가를 초대하는 경우 오음간이면 선동자인 초대자는 쇠약하고, 초대에 응하는 후동자는 강해진다.

2) 초대에 응할지 여부와 오는 사람의 상황

초대에 응하는 사람이 올지 여부를 알려면 당일의 지지에 월장을 가해 점시의 지지 위에 있는 천신으로 정단한다. 천신이 辰 · 戌 · 子 · 午인 경우는 오며, 寅 · 申 · 丑 · 未는 늦게 오고, 卯 · 酉는 오는 중이며, 巳 · 亥는 오지 않는다. 다음과 같은 별법도 있다. ① 일간이 나, 지상신이 그이다. ② 간지상신이 서로 생합하고 길신이 타는 경우 초대한 사람이 온다. ③ 간지상신에 흉신이 타는 경우는 오더라도 내게 도움이 되지 않거나 흉하다.

4. 일반적인 대인 정단

멀리 여행 중이거나 가출한 사람이 돌아올지 정단하는 대인 정단에서는 제일 먼저 역마를 중심으로 살펴보고, 지두법과 과전의 형태 · 신살 등을 참고로 한다.

1) 역마와 대인 정단
(1) 역마의 정의

역마는 십이신살의 하나로 일지를 기준으로 하는 것이 원칙이지만, 연월일시를 모두 기준으로 하기도 한다. 오마(五馬)는 연월일시와 일간기궁을 기준으로 한 역마를 말한다. 또 이마(二馬)는 천마와 역마를 말하거나, 지상신을 기준으로 한 역마 즉 지마와 일의 기궁을 중심으로 한 역마 즉 일마를 말한다. 보통 이마라고 하면 천마와 일지를 기준으로 한 역마를 가리킨다. 역마와 비슷한 역할을 하는 것으로는 정마가 있다.

일지	子	丑	寅	卯	辰	巳	午	未	申	酉	戌	亥
역마	寅	亥	申	巳	寅	亥	申	巳	寅	亥	申	巳
월지	子	丑	寅	卯	辰	巳	午	未	申	酉	戌	亥
천마	寅	辰	午	申	戌	子	寅	辰	午	申	戌	子

역마를 명리에서는 대인(大人)에게는 발전이 있고 일반인과 소인에게는 발이 묶이는 것이라고 하여 나쁜 영향을 주는 신살로 여기지만, 육임에서는 좋은 영향을 주는 요소로 해석한다. 예를 들어, 육임 과전에 오마가 있으면 승부·선거·이익 등에 좋다.

(2) 대인 정단에서 역마의 영향

대인 정단에서 역마는 주된 용신이 된다. 역마의 상황에 따라 대인에 미치는 영향들은 다음과 같다.

① 역마나 천마가 삼전에 들고 일진에 가담하면 기다리는 상대방이 이미 움직이고 있는 것이다. 이 때 역마가 초전에 있고 생왕하면 기다리는 사람이 일찍 오며, 중전에 있으면 조금 늦어지고, 말전에 있으면 더 늦어진다. 기다리는 사람이 왔을 때의 영향은 역마가 있는 곳의 천장으로 판단한다. 그러나 역마가 있더라도 삼전의 천지반이 모두 寅·申·巳·亥의 역마로 이루어진 현태 또는 원태인 경우에는 기다리는 사람이 오지 않는다. 참고로 일진의 십이신살인 역마인지를 떠나서 寅·申·巳·亥 자체를 역마라고도 한다.

② 辰이 역마에 승하면 기다리는 사람이 반드시 돌아온다.

③ 삼전에 정마가 타서 공망이 되지 않거나 辰·戌·丑·未가 많으면 기다리는 사람이 돌아온다.

④ 역마가 공망이면 기다리는 사람이 오지 않고, 역마가 절지에 앉아 있으면 기다리는 사람이 빨리 온다.

말전	중전	초전
壬申	○亥	丙寅
○亥	寅	巳

4과	3과	2과	1과
○亥	丙寅	乙丑	戊辰
寅	巳	辰	己(未)

위의 己巳4국의 경우, 일지가 巳·酉·丑이므로 역마는 亥가 된다. 亥가 공망이므로 기다리는 상대방이 오지 않는다.

말전	중전	초전
辛巳	乙亥	辛巳
亥	巳	亥

4과	3과	2과	1과
乙亥	辛巳	庚辰	甲戌
巳	亥	戌	乙(辰)

위의 乙亥7국의 경우, 일지가 亥·卯·未에 속하므로 역마는 巳가 된다. 역마인 巳가 절지인 亥에 앉아 있으므로 기다리는 사람이 빨리 돌아온다.

2) 지두법과 대인 정단

기다리는 사람이 돌아올지는 辰천강이 어느 지반에 타고 있는지를 기준으로 하여 판단한다. 사맹(四孟)이면 아직 출발하지 않은 상태이고, 사중(四仲)이면 오는 중이며, 사계(四季)이면 빨리 온다.

말전	중전	초전
癸巳	丁亥	癸巳
亥	巳	亥

4과	3과	2과	1과
壬辰	丙戌	丁亥	癸巳
戌	辰	巳	壬(亥)

위의 壬辰7국의 경우, 辰천강이 사계인 辰·戌·丑·未에 타고 2과와 중전에 정마가 있으므로 기다리는 사람이 돌아온다.

3) 일진 · 삼전과 대인 정단

사과의 형태와 삼전의 구조, 삼전에 탄 천장과 공망 등으로도 기다리는 사람이 돌아올지 정단할 수 있다.

① 기다리는 사람을 점칠 때 백호를 이용한다. 초전의 백호는 즉시 오고, 중전의 백호는 오는 중이며, 말전의 백호는 돌아오지 않는다. 참고로 백호와 함께 청룡을 참고로 할 수 있는데, 청룡은 원행(遠行)을 주관하므로 대인 정단에서 기다리는 사람이 다른 곳을 들러서 온다.

② 기다리는 사람의 연명이 과전에 있으면 그 사람에게 오려는 마음이 있으며, 연명이 초전에 있고 덕합(德合)이지만 정마가 탈 때는 2~3일 안에 온다. 또한 연명상신 巳 · 亥는 가까운 날에 돌아오고, 寅 · 申은 돌아오지 않는다. 기다리는 사람의 유신이 왕상하고 일진과 생합해도 기다리는 사람이 온다. 기다리는 사람의 유신은 윗사람은 천을, 부모는 육친으로는 인수이고, 아버지는 일덕이 된다. 자식은 식상이나 육합, 부인은 천후 등이다.

③ 삼전이 일진을 떠나지 않으면 기다리는 사람이 온다. 참고로 이 경우 소망하는 것이 있으면 이룬다.

④ 일간기궁이 지상신이 되거나 일지가 간상신이 되는 경우 기다리는 사람이 온다. 그러나 일지가 간상신이 되어 일간으로부터 극을 당하거나, 일간기궁이 지상신이 되어 일지를 극하는 췌서(贅壻)인 경우 기다리는 사람이 늦어지는 일이 생긴다.

또한 사상(四上)이 하(下)를 극하는 무록(無祿)인 경우 기다리는 사람이 빨리 돌아온다. 돌아오는 날은 초전의 하신 지반일이다. 다음의 己巳6국은 사과의 상신이 지반을 극하는 무록에 해당하며, 기다리는 사람이 오는 날은 초전 지반일인 寅일이다.

말전	중전	초전
○亥	戊辰	癸酉
辰	酉	寅

4과	3과	2과	1과
辛未	甲子	癸酉	丙寅
子	巳	寅	己(未)

⑤ 삼전이 공망이면 기다리는 사람이 오기 힘들다. 초전이 공망이면 기다리는 사람에게 방해가 있으며, 중전 공망이면 중간에 장애가 있고, 말전 공망이면 오지 않는다. 단, 다음의 壬申1국_야점의 경우 초전이 공망이고 천공을 만나는 공상공(空上空)이면 기다리는 사람이 즉시 돌아오는데, 일시적으로 내 집에서 나간 사람이지 나간 지 오래되거나 멀리 있던 사람이 아니다.

말전	중전	초전
后合	龍武	常空
丙寅	壬申	○亥
寅	申	○亥

4과	3과	2과	1과
龍武	龍武	常空	常空
壬申	壬申	○亥	○亥
申	申	○亥	壬(○亥)

⑥ 묘신이 삼전이나 일진상신에 있는 경우 기다리는 사람이 빨리 온다. 단, 삼전에 일간의 묘신이 있어도 묘신에 해당하는 글자가 일지의 화개(華蓋)에 해당하는 경우, 집을 나간 사람이 외지에서 뜻하지 않은 일을 당해 돌아오기 힘들다. 다음의 乙亥10국의 경우 일간 乙의 묘신은 未이고, 이것이 일지의 화개에 해당된다. 이 경우 화개일복격(華蓋日伏格)이라고 한다.

말전	중전	초전
丁丑	甲戌	癸未
戌	未	辰

4과	3과	2과	1과
辛巳	戊寅	甲戌	癸未
寅	亥	未	乙(辰)

⑦ 삼전이 亥卯未 목국(木局)과 같이 삼합이 되는 경우에 기다리는 사람이 오고, 삼전에 회신(會神)이 있는 경우에도 기다리는 사람이 온다.

일·월지	子	丑	寅	卯	辰	巳	午	未	申	酉	戌	亥
회신	申	辰	未	戌	寅	亥	酉	子	丑	午	巳	卯

⑧ 말전이 지상신이나 일지가 되는 경우 말전이 귀(歸)한다 하여 나간 사람이 돌아온다. 다음의 辛卯4국의 경우 일마와 지마가 과전에 없고 정신도 없는 상황이다. 그러나 말전인 子가 지상신이 되므로 기다리는 사람이 돌아온다.

참고로 말전이 귀하는 경우는 필법의 아구피사격(我求彼事格)과 구분해야 한다. 이 격은 다른 사람에게 구하는 격으로 초전이 간상신이 되고 말전이 지상신이 되는 경우이다. 말전에 지상신이 있다는 것은 일의 결과가 다른 사람에게 있다는 것을 뜻한다. 즉, 상대방에게 굴복하는 것을 의미한다. 이 경우 가정이 불화하고, 가출하거나 외출한 사람이 돌아오지 않는다.

말전	중전	초전
戊子	○未	戊子
卯	戌	卯

4과	3과	2과	1과
乙酉	戊子	壬子	○未
子	卯	○未	辛(戌)

4) 과전의 형태와 대인 정단

(1) 십과식

대인 정단과 관련이 있는 십과식(十課式)은 다음과 같다.

① 지일과 : 기다리는 사람이 가까운 곳에 있다.

② 섭해과 : 기다리는 사람이 오지 않거나 오더라도 방해로 지체된다.

③ 요극과 : 요극 중 탄사는 기다리는 사람이 오지 않으며, 효시는 기다리는 사람이 온다.

④ 묘성과 : 묘성과 중 호시전봉격은 기다리는 사람이 오지 않는다.

⑤ 복음과 : 복음과는 기본적으로 지체되는 과이므로 기다리는 사람이나 행인이 오지 않는다. 그러나 삼전에 이마 · 육합 · 정신 · 백호 등이 있으면 고요한 가운데 움직임이 있으며, 기다리는 사람이나 소식이 빨리 온다. 양일 복음과로 정신을 보는 경우에도 빨리 온다.

⑥ 반음과 : 오려는 사람이 아직 출발하지 않은 상태다.

(2) 삼전의 특징

삼전의 특징 중 대인 정단에 참고할 사항은 다음과 같다.

① 고조격(顧祖格)인 경우 기다리는 사람이 온다.

② 삼전이 午·卯·子로 구성되는 헌개(軒蓋)인 경우 기다리는 사람이 빨리 온다.

③ 순간전 중 삼전이 丑·卯·巳로 구성되는 출호(出戶)인 경우 기다리는 사람이 오지 않는다.

④ 퇴간전이나 순간전인 경우 기다리는 사람이 오지 않는다.

5. 대인 정단의 택방

도망 또는 가출의 방향을 알고자 할 때는 2~3일 된 경우와 오래된 경우로 구분하여 살펴본다.

1) 가출한 지 2~3일 된 경우

윗사람은 일덕(日德)의 입지, 소인(小人)은 지형(支刑)의 입지가 가출의 방향이다. 예를 들어 戊子일인 경우 윗사람이라면 일덕이 巳이므로 巳의 천반 밑에 午가 있으면 午의 방향을 찾으면 되고, 아랫사람의 경우는 子와 상형하는 卯천반의 아래 지반을 찾는다. 일덕이 지형을 극하면 찾기 쉽고, 생하면 찾기 어렵다. 단, 가출 기간이 오래되었으면 가출한 사람의 유신을 본다. 참고로 일덕은 甲·己일은 寅, 乙·庚일은 申, 丙·辛·戊·癸일은 巳, 丁·壬일은 亥이다.

2) 가출한 지 오래된 경우

가출한 사람은 가출한 사람의 유신이 있는 지반에 있다. 유신은 아버지는 일덕, 어머니는 천후, 형제·친구나 자식은 육합, 자매는 태음, 처는 子신후, 어린 자식이나 손자는 亥등명, 남자 고용인은 辰천강, 여자 고용인은 戌하괴, 아랫사람은 지형으로 본다. 다음 甲寅2국_주점의 예를 살펴 본다.

말전	중전	초전
玄武	太常	白虎
壬戌	癸亥	○子
亥	○子	○丑

4과	3과	2과	1과
白虎	天空	白虎	天空
○子	○丑	○子	○丑
○丑	寅	○丑	甲(寅)

주야	常陰	白后	空天	龍蛇	陳雀	合合	雀陳	蛇龍	天空	后白	陰常	武武
천반	癸亥	○子	○丑	甲寅	乙卯	丙辰	丁巳	戊午	己未	庚申	辛酉	壬戌
지반	○子	○丑	寅	卯	辰	巳	午	未	申	酉	戌	亥

자식이 가출하였으면 子신후가 있는 丑 방향에서 찾는다. 도둑이 도망한 경우에는 여자이면 현무가 승한 亥 방위에서 찾고, 남자이면 현무가 승한 방위에서 거꾸로 네 번째 자리가 도둑이 있는 방향이므로 申의 방향에서 찾는다.

유신이 과전에 나타나고 공망이 안 되면 돌아오며, 유신에 묘신(墓神)·사기(死氣)·흉장(凶將)이 타면 변고가 있다. 유신이 간상신에 있으면 다른 사람에게 이끌려 오고, 지상신에 있으면 스스로 돌아온다. 또한 일진이 삼합·육합이 되거나 초전이 일덕인 경우에도 스스로 돌아온다.

숨어 있는 집은 유신이 타고 있는 천장에 따라 판단하는데 다음과 같다.

① 귀인 : 신분이 높은 집
② 등사 : 흉악한 무리의 집
③ 주작 : 관리의 집
④ 육합 : 예술가의 집
⑤ 구진 : 관공서에 근무하는 사람의 집
⑥ 청룡 : 부잣집

⑦ 천공 : 경찰이나 간수의 집

⑧ 백호 : 음기(陰氣)가 있는 집

⑨ 태상 : 선량한 사람의 집

⑩ 현무 : 악인의 집

⑪ 태음 : 여자의 집

⑫ 천후 : 여자의 집

3) 집을 떠난 지 오래된 경우

집을 떠난 사람의 행년이 있는 지반 방위에 있다. 만일 행년 입지가 제극이 되면 현재 있는 곳에서 다시 이동하며, 행년의 지반과 합을 하면 이동하지 않고 예측한 곳에 있다.

6. 대인 정단의 응기

기다리는 사람에게서 소식이 오는 날은 주작을 충 또는 합하는 날이다. 귀가하는 월·일은 초전이 역마에 합하는 입지의 월·일이나, 역마에서 보아 역마의 절신이 있는 천반 입지의 월·일이다. 천반에 천마·역마·유도·유신이 있는 경우에도 이들이 앉아 있는 지반의 월·일에 돌아온다. 단, 이들 중 극하지 않는 지반만 사용한다. 그 밖에 참고할 사항은 ① 천반 巳나 亥의 지반에 해당하는 월·일에 귀가한다. ② 말전 지반지지의 날이나 말전 지반과 합하는 날에 귀가하고, 귀가하는 시(時)는 점시와 합하는 시다. ③ 사상(四上)이 하(下)를 극하는 무록인 경우 초전의 하신(下神) 지반일에 귀가한다. ④ 일진과 삼합하는 월·일에도 돌아온다.

말전	중전	초전
乙丑	甲子	○亥
子	○亥	○戌

4과	3과	2과	1과
○亥	○戌	丁卯	丙寅
○戌	酉	寅	癸(丑)

　　일진 중 한 글자가 없어서 삼합이 안 되는 경우에는 삼합을 이루는 월·일에 돌아온다. 위의 癸酉12국의 경우 일진상신이 寅午戌 합이 되는 午의 월·일이나, 일진이 삼합이 되는 巳酉丑의 巳월·일에 돌아온다.

16
도난·분실

● 정단 사례 _ 분실물을 찾을 수 있을까

양력으로 1994년 9월 25일 오후 6시 11분에 분실물을 찾을 수 있는지 정단한 경우이다. 판단에 앞서 조식 사항을 살펴보면 당일 서울(동경 126도 58분, 북위 37도 33분)을 기준으로 일출시각이 오전 6시 21분 49초, 남중시각이 12시 23분 59초, 일몰시각이 오후 6시 25분 33초이다. 따라서 시계시와 자연시의 차이를 고려하면 午시는 시계로 오전 11시 23분 59초부터 오후 1시 23분 58초, 酉시는 오후 5시 23분 59초부터 오후 7시 23분 58초이다. 즉, 조식에 사용할 시(時)는 酉시가 된다.

월장은 추분이 지났으므로 辰이 되며, 이것을 酉에 올려서 천지반을 만든다. 다음으로 월장을 돌려야 하는데 일몰시각 전이므로 양귀를 쓴다. 甲의 양귀는 未이고 음귀는 丑이므로 未를 써야 한다. 육임에서 양귀와 음귀를 가리는 卯酉의 법칙이 약식 방법이라면, 이와 같이 일출·일몰시각을 쓰는 것은 정식 방법이다. 이 조식에서 약식 방법을 이용하면 酉시가 되므로 음귀를 써야 하고, 정식 방법을 이용하면 양귀를 써야 한다.

또한 사람은 일출·일몰시각 대신 사람이 활동하는 데 큰 지장이 없는 시민박명을 쓰자는 분도 있는데, 이 시간은 엄연히 태양이 지평선 아래 6도에 있는 상태이므로 육임의 원칙으로 봐도 무리가 있다.

결과적으로 양귀가 子인 양지에 않으므로 월장이 순행을 하게 되며, 다음과 같이 甲寅6국_주점이 된다. 이 예로 분실물을 찾을 수 있는지 살펴본다.

말전	중전	초전		4과	3과	2과	1과
勾陳	玄武	朱雀		玄武	朱雀	玄武	朱雀
癸亥	丙辰	辛酉		丙辰	辛酉	丙辰	辛酉
辰	酉	寅		酉	寅	酉	甲(寅)

주야	天空	蛇龍	雀陳	合合	陳雀	龍蛇	空天	白后	常陰	武武	陰常	后白
천반	己未	庚申	辛酉	壬戌	癸亥	○子	○丑	甲寅	乙卯	丙辰	丁巳	戊午
지반	○子	○丑	寅	卯	辰	巳	午	未	申	酉	戌	亥

위의 甲寅6국은 분실물을 찾을 수 있는 경우이다. 이는 태양조무(太陽照武)라고 하여 태양인 월장 辰에 도둑지신인 현무가 붙기 때문이다. 태양조무는 현무가 월장에 붙고 월장이 주점의 점시 지반 위에 있는 경우이다. 이 때는 도둑이 태양을 탄 것처럼 그 모습이 드러나 도둑을 잡고 분실물을 찾을 수 있다. 단, 야점이면 도둑을 잡기 어렵고, 현무가 재성효에 타서 재물의 손실이 우려된다.

위의 甲寅6국_주점을 정단 사례로 든 이유는 같은 태양조무라도 주점과 야점의 영향을 다르게 보는데, 일률적으로 卯酉의 법칙을 고집하는 것은 육임의 원리상 맞지 않다는 것을 강조하기 위해서다.

또한 현무가 월장에 타지 않더라도 주방(晝方)인 卯 · 辰 · 巳 · 午 · 未의 방위에 있는 경우에는 태양조무에 준해서 보므로 도둑을 잡을 수 있다. 반대로 야방(夜方)에 있고 정신(丁神) · 천마(天馬)와 같이 있으면 잡을 수 없다.

1. 분실·도둑 정단의 기본

1) 유신

분실점인 경우 일간은 나, 지상신은 그, 분실물의 유신은 해당하는 천신으로 한다. 예를 들어, 금·은이나 금전의 유신은 申이다. 현무가 타지 않고 공망이 안 되면 분실 물건이 유신의 입지에 있다.

도난점인 경우 일간은 나, 지상신은 도난에 응하는 기운, 도둑은 현무, 현무의 음신은 도신(盜神)이 되며, 구진은 도둑을 잡는 포도신(捕盜神)이 된다. 도둑의 유신은 현무이지만 사신(事神)은 귀살(鬼殺), 즉 일귀(日鬼)가 된다. 귀살인 일귀는 나의 원수이며 질병이고 도둑이 된다. 여기에 현무가 타는 경우 도난·분실이 있게 된다.

도난점에서 현무의 영향을 보면 ① 현무의 음신에 겁살이 타고 일간이나 연명상신을 극하는 경우 도난 사건으로 사람이 다칠 수 있다. ② 현무가 申에 타서 일간을 극하거나, 겁살(劫殺)이나 대살(大殺)이 申에 타서 일간을 극하는 경우 강도나 소매치기 등을 당할 수 있다. ③ 현무가 탄 천지반이 생왕하거나 일진에서 상극이 안 되는 경우 도둑을 잡기 힘들지만, 반대인 경우는 도둑의 분쟁 등으로 도둑을 잡을 수 있다. 또, 일진에서 辰戌·구진·주작·백호를 보는 경우 도둑이 자수한다. ④ 도난을 당했을 때 일진·삼전·행년에 일귀나 현무가 있으면 도둑의 수가 많은 경우이다.

이처럼 분실점과 도난점이 혼용되고 있지만 미묘한 차이가 있다. 그러므로 물건이 없어졌을 때는 단순한 분실인지 도난인지를 구분해야 한다. 분실과 도난의 구분 방법은 ① 현무가 탄 천신이 일간을 극하면 도난을 당한다. 그러나 현무가 탄 천지반이 상극하·하생상을 하면 분실한 것이다. ② 지상신에 태음이나 육합을 보면 도난이 아니라 집안 사람이 감춘 것이다. 또한 간상에 태음이 있으면 잃은 물건을 밖에서 찾지 말고 집안에서 찾는다. 과식이 복음인 경우 누가 물건을 훔쳐간 것이 아니라 집안에 있고, 견기과(見機課)는 집안 사람의 소행으로 물건이 없어진 것이다. ③ 간상신이 지상신을 극하고 현무가 과전·육처에 있으면 분실한 것이다. ④ 현무가 과전이나 육처에 없고 귀인이 순행하면 분실한 것이다. ⑤ 삼전에 도신이나 상관이 있으면 도난을 당하지만, 연명상신에서 도신이나 상관을 극제(剋制)하면 물건을 찾는다. ⑥ 분실물의 유신이 과전에 있으면 분실한 것이지만, 해당 유신에 현무가 타면 도난당한 것이다.

2) 분실·도난점과 도신

도신(盜神)은 여러 가지 의미로 사용되는데 보통은 현무의 음신을 말한다. 현무 또는 신살인 도신을 말하는 경우도 있다. 이 장에서는 도신을 현무의 음신으로 사용한다. 도신은 다음 표의 도신1과 도신2를 혼용한다.

일지	子	丑	寅	卯	辰	巳	午	未	申	酉	戌	亥
도신1	酉	子	卯	午	酉	子	卯	午	酉	子	卯	午
도신2	庚	辛	庚	辛	甲	癸	壬	乙	丙	丁	戊	己

도신을 이용하여 도둑의 상황과 숨은 장소를 보면 ① 일진 또는 행년상신에서 도신이나 일귀를 극제하는 경우 도둑을 잡기 쉬우며, 도신을 극제하는 천신이 일간을 생하는 경우에는 분실한 물건을 찾을 수 있다. ② 도신이 왕상하면 도둑이 멀리 있고, 휴수이면 가까운 곳에 있다. ③ 도신이 있는 곳의 천지반이 상극이 되면 도둑이 갈등으로 자수한다. 도신이 주작·백호·구진과 같이 있으면 도둑이 자신의 잘못으로 잡히게 된다. 도신이 생하는 방위가 장물을 숨긴 장소이다.

3) 도난점과 포도신

도난점에서는 구진이 포도신이 된다. 구진이 도신을 생하면 도둑을 잡을 사람이 도둑에게 협력하고, 도신이 구진을 생하면 도둑을 잡을 사람이 도둑으로부터 재물을 받는다. 구진이 도신을 극하면 도둑을 잡기 쉽고, 도신이 구진을 극하면 잡기 어렵다.

2. 분실물의 방향 · 장소 · 회수

1) 분실물의 위치

분실물이 있는 방위는 유신이 있는 입지(立支)다. 과전에 유신이 있고 현무나 공망이 없으면 물건을 분실한 것이지만, 현무가 타면 도둑맞은 것이다. 예를 들어 丑은 소와 금계(錦鷄)에 해당하는 유신인데, 축가인(丑加寅)이면 寅의 방위에 분실물이 있다. 유신이 삼전에 있으면 찾기 쉽다.

십과식으로 분실물의 위치를 보면, 중심과(重審課)일 경우 분실물을 가까운 곳에서 찾아야 하고, 지일과(知一課)는 이웃사람의 소행이며, 섭해과(涉害課)는 잃어버린 물건이 멀리 있고, 섭해과 중 견기(見機)는 집안 사람의 소행이다. 요극과(遙剋課)일 경우 잃어버린 물건이 멀리 있으며, 특히 3 · 4과에서 발용이 되는 경우에는 아주 멀리 있다. 묘성과(昴星課)이면 분실한 물건이 가까운 곳에 있고, 도망간 사람이 종적을 감추며, 팔전과(八專課)일 경우는 잃어버린 물건을 안에서 찾아야 하고, 복음과(伏吟課)는 훔쳐간 것이 아니고 물건이 집에 있으며, 반음과(返吟課)일 경우는 잃어버린 물건이 멀리 있다.

분실물의 위치를 지두법으로도 알 수 있는데 辰천강이 사맹(四孟)에 타면 분실한 물건이 남쪽에 있고, 사중(四仲)에 타면 동쪽, 사계(四季)에 타면 북서쪽에 있다.

분실물의 위치 중에서도 특히 고저(高低)는 초전의 발용을 보고 판단하는데, 초전이 1 · 2과에서 발용되면 높은 곳에 있고, 3 · 4과에서 발용되면 낮은 곳에 있다. 예를 들어, 분실점에서 간상신이 초전이 되면 분실한 물건이 높은 곳에 있다고 본다.

2) 분실물의 회수

현무를 구진에서 극제하면 분실물을 반드시 찾는다. 분실물에 해당하는 유신이 공망이 되면 찾을 수 없고, 유신과 일간이 생합이 되거나 일간에서 유신을 극하면 분실물을 찾기 쉽다. 지두법을 이용하여 정단하는 경우 辰천강이 사맹에 타면 물건을 찾을 수 있고, 사중에 타면 늦게 찾으며, 사계에 타면 찾을 수 없다.

3. 도난 판단

도둑이 올지 여부는 천반의 유도(游都)를 중심으로 정단한다. 유도가 왕상하고 일진을 극하면 도둑이 와서 피해를 입지만, 유도가 휴수의 자리에 있으면 도둑은 오지 않는다. 또한 구진이 유도를 극하면 도둑을 잡을 수 있다. 지두법으로 보았을 때는 천반 유도가 있는 지반이 사맹이면 도둑이 오지 않고, 사중이면 올 수도 있으며, 사계이면 도둑이 온다.

일간	甲	乙	丙	丁	戊	己	庚	辛	壬	癸
유도	丑	子	寅	巳	申	丑	子	寅	巳	申

4. 범인 판단

1) 오는 방향과 성씨 · 생김새

현무가 타는 천신으로 도둑이 오는 방향과 성씨 · 생김새 등을 알 수 있다. 오는 방향은 천반의 방위를 기준으로 하며, 도망가는 방향은 지반의 방위다.

① 子의 천신에 현무가 승하는 경우 도둑은 정북방에서 오며, 몸이 작고 얼굴은 검은 편이다. 성씨는 수성(水姓)이다.

② 丑에 승하는 경우 북동쪽에서 오며, 얼굴은 둥근 편이고 황백색이며, 다리나 절 근처에 사는 사람이다.

③ 寅에 승하는 경우 북동쪽에서 온다. 몸은 큰 편이고 얼굴에 점이 있

으며, 성씨는 목성(木姓)이다.

　④ 卯에 승하는 경우 동쪽에서 온다. 얼굴이 흰 편이며 몸은 마르고 작다.

　⑤ 辰에 승하는 경우 남동쪽에서 온다. 얼굴이 황색이고 키가 작으며 흉악한 상이다.

　⑥ 巳에 승하는 경우 남동쪽에서 온다. 보통 체격에 붉은 얼굴이며 하천한 인물이다.

　⑦ 午에 승하는 경우 남쪽에서 온다. 이마가 뾰족하고 목소리가 크며 얼굴은 붉다.

　⑧ 未에 승하는 경우 남서쪽에서 오며 뚱뚱한 사람이다.

　⑨ 申에 승하는 경우 남서쪽에서 온다. 몸이 크고 얼굴은 흰색이다.

　⑩ 酉에 승하는 경우 서쪽에서 온다. 몸이 가늘고 흉악한 상이며 얼굴에 점이 있다.

　⑪ 戌에 승하는 경우 북서쪽에서 온다. 키가 크고 야위었으며 이목구비가 크다.

　⑫ 亥에 승하는 경우 북서쪽에서 온다. 키가 작고 얼굴이 검은 편이며 이목구비가 반듯하지 않다.

2) 기타

　현무가 승한 천신이 도둑으로, 도둑의 성별을 볼 때 천신이 양이면 남자이고 음이면 여자이다. 또한 현무가 타는 천지반이 하생상 하거나 초전이 왕성하면 젊은 도둑이고, 하극상 하거나 초전이 약세면 늙은 도둑이다. 현무가 酉에 타는 경우에는 중년의 도둑이다.

　한편, 도둑질한 사람이 동거인으로 판단된 경우 동거인이 많으면 연명상신에 현무가 탄 사람이 범인이다. 같은 연명의 동거인이 둘 이상이면 연명 대신 행년을 사용한다. 삼합 중에 현무가 있는 경우는 범인이 한 사람이 아니고 여럿이 공모한 것이다.

5. 범인의 체포

1) 도망과 은신 여부
현무가 순행하면 도둑이 도주 중이며, 역행하면 은신하고 있다. 또한 현무가 순정(旬丁)에 타면 도둑이 멀리 달아난 것이다.

2) 달아나는 방향
도둑이 달아나는 방향은 현무의 지반 방위를 취하는 것이 원칙이다. 도둑은 귀인·월장의 방위로 가지 않으며, 극이나 절이 없는 방위 또는 합이 되는 방위나 음신의 방위를 택한다. 또한 도둑이 윗사람인 경우 일간의 덕신이 되는 방향의 지반으로 도주하고, 아랫사람인 경우 일지를 형하는 방위로 도주한다. 예를 들어 甲申일인 경우 甲의 덕은 寅이며, 이 때 寅의 지반이 戌이라면 윗사람이 이 방향으로 달아난 것이고, 아랫사람은 申을 형하는 巳의 방향으로 달아난 것이다.

3) 도둑이 달아난 거리
도둑이 달아난 거리를 알려면 현무가 있는 천지반의 수를 합하거나 곱한다. 예를 들어 유가미(酉加未)라면 酉는 6, 未는 8이므로 도둑이 달아난 거리는 두 수를 더하거나 곱한 수인 14리 또는 48리다. 십간·십이지지의 수리표는 다음과 같다.

간지	십이천장	수리
甲己子午	주작·천후	9
乙庚丑未	귀인·태상	8
丙辛寅申	청룡·백호	7
丁壬卯酉	육합·태음	6
戊癸辰戌	구진·천공	5
屬支巳亥	등사·현무	4

한편, 분실한 물건을 가진 사람이 달아난 경우 달아난 거리는 지두법으로 판단한다. 辰이 사맹에 타면 가까이 있고, 사중에 타면 50리 안에 있으며, 사계에 타면 멀리 도망간 것이다.

4) 체포 가능성

도둑의 체포 가능성을 아는 방법은 경우에 따라 다양하다.

① 구진이 승하는 곳에서 현무를 극제하거나, 육처에서 현무를 극하는 경우 도둑을 잡을 수 있다. 반대로 현무와 일간 · 간상신이 상생하는 경우는 도둑을 잡기 어렵다.

② 초전은 도둑, 중전은 피해 물건, 말전은 경찰이다. 초전이 약하고 중전과 말전에서 극제하는 경우, 또는 말전이 초전보다 강한 경우에는 도둑을 잡는다. 중전이 왕상하거나 비화되는 경우 피해 물건이 옮겨지지 않고 있는 상태다. 또한 초전에 현무가 승하는 경우 도탈(逃脫)이라고 하여 도난과 분실이 생긴다.

③ 만일 도둑이나 분실물을 가지고 도망간 사람이 소인이나 종업원이라면 일간의 덕신(德神)이 일지의 상형을 극하는 경우에 잡을 수 있다. 즉, 덕이 형을 이기는 것으로 본 것이다. 덕이 형을 극하는 것이 없으면 일간이 형(刑) 위의 천장을 극하는 경우에 잡는다.

④ 태세상신에 亥천문을 보고 백호 · 주작 · 구진이 타는 경우 도둑을 잡거나 도둑이 자수한다.

5) 체포 방향

말전	중전	초전
玄武	太陰	天后
庚戌	辛亥	壬子
亥	子	丑

4과	3과	2과	1과
螣蛇	朱雀	天后	天乙
○寅	○卯	壬子	癸丑
○卯	辰	丑	甲(○寅)

주야	常陰	白后	空天	龍蛇	陳雀	合合	雀陳	蛇龍	天空	后白	陰常	武武
천반	辛亥	壬子	癸丑	○寅	○卯	甲辰	乙巳	丙午	丁未	戊申	己酉	庚戌
지반	子	丑	○寅	○卯	辰	巳	午	未	申	酉	戌	亥

위의 국은 甲辰2국_야점인 경우이다. 도둑이 오는 방향은 현무가 타는 천반의 방향이므로 戌 방향이 된다. 도둑이 달아나는 방향은 현무의 지반 방위를 취하는 것이 원칙이지만, 위의 경우는 卯 방향으로 간다. 현무의 지반 亥의 방향이 戌의 절지이므로 합이 되는 卯의 방향을 택하기 때문이다. 亥의 방향은 절지이므로 도둑에게 불리한 방위다. 현무의 음신인 子의 방향도 亥子丑 수국(水局)이 되어 문제가 있는 방위다.

도둑을 체포하는 방향은 역사위(逆四位), 즉 거꾸로 네 번째 지반인 申의 방향이다. 역사위의 지반을 취하는 이유는 이 자리가 수의 끝이며 변경의 자리이기 때문인데, 역사위를 순방향으로 헤아리면 10이 되는 자리다. 여자는 현무가 승한 방향에서, 남자는 역사위의 방향에서 체포한다고 하지만 대개의 도난점이 도둑이 남자인지 여자인지 구분할 수 없으므로 실용성이 없는 방법이다.

주야	常陰	白后	空天	龍蛇	陳雀	合合	雀陳	蛇龍	天空	后白	陰常	武武
천반	辛亥	壬子	癸丑	○寅	○卯	甲辰	乙巳	丙午	丁未	戊申	己酉	庚戌
지반	子	丑	○寅	○卯	辰	巳	午	未	申	酉	戌	亥
역방향									4	3	2	←1
순방향	2	3	4	5	6	7	8	9	10			1→

6. 범인의 체포 응기

도둑을 잡는 날은 현무나 일귀를 극하는 날이다. 즉, 현무가 탄 천신이 寅이면 申·酉의 지반 입지가 도둑을 잡는 날이다.

🍂 정단 사례 _ 조카가 풀려날까요

심기(心氣)가 모여야만 점기(占氣)가 된다고 했던가? 이는 천지이법을 살피는 육임점에서 심기가 모아졌을 때만 점을 치라는 경계의 말이다. 앞으로의 방향에 대해 마음이 모아지지 않은 사람을 위하여 점을 치는 것은 천기를 희롱하는 것이다.

2004년 11월 10일 저녁, 50대 중반의 부인이 여동생과 함께 상담실을 찾아왔다. 장가를 안 간 외아들의 사주를 내놓고 장안의 유명한 사람들에게 점친 이야기를 하며 더 이상 볼 것도 없다는 투로 말하여 불쾌한 마음에 돌려보냈다. 그리고 30분 정도 지나서 같이 왔던 여동생이 다시 찾아와 조카가 현재 구속 중인데 풀려날 수 있는지를 물었다.

- **문점자의 연명과 행년** : 1970년 庚戌生, 2004년 35세, 행년 庚子(남)
- **문점 일시와 문점일의 사주** : 양력 2004년 11월 10일 오후 6시 15분, 癸巳7국_야점, 卯월장

※ 양력 2004년 11월 10일의 일몰시각은 오후 5시 25분이므로 야점에 해당된다.

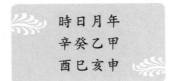

時	日	月	年
辛	癸	乙	甲
酉	巳	亥	申

말전	중전	초전		4과	3과	2과	1과
太陰	勾陳	太陰		太陰	勾陳	朱雀	太常
癸巳	丁亥	癸巳		癸巳	丁亥	己丑	○未
亥	巳	亥		亥	巳	○未	癸(丑)

주야	蛇武	雀常	合白	陳空	龍龍	空陳	白合	常雀	武蛇	陰天	后后	天陰
천반	○午	○未	甲申	乙酉	丙戌	丁亥	戊子	己丑	庚寅	辛卯	壬辰	癸巳
지반	子	丑	寅	卯	辰	巳	○午	○未	申	酉	戌	亥

1) 과전의 상황

본인의 잘못으로 생긴 소송건이다. 과전의 형태가 여덕(勵德)이면 당사자에게 허물이 있으므로 정성을 다하여 덕을 베풀라는 의미다. 과전은 진퇴양난의 상으로 누구의 도움도 바랄 수 없다. 1 · 3과가 모두 천충지충이 되는 상황이며, 양귀 · 음귀가 모두 손상되어 본인에게 도움을 줄 형편이 못 된다.

위의 과는 천지반이 모두 칠충이므로 사과에서 하적상이 되는 사가해(巳加亥)를 초전으로 하는 반음과이다. 반음과는 사과삼전의 상하에 상극이 많기 때문에 주사(主事)가 복잡하고, 분산과 분리를 특징으로 하는 과이다.

여덕은 지반 卯 · 酉에 천을귀인이 있는 경우이다. 여덕이 되면 문점자에게 허물이 있다. 또한 보통사람에게 좋지 않으며 심신이 불안하고 기회를 놓치는 상이다.

2) 소송 판단

송사는 불리하므로 쉽게 풀려 나올 수 없다. 일간은 원고, 일지는 피고가 되는데 문점자는 피고이다. 소송점을 볼 때 간지상신의 생극을 보는 것이 원칙인데, 위의 국은 간상신이 지상신을 토극수(土尅水) 하는 상황으로 원고가 승소한다. 1과만 봐도 간상신이 일간을 극하여 피고에게 불리한 재판이라는 것을 알 수 있다.

또한 소송점의 경우 흉신은 구진·주작·백호·등사가 되고, 길신은 청룡·귀인·태상·천후가 된다. 위의 국을 보면 원고인 1과에는 길신 태상이 있고, 피고인 3과에는 송사의 유신인 구진이 승하여 피고에게 불리하며 형량이 높아진다.

3) 실제

문점자의 조카는 인터넷을 이용한 카드 사기사건으로 구속이 된 사람이다. 지은 죄가 명백하고 가족들이 경제적인 능력이 없어서 변호사에게 의뢰하는 것을 망설이고 있는 중이라고 하였다. 상담 결과 풀려날 가능성이 있으면 무리해서라도 변호사의 도움을 받으려고 한다는 말도 곁들였다.

1. 소송의 유신과 정단의 기본

승패를 볼 때는 주객(主客)의 선정이 중요한데, 주는 나이고 객은 상대가 되는 것이 원칙이다. 또한 일반적인 승패를 볼 때 일진 간의 생극과 일진 상하의 생극으로 나누어서 보는 것이 원칙이다.

먼저 일진 간의 생극에서 일간이 지상신을 극하면 내가 이기는 것이고, 지상신이 일간을 극하면 그가 이기는 것이다. 비화되는 경우에는 서로의 형세가 비슷하다고 본다.

다음으로 일진 상하의 상극에서는 상을 선동자로, 하를 후동자로 본다.

그러므로 상극하일 경우에는 먼저 행하는 사람이 승리하며, 하극상일 경우에는 후동자가 유리하다.

나와 상대의 길흉을 판단할 때는 어느 것에서 발용이 되는지를 본다. 일상에서 발용이 되는 경우는 고(高)가 되므로 원고에게 유리하며, 지상에서 발용이 되는 경우는 저(低)가 되므로 내가 속박이 되는 것이다. 이러한 주객 동정의 이론에 의하면 소송의 유신은 다음과 같다.

① 일간은 나이고 간상신은 나에 응한다.

② 일지는 그이고 지상신은 그에 응한다.

③ 길흉은 유신의 상황에 따른다. 유신의 예를 들면 청룡은 재물, 구진은 경찰과 토지, 육합은 증인이고, 寅은 관리, 午는 말이다.

소송점에서 유신을 사안별로 살펴보면 다음과 같다.

① 가족간의 재판 : 일간은 윗사람, 일지는 아랫사람

② 다른 사람과의 재판 : 일간은 원고, 일지는 피고

③ 관(官)과의 재판 : 일간은 관청, 일지는 본인

참고로 세파(歲破)가 지상신이 되어 일지를 극하는 세파귀지격(歲破鬼支格)이면 집안의 소송을 피하기 어렵다. 세파는 연지와 충하는 세충을 말하며, 대모(大耗)와도 같은 구성의 살이다. 세파가 있으면 소송뿐 아니라 재물이나 농사 등에서 손실이 있으며, 가장에게 재액이 있는 살이다. 파(破)를 연(年)을 기준으로 할 때는 세파, 월지를 기준으로 할 때는 월파, 일지를 기준으로 할 때는 지파(支破)라고 한다. 일진전극(日辰戰剋)이 겹치는 경우와 삼전이 辰 · 巳 · 午이거나 과전에 형살이 있는 경우도 관사(官事)에 소송이다.

연지	子	丑	寅	卯	辰	巳	午	未	申	酉	戌	亥
세파	午	未	申	酉	戌	亥	子	丑	寅	卯	辰	巳

2. 소송의 승패

소송의 승패는 일진의 형세, 즉 간지상신의 생극과 비화로 판단한다. 극을 당하는 쪽이 지고, 간지상신이 비화되고 흉장이 없으면 화해한다. 또한 일반적인 승패점을 적용하여 간상신과 일간으로 소송의 승패를 판단할 경우 간상신이 일간을 극하면 원고가 이기고, 일간이 간상신을 극하면 피고가 승리한다. 이 둘이 비화되는 경우에는 화해하거나 합의하여 해결한다. 그러나 연명과 간상신이 상극을 하는 경우에는 소송에 이긴다고 해도 결과가 뒤집혀서 지거나 다른 방해가 있게 된다.

일진을 이용하여 승패를 판단하는 방법 외에 구진의 음신(陰神)을 봐서 소송의 승패를 정할 수도 있다. 구진의 음신이 주작·등사·칠살이 되어 일간을 극하면 소송에 진다. 음신에 귀인이 타고 일상신을 생하는 경우는 소송에 이기는데, 연명상신이 공망이 아니어야 한다. 구진의 음신이 백호이면 죄가 무겁다.

3. 형량의 경중

1) 형량이 적은 경우

일간이 본인이라고 볼 경우 죄의 경중은 일진과 연명상신의 상황으로 알 수 있다. 귀인이 순행하고 제1과에 있으면 판결이 바르게 나지만, 귀인이 수극이 되는 경우에는 판결이 바르게 나지 않는다.

소송점의 기신은 구진·주작·백호·등사이며, 희신은 청룡·귀인·태상·천후이다. 기신과 희신이 일진 중 어느 것을 생극하는가로 길흉을 정한다. 예를 들어 귀인 승신이 일간을 상생하면 형량이 작으며, 청룡이 초전에 있으면 소송이 해결된다. 간상신·연명상신에 희신이 타는 경우에는 형량이 가볍다. 주작의 승신과 귀인 승신이 생합·비화하여 일간을 상생하면 고소 사건이 좋게 처리된다.

2) 형량이 많은 경우

구진 · 백호 · 주작이나 태세 · 월건상신이 일간 · 연명상신을 극하는 경우가 많으면 형량이 무겁고, 반대이면 가볍다. 구진 승신이 일간을 상극하는 경우 소송에 불리하다. 반대로 일간이 구진 상신을 상극하면 유리하다. 구진의 음신이 백호이고 일간을 극하면 중형을 받지만, 일간을 생하면 석방될 수 있다. 그 밖에 다음의 내용을 참고한다.

① 소송점에서 과전에 자형(自刑)이 있는 경우 스스로 교만하여 형의 작용을 하므로 형벌을 받으며, 흉장이 타고 있으면 더 흉하다. 단, 자형이면서 황은(皇恩) · 천사(天赦) · 공망이 되는 경우에는 형량이 준다.

② 소송 정단에서 관살효는 흉한 역할을 한다. 그러나 관살이 삼전에 들거나 일(日)에 임하고 있는 경우에도 식상의 기운이 유력하면 흉이 줄어든다.

③ 육정(六丁)은 옥녀(玉女)라고도 하며, 삼기 일월성 중 성정(星精)을 가리킨다. 육정은 밝은 일에는 이익이 안 되고 어두운 일에 이익이 되지만, 소송의 경우는 육정이 과전에 있으면 소송에 흉하며 이기기 어렵다.

4. 소송 정단에서 참고할 사항

1) 구진

구진은 소송의 유신이다. 또한 구진은 일반적으로 다툼 · 소송 · 전쟁과 공사(公事)를 주관하며 질액 · 손실 · 침체의 기운을 몰고 오는 신장이다.

구진이 일간을 극하면 소송에서 진술을 못 하고, 일간이 구진을 극하면 진술을 잘하여 소송에 유리하다. 구진이 상극하는 쪽이 불리하다. 예를 들어, 구진이 1과와 3과를 모두 상극하면 쌍방이 모두 불리하다. 일간 및 간상신과 구진이 생비(生比)일 경우에는 소송이 오래간다.

2) 백호

초전에 백호가 있으면 내가 다른 사람을 제소하고, 중전 백호는 상호간의 다툼이며, 말전 백호는 다른 사람이 나를 제소하는 것이다. 또한 신가오(申加午)는 백호투주작(白虎投朱雀)이며, 오가진(午加辰)인 주작투구진(朱雀投勾陳)과 백호혹승임축격(白虎或乘臨丑格)인 경우 소송이 있음을 나타내는 천지반이다. 백호혹승임축격은 백호가 丑에 임하는 격이다. 천을귀인은 본래 음토로서 己·丑土에 해당된다. 그러므로 丑은 천을귀인의 본가(本家)이며, 여기에 백호가 승하는 것을 격으로 삼는다. 귀인이 성을 내고 미워하는 모습으로, 윗사람의 꾸지람을 듣게 된다. 관공서에 출입하는 것은 좋지 않으며, 소송도 좋지 않다. 단, 문서 형식으로 부탁하는 것은 좋다.

3) 필법부에서 소송 관련 항목

필법부에서 소송과 관련하여 참고할 항목은 다음과 같다. 관련 있는 격의 이름은 각 법에서 하나씩만 제시한다. 003법 주작격(朱雀格) / 032법 삼전내전격(三傳內戰格) / 043법 부귀패굴격(富貴敗屈格) / 044법 귀인임림격(貴人臨林格) / 048법 귀인공망격(貴人空亡格) / 059법 화개일복격(華蓋日伏格) / 070법 세파귀지격(歲破鬼支格) / 075법 금강격(金剛格)

18
날씨

✿ 정단 사례 _ 비가 언제 갤까

날씨의 변화를 다음 甲辰3국_주점의 예로 살펴본다.

말전	중전	초전
螣蛇	天后	玄武
丙午	戊申	庚戌
申	戌	子

4과	3과	2과	1과
白虎	青龍	玄武	白虎
壬子	○寅	庚戌	壬子
○寅	辰	子	甲(○寅)

주야	武武	常陰	白后	空天	龍蛇	陳雀	合合	雀陳	蛇龍	天空	后白	陰常
천반	庚戌	辛亥	壬子	癸丑	○寅	○卯	甲辰	乙巳	丙午	丁未	戊申	己酉
지반	子	丑	○寅	○卯	辰	巳	午	未	申	酉	戌	亥

  적은 양의 비가 올 것이다. 이는 간상신에서 수신(水神)인 子가 둔간 壬을 얻어서 강하기 때문이다. 날씨의 변화를 보면, 초전에 戌이 간상신을 토극수(土剋水) 하므로 비가 오더라도 조금 온다.

  삼전에서 초전의 현무는 우사(雨師)이고, 중전의 천후는 임우신(霖雨神)이며, 등사는 청신(晴神)이다. 삼전 중 하나만 청신이면 비가 많이 온다. 따라서 비가 계속해서 오다가 丁未일은 화신(火神)인 巳에 주작인 청신이 타서 날씨가 맑아진다.

1. 날씨 판단의 기본과 유신

일간은 하늘, 간상신은 청우(晴雨)이며, 삼전은 날씨의 변화를 본다. 또한 간상신을 청우의 원신(源神)으로 보고, 지상신과 초전을 청우를 변화시키는 요소로 보기도 한다. 청우 중 청(晴)의 유신은 丙·丁·巳·午와 등사·주작·천공이며, 우(雨)의 유신은 壬·癸·亥·子와 청룡·현무이다.

그 밖에 삼합인 일행득기격(一行得氣格) 중 ① 곡직(曲直)은 풍신(風神) ② 염상(炎上)은 청신(晴神) ③ 가색(稼穡)은 담신(曇神) ④ 종혁(從革)은 우신(雨神) ⑤ 윤하(潤下)는 우신(雨神)이 된다. 단, 공망이면 반대의 날씨가 된다.

2. 날씨와 간상신의 생극관계

날씨는 간상신과 삼전에 있는 유신의 생극관계를 살펴서 정단한다. 예를 들어, 구름이 있을 때 날씨가 어떻게 될지 알려면 월장가시하여 간상신에 어떤 오행의 천신이 탔는지 본다. 金·水의 천신이나 간상신에 청룡이 타면 비가 오고, 木·火의 천신이 타면 맑으며, 토신(土神)이 타면 흐린 날씨다. 백호가 타는 경우에는 바람이 심하게 분다. 또한 삼전에 수신(水神)이 많이 보여도 비가 온다. 단, 천신이 공망이면 반대의 날씨가 된다. 천후의 응기는 간상신을 충하는 천신의 입지(立支)에 나타난다. 이 방법은 천후를 보는 가장 간단히 방법이다.

말전	중전	초전
天陰	白龍	雀天
癸巳	丙戌	辛卯
戌	卯	申

4과	3과	2과	1과
陰常	龍合	雀天	武白
○未	戊子	辛卯	甲申
子	巳	申	癸(丑)

위의 癸巳6국의 경우 申이 수신이고 수원(水源)이 되는데, 더욱이 지상에 子가 있으므로 비가 온다. 말전에 巳 화신(火神)이 있지만 둔간과 극이 되므로 맑은 날씨가 안 된다.

기본적으로 일(日)에서 삼전을 극하면 맑고, 삼전에서 일을 극하면 비가 내린다. 간상신이 화신이고 천장도 火에 속할 때는 맑은 날씨이지만 삼전에서 火를 극하면 비로 변하기 쉽고, 간상신이 수신·수장(水將)이지만 삼전에서 水를 극하면 맑은 날씨로 변한다. 즉, 간상신을 위주로 천후를 예측하지만, 삼전과의 생극관계로 변화를 보아야 한다. 또한 삼전에 화기(火氣)와 화장(火將)이 있어 공망이면 날씨가 반대로 변한다. 날씨 유신의 승신이 일진을 중첩하여 극하는 경우에는 나와 가택에 재해가 발생한다. 이 경우 일간 또는 일간상신을 극하면 내 몸에 피해가 있고, 일지 또는 지상신을 극하면 가택에 피해가 있다.

묘신(墓神)으로 보았을 때는 간상에 묘신이 있는 경우 흐리다. 다음 癸巳10국의 경우 癸의 묘신은 辰이 된다. 또한 辰천강 밑에 음신이 있어서 흐리다는 것을 알 수 있다.

말전	중전	초전
庚寅	丁亥	甲申
亥	申	巳

4과	3과	2과	1과
丁亥	甲申	○未	壬辰
申	巳	辰	癸(丑)

3. 날씨와 삼전

간상신의 생극관계로 천후를 보는 기본적인 방법 이외에, 삼전 자체로 날씨를 보거나 삼전 간의 생극관계로 날씨를 살필 수도 있다.

1) 삼전 자체로 날씨를 보는 경우

① 초전에 어느 한 오행의 기운이 강하면 날씨에 영향을 준다. 예를 들어, 초전에 신가신(申加申)으로 금기(金氣)가 강하면 이것이 수기(水氣)의 원신이 되기 때문에 비가 되기 쉽다. 마찬가지로 간상에 목기(木氣)가 강하면 맑아질 가능성이 높다. 또한 청(晴)의 유신이 초전에 타서 기세가 강하면 오래 계속되던 비도 멎고, 우(雨)의 유신이 초전에 타서 기세가 강하면 반드시 비가 온다.

② 삼전이 모두 양지(陽支)이고 천을의 앞에 있으며, 수신이나 청룡이 삼전에 없으면 맑은 날씨가 오래 계속된다. 반대로 삼전이 모두 음지이고 천을의 뒤에 있으며 화신이나 등사 · 주작이 삼전에 없으면 비가 오래 계속된다.

③ 삼전이 삼합이 되거나 방합이 되는 경우의 날씨는 다음과 같다. 합인 경우 과전에 정마(丁馬)가 없으면 예전의 날씨가 계속된다.

· 亥卯未 곡직이거나 木의 천신뿐이면 바람이 분다
· 寅午戌 염상이거나 火의 천신뿐이면 맑다.
· 申子辰 윤하이거나 水의 천신뿐이면 비가 온다.
· 辰戌丑未 가색인 경우에는 바람이 불며 비가 올 하늘이 아니다.
· 巳酉丑 종혁이거나 金의 천신뿐이면 비가 온다.

그러나 이 모든 경우도 공망이 되거나 일간에서 극을 하면 반대의 날씨가 된다. 종혁이며 겨울에 천후를 보는 경우 눈이 오고 안개가 끼며, 백호를 보면 바람이 심하고, 태음을 보면 얼음이 어는 날씨가 된다.

2) 삼전 간의 생극으로 날씨를 보는 경우

삼전 중 초전은 시작이고, 말전은 결과이다. 그러므로 초전과 중전에 화신화장(火神火將)이 있어도 말전에 수신수장(水神水將)이 타는 경우 처음에는 맑지만 나중에는 비가 온다. 예를 들어 초전 午에 주작인데 중전과 말전에서 이를 극하면 구름이 끼고 비가 온다.

4. 날씨와 지두법

지두법(指斗法)을 이용하여 천후를 정단할 수 있다. 辰천강은 대각성(大角星)이라 하며, 양지(陽支)에 앉으면 맑고 음지에 앉으면 비가 온다. 양지는 子 · 寅 · 辰 · 午 · 申 · 戌이고 음지는 丑 · 卯 · 巳 · 未 · 酉 · 亥의 지반을 말한다. 보통 간상신과 삼전을 이용하여 천후를 정단하는 방법과 병행하여 사용한다.

그 밖에 즉석 정단의 방법으로 辰의 하신(下神)을 보아, 맹신(孟神)이면 비가 오고, 중신(仲神)이면 흐리며, 계신(季神)이면 맑다고 정단하기도 한다.

5. 날씨와 십과식

① 겨울에 묘성과(昴星課)를 얻으면 바람이나 눈 · 서리가 내리는 등 날씨가 궂다.

② 과전이 불비(不備)인 경우, 양(陽)의 불비이면 비가 내리고 음(陰)의 불비이면 갠다.

말전	중전	초전
戊子	○未	庚寅
○未	寅	酉

4과	3과	2과	1과
庚寅	乙酉	乙酉	壬辰
酉	辰	辰	壬(亥)

위의 壬辰8국의 경우 2양1음의 불비로 음이 결여된 상황이다. 비록 辰 천강이 음신인 亥 위에 있어서 비가 올 징조이지만, 음의 불비이므로 비는 조금이고 날이 갠다.

③ 복음에 정마가 없으면 청우가 일정하지 않으며, 반음에 공망을 만나지 않으면 청우가 변하기 쉽다. 반음과의 경우 청을 구하면 우로 되기 쉽고, 우를 구하면 청으로 되기 쉬우므로 날씨가 반대가 된다.

④ 독족(獨足)인 경우 천지가 움직이지 않기 때문에 날씨에 변화가 없다. 즉, 맑은 날씨로 정단이 나오면 맑은 날씨가 된다.

⑤ 기타 격국과 관련된 천후의 특징을 보면, 연주(連珠)인 경우 예전의 날씨가 계속되고, 육음(六陰)이면 비가 오며, 향삼양(向三陽)이면 맑아지고, 간상신이 협극이 되면 예전의 날씨가 계속된다.

6. 날씨와 천장

1) 천장과 천신의 관계

천장과 천신이 의미하는 날씨가 다른 경우 선(先) 천신, 후(後) 천장으로 날씨를 정단한다. 예를 들어 등사 · 주작 · 천공이 청의 유신인데 이 천장들이 수신의 지반 위에 타면 처음에 흐리고 나중에는 맑다고 본다. 이 경우 날씨가 일정하지 않고 변화가 심하다.

말전	중전	초전
武后	陳陳	后武
○巳	戊戌	癸卯
戌	卯	申

4과	3과	2과	1과
后武	空雀	雀空	武后
癸卯	丙申	庚子	○巳
申	丑	○巳	辛(戌)

위의 辛丑6국의 경우 간상에는 화신이 있으나 공망이고, 간상의 천장은 주점에는 현무이고 야점에는 천후가 타서 수신에 해당된다. 그러므로 날

씨가 일정치가 않다.

2) 천장별 날씨

① 귀인 : 음신(陰神)이다. 귀인이 강명(降明)인 亥 · 子에 타면 청우를 보는 경우 亥時와 子時에 비가 내리고, 간상신이 화신이며 귀인이 과전 중 화신에 타는 경우에는 날씨가 맑다. 또, 삼전이 水에 속하고 귀인이 수신에 타는 경우 비가 많이 내리고, 삼전이 화신이며 귀인이 화신에 타는 경우에는 날씨가 맑다.

② 등사 : 청신(晴神)으로 뇌전(雷電)이다. 또한 등사와 구진은 풍신이 된다. 여름에 등사를 보거나 卯에 겁살을 보는 경우 천둥 · 번개가 친다.

③ 주작 : 청신이다. 과전에서 주작이 巳 · 午에 타는 경우 둥지에 든다 하여 바람이 부는 초풍신(招風神)이 된다. 단, 공망이 되면 바람이 불어도 작은 바람이다. 과전에서 주작이 巳 · 午에 타고 삼전 곡직이면 가물며, 비를 점치는 경우 폭풍이 일어난다.

④ 육합 : 뇌신(雷神)이며 우사(雨師)로 보기도 한다. 육합이 일진이나 초전에 타는 경우 바람이 있으며, 여름에는 뇌우(雷雨)가 있다. 초전의 지반이 화기(火氣)이고 토신(土神)이 타는데 여기에 육합이 타면 안개가 낀다.

⑤ 구진 : 운신(雲神)이다. 또한 백호와 더불어 바람의 신으로 보기도 한다. 구진이 타는 경우 여름에는 비, 겨울에는 눈이 많이 내리지만 공망이면 영향이 별로 없다.

⑥ 청룡 : 감우신(甘雨神)이다. 청룡과 丑인 우사, 未인 풍신을 만나는 경우 풍우(風雨)가 있다. 풍우는 육합이나 청룡과 백호가 간상신이나 삼전에 있는 경우에도 일어난다. 만약 청룡과 백호가 과전에 없는데 천지반 중에서 청룡과 백호가 타는 천반이 일간을 극하면, 청룡과 백호가 타는 천반의 입지가 풍우가 있는 날이다. 청룡이 寅 · 申에 승하고 지반이 수신이면 큰비가 내린다. 청룡이 巳 · 申 · 午 · 未의 지반에 있는 경우를 승천한다고 하는데, 청룡이 승천하는 경우 寅時에 비가 내린다. 또한 子에 청룡이 있

고 초전이나 간상신에 있는 경우는 丑일에 비가 내린다. 겁살이 점시나 청룡 또는 백호와 같이 있는 경우는 갑자기 비가 온다.

⑦ 천공 : 담신(曇神)이며 장마와 안개다. 처음에 흐리고, 나중에 맑아진다.

⑧ 백호 : 뇌전대풍신(雷電大風神)이며 벽력(霹靂)이다. 천후 정단에서 바람은 백호를 중심으로 본다. 백호가 기세가 있는 자리에 있으면 큰 바람이 불고, 寅에 있으면 동북쪽으로부터 바람이 분다. 바람이 시작되는 시각은 풍백(風伯)인 未의 입지다. 예를 들어, 未 아래의 지반이 巳이면 巳시부터 바람이 불기 시작한다. 단, 백호나 풍백이 극이 되거나 공망이면 바람이 약하다. 백호가 寅·卯·辰에 있는 경우를 출림(出林)이라 하며, 이 때 삼전에 未가 있으면 큰 바람이 분다. 또한 초전의 백호가 강력하고 巳·未가 과전에 있는 경우 강한 바람이 불며, 백호가 亥·子에 타는 경우에는 비바람이 분다.

⑨ 태상 : 비가 올 듯한 순풍신(順風神)이다.

⑩ 현무 : 우사(雨師). 현무가 亥·子에 타는 경우 구멍에 든다 하여 비가 내린다.

⑪ 태음 : 설상신(雪霜神)으로 화신(火神)이 없이 태음을 보는 경우 겨울 정단에서 아주 춥다.

⑫ 천후 : 음무(陰霧)가 있는 임우신(霖雨神)이다.

7. 날씨와 천신

① 子신후 : 수신(水神)이며 구름이다. 子가 巳·午·未·申 위에 있으면 바람이 분 후 비가 내린다. 초전 子에 현무나 천후가 타고 지반으로부터 극을 당하는 경우에는 비가 올 것 같은 흐린 날씨가 된다.

② 丑대길 : 우사(雨師)이다. 丑·未가 과전에 온전하게 있으면 큰바람이 있고, 丑이 酉나 태음에 타는 경우에는 비가 오락가락 하거나 장맛비다.

③ 寅공조 : 풍신(風神)이다.

④ 卯태충 : 뇌신(雷神)이다. 卯가 未 위에 있는 경우 바람은 불지만 비가 되지는 않는다. 그러나 현무·천후와 같은 수장(水將)이 있으면 비가 된다.

⑤ 辰천강 : 무신(霧神)으로 습기가 있는 흐린 날씨가 된다.

⑥ 巳태을 : 청신(晴神)·전격(電擊)·무지개다.

⑦ 午승광 : 청신(晴神)이다.

⑧ 未소길 : 풍신(風神) 또는 풍백(風佰)이라고 한다. 未가 과전에 겹쳐 있거나, 寅 위에 타는 경우 풍신이 호랑이에 탄다 하여 바람이 거세다.

⑨ 申전송 : 수신(水神)이다. 申·酉는 수원(水源)이 되어 기세가 있으면 비나 눈이 된다. 申·酉가 기세가 있고 子·巳에 가해지는 경우 겨울에는 서리가 내린다. 또한 申이 간상신이 되어 귀인 앞에 있으면 바람이 인다.

⑩ 酉종괴 : 음신(陰神) 또는 필숙(畢宿)·우성(雨星)으로 비가 온다.

⑪ 戌하괴 : 운신(雲神)이다.

⑫ 亥등명 : 우신(雨神)이다. 亥가 巳·午·未·申 위에 있으면 바람이 분 후 비가 내리고, 亥가 申子辰 수국(水局) 위에 있으면 큰비다.

8. 날씨의 응기

1) 1년 중 비가 오는 달

1년 중 어느 달에 비가 많이 내리는지 알려면 월장을 태세에 가하여 과전을 만들어서 정단한다. 천반에 亥·子와 辰이 임하는 입지의 달이 비가 많이 내리는 달이다.

2) 한 달 중 비가 오는 날

한 달 중 비가 내리는 날을 알려면 절입일의 지지에 丑을 가하여 천지반을 만들어서 천반에 子가 있는 입지일은 큰비가 내리고, 卯가 있는 입지일은 작은 비가 내린다.

3) 하루 중 날씨의 변화

구름이 있을 때 하루 중 비가 올지를 알려면, 구름이 있는 시에 월장을 올려서 과전을 만들어 간상신으로 관찰한다. 간상이 木 · 火이면 맑고 金 · 水이면 비가 오며 土이면 흐린데, 응기가 되는 시각은 천반을 충하는 천신의 입지가 된다.

4) 내일의 날씨

내일의 날씨는 월장가시하여 내일의 지지 위의 천신과 천장으로 정단한다. 예를 들어 내일의 지지 위의 천신이 火이면 맑고, 水이면 비가 온다.

5) 공망인 경우

공망인 경우는 공망을 벗어나야 날씨에 변화가 있다. 다음의 癸未6국은 辰천강이 음지 위에 있고 간상에 申인 수신이 있으며, 주점인 경우 현무인 우사가 있으므로 비가 올 징조이다. 그러나 申 · 酉가 공망이므로 申 · 酉를 벗어나야 비가 온다.

말전	중전	초전
天陰	白龍	雀天
辛巳	甲戌	己卯
戌	卯	○申

4과	3과	2과	1과
常空	合蛇	雀天	武白
○酉	戊寅	己卯	○申
寅	未	○申	癸(丑)

19
응기 · 택방

　　지금까지 각 주제별로 응기(應氣)를 알아보았다. 이 장에서는 응기와 택방에 대한 총론적인 사항을 알아본다. 이에 앞서 『오요권형(五要權衡)』에 나와 있는 응기에 대한 설명을 살펴본다. 『오요권형』의 원본에서는 응기의 예가 현재의 조식과 다른 것이 있으므로 이를 『육임대전(六壬大全)』에 의한 조식으로 바꾸고 응기에 대한 부분만 간단하게 정리하여 설명한다. 관심 있는 이는 원본을 참고한다.

　　발용이 태세이면 그 해의 일이고, 말전이면 먼 장래의 일이며, 중전이면 재발하는 일이다. 또한 태세가 초전이 되는 경우 정단 시점이 6월 이전이면 작년의 일이며, 6월 이후이면 내년의 일이 될 수 있다. 발용이 월 · 일 · 시인 경우도 태세가 발용이 된 경우에 준하여 응기를 정한다. 만약 초전에 태세가 발용하여 신전송가사(申傳送加巳) 하면 하적상이 되는 7월에 응기가 있다.

　　다음의 예는 甲子8국, 子년 9월 甲子일 戌시, 卯월장의 경우이다.

말전	중전	초전
六合	太常	螣蛇
○戌	己巳	甲子
巳	子	未

4과	3과	2과	1과
六合	太常	螣蛇	天空
○戌	己巳	甲子	辛未
巳	子	未	甲(寅)

위의 예는 주인(鑄印)으로 관직의 이전이나 문서를 잡는 응기는 그 해 11월(子月)에 얻는다. 이와 같이 태세가 발용이 되고 태세가 극을 받는 경우 득세(得歲)하였다고 하며 이를 응기의 달[月]로 삼는다.

다음은 甲子9국, 辰년 3월 甲子일 巳時, 酉월장, 원수과의 예다.

말전	중전	초전
靑龍	螣蛇	玄武
甲子	壬申	戊辰
申	辰	子

4과	3과	2과	1과
螣蛇	玄武	六合	天后
壬申	戊辰	○戊	庚午
辰	子	午	甲(寅)

도난점의 경우 상극하가 발용이 되고 일상극하(一上剋下) 하므로 시입(始入)으로 도둑이 3월에 잡힌다. 이는 辰천강 土가 현무를 토극수(土剋水) 하며, 3월에 이르러 수기(水氣)가 묘(墓)가 되기 때문이다.

1. 응기의 기본

1) 응기의 의미

육임에서 응기란 움직이기 시작한 때이지 사건의 결과를 보는 시기가 아니다. 즉, 길사와 흉사가 싹트고 움직이는 시기다. 응기월·일과 방향은 지반으로 판단하는 것이 원칙이며, 천반은 길흉을 주관하는 성분이다. 관살이 巳의 지반에 있는 경우, 관살의 입지(立支)는 巳라고 한다. 예를 들어, 날씨점에서 바람이 일어나는 시각은 풍백(風佰)인 未를 기준으로 하는데, 과전에 미가사(未加巳)가 있으면 바람이 이는 시각을 巳時로 본다.

2) 응기와 육친

응기를 아는 방법이 여러 가지인데, 대표적인 방법이 육친과 초전을 이용하는 방법이다. 육친을 이용하는 방법은, 길사인 경우에는 일간을 생하는 천신이 임하는 지지로 그 월·일을 보고, 흉사인 경우에는 일간을 극하는 천신이 임하는 지지로 그 월·일을 본다. 예를 들어 질병 정단의 경우, 백호승신(白虎乘神)에서 일간을 극하여 귀살(鬼殺)이 되면 귀살을 돕는 재성의 날이 병이 심해지는 날이며, 귀살을 극하는 식상의 날이 병이 낫는 날이다. 이러한 예는 일간을 간접적으로 돕는 육친을 응기에 이용한 것이다.

3) 응기의 시작과 초전

연월일시가 초전으로 발용이 되는 경우의 응기는 다음과 같다. ① 태세가 발용이 되는 경우 응기가 1년 안에 있고, ② 월지가 용신이 될 때는 그 달 안에 있으며, ③ 일간 기궁과 일지가 용신이 되면 그 날 응기가 이루어지고, ④ 점시가 용신이 되면 응기가 빠르다. 또한 순수(旬首)를 초전으로 하는 경우 응기가 그 순(旬) 내에 있다. 순수란 순의 머리를 말한다. 예를 들어 乙卯일점의 경우, 乙卯는 甲寅순에 속하므로 寅이 초전으로 발용될 때 甲寅순 내에 응기가 된다. 정단의 초전이나 유신이 공망인 경우에는 공망을 벗어나서 응하게 된다.

4) 응기의 결말과 말전

길·흉사의 결말이 되는 연월일은 말전의 합충을 이용한다. 육임 과전에서 사과는 현재 상황이고, 삼전은 미래의 상황을 보는 곳이다. 이 중 초전은 일의 기미이고, 중전은 일의 중간, 말전은 일의 결과를 보는 곳이다. 그러므로 일의 결말은 말전을 이용해서 본다.

또한 유신이 삼전에 없는 경우에도 간상신이나 연명상신에 있으면 응기가 빠르다. 유신이 여러 개일 경우는 초전·중전·말전 순으로 하고 천장 유신을 우선으로 선택한다. 예를 들어 유신이 2~3개인 경우 먼저 초전에 있는 것을 선택하고 중전, 말전의 순서로 정한다. 유신을 먼저 정하라는 것은 윗사람의 점을 치는 경우 사신(事神)인 인수보다 유신(類神)인 천을을 택하라는 것이다.

길한 일을 점칠 때 성취되는 시기는 말전과 합하는 천반이 있는 지반 지지가 해당 월·일이 된다. 흉한 일을 점치는 경우 흉사가 해결되는 시기는 말전을 충하는 천반이 있는 지반 지지가 해당 월·일이 된다. 이 때 연월일은 점사의 성격·대소 등을 참고하여 결정한다. 예를 들어 말전이 申이면 申의 충은 寅이므로 寅년, 寅월, 寅일이 흉사가 해결되는 산기(散期)다.

2. 辰·戌·丑·未로 본 응기

응기를 보는 방법으로는 육친과 육친을 도와주는 계절의 영향을 고려하는 방법과 초전·말전을 이용하는 방법이 기본적인 방법이다. 그러나 육임의 다른 정단처럼 응기를 볼 때도 여러 가지 단법이 동원된다. 이러한 단법들은 대개 보조적인 방법으로 사용되지만 특별한 경우에는 일반적인 방법보다 우선하기 때문에 육임을 공부하는 데 어려움이 크다. 우선은 단법들이 일반적인 방법을 사용하여 얻은 결론에 신뢰를 더해주는 보조적인 방법으로 사용되었으면 하는 바람으로 응기의 단법들을 소개한다.

각종 정단에서 응기가 어떤 날 일어날지는 辰·戌·丑·未의 천반 입지를 취하여 알 수 있다. 즉, 병의 치료 시기, 재물을 얻는 시기 등 각종 정단에서 초전이 丑·寅·卯일 때는 천반 辰의 지반지지를 취하고, 辰·巳·午일 때는 천반 未의 지반지지, 未·申·酉일 때는 천반 戌의 지반지지, 戌·亥·子일 때는 천반 丑의 지반지지를 취한다. 초전의 앞에 위치한 辰·戌·丑·未의 입지를 기준으로 응기를 정하는 방법이다. 또한 원근법을 적용하여 먼 일인지 가까운 일인지 결정한 후 멀 때는 연·월로 보고, 가까울 때는 일로 본다.

말전	중전	초전		4과	3과	2과	1과
丙午	己酉	庚戌		庚戌	己酉	丁未	丙午
巳	申	酉		酉	申	午	戌(巳)

천반	癸丑	○寅	○卯	甲辰	乙巳	丙午	丁未	戊申	己酉	庚戌	辛亥	壬子
지반	子	丑	○寅	○卯	辰	巳	午	未	申	酉	戌	亥

예를 들어 위의 戊申12국에서 재물을 얻을 수 있는 응기는 초전이 戌이므로 戌 앞의 丑의 지반인 子일에 이루어진다. 위의 국은 재물의 유신인 청룡이 간상과 말전에 있고 午未합이 되므로 재물을 얻을 수 있는 국이다.

3. 응기의 원근

응기를 따질 때 정확한 응기를 알려면 응기의 원근을 알아야 한다. 이는 똑같은 응기라도 응기가 멀 때는 연·월에 일어나고, 가까울 때는 일에 일어나기 때문이다. 다음은 응기의 원근을 따질 때 사용하는 방법들이다.

1) 유신의 왕상 여부
유신이 왕상하면 응기가 빠르고, 휴수이면 응기가 느리다. 사신과 유신이 너무 쇠약할 때는 응기가 없이 끝나므로 길흉이 생기지 않는다. 또한 유신이 卯·酉에 타서 초전이 되는 경우 응기가 빠른데, 이는 용신이 2월 卯와 8월 酉에 있는 용재이팔문(用在二八門)이면 주사가 빠르다는 것과 같은 내용이다. 유신이 巳·亥에 타서 초전이 되는 경우와 辰·戌에 타는 경우는 사과의 상황을 벗어날 수 없으므로 응기가 느리다.

2) 응기와 계절
응기를 따질 때는 초전의 계절을 고려한다. 예를 들어, 戌월의 정단인 경우 초전이 申·酉이면 같은 계절이므로 응기가 가깝다. 亥·子이면 다음 계절이므로 응기가 멀다고 판단한다.

3) 응기가 빠른 경우

① 비용(比用)·묘성(昴星)·참관(斬關)·삼합·지합이 되는 경우는 응기일이 가깝다.

② 천을순행(天乙順行)이 되거나 초전의 지지가 일지의 앞인 경우, 점시가 발용이 된 경우, 초전에 겁살이나 성신(成神)이 있는 경우, 일덕(日德)이 유신에 해당하며 초전을 이루는 경우 등은 응기가 빠르다.

③ 삼전이 진여(進茹)인 경우나 간지의 양신(陽神)이 삼전에 드는 경우, 삼전에 정신(丁神)·역마가 있는 경우나 삼전이 사과를 떠나지 않고 말전이 일상(日上)에 귀(歸)하는 경우 응기가 빠르다.

4) 응기가 느린 경우

① 음일의 복음인 유일복음(柔日伏吟)이거나 섭해(涉害)·요극(遙剋)인 경우 응기가 느리다. 참고로 음일의 복음인 경우는 주사가 빠르지만, 장소의 원근을 보는 경우 복음은 가깝고 반음은 멀게 본다.

② 천을역행(天乙逆行)하는 경우나 발용의 지지가 일지의 뒤인 경우도 응기가 느리다.

③ 삼전이 퇴여(退茹)인 경우, 삼전 중에 공망·묘신(墓神)·절신(絶神)이 있는 경우, 삼전 중 말전에 성신(成神)이 있는 경우, 삼전이 사과를 떠나서 말전 공망이 되는 경우는 응기가 느리다.

4. 수리 응기

1) 수리법

육임의 수리법은 물건의 수량이나 여행의 거리 등을 아는 방법이다. 원칙은 ① 과전에 유신이 없으면 초전의 상하로 계산하고, ② 단수(單數)만

구할 때는 초전의 천장으로 계산하며, ③ 과전에 유신이 있는 경우에는 유신이 승한 천지반의 수를 곱하여 계산한다. 수는 선천수를 사용한다(p.562 표 참고). 천장의 선천수는 원래의 자리를 이용하는데, 예를 들어 천후는 子에 속하므로 해당하는 수가 9이다.

도둑이 도주한 거리는, 현무가 삼전에 있고 천지반이 묘가진(卯加辰)이라면 卯는 6이고 辰은 5이므로 곱하여 30리가 도둑이 도망간 거리다.

2) 수리에서 참고할 사항

원근을 수리로 계산할 때는 계절의 영향을 고려한다. 예를 들어 봄의 寅·卯·辰월에 정단하는 경우 현무가 巳에 타면 가깝고, 午·未에 타면 멀다고 본다. 이 때 寅·卯·辰의 전달인 丑을 관(關)이라 하고, 寅·卯·辰의 다음 달인 巳를 양(梁)이라고 한다. 그리고 관은 10리 이하의 거리, 양은 5리 이하의 거리로 보며 여기에 원근을 적용하여 계산한다.

그 밖에 삼합은 3일이나 300리, 육합은 5일이나 50리다. 양(梁)에 있는 경우는 가까운 거리이므로 土는 5리이고, 金은 4리, 木은 3리, 火는 2리, 水는 1리다. 관외(關外)는 멀므로 곡직(曲直)·염상(炎上)·가색(稼穡)·종혁(從革)·윤하(潤下)인 경우 250리에서 300리다.

5. 장소와 방위 선택

1) 방위 선택

방위는 육처의 유신에서 구한다. 정단할 때 유신이 육처에 있으면 유신이 나타난다고 한다. 길사이면 유신이 나타나는 것이 좋고, 흉사이면 유신이 숨는 것이 좋다. 육처에 유신이 나타나지 않은 경우에도 한지(閑地)에 있는 유신에서 방위를 구해야 하는데, 이는 방위를 구할 때는 육처에 나타난 유신을 우선하여 취하라는 뜻이다.

2) 장소의 원근 선택

택방, 즉 방위를 선택할 때는 장소의 원근을 고려해야 한다. 장소가 가까운 것은 과전이 지일(知一)·복음(伏吟)인 경우, 초전이 휴수인 경우, 초전에 귀인이나 태상이 타는 경우이다. 이 때는 가까운 곳을 택한다. 반대로 섭해·반음(返吟)이거나 초전이 왕상한 경우, 삼전에 역마가 있거나 유자(游子)·참관인 경우는 먼 곳에 응기가 있고, 초전에 청룡이나 육합이 있는 경우에도 먼 곳을 택한다.

3) 택방택일과 녹마귀인

택방택일에서 택방은 녹마귀인(祿馬貴人)의 입지(立支)를 택하고, 택일은 녹마귀인과 지합(支合)하는 날을 택한다. 녹마귀인 중 녹은 일간의 건록에 해당하는 천반, 마는 일지의 역마, 귀인은 천을귀인을 말한다. 택방·택시를 할 때 고려할 사항은 다음과 같다.

① 녹마귀인이 탄 천지반이 생비(生比)이면 좋고 극하면 길(吉)이 적다.
② 길장이 타면 길이 더 증가한다.
③ 공망이 되는 경우는 공망을 제외하고 선택한다.

다음 丁未2국_주점인 경우의 택방택일을 알아본다.

말전	중전	초전		4과	3과	2과	1과
白虎	白虎	勾陳		天空	白虎	天空	白虎
丙午	丙午	○卯		乙巳	丙午	乙巳	丙午
未	未	辰		午	未	午	丁(未)

주야	天陰	蛇武	雀常	合白	陳空	龍龍	空陳	白合	常雀	武蛇	陰天	后后
천반	辛亥	壬子	癸丑	○寅	○卯	甲辰	乙巳	丙午	丁未	戊申	己酉	庚戌
지반		子	丑	○寅	○卯	辰	巳	午	未	申	酉	戌	亥

위 국의 경우 일간의 녹이 午이므로 그 지반의 방향 未가 건록방이지만 주점인 경우 백호가 타서 길방으로 적당치 않으며, 일지의 역마는 巳이고

그 지반의 방향인 午가 역마방이지만 천공이 타서 택방으로 적당치 않다. 주귀인 亥가 있는 子 방향은 상하가 생비하여 택방으로 적당하다. 택일은 귀인이 앉은 子와 합을 하는 丑일로 한다.

4) 위급할 때의 피난 방향과 신조삼문

위급한 상황에서 몸을 피하는 방향은 卯·未·酉의 천반 입지를 택하는데, 이를 신조삼문(神助三門)이라고 한다. 천반 卯·酉가 앉은 자리는 일·월의 출입문이고, 未가 앉은 자리는 음양이 서로 만나는 자리로 위급할 때 피난 방향으로 택한다. 또한 사문(私門)으로 불리는 육합·태상·태음과 귀인이 타는 자리도 위급할 때의 피난 방향으로 택할 수 있다. 그러나 일간을 극하는 관귀에 해당하는 지반의 방향은 좋지 않으며, 천재지변인 경우에는 천반 辰이 있는 지반 방위를 택할 수도 있다.

앞의 丁未2국_주점의 예를 보면 신조삼문은 辰·申·戌 방향이고, 사문은 卯·申·戌 방향이며, 양귀가 앉은 자리는 子 방향이다. 子 방향은 일간의 관귀 방향이므로 피난의 방향으로 적합하지 않고, 신조삼문과 사문이 겹치는 방향이 申·戌 방향인데, 이 중 태음이 득지하고 음귀가 있는 戌 방향이 피난의 방위로 가장 적합하다.

6. 공망의 응기와 택방

용신·유신이 공망이고 왕상한 경우 공망을 벗어나서 응한다. 예를 들어 삼전개공격(三傳皆空格)의 경우 점사의 목적이 끝나는 것이 아니라 다시 시작할 수 있는 일이라면 응기가 순(旬)이 지나서 공망이 채워진 뒤에 있다. 반대로 신이 쇠약한 경우에는 응기가 없다.

방향이 공망이면 대충방(對沖方)에서 구하는데, 이를 기변법(奇變法)이라고 한다. 예를 들어 재물점은 재성의 지반 子가 공망이면 午의 방향에서 구한다. 이는 허(虛)는 실(實)에 모인다는 원칙에 따른 것이다.

6

神殺論

신살론

과전의 구조와 요소를 이해하고 해석하는 것이 육임 운용의 큰 틀이라면, 신살은 정단의 작은 부속이라고 할 수 있다. 그러나 고장난 작은 부속 하나가 큰 차를 멈추게 하는 것과 같이 아주 무시할 수 없는 것이 육임의 신살이다. 이 장에서는 육임에서 사용되는 각종 신살을 총정리하여 알아본다.

1
공망

1. 공망의 의의

공망은 육십갑자의 순(旬)에서 열 개의 천간과 결합하지 못한 두 개의 지지를 말하며, '순공(旬空)' 또는 '천중살(天中殺)'이라고도 한다. 공망에 대해 양지(陽支)의 공망을 '공'이라 하고, 음지의 공망을 '망'이라 한다. 또한 양의 일주(日柱)가 양지의 공망을 만나면진공(眞空), 음지의 공망을 만나면 반공(半空)으로 보고, 음의 일주는 음지의 공망을 만나면 진공, 양지의 공망을 만나면 반공으로 본다. 이에 반해 무기대궁(戊己對宮)의 이치로 공망을 설명하기도 한다. 이는 천지의 중심인 戊ㆍ己의 대충방을 공망으로 보는 것인데, 甲子순의 戊辰ㆍ己巳의 경우 辰戌충과 巳亥충을 이루는 戌ㆍ亥가 공망이다(p.66 표 참고).

2. 공망의 일반적 영향

공망은 매사에 공허해진다. 이는 간(干)이 지(支)에 돌아가지 못하기 때문이다. 예를 들어 재성이 공망이면 재물을 얻을 수 없고, 식상이 공망이면 재물을 낳는 원신(源神)이 공허하므로 한편으로는 재물을 만들 수 없고, 한편으로는 자식의 일이 이루어지는 것이 없다. 용신이 공망인 경우에는 공망이 끝나면 얻을 수 있다고 하지만 이는 작은 일일 경우이며 큰 일인 경우에는 끝까지 불리하다.

길한 일에서는 공망을 싫어하고 흉한 일에서는 공망을 좋아한다. 예를 들어 일간이 쇠약한 경우, 일귀(日鬼)가 공망의 자리에 앉으면 나를 칠 수 없으므로 공망이 좋다. 즉, 일간을 극설(剋泄)하거나 묘신(墓神)에서 일(日)을 극하는 경우 공망을 좋아하고, 반대로 구신(救神)이나 원신(源神)에서 요극(遙剋)하는 경우에는 공망을 좋아하지 않는다.

3. 공망의 종류별 영향

1) 천지반 공망
① 개공(皆空) : 천지반이 모두 공망인 경우로 이루어지는 것이 아무것도 없다.
② 부천공망(浮天空亡) : 천반이 공망인 경우로 유행공망(遊行空亡)·과숙(寡宿)이라고도 한다. 천반이 공망이고 그 위에 천공(天空)이 타면 '공상에 천공이 오른다'고 하여 실현되는 일이 없고, 이루어진다고 해도 먼 장래에 이루어진다. 필법에서는 이런 경우를 공상승공격(空上乘空格)이라고 한다. 다음의 甲申8국_야점과 같은 경우이다.

말전	중전	초전
六合	太常	螣蛇
丙戌	癸巳	戊子
巳	子	○未

4과	3과	2과	1과
白虎	天乙	螣蛇	天空
○午	己丑	戊子	○未
丑	申	○未	甲(寅)

③ 낙저공망(落底空亡) : 지반이 공망인 경우로 지저공망(地底空亡)·

누저공(漏底空)·누공(漏空)·고진(孤辰)이라고도 한다. 일반적으로 육임에서는 천반의 기운이 중심이 되지만, 공망에서는 천반보다 지반의 공망이 더 영향력이 크다고 본다.

2) 점시와 사과의 공망

① 허성공(虛聲空) : 점시가 공망인 경우로 일의 동기에 진실됨이 없다.

② 무의공(無依空) : 간상신이 공망인 경우이다. 간지상신이 모두 공망이면 일신상에 이루어지는 것이 없다.

③ 무가공(無家空) : 지상신이 공망인 경우이다. 간지상신이 모두 공망이면 해산이나 소극적인 일에는 좋으나 다른 일은 좋지 않다. 질병 정단에서 만성병인 경우 대흉하며 새로운 병은 치료가 된다. 천공은 구설·시비·소식의 유신이므로 지상신에 천공이 타면 소식이 있다. 그러나 공망이 되는 경우에는 소식이 없다.

④ 고홍공(孤鴻空) : 일간의 기궁이 공망인 경우이다.

⑤ 사과전공(四課全空) : 사과가 모두 공망인 경우로 매사에 소리만 있지 이루어지는 것이 없다.

3) 삼전 공망

삼전이 공망이 되는 경우를 '절공(截空)'이라고 한다. 이 중 초전이 공망일 때를 단수(斷首) 또는 참수(斬首), 중전이 공망인 경우를 요절(腰折) 또는 절요(折腰)·단교(斷橋)라 하고, 말전이 공망인 경우를 절족(折足)이라고 한다.

① 초전이 공망이고 말전이 비공(非空)인 경우 처음에는 어렵지만 나중에는 이루어진다. 초전이 공망이고 그 지반이 장생인 경우에는 일이 재발되며, 초전이 공망이고 말전이 간상신에 타는 경우에도 일이 재발된다. 이 경우 길사는 계속 추진하는 것이 좋고 흉사는 피하는 것이 상책이다.

② 중전이 공망인 경우 일을 진행하는 데 어려움이 생긴다. 진여(進茹)이고 초전과 중전이 공망을 만나면 후퇴하는 것이 좋고, 퇴여(退茹)인 경

우에는 반대로 전진하는 것이 좋다.

③ 말전이 공망인 경우에는 길흉이 모두 이루어지지 않는다. 질병 정단인 경우 오래된 병이면 사망하고, 중전과 말전이 공망인 경우에는 움직이고 싶어도 움직이지 못한다. 참관(斬關)이 이동을 이끄는 성분이지만 중전과 말전이 공망이면 이동하지 못하게 된다. 참관격 중 辰에 청룡이 타고 육합이 간상에 있는 진참관인 경우에도 마찬가지다.

④ 삼전이 모두 공망인 경우 일이 이루어지는 것이 없고 공허하다. 단, 해산이나 우려할 일이 있는 경우에는 좋다고 본다. 만약 삼전 중 하나가 공망이 아닌데 여기에 천공이 타고 있으면 마찬가지로 삼전 공망으로 본다. 이런 경우는 진여격(進茹格)이나 퇴여격(退茹格)에서 많이 나타난다.

말전	중전	초전
癸丑	○寅	○卯
○寅	○卯	辰

4과	3과	2과	1과
○卯	甲辰	○寅	○卯
辰	巳	○卯	乙(辰)

위의 乙巳2국은 답각공망격(踏脚空亡格)이라고 하는데, 삼전이 퇴여격이고 모두 공망인 경우이다. 퇴여격인 경우 삼전이 거꾸로 흘러가므로 모든 일을 철수하고 원점으로 되돌리는 특성이 있다. 그러나 답각공망격은 삼전이 모두 공망을 맞으므로 물러나려고 해도 물러날 곳이 없고 전진만이 살길이다.

4. 육친 공망

① 비겁이 공망인 경우 나의 터전이 될 수 있는 형제나 동료의 역할이 없어진다.

② 식상이 공망인 경우에는 관귀를 제압하지 못하므로 나에게 구신의 역할을 못 한다. 식상은 음식의약(飮食醫藥)의 신으로 질병 정단인 경우

공망이 흉하며, 자식의 유신이므로 자식점인 경우에는 양자(養子)를 맞는다. 식상 공망의 영향을 보는 예로 탈상봉탈격(脫上逢脫格)이 있다. 이는 나의 탈기 요소인 식상 위에 공망의 역할을 하는 천공이 붙은 경우로, 매사에 공허하고 이루어지는 것이 없다. 다음의 乙卯11국_야점과 같은 경우이다.

말전	중전	초전
天乙	朱雀	勾陳
○子	壬戌	庚申
戌	申	午

4과	3과	2과	1과
青龍	白虎	勾陳	天空
己未	丁巳	庚申	戊午
巳	卯	午	乙(辰)

탈상봉탈격은 일간이 간상신을 생하고 간상신은 천장을 생하는 경우, 삼전이 삼합 등으로 일간의 기운을 설기하는 경우, 과전이 모두 일간을 설기하는 경우, 간상신과 일지가 일간의 기운을 설기하는 경우에 일어난다. 이 경우에도 재물을 구하는 점이라면 재물을 만들어주는 식상효가 중첩되어 있으므로 재물을 쉽게 얻을 수 있다.

③ 재성이 공망인 경우 소모하는 일이 많아지고 재물과 관련하여 이루어지는 것이 없다. 처의 임신점인 경우 임신을 한다. 초전에 재성이 있고 중전과 말전이 공망인 경우 중간에 부부의 이별 문제가 생기며, 지상에 재성이 있고 공망인 경우에는 처가 힘을 받지 못한다. 초전이 공망이고 재성이 중전과 말전에서 실(實)을 얻으면 재물점의 경우 점차 재물의 형편이 나아진다.

④ 관귀가 공망인 경우 나를 극하는 성분이 공망이므로 흉이 생기지 않는다. 그러나 관귀가 공망이라도 이를 제어하는 식상의 역할이 전혀 없는 경우에는 소모사나 관사(官事)가 발생한다. 관귀가 공망인 경우 질병 정단에서 만성병은 낫고 새로 생긴 병은 편안함을 얻는다. 관귀가 공망이면서 초전에 망신이나 정신(丁神)이 타는 경우에는 가정에 도망치는 일이 생기고 외출하거나 고향을 떠나는 일이 발생한다.

⑤ 인수가 공망인 경우 부모나 윗사람의 질병 정단에 흉하며, 나를 생하는 원천이 공망이므로 불안한 일이 일어난다.

5. 천장의 공망

천장이 공망인 경우 길장이든 흉장이든 길흉의 역할이 적어진다. 천장 중 백호와 태상이 공망인 경우를 살펴본다.

① 백호는 庚·申의 금장(金將)으로 맹렬한 혈광지신(血光之神)이며 흉장 중의 흉장에 속한다. 사고와 재액을 불러 일으키고 색정과 음행을 즐기는 천장이지만, 기세가 좋으면 재물과 권위를 가져오기도 한다. 이러한 백호가 공망인 경우에는 흉이 생기지 않으며, 만약 백호가 공망이고 말전에 길신과 길장이 타는 경우나 천마와 申이 있는 경우에는 여행하면 여러 가지로 길할 수 있다.

② 태상은 己·未의 토장(土將)으로 부모의 유신이며 술과 음식·결혼·재물·직장을 주장하는 길장이다. 태상이 공망인 경우 직장을 구하거나 승진할 수 없고 재물을 구할 수 없다. 또한 태상이 공망이고 상문조객(喪門弔客)을 만나는 경우에는 윗사람의 상을 당할 수 있다.

6. 공망으로 보지 않는 경우

그 해의 지(支), 그 날의 지, 태세 및 본명의 지와 월장은 공망으로 보지 않는다. 또한 왕자비공(旺者非空)은 그 기운이 왕성하여 공망이 아닌 것으로 본다. 육임에서 왕자비공의 대표적인 경우로 삼전이 합을 하여 생하는 경우와 천장이 공망을 생조하는 경우를 들 수 있다.

(1) 삼전이 합을 하여 생하는 경우

다음의 己巳9국은 환채격(還債格)으로 빌린 돈을 갚기 쉽다는 의미이며, 명리에서 식신생재(食神生財)와 같은 경우이다. 삼전이 삼합하여 일간의 식상이 되고, 식상이 간상신인 재성을 생조하는 경우에 이루어진다. 이 국은 간상신이 공망에 해당하므로 환채격이 안 될 것 같지만, 간상신은 삼전 삼합이 금생수(金生水)로 생을 하므로 공망이어도 공망으로 보지 않는다. 그러므로 환채할 수 있는 국이다.

말전	중전	초전
己巳	乙丑	癸酉
丑	酉	巳

4과	3과	2과	1과
乙丑	癸酉	丁卯	○亥
酉	巳	亥	己(未)

(2) 천장이 공망을 생조하는 경우

다음의 丁丑9국은 중전이 공망이 되었으나 삼전의 천장이 모두 土의 신장으로 공망이 된 재물을 회복시켜주므로 재물점에서 그다지 흉하게 안 본다. 즉, 토신(土神)의 생조로 공망이 제 역할을 못 하는 것으로 본다.

말전	중전	초전
空陳	陰常	雀天
辛巳	丁丑	○酉
丑	○酉	巳

4과	3과	2과	1과
雀天	空陳	常空	天陰
○酉	辛巳	己卯	乙亥
巳	丑	亥	丁(未)

그러나 위의 丁丑9국을 보면 재물점에 그리 좋은 상황이 아니다. 간상신이 관귀이면서 삼전이 巳酉丑 삼합으로 금기(金氣)가 되므로 금생수(金生水) 하여 관귀를 돕는 모양이다. 즉, 재성이 간상의 관귀를 도우므로 재물로 인해 흉이 있다. 이에 반해 중전의 공망이 토장(土將)의 영향으로 비공(非空)이 되고 여기에 중전이 구신이 되므로, 전체적으로 보면 재물을 얻기는 하지만 반길반흉의 상황이라고 결론을 지을 수 있다.

1. 십이신살의 정의

십이신살(十二神殺)은 망신(亡身)·장성(將星)·반안(攀鞍)·역마(驛馬)·육해(六害)·화개(華蓋)·겁살(劫殺)·재살(災殺)·천살(天殺)·지살(地殺)·연살(年殺)·월살(月殺) 등의 열두 개 신살을 말한다.

일지	망신	장성	반안	역마	육해	화개	겁살	재살	천살	지살	연살	월살
申子辰	亥	子	丑	寅	卯	辰	巳	午	未	申	酉	戌
亥卯未	寅	卯	辰	巳	午	未	申	酉	戌	亥	子	丑
寅午戌	巳	午	未	申	酉	戌	亥	子	丑	寅	卯	辰
巳酉丑	申	酉	戌	亥	子	丑	寅	卯	辰	巳	午	未

2. 십이신살의 종류와 영향

(1) 망신

관재·손재·신액(身厄) 등을 일으킨다. 병점이나 소송에는 대흉하다.

(2) 장성

기본적으로 적군이나 적장을 의미하기도 하며, 한편으로는 삼합의 중간에 위치하여 치우침이 없이 통솔할 수 있다고도 본다.

(3) 반안

출세의 살, 또는 번영의 살 역할을 한다. 좋지 않은 의미로는 지체를 뜻한다. 십이운성으로는 쇠지(衰地)에 닿기 때문이다.

(4) 역마

역마는 활동의 신이므로 길흉 작용이 많다. 역마는 일지를 기준으로 보는 것이 원칙이지만 연월일시를 모두 보기도 한다. 오마(五馬)는 연월일시와 일간기궁으로 본 역마이다. 국에 오마가 있으면 승부·선거·이익 등에 좋다. 대인점(待人占)의 경우 역마가 초전에 있으면서 생왕하면 기다리는 사람이 일찍 오며 이익이 많다. 역마가 중전에 있으면 기다리는 사람이 조금 늦고, 말전에 있으면 더 늦다. 기다리는 사람이 왔을 때의 영향은 역마가 있는 곳의 천장으로 아는데, 역마가 자기 자리에 있으면 영향이 강하다. 또한 대인의 역마는 발전이고 소인의 역마는 발묶임이 되므로 길흉을 일률적으로 판단할 수 없는 신살이기도 하다.

(5) 육해

삼합이 사지(死地)에 있는 것으로 흉액이 발생하거나 관직이 박탈될 수 있고, 지체·고립·중단의 역할을 한다.

(6) 화개

화개는 고독의 의미가 있다. 왜냐하면 십이운성으로는 묘지(墓地)에 닿기 때문이다. 일단 화개가 중중하면 고독한 상이다.

(7) 겁살

삼살(三殺)의 하나이다. 외부로부터 막강한 힘이 쳐서 강탈·이별·도난·사고가 있을 수 있다.

(8) 재살(災殺)

삼살의 하나로 형옥·송사가 발생한다.

(9) 천살

삼살의 하나이다. 호주(戶主)나 남자에게 관액·풍수해 등 각종 재난이 일어난다.

(10) 지살

'지살중중 타향지객. 이향지객 배정향리(地殺重重 他鄕之客. 移鄕之客 背情鄕里)'라 하여 모두 고향을 떠나서 유랑하게 된다. 역마를 충하여 이동하게 만드는 성분이기도 하다.

(11) 연살

목욕(沐浴)·도화(桃花)·함지살(咸池殺)·패신살(敗神殺)·패살(敗殺)·궁살(窮殺)로도 불리며, 많은 별명만큼이나 말이 많기도 하다. 어떤 기운이 들어와서 혼란스러워지는 것을 말하는 살로 호사(好邪)와 음탕함을 주사한다.

(12) 월살

실속이 없다. 택일에서는 구감고초일(九坎枯焦日)이라 하여 씨앗을 뿌리고 나무를 키우는 것이나 임신·부화를 꺼린다.

3
십이운성

神殺論

1. 십이운성의 구조

다음 십이운성(十二運星)의 구조 표는 양생음사(陽生陰死)가 아닌 오행운성(五行運星)의 원칙을 적용하고 화토동근(火土同根)을 사용한 것이다.

십이운성 \ 일간	甲·乙	丙·丁	戊·己	庚·辛	壬·癸
장생	亥	寅	寅	巳	申
목욕	子	卯	卯	午	酉
관대	丑	辰	辰	未	戌
건록	寅	巳	巳	申	亥
제왕	卯	午	午	酉	子
쇠신	辰	未	未	戌	丑
병신	巳	申	申	亥	寅
사신	午	酉	酉	子	卯
묘신	未	戌	戌	丑	辰
절신	申	亥	亥	寅	巳
태신	酉	子	子	卯	午
양신	戌	丑	丑	辰	未

십이운성

602

2. 십이운성의 해석

(1) 장생(長生)

변화의 단계로 보면 만물이 왕성해지는 시기다. 마치 어린아이가 태어나는 것과 같다. 발전·명리(名利)·부귀의 의미가 있다. 하령(遐齡)은 초전 장생에 청룡이 타는 경우로 매사에 기쁜 일이 있다.

(2) 목욕(沐浴)

만물이 막 땅에서 솟아올라 부서지기 쉬운 시기다. 사람으로 치면 태어나서 물 속에서 몸을 씻는 것과 같다. 목욕은 살로 볼 만큼 나쁜 영향이 있다. 고독하거나 재혼·주거 부정·주색·부부 불화·성격 음란·패가망신을 의미한다. 결사(潔巳)는 초전에 목욕과 현무가 같이 있는 경우이다. 활기가 없고 내일을 준비하는 시기다.

(3) 관대(冠帶)

사람이 성장하여 옷을 갖춰 입듯이 만물이 성장하여 모습을 갖추는 상태를 말한다. 당당히 발전하는 단계로 지덕을 겸비하며 세인의 존경을 받는다. 흉복(凶服)은 초전에 관대와 백호가 같이 있는 경우로 상복을 입거나 놀랄 일이 있다.

(4) 건록(建祿)

사람이 성장하여 월급인 녹을 받듯이 사물이 성인처럼 자란 상태로 만인의 존경을 받는 귀격(貴格)의 영향이 있다. 의록(衣祿)은 초전 건록에 태상이 있는 경우로 직업과 재물을 얻는다.

(5) 제왕(帝王)

기운이 제왕처럼 당당해진 상태로 사회적으로는 발전의 의미가 있지만 가정적으로는 화합하지 못한다. 숭위(崇位)는 초전이 제왕과 귀인이 되는 경우로 귀하게 된다.

(6) 쇠신(衰神)

만물이 쇠약해져서 병들기 직전으로 대개 나쁜 영향이 나타난다고 보지만, 결실의 시기로 성취하기도 한다. 황음(荒淫)은 초전에 쇠신과 천후가 동궁하는 경우로 색정과 관련된 일이 일어나고 일이 파탄난다.

(7) 병신(病神)

사람이 병드는 상태와 같다. 신체 병약하고 조실부모 하며 일찍 타향살이를 할 수 있다. 성격은 비활동적이고 심약하며, 육친의 덕이 없고 부부의 불화수가 있다. 구환(久患)은 초전 병신에 구진이 타는 경우로 질병이 치료되지 않고 추진하는 일은 진행이 안 된다.

(8) 사신(死神)

사람이 병들어 죽는 것과 같다. 타향으로 이주하고 고독하다. 금계(禁繋)는 초전 사신에 태음이 타는 경우로 죽거나 다치고 모든 일이 불명확하고 혼란스러워진다.

(9) 묘신(墓神)

고(庫) 또는 장신(葬身)의 단계로 사람이 땅에 묻히듯 만물의 기운이 묻힌 것과 같은 상태다. 모든 일이 정체되고 혼미해진다. 또한 삶이 고단하고 부부 이별을 불러오나 절처봉생(絶處逢生)의 이론에 따라 반길반흉으로 보기도 한다. 절처봉생은 끊어진 곳에서 생명을 얻는 것이니, 예를 들어 乙未의 경우 乙이 未에서 묘에 닿으나 未 중의 지장간에 乙의 뿌리가 있어 생을 이루는 것을 말한다. 찰서(察絮)는 묘신이 초전에 있고 천공이 타는 경우로 법을 지키지 않고 반성하지 않는 상으로 본다. 묘신이 관성과 함께 있으면 명예를 얻을 수 없고, 재성과 함께 있으면 재물을 얻을 수 없다. 그러나 묘신을 충하면 얻을 수 있다. 묘신을 충하는 것은 길하고 합은 흉하다. 삼전에 묘신이 있는 경우, 초전과 중전의 묘신은 아직 희망이 있다고 할 수 있지만 말전의 묘신은 희망이 없다. 丑·戌이 묘신인 경우 야묘(夜墓)가 되고 여러 가지 일이 지체된다. 辰·未의 묘신은 일묘(日墓)가 되며 응기가 빠른 편이다.

(10) 절신(絶神)

절(絶)은 포(胞) 또는 수기(受氣)라는 이름으로도 쓰이며, 포와 태(胎)를 합쳐서 '포태법(胞胎法)'이라고도 한다. 만물이 끊어져서 공허한 상태가 된 경우로 좌절이 있다. 결절(結絶)은 초전이 절신을 만나고 주작이 타는 경우로 매사에 단절된다. 일간상신이 일간의 절신에 해당하면 흉재가 거의 끝나는 것으로 본다. 주귀(晝貴)를 사용하는 경우에 영향이 더 크다.

(11) 태신(胎神)

아무것도 없는 공허한 자궁 속에서 아이가 잉태된 것 같은 상태를 말한다. '태'의 기운은 반길반흉으로 평소 생활에 주관이 없고 부부 불화나 형제간에 반목수가 있다. 잉아(孕兒)는 초전에 태신이 타고 자식을 뜻하는 육합이 타는 경우로 임신하거나 새로운 기운이 일어나고 숨기는 일이 생긴다. 출산점에서 태신이 있는 경우 남자아이를 낳는다.

(12) 양신(養神)

태어나기 전 자궁 속에서 보내는 10개월의 기간과 같은 상태다. 태신의 영향과 거의 같다. 이산(異産)은 초전이 양신이고 등사를 만나는 경우로 일에 발전이 있다.

4

신살 일람

육임에서 사용하는 신살을 가나다 순서로 정리하여 간단히 설명한다.

간기(干奇)

재액을 물리치고 길(吉)을 더하는 작용을 한다. 신살 구조는 일간 기준 표를 참고한다.

간덕(干德)

일덕과 같은 말이다. 덕(德)을 참고한다.

간문(奸門)

간문은 색정의 일을 주관한다. 신살 구조는 월지 기준 표를 참고한다.

① 간문을 띠면 연애결혼을 하기 쉽다. 간문이 삼전 중 공망이나 극이 되는 자리에 있지 않으면 정을 통한 후 결혼한다. 그러나 공망·극지에 있으면 연애하다 중간에 헤어지기 쉽다.

② 태음·천후에 간문이나 함지(咸池)를 띠는 경우 남녀를 불문하고 색정과 관련된 일을 겪는다.

③ 과전이 함지·음일(淫泆)이나 간문을 띠면 연애결혼을 한다.

④ 삼전에서 辰이나 戌에 현무가 타서 일간상신을 극하고 겁살금신(劫

殺金神)을 띠고 있으면 숨은 이로부터 상해를 입는다. 더욱이 함지나 간문까지 띠면 강간 등으로 정조를 뺏긴다. 그러나 삼합이나 육합이 되는 경우는 화간(和姦)이 된다.

⑤ 초전에 등사가 있고 일진에 함지·간문이 타는 경우 부부 음란의 건이 있다.

⑥ 초전에서 천후가 탄 천신이 일간을 극하고 함지·병부(病符)·간문을 띠는 경우 색을 밝히다가 병을 얻는다.

⑦ 재성이 쇠퇴하고 재성에 사신(死神)이나 간문이 있는 경우 색정으로 몸을 망치게 된다.

간사(奸私)

물사(物事)를 은닉한다. 참고로 천후가 申에 승해도 간사라고 한다. 간상신이 일지를 극하고 지상신이 일간을 극하는 부부무음격(夫婦蕪淫格) 또는 부처간사격(夫妻奸私格)과는 관련이 없는 신살이다. 신살 구조는 월지 기준 표를 참고한다.

간신(奸神)

간사(奸詐)나 색정과 관련된 일이 있다. 초전에 있는 간신이 천후·육합을 띠고 일간과 상합하는 경우에는 연애의 기쁨이 있다. 신살 구조는 월지 기준 표를 참고한다.

간합(干合)

일반적인 간합과 영향이 같다. 합과 형충파해를 참고하며, 신살 구조는 일간 기준 표를 참고한다.

갈산(喝散)

다툼이나 소송 사건이 없어지고 원하는 일을 이룬다. 신살 구조는 월지 기준 표를 참고한다.

개공(皆空)

공망을 참고한다.

건록(建祿)

십이운성을 참고하고 신살 구조는 일간 기준 표를 참고한다.

겁살(劫殺)

십이신살을 참고하고 신살 구조는 일지 기준 표를 참고한다.

고골(枯骨)

질병에 흉한 역할을 하는 신살이다. 신살 구조는 월지 기준 표를 참고한다.

고진과숙(孤辰寡宿)

결혼점에서 기피하는 신살이다. 소식이 오지 않거나 오더라도 공허한 소식이며, 잃어버린 물건을 찾지 못하고 기쁜 일이 없다. 고진과숙격(孤辰寡宿格)과는 별개다. 이 격이 이루어지는 경우는 다음과 같다.

① 점일의 순공 중 양지(陽支)는 고진, 음지(陰支)는 과숙으로 보는 경우가 있다. 예를 들어 甲戌일의 공망 중 申은 고진이 되고, 酉는 과숙이 된다.

② 초전의 천지반 중 천반의 공망은 고진, 지반의 공망은 과숙으로 본다.

③ 점월을 기준으로 하여 방합(方合)이 되는 달의 다음 지지는 고진이 되고, 전의 지지는 과숙이 된다.

이 기준이 일반적으로 사용하는 고진과숙의 신살이며, 이 방법으로 고진과숙을 볼 때 진고진(眞孤辰)·진과숙이란 말을 쓴다. 위천리(韋千里)가 저술한 『육임이지(六壬易知)』에 실려 있는 내용이다. 신살 구조는 월지 기준 표를 참고한다.

고홍공(孤鴻空)

공망을 참고한다.

곡기(哭忌)

슬픈 일을 만든다. 신살 구조는 월지 기준 표를 참고한다.

곡신(哭神)

슬픈 일이 일어난다. 예를 들어, 백호가 초전으로 卯ㆍ酉에 있고 곡신이 타서 일간을 극하는 경우 집안에 죽거나 다치는 일이 있다. 곡신이 백호와 같이 있는 경우에는 슬픈 일이 일어나며, 亥ㆍ子 위에 곡신이 타면 슬픈 일에 대흉한 기운이 된다. 신살 구조는 월지 기준 표를 참고한다.

과숙(寡宿)

고진과숙을 참고한다.

관대(冠帶)

십이운성을 참고한다. 신살 구조는 일간 기준 표를 참고한다.

관부(官符)

관재와 소송을 일으키며 관공서와 관련된 일이 생긴다. 신살 구조는 월지 기준 표를 참고한다.

관신(管神)

소송에 흉하다. 신살 구조는 월지 기준 표를 참고한다.

관신(關神)

움직이는 데 장애와 재액이 있다. 예를 들어 천공이 지상신에 있고 삼전에 관신이 드는 경우, 또는 간지상신에 묘신이 나타나는 경우에 구속된다. 필법의 화개일복격(華蓋日伏格)·관묘초용격(關墓初用格)을 참고한다. 신살 구조는 월지 기준 표를 참고한다.

광영(光影)

화재를 일으킨다. 신살 구조는 월지 기준 표를 참고한다.

괴살(怪殺)

괴이한 사건이 일어나고 뜻밖의 흉사가 발생한다. 신살 구조는 월지 기준 표를 참고한다.

교신(絞神)

구신과 같이 액사(縊死)나 교살을 일으키는 살이다. 신살 구조는 일지 기준 표를 참고한다.

구보팔살(九寶八殺)

육임에서 9개의 좋은 역할을 하는 신(神)과 8개의 나쁜 역할을 하는 살(殺)을 말한다. 신살을 점단에 이용하는 것은 육임도 명리와 같지만, 점단의 정법이 아니라 단법(單法)으로 이용한다. 그러므로 오행의 생극제화(生剋制化)를 주로 사용하고, 구보팔살은 보조적으로 사용해야 점단에서 혼란을 줄일 수 있다. 구보는 덕(德)·합(合)·기(奇)·의(儀)·녹(祿)·마(馬)·성(星)·왕(旺)·귀(貴)이고, 팔살은 형(刑)·충(沖)·파(破)·해(害)·묘(墓)·귀(鬼, 칠살)·패(敗, 사지·절지)·공(空)이다.

(1) 구보

① 덕 : 간덕(干德)·천덕(天德)·월덕(月德)·천월덕(天月德). 덕은 양일에는 녹의 역할을 하고, 음일에는 관직을 얻게 하는 길신이다.

② 합 : 간합(干合)·지합(支合)·삼합(三合). 화합의 기운이지만 칠살과 합하는 것을 꺼리며, 합하여 특정 육친을 강하게 하는 경우 극이 되는

육친이 극상을 당할 염려도 있다.

③ 기 : 삼기(三奇)·간기(干奇)·순기(旬奇).

④ 의 : 간의(干儀)·순의(旬儀).

⑤ 녹 : 간록(干祿)이다. 나를 강하게 하여 비겁이 많은 경우에 일어나는 군겁쟁재(群劫爭財)의 현상과 같이 재물을 탈취하는 역할을 하기도 하지만 관직에 있는 경우는 길하다.

⑥ 마 : 역마(驛馬)·천마(天馬)이다. 역마는 움직임을 주관하는데 역마가 나를 생하면 마음이 움직이고, 내가 극하면 재물의 일이며, 나를 극하면 명예가 떨어지거나 질병의 건이 된다. 또한 역마가 나와 동류이면 재물을 두고 다툰다.

⑦ 성 : 간성(干星)으로 십이운성의 장생(長生)을 말한다.

⑧ 왕 : 오행의 기운으로 왕성한 것을 뜻한다. 칠살의 극을 능히 무력화시킬 수 있으므로 귀하게 본다.

⑨ 귀 : 귀인(貴人)을 말한다.

(2) 팔살

① 형 : 寅巳申 삼형·丑戌未 삼형·子卯 상형·午辰亥酉 자형이 여기에 해당된다.

② 충 : 子午충·卯酉충·寅申충·巳亥충·辰戌충·丑未충을 말한다. 충은 반드시 분란과 다툼이 있다.

③ 파 : 子酉파·丑辰파·寅亥파·卯午파·巳申파·戌未파를 말한다. 육파에는 반드시 소멸되거나 쇠약해짐이 있다.

④ 해 : 子未해·丑午해·寅巳해·卯辰해·申亥해·酉戌해를 말한다. 육해는 진행하는 데 방해가 있다. 예를 들어 초전이 재성이고 육해가 되면 그 재물은 방해와 어려움을 겪은 후에 얻는다.

⑤ 묘 : 십이운성의 묘신을 말하며 혼미한 작용을 한다.

⑥ 귀 : 육친 중 일간을 극하는 칠살을 말한다. 병과 소송에 아주 흉하다.

⑦ 패 : 십이운성의 사지(死地)와 절지(絶地)를 말한다.

⑧ 공 : 공망을 말한다.

구신(勾神)

교신과 같이 액사를 부르는 살이다. 신살 구조는 일지 기준 표를 참고
한다.

귀기(歸忌)

출행하는 경우 바로 돌아오게 된다. 신살 구조는 월지 기준 표를 참고
한다.

금당(金堂)

덕신(德神)과 같은 작용을 하는 길신으로 모든 일에 길하다. 신살 구조
는 월지 기준 표를 참고한다.

금신(金神)

재물을 부수고 재액을 몰고 오는 기운이다. 태세를 기준으로 하는 금신
(金神)과 다른 작용을 한다. 신살 구조는 일지 기준 표를 참고한다.

낙저공망(落底空亡)

공망을 참고한다.

노도(魯都)

도둑이 가는 방향으로 출행이나 여행의 방향으로는 흉하다. 신살 구조
는 일간 기준 표를 참고한다.

녹(祿)

일록을 참고한다.

녹마(祿馬)

일간의 녹과 십이운성의 역마를 말한다. 일록과 역마를 참고한다. 참고로 녹마를 재관(財官)으로 쓰는 경우가 있는데 녹(祿)은 관(官), 마(馬)는 재(財)다.

뇌공(雷公)

뇌살과 같은 말로 천둥과 번개를 일으킨다. 뇌공이 천후나 태음과 같이 있으면 비가 오고, 귀인이나 천공과 같이 있으면 갠다. 등사나 주작과 같이 있으면 천둥과 번개가 일어나고, 태상이나 구진과 같이 있으면 청우(晴雨)가 일정치 않다. 신살 구조는 월지 기준 표를 참고한다.

뇌살(雷殺)

뇌공과 같은 말이다. 뇌공을 참고한다.

누공(漏空)

공망을 참고한다.

누저공(漏底空)

공망을 참고한다.

단교(斷橋)

공망을 참고한다.

단수(斷首)

공망을 참고한다.

대모(大耗)

도난을 당하거나 재물의 파손이 있다. 또한 일간이나 일지를 극하는 경우 대흉하거나 질병·소송이 있다. 그러나 대모에 길신·길장이 타서 일진을 생하면 공명을 구하는 일에는 길하다. 소모(小耗)나 대모는 모두 소모가 있는 기운으로 모신(耗神)이라고 한다. 묘신(墓神)과 같이 있는 경우 모든 일에서 사용하지 않는다. 신살 구조는 월지 기준 표를 참고한다.

대살(大殺)

『협기변방서(協紀辨方書)』를 기준으로 하며 모든 일에 흉작용을 한다. 형상(刑傷) 및 투쟁을 주관하는 살로 여행·출행은 재액을 초래하며, 재해가 빨리 오고 가장에게 흉하다. 월염(月厭)·천목(天目)·운성 묘신(墓神)·정신(丁神)과 함께 육임의 대표적인 흉살로, 이들이 연명상신·간상신·지상신에 타는 경우 흉괴격(凶怪格)이라고 하며, 점사에 반드시 흉한 일이 있다. 신살 구조는 월지 기준 표를 참고한다.

대시(大時)

여행과 출행에 꺼린다. 신살 구조는 월지 기준 표를 참고한다.

대장군(大將軍)

흉방으로 대장군에 해당하는 천반의 입지(立支)는 흉해가 발생하므로 피한다. 장군이라고도 한다. 신살 구조는 연지 기준 표를 참고한다.

덕(德)

종류로는 천덕(天德)·월덕(月德)·지덕(支德)·일덕(日德)의 네 가지가 있으며, 이 중 일덕이 제일 길하다. 보통 덕이라 하면 일덕을 말한다.

도신(盜神)

도망과 관련이 있는 살이다. 초전 둔간이 도신에 해당하면 멀리 여행을 하게 된다. 도신은 1월 庚, 2월 辛, 3월 甲, 4월 癸, 5월 壬, 6월 乙, 7월 丙, 8월 丁, 9월 戊, 10월 己, 11월 庚, 12월 辛이다. 도신에 대한 구조가 일부 서적에 다르게 되어 있는데 원문은 다음과 같다. 신살 구조는 월지 기준 표를 참고한다.

승어사해원천애

(乘於巳亥遠天涯)

육합승사해갱가천역마혹초전시도신주유원행

(六合乘巳亥更加天驛馬或初傳是道神主有遠行)

도신자정경이신삼갑사계오임육을칠병팔정구무십기십일경십이신

(道神者正庚二辛三甲四癸五壬六乙七丙八丁九戊十己十一庚十二辛)

도침(刀砧)

가축에게 흉작용을 한다. 신살 구조는 월지 기준 표를 참고한다.

도화(桃花)

십이신살의 연살과 같은 살이다. 십이신살을 참고한다.

만어(漫語)

부실(不實)의 신으로 천공과 함께 승하면 모든 것이 허사가 된다. 재물점에서 재성에 천공과 만어가 타는 경우 부하나 고용인에 의해 재물을 얻어도 말이 무성하게 난다. 신살 구조는 월지 기준 표를 참고한다.

망신(亡神)

십이신살을 참고한다. 신살 구조는 일지 기준 표를 참고한다.

모신(耗神)

대모(大耗)와 소모(小耗)를 말한다. 대모는 태세와 월지를 기준으로 하고, 소모는 태세를 기준으로 한다.

목살(木殺)

나무에 괴이한 일이 일어난다. 신살 구조는 월지 기준 표를 참고한다.

목욕(沐浴)

십이운성을 참고한다. 신살 구조는 일간 기준 표를 참고한다.

묘문(墓門)

불사(佛事)나 분묘 사건에서 움직임이 있다. 신살 구조는 월지 기준 표를 참고한다.

묘신(墓神)

십이운성을 참고한다. 신살 구조는 일간 기준 표를 참고한다.

무가공(無家空)

공망을 참고한다.

무의공(無依空)

공망을 참고한다.

문성(文星)

문성과 청룡이 子 위에 타면 크게 명예를 얻는다. 신살 구조는 일간 기준 표를 참고한다.

미혹(迷惑)

집안에 일이 생기고 금전이나 물건을 잃는다. 신살 구조는 월지 기준 표를 참고한다.

반격(反激)

서로 보복하고 나를 해치는 구설이 있다. 신살 구조는 월지 기준 표를 참고한다.

반공(半空)

공망을 참고한다.

반안(攀鞍)

십이신살을 참고한다. 신살 구조는 일지 기준 표를 참고한다.

반혼(返魂)

반혼이 있으면 병이 드는 경우 고칠 수 있다. 신살 구조는 월지 기준 표를 참고한다.

방합(方合)

합과 형충파해를 참고한다.

백호(白虎)

피를 보고 상복을 입거나 놀랄만한 흉액을 당한다. 신살 구조는 연지 기준 표를 참고한다.

병부(病符)

매년 전 해의 태세가 된다. 재앙과 병을 일으키고 구사(舊事)를 맡아보는 신으로 지난해와 비슷한 사건이 일어난다. 일지를 기준으로 하기도 하지만 태세를 기준으로 하는 것이 원칙이다. ① 초전에 천후가 탄 천신이 일간을 극하며 함지(咸池) · 병부(病符) · 간문(奸門)을 띠는 경우 색을 밝히다가 병을 얻는다. ② 백호가 병부에 붙어서 일간을 극하는 경우에는 질병 정단에 흉하다. ③ 지상신이 병부에 해당되어 일지를 극하는 경우 집안

식구들이 유행성 질병 등에 감염된다. 특히, 병부가 천귀(天鬼)에도 해당되면 반드시 유행성 질병이 생긴다. 또한 병부에 백호가 붙고 지상신이 일지를 극하면 더욱 흉하며, 병부가 점치는 달의 사기(死氣)가 되면 매우 위중한 상황이 된다. 단, 병부가 점월의 생기(生氣)에 해당되면 치료할 수 있다. 신살 구조는 연지 기준 표를 참고한다.

병살(病殺)

백호 또는 묘신과 같이 있는 것을 싫어하고 질병 정단에 아주 흉하다. 신살 구조는 월지 기준 표를 참고한다.

병신(病神)

십이운성을 참고한다. 신살 구조는 일간 기준 표를 참고한다.

복골(伏骨)

질병 정단에 아주 흉하다. 신살 구조는 월지 기준 표를 참고한다.

복덕(福德)

일을 추진할 때 흉이 있더라도 이를 해결해주는 길신이다. 신살 구조는 연지 기준 표를 참고한다.

복련(伏連)

모든 일의 정단에 흉하다. 신살 구조는 월지 기준 표를 참고한다.

부천공망(浮天空亡)

공망을 참고한다.

분묘(墳墓)

이 살이 지상에 있는 경우 집안에 매장하지 않은 시신이 있다. 신살 구조는 월지 기준 표를 참고한다.

불살(佛殺)

불사불상(佛事佛傷)의 일이 있다. 신살 구조는 월지 기준 표를 참고한다.

비력(飛力)

양인과 같은 말이다. 양인을 참고한다.

비렴(飛廉)

예측하지 못한 일이 일어나고, 길흉이 빨리 일어나며, 기다리는 사람이 즉시 돌아온다. 신살 구조는 월지 기준 표를 참고한다.

비부(飛符)

직부를 참고한다. 일간 기준의 신살이다.

비혼(飛魂)

이 살이 연명이나 세월(歲月)에 있는 경우 정신이 혼란하거나 흉몽(凶夢)이 많아진다. 신살 구조는 월지 기준 표를 참고한다.

사귀(邪鬼)

재앙이 계속해서 일어난다. 신살 구조는 월지 기준 표를 참고한다.

사기(死氣)

질병과 출산 정단에서 가장 흉한 살이다. ① 백호가 지상신에 있으면서 일간의 묘신이 되고 사기면 가정에 재난이 있다. ② 식상효에 사기와 공망이 타고, 현태(玄胎)에 현무·백호·등사가 타는 경우 임신한 아이가 죽을 수 있다. 또한 월염에 사기가 붙어도 출산점에 반드시 흉하다. ③ 자식을 뜻하는 신장은 육합인데, 사기가 육합을 극하면 출산할 때 태아에게 좋지 않다고 본다. 예를 들어 3월점에는 申이 사기이고, 4월점에는 酉가 사기이므로 여기에 육합인 목신(木神)이 있으면 금극목(金剋木)으로 나쁜 영향이 있다. 신살 구조는 월지 기준 표를 참고한다.

사마(絲麻)

자살이나 교살(絞殺) 등을 부르는 흉살이다. 병신(病神) 백호가 사마와 같이 있는 경우 자살할 확률이 높다. 신살 구조는 월지 기준 표를 참고한다.

사별(死別)

사계(四季)에 모두 불리한 살이다. 신살 구조는 월지 기준 표를 참고한다.

사살(死殺)

백호가 간지상에 임하고 사살이 삼전에 있으면 사망한다. 신살 구조는 월지 기준 표를 참고한다.

사신(史神)

천사와 같은 살이다.

사신(死神)

십이운성을 참고한다. 신살 구조는 일간 기준 표를 참고한다.

사신(死神)

질병 정단에 아주 흉하고 백호와 같이 있는 경우 백호개구(白虎開圈)라 하여 죽음을 몰고 온다. 신살 구조는 일지 기준 표를 참고한다.

사족(四足)

팔다리에 이상한 일이 일어나게 하는 살이다. 신살 구조는 월지 기준 표를 참고한다.

사폐(四廢)

모든 일을 막아서 이루지 못하게 하는 살이다. 신살 구조는 월지 기준 표를 참고한다.

산살(産殺)

출산하는 아이는 남자아이다. 또한 출산점에서 산살과 태음(太陰)을 보면 출산이 빠르고, 구진·백호를 보면 난산이다. 신살 구조는 월지 기준 표를 참고한다.

살신(殺神)

기력을 쇠하게 하고 힘을 뺏는 흉살이다. 신살 구조는 월지 기준 표를 참고한다.

삼구(三丘)

질병을 일으키거나 높은 곳에서 추락한다. 신살 구조는 월지 기준 표를 참고한다.

삼기(三奇)

천상삼기는 甲·戊·庚이며, 지하삼기는 乙·丙·丁이고, 인중삼기는 壬·癸·辛으로 분류된다. 이 중 육임에서 주로 사용하는 것은 천상삼기와 지하삼기다. 과전 중 삼전삼기격은 삼전의 둔간이 甲·戊·庚이거나 乙·丙·丁인 경우이고, 삼전이 모두 삼기로 이루어진 경우를 연주삼기(連珠三奇)라 하여 매우 길하게 본다. 乙은 태양, 丙은 달, 丁은 별로 일월성(日月星)이 삼전을 수호하기 때문이다. 자세한 것은 천신론을 참고한다.

삼살(三殺)

십이신살의 겁살·재살·천살을 말한다. 정단에 흉하게 작용한다.

삼살(三殺)

모든 정단에서 흉작용을 하며 흉을 급하게 몰고 온다. 십이신살의 삼살
과는 다르다. 신살 구조는 연지 기준 표를 참고한다.

삼합(三合)

합과 형충파해를 참고한다.

상거(喪車)

상거가 일간 또는 연명상신을 극하면 병사할 우려가 있다. 신살 구조는
월지 기준 표를 참고한다.

상문(喪門)

상문조객(喪門弔客)을 참고한다. 신살 구조는 연지 기준 표를 참고한다.

상문조객(喪門弔客)

상문조객이 있는 경우 죽거나 다치는 일 또는 우환이 발생하고 병점에
흉하다. ① 상문조객이 초전에 있으면 가족의 재앙이 있고 중전이나 말전
에 있으면 외부의 재액이 있다. ② 백호가 상조(喪弔)를 띠고 지상(支上)에
있는 경우 집안에 상복을 입을 일이 있고, 간혹 밖에서 상복을 입을 일이
생긴다. ③ 상문과 조객이 일간과 일지에 있거나 행년과 본명에 나뉘어 있
을 경우 친인척의 상을 당한다. 신살 구조는 연지 기준 표를 참고한다.

상부(相負)

사람들 사이에서 낙오하게 되며 남의 원망을 듣는 일이 생긴다. 신살 구
조는 월지 기준 표를 참고한다.

상천(相穿)

육해의 별칭이다. 합과 형충파해를 참고한다.

생기(生氣)

흉을 풀고 길이 커지게 하는 역할을 한다. ① 천후 또는 육합과 동궁이면 임신하고, 청룡과 동궁하면 재물이나 결혼의 기쁨이 있다. ② 자식을 낳는 경우 남자아이를 낳는다. ③ 월염에 사기(死氣)가 붙으면 출산점에 반드시 흉하고, 월염에 생기가 붙으면 길하다. 신살 구조는 월지 기준 표를 참고한다.

성신(成神)

초전에 성신을 보면 소망을 빨리 이루고, 성신이 왕상 · 생합이 되는 경우 만사에 길하다. 신살 구조는 월지 기준 표를 참고한다.

성심(聖心)

모든 일에 화합과 행복을 가져오는 신살이다. 신살 구조는 월지 기준 표를 참고한다.

세군(歲君)

그 해의 지(支)를 말한다. 그 해의 길흉을 취급하며 응기는 1년이 된다. 신살 구조는 연지 기준 표를 참고한다.

세택(歲宅)

가택점인 경우 세택이 귀살(鬼殺)에 해당하면 집안에 흉액이 발생한다. 신살 구조는 연지 기준 표를 참고한다.

세파(歲破)

연지를 기준으로 충이 되는 곳이다. 예를 들어 子년에 午이다. 세파가 지상신이 되어 일지를 극하면 집안의 소송을 피하기 어렵다. 세파가 있는 경우 소송뿐 아니라 재물이나 농사 등에 손실이 발생하며 가장의 재액을 불러온다. 신살 구조는 연지 기준 표를 참고한다.

소모(小耗)

매사에 소모적인 일이 있다. 재산의 소모로 인해 파산한다. 가택 정단의 경우 소모와 칠살이 같이 있으면 집안에 소송건이 있거나 질병이 발생한다. 묘신(墓神)이 가담하면 모든 일에서 쓰지 말아야 한다. 신살 구조는 연지 기준 표를 참고한다.

소살(小殺)

남으로부터 구설을 듣는다. 신살 구조는 월지 기준 표를 참고한다.

쇠신(衰神)

십이운성을 참고한다. 신살 구조는 일간 기준 표를 참고한다.

수사(受死)

매사에 흉사로 끝나므로 다툼을 금하는 살이다. 신살 구조는 월지 기준 표를 참고한다.

순공(旬空)

공망을 참고한다.

신신(信神)

일진이나 삼전에 신신이 타는 경우 소식이 온다. 그러나 공망이나 천공이 타는 경우에는 소식이 없거나 헛된 소식이다. 신살 구조는 월지 기준 표를 참고한다.

액살(厄殺)

가정에 소모와 관련된 일이 발생한다. 신살 구조는 월지 기준 표를 참고한다.

양신(養神)

십이운성을 참고한다. 신살 구조는 일간 기준 표를 참고한다.

양인(羊刃)

안정하면 길하고 움직이면 흉한 재액을 몰고 온다. 신살 구조는 일간 기준 표를 참고한다.

여재(女災)

여자인 경우 질병이 발생한다. 신살 구조는 월지 기준 표를 참고한다.

역마(驛馬)

십이신살을 참고한다. 신살 구조는 일지 기준 표를 참고한다.

연살(年殺)

십이신살을 참고한다. 신살 구조는 일지 기준 표를 참고한다.

염대(厭對)

결혼 정단에서 꺼리는 살이다. 신살 구조는 월지 기준 표를 참고한다.

예살(穢殺)

오물과 관련된 일이 생긴다. 신살 구조는 월지 기준 표를 참고한다.

오도(五盜)

분실이나 도난 사건이 일어난다. 신살 구조는 월지 기준 표를 참고한다.

옥우(玉宇)

길신이며 귀인·청룡과 같이 기쁨을 주는 신이다. 신살 구조는 월지 기준 표를 참고한다.

왕망(往亡)

흉하며 특히 결혼 정단에 좋지 않다. 신살 구조는 월지 기준 표를 참고한다.

요절(腰折)

공망을 참고한다.

욕분(浴盆)

아이의 질병점에 해로운 살이다. 지반의 욕분 위에 子水・亥水가 올라가거나, 천반 욕분살 위에 子・亥가 올라가 있는 경우 어린아이의 질병점에 아주 흉하게 보며 사망 시기가 빨라진다. 이는 亥등명의 亥는 어린아이 해(孩)로 보고, 子신후는 자식 자(子)로 보기 때문이다. 그러나 출산점에서는 욕분살을 길하게 보며, 남자아이를 낳는다. 신살 구조는 월지 기준 표를 참고한다.

용신(龍神)

지상(地相)에 길한 기운이다. 신살 구조는 월지 기준 표를 참고한다.

우사(雨師)

수모(水母)로 왕상하면 비가 온다. 신살 구조는 월지 기준 표를 참고한다.

우신(憂神)

통신(通信)의 신이다. 우신이 사맹(四孟) 위에 있으면 통신이 오지 않으며, 사중(四仲) 위에 있으면 오는 중이고, 사계(四季) 위에 있으면 바로 온다. 신살 구조는 월지 기준 표를 참고한다.

원신(願神)

질병 정단에서 질병이 오래 끈다. 신살 구조는 월지 기준 표를 참고한다.

월간(月奸)

음모·내란의 기운을 만드는 살이다. 신살 구조는 월지 기준 표를 참고한다.

월귀(月鬼)

질병이나 송사를 일으킨다. 신살 구조는 월지 기준 표를 참고한다.

월덕(月德)

덕의 한 종류이다. 좋은 기운을 받아들이고 흉재를 해소하며 길과의 길을 증가시키는 역할을 한다. 신살 구조는 월지 기준 표를 참고한다.

월덕합(月德合)

화를 복으로 바꾼다. 덕합(德合)이 삼전에 드는 경우 모든 일이 길하다. 신살 구조는 월지 기준 표를 참고한다.

월살(月殺)

십이신살을 참고한다. 신살 구조는 일지 기준 표를 참고한다.

월염(月厭)

모든 일에 흉한 살이다. 등사와 동궁하는 경우 괴이한 일이 일어나고, 주작이나 구진과 동궁하는 경우에는 놀랄 일이 생기며, 백호와 동궁하는 경우 질병을 일으키고, 백호와 동궁하여 지상에 승하는 경우에는 집안에 불안한 일이 일어난다. 현무와 동궁하는 경우에는 도난 사건이 일어난다. 월염이 일간의 관귀가 되면 질병을 만나고, 택방에서는 이 방위를 피한다. 또한 월염에 생기가 붙으면 출산점에 좋아서 순산하고, 월염에 사기가 붙으면 출산점에 반드시 흉하다. 월염·대살·천목이 묘신·정신(丁神)·연명상신·지상신에 타는 경우에는 흉괴격(凶怪格)으로 점사에 반드시 흉하다. 신살 구조는 월지 기준 표를 참고한다.

월파(月坡)

월지를 기준으로 충이 되는 곳이다. 예를 들어 子월에 午이다. 신살 구조는 월지 기준 표를 참고한다.

월해(月害)

육해(六害)와 같은 말이다. 합과 형충파해를 참고한다.

유도(游都)

유도일 경우 도둑을 만난다. 대살과 같이 있으면 도둑이 빨리 나타나며, 현무와 같이 있으면 도난을 당한다. 출행을 피해야 하는 방위다. 또한 유도살이 왕상하고 일진을 극하는 경우 도둑이 와서 피해를 입는다. 구진이 유도를 극하는 경우에는 도둑을 잡을 수 있다. 전쟁은 유도를 중심으로 정단한다. 과전이 극이나 형충파해가 중첩되고 유도가 타는 경우 전쟁이 일어나며, 유도가 앉은 지반으로 전쟁 시기를 알 수 있다. 예를 들어, 유도가 丑 위에 있으면 丑월에 전쟁이 일어난다. 신살 구조는 일간 기준 표를 참고한다.

유살(游殺)

여행점에 좋지 않으며, 삼전이나 연명에 유살이 타는 경우에는 움직임을 만든다. 신살 구조는 월지 기준 표를 참고한다.

유신(游神)

사람을 기다리는 건으로 본다. 유신이 사맹에 타면 기다리는 사람이 오지 않고, 사중에 타면 오는 중이며, 사계에 타면 빨리 온다. 신살 구조는 월지 기준 표를 참고한다.

유행공망(遊行空亡)

공망을 참고한다.

유화(游禍)

움직이면 화액이 있는 살이다. 신살 구조는 월지 기준 표를 참고한다.

육의(六儀)

의신을 참고한다. 일간 기준 신살이다.

육충(六沖)

합과 형충파해를 참고한다.

육파(六破)

합과 형충파해를 참고한다.

육합(六合)

합과 형충파해를 참고한다.

육해(六害)

합과 형충파해를 참고한다.

육해(六害)

십이신살을 참고한다. 신살 구조는 일지 기준 표를 참고한다.

은사(恩赦)

흉은 길로 바꾸고, 길한 일은 더 길하게 된다. 신살 구조는 일간 기준 표를 참고한다.

의신(儀神)

길은 더 커지고 흉은 없애주는 길신이다. 일간의 관귀가 되는 경우 길이 줄어든다. 신살 구조는 일간 기준 표를 참고한다.

이마(二馬)

천마와 역마를 말한다. 역마는 십이신살을 참고한다.

이신(吏神)

이신에 해당하는 천신이 길장을 만나면 길하고, 흉장을 만나면 흉하다. 신살 구조는 월지 기준 표를 참고한다.

이의(二醫)

천의와 지의를 말한다. 천의와 지의를 참고한다. 월지 기준 신살이다.

이혈(二血)

혈지와 혈기를 참고한다. 월지 기준 신살이다.

일관(日官)

일간을 규제하는 기운으로 음양이 다른 기운이며 명리의 기준으로 볼 때 정관이 된다. 일간이 약할 때는 흉하고 일간이 강할 때는 명예를 얻을 수 있다. 신살 구조는 일간 기준 표를 참고한다.

일귀(日鬼)

일간을 규제하는 기운으로 음양이 같은 칠살의 기운이다. 일간이 약할 때는 질병 등을 일으켜서 흉하고, 일간이 강할 때는 명예를 얻을 수 있다. 신살 구조는 일간 기준 표를 참고한다.

일덕(日德)

덕의 한 종류로 보통 덕이라 하면 일덕을 말한다. 덕이 간상신이 되고 삼전에 있는 경우 전화위복이 되는 길신이다. 다른 길신과 마찬가지로 왕상하면 좋고 휴수하거나 공망이 되면 영향력이 적다. 덕이 귀인의 생조를 받는 경우에는 크게 길하지만 덕으로부터 심하게 극설이 되는 경우에는 길한 가운데 흉이 있다고 본다. 덕은 천장과의 외전(外戰)을 싫어하며, 제 1과에서 상극하(上剋下)로 발용하고 일덕이 관귀가 되는 경우 이를 덕으로 보지 귀(鬼)로 보지 않는다. 이는 덕이 능히 관귀를 길(吉)로 바꿀 수 있기 때문이다. 그 밖에 가출하여 2~3일 된 경우 윗사람은 일덕의 입지가 가출한 방향이 된다. 덕신이 관성이 되고 주작이 타면 직장을 추천 받는다. 이 경우를 문덕격(文德格)이라고 한다. 신살 구조는 일간 기준 표를 참고한다.

일록(日綠)

여러 가지 일에서 복록(福祿)과 의식(衣食)의 기쁨이 있다. 일간에 임하거나 삼전에 있으면 길하고, 왕상한 것을 좋아하고 휴수는 꺼린다. 녹이 왕상한 방위가 식록을 구하는 방위가 된다. 신살 구조는 일간 기준 표를 참고한다.

일의(日醫)

질병 정단에서 이 신을 얻는 경우 좋은 의사와 치료약을 구할 수 있다. 신살 구조는 일간 기준 표를 참고한다.

일충(日沖)

일반적인 천충과 같은 영향이 있다. 합과 형충파해를 참고한다. 신살 구조는 일간 기준 표를 참고한다.

장군(將軍)

여행에 사용하는 신살로 여행의 길흉을 장군에 탄 천장의 길흉으로 판단한다. 대장군과 같은 구조의 살이며 신살 구조는 연지 기준 표를 참고한다.

장생(長生)

십이운성을 참고한다. 신살 구조는 일간 기준 표를 참고한다.

장성(將星)

십이신살을 참고한다. 신살 구조는 일지 기준 표를 참고한다.

장승(長繩)

장승과 일간의 관귀가 같이 있는 경우 액사(縊死, 스스로 목을 매서 죽음)할 수 있다. 신살 구조는 월지 기준 표를 참고한다.

재살(災殺)

십이신살을 참고한다. 신살 구조는 일지 기준 표를 참고한다.

적신(賊神)

도둑을 만나고 간사한 흉계에 빠진다. 또한 지상신을 극하는 경우 재물을 잃고 질병을 일으키기도 한다. 신살 구조는 월지 기준 표를 참고한다.

전살(電殺)

천둥·번개를 만난다. 신살 구조는 월지 기준 표를 참고한다.

절공(截空)

공망을 참고한다.

절상(折傷)

가축을 잃거나 가축에게 해가 있다. 신살 구조는 월지 기준 표를 참고한다.

절신(絶神)

십이운성을 참고한다. 신살 구조는 일간 기준 표를 참고한다.

절요(折腰)

공망을 참고한다.

절족(折足)

공망을 참고한다.

정살(井殺)

백호와 동궁하는 경우 우물에 빠질 수 있다. 신살 구조는 월지 기준 표를 참고한다.

제왕(帝王)

십이운성을 참고한다. 신살 구조는 일간 기준 표를 참고한다.

조객(弔客)

상문조객을 참고한다. 신살 구조는 연지 기준 표를 참고한다.

조살(鳥殺)

일간을 극하는 경우 구설이 분분하고 불로 인해 화를 입는다. 신살 구조는 월지 기준 표를 참고한다.

죄지(罪至)

소송 정단에 흉하게 작용한다. 신살 구조는 월지 기준 표를 참고한다.

주살(酒殺)

주색으로 인해 화를 당한다. 신살 구조는 월지 기준 표를 참고한다.

지귀(支鬼)

일지를 극하는 것으로 신체가 손상된다. 신살 구조는 일지 기준 표를 참고한다.

지덕(支德)

덕의 한 종류이다. 지덕은 일지로부터 육진(六辰)이 되는 지지를 말한다. 오진(五辰)이라고도 하지만 육합·칠충 등에서 보듯이 역학에서는 일반적으로 지지를 따질 때 자신을 포함시켜 헤아리므로 육진이라고 하는 것이 맞다. 지덕은 흉은 없애고 길은 커지게 하는 작용을 한다. 신살 구조는 월지 기준 표를 참고한다.

지살(地殺)

십이신살을 참고한다. 신살 구조는 일지 기준 표를 참고한다.

지의(地醫)

치료의 신이다. 천의·지의가 앉는 방향에서 의사나 약을 구한다. 또한 천의·지의가 생하는 지지의 연월일이 치료가 되는 시기이고, 극하는 지지가 잘못되는 시기다. 신살 구조는 월지 기준 표를 참고한다.

지의(支儀)

길은 더 크게 하고 흉은 없애주는 길신이다. 일간의 관귀가 되는 경우 길이 줄어든다. 의신과 같은 역할을 한다. 신살 구조는 일지 기준 표를 참고한다.

지저공망(地底空亡)

공망을 참고한다.

지주(地呪)

저주 당하고 방해 받는다. 신살 구조는 월지 기준 표를 참고한다.

지충(支沖)

육충과 같은 말이다. 합과 형충파해를 참고한다.

지파(支破)

육파와 같은 말이다. 합과 형충파해를 참고한다.

지형(支刑)

합과 형충파해를 참고한다.

직부(直符)

비부라고도 하며 여행 · 출행 등 모든 움직이는 일에 좋지 않다. 직부에 흉장이 타면 더욱 흉하며, 일덕이 타면 흉이 해소된다. 신살 구조는 일간 기준 표를 참고한다.

진공(眞空)

공망을 참고한다.

진신(進神)

진행을 계속하는 것이 좋으며 후퇴하는 경우 후회한다. 신살 구조는 일간 기준 표를 참고한다.

참수(斬首)

공망을 참고한다.

천강(天綱)

도난을 당한다. 신살 구조는 월지 기준 표를 참고한다.

천갱(天坑)

여행이나 출행을 하면 신체가 손상된다. 신살 구조는 월지 기준 표를 참고한다.

천계(天械)

직장·명예와 관련하여 흉한 일이 생긴다. 신살 구조는 월지 기준 표를 참고한다.

천계(天鷄)

기다리는 사람이 오고 소식도 온다. 신살 구조는 월지 기준 표를 참고한다.

천괴(天怪)

천재지변을 일으키는 살이다. 신살 구조는 월지 기준 표를 참고한다.

천구(天狗)

출산점에 흉하다. 신살 구조는 월지 기준 표를 참고한다.

천귀(天鬼)

질병과 사상(死傷)을 불러온다. ① 백호가 지상신에 있으면서 천귀를 띠고 일지를 극하면 집안에 환자가 있거나 질병이 겹쳐서 발생한다. ② 천귀가 연명이나 일간·일지상신 또는 초전에 있으면 재액이나 사상과 관련된 일이 있게 된다. ③ 필법(畢法)의 천귀일귀격(天鬼日鬼格)은 천귀가 일귀가 되어 육처에 나타났을 때 이루어진다. 일귀는 일간의 관귀를 말하며, 육처는 간상신과 지상신, 삼전 중의 초전과 말전, 연상신과 명상신을 말한다. 질병점에서 이 격이 되면 유행성 질병이나 홍역·열병에 전염되며, 천귀가 공망이 되면 홍역과 유사한 질병 증상이 나타났다가 치료되지만 두통·발열 등은 피할 수 없다. 신살 구조는 월지 기준 표를 참고한다.

천덕(天德)

덕의 한 종류이다. 생기를 받아들이고 흉재를 해소하며 길과의 길을 증가시키는 역할을 한다. 신살 구조는 월지 기준 표를 참고한다.

천덕합(天德合)

화를 복으로 바꾼다. 덕합(德合)이 삼전에 드는 경우 모든 일이 길하다. 신살 구조는 월지 기준 표를 참고한다.

천도(天盜)

도난을 당한다. 신살 구조는 일간 기준 표를 참고한다.

천뢰(天牢)

하늘 감옥으로 일진·연명상에 천뢰가 나타나면 구속된다. 신살 구조는 월지 기준 표를 참고한다.

천룡(天龍)

명예와 재물을 얻는다. 신살 구조는 월지 기준 표를 참고한다.

천마(天馬)

명리나 육효·육임·인사기문에서 모두 사용하며, 신살의 구조는 월지 기준 표를 참고한다. 다음 표에서 숫자는 기문둔갑에서의 홍국수를 가리킨다.

월	천마	수리
子·午월	寅	3
卯·酉월	申	9
寅·申월	午	7
巳·亥월	子	1
辰·戌월	戌	5
丑·未월	辰	5

(1) 천마의 의의

천마는 명리에서 택일 등에 이용하는데, 예를 들어 寅월에 午일을 택하여 출행한다. 육효에서는 寅월의 경우 오위(午位)가 천마가 된다. 기문둔갑에서는 사주 월지를 홍국지반수와 비교하여 해당 홍국수에 붙인다.

(2) 넓은 의미의 천마의 영향

① 기본적으로 벼슬을 구하고 취임하는 일, 출행 등에 좋은 길신이다. 기문둔갑에서 중궁 관귀가 천마를 만나는 경우 관귀의 기운이 강해진다고 본다.

② 천마는 큰 이동성을 나타낸다. 예를 들어 유년운에 두문과 천마를 볼 경우 형제들을 떠나서 홀로 사는 것으로 판단하고, 친지 간에 연락이 끊기는 일이 생기기도 한다. 아울러 천마는 사망에 영향을 미치기도 한다. 예를 들어, 육의격형(六儀擊刑)과 천마가 닿으면 사망하는 경우가 많다. 천마가 닿을 때 중병이 생길 소지가 많고 이로 인해 사망하는 경우도 있다.

(3) 육임에서 천마의 영향

① 천마는 기본적으로 길신이며 이동성을 뜻한다. 예를 들어 연명 午에 천마가 승하면 기다리는 사람과 관련된 일이다. 다른 예로 만약 현무가 천마·정신(丁神), 더 나아가 酉·戌·亥·子·丑 위에 임하면 적이 발견되지 않고 멀리 도망간다. 재물을 잃게 될지를 정단하는 경우 그 재물이 장생의 위에 있으면 재물을 잃지 않는다. 천마가 이동성을 나타내기는 하지만 복음과(伏吟課)로 사과삼전 중에 순내(旬內)의 정신 또는 천마·역마가 타는 경우에는 움직임이 없다.

② 천마는 관직과 관련이 있다. 육임에서 천마는 공적으로 채용되는 기쁨이 있고, 대살과 같이 있으면 일이 빨리 이루어진다. 이동과 변화에 모두 길하다. 천마가 申 또는 백호를 보면 반드시 움직임이 있으며, 申 또는 백호가 같이 있고 일간을 극하는 경우에는 물건을 잃어버린다. 다른 예로 卯·酉에 주작이 승하고 일간이 왕성하며, 구직의 유신이 나타나서 지(地)

를 얻고 그 위에 천마를 띠는 경우 관직이나 공직을 희망하면 빠른 시일 내에 얻을 수 있다. 현직에 있는 사람은 승진의 경사가 있다. 단, 천마가 辰 · 戌에 타면 기쁜 일이 없다.

③ 주인격(鑄印格)은 관록이 좋아지는 형상으로 과전에 태음이나 천마가 보이지 않으면 참다운 격이 아니며, 보통 사람에게는 재앙을 초래하고 매사에 늦게 성취된다.

(4) 좁은 의미의 천마

육임에서 午를 천마라고 부르는 경우도 있다. 다음의 헌개격(軒蓋格) 설명을 참고한다. 헌개격은 성공 · 발달의 상으로 午의 승광(勝光)이 초전이 되고, 중전 · 말전이 태충 · 신후에 해당되는 경우 이 격에 해당된다. 甲子일 卯시 자장(子將)과 같은 경우에 발용이 되는 午를 천마라고 한다. 중전의 卯는 태충에 해당되며, 卯를 천거(天車)라고도 한다. 이 격은 모든 일에 기쁨과 번창이 있고 재물을 얻는 격이다. 질병이 완쾌되고 기다리는 사람이 빨리 온다. 다른 사람과의 교섭이나 회합 등도 모두 순조롭게 진행되는 격이다.

천목(天目)

도주한 사람을 잡거나 사람을 찾는 데 좋은 신살이며, 전쟁이 있을 때 적이 있는 방향은 천목의 천반 입지(立支)다. 월염 · 대살 · 천목 · 운성 묘신(墓神) · 정신(丁神)은 육임의 신살 중 대표적인 흉살이다. 이러한 신살이 연명상신 · 간상신 · 지상신에 타는 경우를 흉괴격(凶怪格)이라고 한다. 이 격은 점사에서 반드시 흉한 일이 있다. 신살 구조는 월지 기준 표를 참고한다.

천사(天赦)

흉을 줄이고 길을 늘리는 살로 관사(官事)가 있는 사람은 사면을 받는다. 형살(刑殺)에 공망 · 황은 · 천사 등이 있으면 형량이 줄어든다. 신살 구조는 월지 기준 표를 참고한다.

천살(天殺)

십이신살을 참고한다. 신살 구조는 일지 기준 표를 참고한다.

천서(天書)

장사하는 사람에게는 재물의 이익이 있고, 관직에 있는 사람에게는 영전하는 기쁨이 있다. 신살 구조는 월지 기준 표를 참고한다.

천서(天鼠)

집에 쥐로 인해 해가 생긴다. 신살 구조는 월지 기준 표를 참고한다.

천시(天視)

지위가 올라간다. 도망간 사람을 붙잡을 수도 있다. 신살 구조는 월지 기준 표를 참고한다.

천신(天信)

소식이 있게 된다. 신살 구조는 월지 기준 표를 참고한다.

천양(天洋)

양(羊)에 관한 일이나 양모로 만든 옷에 대한 길흉을 보며, 상생이 되거나 길장이 타면 길하고 반대면 흉조다. 신살 구조는 월지 기준 표를 참고한다.

천옥(天獄)

주작이나 구진과 동궁하는 경우 옥에 갇히는 일이 생긴다. 신살 구조는 월지 기준 표를 참고한다.

천우(天牛)

말이나 소에게 괴질이 발생한다. 신살 구조는 월지 기준 표를 참고한다.

천의(天醫)

치료의 신으로 지의를 참고한다. 신살 구조는 월지 기준 표를 참고한다.

천이(天耳)

통신이 오게 하고 누군가를 추적하거나 찾는 데 길하다. 신살 구조는 월지 기준 표를 참고한다.

천인(天印)

취직하는 데 유리하며 매사에 전진하는 것이 좋다. 신살 구조는 월지 기준 표를 참고한다.

천재(天財)

재물 정단에 매우 길하다. 신살 구조는 월지 기준 표를 참고한다.

천저(天猪)

돼지에게 재해가 있다. 신살 구조는 월지 기준 표를 참고한다.

천적(天賊)

도난을 당하고 다른 사람으로부터 해를 입는다. 구조는 일간 또는 월지를 기준으로 한다. 신살 구조는 일간·월지 기준 표를 참고한다.

천전(天轉)

천전과 지전(地轉)은 여행이나 출행에 흉할 뿐만 아니라 매사에 흉하다. 그러나 고위직에 있는 사람에게는 영전하는 기쁨이 있다. 신살 구조는 월지 기준 표를 참고한다.

천조(天詔)

하늘의 조서를 받는 것처럼 혜택을 받는다. 신살 구조는 월지 기준 표를 참고한다.

천주(天呪)

다른 사람에게 화를 내고 저주할 일이 생긴다. 신살 구조는 월지 기준 표를 참고한다.

천중살(天中殺)

공망을 참고한다.

천차(天車)

출행이나 여행을 하면 도중에 재해를 당한다. 여행 정단시 천차가 연명을 극하면 차나 배가 전복된다. 더불어 행인의 안부를 보는 점사에서는 의혹격(疑惑格)과 함께 꺼리는 살이다. 신살 구조는 월지 기준 표를 참고한다.

천충(天沖)

합과 형충파해를 참고한다.

천측(天厠)

윗사람이 부정을 저지르는 상이다. 신살 구조는 월지 기준 표를 참고한다.

천파(天破)

질병 정단에 길하다. 육파와는 관련이 없으며, 신살 구조는 월지 기준 표를 참고한다.

천해(天解)

길흉이 이루어지는 것이 없다. 그러므로 흉사는 자연히 해결된다. 월지를 기준으로 하기도 하고 일간을 기준으로 하기도 한다. 신살 구조는 월지 기준 표를 참고한다.

천형(天刑)

관재(官災)를 당한다. 신살 구조는 월지 기준 표를 참고한다.

천호(天虎)

맹수로부터 해를 당한다. 신살 구조는 월지 기준 표를 참고한다.

천화(天火)

불로 인해 해를 입는다. 신살 구조는 월지 기준 표를 참고한다.

천희(天喜)

출산과 관련이 있으며, 재물을 구하는 일이나 취업에 좋을 뿐만 아니라 매사에 길하다. 참고로 천희가 있으면 남자아이를 낳으며, 출산 시기는 ① 출산월에 운성 태신을 육해(六害) 또는 형하는 날, ② 생기일, ③ 일간의 자식에 해당하는 식상이 장생인 날, ④ 일간의 운성이 양일(養日)인 날, ⑤ 천희일(天喜日), ⑥ 산모 출생년의 납음오행을 기준으로 납음오행의 운성 태신을 충파하는 날이다. 신살 구조는 월지 기준 표를 참고한다.

충(沖)

합과 형충파해를 참고한다.

태신(胎神)

십이운성을 참고한다. 신살 구조는 일간 기준 표를 참고한다.

태양(太陽)

태양 위에 청룡이 있는 경우 길이 오고 흉은 사라진다. 신살 구조는 연지 기준 표를 참고한다.

태음(太陰)

태음과 길장이 같이 있으면 결혼 등에 좋고, 흉장이 같이 있으면 구설과 재해가 따른다. 신살 구조는 연지 기준 표를 참고한다.

퇴신(退神)

후퇴하여 지키는 것이 좋고 전진하면 흉하다. 신살 구조는 일간 기준 표를 참고한다.

파(破)

합과 형충파해를 참고한다.

파쇄(破碎)

재산과 물질을 손상시키는 신이다. 초전에 태상과 파쇄가 타서 행년상신을 극하는 경우 재물에 대한 다툼이 생긴다. 그러나 말전이 태상이 승한 천신을 제압하는 경우에는 해결이 된다. 신살 구조는 월지 기준 표를 참고한다.

패신(敗神)

연살과 같은 살이다. 십이신살을 참고한다.

표미(豹尾)

지살·도화·표미 등의 세 방위는 흉방이지만, 표미의 경우 군대의 대장(大將)이 있으면 길방이다. 신살 구조는 연지 기준 표를 참고한다.

풍살(風殺)

강한 바람이 일어난다. 신살 구조는 월지 기준 표를 참고한다.

피마(披痲)

죽거나 다치는 일이 있다. 신살 구조는 월지 기준 표를 참고한다.

하상(下喪)

부하나 종업원 등 아랫사람의 상사(喪事)가 있다. 신살 구조는 월지 기준 표를 참고한다.

함지(咸池)

색란과 관련된 일이 있다. 火인 일간이 金인 초전을 극하며, 삼전에 육합 · 천후가 무력하고 함지가 있는 경우 연애결혼을 한다. 신살 구조는 일지 기준 표를 참고한다.

합(合)

합과 형충파해를 참고한다.

해(害)

합과 형충파해를 참고한다.

허성공(虛聲空)

공망을 참고한다.

헌원(軒轅)

다툼과 전쟁 · 내란이 있다. 신살 구조는 월지 기준 표를 참고한다.

현삭(懸索)

액사한다. 현색이라고도 한다. 신살 구조는 월지 기준 표를 참고한다.

현색(懸索)

현삭과 같은 말로 액사할 우려가 있다.

혈광(血光)

피를 보는 재액이 있다. 신살 구조는 월지 기준 표를 참고한다.

혈기(血忌)

질병이 치료되지 않게 하고 침구를 싫어하는 신이다. 필법부에서 이혈 양신격(二血養神格)은 운성 양신(養神)과 운성 태신(胎神)에 혈지(血支)와 혈기가 닿는 경우이다. 혈지와 혈기가 운성 태신을 극하면 출산점에서 순산을 뜻하지만, 임신의 안전면에서는 흉이 된다. 태신과 혈지·혈기의 글자가 같은 경우에도 마찬가지다. 단, 혈지와 혈기가 공망이 되는 경우에는 아무런 영향이 없다. 출산점에서 혈지와 혈기가 닿는 경우 남자아이를 낳는다. 신살 구조는 월지 기준 표를 참고한다.

혈지(血支)

출산과 임신을 주관한다. 질병이 치료되지 않게 하고 피를 보게 하며, 치료시 침구를 싫어하는 신이다. 혈기를 참고하며, 신살 구조는 월지 기준 표를 참고한다.

형(刑)

합과 형충파해를 참고한다.

화개(華蓋)

십이신살을 참고한다. 신살 구조는 일지 기준 표를 참고한다.

화광(火光)

등사·주작과 동궁하면서 일간을 극하면 내 몸에 손상이 있고, 지상을 극하는 경우에는 집안에 재해가 있다. 신살 구조는 월지 기준 표를 참고한다.

화귀(火鬼)

등사나 주작이 타서 일간을 극하는 경우 불로 인한 재해를 만난다. 신살 구조는 월지 기준 표를 참고한다.

화신(化神)

매사에 이루어지지 않는다. 신살 구조는 월지 기준 표를 참고한다.

황번(黃旛)

사람을 혼미하게 한다. 신살 구조는 월지 기준 표를 참고한다.

황서(皇書)

공명과 취직 등에 기쁨을 주는 신살이다. 예를 들어 초전 午에 귀인이 타고 황서·천조를 띠는 경우 재무와 관련된 일에 취직이 되며, 직업이 있는 사람은 승진한다. 신살 구조는 월지 기준 표를 참고한다.

황은(皇恩)

직장에서 영전하며, 형을 감면받을 수 있다. 소송점의 경우 형살(刑殺)이 있으면 형벌을 받게 되지만, 형살이 공망·황은·천사 등이면 형량이 줄어든다. 택방에서는 길방에 속한다. 신살 구조는 월지 기준 표를 참고한다.

회신(會神)

회신이 있는 경우 기다리는 사람이 온다. 신살 구조는 월지 기준 표를 참고한다.

효복(孝服)

상복을 입거나 불행한 일이 생긴다. 신살 구조는 월지 기준 표를 참고한다.

효장(孝杖)

자손의 신으로 자식을 뜻하는 식상에 타면 자식이 불행하다. 신살 구조는 월지 기준 표를 참고한다.

육임에서 사용하는 신살을 실제로 적용할 때 가장 많이 사용하는 연지·월지·일지·일간 기준으로 분류하여 가나다 순서로 정리하였다. 그러나 실제로 적용할 때는 사간과 사지를 모두 기준으로 하는 것이 많으므로 이 점을 참고한다.

1. 연지 기준

연지	子	丑	寅	卯	辰	巳	午	未	申	酉	戌	亥
대장군	酉	酉	子	子	子	卯	卯	卯	午	午	午	酉
백호	申	酉	戌	亥	子	丑	寅	卯	辰	巳	午	未
병부	亥	子	丑	寅	卯	辰	巳	午	未	申	酉	戌
복덕	酉	戌	亥	子	丑	寅	卯	辰	巳	午	未	申
삼살	未	辰	丑	戌	未	辰	丑	戌	未	辰	丑	戌
상문	寅	卯	辰	巳	午	未	申	酉	戌	亥	子	丑
세군	子	丑	寅	卯	辰	巳	午	未	申	酉	戌	亥
세택	巳	午	未	申	酉	戌	亥	子	丑	寅	卯	辰
세파	午	未	申	酉	戌	亥	子	丑	寅	卯	辰	巳

	巳	午	未	申	酉	戌	亥	子	丑	寅	卯	辰
소모	巳	午	未	申	酉	戌	亥	子	丑	寅	卯	辰
장군	酉	酉	子	子	子	卯	卯	卯	午	午	午	酉
조객	戌	亥	子	丑	寅	卯	辰	巳	午	未	申	酉
태양	丑	寅	卯	辰	巳	午	未	申	酉	戌	亥	子
태음	戌	亥	子	丑	寅	卯	辰	巳	午	未	申	酉
표미	戌	未	辰	丑	戌	未	辰	丑	戌	未	辰	丑

2. 월지 기준

【ㄱ】

월지	子	丑	寅	卯	辰	巳	午	未	申	酉	戌	亥
간문	寅	巳	申	亥	寅	巳	申	亥	寅	巳	申	亥
간사	申	亥	寅	巳	申	亥	寅	巳	申	亥	寅	巳
간신	巳	巳	寅	寅	寅	亥	亥	亥	申	申	申	巳
갈산	寅	寅	巳	巳	巳	申	申	申	亥	亥	亥	寅
고골	巳	午	未	申	酉	戌	亥	子	丑	寅	卯	辰
고진	寅	寅	巳	巳	巳	申	申	申	亥	亥	亥	寅
과숙	戌	戌	丑	丑	丑	辰	辰	辰	未	未	未	戌
곡기	酉	戌	亥	子	丑	寅	卯	辰	巳	午	未	申
곡신	辰	辰	未	未	未	戌	戌	戌	丑	丑	丑	辰
관부	辰	巳	午	未	申	酉	戌	亥	子	丑	寅	卯
관신(管神)	戌	戌	丑	丑	丑	辰	辰	辰	未	未	未	戌
관신(關神)	戌	戌	丑	丑	丑	辰	辰	辰	未	未	未	戌
광영	辰	丑	戌	未	辰	丑	戌	未	辰	丑	戌	未
괴살	亥	丑	卯	巳	未	酉	亥	丑	卯	巳	未	酉
귀기	寅	子	丑	寅	子	丑	寅	子	丑	寅	子	丑
금당	酉	卯	辰	戌	巳	亥	午	子	未	丑	申	寅

【ㄴ】

월지	子	丑	寅	卯	辰	巳	午	未	申	酉	戌	亥
뇌공	申	巳	寅	亥	申	巳	寅	亥	申	巳	寅	亥

【ㄷ】

월지	子	丑	寅	卯	辰	巳	午	未	申	酉	戌	亥
대모	午	未	申	酉	戌	亥	子	丑	寅	卯	辰	巳
대살	子	亥	戌	酉	申	未	午	巳	辰	卯	寅	丑
대시	酉	午	卯	子	酉	午	卯	子	酉	午	卯	子
도신	庚	辛	庚	辛	甲	癸	壬	乙	丙	丁	戊	己
도침	申·酉	申·酉	亥·子	亥·子	亥·子	寅·卯	寅·卯	寅·卯	巳·午	巳·午	巳·午	申·酉

【ㅁ】

월지	子	丑	寅	卯	辰	巳	午	未	申	酉	戌	亥
만어	辰	巳	午	未	申	酉	戌	亥	子	丑	寅	卯
목살	子	丑	寅	卯	辰	巳	午	未	申	酉	戌	亥
묘문	巳	寅	亥	申	巳	寅	亥	申	巳	寅	亥	申
미혹	未	辰	丑	戌	未	辰	丑	戌	未	辰	丑	戌

【ㅂ】

월지	子	丑	寅	卯	辰	巳	午	未	申	酉	戌	亥
반격	辰	未	戌	丑	辰	未	戌	丑	辰	未	戌	丑
반혼	申·酉	申·酉	亥·子	亥·子	亥·子	寅·卯	寅·卯	寅·卯	巳·午	巳·午	巳·午	申·酉
병살	酉	戌	亥	子	丑	寅	卯	辰	巳	午	未	申
복골	子	酉	午	卯	子	酉	午	卯	子	酉	午	卯
복련	酉	戌	亥	子	丑	寅	卯	辰	巳	午	未	申

분묘	亥	子	丑	寅	卯	辰	巳	午	未	申	酉	戌
불살	亥	子	丑	寅	卯	辰	巳	午	未	申	酉	戌
비렴	申	酉	戌	巳	午	未	寅	卯	辰	亥	子	丑
비혼	酉	戌	亥	子	丑	寅	卯	辰	巳	午	未	申

【ㅅ】

월지	子	丑	寅	卯	辰	巳	午	未	申	酉	戌	亥
사귀	戌	未	辰	丑	戌	未	辰	丑	戌	未	辰	丑
사기	午	未	申	酉	戌	亥	子	丑	寅	卯	辰	巳
사마	子	子	卯	卯	卯	午	午	午	酉	酉	酉	子
사별	丑	丑	戌	戌	戌	未	未	未	辰	辰	辰	丑
사살	辰	巳	午	未	申	酉	戌	亥	子	丑	寅	卯
사족	子	亥	戌	酉	申	未	午	巳	辰	卯	寅	丑
사폐	午	午	酉	酉	酉	子	子	子	卯	卯	卯	午
산살	申	亥	寅	巳	申	亥	寅	巳	申	亥	寅	巳
살신	巳	巳	申	申	申	亥	亥	亥	寅	寅	寅	巳
삼구	戌	戌	丑	丑	丑	辰	辰	辰	未	未	未	戌
상거	午	午	酉	酉	酉	子	子	子	卯	卯	卯	午
상부	酉	酉	亥	亥	丑	丑	卯	卯	巳	巳	未	未
생기	子	丑	寅	卯	辰	巳	午	未	申	酉	戌	亥
성신	亥	寅	巳	申	亥	寅	巳	申	亥	寅	巳	申
성심	辰	戌	亥	巳	子	午	丑	未	寅	申	卯	酉
소살	未	辰	丑	戌	未	辰	丑	戌	未	辰	丑	戌
수사	卯	酉	戌	辰	亥	巳	子	午	丑	未	寅	申
신신	丑	寅	卯	辰	巳	午	未	申	酉	戌	亥	子

【ㅇ】

월지	子	丑	寅	卯	辰	巳	午	未	申	酉	戌	亥
액살	卯	辰	巳	午	未	申	酉	戌	亥	子	丑	寅
여재	巳	寅	亥	申	巳	寅	亥	申	巳	寅	亥	申
염대	午	巳	辰	卯	寅	丑	子	亥	戌	酉	申	未
예살	丑	戌	未	辰	丑	戌	未	辰	丑	戌	未	辰
오도	未	辰	丑	戌	未	辰	丑	戌	未	辰	丑	戌
옥우	申	寅	卯	酉	辰	戌	巳	亥	午	子	未	丑
왕망	戌	丑	寅	巳	申	亥	卯	午	酉	子	辰	未
욕분	丑	丑	辰	辰	辰	未	未	未	戌	戌	戌	丑
용신	丑	丑	辰	辰	辰	未	未	未	戌	戌	戌	丑
우사	午	酉	子	卯	午	酉	子	卯	午	酉	子	卯
우신	亥	亥	丑	丑	丑	子	子	子	戌	戌	戌	亥
원신	申	酉	戌	亥	子	丑	寅	卯	辰	巳	午	未
월간	未	戌	丑	辰	未	戌	丑	辰	未	戌	丑	辰
월귀	丑	戌	未	辰	丑	戌	未	辰	丑	戌	未	辰
월덕	壬	庚	丙	甲	壬	庚	丙	甲	壬	庚	丙	甲
월덕합	丁	乙	辛	己	丁	乙	辛	己	丁	乙	辛	己
월염	子	亥	戌	酉	申	未	午	巳	辰	卯	寅	丑
월파	午	未	申	酉	戌	亥	子	丑	寅	卯	辰	巳
유살	丑	寅	卯	辰	巳	午	未	申	酉	戌	亥	子
유신	戌	戌	丑	丑	丑	子	子	子	寅	寅	寅	戌
유화	亥	申	巳	寅	亥	申	巳	寅	亥	申	巳	寅
이신	亥	亥	寅	寅	寅	巳	巳	巳	申	申	申	亥

【ㅈ】

월지	子	丑	寅	卯	辰	巳	午	未	申	酉	戌	亥
장승	卯	子	酉	午	卯	子	酉	午	卯	子	酉	午
적신	子	子	卯	卯	卯	午	午	午	酉	酉	酉	子
전살	卯	辰	巳	午	未	申	酉	戌	亥	子	丑	寅
절상	亥	戌	酉	申	未	午	巳	辰	卯	寅	丑	子
정살	巳	午	未	申	酉	戌	亥	子	丑	寅	卯	辰
조살	卯	辰	巳	午	未	申	酉	戌	亥	子	丑	寅
죄지	亥	巳	午	子	未	丑	申	寅	酉	卯	戌	辰
주살	巳	寅	亥	申	巳	寅	亥	申	巳	寅	亥	申
지의	申	酉	戌	亥	子	丑	寅	卯	辰	巳	午	未
지주	申	未	午	巳	辰	卯	寅	丑	子	亥	戌	酉

【ㅊ】

월지	子	丑	寅	卯	辰	巳	午	未	申	酉	戌	亥
천강	巳	寅	亥	申	巳	寅	亥	申	巳	寅	亥	申
천갱	亥	子	丑	寅	卯	辰	巳	午	未	申	酉	戌
천계(天械)	戌	丑	辰	未	戌	丑	辰	未	戌	丑	辰	未
천계(天鷄)	亥	戌	酉	申	未	午	巳	辰	卯	寅	丑	子
천괴	卯	寅	丑	子	亥	戌	酉	申	未	午	巳	辰
천구	子	亥	戌	酉	申	未	午	巳	辰	卯	寅	丑
천귀	卯	子	酉	午	卯	子	酉	午	卯	子	酉	午
천덕	巳	庚	丁	申	壬	辛	亥	甲	癸	寅	丙	乙
천덕합	申	乙	壬	巳	丁	丙	寅	巳	戊	亥	辛	庚
천뢰	亥	子	丑	寅	卯	辰	巳	午	未	申	酉	戌
천룡	丑	寅	卯	辰	巳	午	未	申	酉	戌	亥	子
천마	寅	辰	午	申	戌	子	寅	辰	午	申	戌	子
천목	丑	丑	辰	辰	辰	未	未	未	戌	戌	戌	丑

천사	甲·子	甲·子	戊·寅	戊·寅	戊·寅	甲·午	甲·午	甲·午	戊·甲	戊·甲	戊·甲	甲·子
천서(天書)	申	酉	戌	亥	子	丑	寅	卯	辰	巳	午	未
천서(天鼠)	寅	丑	子	亥	戌	酉	申	未	午	巳	辰	卯
천시	寅	丑	子	亥	戌	酉	申	未	午	巳	辰	卯
천신	卯	午	酉	子	卯	午	酉	子	卯	午	酉	子
천양	巳	午	未	申	酉	戌	亥	子	丑	寅	卯	辰
천옥	巳	寅	亥	申	巳	寅	亥	申	巳	寅	亥	申
천우	亥	子	丑	寅	卯	辰	巳	午	未	申	酉	戌
천의	寅	卯	辰	巳	午	未	申	酉	戌	亥	子	丑
천이	未	未	戌	戌	戌	丑	丑	丑	辰	辰	辰	未
천인	巳	午	未	申	酉	戌	亥	子	丑	寅	卯	辰
천재	子	寅	辰	午	申	戌	子	寅	辰	午	申	戌
천저	丑	子	亥	戌	酉	申	未	午	巳	辰	卯	寅
천적	午	亥	辰	酉	寅	未	子	巳	戌	卯	申	丑
천전	未	申	酉	戌	亥	子	丑	寅	卯	辰	巳	午
천조	酉	戌	亥	子	丑	寅	卯	辰	巳	午	未	申
천주	卯	子	酉	午	卯	子	酉	午	卯	子	酉	午
천차	戌	戌	丑	丑	丑	辰	辰	辰	未	未	未	戌
천측	申	亥	寅	巳	申	亥	寅	巳	申	亥	寅	巳
천파	子	卯	午	酉	子	卯	午	酉	子	卯	午	酉
천해	戌	酉	申	未	午	巳	辰	卯	寅	丑	子	亥
천형	戌	子	寅	辰	午	申	戌	子	寅	辰	午	申
천호	子	丑	寅	卯	辰	巳	午	未	申	酉	戌	亥
천화	午	酉	子	卯	午	酉	子	卯	午	酉	子	卯
천희	未	未	戌	戌	戌	丑	丑	丑	辰	辰	辰	未

【ㅍ】

월지	子	丑	寅	卯	辰	巳	午	未	申	酉	戌	亥
파쇄	巳	丑	酉	巳	丑	酉	巳	丑	酉	巳	丑	酉
풍살	辰	卯	寅	丑	子	亥	戌	酉	申	未	午	巳
피마	午	卯	子	酉	午	卯	子	酉	午	卯	子	酉

【ㅎ】

월지	子	丑	寅	卯	辰	巳	午	未	申	酉	戌	亥
하상	丑	戌	未	辰	丑	戌	未	辰	丑	戌	未	辰
헌원	亥	戌	酉	申	未	午	巳	辰	卯	寅	丑	子
현삭	酉	午	卯	子	酉	午	卯	子	酉	午	卯	子
혈광	午	巳	辰	卯	寅	丑	子	亥	戌	酉	申	未
혈기	午	子	丑	未	寅	申	卯	辰	辰	戌	巳	亥
혈지	亥	子	丑	寅	卯	辰	巳	午	未	申	酉	戌
화광	子	亥	戌	酉	申	未	午	巳	辰	卯	寅	丑
화귀	卯	卯	午	午	午	酉	酉	酉	子	子	子	卯
화신	申	未	午	巳	辰	卯	寅	丑	子	亥	戌	酉
황번	辰	丑	戌	未	辰	丑	戌	未	辰	丑	戌	未
황서	亥	亥	寅	寅	寅	巳	巳	巳	申	申	申	亥
황은	卯	巳	未	酉	亥	丑	卯	巳	未	酉	亥	丑
회신	申	辰	未	戌	寅	亥	酉	子	丑	午	巳	卯
효복	辰	巳	午	未	申	酉	戌	亥	子	丑	寅	卯
효장	卯	辰	巳	午	未	申	酉	戌	亥	子	丑	寅

3. 일지 기준

일지	子	丑	寅	卯	辰	巳	午	未	申	酉	戌	亥
겁살	巳	寅	亥	申	巳	寅	亥	申	巳	寅	亥	申
교신	酉	辰	亥	午	丑	申	卯	戌	巳	子	未	寅
구신	卯	戌	巳	子	未	寅	酉	辰	亥	午	丑	申
금신	巳	丑	酉	巳	丑	酉	巳	丑	酉	巳	丑	酉
망신	亥	申	巳	寅	亥	申	巳	寅	亥	申	巳	寅
반안	丑	戌	未	辰	丑	戌	未	辰	丑	戌	未	辰
사신	卯	辰	巳	午	未	申	酉	戌	亥	子	丑	寅
역마	寅	亥	申	巳	寅	亥	申	巳	寅	亥	申	巳
연살	酉	午	卯	子	酉	午	卯	子	酉	午	卯	子
월살	戌	未	辰	丑	戌	未	辰	丑	戌	未	辰	丑
육해	卯	子	酉	午	卯	子	酉	午	卯	子	酉	午
장성	子	酉	午	卯	子	酉	午	卯	子	酉	午	卯
재살	午	卯	子	酉	午	卯	子	酉	午	卯	子	酉
지귀	辰·戌	卯	申	酉	寅	亥	子	卯	午	巳	寅	丑·未
지덕	巳	午	未	申	酉	戌	亥	子	丑	寅	卯	辰
지살	申	巳	寅	亥	申	巳	寅	亥	申	巳	寅	亥
지의	午	巳	辰	卯	寅	丑	未	申	酉	戌	亥	子
천살	未	辰	丑	戌	未	辰	丑	戌	未	辰	丑	戌
함지	酉	午	卯	子	酉	午	卯	子	酉	午	卯	子
화개	辰	丑	戌	未	辰	丑	戌	未	辰	丑	戌	未

4. 일간 기준

일간	甲	乙	丙	丁	戊	己	庚	辛	壬	癸
간기	午	巳	辰	卯	寅	丑	未	申	酉	戌
간합	未	申	戌	亥	丑	寅	辰	巳	未	巳
건록	寅	寅	巳	巳	巳	巳	申	申	亥	亥

관대	丑	丑	辰	辰	辰	辰	未	未	戌	戌
노도	未	午	申	亥	寅	未	午	申	亥	寅
목욕	子	子	卯	卯	卯	卯	午	午	酉	酉
묘신	未	未	戌	戌	戌	戌	丑	丑	辰	辰
문성	亥	亥	寅	寅	午	午	巳	巳	申	申
병신	巳	巳	申	申	申	申	亥	亥	寅	寅
사신	午	午	酉	酉	酉	酉	子	子	卯	卯
쇠신	辰	辰	未	未	未	未	戌	戌	丑	丑
양신	戌	戌	丑	丑	丑	丑	辰	辰	未	未
양인	酉	辰	午	未	午	未	酉	戌	子	丑
유도	丑	子	寅	巳	申	丑	子	寅	巳	申
은사	寅	辰	巳	未	巳	未	申	戌	亥	丑
의신	午	巳	辰	卯	寅	丑	未	申	酉	戌
일관	酉	申	子	亥	卯	寅	午	巳	未·丑	辰·戌
일귀	申	酉	亥	子	寅	卯	巳	午	辰戌	丑未
일덕	寅	申	巳	亥	巳	寅	申	巳	亥	巳
일록	寅	卯	巳	午	巳	午	申	酉	亥	子
일의	卯	亥	丑	未	巳	卯	亥	丑	未	巳
일충	申	戌	亥	丑	亥	丑	寅	辰	巳	未
장생	亥	亥	寅	寅	寅	寅	巳	巳	申	申
절신	申	申	亥	亥	亥	亥	寅	寅	巳	巳
제왕	卯	卯	午	午	午	午	酉	酉	子	子
직부	巳	辰	卯	寅	丑	午	未	申	酉	戌
진신	子·午	子·午	子·午	子·午	子·午	卯·酉	卯·酉	卯·酉	卯·酉	卯·酉
천도	子	亥	卯	申	巳	子	亥	卯	申	巳
천적	辰	午	申	亥	寅	辰	午	申	亥	寅
천해	亥	申	未	丑	酉	亥	申	未	丑	酉
태신	酉	酉	子	子	子	子	卯	卯	午	午
퇴신	丑·未	丑·未	丑·未	丑·未	丑·未	辰·戌	辰·戌	辰·戌	辰·戌	辰·戌

부록

1 * 일출·일몰 자연시 일람

2 * 필법부 100법 해설

3 * 720국 조식 일람

일출 · 일몰 자연시 일람

1. 일러두기

① 정확한 일출 · 일몰 시각과 자연시를 구하는 데 필요한 지역별 자연시 차이와 날짜별 자연시를 수록하였다.

② 육임에서는 지역별 · 날짜별 차이를 적용하여 정확한 일출 · 일몰 시각을 뽑은 후 일출 시각부터는 주귀인, 일몰 시각부터는 야귀인을 쓰는 것이 원칙이다.

③ 자연시를 적용할 때 정오시각을 기준으로 한다. 예를 들어 2007년 1월 1일 청주에 거주하는 사람을 정단하는 경우, 정오시각이 12시 35분 24초이고 청주 지역의 자연시 차이가 +18초이므로 청주의 정확한 자연시는 현재 쓰고 있는 시계시로 12시 35분 42초가 된다. 그러므로 이 날의 누시는 시계로 11시 35분 24초부터 13시 35분 23초이다.

2. 지역별 자연시 차이

자연시의 차이를 지역을 구분하여 가나다 순서로 정리한다.

【서울특별시】

+02:22

【강원도】

강릉시 -05:18	고성군 -03:38	동해시 -06:14	삼척시 -06:26
속초시 -04:06	양구군 -01:42	양양군 -04:30	영월군 -04:30
원주시 -01:34	인제군 -02:26	정선군 -04:12	철원군 +01:26
춘천시 -00:42	태백시 -05:42	평창군 -03:18	홍천군 -01:18
화천군 -00:34	횡성군 -01:42		

【경기도】

가평군 +00:06	강화군 +04:18	고양시 +02:54	과천시 +02:18
광명시 +02:50	광주시 +01:26	구리시 +01:38	군포시 +02:30
김포시 +03:26	남양주 +01:26	동두천 +01:58	부천시 +03:06
성남시 +01:42	수원시 +02:32	시흥시 +03:06	안산시 +02:58
안성시 +01:06	안양시 +02:34	양주군 +01:58	양평군 +00:14
여주군 -00:18	연천군 +01:54	오산시 +01:54	옹진군 +04:22
용인시 +01:22	의왕시 +02:26	의정부 +02:32	이천시 +00:26
인천시 +03:42	파주시 +03:06	평택시 +01:50	포천군 +01:26
하남시 +01:22	화성시 +02:10		

【경남】

거제시 -04:14	거창군 -01:26	고성군 -03:38	김해시 -05:18
남해군 -01:22	마산시 -04:02	밀양시 -04:46	부산시 -05:54
사천시 -02:02	산청군 -01:18	양산시 -05:54	의령군 -02:50
진주시 -02:02	진해시 -04:22	창녕군 -03:46	창원시 -04:26

통영시 -03:30	하동군 -00:46	함안군 -03:22	함양군 -00:38
합천군 -02:26			

【경북】

경산시 -04:42	경주시 -06:34	고령군 -02:50	구미시 -03:06
군위군 -04:02	김천시 -02:14	대구시 -04:06	문경시 -02:30
봉화군 -04:46	상주시 -02:22	성주군 -02:54	안동시 -04:38
영덕군 -07:14	영양군 -06:10	영주시 -04:14	영천시 -05:30
예천군 -03:34	울릉군 -13:06	울산시 -07:02	울진군 -07:18
의성군 -04:30	청도군 -04:50	청송군 -05:58	칠곡군 -03:22
포항시 -07:14			

【전남】

강진군 +03:10	고흥군 +01:06	곡성군 +01:06	광양시 -00:30
광주시 +02:38	구례군 +00:26	나주시 +03:22	담양군 +02:22
목포시 +04:42	무안군 +04:18	보성군 +01:54	순천시 +00:18
신안군 +05:42	여수시 -00:42	영광군 +04:10	영암군 +03:26
완도군 +03:14	장성군 +03:14	장흥군 +02:38	진도군 +05:10
함평군 +04:10	해남군 +03:50	화순군 +02:18	

【전북】

고창군 +03:26	군산시 +03:26	김제시 +02:26	남원시 +00:46
무주군 -00:22	부안군 +03:18	순창군 +01:42	완주군 +01:38
익산시 +02:26	임실군 +01:06	장수군 +00:10	전주시 +01:42
정읍시 +02:46	진안군 +00:34		

【제주】

남제주 +04:06	북제주 +04:06	서귀포 +03:58	제주시 +04:06

【충남】

공주시 +01:42	금산군 +00:22	논산시 +01:26	당진군 +03:46
대전시 +00:34	보령시 +03:06	부여군 +02:38	서산시 +04:26
서천군 +03:30	아산시 +02:10	연기군 +01:06	예산군 +02:54
천안시 +01:38	청양군 +02:58	태안군 +05:06	홍성군 +03:34

【충북】

괴산군 -00:46	단양군 -03:10	보은군 -00:38	영동군 -00:50
옥천군 -00:02	음성군 -00:30	제천시 -02:34	진천군 +00:30
청원군 +00:18	청주시 +00:18	충주시 -01:26	

3. 날짜별 자연시 일람

정오시각을 다음과 같이 연도별로 보면 단지 몇 초밖에 차이가 안 난다. 그러므로 다음에 실린 1~12월의 날짜별 자연시는 2007년을 기준으로 한다.

1950년	1월 1일	12:35:27
1960년	1월 1일	12:35:14
1970년	1월 1일	12:35:28
1980년	1월 1일	12:35:14
1990년	1월 1일	12:35:30

| 2000년 | 1월 1일 | 12:35:15 |
| 2010년 | 1월 1일 | 12:35:30 |

【1월】

날짜	일출시각	정오시각	일몰시각
1일	07:46:52	12:35:24	17:24:03
2일	07:47:02	12:35:52	17:24:50
3일	07:47:10	12:36:20	17:25:38
4일	07:47:16	12:36:47	17:26:28
5일	07:47:20	12:37:15	17:27:20
6일	07:47:21	12:37:41	17:28:12
7일	07:47:21	12:38:08	17:29:05
8일	07:47:19	12:38:33	17:30:00
9일	07:47:14	12:38:59	17:30:56
10일	07:47:08	12:39:23	17:31:53
11일	07:46:59	12:39:48	17:32:50
12일	07:46:49	12:40:11	17:33:49
13일	07:46:36	12:40:35	17:34:48
14일	07:46:21	12:40:57	17:35:49
15일	07:46:05	12:41:19	17:36:50
16일	07:45:46	12:41:40	17:37:51
17일	07:45:25	12:42:01	17:38:54
18일	07:45:03	12:42:21	17:39:57
19일	07:44:38	12:42:40	17:41:00
20일	07:44:11	12:42:58	17:42:04
21일	07:43:43	12:43:16	17:43:09
22일	07:43:12	12:43:33	17:44:14
23일	07:42:40	12:43:49	17:45:19
24일	07:42:06	12:44:04	17:46:24

25일	07:41:30	12:44:19	17:47:30
26일	07:40:51	12:44:33	17:48:36
27일	07:40:12	12:44:46	17:49:42
28일	07:39:30	12:44:58	17:50:49
29일	07:38:47	12:45:09	17:51:55
30일	07:38:02	12:45:19	17:53:01
31일	07:37:15	12:45:29	17:54:08

【2월】

날짜	일출시각	정오시각	일몰시각
1일	07:36:26	12:45:38	17:55:14
2일	07:35:36	12:45:46	17:56:21
3일	07:34:44	12:45:53	17:57:27
4일	07:33:51	12:45:59	17:58:34
5일	07:32:56	12:46:05	17:59:40
6일	07:31:60	12:46:09	18:00:46
7일	07:31:02	12:46:13	18:01:52
8일	07:30:03	12:46:17	18:02:58
9일	07:29:02	12:46:19	18:04:04
10일	07:27:60	12:46:21	18:05:10
11일	07:26:57	12:46:21	18:06:15
12일	07:25:52	12:46:21	18:07:20
13일	07:24:46	12:46:21	18:08:25
14일	07:23:39	12:46:19	18:09:30
15일	07:22:30	12:46:17	18:10:34
16일	07:21:21	12:46:14	18:11:39
17일	07:20:10	12:46:11	18:12:43
18일	07:18:58	12:46:07	18:13:46
19일	07:17:45	12:46:02	18:14:50

20일	07:16:31	12:45:56	18:15:53
21일	07:15:16	12:45:50	18:16:55
22일	07:13:60	12:45:43	18:17:58
23일	07:12:43	12:45:35	18:18:60
24일	07:11:25	12:45:27	18:20:01
25일	07:10:06	12:45:18	18:21:03
26일	07:08:46	12:45:09	18:22:04
27일	07:07:26	12:44:58	18:23:04
28일	07:06:05	12:44:48	18:24:05

【3월】

날짜	일출시각	정오시각	일몰시각
1일	07:04:42	12:44:37	18:25:05
2일	07:03:20	12:44:25	18:26:04
3일	07:01:56	12:44:13	18:27:03
4일	07:00:32	12:44:00	18:28:02
5일	06:59:07	12:43:47	18:29:01
6일	06:57:42	12:43:33	18:29:60
7일	06:56:16	12:43:19	18:30:58
8일	06:54:49	12:43:05	18:31:56
9일	06:53:22	12:42:50	18:32:53
10일	06:51:55	12:42:35	18:33:51
11일	06:50:27	12:42:20	18:34:48
12일	06:48:59	12:42:04	18:35:45
13일	06:47:30	12:41:48	18:36:41
14일	06:46:01	12:41:32	18:37:38
15일	06:44:32	12:41:15	18:38:34
16일	06:43:02	12:40:58	18:39:30
17일	06:41:33	12:40:41	18:40:26

18일	06:40:03	12:40:24	18:41:22
19일	06:38:32	12:40:07	18:42:18
20일	06:37:02	12:39:49	18:43:13
21일	06:35:32	12:39:32	18:44:09
22일	06:34:01	12:39:14	18:45:04
23일	06:32:30	12:38:56	18:45:59
24일	06:30:59	12:38:38	18:46:54
25일	06:29:29	12:38:20	18:47:48
26일	06:27:58	12:38:02	18:48:43
27일	06:26:27	12:37:44	18:49:37
28일	06:24:57	12:37:25	18:50:32
29일	06:23:26	12:37:07	18:51:26
30일	06:21:56	12:36:49	18:52:20
31일	06:20:25	12:36:31	18:53:15

【4월】

날짜	일출시각	정오시각	일몰시각
1일	06:18:55	12:36:13	18:54:09
2일	06:17:25	12:35:55	18:55:03
3일	06:15:56	12:35:37	18:55:57
4일	06:14:26	12:35:20	18:56:51
5일	06:12:57	12:35:02	18:57:45
6일	06:11:29	12:34:45	18:58:39
7일	06:10:00	12:34:28	18:59:33
8일	06:08:32	12:34:11	19:00:27
9일	06:07:05	12:33:54	19:01:21
10일	06:05:38	12:33:38	19:02:16
11일	06:04:11	12:33:22	19:03:10
12일	06:02:45	12:33:06	19:04:04

일출 · 일몰 자연시 일람

13일	06:01:20	12:32:50	19:04:59
14일	05:59:55	12:32:35	19:05:53
15일	05:58:31	12:32:20	19:06:47
16일	05:57:07	12:32:06	19:07:42
17일	05:55:44	12:31:52	19:08:37
18일	05:54:22	12:31:38	19:09:31
19일	05:53:01	12:31:25	19:10:26
20일	05:51:40	12:31:12	19:11:21
21일	05:50:20	12:30:59	19:12:16
22일	05:49:01	12:30:47	19:13:10
23일	05:47:43	12:30:35	19:14:05
24일	05:46:25	12:30:24	19:14:60
25일	05:45:09	12:30:13	19:15:55
26일	05:43:53	12:30:03	19:16:49
27일	05:42:39	12:29:53	19:17:44
28일	05:41:25	12:29:44	19:18:39
29일	05:40:12	12:29:35	19:19:33
30일	05:39:01	12:29:26	19:20:28

【5월】

날짜	일출시각	정오시각	일몰시각
1일	05:37:50	12:29:19	19:21:22
2일	05:36:41	12:29:11	19:22:17
3일	05:35:33	12:29:05	19:23:11
4일	05:34:26	12:28:58	19:24:06
5일	05:33:20	12:28:53	19:24:60
6일	05:32:15	12:28:47	19:25:54
7일	05:31:12	12:28:43	19:26:48
8일	05:30:10	12:28:39	19:27:42

9일	05:29:09	12:28:36	19:28:35
10일	05:28:09	12:28:33	19:29:29
11일	05:27:11	12:28:31	19:30:22
12일	05:26:15	12:28:29	19:31:15
13일	05:25:19	12:28:28	19:32:08
14일	05:24:26	12:28:27	19:33:00
15일	05:23:33	12:28:28	19:33:52
16일	05:22:43	12:28:28	19:34:44
17일	05:21:54	12:28:30	19:35:35
18일	05:21:06	12:28:32	19:36:26
19일	05:20:20	12:28:34	19:37:17
20일	05:19:35	12:28:37	19:38:06
21일	05:18:52	12:28:40	19:38:56
22일	05:18:11	12:28:44	19:39:45
23일	05:17:31	12:28:49	19:40:33
24일	05:16:53	12:28:54	19:41:20
25일	05:16:17	12:28:59	19:42:07
26일	05:15:42	12:29:05	19:42:53
27일	05:15:09	12:29:12	19:43:38
28일	05:14:38	12:29:19	19:44:22
29일	05:14:08	12:29:26	19:45:06
30일	05:13:40	12:29:34	19:45:49
31일	05:13:14	12:29:42	19:46:31

【6월】

날짜	일출시각	정오시각	일몰시각
1일	05:12:50	12:29:51	19:47:11
2일	05:12:27	12:29:60	19:47:51
3일	05:12:06	12:30:09	19:48:30

4일	05:11:47	12:30:19	19:49:08
5일	05:11:30	12:30:29	19:49:45
6일	05:11:15	12:30:40	19:50:20
7일	05:11:01	12:30:51	19:50:55
8일	05:10:49	12:31:02	19:51:28
9일	05:10:39	12:31:14	19:52:00
10일	05:10:31	12:31:25	19:52:31
11일	05:10:25	12:31:37	19:53:00
12일	05:10:20	12:31:50	19:53:29
13일	05:10:17	12:32:02	19:53:55
14일	05:10:16	12:32:15	19:54:21
15일	05:10:17	12:32:27	19:54:44
16일	05:10:20	12:32:40	19:55:07
17일	05:10:24	12:32:53	19:55:28
18일	05:10:30	12:33:06	19:55:47
19일	05:10:37	12:33:20	19:56:05
20일	05:10:46	12:33:33	19:56:21
21일	05:10:57	12:33:46	19:56:35
22일	05:11:10	12:33:59	19:56:48
23일	05:11:24	12:34:12	19:56:59
24일	05:11:39	12:34:25	19:57:08
25일	05:11:56	12:34:38	19:57:16
26일	05:12:15	12:34:50	19:57:22
27일	05:12:35	12:35:03	19:57:26
28일	05:12:56	12:35:15	19:57:28
29일	05:13:19	12:35:28	19:57:29
30일	05:13:44	12:35:40	19:57:27

날짜	일출시각	정오시각	일몰시각
1일	05:14:09	12:35:51	19:57:24
2일	05:14:36	12:36:03	19:57:19
3일	05:15:05	12:36:14	19:57:12
4일	05:15:34	12:36:25	19:57:04
5일	05:16:05	12:36:36	19:56:54
6일	05:16:37	12:36:46	19:56:41
7일	05:17:10	12:36:56	19:56:27
8일	05:17:44	12:37:06	19:56:12
9일	05:18:20	12:37:15	19:55:54
10일	05:18:56	12:37:24	19:55:35
11일	05:19:34	12:37:33	19:55:13
12일	05:20:12	12:37:41	19:54:50
13일	05:20:51	12:37:48	19:54:25
14일	05:21:32	12:37:55	19:53:59
15일	05:22:13	12:38:02	19:53:30
16일	05:22:55	12:38:08	19:53:00
17일	05:23:37	12:38:14	19:52:28
18일	05:24:21	12:38:19	19:51:54
19일	05:25:05	12:38:24	19:51:19
20일	05:25:49	12:38:28	19:50:42
21일	05:26:35	12:38:31	19:50:03
22일	05:27:20	12:38:34	19:49:22
23일	05:28:07	12:38:37	19:48:40
24일	05:28:54	12:38:38	19:47:56
25일	05:29:41	12:38:39	19:47:10
26일	05:30:29	12:38:40	19:46:23
27일	05:31:17	12:38:40	19:45:34

부록 1

― 일출 · 일몰 자연시 일람

28일	05:32:05	12:38:39	19:44:43
29일	05:32:54	12:38:38	19:43:51
30일	05:33:43	12:38:36	19:42:58
31일	05:34:33	12:38:33	19:42:03

【8월】

날짜	일출시각	정오시각	일몰시각
1일	05:35:22	12:38:30	19:41:07
2일	05:36:12	12:38:26	19:40:09
3일	05:37:02	12:38:22	19:39:09
4일	05:37:53	12:38:17	19:38:09
5일	05:38:43	12:38:12	19:37:07
6일	05:39:34	12:38:05	19:36:04
7일	05:40:25	12:37:59	19:34:59
8일	05:41:16	12:37:52	19:33:53
9일	05:42:07	12:37:44	19:32:46
10일	05:42:58	12:37:35	19:31:38
11일	05:43:50	12:37:26	19:30:28
12일	05:44:41	12:37:17	19:29:18
13일	05:45:32	12:37:07	19:28:06
14일	05:46:24	12:36:56	19:26:53
15일	05:47:15	12:36:45	19:25:39
16일	05:48:06	12:36:33	19:24:24
17일	05:48:58	12:36:21	19:23:08
18일	05:49:49	12:36:08	19:21:51
19일	05:50:40	12:35:55	19:20:33
20일	05:51:31	12:35:41	19:19:15
21일	05:52:22	12:35:27	19:17:55
22일	05:53:13	12:35:12	19:16:34

날짜	일출시각	정오시각	일몰시각
23일	05:54:04	12:34:57	19:15:13
24일	05:54:55	12:34:41	19:13:50
25일	05:55:45	12:34:25	19:12:27
26일	05:56:36	12:34:08	19:11:03
27일	05:57:26	12:33:51	19:09:39
28일	05:58:17	12:33:34	19:08:14
29일	05:59:07	12:33:16	19:06:48
30일	05:59:57	12:32:58	19:05:21
31일	06:00:47	12:32:39	19:03:54

【9월】

날짜	일출시각	정오시각	일몰시각
1일	06:01:38	12:32:21	19:02:26
2일	06:02:28	12:32:02	19:00:58
3일	06:03:18	12:31:42	18:59:29
4일	06:04:08	12:31:23	18:58:00
5일	06:04:58	12:31:03	18:56:30
6일	06:05:48	12:30:43	18:55:00
7일	06:06:38	12:30:23	18:53:30
8일	06:07:28	12:30:02	18:51:59
9일	06:08:18	12:29:42	18:50:28
10일	06:09:08	12:29:21	18:48:56
11일	06:09:58	12:28:60	18:47:25
12일	06:10:48	12:28:39	18:45:53
13일	06:11:38	12:28:18	18:44:21
14일	06:12:28	12:27:57	18:42:48
15일	06:13:18	12:27:35	18:41:16
16일	06:14:08	12:27:14	18:39:43
17일	06:14:58	12:26:53	18:38:10

날짜	일출시각	정오시각	일몰시각
18일	06:15:48	12:26:31	18:36:37
19일	06:16:38	12:26:10	18:35:04
20일	06:17:29	12:25:48	18:33:31
21일	06:18:19	12:25:27	18:31:58
22일	06:19:10	12:25:06	18:30:25
23일	06:20:00	12:24:45	18:28:53
24일	06:20:51	12:24:23	18:27:20
25일	06:21:42	12:24:02	18:25:47
26일	06:22:33	12:23:42	18:24:15
27일	06:23:24	12:23:21	18:22:42
28일	06:24:15	12:23:01	18:21:10
29일	06:25:07	12:22:40	18:19:38
30일	06:25:58	12:22:20	18:18:07

【10월】

날짜	일출시각	정오시각	일몰시각
1일	06:26:50	12:22:01	18:16:35
2일	06:27:43	12:21:41	18:15:04
3일	06:28:35	12:21:22	18:13:34
4일	06:29:28	12:21:03	18:12:04
5일	06:30:21	12:20:45	18:10:34
6일	06:31:14	12:20:27	18:09:05
7일	06:32:08	12:20:09	18:07:36
8일	06:33:02	12:19:52	18:06:08
9일	06:33:56	12:19:35	18:04:40
10일	06:34:51	12:19:19	18:03:13
11일	06:35:46	12:19:03	18:01:46
12일	06:36:41	12:18:47	18:00:21
13일	06:37:36	12:18:33	17:58:55

14일	06:38:32	12:18:18	17:57:31
15일	06:39:28	12:18:04	17:56:07
16일	06:40:25	12:17:51	17:54:44
17일	06:41:21	12:17:38	17:53:22
18일	06:42:19	12:17:26	17:52:01
19일	06:43:16	12:17:14	17:50:40
20일	06:44:14	12:17:03	17:49:21
21일	06:45:12	12:16:53	17:48:02
22일	06:46:10	12:16:43	17:46:44
23일	06:47:09	12:16:34	17:45:27
24일	06:48:08	12:16:25	17:44:12
25일	06:49:08	12:16:18	17:42:57
26일	06:50:07	12:16:10	17:41:43
27일	06:51:07	12:16:04	17:40:31
28일	06:52:08	12:15:58	17:39:20
29일	06:53:09	12:15:54	17:38:09
30일	06:54:10	12:15:50	17:37:01
31일	06:55:11	12:15:46	17:35:53

【11월】

날짜	일출시각	정오시각	일몰시각
1일	06:56:13	12:15:44	17:34:47
2일	06:57:15	12:15:42	17:33:42
3일	06:58:17	12:15:41	17:32:38
4일	06:59:19	12:15:41	17:31:36
5일	07:00:22	12:15:42	17:30:35
6일	07:01:25	12:15:44	17:29:36
7일	07:02:28	12:15:46	17:28:38
8일	07:03:31	12:15:50	17:27:42

9일	07:04:35	12:15:54	17:26:47
10일	07:05:38	12:15:59	17:25:54
11일	07:06:42	12:16:05	17:25:03
12일	07:07:46	12:16:11	17:24:13
13일	07:08:50	12:16:19	17:23:25
14일	07:09:53	12:16:27	17:22:38
15일	07:10:57	12:16:37	17:21:53
16일	07:12:01	12:16:47	17:21:10
17일	07:13:04	12:16:58	17:20:29
18일	07:14:08	12:17:09	17:19:50
19일	07:15:11	12:17:22	17:19:12
20일	07:16:14	12:17:35	17:18:37
21일	07:17:16	12:17:50	17:18:03
22일	07:18:19	12:18:04	17:17:31
23일	07:19:20	12:18:20	17:17:01
24일	07:20:22	12:18:37	17:16:33
25일	07:21:23	12:18:54	17:16:07
26일	07:22:24	12:19:12	17:15:43
27일	07:23:24	12:19:31	17:15:21
28일	07:24:24	12:19:50	17:15:01
29일	07:25:23	12:20:11	17:14:43
30일	07:26:21	12:20:32	17:14:27

【12월】

날짜	일출시각	정오시각	일몰시각
1일	07:27:19	12:20:53	17:14:14
2일	07:28:16	12:21:16	17:14:02
3일	07:29:12	12:21:39	17:13:52
4일	07:30:07	12:22:02	17:13:45

5일	07:31:02	12:22:27	17:13:40
6일	07:31:55	12:22:52	17:13:37
7일	07:32:48	12:23:17	17:13:36
8일	07:33:39	12:23:43	17:13:37
9일	07:34:29	12:24:09	17:13:40
10일	07:35:19	12:24:36	17:13:45
11일	07:36:06	12:25:03	17:13:53
12일	07:36:53	12:25:31	17:14:02
13일	07:37:38	12:25:59	17:14:14
14일	07:38:22	12:26:28	17:14:27
15일	07:39:05	12:26:56	17:14:43
16일	07:39:46	12:27:25	17:15:00
17일	07:40:25	12:27:54	17:15:20
18일	07:41:03	12:28:24	17:15:41
19일	07:41:39	12:28:53	17:16:05
20일	07:42:14	12:29:23	17:16:30
21일	07:42:47	12:29:53	17:16:57
22일	07:43:18	12:30:22	17:17:26
23일	07:43:48	12:30:52	17:17:57
24일	07:44:15	12:31:22	17:18:30
25일	07:44:41	12:31:52	17:19:04
26일	07:45:05	12:32:21	17:19:40
27일	07:45:27	12:32:51	17:20:18
28일	07:45:48	12:33:20	17:20:58
29일	07:46:06	12:33:50	17:21:39
30일	07:46:22	12:34:19	17:22:21
31일	07:46:37	12:34:48	17:23:05

필법부 100법 해설

1. 필법부 소개

육임에서 가장 많이 이야기되는 책이 명나라의 곽재래(郭載騋)가 지은 『육임대전(六壬大全)』이다. 그러나 그 내용이 방대하여 육임을 공부하는 이들이 핵심을 파악하기가 힘들며, 육임에 대한 모든 것이 망라되어 있어 실제적으로 각 과전을 해석할 때 어느 것을 어느 정도 적용하여야 할지 선택하기가 어렵다. 그 밖의 육임 서적들도 나름대로 특색 있는 내용들을 담고 있지만, 육임의 핵심을 파악하는 데는 능복지(凌福之)의 『필법부(畢法賦)』가 가장 적합하다.

『필법부』는 과전의 해석에 육임의 현란한 신살들을 거의 사용하지 않았다. 육임 과전에 있는 구성요소들의 기본적인 생극관계를 이용하고, 천장(天將)의 역할을 이해하기 쉽게 설명하였다. 또한 각 과전의 해석 방법에 합리적인 지침을 달아서 이용하는 데 매우 도움이 된다. 그러므로 과전을 실제로 해석할 때 도움이 되도록 『필법부』의 100법 해설을 요약 정리해본다.

필법에 나오는 격이름을 필법에서 찾아보기 쉽게 가나다 순서로 정리하였다. ( ) 안의 숫자는 각 격의 해석이 들어 있는 필법의 번호이다.

ㄱ

가법부정격(家法不正格_085)

가인해화격(家人解禍格_011)

간승묘호격(干乘墓虎格_061)

간지개패격(干支皆敗格_036)

간지공귀격(干支拱貴格_001)

간지공정일록격(干支拱定日祿格_001)

간지내외구합격(干支內外俱合格_022)

간지록마격(干支祿馬格_041)

간지동류격(干支同類格_095)

간지봉절격(干支逢絶格_079)

간지상신상합격(干支上神相合格_022)

간지상회격(干支相會格_022)

간지승묘격(干支乘墓格_088)

간지전승사격(干支全乘死格_080)

강색귀호격(罡塞鬼戶格_052)

개왕격(皆旺格_078)

견구불구격(見救不救格_094)

견극불극격(見剋不剋格_094)

견도부도격(見盜不盜格_094)

견생불생격(見生不生格_094)

견재무재격(見財無財格_094)

결절격(結絶格_100)

고거감래격(苦去甘來格_034)

고조격(顧祖格_073)

고진과숙격(孤辰寡宿格_064)

곡직화귀격(曲直化鬼格_043)

공귀격(拱貴格_001)

공록격(空祿格_067)

공상승공격(空上乘空格_016)

공재격(空財格_028)

관묘초용격(關墓初用格_065)

괴도천문격(魁度天門格_051)

교차공격(交車空格_021)

교차극격(交車剋格_021)

교차삼교격(交車三交格_021)

교차삼합격(交車三合格_021)

교차장생격(交車長生格_021)

교차충격(交車沖格_021)

교차탈격(交車脫格_021)

교차합재격(交車合財格_021)

교차해격(交車害格_021)

교차형격(交車刑格_021)

교호육합격(交互六合格_022)

구생격(俱生格_077)

구재급취격(求財急取格_028)

구재대획격(求財大獲格_032)

권섭부정격(權攝不正格_008)

권속풍영격(眷屬風盈格_029)

귀덕림신소제만화격

(貴德臨身消除萬禍格_011)

귀등천문격(貴登天門格_052)

귀복간지격(貴覆干支格_045)

귀살삼사격(鬼殺三四格_070)

귀색귀호격(貴塞鬼戶格_052)

귀승천을격(鬼乘天乙格_048)

귀인공망격(貴人空亡格_048)

귀인기탄격(貴人忌憚格_049)

귀인순치격(貴人順治格_046)

귀인역치격(貴人逆治格_046)

귀인임림격(貴人臨林格_044)

귀인입옥격(貴人入獄格_047)

귀인차오격(貴人差誤格_046)

귀인탈기격(貴人脫氣格_048)

귀입묘격(鬼入墓格_081)

귀적불범격(鬼賊不犯格_013)

귀탈승현격(鬼脫乘玄格_035)

금강격(金剛格_075)

금일봉정격(金日逢丁格_025)

길복음과(吉伏吟課_089)

길흉착오격(吉凶錯誤格_093)

ㄴ

나거취재격(懶去取財格_095)

나망격(羅網格_055)

낙이생우격(樂裏生憂格_034)

난변이격(難變易格_033)

내거구공격(來去俱空格_090)

내외효복격(內外孝服格_072)

녹량신격(祿糧神格_067)

녹신폐구격(祿神閉口格_067)

녹작폐구격(祿作閉口格_038)

녹피현탈격(祿被玄奪格_007)

ㄷ

답각공망격(踏脚空亡格_018)

답각진공격(踏脚眞空格_018)

덕귀합국생신격(德貴合局生身格_094)

덕록전묘격(德祿傳墓格_081)

덕상녹절격(德喪祿絕格_090)

덕입천문격(德入天門格_003)

독족격(獨足格_082)

두괴상가격(斗魁相加格_003)

ㅁ

마재호귀격(馬載虎鬼格_026)

말조초혜격(末助初兮格_037)

명암이귀격(明暗二鬼格_069)

목락귀근격(木落歸根格_075)

묘공격(墓空格_009)

묘문개격(墓門開格_062)

묘문중상격(墓門重喪格_072)

묘신부일(墓神覆日_056)

묘신생기격(墓神生氣格_065)

묘신태양격(墓神太陽格_009)

ㅂ

백의식시격(白蟻食尸格_095)

백호병증격(白虎病症格_067)

백호입상차격(白虎入喪車格_067)

백호혹승임축격(白虎或乘臨丑格_049)

병부택극격(病符宅剋格_071)

병부합구제사격(病符合舊諸事格_071)

병체난담하격(病體難擔荷格_068)

복공격(服空格_019)

복음중전공망격(伏吟中傳空亡格_089)

복태격(服胎格_019)

부구앙수격(俯丘仰讐格_085)

부귀패굴격(富貴敗屈格_043)

부부무음격(夫婦蕪淫格_064)

불행전자격(不行傳者格_082)

ㅅ

사과개공격(四課皆空格_074)

사묘극지격(蛇墓剋支格_062)

사반음괘(似返吟卦_090)

사손취익격(捨損取益格_033)

사수충택격(獅獸沖宅格_030)

사승살격(四勝殺格_075)

사시반본살(四時反本殺_004)

사익취손격(捨益就損格_009)

사취개불가격(捨就皆不可格_009)

사호둔귀격(蛇虎遁鬼格_025)

사호승정격(蛇虎乘丁格_025)

삼육상호격(三六相呼格_083)

삼전개공격(三傳皆空格_074)

삼전내전격(三傳內戰格_032)

삼전무기격(三傳無氣格_095)

삼전삼기격(三傳三奇格_042)

삼전일진내전격(三傳日辰內戰格_086)

삼전체생격(三傳遞生格_031)

삼전호극격(三傳互剋格_032)

삼현태격(三玄胎格_019)

상장조재격(上將助財格_032)

상조전봉격(喪弔全逢格_072)

상하구합격(上下俱合格_022)

상호승사격(上互乘死格_080)

생사격(生死格_067)

세파귀지격(歲破鬼支格_070)

소산격(小産格_019)

손잉격(損孕格_019)

손태격(損胎格_019)

수류추동격(水流趨東格_075)

수미상견격(首尾相見格_002)

수일봉정격(水日逢丁格_026)

수혼신(收魂神_067)

순내공망격(旬內空亡格_096)

신임정마격(信任丁馬格_089)

신장살몰격(神藏殺沒格_052)

심사격(尋死格_018)

십악대패일(十惡大敗日_096)

ㅇ

아괴성격(亞魁星格_003)

아구피사격(我求彼事格_024)

알구화출격(謁求禍出格_037)

양공협묘격(兩空夾墓格_053)

양구협묘격(兩勾夾墓格_053)

양귀공해격(兩貴空害格_045)

양귀수극격(兩貴受剋格_049)

양귀인종천간격(兩貴引從天干格_001)

양귀협묘격(兩貴夾墓格_053)

양면도격(兩面刀格_031)

양사협묘격(兩蛇夾墓格_053)

양상협묘격(兩常夾墓格_053)

양호협묘격(兩虎夾墓格_053)

양후협묘격(兩后夾墓格_053)

연여격(連茹格_067)

연희치병격(宴喜致病格_067)

염막귀인격(簾幕貴人格_003)

오양격(五陽格_005)

오음격(五陰格_006)

옥택관광격(屋宅寬廣格_030)

왕록가림격(旺祿加臨格_007)

왕주악인격(枉做惡人格_037)

외호이차야격(外好裏差枒格_022)

욕기옥우격(欲棄屋宇格_088)

욕분살(浴盆殺_067)

용가생기격(龍加生氣格_092)

용파신심격(用破身心格_058)

우녀상회격(牛女相會格_026)

우모격(憂母格_019)

우자격(憂子格_019)

우중다행격(憂中多幸格_034)

운량신격(運糧神格_067)

원소근단격(原消根斷格_003)

월염격(月厭格_019)

위중취재격(危中取財格_028)

유시무종격(有始無終格_033)

유여탈기격(有餘脫氣格_057)

육양격(六陽格_005)

육음격(六陰格_006)

육편판격(六片板格_067)

육효생간상격(六爻生干上格_095)

육효현괘(六爻現卦_095)

은다원심격(恩多怨深格_034)

의혹격(疑惑格_066)

이귀개공격(二貴皆空格_050)

이귀공년명격(二貴拱年命格_001)

이혈양신격(二血養神格_019)

이흉제흉격(二凶制凶格_100)

인귀위생격(引鬼爲生格_011)

인왕쇠택격(人旺衰宅格_029)

인입귀문격(人入鬼門格_067)

인재치화격(因財致禍格_027)

인처치병격(因妻致病格_067)

인택수탈격(人宅受脫格_035)

인택이화격(人宅罹禍格_025)

인택좌묘격(人宅坐墓格_087)

인희아우격(人喜我憂格_076)

일간인종격(日干引從格_001)

일지인종격(日支引從格_001)

일진근린격(日辰近隣格_022)

일희일비격(一喜一悲格_034)

ㅈ

자연모복격(子戀母腹格_019)

자재격(自在格_077)

작귀격(雀鬼格_032)

장봉내전격(將逢內戰格_086)

장상재흉격(長上災凶格_094)

장생입묘격(長生入墓格_081)

장생재신격(將生財神格_031)

장생탈기입묘격(長生脫氣入墓格_081)

재공승현격(財空乘玄格_035)

재둔귀격(財遁鬼格_027)

재승정마격(財乘丁馬格_026)

재신공망격(財神空亡格_014)

재신전묘격(財神傳墓格_081)

재작폐구격(財作閉口格_038)

재화귀격(財化鬼格_027)

전귀위생격(傳鬼爲生格_011)

전귀화재격(傳鬼化財格_028)

전묘입묘격(傳墓入墓格_081)

전상격(全傷格_019)

전상좌극격(全傷坐剋格_073)

전재태왕격(傳財太旺格_014)

전재화귀격(傳財化鬼格_027)

절사체(絶嗣體_067)

절신가생격(絶神加生格_079)

절체괘(絶體卦_067)

정신염목격(丁神厭目格_056)

제귀격(制鬼格_068)

조형장덕격(助刑戕德格_075)

주객형상격(主客刑上格_075)

주구상회격(朱勾相會格_070)

주야귀가격(晝夜貴加格_045)

주작격(朱雀格_003)

중귀수창격(衆鬼雖彰格_011)

지묘재성격(支墓財星格_066)

지상상생격(支上相生格_031)

지승묘호격(支乘墓虎格_062)

진여공망격(進茹空亡格_017)

진주작격(眞朱雀格_049)

진퇴양난격(進退兩難格_073)

진해리괘(眞解離卦_064)

ㅊ

차전환채격(借錢還債格_027)

착륜격(斲輪格_067)

착적불여간적격(捉賊不如趕賊格_039)

참관격(斬關格_090)

천거격(薦擧格_004)

천귀일귀격(天鬼日鬼格_070)

천망사장격(天網四張格_039)

천망자이격(天網自裏格_056)

천심격(天心格_002)

천의작호귀격(天醫作虎鬼格_068)

천장위구신격(天將爲求神格_011)

첩잉격(妾孕格_019)

체호작절격(遞互作絶格_079)

초말인종지지격(初末引從地支格_001)

초재격(招災格_037)

초조협극격(初遭夾剋格_085)

초중공지반귀인격

(初中拱地盤貴人格_001)

최관부(催官符_004)

최관사자(催官使者_004)

췌서격(贅壻格_029)

취환혼채격(取還魂債格_028)

ㅌ

탈공격(脫空格_016)

탈공격(脫空格_進茹 중_017)

탈기위구격(脫氣爲求格_011)

탈기입묘격(脫氣入墓格_081)

탈상봉탈격(脫上逢脫格_015)

탈재생기격(脫財生氣格_019)

태상간생격(太常干生格_026)

태상지생격(太常支生格_026)

태수극절격(胎受剋絶格_019)

태신좌장생격(胎神坐長生格_019)

태양사택격(太陽射宅格_060)

태양조무격(太陽照武格_039)

태양조현격(太陽照玄格_039)

태재사기격(胎財死氣格_020)

ㅍ

파패신임택격(破敗神臨宅格_036)

패려격(悖戾格_005)

폐구격(閉口格_038)

포계불투격(抱鷄不鬪格_037)

포도격(捕盜格_068)

피구아사격(彼求我事格_023)

피난도생격(避難逃生格_009)

피난도생득재격(避難逃生得財格_009)

피난불능격(避難不能格_009)

피아부상격(彼我負傷格_063)

피차시기해격(彼此猜忌害格_076)

ㅎ

한열격(寒熱格_067)

합중범살격(合中犯殺格_084)

혈염극택격(血厭尅宅格_030)

혈염병호작귀격(血厭病虎作鬼格_067)

협정삼전격(夾定三傳格_019)

호가호위격(狐假虎威格_012)

호귀가간격(虎鬼加干格_061)

호귀승마격(虎鬼乘馬格_091)

호림간귀격(虎臨干鬼格_091)

호묘격(虎墓格_067)

호생격(互生格_077)

호승둔귀격(虎乘遯鬼格_069)

호승묘신격(互乘墓神格_088)

호승정귀격(虎乘丁鬼格_067)

호시봉호격(虎視逢虎格_054)

호왕격(互旺格_078)

호좌구묘격(互坐丘墓格_087)

호태격(互胎格_019)

화강격(火强格_075)

화개일복격(華蓋日伏格_059)

화귀사작극택격(火鬼蛇雀尅宅格_025)

회환격(回環格_002)

효백개처두격(孝白盖妻頭格_072)

효시격(嚆矢格_067)

후목무용격(朽木無用格_010)

후합점혼격(后合占婚格_040)

흉괴격(凶怪格_025)

흉복음과(凶伏吟課_089)

희구격(喜懼格_094)

희구공망격(喜懼空亡格_094)

3. 필법부 전체 해설

다음은 필법부 100법을 번호 순서대로 설명한 것이다. 각 법마다 내용·구조·속국 등을 정리하였으며 이해를 돕기 위한 참고 내용도 덧붙였다.

001법 전후인종승천길(前後引從陞遷吉)

:: 일간인종격(日干引從格)

초전이 간상신의 앞에 있어서 인(引)이 되고, 말전이 간의 뒤에 있어서 종(從)이 되는 격이다. 다음 癸酉8국의 경우 간상신 午를 삼전이 巳·午·未로 인종하며, 간상신이 삼전의 중심에 있기 때문에 삼적(三賊)의

액(厄)을 없애는 상이다. 반드시 관직에서 승진하는 등 지위가 상승되는 길격이다. 속국으로는 庚辰8국·癸酉8국 등이 있다.

말전	중전	초전		4과	3과	2과	1과
己巳	甲子	辛未		辛未	丙寅	○亥	庚午
子	未	寅		寅	酉	午	癸(丑)

:: 일지인종격(日支引從格)

초전이 지상신의 앞에 있어서 인(引)이 되고, 말전이 지상신의 뒤에 있어서 종(從)이 된다. 집을 수리하여 이동하게 되는 길격이며, 부동산 매매에도 좋다. 다음 甲午8국의 경우 삼전이 일지상신 亥를 戌·亥·子로 인종한다. 사람은 발전하고 가택의 기운도 상승하는 상이다. 속국으로는 甲午8국·丁亥8국 등이 있다.

말전	중전	초전		4과	3과	2과	1과
戊戌	○巳	庚子		○辰	己亥	庚子	乙未
○巳	子	未		亥	午	未	甲(寅)

:: 초말인종지지격(初末引從地支格)

초전과 말전이 지상신을 끌어주고 밀어주는 관계다. 다음 己亥8국의 경우 초전과 말전이 지상신 辰을 卯·辰·巳로 인종하고 있다. 辰은 일간의 운성 묘(墓)이지만 중전이 辰戌충하여 열어주므로 아무 문제가 없다.

말전	중전	초전		4과	3과	2과	1과
癸卯	戊戌	○巳		丁酉	○辰	○巳	庚子
戌	○巳	子		○辰	亥	子	己(未)

다음의 丁亥8국도 초전과 말전이 지상신 辰을 卯·辰·巳로 인종하고

있으므로 초말인종지지격에 해당된다. 야점이나 주점 모두 백호로 흉한 것처럼 보이지만 중전에 등사가 있고 辰戌충으로 열어주므로 해가 되지 않는다. 이 경우 점인의 연상신이나 명상신에 戌이 있으면 그 영향이 강해지므로 더욱 좋게 본다.

말전	중전	초전
常空	蛇蛇	空常
辛卯	丙戌	癸巳
戌	巳	子

4과	3과	2과	1과
雀天	白白	空常	后合
乙酉	壬辰	癸巳	戊子
辰	亥	子	丁(○未)

다음은 丁酉11국이다. 연명상신이 戌일 경우에 丁의 귀인은 亥와 酉인데, 명상신이나 연상신이 戌일 경우 두 개의 귀인을 酉·戌·亥로 끼고 있는 것이므로 초말인종지지격에 해당된다. 이는 일을 추진하는 데 협조자를 얻어 성사시킴을 나타낸다.

말전	중전	초전
陰常	天陰	雀天
辛丑	己亥	丁酉
亥	酉	未

4과	3과	2과	1과
陰常	天陰	天陰	雀天
辛丑	己亥	己亥	丁酉
亥	酉	酉	丁(未)

초말인종지지격은 이사나 집수리에 좋다. 속국으로는 丁酉11국·丁亥8국·己亥8국(명상신과 연상신이 戌일 경우)이 있다.

:: 양귀인종천간격(兩貴引從天干格)

양귀·음귀가 간상(干上)을 허공에서 불러와 끼워 넣는 경우이다. 예를 들어 壬의 양귀는 卯로 말전에 있고 음귀는 巳로 초전에 있는데, 사이에 辰이 비어 있다. 마침 간상에 辰이 있어서 인종하는 것으로 다음 壬子8국의 경우이다. 이 격은 다른 사람과 제휴하는 것이 좋으며, 일을 추진하면서 다른 사람의 도움을 받는다. 만일 辰이 월장까지 된다면 더욱 확실하다. 간상이 辰으로 壬일의 운성 묘가 되지만 중전 戌이 辰戌충하므로 卯를 두려워할 필요가 없다. 이런 경우를 묘신부일(墓神覆日)이라고 한다.

말전	중전	초전
○卯	庚戌	乙巳
戌	巳	子

4과	3과	2과	1과
庚戌	乙巳	己酉	甲辰
巳	子	辰	壬(亥)

∷ 이귀공년명격(二貴拱年命格)

주야 귀인이 동시에 점인의 명상신이나 연상신을 사이에 두고 있는 경우이다. 예를 들어 다음 癸未8국의 경우로, 연명상이 辰인 경우 주야 귀인을 卯·辰·巳로 인종한다. 참고로 연명상 辰은 亥의 천반이 된다. 이 격은 다른 사람과 제휴하는 것이 좋으며, 일을 추진하면서 다른 사람의 도움을 받는다.

말전	중전	초전
陰天	龍龍	天陰
己卯	甲戌	辛巳
戌	巳	子

4과	3과	2과	1과
天陰	白合	空陳	蛇武
辛巳	丙子	乙亥	壬午
子	未	午	癸(丑)

∷ 간지공정일록격(干支拱定日祿格)

간상신과 지상신 사이에 일간의 녹을 끼고 있는 경우이다. 이 격은 취직을 하는 데 좋다. 다음 丁巳1국과 같은 경우이다. 그러나 丁巳1국은 복음격에 해당되므로 급격한 변화는 이룰 수 없으나, 암록격(暗祿格)이 되어 먹고 사는 데는 지장이 없다.

말전	중전	초전
甲寅	庚申	丁巳
寅	申	巳

4과	3과	2과	1과
丁巳	丁巳	己未	己未
巳	巳	未	丁(未)

이 격의 속국으로는 丁巳1국 · 己巳1국 · 癸亥1국이 있다.

:: 간지공귀격(干支拱貴格)

간지공야주귀격(干支拱夜晝貴格)이라고도 한다. 간상신과 지상신이 가운데에 귀인을 비워두고 있는 경우이다. 이 격은 일을 추진할 때 귀인의 협조를 얻기에 좋은 격이다. 다음 甲子1국의 경우 甲의 야귀는 丑인데 간상신과 지상신 사이에 丑을 비워두고 있으므로 간지공야주귀격에 해당된다.

말전	중전	초전
后白	雀陳	龍蛇
壬申	己巳	丙寅
申	巳	寅

4과	3과	2과	1과
白后	白后	龍蛇	龍蛇
甲子	甲子	丙寅	丙寅
子	子	寅	甲(寅)

이 격의 속국으로는 甲子1국_야점 · 己酉1국_야점 · 庚午1국_야점이 있다.

:: 초중공지반귀인격(初中拱地盤貴人格)

초전과 중전이 지반의 천을을 인종하는 경우이다. 이 격은 귀인의 도움을 받아서 일을 성사시키기에 좋은 격이다. 다음 庚午11국_야점과 같은 경우이다. 속국으로는 庚午3국_야점 · 庚午11국_야점 · 庚午12국_야점이 있다.

말전	중전	초전
后白	武武	白后
甲子	○戌	壬申
○戌	申	午

4과	3과	2과	1과
武武	白后	后白	武武
○戌	壬申	甲子	○戌
申	午	○戌	庚(申)

∷ 공귀격(拱貴格)

인종을 할 때 삼전의 가운데에 귀인이 있으므로 공귀격이라고 한다. 다음 庚辰8국_주점의 경우로 초전과 중전이 귀인 丑을 인종하므로 공귀격에 해당된다. 또한 이 국의 경우 삼전이 모두 지반에서 천반을 하극상(下剋上) 하므로 더 좋게 본다. 이 격은 관직에서 지위가 상승되며, 속국으로 庚辰8국_주점이 있다.

말전	중전	초전
蛇龍	空天	后白
丙子	癸未	戊寅
未	寅	○酉

4과	3과	2과	1과
后白	陳雀	白后	天空
戊寅	○酉	壬午	丁丑
○酉	辰	丑	庚(○申)

002법 수미상견시종의(首尾相見始終宜)

∷ 수미상견격(首尾相見格)

간상에 순수(旬首)가 있고 지상에 순미(旬尾)가 있는 경우, 또는 간상에 순미가 있고 지상에 순수가 있는 경우를 가리킨다. 주이복시격(周而復始格) 또는 일순주편격(一旬周遍格)이라고도 한다. 다음 乙未2국의 예를 본다. 乙未일은 甲午순에 해당된다. 순수인 甲午는 지상에 있고, 순미인 癸卯는 간상에 있으므로 수미상견격이다.

말전	중전	초전
甲午	癸卯	戊戌
未	○辰	亥

4과	3과	2과	1과
○巳	甲午	壬寅	癸卯
午	未	卯	乙(○辰)

이 격의 영향을 보면 공격의 경우 먼저 공격하는 쪽이 전쟁에서 반드시 승리한다. 순수와 순미가 뜻하는 것처럼 한 순(旬)이 끝날 때까지 일의 시작과 끝을 같이 하므로 점의 목적은 반드시 끝을 보게 된다. 처음과 끝이 계속 좋은 상태를 유지하며, 어떤 일이나 추진하면 성취한다. 단, 풀어야 할 일은 마치 순(旬) 안에 갇혀서 맴돌듯이 풀리지 않는다. 공명을 점칠 때는 공무원이 된다. 소송점은 국면의 전환이 필요하다. 단, 구속된 이가 풀려나는 일, 헤어지는 일은 처음 상태가 계속되는 격이므로 좋지 않다. 속국으로는 乙丑5국 · 乙未2국 · 丙寅6국 · 丙申3국 · 戊寅8국 · 戊申5국 · 辛丑8국 · 辛未11국 · 壬寅9국 · 壬申12국이 있다.

:: 천심격(天心格)

점단 연월일시가 사과 또는 삼전 안에 모두 나타나는 경우이다. 다음의 甲子2국과 같은 경우이다. 庚戌년 丑월 甲子일 丑시에 점단하는 경우 연월일시의 지지가 모두 사과에 있게 된다. 이 격은 글자 그대로 하늘의 뜻으로, 상식적인 일이 아닌 것이나 정치적인 일은 바로 또는 그 날로 성사된다. 그러나 평범한 일이나 속된 일 또는 출산 · 질병 · 소송 · 걱정 등에는 흉이 된다.

말전	중전	초전
○戌	○亥	甲子
○亥	子	丑

4과	3과	2과	1과
○戌	○亥	甲子	乙丑
○亥	子	丑	甲(寅)

:: 회환격(回環格)

삼전이 사과의 천반과 지지로만 이루어진 경우이다. 일간이나 일지가 삼합을 이루는 경우 이 격이 되는 것이 많다. 불비(不備)이지만 삼합이 되므로 불비격으로 보지 않는 것이 원칙이다. 다음의 辛亥2국과 같은 경우이다. 이 과는 세 과밖에 없으므로 불비과이며, 이 경우 반드시 부족한 점이 나타난다. 사과를 형성하지 못했다는 것은 일의 숨은 뜻이 드러나지 못했다는 것을 뜻한다.

회환격의 소망은 흉한 일을 점치면 흉사가 되고, 길한 일을 점치면 길사가 된다. 무슨 일이나 옛것을 지키는 것이 좋고 움직이면 좋지 않다. 즉, 현상 유지하고 변화를 추구하지 않는 것이 좋다. 사과는 현재 상황을 보고 삼전은 진행을 보는 곳인데, 이것이 같다는 것은 현재 처한 상황을 변화시키기 어렵다는 의미다. 질병은 잘 낫지 않고, 소송도 잘 풀리지 않는다. 결혼은 남자와 여자로 나누어 살펴볼 수 있다. ① 남자의 경우 지상신이 일간에 가해지면 결혼 문제. ② 여자의 경우는 기궁이 지상신에 가해지면 결혼 문제다. 그 길흉은 생극 · 공탈(空脫)과 형충파해 · 묘(墓) 등으로 자세히 정단한다. 속국으로는 丁卯5국 · 丁卯9국 · 丁亥5국 · 丁亥9국 · 己卯5국 · 己卯9국 · 己亥5국 · 己亥9국 · 辛亥2국이 있다.

003법 염막귀인고갑제(廉幕貴人高甲第)

:: 염막귀인격(簾幕貴人格)

말 그대로 발을 드리운 채 숨어 있는 귀인이 있다는 뜻이다. 즉, 주점에 야귀(夜貴)를 보고, 야점에 주귀(晝貴)를 보는 경우이다. 줄여서 막귀(幕貴)라고도 한다. 다음의 丁酉11국과 같은 경우이다.

말전	중전	초전
陰常	天陰	雀天
辛丑	己亥	丁酉
亥	酉	未

4과	3과	2과	1과
陰常	天陰	天陰	雀天
辛丑	己亥	己亥	丁酉
亥	酉	酉	丁(未)

염막귀인은 시험점에서 가장 중요하게 취급한다. 염막귀인이 간상이나 점인의 연명상에 있는 경우 높은 점수로 합격한다. 시험의 합격 여부는 일반인과 관직에 있는 사람으로 나누어 살펴본다. 일반인의 경우에는 합격하지만, 현직에 있는 경우에는 귀인이 발 뒤로 숨는 형상이므로 물러서는 일이 생긴다. 또한 염막귀인이 순수(旬首)가 되는 경우 그 영향이 더 강해져서 시험 등에 좋은 성적으로 합격한다. 선거점에서는 막귀가 丑・未에 타는 경우 당선된다.

속국은 다음과 같이 분류된다.

① 염막귀인이 순수가 되는 경우 : 乙丑9국_야점・乙卯9국_야점・乙巳9국_야점・乙未9국_야점・乙酉9국_야점・己丑8국_야점・己丑12국_주점・己卯8국_야점・己巳8국_야점・己巳12국_주점・己未12국_주점・己酉8국_야점・己酉12국_주점・己亥8국_야점・己亥12국_주점・庚子2국_주점・庚辰2국_주점・庚午2국_주점・庚申2국_주점・庚戌2국_주점・辛丑9국_야점・辛卯9국_야점・辛巳9국_야점・辛未9국_야점・辛酉9국_야점

② 염막귀인이 되는 국 : 간상에 있는 것만 소개한다. 甲子2국_주점・甲辰2국_주점・甲午2국_주점・甲申2국_주점・甲戌2국_주점・乙丑5국_주점・乙卯5국_주점・乙巳5국_주점・乙未5국_주점・乙酉5국_주점・乙亥5국_주점・丙子7국_주점・丙子9국_야점・丙寅9국_야점・丙辰7국_주점・丙辰9국_야점・丙午7국_주점・丙午9국_야점・丙申7국_주점・丙申9국_야점・丙戌7국_주점・丙戌9국_야점・丁丑9국_야점・丁丑11국_주점・丁卯11국_주점・丁巳9국_야점・丁巳11국_주점・丁未9국_야점・丁未11국_주점・丁酉9국_야점・丁酉11국_주점・丁亥9국_야점・

丁亥11국_주점 · 戊子5국_야점 · 戊子11국_주점 · 戊寅5국_야점 · 戊寅11국_주점 · 戊辰5국_야점 · 戊辰11국_주점 · 戊申5국_야점 · 戊申11국_주점 · 戊戌5국_야점 · 戊戌11국_주점 · 壬子7국_주점 · 壬子9국_야점 · 壬寅7국_주점 · 壬寅9국_야점 · 壬辰7국_주점 · 壬辰9국_야점 · 壬午7국_주점 · 壬午9국_야점 · 壬申7국_주점 · 壬申9국_야점 · 壬戌7국_주점 · 壬戌9국_야점 · 癸丑9국_야점 · 癸丑11국_주점 · 癸卯9국_야점 · 癸卯11국_주점 · 癸巳9국_야점 · 癸巳11국_주점 · 癸未9국_야점 · 癸未11국_주점 · 癸酉9국_야점 · 癸酉11국_주점 · 癸亥9국_야점 · 癸亥11국_주점

③ 염막귀인이 간상신에 있으나 공망이 되어 역할을 못 하는 경우 : 甲寅2국_주점 · 乙亥9국_야점 · 丙寅7국_주점 · 丁卯9국_야점 · 戊午5국_야점 · 戊午11국_주점 · 己卯12국_주점 · 己未8국_야점 · 庚寅2국_주점 · 辛亥9국_야점 · 壬子9국_공망 · 壬寅7국_공망 · 癸丑11국_공망 · 癸卯9국_공망

④ 염막귀인이 일간을 극하여 역할이 떨어지는 경우 : 辛卯5국_주점 · 辛丑5국_주점 · 辛巳5국_주점 · 辛未5국_주점 · 辛酉5국_주점 · 辛亥5국_주점 · 辛卯5국_주점인 경우는 공망이기도 하다.

⑤ 염막귀인이 묘신이 되어 역할이 떨어지는 국 : 甲子8국_야점 · 甲寅8국_야점 · 甲辰8국_야점 · 甲午8국_야점 · 甲申8국_야점 · 甲戌8국_야점 · 庚子8국_야점 · 庚寅8국_야점 · 庚辰8국_야점 · 庚午8국_야점 · 庚申8국_야점 · 庚戌8국_야점 · 庚申8국_야점인 경우는 공망이기도 하다.

:: 두괴상가격(斗魁相加格)

축가미(丑加未) · 미가축(未加丑) 하는 경우이다. 두괴격(斗魁格)의 괴(魁)는 귀(鬼)와 두(斗)가 합쳐진 글자이다. 28숙 중 丑은 두숙이 되고 未는 귀숙이 되는데, 이 두 자가 간상 또는 연명상에 있는 경우를 두괴격이라고 한다. 다음의 丁卯7국과 같은 경우이다. 이 격은 괴가 우두머리 수령을 뜻하므로 시험점에서 좋은 결과를 얻을 수 있다. 단, 공망이 되는 경우는 꺼린다.

말전	중전	초전
丁卯	癸酉	丁卯
酉	卯	酉

4과	3과	2과	1과
丁卯	癸酉	辛未	乙丑
酉	卯	丑	丁(未)

이 격의 속국은 ① 공망이 아닌 경우로 丁丑7국·丁卯7국·丁未7국·丁酉7국·丁亥7국·己丑7국·己卯7국·己巳7국·己酉7국·己亥7국·癸丑7국·癸卯7국·癸未7국·癸酉7국·癸亥7국이 있고, ② 공망인 경우로는 丁巳7국·己未7국·癸巳7국이 있다.

:: 아괴성격(亞魁星格)

아괴성은 종괴(從魁)를 말하니 즉 酉金을 가리킨다. 문명의 기운을 뜻하는 戌下괴를 따른다 하여 아괴라고도 한다. 이러한 酉가 간상신이나 연명상신으로 있으면 시험점에 좋은 역할을 한다. 다음의 壬戌3국과 같은 경우이다. 단, 공망이 되는 것을 꺼린다.

말전	중전	초전
甲寅	丙辰	戊午
辰	午	申

4과	3과	2과	1과
戊午	庚申	己未	辛酉
申	戌	酉	壬(亥)

속국은 다음과 같다.

① 공망이 아닌 경우 : 甲子6국·甲寅6국·甲辰6국·甲午6국·甲申6국·乙丑8국·乙卯8국·乙巳8국·乙未8국·乙酉8국·丙寅9국·丙辰9국·丙午9국·丙申9국·丙戌9국·丁卯11국·丁巳11국·丁未11국·丁酉11국·丁亥11국·戊子9국·戊辰9국·戊午9국·戊申9국·戊戌9국·己丑11국·己巳11국·己未11국·己酉11국·己亥11국·庚子12국·庚寅12국·庚午12국·庚申12국·庚戌12국·辛丑2국·辛卯2국·辛未2국·辛酉2국·辛亥2국·壬子3국·壬寅3국·壬辰3국·壬申3국·壬戌3국·癸丑5국·癸卯5국·癸巳5국·癸酉5국·癸亥5국

② 酉종괴가 공망이 되는 경우 : 甲戌6국 · 乙亥8국 · 丙子9국 · 丁丑11국 · 戊寅9국 · 己卯11국 · 庚辰12국 · 辛巳2국 · 壬午3국 · 癸未5국

:: 덕입천문격(德入天門格)

일덕(日德)이 천문(天門) 위로 발용이 되는 경우이다. 천문은 亥등명을 말한다. 이 격에 해당하는 경우 시험에 높은 점수로 합격한다. 단, 공망이 되는 것을 꺼린다. 다음의 丙戌7국과 같은 경우이다.

말전	중전	초전
癸巳	丁亥	癸巳
亥	巳	亥

4과	3과	2과	1과
丙戌	壬辰	癸巳	丁亥
辰	戌	亥	丙(巳)

이 격의 속국은 다음과 같다.

① 덕이 공망이 아닌 경우 : 丙辰7국 · 丙戌7국 · 丁亥1국 · 己亥10국 · 辛巳7국 · 辛未7국 · 辛亥7국 · 壬子1국 · 壬寅1국 · 壬辰1국 · 壬午1국 · 壬戌1국 · 癸巳7국 · 癸亥7국

② 덕이 공망인 경우 : 壬申1국 · 戊戌7국

:: 주작격(朱雀格)

진주작격(眞朱雀格)이라고도 한다. 辰 · 戌 · 丑 · 未년 己일에 주작이 午에 타는 경우이다. 다음의 己巳2국과 같은 경우이다.

말전	중전	초전
蛇白	雀空	合龍
乙丑	丙寅	丁卯
寅	卯	辰

4과	3과	2과	1과
合龍	陳陳	龍合	空雀
丁卯	戊辰	己巳	庚午
辰	巳	午	己(未)

이 격은 시험점인 경우 좋은 점수로 합격한다. 주작은 문서를 주관하

기 때문이다. 이 경우 화장(火將)인 주작의 오행이 연명과 일간을 생조하면 문장이 매우 뛰어나서 좋은 점수로 합격한다. 반대로 申·酉년처럼 연명을 극하는 경우에는 소송점에서 죄질이 매우 나빠서 사형까지 받을 수 있다고 본다. 또한 午가 염막귀인을 극하는 경우에는 시험에 오답을 하는 등 나쁜 영향을 미치고 불합격한다.

속국은 己일 午에 주작이 붙은 것을 기준으로 한 것이다. ① 午가 공망이 아닌 경우로 己丑2국_야점·己卯1국_야점·己卯2국_야점·己卯10국_야점·己巳2국·己未2국_야점·己酉2국_야점·己酉10국_야점·己亥2국_야점이 있고, ② 午가 공망인 경우로는 己丑10국이 있다.

∷ 원소근단격(原消根斷格)

원천이 없어지고 뿌리가 잘라진다는 격이다. 이 격은 과전이 모두 하생상(下生上) 하는 상황이다. 삼전이 사맹(四孟)인 寅·申·巳·亥이고 일간에서 생을 하는 경우에도 원소근단으로 보는 경우가 있지만, 일반적으로 과전의 하생상(下生上)을 원소근단격이라고 한다. 다음의 癸卯11국과 같은 경우이다. 이 국의 경우 연명이 寅이라면 주야귀인을 끼고 있어서 시험에 합격할 것 같으나 원소근단의 현상으로 시험에 합격하지 못한다. 참고로 원소근단은 사과가 모두 하생상(下生上) 하는 경우이며, 무록(無祿)은 사과가 모두 상극하(上剋下) 하는 경우이다. 또한 십악대패일(十惡大敗日)도 무록일이라고 한다.

말전	중전	초전
空常	陳空	雀陳
己亥	丁酉	乙未
酉	未	○巳

4과	3과	2과	1과
雀陳	天雀	天雀	陰天
乙未	○巳	○巳	癸卯
○巳	卯	卯	癸(丑)

원소근단격의 경우 소모되는 일이 너무 많아서 시험점에서 합격의 영광을 얻을 수 없다. 선거점의 경우도 마찬가지다. 또한 사업점이나 가택

점에도 이 과전이 나오면 진행이나 이전을 보류해야 한다. 주작격과 다소 비슷한 격이다. 시험은 반드시 통과하지만 입시 후에 병에 걸릴 수 있다고 판단하기도 한다. 참고로 원소근단과는 반대로 4상(四上)이 하(下)를 생하는 경우는 우로윤택격(雨露潤澤格)이라고 한다. 이 경우 선거점에서 일반인의 도움으로 당선된다. 속국으로는 癸卯11국 · 癸未11국 · 癸巳11국 · 辛卯11국 등이 있다.

004법 최관사자부관기(催官使者赴官期)

:: 최관사자(催官使者)

백호가 일간의 관귀에 붙어서 간상신 · 연명상신에 있는 경우에 이루어진다. 다음의 己亥5국_야점과 같은 경우이다.

말전	중전	초전
后合	合白	白后
己亥	癸卯	乙未
卯	未	亥

4과	3과	2과	1과
合白	白后	后合	合白
癸卯	乙未	己亥	癸卯
未	亥	卯	己(未)

이 격은 승진점이나 부임점에서 그 동안에 지지부진하던 일이 시기가 아닌데도 빨리 이루어진다. 출장 등도 신속하게 이루어진다. 단, 최관사자가 공망이 되는 경우에는 헛된 연락이 오며, 단순 구직인 경우 탈공망이 되면 구직이 가능하지만 오래 근무하지 못한다. 속국은 다음과 같다.

① 최관사자가 공망이 아닌 경우 : 己丑5국_야점 · 己卯5국_야점 · 己巳5국_야점 · 己未5국_야점 · 己亥5국_야점 · 壬子2국 · 壬寅2국 · 壬辰2국 · 壬午2국 · 壬戌2국 · 癸丑4국_주점 · 癸卯4국_주점 · 癸巳4국_주점 · 癸未4국_주점 · 癸亥4국_주점

② 최관사자가 공망인 경우 : 壬申2국 · 己酉5국_야점 · 癸酉4국_주점

:: 최관부(催官符)

간상·연명상에 일간의 관귀가 있고 삼전이 삼합을 하여 관귀를 생조하는 경우에 이루어진다. 다음의 乙巳9국과 같은 경우이다.

말전	중전	초전
乙巳	癸丑	己酉
丑	酉	巳

4과	3과	2과	1과
癸丑	己酉	壬子	戊申
酉	巳	申	乙(辰)

최관부는 영향이 최관사자와 비슷하다. 승진점이나 부임점에서 그 동안 지지부진하던 일이 시기가 아닌데도 신속하게 이루어진다. 출장 등의 일도 신속하게 이루어진다. 단, 최관부가 공망이 되는 경우에는 헛된 연락이 오며, 단순 구직인 경우 탈공망이 되면 가능하지만 오래 근무하지 못한다. 속국으로는 乙巳9국·丁丑9국·丁巳9국·己巳5국·己卯5국·己亥5국·己未5국·辛未5국·辛巳5국·辛卯5국(간상신과 관성이 공망)·辛亥5국·壬午5국·壬寅5국이 있다.

:: 천거격(薦擧格)

삼전·일진·연명에 인수가 있는 경우로 은주거천(恩主擧薦)이라고도 한다. 다음의 乙丑5국과 같은 경우이다.

말전	중전	초전
癸酉	乙丑	己巳
丑	巳	酉

4과	3과	2과	1과
己巳	癸酉	壬申	甲子
酉	丑	子	乙(辰)

천거격에 귀인이 있으면 그 영향이 더 강해지며, 특히 일간의 장생에 귀인이 있는 경우 추천 등으로 취직·승진이 가능하다. 그러나 귀인이 공망이 되면 영향이 없다. 속국은 다음과 같이 두 가지로 나누어볼 수 있다.

① 은주거천 중 간상신이 인수가 되고 귀인이 있는 경우 : 乙丑5국_야

점 · 乙巳5국_야점 · 乙未5국_야점 · 乙酉5국_야점 · 乙亥5국_야점 · 庚子2국_야점 · 庚子8국_주점 · 庚寅8국_주점 · 庚辰2국_야점 · 庚辰8국_주점 · 庚午2국_야점 · 庚午8국_주점 · 庚申2국_야점 · 庚戌2국_야점 · 庚戌8국_주점

② 은주거천 중 간상신이 인수가 되고 귀인이 있는 경우, 또는 공망이 되어 효력이 없는 경우 : 乙卯5국_야점 · 庚寅2국_야점 · 庚申8국_주점

005법 육양수족수공용(六陽數足須公用)

:: 육양격(六陽格)

과전의 지지가 모두 양인 경우로 다음의 庚子11국과 같은 경우이다.

말전	중전	초전
丙申	甲午	○辰
午	○辰	寅

4과	3과	2과	1과
○辰	壬寅	庚子	戊戌
寅	子	戌	庚(申)

육양격은 공적인 일에는 모두 이롭지만, 사적이고 음적인 일에는 해롭다. 또한 감추고 비밀로 하였던 일이 드러난다. 삼전이 낮에서 아침으로 가는 격이니 점차 일이 혼미해진다고 판단하기도 한다. 따라서 일반인이라면 재앙이 흩어지며, 한편으로는 고조격(顧祖格)이라고도 한다. 시세점에서 육음(六陰)인 경우에는 하락으로 보합이 되고, 육양(六陽)인 경우에는 상승세로 보합이 된다. 속국으로는 甲戌3국 · 庚子11국 등이 있다.

:: 패려격(悖戾格)

과전이 모두 양의 지지이고 간전(間傳)하는 경우이다. 즉, 지지가 한 칸씩 건너뛰는 경우이다. 패루격(悖淚格)이라고도 한다. 간전과(間傳課)에 속하며, 도발사(倒拔蛇)라고도 한다. 다음의 甲午3국과 같은 경우이다.

말전	중전	초전
甲午	丙申	戊戌
申	戌	子

4과	3과	2과	1과
壬寅	○辰	戊戌	庚子
○辰	午	子	甲(寅)

이 격은 삼전이 戌―申―午로 진행이 되는, 이른바 퇴간전의 경우이다. 즉, 밤에서 낮으로 진행하는 경우이다. 이 경우 사적으로 진행하던 일이 점차 공적인 일로 바뀌며 대부분의 상황이 힘들어진다. 아울러 지반子·戌·申은 음의 지지이고 戌·申·午는 양의 지지인 것도 참고한다. 재물점의 경우 戌 재성은 중전의 관성으로 진행이 되므로 재물과 관련된 일이 곤란해지고 고생한다. 속국으로는 甲午3국·甲戌3국 등이 있다.

∷ 오양격(五陽格)

과전에 양의 지지가 5개 있는 경우이다. 점인의 연명에서 일양(一陽)이 채워지면 육양격이 되며, 공적인 일에는 이롭고 사적인 일에는 좋지 않다.

006법 육음상계진혼미(六陰相繼儘昏迷)

∷ 육음격(六陰格)

육양격과 대비되는 격으로 과전이 모두 음의 지지로만 이루어진 경우이다. 다음의 己卯11국과 같은 경우이다.

말전	중전	초전
己卯	丁丑	乙亥
丑	亥	○酉

4과	3과	2과	1과
癸未	辛巳	乙亥	○酉
巳	卯	○酉	己(未)

육음격은 육양격과 달리 공적인 일보다는 사적인 일에 좋다. 또한 공적으로 하는 일이 혼미해진다. 소망점은 소모적이고 손실이 나타난다.

시세는 육음인 경우 하락세로 보합이며, 육양인 경우는 상승세로 보합이 된다. 육음인 경우 질병이 잘 치료되지 않는다. 속국으로는 己卯11국·己亥3국 등이 있다.

:: 오음격(五陰格)

육음격에서 음의 지지가 하나 부족하고, 점인의 연명에 음의 지지가 있는 경우이다. 육음격과 같이 공적인 일에는 불리하고 사적인 일에 이롭다. 또한 지위가 낮은 사람에게는 이익이 되지만 지위가 있는 사람에게는 좋지 않다.

007법 왕록임신도망작(旺祿臨身徒妄作)

:: 왕록가림격(旺祿加臨格)

일간의 왕신(旺神)이나 녹신(祿神)이 간상신으로 있는 경우로 다음의 乙卯2국과 같은 경우이다. 왕신이나 녹신이 공망이 되지 않고, 현무나 백호가 타고 있지 않으며, 둔간이 癸水가 아닐 때 순수하게 적용이 된다. 이 경우 점인은 왕록을 따라야 하므로 현재 상황에서 변화를 꾀하면 안 된다.

말전	중전	초전
癸亥	O子	O丑
O子	O丑	寅

4과	3과	2과	1과
O丑	甲寅	甲寅	乙卯
寅	卯	卯	乙(辰)

왕록가림격은 여러 가지 상황으로 나눠서 살펴본다.

① 간상신에 왕신과 녹신이 붙어 있는 과식 중 온전히 쓸 수 있는 국, 즉 현무·백호가 안 붙고 공망이 아니며 간상에 癸간이 안 붙은 경우이다. 왕신·녹신은 정오행법을 따른 것이다. 이 경우 점인은 왕록을 따라야 하므로 현재 상황에서 변화를 꾀하면 안 된다. 속국으로는 甲子1국·甲子12

국·甲寅1국·甲寅12국·甲午1국·甲申1국·甲申12국·甲戌1국·甲戌
12국·乙丑2국·乙卯2국·乙酉2국·乙亥2국·丙子1국·丙子12국·丙寅
1국·丙寅12국·丙辰1국·丙辰12국·丙午1국·丙午12국·丙申12국·丁丑
2국_야점·丁卯2국_야점·丁巳2국_야점·丁未2국_야점·丁酉2국_야점·
戊寅1국·戊寅12국·戊辰1국·戊辰12국·戊午1국·戊午12국·戊申1국·戊
申12국·戊戌12국·己卯2국·己巳2국·己未2국·己酉2국·己亥2국·庚子1
국_야점·庚子12국·庚寅1국_야점·庚寅12국·庚午1국_야점·庚申1국_
야점·庚申12국·庚戌1국_야점·庚戌12국·辛丑2국_야점·辛卯2국_야
점·辛酉2국_야점·辛亥2국_야점·壬子1국·壬寅1국·壬辰1국·壬午1
국·癸丑2국_주점·癸卯2국_주점·癸巳2국_주점·癸未2국_주점·癸
酉2국_주점이 있다.

② 왕록가림격이나 순공을 맞은 경우이다. 간상신에 왕신이나 녹신이
가림하였으나 순공이 되어 현재 상황을 버리고 새로운 재물이나 직장을
추구하는 것이 좋다. 다음의 癸亥2국과 같은 경우이다. 속국으로는 甲辰
1국·甲辰12국·乙巳2국·丙申1국·丙戌12국·丁亥2국·己丑2국·庚
辰1국·庚辰12국·辛巳2국·壬申1국·壬戌12국·癸亥2국이 있다.

말전	중전	초전
庚申	辛酉	壬戌
酉	戌	亥

4과	3과	2과	1과
辛酉	壬戌	癸亥	○子
戌	亥	○子	癸(○丑)

③ 왕록가림격이나 둔간이 癸水가 되는 경우에는 왕록을 버린다. 육계
(六癸)는 일명 폐구(閉口)로 마치 물 속에 가라앉아 있어 억울한 심사를 풀
길이 없는 것처럼 본다. 이 경우 점인은 폐구된 왕록을 버리고 삼전의 상
황에 따라 새로운 일을 추구한다. 다음의 乙未2국과 같은 경우이다. 속국
으로는 甲午12국·乙未2국·丙戌1국·戊子1국·庚午12국·辛未2국·壬
戌1국이 있다.

말전	중전	초전
甲午	癸卯	戊戌
未	○辰	亥

4과	3과	2과	1과
○巳	甲午	壬寅	癸卯
午	未	卯	乙(○辰)

:: 녹피현탈격(祿被玄奪格)

왕록가림격이나 간상에 백호 또는 현무가 타고 있는 경우로 그 녹을 취하지 못한다. 이 경우 삼전의 상태로 점의 길흉을 따진다. 다음의 辛卯 2국과 같은 경우이다.

말전	중전	초전
武白	陰空	后龍
丁亥	戊子	己丑
子	丑	寅

4과	3과	2과	1과
后龍	天陳	空陰	白武
己丑	庚寅	甲申	乙酉
寅	卯	酉	辛(戌)

속국으로는 丁丑2국_주점 · 丁卯2국_주점 · 丁巳2국_주점 · 丁未2국_주점 · 丁酉2국_주점 · 庚子1국_주점 · 庚寅1국_주점 · 庚午1국_주점 · 庚申1국_주점 · 庚戌1국_주점 · 辛丑2국_주점 · 辛卯2국_주점 · 辛未2국_주점 · 辛酉2국_주점 · 辛亥2국_주점 · 壬子12국 · 壬寅12국 · 壬辰12국 · 壬午12국 · 壬申12국 · 癸丑2국_야점 · 癸卯2국_야점 · 癸巳2국_야점 · 癸未2국_야점 · 癸酉2국_야점이 있다.

008법 권섭부정록임지(權攝不正祿臨支)

:: 권섭부정격(權攝不正格)

일간의 녹신이 지상에 가해져서 역할을 못 하는 경우이다. 이 경우 가정에 간 녹신이 방해를 받거나 역할을 못 하므로 그 복이 부채 등으로 변하여 없어진다. 지록극격(支祿剋格)도 권섭부정격의 하나로, 지상에 앉아 있는 녹신이 운성 묘신에 앉거나 일지에서 녹신을 상극 또는 탈기하는 경우를 가리킨다.

말전	중전	초전		4과	3과	2과	1과
龍武	蛇龍	武蛇		武蛇	龍武	天陳	常天
丁酉	辛丑	O巳		O巳	丁酉	壬寅	甲午
丑	O巳	酉		酉	丑	午	辛(戌)

주야	空陰	龍武	陳常	合白	雀空	蛇龍	天陳	后合	陰雀	武蛇	常天	白后
천반	丙申	丁酉	戊戌	己亥	庚子	辛丑	壬寅	癸卯	O辰	O巳	甲午	乙未
지반	子	丑	寅	卯	O辰	O巳	午	未	申	酉	戌	亥

위의 辛丑5국과 같은 경우이다. 일간 辛의 녹신 酉가 일지 丑 위에 있으나 酉의 입장에서 보면 丑은 운성 묘가 되므로 권섭부정에 해당된다. 또, 야점일 경우 간상신 관귀에 천을이 앉아 신지격(神祇格)에도 해당된다. 위 국의 경우 일지 丑에서 삼전이 巳·酉·丑 종혁에 토생금(土生金)으로 설기가 되면 가택으로 인한 채무가 있다. 또한 간상신과 지상신의 둔간이 관귀이므로 사람과 집에 움직임이 있고, 일간의 음신인 재성을 유신삼전법으로 봐도 말전에 戌이 있으므로 재물에 대한 목적이 달성되지 않음을 알 수 있다.

속국을 몇 가지 경우로 나누어 살펴본다.

① 지상신에 녹신이 있는 경우로 공망이 있는 것도 포함한다. 속국으로는 甲子11국·甲寅1국·甲辰3국·甲午5국·甲申7국·甲戌9국·乙丑11국·乙卯1국·乙巳3국·乙未5국·乙酉7국·乙亥9국·丙子8국·丙寅10국·丙辰12국·丙午2국·丙申4국·丙戌6국·丁丑8국·丁卯10국·丁巳12국·丁未2국·丁酉4국·丁亥6국·戊子8국·戊寅10국·戊辰12국·戊午2국·戊申4국·戊戌6국·己丑8국·己卯10국·己巳12국·己未2국·己酉4국·己亥6국·庚子5국·庚寅7국·庚辰9국·庚午11국·庚申1국·庚戌3국·辛丑5국·辛卯7국·辛巳9국·辛未11국·辛酉1국·辛亥3국·壬子2국·壬寅4국·壬辰6국·壬午8국·壬申10국·

壬戌12국・癸丑2국・癸卯4국・癸巳6국・癸未8국・癸酉10국・癸亥12
국이 있다.

② 권섭부정격 중 공망이 아니며 일지가 지상신을 극하는 것으로는 甲
申7국・乙酉7국・丙子8국・戊子8국・己亥6국・壬戌12국・癸未8국・
癸丑2국이 있다.

③ 권섭부정격 중 공망이 아니며 지상 생 일지하는 것으로는 甲午5국・
丙戌6국・丙辰12국・丁未2국・丁丑8국・戊辰12국・己未2국・庚子5국・
庚午11국・辛亥3국・壬寅4국・癸卯4국이 있다.

④ 권섭부정격 중 공망이 아니며 일지가 묘신인 것으로는 辛丑5국이
있다.

009법 피난도생수기구(避難逃生須棄舊)

∷ 피난도생격(避難逃生格)

피난생격(避難生格)이라고도 한다. 어려움 속에서 생을 찾을 수 있는
국으로 다음과 같은 경우이다.

① 일간이 생지(生地)에 있어 기운이 있는 경우로 甲子11국과 같은 경
우이다.

② 일간을 설기하는 요소가 간상신으로 있어도 그 간상신이 장생지에
있으면 설기할 필요가 없어지므로 피난도생격이 된다. 庚子9국과 같은
경우이다.

③ 본명상신에 정신(丁神)이 둔간으로 있고 장생지에 있는 경우 피난도
생격이 된다. 본명상신에 정신이 있는 경우 동요가 일어나는데 장생지에
있으면 장생의 기운을 받기 때문이다. 예를 들어 명상신이 亥水인데 亥水
의 지반이 申金인 경우이다. 다음의 甲子11국과 같은 경우이다. 속국으로
는 甲子3국・甲子11국・戊午2국・己巳11국・庚子9국・庚辰9국・辛未
10국・辛酉12국・壬申10국이 있다.

말전	중전	초전
壬申	庚午	戊辰
午	辰	寅

4과	3과	2과	1과
戊辰	丙寅	庚午	戊辰
寅	子	辰	甲(寅)

:: 피난불능격(避難不能格)

간상신이 운성 묘가 되는 경우와 같이 삼전의 흉을 해결해주지 못하는 과전이다.

말전	중전	초전
庚寅	丙戌	○午
亥	○未	卯

4과	3과	2과	1과
癸巳	庚寅	己丑	丙戌
寅	亥	戌	丁(○未)

위의 丁亥10국과 같은 경우 간상신이 丁火 일간의 묘신이 되므로 초전으로 눈을 돌린다. 그러나 공망이므로 중전을 보는데 1과와 같이 묘신이 앉아 있다. 마지막으로 말전에 기대보지만 주점에는 현무가, 야점에는 백호인 흉장이 타고 있어서 의지처가 못 되므로 피난 불능이 된다. 또한 재물점의 경우 지상의 둔간 庚이 재성에 해당되므로 재물을 얻지만, 승한 천장으로 인해 분실·손해 등의 우려가 있으므로 조심해야 한다.

:: 피난도생득재격(避難逃生得財格)

피난취재격(避難取財格)이라고도 한다. 일간이 운성 묘에 있을 경우 삼전의 생기에 의지한다. 이 때 생기의 장소가 공망이면 이를 포기하고 다른 생기나 재물을 취하는 경우이다.

말전	중전	초전
戊寅	○酉	庚辰
○酉	辰	亥

4과	3과	2과	1과
庚辰	乙亥	○酉	庚辰
亥	午	辰	壬(亥)

위의 壬午8국은 일간의 간상신이 辰土이므로 묘신이 되고, 초전도 마찬가지다. 명주는 이를 취할 수가 없으므로 중전을 바라보지만 순공(旬空)이 되고, 말전은 설기가 되어 취하지 못한다. 그러나 일간은 일지 午火 재물을 취할 수 있다. 일간 기궁이 일지상신에 있고 午를 취하여 어려움을 피하므로 득재격이 된다. 위 국의 경우는 재물의 유신이 과전에 없어서 재물을 얻기 어렵지만 재성이나 청룡의 지반 방위로 가면 재물을 얻을 수 있다.

∷ 묘공격(墓空格)

간상신이 운성 묘이며 공망이 되는 경우로 아무것도 이루어지지 않는다.

말전	중전	초전
辛酉	戊午	乙卯
午	卯	○子

4과	3과	2과	1과
乙卯	○子	丙辰	○丑
○子	酉	○丑	辛(戌)

위의 辛酉10국은 묘공격이며, 초전 공망은 과숙(寡宿)이라 하여 결혼점에 흉하다. 간지상신이 子丑으로 합을 하지만 쌍공망이므로 합을 해도 중간에 파란이 있다. 속국으로는 甲申8국·乙酉10국·丙寅8국·丙辰5국·丙辰6국·丁卯10국·丁巳7국·戊辰8국·戊午5국·己巳10국·己未7국·庚午10국·庚申8국·辛酉10국·壬寅8국·癸卯10국이 있으며, 모두 양순음역의 방법을 안 쓴 것이다.

∷ 묘신태양격(墓神太陽格)

간상신이 운성 묘가 되지만 묘신이 월장인 경우이다. 소망점의 경우 연장자나 윗사람의 도움으로 어려운 가운데도 작게 이룰 수 있다.

이익을 버리고 손해를 취하는 격이다. 일명 불수복덕격(不受福德格)
이라고 한다.

말전	중전	초전
陳空	蛇合	陰天
己亥	壬寅	○巳
寅	○巳	申

4과	3과	2과	1과
白武	陳空	陰天	白武
丙申	己亥	○巳	丙申
亥	寅	申	壬(亥)

위의 壬寅4국의 경우, 일간 壬水는 편안히 간상신 장생의 생조를 바라
면 되는데 지상신으로 임하여 일지 寅木에게 설기를 당한다. 즉, 이익을
버리고 손해를 취하는 격이 되는 것이다. 간지상신이 역마 · 건록을 만나
는 것은 재물을 취할 수 있는 징조이지만, 녹신이 지상에 있어서 권섭부
정(權攝不正)이 되므로 그 녹을 취하지 못하고, 육해가 있어서 일을 추진
하며 서로 의심한다. 길흉 측면에서 보면 간상신의 백호 · 현무는 흉장이
지만 일간을 금생수(金生水) 하여 생하므로 불행 중 다행인 상황이다.

:: 사취개불가격(捨就皆不可格)

버릴 것도 취할 것도 없는 상황을 말한다. 일간은 지상신으로 임하여
설기를 당하고, 간상의 생조하는 기운도 순공을 맞은 경우이다.

말전	중전	초전
○辰	丙申	庚子
申	子	○辰

4과	3과	2과	1과
○辰	丙申	庚子	○辰
申	子	○辰	庚(申)

위의 庚子5국은 간상신은 공망이고, 일간 기궁 申이 지상신에 임하여
설기가 되므로 사취개불가격에 해당된다. 또한, 사과 중 한 과가 없어서
불비(不備)에 해당되므로 헛된 소모가 있다. 그러나 삼전이 삼합하므로

그 영향은 작다. 가정점의 경우 삼합으로 협력하는 상이지만 공망으로
인해 길한 가운데 흉한 상황이 된다.

010법 후목난리별작위(朽木難離別作爲)

:: 후목무용격(朽木無用格)

卯태충은 바퀴를 의미한다. 바퀴가 도끼인 申金을 얻어서 굴러가는 바
퀴로 완성되는 것과 같은 형상을 착륜과(斲輪課)라고 한다. 申金과 卯木
이 공망이 아니면 시험점·재물점인 경우 먼저는 흉하고 나중에는 길로
바뀐다. 그러나 卯木과 申金이 공망이 되면 바퀴를 만들 수 없으므로 흉
하게 봐서 이를 후목무용격 또는 후목불리격(朽木不利格)이라고 한다.
참고로 질병점인 경우 묘가신(卯加申) 또는 술가묘(戌加卯)가 되면 손발
이 다치거나 손발에 마비 증상이 나타난다.

말전	중전	초전
辛巳	甲戌	己卯
戌	卯	○申

4과	3과	2과	1과
己卯	○申	○酉	戊寅
○申	丑	寅	丁(未)

위의 丁丑6국의 경우는 초전 申金이 공망이 되므로 후목불리격이다.
또한 공명점의 경우, 초전이 공망이고 야점이면 천공이 타므로 공상공
(空上空)으로 모든 것이 헛되어 매사에 추구하지 말아야 한다. 착륜에 공
망이 있으므로 卯木은 썩은 나무가 되어 조각을 할 수 없다. 아직은 조각
할 시기가 아니다. 그러나 申·酉 공망의 자리를 벗어나면 다시 조각을
할 수 있다. 즉, 아직은 때가 아니므로 때를 기다렸다가 도모해야 한다.
또한 위 국의 경우 중전 戌이 일간의 묘신이 되는데, 이 경우 구륜재단
(舊輪再斷)이라고 하여 실직할 우려도 있다. 이 격의 속국을 두 가지로
나누어 살펴본다.

① 申金과 卯木이 공망이 안 되는 경우 : 乙丑6국·己丑6국·辛丑6국·

癸卯6국 · 癸亥6국

② 申金과 卯木이 공망이 되는 경우 : 丁丑6국 · 癸丑6국 · 癸未6국

011법 중귀수창전부외(衆鬼雖彰全不畏)

:: 중귀수창격(衆鬼雖彰格)

중귀수창격이 이루어지는 경우는 다음과 같다.

① 삼전이 관귀인데 간상이 식상이 되어 구신(救神)이 되는 경우

② 삼전이 관귀인데 지상이 식상이 되어 구신이 되는 경우 가인해화격(家人解禍格)이라고 한다.

③ 초전에 관귀가 탔는데 삼전에서 관인상생을 하는 경우 인귀위생격(引鬼爲生格)이라고 한다.

④ 삼전이 삼합하여 관귀가 되지만 간상신인 인수가 흡수하거나, 삼전의 천장이 모두 일간을 극하지만 삼전이 이를 흡수하여 일간을 관인상생하는 경우 전귀위생격(傳鬼爲生格)이라고 한다.

⑤ 삼전이 삼합하여 일간을 극하지만 초전이 천장과 지반으로부터 극을 받아서 위력을 발휘할 수 없는 경우로 귀덕림신소제만화격(貴德臨身消除萬禍格) · 천장위구신격(天將爲求神格)과 탈기위구격(脫氣爲求格)이 있다.

중귀수창격(衆鬼雖彰格)의 속국과 영향을 몇 가지로 나누어서 알아본다.

(1) 삼전이 관귀인데 간상이 식상이 되어 구신이 되는 경우

속국으로는 丙子5국 · 丙寅2국 · 丙辰5국 · 丙申5국 · 己丑12국 · 己亥12국_야점 · 壬辰10국 · 壬戌10국이 있다.

말전	중전	초전
蛇后	陰常	白龍
壬辰	己丑	丙戌
丑	戌	○未

4과	3과	2과	1과
白龍	陳雀	雀天	后武
丙戌	○未	癸巳	庚寅
○未	辰	寅	壬(亥)

위의 壬辰10국은 가색(稼穡)인 중귀(衆鬼)를 간상인 寅木이 해소하는 격이다. 삼전의 육친이 모두 관귀이므로 토극수(土剋水)로 일간 壬水를 극할 것 같지만, 간상 寅木이 목극토(木剋土) 하여 관귀를 다스리고 未가 공망이 되어 극이 없는 것으로 본다. 또한 이 과는 초전이 공망이므로 관귀의 힘이 무력하고 모든 점사에서 실현이 되지 않는 효시과(嚆矢課)라는 것을 참고하여야 한다. 그러므로 처음에는 위기가 있지만 화로 변하지는 않는 과이다. 주점인 경우에는 천장 백호가 초전에 타서 어느 정도 흉이 될 수도 있지만, 야점인 경우에는 초전에 청룡이 타서 걱정할 필요가 없는 국이다. 또한 일간과 일지가 교차상극을 하고 辰丑 육파가 들어서 가정이 불화하며, 재물점의 경우에는 재물의 유신이 과전에 없으므로 구하기 어렵고, 청룡이 공망의 자리에 있으므로 재물을 얻는다고 해도 적은 재물이 된다.

말전	중전	초전
陳陳	合龍	雀空
壬辰	辛卯	庚寅
卯	寅	丑

4과	3과	2과	1과
合龍	雀空	武后	常天
辛卯	庚寅	乙酉	甲申
寅	丑	申	己(○未)

위의 己丑12국의 경우는 삼전의 寅卯辰 목국(木局)이 관귀에 해당된다. 또한 삼전의 寅卯辰이 곡직(曲直)으로 지상신이 집인 丑土를 치므로 가귀(家鬼)가 되어 가정을 넘보는 경우이다. 그러나 간상신이 금극목(金剋木) 하여 간상신의 도움을 받아 해결할 수 있다. 위 국의 경우 야점이라면 구원자인 간상신에 천을귀인이 붙어서 더욱 좋다. 직장점에서 위의 국을 얻

는다면 삼전이 합하여 관성이 때를 얻은 경우이므로 현직에 있는 사람은 진급하고, 직장을 구하는 사람은 직장을 얻을 수 있다. 위의 국은 원수진여과(元首進茹課)로 추진하는 일이 순조롭게 이루어지며, 삼전의 寅·卯·辰은 정화(正和)이므로 매사에 발전하고 은혜를 입게 되는 국이다. 또한 춘월에 점을 치는 경우 삼전이 천시(天時)를 얻으므로 더욱 좋다.

(2) 삼전이 관귀인데 지상신이 식상이 되어 구신이 되는 경우
이 때는 집안 사람이 도와줘서 문제를 해결한다.

말전	중전	초전
龍白	雀陳	后蛇
壬戌	己未	丙辰
未	辰	○丑

4과	3과	2과	1과
天雀	武后	雀陳	后蛇
丁巳	甲寅	己未	丙辰
寅	亥	辰	癸(○丑)

위의 癸亥10국을 보면 삼전이 모두 일간의 관귀로 되어 있고, 야점인 경우 천장이 등사·구진·백호로 모두 흉장에 속한다. 일간이 삼전 관귀의 극을 받을 것 같지만, 득지한 지상신 寅木이 목극토(木尅土) 하여 관귀를 다스리므로 집안 사람의 도움을 받는 중귀수창격이다. 위의 국에서 가정점인 경우 편안히 거하기 힘들고 소모가 있다. 삼전에 토기(土氣)가 가득하면 매사에 정체가 되며, 초전의 辰은 참관(斬關)이 되어 편안하게 있을 곳이 못 된다. 지상신을 보면 일간의 설기가 되며, 주점인 경우에는 약탈신인 현무가 승하여 가정에 소모가 있다. 단, 중귀수창격이므로 귀살을 걱정할 필요는 없다.

(3) 초전에 관귀가 탔는데 삼전에서 관인상생을 하는 경우
삼전 중 인수가 관인상생의 역할을 하므로 관귀를 두려워할 필요가 없다.

말전	중전	초전		4과	3과	2과	1과
戊寅	癸未	丙子		戊寅	癸未	癸未	丙子
未	子	巳		未	子	子	丙(巳)

위의 丙子6국은 일지 子가 일간상신이 되어 나를 극하므로 다른 사람이 나를 해치는 형상이지만, 未의 음신이 이를 제어하여 해는 작다. 사과는 세 과로 이루어져 불비가 되므로 부족함과 결함이 있고, 사과 구성이 모두 상극하(上剋下) 하므로 윗사람의 규제를 받는 상이다. 일지가 간상에 와서 일간을 극하여 초전이 되는 경우를 난수(亂首)라고 하는데, 예의가 문란해지는 상으로 가정이 혼란스럽고 병점인 경우 아주 흉하다. 속국으로는 甲寅6국·甲午6국·丙子6국·丙午6국·己丑6국이 있다.

(4) 삼전이 삼합하여 관귀가 되지만 간상신이 인수가 되어 흡수하거나, 삼전의 천장이 모두 일간을 극하지만 삼전이 이를 흡수하여 일간을 관인상생하는 경우

말전	중전	초전		4과	3과	2과	1과
丙寅	庚午	○戌		○戌	丙寅	甲子	戊辰
午	○戌	寅		寅	午	辰	庚(申)

위의 庚午5국은 삼전이 염상(炎上)으로 관귀가 모여 있는 상이지만 간상신이 辰土로 화생토(火生土)·토생금(土生金) 하여 일간을 생해주므로 관귀의 흉을 피해갈 수 있다. 또한 삼전이 관귀이지만 공망이므로 두려워할 필요는 없다. 辰·戌이 초전이므로 참관이지만 삼전의 염상은 참관을 통하여 예전의 것을 버리고 새것을 취하는 국이다. 이 격의 속국으로는 庚午5국·癸巳5국_주점이 있다.

(5) 삼전이 삼합하여 일간을 극하지만 초전이 천장과 지반으로부터 극을 받아서 위력을 발휘할 수 없는 경우

속국으로는 乙丑5국_주점 · 辛巳5국 · 壬子5국_주점 · 壬子9국_주점 · 壬寅9국_주점 · 壬辰9국_주점 · 壬午9국_주점 · 壬申9국_주점 · 壬戌5국_주점 · 壬戌9국_주점 · 癸卯5국_야점 · 癸亥5국_야점이 있다.

말전	중전	초전
蛇武	龍蛇	武龍
癸酉	乙丑	己巳
丑	巳	酉

4과	3과	2과	1과
武龍	蛇武	天常	陳天
己巳	癸酉	壬申	甲子
酉	丑	子	乙(辰)

위의 乙丑5국은 삼전이 극을 하지만 흉을 걱정하지 않아도 된다. 주점인 경우 초전 천장인 현무와 지반 酉金이 극이 되어 위력을 발휘할 수 없으며 2과에 귀인이 있기 때문이다.

말전	중전	초전
陳常	天陳	常天
甲戌	戊寅	壬午
寅	午	戌

4과	3과	2과	1과
龍武	蛇龍	天陳	常天
○酉	丁丑	戊寅	壬午
丑	巳	午	辛(戌)

위의 辛巳5국은 삼전이 寅午戌 화국(火局)으로 일간을 극하지만 염려할 필요가 없다. 삼전의 천장이 모두 토기(土氣)이므로 극하는 관귀의 세력을 흡수하여 토생금(土生金)으로 일간을 도와주기 때문이다.

말전	중전	초전
天陰	常空	陳雀
○卯	辛亥	丁未
亥	未	○卯

4과	3과	2과	1과
龍合	蛇后	陳雀	天陰
戊申	甲辰	丁未	○卯
辰	子	○卯	壬(亥)

위의 壬子9국_주점인 경우 삼전의 천장이 모두 일간을 극하는 관귀로 작용하지만 걱정할 필요가 없다. 천장이 모두 토장(土將)이지만 삼전이 亥卯未 삼합으로 목국(木局)이 되어 목극토(木剋土)로 천장을 극제하기 때문이다.

012법 수우호가호위의(雖憂狐假虎威儀)

:: 호가호위격(狐假虎威格)

호가호위격 또는 호격(狐格)은 여우의 위협을 호랑이의 위엄을 빌려서 물리치는 격이다.

말전	중전	초전
常空	蛇蛇	空常
○卯	庚戌	乙巳
戌	巳	子

4과	3과	2과	1과
空常	后合	空常	后合
乙巳	壬子	乙巳	壬子
子	未	子	丁(未)

위의 丁未8국의 경우 간상신 子水가 여우가 되어 丁火 일간을 공격하고 있다. 丁火는 일지 未土에 숨어 있는 지장간 丁火에게 호랑이의 위용을 빌려서 이를 해결한다. 이 경우 가장 좋은 방법은 기궁 未土 위에 기거하고 움직이지 않는 것이다. 만약 움직일 경우 子水의 공격을 직접적으로 받기 때문이다. 가정은 인택에 모두 관귀가 있어서 재액에 노출되어 있다. 야점이며 子에 육합이 앉아 있는 경우 관귀가 재액을 가져올 수 있으며, 말전이 공망이 되고 일간과 일지 子는 둔귀가 되므로 경거망동을 삼가고 조용히 있는 것이 좋다. 이 격의 속국으로는 丁未8국 · 辛丑12국 · 辛卯12국 · 辛巳12국 · 辛未12국 · 辛酉12국 · 辛亥12국이 있다.

013법 귀적당시무외기(鬼賊當時無畏忌)

:: 귀적불범격(鬼賊不犯格)

무리를 지은 관귀를 겁내지 않는 격이다. 관귀도 계절을 얻었을 경우에는 두려운 존재이지만, 약할 때는 겁을 낼 필요가 없다.

말전	중전	초전
壬辰	辛卯	庚寅
卯	寅	丑

4과	3과	2과	1과
庚寅	己丑	○未	○午
丑	子	○午	戊(巳)

위의 戊子12국은 봄에 점을 치는 경우 삼전이 모두 관귀이지만, 일간과 간상신이 강할 때는 힘들여 극을 하는 것보다 차라리 자신의 계절을 얻었으므로 극하는 것을 포기하고 극을 하지 않는다. 그러나 다른 계절에는 흉하므로 장기적인 계획은 보류하고 현재의 진퇴만 신경 쓰는 것이 좋다. 이것이 필법의 해석이지만 계절을 얻은 관귀가 극을 하지 않는다는 판단은 무리가 있다. 직장점의 경우 삼전 寅·卯·辰으로 전귀(全鬼)가 된다. 직장을 구하는 일에는 길하지만 현직에 있는 사람에게는 고통이 있다.

014법 전재태왕반재휴(傳財太旺反財虧)

:: 전재태왕격(傳財太旺格)

전재태왕격 또는 삼전재태과격(三傳財太過格)은 삼전의 재성이 태과하여 재물을 얻을 수 없는 격이다.

말전	중전	초전
甲辰	戊申	壬子
申	子	辰

4과	3과	2과	1과
壬子	甲辰	己酉	癸丑
辰	申	丑	戊(巳)

위의 戊申5국은 지나침은 모자람보다 못하다는 과유불급(過猶不及)의 논리에 따라 재성이 태과하므로 재물을 얻을 수 없다. 재물을 얻는다고 해도 본인과 인연이 없는 재물이므로 소비하거나 낭비하여 없어진다. 재물은 일간과 재성의 균형이 맞는 시기를 기다려서 얻어야 한다. 즉, 일간이 왕성한 달[月]이나 재성의 기운이 쇠약한 방위 또는 월·일을 택해야 재물을 얻을 수 있다.

위의 국에 대해 재물을 얻는 데 나쁘지 않다고 판단할 수도 있다. 이유는 간지상신에 순수인 甲辰과 순미인 癸丑이 있어서 매사에 일의 시작과 끝이 확실하고, 삼전이 윤하(潤下)로 흐름이 원활하며, 과전에 巳申합과 申子辰 삼합이 같이 있어서 삼육상합(三六相合)이 되므로 도모하는 일이 모두 이루어진다고 보기 때문이다. 그러나 재성이 태과한 것은 벗어날 수 없다. 결론은 과전에 재상재(財上財)를 얻으니 과욕은 금물이다. 질병점의 경우에는 삼전의 재성이 강하므로 재성이 인수를 치는 재파인(財破印)의 원칙에 따라 부모의 질병이 악화된다. 속국으로는 丁巳12국·戊申5국·庚辰2국이 있다.

:: **재신공망격(財神空亡格)**

재신공망격 또는 재공격(財空格)은 재성이 공망이 되어 재를 이룰 수 없는 격이다.

말전	중전	초전
○卯	辛亥	丁未
亥	未	○卯

4과	3과	2과	1과
丁未	○卯	丙午	○寅
○卯	亥	○寅	辛(戌)

위의 辛亥9국은 재신공망격이며, 또한 삼전이 목국(木局)으로 곡직격(曲直格)에도 해당이 된다. 그러나 사과와 삼전의 초전·말전이 공망으로 썩은 나무가 되므로 모든 것이 공허하고 이루어지는 것이 없다. 속국으로는 庚戌6국·庚戌7국·辛亥9국을 들 수 있다.

015법 탈상봉탈방허사(脫上逢脫防虛詐)

:: **탈상봉탈격(脫上逢脫格)**

탈상봉탈격은 여러 가지로 나타나는데, 기본적으로는 일간이 탈기되어서 기운이 없는 경우이다. 필법에서 다른 이름으로 구분해놓은 무의탈모격(無依脫耗格, 또는 탈모격)이나 탈도격(脫盜格)도 탈상봉탈격의 일종으로 영향이 비슷하므로 굳이 구분할 필요는 없다.

탈상봉탈격이 이루어지는 경우는 ① 일간이 간상신을 생하고 간상신은 천장을 생하는 경우 ② 삼전이 삼합 등으로 일간의 기운을 설기하는 경우 ③ 과전이 모두 일간을 설기하는 경우 ④ 간상신과 일지가 일간의 기운을 설기하는 경우 등이다. 탈상봉탈격의 경우 일을 추진하면서 소모가 많고 부실하여 이루어지는 것이 없다.

그러나 재물을 구하는 점인 경우에는 재물을 낳는 식상효가 중첩되어 있으므로 재물을 수월하게 얻는다.

말전	중전	초전
后后	雀常	常雀
庚戌	癸丑	丁未
戌	丑	未

4과	3과	2과	1과
常雀	常雀	常雀	常雀
丁未	丁未	丁未	丁未
未	未	未	丁(未)

위의 丁未1국_주점은 간상신 未土가 탈기를 하고, 사과가 모두 무리를 지어 탈기를 하는 경우이다. 더욱이 간상신 태상도 탈기에 일조한다. 삼전이 모두 식상이면 재물을 구하지 않아도 저절로 얻는다고 하지만, 나의 입장에서 보면 모두 설기하는 성분이므로 소모가 많게 된다. 또한 말전 천후가 나를 탈기하면 결혼 등으로 재물을 쓸 일이 있게 된다. 삼전이 丑未충으로 묘신이 열리니 경거망동하지 않고 기다리면 자연히 기회가 생긴다. 기회를 기다리라는 것은 내가 모두 설기의 기운에 있기 때문이다.

탈상봉탈격의 속국을 상황별로 보면 다음과 같다.

① 육경일(六庚日) 야점으로 간상인 子水에 청룡이 타는 경우 : 庚子9국_야점 · 庚寅9국_야점 · 庚辰9국_야점 · 庚午9국_야점 · 庚申9국_야점 · 庚戌9국_야점

② 육갑일(六甲日) 야점으로 간상인 巳火에 태상이 타는 경우 : 甲子10국 · 甲寅10국 · 甲辰10국 · 甲午10국 · 甲申10국 · 甲戌10국

③ 육을일(六乙日) 야점으로 간상인 午火에 천공이 타는 경우 : 乙丑11국 · 乙卯11국 · 乙巳11국 · 乙未11국 · 乙酉11국 · 乙亥11국

④ 육정일(六丁日) 주점으로 간상이 丑土인 경우 : 丁丑7국 · 丁卯7국 · 丁巳7국 · 丁未1국 · 丁未7국 · 丁酉7국 · 丁亥7국

⑤ 육기일(六己日) 야점으로 간상이 酉金인 경우 : 己丑11국 · 己卯11국 · 己巳11국 · 己未11국 · 己酉11국 · 己亥11국

⑥ 육신일(六辛日) 주점으로 간상인 亥水에 현무가 타는 경우 : 辛丑12국 · 辛卯12국 · 辛巳12국 · 辛未12국 · 辛酉12국 · 辛亥12국

⑦ 육임일(六壬日) 야점으로 간상인 寅木에 현무가 타는 경우 : 壬子10국 · 壬寅10국 · 壬辰10국 · 壬午10국 · 壬申10국 · 壬戌10국

⑧ 육계일(六癸日) 주점으로 간상인 寅木에 현무가 타는 경우 : 癸丑12국 · 癸卯12국 · 癸巳12국 · 癸未12국 · 癸酉12국 · 癸亥12국

⑨ 기타의 경우로 삼전이 삼합하여 일간을 탈기하고 일지가 간상신이 되어 탈기하는 경우 : 甲午9국

016법 공상승공사막추(空上乘空事莫追)

:: 공상승공격(空上乘空格)

간상신이 공망이며 이 위에 천공이 타고 있는 경우이다. 이 때는 천공이 공망과 같은 작용을 하여 공망이 중첩된다. 이 격의 경우 있지도 않은 일에 거짓이 보태져서 진실된 것이 아무것도 없다. 구하는 것에 전혀 실상이 없으니 헛된 말이며 공중에 그림을 그리는 꼴이다.

말전	중전	초전
合合	陰常	龍蛇
丙戌	癸巳	戊子
巳	子	○未

4과	3과	2과	1과
后白	空天	龍蛇	天空
○午	己丑	戊子	○未
丑	申	○未	甲(寅)

위의 甲申8국_야점은 과전의 子·未와 丑·午는 상해(相害)이고, 子·丑과 午·未는 합이므로 화합하는 가운데 해치는 기운이 있는 상이다. 또한 간상신에 묘신이 있어서 혼란한 상이다. 초전 인수가 공망이므로 돕는 것이 모두 헛되이 되는 상이지만 점치는 일을 하는 사람에게는 좋은 일이 있다. 속국으로는 甲申8국_야점·乙酉11국_야점·辛酉11국_야점이 있다.

:: 탈공격(脫空格)

일간이 간상신에 의해 탈기되고 간상·천장·천공이 타고 있는 경우이다. 일명 탈공신이라고도 한다. 공상승공격과 마찬가지로 탈공격 역시 있지도 않은 일에 거짓이 보태져서 진실된 것이 아무것도 없다.

말전	중전	초전
常天	陰雀	天陳
甲子	○戌	壬申
○戌	申	午

4과	3과	2과	1과
合白	龍武	天陳	雀空
己巳	丁卯	壬申	庚午
卯	丑	午	乙(辰)

위의 乙丑11국_주점의 경우는 탈공격이면서 중전과 말전이 공망이 되어 매사에 길흉이 이루어지지 않는 상황이 더 심해지는 국이다. 속국으로는 甲子8국_야점·甲寅8국_야점·甲辰8국_야점·甲午8국_야점·甲戌8국_야점·乙丑11국_야점·乙卯11국_야점·乙巳11국_야점·乙未11국_야점·乙亥11국_야점·辛丑11국_야점·辛卯11국_야점·辛巳11국_야점·辛未11국_야점·辛亥11국_야점이 있다.

:: 진여공망격(進茹空亡格)

진여공망격은 삼전진여격 중 삼전이 공망이 되는 경우이다. 진여격의 경우 전진하려는 특성이 있다. 그러나 진여공망격의 경우는 전진하려고 하지만 향하는 곳이 공망이 되므로 거꾸로 후퇴하는 것이 좋고, 소극적인 자세로 임해야 한다.

말전	중전	초전
甲辰	○卯	○寅
○卯	○寅	丑

4과	3과	2과	1과
○寅	癸丑	癸丑	壬子
丑	子	子	壬(亥)

위의 壬子12국을 예로 살펴본다. 사과는 현재의 상황이고 삼전은 앞으로의 진행 상황이 된다. 이 국의 경우 삼전이 공망이 되어서 후퇴하면 간상신 子水와 지상신이 子丑합이 되므로 이에 의지하면 얻는 것이 있으며, 삼전의 목기(木氣)에 뺏기는 것이 없다. 이 국의 사과를 보면 세 개의 과로 2양1음의 불비에 해당된다. 매사에 완전하지 않고 일이 수월하게 진행되지 않는다. 간지상신 子·丑이 지합하고 지일과(知一課)이므로 어떤 일이나 같은 종류에 의해 시작된다. 결과적으로 이 국은 진여공망이므로 후퇴하여 지키는 것이 좋다. 속국으로는 甲午12국·壬子12국·壬寅12국이 있다.

:: 탈공격(脫空格_진여 중)

삼전진여격 중 삼전이 공망이면서 간상신도 공망인 경우이다. 016법의 탈공격과는 다른 구조이다.

말전	중전	초전
后蛇	陰天	武后
甲辰	○卯	○寅
○卯	○寅	丑

4과	3과	2과	1과
陰天	武后	陰天	武后
○卯	○寅	○卯	○寅
○寅	丑	○寅	癸(丑)

위의 癸丑12국은 매사에 이루어지는 형체가 없으며 우환은 오히려 없어진다고 보지만, 질병점의 경우에는 아주 흉하여 죽을 수도 있다. 진여공망격은 소극적이고 퇴각해야 좋으나, 탈공격은 퇴각하려고 해도 퇴각할 곳이 없는 형상이다. 소모가 심하고 설기가 심한 것은 진여공망격과 같다. 소송점의 경우에는 비용만 들뿐 이루어지는 것이 없다. 속국으로는 丁丑12국(삼전과 간상 공망) · 癸卯12국(삼전 공망) · 癸丑12국(삼전과 간상 공망)이 있다.

018법 각답공망진용의(脚踏空亡進用宜)

∷ 답각공망격(踏脚空亡格)

삼전이 퇴여격(退茹格)이고 모두 공망인 경우이다. 이 중 삼전의 오행이 인수에 해당되어 일간을 생할 수 없는 경우는 심사격이라고 한다. 퇴여격은 삼전이 거꾸로 흘러가므로 모든 일을 철수하고 원점으로 돌리는 특성이 있다. 그러나 답각공망격은 삼전이 모두 공망을 맞으므로 물러나려고 하지만 물러날 곳이 없다. 그러므로 전진만이 살길이다. 구직과 공명점에서는 관귀가 공망이므로 좋지 않다. 또한 육순(六旬)의 공망인 경우 답각공망격 중에서도 답각진공격(踏脚眞空格)이 된다.

말전	중전	초전
癸丑	○寅	○卯
○寅	○卯	辰

4과	3과	2과	1과
丙午	丁未	○卯	甲辰
未	申	辰	戊(巳)

위의 戊申2국은 삼전이 卯·寅·丑으로 퇴여이며 공망을 이루었으므로 답각공망격에 해당된다. 또한 삼전의 관성이 모두 공망을 맞았으므로 재난을 피할 수 있다. 한발 더 나아가서 일간의 녹인 巳火를 만나면 좋다. 속국으로는 乙巳2국·戊申2국이 있다.

:: 심사격(尋死格)

답각공망격 중 삼전의 오행이 인수에 해당되어 일간을 생할 수 없는 경우이다. 이 격은 자기를 생하는 삼전이 공망이므로 흉격이다. 또한 전진을 택할 수밖에 없는 격이다. 이는 뒤로 물러서고 싶어도 공망이라는 세 개의 웅덩이가 기다리고 있기 때문이다. 질병의 경우 일간을 생하는 인수의 성분이 공망이어서 사망에 이를 정도로 흉하다. 특히 부모가 병중이라면 더 흉하다. 그러나 자식의 질병점에서는 좋다. 소송점의 경우는 재판관의 도움이 없어 내게 불리하다. 이는 점인을 도와주는 인성이 공망이기 때문이다.

말전	중전	초전
癸丑	○寅	○卯
○寅	○卯	辰

4과	3과	2과	1과
甲辰	乙巳	○卯	甲辰
巳	午	辰	丙(巳)

위의 丙午2국은 丙火의 자식이 오행으로 토기(土氣)인데, 목기(木氣) 삼전이 공망이 되므로 이 토기를 극할 수 없다. 또한 이 국은 간상신이 천강(天罡)으로 이전과 달라지는 것이 있으나 삼전이 모두 공망으로 개공(皆空)이므로 길흉이 이루어지는 것이 없다. 속국으로는 乙卯2국·丙午2국 등이 있다.

:: 답각진공격(踏脚眞空格)

삼전이나 삼전 지반이 차례로 계속 순(旬)의 공망이 되는 경우이다. 이 격의 경우 삼전이 순으로 계속하여 공망이기 때문에 이루어지는 것이 아무엇도 없다. 걱정하던 일도 자연스럽게 없어지고 재액도 발생하지 않는다.

말전	중전	초전
庚午	壬申	○戌
申	○戌	子

4과	3과	2과	1과
壬申	○戌	○戌	甲子
○戌	子	子	甲(寅)

위의 甲子3국의 예를 본다. 甲子순의 공망은 戌·亥이고, 甲戌순의 공망은 申·酉이며, 甲申순의 공망은 午·未이다. 위의 국은 초전이 甲子순의 공망이고, 중전은 甲戌순의 공망이며, 말전은 甲申순의 공망이 되므로 답각진공격에 해당된다. 또한 말전의 午와 간상신 子가 子午충이 되므로 경거망동을 삼가야 한다. 속국으로는 甲子3국·甲申3국·乙卯3국·丙辰3국·丁巳3국이 있다.

019법 태재생기처회잉(胎財生氣妻懷孕)

:: 탈재생기격(脫財生氣格)

삼전에 일간의 재성이 운성으로 태지(胎地)가 되며 월에서 생기를 얻는 경우이다. 이 격에 해당되는 경우 임신으로 본다. 재성이 공망인 경우에는 태손격(胎損格)이 된다. 또한 일지의 태신이 생기에 해당하면 임신하고, 태신(胎神)이 처첩의 연명상에 있으면 임신이 확실하다. 아울러 처의 지상에 있어도 마찬가지다. 일간의 재성에 생기만 붙어도 임신으로 보는 경우도 있다.

말전	중전	초전
丙申	辛丑	甲午
丑	午	亥

4과	3과	2과	1과
○辰	丁酉	辛丑	甲午
酉	寅	午	壬(亥)

위의 壬寅6국은 申월에 점단하는 경우 초전이 일간의 재성이 되고 십이운성으로 태지이기도 하다. 그리고 申월에 午火는 생기이기 때문에 탈재생기격에 해당된다. 삼전에 丑·午가 겹치는 경우는 복태격(服胎格)이라고 하며, 未월에 정단하는 경우 임신한다. 출산은 삼전이 2양1음이므로 여자아이이고 쉽게 출산한다.

이 격의 속국은 戊子6국_寅월점·戊寅6국_寅월점·戊辰6국_寅월점·戊午6국_寅월점(태신 공망)·戊申6국_寅월점·戊戌6국_寅월점·己丑8국_寅월점·己卯8국_寅월점·己巳8국_寅월점·己未8국_寅월점(태신 공망, 지반이 극)·己酉8국_寅월점·己亥8국_寅월점·庚子6국_巳월점·庚寅6국_巳월점·庚辰6국_巳월점·庚午6국_巳월점·庚申6국_巳월점·庚戌6국_巳월점(태신 공망)·辛丑8국_巳월점·辛卯8국_巳월점·辛巳8국_巳월점·辛未8국_巳월점·辛酉8국_巳월점·辛亥8국_巳월점(태신 공망)·壬子6국_申월점·壬寅6국_申월점·壬辰6국_申월점(태신 공망, 지반이 극)·壬午6국_申월점·壬申6국_申월점·壬戌6국_申월점이다. 생기와 사기는 월지 기준 신살표를 참고한다.

:: **손태격(損胎格)**

탈재생기격은 삼전에서 일간의 재성이 운성 태(胎)가 되고 월에서 생기를 얻는 경우에 이루어진다. 이 격 중에서 재성이 공망인 경우가 손태격이다. 손태격이 되면 태아가 손상될 수 있으므로 임신 중에 태아의 안전에 주의해야 한다.

말전	중전	초전
甲申	己丑	○午
丑	○午	亥

4과	3과	2과	1과
○午	丁亥	己丑	○午
亥	辰	○午	壬(亥)

위의 壬辰6국의 경우 초전 午火가 재성이 된다. 또한 午火가 일간 壬의 십이운성으로 태지이며 공망을 맞으므로 손태격이 된다. 따라서 태아

의 안전에 주의해야 한다. 말전을 보면 申金이 일간의 장생이다. 장생은 묘신에 앉는 것을 싫어하지만, 말전이 장생이 되므로 오래 걸리기는 하지만 치료가 된다. 그러나 초전과 간상신이 공망이 되어 새로 생긴 병은 치료가 되지만, 예전의 병은 치료가 어려워서 위험한 상황이 된다.

이 격의 속국으로는 戊午6국_寅월점(태신 공망)·己未8국_寅월점(태신 공망, 지반이 극)·庚戌6국_巳월점(태신 공망)·辛亥8국_巳월점(태신 공망)·壬辰6국_申월점(태신 공망, 지반이 극) 등이 있다.

:: 첩잉격(妾孕格)

辛·癸·己일의 운성 태신이 생기에 해당되는 경우 처첩이 아니라 동생이나 제3의 인물이 임신을 한다. 丙·丁일의 운성 태신이 생기에 해당되면 처첩의 임신으로 본다. 속국과 예는 생략한다.

:: 호태격(互胎格)

호태격은 일지의 운성 태신이 간상신이 되고, 일간의 운성 태신이 지상신이 되는 경우이다. 이 경우 반드시 생기에 해당하지 않아도 처가 임신한다. 연명상신이나 행년에 운성 태가 타고 있어도 마찬가지다. 다음의 己未8국과 같은 경우이다.

말전	중전	초전
乙卯	壬戌	丁巳
戌	巳	○子

4과	3과	2과	1과
丁巳	○子	丁巳	○子
○子	未	○子	己(未)

호태격의 속국으로는 甲申12국_간상卯·乙丑5국_간상子·丁丑2국_간상午·戊寅9국_간상酉·己丑2국_간상午·己未2국_간상午·己未8국_간상子·庚寅12국_간상酉·辛未5국_간상午·癸丑8국_간상午·癸未2국_간상子가 있다. 참고로 속국은 고서의 내용대로 화토동색(火土同色)이 아니라 수토동색(水土同色)의 방법을 적용하였다. 십이운성의 태신을

이해하는 차원에서 그대로 소개한다.

:: 우자격(憂子格)

출산할 때 태아에게 안 좋은 격이다. 자식을 뜻하는 신장이 육합인데 사기(死氣)가 육합을 극하는 경우이다. 예를 들어 3월점에는 申이 사기이고, 4월점에는 酉가 사기에 해당되는데, 이 때 육합인 목신(木神)이 있으면 금극목(金剋木)으로 나쁜 영향이 나타난다. 속국은 생략한다.

:: 우모격(憂母格)

천후는 산모의 천장으로, 천후에 사기가 붙어서 천후를 극하는 경우 산모에게 흉한 우모격이 된다. 예를 들어 2월점에는 未, 5월점에는 戌, 8월점에는 丑, 11월점에는 辰에 천후가 붙은 경우이다.

:: 자연모복격(子戀母腹格)

태아가 산모를 그리워하는 격이므로 출산이 지연된다. 육임점에서 일간은 태아가 되고 일지는 산모가 되는데, 지상에 일간이 있고 일지가 일간을 생조하면 일간인 태아가 산모를 좋아하게 된다. 이 경우 임신의 안전을 점치는 것이라면 좋지만, 출산점이라면 태아가 산모의 자궁을 좋아하는 것이므로 좋지 않다. 그러나 일지가 간상신이 되고 일간을 극하는 경우에는 출산시 순산한다. 이유는 산모가 고개를 숙여서 이미 태아를 바라보는 격이기 때문이다. 그 밖의 경우도 산모가 태아를 바라보는 경우가 되니 출산이 빠르다. 다음의 丙寅10국은 지상에 일간이 있고 일지로부터 생조가 되므로 자연모복격이다.

말전	중전	초전
丙寅	○亥	壬申
○亥	申	巳

4과	3과	2과	1과
壬申	己巳	○亥	壬申
巳	寅	申	丙(巳)

:: 손잉격(損孕格)

운성 태가 삼전에 있고 공망이며, 삼전의 다른 신으로부터 극을 받는 경우이다. 운성 태가 공망이고 과전에서 극하는 요소가 있을 때도 이 격으로 보는 경우가 있다. 손잉격은 출산이 빨라지고 임신 중인 태아가 손상을 받을 수 있어 유산으로 보기도 한다. 이는 운성 태신이 공망으로 뱃속이 텅 비어 있기 때문이다. 다음의 癸巳8국의 경우 운성 태가 초전에 있으나 공망에 해당되며, 중전으로부터 수극화(水剋火)로 극을 받으므로 손잉격이 된다.

말전	중전	초전
壬辰	丁亥	○午
亥	○午	丑

4과	3과	2과	1과
辛卯	丙戌	丁亥	○午
戌	巳	○午	癸(丑)

속국으로는 甲戌9국 · 乙亥9국 · 乙亥10국 · 丙辰2국 · 丙辰8국 · 丙辰11국 · 丁巳2국 · 丁巳8국 · 丁巳11국 · 戊午6국 · 己未8국 · 庚戌6국 · 辛亥8국 · 壬辰6국 · 癸巳8국이 있다.

:: 월염격(月厭格)

월염에 생기가 붙으면 출산점에 좋아서 순산하고, 월염에 사기가 붙으면 출산점에 반드시 흉하다. 월염에 생기가 붙는 경우는 산모의 연명에 巳火가 있고 6월점인 경우와, 亥水가 있고 12월점인 경우이다. 월염에 사기가 붙는 경우는 산모의 연명에 申金이 있고 3월점인 경우와, 寅木이 있고 9월점인 경우이다. 월염과 생기 · 사기는 월지 기준 신살표를 참고한다.

:: 이혈양신격(二血養神格)

운성 양신(養神)과 운성 태신(胎神)에 혈지(血支)와 혈기(血忌)가 닿는 경우이다. 혈지와 혈기가 운성 태신을 극하는 경우 출산점에는 좋아서 순산을 하지만, 임신의 안전에는 흉이 된다. 태신과 혈지·혈기가 같은 경우에도 영향이 같다. 단, 혈지와 혈기가 공망이 되면 아무 영향이 없다. 태신·양신은 일간 기준 신살표를 참고하고, 현지·혈기는 월지 기준 신살표를 참고한다.

예를 들어 丙·丁·戊·己일의 1월점인 경우 운성 태신이 子水이고 운성 양신은 丑土이므로 양신이 혈지와 혈기에도 해당된다. 12월점인 경우는 운성 태신이 子水이고 운성 양신도 子水이므로 태신과 양신이 모두 혈지와 혈기에도 해당이 된다.

:: 삼현태격(三玄胎格)

삼전의 천지반이 모두 寅·申·巳·亥 역마로 이루어진 경우를 현태(玄胎) 또는 원태(元胎)라고 한다. 현태의 종류에는 생현태(生玄胎)·병현태(病玄胎)·쇠현태(衰玄胎)가 있으며, 이를 삼현태라고 한다. 생현태는 寅→巳→申→亥의 순서로 12지지를 순행한 경우이고, 병현태는 亥→申→巳→寅의 순서로 12지지를 역행한 경우이다. 다음의 壬寅4국은 亥→申→巳→寅의 순서로 12지지를 역행하였으므로 병현태에 해당된다.

말전	중전	초전
己亥	壬寅	○巳
寅	○巳	申

4과	3과	2과	1과
丙申	己亥	○巳	丙申
亥	寅	申	壬(亥)

현태의 일반적인 영향을 보면, 생기가 일어나서 매사에 활동하여 꽃이 피고 열매를 얻는 격이다. 공명을 얻기 쉽고 결혼이 이루어지며 재물을 얻는다. 또한 질병이나 소송과 관련된 일은 지체된다. 질병 정단에서 현태에 이사(二死)·병부(病符)를 띠는 경우 속병이며, 구신이 없으면 치료하기 어렵다. 기본적으로 현태는 태(胎)에 던져진다 하여 질병 정단에서 피하는 격이다. 기다리는 사람은 오지 않고, 분실의 경우 도둑을 잡지만 물건은 찾을 수 없으며, 시세는 점점 올라간다. 내정에서 이 격을 얻는

경우 출산 정단이 아니면 새로운 일을 시작하거나 고치는 일이 된다. 단, 공망이면 매사에 성취하지 못한다. 출산은 쉽지만 초전 천후에 공망이 되면 임신으로 산모가 상하는 격이다. 주역괘에서 풍화가인(風火家人)의 괘로 비유되는 격이다. 풍화가인은 손괘(巽卦) 바람이 불어서 불이 일어나는 상이며, 밖에서 들어와 안을 밝히는 괘다.

해당되는 속국과 영향을 자세히 구분하여 살펴본다.

① 생현태 : 아이를 잉태한 후부터 점차 하는 일이 잘 되고, 아이를 기르면서 가정에 기쁨이 있다. 속국으로는 甲子1국・甲子10국・甲寅1국・甲寅10국・甲辰1국・甲辰10국・甲午1국・甲午10국・甲申1국・甲申10국・甲戌1국・丙子10국・丙寅4국・丙辰10국・丙午10국・丙申4국・丙申10국・丙戌10국・丁巳10국・戊寅10국・戊辰4국・戊申10국・戊戌10국・己亥10국・庚寅10국・庚辰10국・庚戌10국・辛巳10국・辛亥10국・壬寅1국・壬寅10국・壬申10국・癸巳10국이 있다.

② 병현태 : 잉태 후 산모가 늘 병약하고 아이도 잘 자라지 않는다. 속국으로는 甲辰4국・甲午4국・甲申4국・甲戌4국・丙辰4국・丙戌4국・丁巳4국・丁亥4국・戊子4국・戊寅4국・戊辰10국・戊午4국・戊申4국・戊戌4국・己巳4국・己巳10국・己亥4국・庚寅4국・庚辰4국・庚午4국・庚申4국・庚戌4국・辛巳4국・辛亥4국・壬寅4국・壬辰4국・壬午4국・壬申4국・壬戌4국・癸亥4국이 있다.

③ 쇠현태 : 잉태 후 집안의 기운이 나날이 쇠퇴하거나 아이의 몸이 점차 쇠약해진다.

말전	중전	초전
○巳	壬寅	己亥
未	○辰	丑

4과	3과	2과	1과
癸卯	○巳	庚子	壬寅
○巳	未	寅	乙(○辰)

위의 乙未3국은 寅이 辰 위에 있어서 원태격 중 쇠현태에 해당된다. 태산(胎産)을 보면 삼전에서 중전과 말전이 공망이 되어 온전히 생육되

기가 어렵다. 산모가 병에 걸리기 쉽지만, 삼전이 상하 극이 되고 巳亥충이 되므로 출산은 쉽다.

참고로 묘성과를 이용한 자식의 성별 구별법을 알아보면 甲·丙·戊·庚·壬일인 양일의 묘성과일 경우 딸을 낳고, 乙·丁·己·辛·癸일인 음일의 묘성과이면 아들을 낳는다. 이유는 묘성과를 발용할 때 양일은 지반 酉상신을 쓰는데 이것이 하늘을 바라보는 여자와 같으므로 딸이며, 음일은 천반 酉하신을 쓰는데 이것이 엎어져 나오는 남자와 같으므로 아들이 된다.

∷ 태수극절격(胎受剋絶格)

운성 태신이 절지 위에 있거나, 일간 위에 있으면서 일간에게 극을 당하는 경우로 임신·출산점에 흉하다.

말전	중전	초전
丁巳	壬戌	乙卯
戌	卯	申

4과	3과	2과	1과
○丑	戊午	乙卯	庚申
午	亥	申	癸(○丑)

위의 癸亥6국은 태신 午가 亥 위에 앉아서 극을 받고 있다. 즉, 태신의 입장에서 보면 절지에 앉아 있는 경우이다. 임신을 한 경우 삼전이 하나의 양(陽)을 싸고 있으므로 남자아이를 임신한다.

각 상황별로 태수극절격의 속국과 영향을 살펴보면 다음과 같다.

① 육임일(六壬日)일에 간상 午인 경우와 육경일(六庚日)에 간상 卯인 경우 : 庚子6국·庚寅6국·庚辰6국·庚午6국·庚申6국·庚戌6국·壬子6국·壬寅6국·壬辰6국·壬午6국·壬申6국·壬戌6국이다. 태신이 일간에게 극을 당하는 경우로 출산은 쉽게 한다.

② 육계일(六癸日)에 午가 亥 위에 있는 경우와 육신일(六辛日)에 卯가 申 위에 있는 경우 : 癸亥6국·辛丑6국이 해당된다. 이 경우 운성 태신이 자신의 절지 위에 있으면서 극을 당하므로 임신점에 안전하지 못하

고 출산에도 흉하다.

③ 육갑일(六甲日)·육을일(六乙日)에 酉가 寅 위에 있는 경우와 丙·丁·戊·己일에 子가 巳 위에 있는 경우 등 : 甲寅6국·甲辰6국·甲午6국·甲申6국·甲戌6국·乙未6국·丙子6국·丙寅6국·丙辰6국·丙午6국·丙申6국·丙戌6국·戊子6국·戊寅6국·戊辰6국·戊午6국·戊申6국·戊戌6국·己卯6국·己巳6국이 있다. 이 경우 운성 태신이 절지 위에 있지만 극이 되지 않으므로 출산에 크게 꺼리지 않는다.

:: 소산격(小産格)

산모의 연명상신이 운성 태신을 충극하는 경우이다. 이 경우 운성 태신에 생기가 붙어도 유산이 된다. 소산이란 유산이 됨을 말한다.

:: 태신좌장생격(胎神坐長生格)

천반에 있는 운성 태신의 입장에서 볼 때 앉은 지지가 장생이 되는 경우이다. 이 격은 임신의 안전을 보면 아기가 장생의 자리에 있으므로 매우 좋지만, 출산은 아기가 엄마의 뱃속을 그리워하는 형상이므로 흉하다.

말전	중전	초전
辛未	丁卯	○亥
卯	○亥	未

4과	3과	2과	1과
丁卯	○亥	庚午	丙寅
○亥	未	寅	辛(○戌)

위의 辛未9국의 경우 辛의 태신이 卯인데, 卯가 장생지인 亥 위에 앉아 있다. 또한 이 국은 곡직격(曲直格)으로 삼합·육합이 되는 경우 출산이 지연된다. 이는 아이가 합으로 엄마의 뱃속을 그리워하기 때문이다. 속국으로는 乙丑9국·乙巳9국·丙辰9국·丙申9국·戊子9국·戊辰9국·戊申9국·辛卯9국·辛未9국·辛亥9국·壬戌9국이 있다.

십이지지 중 산모의 배는 丑土가 되는데, 丑土인 배 안에 운성 태신이 있는 것이 복태격이다. 산모의 뱃속에 태아가 있는 것이므로 임신한다.

말전	중전	초전		4과	3과	2과	1과
辛丑	庚子	己亥		己亥	戊戌	丁酉	丙申
子	亥	戌		戌	酉	申	丁(未)

위의 丁酉12국은 과전에 음기가 너무 강하여 출산에 문제가 있다. 임신은 간상신이 양(陽)이므로 남자아이와 인연이 있다. 속국으로는 乙丑9국·乙巳9국·乙酉9국·丙子12국·丙戌12국·丁酉12국·丁亥12국·戊子12국·戊戌12국·己酉12국·己亥12국·辛卯3국·辛巳3국·壬子6국·壬寅6국·壬辰6국·壬午6국·壬申6국이 있다.

:: 복공격(服空格)

산모의 배를 뜻하는 丑土가 비어 있는 경우로 천반 丑土가 공망을 맞았거나, 丑土가 올라 탄 지반이 공망이 될 때 이루어진다. 이 경우 출산점이라면 산모의 배가 비어 있는 것이므로 순산이고, 임신한 경우라면 태아가 손상되므로 흉하다. 다음 甲寅4국의 경우는 초전 丑이 공망이다.

말전	중전	초전		4과	3과	2과	1과
癸亥	癸亥	○丑		庚申	癸亥	庚申	癸亥
寅	寅	辰		亥	寅	亥	甲(寅)

속국은 천반 丑이 사과삼전에서 공망으로 있는 경우만 소개하면 다음과 같다. 甲寅2국·甲寅4국·乙卯2국·乙卯3국·乙卯4국·乙卯6국·乙卯8국·丙辰2국·丙辰3국·丙辰4국·丙辰5국·丙辰6국·丙辰9국·丁巳2국·丁巳3국·丁巳4국·丁巳5국·丁巳7국·丁巳9국·丁巳10

국 · 丁巳11국 · 戊午2국 · 戊午3국 · 戊午5국 · 戊午6국 · 戊午9국 · 己未1국 · 己未3국 · 己未4국 · 己未7국 · 己未10국 · 庚申8국 · 庚申10국 · 辛酉2국 · 辛酉5국 · 辛酉6국 · 辛酉9국 · 辛酉10국 · 辛酉11국 · 辛酉12국 · 壬戌6국 · 壬戌10국 · 壬戌11국 · 壬戌12국 · 癸亥1국 · 癸亥6국 · 癸亥7국 · 癸亥9국 · 癸亥11국 · 癸亥12국

:: 전상격(全傷格)

일간과 일지가 모두 손상을 받는 경우이다. 이 경우 일간만 손상되면 산모에게 해롭고, 일지만 손상되면 태아에게 해롭다. 참고로 출산 시기는 출산월에 운성 태신을 육해(六害) 또는 형(刑)하는 경우, 생기일인 경우, 일간의 자식에 해당하는 식상이 장생인 경우, 일간의 운성이 양일(養日)인 경우, 천희일인 경우이다. 또는 산모 생년의 납음오행을 기준으로 하여 납음오행의 운성 태신을 충파하는 날에 출산한다. 천희일은 월지 기준 신살표를 참고한다.

:: 협정삼전격(夾定三傳格)

간상신과 지상신이 삼전을 사이에 두고 있는 경우이다. 이 경우 산모의 기운이 중간에 막혀 있는 것과 같으므로 산모와 태아가 모두 위험해진다. 그러나 이 경우에도 간상신 · 지상신 · 삼전 이외의 지지가 산모의 연명상신이 되면 위험에서 벗어날 수 있다. 또한 초전과 말전이 육합 · 삽합이 되는 경우에도 내정삼전격과 같은 효과가 있다.

말전	중전	초전
○申	癸未	壬午
未	午	巳

4과	3과	2과	1과
壬午	辛巳	甲戌	○酉
巳	辰	○酉	庚(○申)

위의 庚辰12국은 간상 · 지상 · 삼전이 巳 · 午 · 未 · 申 · 酉로 협정(夾定)이 되어 있다. 협정삼전격의 속국이 되는 것은 다음의 두 가지 경우이다.

① 협정삼전이 되는 경우 : 甲戌2국·庚子2국·庚辰12국·癸巳2국·
癸酉12국

② 초전과 말전이 삼합이 되는 경우 : 庚子1국·庚寅1국·庚辰1국·
庚午1국·庚申1국·庚戌1국

020법 태재사기손태추(胎財死氣損胎推)

:: 태재사기격(胎財死氣格)

태재사기격 또는 재탈기격(財脫氣格)은 일간의 재성이 십이운성으로
태신(胎神)에 해당이 되며 점월의 사기(死氣)와 동궁하는 경우로 유산을
조심하여야 한다.

예를 들어 戊·己일에 子가 있고 7월점인 경우, 庚·辛일에 卯가 있고
10월점인 경우, 壬·癸일에 午가 있고 1월점인 경우, 甲·乙일에 酉가 있
고 4월점인 경우이다. 참고로 甲·乙일에 酉가 있는 경우는 운성 태신이
재성이 아닌 관귀가 되는 경우에 속한다. 생기와 사기는 월지 기준 신살
표를 참고한다.

말전	중전	초전
甲戌	乙亥	丙子
亥	子	丑

4과	3과	2과	1과
○申	○酉	丙子	丁丑
○酉	戌	丑	甲(寅)

위의 甲戌2국이 4월점이라면 甲일간의 재성인 酉가 태신에도 해당되
고 사기에도 해당된다.

021법 교차상합교관리(交叉相合交關利)

:: 교차장생격(交車長生格)

일간과 일지가 교차해서 장생이 될 때 이루어진다. 이 격은 서로 협력

하여 일을 추진하면 크게 얻는 것이 있다. 상대방과 동업을 하거나 공동투자하는 것이 좋다.

말전	중전	초전
庚寅	丁亥	甲申
亥	申	巳

4과	3과	2과	1과
甲申	癸巳	庚寅	丁亥
巳	寅	亥	庚(申)

위의 庚寅10국의 경우 일간 庚金은 지상신 巳火에서 장생이고, 일지 寅木은 간상신 亥水에서 장생을 이루므로 교차장생격이 된다. 또한 巳申합과 인해합목(寅亥合木)이 되는 것도 고려한다. 교차장생은 협력하여 추진하는 상황인데, 위의 국은 상황이 복잡하여 1과와 3과는 巳와 亥가 서로 충하고 간지는 寅申충이며, 申과 亥가 육해이고 寅·巳도 해가 된다. 일을 추진하는 데 방해가 많으므로 매사에 신중을 기해야 한다. 속국으로는 甲申10국·戊申1국·戊寅7국·庚寅10국이 있다.

:: 교차합재격(交車合財格)

1과와 3과가 교차해서 서로의 재성이 되는 경우이다. 즉, 간상신이 일지의 재성(財星)이면서 지상신이 일간의 재성이 될 때 이루어지며, 서로 협력하여 재물을 얻고 늘리는 일에 매우 좋다.

말전	중전	초전
乙未	○巳	癸卯
○巳	卯	丑

4과	3과	2과	1과
○巳	癸卯	壬寅	庚子
卯	丑	子	辛(戌)

위의 辛丑11국의 경우 卯戌합 하고 子丑土 하며 卯木이 일간의 재성이 된다. 일간은 상신의 子에 금생수(金生水)로 탈기되고 천공이 타고 있어서 탈공격(脫空格)이 되며, 지상신은 일간의 재성이며 초전으로 발용되었다. 주점에는 등사가 타고 야점에는 현무가 타므로 나의 기운이 설기

되고 재물은 손실의 기운이 있다. 재성이 일지를 상극하는 것도 참고하여 일을 추진하여야 한다. 속국으로는 辛丑11국·辛卯1국·辛巳3국·壬申7국·癸未8국이 있다.

∷ 교차탈격(交車脫格)

교차하여 탈기가 되는 격으로 상대방이나 자신이나 모두 소모만 있지 이루어지는 것이 없다. 서로 빼앗으려 하기 때문이다.

말전	중전	초전
戊寅	壬午	甲戌
午	戌	寅

4과	3과	2과	1과
甲戌	戊寅	己卯	癸未
寅	午	未	壬(亥)

위의 壬午5국의 경우 지상신 寅木은 亥水의 식상이 되므로 탈기가 되고, 간상신 未土는 일지 午火의 탈기가 되므로 교차탈격에 해당된다. 즉, 교차하여 합이 되면서 탈기가 되는 상황이다. 이 경우 웃으면서 화합하지만 서로 구멍을 내서 빼먹는 형상이므로 주의해야 한다. 또한 이 국은 삼전이 寅·午·戌 염상격으로 생멸 부침이 극심하므로 자중해야 한다. 염상의 성격을 양일일광(陽日日光)이며 음일등화(陰日燈火)라고 하는 것도 참고한다. 교차탈격의 속국으로는 甲申10국·乙未11국·乙亥3국·丁卯3국·戊辰10국·庚寅10국·壬辰3국·壬午5국이 있다.

∷ 교차해격(交車害格)

교차해격은 1과와 3과가 교차하여 육해를 이루는 격이다. 처음에는 일이 잘 되어가는 것 같지만 결국에는 아무것도 이루어지는 것이 없다. 서로 해치려는 마음을 품고 있는 상태다.

말전	중전	초전
甲戌	乙亥	丙子
亥	子	丑

4과	3과	2과	1과
乙亥	丙子	辛巳	壬午
子	丑	午	丁(未)

위의 丁丑2국의 경우 子未육해와 丑午육해가 교차하므로 교차해다. 일간과 일지를 보면 상하로 육합이 되지만 교차해서는 육해가 되므로 화합 중에 분란이 있는 격이다. 교섭은 분란으로 결론이 없고, 매사에 신중하지 않으면 착오로 일을 그르친다. 다른 사람과의 승패에서는 서로 해치는 상이므로 화해하는 것이 가장 좋으며 다퉈서 좋을 것이 아무것도 없다. 속국으로는 乙卯1국·丁丑2국·己丑2국·辛丑1국이 있다.

:: 교차공격(交車空格)

일지가 교차합하면서 간상신·지상신이 모두 공망이 되는 경우이다. 서로 합이 되어 처음에는 화합하지만 결국에는 모두 헛일이 된다.

말전	중전	초전
○卯	辛亥	丁未
亥	未	○卯

4과	3과	2과	1과
丁未	○卯	丙午	○寅
○卯	亥	○寅	辛(戌)

위의 辛亥9국은 삼전이 亥·卯·未로 곡직격(曲直格)에 해당된다. 사과가 모두 공망이고 삼전 중 초전과 말전이 공망이므로 개공(皆空)이다. 곡직격의 공망은 썩은 나무로 비유되며, 무엇인가를 만들기 위해 조각을 할 수 없는 나무이다. 전공에 교차공격으로 모든 정단이 헛되고 결론이 없다. 중전만 공망이 아니므로 흉이 해소된다고는 하지만 길한 것이 없다. 이는 중전이 실(實)이기는 하지만 일간의 탈기 요소가 되기 때문이다. 목국(木局)인 재성도 공망이 되므로 재물을 구하기도 어렵다.

:: 교차형격(交車刑格)

교차형격은 1과와 3과가 교차하여 형(刑)을 이루는 격이다. 일을 추진하면서 서로 화합하는 것 같지만 내심 불화하며 예의가 없어진다.

말전	중전	초전
丙寅	壬申	己巳
寅	申	巳

4과	3과	2과	1과
丙寅	丙寅	己巳	己巳
寅	寅	巳	丙(巳)

위의 丙寅1국은 일간기궁과 일지상신이 寅巳형이고, 일간상신과 일지가 寅巳형이므로 교차형격이 된다. 양일의 복음(伏吟)을 자임(自任)이라 한다. 스스로 강하다고 자처하여 길하지 못하므로 매사에 겸손하게 일을 진행하는 것이 좋다. 경거망동하는 경우 구부러져서 펴기 힘들므로 정도(正道)를 지키는 것이 좋다. 속국으로는 丙寅1국·戊寅1국·辛丑1국·辛未1국이 있다.

:: 교차충격(交車沖格)

1과와 3과가 교차하여 칠충(七沖)이 되는 상태다. 이 격은 처음에는 서로 협력하는 듯하지만 결국 충돌하여 멀어진다. 이는 부부·부자·형제·주객이 모두 같다.

말전	중전	초전
癸未	甲戌	丁丑
未	戌	丑

4과	3과	2과	1과
丁丑	丁丑	癸未	癸未
丑	丑	未	丁(未)

위의 丁丑1국의 경우 일간기궁과 지상신, 간상신과 일지가 丑未충이므로 교차충격에 해당된다. 丑·未가 상충하는 경우 유자격(遊子格)에 해당되기도 한다. 교차하여 충하는 경우 먼저 합하고 후에 갈라지므로 이별·해산·불화가 있으며, 가정점에서 불평이 있는 상이다. 집을 수리하거나

건축하는 것도 좋지 않다. 속국으로는 甲申1국 · 丁丑1국 · 庚寅1국 · 癸未1국이 있다.

:: 교차극격(交車剋格)

1과와 3과가 서로 교차하여 극을 이루는 상태다. 이 격은 한편으로는 합을 하여 겉으로 웃고 있지만 속으로는 비수를 품고 있는 형상이다. 결국 원한을 품고 있는 사람과 거래하는 것이므로 모든 거래가 다툼으로 끝난다.

말전	중전	초전
壬子	乙巳	庚戌
巳	戌	○卯

4과	3과	2과	1과
壬子	乙巳	庚戌	○卯
巳	戌	○卯	庚(申)

위의 庚戌6국은 간상신과 일지, 지상신과 일간기궁이 육합을 하지만 서로 상극하고 있으므로 교차극격에 해당된다. 길흉은 밖의 일로 인해 일어난다. 간상신이 재성이나 공망으로 썩은 나무가 된다. 교섭과 거래는 반 정도밖에 성공하지 못하며, 재물을 얻기도 어렵다. 일간상신이 일지를 극하고 일지상신이 일간을 극하면 무음(蕪淫)이 된다. 가정은 서로 칼을 갈며 배반하는 일이 있다. 결혼도 성사되지 않으며 이루어져도 이별 문제가 생긴다. 속국으로는 庚子8국 · 庚戌6국 · 辛未5국이 있다.

:: 교차삼교격(交車三交格)

삼전이 모두 子 · 午 · 卯 · 酉 제왕의 지지로만 이루어진 경우를 삼교(三交)라고 한다. 교차삼교격은 삼교를 이루면서 일간과 일지가 교차하여 육합을 하는 것이다. 이 격은 서로 화합하는 듯하지만 속에 딴마음을 품고 있으므로 싸울 기미가 있다.

말전	중전	초전
壬子	○卯	丙午
○卯	午	酉

4과	3과	2과	1과
○卯	丙午	癸丑	甲辰
午	酉	辰	己(未)

위의 己酉4국의 경우 삼전이 子·午·卯·酉로 이루어져 삼교이며, 오미합화(午未合火)·진유합금(辰酉合金) 하므로 교차삼교격에 해당된다. 간상신에 辰이 있으면 추진하는 일이 처음에 어렵다. 간상신 辰이 있고 합이 되는 경우 교섭할 일이나 간사한 일이 있게 된다. 결혼점의 경우 지합(支合)으로 결혼은 하지만 삼전이 子·午·卯·酉로 다툼이 있다. 속국으로는 丁卯10국·丁酉4국·己卯10국·己酉4국_야점이 있다.

:: 교차삼합격(交車三合格)

일명 교합격(交合格)이라고도 한다. 이는 삼전이 삼합하고 1과와 3과가 교차하여 합이 되는 경우로 공망을 싫어한다. 집의 일은 서로 화합하고, 밖의 일은 다른 사람의 도움을 받아서 화합하여 이룬다. 헤어지는 일은 교차삼합이라서 지연이 되므로 좋지 않다.

말전	중전	초전
癸酉	乙丑	己巳
丑	巳	酉

4과	3과	2과	1과
己巳	癸酉	壬申	甲子
酉	丑	子	乙(辰)

위의 乙丑5국의 경우 子·丑이 지합하고 기궁과 지상신이 辰·酉로 지합하여 화합의 상이다. 또한 삼전이 巳酉丑 삼합으로 중귀(重鬼)를 이루고 있지만, 간상신이 금생수(金生水)·수생목(水生木)으로 일간을 생하므로 걱정할 필요가 없다. 가정이 화평하고, 부모의 병이 있는 경우에는 辰월을 조심한다. 속국으로는 乙丑5국·乙巳9국·丙子5국·戊辰9국·壬戌9국·辛亥9국이 있다.

:: 간지내외구합격(干支內外俱合格)

간지내외구합격 또는 상하양합격(上下兩合格)은 복음과로, 일진의 간상신이 육합을 하고 지반지지도 육합을 하는 경우이다. 일간은 내가 되고 일지는 상대가 된다. 나와 남이, 상하가 서로 협력한다. 교섭에는 좋으나 벗어나거나 도망하는 일, 숨는 일에는 흉하다. 합이 되는 글자 중 하나가 공망이 되면 흉하다.

말전	중전	초전
○巳	壬寅	己亥
○巳	寅	亥

4과	3과	2과	1과
壬寅	壬寅	己亥	己亥
寅	寅	亥	壬(亥)

위의 壬寅1국의 경우 일간지가 寅·亥로 합하고 서로 상생·화합하는 상으로 교역이나 거래에 좋다. 그러나 일간의 입장에서 보면 일지를 수생목(水生木) 하여 설기하므로 금전이나 정신적으로 소모가 많은 상이다. 초전은 일록(日祿)으로 왕한 녹이 초전에 임하여 내가 힘을 얻으므로 좋다. 이 경우 경거망동하지 말고 서서히 전진하는 것이 바람직하다. 재물은 재성이 공망이므로 공망을 벗어날 때 윗사람의 재물을 얻게 된다. 속국으로는 乙酉1국·丙申1국·戊申1국·辛卯1국·壬寅1국이 있다.

:: 간지상회격(干支相會格_기궁일지상합)

간지상회격 또는 간지상합격(干支相合格)은 일간기궁과 일지가 상합하는 경우이다. 일간은 내가 되고 일지는 상대가 된다. 나와 남이, 상하가 서로 협력하게 된다. 교섭에는 좋지만 벗어나거나 도망하는 일, 숨는 일에는 흉하다. 합이 되는 글자 중 하나가 공망이 되면 흉하다.

말전	중전	초전
龍后	陰空	合蛇
己丑	○午	丁亥
○午	亥	辰

4과	3과	2과	1과
合蛇	常常	陰空	合蛇
丁亥	壬辰	○午	丁亥
辰	酉	亥	乙(辰)

주야	后龍	天陳	蛇合	雀雀	合蛇	陳天	龍后	空陰	白武	常常	武白	陰空
천반	○未	甲申	乙酉	丙戌	丁亥	戊子	己丑	庚寅	辛卯	壬辰	癸巳	○午
지반	子	丑	寅	卯	辰	巳	○午	○未	申	酉	戌	亥

위의 乙酉6국은 간지상회격으로 화합하는 상이며, 가정은 지상신이 태상의 재신(財神)이므로 의식이 풍족하다고 볼 수도 있으나 처나 재물로 인한 소송을 주의하여야 한다. 지일과(知一課)로 하적상(下賊上) 하는 것이 초전이 되기 때문이다. 또한 과전을 보면 子·午·卯·酉 사중(四仲)이 寅·申·巳·亥 사맹(四孟)에 앉아서 사절(四絶)이 되었으므로 참고한다. 사절은 옛일을 청산하는 격이다. 간지상회격의 속국으로는 乙酉6국·乙酉8국·丙申4국·丙申10국·戊申4국·戊申10국·辛卯6국·辛卯8국·壬寅4국·壬寅10국이 있다.

:: 상하구합격(上下俱合格)

상하구합격은 사과 중 1과와 3과의 상하가 합이 되는 격이다. 일간은 내가 되고 일지는 상대가 된다. 나와 남이, 상하가 서로 협력한다. 교섭에는 좋지만 벗어나거나 도망하는 일, 숨는 일에는 흉하다. 합이 되는 글자 중 하나가 공망이 되면 흉하다.

말전	중전	초전
甲戌	乙亥	丙子
亥	子	丑

4과	3과	2과	1과
乙亥	丙子	辛巳	壬午
子	丑	午	丁(未)

위의 丁丑2국의 경우 1과는 午未합을 하고, 3과는 子丑합을 하므로 상

하구합격에 해당된다. 이 국은 일간과 일지를 보면 상하로 육합이 되지만, 교차해서 육해가 되므로 화합하는 가운데 분란도 있는 격이다. 상하구합격의 속국으로는 甲申4국·丁丑2국·己丑2국·庚寅4국·癸未2국이 있다.

:: 간지상신상합격(干支上神相合格)

간상신과 지상신이 육합을 이루는 경우이다. 일간은 내가 되고 일지는 상대가 된다. 나와 남이, 상하가 서로 협력한다. 교섭에는 좋으나 벗어나거나 도망하는 일, 숨는 일에는 흉하다. 합이 되는 글자 중 하나가 공망이 되면 흉하다.

말전	중전	초전
丙子	癸未	戊寅
未	寅	○酉

4과	3과	2과	1과
○酉	庚辰	戊寅	○酉
辰	亥	○酉	乙(辰)

위의 乙亥8국은 진유합금(辰酉合金)이 되어 간지상신상합격에 해당된다. 그러나 간상신이 공망을 맞아 그 효력이 떨어진다. 간상신 일간의 관귀로 공망을 맞아 효력이 없지만, 일간의 묘신이 일지를 극하고 인택이 함께 극을 당하여 가택에 문제가 있다.

재물점의 경우에는 辰이 일간의 재성이 되지만 辰酉합을 하여 일간의 관성이 되므로, 재물을 얻어 결과적으로 치욕을 초래하는 상황이 된다. 속국으로는 乙亥8국·丙子3국·戊子3국·戊辰5국·戊辰11국·辛未9국이 있다.

:: 교호육합격(交互六合格)

일간의 기궁과 지상신이 육합하고, 일지와 간상신이 교차하여 육합이 되는 격이다. 영향은 간지내외구합격과 같다. 다음의 乙丑5국과 같은 경우이다. 속국으로는 乙丑5국·乙亥3국·丙子5국·丙寅7국·戊寅7국·

戊辰9국 · 辛未5국이 있다.

말전	중전	초전
癸酉	乙丑	己巳
丑	巳	酉

4과	3과	2과	1과
己巳	癸酉	壬申	甲子
酉	丑	子	乙(辰)

외호이차야격(外好裏差枒格)

간지상신은 육합을 하지만 그 지반은 육해를 이루는 경우이다. 겉으로는 합이 되어 화합하지만, 속으로는 육해가 되어 서로 화합하지 못한다.

말전	중전	초전
○亥	壬申	己巳
申	巳	寅

4과	3과	2과	1과
丙寅	○亥	己巳	丙寅
○亥	申	寅	壬(○亥)

위의 壬申10국의 경우 1과와 3과는 寅亥합이 되지만 지반이 申亥 육해가 된다. 또한 이 국은 寅亥합 하는 기운이 공망이므로 좋은 일이 헛되이 되고 해가 생긴다. 속국으로는 乙卯4국 · 乙卯10국 · 丙寅4국 · 戊寅4국 · 辛酉4국 · 辛酉10국 · 壬申10국이 있다.

일진근린격(日辰近隣格)

간상신과 지상신이 육합하고 일지가 간상신으로 있으며, 일지는 일간과 같은 오행인 경우이다. 일을 진행하던 중 상황이 바뀌어 협력하게 되고 일을 이룬다. 다음의 壬子12국과 같은 경우이다. 속국으로는 丙午12국 · 戊午12국 · 壬子12국이 있다.

말전	중전	초전
甲辰	○卯	○寅
○卯	○寅	丑

4과	3과	2과	1과
○寅	癸丑	癸丑	壬子
丑	子	子	壬(亥)

:: 간지상회격(干支相會格)

일진근린격과 같이 간상신과 지상신이 육합하고 일지가 간상신으로 있지만, 일지는 일간과 같은 오행이 아닌 경우이다. 상황에 변동이 있고 협력하여 일을 이루게 되는 것은 일진근린격과 같다. 다음의 丙寅4국과 같은 경우이다. 속국으로는 丙寅4국·丙戌8국·戊戌8국·壬辰8국이 있다.

말전	중전	초전
己巳	壬申	○亥
申	○亥	寅

4과	3과	2과	1과
壬申	○亥	○亥	丙寅
○亥	寅	寅	丙(巳)

023법 피구아사지전간(彼求我事支傳干)

:: 피구아사격(彼求我事格)

초전은 지상신이 되고 말전은 간상신이 되는 경우이다. 이 격은 지전간(支傳干) 또는 조간격(朝干格)이라고도 한다. 육임에서 삼전은 일의 진행 상황을 보는데 초전은 일의 시작, 중전은 일의 진행, 말전은 일의 결과이다. 초전에 지상신이 있다는 것은 일의 시작에 다른 사람이 있다는 것이며, 말전에 간상신이 있다는 것은 일의 결과에 본인이 있는 것이다. 그러므로 이 격은 상대방이 일을 시작하거나 부탁하고, 내가 결말을 짓거나 대답한다. 일의 결과가 내게 있으며, 길흉을 막론하고 내가 겪게 된다. 가출한 사람은 찾게 되며, 출행한 사람은 돌아온다.

말전	중전	초전
癸酉	乙丑	己巳
丑	巳	酉

4과	3과	2과	1과
乙丑	己巳	己巳	癸酉
巳	酉	酉	癸(丑)

위의 癸酉5국은 삼전이 巳·酉·丑으로 종혁격(從革格)이다. 종혁은 먼저는 따라 하고 후에 변화하는 격이다. 때를 기다렸다 움직이는 것이

좋다. 무리를 이룬 금기(金氣)가 간상신으로 와서 일간을 생하므로 매우 좋은 과이다. 또한 삼전이 체생(遞生)하여 나를 생조하므로 다른 사람의 추천을 받는 일에 좋다.

024법 아구피사간전지(我求彼事干傳支)

∷ 아구피사격(我求彼事格)

아구피사격은 다른 사람에게 구하는 격이다. 이 격은 피구아사격과 반대로 초전이 간상신이 되고 말전이 지상신이 되는 경우이다. 따라서 피구아사격의 다른 이름인 지전간(支傳干)·조간격(朝干格)과 다르게 간전지(干傳支)·조지격(朝支格)이라고도 한다. 삼전으로 본 일의 진행 상황도 반대로 나타나는데, 초전에 간상신이 있고 말전에 지상신이 있으므로, 일의 시작은 내게 있고 일의 결과는 다른 사람에게 있다. 즉, 내가 남에게 부탁을 하는 모양이므로 상대방에게 굴복함을 의미한다. 이 경우 일간이 왕상의 기운을 가졌으면 그런대로 괜찮지만 휴수의 기운이 되면 매우 좋지 않다. 그러므로 일을 시작하지 않는 것이 좋다. 모든 일이 쉽게 이루어지지 않고 가정이 불화하며, 가출이나 외출한 사람이 돌아오지 않고 질병은 고치기 힘들다. 다음의 丁亥11국과 같은 경우이다. 이 국은 삼전 간전격(間傳格)으로 일을 진행하는 중에 어려움이 있으며 명확하게 매듭지어지는 일이 없다.

말전	중전	초전
己丑	丁亥	乙酉
亥	酉	○未

4과	3과	2과	1과
辛卯	己丑	丁亥	乙酉
丑	亥	酉	丁(○未)

025법 금일봉정흉화동(金日逢丁凶禍動)

금일봉정격(金日逢丁格)

金일에 정신(丁神)이 삼전·일진·연명상신의 둔간이 되는 경우이다. 예를 들어, 庚午·辛未일에 卯木을 보면 정신이 둔간이 되는 경우이다. 다음 庚午10국의 경우 삼전 卯 위에 정신이 붙었으므로 금일봉정격이 된다.

말전	중전	초전
丁卯	甲子	癸酉
子	酉	午

4과	3과	2과	1과
甲子	癸酉	丙寅	○亥
酉	午	○亥	庚(申)

정신은 육임에서 역마와 같이 동적인 기운을 나타내는 동신(動神)이다. 육임에서는 동적인 면을 강조하여 기운을 살핀다. 즉, 지반보다 동적이므로 육처(六處)인 천반을 보고, 여기에 동적인 기운을 나타내는 정신이 붙으면 가속성이 더 나타난다. 여기서 육처란 간상신과 지상신, 삼전 중 초전과 말전, 연상신과 명상신을 말한다. 金일의 정신은 화극금(火剋金)이 되므로 명주에게는 관귀가 되는 기운이다. 그러므로 일반인에게는 흉하지만 관직에 있는 사람에게는 좋으며, 취직점·승진점에서는 빠른 이동을 나타내므로 좋다.

이 경우 연명상신에서 정신이 붙은 천반의 글자를 극하거나 제거하는 경우, 일반인이라면 식상이 관살을 누르는 식상제살(食傷制殺)의 효과가 있으므로 흉이 없어지지만, 관직에 있는 사람에게는 이익이 없다. 금일봉정격은 정신이 붙은 천반의 육친을 원인 제공자·동기로 보고 정신의 영향을 보는 것이 원칙이다.

금일봉정격의 속국은 과전에 정신이 없는 경우에도 그 영향을 따지지만 여기에서는 정신이 삼전에 있는 경우로 속국을 한정하여 소개한다. 庚子2국·庚子10국·庚寅2국·庚寅4국·庚寅10국·庚辰2국·庚辰6

749

국·庚午10국·庚申1국·庚申4국·庚申6국·辛丑3국·辛丑5국·辛丑
9국·辛卯2국·辛卯3국·辛卯5국·辛卯9국·辛巳2국·辛巳3국·辛巳
8국·辛巳9국·辛未2국·辛未5국·辛未8국·辛未9국·辛酉5국·辛酉
8국·辛酉11국·辛亥1국·辛亥5국·辛亥9국

∷ 화귀사작극택격(火鬼蛇雀剋宅格)

화신(火神)인 등사나 주작이 있는 천반이 일지를 극하고, 정신이 일간
을 극하는 경우로 화재를 당한다. 다음의 庚辰2국_주점과 같은 경우이다.

말전	중전	초전
天空	蛇龍	雀陳
丁丑	戊寅	己卯
寅	卯	辰

4과	3과	2과	1과
蛇龍	雀陳	龍蛇	空天
戊寅	己卯	壬午	癸未
卯	辰	未	庚(○申)

∷ 인택이화격(人宅罹禍格)

일상신이 일간을 극하고, 지상신에 정신이 있어서 일간을 극하는 경우
이다. 이 경우 정신이 일간을 극하므로 집안에 동요가 있고, 일간상신이
일간을 극하므로 나에게도 문제가 된다. 단, 관직에 있으며 승진·임명을
기다리는 경우에는 빨리 이루어진다. 다음의 庚午4국과 같은 경우이다.

말전	중전	초전
○亥	丙寅	己巳
寅	巳	申

4과	3과	2과	1과
甲子	丁卯	丙寅	己巳
卯	午	巳	庚(申)

속국으로는 辛丑5국_야점·辛卯5국_야점·辛巳5국_야점·辛未5국_
야점·辛酉5국_야점·辛亥5국_야점·庚子4국·庚寅4국·庚辰4국·庚
午4국·庚申4국·庚戌4국 등이 있다.

:: 사호둔귀격(蛇虎遁鬼格)

사호둔귀격은 다음의 두 가지 경우에 이루어진다. ① 과전의 둔간 庚金이 관귀에 해당되고 관귀에 백호가 탄 경우 ② 과전에 정신이 있고 정신에 등사가 탄 경우이다. 흉하고 위험한 일이 생긴다. 이유는, 천장 중등사는 충격과 괴이한 일, 놀라움 등을 일으키고 백호는 질액과 사상을 일으키는 흉신인데, 이것이 둔귀로 일간을 극하기 때문이다. 둔귀는 둔간이 관귀에 해당하는 경우이다. 이 격은 庚金이나 정신이 공망이 되어도 흉이 일어나지만 가볍다. 사호귀정격(蛇虎鬼丁格)이라고도 한다. 다음의 辛酉5국_야점과 같은 경우가 사호둔귀격에 해당된다.

말전	중전	초전
龍武	蛇龍	武蛇
辛酉	○丑	丁巳
○丑	巳	酉

4과	3과	2과	1과
蛇龍	武蛇	天陳	常天
○丑	丁巳	甲寅	戊午
巳	酉	午	辛(戌)

속국으로는 甲子7국_야점 · 甲子9국_야점 · 甲寅1국_야점 · 甲寅11국_야점 · 甲午2국_주점 · 甲午3국_주점 · 甲申5국_주점 · 甲申7국_주점 · 甲申10국_주점 · 辛巳5국_주점 · 辛巳8국_주점 · 辛未2국_주점 · 辛酉5국_야점 · 辛亥9국_야점 등이 있다.

:: 흉괴격(凶怪格)

월염(月厭) · 대살(大殺) · 천목(天目) · 운성 묘신 · 정신은 육임 신살 중 대표적인 흉살이다. 이러한 신살이 연명상신이나 간상신 · 지상신에 타는 경우를 흉괴격이라고 한다. 이 격은 점사에 반드시 흉한 일이 있다. 다음은 乙巳10국_巳월 점사의 예다. 월염 · 대살 · 천목은 월지 기준 신살표를 참고한다.

말전	중전	초전
白后	陰雀	蛇龍
癸丑	庚戌	丁未
戌	未	辰

4과	3과	2과	1과
武蛇	天陳	陰雀	蛇龍
辛亥	戊申	庚戌	丁未
申	巳	未	乙(辰)

흉괴격의 속국으로는 乙巳10국_4월점·庚辰8국_10월점·辛巳10국_10월점이 있다.

∷ 사호승정격(蛇虎乘丁格)

사호승정격 또는 사호정신격(蛇虎丁神格)은 정신에 등사나 백호가 타서 일간이나 일지를 극하는 경우이다. 사호승정격 중 정신이 일지를 극하는 경우 가택에 변화가 있거나 주택이 손상된다. 또한 식구에게도 흉한 일이 생기거나 재해로 인해 병이 발생한다. 이 경우 정신이 일간의 관귀가 되면 더욱 흉하다. 사호승정격 중 정신이 일간을 극하는 경우에는 나에게 흉이 일어난다. 다음의 乙未8국 주점의 경우, 일간 乙木을 정신이 금극목(金剋木) 하며 등사가 타고 있으므로 사호승정격에 해당된다.

말전	중전	초전
白武	雀雀	武白
癸卯	戊戌	○巳
戌	○巳	子

4과	3과	2과	1과
武白	陳天	空陰	蛇合
○巳	庚子	壬寅	丁酉
子	未	酉	乙(○辰)

026법 수일봉정재동지(水日逢丁財動之)

∷ 마재호귀격(馬載虎鬼格)

일지의 역마에 백호가 붙어서 일간을 극하는 경우이다. 정신(丁神)은 이동성을 주관하는 기운인데, 정신 대신 역마가 백호와 같이 있어서 일간을 극하므로 흉이 빨리 일어나는 특징이 있다.

말전	중전	초전
后白	蛇龍	合合
庚申	戊午	丙辰
午	辰	寅

4과	3과	2과	1과
蛇龍	合合	蛇龍	合合
戊午	丙辰	戊午	丙辰
辰	寅	辰	甲(寅)

위의 甲寅11국_야점의 경우 寅午戌 화국(火局)을 기준으로 보면 申이 역마가 된다. 申은 말전에 있고 백호가 타고 있으며 일간 甲을 금극목(金剋木) 하고 있다. 마재호귀격으로 흉이 빨리 온다고 하지만 중전에서 화극금(火剋金)으로 극하기 때문에 걱정하지 않아도 된다. 재물점인 경우 초전에 재성이 동하나 천장과 지반으로부터 협극이 되므로 얻지 못한다. 마재호귀격의 속국을 다음과 같이 두 가지로 나누어 살펴본다.

① 역마는 없고 백호가 일간을 극하는 경우 : 甲寅1국_야점 · 甲寅3국_야점 · 甲寅4국_야점 · 甲寅11국_야점 · 戊辰6국_야점 · 戊辰8국_야점 · 戊辰10국_야점 · 戊午6국_주점

② 마재호귀격이지만 공망이 되어 괜찮은 경우 : 甲戌1국_야점 · 甲戌2국_야점 · 甲戌3국_야점 · 甲戌4국_야점 · 甲戌11국_야점 · 戊申6국_야점 · 戊申7국_야점 · 戊申10국_야점

:: 수일봉정격(水日逢丁格)

壬 · 癸일에 정신이 삼전 중 초전과 말전 · 일진 · 연명의 여섯 군데에 나타나는 경우이다. 壬일과 癸일의 정신은 일간의 재성이 되므로 재물에 해당된다. 이러한 재성이 여섯 군데에 나타나는 경우 재물이 움직이거나 다른 사람이 재물을 보내온다. 또한 남자는 결혼하게 되고, 결혼한 사람은 바람을 핀다. 단, 연상신이나 명상신이 정신이 있는 천반의 글자를 극하는 경우 재물의 기운이 움직이지 않는다. 또한 재물의 원인이 되는 것은 정신이 붙은 천반의 육친을 고려하여 판단하는데, 예를 들어 천반의 글자가 비겁이면 자신 또는 형제로 인해 재물이 움직이는 것으로 본다. 다음의 壬申6국과 같은 경우이다.

말전	중전	초전
壬申	乙丑	庚午
丑	午	○亥

4과	3과	2과	1과
○戌	丁卯	乙丑	庚午
卯	申	午	壬(○亥)

수일봉정격의 속국은 다음과 같다. 괄호 안은 육처 중 정신이 있는 곳이다. 壬子5국(초전·일간)·壬子6국(일지)·壬子9국(초전)·壬子3국(일간)·壬寅6국(일지)·壬辰1국(초전·일간)·壬辰4국(말전)·壬辰6국(일지)·壬午6국(일지)·壬午11국(일간)·壬午12국(초전)·壬申6국(일지)·壬申9국(말전·일간)·壬申12국(말전)·壬戌4국(초전)·壬戌6국(일지)·壬戌7국(말전·일간)·癸丑1국(말전)·癸丑3국(말전)·癸丑7국(일간·일지·초전·말전)·癸丑11국(말전)·癸卯3국(말전)·癸卯5국(일간)·癸卯7국(일지)·癸卯9국(초전)·癸卯10국(초전)·癸巳3국(일간)·癸巳7국(일지)·癸巳11국(말전)·癸未1국(초전·일간)·癸未3국(말전)·癸未7국(일지)·癸酉3국(말전)·癸酉6국(초전)·癸酉7국(초전·말전)·癸酉11국(일간)·癸亥4국(초전)·癸亥6국(말전)·癸亥7국(말전·초전·일지)·癸亥9국(말전·일간)·癸亥11국(말전)

:: 재승정마격(財乘丁馬格)

재승정마격은 다음의 두 가지 경우에 이루어진다. ① 일간의 재성에 정신이나 역마가 있는 경우 ② 삼전에 재성이 있고 여기에 정신이나 역마가 같이 있는 경우이다. 역마나 정신을 타고 출입하여 재물을 얻는다. 또는 처나 여자로 인해 재물의 이동이 있다. 정마(丁馬)가 같이 있으면 재물의 이동이 빠르거나, 멀리 있는 재물의 이동이 있다. 다음의 己丑9국과 같은 경우이다.

말전	중전	초전
癸巳	己丑	乙酉
丑	酉	巳

4과	3과	2과	1과
乙酉	癸巳	辛卯	丁亥
巳	丑	亥	己(○未)

다음의 속국은 간상신이 정신이나 역마가 되는 경우만이다. 甲辰8국·乙巳10국·乙亥4국·丙申9국·丁酉11국·戊子7국·己丑9국

:: 태상간생격(太常干生格)

간상신이 일간의 장생이 되고 태상이 타는 경우이다. 이 격은 결혼하거나 다른 사람으로부터 재물을 얻는다. 다음 甲子4국_주점의 경우 간상신 亥水가 일간 甲木의 장생이 되고 태상이 타므로 태상간생격에 해당된다. 간상신이 공망이므로 역할은 떨어진다.

말전	중전	초전
白后	陳雀	蛇龍
甲子	丁卯	庚午
卯	午	酉

4과	3과	2과	1과
蛇龍	陰常	后白	常陰
庚午	癸酉	壬申	○亥
酉	子	○亥	甲(寅)

속국으로는 甲子4국_주점·甲寅4국_주점·甲辰4국_주점·甲午4국_주점·甲申4국_주점·甲戌4국_주점·己丑12국_주점·己卯12국_주점·己巳12국_주점·己未12국_주점·己酉12국_주점·己亥12국_주점이 있다.

:: 태상지생격(太常支生格)

지상신이 일간의 장생이 되고 태상이 타고 있는 경우이다. 이 경우 결혼점에 매우 좋으며, 옷을 다루는 일이나 음식장사·술집을 하면 좋다. 다음 甲子2국_주점의 경우 지상신 亥水가 일간 甲木의 운성 장생이 되고 3과에 태상이 타고 있으므로 태상지생격에 해당된다.

말전	중전	초전
武武	常陰	白后
○戌	○亥	甲子
○亥	子	丑

4과	3과	2과	1과
武武	常陰	白后	空天
○戌	○亥	甲子	乙丑
○亥	子	丑	甲(寅)

속국으로는 甲子2국_주점 · 甲寅4국_주점 · 甲戌12국_주점 · 己未12국_주점이 있다.

:: 우녀상회격(牛女相會格)

지상신과 지반이 子 · 丑으로 이루어지고 태상이 있는 경우이다. 丑土에 우수(牛宿)가 있고 子水에 여수(女宿)가 있어서 붙여진 이름이다. 이 격은 결혼점에 매우 좋다. 다음 壬子12국_야점의 경우 지상신 丑土와 지반 子水가 子丑합이 되고 태상이 타므로 이 격에 해당된다.

말전	중전	초전
蛇后	天陰	后武
甲辰	○卯	○寅
○卯	○寅	丑

4과	3과	2과	1과
后武	陰常	陰常	武白
○寅	癸丑	癸丑	壬子
丑	子	子	壬(亥)

속국으로는 乙丑2국_야점 · 丙子12국_주점 · 己丑2국_야점 · 壬子12국_야점이 있다.

027법 전재화귀재휴멱(傳財化鬼財休覓)

:: 재화귀격(財化鬼格)

삼전이 모두 일간의 재성이 되고 간상신이 관귀가 되는 경우이다. 일간상신이 관귀가 되고 삼전하여 삼합을 하여 그 관귀를 생하면 흉하다. 이 경우 재물이 문제의 발단이므로 삼전의 재물을 얻으려다 화근이 되거나, 처첩으로 인하여 손실이 생긴다. 간상신이 아니라 지상신이 관귀가 되는 경우에도 영향은 같다.

말전	중전	초전
辛亥	○卯	丁未
○卯	未	亥

4과	3과	2과	1과
○卯	丁未	○寅	丙午
未	亥	午	辛(戌)

위의 辛亥5국의 경우 삼전은 亥卯未 곡직격(曲直格)으로 재성이 되고, 재성이 간상신 午火를 생하며, 午火는 辛金 일간의 관귀가 되어 재화귀격이 되므로 이 때는 재물을 취하지 말아야 한다. 그러나 말전의 亥가 午를 수극화(水剋火)로 극하고, 지상신 未는 일간을 생하므로 큰 흉은 피해갈 수 있다. 정신(丁神)이 일지에 있으므로 흉이 이미 움직인 것이지만 중전과 말전이 공망이 되므로 흉을 피할 수 있다. 또한 곡직격이 공망인 경우 나무가 썩은 것이므로 재물을 취한다 해도 큰 재물이 아니다. 속국으로는 辛卯5국 · 辛未5국 · 辛亥5국_야점 · 丁丑9국 · 丁巳9국이 있다.

∷ 전재화귀격(傳財化鬼格)

삼전이 일간의 재성이 되면서 지상신을 생하거나 비화되며, 지상신이 일간의 관귀가 되는 경우이다. 이 때는 가정에 흉사가 있다. 단, 연명상신에서 지상신을 제압하면 그 흉이 깊지 않다. 또한 관직에 있는 사람이 재물을 써서 직장을 옮기거나 승진한다. 다음 丁亥12국의 경우 申酉戌 금국(金局)이 재성이며 일지상신을 금생수(金生水)로 생하고, 일간과 화금상전(火金相戰)이 되므로 이 격에 해당된다.

말전	중전	초전
丙戌	乙酉	甲申
酉	申	○未

4과	3과	2과	1과
己丑	戊子	乙酉	甲申
子	亥	申	丁(○未)

속국으로는 乙巳10국 · 乙亥4국 · 丁亥12국 · 己卯9국 · 己未9국 · 己酉9국 · 己亥9국이 있다.

:: 인재치화격(因財致禍格)

삼전에 일간의 재성이 있고, 재성에 흉장이 타서 간상신을 극하는 경우이다. 이 때는 처첩으로 인하여 흉하다. 또는 처첩이 부모에게 효도하지 않는 악처다. 다음 庚辰8국 야점의 경우 재성 寅木에 흉장 백호가 타서 간상신 丑土를 목극토(木剋土) 하므로 이 격에 해당된다.

말전	중전	초전
蛇龍	空天	后白
丙子	癸未	戊寅
未	寅	○酉

4과	3과	2과	1과
后白	陳雀	白后	天空
戊寅	○酉	壬午	丁丑
○酉	辰	丑	庚(○申)

:: 재둔귀격(財遁鬼格)

간상신이 재성이고 둔간이 관귀가 되는 경우이다. 이 경우 반드시 재물로 인해 화가 있거나 음식을 잘못 먹어서 아프거나 처첩으로 인해 소송 사건이 있다. 다음 甲戌11국의 경우 간상신 辰土는 재성이 되고 둔간 庚金은 관살이 되므로 이 격에 해당된다.

말전	중전	초전
○申	壬午	庚辰
午	辰	寅

4과	3과	2과	1과
戊寅	丙子	壬午	庚辰
子	戌	辰	甲(寅)

속국으로는 甲辰5국 · 甲戌11국 · 乙丑10국 · 乙未4국 · 丙寅10국 · 丁卯11국 · 戊辰6국 · 壬戌2국 · 癸酉1국이 있다.

:: 차전환채격(借錢還債格)

차전환채격은 간지와 지상신이 모두 일간의 재성이 되는 경우이다. 재물을 구하는 것은 마땅치 않다. 빌린 돈을 갚는 운이기 때문이다. 다음 乙未1국의 경우 간상신 辰土와 지상신 未土가 모두 재성이므로 이 격에 해당된다.

말전	중전	초전
辛丑	乙未	○辰
丑	未	○辰

4과	3과	2과	1과
乙未	乙未	○辰	○辰
未	未	○辰	乙(○辰)

속국으로는 乙未4국 · 乙未7국 · 乙未10국 · 丙午10국 · 辛酉8국 · 壬子7국이 있다.

028법 전귀화재전험액(傳鬼化財錢險厄)

:: 전귀화재격(傳鬼化財格)

전귀화재격은 관귀가 재물을 보호하는 경우이다. 이는 재물을 극하는 것이 비겁인데 관귀가 비겁을 극하는 성분이므로, 결과적으로 관귀가 재물을 보호한다고 보는 것이다. 이 격은 삼전이 삼합하여 관귀가 되어서 비겁을 극하고, 삼전에 재성이 온전히 자리하며, 초전과 말전이 공망이 되어 재성만 남게 되는 경우에 이루어진다. 이 경우 재물을 얻을 기회가 있어도 그 재물을 취하지 않는 것이 좋다. 이 격은 위험 속에서 재물을 얻게 되지만 결국은 재물을 온전하게 지키지 못하므로 차라리 처음부터 손대지 말아야 한다.

말전	중전	초전
白龍	后武	合蛇
○辰	丙申	庚子
申	子	○辰

4과	3과	2과	1과
合蛇	白龍	天陰	陳雀
庚子	○辰	丁酉	辛丑
○辰	申	丑	丙(○巳)

　위의 丙申5국은 전귀화재격이며, 간상신에 丑土가 토극수(土剋水) 하므로 삼전의 수기(水氣) 삼합에 대항할만하다. 그러나 야점인 경우 삼전의 등사 · 현무 · 청룡이 모두 수신(水神)에 해당하므로 근심이 생긴다. 또한 연명상신에 관귀가 있는 경우 점인을 치는 기운이 강화되어 재물의 이익이 없다. 참고로 삼전의 등사 · 현무 · 청룡을 필법에서는 모두 수신으로 본다. 이는 신장의 상징을 그대로 취한 것이다.

∷ 취환혼채격(取還魂債格)

　빌린 돈을 갚기 쉽다는 의미이며, 명리에서 식신생재(食神生財)의 상황과 같다. 이 격은 삼전이 삼합하여 일간의 식상이 되고, 식상이 간상신 또는 지상신인 재성을 생조하는 경우에 이루어진다. 다음 己丑9국의 경우 삼전이 巳酉丑 삼합하여 일간의 식상이 되어 탈기하고, 간상신 亥水는 己土의 재성이 되므로 이 격에 해당된다.

말전	중전	초전
癸巳	己丑	乙酉
丑	酉	巳

4과	3과	2과	1과
乙酉	癸巳	辛卯	丁亥
巳	丑	亥	己(○未)

　속국으로는 甲寅5국 · 甲辰5국 · 甲午5국 · 甲申5국 · 甲戌5국 · 己丑9국 · 己巳9국 · 丁丑9국 · 壬寅5국 · 壬戌5국이 있다.

∷ 구재급취격(求財急取格)

　구재급취격은 간상신의 재성이 초전에 앉아 있는 경우이다. 현재의 상황은 재물이 일간을 따르는 격이다. 그러나 늦게 취하면 해가 될 수 있으므로 재물은 되도록 빨리 취한다. 빨리 취해야 하는 이유를 속국별로 살펴보면, 辛卯8국의 경우 간상신이 일간의 기궁을 상극하므로 해가 될 수 있기 때문이다. 乙未10국의 경우는 일지 未가 일간의 묘신이 되어 묘신부일(墓神覆日)에 해당되는데, 묘신의 영향으로 재물이 굳는 현상이 일어나므로 금전 문제는 신속히 처리해야 한다. 丙子9국과 같이 재성이 공망에 해당될 때는 공재격으로 분류된다. 다음 乙未10국의 경우 간상신 未土가 일간의 재성이 되고 초전이 未土이므로 이 격에 해당된다.

말전	중전	초전
辛丑	戊戌	乙未
戌	未	○辰

4과	3과	2과	1과
辛丑	戊戌	戊戌	乙未
戌	未	未	乙(○辰)

속국으로는 乙未10국과 辛卯8국이 있다.

:: 공재격(空財格)

간상신의 재성이 삼전의 초전이 되면서 공망이 되는 경우이다. 이 격은 재물을 구하는 데 비용이 너무 많이 들어서 결국은 구하지 못한다. 단, 丙子9국_주점처럼 타고 있는 천장의 오행이 삼전의 재성을 생하는 경우 돈을 빌리거나 빚을 독촉하는 데는 좋다. 다음의 丙子9국은 간상신이 丙火 일간의 재성이고 초전이 되었으나 공망을 맞은 경우로 공재격에 해당된다.

말전	중전	초전
辛巳	丁丑	○酉
丑	○酉	巳

4과	3과	2과	1과
○申	庚辰	丁丑	○酉
辰	子	○酉	丙(巳)

:: 위중취재격(危中取財格)

일지가 재성이고 지상신이 관귀가 되는 경우이다. 이 경우 재물로 인해 놀랄 일이 있으므로 위험 속에서 재물을 얻는다. 단, 甲戌3국과 辛卯10국의 경우 지상신 관성이 공망이 되므로 걱정하지 않아도 된다. 다음 辛卯10국의 경우 일지 卯木은 일간의 재성이고 지상신 午火는 일간의 관성이 되므로 이 격에 해당된다.

말전	중전	초전
辛卯	戊子	乙酉
子	酉	○午

4과	3과	2과	1과
乙酉	○午	壬辰	己丑
○午	卯	丑	辛(戌)

속국으로는 甲辰9국·甲戌3국·乙丑5국·乙未11국·丙申10국·丁酉10국·戊子11국·己亥9국·庚寅10국·辛卯10국이 있다.

029법 권속풍영거협택(眷屬豊盈居狹宅)

:: 권속풍영격(眷屬風盈格)

권속풍영격은 삼전의 영향으로 일간은 풍부해지고 일지는 설기되는 격이다. 이 경우 집이나 식구에게 모두 길하므로 이사를 가면 안 된다. 승부점의 경우 나는 왕성해지고 상대방은 기력이 쇠하는 것이므로 내가 승리한다.

말전	중전	초전
壬辰	戊子	甲申
子	申	辰

4과	3과	2과	1과
癸巳	己丑	戊子	甲申
丑	酉	申	乙(辰)

위의 乙酉9국은 삼전의 申子辰 수기(水氣)는 일지의 酉金 기운을 설기하고, 한편으로는 일간의 목기(木氣)를 생조한다. 가택이 나를 생하므로

가정이 평화롭다. 결혼은 과전에 합이 많으므로 성립된다. 재물점의 경우 과전에 일간의 재성이 되는 토장(土將)이 많으므로 재물을 얻는 데 좋다. 그러나 토기(土氣)는 수기를 극하므로 윗사람의 안부가 염려된다. 속국으로는 甲申9국·乙酉9국·乙酉12국이 있다.

:: 인왕쇠택격(人旺衰宅格)

삼전이 삼합·방합하여 일지를 극하고 일간을 생하는 경우이다. 이 경우 일간은 생을 받고 가택은 극을 받아서, 사람은 많고 집이 없는 형세다. 예를 들어 세로 살거나 관사에서 기거하거나 집을 떠나 객지를 전전하는 경우이다. 다음 癸卯9국의 경우 巳酉丑 삼합 금국(金局)으로 일지인 卯木을 극하고 일간인 癸水를 생하므로 이 격에 해당된다.

말전	중전	초전
○巳	辛丑	丁酉
丑	酉	○巳

4과	3과	2과	1과
己亥	乙未	丁酉	○巳
未	卯	○巳	癸(丑)

속국으로는 甲午2국·丙戌2국·丁未2국·丁未5국·癸卯9국이 있다.

:: 췌서격(贅壻格)

췌서격은 일지의 상황이 안 좋아서 집이 없는 것과 같은 격으로 간상신이 일지이고 일지는 지상신에 설기되며, 일간이 일지를 극하는 경우에 이루어진다. 적당히 거처할 집이 없는 상황이다. 속국 중 戊子6국의 경우는 상극으로 일지의 힘이 빠진다. 다음 丁酉11국의 경우 일간 丁火는 일지를 화극금(火剋金) 하고, 일지는 금생수(金生水)로 설기되므로 이 격에 해당된다.

말전	중전	초전		4과	3과	2과	1과
辛丑	己亥	丁酉		辛丑	己亥	己亥	丁酉
亥	酉	未		亥	酉	酉	丁(未)

속국으로는 丙申10국・丁酉11국・戊子6국・己亥9국이 있다. 참고로
전통적인 췌서는 난수(亂首)와 정반대로 일지가 간상신이 되어 일간으로
부터 극을 당하거나, 일간기궁이 지상신이 되어 일지를 극하는 경우이
다. 난수는 상문난수(上門亂首)와 자취난수(自取亂首)를 말하는데, 상문
난수는 일지가 간상신이 되어 일간을 극하는 경우이고, 자취난수는 일간
기궁이 지상신이 되어 일지로부터 극을 당하는 경우이다.

030법 거택관광치인쇠(居宅寬廣致人衰)

∷ 옥택관광격(屋宅寬廣格)

옥택관광격은 일간이 삼전에 탈기되고, 일지는 삼전에서 생을 받는 경
우이다. 이 경우 집이 사람의 기운을 뺏는다. 결국 이 집에서 사람이 살
수 없으며, 일간이 삼전의 극을 받는 경우에는 집을 팔아서 화에 대처해
야 한다. 집을 팔고 이사를 가면 좋은 경우이다. 승부의 경우, 내가 쇠약
해지고 상대방이 강해지므로 내가 진다.

말전	중전	초전		4과	3과	2과	1과
白后	后白	合合		白后	后白	后白	合合
戊寅	壬午	甲戌		戊寅	壬午	壬午	甲戌
午	戌	寅		午	戌	戌	甲(寅)

위의 甲戌5국의 경우 삼전 寅午戌 화국(火局)은 일지 戌土를 생하고,
일간 甲木은 목생화(木生火)로 설기되므로 옥택관광격에 해당된다. 일지
는 간상에 와서 일간의 재성이 되므로 내가 처를 얻고 처가 나를 따른다.

야점인 경우 초전이 육합이고 말전이 천후이므로 교동격이 된다. 남자가 여자를 유혹하는 상이다. 삼전의 강한 화기(火氣)가 일지를 도와주고 일간은 지상신을 도와주는 형태로, 내가 다른 사람에 의지하여 집을 넓히는 형상이다. 결국 남의 일이 나의 행복을 결정하는 것이다. 나를 굽히고 다른 사람을 따른다. 甲木 일간의 입장에서 보면 삼전의 화기로 인해 설기가 심하므로 내 쪽에 소모가 많다. 옥택관광격의 속국으로는 甲戌5국 · 甲戌9국 · 丙寅2국 · 己巳5국 · 壬午9국 · 癸酉10국이 있다.

:: 사수충택격(獅獸沖宅格)

사수충택격은 지상신과 상충이 되는 지지에 백호가 붙는 경우에 이루어진다. 지상신과 상충이 되는 지지는 맞은편 집으로 볼 수 있는데, 이 지지에 백호가 있으면 흉한 기운이 나의 집을 치는 격이므로 집안의 기운이 쇠퇴하게 되는 것이다. 단, 백호의 승신이 공망이면 흉이 없다. 다음 壬辰3국_주점의 경우 지상신 寅木을 충하는 申金의 천장이 백호가 되므로 사수충택격에 해당된다.

말전	중전	초전		4과	3과	2과	1과
龍白	合龍	蛇合		合龍	蛇合	常陰	空常
丙戌	戊子	庚寅		戊子	庚寅	○未	乙酉
子	寅	辰		寅	辰	酉	壬(亥)

주야	龍白	陳空	合龍	雀陳	蛇合	天雀	后蛇	陰天	武后	常陰	白武	空常
천반	丙戌	丁亥	戊子	己丑	庚寅	辛卯	壬辰	癸巳	○午	○未	甲申	乙酉
지반	子	丑	寅	卯	辰	巳	○午	○未	申	酉	戌	亥

사수충택격의 속국으로는 甲午1국_주점 · 庚午1국_야점 · 辛丑11국_주점 · 辛巳1국_야점 · 壬辰3국_주점이 있다.

:: 혈염극택격(血厭剋宅格)

천후 · 혈지 · 혈기 · 월염 등이 중복해서 일지를 극하는 경우에 이루어 진다. 이 격은 교역 · 매매나 점포의 수리 · 매매 등에 나쁘다. 다음 癸亥8 국_7월점의 경우, 일지상신 辰에 천후가 승하고 申월은 辰이 월염과 혈 기에 승하며 辰의 묘신은 일지 亥를 극한다.

말전	중전	초전
后后	空陳	蛇武
丙辰	癸亥	戊午
亥	午	○丑

4과	3과	2과	1과
陳空	后后	空陳	后武
辛酉	丙辰	癸亥	戊午
辰	亥	午	癸(○丑)

031법 삼전체생인거천(三傳遞生人擧薦)

:: 삼전체생격(三傳遞生格)

삼전이 상생으로 이어져서 일간을 생하는 경우이다. 즉, 말전 생 중전 생 초전 생 일간이거나, 초전 생 중전 생 말전 생 일간인 경우이다. 이 경 우 다른 사람들의 추천을 받아 일을 이룬다. 그러나 말전이나 초전이 공 망인 경우에는 추천이 말뿐으로 실현되는 것이 없다. 단, 공망인 경우에 도 본인의 연명상신이 공망이면 공망전실(空亡塡實)이 되어 오히려 이루 어진다.

말전	중전	초전
乙巳	癸丑	己酉
丑	酉	巳

4과	3과	2과	1과
己酉	乙巳	己酉	乙巳
巳	丑	巳	癸(丑)

위의 癸丑9국의 경우 삼전이 종혁격(從革格)을 이루고, 말전 생 중전 생 초전하여 초전이 나를 생하는 삼전체생이다. 종혁은 새것을 취하고 변화가 있으며, 삼전체생은 여러 사람이 나를 추천하는 형상이므로 직업

을 구하는 일에 좋다. 삼전은 재성·관성·인수로 이루어져 삼귀신(三貴神)이 되므로 직장에서도 발전한다. 삼전체생의 속국으로는 甲子9국·甲申9국·丙辰10국·丙戌10국·辛酉9국·壬子6국·壬寅6국이 있다.

∷ 장생재신격(將生財神格)

삼전의 삼합 오행이 일간의 재성이 되고, 천장의 오행이 그 재성을 생하는 경우로 재물을 얻거나 크게 발전한다. 다음의 丙寅9국과 같은 경우이다.

말전	중전	초전
陳空	常陰	天雀
己巳	乙丑	癸酉
丑	酉	巳

4과	3과	2과	1과
后蛇	合龍	常陰	天雀
○戊	庚午	乙丑	癸酉
午	寅	酉	丙(巳)

속국으로는 丙子9국·丙寅9국·丙辰9국·丙午9국·丙申9국·丙戌9국이 있다.

∷ 지상상생격(支上相生格)

삼전의 지지가 상생으로 이어져서 일지를 생하며, 일지는 간상신을 생하고 간상신은 일간을 생하는 경우이다. 상생하는 시간이 길어져서 어느 정도의 시간을 기다리면 복을 이루는 격이다. 다음의 壬戌4국과 같은 경우이다.

말전	중전	초전
癸亥	甲寅	丁巳
寅	巳	申

4과	3과	2과	1과
丙辰	己未	丁巳	庚申
未	戌	申	壬(亥)

:: 양면도격(兩面刀格)

양면도격은 육무일(六戊日)의 복음격을 말한다. 말전이 일간을 상극
하지만 중전이 말전을 제압하는 경우로, 처음에는 흉하지만 나중에는 길
로 바뀐다. 다음의 戊辰1국과 같은 경우이다.

말전	중전	초전
丙寅	壬申	己巳
寅	申	巳

4과	3과	2과	1과
戊辰	戊辰	己巳	己巳
辰	辰	巳	戊(巳)

속국으로는 戊子1국 · 戊寅1국 · 戊辰1국 · 戊午1국 · 戊申1국 · 戊戌
1국이 있다.

032법 삼전호극중인기(三傳互剋衆人欺)

:: 삼전호극격(三傳互剋格)

삼전호극격에는 다음의 두 가지 경우가 있다.

① 초전이 중전을 극하고 중전은 말전을 극하며 말전은 일간을 극하는
경우이다. 속국으로는 丙辰8국 · 己巳1국 · 辛酉8국 · 戊子1국 · 戊寅1국 ·
戊辰1국 · 戊午1국 · 戊申1국 · 戊戌1국이 있다.

② 말전이 중전을 극하고 중전은 초전을 극하며 초전은 일간을 극하는
경우이다. 속국으로는 丙子6국 · 丙寅6국 · 丙午6국 · 丙戌6국이 있다. 체
극격(遞剋格)이라고도 하며, 다른 사람이 나를 해치고 방해하는 형상이
다. 이루어지는 일이 없는 격이다.

말전	중전	초전
蛇龍	白后	陳雀
甲寅	庚申	丁巳
寅	申	巳

4과	3과	2과	1과
龍蛇	龍蛇	陳雀	陳雀
戊午	戊午	丁巳	丁巳
午	午	巳	戊(巳)

　위의 戊午1국의 경우 초전 巳火는 중전 申金을 극하고, 申金은 말전 寅木을 극하며, 말전은 일간 戊土를 목극토(木剋土) 하므로 삼전호극격에 해당된다. 간상에 정신이 동하고 중전에 역마가 있어서 움직이려는 기미가 있으나 복음격에 해당되므로 경거망동하면 재액이 있다. 재물점의 경우 주점이라면 유신 청룡이 일지에 있으므로 크고 작고를 불문하고 재물을 얻을 수 있다. 재물은 집 안에 있는 재물이다. 속국은 다음과 같다.

　① 초전 극 중전 극 말전 극 일간인 경우 : 丙辰8국·戊子1국·戊寅1국·戊辰1국·戊午1국·戊申1국·戊戌1국·己巳1국·辛酉8국

　② 말전 극 중전 극 초전 극 일간인 경우 : 丙子6국·丙寅6국·丙午6국·丙戌6국

:: 구재대획격(求財大獲格)

　일간이 초전을 극하고 초전이 중전을 극하며 중전은 말전을 극하는 경우이다. 이 격은 재물을 크게 얻는다. 다음의 庚辰8국과 같은 경우이다.

말전	중전	초전
丙子	癸未	戊寅
未	寅	○酉

4과	3과	2과	1과
戊寅	○酉	壬午	丁丑
○酉	辰	丑	庚(○申)

　구재대획격의 속국으로는 乙丑8국·乙酉8국·庚辰8국이 있다.

:: 상장조재격(上將助財格)

　상장조재격은 천장이 삼전의 재성을 생하는 격이다. 또한 삼전이 일간의 재성이 되는 경우이다. 이 격은 재물을 얻기에 매우 좋으므로 큰돈을 번다. 상호 협력하여 이룬다. 그러나 질병점에서는 재성의 힘이 강하므로 부모의 경우 좋지 않고 대흉이 있을 수 있다. 다음 丙辰9국_주점의 경우 천을·태상·구진이 모두 토장(土將)으로 巳酉丑 삼합 재성을 생하므로 이 격에 해당된다.

말전	중전	초전
陳空	常陰	天雀
丁巳	○丑	辛酉
○丑	酉	巳

4과	3과	2과	1과
武雀	蛇合	常陰	天雀
○子	庚申	○丑	辛酉
申	辰	酉	丙(巳)

속국으로는 丙子9국_주점·丙寅9국_주점·丙辰9국_주점·丙午9국_주점·丙申9국_주점·丙戌5국_주점·丙戌9국_주점이 있다.

∷ 작귀격(雀鬼格)

작귀격은 간상신에 관귀가 있으면서 주작이 타고 있는 경우이다. 관직에 있는 사람은 징계를 받거나 구설이 따르며, 글을 다루는 작가나 기자 등은 필화사건이 있게 된다. 일반인은 문서와 관련된 일에서 결실을 얻지 못한다. 즉, 신고·신청·허가 등에서 결실을 얻지 못한다. 다음의 癸亥7국_주점과 같은 경우이다. 참고로 이 격일 때 관직에 있는 사람의 경우 승진하여 새로운 책임을 맡게 된다고 해석하기도 하지만 문제가 있는 판단이다.

말전	중전	초전
天陰	空陳	天陰
丁巳	癸亥	丁巳
亥	巳	亥

4과	3과	2과	1과
空陳	天陰	常雀	雀常
癸亥	丁巳	○丑	己未
巳	亥	未	癸(○丑)

작귀격의 속국은 다음과 같다. 甲子6국_주점·甲寅6국_주점·甲辰6국_주점·甲申6국_주점·甲戌6국_주점·丙子7국_주점·丙寅7국_주점·丙辰7국_주점·丙午7국_주점·丙申7국_주점·丙戌7국_주점·戊子3국_주점·戊寅3국_주점·戊辰3국_주점·戊午3국_주점·戊申3국_주점·戊戌3국_주점·庚子4국_야점·庚寅4국_야점·庚辰4국_야점·庚午4국_야점·庚申4국_야점·庚戌4국_야점·癸丑7국_주점·癸卯7국

∷ 삼전내전격(三傳內戰格)

삼전의 지반이 모두 천반을 극하는 경우이다. 이 때는 흉액이 나를 범한다. 모든 일에서 상처를 입고 서로간에 불화가 끝이 없으며 고민하는 격이기도 하다. 소송은 대개 가정의 일로 일어난다. 승진점의 경우 과전이 모두 아래에서 위를 극하므로 아래에 있는 사람이 승진한다. 다음의 戊辰8국과 같은 경우이다.

말전	중전	초전
甲子	辛未	丙寅
未	寅	酉

4과	3과	2과	1과
丙寅	癸酉	丁卯	○戊
酉	辰	○戊	戊(巳)

삼전내전격의 속국으로는 戊辰8국 · 癸酉8국이 있다.

033법 유시무종난변이(有始無終難變易)

∷ 유시무종격(有始無終格)

초전이 운성 장생이고 말전이 운성 묘신인 경우이다. 초전을 일의 시작, 말전을 일의 결말로 보므로 시작은 있으나 끝이 없는 형상이다.

말전	중전	초전
蛇白	后武	武后
辛未	癸酉	○亥
酉	○亥	丑

4과	3과	2과	1과
后武	武后	常天	空雀
癸酉	○亥	甲子	丙寅
○亥	丑	寅	乙(辰)

위의 乙丑3국은 초전 亥水가 乙木의 장생이고, 말전 未土는 乙木의 운성 묘이므로 이 격에 해당된다. 즉, 시작은 있으나 끝이 없다. 초전과 중

전이 공망이므로 헛된 생각으로부터 시작된다. 매사에 막히고 고향을 떠난 나그네처럼 일신이 고단하다. 보통사람에게는 고독한 상이지만 점술인이나 종교인에게는 좋은 상황이다. 이 경우 재물은 빨리 취해야 한다. 말전 未는 나의 재물이 되지만 둔간 辛은 관귀인데, 이는 주점에 등사가 타고 야간에는 백호가 타기 때문이다. 야점인 경우 지상신에 현무가 타므로 분실 사건이 있다. 또한 초전 亥가 일지 역마이므로 질병점인 경우에 흉하다. 유시무종격의 속국으로는 乙丑3국 · 乙未9국 등이 있다.

:: 난변이격(難變易格)

난변이격은 유시무종격과 반대되는 경우로, 초전이 운성 묘이고 말전은 운성 장생이다. 처음에 곤란했던 일이 점차 호전된다. 다음의 壬子11국과 같은 경우이다.

말전	중전	초전
戊申	丙午	甲辰
午	辰	○寅

4과	3과	2과	1과
甲辰	○寅	○卯	癸丑
○寅	子	丑	壬(亥)

난변이격의 속국으로는 壬子11국 · 壬寅11국이 있다.

:: 사손취익격(捨損取益格)

현재의 상황을 보는 사과를 버리고 이익이 되는 삼전을 따르는 격으로, 현재의 상황을 버리고 새로운 일을 도모하게 된다. 장수를 상징하고, 새로 도모하는 일이 시작은 작아도 크게 결실을 맺게 된다.

말전	중전	초전
武武	常陰	白后
庚戌	辛亥	壬子
亥	子	丑

4과	3과	2과	1과
龍蛇	陳雀	白后	空天
○寅	○卯	壬子	癸丑
○卯	辰	丑	甲(○寅)

위의 甲辰2국의 경우 간상신 丑이 일지 기준으로 보아 파쇄(破碎)이고, 지상신 卯는 甲木 일간의 양인이며, 일지는 육해(六害)가 된다. 그러므로 사과 내에서 이익을 취할 것이 없고, 상생이 되는 삼전을 따라 이익을 취하게 된다. 참고로 육해는 子未·丑午·寅巳·卯辰·申亥·酉戌이다. 파쇄는 월지 기준으로 참고한다. 사손취익격의 속국으로는 甲子4국과 甲辰2국이 있다.

034법 고거감래락리비(苦去甘來樂裡悲)

:: 고거감래격(苦去甘來格)

삼전이 상생으로 이어지고 상생의 끝자가 일간을 상극하지만, 삼전 내에 일간을 극하는 글자를 극하는 구신이 있는 경우이다. 이 격은 고통은 없어지고 즐거움이 찾아드는 형상이다.

말전	중전	초전
壬申	○亥	丙寅
○亥	寅	巳

4과	3과	2과	1과
○戌	乙丑	○亥	丙寅
丑	辰	寅	戌(巳)

위의 戊辰4국의 경우 말전이 중전을 상생하고 중전이 초전을 상생하며, 초전 寅은 일간 戊를 극한다. 그러나 말전 申이 이를 제압하므로 고거감래격에 해당된다. 또한 이 과는 제1과가 목극토(木剋土) 하는 원수과이면서 원태(元貽)로, 간상신 관귀를 말전이 극하여 처음에 우려하던 것이 길로 변한다. 단, 중전·말전이 공망이므로 길흉에 기복이 있는 상이다. 고거감래격의 속국으로는 戊子4국·戊寅4국·戊辰4국·戊午4국·戊申4국·戊戌4국이 있다.

:: 일희일비격(一喜一悲格)

행복 중에 불행이 있거나, 불행 중에 행복이 있는 격이다. 예를 들어 간상에 길장이 있어도 일간이 이로 인해 극을 당하거나, 지상에 흉장이 있어도 일지를 생하는 경우 등이 이 격에 속한다.

말전	중전	초전
空陳	合蛇	天陰
癸亥	甲寅	丁巳
寅	巳	申

4과	3과	2과	1과
天陰	武白	陰常	白龍
丁巳	庚申	己未	壬戌
申	亥	戌	癸(○丑)

위의 癸亥4국_야점의 경우 간상의 청룡이 토극수(土剋水)로 극을 받으므로 행복 중에 불행한 상황이고, 지상 백호가 일지 亥를 생하므로 불행 중 다행인 경우이다.

말전	중전	초전
天陰	白龍	雀天
○巳	戊戌	癸卯
戌	卯	申

4과	3과	2과	1과
天陰	白龍	雀天	武白
○巳	戊戌	癸卯	丙申
戌	卯	申	癸(丑)

위의 癸卯6국_야점의 경우 간상에 백호가 탔으나 금생수(金生水)로 일간을 생하며, 일지상신에 청룡이 승하여 목극토(木剋土)로 극을 하므로 일희일비격이 된다.

일희일비격의 속국으로는 甲辰4국_辰戌丑未월점 · 壬子3국_주점 · 壬寅5국_주점 · 癸卯6국_야점 · 癸亥4국_야점이 있다.

:: 낙이생우격(樂裏生憂格)

즐거운 가운데 걱정이 있는 격으로, 과전에 생의(生意)가 있는 것 같지만 결국은 일간에게 해가 있는 격이다. 당장은 좋지만 나중에는 일이 해롭게 진행된다. 질병과 소송 사건은 소모적이고 상황이 좋지 않다.

말전	중전	초전
陰常	蛇龍	陳雀
丁亥	庚寅	癸巳
寅	巳	申

4과	3과	2과	1과
白后	陰常	蛇龍	陳雀
甲申	丁亥	庚寅	癸巳
亥	寅	巳	庚(申)

위의 庚寅4국은 庚金에서 巳火를 보면 운성 장생이고, 일지 寅木에서 亥水를 보면 장생에 해당된다. 즉, 낙이 된다. 그러나 삼전의 상황을 보면 그렇지 않다. 삼전은 초전과 중전·말전이 체생하여 巳火가 일간을 상극하므로 근심이 된다. 길흉의 발생은 사과와 삼전을 같이 보아야 한다.

말전	중전	초전
常空	陳雀	天陰
癸酉	乙丑	己巳
丑	巳	酉

4과	3과	2과	1과
陳雀	天陰	天陰	常空
乙丑	己巳	己巳	癸酉
巳	酉	酉	癸(丑)

위의 癸酉5국의 경우 삼전이 巳·酉·丑으로 일간을 금생수(金生水)하지만, 주점일 경우에는 천장이 모두 토장(土將)으로 일간을 극하므로 해가 된다. 육임 과전의 해석에서 삼전은 내 얼굴 앞으로 오는 기운에 비유되고 천장은 내 등 뒤로 오는 기운에 비유되므로, 이 국은 앞에서는 즐겁지만 뒤로는 해가 오는 경우라고 할 수 있다. 속국으로는 甲申4국·丙申10국_주점·庚子4국·庚寅4국·庚辰4국·庚辰11국·庚午5국·癸丑9국·癸巳9국·癸酉5국_주점이 있다.

∷ 은다원심격(恩多怨深格)

은다원심격 또는 은중원생격(恩中怨生格)은 은혜를 원수로 갚는 격이다. 즉, 초전은 중전을 생하고 중전은 말전을 생하며, 말전은 일간을 극하는 상황이다. 다음의 乙未6국과 같은 경우이다.

말전	중전	초전
丙申	辛丑	甲午
丑	午	亥

4과	3과	2과	1과
丁酉	壬寅	甲午	己亥
寅	未	亥	乙(○辰)

은다원심격의 속국으로는 乙卯6국·乙巳6국·乙未6국·乙亥6국·己巳11국 등이 있다.

:: 우중다행격(憂中多幸格)

천장 중에서 백호는 불행이고 청룡은 행복으로 보는데, 이들이 장생이 되어 관귀와 같이 있는 경우를 말한다. 백호의 승신이 장생이 되고, 청룡의 승신이 귀살과 같이 있는 경우이다. 육무일(六戊日)의 복음과로서 주점인 경우 백호는 삼중장생(三重長生)이 되어 불행 중 다행이지만, 야점인 경우에는 말전의 청룡이 일간의 관귀에 해당하므로 행복 중 불행이 생긴다.

말전	중전	초전
蛇龍	白后	陳雀
甲寅	庚申	丁巳
寅	申	巳

4과	3과	2과	1과
龍蛇	龍蛇	陳雀	陳雀
戊午	戊午	丁巳	丁巳
午	午	巳	戊(巳)

위의 戊午1국의 예를 주점과 야점의 경우로 나누어 살펴본다.

① 주점인 경우 : 중전의 천장 백호는 승신이 申金이고 지반이 申金이니 세 마리의 백호가 있는 경우이다. 申金이 일간 戊土의 장생이 되므로 불행 중 다행이다.

② 야점인 경우 : 말전의 청룡이 삼중으로 앉아 있어서 다행이지만, 육친으로 보면 일간의 관귀에 해당하므로 행복 중 불행인 경우이다.

우중다행격의 속국으로는 戊子1국·戊寅1국·戊辰1국·戊申1국·戊午1국·戊戌1국이 있다.

035법 인택수탈구초도(人宅受脫俱招盜)

:: 인택수탈격(人宅受脫格)

인택수탈격 또는 탈기도난격(脫氣盜難格)은 간상신이 일간을 탈기하고, 지상신이 일지를 탈기하거나 교차탈극을 하는 경우이다. 요극과(遙剋課)·묘성과(昴星課)·별책과(別責課) 등으로 초전이 발용되고 공망이 되어 현무가 타고 있는 경우도 이 격으로 본다. 이 경우 집에 도둑이 들거나 재물의 손실이 있다. 질병은 소모가 많고 심기가 허약한 질병이다. 승부와 거래는 상대방에게 손해를 변상한다. 서로 이익을 취하려고 하지만 이익될 것이 없다.

말전	중전	초전
白后	陳雀	蛇龍
丙寅	○亥	壬申
○亥	申	巳

4과	3과	2과	1과
后白	常陰	蛇龍	陰常
庚午	丁卯	壬申	己巳
卯	子	巳	甲(寅)

위의 甲子10국의 경우 도모하는 일에 결실이 없다. 일간지가 모두 탈기로 소모만 있고, 간지 상하가 상형으로 이루어졌으며, 삼전의 초전이 말전을 극하기 때문이다. 간지 상하가 탈기하는 경우 고민하는 일은 줄어들지만 그 밖의 다른 일은 소모만 있다. 또한 중전은 일간의 장생이고 말전은 일간의 건록에 해당되지만, 모두 공망이므로 역시 결실이 없다. 다행히 초전은 공망이 아니지만 나의 칠살이 되므로 도움이 안 된다. 직장점의 경우에는 초전의 관귀가 간상신과 巳申합이 되고, 亥 위에 덕신녹마(德神祿馬)가 타면 천문에 들어 취직을 할 수 있다. 그러나 중전·말전이 공망이 되어 오래 근무하지 못한다. 인택수탈격의 속국으로는 甲子10국·乙亥3국·丙子5국_야점·庚子9국·庚午12국_주점·辛丑4국_주점·辛亥8국·壬午5국이 있다.

:: 재공승현격(財空乘玄格)

　지상신이 초전이 되고, 초전에 현무 공망이 붙은 경우로 재공현격(財空玄格)이라고도 한다. 나와 상대가 모두 흉하며 손실과 분실을 조심하여야 한다. 다음의 甲子3국과 같은 경우이다.

말전	중전	초전
蛇龍	后白	武武
庚午	壬申	○戌
申	○戌	子

4과	3과	2과	1과
后白	武武	武武	白后
壬申	○戌	○戌	甲子
○戌	子	子	甲(寅)

:: 귀탈승현격(鬼脫乘玄格)

　귀탈승현격은 일귀(日鬼) 또는 탈귀(脫鬼)의 신에 현무가 타는 경우이다. 초전에 있는 경우 정격으로 보며 분실과 도난 사건이 있다. 다음 己酉7국_주점의 경우 초전이 일귀이며 현무가 타므로 이 격에 해당된다.

말전	중전	초전
武白	合蛇	武白
○卯	己酉	○卯
酉	○卯	酉

4과	3과	2과	1과
合蛇	武白	龍后	后龍
己酉	○卯	丁未	癸丑
○卯	酉	丑	己(未)

　속국으로는 己酉7국_주점 · 辛丑3국_주점이 있다.

036법 간지개패세경퇴(干支皆敗勢傾頹)

:: 간지개패격(干支皆敗格)

　간지개패격 또는 간지패퇴격(干支敗頹格)은 간상신과 지상신이 패기(敗氣)가 있는 경우이다. 패기란 일명 목욕이며 子 · 午 · 卯 · 酉를 말한다. 이 기운은 장생과 달리 잠시 극성하였다가 스러진다. 이 격에 해당하면 질병의 경우 점인의 기혈이 쇠퇴하고, 가택의 경우 가세가 점점 기울어서 소생의 기미가 없으며, 일반 소망의 경우는 점차 기운이 빠져 이루는 것이 없다.

말전	중전	초전
庚寅	壬辰	○午
辰	○午	申

4과	3과	2과	1과
壬辰	○午	丙戌	戊子
○午	申	子	甲(寅)

위의 甲申3국의 경우 일간은 간상신 子에서 목욕이고, 일지는 지상신 午에서 목욕이 된다. 이로 인해 가운이 쇠퇴하고 자식은 방황한다. 속국으로는 甲申3국·丙寅3국·丙申3국·庚寅3국이 있다.

:: 파패신임택격(破敗神臨宅格)

파패신임택격 또는 파패입택격(破敗入宅格)은 일간상신·일지상신에 子·午·卯·酉 패기가 있고, 동시에 파쇄살(破碎殺)을 띠는 것을 말한다. 가택에 이로움이 없고 가사는 나날이 기울어간다. 파쇄살에 해당하는 육친이나 글자, 또는 천장을 참고하여 기우는 원인을 판단한다. 다음의 壬申12국은 지상신이 일지의 파쇄에 해당하는 경우이다.

일지	子	丑	寅	卯	辰	巳	午	未	申	酉	戌	亥
파쇄	巳	丑	酉	巳	丑	酉	巳	丑	酉	巳	丑	酉

말전	중전	초전
丁卯	丙寅	乙丑
寅	丑	子

4과	3과	2과	1과
○戌	癸酉	乙丑	甲子
酉	申	子	壬(○亥)

파패신임택격의 속국으로는 戊寅6국·戊申12국·己巳11국·己亥11국·壬寅6국·壬申12국·癸巳9국·癸亥3국이 있다.

:: 말조초혜격(末助初兮格)

말조초혜격 또는 말조초전격(末助初傳格)은 말전이 초전을 생하는 경우이다. 다음과 같이 세 가지로 나누어 살펴본다.

① 말전 생 초전하며 초전 생 일간하는 말조초혜격은 직접 나를 생하는 초전 이외에 나를 간접적으로 돕는 말전이 있으므로 보이지 않는 이가 나를 추천하는 형상이다. 그러나 이 경우 말전이 공망이 되면 추천이 말로만 끝난다. 속국으로는 戊子1국·戊寅1국·戊辰1국·戊午1국·戊申1국·戊戌1국·己丑8국·己卯8국·己巳1국·己巳8국·己未8국·己亥8국·辛酉8국·辛酉11국·辛亥11국이 있다.

② 말전 생 초전하고 초전이 일간으로부터 극을 받는 경우, 즉 초전이 일간의 재성이 되는 말조초혜격의 경우 나 몰래 돕는 이가 있어서 재물운이 좋고 투자에 좋다. 또한 나 몰래 혼사를 돕는 이가 있다. 속국으로는 甲子3국·甲寅3국·甲辰3국·甲午3국·癸未2국이 있다.

③ 말전 생 초전하고 초전 극 일간하는 말조초혜격의 경우, 나를 직접 치는 초전 이외에 뒤에서 이를 사주하는 말전이 있다. 사주하는 사람의 정체는 말전의 상신이나 천장의 상황으로 판단한다. 이 경우 연명상신이 말전을 극제하면 길할 수 있지만, 말전을 생하는 경우에는 화액이 온다. 속국으로는 甲辰9국·庚辰3국·庚午3국·庚申3국·辛未8국이 있다.

말전	중전	초전
蛇龍	合合	龍蛇
丙寅	戊辰	庚午
辰	午	申

4과	3과	2과	1과
蛇龍	合合	合合	龍蛇
丙寅	戊辰	戊辰	庚午
辰	午	午	庚(申)

위의 庚午3국의 경우 말전이 초전을 생하여 나를 극하는 말조초혜격이다. 배후에서 나를 해치는 자의 정체는 말전 상신 寅木이나 해당 육친,

천장으로 판단한다. ① 寅木으로 보면 도사나 공무원이다. ② 천장으로 보면 주점 등사는 소인배이고, 야점 귀인은 돈을 다루는 은행원 등이다. ③ 육친으로 보면 寅木이 일간의 재성이 되므로 여자나 재물로 인한 화이다. 참고로 삼전의 午·辰·寅은 역간전(逆間傳)으로 고조(顧祖)이다. 고조는 점차 밝음으로 나아가는 상이니 사물이 점차 이루어지게 하는 역할을 한다.

말전	중전	초전
庚午	壬申	○戌
申	○戌	子

4과	3과	2과	1과
壬申	○戌	○戌	甲子
○戌	子	子	甲(寅)

위의 甲子3국의 경우 초전이 일간의 재가 되는 말조초혜격이지만 한편으로는 초전이 간상신 인수를 극하므로, 여자나 재물 문제로 윗사람이나 부모의 속을 썩인다.

:: 포계불투격(抱鷄不鬪格)

말전이 초전을 생하여 일간을 상극하려 하지만 초전이 공망에 해당하는 경우이다. 이는 닭싸움을 하는 곳에서 닭을 안고 싸움을 못 시키는 것과 같아 포계불투(抱鷄不鬪)로 비유된다. 나를 배후에서 공격하는 자가 있으나 결국은 숨은 이의 방해가 수포로 돌아가는 상황이다. 다음의 己亥3국과 같은 경우이다.

말전	중전	초전
己亥	辛丑	癸卯
丑	卯	○巳

4과	3과	2과	1과
乙未	丁酉	癸卯	○巳
酉	亥	○巳	己(未)

포계불투격의 속국으로는 己酉3국·己亥3국·庚寅3국·癸亥11국이 있다.

:: 왕주악인격(枉做惡人格)

말전 생 초전하고 초전이 일간을 극하지만 말전이 공망이 되는 경우이다. 숨어서 나를 해치려는 의도가 있으나 공망이 되어 그 실상이 드러나니, 결과적으로 말전은 공연히 악인이 되는 격이다. 다음의 庚子3국과 같은 경우이다.

말전	중전	초전
壬寅	○辰	甲午
○辰	午	申

4과	3과	2과	1과
丙申	戊戌	○辰	甲午
戊	子	午	庚(申)

속국으로는 庚子3국 · 庚戌3국이 있다.

:: 알구화출격(謁求禍出格)

지상신이 재성에 해당되며 간상신을 생하고, 간상신은 관귀가 되는 경우로 재물을 구하면 흉을 가져온다. 다음의 乙亥8국과 같은 경우이다.

말전	중전	초전
丙子	癸未	戊寅
未	寅	○酉

4과	3과	2과	1과
○酉	庚辰	戊寅	○酉
辰	亥	○酉	乙(辰)

알구화출격의 속국으로는 甲子6국 · 甲辰7국 · 甲午6국 · 甲戌7국 · 乙卯9국 · 乙巳8국 · 乙酉9국 · 乙亥8국 · 丙寅6국 · 丙寅7국이 있다.

038법 폐구괘체양반추(閉口卦體兩般推)

:: 폐구격(閉口格)

순의 순수(旬首) 상신인 천반에 현무가 있고, 순미(旬尾)가 순수 위에서 초전으로 발용되는 경우에 이루어지는 격이다. 육갑순의 시작을 순수라 하고 끝을 순미라고 한다. 또는 육계(六癸) 자체를 폐구(閉口)라고 하는 경우도 있다. 예를 들어 甲子순의 甲子 중 子는 순수가 되고, 순의 마지막인 癸酉의 酉를 순미라고 한다. 순미에는 항상 癸水가 붙게 되고 癸水와 같은 역할을 하는 현무를 동일하게 본다. 이 격은 순수와 순미의 중간이 막혀 있는 형상이다. 끝과 시작이 막힌 것과 같은 상태로 입을 막은 것과 같아 억울한 일을 풀 수 없게 된다. 질병은 말을 못 하거나 음식을 먹지 못하는 증상이 있고, 기관지나 목이 막히는 증상이 있다. 폐구에 寅이 타서 관귀가 되는 경우 중풍에 걸려 말을 못 하게 된다. 농아를 임신하거나 출산하며, 재물은 잃어버린 물건을 본 사람이 있어도 증언을 해주지 않아서 찾지 못한다.

참고로 초전에 현무가 타거나 폐구격에 현무가 같이 있으면 도난이나 분실에 관한 일이며, 정신(丁神)이 삼교・참관(斬關)・폐구에 있으면 이동과 관련된 일이다. 또한 왕록가림격이나 둔간이 癸水가 되는 경우에는 왕록을 버린다. 육계는 일명 폐구로, 물 속에 가라앉아 있어 억울한 심사를 풀 길이 없는 것으로 본다. 이 경우 점인은 폐구된 왕록을 버리고 삼전의 상황에 따라 새로운 일을 추구한다.

말전	중전	초전
白后	后白	合合
庚寅	○午	丙戌
○午	戌	寅

4과	3과	2과	1과
龍蛇	武武	后白	合合
戊子	壬辰	○午	丙戌
辰	申	戌	甲(寅)

위의 甲申5국의 경우 순의 순수인 申 위의 천반에 주점・야점 모두 현무가 붙었으므로 폐구에 해당된다.

폐구격의 속국은 두 가지로 나누어 살펴본다.

① 지반 순수의 상신에 현무가 붙은 경우 : 甲子3국・甲子9국・甲申5국・甲申11국・甲戌1국・甲戌7국・乙丑2국_주점・乙亥2국_야점・丙子3국_야점・丙戌1국_야점・丙戌3국_주점・丁卯1국_야점・戊子5국・

戊辰9국・己丑6국_주점・己丑12국_주점・己卯6국_야점・己卯8국_주점・己巳8국_야점・庚辰7국・庚午9국・辛巳8국_야점・辛未8국_주점・壬辰9국_주점・壬午5국_주점・壬午9국_야점・壬午11국_주점・壬申5국_야점・壬申11국_야점

② 순미가 순수의 상신으로 있으면서 초전으로 발용된 경우, 또는 천지반의 구성으로 볼 때 폐구에 해당하는 경우 : 甲子4국・甲寅4국・甲辰4국・甲午4국・甲戌4국・乙巳4국・乙亥4국・丙辰4국・丙戌4국・丁卯4국・丁巳4국・丁酉4국・丁亥4국・戊午4국・己未4국・庚子4국・庚寅4국・庚申4국・壬辰4국・癸亥4국

:: 녹작폐구격(祿作閉口格)

일간의 녹이 초전이 되었으나 순미의 역할을 하는 현무・癸水가 붙는 경우이다. 영향은 폐구격과 같다. 다음의 辛未6국과 같은 경우이다.

말전	중전	초전
○亥	戊辰	癸酉
辰	酉	寅

4과	3과	2과	1과
癸酉	丙寅	甲子	己巳
寅	未	巳	辛(○戌)

속국으로는 乙未6국・乙未7국・丙戌1국・戊子1국・辛未2국・辛未6국・壬戌1국이 있다.

:: 재작폐구격(財作閉口格)

재작폐구격 또는 재식폐구격(財食閉口格)은 폐구에 재신이 승하거나 식신이 공망이 되는 경우로, 작은 재물을 얻을 수 있지만 공망이라 얻지 못한다. 다음의 辛丑8국과 같은 경우이다.

말전	중전	초전
蛇白	空雀	后武
辛丑	丙申	癸卯
申	卯	戌

4과	3과	2과	1과
合龍	常天	空雀	后武
己亥	甲午	丙申	癸卯
午	丑	卯	辛(戌)

속국으로는 甲辰2국·甲辰4국·甲戌4국·甲戌8국·乙巳4국·乙巳5국·丙寅9국·丁卯7국·丁卯11국·戊午7국·戊午8국·己未9국·庚子6국·辛丑8국·壬辰7국·壬辰12국·癸巳1국·癸巳9국이 있다.

039법 태양조무의금적(太陽照武宜擒賊)

∷ 태양조무격(太陽照武格)

태양조무격은 월장이 삼전에 드는 격이다. 월장이란 매월의 절기 중 중기를 구분점으로 태양이 지나는 자리를 말한다. 태양이 임하면 길(吉)이 커지고 흉은 적어진다. 월장은 천덕·월덕의 작용과 유사하며, 월장이 삼전에 드는 경우 일간의 흉신이 되더라도 그 흉이 감소되고, 공망에 해당되는 경우에도 공망이 아닌 것으로 본다.

∷ 태양조현격(太陽照玄格)

태양조현격은 壬·癸일에 삼전이 辰·戌·丑·未로만 이루어진 격으로, 삼전이 서로 형충이 되어 흉으로 흉을 제압하는 경우이니 도둑 등을 잡을 수 있다. 또한 과전 안에 금기(金氣)인 庚·辛·申·酉가 있으면 더욱 좋다. 다음의 壬辰10국과 같은 경우이다.

말전	중전	초전
壬辰	己丑	丙戌
丑	戌	○未

4과	3과	2과	1과
丙戌	○未	癸巳	庚寅
○未	辰	寅	壬(亥)

태양조현격의 속국을 두 경우로 나누어 알아본다.

① 금기가 있는 경우 : 壬辰10국・癸丑1국・癸丑4국・癸丑10국・癸卯1국・癸卯4국・癸巳4국・癸未4국・癸未10국・癸酉10국

② 금기가 없는 경우 : 壬戌10국・癸丑7국・癸巳1국・癸未1국・癸未7국・癸亥1국・癸亥10국

040법 후합점혼의용매(后合占婚宜用媒)

:: 후합점혼격(后合占婚格)

간지상신에 음란함을 상징하는 천후나 육합이 있는 경우, 또는 여자의 연상신이 간상에 있거나 남자의 연상신이 지상에 있는 경우에 이루어지는 격이다. 일간은 남자로 보고 일지는 여자로 본다. 서로간에 사정(私情)이 있거나 바람을 피우고 있다. 만일 공망이 되면 다른 마음을 품고 있는 상황이다.

참고로 육임에서 음란함을 대표하는 음란지신의 천장으로 육합과 천후를 든다. 육합을 결혼 전의 연애나 이성교제 중에 다른 이성을 사귀는 것으로 본다면, 천후는 결혼 후에 바람을 피우는 것으로 구분하기도 한다.

말전	중전	초전
常空	蛇蛇	空常
丁卯	○戊	己巳
○戊	巳	子

4과	3과	2과	1과
陰陳	合后	空常	后合
乙丑	壬申	己巳	甲子
申	卯	子	丁(未)

위의 丁卯8국을 결혼과 가정에 대해 살펴본다. 주야점을 막론하고 간지상신에 육합과 천후가 들어 있으므로 결혼은 연애결혼을 한다. 간지의 상황은 인택(人宅)의 손상이 있음을 알 수 있다. 일간은 수극화(水剋火)되고 일지는 금극목(金剋木)으로 극을 받기 때문이다. 또한 중전 戊은 일간의 묘신(墓神)이 되고 공망이 되었다. 중간의 토기(土氣) 때문에 사물

의 진행 상황이 명확하지 않으며, 삼전에 묘신이 있는 경우에는 매사에 길하지 않다. 삼전의 구조를 보면 초전이 일지의 역마가 되고, 말전에 이동을 나타내는 정신이 있어서 이동하려고 하지만 간지가 모두 극을 당해 손해를 방지하는 데 주력해야 하는 상황이다.

질병점의 경우에는 3과의 신가묘(申加卯)에 육합이 타고 있어서 매우 흉하다. 申은 사람의 몸이 되고, 육합과 卯는 관의 위쪽 판과 아래쪽 판이 된다. 관 속에 시신이 들어 있는 형상이다. 이 때 가족 중 누가 질병에 흉한지는 육친으로 판단하는데, 이 국은 申이 나의 처가 되므로 처의 질병을 점치는 경우에 극흉하다.

속국으로는 丁卯6국_주점 · 丁卯8국 · 丁卯10국_야점이 있다.

041법 부귀간지봉녹마(富貴干支逢祿馬)

:: 간지녹마격(干支祿馬格)

간상신에 일지의 역마가 있고, 지상신에 일간의 건록이 타는 경우이다. 이 격은 부귀하게 되며, 직장인의 경우 월급이 오른다. 또한 집을 옮기게 된다.

말전	중전	초전
白武	陰天	蛇合
丙寅	○亥	壬申
○亥	申	巳

4과	3과	2과	1과
蛇合	陳空	陰天	蛇合
壬申	己巳	○亥	壬申
巳	寅	申	丙(巳)

위의 丙寅10국은 간상신 申이 일지의 역마이고 지상신 巳는 일간의 녹이 되며, 야점인 경우 일간의 음신인 2과에 천을귀인이 있으므로 재물복이 있다. 사과의 상황을 보면 그 재물을 빨리 취해야 나의 재물이 된다. 또한 중전과 말전이 공망이 되어 큰 재물은 만질 수 없으므로 과욕을 버려야 한다.

삼전 중 중전과 말전이 공망이 되는 경우에는 실(實)한 초전을 중심으로 판단한다. 초전이 역마이고 재성이 되므로 재물은 자신이 활동하여 얻게 된다. 초전은 중전을 생하고, 중전은 말전을 생하며, 말전은 일간을 생한다. 다른 사람의 추천 등으로 기쁜 일이 있지만 중전·말전이 공망이므로 그 기쁨이 작다.

042법 존숭전내우삼기(尊崇傳內遇三奇)

:: 삼전삼기격(三傳三奇格)

삼전삼기격은 삼전의 둔간이 甲·戊·庚이거나 乙·丙·丁인 경우이다. 관직에 있는 사람은 승진하며, 일반적인 장애가 없어지는 격이다.

말전	중전	초전
后武	天常	蛇白
乙亥	丙子	丁丑
子	丑	寅

4과	3과	2과	1과
蛇白	雀空	龍蛇	空雀
丁丑	戊寅	辛巳	壬午
寅	卯	午	己(未)

위의 己卯2국은 삼전 둔간이 乙·丙·丁이므로 삼전삼기격에 해당된다. 乙은 태양이고 丙은 달이며 丁은 별로, 일월성(日月星)이 삼전을 수호하므로 매사에 크게 길하다. 또한 일간에 녹이 있고 중전·말전이 재성이므로 재물을 얻는 데도 좋다. 단, 초전과 간상신은 丑·午로 육해이고, 중전과 간상신은 子午 칠충이니 길한 가운데 방해도 있다. 왕록이 나에 임하는 경우 경거망동하지 말고 자연스럽게 흐름에 맡기면 성취할 수 있다.

속국으로는 己卯2국·己巳2국·戊辰2국이 있다. 다음은 순서대로 己巳2국과 戊辰2국 과전의 예다.

말전	중전	초전
乙丑	丙寅	丁卯
寅	卯	辰

4과	3과	2과	1과
丁卯	戊辰	己巳	庚午
辰	巳	午	己(未)

말전	중전	초전
乙丑	丙寅	丁卯
寅	卯	辰

4과	3과	2과	1과
丙寅	丁卯	丁卯	戊辰
卯	辰	辰	戊(巳)

참고로 육임에서 삼기를 찾는 방법은 다음의 두 가지다.

① 점일이 속한 육순(六旬)에서 찾는 방법이다. 예를 들어 己巳일이라면, 己巳일은 甲子순에 속하며 甲子순에는 甲子・乙丑・丙寅・丁卯・戊辰・己巳・庚午・辛未・壬申・癸酉가 있다. 여기서 甲・戊・庚을 찾으면 甲子・戊辰・庚午이다. 즉, 삼전에 子・辰・午가 있으면 둔간이 삼기가 되는 것이다. 『육임지남(六壬指南)』과 『육임수언(六壬粹言)』에서 이용하는 방법으로 대부분 이 방법으로 삼기를 찾는다.

② 점시가 속한 육순에서 찾는 방법이다. 예를 들어 己丑일 卯시에 점을 쳤다면, 己丑일의 시간은 甲子・乙丑・丙寅・丁卯・戊辰・己巳・庚午・辛未・壬申・癸酉가 되며, 甲・戊・庚을 찾으면 甲子・戊辰・庚午가 된다. 즉, 삼전에 子・辰・午가 있으면 둔간이 삼기가 되는 것이다. 이 방법은 『오변중황경(五變中黃經)』에서 사용한 방법으로 '오자원건법(五子元建法)'이라고 한다.

043법 부귀송직작곡단(富貴訟直作曲斷)

:: 부귀패굴격(富貴敗屈格)

부귀패굴격은 부귀가 굴(屈)하는 격으로 과전에서 귀인의 역할이 없어지는 상황을 말한다. 이 격은 간지상신이 재성이고 묘신(墓神)에 천공이 타고 있으며, 초전의 상하 또는 초전과 중전이 육해(六害)가 되는 경우이다. 이 경우 점인이 소송의 이유를 남에게 설명하기 어려워서 잘못된 판결이 난다. 소망은 교묘한 술책을 부리지만 졸렬한 방법으로 결국은 목적을 이루지 못한다. 그러나 어떤 일이든 사양하면 큰 해는 없는 격이다.

말전	중전	초전
陳天	后龍	空陰
○子	己未	甲寅
未	寅	酉

4과	3과	2과	1과
龍后	天陳	空陰	蛇合
○丑	庚申	甲寅	辛酉
申	卯	酉	乙(辰)

주야	武白	陰空	后龍	天陳	蛇合	雀雀	合蛇	陳天	龍后	空陰	白武	常常
천반	丁巳	戊午	己未	庚申	辛酉	壬戌	癸亥	○子	○丑	甲寅	乙卯	丙辰
지반	○子	○丑	寅	卯	辰	巳	午	未	申	酉	戌	亥

위의 乙卯8국_야점을 살펴보면 하적상(下賊上)을 초전으로 발용하는 중심과(重審課)이다. 甲寅순에 속하는 국인데, 초전 寅이 순수가 되므로 순의(旬儀)가 되며, 주점인 경우에는 천을귀인이 卯에 임하므로 여덕(勵德)에도 해당된다. 삼전의 구조를 보면, 초전이 중전을 극하고 중전은 말전을 극하여 체극(遞剋)이 된다. 극하여 재물이 동하므로 재물점에는 좋다. 그러나 소송점의 경우 질질 끌며 이로 인해 재물이 없어진다. 지상신 申이 재성이 되고 묘신 午에 천공이 타며, 천을귀인은 공망이 되고 중전과 子未 육해가 되어 귀인의 역할을 못 하기 때문이다.

말전	중전	초전
合合	陰常	龍蛇
○戌	己巳	甲子
巳	子	未

4과	3과	2과	1과
合合	陰常	龍蛇	天空
○戌	己巳	甲子	辛未
巳	子	未	甲(寅)

위의 甲子8국은 간상의 未가 甲일의 양귀이면서 묘신에 해당된다. 또

한 초전 子水와 子未 육해가 되고, 야점이면 간상에 천공이 붙게 되어 소송점에서 귀인의 역할이 없어진다.

부귀패굴격의 속국으로는 甲子8국_주점 · 甲寅8국_주점 · 甲辰8국_주점 · 甲午8국_주점 · 甲申8국_주점 · 甲戌8국_주점 · 乙丑8국_야점 · 乙卯8국_야점 · 乙巳8국_야점 · 乙酉8국_야점 · 乙亥8국_야점이 있다.

∷ 곡직화귀격(曲直化鬼格)

육기일(六己日)의 삼전이 亥卯未 목국(木局)이 되어 관귀로 될 때 이루어지는 격이다. 이 격은 곡직작귀가고격(曲直作鬼枷錮格)이라고도 하는데, 가고란 옛날에 죄인의 목에 채우던 형구이다. 소송에서 묘가해(卯加亥)인 경우 초심에서 지고 재심에서 승리하며, 묘가미(卯加未)인 경우에는 초심에서 승리하고 재심에서 진다. 다음 己巳5국의 경우는 묘가미인 경우이다.

말전	중전	초전
辛未	○亥	丁卯
○亥	卯	未

4과	3과	2과	1과
癸酉	乙丑	○亥	丁卯
丑	巳	卯	己(未)

속국으로는 己卯5국 · 己卯9국 · 己巳5국 · 己未5국 · 己未9국 · 己酉9국 · 己亥5국 · 己亥9국이 있다.

044법 과전구귀전무의(課傳俱貴轉無依)

∷ 귀인임림격(貴人臨林格)

귀인임림격은 사과나 삼전에 귀인이 너무 많아서 귀인의 역할이 없어지는 격이다. 일명 편야귀인격(遍野貴人格)이라고도 하며, 사공이 많아서 배가 산으로 가는 격이다. 의지처가 없고 부탁할 곳이 마땅치 않아 성사되지 못한다. 소송도 마찬가지로 흉하다.

말전	중전	초전
常天	陰雀	天陳
丙子	甲戌	○申
戌	○申	午

4과	3과	2과	1과
龍武	白后	天陳	雀空
己卯	丁丑	○申	壬午
丑	亥	午	乙(辰)

위의 乙亥11국을 보면 2과의 하적상(下賊上)을 발용시킨 중심과(重審課)이다. 삼전이 申·戌·子로 간전(間傳)이면서 섭삼연격(涉三淵格)이다. 야점인 경우 드러난 귀인이 1명이고 숨은 귀인이 2명이며, 주점인 경우에는 드러난 귀인이 2명이고 숨은 귀인이 1명이다. 즉, 과전에 도와주는 사공이 너무 많아서 도리어 의지처가 없는 형상이다. 초전이 관귀이며 주점에는 주작이 간상에 승하고 야점에는 주작이 공망의 자리에 있어서, 소송점의 경우에 아주 흉하다. 또한 삼전이 섭삼연으로 진행 과정에 방해가 많고, 깊은 연못을 건너려 하나 배가 없는 상황이며, 삼전의 구성이 점점 음기가 강해져서 침체되고 가라앉는 과전이다.

귀인임림격의 속국으로는 乙亥5국·乙亥11국·丁卯11국·丁酉11국이 있다.

045법 주야귀가구양귀(晝夜貴加求兩貴)

:: 주야귀가격(晝夜貴加格)

주야귀인이 육처인 간상·지상·초전·말전·연상·명상에 있거나 겹쳐서 나타나는 격이다. 주야귀인이 연결되어 구하는 일에 협조를 얻을 수 있다. 단, 야점에는 야귀가, 주점에는 주귀가 공망이 되지 않아야 협조를 얻을 수 있다. 공망인 경우는 귀인이 다른 귀인을 만나러 가기 위해 외출한 경우로 만나기 어렵다. 단, 같은 관인(官人)이라면 관견관(官見官)·귀견귀(貴見貴)로 만날 수 있다.

말전	중전	초전
后白	龍蛇	后白
壬寅	丙申	壬寅
申	寅	申

4과	3과	2과	1과
蛇龍	白后	龍蛇	后白
庚子	甲午	丙申	壬寅
午	子	寅	庚(申)

주야	白后	空天	龍蛇	陳雀	合合	雀陳	蛇龍	天空	后白	陰常	武武	常陰
천반	甲午	乙未	丙申	丁酉	戊戌	己亥	庚子	辛丑	壬寅	癸卯	○辰	○巳
지반	子	丑	寅	卯	○辰	○巳	午	未	申	酉	戌	亥

위의 庚子7국의 경우 구직에 매우 좋다. 庚의 주야귀인은 丑·未인데 이 둘이 같은 자리에 겹쳐 있으며, 간상신은 재성 寅이고 지상신은 관성 午로 양광(陽光)의 상태이기 때문이다. 그러나 申의 건록은 중전에서 절지(絶地)에 있으므로 가을점에는 녹이 왕성하지만, 다른 계절점에는 힘이 약해서 능력을 발휘하지 못한다. 삼전에 일지 역마가 겹쳐져 있어서 움직임이 있으니 취직이 된다 해도 영구 직장은 못 된다.

속국으로는 甲子7국·甲寅7국·甲辰7국·甲午7국·甲申7국·甲戌7국·乙酉5국_주점·乙酉9국_야점·丙子3국_주점·丙寅3국_주점·丙辰3국_주점·丙午3국_주점·丙申3국_주점·丙戌3국_주점·丁丑3국_야점·丁丑11국_주점·丁卯3국_야점·丁卯11국_주점·丁巳3국_야점·丁巳11국_주점·丁未11국_주점·丁酉11국_주점·丁亥3국_야점·丁亥11국_주점·戊子7국·戊寅7국·戊辰7국·戊午7국·戊申7국·戊戌7국·庚子7국·庚寅7국·庚辰7국·庚午7국·庚申7국·庚戌7국·辛巳5국_주점·辛酉9국_야점·癸丑11국_주점·癸卯11국_주점·癸巳3국_야점·癸巳11국_주점·癸未3국_야점·癸未11국_주점·癸酉3국_야점·癸酉11국_주점·癸亥3국_야점·癸亥11국_주점이 있다.

:: 귀복간지격(貴覆干支格)

주야귀인이 간상과 지상에 모두 타고 있는 격으로, 모든 일이 귀인의 협조를 받아 이루어진다. 다음의 甲申2국과 같은 경우이다.

말전	중전	초전
武武	常陰	白后
丙戌	丁亥	戊子
亥	子	丑

4과	3과	2과	1과
蛇龍	天空	白后	空天
○午	○未	戊子	己丑
○未	申	丑	甲(寅)

속국으로는 甲申2국 · 丁巳9국 · 丁酉11국 · 己卯8국 · 己亥12국 · 庚寅2국이 있다.

:: 양귀공해격(兩貴空害格)

양귀공해격은 주야귀인을 띠는데 일위는 공망이 되고 일위는 육해가 되며 지상신이 일지를 극하는 것을 말한다. 이 격은 가정에 흉이 있다. 이루고자 하는 것은 윗사람 · 아랫사람과 뜻을 달리하거나, 옳고 그름을 혼동하여 흉이 일어난다. 또한 윗사람의 노여움을 사는 운으로 윗사람에게 의존하는 것은 흉하다.

말전	중전	초전
武白	雀雀	白武
己卯	甲戌	辛巳
戌	巳	子

4과	3과	2과	1과
后龍	陳天	白武	天陳
丁丑	○申	辛巳	丙子
申	卯	子	己(未)

위의 己卯8국_야점의 경우, 일간 己의 야귀가 申인데 공망이 되어 일지를 극하고 있다. 또한 간상의 子는 양귀에 해당하는데 야점이므로 구진이 붙고, 일간의 기궁과 子未 육해가 되어 양귀공해격에 해당된다.

046법 귀인차오사참차(貴人蹉誤事參差)

:: 귀인차오격(貴人差誤格)

귀인차오격 또는 귀인차질격(貴人差迭格)은 야귀인이 주방(晝方)에 있

...

거나, 주귀인이 야방(夜方)에 있는 경우로 매일 2과씩 있게 된다. 주방은 卯·辰·巳·午·未·申의 자리이고, 야방은 酉·戌·亥·子·丑·寅의 자리다. 귀인이 자신의 일을 다하고 자리를 옮기는 것과 같다. 바라던 일이 뜻한 대로 되지 않는다. 또는 귀인의 마음이 조석지간으로 바뀌어 어려움을 겪는다고 설명하기도 한다. 속국은 매일 2과씩 있으므로 생략한다.

말전	중전	초전
后白	雀陰	龍蛇
己未	壬戌	○丑
戌	○丑	辰

4과	3과	2과	1과
蛇武	陳天	雀陰	龍蛇
辛酉	○子	壬戌	○丑
○子	卯	○丑	乙(辰)

주야	蛇武	雀陰	合后	陳天	龍蛇	空雀	白合	常陳	武龍	陰空	后白	天常
천반	辛酉	壬戌	癸亥	○子	○丑	甲寅	乙卯	丙辰	丁巳	戊午	己未	庚申
지반	○子	○丑	寅	卯	辰	巳	午	未	申	酉	戌	亥

위의 乙卯4국의 경우, 乙의 주귀가 申인데 야방인 亥의 자리에 있고, 야귀 子는 주방인 卯의 자리에 앉아 있어서 귀인차오격에 해당된다. 간지상신이 子丑으로 합을 하지만 공망으로 힘이 없고, 더욱이 초전과 중전도 공망이어서 목적을 이룰 수 없다. 공명이나 구직과 관련된 일은 삼전이 丑·戌·未 가색(稼穡)으로 재성이고 재파인이므로, 인수인 윗사람을 극하여 윗사람의 협조를 구할 수 없는 상황이다.

:: 귀인순치격(貴人順治格)

귀인순치격은 귀인이 순행하는 경우를 말한다. 『오변중황경(五變中黃經)』에 "천장이 순행하는 경우 길이 먼저 작용하고, 천장이 역행하는 경우 흉이 먼저 작용한다."는 말이 있다. 즉, 귀인이 순행하는 귀인순치격과 같은 경우에는 귀인의 협조를 얻을 수 있고 일의 속도가 빠르다. 단, 귀인이 공망이면 쓸 수 없고, 귀인인 丑·未가 辰·戌 위에 있는 경우 귀인의 노여움을 산다.

:: 귀인역치격(貴人逆治格)

귀인순치격과 반대인 경우로 귀인이 역행하는 경우이다. 이 경우 다른 사람의 협조를 얻기 어렵고, 전진하지 말고 물러서서 관망하는 것이 좋다.

참고로 귀인의 위치를 보고 판단하는 방법을 보면, 주귀인이 야방에 있는 경우 눈을 떠도 깜깜한 것과 같다. 야귀인이 주방에 있는 경우에는 차츰 밝아지는 상황이다. 여기서 주방은 천반이 아닌 지반 위주로 판단한다. 귀인이 간상신에 있는 경우 급히 서두르지 말고 천천히 추진한다. 급히 추진하면 귀인의 진노로 인해 이루어지기 힘들다. 그러나 귀인이 간상신 뒤에 있는 경우에는 매사에 서둘러서 추진하여야 한다. 늦장을 부리면 일의 결과가 틀어져서 좋지 않다. 예를 들어 다음 甲午12국_야점의 경우, 귀인 丑이 간상신 卯 앞에 있으므로 일을 서둘러서 추진하여야 한다.

말전	중전	초전		4과	3과	2과	1과
甲午	○巳	○辰		丙申	乙未	○辰	癸卯
巳	辰	卯		未	午	卯	甲(寅)

주야	空天	龍蛇	陳雀	合合	雀陳	蛇龍	天空	后白	陰常	武武	常陰	白后
천반	辛丑	壬寅	癸卯	○辰	○巳	甲午	乙未	丙申	丁酉	戊戌	己亥	庚子
지반	子	丑	寅	卯	○辰	○巳	午	未	申	酉	戌	亥

또한, 귀인이 지반 卯 · 酉 위에 있을 경우를 『육임수언(六壬粹言)』에서는 귀립사문(貴立私門)이라고 한다. 이 때는 귀인의 인품이 바르지 못하므로 뇌물 등으로 일을 해결한다.

047법 귀수재옥의임간(貴雖在獄宜臨干)

∷ 귀인입옥격(貴人入獄格)

귀인이 지반 辰·戌 위에 있는 경우이다. 이것은 귀인이 옥에 갇혀 있는 것과 같아 스스로 번뇌하는 상으로, 괜한 부탁은 화를 부르며 막후 접촉이나 뇌물 등으로 접근하면 이룰 수 있다. 辰·戌 중 辰은 천뢰(天牢)이고 戌은 지옥(地獄)이 된다. 단, 다음의 경우는 이 격으로 보지 않는다.

① 乙일과 辛일의 경우 : 乙은 둔간이 辰이고 辛은 둔간이 戌로 귀인이 일간 위에 임하는 것과 같기 때문이다.

② 辰일과 戌일의 경우 : 귀인이 집에 든 것과 같기 때문에 입옥으로 보지 않는다.

말전	중전	초전
常陰	常陰	空天
癸亥	癸亥	○丑
寅	寅	辰

4과	3과	2과	1과
后白	常陰	后白	常陰
庚申	癸亥	庚申	癸亥
亥	寅	亥	甲(寅)

주야	陰常	武武	常陰	白后	空天	龍蛇	陳雀	合合	雀陳	蛇龍	天空	后白
천반	辛酉	壬戌	癸亥	○子	○丑	甲寅	乙卯	丙辰	丁巳	戊午	己未	庚申
지반	○子	○丑	寅	卯	辰	巳	午	未	申	酉	戌	亥

위의 甲寅4국의 경우 공명의 목적을 이룰 수 없다. 초전 귀인이 공망이며 辰인 천뢰의 자리에 앉아 있어서 귀인의 도움을 받을 수 없기 때문이다. 이 국은 사과 중 극적이 없고 간지의 음양이 같아서 팔전과(八專課)에 해당된다. 또한 순미(旬尾) 癸亥가 간상에 임하므로 폐구(閉口)이며, 삼전 중 초전이 공망이므로 과숙에도 해당된다.

팔전과는 대중이 모이는 상이지만 각자 다른 마음을 품으므로 활동하기보다는 집에서 안정하고 대비하는 것이 좋다. 양일(陽日)이면 남자가 진행하는 일은 유리하지만 여자에게는 불리하다. 나아가 양일은 윗사람이 아랫사람을 속이고, 음일(陰日)에는 부하가 윗사람을 속이며 부부간에 의심하는 일이 생긴다.

속국으로는 甲寅4국_야점·丙子2국_주점·丙午8국_주점·丙申12국_야점·丁巳6국_주점·丁未6국_주점·丁酉6국_주점·丁酉12국_주점·丁亥2국_야점·丁亥8국_야점·庚申10국_주점·壬子8국_주점·壬寅12국_야점·癸丑6국_주점·癸卯6국_야점·癸卯12국_주점·癸巳2국_야점·癸巳6국_주점·癸巳8국_야점·癸未2국_야점·癸未6국_주점·癸未8국_야점·癸酉6국_주점·癸亥6국_주점이 있다.

048법 귀승천을내신지(鬼乘天乙乃神祇)

:: 귀승천을격(鬼乘天乙格)

귀승천을격 또는 천을신지격(天乙神祇格)은 천을귀인이 간상신이나 지상신에 있고, 이 상신이 칠살인 경우이다. 이 경우 우환이 있다면 신명의 기운으로 인한 흉이다. 천을귀인은 존귀한 귀신이므로 잡귀의 침범으로 생긴 우환이 아니다. 예를 들어 지상신이 이럴 경우 가정의 신불로 인한 흉이므로 집안의 신을 위로하면 해결된다.

말전	중전	초전
白后	合白	后合
辛未	○亥	丁卯
○亥	卯	未

4과	3과	2과	1과
合白	后合	天陳	常天
○亥	丁卯	丙寅	庚午
卯	未	午	辛(○戌)

위의 辛未5국_야점의 경우 천을귀인이 간상신에 있고 칠살이므로 귀승천을에 해당된다. 우환이 있으면 신명에게 빌어서 해결하여야 한다. 삼전이 亥卯未 목국(木局)으로 간상신 午火를 생하므로 재물로 인한 우환일 수 있다. 재물의 기운이 강하여 많이 얻을 수 있으나 덕을 쌓는 마음으로 베풀어야 한다. 참고로 일귀가 간상에 타는 경우 귀승(鬼乘)으로

보지 않고 귀인에 대한 일로 판단하는 경우도 있다.

귀승천을격의 속국은 다음과 같다. 乙丑6국_주점 · 乙丑9국_주점 · 乙卯8국_주점 · 乙卯9국_주점 · 乙巳9국_주점 · 乙巳10국_주점 · 乙未9국_주점 · 乙未12국_주점 · 乙酉2국_주점 · 乙酉9국_주점 · 乙亥4국_주점 · 乙亥9국_주점 · 丙子2국_야점 · 丙子7국_야점 · 丙寅4국_야점 · 丙寅7국_야점 · 丙辰6국_야점 · 丙辰7국_야점 · 丙午7국_야점 · 丙午8국_야점 · 丙申7국_야점 · 丙申10국_야점 · 丙戌7국_야점 · 丙戌12국_야점 · 丁丑3국_주점 · 丁丑9국_주점 · 丁卯5국_주점 · 丁卯9국_주점 · 丁巳7국_주점 · 丁巳9국_주점 · 丁未9국_주점 · 丁酉9국_주점 · 丁酉11국_주점 · 丁亥1국_주점 · 丁亥9국_주점 · 辛丑5국_야점 · 辛丑8국_야점 · 辛卯10국_야점 · 辛巳5국_야점 · 辛巳12국_야점 · 辛未2국_야점 · 辛未5국_야점 · 辛酉4국_야점 · 辛酉5국_야점 · 辛亥5국_야점 · 辛亥6국_야점

:: 귀인공망격(貴人空亡格)

귀인공망격은 간상신에 귀인이 있고 간상신이 운성 묘가 되어 묘신부일(墓神覆日)이 되는 경우로 소송점에 대흉하다. 다음의 庚申8국 주점과 같은 경우이다.

말전	중전	초전
天空	天空	陰常
○丑	○丑	乙卯
申	申	戌

4과	3과	2과	1과
白后	天空	白后	天空
戊午	○丑	戊午	○丑
○丑	申	○丑	庚(申)

속국으로는 甲子8국_주점 · 甲寅8국_주점 · 甲辰8국_주점 · 甲午8국_주점 · 甲申8국_주점 · 甲戌8국_주점 · 庚子8국_주점 · 庚寅8국_주점 · 庚辰8국_주점 · 庚午8국_주점 · 庚申8국_주점 · 庚戌8국_주점이 있다.

귀인탈기격은 壬일 주점, 癸일 야점의 경우와 같이 천을귀인 卯가 일간을 탈기하는 경우로 귀인에게 피해를 보거나 손실을 입는다. 다음의 壬戌5국_주점과 같은 경우이다.

말전	중전	초전
陳空	天雀	常陰
癸亥	乙卯	己未
卯	未	亥

4과	3과	2과	1과
后合	武后	天雀	常陰
甲寅	戊午	乙卯	己未
午	戌	未	壬(亥)

049법 양귀수극난간귀(兩貴受剋難干貴)

:: 양귀수극격(兩貴受剋格)

양귀수극격은 주야귀인이 지반으로부터 극을 당하는 경우이다. 이 격은 삼전의 발용 여부를 불문하고 천지반 관계에서 귀인이 극을 받으면 이루어진다. 이 때는 주야귀인이 모두 극을 받으므로 윗사람을 믿지 말아야 한다. 스스로 극을 받아서 고통 속에 있으므로 섣부른 부탁은 화를 불러오기 십상이다. 甲·戊·庚 3일은 이러한 예가 없다.

말전	중전	초전
合后	合后	合后
辛酉	辛酉	辛酉
未	未	未

4과	3과	2과	1과
蛇武	合后	蛇武	合后
癸亥	辛酉	癸亥	辛酉
酉	未	酉	己(未)

주야	陰空	武龍	常陳	白合	空雀	龍蛇	陳天	合后	雀陰	蛇武	天常	后白
천반	甲寅	乙卯	丙辰	丁巳	戊午	己未	庚申	辛酉	壬戌	癸亥	○子	○丑
지반	○子	○丑	寅	卯	辰	巳	午	未	申	酉	戌	亥

위의 己未11국을 보면 과전에 천을귀인이 나타나지 않으나 지반도를

보면 양귀인 子가 戌 위에 있고, 음귀인 申은 午 위에 있어서 지반으로부터 극을 당한다. 그러므로 양귀수극격에 속하며, 도모하는 일에서 윗사람의 도움을 받을 수 없다.

이 과는 팔전과(八專課)에 속하며 삼전이 모두 酉이므로 독족격(獨足格)이라 하고, 720과 중 하나밖에 없는 격이다. 酉는 일간의 설기 요소가 되고, 이러한 기운들이 과전에 회집되어 있어서 일간의 기운이 몹시 무력하다. 그러므로 매사 추진하는 데 역부족이고, 다리가 하나 있는 형상이므로 현재 상태를 유지하는 것이 좋다. 구직·직장점의 경우에도 이루어지는 것이 없다. 일간의 탈기 요소인 식상이 많아서 관성을 극하기 때문이다.

속국으로는 乙丑11국·乙卯11국·乙巳11국·乙未11국·乙酉11국·乙亥11국·丙子9국·丙寅9국·丙辰9국·丙午9국·丙申9국·丙戌9국·丁丑9국·丁卯9국·丁巳9국·丁未9국·丁酉9국·丁亥9국·己丑11국·己卯11국·己巳11국·己未11국·己酉11국·己亥11국·辛丑7국·辛卯7국·辛巳7국·辛未7국·辛酉7국·辛亥7국·壬子7국·壬寅7국·壬辰7국·壬午7국·壬申7국·壬戌7국·癸丑7국·癸卯7국·癸巳7국·癸未7국·癸酉7국·癸亥7국이 있다.

:: 백호혹승임축격(白虎或乘臨丑格)

백호혹승임축격은 백호가 丑에 임하는 격이다. 천을귀인은 본래 음토(陰土)로 己丑土에 해당된다. 그러므로 丑은 천을귀인의 본가(本家)가 되며, 여기에 백호가 승하는 것이 백호혹승임축격이다. 귀인이 성을 내고 미워하는 모습으로 윗사람의 꾸지람을 듣는다. 관공서에 출입하는 것은 좋지 않으며, 소송의 경우도 좋지 않다. 단, 문서 형식으로 부탁하는 것은 좋다. 다음의 乙卯2국_주점의 경우이다.

말전	중전	초전
武后	常天	白蛇
癸亥	○子	○丑
○子	○丑	寅

4과	3과	2과	1과
白蛇	空雀	空雀	龍合
○丑	甲寅	甲寅	乙卯
寅	卯	卯	乙(辰)

:: 귀인기탄격(貴人忌憚格)

주작의 승신이 귀인의 승신을 극하는 경우에 이루어지는 격으로 귀인이 꺼리고 싫어하므로(忌憚) 귀인의 도움을 받을 수 없다. 주작은 火이며 귀인은 土이므로 극을 할 수 없으나 승신에서 극을 하는 경우이다. 즉, 주작이 탄 천반의 오행이 귀인이 탄 천반 오행을 극하는 경우이다. 다음의 己巳8국과 같은 경우로 戌이 子를 극하는 상황이다.

말전	중전	초전
武白	雀雀	白武
丁卯	○戌	己巳
戌	巳	子

4과	3과	2과	1과
武白	雀雀	白武	天陳
丁卯	○戌	己巳	甲子
戌	巳	子	己(未)

귀인기탄격의 속국으로는 甲辰2국_야점 · 己丑8국_주점 · 己卯8국_주점 · 己卯12국_야점 · 己巳8국_주점 · 己巳12국_야점 · 己未8국_주점 · 己亥8국_주점이 있다.

:: 진주작격(眞朱雀格)

진주작격은 태세를 진주작(午에 붙은 주작)이 생하는 경우이다. 즉, 戊 · 己 · 辰 · 戌 · 丑 · 未년에 진주작이 태세를 생하는 경우로 문서에 관한 일이나 훈령 · 문서 신청 · 시험 등에 좋다. 반대로 庚 · 辛 · 申 · 酉년에는 진주작이 화극금(火剋金)을 하므로 문서와 관련된 모든 일이 불길하다.

050법 이귀개공허희기(二貴皆空虛喜期)

∷ 이귀개공격(二貴皆空格)

이귀개공격은 음양귀인이 다 공망이 되는 경우이다. 처음에는 귀인이 도와준다고 하지만 다른 사람이 끼어드는 경우로 다른 사람으로부터의 좋은 소식은 믿을 수 없다. 모든 것이 헛된 기쁨이 된다. 기쁜 일도 슬픈 일도 이루어지는 것이 없다. 그러나 해당 공망의 순이 끝나면 소망을 이룰 수 있다는 희망이 있다.

말전	중전	초전
后白	空天	蛇龍
甲寅	己未	○子
未	○子	巳

4과	3과	2과	1과
龍蛇	天空	空天	蛇龍
庚申	○丑	己未	○子
○丑	午	○子	戊(巳)

위의 戊午6국은 음양귀인 중 음귀 未와 양귀 丑이 모두 공망이다. 귀함이 없고 힘이 없는 과이다. 이 과는 상극하(上剋下) 하는 글자를 초전으로 하는 중심과(重審課)이다. 사과가 모두 공망이고 삼전의 초전과 중전이 공망이므로 매사에 매듭지어지거나 이뤄지는 것이 없다. 과전이 무력하여 해산에는 좋으나, 유일하게 공망이 아닌 말전에 백호가 타서 일간을 목극토(木剋土) 하므로 질병점에는 매우 흉하다. 초전 · 중전이 공망인 경우 오래된 병은 위험하고 새로 생긴 병은 치료가 된다.

이귀개공격의 속국으로는 乙卯5국 · 乙亥9국 · 丁丑11국 · 丁卯3국 · 戊午6국 · 辛卯5국 · 辛亥9국 · 壬子10국 · 癸丑11국이 있다.

051법 괴도천문관격정(魁度天門關隔定)

∷ 괴도천문격(魁度天門格)

괴도천문격은 일반적으로 戌이 亥에 가해져서 초전이 되는 것이다. 초전이 술가해(戌加亥)로 어느 점이든 조격(阻隔, 막혀서 서로 통하지 못함)을 만든다. 즉, 걸림과 막힘이 있다는 것이다. 그 영향은 초전에 붙는 신장으로 알 수 있는데, 백호가 타는 경우 질병은 몸의 기운이 막혀 있거나 체한 병이다. 도둑은 잡기 어렵고, 방문의 경우 사람도 만나기 어려우며, 선거에도 당선되기 어렵다.

말전	중전	초전
龍武	空常	白白
庚申	辛酉	壬戌
酉	戌	亥

4과	3과	2과	1과
龍武	空常	空常	白白
庚申	辛酉	辛酉	壬戌
酉	戌	戌	壬(亥)

위의 壬戌2국의 경우 초전이 술가해로 일을 진행하는 데 방해가 있는 상이다. 백호가 간상에 타서 흉이 빨리 온다. 초전이 일간을 극하지만 말전은 일간의 장생이 되므로 경거망동하지 않고 조용히 진행하면 소망을 이룰 수 있다. 원수과(元首課)는 윗사람이 아랫사람을 규제하는 상이므로 일의 진행은 순리로 이룰 수 있다. 간상신이 중전과 말전의 인수를 생하여 흉이 점차 길로 변한다. 이 국은 승부의 경우 일지 戌이 간상신으로 관귀가 되므로 내가 그에게 지며, 질병점의 경우에는 혈광신 백호로부터 일간이 극을 받으므로 대흉하다.

괴도천문격의 속국을 두 가지로 나누어 알아본다.

① 초전이 술가해이며 주야점 모두 백호가 붙는 경우 : 壬子2국 · 壬寅2국 · 壬辰2국 · 壬午2국 · 壬申2국 · 壬戌2국 · 癸亥2국

② 초전이 술가해이며 신장이 백호가 아닌 경우 : 乙未2국 · 乙亥2국 · 丙子2국 · 丁亥2국 · 戊子2국 · 己酉2국 · 己亥2국 · 庚子2국 · 辛亥2국

052법 강색귀호임모위(罡塞鬼戶任謀爲)

:: 강색귀호격(罡塞鬼戶格)

강색귀호격은 과전이나 천지반이 진가인(辰加寅)인 경우이다. 즉, 辰천강이 寅귀호를 막은 상태를 말한다. 천강이 귀신의 문호인 귀호를 막은 것과 같으므로 모든 잡귀들이 작용하지 못한다. 그러므로 피난·기도·상가 방문·문병·약 제조·부적 작성 등에 막힘이 없는 격이다.

말전	중전	초전
后白	蛇龍	合合
壬申	庚午	戊辰
午	辰	寅

4과	3과	2과	1과
合合	龍蛇	蛇龍	合合
戊辰	丙寅	庚午	戊辰
寅	子	辰	甲(寅)

위의 甲子11국_야점은 간상신을 보면 辰천강이 寅귀호 위에 있으므로 강색귀호격에 해당되며 기도 등에 좋지만, 간상신 辰은 육합과 일간으로부터 극을 당해 협극 상태. 또한 丑귀인이 亥천문 위에 있으므로 귀등천문격(貴登天門格)에도 해당된다.

위의 국에서 공명을 점하는 경우, 삼전의 辰·午·申은 등삼천(登三天)으로 교룡우운(蛟龍雨雲)을 얻는 상이므로 관직이나 공명을 얻는 데 매우 좋다. 야점인 경우 말전 관귀에 백호가 타서 최관사자(催官使者)가 되어 부임이 빠르며, 현직에 있는 사람은 승진의 기쁨이 있다.

육십갑자의 11국이 이 격에 속한다. 편의를 위하여 강색귀호격과 귀등천문격을 구분하여 소개한다.

① 강색귀호격 : 乙丑11국·乙卯11국·乙巳11국·乙未11국·乙酉11국·乙亥11국·丙子11국·丙寅11국·丙辰11국·丙午11국·丙申11국·丙戌11국·丁丑11국·丁卯11국·丁巳11국·丁未11국·丁酉11국·丁亥11국·己丑11국·己卯11국·己未11국·己酉11국·己亥11국·辛丑11국·辛卯11국·辛巳11국·辛未11국·辛酉11국·辛亥11

국 · 癸丑11국 · 癸卯11국 · 癸巳11국 · 癸未11국 · 癸酉11국 · 癸亥11국

② 강색귀호격이며 귀등천문격 : 甲子11국_야점 · 甲寅11국_야점 · 甲辰11국_야점 · 甲午11국_야점 · 甲申11국_야점 · 甲戌11국_야점 · 戊子11국_주점 · 戊寅11국_주점 · 戊辰11국_주점 · 戊午11국_주점 · 戊申11국_주점 · 戊戌11국_주점 · 庚子11국_주점 · 庚寅11국_주점 · 庚辰11국_주점 · 庚午11국_주점 · 庚申11국_주점 · 庚戌11국_주점

:: 귀색귀호격(貴塞鬼戶格)

삼전이 모두 일간의 관귀가 되고, 귀인이 寅귀호 위에 있는 경우이다. 이 경우 귀인이 과전에 없더라도 점인의 연명상에 있으면 귀색귀호격으로 본다. 이 격은 일간의 귀인이 귀호를 막는 것과 같으므로 매사에 두려워하지 말고 마음먹은 대로 추진한다. 흉이 변하여 길이 될 수 있는 격이다. 다음의 壬戌10국_야점과 같은 경우이다.

말전	중전	초전
白龍	陳雀	蛇后
壬戌	己未	丙辰
未	辰	○丑

4과	3과	2과	1과
蛇后	陰常	雀天	后武
丙辰	○丑	丁巳	甲寅
○丑	戌	寅	壬(亥)

속국으로는 壬辰10국_야점 · 壬戌10국_야점 · 癸丑10국_주점 · 癸未10국_주점 · 癸酉10국_주점 · 癸亥10국_주점이 있다.

:: 신장살몰격(神藏殺沒格)

신장살몰격이란 甲 · 戊 · 庚일에 丑 · 未가 亥 위에 있는 경우이다. 육흉신인 등사 · 주작 · 구진 · 천공 · 백호 · 현무가 무력한 방위에 들고, 辰 · 戌 · 丑 · 未 오행의 오묘살(五墓殺)이 寅 · 申 · 巳 · 亥의 사유(四維)방에 들어서 무력해지는 경우를 말한다. 단, 엄격하게 적용하면 월장이

寅・申・巳・亥일 경우만 이 격으로 본다. 또한 甲・戊・庚일의 경우와 같이 신장과 살몰이 동시에 이루어지는 경우만 이 격으로 본다. 신장살몰격의 경우 甲・戊・庚의 3일은 귀등천문격까지 된다. 이 때는 백 가지 살로부터 보호되며 도모하는 것이 모두 이루어진다. 귀등천문격은 귀인이 亥천문에 드는 격으로 육임에서 택일택시에 널리 이용된다.

신장	螣蛇	朱雀	六合	勾陳	靑龍	天空	白虎	太常	玄武	太陰	天后	貴人
천반	申	酉	戌	亥	子	丑	寅	卯	辰	巳	午	未
지반	子	丑	寅	卯	辰	巳	午	未	申	酉	戌	亥

위는 甲子5국_주점의 지반도이다. 지반도를 보면 신장 등사가 子에 있으므로 추수(墜水)이고, 주작은 丑에 들어 투강(投江)하니 이는 丑 중 癸水에 수극화(水剋火) 되는 것을 말하며, 구진은 卯에 드니 목극토(木剋土)로 수제(受制)하고, 천공은 지반 巳에서 절지이니 투절(投絶)하고, 백호는 午에 있어서 소신(燒身)하고, 현무는 주방(晝方)에 있어서 역할을 못 한다. 살몰(殺沒)은 위에서 보듯이 辰・戌・丑・未가 모두 寅・申・巳・亥에 있는 경우이다.

신장살몰격의 속국으로는 甲子5국_주점・甲子11국_야점・甲寅5국_주점・甲寅11국_야점・甲辰5국_주점・甲辰11국_야점・甲午5국_주점・甲午11국_야점・甲申5국_주점・甲申11국_야점・甲戌5국_주점・甲戌11국_야점・戊子5국_야점・戊子11국_주점・戊寅5국_야점・戊寅11국_주점・戊辰5국_야점・戊辰11국_주점・戊午5국_야점・戊午11국_주점・戊申5국_야점・戊申11국_주점・戊戌5국_야점・戊戌11국_주점・庚子5국_야점・庚子11국_주점・庚寅5국_야점・庚寅11국_주점・庚辰5국_야점・庚辰11국_주점・庚午5국_야점・庚午11국_주점・庚申5국_야점・庚申11국_주점・庚戌5국_야점・庚戌11국_주점이 있다.

∷ 양사협묘격(兩蛇夾墓格)

양사협묘격은 2개의 등사 가운데에 일간의 묘신(墓神)이 끼어 있을 때 이루어진다. 육병일(六丙日)의 8국, 육을일(六乙日) 천지반에 미가사(未加巳)이거나 육임일(六壬日) 천지반에 진가사(辰加巳)이거나 육계일(六癸日) 천지반에 진가사일 경우에도 양사협묘이다. 이 격은 질병점에 아주 흉하다. 병은 속에 적괴(積塊, 요즘의 종양)가 있으며 치료할 수 없다. 만약 점인의 연명상신이 戌土라면 더욱 흉하여 사망 시기가 빨라진다. 연명상신이 辰土라면 辰戌충으로 묘를 여는 파묘(破墓)가 되므로 조금 더 연명할 수 있다. 그러나 충하는 辰土가 공망이라면 끝내 살아날 가망이 없다.

그 밖에 소송점에서는 구금을 당하며, 출산점에도 흉하다. 일반 소망점의 경우 흉이 이미 지나간 것 같지만 갈수록 어렵고 희망이 보이지 않는다. 소언화(邵彦和)는 양사협묘에 대해 내 몸에 돌을 달고 강물에 던져지는 것과 같다고 비유하였다.

말전	중전	초전
武龍	陳陰	后合
○午	己丑	甲申
丑	申	卯

4과	3과	2과	1과
后合	空常	空常	蛇蛇
甲申	辛卯	辛卯	丙戌
卯	戌	戌	丙(巳)

위의 丙戌8국은 간상에 일간의 운성 묘가 있고 주점·야점 모두 등사가 타고 있으며, 일간 병화의 지반기궁도 巳火이다. 巳가 등사의 본가이므로 결국 두 개의 등사가 묘를 끼고 있는 양사협묘가 된다. 丙戌8국 가정점의 경우 3과 卯·戌이 합하여 화목할 듯하지만 간상에 협사(夾蛇)가 묘에 엎드려 있는 상황이므로 흉을 피해갈 수 없다. 초전은 나의 처이며 신가묘(申加卯)의 상태다. 질병점에 아주 흉하며 처의 병을 점치는 경우

극흉하다. 특히 야점인 경우 육합이 타는데, 이 육합도 나무라서 위아래가 나무로 된 관에 처가 있는 상이다. 질병은 신체가 불구인 상태다.

속국으로는 丙子8국·丙寅8국·丙辰8국·丙午8국·丙申8국·丙戌8국·乙丑11국_주점·乙卯11국_주점·乙巳11국_주점·乙未11국_주점·乙酉11국_주점·乙亥11국_주점·壬子2국·壬寅2국·壬辰2국·壬午2국·壬申2국·癸丑2국·癸卯2국·癸巳2국·癸未2국·癸酉2국·壬戌2국·癸亥2국·丁丑8국·丁卯8국·丁巳8국·丁未8국·丁酉8국·丁亥8국이 있다.

:: 양상협묘격(兩常夾墓格)

양상협묘격은 육기일(六己日)의 천지반 진가미(辰加未)에 야점이므로 辰에 태상이 타고 있는 상황이다. 이 경우 남 몰래 울 일이 있고 공적으로 화합하는 일은 좋지 않다. 다음의 己巳4국_야점과 같은 경우이다.

말전	중전	초전
常天	后合	雀空
壬申	○亥	丙寅
○亥	寅	巳

4과	3과	2과	1과
后合	雀空	蛇龍	陳常
○亥	丙寅	乙丑	戊辰
寅	巳	辰	己(未)

필법부에서는 양상협묘의 속국에 수토동묘(水土同墓)를 적용하였다. 필법과 같이 수토동묘를 적용하면 속국은 己丑4국_야점·己卯4국_야점·己巳4국_야점·己未4국_야점·己酉4국_야점·己亥4국_야점이 된다.

:: 양구협묘격(兩勾夾墓格)

양구협묘격은 육기일의 복음과로 야점일 때 이루어진다. 구진의 흉이 일어난다. 상세한 영향은 양사협묘격을 참고한다. 다음의 己巳1국과 같은 경우이다.

말전	중전	초전		4과	3과	2과	1과
雀空	常天	龍合		龍合	龍合	白蛇	白蛇
丙寅	壬申	己巳		己巳	己巳	辛未	辛未
寅	申	巳		巳	巳	未	己(未)

주야	大常	蛇白	雀空	合龍	陳陳	龍合	空雀	白蛇	常天	武后	陰陰	后武
천반	甲子	乙丑	丙寅	丁卯	戊辰	己巳	庚午	辛未	壬申	癸酉	○戌	○亥
지반	子	丑	寅	卯	辰	巳	午	未	申	酉	○戌	○亥

속국으로는 己丑1국_야점·己卯1국_야점·己巳1국_야점·己未1국_야점·己酉1국_야점·己亥1국_야점이 있다. 필법부에서는 수토동묘를 적용하였다.

:: 양후협묘격(兩后夾墓格)

양후협묘격은 육임일의 천지반이 진가해(辰加亥)일 경우에 이루어진다. 천후의 흉이 일어난다. 상세한 영향은 양사협묘격을 참고한다. 다음의 壬申8국과 같은 경우이다.

말전	중전	초전		4과	3과	2과	1과
蛇武	空陳	后后		武蛇	雀常	空陳	后后
丙寅	癸酉	戊辰		庚午	乙丑	癸酉	戊辰
酉	辰	○亥		丑	申	辰	壬(○亥)

양후협묘격의 속국으로는 壬子8국·壬寅8국·壬辰8국·壬午8국·壬申8국·壬戌8국이 있다.

:: 양호협묘격(兩虎夾墓格)

양호협묘격은 육신일(六辛日) 야점으로 천지반이 축가신(丑加申)일 경우에 이루어지며, 흉장 백호의 흉이 일어난다. 상세한 영향은 양사협묘격을 참고한다. 다음의 辛未8국과 같은 경우이다.

말전	중전	초전		4과	3과	2과	1과
后武	陳陳	武后		武后	雀空	空雀	后武
丁卯	○戌	己巳		己巳	甲子	壬申	丁卯
○戌	巳	子		子	未	卯	辛(○戌)

주야	武后	常天	白蛇	空雀	龍合	陳陳	合龍	雀空	蛇白	天常	后武	陰陰
천반	己巳	庚午	辛未	壬申	癸酉	○戌	○亥	甲子	乙丑	丙寅	丁卯	戊辰
지반	子	丑	寅	卯	辰	巳	午	未	申	酉	○戌	○亥

속국으로는 辛丑8국_야점 · 辛卯8국_야점 · 辛巳8국_야점 · 辛未8국_야점 · 辛酉8국_야점 · 辛亥8국_야점이 있다.

∷ 양귀협묘격(兩貴夾墓格)

양귀협묘격은 천지반의 구성이 귀인과 귀인의 본가(本家) 사이에 운성 묘를 끼고 있을 때 이루어지는 격으로 귀인의 영향이 줄어든다. 상세한 영향은 양사협묘격을 참고한다. 다음의 甲子7국과 같은 경우이다.

말전	중전	초전		4과	3과	2과	1과
白后	蛇龍	白后		龍蛇	后白	白后	蛇龍
丙寅	壬申	丙寅		甲子	庚午	丙寅	壬申
申	寅	申		午	子	申	甲(寅)

주야	后白	天空	蛇龍	雀陳	合合	陳雀	龍蛇	空天	白后	常陰	武武	陰常
천반	庚午	辛未	壬申	癸酉	○戌	○亥	甲子	乙丑	丙寅	丁卯	戊辰	己巳
지반	子	丑	寅	卯	辰	巳	午	未	申	酉	○戌	○亥

양귀협묘격의 속국으로는 甲子7국_주점 · 甲寅7국_주점 · 甲辰7국_주점 · 甲午7국_주점 · 甲申7국_주점 · 甲戌7국_주점 · 庚子1국_주점 · 庚

寅1국_주점 · 庚辰1국_주점 · 庚午1국_주점 · 庚申1국_주점 · 庚戌1국_
주점이 있다.

:: 양공협묘격(兩空夾墓格)

양공협묘격은 육갑일(六甲日) 야점에 미가술(未加戌)인 경우, 또는 주
점에 축가술(丑加戌)인 경우에 이루어진다. 즉, 戌천공이 운성 묘를 사이
에 두고 천공의 본가인 戌土 위에 있는 경우로, 천공의 흉이 더 크게 나
타난다. 상세한 영향은 양사협묘격을 참고한다. 다음의 甲子4국_야점과
같은 경우이다.

말전	중전	초전
白后	陳雀	蛇龍
甲子	丁卯	庚午
卯	午	酉

4과	3과	2과	1과
蛇龍	陰常	后白	常陰
庚午	癸酉	壬申	○亥
酉	子	○亥	甲(寅)

주야	陰常	武武	常陰	白后	空天	龍蛇	陳雀	合合	雀陳	蛇龍	天空	后白
천반	癸酉	○戌	○亥	甲子	乙丑	丙寅	丁卯	戊辰	己巳	庚午	辛未	壬申
지반	子	丑	寅	卯	辰	巳	午	未	申	酉	○戌	○亥

양공협묘격의 속국으로는 甲子4국_야점 · 甲子10국_주점 · 甲寅4국_
야점 · 甲寅10국_주점 · 甲辰4국_야점 · 甲辰10국_주점 · 甲午4국_야
점 · 甲午10국_주점 · 甲申4국_야점 · 甲申10국_주점 · 甲戌4국_야점 ·
甲戌10국_주점이 있다.

054법 호시봉호력난시(虎視逢虎力難施)

:: 호시봉호격(虎視逢虎格)

호시봉호격은 묘성과(昴星課)에서 백호가 과전에 겹처서 나타나는 경
우이다. 앞 뒤에 호랑이가 있어서 위급한 상황에 힘을 쓸 수 없는 처지가

말전	중전	초전
武白	蛇后	龍合
庚寅	丙戌	○午
亥	○未	卯

4과	3과	2과	1과
空陳	武白	陰常	蛇后
癸巳	庚寅	己丑	丙戌
寅	亥	戌	丁(○未)

위의 丁亥10국_야점의 경우, 지상과 말전에 백호가 겹쳐져 있어서 점인이 힘을 쓸 수 없는 놀랍고 괴이한 사건이나 큰 불상사가 일어난다. 초전 午가 卯에 있어서 명당(明堂)이며, 卯의 지장간 乙木이 午의 장생이기 때문에 흉이 길로 변한다. 그러나 묘성과는 부동 중 변하며 관사(官事)·소송·질병점에는 아주 흉하다. 특히, 음일점인 경우는 동사엄목(冬蛇掩目)이므로 더욱 흉하다.

호시봉호격의 속국으로는 乙未3국·丁丑4국_야점·丁丑10국_야점·丁卯12국·丁亥10국_야점·戊寅9국_야점·己酉2국_주점·辛卯4국_주점·辛未12국_야점·癸未12국이 있다.

055법 소모다졸봉라망(所謀多拙逢羅網)

:: 나망격(羅網格)

나망(羅網)은 천라지망(天羅地網)의 준말이다. 천라는 일간기궁의 다음 지지이고, 지망은 일지의 바로 다음 지지다. 이들이 간지상신에 있을 때 이뤄지는 것이 나망이다. 이 격은 진연여과(進連茹課)에 많이 나타난다. 또한 일간상신이 일지의 다음 지지이고, 일지상신이 일간기궁의 다음 지지인 경우 호망(互網)이라고 하여 앞의 나망과 구분하고 있다. 호망은 사절체(四絕體)에서 많이 나타난다.

나망은 양인살이므로 변화를 가지면 점인과 가택이 흉하며, 그물 속에 포위된 것처럼 매사 시원하게 진행이 안 된다. 사과는 점인의 현재 상황인데, 간지상신이 왕신이 되므로 현재 상황을 유지하는 것이 좋다. 무리해서 변경하려 하면 점인과 가택이 그물에 갇힌 것과 같은 형상이 된다. 과전을 판단할 때 간지상신에 흉장이 있으면 더 흉하고, 연명상신에서 나망을 충파하면 파라(破羅)·파망(破網)한다 하여 흉을 제거할 수 있다. 간지상신이 교차해서 나망이 되는 경우 서로 그물을 씌우는 형상이므로 서로 속이는 상태가 된다. 일간을 아버지로 보므로 간상의 나망은 부친의 상이 될 수 있고, 지상의 나망은 모친의 상이 될 수 있다는 것도 참고한다.

질병점에서는 나망에 정신(丁神)이 있고 태상이 승하여 일간을 극하는 경우 상복을 입을 일이 생긴다.

말전	중전	초전
蛇龍	雀陳	合合
○午	癸巳	壬辰
巳	辰	卯

4과	3과	2과	1과
武武	陰常	合合	陳雀
丙戌	乙酉	壬辰	辛卯
酉	申	卯	甲(寅)

위의 甲申12국은 제2과의 하적상이 발용되는 중심과(重審課)이다. 삼전이 辰·巳·午로 진여(進茹)이지만 말전이 공망이 되므로 경거망동하면 재액이 있다. 간상에 기궁 寅木의 다음 지지인 卯木이 있어서 천라에 해당되고, 일지 申金 위에 다음 지지인 酉金이 있어서 지망에 해당되므로 나망격이 된다. 이는 나망 중 개망에 해당하는 경우로 현재의 상황을 지켜서 길(吉)로 만들어야 한다. 또한 간지의 상황을 보면 교차상극을 하는 가운데 사과의 구성이 좌우로 모두 칠충이 된다. 이를 보아도 안전하게 자신을 지키는 것이 길하다.

나망 중 개망의 속국으로는 甲申12국·丙申12국·戊申12국·壬寅12국이 있으며, 나망 중 호망의 속국으로는 丁丑6국·己丑6국·庚寅6국이 있다.

참고로 甲·乙일에 시간이 申·酉이거나 시간의 상신이 申·酉인 경

우는 시간이 일간을 극하는 경우, 또는 초전이 辰・戌이라면 초전이 점
시를 돕고 점시가 일간을 극하는 경우도 천망사장(天網四張)이 된다. 또
한 다음의 庚辰12국과 같이 卯・酉의 지반에 辰・戌이 타는 경우도 천망
사장이라 하여 만물이 파손되는 상으로 본다.

말전	중전	초전
○申	癸未	壬午
未	午	巳

4과	3과	2과	1과
壬午	辛巳	甲戌	○酉
巳	辰	○酉	庚(○申)

056법 천망자이기초비(天網自裏己招非)

:: 천망자이격(天網自裏格)

과전이 묘신부일(墓神覆日)에 속하는 국 중에서 점인의 본명(띠)이 묘
신에 해당하는 경우이다. 묘신은 모든 일의 진행에 혼미함과 어지러움을
주관하는 요소이다. 다른 사람으로 인하여 손해를 보는 것이 아니라 스
스로 잘못 판단하여 손해를 보고 주변으로부터 손가락질을 당한다. 모든
행위도 혼미하다. 이 경우 점시가 초전이 되어 일간을 극하면 그 영향이
더욱 크다. 이러한 경우를 천망과(天網課)라고 한다. 다음은 辛酉10국의
경우이다. 묘신은 일간 기준 신살표를 참고한다.

말전	중전	초전
辛酉	戊午	乙卯
午	卯	○子

4과	3과	2과	1과
乙卯	○子	丙辰	○丑
○子	酉	○丑	辛(戌)

천망자이격의 속국은 다음과 같다. 甲子8국_未년생・甲寅8국_未년
생・甲辰8국_未년생・甲午8국_未년생・甲申8국_未년생・甲戌8국_未
년생・乙丑10국_未년생・乙卯10국_未년생・乙巳10국_未년생・乙未10
국_未년생・乙酉10국_未년생・乙亥10국_未년생・丙子8국_戌년생・丙

寅8국_戌년생・丙辰8국_戌년생・丙午8국_戌년생・丙申8국_戌년생・丙戌8국_戌년생・丁丑10국_戌년생・丁卯10국_戌년생・丁巳10국_戌년생・丁未10국_戌년생・丁酉10국_戌년생・丁亥10국_戌년생・戊子8국_戌년생・戊寅8국_戌년생・戊辰8국_戌년생・戊午8국_戌년생・戊申8국_戌년생・戊戌8국_戌년생・己丑10국_戌년생・己卯10국_戌년생・己未10국_戌년생・己酉10국_戌년생・己亥10국_戌년생・庚子8국_丑년생・庚寅8국_丑년생・庚辰8국_丑년생・庚午8국_丑년생・庚申8국_丑년생・庚戌8국_丑년생・辛丑10국_丑년생・辛卯10국_丑년생・辛巳10국_丑년생・辛未10국_丑년생・辛酉10국_丑년생・辛亥10국_丑년생・壬子8국_辰년생・壬寅8국_辰년생・壬辰8국_辰년생・壬午8국_辰년생・壬申8국_辰년생・壬戌8국_辰년생・癸丑10국_辰년생・癸卯10국_辰년생・癸巳10국_辰년생・癸未10국_辰년생・癸酉10국_辰년생・癸亥10국_辰년생

:: 정신염목격(丁神厭目格)

정신염목격은 간상 둔간이 정신이며, 월염(月厭)・천목(天目) 등이 붙어서 이루어지는 격이다. 천망초화격(天網招禍格)이라고도 한다. 운세가 쇠약하여 정신적 고통에 시달리며, 잠을 자면서 악몽을 많이 꾸게 된다. 이는 정신이 등사의 본가이기 때문이다. 성신에 기도하여 액을 피해야 한다. 월염・천목은 월지 기준 신살표를 참고한다.

말전	중전	초전
白后	陰雀	蛇龍
癸丑	庚戌	丁未
戌	未	辰

4과	3과	2과	1과
武蛇	天陳	陰雀	蛇龍
辛亥	戊申	庚戌	丁未
申	巳	未	乙(辰)

위의 乙巳10국은 간상신이 묘신이므로 묘신부일이 된다. 만약 4월점이고 점인의 본명이 未이면 월염・대살・천목에 해당되고 정신이 타고

있으므로 정신염목격에 해당된다.

정신염목격의 속국으로는 甲辰8국_巳월점·乙巳10국_巳월점·丙午11국_巳월점·丁未1국_巳월점·戊申11국_巳월점·己酉1국_巳월점·庚戌2국_巳월점·辛亥4국_巳월점·壬子5국_巳월점·癸丑7국_巳월점이 있다.

057법 비유여이득부족(費有餘而得不足)

:: 유여탈기격(有餘脫氣格)

일간이 기운을 얻는 것은 적고, 일간의 기운을 빼가는 것이 많을 때 이루어진다. 즉, 일간을 돕는 생기나 장생 등의 기운이 공망 등으로 인해 제 역할을 못 하고, 기운을 빼가는 식상·관성·흉살 등의 기운은 강해지는 경우이다. 이 경우 돕는 사람은 적고 날 치는 사람이 많으며, 재물은 쓸 데는 많고 들어올 곳이 적다.

말전	중전	초전
武白	天陰	合蛇
丙午	己酉	壬子
酉	子	○卯

4과	3과	2과	1과
合蛇	空陳	雀天	龍合
壬子	○卯	辛亥	○寅
○卯	午	○寅	丙(巳)

위의 丙午4국의 경우 간지상신이 일간을 생하고 있지만 모두 공망을 맞아서 힘을 보탤 수 없다. 이에 반해 3과와 4과는 모두 관귀로 점인을 치므로 유여탈기의 상황이다. 간상신이 장생이나 공망으로 생할 수 없으며, 초전이 공망으로 과숙격(寡宿格)이 된다. 사과가 모두 공망이 되므로 진실은 없고 이별하는 일이나 헤어지는 일에 좋다. 모든 것이 비어 있는 상으로 도모하는 것이 이루어지지 않으므로 순을 지나서 다시 정단해야 한다.

丙午4국은 요극효시과(遙剋嚆矢課)이며, 삼전이 子·午·卯·酉 중신

(仲神)인 삼교(三交)를 특징으로 한다. 효시격은 길흉이 가벼운 것이 특징이며, 삼교는 악인이 집안에 숨는 경우이므로 길흉이 안으로부터 일어난다. 주점인 경우 자가묘(子加卯)이며 육합이 초전이 되므로 색정과 구설이 발생하게 된다. 재물점의 경우 중전에 재성이 있고, 말전은 일간의 제왕이 되어 일지에 앉아 있으므로 재물을 얻을 수 있다. 그러나 청룡 유신이 공망을 만나서 재물의 양이 많지는 않다.

유여탈기의 속국으로는 甲寅12국・乙巳2국・丙午4국・戊子12국・壬午4국・癸未5국・癸未6국이 있다.

058법 용파신심무소귀(用破身心無所歸)

:: **용파신심격(用破身心格)**

과전에 길한 기운이 있지만 극파되거나 공망이 되어 제 역할을 못 하고, 흉한 기운도 공망 등으로 그 영향을 발휘하지 못하는 경우이다. 신심유혼격(身心遊魂格)이라고도 한다.

말전	중전	초전
合	龍	白
甲辰	○寅	壬子
○寅	子	戌

4과	3과	2과	1과
白	武	陰	天
壬子	庚戌	己酉	丁未
戌	申	未	戌(巳)

위의 戊申11국_야점의 경우 초전이 재성이 되어 점인이 재물을 얻을 수 있을 듯하지만 戌土 위에 있고 묘신(墓神)에 자리하여 무력하고, 백호가 타고 있으므로 위험한 재물을 취하려는 것과 같다. 또한 삼전이 子・寅・辰으로 나아가 점차 관귀의 기운으로 나아가는 것과 같으므로 화를 불러오기 쉬운 상황이다. 그러나 관귀는 공망이 되므로 그 영향이 별로 없다. 즉, 길흉 여부가 강하지 않은 상황이라서 점인이 어쩌지를 못 하고 망설이는 상황이다. 또한 초전이 간상신과 子未 육해(六害)가 되는 것도

이런 기운을 부추기고 있다. 재물의 경우 과전에 비겁이 회집되어 형제 · 동료와 경쟁하는 상태이고, 이어서 관성이 되므로 신속하게 재물을 취하고 물러서는 것이 좋다.

용파신심격의 속국으로는 丙寅10국_주점 · 丁卯11국_주점 · 戊申11국_야점 · 己酉9국 · 壬寅1국_야점 · 壬寅7국 · 癸未8국이 있다.

059법 화개복일인혼매(華蓋覆日人昏昧)

:: 화개일복격(華蓋日伏格)

일지의 화개가 일간의 묘신(墓神)에도 해당되는 경우에 이루어지는 격이다. 묘신은 답답하고 불통이 되는 기운이며, 화개는 그림자가 진 상태를 말한다. 이것이 겹쳐 있으므로 모든 것이 답답한 상황이다. 지위에 대해 점칠 경우 어둡고 답답한 곳에 묻혀 있는 형상이며 회복되기도 어렵다. 소송점은 억울한 모함 등으로 소송을 당하며 자신의 결백을 증명하기가 어렵다. 대인점은 나간 사람이 외지에서 뜻하지 않은 일을 당하여 돌아오기 힘들다.

말전	중전	초전
蛇武	空陳	后后
丙寅	癸酉	戊辰
酉	辰	○亥

4과	3과	2과	1과
武蛇	雀常	空陳	后后
庚午	乙丑	癸酉	戊辰
丑	申	辰	壬(○亥)

위의 壬申8국은 일지 申金의 화개가 辰土이고, 일간 壬水의 묘신은 辰이다. 辰은 간상신이면서 초전이 되어 화개일복격에 해당된다. 가정은 모든 일이 정체되고 혼미하다. 초전과 간상신의 천후는 칠살이 되므로 가정의 여자가 권한을 가진 상이다. 그러나 초전의 묘신이 공망의 자리에 있고 위의 과가 원수과(元首課)이므로 덕을 쌓으면 흉을 피해갈 수 있다.

화개일복격의 속국으로는 乙未10국 · 乙亥10국 · 壬辰8국 · 壬申8국이
있다.

060법 태양사택옥광휘(太陽射宅屋光輝)

:: 태양사택격(太陽射宅格)

월장인 태양이 지상신인 묘신(墓神)이나 공망을 비출 때 이루어지는
격이다. 태양은 한 궁을 관장하는 신장으로 복을 가져오고 흉을 물리치
는 작용을 한다. 가택점인 경우 상신이 묘신이기는 하지만 월장의 영향
이 더 강해서 가택에 활기가 있고, 귀인의 도움으로 성공하게 된다. 재물
점인 경우 집안에 있는 재물의 가치가 높아지고, 자식점인 경우에는 귀
한 자식을 낳게 된다. 승부점에는 상대방이 유리하여 내가 지는 격이다.
또, 일간 위에 월장이 있는 경우를 태양임신격(太陽臨身格)이라고 한다.
태양임신격인 경우 소송점이라면 나의 억울함을 속시원하게 밝힐 수 있
다. 단, 이 경우에도 월장이 야방(夜方)에 닿는 것은 좋지 않다.

말전	중전	초전
乙巳	癸丑	己酉
丑	酉	巳

4과	3과	2과	1과
○寅	庚戌	癸丑	己酉
戌	午	酉	丙(巳)

위의 丙午9국의 경우 지상신 戌土가 일지의 묘신이 되지만 戌월장인
경우에는 태양사택격이 된다.

말전	중전	초전
后白	雀陰	龍蛇
己未	壬戌	○丑
戌	○丑	辰

4과	3과	2과	1과
蛇武	陳天	雀陰	龍蛇
辛酉	○子	壬戌	○丑
○子	卯	○丑	乙(辰)

위와 같이 乙卯4국에 子월장이면 태양사택격으로, 월장인 태양이 지상신인 공망을 비추는 상황이다. 월장의 영향으로 공망이 영향을 발휘하지 못한다.

061법 간승묘호무점병(干乘墓虎無占病)

:: 간승묘호격(干乘墓虎格)

간상신이 일간의 묘신(墓神)이 되고 백호가 타는 경우에 이루어지는 격이다. 육신일(六辛日)에만 존재한다. 소망점의 경우 두 개의 흉한 기운이 같이 있으므로 매우 흉하다. 정신이 혼미하고 다른 사람으로부터 나쁜 일을 당한다. 형을 집행하는 일, 칼을 만지는 일도 피해야 한다.

말전	중전	초전
常	龍	雀
戊寅	乙亥	○申
亥	○申	巳

4과	3과	2과	1과
龍	雀	陰	白
乙亥	○申	庚辰	丁丑
○申	巳	丑	辛(戌)

위의 辛巳10국_야점의 경우 간상신에 백호가 타고, 간상신이 辛金의 묘신이며 정신(丁神)이기도 하므로 간승묘호격에 해당된다. 백호가 정신에 타서 재액이 약하지 않으며, 월염(月厭)·대살(大殺)·천목(天目)·묘신·정신이 육처에 있는 경우 괴이한 사건을 만나게 된다. 병을 정단하면 생명을 위협할 정도로 극흉하며, 소송점의 경우도 아주 흉하다. 참고로 묘신이 계절의 왕성함을 받으면 이를 사고(四庫)로 보며, 이 경우 묘신의 흉을 덜 수 있다. 예를 들어 辛巳10국_丑월점의 경우이다.

간승묘호격의 속국으로는 辛丑10국_야점·辛卯10국_야점·辛巳10국_야점·辛未10국_야점·辛酉10국_야점·辛亥10국_야점이 있다.

:: 호귀가간격(虎鬼加干格)

간상신이 일간의 관살이 되고 백호가 타는 경우에 이루어지는 격이다. 소망점의 경우 두 개의 흉한 기운이 같이 있으므로 아주 흉하다. 정신이 혼미하고 다른 사람으로부터 나쁜 일을 당하게 된다. 다음의 壬戌2국과 같은 경우이다.

말전	중전	초전
龍武	空常	白白
庚申	辛酉	壬戌
酉	戌	亥

4과	3과	2과	1과
龍武	空常	空常	白白
庚申	辛酉	辛酉	壬戌
酉	戌	戌	壬(亥)

호귀가간격의 속국으로는 丁卯5국_야점 · 己丑5국_야점 · 己卯5국_야점 · 己未5국_야점 · 己酉5국_야점 · 己亥5국_야점 · 壬子2국 · 壬寅2국 · 壬辰2국 · 壬午2국 · 壬申2국 · 壬戌2국 · 癸丑4국_주점 · 癸卯4국_주점 · 癸巳4국_주점 · 癸未4국_주점 · 癸酉4국_주점 · 癸亥4국_주점이 있다.

062법 지승묘호유복시(支乘墓虎有伏屍)

:: 지승묘호격(支乘墓虎格)

지승묘호격 또는 지묘백호격(支墓白虎格)은 일간의 묘신이나 일지의 묘신에 백호가 타서 지상신이 되는 경우에 이루어진다. 집 안에 입관하지 않은 시신이 묻혀 있어 귀신의 장난으로 이상한 화를 당하게 되거나, 집안 사람이 죽는다. 누가 죽는지는 일간과 비교하여 유신으로 판단한다. 지상신이 일지를 극하면 그 영향이 더 크다. 과전에서 일지는 가택을 의미하므로 집 아래에 시신이 있는 경우이다. 단, 묘신(墓神)이 월장에 해당하는 경우에는 묘로 보지 않는다.

z

필법부 100법 해설

822

말전	중전	초전
合后	白合	后白
乙亥	己卯	癸未
卯	未	亥

4과	3과	2과	1과
白合	后白	天常	陳天
己卯	癸未	○申	丙子
未	亥	子	乙(辰)

위의 乙亥5국_야점의 경우 지상신에 백호가 타서 일지를 극하므로 가정이 불안하고 질병이나 불상사가 생긴다. 간지상신은 子未 육해(六害)로 부부간에 불화하는 상이고, 삼전이 亥卯未 목국(木局)으로 비겁이 되므로 형제ㆍ동료 간에 화합하지만 군겁쟁재(群劫爭財)로 재성을 극하므로 처첩을 치고 재물이 소모된다. 또한 초전의 未土가 일간 乙의 묘신이지만 말전이 장생이 되므로 시간이 지나면 점차 좋아지는 상이기도 하다.

지승묘호격의 속국으로는 乙未1국_야점ㆍ乙未5국_주점ㆍ乙酉3국_야점ㆍ乙亥5국_야점ㆍ丙午9국_야점ㆍ丙申3국_야점ㆍ丁丑12국_야점ㆍ己未5국_야점ㆍ辛未7국_야점ㆍ辛酉9국_야점ㆍ壬子3국_야점ㆍ壬寅7국_주점ㆍ壬午7국_야점ㆍ癸卯8국_야점ㆍ癸亥2국_주야점이 있다.

:: 묘문개격(墓門開格)

묘문개격은 묘의 문이 열리는 모양으로, 卯ㆍ酉일에 점을 친 경우 일간의 묘신이 지상신으로 있고 백호나 등사가 붙는 경우이다. 가정점인 경우 계속해서 집안 사람이 죽는 일이 일어난다. 지상에 백호가 붙는 경우에는 그 영향이 더 크다. 이 경우 귀신이나 집터를 눌러주는 조치가 필요하다. 다음의 丁卯6국_야점과 같은 경우이다.

말전	중전	초전
蛇合	空常	后蛇
甲子	己巳	○戌
巳	○戌	卯

4과	3과	2과	1과
空常	后蛇	陰天	合龍
己巳	○戌	癸酉	丙寅
○戌	卯	寅	丁(未)

참고로 과경(課經)에서는 간지의 묘신에 등사나 백호가 타고, 가묘유(加卯酉)하며 행년도 卯 · 酉가 되면 묘문개격으로 본다.

:: 사묘극지격(蛇墓剋支格)

일간의 묘신이 지상신으로 있고, 등사가 있는데 일지를 극하는 경우에 이루어진다. 집안에 괴이한 일이 일어난다. 단, 사묘(蛇墓)가 일지를 극하지 않는 경우에는 괴이한 일로 당하는 화액이 가볍다. 다음의 丙子3국_주점과 같은 경우이다.

말전	중전	초전
天陰	雀天	陳雀
○酉	乙亥	丁丑
亥	丑	卯

4과	3과	2과	1과
后武	蛇后	陳雀	空陳
○申	甲戌	丁丑	己卯
戌	子	卯	丙(巳)

사묘극지격의 속국으로는 丙子3국_주점 · 壬子9국_주점이 있다.

063법 피차전상방양손(彼此全傷防兩損)

:: 피아부상격(彼我負傷格)

피아부상격은 간상신이 일간을 극하고 지상신이 일지를 극하는 경우이다. 소송점이면 양쪽 모두 벌을 받게 되며, 승부점이면 양쪽 모두 손실을 보고 제3의 인물이 이익을 얻을 수 있다.

질병점인 경우는 상처를 입는다. 각자의 손상 정도는 과전이나 연명상에서 이를 구하는 기운을 헤아려서 가늠한다. 다음의 丁亥8국과 같은 경우이다.

말전	중전	초전
辛卯	丙戌	癸巳
戌	巳	子

4과	3과	2과	1과
乙酉	壬辰	癸巳	戊子
辰	亥	子	丁(O未)

064법 부부무음각유사(夫婦蕪淫各有私)

∷ 부부무음격(夫婦蕪淫格)

간상신이 일지를 극하고 지상신이 일간을 극하는 경우에 이루어지는 격이다. 무음괘(蕪淫卦)라고도 한다. 참고로 필법과 달리 과경(課經)에서는 무음과를 부부무음격 이외에 사과가 온전히 구비되지 못한 불비과(不備課)를 포함하여 설명한다. 불비과를 따질 때 양일(陽日)은 1과, 2과, 3과, 4과의 순서로 따지고, 음일(陰日)은 3과, 4과, 1과, 2과의 순서로 불비 여부를 따진다. 무음격의 영향을 보면 부부간에 불화하고 반목하며 바람이 난다. 사과 중에서 일간은 남편을 뜻하고 일지는 부인을 뜻한다. 교섭점의 경우에는 서로 다른 마음을 품고 서로를 해치려는 마음까지 있다.

말전	중전	초전
己卯	戊寅	丁丑
寅	丑	子

4과	3과	2과	1과
O申	癸未	丁丑	丙子
未	午	子	壬(亥)

위의 壬午12국은 부부무음격으로 子丑은 지합, 子午는 칠충, 子未는 육해(六害)가 되어 화합하는 가운데 상호 손해를 보고 알력이 있는 상이다. 부부간에 불화도 있다.

속국은 다음과 같다.

① 부부무음격 : 甲子5국 · 乙亥4국 · 庚子8국 · 壬午12국 · 癸巳2국

② 불비과 : 甲午5국 · 乙未10국 · 庚午3국 · 辛未10국

:: 진해리괘(眞解離卦)

진해리괘는 일간이 지상신을 극하고 일지가 간상신을 극하는데, 더하여 부부 각자의 연명상신이 각자의 간지상신이 되는 경우이다.

다음의 甲子9국에서 남편의 연명상신이 辰土이고, 아내의 연명상신은 午火라면 진해리괘가 된다. 점인이 이별을 하기 위하여 점을 친 경우로 이별하게 된다.

말전	중전	초전
甲子	壬申	戊辰
申	辰	子

4과	3과	2과	1과
壬申	戊辰	○戊	庚午
辰	子	午	甲(寅)

참고로 과경에서는 부부 행년궁의 행년과 연상신이 서로 상충·상극하는 경우 해리괘로 본다. 예를 들어 여자의 행년궁이 인가오(寅加午)이고 남자의 행년궁이 신가자(申加子)인 경우이다. 이 경우 부부가 서로 다른 마음을 가져서 이별·사별하게 된다.

065법 간묘병간인택폐(干墓倂關人宅廢)

:: 관묘초용격(關墓初用格)

일간의 묘신(墓神)이 초전이 되고 관신(關神)에도 해당될 경우에 관묘초용격이 된다. 사과 중 1과와 2과에서 발용이 되면 사람에 대한 재앙이고, 3과와 4과에서 발용이 되는 경우에는 가택의 재앙이다. 관신은 월지 기준 신살표를 참고한다.

말전	중전	초전
癸丑	庚戌	丁未
戌	未	辰

4과	3과	2과	1과
辛亥	戊申	庚戌	丁未
申	巳	未	乙(辰)

필법부 100법 해설

826

위의 乙巳10국의 경우 1과에서 발용이 되므로 사람에 대한 재앙이다. 관묘초용격의 속국으로는 乙丑10국_辛酉戌월점 · 乙巳10국_辛酉戌월점 · 乙未10국_辛酉戌월점 · 乙酉10국_辛酉戌월점 · 乙亥10국_辛酉戌월점 · 丁卯6국_亥子丑월점이 있다.

:: 묘신생기격(墓神生氣格)

묘신부일(墓神覆日)이 되는 경우에도 묘신이 점을 치는 달의 생기에 해당되면 묘신으로 보지 않고 창고로 본다. 그러므로 창고에 대한 관리 · 임명 · 파견 등에 좋은 역할을 한다. 생기는 월지 기준 신살표를 참고한다.

066법 지분재병여정계(支墳財倂旅程稽)

:: 지묘재성격(支墓財星格)

지묘재성격은 일지의 묘신(墓神)이 일간의 재성이 될 때 이루어지는 격이다. 재물점은 원금이 손실되고, 여행은 중간에서 지체되는 일이 생긴다. 모든 일이 시원하게 풀리지 않고 지체되는 국이다.

말전	중전	초전
龍蛇	蛇龍	武武
甲子	壬申	戊辰
申	辰	子

4과	3과	2과	1과
蛇龍	武武	合合	后白
壬申	戊辰	○戊	庚午
辰	子	午	甲(寅)

위의 甲子9국 가정점의 경우 일지가 일간을 생하는 구조이므로 가장의 권한이 강하다. 그러나 일간이 지상신을 목극토(木剋土) 하고 일지가 간상신을 수극화(水剋火) 하여 교차상극하므로 화합하는 가운데 칼을 품고 있는 상이다. 또한 가정에 재물 문제가 있는데, 이는 지상신이 일간의 재성으로 일지를 토극수(土剋水) 하고, 주야점을 불문하고 약탈신인 현

무가 타기 때문이다.

재물점의 경우 일지 子水의 묘신은 辰土인데, 이것이 일간의 재성이기도 하므로 지묘재성격에 해당된다. 지상신과 초전에 재성이 있으므로 재물을 얻는다고 볼 수 있지만, 현무가 타고 있고 지묘 재성에 해당되어 재물의 손실이 우려된다. 재물은 묘인 辰을 충하는 戌월ㆍ일에 구할 수 있다.

지묘재성격의 속국으로는 甲子9국ㆍ甲午3국ㆍ甲午5국ㆍ乙酉4국이 있다.

∷ 의혹격(疑惑格)

卯ㆍ酉일점에 점인의 행년이나 초전이 지반 卯ㆍ酉 위에 있는 경우에 이루어지는 격이다. 『육임심경(六壬心鏡)』에서는 용전괘(龍戰卦)로 설명하고 있다. 의혹격은 가정이 불안하고 편안치 못하여 헤어지고 떠나는 상이다. 출산도 순탄하지 않고, 재물도 모이지 않는다. 이 경우 집을 나간 사람은 나감과 돌아옴에 의혹이 생긴다. 또한, 행인은 진퇴에 의혹이 있고 형제간에 불화하며 처첩과도 불화하게 된다. 연명이 卯ㆍ酉인 경우 그 흉이 더욱 커진다. 행인의 안부를 보는 점사에서 의혹격과 함께 꺼리는 살은 천차살(天車殺)이다. 천차살은 월지 기준 신살표를 참고한다.

의혹격의 속국은 卯ㆍ酉일에 초전이 지반 卯ㆍ酉에 있는 경우만 소개한다. 속국으로는 乙卯7국ㆍ乙酉7국ㆍ丁卯1국ㆍ丁卯7국ㆍ丁酉1국ㆍ丁酉7국ㆍ己卯1국ㆍ己酉1국ㆍ己酉7국ㆍ辛卯1국ㆍ辛卯7국ㆍ辛酉1국ㆍ辛酉7국ㆍ癸卯7국ㆍ癸酉7국이 있다.

참고로 의혹격에 대하여 『육임심경』에서는 다음과 같이 설명하고 있다. "卯월의 춘분에는 만물이 일어나고, 酉월의 추분에는 만물이 죽는다. 또한 卯는 태양이 뜨고 달이 지는 곳이며, 酉의 자리는 태양이 지고 달이 뜨는 곳이다. 그러므로 卯ㆍ酉일점에 점인의 연명이나 초전이 지반 卯ㆍ酉 위에 있는 경우 용전괘가 된다. 용전괘란 卯월에 우뢰와 함께 용이 출현하고, 酉월에 우뢰가 수습이 되며 용의 모습이 사라지는 데서 나온 이름이다."

067법 수호극신위병증(受虎尅神爲病症)

∷ 백호병증격(白虎病症格)

이 격은 백호 승신이 일간을 극하면 그 병증을 예지할 수 있다는 격이다. 육임에서 병을 보는 대표적 신장이 백호이다. 백호의 본가는 申金이지만 과전에서 오행을 따질 때는 신장이 타고 있는 천반의 오행으로 본다. 가끔 본래의 오행인 금기(金氣)로 사용하는 경우도 있지만 대부분은 천반의 오행을 따른다. 백호가 타고 있는 천반 오행이 병의 원인이 되고, 극을 받는 오행의 장기가 발병 장소이다. 또한 백호가 수극되거나 공망이 되면 병이 쉽게 치료된다. 이를 여러 가지 경우로 나누어 살펴보면 다음과 같다.

① 백호가 亥·子 위에 있으면 심경(心經)의 병이며, 신장이 병의 원인이므로 이를 치료한다.

② 백호가 寅·卯 위에 있으면 비경(脾經)의 병이며, 간이 병의 원인이므로 이를 치료한다.

③ 백호가 巳·午 위에 있으면 폐경(肺經)의 병이며, 심장이 병의 원인이므로 이를 치료한다.

④ 백호가 辰·戌·丑·未 위에 있으면 신경(腎經)의 병이며, 비장이 병의 원인이므로 이를 치료한다.

⑤ 백호가 申·酉 위에 있으면 간경(肝經)의 병이며, 폐가 병의 원인이므로 이를 치료한다.

∷ 운량신격(運糧神格)

환자의 행년상신에 식신이 있는 경우에 이루어지는 격으로, 식신을 운량신이라고 한다. 이는 식신이 칠살을 상극하는 식신제살(食神制殺)이 나타나서 질병을 다스리는 데 도움이 되기 때문이다. 단, 공망이 되는 것을 꺼린다.

::: 녹량신격(祿糧神格)

일간의 녹신(祿神)은 질병에 있어서 양식과 같은 존재로 일명 녹량신이라고 한다. 녹신이 공망·상극되는 경우 질병에 좋지 않고, 녹신에 癸水가 붙는 경우 녹작폐구(祿作閉口)가 되어 질병에 흉하다. 오래 앓던 병점에 이런 현상이 있으면 음식물을 넘기지 못하여 굶어죽는다. 소망점의 경우도 녹신이 폐구되어 좋지 않다.

말전	중전	초전
合龍	陰陰	龍合
○亥	戊辰	癸酉
辰	酉	寅

4과	3과	2과	1과
龍合	天常	雀空	武后
癸酉	丙寅	甲子	己巳
寅	未	巳	辛(○戌)

위의 辛未6국 질병점의 경우, 삼전을 보면 간상신에 관귀가 승했고 초전의 녹신 酉가 寅의 절지에 앉았으며, 초전 酉에 癸가 붙어서 녹작폐구가 되므로 음식을 먹지 못하는 병이고 상태가 위중하다. 사과를 보면 모든 과의 상신이 지반을 극하는 상황으로 내가 의지할 곳이 없다. 장도액격(長度厄格)으로 윗사람이 아랫사람을 기만하고 자식과도 인연이 없으며 병은 중태다.

::: 절체괘(絕體卦)

음일간의 녹신이 운성으로 절지(絕地)에 있는 경우이다. 병을 치료할 수 있는 양식의 상황이 좋지 않으므로 질병점에 흉하다. 양일간의 녹신이 절지 위에 있는 경우는 반음괘에서 볼 수 있다. 다음의 丁亥6국은 丁일간의 녹신이 午인데 亥 절지에 앉아 있다.

말전	중전	초전
甲申	己丑	○午
丑	○午	亥

4과	3과	2과	1과
己丑	○午	乙酉	庚寅
○午	亥	寅	丁(○未)

절체괘의 속국으로는 甲申7국 · 丁亥6국이 있다.

∷ 절사체(絶嗣體)

절사체는 사과의 하신이 상신을 모두 상극하는 경우이다. 망인의 영혼이 동티를 일으키는 상황으로 질병점에 흉하다. 다음의 庚辰6국과 같은 경우이다.

말전	중전	초전
○申	丁丑	壬午
丑	午	亥

4과	3과	2과	1과
壬午	乙亥	甲戌	己卯
亥	辰	卯	庚(○申)

∷ 생사격(生死格)

육임의 질병점에서 생기(生氣)와 사기(死氣)를 다음과 같이 해석한다.

① 생기가 공망으로 사기만 남게 되는 경우 위험하지만 연상신이 사기를 극하면 흉이 없다. 예를 들어 1월점의 경우 생기가 子水이고 공망이 되며, 사기는 午火인데 연명상신이 亥水가 되면 사기 午火를 수극화(水剋火) 하므로 병이 치료된다고 본다.

② 사기가 생기를 극하고 생기가 공망이며 행년상신이 사기를 생하면 반드시 흉하다.

③ 사기가 있어도 생기를 극하지 않으면 만성질환으로 위험하지 않다.

④ 일간의 관귀에 백호가 붙고 공망이 되는 경우 오래된 병은 치료되지 않는다.

생기와 사기는 월지 기준 신살표를 참고한다.

∷ 호묘격(虎墓格)

일간의 묘신(墓神)에 백호가 붙어서 간지상신과 초말전 · 연명상신의 육처에 있는 경우이다. 질병점의 경우 적괴가 있으므로 적괴를 치료하는 약을 써야 낫는다. 단, 묘신이 공망이 되는 경우 오랜 병이 아니므로 쉽게 낫는다. 다음과 같은 경우로 순서대로 乙丑3국과 辛未7국_ 야점의 예다.

말전	중전	초전
蛇白	后武	武后
辛未	癸酉	○亥
酉	○亥	丑

4과	3과	2과	1과
后武	武后	常天	空雀
癸酉	○亥	甲子	丙寅
○亥	丑	寅	乙(辰)

말전	중전	초전
陰陰	蛇白	武后
戊辰	乙丑	己巳
○戌	未	○亥

4과	3과	2과	1과
白蛇	蛇白	陳陳	陰陰
辛未	乙丑	○戌	戊辰
丑	未	辰	辛(○戌)

호묘격의 속국은 다음과 같다.

① 묘신이 공망이 아닌 경우 : 乙丑3국_야점 · 乙丑4국_야점 · 乙卯3국 · 乙卯4국_야점 · 乙卯5국_야점 · 乙巳4국 · 乙巳12국 · 乙未1국_야점 · 乙未4국_야점 · 乙未5국_야점 · 乙亥3국_야점 · 乙亥4국_야점 · 乙亥5국_야점 · 辛丑7국_야점 · 辛丑8국_야점 · 辛丑9국_야점 · 辛丑10국_야점 · 辛卯8국_야점 · 辛卯10국_야점 · 辛巳8국_야점 · 辛巳9국_야점 · 辛巳10국_야점 · 辛未7국_야점 · 辛未10국_야점 · 辛亥6국_야점 · 辛亥8국_야점 · 辛亥10국_야점 · 辛亥11국_야점

② 묘신이 공망인 경우 : 乙酉2국_야점 · 乙酉3국_야점 · 乙酉4국_야점 · 辛酉6국_야점 · 辛酉9국_야점 · 辛酉10국_야점 · 辛酉11국_야점

:: 호승정귀격(虎乘丁鬼格)

辛일의 정신(丁神)은 일간의 관귀가 되는데 여기에 백호가 붙으면 그곳이 아픈 곳이 된다. 정신이 붙은 천반이 丑이면 비장·복부 질환이고, 卯이면 손·눈 질환이며, 巳이면 치통·인후통, 未이면 위장 질환, 酉이면 대장 질환이다. 亥가 지반 戌·亥·子·丑·寅·卯 위에 있을 때는

두통이며, 辰·巳·午·未·申·酉 위에 있을 때는 신장 질환이다. 다음 辛亥9국_주점의 경우 정신이 未에 붙어 있으므로 손이나 눈 질환이다.

말전	중전	초전
○卯	辛亥	丁未
亥	未	○卯

4과	3과	2과	1과
丁未	○卯	丙午	○寅
○卯	亥	○寅	辛(戌)

호승정귀격의 속국으로는 辛丑2국_주점·辛丑3국_주점·辛卯2국_야점·辛卯3국_야점·辛卯5국_야점·辛卯12국_야점·辛巳8국_야점·辛巳9국_야점·辛巳10국_야점·辛亥4국_야점·辛亥5국_주점·辛亥9국_주점이 있다.

:: 연여격(連茹格)
연여격인 경우 삼전이 일간의 재성이 되면 식중독이다. 또는 상한(傷寒)으로 외부 기운에 의해 감염되는 독감·몸살 등으로 보기도 한다. 위독한 상황이지만 연명상신이 비겁인 경우 재성을 극해주므로 치료가 되며, 식상인 경우에는 재성을 생하므로 더욱 위험하다.

:: 착륜격(斲輪格)
착륜격으로 묘가신(卯加申) 또는 술가묘(戌加卯)인 경우 팔다리에 부상이나 마비 증상이 있다. 착륜을 후목불리격(朽木不利格)이라고도 한다.

:: 공록격(空祿格)
공록격으로 일간의 녹신이 공망이 되거나 상극이 되는 경우 음식을 못 넘겨서 위중해진다. 일간의 녹신을 식록신(食祿神)이라고도 한다. 다음의 甲辰8국과 같은 경우이다.

말전	중전	초전
壬子	丁未	○寅
未	○寅	酉

4과	3과	2과	1과
○寅	己酉	壬子	丁未
酉	辰	未	甲(○寅)

공록격의 속국으로는 甲辰7국 · 甲辰8국 · 乙巳6국 · 乙巳7국 · 丁亥6국이 있다.

:: 녹신폐구격(祿神閉口格)

녹신폐구격은 일간의 녹신에 癸水가 붙어서 폐구된 경우이다. 질병점의 경우 폐구된 곳에 백호가 붙으면 아주 흉하다. 다음의 戊子8국은 녹신 巳火에 癸水가 붙어서 폐구가 된 경우이다.

말전	중전	초전
陰常	合合	常陰
辛卯	丙戌	癸巳
戌	巳	子

4과	3과	2과	1과
合合	常陰	陰常	合合
丙戌	癸巳	辛卯	丙戌
巳	子	戌	戌(巳)

녹신폐구격의 속국으로는 乙未6국_주점 · 乙未7국_주점 · 丙戌1국 · 丙戌5국 · 丙戌6국 · 丙戌7국 · 丙戌9국 · 丙戌12국 · 戊子1국 · 戊子5국 · 戊子7국 · 戊子8국 · 辛未2국_주점이 있다.

:: 육편판격(六片板格)

육편판격은 육합에 신가묘(申加卯)인 경우로 8국이면 신가묘의 상태가 된다. 시입관(尸入棺)이라고도 한다. 申金은 신체를 가리키고 卯木은 누워 있는 판, 육합은 위에 덮은 판을 가리키므로 마치 시신이 관 속에 들어 있는 것과 같아서 붙여진 이름이다. 질병점의 경우 이런 상태면 사망에 이를 수 있다. 여기에 3월점이라면 더욱 흉하다. 이는 3월에 申金이 사기(死氣)가 되기 때문이다(p.49 생기와 사기 표 참고). 9월점은 申金이 생기(生

氣)가 되며, 위에 육합이 없으면 침대에 누워서 앓기만 한다고 본다.

육편판격의 속국을 몇 가지 경우로 나누어 살펴본다.

① 육합이 없는 경우 : 甲子8국 · 甲寅8국 · 甲辰8국 · 甲午8국 · 甲申8국 · 甲戌8국 · 乙丑8국 · 乙卯8국 · 乙巳8국 · 乙未8국 · 乙酉8국 · 乙亥8국 · 丁卯8국 · 戊子8국 · 戊寅8국 · 戊辰8국 · 戊午8국 · 戊申8국 · 戊戌8국 · 己丑8국 · 己卯8국 · 己未8국 · 己酉8국 · 己亥8국 · 庚子8국 · 庚寅8국 · 庚辰8국 · 庚午8국 · 庚申8국 · 庚戌8국 · 辛丑8국 · 辛卯8국 · 辛巳8국 · 辛未8국 · 辛酉8국 · 辛亥8국

② 육합에 신가묘(申加卯)가 있고 申金이 일간의 처인 재성이 되며 처의 질병점에 흉한 경우 : 丙子8국_야점 · 丙寅8국_야점 · 丙辰8국_야점 · 丙午8국_야점 · 丙申8국_야점 · 丙戌8국_야점 · 丁丑8국_주점 · 丁卯8국_주점 · 丁巳8국_주점 · 丁未8국_주점 · 丁酉8국_주점 · 丁亥8국_주점

③ 육합에 신가묘로 申金이 일간의 장생처이며 인수가 되고, 나와 부모의 질병점에 흉한 경우 : 壬子8국_야점 · 壬寅8국_야점 · 壬辰8국_야점 · 壬午8국_야점 · 壬申8국_야점 · 壬戌8국_야점 · 癸丑8국_주점 · 癸卯8국_주점 · 癸巳8국_주점 · 癸未8국_주점 · 癸酉8국_주점 · 癸亥8국_주점

:: 백호입상차격(白虎入喪車格)

백호입상차격은 신가사(申加巳)로 발용이 되는 경우이다. 申金은 신체, 巳火는 상여로 보아 질병점에 흉하다. 자세한 사항은 육편판격을 참고한다. 다음의 丙寅10국과 같은 경우이다.

말전	중전	초전
丙寅	○亥	壬申
○亥	申	巳

4과	3과	2과	1과
壬申	己巳	○亥	壬申
巳	寅	申	丙(巳)

속국으로는 甲子10국 · 甲寅10국 · 甲辰10국 · 甲申10국 · 甲戌10국 · 丙子10국 · 丙寅10국 · 丙辰10국 · 丙午10국 · 丙戌10국 · 丁卯10국 · 丁巳10국 · 戊寅10국 · 庚寅10국 · 辛巳10국 · 癸巳10국이 있다.

:: 인입귀문격(人入鬼門格)

인입귀문격은 일간과 본명이 寅귀문에 드는 경우이다. 예를 들어 庚일점에 본명이 申金이고 반음과인 경우이다. 질병점인 경우 사망에 이를 정도로 아주 흉하다.

:: 수혼신(收魂神)

수혼신은 일간의 묘신이 현무가 되는 경우이다. 현무는 손실과 약탈을 의미하는 신장으로 각종 점사에 흉하다. 11월점이면 辰土가 사기가 되므로 더 흉하게 본다. 즉, 戊일에 辰에 현무가 타는 경우이다. 현무는 시작과 끝을 주관하고 손실을 이끌며 북쪽에 위치하므로 질병점의 경우 생명의 끝을 의미하는 신장이다. 다음의 戊辰5국은 말전 辰이 묘신이면서 현무에 탄 경우이다.

말전	중전	초전
武武	龍蛇	蛇龍
戊辰	壬申	甲子
申	子	辰

4과	3과	2과	1과
龍蛇	蛇龍	陳雀	天空
壬申	甲子	癸酉	乙丑
子	辰	丑	戌(巳)

수혼신의 속국은 필법부에서 수토동색으로 따지는 운성을 그대로 적용하는 경우 다음과 같다. 戊子5국 · 戊子6국 · 戊子7국 · 戊子8국 · 戊子9국 · 戊子10국 · 戊寅5국 · 戊寅6국 · 戊寅7국 · 戊寅8국 · 戊寅9국 · 戊寅10국 · 戊辰5국 · 戊辰6국 · 戊辰7국 · 戊辰8국 · 戊辰9국 · 戊辰10국 · 戊午5국 · 戊午6국 · 戊午7국 · 戊午8국 · 戊午9국 · 戊午10국 · 戊申5국 · 戊申6국 · 戊申7국 · 戊申8국 · 戊申9국 · 戊申10국 · 戊戌5국 · 戊戌6국 ·

∷ 욕분살(浴盆殺)

욕분살은 아이의 질병점에 해로운 살이다. 지반의 욕분 위에 亥水 · 子水가 올라가거나, 천반 욕분살 위에 子 · 亥가 올라가 있는 경우 어린아이의 질병점에 아주 흉하게 보며 사망 시기가 빨라진다. 이는 亥등명의 亥를 '어린아이 해(孩)'로 보고, 子신후의 子는 '자식 자(子)'로 보기 때문이다. 욕분살은 신살의 구성이 천목(天目)과 같다. 월지 기준 신살표를 참고한다.

∷ 한열격(寒熱格)

巳 · 午가 亥 · 子 위에 있으면서 일간을 극하는 경우에 이루어지는 격이다. 예를 들어 사기해(巳加亥) · 사가자(巳加子) · 오가해(午加亥) · 오가자(午加子)의 경우이다. 결핵에 걸리기 쉽다. 또 반음과에 해당되는 경우는 심장병 · 학질이며, 마음의 병이나 우울증 등이 있다.

∷ 연희치병격(宴喜致病格)

연희치병격은 천반 未에 태상이 타서 일간을 극하면서 지상신이나 초전에 있는 경우이다. 태상은 주식 · 연희를 나타내는 신장으로 질병점인 경우 출산 · 연희 · 결혼 · 유흥으로 인한 질병이거나 친지의 집에서 얻은 질병이 되고, 직장인인 경우 과음이나 연희로 얻은 질병이다. 다음의 癸酉3국_야점과 같은 경우이다.

말전	중전	초전
雀天	天陰	陰常
丁卯	己巳	辛未
巳	未	酉

4과	3과	2과	1과
天陰	陰常	常空	空陳
己巳	辛未	癸酉	○亥
未	酉	○亥	癸(丑)

연희치병격의 속국으로는 壬子6국_주점 · 壬戌4국_주점 · 癸丑7국_야점 · 癸酉3국_야점 · 癸亥3국_야점이 있다.

:: 인처치병격(因妻致病格)

인처치병격은 壬子 · 癸丑일 점에서 관살 未에 둔간 정신이 붙는 것으로 처가에 갔다가 병을 얻는 격이다. 점인의 연명상신이 寅 · 卯가 되는 경우 치료가 된다. 단, 寅은 未가 묘신이 되므로 신명의 힘으로 병을 치료하여야 한다. 어물거리면 묘신의 작용으로 흉사를 당하게 된다. 이는 寅이 귀문(鬼門)이기 때문이며, 인처치병이란 水일의 丁이 재성인 처첩이 되는 것에서 나온 말이다. 다음의 癸丑12국과 같은 경우이다.

말전	중전	초전		4과	3과	2과	1과
甲辰	○卯	○寅		○卯	○寅	○卯	○寅
○卯	○寅	丑		○寅	丑	○寅	癸(丑)

주야	常陰	武后	陰天	后蛇	天雀	蛇合	雀陳	合龍	陳空	龍白	空常	白武
천반	癸丑	○寅	○卯	甲辰	乙巳	丙午	丁未	戊申	己酉	庚戌	辛亥	壬子
지반	子	丑	○寅	○卯	辰	巳	午	未	申	酉	戌	亥

인처치병격의 속국으로는 壬子1국 · 壬子2국 · 壬子3국 · 壬子4국 · 壬子5국 · 壬子6국 · 壬子7국 · 壬子8국 · 壬子9국 · 壬子10국 · 壬子11국 · 壬子12국 · 癸丑1국 · 癸丑2국 · 癸丑3국 · 癸丑4국 · 癸丑5국 · 癸丑6국 · 癸丑7국 · 癸丑8국 · 癸丑9국 · 癸丑10국 · 癸丑11국 · 癸丑12국이 있다.

:: 혈염병호작귀격(血厭病虎作鬼格)

혈염병호작귀격은 다음과 같은 경우로 질병점에 흉하다. ① 백호가 병부(病符)에 붙어서 일간을 극하는 경우 ② 연명상신에 혈지(血支) · 혈기(血忌)가 있는 경우로 이 때는 혈액 질환이다. ③ 여자인 경우 월염(月

厭)에 혈지·혈기가 같이 있으면 혈액 부조·자궁병·유산이 된다. 병부는 연지 기준 신살표를, 혈지·혈기·월염은 월지 기준 신살표를 참고한다.

제귀지위위양의(制鬼之位爲良醫)

:: 제귀격(制鬼格)

제귀격은 과전 내에서 관귀를 제압할 수 있는 격이다. 관귀는 육임점에서 대부분 질액을 나타내는 흉한 기운으로 본다. 관귀를 좋게 보는 경우는 처가 남편을 보는 경우와 직장인이 승진 여부를 점칠 때 등으로 한정된다. 관귀가 질액을 나타내는 기운이므로, 이를 제압하는 식상은 의사에 비유된다. 또한 관귀에 백호가 붙는 것을 호귀(虎鬼)라 하고, 치료하는 기운은 제귀(制鬼)라고 한다. 제귀하는 기운이 과전의 간상·연명상신에 있으면 스스로 관귀를 제압하는 것이므로 좋다. 제귀의 글자에 귀인이 붙는 경우 귀인의 협조로 화를 면하게 되고, 등사·백호가 붙는 경우에는 신명의 보호를 받으므로 제사를 지내는 것도 좋다. 제귀신이 공망이 되는 경우는 잘못된 처방으로 본다. 다음의 乙丑8국은 호귀가 간상 酉가 되고, 제귀는 지상 午가 된다.

말전	중전	초전
甲子	辛未	丙寅
未	寅	酉

4과	3과	2과	1과
○亥	庚午	丙寅	癸酉
午	丑	酉	乙(辰)

질병의 치료 방법은 제귀신을 보고 결정한다. 호귀가 巳·午일 경우 화기(火氣)를 뜻하는 뜸으로 치료하면 안 되며, 호귀가 辛·酉일 경우에는 침으로 치료하면 안 된다. 또한 식상이 亥·子 위에 있는 경우 탕약으로 치료하고, 寅·卯나 辰·戌·丑·未 위에 있는 경우 환약·가루약, 巳·午 위에 있으면 뜸, 申·酉 위에 있으면 침으로 치료한다.

참고로 백호나 관귀가 있는 지반의 연월일이 질병이 악화되는 시기이며, 천의(天醫)·지의(地醫)가 생하는 지지의 연월일이 치료되는 시기이고, 극하는 지지가 잘못되는 시기다. 천의와 지의는 월지 기준 신살표를 참고한다.

:: 천의작호귀격(天醫作虎鬼格)

천의가 일간의 관귀에 해당하는 경우에 이루어지는 격이다. 이 경우 의사를 선택할 때 주의하여야 한다. 천의·지의가 간상신이거나 일간을 생하는 경우 좋은 의사를 만날 수 있으며, 의사를 천의·지의가 앉아 있는 지반의 방향에서 찾을 수 있다.

:: 포도격(捕盜格)

포도격은 간적신(趕賊神)의 영향을 보여주는 격으로, 식상인 제귀의 기운이 도둑의 체포에 좋다.

말전	중전	초전
白后	天空	龍蛇
戊寅	癸未	丙子
未	子	巳

4과	3과	2과	1과
龍蛇	陰常	武武	雀陳
丙子	辛巳	庚辰	○酉
巳	戌	○酉	甲(寅)

위의 甲戌6국의 경우 도둑인 酉金이 공망이고 간적신 巳火가 戌 묘신에 있지만, 관귀가 공망이므로 잡을 수 있다. 질병점인 경우 의사가 실력이 변변치 못한 의사이다. 의사인 巳火가 戌土 묘신 위에 있기 때문이다. 단, 치료될 수 있는데 이는 질액을 일으키는 관귀가 공망이기 때문이다.

:: 병체난담하격(病體難擔荷格)

병체난담하격은 병체를 감당하지 못하는 격을 말한다. 질병점의 경우 삼전이 재성이고 재성을 치는 비겁이 없으면 위독해진다. 다음 丁巳12국의 경우 간상의 申金과 삼전의 申·酉·戌이 모두 일간의 재성이 되어 관귀를 도와주므로 병체난담하격이 된다.

말전	중전	초전		4과	3과	2과	1과
壬戌	辛酉	庚申		己未	戊午	辛酉	庚申
酉	申	未		午	巳	申	丁(未)

병체난담하격의 속국으로는 丁丑12국·丁巳12국·丁未12국·丁亥12국이 있다.

069법 호봉둔귀앙비천(虎逢遁鬼殃非淺)

:: **호승둔귀격(虎乘遁鬼格)**

호승둔귀격은 백호가 있는 둔간이 일간의 관귀에 해당되는 경우이다. 이 경우 모든 점사에 흉하며, 장애가 오래가고 잘 풀리지 않는다. 공망이 된 경우에도 재앙이 풀리지 않는다. 가파른 길에서 적군을 만나는데 뒤에 복병이 있는 것으로 비유된다.

말전	중전	초전		4과	3과	2과	1과
白后	后白	合合		武武	蛇龍	后白	合合
丙寅	庚午	○戌		戊辰	壬申	庚午	○戌
午	○戌	寅		申	子	○戌	甲(寅)

위의 甲子5국_야점은 甲일간의 관귀가 庚이 되는데, 2과와 중전에서 둔간 庚에 백호가 있으므로 호승둔귀격에 해당된다. 재액을 만나는 상이다. 이 과는 교섭에 있어 서로 해치는 상이며, 일의 추진에 소모가 많고 방해가 많으며, 이루어지는 것도 없는 과이므로 움직이는 것을 지양하고 예전을 지키는 것이 유리하다. 이유는 다음과 같다.

① 간상신이 일지를 토극수(土剋水) 하고 지상신이 일간을 극하는 교차상극으로 교섭 상대끼리 해치는 상이다. 참고로 불비과도 무음(蕪淫)이라고 하지만 이와 같이 교차하여 상극되는 경우도 무음이라고 한다. 부부가 대립하는 상이기도 하다.

② 1과의 하적상이 발용이 된 중심과로 삼전이 寅午戌 화국(火局)이며 염상의 상이다. 일간의 입장에서 보면 식상의 합이 되므로 나의 기운을 설기하는 요소가 되어 소모가 많아진다. 염상은 기본적으로 허장성세만 강할 뿐 실제로 이루어지는 것이 없다.

③ 간상신이 공망이고 戌이므로 참관(斬關)이 되었다. 일을 하는데 진전이 없고 방해가 많은 상으로, 간상이 공망인 경우 실제로 이루어지는 것이 없다.

호승둔귀격의 속국으로는 甲子5국_야점 · 甲子9국_야점 · 乙丑4국_야점 · 戊辰11국_야점이 있다.

:: 명암이귀격(明暗二鬼格)

명암이귀격은 명귀(明鬼)와 암귀(暗鬼)가 같이 있는 경우이다. 명귀란 간상신이 일간의 관귀일 때를 말하며, 암귀란 지상신의 둔간이 관귀인 경우를 말한다. 이 경우 명암으로 관귀의 공격을 당하는 것이므로 그 흉이 깊다. 육계일(六癸日)에는 해당되는 국이 없으며 다음의 甲寅7과 같은 경우이다. 참고로 이 때 관귀는 반드시 칠살만 의미하는 것이 아니라 정관(正官)도 포함한 개념이다.

말전	중전	초전
甲寅	庚申	甲寅
申	寅	申

4과	3과	2과	1과
甲寅	庚申	甲寅	庚申
申	寅	申	甲(寅)

명암이귀격의 속국으로는 甲子7국 · 甲寅7국 · 甲辰7국 · 甲午7국 · 甲申7국 · 甲戌7국 · 乙丑8국 · 乙卯8국 · 乙巳8국 · 乙未8국 · 乙酉8국 · 乙

亥8국 · 丙子7국 · 丙寅7국 · 丙辰7국 · 丙午7국 · 丙申7국 · 丙戌7국 · 丁
丑8국 · 丁卯5국 · 丁卯8국 · 丁巳8국 · 丁未8국 · 丁酉8국 · 丁亥8국 · 戊
子4국 · 戊寅4국 · 戊辰4국 · 戊申4국 · 戊戌4국 · 己丑5국 · 己卯5국 · 己
未5국 · 己酉5국 · 己亥5국 · 庚子4국 · 庚子5국 · 庚寅4국 · 庚寅5국 · 庚
辰4국 · 庚辰5국 · 庚午4국 · 庚午5국 · 庚申4국 · 庚申5국 · 庚戌4국 · 庚
戌5국 · 辛丑5국 · 辛丑6국 · 辛卯5국 · 辛卯6국 · 辛巳5국 · 辛巳6국 · 辛
未5국 · 辛未6국 · 辛酉5국 · 辛酉6국 · 辛亥5국 · 辛亥6국 · 壬子5국 · 壬
寅5국 · 壬辰5국 · 壬午5국 · 壬申5국 · 壬戌5국이 있다.

070법 귀임삼사송재수(鬼臨三四訟災隨)

∷ 귀살삼사격(鬼殺三四格)

사과 중 3과상신과 4과상신이 관귀에 해당될 때 이루어지는 격이다.
이 경우 관재 · 질액이 잇따른다. 모두 공망이 되면 흉액이 사라지는데 먼
저 일이 생기고, 뒤에 없어지는 형식이다. 다음의 乙未12국이나 甲戌2국
과 같은 경우이다.

말전	중전	초전
己亥	戊戌	丁酉
戌	酉	申

4과	3과	2과	1과
丁酉	丙申	甲午	○巳
申	未	○巳	乙(○辰)

말전	중전	초전
甲戌	乙亥	丙子
亥	子	丑

4과	3과	2과	1과
○申	○酉	丙子	丁丑
○酉	戌	丑	甲(寅)

∷ 세파귀지격(歲破鬼支格)

세파(歲破)가 지상신이 되어 일지를 극하는 경우에 이루어지는 격이
다. 이 경우 집안의 소송을 피하기 어렵다. 세파는 연지와 충하는 것으로

이른바 세충이다. 대모(大耗)와 구성이 같은 살로 연지 기준 신살표를 참고한다.

:: 천귀일귀격(天鬼日鬼格)

천귀(天鬼)가 일귀(日鬼)가 되어 육처에 나타나는 경우이다. 일귀는 일간의 관귀이며, 육처는 간상신·지상신과 삼전 중의 초전과 말전, 연상신과 명상신을 말한다. 이 경우 질병점에서 유행성 질병이나 홍역·열병에 전염되며, 천귀가 공망이 되면 홍역과 유사한 증상이 나타났다가 치료되지만 두통·발열 등은 피할 수 없다. 천귀는 월지 기준 신살표를 참고한다.

:: 주구상회격(朱勾相會格)

사과에 주작의 본가인 午火와 구진의 본가인 未土가 같이 있을 때 이루어지는 격이다. 소송의 신장인 주작이 투쟁의 신장인 구진에 들어간 것과 같아서 소송사건이 작고 간단한 것이 아니다. 다음의 丙辰11국과 같은 경우이다.

참고로 주구상회격을 주작과 구진이 겹쳐질 때 이루어지는 격으로 보는 견해도 있지만, 주점과 야점의 신장이 다른데 이를 주구상회격이라고 보는 것은 문제가 있다.

말전	중전	초전
○子	壬戌	庚申
戌	申	午

4과	3과	2과	1과
庚申	戊午	辛酉	己未
午	辰	未	丙(巳)

071법 병부극택전가환(病符剋宅全家患)

:: 병부택극격(病符宅剋格)

병부택극격은 지상신이 병부(病符)가 되어 일지를 극하는 경우이다.

질병점의 경우 집안 식구들이 유행성 질병 등에 감염된다. 특히 병부가 천귀에도 해당하는 경우에는 반드시 유행성 질병이 된다. 또한 병부에 백호가 붙고 지상신이 일지를 극하는 경우 더욱 흉하며, 병부가 점치는 달의 사기(死氣)가 되면 매우 위중한 상황이 된다. 단, 병부가 점월의 생기(生氣)에 해당되는 경우에는 치료할 수 있다. 병부는 매해의 전해 태세가 된다. 병부는 연지 기준 신살표를, 천귀·생기·사기는 월지 기준 신살표를 참고한다.

:: 병부합구제사격(病符合舊諸事格)

병부합구제사격은 지상신이 병부가 되지만 병부로 보지 않는 경우이다. 병부가 일지를 생하는 경우, 일간을 생하는 경우, 일간의 재성이 되는 경우, 천을귀인이 붙은 경우 등이다. 이 때는 병부의 질병의 의미가 사라지고, 지난해부터 시작하였던 일이 성사되거나 해결하지 못한 일들이 이루어진다. 성사되는 일의 종류는 타고 있는 신장으로 보는데, 청룡이면 금전, 구진이면 소송 등의 일로 본다. 병부는 연지 기준 신살표를 참고한다.

072법 상조전봉괘호의(喪弔全逢掛縞衣)

:: 상조전봉격(喪弔全逢格)

과전에서 상문(喪門)과 조객(弔客)을 모두 만나는 격이다. 상문은 그 해 태세의 두 칸 뒤이고, 조객은 두 칸 앞에 있는 글자이다. 그러므로 간상신과 지상신이 다섯 칸 떨어져 있는 경우 상문과 조객을 동시에 만나게 된다. 상문과 조객이 일간과 일지에 있거나, 행년과 본명에 나뉘어 있을 경우 친인척의 상을 당한다.

참고로 상문조객살은 명리에서도 사용하는 살로 보는 방법은 같다. 상문조객살을 합하여 상전조후이진(喪前弔後二辰)이라고도 한다. 다음의 丁亥1국과 같은 경우이다. 상문·조객은 연지 기준 신살표를 참고한다.

말전	중전	초전		4과	3과	2과	1과
己丑	○未	丁亥		丁亥	丁亥	○未	○未
丑	○未	亥		亥	亥	○未	丁(○未)

　위의 丁亥1국의 경우 酉년점이면 상문이 亥이고, 조객은 未가 된다. 상조전봉격의 속국은 다음과 같다. 간지상신에 상문과 조객이 함께 있는 경우만 소개한다. 甲戌1국_子년(태세·행년·연명 포함)·甲戌2국_亥년(태세·행년·연명 포함)·甲戌3국_戌년(태세·행년·연명 포함)·甲戌4국_酉년(태세·행년·연명 포함)·甲戌5국_申년(태세·행년·연명 포함)·甲戌6국_未년(태세·행년·연명 포함)·甲戌7국_午년(태세·행년·연명 포함)·甲戌8국_巳년(태세·행년·연명 포함)·甲戌9국_辰년(태세·행년·연명 포함)·甲戌10국_卯년(태세·행년·연명 포함)·甲戌11국_寅년(태세·행년·연명 포함)·甲戌12국_丑년(태세·행년·연명 포함)·丁卯1국_巳년(태세·행년·연명 포함)·丁卯2국_辰년(태세·행년·연명 포함)·丁卯3국_卯년(태세·행년·연명 포함)·丁卯4국_寅년(태세·행년·연명 포함)·丁卯5국_丑년(태세·행년·연명 포함)·丁卯6국_子년(태세·행년·연명 포함)·丁卯7국_亥년(태세·행년·연명 포함)·丁卯8국_戌년(태세·행년·연명 포함)·丁卯9국_酉년(태세·행년·연명 포함)·丁卯10국_申년(태세·행년·연명 포함)·丁卯11국_未년(태세·행년·연명 포함)·丁卯12국_午년(태세·행년·연명 포함)·丁亥1국_酉년(태세·행년·연명 포함)·丁亥2국_申년(태세·행년·연명 포함)·丁亥3국_未년(태세·행년·연명 포함)·丁亥4국_午년(태세·행년·연명 포함)·丁亥5국_巳년(태세·행년·연명 포함)·丁亥6국_辰년(태세·행년·연명 포함)·丁亥7국_卯년(태세·행년·연명 포함)·丁亥8국_寅년(태세·행년·연명 포함)·丁亥9국_丑년(태세·행년·연명 포함)·丁亥10국_子년(태세·행년·연명 포함)·丁亥11국_亥년(태세·행년·연명 포함)·丁亥12국_戌년(태세·행년·연명 포함)·己卯1국_巳년(태세·행년·연명 포함)·己卯2국_辰년(태세·행년·연명 포함)·己卯3

국_卯년(태세·행년·연명 포함)·己卯4국_寅년(태세·행년·연명 포함)·己卯5국_丑년(태세·행년·연명 포함)·己卯6국_子년(태세·행년·연명 포함)·己卯7국_亥년(태세·행년·연명 포함)·己卯8국_戌년(태세·행년·연명 포함)·己卯9국_酉년(태세·행년·연명 포함)·己卯10국_申년(태세·행년·연명 포함)·己卯11국_未년(태세·행년·연명 포함)·己卯12국_午년(태세·행년·연명 포함)·己亥1국_酉년(태세·행년·연명 포함)·己亥2국_申년(태세·행년·연명 포함)·己亥3국_未년(태세·행년·연명 포함)·己亥4국_午년(태세·행년·연명 포함)·己亥5국_巳년(태세·행년·연명 포함)·己亥6국_辰년(태세·행년·연명 포함)·己亥7국_卯년(태세·행년·연명 포함)·己亥8국_寅년(태세·행년·연명 포함)·己亥9국_丑년(태세·행년·연명 포함)·己亥10국_子년(태세·행년·연명 포함)·己亥11국_亥년(태세·행년·연명 포함)·己亥12국_戌년(태세·행년·연명 포함)·庚子1국_戌년(태세·행년·연명 포함)·庚子2국_酉년(태세·행년·연명 포함)·庚子3국_申년(태세·행년·연명 포함)·庚子4국_未년(태세·행년·연명 포함)·庚子5국_午년(태세·행년·연명 포함)·庚子6국_巳년(태세·행년·연명 포함)·庚子7국_辰년(태세·행년·연명 포함)·庚子8국_卯년(태세·행년·연명 포함)·庚子9국_寅년(태세·행년·연명 포함)·庚子10국_丑년(태세·행년·연명 포함)·庚子11국_子년(태세·행년·연명 포함)·庚子12국_亥년(태세·행년·연명 포함)·庚辰1국_午년(태세·행년·연명 포함)·庚辰2국_巳년(태세·행년·연명 포함)·庚辰3국_辰년(태세·행년·연명 포함)·庚辰4국_卯년(태세·행년·연명 포함)·庚辰5국_寅년(태세·행년·연명 포함)·庚辰6국_丑년(태세·행년·연명 포함)·庚辰7국_子년(태세·행년·연명 포함)·庚辰8국_亥년(태세·행년·연명 포함)·庚辰9국_戌년(태세·행년·연명 포함)·庚辰10국_酉년(태세·행년·연명 포함)·庚辰11국_申년(태세·행년·연명 포함)·庚辰12국_未년(태세·행년·연명 포함)·癸巳1국_卯년(태세·행년·연명 포함)·癸巳2국_寅년(태세·행년·연명 포함)·癸巳3국_丑년(태세·행년·연명 포함)·癸巳4

국_子년(태세 · 행년 · 연명 포함) · 癸巳5국_亥년(태세 · 행년 · 연명 포함) · 癸巳6국_戌년(태세 · 행년 · 연명 포함) · 癸巳7국_酉년(태세 · 행년 · 연명 포함) · 癸巳8국_申년(태세 · 행년 · 연명 포함) · 癸巳9국_未년(태세 · 행년 · 연명 포함) · 癸巳10국_午년(태세 · 행년 · 연명 포함) · 癸巳11국_巳년(태세 · 행년 · 연명 포함) · 癸巳12국_辰년(태세 · 행년 · 연명 포함) · 癸酉1국_亥년(태세 · 행년 · 연명 포함) · 癸酉2국_戌년(태세 · 행년 · 연명 포함) · 癸酉3국_酉년(태세 · 행년 · 연명 포함) · 癸酉4국_申년(태세 · 행년 · 연명 포함) · 癸酉5국_未년(태세 · 행년 · 연명 포함) · 癸酉6국_午년(태세 · 행년 · 연명 포함) · 癸酉7국_巳년(태세 · 행년 · 연명 포함) · 癸酉8국_辰년(태세 · 행년 · 연명 포함) · 癸酉9국_卯년(태세 · 행년 · 연명 포함) · 癸酉10국_寅년(태세 · 행년 · 연명 포함) · 癸酉11국_丑년(태세 · 행년 · 연명 포함) · 癸酉12국_子년(태세 · 행년 · 연명 포함)

∷ 내외효복격(內外孝服格)

내외효복격은 내효복격과 외효복격으로 나뉜다. 외효복격은 간상신이 일간의 관귀이고 태상이 붙으며 점월의 사기(死氣)에도 해당되는 경우로 외척의 상을 당한다. 또한 지상신이 이런 경우에는 내효복이 된다. 다음의 辛未5국_주점이며 1월점의 경우가 내외효복격이다.

말전	중전	초전
白后	合白	后合
辛未	○亥	丁卯
○亥	卯	未

4과	3과	2과	1과
合白	后合	天陳	常天
○亥	丁卯	丙寅	庚午
卯	未	午	辛(○戌)

내외효복격의 속국은 다음과 같다. 辛丑5국_주점_1월점 · 辛卯5국_주점_1월점 · 辛巳5국_주점_1월점 · 辛未5국_주점_1월점 · 辛酉5국_주점_1월점 · 辛亥5국_주점_1월점 · 壬子5국_주점_2월점 · 壬子11국_야점_8월점 · 壬寅5국_주점_2월점 · 壬寅11국_야점_8월점 · 壬辰5국_주점_2월

점 · 壬辰11국_야점_8월점 · 壬午5국_주점_2월점 · 壬午11국_야점_8월
점 · 壬申5국_주점_2월점 · 壬申11국_야점_8월점 · 壬戌5국_주점_2월
점 · 壬戌11국_야점_8월점 · 癸丑7국_야점_2월점 · 癸卯7국_야점_2월
점 · 癸巳7국_야점_2월점 · 癸未7국_야점_2월점 · 癸酉7국_야점_2월
점 · 癸亥7국_야점_2월점

:: 효백개처두격(孝白盖妻頭格)

효백개처두격은 처의 머리에 죽음의 신이 드리우는 격이다. 간상신이
화개 · 관귀 · 사기(死氣)에 해당되며 일지를 극하는 경우에 이루어진다.
부인이 남편의 병을 묻는 경우 남편이 죽는다. 다음 癸亥7국_야점_2월점
의 경우가 효백개처두격이다.

말전	중전	초전
丁巳	癸亥	丁巳
亥	巳	亥

4과	3과	2과	1과
癸亥	丁巳	○丑	己未
巳	亥	未	癸(○丑)

화개는 일지를 기준으로 따진다. 癸亥7국은 일지가 亥로 亥卯未 목국
(木局)이며 巳가 역마, 午가 육해, 未가 화개가 된다.

효백개처두격의 속국은 다음과 같다. 甲戌8국_주점_10월점 · 乙未12
국_야점_3월점 · 戊子10국_야점_10월점 · 戊戌8국_야점_10월점 · 己亥8
국_11월점 · 庚戌8국_야점_10월점 · 辛未6국_야점_9월점 · 辛酉4국_주
점_1월점 · 辛亥2국_5월점 · 壬子12국_야점_8월점 · 癸卯7국_2월점 · 癸
未7국_2월점 · 癸亥5국_야점_2월점 · 癸亥7국_야점_2월점

:: 묘문중상격(墓門重喪格)

묘문중상격은 묘지의 문이 열려 초상이 나는 격이다. 세묘(歲墓)가 일
간의 묘신(墓神)이 되고 卯 · 酉 위에 있으며, 등사가 붙으면서 월염(月
厭)이 되면 반드시 가정에 초상이 겹쳐서 일어난다. 다음의 乙酉3국_주

점_子년 4월점의 경우이다. 다른 예로는 辛酉9국_주점_午년 10월점이 있다. 세묘는 다음과 같으며, 월염은 월지 기준 신살표를 참고한다.

연지	子	丑	寅	卯	辰	巳	午	未	申	酉	戌	亥
세묘	未	申	酉	戌	亥	子	丑	寅	卯	辰	巳	午

말전	중전	초전
龍合	合龍	蛇白
辛卯	癸巳	○未
巳	○未	酉

4과	3과	2과	1과
合龍	蛇白	常天	空雀
癸巳	○未	戊子	庚寅
○未	酉	寅	乙(辰)

073법 전후핍박난진퇴(前後逼迫難進退)

:: 진퇴양난격(進退兩難格)

간상에 왕신(旺神)이 있고 삼전이 연여(連茹)가 된 경우, 또는 초전의 천반이 지반에게 극을 받고 지반은 천반에게 극을 받는 경우에 이루어진다. 필법 전후핍박난진퇴로 나와 있는 격이다. 삼전의 상황은 일의 진행 방향으로 모두 공망이거나 상황이 좋지 않아서 물러설 수도 진행할 수도 없는 상황이므로 왕신에게 의지하여 현상 유지에 만족하여야 한다. 또한 천지반이 극을 하여 해당 육친이 핍박을 받는 상황이다.

말전	중전	초전
甲午	○巳	○辰
○巳	○辰	卯

4과	3과	2과	1과
○辰	癸卯	辛丑	庚子
卯	寅	子	壬(亥)

천반	辛丑	壬寅	癸卯	○辰	○巳	甲午	乙未	丙申	丁酉	戊戌	己亥	庚子
지반	子	丑	寅	卯	○辰	○巳	午	未	申	酉	戌	亥

위의 壬寅12국은 과전 전체가 亥·子·丑·寅·卯·辰·巳·午로 구

성되어 얽혀 있는 상황이다. 삼전의 상황을 보면 초전·중전이 공망이고 말전은 좌공망(坐空亡)이 된 상태로 모두 공망이라 물러설 수밖에 없다. 그러나 삼전 辰·巳·午의 뒤가 卯木인데 卯의 지반 寅木이 일간을 수생목(水生木)으로 탈기한다. 다시 물러서려 하지만 寅의 지반은 丑土로 일간의 관귀가 된다.

모든 상황을 종합해볼 때 진퇴가 불가능한 상황이다. 이 경우 일간은 왕신인 子에 의지하여 현상 유지에 만족하여야 한다. 이 때 새로운 시도를 하면 소모만 많아질 뿐이다.

말전	중전	초전
后后	空陳	蛇武
壬辰	丁亥	○午
亥	○午	丑

4과	3과	2과	1과
陰天	龍龍	空陳	蛇武
辛卯	丙戌	丁亥	○午
戌	巳	○午	癸(丑)

주야	天陰	蛇武	雀常	合白	陳空	龍龍	空陳	白合	常雀	武蛇	陰天	后后
천반	癸巳	○午	○未	甲申	乙酉	丙戌	丁亥	戊子	己丑	庚寅	辛卯	壬辰
지반	子	丑	寅	卯	辰	巳	○午	○未	申	酉	戌	亥

위의 癸巳8국을 보면 초전의 午가 丑 중 癸水로부터 극을 받아 지반 본가(本家)로 돌아가려 하지만 해가오(亥加午)로 亥의 극을 받는 상황이라 돌아갈 수가 없다. 진퇴양난격이다. 참고로 丑의 지장간은 己·辛·癸이다. 야점인 경우 초전인 午가 일간의 재성이 되므로 재물이 핍박을 받는 상황으로 재물이 쉽게 부서지는 형상이다. 또한 午에 현무이므로 손재이고, 지반 午 위의 亥도 현무의 본가가 되므로 막대한 재산 손실이 있다. 午의 영향으로 이사를 가게 돼 손실을 보기도 한다. 또한 핍박 받는 재성이 처첩을 뜻하므로 처가 질병에 시달리며, 핍박 받는 午가 말을 뜻하므로 구설에 오르기도 한다. 질병을 보면, 午는 심장과 눈을 뜻하므로 심장병·눈병으로 고생하게 된다.

진퇴양난격의 속국으로는 甲寅12국·乙巳2국·壬寅12국·壬申12국·

癸丑8국 · 癸卯8국 · 癸卯12국 · 癸巳8국 · 癸亥8국이 있다.

:: 전상좌극격(全傷坐剋格)

전상좌극격은 일간지가 상신과 지반으로부터 동시에 극을 받는 경우이다. 즉, 일간은 간상신과 지반으로부터, 일지는 지상신과 지반으로부터 극이나 충을 당하는 경우가 대표적이다. 반음과(返吟課)에서 많이 발생한다. 진퇴양난으로 현재 상태를 유지하는 것이 좋다.

말전	중전	초전		4과	3과	2과	1과
白后	蛇龍	白后		后白	龍蛇	白后	蛇龍
壬寅	丙申	壬寅		甲午	庚子	壬寅	丙申
申	寅	申		子	午	申	甲(寅)

천반	甲午	乙未	丙申	丁酉	戊戌	己亥	庚子	辛丑	壬寅	癸卯	○辰	○巳
지반	子	丑	寅	卯	○辰	○巳	午	未	申	酉	戌	亥

위의 甲午7국은 일간이 간상신으로부터 금극목(金剋木)을 당하고, 음신을 보면 지반으로부터도 금극목(金剋木)이 된다. 일지는 지상신으로부터 수극화(水剋火)를 당하고 음신인 지반으로부터도 마찬가지 상황이므로 전상좌극이 된다.

전상좌극격의 속국으로는 甲寅7국 · 甲午7국 · 丙寅7국 · 丙辰7국 · 丙午7국 · 丙戌7국 · 癸卯7국 · 癸巳7국이 있다. 참고로 일부에서 癸巳8국을 전상좌극격으로 분류하기도 하는데 이는 필법의 취지와 맞지 않는다.

:: 고조격(顧祖格)

고조격은 삼전이 午 · 辰 · 寅인 경우에 이루어지는 격이다. 말전 寅이 초전 午의 장생처이고 인수의 자리이므로, 이는 초전인 자식에서 시작하여 말전인 부모를 생하는 것과 같다. 즉, 자식이 부모의 옛집으로 돌아오는 형상이다. 옛것을 지키는 것이 좋고 변화를 도모하는 것은 좋지 않다.

다음의 庚午3국과 같은 경우이다. 참고로 고조격은 회환격(回還格)과 영향이 같은데, 회환격은 삼전이 모두 사과에 존재하는 경우이다.

말전	중전	초전
丙寅	戊辰	庚午
辰	午	申

4과	3과	2과	1과
丙寅	戊辰	戊辰	庚午
辰	午	午	庚(申)

고조격의 속국으로는 甲申3국·甲戌3국·庚子3국·庚寅3국·庚辰3국·庚午3국·庚申3국·庚戌3국·辛未3국·辛酉3국·辛亥3국·壬申3국·壬戌3국이 있다.

074법 공공여야사막추(空空如也事莫追)

∷ 삼전개공격(三傳皆空格)

삼전개공격은 삼전이 모두 공망인 경우이다. 삼전이 삼합이 되는 경우 삼전 중 두 개는 공망이고 하나가 천공이 돼도 이 격에 해당된다. 이 격은 연여과(連茹課)에 많이 나타난다. 이 경우 있지도 않고 되지도 않는 일을 도모하며 실질적으로 이루어지는 일이 아무것도 없다. 만약 점사의 목적이 다시 시작할 수 있는 일이라면 순(旬)이 지나서 공망이 채워진 뒤에 이룰 수 있다.

그러나 좋은 경우도 있는데 이는 근심사에 대해 점친 경우나 질병점의 경우이다. 근심사에 대해 점친 경우 앞으로의 일이 모두 비어 있어 근심이 사라지는 것으로 봐야 한다. 이 경우 삼전이 모두 관귀면 더욱 좋다. 또한 관귀가 공망인 경우에도 연명상에 식상이 있어서 관귀를 제어하면 더욱 좋다. 연명상에 식상이 없는 경우에는 자신의 어려움을 상대방에게 알리는 형상이다. 질병점의 경우에는 오래되지 않은 질병이라면 공망처럼 비게 되어 치료가 되지만, 오래된 병이라면 사망한다. 다음의 乙丑7국과 丁卯5국의 예를 살펴본다.

말전	중전	초전
○戌	戊辰	○戌
辰	○戌	辰

4과	3과	2과	1과
乙丑	辛未	戊辰	○戌
未	丑	○戌	乙(辰)

위의 乙丑7국은 초전·말전의 천반이 공망이고, 중전 지반이 좌공이다.

말전	중전	초전
天雀	陳空	常陰
○亥	丁卯	辛未
卯	未	○亥

4과	3과	2과	1과
常陰	天雀	天雀	陳空
辛未	○亥	○亥	丁卯
○亥	卯	卯	丁(未)

위의 丁卯5국은 초전 지반이 좌공이고 말전이 공망이며, 야점인 경우 중전에 천공이 붙고 亥卯未 삼합을 이루어 삼전개공격에 해당된다.

삼전개공격의 속국을 종류별로 살펴보면 다음과 같다.

① 삼전 천지반이 모두 공망인 경우 : 甲辰7국·甲午12국·甲戌7국·乙丑7국·乙卯2국·乙巳2국·乙未7국·丙午2국·丁丑12국·丁卯7국·戊子7국·戊寅7국·戊辰7국·戊午7국·戊申2국·戊申7국·戊戌7국·己卯7국·己酉7국·己亥7국·庚辰7국·庚戌7국·辛未4국·辛未10국·壬子12국·壬寅12국·癸丑12국·癸卯12국·癸亥9국_야점

② 천공을 공망으로 봐서 삼전합이 되는 경우 : 천공에 해당하는 것이 삼전합이 되므로 개공격으로 본다. 丙子9국_야점·丁丑9국_주점·丁卯5국_야점·丁亥9국_야점·壬子9국_야점·壬戌12국_야점

③ 천공을 공망으로 봐서 삼전개공격이 되는 경우 : 일부에서 개공격으로 보지만 실제로는 개공격으로 보면 안 된다. 乙卯6국_야점·丁卯4국_야점·丁卯8국_주점·丁未3국_주점·戊辰3국_야점·戊申8국_야점·己酉4국_주점·己亥10국_야점·辛卯4국_야점·辛未12국_주점·壬寅4국_야점·癸卯11국_야점·癸巳11국_주점·癸巳12국_야점

:: 사과개공격(四課皆空格)

사과개공격은 사과가 모두 공망이 된 경우이다. 연명상신이 공망이 된 경우에는 그 영향이 더 크다. 일을 할 사안과 방침이 구성되지도 않았으므로 시작조차 못 하는 상황이다. 만약 시작하면 모두 무산된다. 다음의 壬戌11국과 같은 경우이다.

말전	중전	초전
丙辰	甲寅	○子
寅	○子	戌

4과	3과	2과	1과
甲寅	○子	乙卯	○丑
○子	戌	○丑	壬(亥)

사과개공격의 종류별 속국은 다음과 같다.

① 천공을 공망으로 봐야만 사과개공격이 되는 경우 : 甲寅8국_야점 · 甲申8국_주점 · 乙卯3국_주점 · 丁卯5국_야점 · 丁未3국_주점 · 丁亥9국_야점 · 戊戌6국_주점 · 庚寅8국_야점 · 壬辰6국_야점 · 壬戌12국_야점 · 癸亥1국_주점

② 좌공을 포함하여 사과가 순수하게 공망이 된 사과개공격 : 甲寅3국 · 乙卯4국 · 乙巳3국 · 丙辰5국 · 丙午4국 · 丁未5국 · 丁未6국 · 戊辰7국 · 戊午6국 · 戊戌7국 · 己丑7국 · 己未7국 · 己未8국 · 庚申8국 · 庚申9국 · 辛酉10국 · 辛亥9국 · 壬子10국 · 壬戌11국 · 癸丑11국 · 癸丑12국

③ 사과 천반이 순수하게 공망이 된 사과개공격 : 甲寅2국

075법 빈주불투형재상(賓主不投刑在上)

:: 주객형상격(主客刑上格)

자형인 경우, 상형인 경우, 삼형인 경우로 나뉜다.

(1) 자형의 정의와 영향

형은 서로 공격하여 승패를 가리는 작용을 하며 상대와의 교섭에서 서

로 다른 마음을 갖는다. 이 중 자형(自刑)은 사과 천반이 午・辰・亥・酉일 때, 또는 간지상신에 자형일 경우, 간지상신에 자형의 글자가 있고 삼전에도 자형의 글자가 있는 경우에 이루어진다. 자형은 스스로 교만하여 형살의 작용을 하는 것으로 다른 사람이 관여를 안 한다. 소송점의 경우 형벌을 받게 되며 흉장이 있으면 더 흉하다. 단, 공망・황은(皇恩)・천사(天赦) 등의 형살이 있으면 형량이 줄 수 있다. 다음의 甲辰6국과 같은 경우이다. 천사・황은은 월지 기준 신살표를 참고한다.

말전	중전	초전
戊申	癸丑	丙午
丑	午	亥

4과	3과	2과	1과
丙午	辛亥	甲辰	己酉
亥	辰	酉	甲(○寅)

주객형상격 중 자형의 속국으로는 甲子9국・甲辰6국・乙丑5국・乙酉6국・丙寅9국・丙戌7국・己酉4국・壬午8국・癸亥8국이 있다.

(2) 상형의 정의와 영향

상형(相刑)은 子卯형을 말한다. 간지상신이 子・卯일 때 이루어지며, 서로 무례하고 뜻이 맞지 않는다. 다음의 壬申9국과 같은 경우이다. 소송점의 경우 형벌을 받게 되며 흉장이 있으면 더 흉하다. 단, 공망・황은・천사 등의 형살이 있으면 형량이 준다.

말전	중전	초전
丁卯	○亥	辛未
○亥	未	卯

4과	3과	2과	1과
戊辰	甲子	辛未	丁卯
子	申	卯	壬(○亥)

주객형상격 중 상형의 속국으로는 乙丑2국・乙未5국・丙寅3국・丙申6국・戊寅3국・戊申6국・辛丑11국・辛未8국・壬申9국이 있다.

(3) 삼형의 정의와 영향

삼전이 寅·巳·申 또는 丑·戌·未가 되는 경우이다. 붕형(朋刑)이라고도 한다. 寅巳申 삼형은 무은지형(無恩之刑)으로 은혜를 원수로 갚는다. 丑戌未 삼형은 지세지형(持勢之刑)으로 강자가 약자를 형해(刑害)하는 관계다. 다음의 戊午1국과 같은 경우이다. 삼형인 경우 간상신이 왕성하고 공망이 되지 않아야 자신이 형해되지 않는다.

말전	중전	초전
甲寅	庚申	丁巳
寅	申	巳

4과	3과	2과	1과
戊午	戊午	丁巳	丁巳
午	午	巳	戊(巳)

주객형상격 중 삼형의 속국을 종류별로 나누어 살펴보면 다음과 같다.

① 寅巳申 삼형 : 삼전 중 寅·巳·申이 모두 있는 것만 소개하고 寅·寅·申 등의 형태는 제외한다. 甲子1국·甲7국·甲寅1국·甲辰1국·甲辰4국·甲午1국·甲午4국·甲申1국·甲戌1국·甲戌4국·丙子1국·丙寅1국·丙辰1국·丙午1국·丙申1국·丙戌1국·丁卯1국·丁巳1국·戊子1국·戊寅1국·戊辰1국·戊午1국·戊申1국·戊申10국·戊戌1국·己亥10국·庚子1국·庚寅1국·庚辰1국·庚辰10국·庚午1국·庚申1국·庚戌1국·庚戌10국·辛巳1국

② 丑戌未 삼형 : 삼전 중 丑·戌·未가 모두 있는 것만 소개하고 丑·丑·未 등의 형태는 제외한다. 乙丑4국·乙丑10국·乙卯4국·乙巳4국·乙巳10국·乙未4국·乙未10국·乙酉4국·乙酉10국·乙亥4국·乙亥10국·丁丑1국·丁未1국·己丑1국·己未1국·辛丑1국·辛未1국·癸丑1국·癸卯1국·癸巳1국·癸未1국·癸未7국·癸酉1국·癸亥1국

:: 금강격(金剛格)

금강격은 삼전에 巳·酉·丑이 모두 있고, 사과 간지 천지반 중에 酉가 있는 경우로 酉가 스스로 자형하는 격이다. 이 경우 금기(金氣)가 너

무 강해서 스스로 서쪽을 형해한다. 다음의 辛酉5국과 같은 경우이다.

말전	중전	초전
辛酉	○丑	丁巳
○丑	巳	酉

4과	3과	2과	1과
○丑	丁巳	甲寅	戊午
巳	酉	午	辛(戌)

속국으로는 乙丑5국·乙丑9국·乙巳9국·乙酉5국·丙子9국·丙寅9국·丙辰9국·丙午9국·丙申9국·丙戌9국·丁丑5국·丁卯9국·丁巳9국·丁酉5국·己丑5국·己酉5국·辛丑5국·辛巳9국·辛酉5국·癸丑5국·癸巳5국·癸巳9국·癸未5국·癸酉5국·癸酉9국이 있다.

:: 화강격(火强格)
화강격은 삼전에 寅·午·戌이 모두 있고 사과 간지에 午가 있는 경우이다. 이 경우 寅은 寅巳형이 되고, 戌은 戌未형이 되며, 午는 자형이 된다. 즉, 남쪽을 형해하는 것이다. 소송점의 경우 형벌을 받게 되며 흉장이 있으면 더 흉하다. 단, 공망·황은·천사 등의 형살이 있으면 형량이 준다. 다음의 戊午9국과 같은 경우이다.

말전	중전	초전
壬戌	戊午	甲寅
午	寅	戌

4과	3과	2과	1과
甲寅	壬戌	○丑	辛酉
戌	午	酉	戊(巳)

화강격의 속국으로는 甲午5국·甲午9국·甲戌5국·甲戌9국·丙午5국·戊午5국·戊午9국·戊戌5국·庚午5국·壬午5국이 있다.

:: 수류추동격(水流趨東格)
수류추동격 또는 유수격(流水格)은 삼전에 申·子·辰이 모두 있고 간지 천지반에 辰土가 있는 경우이다. 삼전에서 子卯형·寅申형을 하지만 辰土는 자형을 하기 때문에 동쪽을 형해한다. 다음의 甲辰9국과 같은 경우이다.

말전	중전	초전
甲辰	壬子	戊申
子	申	辰

4과	3과	2과	1과
壬子	戊申	庚戌	丙午
申	辰	午	甲(○寅)

수류추동격의 속국으로는 甲子9국 · 甲辰9국 · 乙酉9국 · 丙申5국 · 丙辰5국 · 戊子9국 · 戊辰5국 · 戊辰9국 · 戊申5국 · 庚子9국 · 庚辰5국 · 庚辰9국 · 庚申5국 · 庚戌5국 · 壬辰5국 · 壬申5국이 있다.

∷ 목락귀근격(木落歸根格)

삼전이 모두 亥 · 卯 · 未이고 간지에 亥水가 있는 경우이다. 子卯형 · 丑未형이 되는데 亥水는 상대가 없어서 亥亥 자형을 한다. 소송점의 경우 형벌을 받게 되며 흉장이 있으면 더 흉하다. 단, 공망 · 황은 · 천사 등의 형살이 있으면 형량이 준다. 다음의 辛亥5국과 같은 경우이다.

말전	중전	초전
辛亥	○卯	丁未
○卯	未	亥

4과	3과	2과	1과
○卯	丁未	○寅	丙午
未	亥	午	辛(戌)

목락귀근격의 속국은 다음과 같다. 乙卯5국 · 乙未9국 · 乙亥9국 · 丁卯5국 · 丁卯9국 · 丁未9국 · 丁酉9국 · 丁亥5국 · 丁亥9국 · 己卯5국 · 己卯9국 · 己未9국 · 己酉9국 · 己亥5국 · 己亥9국 · 辛卯5국 · 辛未9국 · 辛亥5국 · 辛亥9국 · 壬子5국 · 壬子9국 · 壬寅9국 · 壬辰9국 · 壬午9국 · 壬申9국 · 壬戌5국 · 壬戌9국 · 癸卯5국 · 癸亥5국

사승살격은 사승살이 간지상신에 있는 경우이다. 사승살은 자형이 되는 午·辰·亥·酉 중 午·酉를 가리킨다. 또한 간지상신이 서로 자형하는 경우, 일간과 간상신 또는 일지와 지상신이 형살을 이루는 경우도 사승살격의 영향이 있다. 이 경우 서로 자신이 낫다며 공을 세우려고 경쟁하다가 서로를 형해하는 일이 생긴다. 다음의 乙丑8국과 같은 경우이다.

말전	중전	초전
甲子	辛未	丙寅
未	寅	酉

4과	3과	2과	1과
○亥	庚午	丙寅	癸酉
午	丑	酉	乙(辰)

사승살격을 여러 가지 경우로 나누어 속국을 살펴보면 다음과 같다.

① 순수한 사승살격 : 乙丑8국·乙未11국·丙寅9국·丙申12국·戊寅9국·戊申12국·辛丑5국·辛未2국·壬寅6국·壬申3국

② 간지 상하가 형살로 사승살격에 준하는 경우 : 甲子10국·丙子10국·辛丑4국·辛卯4국·癸卯4국

③ 간지상신이 서로 자형으로 사승살격에 준하는 경우 : 甲寅4국·甲寅6국·甲寅9국·甲寅11국·丁未2국·丁未4국·丁未9국·丁未11국·己未2국·己未4국·己未9국·己未11국·庚申3국·庚申5국·庚申10국·庚申12국·癸丑3국·癸丑5국·癸丑8국·癸丑10국

:: 조형장덕격(助刑戕德格)

육처 중 하나의 글자가 일지를 자형하고, 그 글자가 일간의 관귀가 되어 삼전에 나타나는 경우에 이루어진다. 일을 추진하면서 상대와 내가 서로 자신이 낫다며 공을 세우려고 경쟁하다가 서로를 형해하는 일이 생긴다. 다음의 庚午3국과 같은 경우이다. 庚午2국도 조형장덕격에 해당한다.

말전	중전	초전
丙寅	戊辰	庚午
辰	午	申

4과	3과	2과	1과
丙寅	戊辰	戊辰	庚午
辰	午	午	庚(申)

076법 피차시기해상수(彼此猜忌害相隨)

:: 피차시기해격(彼此猜忌害格)

(1) 1형태

피차시기해격의 하나로 일간은 간상신과 육해(六害)가 되고, 일지는 지상신과 육해가 되는 경우이다. 같이 일을 하면서 서로 시기하여 좋지 않은 상황이다. 육해는 결합을 방해하고 파괴·분열 작용을 한다. 예를 들어 子·丑은 육합이 되는데, 未를 보면 丑未충으로 육합을 깨는 방해자가 된다. 참고로 육해는 상천살(相穿殺)이라고 하며, 子未·丑午·寅巳·卯辰·申亥·酉戌의 관계다. 다음의 癸未8국과 같은 경우이다.

말전	중전	초전
己卯	甲戌	辛巳
戌	巳	子

4과	3과	2과	1과
辛巳	丙子	乙亥	壬午
子	未	午	癸(丑)

속국으로는 甲申10국·丁丑8국·己丑8국·庚寅10국·癸未8국이 있다.

(2) 2형태

간상신과 지상신이 육해로 서로 시기하는 관계로 다음의 丙子6국과 같은 경우이다.

말전	중전	초전
戊寅	癸未	丙子
未	子	巳

4과	3과	2과	1과
戊寅	癸未	癸未	丙子
未	子	子	丙(巳)

속국으로는 乙亥5국 · 丙子6국 · 辛巳11국 · 壬午12국이 있다.

(3) 3형태

간지가 서로 육해가 되고, 간지상신 역시 서로 육해가 되는 경우이다. 의견이 안 맞아서 불화로 인해 해가 매우 크고, 결합을 방해하는 파괴 · 분열 작용을 한다. 다음의 戊寅7국과 같은 경우이다.

말전	중전	초전
戊寅	○申	戊寅
○申	寅	○申

4과	3과	2과	1과
戊寅	○申	辛巳	乙亥
○申	寅	亥	戊(巳)

속국으로는 乙卯1국 · 乙卯7국 · 丙寅1국 · 丙寅7국 · 戊寅7국 · 辛酉7국 · 壬申1국 · 壬申7국이 있다.

(4) 4형태

간지상신이 서로 육해가 되는데, 삼전이 모두 육해로 구성되는 경우 상호간에 화기(火氣)라고는 찾아볼 수 없다. 다음의 辛未12국과 같은 경우이며, 辛卯4국도 이 격에 해당된다.

말전	중전	초전
壬申	○亥	壬申
未	○戌	未

4과	3과	2과	1과
癸酉	壬申	甲子	○亥
申	未	○亥	辛(○戌)

(5) 5형태

간상신은 일지와, 지상신은 일간과 육해가 되는 교차육해의 경우이다. 내가 상대를 해하려 하지만 상대가 미리 그것을 알아 나를 해하는 경우이다. 다음의 己卯4국과 같은 경우이다.

말전	중전	초전
壬午	○酉	丙子
○酉	子	卯

4과	3과	2과	1과
○酉	丙子	丁丑	庚辰
子	卯	辰	巳(未)

속국으로는 甲申4국·乙未5국·丁卯4국·己卯4국·庚寅4국이 있다.

:: 인희아우격(人喜我憂格)

일간과 간상신은 육해로 구성되고, 일지와 지상신은 육합이 될 때 이루어지는 격이다. 나는 괴로운데 상대방은 즐거운 형상이다. 다음의 辛未2국과 같은 경우이다.

말전	중전	초전
丁卯	戊辰	己巳
辰	巳	午

4과	3과	2과	1과
己巳	庚午	壬申	癸酉
午	未	酉	辛(○戌)

인희아우격의 속국으로는 乙丑2국·乙未2국·辛丑2국·辛未2국이 있다.

077법 호생구생범사익(互生俱生凡事益)

:: 호생격(互生格)

호생격은 호생구생(互生俱生) 중 하나이다. 호생은 간지상신이 교차해서 간지를 상생하는 것이며, 구생은 간지상신이 아래에 있는 간지를 상생하는 것이다. 호생하는 경우 매사에 길조이며 재앙이 흉이 되지 않는다. 그러나 간지상신이 공망이나 간지의 묘신(墓神)·패기(敗氣)가 되는 경우에는 사람과 가택이 흉하며, 서로 실패한다. 즉, 왕성한 듯 보이지만 쇠락하는 형상이다. 다음의 辛卯12국과 같은 경우이다.

말전	중전	초전
○午	癸巳	壬辰
巳	辰	卯

4과	3과	2과	1과
癸巳	壬辰	戊子	丁亥
辰	卯	亥	辛(戌)

호생격의 속국으로는 丁酉7국·己酉4국·庚子12국·庚午6국·庚戌
4국·辛卯12국·辛巳8국·辛亥2국이 있다. 속국 중 호생격이지만 문제
가 있는 국을 살펴본다. 庚子12국·庚午6국은 간상신이 일지의 패기이
고 지상신은 일간의 묘신이 되며, 丁酉7국은 간상신이 일지의 묘신이고
지상신은 일간의 패기가 된다. 己酉4국은 간상신이 일간의 묘신(수토동
색)이고, 지상신은 일간을 생하지만 일지를 극하는 경우다. 辛巳8국은
간상신은 일지의 패기, 지상신은 일지의 묘신이 된다. 辛亥2국은 간상신
은 일지의 패기이고 지상신 戌土는 일지를 극하는 상황이다. 이렇게 문
제가 있는 호생격인 경우에는 사람과 가택이 흉하며, 피차간에 실패한
다. 즉, 왕성한 듯 보이지만 쇠락하는 형상이다.

:: 구생격(俱生格)

구생격은 함께 생을 하는 격으로, 간상신이 일간을 생하고 지상신이
일지를 생한다. 양쪽 모두가 발전할 수 있고, 서로 화합할 수 있으므로
동업 등을 하면 좋다. 점치는 달의 생기(生氣)에 해당하는 경우는 더욱
좋다. 그러나 호생격과 마찬가지로 간지상신이 공망이 되거나 간지의 묘
신·패기가 되는 경우에는 구생의 길한 기운이 없어지므로 잘 분별하여
판단한다. 구생격은 다음의 庚午5국과 같은 경우이다.

말전	중전	초전
丙寅	庚午	○戌
午	○戌	寅

4과	3과	2과	1과
○戌	丙寅	甲子	戊辰
寅	午	辰	庚(申)

구생격의 속국으로는 乙卯5국·丙子4국·丙寅3국·丙寅4국·丙午4

국·丁卯5국·丁酉6국·庚子5국·庚午5국·庚申5국·庚戌5국이 있다.

:: 자재격(自在格)

일지가 간상신이 되어 일간을 생하는 경우에 이루어진다. 상대가 스스로 나를 찾아와서 도와주므로 일이 쉽게 성취된다. 다음의 乙亥6국과 같은 경우이다.

말전	중전	초전
○申	丁丑	壬午
丑	午	亥

4과	3과	2과	1과
丁丑	壬午	壬午	乙亥
午	亥	亥	乙(辰)

자재격의 속국으로는 甲子3국·乙亥6국·丙寅4국·丁卯3국·丁卯5국·戊午12국·庚辰5국·辛未4국·壬申4국·癸酉5국이 있다.

078법 호왕개왕좌모의(互旺皆旺坐謀宜)

:: 호왕격(互旺格)

간지상신이 일간과 일지의 왕신(旺神)이 되는 경우이다. 즉, 간상신은 일지의 왕신이 되고, 지상신은 일간의 왕신이 된다. 이 경우 서로 뜻이 맞아서 서로의 기운이 왕성해지고, 주객·인택·부부·부자·형제·친구 등이 서로에게 활기를 주고 길운을 가져다준다. 다음의 甲申6국과 같은 경우이다.

말전	중전	초전
戊子	癸巳	丙戌
巳	戌	卯

4과	3과	2과	1과
丙戌	辛卯	壬辰	乙酉
卯	申	酉	甲(寅)

호왕격에는 甲申6국·庚寅6국 등이 있다.

:: 개왕격(皆旺格)

간상신이 일간의 왕신이고 지상신이 일지의 왕신인 경우이다. 이 경우 서로 뜻이 맞아서 왕성해지고, 주객·인택·부부·부자·형제·친구 등이 서로에게 활기를 주고 길운을 가져다준다. 단, 적극적으로 행동하지 말고 현재 상황을 유지하거나 복구하는 데 주력하는 것이 좋다. 그러면 귀인의 도움으로 바라는 것을 이룰 수 있다. 만약 지나치게 바라고 행하면 왕신이 양인이나 나망(羅網)으로 작용한다. 다음의 甲申12국과 같은 경우이다.

말전	중전	초전
○午	癸巳	壬辰
巳	辰	卯

4과	3과	2과	1과
丙戌	乙酉	壬辰	辛卯
酉	申	卯	甲(寅)

개왕격의 속국으로는 甲申12국·丙寅12국·丙申12국·庚寅12국·壬寅12국·壬申12국이 있다.

079법 간지치절범모결(干支値絶凡謀決)

:: 간지봉절격(干支逢絶格)

간상신이 일간의 절지(絶地)에 있거나, 지상신이 일지의 절지이거나, 녹신(祿神)의 지반이 녹신의 절지가 되는 경우에 이루어진다. 기문둔갑에서 사문(死門)은 흉문이지만 길한 부분도 있다. 예를 들어 팔문소구법(八門所求法)에 의하면 장사를 치르고 매장하는 방향, 사냥이나 범인을 잡는 일 등에 좋다.

이와 같이 각 팔문에는 용사(用事)가 있다. 곤궁(坤宮)에 사문·천예(天芮)가 동궁하면 사냥과 물건 교환에 길하지만 개업이나 여행에는 흉하다고 보는 것이 그 예다.

마찬가지로 십이운성도 나름의 쓰임새가 있는데 간지봉절격은 절지의 쓰임을 알아보는 격이다. 간지봉절격은 대개 반음과(返吟課)에 속하므로 모든 결론이 빨리 난다. 이는 절신(絶神)이 절지인 지반 위에 있기 때문이다. 단, 경영·직장·취직 등의 일에는 흉하다. 이는 녹신의 지반이 녹신의 절지가 되기 때문이다. 다음의 甲申7국과 같은 경우이다.

말전	중전	초전
白后	蛇龍	白后
庚寅	甲申	庚寅
申	寅	申

4과	3과	2과	1과
蛇龍	白后	白后	蛇龍
甲申	庚寅	庚寅	甲申
寅	申	申	甲(寅)

간지봉절격의 속국으로는 甲寅7국·甲申7국·乙未9국·丙寅7국·丙辰7국·丙申7국·丙戌7국·丁未9국·戊寅7국·戊申7국·己未3국·己未9국·庚寅7국·庚申7국·辛未9국·壬寅7국·壬辰7국·壬申7국·癸未9국이 있다.

:: 절신가생격(絶神加生格)

절신가생격은 절신이 장생의 지반 위에 앉아 있는 경우이다. 매사에 끝나지 않고, 정지된 일도 새롭게 재발이 된다. 연명상신이 장생의 지반에 앉아 있을 때도 같다. 다음의 庚辰10국과 같은 경우이다.

말전	중전	초전
○申	辛巳	戊寅
巳	寅	亥

4과	3과	2과	1과
甲戌	癸未	戊寅	乙亥
未	辰	亥	庚(○申)

절신가생격의 속국에는 육십갑자의 모든 10국이 해당된다. 甲子10국·甲寅10국·甲辰10국·甲午10국·甲申10국·甲戌10국·乙丑10국·乙卯10국·乙巳10국·乙未10국·乙酉10국·乙亥10국·丙子10국·丙寅10국·丙辰10국·丙午10국·丙申10국·丙戌10국·丁丑10

국·丁卯10국·丁巳10국·丁未10국·丁酉10국·丁亥10국·戊子10
국·戊寅10국·戊辰10국·戊午10국·戊申10국·戊戌10국·己丑10
국·己卯10국·己未10국·己酉10국·己亥10국·庚子10국·庚寅10
국·庚辰10국·庚午10국·庚申10국·庚戌10국·辛丑10국·辛卯10
국·辛巳10국·辛未10국·辛酉10국·辛亥10국·壬子10국·壬寅10
국·壬辰10국·壬午10국·壬申10국·壬戌10국·癸丑10국·癸卯10
국·癸巳10국·癸未10국·癸酉10국·癸亥10국

:: 체호작절격(遞互作絕格)

간상신이 일지의 절신이 되고 지상신은 일간의 절신이 되는 경우이다. 부동산 임대·매매나 직장 파견·변동·임명·발령 등에 좋다. 다음의 甲申1국과 같은 경우이다.

말전	중전	초전
甲申	癸巳	庚寅
申	巳	寅

4과	3과	2과	1과
甲申	甲申	庚寅	庚寅
申	申	寅	甲(寅)

체호작절격의 속국으로는 甲申1국·丁丑9국(수토동근 적용시)·丁未9국·庚寅1국·癸丑9국·癸未3국이 있다.

080법 인택개사각쇠리(人宅皆死各衰贏)

:: 상호승사격(上互乘死格)

십이운성인 사신(死神)이 간지에 나타나는 경우에 이루어지는 격이다. 운세·신체적으로 약화되므로 상가(喪家) 방문이나 병문안 등을 피한다. 질병점의 경우 점월의 사기(死氣)에도 해당하면 매우 흉하다. 다음의 戊申6국과 같은 경우이다.

말전	중전	초전
○寅	丁未	壬子
未	子	巳

4과	3과	2과	1과
庚戌	○卯	丁未	壬子
○卯	申	子	戌(巳)

상호승사격의 속국으로는 甲寅9국·戊申6국(수토동색 적용시)·庚寅 3국·庚申9국이 있다.

:: 간지전승사격(干支全乘死格)

일간과 일지가 사신을 각각의 머리 위에 두고 있을 때 이루어지는 격이다. 운세·신체적으로 바닥이므로 원기를 보충하는 일 외에는 도모하지 않는다. 다음의 庚寅9국과 같은 경우이다.

말전	중전	초전
戊子	甲申	壬辰
申	辰	子

4과	3과	2과	1과
丙戌	○午	壬辰	戊子
○午	寅	子	庚(申)

간지전승사격의 속국으로는 甲寅9국·甲申9국·乙丑11국(수토동색 적용시)·丙寅9국·丙申9국·丁丑11국(수토동색 적용시)·己未5국(수토동색 적용시)·庚寅9국·庚申9국·辛丑11국(수토동색 적용시)·壬寅9국·壬申9국이 있다.

081법 전묘입묘분증애(傳墓入墓分憎愛)

:: 전묘입묘격(傳墓入墓格)

전묘입묘격은 초전의 묘신(墓神)이 중전이나 말전에 있는 경우이다. 발용의 기운이 길흉성패를 주관한다는 말이 있다. 초전이 발용지신이 되는데 초전의 묘신이 중전이나 말전에 있으면 초전이 작용력을 잃게 되는 것이다. 이 경우 유신에 따른 작용을 보면, 초전이 녹신(祿神)·관성·재성·장생인 경우 입묘되어서는 안 되며, 일간을 진극(眞剋)하는 관성이나 과도하게 설기하는 유신은 운성 묘에 있어야 좋은 경우가 있다.

보통 관인인 경우에는 관성을 귀하게 보지만 일반인인 경우는 관살로 보는데, 이는 정관(正官)과 편관(偏官)을 구분하여 편관만 관살로 보는 것이 아니다. 다음의 辛未8국의 경우 초전 巳의 묘신이 중전과 말전의 戌이 되므로 전묘입묘에 해당된다.

말전	중전	초전
丁卯	○戌	己巳
○戌	巳	子

4과	3과	2과	1과
己巳	甲子	壬申	丁卯
子	未	卯	辛(○戌)

전묘입묘격의 속국으로는 丁卯8국·己丑8국·己亥8국·辛未8국이 있다. 이 경우 대인점(待人占)이라면 약속한 기한 내에 돌아오기 어렵다. 초전이 삼전에서 입묘되었기 때문이다. 단, 용신이 묘신이라면 돌아온다. 속국별로 영향을 보면 다음과 같다.

① 辛未8국은 관직에 있는 이가 점을 친 경우 초전인 관성·장생·일덕(日德)이 입묘된 상황이므로 매우 흉하다. 그러나 일반인에게는 관귀가 입묘된 것이므로 오히려 길한 상황이다.

② 丁卯8국·己丑8국·己亥8국의 경우는 윗사람의 점인 경우 매우 흉하다. 이는 초전 인수가 윗사람으로 중전·말전에 운성 묘이기 때문이다. 취직점인 경우도 매우 흉한데, 초전 인수가 입묘되었기 때문이다. 또한 재물점도 도와주는 기운인 인수가 입묘되었으므로 흉하다.

∷ 덕록전묘격(德祿傳墓格)

일간의 녹신이 초전이 되고, 초전이 중전에서 입묘된 경우이다. 다음의 丙子8국과 같은 경우이다.

말전	중전	초전
己卯	甲戌	辛巳
戌	巳	子

4과	3과	2과	1과
甲戌	辛巳	己卯	甲戌
巳	子	戌	丙(巳)

덕록전묘격의 속국으로는 丙子8국·戊子8국·壬子8국·癸未8국이 있다. 이 경우 대인(待人)을 점치면 약속한 기한 내에 돌아오기 어렵다. 초전이 삼전에서 입묘되었기 때문이다. 단, 용신이 묘신이라면 돌아온다. 각각의 경우를 구분하여 그 영향을 살펴보면 다음과 같다.

① 丙子8국은 녹신 초전이 입묘되어 공명이나 취직을 하는 모든 일에 흉하다. 덕록전묘의 경우로 일간의 녹신이 초전이 되고, 초전이 중전에서 입묘된 경우이다.

② 壬子8국·癸未8국의 경우 초전 재성이 중전에서 입묘되어 재물에 관한 모든 일이 나쁘다.

③ 戊子8국의 경우는 초전인 일덕·녹신·인수가 입묘되어 이루어지는 일이 없다.

:: 장생입묘격(長生入墓格)
장생입묘격은 일간의 장생인 초전 관귀가 중전에서 입묘된 경우이다.

말전	중전	초전
癸卯	戊戌	○巳
戌	○巳	子

4과	3과	2과	1과
戊戌	○巳	甲午	辛丑
○巳	子	丑	庚(申)

위의 庚子8국은 일반인의 소망점에는 좋지만, 관인이라면 관귀가 입묘되었기 때문에 좋지 않다. 대인점의 경우 초전이 입묘되어 돌아오기 어렵다. 단, 용신이 묘신이라면 돌아온다.

:: 탈기입묘격(脫氣入墓格)

일간의 식상인 초전이 중전·말전에서 입묘된 경우이다.

말전	중전	초전
癸卯	戊戌	○巳
戌	○巳	子

4과	3과	2과	1과
○巳	庚子	壬寅	丁酉
子	未	酉	乙(○辰)

위의 乙未8국의 경우 식상이 입묘되어 재물을 구하는 일에 흉하다. 대인점의 경우에는 초전이 입묘되어 기한 내에 오기 어렵지만 용신이 묘신이라면 돌아온다.

:: 재신전묘격(財神傳墓格)

초전인 재성이 중전·말전에서 입묘된 경우이다. 속국으로는 丙戌8국·庚辰8국·庚戌8국이 있다.

말전	중전	초전
○午	己丑	甲申
丑	申	卯

4과	3과	2과	1과
甲申	辛卯	辛卯	丙戌
卯	戌	戌	丙(巳)

위의 丙戌8국은 초전 재성이 입묘되어 재물과 관련된 일에 흉하며, 庚辰8국의 경우도 재성과 일덕이 입묘되어 재물점에 흉하다.

:: 장생탈기입묘격(長生脫氣入墓格)

장생탈기입묘격은 초전인 장생과 식상이 입묘된 경우이다. 재물점에 흉한 경우로 다음의 戊戌8국과 같은 경우이다. 참고로 필법에서는 장생에 수토동색을 적용하였다.

말전	중전	초전
甲午	辛丑	丙申
丑	申	卯

4과	3과	2과	1과
丙申	癸卯	癸卯	戊戌
卯	戌	戌	戌(巳)

∷ 귀입묘격(鬼入墓格)

귀입묘격은 초전인 관귀가 삼전에서 입묘된 경우로 다음의 戊辰8국과 같은 경우이다. 관귀가 입묘되어 일반인의 소망점에는 좋지만 관직에 있는 사람의 점에는 좋지 않다.

말전	중전	초전
甲子	辛未	丙寅
未	寅	酉

4과	3과	2과	1과
丙寅	癸酉	丁卯	○戌
酉	辰	○戌	戌(巳)

082법 불행전자고초시(不行傳者考初時)

∷ 불행전자격(不行傳者格)

불행전자격은 삼전의 중전과 말전이 공망이 된 경우이다. 이 때는 삼전에 공망이 되지 않은 초전만 가지고 사안의 길흉을 판단한다. 『임귀(壬歸)』에서는 삼전에 공망이 두 개인 경우 정단할 때 공망이 되지 않은 것을 취해야 한다고 말하였다.

말전	중전	초전
白后	陳雀	蛇龍
丙寅	○亥	壬申
○亥	申	巳

4과	3과	2과	1과
后白	常陰	蛇龍	陰常
庚午	丁卯	壬申	己巳
卯	子	巳	甲(寅)

주야	常陰	武武	陰常	后白	天空	蛇龍	雀陳	合合	陳雀	龍蛇	空天	白后
천반	丁卯	戊辰	己巳	庚午	辛未	壬申	癸酉	○戌	○亥	甲子	乙丑	丙寅
지반	子	丑	寅	卯	辰	巳	午	未	申	酉	○戌	○亥

위의 甲子10국은 중전이 甲의 장생이지만 부천공망(浮天空亡)이고, 말전 寅은 건록이지만 지저공망(地底空亡)에 해당되므로 초전이 주사(主事)가 된다. 초전의 관귀만 남고 삼전체생(三傳遞生)이지만 중전과 말전이 공망이 되어 매사에 시작만 있을 뿐 끝이 없고 모든 것이 뜻대로 되지 않는다. 주야귀인이 지반 辰・戌에 임하여 귀인입옥(貴人入獄)으로 번민이 있고 우려하는 일이 있다. 이 과는 삼전사맹(三傳四孟)으로 원태격(元胎格)에 해당된다.

속국은 초전이 공망이 아닌 경우만 소개한다. 甲子2국・甲子10국・甲申5국・甲申11국・甲午4국・甲午6국・甲午8국・乙丑2국・乙丑4국・乙丑6국・乙丑10국・乙丑11국・乙卯6국・乙卯10국・乙未3국・乙酉2국・乙酉6국・乙亥2국・丙子2국・丙寅2국・丙寅3국・丙寅10국・丙辰6국・丙辰9국・丙申6국・丙戌6국・丁丑3국・丁卯3국・丁卯4국・丁卯5국・丁卯8국・丁卯9국・丁卯10국・丁卯11국・丁巳9국・丁未9국・丁酉3국・丁亥3국・戊子6국・戊子10국・戊子11국・戊辰3국・戊辰4국・戊辰11국・戊午10국・戊申11국・己丑7국・己卯3국・己卯4국・己未7국・己酉4국・己酉9국・己酉11국・己亥10국・庚子3국・庚子6국・庚寅5국・庚寅11국・庚辰5국・庚辰9국・庚午11국・庚申8국・庚戌4국・庚戌11국・辛丑11국・辛卯11국・辛巳8국・辛未5국・辛未8국・辛酉5국・辛酉8국・辛酉12국・辛亥4국・辛亥5국・辛亥11국・辛亥12국・壬子4국・壬子5국・壬寅8국・壬辰8국・壬午2국・壬午8국・壬申9국・壬戌6국・壬戌12국・辛巳8국・癸酉6국・癸亥9국

:: **독족격(獨足格)**

사과 삼전이 하나의 천반 등으로 구성되어 있는 경우이다. 다리가 하나밖에 없는 형상이라 독족이라고 한다. 소망점은 다리가 하나밖에 없어서 이루어질 수 없다. 일이 진전이 안 되고 행동이 자유롭지 않으므로 자신의 자리를 지키는 것이 좋다. 여행하는 경우 걷는 것보다는 선박・항공기 등을 이용하는 것이 좋으며, 질병점의 경우 사망할 수 있다. 일체

(一體)라고도 한다.

말전	중전	초전
辛酉	辛酉	辛酉
未	未	未

4과	3과	2과	1과
癸亥	辛酉	癸亥	辛酉
酉	未	酉	己(未)

위의 己未11국은 삼전이 酉·酉·酉로 이루어져 있으므로 독족에 해당한다. 독족은 720국 중 己未11국 하나밖에 없으나 己未1국·庚申8국도 삼전의 성격상 독족에 준한다.

말전	중전	초전
壬戌	○丑	己未
戌	○丑	未

4과	3과	2과	1과
己未	己未	己未	己未
未	未	未	己(未)

위의 己未1국은 사과의 천반이 모두 未로만 이루어져 있다. 이 과는 복음과(伏吟課)에 속하므로 상형으로 삼전을 찾아야 한다. 초전이 형하는 글자가 중전이 되고 중전이 형하는 글자가 말전이 되는데, 중전이 공망이 되어 말전을 형할 수 없고 중전과 말전이 사과에 없는 글자이다. 그러므로 그 역할이 미약하며 결과적으로 삼전 중에 未만 있게 되어 독족에 해당된다.

말전	중전	초전
○丑	○丑	乙卯
申	申	戌

4과	3과	2과	1과
戊午	○丑	戊午	○丑
○丑	申	○丑	庚(申)

위의 庚申8국은 공망이 子·丑이다. 사과와 중전·말전이 공망이 되어 초전만 남게 되므로 독족에 준한다.

∷ 삼육상호격(三六相呼格)

삼전이 삼합이 되고, 삼전의 한 글자가 간상·지상 중 하나와 육합을 이루는 경우이다. 합의 작용을 『임귀(壬歸)』에서는 일이 완성되게 하는 작용이라고 설명하였다. 이 중 삼합과 육합을 이루면 기쁜 일이 생기고, 삼합의 오행이 일간을 극하여 흉할 경우에도 고통스러울 정도는 아니다. 일을 추진하는데 협조자가 있어 이루어지며, 여행점인 경우에는 무사히 돌아온다. 단, 결말을 지을 일이나 근심·걱정이 되는 일로 점을 친 경우에는 묶이게 되므로 흉이 된다. 또한 질병점은 시간이 지날수록 상태가 나빠진다.

삼육상호격의 정격은 ① 삼전이 寅·午·戌이고 간상·지상에 未土가 있는 경우, ② 삼전이 亥·卯·未이고 간상·지상에 戌土가 있는 경우, ③ 삼전이 申·子·辰이고 간상·지상에 丑土가 있는 경우, ④ 삼전이 巳·酉·丑이고 간상·지상에 辰土가 있는 경우이다. 삼전이 삼합하고 간상·지상에 육합이 있는 경우도 삼육상호격으로 보기는 하지만 그 영향이 정격에 비해 적다.

말전	중전	초전
常常	陳天	天陳
壬辰	戊子	甲申
子	申	辰

4과	3과	2과	1과
武白	龍后	陳天	天陳
癸巳	己丑	戊子	甲申
丑	酉	申	乙(辰)

위의 乙酉9국은 삼전이 삼합이 되고, 지상신과 자축합토(子丑合土)가 되므로 삼육상호격이 된다. 육합의 오행이 재성이고, 주야점에 올라타는 천장이 辰구진·丑천을·未태상으로 모두 토장(土將)에 해당되므로 재물점에 매우 좋다. 단, 윗사람의 점인 경우 천장이 인수를 토극수(土剋水) 하므로 나쁘며, 생계·사업점도 토극수로 일간의 기운을 막기 때문

에 나쁘다.

삼육상호격의 속국으로는 乙酉9국・丙子5국・丙辰5국・丙申5국・戊申5국・辛未9국_주점・辛亥5국・壬寅5국・壬午9국이 있다.

084법 합중범살밀중비(合中犯煞蜜中砒)

:: 합중범살격(合中犯殺格)

삼전이 삼합을 이루는 삼합격 중에서 삼합의 가운데 글자가 간상신이나 지상신과 형충이나 육해가 되는 경우이다. 즉, ① 삼전이 寅・午・戌이고, 간상신이나 지상신과 午午 자형・丑午해・子午충이 될 때, ② 삼전이 亥・卯・未이고, 간상신이나 지상신과 子卯 상형・卯辰해・卯酉충이 될 때, ③ 삼전이 申・子・辰이고, 간상신이나 지상신과 子卯 상형・子未해・子午충이 될 때, ④ 삼전이 巳・酉・丑이고, 간상신이나 지상신과 酉酉 자형・酉戌해・卯酉충이 될 때 합중범살격이 된다. 이 경우 겉으로는 협력하지만 실제로는 해를 끼친다. 일을 하는데 화합이 안 되고 다른 사람의 방해가 있다. 또한 육해・형충이 되는 글자가 공망이 되어도 해가 적어지지만 완전히 없어지지는 않는다. 다음의 丙寅5국과 같은 경우이다.

말전	중전	초전
丙寅	庚午	○戌
午	○戌	寅

4과	3과	2과	1과
庚午	○戌	癸酉	乙丑
○戌	寅	丑	丙(巳)

합중범살격의 속국은 다음과 같다. 甲子9국・甲辰5국・甲辰9국・甲午9국・甲戌5국・甲戌9국・甲申9국・乙丑5국・乙卯5국・乙巳9국・乙未5국・乙亥5국・丙子9국・丙寅5국・丙寅9국・丙辰9국・丙午5국・丙午9국・丙申9국・丙戌9국・丁丑5국・丁卯9국・丁巳9국・丁酉5국・戊寅5국・戊午5국・戊戌5국・己丑5국・己酉5국・庚寅9국・庚戌5국・辛

丑5국・辛巳5국・辛巳9국・辛酉9국・壬子9국・壬辰5국・壬申5국・壬申9국・癸丑5국・癸卯5국・癸巳9국・癸未5국・癸酉5국・癸亥9국

085법 초조협극부유기(初遭夾尅不由己)

∷ 초조협극격(初遭夾尅格)

초전의 천반이 초전의 지반과 천장으로부터 동시에 극을 당하는 경우이다. 이 경우 자신의 의지와는 상관없이 행동하게 된다. 어떤 행동인지는 초전이 어떤 육친인가에 따라 달라진다. 만약 재성인 경우에는 자신의 의지와 상관없이 재물을 낭비하며, 비겁인 경우에는 자신의 일이 다른 사람의 결정에 좌지우지 된다. 관귀일 경우는 오히려 길한데, 자신의 근심이 협극으로 없어지기 때문이다. 다음의 甲子5국은 재성이 협극되는 경우이다.

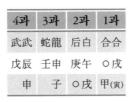

말전	중전	초전
白后	后白	合合
丙寅	庚午	○戌
午	○戌	寅

4과	3과	2과	1과
武武	蛇龍	后白	合合
戊辰	壬申	庚午	○戌
申	子	○戌	甲(寅)

초조협극격 중 재성이 협극이 되는 경우는 다음과 같다. 甲子5국・甲寅5국・甲辰5국・甲午5국・甲申5국・甲戌5국・壬子6국・壬寅6국・壬辰6국・壬午6국・壬申6국・壬戌6국

∷ 가법부정격(家法不正格)

가법부정격은 삼전이 모두 협극이 되는 경우이다. 가정의 법도가 무너진 상이고, 실력이 부족한 자가 이끄는 상이므로 잘못되었음을 밝히고 다스려야 한다. 다음의 乙丑8국_야점과 같은 경우이다.

말전	중전	초전
陳天	后龍	空陰
甲子	辛未	丙寅
未	寅	酉

4과	3과	2과	1과
合蛇	陰空	空陰	蛇合
○亥	庚午	丙寅	癸酉
午	丑	酉	乙(辰)

속국으로는 乙丑8국_야점 · 乙卯8국_야점 · 乙亥8국_야점이 있다.

:: 부구앙수격(俯丘仰讐格)

초전 지반이 묘신(墓神)이고, 초전의 천장이 초전의 천반을 극하는 경우에 이루어지는 격이다. 부구(俯丘)는 언덕과 같은 묘지를 향하여 구부린다는 의미이고, 앙수(仰讐)는 나를 치는 원수를 올려다본다는 의미다. 매사에 자유롭지 못하고 피하려고 함부로 움직이면 손해만 있다. 다음은 부구앙수격의 예며, 순서대로 甲子6국_주점과 乙巳5국_주점이다.

말전	중전	초전
武武	雀陳	白后
戊辰	癸酉	丙寅
酉	寅	未

4과	3과	2과	1과
白后	天空	武武	雀陳
丙寅	辛未	戊辰	癸酉
未	子	酉	甲(寅)

말전	중전	초전
龍蛇	武龍	蛇武
癸丑	乙巳	己酉
巳	酉	丑

4과	3과	2과	1과
蛇武	龍蛇	天常	陳天
己酉	癸丑	戊申	壬子
丑	巳	子	乙(辰)

086법 장봉내전소모위(將逢內戰所謀爲)

:: 장봉내전격(將逢內戰格)

장봉내전격은 천장이 내전을 당하는 격으로, 상극을 당하는 천장의 이름을 붙여서 부른다. 예를 들어, 수극이 되는 천장이 육합이면 육합내전격이라고 한다. 내전이란 지반이 초전을 극하고, 초전은 초전의 천장을 극하는 상황이다. 즉, 초전의 지반이 용신인 초전을 극하고, 초전 위의 천장을 상극하는 상황이다. 이 경우 그 흉이 매우 크고 해결하기 힘들다. 이 때 흉의 상황은 수극이 되는 천장의 상황으로 판단한다. 다음은 장봉내전격의 예이며, 순서대로 癸巳10국_주점과 癸酉6국_야점이다.

말전	중전	초전
武后	空常	合龍
庚寅	丁亥	甲申
亥	申	巳

4과	3과	2과	1과
空常	合龍	雀陳	后蛇
丁亥	甲申	○未	壬辰
申	巳	辰	癸(丑)

말전	중전	초전
天陰	白龍	雀天
己巳	○戌	丁卯
○戌	卯	申

4과	3과	2과	1과
空陳	蛇后	雀天	武白
○亥	戊辰	丁卯	壬申
辰	酉	申	癸(丑)

장봉내전격의 속국은 다음과 같다. 丙辰5국_야점 · 丁丑3국_야점 · 丁丑6국_야점 · 丁卯6국_주점 · 丁酉7국_주점 · 丁亥6국_주점 · 壬寅10국_주점 · 壬辰7국_주점 · 壬戌7국_주점 · 癸丑6국_야점 · 癸卯6국_야점 · 癸巳6국_야점 · 癸巳10국_주점 · 癸未6국_야점 · 癸酉6국_야점 · 癸酉7국_야점 · 癸亥6국_야점

:: 삼전일진내전격(三傳日辰內戰格)

일간이 간상신을 극하고 일지가 지상신을 극하며, 삼전의 모든 지반이 천반을 극하는 경우이다. 집안의 법도가 무너져서 문란하고 가정에 분란이 일어나며, 질병점인 경우 대흉하다. 직장점인 경우 말단직으로 이곳 저곳을 돌아다니다가 서서히 승진하며, 소송점인 경우에는 패소한다. 다

음의 癸酉8국과 같은 경우이다.

말전	중전	초전
己巳	甲子	辛未
子	未	寅

4과	3과	2과	1과
辛未	丙寅	○亥	庚午
寅	酉	午	癸(丑)

삼전일진내전격의 속국으로는 己酉8국 · 辛酉8국 · 癸酉8국이 있다.

087법 인택좌묘감초회(人宅坐墓甘招晦)

∷ 인택좌묘격(人宅坐墓格)

일간이 간묘(干墓)이고 일지가 지묘(支墓)일 때 이루어지는 격이다. 간묘는 일간이 운성 묘인 지반 위에 앉아 있는 경우이고, 지묘는 일지가 운성 묘에 앉아 있는 경우이다. 묘신은 기본적으로 애매함을 주관하는 성분인데, 이 경우 스스로를 애매하고 혼미한 상태로 이끌어서 화액을 불러들인다. 명의 등의 문제로 가택을 다른 사람에게 뺏기거나, 집을 전세 · 월세 등을 주는 것이 성사되지 않는다. 다음의 壬寅6국과 같은 경우이다.

말전	중전	초전
丙申	辛丑	甲午
丑	午	亥

4과	3과	2과	1과
○辰	丁酉	辛丑	甲午
酉	寅	午	壬(亥)

천반	乙未	丙申	丁酉	戊戌	己亥	庚子	辛丑	壬寅	癸卯	○辰	○巳	甲午
지반	子	丑	寅	卯	○辰	○巳	午	未	申	酉	戌	亥

인택좌묘격의 속국으로는 丁丑4국 · 己未10국 · 庚寅6국 · 庚申6국 · 壬寅6국 · 壬申6국이 있다. 참고로 인택좌묘 중 庚寅6국 · 庚申6국 · 壬寅6국 · 壬申6국은 천지반의 구성상 사길신인 덕록재마(德祿財馬)가 모두

묘지·절지에 있는 사절체(四絶體)에 속한다.

:: 호좌구묘격(互坐丘墓格)

일간이 지묘 위에 있고, 일지가 간묘 위에 있는 경우이다. 상호간에 모두 혼미해져서 추진하는 일을 이루기 어렵다. 다음의 丁丑10국과 같은 경우이다.

말전	중전	초전		4과	3과	2과	1과
庚辰	甲戌	壬午		癸未	庚辰	丁丑	甲戌
丑	未	卯		辰	丑	戌	丁(未)

천반	己卯	庚辰	辛巳	壬午	癸未	○申	○酉	甲戌	乙亥	丙子	丁丑	戊寅
지반	子	丑	寅	卯	辰	巳	午	未	○申	○酉	戌	亥

호좌구묘격의 속국으로는 甲申12국·丁丑10국·戊寅3국·戊申9국·庚寅12국이 있다.

088법 간지승묘각혼미(干支乘墓各昏迷)

:: 간지승묘격(干支乘墓格)

간지승묘격은 묘부일진(墓覆日辰)이 되는 상황이다. 즉, 간상신이 일간의 묘신(墓神)이고, 지상신이 일지의 묘신인 경우이다. 이 경우 인택이 혼미하므로 사람이 혼미한 기운 속에서 헤매는 것과 같고, 가택은 먼지 속에 있는 것과 같으며, 가족 모두가 방황하는 상이다. 소망하는 일마다 이루어지는 것이 없다. 또한 육처에서 묘신을 극해하거나 공망인 경우 영향이 약하지만, 묘신을 합하는 경우에는 그 영향이 더 강하게 나타난다. 다음의 壬申8국과 같은 경우이다.

말전	중전	초전
丙寅	癸酉	戊辰
酉	辰	○亥

4과	3과	2과	1과
庚午	乙丑	癸酉	戊辰
丑	申	辰	壬(○亥)

간지승묘격의 속국으로는 甲申8국·乙丑10국·丙寅8국·丙申8국·己未4국·壬寅8국·壬申8국이 있다. 이 중 乙丑10국과 己未4국은 수토동색으로 운성을 따진 경우에만 간지승묘격에 해당된다.

:: 호승묘신격(互乘墓神格)

간상신이 일지의 묘신이고, 지상신은 일간의 묘신이 되는 경우이다. 이 격의 영향은 간지승묘격과 같다. 다음의 甲寅8국과 같은 경우이다.

말전	중전	초전
壬戌	丁巳	○子
巳	○子	未

4과	3과	2과	1과
○子	己未	○子	己未
未	寅	未	甲(寅)

호승묘신격에는 甲寅8국·乙未1국·戊申5국·庚寅2국·辛未7국이 있다. 이 중 乙未1국·戊申5국·辛未7국은 수토동색을 적용하였다.

:: 욕기옥우격(欲棄屋宇格)

일간의 기궁이 지상신으로 올라간 경우에 이루어지는 격이다. 일간의 기궁이 지상에 올라간 경우 ① 집을 얻을 때는 사람이 집에 들어간 것과 같으므로 집을 쉽게 얻을 수 있다. 이 경우 일지로부터 지상신(즉, 일간)이 극을 당하거나 탈기·묘신이 되면 이사한 집에 살면서부터 발전이 없다. ② 집을 팔거나 임대할 때는 일간이 지상에 올라타 있으므로 가택에 미련이 남아 있는 상태다. 팔거나 임대하기 어렵다. 또한 일지가 간상신이 되어 일간을 생하는 경우 앞으로 그 집에서 크게 발전하게 되므로 집을 매매하면 안 된다.

반대로 일지가 간상에 올라온 경우 ① 집을 얻을 때는 가택이 일간을 찾아온 것이므로 쉽게 집을 얻는다. 이 경우 일지가 일간을 극하거나 탈기·묘신이 되면 흉한 집이 된다. ② 집을 팔거나 임대할 때는 집이 사람을 따르는 격이므로 팔거나 임대하기가 어렵다. 다음의 庚午11국은 일간기궁이 일지에 올라탄 경우이다.

말전	중전	초전
甲子	○戌	壬申
○戌	申	午

4과	3과	2과	1과
○戌	壬申	甲子	○戌
申	午	○戌	庚(申)

욕기옥우격에는 甲午5국·庚午11국·壬辰6국 등이 있다.

089법 임신정마수언동(任信丁馬須言動)

:: 신임정마격(信任丁馬格)

복음괘(伏吟卦) 중 삼전과 간지상신에 천마·역마·정신(丁神)이 있는 경우이다. 정중동의 활동을 모색하여야 하는 격이다. 복음괘는 월장과 점시가 같은 경우이다. 천지반이 같으므로 천지의 길흉살이 자신의 자리를 지키게 되는 것이다. 점인도 엎드려서 다음의 때를 기다려야 하는 것이 복음과이다. 이와 관련하여 임신(任信)이란 양일(陽日)의 자임(自任)과 음일(陰日)의 자신(自信)을 가리킨다. 복음과에서는 천지반의 변화가 만들어내는 변화를 믿고, 양일에는 스스로의 강함을 믿고 의지한다. 복음과에서 사과에 극적(剋賊)이 없으면, 양일은 간상신이 발용이 되어 스스로의 강함을 믿으므로 자임이라 하고, 음일은 지상신이 발용이 되어 스스로의 음유함을 믿으므로 자신이라고 한다.

단, 복음괘일 경우 이렇게 마냥 때를 기다리기만 할 것이 아니라, 삼전과 간지상신에 천마·역마·정신이 있으면 정중동의 활동을 모색하여야 한다는 것이 신임정마의 뜻이다. 또한 복음괘인 경우 정마가 과전에 없

어도 점인의 연명상신에 辰·戌 괴강이나 정마가 있으면 신임정마격과
마찬가지로 변화가 빠르다.

말전	중전	초전
丙戌	壬辰	丁亥
戌	辰	亥

4과	3과	2과	1과
壬辰	壬辰	丁亥	丁亥
辰	辰	亥	壬(亥)

위의 壬辰1국은 천지반이 같으므로 복음과이다. 또한 사과에 극적이
없고 양일이기 때문에 간상신 亥水가 초전으로 발용이 되고, 간상신에
정마가 타고 있으므로 신임정마격 중 자임격에 해당한다.
　신임정마격의 속국으로는 甲寅1국·丙辰1국·戊午1국·己酉1국·庚
申1국·辛亥1국·壬辰1국·癸丑1국·癸未1국이 있다.
　참고로 정신이 있을 때는 정신이 일간의 어느 육친에 해당되는지를 보
고 사안을 판단한다. 예를 들어 다음의 癸亥9국과 같이 정신이 재성에 해
당하는 경우에는 재물의 이동이 있다고 본다.

말전	중전	초전
丁巳	○丑	辛酉
○丑	酉	巳

4과	3과	2과	1과
己未	乙卯	辛酉	丁巳
卯	亥	巳	癸(○丑)

∷ 복음중전공망격(伏吟中傳空亡格)

복음 중 중전이 공망이 되는 경우이다. 대인점(待人占)의 경우 행인이
길 중간에서 가로막혀 오도가도 못 하는 상황이며, 소망점인 경우에는 상
대방에게 협조한다는 약속을 받지만 도중에 마음이 바뀌어서 얻는 것이
아무것도 없다. 복음의 중전공망격의 속국으로는 甲午1국·丙子1국·丁
亥1국·戊寅1국·己未1국·庚戌1국·辛巳1국·癸酉1국이 있다. 다음의
癸酉1국을 참고한다.

말전	중전	초전		4과	3과	2과	1과
辛未	○戊	乙丑		癸酉	癸酉	乙丑	乙丑
未	○戊	丑		酉	酉	丑	癸(丑)

(1) 정신과 천마가 같이 있는 경우의 판단

천마가 지반 정신 위에 있거나, 정신이 지반 천마 위에 있는 경우 중요한 이동의 기운이 있는 것으로 본다.

말전	중전	초전		4과	3과	2과	1과
庚午	己巳	戊辰		丙寅	乙丑	戊辰	丁卯
巳	辰	卯		丑	子	卯	甲(寅)

위의 甲子12국 子월점의 경우가 정신과 천마가 같이 있는 경우이다. 단, 위 국의 경우 점인의 연명이 丑이라면 지상에 있는 것이니, 움직일 마음이 없는 것이다. 이와 같이 본명이 지상에 있는 경우를 본명연택(本命戀宅)이라 하여 본인이 가택을 사모하는 상황을 말한다. 천마는 월지 기준 신살표를 참고한다.

(2) 흉복음과와 길복음과

흉복음과는 육무일(六戊日)의 복음과이다. 삼전이 巳·申·寅이며, 초전이 화극금(火剋金)으로 중전을 극하고 중전이 말전을 극하며 말전은 일간을 극하는 경우로 체극일간격(遞剋日干格)에 해당된다. 속국으로는 戊子1국·戊寅1국·戊辰1국·戊午1국·戊申1국·戊戌1국이 있다.

길복음과는 육병일(六丙日)의 복음과이다. 삼전이 巳·申·寅이며 체극일간격에 해당되지만, 초전이 일간의 덕록이고 중전이 재성이며 말전은 장생이므로 복음과 중에서 길한 과전으로 분류된다. 속국으로는 丙子1국·丙寅1국·丙辰1국·丙午1국·丙申1국·丙戌1국이 있다.

내거구공격(來去俱空格)

반음과(返吟課) 중 초전과 말전이 같은 글자이고 삼전이 모두 공망인 경우이다. 반음과는 월장과 점시가 상충할 때 이루어지는 격이다. 반음과의 경우 丁丑·丁未·己丑·己未일을 제외하고 초전과 말전의 구성이 같으므로 내거(來去)라고 한다. 초전에서 중전을 지나 말전에 가면 같은 글자를 만나므로 오락가락 하고 왔다갔다 한다고 해서 붙여진 이름이다. 내거이면서 삼전이 모두 공망이면 내거구공격이라 하며, 움직일 뜻은 있지만 결국 허사가 되는 상황이다. 다음의 己酉7국과 같은 경우이다.

말전	중전	초전
○卯	己酉	○卯
酉	○卯	酉

4과	3과	2과	1과
己酉	○卯	丁未	癸丑
○卯	酉	丑	己(未)

내거구공격의 속국으로는 甲辰7국·乙丑7국·戊子7국·戊寅7국·戊辰7국·戊午7국·戊申7국·戊戌7국·己酉7국·己亥7국·庚戌7국이 있다.

덕상녹절격(德喪祿絶格)

덕상녹절격은 일간의 덕신(德神)이 손상되고, 녹신(祿神)은 끊어지는 경우이다. 사절체(四絶體)라고도 한다. 양일(陽日)에는 반음과, 음일(陰日)에는 자가사(子加巳)일 경우에 이루어진다. 모든 점사에서 길하지 않다.

참관격(斬關格) 또는 이원취근격(移遠就近格)

이원취근격은 진참관괘(眞斬關卦)·동중부동(動中不動)·이원취근으로 구성이 되는 격이다. 동중부동은 점시가 발용이 되는 경우로 사물의 위치나 일의 진행이 먼 곳에 있지 않고 가까운 곳에 있는 경우이다. 이원취근은 느리게 진행되던 것이 점차 빠르게 진행된다는 의미로, 초전이 연지나 태세가 되고 중전 또는 말전은 월지나 일지가 되는 경우이다.

참관은 여러 가지 경우가 있는데, ① 辰·戌이 간지상신으로 있는 경우 ② 戌하괴나 辰천강이 간상이나 지상에 있어 초전이 되는 경우 ③ 진참관괘일 때 청룡 또는 육합이 辰천강에 붙어 간상신이 되는 경우 등이다. 참관은 주역에서 수풍정괘에 비유되는데, 이동하는 경우 辰천강과 戌하괴가 겹쳐 있어서 막히고 건너기 어려운 상이지만 이동하는 것이 좋고 가만히 있는 것은 좋지 않다. 관문(關門)을 탈출하여 도망하고 잠적하며 이동하는 데 좋다. 참관이나 삼교(三交)·교동(液童)·용전(龍戰)·유자(遊子)·현태(玄胎)·지일(知一)·천망(天網)·백화(魄化)가 한 과전에 중복되어 나타나면 도망·여행·가출의 일이다.

이 밖에 여행의 내정에 참고할 것이 무의(無依)·백임(白任)·탄사(彈射)·단륜(斷輪)·승헌(乘軒)·정마(丁馬)·가색(稼穡) 등이다. 삼전에 귀신(貴神)·태양·육합 등이 타면 천지가 뚫어져 있으므로 여행·출발·외출에 모두 길하다.

질병과 소송은 기도의 힘으로 피해가야 한다. 재물점에서 천장 현무와 정마·유자·참관 등이 같이 있으면 소모와 분실하는 일이 있고 헛된 일이 일어난다. 또한 참관은 음성적으로 거래하는 상으로 남몰래 이득을 얻는다. 다음의 庚寅5국은 간상신에 辰, 지상신에 戌이 있으므로 참관격에 해당된다.

말전	중전	초전
后白	白后	合合
庚寅	○午	丙戌
○午	戌	寅

4과	3과	2과	1과
白后	合合	蛇龍	武武
○午	丙戌	戊子	壬辰
戌	寅	辰	庚(申)

이원취근격의 속국으로는 己丑4국·庚寅5국·庚寅11국이 있다. 戌하

괴나 辰천강이 간상·지상에 있는 경우이다. 이 중 己丑4국은 간지상에 辰·戌이 있는 진참관격으로 이동의 기운이 있지만, 간지상신이 묘신(墓神)이고 음일의 묘성과(昴星課)이므로 모든 사물이 숨는 형상이 되어 이동할 수 없다. 또 庚寅5국과 庚寅11국은 삼전 중 중전과 말전이 공망이 되어 이동하지 못한다.

진참관격 중 천강이 간상신에 있는 경우는 다음과 같다. 이 경우 투옥이 된 사람은 유죄·무죄를 불문하고 풀려 나오게 된다. 간상신에 辰천강이 있는 경우 가만히 있는 사람은 움직이게 되고, 움직이는 사람은 가만히 있게 된다. 속국으로는 甲子11국·甲寅11국·甲辰11국·甲午11국·甲申11국·甲戌11국·乙丑1국·乙卯1국·乙巳1국·乙未1국·乙酉1국·乙亥1국·丙子2국·丙寅2국·丙辰2국·丙午2국·丙申2국·丙戌2국·丁丑4국·丁卯4국·丁巳4국·丁未4국·丁酉4국·丁亥4국·戊子2국·戊寅2국·戊辰2국·戊午2국·戊申2국·戊戌2국·己丑4국·己卯4국·己未4국·己酉4국·己亥4국·庚子5국·庚寅5국·庚辰5국·庚午5국·庚申5국·庚戌5국·辛丑7국·辛卯7국·辛巳7국·辛未7국·辛酉7국·辛亥7국·壬子8국·壬寅8국·壬辰8국·壬午8국·壬申8국·壬戌8국·癸丑10국·癸卯10국·癸巳10국·癸未10국·癸酉10국·癸亥10국이 있다.

∷ 사반음괘(似返吟卦)

반음괘는 아니지만 삼전의 구조가 반음괘와 유사한 경우이다. 즉, 초전과 말전이 같아서 내거하는 현상이 일어나는 격이다. 모든 일이 진전은 없고 제자리만 맴돈다.

말전	중전	초전
合龍	武后	合龍
○申	戊寅	○申
未	丑	未

4과	3과	2과	1과
陳空	合龍	陰天	武后
○酉	○申	己卯	戊寅
○申	未	寅	癸(丑)

위의 癸未12국은 초전과 말전이 같아서 내거하는 현상이 있으며, 초전과 중전이 공망이어서 제자리만 맴돈다. 또한 주점인 경우 초전과 말전에 육합이 있고 중전에 현무가 있으므로 음사가 강하며, 일진상신이 일진을 탈기하는 것도 고려한다.

091법 호림간귀흉속속(虎臨干鬼凶速速)

∷ 호림간귀격(虎臨干鬼格)

호림간귀격은 일간의 관귀에 백호가 임하는 경우, 즉 호귀(虎鬼)일 때 이루어지는 격으로 각종 점에서 흉액이 빨리 온다. 단, 호귀가 공망이 되거나, 호귀의 묘신 또는 장생 위에 있거나, 호귀 음신이 호귀를 상극하는 경우 흉액이 사라진다. 호귀가 제압되지 않는 경우, 소송점이면 형을 받고, 질병점이면 호귀에 해당하는 관성이 사기(死氣)에도 해당될 경우 극흉하다. 단, 관인의 점에서는 호귀가 최관부(催官符)가 되어 부임과 임명 등에 빠른 효과를 나타낸다. 그러므로 이 경우 호귀가 극이 되거나 공망이 되면 좋지 않다. 다음의 己巳5국_야점과 같은 경우이다.

말전	중전	초전
白后	后合	合白
辛未	○亥	丁卯
○亥	卯	未

4과	3과	2과	1과
武蛇	蛇龍	后合	合白
癸酉	乙丑	○亥	丁卯
丑	巳	卯	己(未)

호림간귀격의 속국은 다음과 같다. 甲子3국_야점 · 甲子11국_야점 · 丁卯5국_야점 · 戊寅10국_야점 · 己丑5국_야점_좌공 · 己卯5국_야점 · 己巳5국_야점 · 己未5국_야점 · 己酉5국_야점_공망 · 己亥5국_야점 · 壬子2국 · 壬寅2국 · 壬辰2국 · 壬午2국 · 壬申2국_공망 · 壬戌2국 · 癸丑4국_주점 · 癸卯4국_주점 · 癸巳4국_주점 · 癸未4국_주점 · 癸酉4국_주점_공망 · 癸亥4국_주점

:: 호귀승마격(虎鬼乘馬格)

호귀승마격은 호귀가 일진의 역마가 되는 경우이다. 이 때는 호귀만 있는 경우보다 흉액이 더 빠르다. 소송점의 경우 외지나 외국에서 벌을 받게 된다.

말전	중전	초전
后白	空天	蛇龍
丙寅	辛未	甲子
未	子	巳

4과	3과	2과	1과
白后	雀陳	空天	蛇龍
庚午	○亥	辛未	甲子
○亥	辰	子	戊(巳)

위의 戊辰6국_야점의 경우 일진 辰의 역마가 말전의 寅이다. 寅은 일간의 관귀가 되며 야점인 경우 백호가 되므로 호귀승마격이 된다. 호귀승마격의 속국은 다음과 같다. 甲寅1국 · 甲寅3국_야점 · 甲寅11국_야점 · 甲午11국_야점 · 戊子6국_야점 · 戊子8국_야점 · 戊子10국_야점 · 戊辰6국_야점

092법 용가생기길지지(龍加生氣吉遲遲)

:: 용가생기격(龍加生氣格)

천반 인수에 청룡이 있고 인수가 점월의 생기(生氣)에도 해당하는 경우이다. 현재는 크게 발전이 없지만 천천히 발복하는 격이다. 다음의 丙子4국_주점의 辰월점과 같은 경우이다.

말전	중전	초전
合蛇	空陳	武白
丙子	己卯	壬午
卯	午	○酉

4과	3과	2과	1과
武白	天陰	雀天	龍合
壬午	○酉	乙亥	戊寅
○酉	子	寅	丙(巳)

용가생기격의 속국은 다음과 같다. 丙子4국_주점_辰월점 · 丙寅4국_주점_辰월점 · 丙辰4국_주점_辰월점 · 丙午4국_주점_辰월점 · 丙申4국_주점_辰월점 · 丙戌4국_주점_辰월점 · 丁丑6국_야점_辰월점 · 丁卯6국_야점_辰월점 · 丁巳6국_야점_辰월점 · 丁未6국_야점_辰월점 · 丁酉6국_야점_辰월점 · 丁亥6국_야점_辰월점 · 戊子10국_주점_戌월점 · 戊寅10국_주점_戌월점 · 戊辰10국_주점_戌월점 · 戊午10국_주점_戌월점 · 戊申10국_주점_戌월점 · 戊戌10국_주점_戌월점 · 己丑3국_주점_未월점 · 己卯3국_주점_未월점 · 己未3국_주점_未월점 · 己酉3국_주점_未월점 · 己亥3국_주점_未월점

093법 망용삼전재화이(妄用三傳災禍異)

:: 길흉착오격(吉凶錯誤格)

육임 조식의 잘못으로 길흉 판단에 착오를 일으킬 수 있다는 격이다. 이는 능복지(凌福之)가 『필법부(畢法賦)』를 쓰기 전에 육임 조식이 잘못되었음을 지적한 것으로, 현재는 『필법부』 이후에 나온 『육임대전(六壬大全)』을 조식의 기준으로 삼고 있으므로 필법의 내용은 생략한다.

094법 희구공망잉묘기(喜懼空亡仍妙機)

:: 희구공망격(喜懼空亡格)

희구공망격은 공망으로 인해 길할 수도 있고, 흉할 수도 있다는 것이다. ① 공망이 길이 되는 경우는 일간의 관귀 · 탈기 요소 · 묘신이 공망이 되는 경우이고, ② 공망이 흉이 되는 경우는 일간의 인수 · 재성 · 정관 · 구신(救神) · 천덕(天德)이 공망이 되는 경우이다. 공망이면서 좌공인 경우는 지반 자체의 순공(旬空)보다 그 영향이 덜하다. 좌공이란 천반이 공망이 된 지반 위에 있는 것으로 유행공망(游行空亡)이라고도 한다. 또한, 좌공과 지반 순공을 함께 가리킬 때는 공함(空陷)이라고 한다. 천

덕은 월지 기준 신살표를 참고한다.

:: 견생불생격(見生不生格)

일간을 생하는 글자가 장생의 자리에 앉아 있거나, 스스로 장생에 취해 일간을 생하지 않는 경우이다. 예를 들어 甲의 장생은 亥인데, 亥가 申의 자리에 앉아 있는 경우이다. 반대로 일간을 생하는 글자가 있더라도 앉은 자리에서 극을 당하면 일간을 생하지 못한다. 속국은 생략한다.

:: 견극불극격(見剋不剋格)

극을 만난 글자가 극을 하지 못하는 상황을 가리킨다. 예를 들어 甲일간이 申을 만났는데 申이 巳·午의 자리에 앉아 있는 경우를 들 수 있다. 또한 申이 공함을 만난 경우에도 극을 하지 못한다. 공함은 좌공과 지반 순공이 함께 있는 경우이다. 속국은 생략한다.

:: 견재무재격(見財無財格)

과전에서 재성을 보지만 재물이 점인에게 이익이 안 되고 얻는 것보다 지출이 많은 격이다. 예를 들어 甲일에 辰·戌·丑·未 재성이 寅·卯 위에 있거나, 재성이 공함이 된 경우이다. 다음의 壬寅12국과 같은 경우이다. 己酉12국도 견재무재격이다.

말전	중전	초전
合蛇	雀天	蛇后
甲午	○巳	○辰
○巳	○辰	卯

4과	3과	2과	1과
蛇后	天陰	陰常	武白
○辰	癸卯	辛丑	庚子
卯	寅	子	壬(亥)

:: 견구불구격(見救不救格)

구신(救神)이 공망·좌공 등으로 제 역할을 못 하거나, 제극 또는 탐생(貪生)하는 경우에 이루어지는 격이다. 예를 들어, 甲일에 삼전에 申이 있고 간상신에 牛가 있으면 牛가 구신이 된다. 이 때 牛가 亥 위에 있어서 제극이 되는 경우이다. 이 경우 일간을 구하는 것이 아니라 오히려 일간을 탈기하여 재앙이 된다. 속국은 생략한다.

:: 견도부도격(見盜不盜格)

도신(盜神)이 제극이나 공망이 되어 제 역할을 못 하는 격이다. 예를 들어 甲일에 巳는 도신인데, 이 도신이 亥 위에 앉아 있는 경우이다. 속국은 생략한다.

:: 덕귀합국생신격(德貴合局生身格)

일명 귀덕임신격(貴德臨身格)으로 일간의 덕신(德神)에 귀인이 붙는 경우이다. 어려운 가운데 억지로라도 귀인의 협조로 방법을 찾게 된다.

말전	중전	초전
常常	陳天	天陳
壬辰	戊子	甲申
子	申	辰

4과	3과	2과	1과
武白	龍后	陳天	天陳
癸巳	己丑	戊子	甲申
丑	酉	申	乙(辰)

위의 乙酉9국은 ① 야점인 경우 삼전이 申子辰 삼합을 하여 일간을 생하므로 길한 것 같지만, 구진·천을·태상이 모두 토장(土將)으로 토극수(土剋水)를 하므로 일간을 생할 수 없어 소망을 이룰 수 없다. ② 주점인 경우는 덕신 申에 천을귀인이 붙어서 일간을 생하므로 억지로라도 귀인의 협조를 얻어 살 방편을 마련하게 된다.

:: 장상재흉격(長上災凶格)

일간의 장생이 공망이 되는 경우로 윗사람에게 흉이 있다. 점월의 생기가 공망이 되는 것도 흉하다. 다음의 戊寅10국은 수토동색(水土同色)을 적용하는 경우 申이 일간의 장생이 되고, 장생이 공망이 되었으므로 장상재흉격에 해당된다.

말전	중전	초전
戊寅	乙亥	○申
亥	○申	巳

4과	3과	2과	1과
○申	辛巳	乙亥	○申
巳	寅	○申	戊(巳)

장상재흉격의 속국으로는 甲子4국·丙午4국·戊寅10국·庚子4국·
壬午4국이 있다.

:: 희구격(喜懼格)

삼전이 모두 일간의 관귀인데 간상신이 일간의 장생이 되는 경우로,
한편으로는 기쁨이 되지만 다른 한편으로는 두려운 상황이 되는 격이다.
속국은 생략한다.

095법 육효현괘방기극(六爻現卦防其剋)

:: 육효현괘(六爻現卦)

육효현괘는 삼전이 모두 하나의 육친으로 구성되는 격이다. 종류로는
재효현괘(財爻現卦)·부모효현괘(父母爻現卦)·자식효현괘(子息爻現
卦)·관귀효현괘(官鬼爻現卦)·동류현괘(同類現卦)가 있다. 육효현괘
(六爻現卦)라고 할 때 육효는 명리에서의 육친과 같은 개념이다. 속국은
다음의 종류별 현괘를 참고한다.

(1) 재효현괘

재효현괘는 삼전이 모두 일간의 재성이 되는 경우이다. 재괴인(財壞
印)으로 인수를 쳐서 부모나 윗사람에게 흉이 되는데, 이 때 간지상신과
연명상신에 일간의 귀살이 있으면 재성의 기운을 흡수하여 재앙이 되지
않는다. 또한 간지상신에 인수가 없으면 부모나 윗사람에게 흉액이 없

다. 다음의 辛未5국과 같은 경우이다.

말전	중전	초전
辛未	○亥	丁卯
○亥	卯	未

4과	3과	2과	1과
○亥	丁卯	丙寅	庚午
卯	未	午	辛(戌)

속국으로는 丁丑5국 · 丁酉5국 · 戊戌12국 · 辛未5국이 있다.

(2) 부모효현괘

부모효현괘는 삼전이 모두 인수가 되는 경우이다. 이 때는 인도식(印倒食), 즉 인극식(印剋食)의 영향으로 자식에게 해가 된다. 단, 간지상신이나 연명상신에 비겁이 있으면 인수 생 비견, 비견 생 식상의 영향으로 자식이 발전하고 효도하게 된다. 다음의 戊寅5국과 같은 경우이다.

말전	중전	초전
戊寅	壬午	甲戌
午	戌	寅

4과	3과	2과	1과
壬午	甲戌	○酉	丁丑
戌	寅	丑	戊(巳)

(3) 자식효현괘

자식효현괘는 삼전이 모두 식상인 경우에 이루어지는 격이다. 이 경우 관성이 극을 당하는 상관견관(傷官見官)이 되어 관운이 흉하지만, 간지상신이나 연명상신에 재성이 있으면 재자약살(財滋弱殺)이 되어 관직에 있는 사람은 승진하고, 질병점인 경우 아주 흉하며, 소송점인 경우에는 벌을 받게 된다. 다음의 己巳9국과 같은 경우이다.

말전	중전	초전
己巳	乙丑	癸酉
丑	酉	巳

4과	3과	2과	1과
乙丑	癸酉	丁卯	○亥
酉	巳	○亥	己(未)

(4) 관귀효현괘

관귀효현괘는 삼전이 모두 관귀효가 되는 경우에 이루어지는 격이다. 관성이 자신을 치므로 자신과 형제자매에게 흉하지만, 간지상신과 연명상신에 인수가 있으면 관인상생이 되어 도리어 평안할 수 있다. 다음의 乙丑5국과 같은 경우이다.

말전	중전	초전
癸酉	乙丑	己巳
丑	巳	酉

4과	3과	2과	1과
己巳	癸酉	壬申	甲子
酉	丑	子	乙(辰)

(5) 동류현괘

동류현괘는 삼전이 모두 비겁일 경우에 이루어지는 격이다. 이 경우 재물운이 흉하고 처에게도 흉이 되지만, 간지상신과 연명상신에 식상이 있어서 소통을 시키면 오히려 식신생재(食神生財)로 재물이 늘고 처에게 아무런 문제도 생기지 않는다. 다음의 丙寅5국과 같은 경우이다.

말전	중전	초전
丙寅	庚午	○戌
午	○戌	寅

4과	3과	2과	1과
庚午	○戌	癸酉	乙丑
○戌	寅	丑	丙(巳)

∷ 육효생간상격(六爻生干上格)

전재화귀(傳財化鬼)·전귀화부모(傳鬼化父母)·전부모화형제(傳父母化兄弟)·전형제화자식(傳兄弟化子息)·전자식화재효(傳子息化財爻)인 경우이다. 삼전이 삼합하여 하나의 육친으로 구성이 되고, 이것이 간상신을 생하는 경우에 이루어지는 격이다. 속국은 다음의 종류별 격을 참고한다.

(1) 전재화귀

육효생간상격 중 삼전이 삼합하여 재국(財局)이 되고 간지상신이 귀살이 되어, 재성이 인수를 극하는 것을 설기시키는 경우에 이루어지는 격이다. 이 경우 부모와 윗사람에게 흉액은 없지만 재물점은 흉하다.

말전	중전	초전
白后	合白	后合
辛未	○亥	丁卯
○亥	卯	未

4과	3과	2과	1과
合白	后合	天陳	常天
○亥	丁卯	丙寅	庚午
卯	未	午	辛(○戌)

위의 辛未5국의 경우 부모에게 불리할 수 있지만 큰 영향은 없다. 단, 간상신이 월령 또는 지반으로부터 상생이 되어 득기하는 경우에 영향이 없고, 월령에 사절(死絕)이 되거나 지반에 극이 되면 매우 흉하다.

(2) 전귀화부모

삼전이 삼합하여 관귀가 되고, 관귀가 간상신을 생하는 경우에 이루어진다. 이 격은 자신 또는 형제자매에게 불리할 수 있지만 큰 영향은 없다. 단, 간상신이 월령 또는 지반으로부터 상생이 되어 득기하는 경우에 영향이 없고, 월령에 사절이 되거나 지반에 극이 되면 매우 흉하다. 다음의 乙巳5국과 같은 경우이다.

말전	중전	초전
癸丑	乙巳	己酉
巳	酉	丑

4과	3과	2과	1과
己酉	癸丑	戊申	壬子
丑	巳	子	乙(辰)

(3) 전부모화형제

육효생간상격 중 삼전이 삼합하여 인수가 되고 간상신에 비겁이 있는 경우이다. 자식에게 불리할 수 있지만 큰 영향은 없다. 단, 간상신이 월령 또는 지반으로부터 상생이 되어 득기하는 경우에 영향이 없고, 월령에 사절이 되거나 지반에 극이 되면 매우 흉하다. 삼전이 삼합하여 인수국(印綬局)이 되고 간지상신이 비겁이 되어 인수가 식상을 치는 것을 설기하기 때문이다. 다음의 戊午5국과 같은 경우이다.

말전	중전	초전
甲寅	戊午	壬戌
午	戌	寅

4과	3과	2과	1과
壬戌	甲寅	辛酉	○丑
寅	午	○丑	戌(巳)

(4) 전형제화자식

육효생간상격 중 삼전이 삼합하여 간상신을 상생하는 경우이다. 처첩에게 불리할 수 있지만 큰 영향은 없다. 단, 간상신이 월령 또는 지반으로부터 상생이 되어 득기하는 경우에 영향이 없고, 월령에 사절이 되거나 지반에 극이 되면 매우 흉하다. 삼전이 삼합하여 비겁국(比劫局)이 되고 간지상신이 식상이 되어 비겁이 재성을 치는 것을 설기하기 때문이다. 다음의 丁亥10국과 같은 경우이다.

말전	중전	초전
庚寅	丙戌	○午
亥	○未	卯

4과	3과	2과	1과
癸巳	庚寅	己丑	丙戌
寅	亥	戌	丁(○未)

(5) 전자식화재효

전자식화재효는 삼전이 삼합하여 간상신을 생할 때 이루어지는 격이다. 이 경우 관직이나 직장에 불리할 수 있지만 큰 영향은 없다. 단, 간상신이 월령 또는 지반으로부터 상생이 되어 득기하는 경우에 영향이 없고, 월령에 사절이 되거나 지반에 극이 되면 매우 흉하다. 삼전이 삼합하여 식상국(食傷局)이 되고 간지상신이 재성이 되어 식상이 관성을 치는 것을 설기하기 때문이다. 다음의 甲寅5국과 같은 경우이다.

말전	중전	초전
甲寅	戊午	壬戌
午	戌	寅

4과	3과	2과	1과
戊午	壬戌	戊午	壬戌
戌	寅	戌	甲(寅)

∷ 삼전무기격(三傳無氣格)

삼전무기격은 삼전이 午·丑·申일 경우에 이루어지는 격이다. 말전 申은 초전 午에 화극금(火剋金)이 되고, 丑 묘신(墓神)에 빠져서 아무런 작용도 할 수 없는 격이다. 삼전이 申·丑·午일 경우 삼전무기격에 준하는 것으로 본다. 삼전무기는 다음의 壬申6국과 같은 경우 일을 성취하기 어렵다. 말전인 장생 申이 아무런 작용을 할 수 없기 때문이다.

말전	중전	초전
壬申	乙丑	庚午
丑	午	○亥

4과	3과	2과	1과
○戌	丁卯	乙丑	庚午
卯	申	午	壬(○亥)

삼전무기격의 속국은 다음과 같다. 甲辰6국·乙卯6국·乙巳6국·乙未6국·乙亥6국·丙辰6국·丙戌8국·丁亥6국·戊戌8국·己亥6국·庚辰6국·庚戌8국·辛亥6국·壬子6국·壬寅6국·壬辰6국·壬午6국·壬申6국·壬戌6국

∷ 간지동류격(干支同類格)

일간과 일지가 같은 오행, 즉 비겁이 될 때 이루어지는 격이다. 겁재의 작용을 하므로 재물을 분탈(分奪)하고 재물점에 흉이 된다.

간지동류격의 속국은 다음과 같다. 甲寅1국~12국·乙卯1국~12국·丙午1국~12국·丁巳1국~12국·戊辰1국~12국·戊戌1국~12국·己丑1국~12국·己未1국~12국·庚申1국~12국·辛酉1국~12국·壬子1국~12국·癸亥1국~12국

:: 백의식시격(白蟻食尸格)

백의식시격은 부모를 뜻하는 인수가 지반 묘신 위에 있고 백호가 붙는 경우이다. 죽은 부모의 시신이 손상되어 화가 발생하며, 부모가 살아 있는 경우에는 질병·재액이 있다. 또한 점월의 사기(死氣)·사신(死神)이 더해지면 부모의 질병점에 매우 흉하다.

백의식시격의 속국은 다음과 같다. 丁卯6국_주점·戊子5국_주점·戊寅5국_주점·戊辰5국_주점·戊午5국_주점·戊申5국_주점·戊戌5국_주점·己丑6국_주점·己卯6국_주점·己未6국_주점·己酉6국_주점·己亥6국_주점·壬子6국_주점·壬寅6국_주점·壬辰6국_주점·壬午6국_주점·壬申6국_주점·壬戌6국·癸丑6국_야점·癸卯6국_야점·癸巳6국_야점·癸未6국_야점·癸酉6국_야점·癸亥6국_야점

:: 나거취재격(懶去取財格)

나거취재격은 간상신에 일간과 같은 오행이 있는 경우이다. 이 경우 삼전에 재성이 있어도 노력하여 취할 마음이 없어서 게으름을 피우다가 재물을 다른 사람에게 뺏길 수 있다. 다음의 甲子12국과 같은 경우이다.

말전	중전	초전
庚午	己巳	戊辰
巳	辰	卯

4과	3과	2과	1과
丙寅	乙丑	戊辰	丁卯
丑	子	卯	甲(寅)

나거취재격의 속국은 둔간 육친을 제외하고 재성이 삼전에 발용이 된 경우를 소개한다. 甲子12국·甲寅12국·甲辰12국·甲午12국·甲申12국·甲戌12국·乙丑2국·乙丑3국·乙卯2국·乙卯3국·乙巳2국·乙巳3국·乙未2국·乙酉2국·乙酉3국·乙亥2국·乙亥3국·丙子1국·丙寅1국·丙辰1국·丙午1국·丙午12국·丙申1국·丙申12국·丙戌1국·丁丑3국·丁卯3국·丁卯4국·丁卯7국·丁卯10국·丁巳3국·丁酉2국·丁亥2국·丁亥3국·戊寅2국·戊寅8국·戊辰5국·戊辰8국·戊辰11

국 · 戊午11국 · 戊申5국 · 戊申11국 · 戊戌11국 · 己丑4국 · 己丑7국 · 己卯1국 · 己卯4국 · 己卯10국 · 己未4국 · 己未10국 · 己酉4국 · 己亥1국 · 己亥4국 · 己亥7국 · 庚子1국 · 庚子12국 · 庚寅1국 · 庚辰1국 · 庚午1국 · 庚申1국 · 庚戌1국 · 辛巳2국 · 辛未2국 · 辛未3국 · 辛酉3국 · 辛亥3국 · 壬寅1국 · 壬寅12국 · 壬午1국 · 癸未2국 · 癸未3국 · 癸酉2국 · 癸酉3국 · 癸亥3국

096법 순내공망축류추(旬內空亡逐類推)

:: 순내공망격(旬內空亡格)

순내공망격은 순(旬) 내에 공망이 되는 격이다. 판단은 공망이 된 육친을 보고 한다. 예를 들어 재성이 공망이 되면 재물이나 처가 부족한 것으로 보며, 관귀가 공망이 되면 나를 억압하는 기운이 사라지고 흉액이 감소하는 것으로 판단한다. 속국은 생략한다.

:: 십악대패일(十惡大敗日)

甲辰 · 乙巳 · 壬申 · 丙申 · 丁亥 · 庚辰 · 戊戌 · 癸亥 · 辛巳 · 己丑의 십일일을 십악대패일이라고 한다. 이는 일록(日祿)이 공망이 든 날로 무록이라고도 한다. 일록은 일간 기준 신살표를 참고한다.

097법 소서불입내빙류(所筮不入乃憑類)

육임의 길흉 판단에서 육처는 중요한 역할을 한다. 육처란 간상신 · 지상신 · 초전 · 말전 · 연상신 · 명상신을 가리킨다. 이 육처에 나타난 글자를 가지고 길흉을 판단할 때, 육처에 든 것을 입(入) 또는 현(顯)이라 하고, 안 든 것을 불입(不入) 또는 은(隱)이라 하여 입이 된 것을 중심으로 판단한다.

육처에 유신이 없는 경우에는 천지반에서 해당하는 유신을 찾아서 판

단한다. 예를 들어 분실점의 경우, 도둑이 육처에 없더라도 천지반에서 탈기하는 요소, 현무, 일간의 관귀를 찾아 그 차림새나 도주 방향 등을 판단한다.

098법 비점현류물언지(非占現類勿言之)

점사는 그 목적에 따라 유신이 다르므로, 점사의 목적에 해당되는 유신에 대해서만 논한다. 예를 들어 寅에 백호가 붙어 지상에서 초전이 되는 경우 집안의 대들보가 부러져서 크게 놀라는 일이 있게 되지만, 재물을 구하는 점에서는 대들보가 부러지는 것이 점사의 목적과 아무 상관이 없다.

099법 상문불응봉길상(常問不應逢吉象)

용덕(龍德) · 주인(鑄印) · 고개(高蓋) · 승헌(乘軒) · 관작(官爵) · 부귀(富貴) · 삼광(三光) · 삼기(三奇) · 삼양(三陽) 등은 모두 길괘로 문점자의 신분이 높은 경우 귀인을 만나서 길하지만, 신분이 낮은 사람이 문점을 하는 경우에는 신분이 높은 귀인을 만날 수 없는 사람들이므로 이를 재판관 · 염라대왕 등으로 해석하여 판단한다.

100법 이재흉조반무흉(已災凶兆返無凶)

상혼(喪魂) · 백화(魄化) · 천화(天禍) · 천구(天寇) · 복앙(伏殃) · 천옥(天獄) · 천망사장(天網四張) · 천지이번(天地二煩) 등의 흉괘를 점을 쳐서 얻은 경우, 전에 흉한 질병이나 관재 등이 있었으면 이미 흉작용이 있었으므로 걱정하지 않아도 되지만, 만약 흉사가 없었다면 반드시 나쁜 일이 일어난다.

:: 결절격(結絕格)

육병일(六丙日)에 간상신이 亥인 경우에 이루어진다. 질병·소송의 경우 이미 이런 일을 겪었다면 치료되고 해결이 되지만, 겪지 않은 경우에는 질병·소송을 겪게 된다. 또한 야점은 亥에 귀인이 붙어 있으므로 귀인에게 부탁하여 흉사를 해결하는 것이 좋다. 丙辰7국의 경우이다.

말전	중전	초전
常空	雀天	常空
丁巳	癸亥	丁巳
亥	巳	亥

4과	3과	2과	1과
白白	蛇蛇	常空	雀天
丙辰	壬戌	丁巳	癸亥
戌	辰	亥	丙(巳)

속국으로는 丙子7국·丙寅7국·丙辰7국·丙午7국·丙申7국·丙戌7국이 있다.

:: 이흉제흉격(二凶制凶格)

흉한 기운이 흉한 것을 제압하여 문제가 되지 않는 경우이다.

말전	중전	초전
龍白	雀陳	后蛇
庚戌	丁未	甲辰
未	辰	丑

4과	3과	2과	1과
雀陳	后蛇	雀陳	后蛇
丁未	甲辰	丁未	甲辰
辰	丑	辰	癸(丑)

위의 癸丑10국의 경우, 1과를 보면 묘신부일(墓神覆日)에 간상신이 토극수(土剋水)를 하고, 야점인 경우에는 등사가 올라타서 매우 흉하다. 그러나 말전 백호가 탄 戌이 辰戌충으로 간상신을 막아주므로 흉으로 흉을 다스리는 격이다. 이흉제흉격의 속국으로는 癸丑4국_주점·癸丑10국_야점·癸卯4국_주점·癸巳4국_주점·癸未4국_주점·癸未10국_야점·癸酉10국_야점·癸亥10국_야점이 있다.

1. 일러두기

(1) 천장 표기
천장은 다음 표와 같이 약칭으로 적는다.

천장	天乙	騰蛇	朱雀	六合	勾陳	靑龍	天空	白虎	太常	玄武	太陰	天后
약칭	天	蛇	雀	合	陳	龍	空	白	常	武	陰	后

(2) 천장의 주점 · 야점 구별
천장은 주 · 야점으로 구분하였다. '后白'으로 표시된 경우 주점일 때 해당 과전과 천지반에 천후(天后)가 타고, 야점일 때 백호(白虎)가 탄다는 뜻이다.

2. 720국 조식과 특징

【甲子1국】 甲子순, 戌 · 亥 공망

말전	중전	초전		4과	3과	2과	1과
后白	雀陳	龍蛇		白后	白后	龍蛇	龍蛇
壬申	己巳	丙寅		甲子	甲子	丙寅	丙寅
申	巳	寅		子	子	寅	甲(寅)

주야	白后	空天	龍蛇	陳雀	合合	雀陳	蛇龍	天空	后白	陰常	武武	常陰
천반	甲子	乙丑	丙寅	丁卯	戊辰	己巳	庚午	辛未	壬申	癸酉	○戌	○亥
지반	子	丑	寅	卯	辰	巳	午	未	申	酉	○戌	○亥

- **특징** : 복음과(伏吟課) · 자임(自任)
- **필법** : 왕록가림격(旺祿加臨格) · 삼현태격(三玄胎格) · 주객형상격(主客刑上格)_삼형
  야점 : 간지공귀격(干支拱貴格)

【甲子2국】 甲子순, 戌 · 亥 공망

말전	중전	초전		4과	3과	2과	1과
武武	常陰	白后		武武	常陰	白后	空天
○戌	○亥	甲子		○戌	○亥	甲子	乙丑
○亥	子	丑		○亥	子	丑	甲(寅)

주야	常陰	白后	空天	龍蛇	陳雀	合合	雀陳	蛇龍	天空	后白	陰常	武武
천반	○亥	甲子	乙丑	丙寅	丁卯	戊辰	己巳	庚午	辛未	壬申	癸酉	○戌
지반	子	丑	寅	卯	辰	巳	午	未	申	酉	○戌	○亥

- **특징** : 지일과(知一課) · 비용(比用) · 퇴연여(退連茹) · 중음(重陰)
- **필법** : 불행전자격(不行傳者格) **주점** : 염막귀인격(簾幕貴人格) · 태상지생격(太常支生格)

【甲子3국】 甲子순, 戌·亥 공망

말전	중전	초전		4과	3과	2과	1과
蛇龍	后白	武武		后白	武武	武武	白后
庚午	壬申	○戌		壬申	○戌	○戌	甲子
申	○戌	子		○戌	子	子	甲(寅)

주야	武武	常陰	白后	空天	龍蛇	陳雀	合合	雀陳	蛇龍	天空	后白	陰常
천반	○戌	○亥	甲子	乙丑	丙寅	丁卯	戊辰	己巳	庚午	辛未	壬申	癸酉
지반	子	丑	寅	卯	辰	巳	午	未	申	酉	○戌	○亥

- **특징** : 지일과(知一課) · 비용(比用) · 패려(悖戾) · 퇴간전(退間傳) · 여덕(勵德)
- **필법** : 재공승현격(財空乘玄格) · 자재격(自在格) · 피난도생격(避難逃生格) · 답각진공격(踏脚眞空格) · 말조초혜격(末助初兮格) · 폐구격(閉口格) **야점** : 호림간귀격(虎臨干鬼格)

【甲子4국】 甲子순, 戌·亥 공망

말전	중전	초전		4과	3과	2과	1과
白后	陳雀	蛇龍		蛇龍	陰常	后白	常陰
甲子	丁卯	庚午		庚午	癸酉	壬申	○亥
卯	午	酉		酉	子	○亥	甲(寅)

주야	陰常	武武	常陰	白后	空天	龍蛇	陳雀	合合	雀陳	蛇龍	天空	后白
천반	癸酉	○戌	○亥	甲子	乙丑	丙寅	丁卯	戊辰	己巳	庚午	辛未	壬申
지반	子	丑	寅	卯	辰	巳	午	未	申	酉	○戌	○亥

- **특징** : 원수과(元首課) · 삼교(三交) · 고개(高蓋) · 헌개(軒蓋) · 천번(天煩) · 육의(六儀)
- **필법** : 폐구격(閉口格) · 장상재흉격(長上災凶格) · 사손취익격(捨損取益格) **야점** : 양공협묘격(兩空夾墓格) **주점** : 태상간생격(太常干生格)

【甲子5국】 甲子순, 戌·亥 공망

말전	중전	초전		4과	3과	2과	1과
白后	后白	合合		武武	蛇龍	后白	合合
丙寅	庚午	○戌		戊辰	壬申	庚午	○戌
午	戌	寅		申	子	○戌	甲(寅)

주야	蛇龍	雀陳	合合	陳雀	龍蛇	空天	白后	常陰	武武	陰常	后白	天空
천반	壬申	癸酉	○戌	○亥	甲子	乙丑	丙寅	丁卯	戊辰	己巳	庚午	辛未
지반	子	丑	寅	卯	辰	巳	午	未	申	酉	○戌	○亥

- **특징** : 중심과(重審課)·염상(炎上)·교동(狡童)·일여(泆女)
- **필법** : 초조협극격(初遭夾剋格)·부부무음격(夫婦蕪淫格)·피아부상격(彼我負傷格)
  야점 : 호승둔귀격(虎乘遯鬼格) **주점** : 신장살몰격(神藏殺沒格)

【甲子6국】 甲子순, 戌·亥 공망

말전	중전	초전		4과	3과	2과	1과
武武	雀陳	白后		白后	天空	武武	雀陳
戊辰	癸酉	丙寅		丙寅	辛未	戊辰	癸酉
酉	寅	未		未	子	酉	甲(寅)

주야	天空	蛇龍	雀陳	合合	陳雀	龍蛇	空天	白后	常陰	武武	陰常	后白
천반	辛未	壬申	癸酉	○戌	○亥	甲子	乙丑	丙寅	丁卯	戊辰	己巳	庚午
지반	子	丑	寅	卯	辰	巳	午	未	申	酉	○戌	○亥

- **특징** : 지일과(知一課)·도액(度厄)·사절(四絶)
- **필법** : 아괴성격(亞魁星格)·알구화출격(謁求禍出格) **주점** : 작귀격(雀鬼格)·부구앙수격(俯丘仰讐格)

【甲子7국】 甲子순, 戌·亥 공망

말전	중전	초전		4과	3과	2과	1과
白后	蛇龍	白后		龍蛇	后白	白后	蛇龍
丙寅	壬申	丙寅		甲子	庚午	丙寅	壬申
申	寅	申		午	子	申	甲(寅)

주야	后白	天空	蛇龍	雀陳	合合	陳雀	龍蛇	空天	白后	常陰	武武	陰常
천반	庚午	辛未	壬申	癸酉	○戌	○亥	甲子	乙丑	丙寅	丁卯	戊辰	己巳
지반	子	丑	寅	卯	辰	巳	午	未	申	酉	○戌	○亥

- **특징** : 반음과(返吟課)·무의(無依)
- **필법** : 명암이귀격(明暗二鬼格)·주객형상격(主客刑上格)_삼형·주야귀가격(晝夜貴加格) **야점** : 사호둔귀격(蛇虎遁鬼格) **주점** : 양귀협묘격(兩貴夾墓格)

【甲子8국】 甲子순, 戌·亥 공망

말전	중전	초전		4과	3과	2과	1과
合合	陰常	龍蛇		合合	陰常	龍蛇	天空
○戌	己巳	甲子		○戌	己巳	甲子	辛未
巳	子	未		巳	子	未	甲(寅)

주야	陰常	后白	天空	蛇龍	雀陳	合合	陳雀	龍蛇	空天	白后	常陰	武武
천반	己巳	庚午	辛未	壬申	癸酉	○戌	○亥	甲子	乙丑	丙寅	丁卯	戊辰
지반	子	丑	寅	卯	辰	巳	午	未	申	酉	○戌	○亥

- **특징** : 지일과(知一課)·도액(度厄)·주인(鑄印)
- **필법** : 육편판격(六片板格)·묘신부일(墓神覆日) **未년생** : 천망자이격(天網自裏格) **야점** : 염막귀인격(簾幕貴人格)·탈공격(脫空格) **주점** : 귀인공망격(貴人空亡格)·부귀패굴격(富貴敗屈格)

【甲子9국】 甲子순, 戌 · 亥 공망

말전	중전	초전		4과	3과	2과	1과
龍蛇	蛇龍	武武		蛇龍	武武	合合	后白
甲子	壬申	戊辰		壬申	戊辰	○戌	庚午
申	辰	子		辰	子	午	甲(寅)

주야	武武	陰常	后白	天空	蛇龍	雀陳	合合	陳雀	龍蛇	空天	白后	常陰
천반	戊辰	己巳	庚午	辛未	壬申	癸酉	○戌	○亥	甲子	乙丑	丙寅	丁卯
지반	子	丑	寅	卯	辰	巳	午	未	申	酉	○戌	○亥

· **특징** : 원수과(元首課) · 윤하(潤下) · 여덕(勵德) · 사기(死奇)
· **필법** : 합중범살격(合中犯殺格) · 삼전체생격(三傳遞生格) · 폐구격(閉口格) · 주객형상
격(主客刑上格)_자형 · 수류추동격(水流趨東格) · 지묘재성격(支墓財星格) **연명
상신_辰土** : 진해리패(眞解離卦) **야점** : 호승둔귀격(虎乘遯鬼格) · 사호둔귀격
(蛇虎遯鬼格)

【甲子10국】 甲子순, 戌 · 亥 공망

말전	중전	초전		4과	3과	2과	1과
白后	陳雀	蛇龍		后白	常陰	蛇龍	陰常
丙寅	○亥	壬申		庚午	丁卯	壬申	己巳
○亥	申	巳		卯	子	巳	甲(寅)

주야	常陰	武武	陰常	后白	天空	蛇龍	雀陳	合合	陳雀	龍蛇	空天	白后
천반	丁卯	戊辰	己巳	庚午	辛未	壬申	癸酉	○戌	○亥	甲子	乙丑	丙寅
지반	子	丑	寅	卯	辰	巳	午	未	申	酉	○戌	○亥

· **특징** : 중심과(重審課)
· **필법** : 절신가생격(絶神加生格) · 삼현태격(三玄胎格) · 탈상봉탈격(脫上逢脫格) · 백호
입상차격(白虎入喪車格) · 사승살격(四勝殺格) · 인택수탈격(人宅受脫格) · 불행
전자격(不行傳者格) **주점** : 양공협묘격(兩空夾墓格)

【甲子11국】 甲子순, 戌 · 亥 공망

말전	중전	초전
后白	蛇龍	合合
壬申	庚午	戊辰
午	辰	寅

4과	3과	2과	1과
合合	龍蛇	蛇龍	合合
戊辰	丙寅	庚午	戊辰
寅	子	辰	甲(寅)

주야	龍蛇	陳雀	合合	雀陳	蛇龍	天空	后白	陰常	武武	常陰	白后	空天
천반	丙寅	丁卯	戊辰	己巳	庚午	辛未	壬申	癸酉	○戌	○亥	甲子	乙丑
지반	子	丑	寅	卯	辰	巳	午	未	申	酉	○戌	○亥

- 특징 : 중심과(重審課) · 순간전(順間傳) · 등삼천(登三天) · 교동(狡童) · 불비(不備)
- 필법 : 피난도생격(避難逃生格) · 참관격(斬關格) · 권섭부정격(權攝不正格) **야점** : 귀
  등천문격(貴登天門格) · 호림간귀격(虎臨干鬼格) · 신장살몰격(神藏殺沒格) · 강
  색귀호격(罡塞鬼戶格)

【甲子12국】 甲子순, 戌 · 亥 공망

말전	중전	초전
蛇龍	雀陳	合合
庚午	己巳	戊辰
巳	辰	卯

4과	3과	2과	1과
龍蛇	空天	合合	陳雀
丙寅	乙丑	戊辰	丁卯
丑	子	卯	甲(寅)

주야	空天	龍蛇	陳雀	合合	雀陳	蛇龍	天空	后白	陰常	武武	常陰	白后
천반	乙丑	丙寅	丁卯	戊辰	己巳	庚午	辛未	壬申	癸酉	○戌	○亥	甲子
지반	子	丑	寅	卯	辰	巳	午	未	申	酉	○戌	○亥

- 특징 : 중심과(重審課) · 진연주(進連珠) · 승계(昇階)
- 필법 : 왕록가림격(旺祿加臨格) · 나거취재격(懶去取財格)

【乙丑1국】 甲子순, 戌 · 亥 공망

말전	중전	초전		4과	3과	2과	1과
陰陰	白蛇	陳陳		白蛇	白蛇	陳陳	陳陳
○戌	乙丑	戊辰		乙丑	乙丑	戊辰	戊辰
○戌	丑	辰		丑	丑	辰	乙(辰)

주야	常天	白蛇	空雀	龍合	陳陳	合龍	雀空	蛇白	天常	后武	陰陰	武后
천반	甲子	乙丑	丙寅	丁卯	戊辰	己巳	庚午	辛未	壬申	癸酉	○戌	○亥
지반	子	丑	寅	卯	辰	巳	午	未	申	酉	○戌	○亥

- **특징** : 복음과(伏吟課) · 가색(稼穡) · 자신(自信)
- **필법** : 참관격(斬關格)

【乙丑2국】 甲子순, 戌 · 亥 공망

말전	중전	초전		4과	3과	2과	1과
陰陰	武后	常天		武后	常天	空雀	龍合
○戌	○亥	甲子		○亥	甲子	丙寅	丁卯
○亥	子	丑		子	丑	卯	乙(辰)

주야	武后	常天	白蛇	空雀	龍合	陳陳	合龍	雀空	蛇白	天常	后武	陰陰
천반	○亥	甲子	乙丑	丙寅	丁卯	戊辰	己巳	庚午	辛未	壬申	癸酉	○戌
지반	子	丑	寅	卯	辰	巳	午	未	申	酉	○戌	○亥

- **특징** : 중심과(重審課) · 퇴연여(退連茹) · 중음(重陰) · 여덕(勵德) · 용덕(龍德)
- **필법** : 주객형상격(主客刑上格)_상형 · 나거취재격(懶去取財格) · 불행전자격(不行傳者格) · 왕록가림격(旺祿加臨格) · 인희아우격(人喜我憂格) **야점** : 우녀상회격(牛女相會格) **주점** : 폐구격(閉口格)

【乙丑3국】 甲子순, 戌·亥 공망

말전	중전	초전
蛇白	后武	武后
辛未	癸酉	○亥
酉	○亥	丑

4과	3과	2과	1과
后武	武后	常天	空雀
癸酉	○亥	甲子	丙寅
○亥	丑	寅	乙(辰)

주야	陰陰	武后	常天	白蛇	空雀	龍合	陳陳	合龍	雀空	蛇白	天常	后武
천반	○戌	○亥	甲子	乙丑	丙寅	丁卯	戊辰	己巳	庚午	辛未	壬申	癸酉
지반	子	丑	寅	卯	辰	巳	午	未	申	酉	○戌	○亥

- **특징** : 중심과(重審課)·퇴간전(退間傳)·시둔(時遁)
- **필법** : 나거취재격(懶去取財格)·유시무종격(有始無終格) **야점** : 호묘격(虎墓格)

【乙丑4국】 甲子순, 戌·亥 공망

말전	중전	초전
后白	雀陰	龍蛇
辛未	○戌	乙丑
○戌	丑	辰

4과	3과	2과	1과
后白	雀陰	雀陰	龍蛇
辛未	○戌	○戌	乙丑
○戌	丑	丑	乙(辰)

주야	蛇武	雀陰	合后	陳天	龍蛇	空雀	白合	常陳	武龍	陰空	后白	天常
천반	癸酉	○戌	○亥	甲子	乙丑	丙寅	丁卯	戊辰	己巳	庚午	辛未	壬申
지반	子	丑	寅	卯	辰	巳	午	未	申	酉	○戌	○亥

- **특징** : 중심과(重審課)·가색(稼穡)·여덕(勵德)·삼기(三奇)·유자(游子)·췌서(贅壻)
- **필법** : 주객형상격(主客刑上格)_삼형·불행전자격(不行傳者格) **야점** : 호승둔귀격(虎乘遯鬼格)·호묘격(虎墓格)

【乙丑5국】 甲子순, 戌·亥 공망

말전	중전	초전		4과	3과	2과	1과
蛇武	龍蛇	武龍		武龍	蛇武	天常	陳天
癸酉	乙丑	己巳		己巳	癸酉	壬申	甲子
丑	巳	酉		酉	丑	子	乙(辰)

주야	天常	蛇武	雀陰	合后	陳天	龍蛇	空雀	白合	常陳	武龍	陰空	后白
천반	壬申	癸酉	○戌	○亥	甲子	乙丑	丙寅	丁卯	戊辰	己巳	庚午	辛未
지반	子	丑	寅	卯	辰	巳	午	未	申	酉	○戌	○亥

- 특징 : 원수과(元首課) · 종혁(從革)
- 필법 : 주객형상격(主客刑上格)_자형 · 금강격(金剛格) · 호태격(互胎格) · 위중취재격
  (危中取財格) · 교차삼합격(交車三合格) · 교호육합격(交互六合格) · 육효현괘
  (六爻現卦)_관귀효현괘(官鬼爻現卦) · 수미상견격(首尾相見格) · 합중범살격(合
  中犯殺格) **야점** : 천거격(薦擧格) **주점** : 중귀수창격(衆鬼雖彰格) · 염막귀인격
  (簾幕貴人格)

【乙丑6국】 甲子순, 戌·亥 공망

말전	중전	초전		4과	3과	2과	1과
武白	雀雀	白武		白武	天陳	陰空	合蛇
己巳	○戌	丁卯		丁卯	壬申	庚午	○亥
○戌	卯	申		申	丑	○亥	乙(辰)

주야	后龍	天陳	蛇合	雀雀	合蛇	陳天	龍后	空陰	白武	常常	武白	陰空
천반	辛未	壬申	癸酉	○戌	○亥	甲子	乙丑	丙寅	丁卯	戊辰	己巳	庚午
지반	子	丑	寅	卯	辰	巳	午	未	申	酉	○戌	○亥

- 특징 : 지일과(知一課) · 단륜(斷輪) · 사절(四絶)
- 필법 : 불행전자격(不行傳者格) · 후목무용격(朽木無用格) **주점** : 귀승천을격(鬼乘天乙
  格)

【乙丑7국】 甲子순, 戌·亥 공망

말전	중전	초전
雀雀	常常	雀雀
○戌	戊辰	○戌
辰	○戌	辰

4과	3과	2과	1과
龍后	后龍	常常	雀雀
乙丑	辛未	戊辰	○戌
未	丑	○戌	乙(辰)

주야	陰空	后龍	天陳	蛇合	雀雀	合蛇	陳天	龍后	空陰	白武	常常	武白
천반	庚午	辛未	壬申	癸酉	○戌	○亥	甲子	乙丑	丙寅	丁卯	戊辰	己巳
지반	子	丑	寅	卯	辰	巳	午	未	申	酉	○戌	○亥

- 특징 : 반음과(返吟課) · 무의(無依) · 가색(稼穡)
- 필법 : 내거구공격(來去俱空格) · 삼전개공격(三傳皆空格)

【乙丑8국】 甲子순, 戌·亥 공망

말전	중전	초전
陳天	后龍	空陰
甲子	辛未	丙寅
未	寅	酉

4과	3과	2과	1과
合蛇	陰空	空陰	蛇合
○亥	庚午	丙寅	癸酉
午	丑	酉	乙(辰)

주야	武白	陰空	后龍	天陳	蛇合	雀雀	合蛇	陳天	龍后	空陰	白武	常常
천반	己巳	庚午	辛未	壬申	癸酉	○戌	○亥	甲子	乙丑	丙寅	丁卯	戊辰
지반	子	丑	寅	卯	辰	巳	午	未	申	酉	○戌	○亥

- 특징 : 중심과(重審課) · 여덕(勵德) · 천옥(天獄)
- 필법 : 구재대획격(求財大獲格) · 명암이귀격(明暗二鬼格) · 육편판격(六片板格) · 아괴성격(亞魁星格) · 사승살격(四勝殺格) **야점** : 가법부정격(家法不正格) · 부귀패굴격(富貴敗屈格)

【乙丑9국】 甲子순, 戌·亥 공망

말전	중전	초전		4과	3과	2과	1과
武白	龍后	蛇合		蛇合	武白	陳天	天陳
己巳	乙丑	癸酉		癸酉	己巳	甲子	壬申
丑	酉	巳		巳	丑	申	乙(辰)

주야	常常	武白	陰空	后龍	天陳	蛇合	雀雀	合蛇	陳天	龍后	空陰	白武
천반	戊辰	己巳	庚午	辛未	壬申	癸酉	○戌	○亥	甲子	乙丑	丙寅	丁卯
지반	子	丑	寅	卯	辰	巳	午	未	申	酉	○戌	○亥

- 특징 : 중심과(重審課)·종혁(從革)·교동(狡童)
- 필법 : 태신좌장생격(胎神坐長生格)·금강격(金剛格)·복태격(服胎格) **야점** : 염막귀인격(簾幕貴人格) **주점** : 귀승천을격(鬼乘天乙格)

【乙丑10국】 甲子순, 戌·亥 공망

말전	중전	초전		4과	3과	2과	1과
白后	陰雀	蛇龍		蛇龍	陳常	陰雀	蛇龍
乙丑	○戌	辛未		辛未	戊辰	○戌	辛未
○戌	未	辰		辰	丑	未	乙(辰)

주야	龍武	陳常	合白	雀空	蛇龍	天陳	后合	陰雀	武蛇	常天	白后	空陰
천반	丁卯	戊辰	己巳	庚午	辛未	壬申	癸酉	○戌	○亥	甲子	乙丑	丙寅
지반	子	丑	寅	卯	辰	巳	午	未	申	酉	○戌	○亥

- 특징 : 중심과(重審課)·가색(稼穡)·불비(不備)
- 필법 : 절신가생격(絶神加生格)·불행전자격(不行傳者格)·묘신부일(墓神覆日)·주객형상격(主客刑上格)_삼형·재둔귀격(財遁鬼格)·간지승묘격(干支乘墓格) **申·酉·戌월** : 관묘초용격(關墓初用格) **未년생** : 천망자이격(天網自裏格)

【乙표11국】 甲子순, 戌·亥 공망

말전	중전	초전		4과	3과	2과	1과
常天	陰雀	天陳		合白	龍武	天陳	雀空
甲子	○戌	壬申		己巳	丁卯	壬申	庚午
○戌	申	午		卯	丑	午	乙(辰)

주야	空陰	龍武	陳常	合白	雀空	蛇龍	天陳	后合	陰雀	武蛇	常天	白后
천반	丙寅	丁卯	戊辰	己巳	庚午	辛未	壬申	癸酉	○戌	○亥	甲子	乙丑
지반	子	丑	寅	卯	辰	巳	午	未	申	酉	○戌	○亥

- **특징** : 중심과(重審課)·순간전(順間傳)·섭삼연(涉三淵)·용덕(龍德)
- **필법** : 권섭부정격(權攝不正格)·탈상봉탈격(脫上逢脫格)·강색귀호격(罡塞鬼戶格)·불행전자격(不行傳者格)·간지전승사격(干支全乘死格) 양귀수극격(兩貴受剋格) **야점** : 탈공격(脫空格) **주점** : 양사협묘격(兩蛇夾墓格)

【乙표12국】 甲子순, 戌·亥 공망

말전	중전	초전		4과	3과	2과	1과
陳陳	龍合	空雀		龍合	空雀	雀空	合龍
戊辰	丁卯	丙寅		丁卯	丙寅	庚午	己巳
卯	寅	丑		寅	丑	巳	乙(辰)

주야	白蛇	空雀	龍合	陳陳	合龍	雀空	蛇白	天常	后武	陰陰	武后	常天
천반	乙丑	丙寅	丁卯	戊辰	己巳	庚午	辛未	壬申	癸酉	○戌	○亥	甲子
지반	子	丑	寅	卯	辰	巳	午	未	申	酉	○戌	○亥

- **특징** : 원수과(元首課)·진연주(進連珠)·정화(正和)·협정(夾定)

【丙寅1국】 甲子순, 戌·亥 공망

말전	중전	초전		4과	3과	2과	1과
白合	蛇武	陳空		白合	白合	陳空	陳空
丙寅	壬申	己巳		丙寅	丙寅	己巳	己巳
寅	申	巳		寅	寅	巳	丙(巳)

주야	武蛇	常雀	白合	空陳	龍龍	陳空	合白	雀常	蛇武	天陰	后后	陰天
천반	甲子	乙丑	丙寅	丁卯	戊辰	己巳	庚午	辛未	壬申	癸酉	○戌	○亥
지반	子	丑	寅	卯	辰	巳	午	未	申	酉	○戌	○亥

- 특징 : 복음과(伏吟課)·자임(自任)·길복음(吉伏吟)·여덕(勵德)
- 필법 : 주객형상격(主客刑上格)_삼형·길복음과(吉伏吟課)·피차시기해격(彼此猜忌害格)·나거취재격(懶去取財格)·교차형격(交車刑格)·왕록가림격(旺祿加臨格)

【丙寅2국】 甲子순, 戌·亥 공망

말전	중전	초전		4과	3과	2과	1과
后后	陰天	武蛇		武蛇	常雀	空陳	龍龍
○戌	○亥	甲子		甲子	乙丑	丁卯	戊辰
○亥	子	丑		丑	寅	辰	丙(巳)

주야	陰天	武蛇	常雀	白合	空陳	龍龍	陳空	合白	雀常	蛇武	天陰	后后
천반	○亥	甲子	乙丑	丙寅	丁卯	戊辰	己巳	庚午	辛未	壬申	癸酉	○戌
지반	子	丑	寅	卯	辰	巳	午	未	申	酉	○戌	○亥

- 특징 : 지일과(知一課)·퇴연여(退連茹)·중음(重陰)
- 필법 : 불행전자격(不行傳者格)·중귀수창격(衆鬼雖彰格)·참관격(斬關格)·옥택관광격(屋宅寬廣格)

【丙寅3국】 甲子순, 戌·亥 공망

말전	중전	초전		4과	3과	2과	1과
天陰	雀天	陳雀		蛇后	陰蛇	陳雀	空陳
癸酉	○亥	乙丑		○戌	甲子	乙丑	丁卯
○亥	丑	卯		子	寅	卯	丙(巳)

주야	蛇后	雀天	合蛇	陳雀	龍合	空陳	白龍	常空	武白	陰常	后武	天陰
천반	○戌	○亥	甲子	乙丑	丙寅	丁卯	戊辰	己巳	庚午	辛未	壬申	癸酉
지반	子	丑	寅	卯	辰	巳	午	未	申	酉	○戌	○亥

- **특징** : 중심과(重審課) · 퇴간전(退間傳) · 극음(極陰) · 격각(隔角) · 삼기(三奇)
- **필법** : 불행전자격(不行傳者格) · 간지개패격(干支皆敗格) · 구생격(俱生格) · 주객형상격(主客刑上格)_상형 **주점** : 주야귀가격(晝夜貴加格)

【丙寅4국】 甲子순, 戌·亥 공망

말전	중전	초전		4과	3과	2과	1과
常空	后武	雀天		后武	雀天	雀天	龍合
己巳	壬申	○亥		壬申	○亥	○亥	丙寅
申	○亥	寅		○亥	寅	寅	丙(巳)

주야	天陰	蛇后	雀天	合蛇	陳雀	龍合	空陳	白龍	常空	武白	陰常	后武
천반	癸酉	○戌	○亥	甲子	乙丑	丙寅	丁卯	戊辰	己巳	庚午	辛未	壬申
지반	子	丑	寅	卯	辰	巳	午	未	酉	○戌	○亥

- **특징** : 요극과(遙尅課) · 효시(嚆矢) · 불비(不備) · 용덕(龍德)
- **필법** : 외호이차야격(外好裏差枒格) · 구생격(俱生格) · 자재격(自在格) · 간지상회격(干支相會格) · 삼현태격(三玄胎格) **야점** : 귀승천을격(鬼乘天乙格) **주점_辰월** : 용가생기격(龍加生氣格)

【丙寅5국】 甲子순, 戌·亥 공망

말전	중전	초전		4과	3과	2과	1과
龍合	武白	蛇后		武白	蛇后	天陰	陳雀
丙寅	庚午	○戌		庚午	○戌	癸酉	乙丑
午	○戌	寅		○戌	寅	丑	丙(巳)

주야	后武	天陰	蛇后	雀天	合蛇	陳雀	龍合	空陳	白龍	常空	武白	陰常
천반	壬申	癸酉	○戌	○亥	甲子	乙丑	丙寅	丁卯	戊辰	己巳	庚午	辛未
지반	子	丑	寅	卯	辰	巳	午	未	申	酉	○戌	○亥

· 특징 : 중심과(重審課) · 염상(炎上) · 교동(狡童)
· 필법 : 합중범살격(合中犯殺格) · 육효현괘(六爻現卦)_동류현괘(同類現卦)

【丙寅6국】 甲子순, 戌·亥 공망

말전	중전	초전		4과	3과	2과	1과
龍合	陰常	合蛇		白龍	天陰	陰常	合蛇
丙寅	辛未	甲子		戊辰	癸酉	辛未	甲子
未	子	巳		酉	寅	子	丙(巳)

주야	陰常	后武	天陰	蛇后	雀天	合蛇	陳雀	龍合	空陳	白龍	常空	武白
천반	辛未	壬申	癸酉	○戌	○亥	甲子	乙丑	丙寅	丁卯	戊辰	己巳	庚午
지반	子	丑	寅	卯	辰	巳	午	未	申	酉	○戌	○亥

· 특징 : 지일과(知一課) · 도액(度厄) · 사절(四絶)
· 필법 : 수미상견격(首尾相見格) · 삼전호극격(三傳互剋格) · 알구화출격(謁求禍出格) ·
　　　　태수극절격(胎受剋絶格)

【丙寅7국】 甲子순, 戌 · 亥 공망

말전	중전	초전
龍武	后合	龍武
丙寅	壬申	丙寅
申	寅	申

4과	3과	2과	1과
龍武	后合	常空	雀天
丙寅	壬申	己巳	○亥
申	寅	○亥	丙(巳)

주야	武龍	陰陳	后合	天雀	蛇蛇	雀天	合后	陳陰	龍武	空常	白白	常空
천반	庚午	辛未	壬申	癸酉	○戌	○亥	甲子	乙丑	丙寅	丁卯	戊辰	己巳
지반	子	丑	寅	卯	辰	巳	午	未	申	酉	○戌	○亥

- **특징** : 반음과(返吟課) · 무의(無依)
- **필법** : 결절격(結絶格) · 전상좌극격(全傷坐剋格) · 알구화출격(謁求禍出格) · 교호육합격(交互六合格) · 피차시기해격(彼此猜忌害格) · 간지봉절격(干支逢絶格) · 명암이귀격(明暗二鬼格) **야점** : 귀승천을격(鬼乘天乙格) **주점** : 작귀격(雀鬼格) · 염막귀인격(簾幕貴人格)

【丙寅8국】 甲子순, 戌 · 亥 공망

말전	중전	초전
蛇蛇	常空	合后
○戌	己巳	甲子
巳	子	未

4과	3과	2과	1과
合后	陰陳	空常	蛇蛇
甲子	辛未	丁卯	○戌
未	寅	○戌	丙(巳)

주야	常空	武龍	陰陳	后合	天雀	蛇蛇	雀天	合后	陳陰	龍武	空常	白白
천반	己巳	庚午	辛未	壬申	癸酉	○戌	○亥	甲子	乙丑	丙寅	丁卯	戊辰
지반	子	丑	寅	卯	辰	巳	午	未	申	酉	○戌	○亥

- **특징** : 지일과(知一課) · 비용(比用) · 주인(鑄印)
- **필법** : 양사협묘격(兩蛇夾墓格) · 묘공격(墓空格) · 묘신부일(墓神覆日) · 간지승묘격(干支乘墓格) **야점** : 육편판격(六片板格) **戌년생** : 천망자이격(天網自裏格)

【丙寅9국】 甲子순, 戌·亥 공망

말전	중전	초전
陳空	常陰	天雀
己巳	乙丑	癸酉
丑	酉	巳

4과	3과	2과	1과
后蛇	合龍	常陰	天雀
○戌	庚午	乙丑	癸酉
午	寅	酉	丙(巳)

주야	龍白	陳空	合龍	雀陳	蛇合	天雀	后蛇	陰天	武后	常陰	白武	空常
천반	戊辰	己巳	庚午	辛未	壬申	癸酉	○戌	○亥	甲子	乙丑	丙寅	丁卯
지반	子	丑	寅	卯	辰	巳	午	未	申	酉	○戌	○亥

- 특징 : 중심과(重審課) · 종혁(從革)
- 필법 : 주객형상격(主客刑上格)_자형 · 재작폐구격(財作閉口格) · 간지전승사격(干支全乘死格) 합중범살격(合中犯殺格) · 아괴성격(亞魁星格) · 양귀수극격(兩貴受剋格) · 금강격(金剛格) · 사승살격(四勝殺格) · 장생재신격(將生財神格) **야점** : 염막귀인격(簾幕貴人格) **주점** : 상장조재격(上將助財格)

【丙寅10국】 甲子순, 戌·亥 공망

말전	중전	초전
白武	陰天	蛇合
丙寅	○亥	壬申
○亥	申	巳

4과	3과	2과	1과
蛇合	陳空	陰天	蛇合
壬申	己巳	○亥	壬申
巳	寅	申	丙(巳)

주야	空常	龍白	陳空	合龍	雀陳	蛇合	天雀	后蛇	陰天	武后	常陰	白武
천반	丁卯	戊辰	己巳	庚午	辛未	壬申	癸酉	○戌	○亥	甲子	乙丑	丙寅
지반	子	丑	寅	卯	辰	巳	午	未	申	酉	○戌	○亥

- 특징 : 중심과(重審課) · 불비(不備)
- 필법 : 불행전자격(不行傳者格) · 백호입상차격(白虎入喪車格) · 간지녹마격(干支祿馬格) · 절신가생격(絶神加生格) · 권섭부정격(權攝不正格) · 자연모복격(子戀母腹格) · 재둔귀격(財遁鬼格) **주점** : 용파신심격(用破身心格)

【丙寅11국】 甲子순, 戌·亥 공망

말전	중전	초전
蛇合	合龍	龍白
壬申	庚午	戊辰
午	辰	寅

4과	3과	2과	1과
合龍	龍白	天雀	雀陳
庚午	戊辰	癸酉	辛未
辰	寅	未	丙(巳)

주야	白武	空常	龍白	陳空	合龍	雀陳	蛇合	天雀	后蛇	陰天	武后	常陰
천반	丙寅	丁卯	戊辰	己巳	庚午	辛未	壬申	癸酉	○戌	○亥	甲子	乙丑
지반	子	丑	寅	卯	辰	巳	午	未	申	酉	○戌	○亥

- 특징 : 중심과(重審課) · 순간전(順間傳) · 등삼천(登三天) · 여덕(勵德) · 사기(死奇)
- 필법 : 강색귀호격(罡塞鬼戶格)

【丙寅12국】 甲子순, 戌·亥 공망

말전	중전	초전
合龍	陳空	龍白
庚午	己巳	戊辰
巳	辰	卯

4과	3과	2과	1과
龍白	空常	雀陳	合龍
戊辰	丁卯	辛未	庚午
卯	寅	午	丙(巳)

주야	常陰	白武	空常	龍白	陳空	合龍	雀陳	蛇合	天雀	后蛇	陰天	武后
천반	乙丑	丙寅	丁卯	戊辰	己巳	庚午	辛未	壬申	癸酉	○戌	○亥	甲子
지반	子	丑	寅	卯	辰	巳	午	未	申	酉	○戌	○亥

- 특징 : 중심과(重審課) · 진연주(進連珠) · 승계(昇階)
- 필법 : 개왕격(皆旺格) · 왕록가림격(旺祿加臨格)

【丁卯1국】 甲子순, 戌 · 亥 공망

말전	중전	초전		4과	3과	2과	1과
白合	蛇武	陳空		陳空	陳空	常雀	常雀
庚午	甲子	丁卯		丁卯	丁卯	辛未	辛未
午	子	卯		卯	卯	未	丁(未)

주야	蛇武	雀常	合白	陳空	龍龍	空陳	白合	常雀	武蛇	陰天	后后	天陰
천반	甲子	乙丑	丙寅	丁卯	戊辰	己巳	庚午	辛未	壬申	癸酉	○戌	○亥
지반	子	丑	寅	卯	辰	巳	午	未	申	酉	○戌	○亥

- 특징 : 복음과(伏吟課) · 삼교(三交) · 자신(自信) · 용전(龍戰) · 육의(六儀)
- 필법 : 의혹격(疑惑格) **巳년_태세 행년 연명 포함** : 상조전봉격(喪弔全逢格) **야점** : 폐구격(閉口格)

【丁卯2국】 甲子순, 戌 · 亥 공망

말전	중전	초전		4과	3과	2과	1과
天陰	蛇武	雀常		雀常	合白	空陳	白合
○亥	甲子	乙丑		乙丑	丙寅	己巳	庚午
子	丑	寅		寅	卯	午	丁(未)

주야	天陰	蛇武	雀常	合白	陳空	龍龍	空陳	白合	常雀	武蛇	陰天	后后
천반	○亥	甲子	乙丑	丙寅	丁卯	戊辰	己巳	庚午	辛未	壬申	癸酉	○戌
지반	子	丑	寅	卯	辰	巳	午	未	申	酉	○戌	○亥

- 특징 : 중심과(重審課) · 퇴연여(退連茹) · 삼기(三奇)
- 필법 : **야점** : 왕록가림격(旺祿加臨格) **주점** : 녹피현탈격(祿被玄奪格) **辰년_태세 행년 연명 포함** : 상조전봉격(喪弔全逢格)

【丁卯3국】 甲子순, 戌 · 亥 공망

말전	중전	초전
常陰	陰天	天雀
辛未	癸酉	○亥
酉	○亥	丑

4과	3과	2과	1과
天雀	雀陳	陳空	空常
○亥	乙丑	丁卯	己巳
丑	卯	巳	丁(未)

주야	后蛇	天雀	蛇合	雀陳	合龍	陳空	龍白	空常	白武	常陰	武后	陰天
천반	○戌	○亥	甲子	乙丑	丙寅	丁卯	戊辰	己巳	庚午	辛未	壬申	癸酉
지반	子	丑	寅	卯	辰	巳	午	未	申	酉	○戌	○亥

- **특징** : 섭해과(涉害課) · 퇴간전(退間傳) · 시둔(時遁)
- **필법** : 나거취재격(懶去取財格) · 교차탈격(交車脫格) · 이귀개공격(二貴皆空格) **卯년_태세 행년 연명 포함** : 상조전봉격(喪弔全逢格) **야점** : 주야귀가격(晝夜貴加格)

【丁卯4국】 甲子순, 戌 · 亥 공망

말전	중전	초전
白武	陰天	蛇合
庚午	癸酉	甲子
酉	子	卯

4과	3과	2과	1과
陰天	蛇合	雀陳	龍白
癸酉	甲子	乙丑	戊辰
子	卯	辰	丁(未)

주야	陰天	后蛇	天雀	蛇合	雀陳	合龍	陳空	龍白	空常	白武	常陰	武后
천반	癸酉	○戌	○亥	甲子	乙丑	丙寅	丁卯	戊辰	己巳	庚午	辛未	壬申
지반	子	丑	寅	卯	辰	巳	午	未	申	酉	○戌	○亥

- **특징** : 요극과(遙剋課) · 삼교(三交) · 이번(二煩)
- **필법** : 피차시기해격(彼此猜忌害格) · 참관격(斬關格) · 폐구격(閉口格) **寅년_태세 행년 연명 포함** : 상조전봉격(喪弔全逢格)

【丁卯5국】 甲子순, 戌 · 亥 공망

말전	중전	초전		4과	3과	2과	1과
天雀	陳空	常陰		常陰	天雀	天雀	陳空
○亥	丁卯	辛未		辛未	○亥	○亥	丁卯
卯	未	○亥		○亥	卯	卯	丁(未)

주야	武后	陰天	后蛇	天雀	蛇合	雀陳	合龍	陳空	龍白	空常	白武	常陰
천반	壬申	癸酉	○戌	○亥	甲子	乙丑	丙寅	丁卯	戊辰	己巳	庚午	辛未
지반	子	丑	寅	卯	辰	巳	午	未	申	酉	○戌	○亥

- **특징** : 원수과(元首課) · 곡직(曲直) · 불비(不備)
- **필법** : 회환격(回環格) · 목락귀근격(木落歸根格) · 자재격(自在格) · 구생격(俱生格) **야점** : 사과개공격(四課皆空格) · 삼전개공격(三傳皆空格) **주점** : 귀승천을격(鬼乘天乙格) **丑년_태세 행년 연명 포함** : 상조전봉격(喪弔全逢格)

【丁卯6국】 甲子순, 戌 · 亥 공망

말전	중전	초전		4과	3과	2과	1과
蛇合	空常	后蛇		空常	后蛇	陰天	合龍
甲子	己巳	○戌		己巳	○戌	癸酉	丙寅
巳	○戌	卯		○戌	卯	寅	丁(未)

주야	常陰	武后	陰天	后蛇	天雀	蛇合	雀陳	合龍	陳空	龍白	空常	白武
천반	辛未	壬申	癸酉	○戌	○亥	甲子	乙丑	丙寅	丁卯	戊辰	己巳	庚午
지반	子	丑	寅	卯	辰	巳	午	未	申	酉	○戌	○亥

- **특징** : 중심과(重審課) · 사절(四絶) · 천옥(天獄)
- **필법** : **야점** : 묘문개격(墓門開格) **야점_辰월** : 용가생기격(龍加生氣格) **子년_태세 행년 연명 포함** : 상조전봉격(喪弔全逢格) **주점** : 후합점혼격(后合占婚格) · 장봉내전격(將逢內戰格) **亥 · 子 · 丑월** : 관묘초용격(關墓初用格)

【丁卯7국】 甲子순, 戌·亥 공망

말전	중전	초전
常空	雀天	常空
丁卯	癸酉	丁卯
酉	卯	酉

4과	3과	2과	1과
常空	雀天	陳陰	陰陳
丁卯	癸酉	辛未	乙丑
酉	卯	丑	丁(未)

주야	龍武	陳陰	合后	雀天	蛇蛇	天雀	后合	陰陳	武龍	常空	白白	空常
천반	庚午	辛未	壬申	癸酉	○戌	○亥	甲子	乙丑	丙寅	丁卯	戊辰	己巳
지반	子	丑	寅	卯	辰	巳	午	未	申	酉	○戌	○亥

- 특징 : 반음과(返吟課) · 무의(無依) · 삼교(三交) · 이번(二煩) · 용전(龍戰)
- 필법 : 탈상봉탈격(脫上逢脫格) · 두괴상가격(斗魁相加格) · 재작폐구격(財作閉口格) · 의혹격(疑惑格) **亥년_태세 행년 연명 포함** : 상조전봉격(喪弔全逢格)

【丁卯8국】 甲子순, 戌·亥 공망

말전	중전	초전
常空	蛇蛇	空常
丁卯	○戌	己巳
○戌	巳	子

4과	3과	2과	1과
陰陳	合后	空常	后合
乙丑	壬申	己巳	甲子
申	卯	子	丁(未)

주야	空常	龍武	陳陰	合后	雀天	蛇蛇	天雀	后合	陰陳	武龍	常空	白白
천반	己巳	庚午	辛未	壬申	癸酉	○戌	○亥	甲子	乙丑	丙寅	丁卯	戊辰
지반	子	丑	寅	卯	辰	巳	午	未	申	酉	○戌	○亥

- 특징 : 중심과(重審課) · 주인(鑄印)
- 필법 : 후합점혼격(后合占婚格) · 불행전자격(不行傳者格) · 양사협묘격(兩蛇夾墓格) · 명암이귀격(明暗二鬼格) **戌년_태세 행년 연명 포함** : 상조전봉격(喪弔全逢格)
  주점 : 육편판격(六片板格) · 삼전개공격(三傳皆空格)

【丁卯9국】 甲子순, 戌·亥 공망

말전	중전	초전		4과	3과	2과	1과
常空	天陰	陳雀		天陰	陳雀	常空	天陰
丁卯	○亥	辛未		○亥	辛未	丁卯	○亥
○亥	未	卯		未	卯	○亥	丁(未)

주야	白龍	空陳	龍合	陳雀	合蛇	雀天	蛇后	大陰	后武	陰常	武白	常空
천반	戊辰	己巳	庚午	辛未	壬申	癸酉	○戌	○亥	甲子	乙丑	丙寅	丁卯
지반	子	丑	寅	卯	辰	巳	午	未	申	酉	○戌	○亥

- **특징** : 섭해과(涉害課) · 곡직(曲直) · 불비(不備) · 순환(循環)
- **필법** : 목락귀근격(木落歸根格) · 회환격(回環格) · 불행전자격(不行傳者格) · 양귀수극격(兩貴受剋格) **야점** : 염막귀인격(簾幕貴人格) **酉년_태세 행년 연명 포함** : 상조전봉격(喪弔全逢格) **주점** : 귀승천을격(鬼乘天乙格)

※ 초전 · 중전 · 말전을 亥 · 卯 · 未로 보기도 한다.

【丁卯10국】 甲子순, 戌·亥 공망

말전	중전	초전		4과	3과	2과	1과
常空	后武	雀天		雀天	龍合	陰常	蛇后
丁卯	甲子	癸酉		癸酉	庚午	乙丑	○戌
子	酉	午		午	卯	○戌	丁(未)

주야	常空	白龍	空陳	龍合	陳雀	合蛇	雀天	蛇后	大陰	后武	陰常	武白
천반	丁卯	戊辰	己巳	庚午	辛未	壬申	癸酉	○戌	○亥	甲子	乙丑	丙寅
지반	子	丑	寅	卯	辰	巳	午	未	申	酉	○戌	○亥

- **특징** : 중심과(重審課) · 삼교(三交) · 지번(地煩) · 용전(龍戰) · 육의(六儀)
- **필법** : 권섭부정격(權攝不正格) · 묘신부일(墓神覆日) · 묘공격(墓空格) · 절신가생격(絶神加生格) · 교차삼교격(交車三交格) **申년_태세 행년 연명 포함** : 상조전봉격(喪弔全逢格) **야점** : 후합점혼격(后合占婚格) **戌년생** : 천망자이격(天網自裏格)

【丁卯11국】甲子순, 戌·亥 공망

말전	중전	초전
常陰	陰天	雀天
乙丑	○亥	癸酉
○亥	酉	未

4과	3과	2과	1과
陳雀	空陳	天陰	雀天
辛未	己巳	○亥	癸酉
巳	卯	酉	丁(未)

주야	武白	常空	白龍	空陳	龍合	陳雀	合蛇	雀天	蛇后	天陰	后武	陰常
천반	丙寅	丁卯	戊辰	己巳	庚午	辛未	壬申	癸酉	○戌	○亥	甲子	乙丑
지반	子	丑	寅	卯	辰	巳	午	未	申	酉	○戌	○亥

- **특징** : 중심과(重審課) · 순간전(順間傳) · 응음(凝陰) · 여덕(勵德) · 용전(龍戰)
- **필법** : 재작폐구격(財作閉口格) · 불행전자격(不行傳者格) · 아괴성격(亞魁星格) · 강색귀호격(罡塞鬼戶格) · 귀인임림격(貴人臨林格) · 재둔귀격(財遁鬼格) **未년_태세 행년 연명 포함** : 상조전봉격(喪弔全逢格) **주점** : 주야귀가격(晝夜貴加格) · 용파신심격(用破身心格) · 염막귀인격(簾幕貴人格)

【丁卯12국】甲子순, 戌·亥 공망

말전	중전	초전
龍合	空陳	白龍
庚午	己巳	戊辰
巳	辰	卯

4과	3과	2과	1과
空陳	白龍	雀天	合蛇
己巳	戊辰	癸酉	壬申
辰	卯	申	丁(未)

주야	陰常	武白	常空	白龍	空陳	龍合	陳雀	合蛇	雀天	蛇后	天陰	后武
천반	乙丑	丙寅	丁卯	戊辰	己巳	庚午	辛未	壬申	癸酉	○戌	○亥	甲子
지반	子	丑	寅	卯	辰	巳	午	未	申	酉	○戌	○亥

- **특징** : 섭해과(涉害課) · 찰미(察微) · 진연주(進連珠) · 승계(昇階) · 사기(死奇)
- **필법** : **午년_태세 행년 연명 포함** : 상조전봉격(喪弔全逢格)

【戊辰1국】甲子순, 戌・亥 공망

말전	중전	초전		4과	3과	2과	1과
蛇龍	白后	陳雀		合合	合合	陳雀	陳雀
丙寅	壬申	己巳		戊辰	戊辰	己巳	己巳
寅	申	巳		辰	辰	巳	戊(巳)

주야	后白	天空	蛇龍	雀陳	合合	陳雀	龍蛇	空天	白后	常陰	武武	陰常
천반	甲子	乙丑	丙寅	丁卯	戊辰	己巳	庚午	辛未	壬申	癸酉	○戌	○亥
지반	子	丑	寅	卯	辰	巳	午	未	申	酉	○戌	○亥

· **특징** : 복음과(伏吟課) · 자임(自任) · 흉복음(凶伏吟) · 일여(泆女)
· **필법** : 간지동류격(干支同類格) · 왕록가림격(旺祿加臨格) · 말조초혜격(末助初兮格) · 양면도격(兩面刀格) · 흉복음과(凶伏吟課) · 삼전호극격(三傳互剋格) · 우중다행격(憂中多幸格) · 주객형상격(主客刑上格)_삼형

【戊辰2국】甲子순, 戌・亥 공망

말전	중전	초전		4과	3과	2과	1과
天空	蛇龍	雀陳		蛇龍	雀陳	雀陳	合合
乙丑	丙寅	丁卯		丙寅	丁卯	丁卯	戊辰
寅	卯	辰		卯	辰	辰	戊(巳)

주야	陰常	后白	天空	蛇龍	雀陳	合合	陳雀	龍蛇	空天	白后	常陰	武武
천반	○亥	甲子	乙丑	丙寅	丁卯	戊辰	己巳	庚午	辛未	壬申	癸酉	○戌
지반	子	丑	寅	卯	辰	巳	午	未	申	酉	○戌	○亥

· **특징** : 지일과(知一課) · 비용(比用) · 퇴연여(退連茹) · 불비(不備) · 연방(聯芳) · 사기(死奇)
· **필법** : 간지동류격(干支同類格) · 삼전삼기격(三傳三奇格) · 참관격(斬關格)

【戊辰3국】 甲子순, 戌・亥 공망

말전	중전	초전
常陰	陰常	天空
癸酉	○亥	乙丑
○亥	丑	卯

4과	3과	2과	1과
后白	蛇龍	天空	雀陳
甲子	丙寅	乙丑	丁卯
寅	辰	卯	戌(巳)

주야	武武	陰常	后白	天空	蛇龍	雀陳	合合	陳雀	龍蛇	空天	白后	常陰
천반	○戌	○亥	甲子	乙丑	丙寅	丁卯	戊辰	己巳	庚午	辛未	壬申	癸酉
지반	子	丑	寅	卯	辰	巳	午	未	申	酉	○戌	○亥

- **특징** : 중심과(重審課) · 퇴간전(退間傳) · 극음(極陰) · 용덕(龍德) · 삼기(三奇)
- **필법** : 불행전자격(不行傳者格) · 간지동류격(干支同類格) **야점** : 삼전개공격(三傳皆空格) **주점** : 작귀격(雀鬼格)

【戊辰4국】 甲子순, 戌・亥 공망

말전	중전	초전
白后	陰常	蛇龍
壬申	○亥	丙寅
○亥	寅	巳

4과	3과	2과	1과
武武	天空	陰常	蛇龍
○戌	乙丑	○亥	丙寅
丑	辰	寅	戌(巳)

주야	常陰	武武	陰常	后白	天空	蛇龍	雀陳	合合	陳雀	龍蛇	空天	白后
천반	癸酉	○戌	○亥	甲子	乙丑	丙寅	丁卯	戊辰	己巳	庚午	辛未	壬申
지반	子	丑	寅	卯	辰	巳	午	未	申	酉	○戌	○亥

- **특징** : 원수과(元首課)
- **필법** : 삼현태격(三玄胎格) · 명암이귀격(明暗二鬼格) · 고거감래격(苦去甘來格) · 불행전자격(不行傳者格) · 간지동류격(干支同類格)

【戊辰5국】 甲子순, 戌・亥 공망

말전	중전	초전		4과	3과	2과	1과
武武	龍蛇	蛇龍		龍蛇	蛇龍	陳雀	天空
戊辰	壬申	甲子		壬申	甲子	癸酉	乙丑
申	子	辰		子	辰	丑	戊(巳)

주야	龍蛇	陳雀	合合	雀陳	蛇龍	天空	后白	陰常	武武	常陰	白后	空天
천반	壬申	癸酉	○戌	○亥	甲子	乙丑	丙寅	丁卯	戊辰	己巳	庚午	辛未
지반	子	丑	寅	卯	辰	巳	午	未	申	酉	○戌	○亥

- **특징** : 중심과(重審課)・윤하(潤下)
- **필법** : 수혼신(收魂神)・간지동류격(干支同類格)・간지상신상합격(干支上神相合格)・나거취재격(懶去取財格)・수류추동격(水流趨東格) **야점** : 신장살몰격(神藏殺沒格)・염막귀인격(簾幕貴人格) **주점** : 백의식시격(白蟻食尸格)

【戊辰6국】 甲子순, 戌・亥 공망

말전	중전	초전		4과	3과	2과	1과
后白	空天	蛇龍		白后	雀陳	空天	蛇龍
丙寅	辛未	甲子		庚午	○亥	辛未	甲子
未	子	巳		○亥	辰	子	戊(巳)

주야	空天	龍蛇	陳雀	合合	雀陳	蛇龍	天空	后白	陰常	武武	常陰	白后
천반	辛未	壬申	癸酉	○戌	○亥	甲子	乙丑	丙寅	丁卯	戊辰	己巳	庚午
지반	子	丑	寅	卯	辰	巳	午	未	申	酉	○戌	○亥

- **특징** : 섭해과(涉害課)・도액(度厄)・사절(四絶)・철하(綴瑕)・육의(六儀)
- **필법** : 태수극절격(胎受剋絶格)・수혼신(收魂神)・간지동류격(干支同類格)・재둔귀격(財遁鬼格) **야점** : 호귀승마격(虎鬼乘馬格)・마재호귀격(馬載虎鬼格) **寅월** : 탈재생기격(脫財生氣格)

【戊辰7국】 甲子순, 戌 · 亥 공망

말전	중전	초전
常陰	雀陳	常陰
己巳	○亥	己巳
○亥	巳	○亥

4과	3과	2과	1과
武武	合合	常陰	雀陳
戊辰	○戌	己巳	○亥
○戌	辰	○亥	戊(巳)

주야	白后	空天	龍蛇	陳雀	合合	雀陳	蛇龍	天空	后白	陰常	武武	常陰
천반	庚午	辛未	壬申	癸酉	○戌	○亥	甲子	乙丑	丙寅	丁卯	戊辰	己巳
지반	子	丑	寅	卯	辰	巳	午	未	申	酉	○戌	○亥

· **특징** : 반음과(返吟課) · 무의(無依)
· **필법** : 삼전개공격(三傳皆空格) · 간지동류격(干支同類格) · 수혼신(收魂神) · 사과개공격(四課皆空格) · 주야귀가격(晝夜貴加格) · 내거구공격(來去俱空格)

※ 초전 · 중전 · 말전을 亥 · 巳 · 亥로 보기도 한다.

【戊辰8국】 甲子순, 戌 · 亥 공망

말전	중전	초전
蛇龍	空天	后白
甲子	辛未	丙寅
未	寅	酉

4과	3과	2과	1과
后白	陳雀	陰常	合合
丙寅	癸酉	丁卯	○戌
酉	辰	○戌	戊(巳)

주야	常陰	白后	空天	龍蛇	陳雀	合合	雀陳	蛇龍	天空	后白	陰常	武武
천반	己巳	庚午	辛未	壬申	癸酉	○戌	○亥	甲子	乙丑	丙寅	丁卯	戊辰
지반	子	丑	寅	卯	辰	巳	午	未	申	酉	○戌	○亥

· **특징** : 중심과(重審課) · 육의(六儀)
· **필법** : 귀입묘격(鬼入墓格) · 나거취재격(懶去取財格) · 묘신부일(墓神覆日) · 묘공격(墓空格) · 삼전내전격(三傳內戰格) · 육편판격(六片板格) · 수혼신(收魂神) · 간지동류격(干支同類格) **야점** : 마재호귀격(馬載虎鬼格) **戊년생** : 천망자이격(天網自裏格)

【戊辰9국】 甲子순, 戌・亥 공망

말전	중전	초전		4과	3과	2과	1과
龍蛇	武武	蛇龍		蛇龍	龍蛇	天空	陳雀
壬申	戊辰	甲子		甲子	壬申	乙丑	癸酉
辰	子	申		申	辰	酉	戌(巳)

주야	武武	常陰	白后	空天	龍蛇	陳雀	合合	雀陳	蛇龍	天空	后白	陰常
천반	戊辰	己巳	庚午	辛未	壬申	癸酉	○戌	○亥	甲子	乙丑	丙寅	丁卯
지반	子	丑	寅	卯	辰	巳	午	未	申	酉	○戌	○亥

- **특징** : 요극과(遙剋課)・탄사(彈射)・윤하(潤下)・여덕(勵德)
- **필법** : 간지동류격(干支同類格)・교차삼합격(交車三合格)・폐구격(閉口格)・태신좌장
  생격(胎神坐長生格)・수류추동격(水流趨東格)・교호육합격(交互六合格)・아괴
  성격(亞魁星格)・수혼신(收魂神)

【戊辰10국】 甲子순, 戌・亥 공망

말전	중전	초전		4과	3과	2과	1과
常陰	后白	雀陳		合合	空天	雀陳	龍蛇
己巳	丙寅	○亥		○戌	辛未	○亥	壬申
寅	○亥	申		未	辰	申	戌(巳)

주야	陰常	武武	常陰	白后	空天	龍蛇	陳雀	合合	雀陳	蛇龍	天空	后白
천반	丁卯	戊辰	己巳	庚午	辛未	壬申	癸酉	○戌	○亥	甲子	乙丑	丙寅
지반	子	丑	寅	卯	辰	巳	午	未	申	酉	○戌	○亥

- **특징** : 요극과(遙剋課)・탄사(彈射)・고과(孤寡)
- **필법** : 교차탈격(交車脫格)・절신가생격(絶神加生格)・수혼신(收魂神)・간지동류격
  (干支同類格)・삼현태격(三玄胎格) **야점** : 마재호귀격(馬載虎鬼格) **주점_戊월** :
  용가생기격(龍加生氣格)

【戊辰11국】 甲子순, 戌·亥 공망

말전	중전	초전
后白	武武	白后
甲子	○戌	壬申
○戌	申	午

4과	3과	2과	1과
白后	龍蛇	常陰	空天
壬申	庚午	癸酉	辛未
午	辰	未	戌(巳)

주야	蛇龍	雀陳	合合	陳雀	龍蛇	空天	白后	常陰	武武	陰常	后白	天空
천반	丙寅	丁卯	戊辰	己巳	庚午	辛未	壬申	癸酉	○戌	○亥	甲子	乙丑
지반	子	丑	寅	卯	辰	巳	午	未	申	酉	○戌	○亥

- **특징** : 중심과(重審課) · 순간전(順間傳) · 섭삼연(涉三淵) · 일여(泆女)
- **필법** : 불행전자격(不行傳者格) · 나거취재격(懶去取財格) · 간지상신상합격(干支上神相合格) · 간지동류격(干支同類格) **야점** : 호승둔귀격(虎乘遯鬼格) **주점** : 염막귀인격(簾幕貴人格) · 신장살몰격(神藏殺沒格) · 강색귀호격(罡塞鬼戶格) · 귀등천문격(貴登天門格)

【戊辰12국】 甲子순, 戌·亥 공망

말전	중전	초전
龍蛇	龍蛇	蛇龍
庚午	庚午	丙寅
巳	巳	丑

4과	3과	2과	1과
龍蛇	陳雀	空天	龍蛇
庚午	己巳	辛未	庚午
巳	辰	午	戌(巳)

주야	天空	蛇龍	雀陳	合合	陳雀	龍蛇	空天	白后	常陰	武武	陰常	后白
천반	乙丑	丙寅	丁卯	戊辰	己巳	庚午	辛未	壬申	癸酉	○戌	○亥	甲子
지반	子	丑	寅	卯	辰	巳	午	未	申	酉	○戌	○亥

- **특징** : 별책과(別責課) · 무음(蕪淫) · 불비(不備)
- **필법** : 권섭부정격(權攝不正格) · 왕록가림격(旺祿加臨格) · 간지동류격(干支同類格)

【己巳1국】 甲子순, 戌・亥 공망

말전	중전	초전
雀空	常天	龍合
丙寅	壬申	己巳
寅	申	巳

4과	3과	2과	1과
龍合	龍合	白蛇	白蛇
己巳	己巳	辛未	辛未
巳	巳	未	己(未)

주야	天常	蛇白	雀空	合龍	陳陳	龍合	空雀	白蛇	常天	武后	陰陰	后武
천반	甲子	乙丑	丙寅	丁卯	戊辰	己巳	庚午	辛未	壬申	癸酉	○戌	○亥
지반	子	丑	寅	卯	辰	巳	午	未	申	酉	○戌	○亥

- 특징 : 복음과(伏吟課)・자신(自信)
- 필법 : 삼전호극격(三傳互剋格)・말조초혜격(末助初兮格)・주객형상격(主客刑上格)_
  삼형・간지공정일록격(干支拱定日祿格) **야점** : 양구협묘격(兩勾夾墓格)

【己巳2국】 甲子순, 戌・亥 공망

말전	중전	초전
蛇白	雀空	合龍
乙丑	丙寅	丁卯
寅	卯	辰

4과	3과	2과	1과
合龍	陳陳	龍合	空雀
丁卯	戊辰	己巳	庚午
辰	巳	午	己(未)

주야	后武	天常	蛇白	雀空	合龍	陳陳	龍合	空雀	白蛇	常天	武后	陰陰
천반	○亥	甲子	乙丑	丙寅	丁卯	戊辰	己巳	庚午	辛未	壬申	癸酉	○戌
지반	子	丑	寅	卯	辰	巳	午	未	申	酉	○戌	○亥

- 특징 : 원수과(元首課)・퇴연여(退連茹)・삼기(三奇)・연방(聯芳)
- 필법 : 왕록가림격(旺祿加臨格)・주작격(朱雀格)・삼전삼기격(三傳三奇格)

【己巳3국】 甲子순, 戌·亥 공망

말전	중전	초전
武后	后武	蛇白
癸酉	○亥	乙丑
○亥	丑	卯

4과	3과	2과	1과
蛇白	合龍	合龍	龍合
乙丑	丁卯	丁卯	己巳
卯	巳	巳	己(未)

주야	陰陰	后武	天常	蛇白	雀空	合龍	陳陳	龍合	空雀	白蛇	常天	武后
천반	○戌	○亥	甲子	乙丑	丙寅	丁卯	戊辰	己巳	庚午	辛未	壬申	癸酉
지반	子	丑	寅	卯	辰	巳	午	未	申	酉	○戌	○亥

· **특징** : 중심과(重審課) · 퇴간전(退間傳) · 극음(極陰) · 불비(不備) · 삼기(三奇)
· **필법** : 자재격(自在格) · 불행전자격(不行傳者格) **주점_未월** : 용가생기격(龍加生氣格)

【己巳4국】 甲子순, 戌·亥 공망

말전	중전	초전
常天	后合	雀空
壬申	○亥	丙寅
○亥	寅	巳

4과	3과	2과	1과
后合	雀空	蛇龍	陳常
○亥	丙寅	乙丑	戊辰
寅	巳	辰	己(未)

주야	武蛇	陰雀	后合	天陳	蛇龍	雀空	合白	陳常	龍武	空陰	白后	常天
천반	癸酉	○戌	○亥	甲子	乙丑	丙寅	丁卯	戊辰	己巳	庚午	辛未	壬申
지반	子	丑	寅	卯	辰	巳	午	未	申	酉	○戌	○亥

· **특징** : 요극과(遙剋課) · 효시(嚆矢) · 여덕(勵德)
· **필법** : 나거취재격(懶去取財格) · 불행전자격(不行傳者格) · 삼현태격(三玄胎格) · 참관격(斬關格) **야점** : 삼전개공격(三傳皆空格) · 양상협묘격(兩常夾墓格)

【己巳5국】 甲子순, 戌·亥 공망

말전	중전	초전		4과	3과	2과	1과
白后	后合	合白		武蛇	蛇龍	后合	合白
辛未	○亥	丁卯		癸酉	乙丑	○亥	丁卯
○亥	卯	未		丑	巳	卯	己(未)

주야	常天	武蛇	陰雀	后合	天陳	蛇龍	雀空	合白	陳常	龍武	空陰	白后
천반	壬申	癸酉	○戌	○亥	甲子	乙丑	丙寅	丁卯	戊辰	己巳	庚午	辛未
지반	子	丑	寅	卯	辰	巳	午	未	申	酉	○戌	○亥

- **특징** : 원수과(元首課) · 곡직(曲直) · 일여(泆女)
- **필법** : 곡직화귀격(曲直化鬼格) · 최관부(催官符) · 불행전자격(不行傳者格) · 명암이귀격(明暗二鬼格) · 옥택관광격(屋宅寬廣格) **야점** : 호귀가간격(虎鬼加干格) · 호림간귀격(虎臨干鬼格) · 최관사자(催官使者)

【己巳6국】 甲子순, 戌·亥 공망

말전	중전	초전		4과	3과	2과	1과
蛇合	常常	合蛇		龍后	天陳	合蛇	陰空
○亥	戊辰	癸酉		辛未	甲子	癸酉	丙寅
辰	酉	寅		子	巳	寅	己(未)

주야	龍后	陳天	合蛇	雀雀	蛇合	天陳	后龍	陰空	武白	常常	白武	空陰
천반	辛未	壬申	癸酉	○戌	○亥	甲子	乙丑	丙寅	丁卯	戊辰	己巳	庚午
지반	子	丑	寅	卯	辰	巳	午	未	申	酉	○戌	○亥

- **특징** : 섭해과(涉害課) · 사절(四絶) · 무록(無祿) · 복앙(伏殃)
- **필법** : 태수극절격(胎受剋絶格) **주점** : 백의식시격(白蟻食尸格)

【己巳7국】 甲子순, 戌·亥 공망

말전	중전	초전
白武	蛇合	白武
己巳	○亥	己巳
○亥	巳	○亥

4과	3과	2과	1과
白武	蛇合	龍后	后龍
己巳	○亥	辛未	乙丑
○亥	巳	丑	己(未)

주야	空陰	龍后	陳天	合蛇	雀雀	蛇合	天陳	后龍	陰空	武白	常常	白武
천반	庚午	辛未	壬申	癸酉	○戌	○亥	甲子	乙丑	丙寅	丁卯	戊辰	己巳
지반	子	丑	寅	卯	辰	巳	午	未	申	酉	○戌	○亥

- **특징** : 반음과(返吟課)·무의(無依)·고과(孤寡)
- **필법** : 두괴상가격(斗魁相加格)·나거취재격(懶去取財格)·삼전개공격(三傳皆空格)

【己巳8국】 甲子순, 戌·亥 공망

말전	중전	초전
武白	雀雀	白武
丁卯	○戌	己巳
○戌	巳	子

4과	3과	2과	1과
武白	雀雀	白武	天陳
丁卯	○戌	己巳	甲子
○戌	巳	子	己(未)

주야	白武	空陰	龍后	陳天	合蛇	雀雀	蛇合	天陳	后龍	陰空	武白	常常
천반	己巳	庚午	辛未	壬申	癸酉	○戌	○亥	甲子	乙丑	丙寅	丁卯	戊辰
지반	子	丑	寅	卯	辰	巳	午	未	申	酉	○戌	○亥

- **특징** : 지일과(知一課)·주인(鑄印)·여덕(勵德)
- **필법** : 전묘입묘격(傳墓入墓格)·불행전자격(不行傳者格)·육편관격(六片板格)·말조초혜격(末助初兮格) **야점** : 염막귀인격(簾幕貴人格)·폐구격(閉口格) **寅월** : 탈재생기격(脫財生氣格) **주점** : 귀인기탄격(貴人忌憚格)

【己巳9국】 甲子순, 戌·亥 공망

말전	중전	초전		4과	3과	2과	1과
白武	后龍	合蛇		后龍	合蛇	武白	蛇合
己巳	乙丑	癸酉		乙丑	癸酉	丁卯	○亥
丑	酉	巳		酉	巳	○亥	己(未)

주야	常常	白武	空陰	龍后	陳天	合蛇	雀雀	蛇合	天陳	后龍	陰空	武白
천반	戊辰	己巳	庚午	辛未	壬申	癸酉	○戌	○亥	甲子	乙丑	丙寅	丁卯
지반	子	丑	寅	卯	辰	巳	午	未	申	酉	○戌	○亥

- **특징** : 섭해과(涉害課) · 종혁(從革) · 일여(泆女)
- **필법** : 취환혼채격(取還魂債格) · 금강격(金剛格) · 합중범살격(合中犯殺格) · 육효현괘 (六爻現卦)_자식효현괘(子息爻現卦)

【己巳10국】 甲子순, 戌·亥 공망

말전	중전	초전		4과	3과	2과	1과
陰空	蛇武	陳天		蛇武	陳天	后白	雀陰
丙寅	○亥	壬申		○亥	壬申	乙丑	○戌
○亥	申	巳		申	巳	○戌	己(未)

주야	武龍	常陳	白合	空雀	龍蛇	陳天	合后	雀陰	蛇武	天常	后白	陰空
천반	丁卯	戊辰	己巳	庚午	辛未	壬申	癸酉	○戌	○亥	甲子	乙丑	丙寅
지반	子	丑	寅	卯	辰	巳	午	未	申	酉	○戌	○亥

- **특징** : 중심과(重審課) · 여덕(勵德)
- **필법** : 묘공격(墓空格) · 묘신부일(墓神覆日) · 삼현태격(三玄胎格) · 백호입상차격(白 虎入喪車格) · 절신가생격(絶神加生格) · 불행전자격(不行傳者格) · 나거취재격 (懶去取財格) **戌년생** : 천망자이격(天網自裏格)

【己巳11국】 甲子순, 戌·亥 공망

말전	중전	초전
武龍	后白	蛇武
丁卯	乙丑	○亥
丑	○亥	酉

4과	3과	2과	1과
合后	龍蛇	蛇武	合后
癸酉	辛未	○亥	癸酉
未	巳	酉	己(未)

주야	陰空	武龍	常陳	白合	空雀	龍蛇	陳天	合后	雀陰	蛇武	天常	后白
천반	丙寅	丁卯	戊辰	己巳	庚午	辛未	壬申	癸酉	○戌	○亥	甲子	乙丑
지반	子	丑	寅	卯	辰	巳	午	未	申	酉	○戌	○亥

- **특징** : 요극과(遙尅課)·탄사(彈射)·순간전(順間傳)·명몽(溟濛)·과숙(寡宿)·불비(不備)
- **필법** : 파패신임택격(破敗神臨宅格)·아괴성격(亞魁星格)·탈상봉탈격(脫上逢脫格)·피난도생격(避難逃生格)·은다원심격(恩多怨深格)·양귀수극격(兩貴受尅格)·강색귀호격(罡塞鬼戶格)

【己巳12국】 甲子순, 戌·亥 공망

말전	중전	초전
空雀	常天	常天
庚午	壬申	壬申
巳	未	未

4과	3과	2과	1과
白蛇	空雀	武后	常天
辛未	庚午	癸酉	壬申
午	巳	申	己(未)

주야	蛇白	雀空	合龍	陳陳	龍合	空雀	白蛇	常天	武后	陰陰	后武	天常
천반	乙丑	丙寅	丁卯	戊辰	己巳	庚午	辛未	壬申	癸酉	○戌	○亥	甲子
지반	子	丑	寅	卯	辰	巳	午	未	申	酉	○戌	○亥

- **특징** : 묘성과(昴星課)·동사(冬蛇)
- **필법** : 호시봉호격(虎視逢虎格)·권섭부정격(權攝不正格) **야점** : 귀인기탄격(貴人忌憚格) **주점** : 염막귀인격(簾幕貴人格)·태상간생격(太常干生格)

【庚午1국】 甲子순, 戌·亥 공망

말전	중전	초전
陳雀	蛇龍	白后
己巳	丙寅	壬申
巳	寅	申

4과	3과	2과	1과
龍蛇	龍蛇	白后	白后
庚午	庚午	壬申	壬申
午	午	申	庚(申)

주야	后白	天空	蛇龍	雀陳	合合	陳雀	龍蛇	空天	白后	常陰	武武	陰常
천반	甲子	乙丑	丙寅	丁卯	戊辰	己巳	庚午	辛未	壬申	癸酉	○戌	○亥
지반	子	丑	寅	卯	辰	巳	午	未	申	酉	○戌	○亥

- **특징** : 복음과(伏吟課)·자임(自任)
- **필법** : 나거취재격(懶去取財格)·주객형상격(主客刑上格)_삼형·협정삼전격(夾定三傳格) **야점** : 간지공귀격(干支拱貴格)·왕록가림격(旺祿加臨格)·사수충택격(獅獸沖宅格) **주점** : 녹피현탈격(祿被玄奪格) 양귀협묘격(兩貴夾墓格)

【庚午2국】 甲子순, 戌·亥 공망

말전	중전	초전
合合	陳雀	龍蛇
戊辰	己巳	庚午
巳	午	未

4과	3과	2과	1과
合合	陳雀	龍蛇	空天
戊辰	己巳	庚午	辛未
巳	午	未	庚(申)

주야	陰常	后白	天空	蛇龍	雀陳	合合	陳雀	龍蛇	空天	白后	常陰	武武
천반	○亥	甲子	乙丑	丙寅	丁卯	戊辰	己巳	庚午	辛未	壬申	癸酉	○戌
지반	子	丑	寅	卯	辰	巳	午	未	申	酉	○戌	○亥

- **특징** : 요극과(遙尅課)·퇴연여(退連茹)
- **필법** : 조형장덕격(助刑戕德格) **야점** : 천거격(薦擧格) **주점** : 염막귀인격(簾幕貴人格)

【庚午3국】 甲子순, 戌 · 亥 공망

말전	중전	초전
蛇龍	合合	龍蛇
丙寅	戊辰	庚午
辰	午	申

4과	3과	2과	1과
蛇龍	合合	合合	龍蛇
丙寅	戊辰	戊辰	庚午
辰	午	午	庚(申)

주야	武武	陰常	后白	天空	蛇龍	雀陳	合合	陳雀	龍蛇	空天	白后	常陰
천반	○戌	○亥	甲子	乙丑	丙寅	丁卯	戊辰	己巳	庚午	辛未	壬申	癸酉
지반	子	丑	寅	卯	辰	巳	午	未	申	酉	○戌	○亥

- **특징** : 섭해과(涉害課) · 비용(比用) · 퇴간전(退間傳) · 고조(顧祖) · 불비(不備) · 순환(循環)
- **필법** : 말조초혜격(末助初兮格) · 고조격(顧祖格) · 조형장덕격(助刑戕德格) · 부부무음격(夫婦蕪淫格) **야점** : 초중공지반귀인격(初中拱地盤貴人格)

※ 초전 · 중전 · 말전을 寅 · 子 · 戌로 보기도 한다.

【庚午4국】 甲子순, 戌 · 亥 공망

말전	중전	초전
陰常	蛇龍	陳雀
○亥	丙寅	己巳
寅	巳	申

4과	3과	2과	1과
后白	雀陳	蛇龍	陳雀
甲子	丁卯	丙寅	己巳
卯	午	巳	庚(申)

주야	常陰	武武	陰常	后白	天空	蛇龍	雀陳	合合	陳雀	龍蛇	空天	白后
천반	癸酉	○戌	○亥	甲子	乙丑	丙寅	丁卯	戊辰	己巳	庚午	辛未	壬申
지반	子	丑	寅	卯	辰	巳	午	未	申	酉	○戌	○亥

- **특징** : 원수과(元首課)
- **필법** : 인택이화격(人宅罹禍格) · 명암이귀격(明暗二鬼格) · 삼현태격(三玄胎格) **야점** : 작귀격(雀鬼格)

【庚午5국】 甲子순, 戌 · 亥 공망

말전	중전	초전
后白	白后	合合
丙寅	庚午	○戌
午	○戌	寅

4과	3과	2과	1과
合合	后白	蛇龍	武武
○戌	丙寅	甲子	戊辰
寅	午	辰	庚(申)

주야	龍蛇	陳雀	合合	雀陳	蛇龍	天空	后白	陰常	武武	常陰	白后	空天
천반	壬申	癸酉	○戌	○亥	甲子	乙丑	丙寅	丁卯	戊辰	己巳	庚午	辛未
지반	子	丑	寅	卯	辰	巳	午	未	申	酉	○戌	○亥

- **특징** : 섭해과(涉害課) · 염상(炎上)
- **필법** : 참관격(斬關格) · 구생격(俱生格) · 화강격(火强格) · 중귀수창격(衆鬼雖彰格) · 명암이귀격(明暗二鬼格) · 낙이생우격(樂裏生憂格) **야점** : 신장살몰격(神藏殺沒格)

※ 초전 · 중전 · 말전을 子 · 申 · 辰으로 보기도 한다.

【庚午6국】 甲子순, 戌 · 亥 공망

말전	중전	초전
蛇龍	常陰	合合
甲子	己巳	○戌
巳	○戌	卯

4과	3과	2과	1과
龍蛇	天空	合合	陰常
壬申	乙丑	○戌	丁卯
丑	午	卯	庚(申)

주야	空天	龍蛇	陳雀	合合	雀陳	蛇龍	天空	后白	陰常	武武	常陰	白后
천반	辛未	壬申	癸酉	○戌	○亥	甲子	乙丑	丙寅	丁卯	戊辰	己巳	庚午
지반	子	丑	寅	卯	辰	巳	午	未	申	酉	○戌	○亥

- **특징** : 지일과(知一課) · 비용(比用) · 사절(四絶) · 관작(官爵)
- **필법** : 호생격(互生格) · 태수극절격(胎受剋絶格) **巳월** : 탈재생기격(脫財生氣格)

【庚午7국】 甲子순, 戌 · 亥 공망

말전	중전	초전		4과	3과	2과	1과
后白	龍蛇	后白		白后	蛇龍	龍蛇	后白
丙寅	壬申	丙寅		庚午	甲子	壬申	丙寅
申	寅	申		子	午	寅	庚(申)

주야	白后	空天	龍蛇	陳雀	合合	雀陳	蛇龍	天空	后白	陰常	武武	常陰
천반	庚午	辛未	壬申	癸酉	○戌	○亥	甲子	乙丑	丙寅	丁卯	戊辰	己巳
지반	子	丑	寅	卯	辰	巳	午	未	申	酉	○戌	○亥

· **특징** : 반음과(返吟課) · 무의(無依)
· **필법** : 주야귀가격(晝夜貴加格)

【庚午8국】 甲子순, 戌 · 亥 공망

말전	중전	초전		4과	3과	2과	1과
后白	陳雀	武武		武武	雀陳	白后	天空
丙寅	癸酉	戊辰		戊辰	○亥	庚午	乙丑
酉	辰	○亥		○亥	午	丑	庚(申)

주야	常陰	白后	空天	龍蛇	陳雀	合合	雀陳	蛇龍	天空	后白	陰常	武武
천반	己巳	庚午	辛未	壬申	癸酉	○戌	○亥	甲子	乙丑	丙寅	丁卯	戊辰
지반	子	丑	寅	卯	辰	巳	午	未	申	酉	○戌	○亥

· **특징** : 지일과(知一課) · 비용(比用) · 맥월(驀越) · 용묘(用墓)
· **필법** : 육편관격(六片板格) · 묘신부일(墓神覆日) **야점** : 염막귀인격(簾幕貴人格) **주점**
  : 귀인공망격(貴人空亡格) · 천거격(薦擧格) **丑년생** : 천망자이격(天網自裏格)

【庚午9국】 甲子순, 戌·亥 공망

말전	중전	초전		4과	3과	2과	1과
蛇龍	龍蛇	武武		后白	合合	武武	蛇龍
甲子	壬申	戊辰		丙寅	○戌	戊辰	甲子
申	辰	子		○戌	午	子	庚(申)

주야	武武	常陰	白后	空天	龍蛇	陳雀	合合	雀陳	蛇龍	天空	后白	陰常
천반	戊辰	己巳	庚午	辛未	壬申	癸酉	○戌	○亥	甲子	乙丑	丙寅	丁卯
지반	子	丑	寅	卯	辰	巳	午	未	申	酉	○戌	○亥

- **특징** : 섭해과(涉害課)·윤하(潤下)·여덕(勵德)
- **필법** : 폐구격(閉口格) **야점** : 탈상봉탈격(脫上逢脫格)

【庚午10국】 甲子순, 戌·亥 공망

말전	중전	초전		4과	3과	2과	1과
陰常	蛇龍	陳雀		蛇龍	陳雀	后白	雀陳
丁卯	甲子	癸酉		甲子	癸酉	丙寅	○亥
子	酉	午		酉	午	○亥	庚(申)

주야	陰常	武武	常陰	白后	空天	龍蛇	陳雀	合合	雀陳	蛇龍	天空	后白
천반	丁卯	戊辰	己巳	庚午	辛未	壬申	癸酉	○戌	○亥	甲子	乙丑	丙寅
지반	子	丑	寅	卯	辰	巳	午	未	申	酉	○戌	○亥

- **특징** : 중심과(重審課)·삼교(三交)·이번(二煩)·복앙(伏殃)
- **필법** : 금일봉정격(金日逢丁格)·절신가생격(絶神加生格)·묘공격(墓空格)

【庚午11국】 甲子순, 戌・亥 공망

말전	중전	초전
后白	武武	白后
甲子	○戌	壬申
○戌	申	午

4과	3과	2과	1과
武武	白后	后白	武武
○戌	壬申	甲子	○戌
申	午	○戌	庚(申)

주야	蛇龍	雀陳	合合	陳雀	龍蛇	空天	白后	常陰	武武	陰常	后白	天空
천반	丙寅	丁卯	戊辰	己巳	庚午	辛未	壬申	癸酉	○戌	○亥	甲子	乙丑
지반	子	丑	寅	卯	辰	巳	午	未	申	酉	○戌	○亥

- **특징** : 섭해과(涉害課)・순간전(順間傳)・섭삼연(涉三淵)・무음(蕪淫)・난수(亂首)
- **필법** : 권섭부정격(權攝不正格)・불행전자격(不行傳者格)・욕기옥우격(欲棄屋宇格)
  야점 : 초중공지반귀인격(初中拱地盤貴人格) **주점** : 강색귀호격(罡塞鬼戶格)・
  신장살몰격(神藏殺沒格)・귀등천문격(貴登天門格)

【庚午12국】 甲子순, 戌・亥 공망

말전	중전	초전
常陰	空天	武武
癸酉	辛未	○戌
申	午	酉

4과	3과	2과	1과
白后	空天	武武	常陰
壬申	辛未	○戌	癸酉
未	午	酉	庚(申)

주야	天空	蛇龍	雀陳	合合	陳雀	龍蛇	空天	白后	常陰	武武	陰常	后白
천반	乙丑	丙寅	丁卯	戊辰	己巳	庚午	辛未	壬申	癸酉	○戌	○亥	甲子
지반	子	丑	寅	卯	辰	巳	午	未	申	酉	○戌	○亥

- **특징** : 묘성과(昴星課)・호시(虎視)
- **필법** : 왕록가림격(旺祿加臨格)・아괴성격(亞魁星格) **야점** : 초중공지반귀인격(初中拱地盤貴人格) **주점** : 인택수탈격(人宅受脫格)

【辛未1국】 甲子순, 戌·亥 공망

말전	중전	초전		4과	3과	2과	1과
常常	后龍	龍后		龍后	龍后	常常	常常
○戊	乙丑	辛未		辛未	辛未	○戊	○戊
○戊	丑	未		未	未	○戊	辛(○戊)

주야	陰空	后龍	天陳	蛇合	雀雀	合蛇	陳天	龍后	空陰	白武	常常	武白
천반	甲子	乙丑	丙寅	丁卯	戊辰	己巳	庚午	辛未	壬申	癸酉	○戊	○亥
지반	子	丑	寅	卯	辰	巳	午	未	申	酉	○戊	○亥

- **특징** : 복음과(伏吟課) · 가색(稼穡) · 자신(自信) · 유자(游子)
- **필법** : 주객형상격(主客刑上格)_삼형 · 교차형격(交車刑格)

【辛未2국】 甲子순, 戌·亥 공망

말전	중전	초전		4과	3과	2과	1과
蛇合	雀雀	合蛇		合蛇	陳天	空陰	白武
丁卯	戊辰	己巳		己巳	庚午	壬申	癸酉
辰	巳	午		午	未	酉	辛(○戊)

주야	武白	陰空	后龍	天陳	蛇合	雀雀	合蛇	陳天	龍后	空陰	白武	常常
천반	○亥	甲子	乙丑	丙寅	丁卯	戊辰	己巳	庚午	辛未	壬申	癸酉	○戊
지반	子	丑	寅	卯	辰	巳	午	未	申	酉	○戊	○亥

- **특징** : 요극과(遙剋課) · 효시(嚆矢) · 퇴연여(退連茹)
- **필법** : 왕록가림격(旺祿加臨格) · 녹작폐구격(祿作閉口格) · 나거취재격(懶去取財格) · 사승살격(四勝殺格) · 아괴성격(亞魁星格) · 인희아우격(人喜我憂格) · 금일봉정격(金日逢丁格) **야점** : 귀승천을격(鬼乘天乙格) **주점** : 녹신폐구격(祿神閉口格) · 사호둔귀격(蛇虎遁鬼格) · 녹피현탈격(祿被玄奪格)

【辛未3국】 甲子순, 戌·亥 공망

말전	중전	초전
天陳	雀雀	陳天
丙寅	戊辰	庚午
辰	午	申

4과	3과	2과	1과
蛇合	合蛇	陳天	空陰
丁卯	己巳	庚午	壬申
巳	未	申	辛(○戌)

주야	常常	武白	陰空	后龍	天陳	蛇合	雀雀	合蛇	陳天	龍后	空陰	白武
천반	○戌	○亥	甲子	乙丑	丙寅	丁卯	戊辰	己巳	庚午	辛未	壬申	癸酉
지반	子	丑	寅	卯	辰	巳	午	未	申	酉	○戌	○亥

· **특징** : 원수과(元首課)·퇴간전(退間傳)·고조(顧祖)
· **필법** : 나거취재격(懶去取財格)·고조격(顧祖格)

【辛未4국】 甲子순, 戌·亥 공망

말전	중전	초전
白后	白后	合白
辛未	辛未	○亥
○戌	○戌	寅

4과	3과	2과	1과
蛇龍	陰雀	陰雀	白后
乙丑	戊辰	戊辰	辛未
辰	未	未	辛(○戌)

주야	龍武	常陳	合白	雀空	蛇龍	天陳	后合	陰雀	武蛇	常天	白后	空陰
천반	癸酉	○戌	○亥	甲子	乙丑	丙寅	丁卯	戊辰	己巳	庚午	辛未	壬申
지반	子	丑	寅	卯	辰	巳	午	未	申	酉	○戌	○亥

· **특징** : 별책과(別責課)·과숙(寡宿)·무음(蕪淫)·불비(不備)
· **필법** : 자재격(自在格)·삼전개공격(三傳皆空格)

【辛未5국】 甲子순, 戌・亥 공망

말전	중전	초전
白后	合白	后合
辛未	○亥	丁卯
○亥	卯	未

4과	3과	2과	1과
合白	后合	天陳	常天
○亥	丁卯	丙寅	庚午
卯	未	午	辛(○戌)

주야	空陰	龍武	陳常	合白	雀空	蛇龍	天陳	后合	陰雀	武蛇	常天	白后
천반	壬申	癸酉	○戌	○亥	甲子	乙丑	丙寅	丁卯	戊辰	己巳	庚午	辛未
지반	子	丑	寅	卯	辰	巳	午	未	申	酉	○戌	○亥

- **특징** : 지일과(知一課)・곡직(曲直)・교동(狡童)
- **필법** : 명암이귀격(明暗二鬼格)・불행전자격(不行傳者格)・재화귀격(財化鬼格)・최관부(催官符)・육효현괘(六爻現卦)_재효현괘(財爻現卦)・호태격(互胎格)・교호육합격(交互六合格)・교차극격(交車剋格)・육효생간상격(六爻生干上格)_전재화귀(傳財化鬼)・금일봉정격(金日逢丁格) **야점** : 인택이화격(人宅罹禍格)・귀승천을격(鬼乘天乙格) **주점** : 염막귀인격(簾幕貴人格) **주점_寅월** : 내외효복격(內外孝服格)

【辛未6국】 甲子순, 戌・亥 공망

말전	중전	초전
合龍	陰陰	龍合
○亥	戊辰	癸酉
辰	酉	寅

4과	3과	2과	1과
龍合	天常	雀空	武后
癸酉	丙寅	甲子	己巳
寅	未	巳	辛(○戌)

주야	白蛇	空雀	龍合	陳陳	合龍	雀空	蛇白	天常	后武	陰陰	武后	常天
천반	辛未	壬申	癸酉	○戌	○亥	甲子	乙丑	丙寅	丁卯	戊辰	己巳	庚午
지반	子	丑	寅	卯	辰	巳	午	未	申	酉	○戌	○亥

- **특징** : 섭해과(涉害課)・사절(四絶)・무록(無祿)
- **필법** : 녹량신격(祿糧神格)・녹작폐구격(祿作閉口格)・명암이귀격(明暗二鬼格) **야점_寅월** : 효백개처두격(孝白盖妻頭格)

【辛未7국】 甲子순, 戌·亥 공망

말전	중전	초전
陰陰	蛇白	武后
戊辰	乙丑	己巳
○戌	未	○亥

4과	3과	2과	1과
白蛇	蛇白	陳陳	陰陰
辛未	乙丑	○戌	戊辰
丑	未	辰	辛(○戌)

주야	常天	白蛇	空雀	龍合	陳陳	合龍	雀空	蛇白	天常	后武	陰陰	武后
천반	庚午	辛未	壬申	癸酉	○戌	○亥	甲子	乙丑	丙寅	丁卯	戊辰	己巳
지반	子	丑	寅	卯	辰	巳	午	未	申	酉	○戌	○亥

- **특징** : 반음과(返吟課) · 정란(井欄)
- **필법** : 호승묘신격(互乘墓神格) · 덕입천문격(德入天門格) · 참관격(斬關格) · 양귀수극격(兩貴受剋格) **야점** : 호묘격(虎墓格) · 지승묘호격(支乘墓虎格)

【辛未8국】 甲子순, 戌·亥 공망

말전	중전	초전
后武	陳陳	武后
丁卯	○戌	己巳
○戌	巳	子

4과	3과	2과	1과
武后	雀空	空雀	后武
己巳	甲子	壬申	丁卯
子	未	卯	辛(○戌)

주야	武后	常天	白蛇	空雀	龍合	陳陳	合龍	雀空	蛇白	天常	后武	陰陰
천반	己巳	庚午	辛未	壬申	癸酉	○戌	○亥	甲子	乙丑	丙寅	丁卯	戊辰
지반	子	丑	寅	卯	辰	巳	午	未	申	酉	○戌	○亥

- **특징** : 섭해과(涉害課) · 주인(鑄印) · 도액(度厄) · 여덕(勵德)
- **필법** : 금일봉정격(金日逢丁格) · 전묘입묘격(傳墓入墓格) · 불행전자격(不行傳者格) · 말조초혜격(末助初兮格) · 주객형상격(主客刑上格)_상형 · 육편판격(六片板格) **巳월** : 탈재생기격(脫財生氣格) **야점** : 양호협묘격(兩虎夾墓格) **주점** : 폐구격(閉口格)

【辛未9국】 甲子순, 戌·亥 공망

말전	중전	초전		4과	3과	2과	1과
白蛇	后武	合龍		后武	合龍	常天	天常
辛未	丁卯	○亥		丁卯	○亥	庚午	丙寅
卯	○亥	未		○亥	未	寅	辛(○戌)

주야	陰陰	武后	常天	白蛇	空雀	龍合	陳陳	合龍	雀空	蛇白	天常	后武
천반	戊辰	己巳	庚午	辛未	壬申	癸酉	○戌	○亥	甲子	乙丑	丙寅	丁卯
지반	子	丑	寅	卯	辰	巳	午	未	申	酉	○戌	○亥

- 특징 : 지일과(知一課)·곡직(曲直)·과숙(寡宿)
- 필법 : 목락귀근격(木落歸根格)·태신좌장생격(胎神坐長生格)·간지봉절격(干支逢絶格)·금일봉정격(金日逢丁格)·간지상신상합격(干支上神相合格) **야점** : 염막귀인격(簾幕貴人格) **주점** : 삼육상호격(三六相呼格)

【辛未10국】 甲子순, 戌·亥 공망

말전	중전	초전		4과	3과	2과	1과
后白	后白	武龍		后白	常陳	雀陰	后白
乙丑	乙丑	○亥		乙丑	○戌	戊辰	乙丑
○戌	○戌	申		○戌	未	丑	辛(○戌)

주야	蛇武	雀陰	合后	陳天	龍蛇	空雀	白合	常陳	武龍	陰空	后白	天常
천반	丁卯	戊辰	己巳	庚午	辛未	壬申	癸酉	○戌	○亥	甲子	乙丑	丙寅
지반	子	丑	寅	卯	辰	巳	午	未	申	酉	○戌	○亥

- 특징 : 별책과(別責課)·무음(蕪淫)·여덕(勵德)·불비(不備)
- 필법 : 묘신부일(墓神覆日)·부부무음격(夫婦蕪淫格)·절신가생격(絶神加生格)·삼전개공격(三傳皆空格)·피난도생격(避難逃生格) **야점** : 호묘격(虎墓格)·간승묘호격(干乘墓虎格) **丑년생** : 천망자이격(天網自裏格)

【辛未11국】 甲子순, 戌 · 亥 공망

말전	중전	초전
陳天	雀陰	天常
庚午	戊辰	丙寅
辰	寅	子

4과	3과	2과	1과
武龍	白合	天常	陰空
○亥	癸酉	丙寅	甲子
酉	未	子	辛(○戌)

주야	天常	蛇武	雀陰	合后	陳天	龍蛇	空雀	白合	常陳	武龍	陰空	后白
천반	丙寅	丁卯	戊辰	己巳	庚午	辛未	壬申	癸酉	○戌	○亥	甲子	乙丑
지반	子	丑	寅	卯	辰	巳	午	未	申	酉	○戌	○亥

- **특징** : 요극과(遙尅課) · 탄사(彈射) · 순간전(順間傳) · 출양(出陽)
- **필법** : 수미상견격(首尾相肩格) · 강색귀호격(罡塞鬼戶格) · 권섭부정격(權攝不正格)
  야점 : 탈공격(脫空格)

【辛未12국】 甲子순, 戌 · 亥 공망

말전	중전	초전
空陰	武白	空陰
壬申	○亥	壬申
未	○戌	未

4과	3과	2과	1과
白武	空陰	陰空	武白
癸酉	壬申	甲子	○亥
申	未	○亥	辛(○戌)

주야	后龍	天陳	蛇合	雀雀	合蛇	陳天	龍后	空陰	白武	常常	武白	陰空
천반	乙丑	丙寅	丁卯	戊辰	己巳	庚午	辛未	壬申	癸酉	○戌	○亥	甲子
지반	子	丑	寅	卯	辰	巳	午	未	申	酉	○戌	○亥

- **특징** : 묘성과(昴星課) · 동사(冬蛇)
- **필법** : 호가호위격(狐假虎威格) · 탈상봉탈격(脫上逢脫格) · 피차시기해격(彼此猜忌害格) **야점** : 호시봉호격(虎視逢虎格) **주점** : 삼전개공격(三傳皆空格)

【壬申1국】 甲子순, 戌·亥 공망

말전	중전	초전		4과	3과	2과	1과
后合	龍武	常空		龍武	龍武	常空	常空
丙寅	壬申	○亥		壬申	壬申	○亥	○亥
寅	申	○亥		申	申	○亥	壬(○亥)

주야	武龍	陰陳	后合	天雀	蛇蛇	雀天	合后	陳陰	龍武	空常	白白	常空
천반	甲子	乙丑	丙寅	丁卯	戊辰	己巳	庚午	辛未	壬申	癸酉	○戌	○亥
지반	子	丑	寅	卯	辰	巳	午	未	申	酉	○戌	○亥

- 특징 : 복음과(伏吟課)·과숙(寡宿)·자임(自任)·두전(杜傳)
- 필법 : 피차시기해격(彼此猜忌害格)·왕록가림격(旺祿加臨格)·덕입천문격(德入天門格)

【壬申2국】 甲子순, 戌·亥 공망

말전	중전	초전		4과	3과	2과	1과
龍武	空常	白白		合后	陳陰	空常	白白
壬申	癸酉	○戌		庚午	辛未	癸酉	○戌
酉	○戌	○亥		未	申	○戌	壬(○亥)

주야	常空	武龍	陰陳	后合	天雀	蛇蛇	雀天	合后	陳陰	龍武	空常	白白
천반	○亥	甲子	乙丑	丙寅	丁卯	戊辰	己巳	庚午	辛未	壬申	癸酉	○戌
지반	子	丑	寅	卯	辰	巳	午	未	申	酉	○戌	○亥

- 특징 : 원수과(元首課)·퇴연여(退連茹)·유금(流金)
- 필법 : 최관사자(催官使者)·괴도천문격(魁度天門格)·호귀가간격(虎鬼加干格)·양사협묘격(兩蛇夾墓格)·호림간귀격(虎臨干鬼格)

【壬申3국】甲子순, 戌·亥 공망

말전	중전	초전
蛇合	后蛇	武后
丙寅	戊辰	庚午
辰	午	申

4과	3과	2과	1과
后蛇	武后	常陰	空常
戊辰	庚午	辛未	癸酉
午	申	酉	壬(○亥)

주야	龍白	陳空	合龍	雀陳	蛇合	天雀	后蛇	陰天	武后	常陰	白武	空常
천반	○戌	○亥	甲子	乙丑	丙寅	丁卯	戊辰	己巳	庚午	辛未	壬申	癸酉
지반	子	丑	寅	卯	辰	巳	午	未	申	酉	○戌	○亥

· **특징** : 원수과(元首課)·퇴간전(退間傳)·고조(顧祖)·일여(泆女)
· **필법** : 사승살격(四勝殺格)·아괴성격(亞魁星格)·고조격(顧祖格)

【壬申4국】甲子순, 戌·亥 공망

말전	중전	초전
陳空	蛇合	陰天
○亥	丙寅	己巳
寅	巳	申

4과	3과	2과	1과
蛇合	陰天	陰天	白武
丙寅	己巳	己巳	壬申
巳	申	申	壬(○亥)

주야	空常	龍白	陳空	合龍	雀陳	蛇合	天雀	后蛇	陰天	武后	常陰	白武
천반	癸酉	○戌	○亥	甲子	乙丑	丙寅	丁卯	戊辰	己巳	庚午	辛未	壬申
지반	子	丑	寅	卯	辰	巳	午	未	申	酉	○戌	○亥

· **특징** : 원수과(元首課)·불비(不備)
· **필법** : 삼현태격(三玄胎格)·자재격(自在格)

【壬申5국】 甲子순, 戌·亥 공망

말전	중전	초전		4과	3과	2과	1과
后蛇	白武	合龍		合龍	后蛇	天雀	常陰
戊辰	壬申	甲子		甲子	戊辰	丁卯	辛未
申	子	辰		辰	申	未	壬(○亥)

주야	白武	空常	龍白	陳空	合龍	雀陳	蛇合	天雀	后蛇	陰天	武后	常陰
천반	壬申	癸酉	○戌	○亥	甲子	乙丑	丙寅	丁卯	戊辰	己巳	庚午	辛未
지반	子	丑	寅	卯	辰	巳	午	未	申	酉	○戌	○亥

- 특징 : 중심과(重審課) · 윤하(潤下) · 교동(狡童)
- 필법 : 합중범살격(合中犯殺格) · 명암이귀격(明暗二鬼格) · 수류추동격(水流趨東格)
  야점 : 폐구격(閉口格) **주점_卯월** : 내외효복격(內外孝服格)

【壬申6국】 甲子순, 戌·亥 공망

말전	중전	초전		4과	3과	2과	1과
白武	雀陳	武后		龍白	天雀	雀陳	武后
壬申	乙丑	庚午		○戌	丁卯	乙丑	庚午
丑	午	○亥		卯	申	午	壬(○亥)

주야	常陰	白武	空常	龍白	陳空	合龍	雀陳	蛇合	天雀	后蛇	陰天	武后
천반	辛未	壬申	癸酉	○戌	○亥	甲子	乙丑	丙寅	丁卯	戊辰	己巳	庚午
지반	子	丑	寅	卯	辰	巳	午	未	申	酉	○戌	○亥

- 특징 : 섭해과(涉害課) · 도액(度厄) · 사절(四絶)
- 필법 : 복태격(服胎格) · 초조협극격(初遭夾剋格) · 수일봉정격(水日逢丁格) · 삼전무기
  격(三傳無氣格) · 인택좌묘격(人宅坐墓格) · 태수극절격(胎受剋絶格) **申월** : 탈
  재생기격(脫財生氣格) **주점** : 백의식시격(白蟻食尸格)

【壬申7국】 甲子순, 戌·亥 공망

말전	중전	초전		4과	3과	2과	1과
蛇武	白合	蛇武		白合	蛇武	陳空	陰天
丙寅	壬申	丙寅		壬申	丙寅	○亥	己巳
申	寅	申		寅	申	巳	壬(○亥)

주야	武蛇	常雀	白合	空陳	龍龍	陳空	合白	雀常	蛇武	天陰	后后	陰天
천반	庚午	辛未	壬申	癸酉	○戌	○亥	甲子	乙丑	丙寅	丁卯	戊辰	己巳
지반	子	丑	寅	卯	辰	巳	午	未	申	酉	○戌	○亥

- **특징** : 반음과(返吟課)·무의(無依)·여덕(勵德)
- **필법** : 양귀수극격(兩貴受剋格)·간지봉절격(干支逢絶格)·피차시기해격(彼此猜忌害格)·교차합재격(交車合財格) **주점** : 염막귀인격(簾幕貴人格)

【壬申8국】 甲子순, 戌·亥 공망

말전	중전	초전		4과	3과	2과	1과
蛇武	空陳	后后		武蛇	雀常	空陳	后后
丙寅	癸酉	戊辰		庚午	乙丑	癸酉	戊辰
酉	辰	○亥		丑	申	辰	壬(○亥)

주야	陰天	武蛇	常雀	白合	空陳	龍龍	陳空	合白	雀常	蛇武	天陰	后后
천반	己巳	庚午	辛未	壬申	癸酉	○戌	○亥	甲子	乙丑	丙寅	丁卯	戊辰
지반	子	丑	寅	卯	辰	巳	午	未	申	酉	○戌	○亥

- **특징** : 원수과(元首課)·귀묘(鬼墓)
- **필법** : 묘신부일(墓神覆日)·간지승묘격(干支乘墓格)·양후협묘격(兩后夾墓格)·참관격(斬關格)·화개일복격(華蓋日伏格) **야점** : 육편판격(六片板格) **辰년생** : 천망자이격(天網自裏格)

말전	중전	초전		4과	3과	2과	1과
天陰	常空	陳雀		蛇后	武白	陳雀	天陰
丁卯	○亥	辛未		戊辰	甲子	辛未	丁卯
○亥	未	卯		子	申	卯	壬(○亥)

주야	蛇后	雀天	合蛇	陳雀	龍合	空陳	白龍	常空	武白	陰常	后武	天陰
천반	戊辰	己巳	庚午	辛未	壬申	癸酉	○戌	○亥	甲子	乙丑	丙寅	丁卯
지반	子	丑	寅	卯	辰	巳	午	未	申	酉	○戌	○亥

- **특징** : 중심과(重審課) · 곡직(曲直)
- **필법** : 수일봉정격(水日逢丁格) · 불행전자격(不行傳者格) · 간지전승사격(干支全乘死格) · 주객형상격(主客刑上格)_상형 · 목락귀근격(木落歸根格) · 합중범살격(合中犯殺格) **야점** : 염막귀인격(簾幕貴人格) **주점** : 중귀수창격(衆鬼雖彰格)

말전	중전	초전		4과	3과	2과	1과
常空	龍合	雀天		后武	常空	雀天	后武
○亥	壬申	己巳		丙寅	○亥	己巳	丙寅
申	巳	寅		○亥	申	寅	壬(○亥)

주야	天陰	蛇后	雀天	合蛇	陳雀	龍合	空陳	白龍	常空	武白	陰常	后武
천반	丁卯	戊辰	己巳	庚午	辛未	壬申	癸酉	○戌	○亥	甲子	乙丑	丙寅
지반	子	丑	寅	卯	辰	巳	午	未	申	酉	○戌	○亥

- **특징** : 요극과(遙尅課) · 탄사(彈射) · 불비(不備)
- **필법** : 피난도생격(避難逃生格) · 권섭부정격(權攝不正格) · 절신가생격(絶神加生格) · 탈상봉탈격(脫上逢脫格) · 외호이차야격(外好裏差枒格) · 삼현태격(三玄胎格)

【壬申11국】 甲子순, 戌 · 亥 공망

말전	중전	초전
蛇后	后武	武白
戊辰	丙寅	甲子
寅	子	○戌

4과	3과	2과	1과
武白	白龍	天陰	陰常
甲子	○戌	丁卯	乙丑
○戌	申	丑	壬(○亥)

주야	后武	天陰	蛇后	雀天	合蛇	陳雀	龍合	空陳	白龍	常空	武白	陰常
천반	丙寅	丁卯	戊辰	己巳	庚午	辛未	壬申	癸酉	○戌	○亥	甲子	乙丑
지반	子	丑	寅	卯	辰	巳	午	未	申	酉	○戌	○亥

- **특징** : 중심과(重審課) · 순간전(順間傳) · 삼양(三陽)
- **필법** : 강색귀호격(罡塞鬼戶格) **야점** : 폐구격(閉口格) **야점_酉월** : 내외효복격(內外孝服格)

【壬申12국】 甲子순, 戌 · 亥 공망

말전	중전	초전
天陰	后武	陰常
丁卯	丙寅	乙丑
寅	丑	子

4과	3과	2과	1과
白龍	空陳	陰常	武白
○戌	癸酉	乙丑	甲子
酉	申	子	壬(○亥)

주야	陰常	后武	天陰	蛇后	雀天	合蛇	陳雀	龍合	空陳	白龍	常空	武白
천반	乙丑	丙寅	丁卯	戊辰	己巳	庚午	辛未	壬申	癸酉	○戌	○亥	甲子
지반	子	丑	寅	卯	辰	巳	午	未	申	酉	○戌	○亥

- **특징** : 원수과(元首課) · 진연주(進連珠) · 삼기(三奇) · 연주삼기(連珠三奇)
- **필법** : 개왕격(皆旺格) · 진퇴양난격(進退兩難格) · 파패신임택격(破敗神臨宅格) · 수일 봉정격(水日逢丁格) · 녹피현탈격(祿被玄奪格) · 수미상견격(首尾相肩格)

【癸酉1국】 甲子순, 戌・亥 공망

말전	중전	초전		4과	3과	2과	1과
陰陳	白白	陳陰		常空	常空	陳陰	陳陰
辛未	○戌	乙丑		癸酉	癸酉	乙丑	乙丑
未	○戌	丑		酉	酉	丑	癸(丑)

주야	龍武	陳陰	合后	雀天	蛇蛇	天雀	后合	陰陳	武龍	常空	白白	空常
천반	甲子	乙丑	丙寅	丁卯	戊辰	己巳	庚午	辛未	壬申	癸酉	○戌	○亥
지반	子	丑	寅	卯	辰	巳	午	未	申	酉	○戌	○亥

- **특징** : 복음과(伏吟課)・가색(稼穡)・자신(自信)・삼기(三奇)
- **필법** : 재둔귀격(財遁鬼格)・복음중전공망격(伏吟中傳空亡格)・주객형상격(主客刑上格)_삼형 **亥년_태세 행년 연명 포함** : 상조전봉격(喪弔全逢格)

【癸酉2국】 甲子순, 戌・亥 공망

말전	중전	초전		4과	3과	2과	1과
天雀	后合	陰陳		陰陳	武龍	空常	龍武
己巳	庚午	辛未		辛未	壬申	○亥	甲子
午	未	申		申	酉	子	癸(丑)

주야	空常	龍武	陳陰	合后	雀天	蛇蛇	天雀	后合	陰陳	武龍	常空	白白
천반	○亥	甲子	乙丑	丙寅	丁卯	戊辰	己巳	庚午	辛未	壬申	癸酉	○戌
지반	子	丑	寅	卯	辰	巳	午	未	申	酉	○戌	○亥

- **특징** : 요극과(遙剋課)・퇴연여(退連茹)
- **필법** : 양사협묘격(兩蛇夾墓格)・나거취재격(懶去取財格) **戌년_태세 행년 연명 포함** : 상조전봉격(喪弔全逢格) **야점** : 녹피현탈격(祿被玄奪格) **주점** : 왕록가림격(旺祿加臨格)

【癸酉3국】 甲子순, 戌·亥 공망

말전	중전	초전		4과	3과	2과	1과
雀天	天陰	陰常		天陰	陰常	常空	空陳
丁卯	己巳	辛未		己巳	辛未	癸酉	○亥
巳	未	酉		未	酉	○亥	癸(丑)

주야	白龍	空陳	龍合	陳雀	合蛇	雀天	蛇后	天陰	后武	陰常	武白	常空
천반	○戌	○亥	甲子	乙丑	丙寅	丁卯	戊辰	己巳	庚午	辛未	壬申	癸酉
지반	子	丑	寅	卯	辰	巳	午	未	申	酉	○戌	○亥

- **특징** : 요극과(遙剋課)·효시(嚆矢)·회양(回陽)·퇴간전(退間傳)
- **필법** : 수일봉정격(水日逢丁格)·나거취재격(懶去取財格) **야점** : 주야귀가격(晝夜貴加格)·연희치병격(宴喜致病格) **酉년_태세 행년 연명 포함** : 상조전봉격(喪弔全逢格)

【癸酉4국】 甲子순, 戌·亥 공망

말전	중전	초전		4과	3과	2과	1과
龍合	雀天	后武		雀天	后武	陰常	白龍
甲子	丁卯	庚午		丁卯	庚午	辛未	○戌
卯	午	酉		午	酉	○戌	癸(丑)

주야	常空	白龍	空陳	龍合	陳雀	合蛇	雀天	蛇后	天陰	后武	陰常	武白
천반	癸酉	○戌	○亥	甲子	乙丑	丙寅	丁卯	戊辰	己巳	庚午	辛未	壬申
지반	子	丑	寅	卯	辰	巳	午	未	申	酉	○戌	○亥

- **특징** : 섭해과(涉害課)·삼교(三交)·헌개(軒蓋)·이번(二煩)
- **필법** : **申년_태세 행년 연명 포함** : 상조전봉격(喪弔全逢格) **주점** : 최관사자(催官使者)·호귀가간격(虎鬼加干格)·호림간귀격(虎臨干鬼格)

【癸酉5국】 甲子순, 戌・亥 공망

말전	중전	초전		4과	3과	2과	1과
常空	陳雀	天陰		陳雀	天陰	天陰	常空
癸酉	乙丑	己巳		乙丑	己巳	己巳	癸酉
丑	巳	酉		巳	酉	酉	癸(丑)

주야	武白	常空	白龍	空陳	龍合	陳雀	合蛇	雀天	蛇后	天陰	后武	陰常
천반	壬申	癸酉	○戌	○亥	甲子	乙丑	丙寅	丁卯	戊辰	己巳	庚午	辛未
지반	子	丑	寅	卯	辰	巳	午	未	申	酉	○戌	○亥

• 특징 : 원수과(元首課)・종혁(從革)・불비(不備)・순환(循環)
• 필법 : 합중범살격(合中犯殺格)・금강격(金剛格)・아괴성격(亞魁星格)・자재격(自在格)・피구아사격(彼求我事格) **未년_태세 행년 연명 포함** : 상조전봉격(喪弔全逢格) **주점** : 낙이생우격(樂裏生憂格)

【癸酉6국】 甲子순, 戌・亥 공망

말전	중전	초전		4과	3과	2과	1과
天陰	白龍	雀天		空陳	蛇后	雀天	武白
己巳	○戌	丁卯		○亥	戊辰	丁卯	壬申
○戌	卯	申		辰	酉	申	癸(丑)

주야	陰常	武白	常空	白龍	空陳	龍合	陳雀	合蛇	雀天	蛇后	天陰	后武
천반	辛未	壬申	癸酉	○戌	○亥	甲子	乙丑	丙寅	丁卯	戊辰	己巳	庚午
지반	子	丑	寅	卯	辰	巳	午	未	申	酉	○戌	○亥

• 특징 : 섭해과(涉害課)・견기(見機)・단륜(斷輪)・용전(龍戰)・사절(四絶)
• 필법 : 수일봉정격(水日逢丁格)・불행전자격(不行傳者格) **야점** : 백의식시격(白蟻食尸格)・장봉내전격(將逢內戰格) **午년_태세 행년 연명 포함** : 상조전봉격(喪弔全逢格) **주점** : 귀인입옥격(貴人入獄格)

※ 초전・중전・말전을 亥・午・丑으로 보기도 한다.

【癸酉7국】 甲子순, 戌·亥 공망

말전	중전	초전		4과	3과	2과	1과
陰天	陳空	陰天		陳空	陰天	常雀	雀常
丁卯	癸酉	丁卯		癸酉	丁卯	乙丑	辛未
酉	卯	酉		卯	酉	未	癸(丑)

주야	蛇武	雀常	合白	陳空	龍龍	空陳	白合	常雀	武蛇	陰天	后后	天陰
천반	庚午	辛未	壬申	癸酉	○戌	○亥	甲子	乙丑	丙寅	丁卯	戊辰	己巳
지반	子	丑	寅	卯	辰	巳	午	未	申	酉	○戌	○亥

- 특징 : 반음과(返吟課) · 무의(無依) · 삼교(三交) · 여덕(勵德) · 용전(龍戰)
- 필법 : 수일봉정격(水日逢丁格) · 양귀수극격(兩貴受剋格) · 두괴상가격(斗魁相加格) · 의혹격(疑惑格) **巳년_태세 행년 연명 포함** : 상조전봉격(喪弔全逢格) **야점** : 장봉내전격(將逢內戰格) **야점_卯월** : 내외효복격(內外孝服格) **주점** : 작귀격(雀鬼格)

【癸酉8국】 甲子순, 戌·亥 공망

말전	중전	초전		4과	3과	2과	1과
天陰	白合	雀常		雀常	武蛇	空陳	蛇武
己巳	甲子	辛未		辛未	丙寅	○亥	庚午
子	未	寅		寅	酉	午	癸(丑)

주야	天陰	蛇武	雀常	合白	陳空	龍龍	空陳	白合	常雀	武蛇	陰天	后后
천반	己巳	庚午	辛未	壬申	癸酉	○戌	○亥	甲子	乙丑	丙寅	丁卯	戊辰
지반	子	丑	寅	卯	辰	巳	午	未	申	酉	○戌	○亥

- 특징 : 지일과(知一課) · 도액(度厄)
- 필법 : 삼전내전격(三傳內戰格) · 일간인종격(日干引從格) · 삼전일진내전격(三傳日辰內戰格) **주점** : 육편판격(六片板格) **辰년_태세 행년 연명 포함** : 상조전봉격(喪弔全逢格)

【癸酉9국】 甲子순, 戌·亥 공망

말전	중전	초전
天雀	常陰	陳空
己巳	乙丑	癸酉
丑	酉	巳

4과	3과	2과	1과
天雀	常陰	陳空	天雀
己巳	乙丑	癸酉	己巳
丑	酉	巳	癸(丑)

주야	后蛇	天雀	蛇合	雀陳	合龍	陳空	龍白	空常	白武	常陰	武后	陰天
천반	戊辰	己巳	庚午	辛未	壬申	癸酉	○戌	○亥	甲子	乙丑	丙寅	丁卯
지반	子	丑	寅	卯	辰	巳	午	未	申	酉	○戌	○亥

- **특징** : 섭해과(涉害課)·종혁(從革)·불비(不備)·반주(盤珠)·용전(龍戰)
- **필법** : 금강격(金剛格) **卯년_태세 행년 연명 포함** : 상조전봉격(喪弔全逢格) **야점** : 염막 귀인격(簾幕貴人格)

【癸酉10국】 甲子순, 戌·亥 공망

말전	중전	초전
龍白	雀陳	后蛇
○戌	辛未	戊辰
未	辰	丑

4과	3과	2과	1과
陰天	白武	雀陳	后蛇
丁卯	甲子	辛未	戊辰
子	酉	辰	癸(丑)

주야	陰天	后蛇	天雀	蛇合	雀陳	合龍	陳空	龍白	空常	白武	常陰	武后
천반	丁卯	戊辰	己巳	庚午	辛未	壬申	癸酉	○戌	○亥	甲子	乙丑	丙寅
지반	子	丑	寅	卯	辰	巳	午	未	申	酉	○戌	○亥

- **특징** : 원수과(元首課)·가색(稼穡)
- **필법** : 묘신부일(墓神覆日)·옥택관광격(屋宅寬廣格)·절신가생격(絶神加生格)·참관 격(斬關格)·태양조현격(太陽照玄格)·권섭부정격(權攝不正格) **야점** : 이흉제 흉격(二凶制凶格) **寅년_태세 행년 연명 포함** : 상조전봉격(喪弔全逢格) **주점** : 귀 색귀호격(貴塞鬼戶格) **辰년생** : 천망자이격(天網自裏格)

【癸酉11국】 甲子순, 戌 · 亥 공망

말전	중전	초전
天雀	陰天	常陰
己巳	丁卯	乙丑
卯	丑	○亥

4과	3과	2과	1과
常陰	空常	天雀	陰天
乙丑	○亥	己巳	丁卯
○亥	酉	卯	癸(丑)

주야	武后	陰天	后蛇	天雀	蛇合	雀陳	合龍	陳空	龍白	空常	白武	常陰
천반	丙寅	丁卯	戊辰	己巳	庚午	辛未	壬申	癸酉	○戌	○亥	甲子	乙丑
지반	子	丑	寅	卯	辰	巳	午	未	申	酉	○戌	○亥

- **특징** : 원수과(元首課) · 순간전(順間傳) · 출호(出戶)
- **필법** : 수일봉정격(水日逢丁格) · 강색귀호격(罡塞鬼戶格) **주점** : 염막귀인격(簾幕貴人格) · 주야귀가격(晝夜貴加格) **丑년_태세 행년 연명 포함** : 상조전봉격(喪弔全逢格)

【癸酉12국】 甲子순, 戌 · 亥 공망

말전	중전	초전
常陰	白武	空常
乙丑	甲子	○亥
子	○亥	○戌

4과	3과	2과	1과
空常	龍白	陰天	武后
○亥	○戌	丁卯	丙寅
○戌	酉	寅	癸(丑)

주야	常陰	武后	陰天	后蛇	天雀	蛇合	雀陳	合龍	陳空	龍白	空常	白武
천반	乙丑	丙寅	丁卯	戊辰	己巳	庚午	辛未	壬申	癸酉	○戌	○亥	甲子
지반	子	丑	寅	卯	辰	巳	午	未	申	酉	○戌	○亥

- **특징** : 중심과(重審課) · 진연주(進連珠) · 고과(孤寡) · 용잠(龍潛) · 맥월(驀越)
- **필법** : 탈상봉탈격(脫上逢脫格) · 협정삼전격(夾定三傳格) **子년_태세 행년 연명 포함** : 상조전봉격(喪弔全逢格)

【甲戌1국】 甲戌순, 申・酉 공망

말전	중전	초전		4과	3과	2과	1과
后白	雀陳	龍蛇		武武	武武	龍蛇	龍蛇
○申	辛巳	戊寅		甲戌	甲戌	戊寅	戊寅
○申	巳	寅		戌	戌	寅	甲(寅)

주야	白后	空天	龍蛇	陳雀	合合	雀陳	蛇龍	天空	后白	陰常	武武	常陰
천반	丙子	丁丑	戊寅	己卯	庚辰	辛巳	壬午	癸未	○申	○酉	甲戌	乙亥
지반	子	丑	寅	卯	辰	巳	午	未	○申	○酉	戌	亥

- **특징** : 복음과(伏吟課) · 자임(自任)
- **필법** : 삼현태격(三玄胎格) · 폐구격(閉口格) · 주객형상격(主客刑上格)_삼형 · 왕록가림격(旺祿加臨格) **야점** : 마재호귀격(馬載虎鬼格) **子년_태세 행년 연명 포함** : 상조전봉격(喪弔全逢格)

【甲戌2국】 甲戌순, 申・酉 공망

말전	중전	초전		4과	3과	2과	1과
武武	常陰	白后		后白	陰常	白后	空天
甲戌	乙亥	丙子		○申	○酉	丙子	丁丑
亥	子	丑		○酉	戌	丑	甲(寅)

주야	常陰	白后	空天	龍蛇	陳雀	合合	雀陳	蛇龍	天空	后白	陰常	武武
천반	乙亥	丙子	丁丑	戊寅	己卯	庚辰	辛巳	壬午	癸未	○申	○酉	甲戌
지반	子	丑	寅	卯	辰	巳	午	未	○申	○酉	戌	亥

- **특징** : 지일과(知一課) · 퇴연여(退連茹) · 중음(重陰) · 육의(六儀)
- **필법** : 귀살삼사격(鬼殺三四格) · 협정삼전격(夾定三傳格) **巳월** : 태재사기격(胎財死氣格) **야점** : 마재호귀격(馬載虎鬼格) **주점** : 염막귀인격(簾幕貴人格) **亥년_태세 행년 연명 포함** : 상조전봉격(喪弔全逢格)

【甲戌3국】甲戌순, 申·酉 공망

말전	중전	초전
龍蛇	合合	蛇龍
戊寅	庚辰	壬午
辰	午	○申

4과	3과	2과	1과
蛇龍	后白	武武	白后
壬午	○申	甲戌	丙子
○申	戌	子	甲(寅)

주야	武武	常陰	白后	空天	龍蛇	陳雀	合合	雀陳	蛇龍	天空	后白	陰常
천반	甲戌	乙亥	丙子	丁丑	戊寅	己卯	庚辰	辛巳	壬午	癸未	○申	○酉
지반	子	丑	寅	卯	辰	巳	午	未	○申	○酉	戌	亥

- 특징 : 섭해과(涉害課) · 퇴간전(退間傳) · 고조(顧祖) · 여덕(勵德)
- 필법 : 위중취재격(危中取財格) · 고조격(顧祖格) · 육양격(六陽格) **戌년_태세 행년 연명 포함** : 상조전봉격(喪弔全逢格) **야점** : 마재호귀격(馬載虎鬼格)

【甲戌4국】甲戌순, 申·酉 공망

말전	중전	초전
龍蛇	雀陳	后白
戊寅	辛巳	○申
巳	○申	亥

4과	3과	2과	1과
合合	天空	后白	常陰
庚辰	癸未	○申	乙亥
未	戌	亥	甲(寅)

주야	陰常	武武	常陰	白后	空天	龍蛇	陳雀	合合	雀陳	蛇龍	天空	后白
천반	○酉	甲戌	乙亥	丙子	丁丑	戊寅	己卯	庚辰	辛巳	壬午	癸未	○申
지반	子	丑	寅	卯	辰	巳	午	未	○申	○酉	戌	亥

- 특징 : 요극과(遙剋課)
- 필법 : 재작폐구격(財作閉口格) · 주객형상격(主客刑上格)_삼형 · 삼현태격(三玄胎格) · 폐구격(閉口格) **야점** : 마재호귀격(馬載虎鬼格) · 양공협묘격(兩空夾墓格) **酉년_태세 행년 연명 포함** : 상조전봉격(喪弔全逢格) **주점** : 태상간생격(太常干生格)

【甲戌5국】 甲戌순, 申·酉 공망

말전	중전	초전
白后	后白	合合
戊寅	壬午	甲戌
午	戌	寅

4과	3과	2과	1과
白后	后白	后白	合合
戊寅	壬午	壬午	甲戌
午	戌	戌	甲(寅)

주야	蛇龍	雀陳	合合	陳雀	龍蛇	空天	白后	常陰	武武	陰常	后白	天空
천반	○申	○酉	甲戌	乙亥	丙子	丁丑	戊寅	己卯	庚辰	辛巳	壬午	癸未
지반	子	丑	寅	卯	辰	巳	午	未	○申	○酉	戌	亥

- 특징 : 중심과(重審課)·염상(炎上)·불비(不備)·췌서(贅壻)
- 필법 : 화강격(火强格)·옥택관광격(屋宅寬廣格)·초조협극격(初遭夾剋格)·합중범살격(合中犯殺格)·취환혼채격(取還魂債格) **申년_태세 행년 연명 포함** : 상조전봉격(喪弔全逢格) **주점** : 신장살몰격(神藏殺沒格)

【甲戌6국】 甲戌순, 申·酉 공망

말전	중전	초전
白后	天空	龍蛇
戊寅	癸未	丙子
未	子	巳

4과	3과	2과	1과
龍蛇	陰常	武武	雀陳
丙子	辛巳	庚辰	○酉
巳	戌	○酉	甲(寅)

주야	天空	蛇龍	雀陳	合合	陳雀	龍蛇	空天	白后	常陰	武武	陰常	后白
천반	癸未	○申	○酉	甲戌	乙亥	丙子	丁丑	戊寅	己卯	庚辰	辛巳	壬午
지반	子	丑	寅	卯	辰	巳	午	未	○申	○酉	戌	亥

- 특징 : 지일과(知一課)·사절(四絶)
- 필법 : 태수극절격(胎受剋絶格)·아괴성격(亞魁星格) **未년_태세 행년 연명 포함** : 상조전봉격(喪弔全逢格) **주점** : 작귀격(雀鬼格)

【甲戌7국】 甲戌순, 申 · 酉 공망

말전	중전	초전
白后	蛇龍	白后
戊寅	○申	戊寅
○申	寅	○申

4과	3과	2과	1과
合合	武武	白后	蛇龍
甲戌	庚辰	戊寅	○申
辰	戌	○申	甲(寅)

주야	后白	天空	蛇龍	雀陳	合合	陳雀	龍蛇	空天	白后	常陰	武武	陰常
천반	壬午	癸未	○申	○酉	甲戌	乙亥	丙子	丁丑	戊寅	己卯	庚辰	辛巳
지반	子	丑	寅	卯	辰	巳	午	未	○申	○酉	戌	亥

- 특징 : 반음과(返吟課) · 무의(無依)
- 필법 : 주야귀가격(晝夜貴加格) · 삼전개공격(三傳皆空格) · 폐구격(閉口格) · 알구화출격(謁求禍出格) · 명암이귀격(明暗二鬼格) **午년_태세 행년 연명 포함** : 상조전봉격(喪弔全逢格) **주점** : 양귀협묘격(兩貴夾墓格)

【甲戌8국】 甲戌순, 申 · 酉 공망

말전	중전	초전
合合	陰常	龍蛇
甲戌	辛巳	丙子
巳	子	未

4과	3과	2과	1과
蛇龍	常陰	龍蛇	天空
○申	己卯	丙子	癸未
卯	戌	未	甲(寅)

주야	陰常	后白	天空	蛇龍	雀陳	合合	陳雀	龍蛇	空天	白后	常陰	武武
천반	辛巳	壬午	癸未	○申	○酉	甲戌	乙亥	丙子	丁丑	戊寅	己卯	庚辰
지반	子	丑	寅	卯	辰	巳	午	未	○申	○酉	戌	亥

- 특징 : 지일과(知一課)
- 필법 : 재작폐구격(財作閉口格) · 묘신부일(墓神覆日) · 육편판격(六片板格) **未년생** : 천망자이격(天網自裏格) **巳년_태세 행년 연명 포함** : 상조전봉격(喪弔全逢格) **야점** : 염막귀인격(簾幕貴人格) · 탈공격(脫空格) **주점** : 부귀패굴격(富貴敗屈格) · 귀인공망격(貴人空亡格) **주점_亥월** : 효백개처두격(孝白盖妻頭格)

【甲戌9국】 甲戌순, 申・酉 공망

말전	중전	초전
合合	后白	白后
甲戌	壬午	戊寅
午	寅	戌

4과	3과	2과	1과
后白	白后	合合	后白
壬午	戊寅	甲戌	壬午
寅	戌	午	甲(寅)

주야	武武	陰常	后白	天空	蛇龍	雀陳	合合	陳雀	龍蛇	空天	白后	常陰
천반	庚辰	辛巳	壬午	癸未	○申	○酉	甲戌	乙亥	丙子	丁丑	戊寅	己卯
지반	子	丑	寅	卯	辰	巳	午	未	○申	○酉	戌	亥

- **특징** : 원수과(元首課) · 염상(炎上) · 여덕(勵德) · 불비(不備) · 일여(泆女)
- **필법** : 옥택관광격(屋宅寬廣格) · 합중범살격(合中犯殺格) · 권섭부정격(權攝不正格) · 화강격(火强格) · 손잉격(損孕格) **辰년_태세 행년 연명 포함** : 상조전봉격(喪弔全逢格)

【甲戌10국】 甲戌순, 申・酉 공망

말전	중전	초전
白后	陳雀	蛇龍
戊寅	乙亥	○申
亥	○申	巳

4과	3과	2과	1과
武武	空天	蛇龍	陰常
庚辰	丁丑	○申	辛巳
丑	戌	巳	甲(寅)

주야	常陰	武武	陰常	后白	天空	蛇龍	雀陳	合合	陳雀	龍蛇	空天	白后
천반	己卯	庚辰	辛巳	壬午	癸未	○申	○酉	甲戌	乙亥	丙子	丁丑	戊寅
지반	子	丑	寅	卯	辰	巳	午	未	○申	○酉	戌	亥

- **특징** : 중심과(重審課)
- **필법** : 탈상봉탈격(脫上逢脫格) · 절신가생격(絶神加生格) · 백호입상차격(白虎入喪車格) **卯년_태세 행년 연명 포함** : 상조전봉격(喪弔全逢格) **주점** : 양공협묘격(兩空夾墓格)

【甲戌11국】 甲戌순, 申·酉 공망

말전	중전	초전
后白	蛇龍	合合
○申	壬午	庚辰
午	辰	寅

4과	3과	2과	1과
龍蛇	白后	蛇龍	合合
戊寅	丙子	壬午	庚辰
子	戌	辰	甲(寅)

주야	龍蛇	陳雀	合合	雀陳	蛇龍	天空	后白	陰常	武武	常陰	白后	空天
천반	戊寅	己卯	庚辰	辛巳	壬午	癸未	○申	○酉	甲戌	乙亥	丙子	丁丑
지반	子	丑	寅	卯	辰	巳	午	未	○申	○酉	戌	亥

- **특징**: 섭해과(涉害課) · 순간전(順間傳) · 등삼천(登三天) · 일여(泆女)
- **필법**: 재둔귀격(財遁鬼格) · 참관격(斬關格) **야점**: 귀등천문격(貴登天門格) · 신장살몰격(神藏殺沒格) · 마재호귀격(馬載虎鬼格) · 강색귀호격(罡塞鬼戶格) **寅년_태세 행년 연명 포함**: 상조전봉격(喪弔全逢格)

【甲戌12국】 甲戌순, 申·酉 공망

말전	중전	초전
蛇龍	雀陳	合合
壬午	辛巳	庚辰
巳	辰	卯

4과	3과	2과	1과
白后	常陰	合合	陳雀
丙子	乙亥	庚辰	己卯
亥	戌	卯	甲(寅)

주야	空天	龍蛇	陳雀	合合	雀陳	蛇龍	天空	后白	陰常	武武	常陰	白后
천반	丁丑	戊寅	己卯	庚辰	辛巳	壬午	癸未	○申	○酉	甲戌	乙亥	丙子
지반	子	丑	寅	卯	辰	巳	午	未	○申	○酉	戌	亥

- **특징**: 지일과(知一課) · 진연주(進連珠) · 승계(昇階)
- **필법**: 왕록가림격(旺祿加臨格) · 나거취재격(懶去取財格) **주점**: 태상지생격(太常支生格) **丑년_태세 행년 연명 포함**: 상조전봉격(喪弔全逢格)

【乙亥1국】 甲戌순, 申·酉 공망

말전	중전	초전
合龍	武后	陳陳
辛巳	乙亥	庚辰
巳	亥	辰

4과	3과	2과	1과
武后	武后	陳陳	陳陳
乙亥	乙亥	庚辰	庚辰
亥	亥	辰	乙(辰)

주야	常天	白蛇	空雀	龍合	陳陳	合龍	雀空	蛇白	天常	后武	陰陰	武后
천반	丙子	丁丑	戊寅	己卯	庚辰	辛巳	壬午	癸未	○申	○酉	甲戌	乙亥
지반	子	丑	寅	卯	辰	巳	午	未	○申	○酉	戌	亥

· **특징** : 복음과(伏吟課) · 자신(自信) · 두전(杜傳)
· **필법** : 참관격(斬關格)

【乙亥2국】 甲戌순, 申·酉 공망

말전	중전	초전
天常	后武	陰陰
○申	○酉	甲戌
○酉	戌	亥

4과	3과	2과	1과
后武	陰陰	空雀	龍合
○酉	甲戌	戊寅	己卯
戌	亥	卯	乙(辰)

주야	武后	常天	白蛇	空雀	龍合	陳陳	合龍	雀空	蛇白	天常	后武	陰陰
천반	乙亥	丙子	丁丑	戊寅	己卯	庚辰	辛巳	壬午	癸未	○申	○酉	甲戌
지반	子	丑	寅	卯	辰	巳	午	未	○申	○酉	戌	亥

· **특징** : 원수과(元首課) · 퇴연여(退連茹) · 여덕(勵德) · 유금(流金)
· **필법** : 나거취재격(懶去取財格) · 괴도천문격(魁度天門格) · 불행전자격(不行傳者格) ·
　　　　 왕록가림격(旺祿加臨格) **야점** : 폐구격(閉口格)

【乙亥3국】 甲戌순, 申·酉 공망

말전	중전	초전
合龍	蛇白	后武
辛巳	癸未	○酉
未	○酉	亥

4과	3과	2과	1과
蛇白	后武	常天	空雀
癸未	○酉	丙子	戊寅
○酉	亥	寅	乙(辰)

주야	陰陰	武后	常天	白蛇	空雀	龍合	陳陳	合龍	雀空	蛇白	天常	后武
천반	甲戌	乙亥	丙子	丁丑	戊寅	己卯	庚辰	辛巳	壬午	癸未	○申	○酉
지반	子	丑	寅	卯	辰	巳	午	未	○申	○酉	戌	亥

- 특징 : 요극과(遙尅課)·퇴간전(退間傳)·여명(勵明)·과숙(寡宿)·일여(泆女)
- 필법 : 나거취재격(懶去取財格)·교호육합격(交互六合格)·인택수탈격(人宅受脫格)·교차탈격(交車脫格) **야점** : 호묘격(虎墓格)

【乙亥4국】 甲戌순, 申·酉 공망

말전	중전	초전
后白	雀陰	龍蛇
癸未	甲戌	丁丑
戌	丑	辰

4과	3과	2과	1과
武龍	天常	雀陰	龍蛇
辛巳	○申	甲戌	丁丑
○申	亥	丑	乙(辰)

주야	蛇武	雀陰	合后	陳天	龍蛇	空雀	白合	常陳	武龍	陰空	后白	天常
천반	○酉	甲戌	乙亥	丙子	丁丑	戊寅	己卯	庚辰	辛巳	壬午	癸未	○申
지반	子	丑	寅	卯	辰	巳	午	未	○申	○酉	戌	亥

- 특징 : 중심과(重審課)·가색(稼穡)·무음(蕪淫)·여덕(勵德)·삼기(三奇)
- 필법 : 주객형상격(主客刑上格)_삼형·전재화귀격(傳財化鬼格)·재승정마격(財乘丁馬格)·부부무음격(夫婦蕪淫格)·폐구격(閉口格)·피아부상격(彼我負傷格) **야점** : 호묘격(虎墓格) **주점** : 귀승천을격(鬼乘天乙格)

【乙亥5국】 甲戌순, 申·酉 공망

말전	중전	초전		4과	3과	2과	1과
合后	白合	后白		白合	后白	天常	陳天
乙亥	己卯	癸未		己卯	癸未	○申	丙子
卯	未	亥		未	亥	子	乙(辰)

주야	天常	蛇武	雀陰	合后	陳天	龍蛇	空雀	白合	常陳	武龍	陰空	后白
천반	○申	○酉	甲戌	乙亥	丙子	丁丑	戊寅	己卯	庚辰	辛巳	壬午	癸未
지반	子	丑	寅	卯	辰	巳	午	未	○申	○酉	戌	亥

- **특징** : 섭해과(涉害課) · 곡직(曲直) · 일여(泆女)
- **필법** : 귀인임림격(貴人臨林格) · 합중범살격(合中犯殺格) · 피차시기해격(彼此猜忌害格) **야점** : 호묘격(虎墓格) · 천거격(薦擧格) · 지승묘호격(支乘墓虎格) **주점** : 염막귀인격(簾幕貴人格)

【乙亥6국】 甲戌순, 申·酉 공망

말전	중전	초전		4과	3과	2과	1과
天陳	龍后	陰空		龍后	陰空	陰空	合蛇
○申	丁丑	壬午		丁丑	壬午	壬午	乙亥
丑	午	亥		午	亥	亥	乙(辰)

주야	后龍	天陳	蛇合	雀雀	合蛇	陳天	龍后	空陰	白武	常常	武白	陰空
천반	癸未	○申	○酉	甲戌	乙亥	丙子	丁丑	戊寅	己卯	庚辰	辛巳	壬午
지반	子	丑	寅	卯	辰	巳	午	未	○申	○酉	戌	亥

- **특징** : 중심과(重審課) · 불비(不備) · 사절(四絶)
- **필법** : 자재격(自在格) · 은다원심격(恩多怨深格) · 삼전무기격(三傳無氣格)

【乙亥7국】 甲子순, 申·酉 공망

말전	중전	초전
武白	合蛇	武白
辛巳	乙亥	辛巳
亥	巳	亥

4과	3과	2과	1과
合蛇	武白	常常	雀雀
乙亥	辛巳	庚辰	甲戌
巳	亥	戌	乙(辰)

주야	陰空	后龍	天陳	蛇合	雀雀	合蛇	陳天	龍后	空陰	白武	常常	武白
천반	壬午	癸未	○申	○酉	甲戌	乙亥	丙子	丁丑	戊寅	己卯	庚辰	辛巳
지반	子	丑	寅	卯	辰	巳	午	未	○申	○酉	戌	亥

· **특징** : 반음과(返吟課) · 무의(無依)

【乙亥8국】 甲戌순, 申·酉 공망

말전	중전	초전
陳天	后龍	空陰
丙子	癸未	戊寅
未	寅	○酉

4과	3과	2과	1과
蛇合	常常	空陰	蛇合
○酉	庚辰	戊寅	○酉
辰	亥	○酉	乙(辰)

주야	武白	陰空	后龍	天陳	蛇合	雀雀	合蛇	陳天	龍后	空陰	白武	常常
천반	辛巳	壬午	癸未	○申	○酉	甲戌	乙亥	丙子	丁丑	戊寅	己卯	庚辰
지반	子	丑	寅	卯	辰	巳	午	未	○申	○酉	戌	亥

· **특징** : 중심과(重審課) · 여덕(勵德) · 불비(不備)
· **필법** : 간지상신상합격(干支上神相合格) · 알구화출격(謁求禍出格) · 명암이귀격(明暗
二鬼格) · 아괴성격(亞魁星格) · 육편판격(六片板格) **야점** : 가법부정격(家法不
正格) · 부귀패굴격(富貴敗屈格)

【乙亥9국】 甲戌순, 申 · 酉 공망

말전	중전	초전		4과	3과	2과	1과
白武	合蛇	后龍		后龍	白武	陳天	天陳
己卯	乙亥	癸未		癸未	己卯	丙子	○申
亥	未	卯		卯	亥	○申	乙(辰)

주야	常常	武白	陰空	后龍	天陳	蛇合	雀雀	合蛇	陳天	龍后	空陰	白武
천반	庚辰	辛巳	壬午	癸未	○申	○酉	甲戌	乙亥	丙子	丁丑	戊寅	己卯
지반	子	丑	寅	卯	辰	巳	午	未	○申	○酉	戌	亥

- **특징** : 중심과(重審課) · 곡직(曲直) · 일여(泆女)
- **필법** : 손잉격(損孕格) · 이귀개공격(二貴皆空格) · 목락귀근격(木落歸根格) · 권섭부정격(權攝不正格) **야점** : 염막귀인격(簾幕貴人格) **주점** : 귀승천을격(鬼乘天乙格)

【乙亥10국】 甲戌순, 申 · 酉 공망

말전	중전	초전		4과	3과	2과	1과
白后	陰雀	蛇龍		合白	空陰	陰雀	蛇龍
丁丑	甲戌	癸未		辛巳	戊寅	甲戌	癸未
戌	未	辰		寅	亥	未	乙(辰)

주야	龍武	陳常	合白	雀空	蛇龍	天陳	后合	陰雀	武蛇	常天	白后	空陰
천반	己卯	庚辰	辛巳	壬午	癸未	○申	○酉	甲戌	乙亥	丙子	丁丑	戊寅
지반	子	丑	寅	卯	辰	巳	午	未	○申	○酉	戌	亥

- **특징** : 중심과(重審課) · 가색(稼穡) · 유자(游子)
- **필법** : 묘신부일(墓神覆日) · 손잉격(損孕格) · 주객형상격(主客刑上格)_삼형 · 절신가생격(絕神加生格) · 화개일복격(華蓋日伏格) **申 · 酉 · 戌월** : 관묘초용격(關墓初用格) **未년생** : 천망자이격(天網自裏格)

【乙亥11국】甲戌순, 申·酉 공망

말전	중전	초전
常天	陰雀	天陳
丙子	甲戌	○申
戌	○申	午

4과	3과	2과	1과
龍武	白后	天陳	雀空
己卯	丁丑	○申	壬午
丑	亥	午	乙(辰)

주야	空陰	龍武	陳常	合白	雀空	蛇龍	天陳	后合	陰雀	武蛇	常天	白后
천반	戊寅	己卯	庚辰	辛巳	壬午	癸未	○申	○酉	甲戌	乙亥	丙子	丁丑
지반	子	丑	寅	卯	辰	巳	午	未	○申	○酉	戌	亥

- **특징** : 중심과(重審課) · 순간전(順間傳) · 섭삼연(涉三淵) · 과숙(寡宿) · 육의(六儀)
- **필법** : 양귀수극격(兩貴受剋格) · 탈상봉탈격(脫上逢脫格) · 귀인임림격(貴人臨林格) · 강색귀호격(罡塞鬼戶格) **야점** : 탈공격(脫空格) **주점** : 양사협묘격(兩蛇夾墓格)

【乙亥12국】甲戌순, 申·酉 공망

말전	중전	초전
龍合	空雀	白蛇
己卯	戊寅	丁丑
寅	丑	子

4과	3과	2과	1과
白蛇	常天	雀空	合龍
丁丑	丙子	壬午	辛巳
子	亥	巳	乙(辰)

주야	白蛇	空雀	龍合	陳陳	合龍	雀空	蛇白	天常	后武	陰陰	武后	常天
천반	丁丑	戊寅	己卯	庚辰	辛巳	壬午	癸未	○申	○酉	甲戌	乙亥	丙子
지반	子	丑	寅	卯	辰	巳	午	未	○申	○酉	戌	亥

- **특징** : 원수과(元首課) · 진연주(進連珠) · 삼기(三奇)

【丙子1국】 甲戌순, 申・酉 공망

말전	중전	초전		4과	3과	2과	1과
白合	蛇武	陳空		武蛇	武蛇	陳空	陳空
戊寅	○申	辛巳		丙子	丙子	辛巳	辛巳
寅	○申	巳		子	子	巳	丙(巳)

주야	武蛇	常雀	白合	空陳	龍龍	陳空	合白	雀常	蛇武	天陰	后后	陰天
천반	丙子	丁丑	戊寅	己卯	庚辰	辛巳	壬午	癸未	○申	○酉	甲戌	乙亥
지반	子	丑	寅	卯	辰	巳	午	未	○申	○酉	戌	亥

- **특징** : 복음과(伏吟課) · 자임(自任) · 길복음(吉伏吟)
- **필법** : 주객형상격(主客刑上格)_삼형 · 나거취재격(懶去取財格) · 길복음과(吉伏吟課) · 왕록가림격(旺祿加臨格) · 복음중전공망격(伏吟中傳空亡格)

【丙子2국】 甲戌순, 申・酉 공망

말전	중전	초전		4과	3과	2과	1과
蛇武	天陰	后后		后后	陰天	空陳	龍龍
○申	○酉	甲戌		甲戌	乙亥	己卯	庚辰
○酉	戌	亥		亥	子	辰	丙(巳)

주야	陰天	武蛇	常雀	白合	空陳	龍龍	陳空	合白	雀常	蛇武	天陰	后后
천반	乙亥	丙子	丁丑	戊寅	己卯	庚辰	辛巳	壬午	癸未	○申	○酉	甲戌
지반	子	丑	寅	卯	辰	巳	午	未	○申	○酉	戌	亥

- **특징** : 지일과(知一課) · 퇴연여(退連茹) · 일여(泆女) · 유금(流金)
- **필법** : 괴도천문격(魁度天門格) · 참관격(斬關格) · 불행전자격(不行傳者格) **야점** : 귀승천을격(鬼乘天乙格) **주점** : 귀인입옥격(貴人入獄格)

【丙子3국】 甲戌순, 申·酉 공망

말전	중전	초전
天陰	雀天	陳雀
○酉	乙亥	丁丑
亥	丑	卯

4과	3과	2과	1과
后武	蛇后	陳雀	空陳
○申	甲戌	丁丑	己卯
戌	子	卯	丙(巳)

주야	蛇后	雀天	合蛇	陳雀	龍合	空陳	白龍	常空	武白	陰常	后武	天陰
천반	甲戌	乙亥	丙子	丁丑	戊寅	己卯	庚辰	辛巳	壬午	癸未	○申	○酉
지반	子	丑	寅	卯	辰	巳	午	未	○申	○酉	戌	亥

- 특징 : 중심과(重審課)·퇴간전(退間傳)·극음(極陰)·삼기(三奇)
- 필법 : 간지상신상합격(干支上神相合格) **야점** : 폐구격(閉口格) **주점** : 사묘극지격(蛇墓剋支格)·주야귀가격(晝夜貴加格)

【丙子4국】 甲戌순, 申·酉 공망

말전	중전	초전
合蛇	空陳	武白
丙子	己卯	壬午
卯	午	○酉

4과	3과	2과	1과
武白	天陰	雀天	龍合
壬午	○酉	乙亥	戊寅
○酉	子	寅	丙(巳)

주야	天陰	蛇后	雀天	合蛇	陳雀	龍合	空陳	白龍	常空	武白	陰常	后武
천반	○酉	甲戌	乙亥	丙子	丁丑	戊寅	己卯	庚辰	辛巳	壬午	癸未	○申
지반	子	丑	寅	卯	辰	巳	午	未	○申	○酉	戌	亥

- 특징 : 원수과(元首課)·삼교(三交)·헌개(軒蓋)·이번(二煩)
- 필법 : 구생격(俱生格) **주점_辰월** : 용가생기격(龍加生氣格)

【丙子5국】 甲戌순, 申・酉 공망

말전	중전	초전
合蛇	白龍	后武
丙子	庚辰	○申
辰	○申	子

4과	3과	2과	1과
白龍	后武	天陰	陳雀
庚辰	○申	○酉	丁丑
○申	子	丑	丙(巳)

주야	后武	天陰	蛇后	雀天	合蛇	陳雀	龍合	空陳	白龍	常空	武白	陰常
천반	○申	○酉	甲戌	乙亥	丙子	丁丑	戊寅	己卯	庚辰	辛巳	壬午	癸未
지반	子	丑	寅	卯	辰	巳	午	未	○申	○酉	戌	亥

- **특징** : 요극과(遙剋課)・탄사(彈射)・윤하(潤下)・일여(泆女)
- **필법** : 중귀수창격(衆鬼雖彰格)・교호육합격(交互六合格)・교차삼합격(交車三合格)・삼육상호격(三六相呼格) **야점** : 인택수탈격(人宅受脫格)

【丙子6국】 甲戌순, 申・酉 공망

말전	중전	초전
龍合	陰常	合蛇
戊寅	癸未	丙子
未	子	巳

4과	3과	2과	1과
龍合	陰常	陰常	合蛇
戊寅	癸未	癸未	丙子
未	子	子	丙(巳)

주야	陰常	后武	天陰	蛇后	雀天	合蛇	陳雀	龍合	空陳	白龍	常空	武白
천반	癸未	○申	○酉	甲戌	乙亥	丙子	丁丑	戊寅	己卯	庚辰	辛巳	壬午
지반	子	丑	寅	卯	辰	巳	午	未	○申	○酉	戌	亥

- **특징** : 섭해과(涉害課)・불비(不備)・난수(亂首)・사절(四絶)・무록(無祿)
- **필법** : 삼전호극격(三傳互剋格)・태수극절격(胎受剋絶格)・피차시기해격(彼此猜忌害格)・중귀수창격(衆鬼雖彰格)

【丙子7국】 甲戌순, 申·酉 공망

말전	중전	초전		4과	3과	2과	1과
武龍	合后	武龍		武龍	合后	常空	雀天
壬午	丙子	壬午		丙午	壬子	辛巳	乙亥
子	午	子		子	午	亥	丙(巳)

주야	武龍	陰陳	后合	天雀	蛇蛇	雀天	合后	陳陰	龍武	空常	白白	常空
천반	壬午	癸未	○申	○酉	甲戌	乙亥	丙子	丁丑	戊寅	己卯	庚辰	辛巳
지반	子	丑	寅	卯	辰	巳	午	未	○申	○酉	戌	亥

- **특징** : 반음과(返吟課)·삼교(三交)·무의(無依)
- **필법** : 명암이귀격(明暗二鬼格)·결절격(結絶格) **야점** : 귀승천을격(鬼乘天乙格) **주점** : 염막귀인격(簾幕貴人格)·작귀격(雀鬼格)

【丙子8국】 甲戌순, 申·酉 공망

말전	중전	초전		4과	3과	2과	1과
空常	蛇蛇	常空		蛇蛇	常空	空常	蛇蛇
己卯	甲戌	辛巳		甲戌	辛巳	己卯	甲戌
戌	巳	子		巳	子	戌	丙(巳)

주야	常空	武龍	陰陳	后合	天雀	蛇蛇	雀天	合后	陳陰	龍武	空常	白白
천반	辛巳	壬午	癸未	○申	○酉	甲戌	乙亥	丙子	丁丑	戊寅	己卯	庚辰
지반	子	丑	寅	卯	辰	巳	午	未	○申	○酉	戌	亥

- **특징** : 중심과(重審課)·주인(鑄印)·불비(不備)
- **필법** : 덕록전묘격(德祿傳墓格)·권섭부정격(權攝不正格)·묘신부일(墓神覆日)·양사협묘격(兩蛇夾墓格) **야점** : 육편판격(六片板格) **戌년생** : 천망자이격(天網自裏格)

【丙子9국】 甲戌순, 申・酉 공망

말전	중전	초전
陳空	常陰	天雀
辛巳	丁丑	○酉
丑	○酉	巳

4과	3과	2과	1과
蛇合	龍白	常陰	天雀
○申	庚辰	丁丑	○酉
辰	子	○酉	丙(巳)

주야	龍白	陳空	合龍	雀陳	蛇合	天雀	后蛇	陰天	武后	常陰	白武	空常
천반	庚辰	辛巳	壬午	癸未	○申	○酉	甲戌	乙亥	丙子	丁丑	戊寅	己卯
지반	子	丑	寅	卯	辰	巳	午	未	○申	○酉	戌	亥

- 특징 : 중심과(重審課)・종혁(從革)
- 필법 : 양귀수극격(兩貴受剋格)・금강격(金剛格)・공재격(空財格)・합중범살격(合中犯殺格)・장생재신격(將生財神格)・아괴성격(亞魁星格) **야점** : 염막귀인격(簾幕貴人格)・삼전개공격(三傳皆空格)・지승묘호격(支乘墓虎格) **주점** : 상장조재격(上將助財格)

【丙子10국】 甲戌순, 申・酉 공망

말전	중전	초전
白武	陰天	蛇合
戊寅	乙亥	○申
亥	○申	巳

4과	3과	2과	1과
合龍	空常	陰天	蛇合
壬午	己卯	乙亥	○申
卯	子	○申	丙(巳)

주야	空常	龍白	陳空	合龍	雀陳	蛇合	天雀	后蛇	陰天	武后	常陰	白武
천반	己卯	庚辰	辛巳	壬午	癸未	○申	○酉	甲戌	乙亥	丙子	丁丑	戊寅
지반	子	丑	寅	卯	辰	巳	午	未	○申	○酉	戌	亥

- 특징 : 중심과(重審課)・과숙(寡宿)
- 필법 : 삼현태격(三玄胎格)・백호입상차격(白虎入喪車格)・절신가생격(絶神加生格)・사승살격(四勝殺格)

【丙子11국】 甲戌순, 申·酉 공망

말전	중전	초전
蛇合	合龍	龍白
○申	壬午	庚辰
午	辰	寅

4과	3과	2과	1과
龍白	白武	天雀	雀陳
庚辰	戊寅	○酉	癸未
寅	子	未	丙(巳)

주야	白武	空常	龍白	陳空	合龍	雀陳	蛇合	天雀	后蛇	陰天	武后	常陰
천반	戊寅	己卯	庚辰	辛巳	壬午	癸未	○申	○酉	甲戌	乙亥	丙子	丁丑
지반	子	丑	寅	卯	辰	巳	午	未	○申	○酉	戌	亥

· **특징** : 중심과(重審課)·순간전(順間傳)·등삼천(登三天)·여덕(勵德)
· **필법** : 강색귀호격(罡塞鬼戶格)

【丙子12국】 甲戌순, 申·酉 공망

말전	중전	초전
龍白	空常	白武
庚辰	己卯	戊寅
卯	寅	丑

4과	3과	2과	1과
白武	常陰	雀陳	合龍
戊寅	丁丑	癸未	壬午
丑	子	午	丙(巳)

주야	常陰	白武	空常	龍白	陳空	合龍	雀陳	蛇合	天雀	后蛇	陰天	武后
천반	丁丑	戊寅	己卯	庚辰	辛巳	壬午	癸未	○申	○酉	甲戌	乙亥	丙子
지반	子	丑	寅	卯	辰	巳	午	未	○申	○酉	戌	亥

· **특징** : 지일과(知一課)·진연주(進連珠)·정화(正和)·맥월(驀越)
· **필법** : 복태격(服胎格)·왕록가림격(旺祿加臨格) **주점** : 우녀상회격(牛女相會格)

【丁丑1국】 甲戌순, 申·酉 공망

말전	중전	초전		4과	3과	2과	1과
常雀	后后	雀常		雀常	雀常	常雀	常雀
癸未	甲戌	丁丑		丁丑	丁丑	癸未	癸未
未	戌	丑		丑	丑	未	丁(未)

주야	蛇武	雀常	合白	陳空	龍龍	空陳	白合	常雀	武蛇	陰天	后后	天陰
천반	丙子	丁丑	戊寅	己卯	庚辰	辛巳	壬午	癸未	○申	○酉	甲戌	乙亥
지반	子	丑	寅	卯	辰	巳	午	未	○申	○酉	戌	亥

- **특징** : 복음과(伏吟課)·가색(稼穡)·자신(自信)·삼기(三奇)·유자(游子)
- **필법** : 주객형상격(主客刑上格)_삼형·교차충격(交車沖格)

【丁丑2국】 甲戌순, 申·酉 공망

말전	중전	초전		4과	3과	2과	1과
后后	天陰	蛇武		天陰	蛇武	空陳	白合
甲戌	乙亥	丙子		乙亥	丙子	辛巳	壬午
亥	子	丑		子	丑	午	丁(未)

주야	天陰	蛇武	雀常	合白	陳空	龍龍	空陳	白合	常雀	武蛇	陰天	后后
천반	乙亥	丙子	丁丑	戊寅	己卯	庚辰	辛巳	壬午	癸未	○申	○酉	甲戌
지반	子	丑	寅	卯	辰	巳	午	未	○申	○酉	戌	亥

- **특징** : 중심과(重審課)·퇴연여(退連茹)·중음(重陰)
- **필법** : 상하구합격(上下俱合格)·호태격(互胎格)·교차해격(交車害格) **야점** : 왕록가림격(旺祿加臨格) **주점** : 녹피현탈격(祿被玄奪格)

【丁丑3국】甲戌순, 申·酉 공망

말전	중전	초전
常陰	陰天	天雀
癸未	○酉	乙亥
○酉	亥	丑

4과	3과	2과	1과
陰天	天雀	陳空	空常
○酉	乙亥	己卯	辛巳
亥	丑	巳	丁(未)

주야	后蛇	天雀	蛇合	雀陳	合龍	陳空	龍白	空常	白武	常陰	武后	陰天
천반	甲戌	乙亥	丙子	丁丑	戊寅	己卯	庚辰	辛巳	壬午	癸未	○申	○酉
지반	子	丑	寅	卯	辰	巳	午	未	○申	○酉	戌	亥

- **특징** : 중심과(重審課) · 퇴간전(退間傳) · 시둔(時遁)
- **필법** : 나거취재격(懶去取財格) · 불행전자격(不行傳者格) **야점** : 주야귀가격(晝夜貴加格) · 장봉내전격(將逢內戰格) **주점** : 귀승천을격(鬼乘天乙格)

【丁丑4국】甲戌순, 申·酉 공망

말전	중전	초전
后蛇	龍白	蛇合
甲戌	庚辰	丙子
丑	未	卯

4과	3과	2과	1과
常陰	后蛇	雀陳	龍白
癸未	甲戌	丁丑	庚辰
戌	丑	辰	丁(未)

주야	陰天	后蛇	天雀	蛇合	雀陳	合龍	陳空	龍白	空常	白武	常陰	武后
천반	○酉	甲戌	乙亥	丙子	丁丑	戊寅	己卯	庚辰	辛巳	壬午	癸未	○申
지반	子	丑	寅	卯	辰	巳	午	未	○申	○酉	戌	亥

- **특징** : 묘성과(昴星課) · 동사(冬蛇)
- **필법** : 참관격(斬關格) · 인택좌묘격(人宅坐墓格) **야점** : 호시봉호격(虎視逢虎格)

말전	중전	초전
陰天	雀陳	空常
○酉	丁丑	辛巳
丑	巳	○酉

4과	3과	2과	1과
空常	陰天	天雀	陳空
辛巳	○酉	乙亥	己卯
○酉	丑	卯	丁(未)

주야	武后	陰天	后蛇	天雀	蛇合	雀陳	合龍	陳空	龍白	空常	白武	常陰
천반	○申	○酉	甲戌	乙亥	丙子	丁丑	戊寅	己卯	庚辰	辛巳	壬午	癸未
지반	子	丑	寅	卯	辰	巳	午	未	○申	○酉	戌	亥

- **특징** : 원수과(元首課) · 종혁(從革)
- **필법** : 합중범살격(合中犯殺格) · 금강격(金剛格) · 육효현괘(六爻現卦)_재효현괘(財爻現卦)

말전	중전	초전
空常	后蛇	陳空
辛巳	甲戌	己卯
戌	卯	○申

4과	3과	2과	1과
陳空	武后	陰天	合龍
己卯	○申	○酉	戊寅
○申	丑	寅	丁(未)

주야	常陰	武后	陰天	后蛇	天雀	蛇合	雀陳	合龍	陳空	龍白	空常	白武
천반	癸未	○申	○酉	甲戌	乙亥	丙子	丁丑	戊寅	己卯	庚辰	辛巳	壬午
지반	子	丑	寅	卯	辰	巳	午	未	○申	○酉	戌	亥

- **특징** : 중심과(重審課) · 단륜(斷輪) · 사절(四絶) · 육의(六儀)
- **필법** : 나망격(羅網格) · 후목무용격(朽木無用格) **야점** : 장봉내전격(將逢內戰格) **야점_辰월** : 용가생기격(龍加生氣格)

【丁丑7국】 甲戌순, 申・酉 공망

말전	중전	초전
陰陳	陳陰	天雀
丁丑	癸未	乙亥
未	丑	巳

4과	3과	2과	1과
陰陳	陳陰	陳陰	陰陳
丁丑	癸未	癸未	丁丑
未	丑	丑	丁(未)

주야	龍武	陳陰	合后	雀天	蛇蛇	天雀	后合	陰陳	武龍	常空	白白	空常
천반	壬午	癸未	○申	○酉	甲戌	乙亥	丙子	丁丑	戊寅	己卯	庚辰	辛巳
지반	子	丑	寅	卯	辰	巳	午	未	○申	○酉	戌	亥

- 특징 : 반음과(返吟課)・정란(井欄)
- 필법 : 탈상봉탈격(脫上逢脫格)・두괴상가격(斗魁相加格)

【丁丑8국】 甲戌순, 申・酉 공망

말전	중전	초전
常空	蛇蛇	空常
己卯	甲戌	辛巳
戌	巳	子

4과	3과	2과	1과
天雀	龍武	空常	后合
乙亥	壬午	辛巳	丙子
午	丑	子	丁(未)

주야	空常	龍武	陳陰	合后	雀天	蛇蛇	天雀	后合	陰陳	武龍	常空	白白
천반	辛巳	壬午	癸未	○申	○酉	甲戌	乙亥	丙子	丁丑	戊寅	己卯	庚辰
지반	子	丑	寅	卯	辰	巳	午	未	○申	○酉	戌	亥

- 특징 : 중심과(重審課)・주인(鑄印)・육의(六儀)
- 필법 : 양사협묘격(兩蛇夾墓格)・명암이귀격(明暗二鬼格)・권섭부정격(權攝不正格)・
  피차시기해격(彼此猜忌害格) **주점** : 육편판격(六片板格)

【丁丑9국】 甲戌순, 申·酉 공망

말전	중전	초전
空陳	陰常	雀天
辛巳	丁丑	○酉
丑	○酉	巳

4과	3과	2과	1과
雀天	空陳	常空	天陰
○酉	辛巳	己卯	乙亥
巳	丑	亥	丁(未)

주야	白龍	空陳	龍合	陳雀	合蛇	雀天	蛇后	天陰	后武	陰常	武白	常空
천반	庚辰	辛巳	壬午	癸未	○申	○酉	甲戌	乙亥	丙子	丁丑	戊寅	己卯
지반	子	丑	寅	卯	辰	巳	午	未	○申	○酉	戌	亥

- **특징** : 중심과(重審課) · 종혁(從革) · 맥월(驀越)
- **필법** : 취환혼채격(取還魂債格) · 양귀수극격(兩貴受剋格) · 재화귀격(財化鬼格) · 체호 작절격(遞互作絶格) · 최관부(催官符) **야점** : 염막귀인격(簾幕貴人格) **주점** : 귀 승천을격(鬼乘天乙格) · 삼전개공격(三傳皆空格)

【丁丑10국】 甲戌순, 申·酉 공망

말전	중전	초전
白龍	蛇后	龍合
庚辰	甲戌	壬午
丑	未	卯

4과	3과	2과	1과
陳雀	白龍	陰常	蛇后
癸未	庚辰	丁丑	甲戌
辰	丑	戌	丁(未)

주야	常空	白龍	空陳	龍合	陳雀	合蛇	雀天	蛇后	天陰	后武	陰常	武白
천반	己卯	庚辰	辛巳	壬午	癸未	○申	○酉	甲戌	乙亥	丙子	丁丑	戊寅
지반	子	丑	寅	卯	辰	巳	午	未	○申	○酉	戌	亥

- **특징** : 묘성과(昴星課) · 동사(冬蛇)
- **필법** : 묘신부일(墓神覆日) · 절신가생격(絶神加生格) · 호좌구묘격(互坐丘墓格) **야점** : 호시봉호격(虎視逢虎格) **戌년생** : 천망자이격(天網自裏格)

【丁표11국】 甲戌순, 申·酉 공망

말전	중전	초전
陰常	天陰	雀天
丁丑	乙亥	○酉
亥	○酉	未

4과	3과	2과	1과
空陳	常空	天陰	雀天
辛巳	己卯	乙亥	○酉
卯	丑	○酉	丁(未)

주야	武白	常空	白龍	空陳	龍合	陳雀	合蛇	雀天	蛇后	天陰	后武	陰常
천반	戊寅	己卯	庚辰	辛巳	壬午	癸未	○申	○酉	甲戌	乙亥	丙子	丁丑
지반	子	丑	寅	卯	辰	巳	午	未	○申	○酉	戌	亥

- **특징** : 중심과(重審課) · 순간전(順間傳) · 응음(凝陰) · 고과(孤寡)
- **필법** : 간지전승사격(干支全乘死格) · 이귀개공격(二貴皆空格) · 강색귀호격(罡塞鬼戸格) · 아괴성격(亞魁星格) **주점** : 주야귀가격(晝夜貴加格) · 염막귀인격(簾幕貴人格)

【丁표12국】 甲戌순, 申·酉 공망

말전	중전	초전
蛇后	雀天	合蛇
甲戌	○酉	○申
○酉	○申	未

4과	3과	2과	1과
常空	武白	雀天	合蛇
己卯	戊寅	○酉	○申
寅	丑	○申	丁(未)

주야	陰常	武白	常空	白龍	空陳	龍合	陳雀	合蛇	雀天	蛇后	天陰	后武
천반	丁丑	戊寅	己卯	庚辰	辛巳	壬午	癸未	○申	○酉	甲戌	乙亥	丙子
지반	子	丑	寅	卯	辰	巳	午	未	○申	○酉	戌	亥

- **특징** : 중심과(重審課) · 진연주(進連珠) · 유금(流金)
- **필법** : 병체난담하격(病體難擔荷格) · 삼전개공격(三傳皆空格) · 탈공격(脫空格_進茹중) **야점** : 지승묘호격(支乘墓虎格)

【戊寅1국】 甲戌순, 申·酉 공망

말전	중전	초전
蛇龍	白后	陳雀
戊寅	○申	辛巳
寅	○申	巳

4과	3과	2과	1과
蛇龍	蛇龍	陳雀	陳雀
戊寅	戊寅	辛巳	辛巳
寅	寅	巳	戌(巳)

주야	后白	天空	蛇龍	雀陳	合合	陳雀	龍蛇	空天	白后	常陰	武武	陰常
천반	丙子	丁丑	戊寅	己卯	庚辰	辛巳	壬午	癸未	○申	○酉	甲戌	乙亥
지반	子	丑	寅	卯	辰	巳	午	未	○申	○酉	戌	亥

· **특징** : 복음과(伏吟課)·자임(自任)·흉복음(凶伏吟)
· **필법** : 양면도격(兩面刀格)·말조초혜격(末助初兮格)·흉복음과(凶伏吟課)·복음중전
공망격(伏吟中傳空亡格)·삼전호극격(三傳互剋格)·교차형격(交車刑格)·주객
형상격(主客刑上格)_삼형·우중다행격(憂中多幸格)·왕록가림격(旺祿加臨格)

【戊寅2국】 甲戌순, 申·酉 공망

말전	중전	초전
武武	陰常	后白
甲戌	乙亥	丙子
亥	子	丑

4과	3과	2과	1과
后白	天空	雀陳	合合
丙子	丁丑	己卯	庚辰
丑	寅	辰	戌(巳)

주야	陰常	后白	天空	蛇龍	雀陳	合合	陳雀	龍蛇	空天	白后	常陰	武武
천반	乙亥	丙子	丁丑	戊寅	己卯	庚辰	辛巳	壬午	癸未	○申	○酉	甲戌
지반	子	丑	寅	卯	辰	巳	午	未	○申	○酉	戌	亥

· **특징** : 지일과(知一課)·퇴연여(退連茹)·중음(重陰)
· **필법** : 참관격(斬關格)·나거취재격(懶去取財格)

【戊寅3국】 甲戌순, 申·酉 공망

말전	중전	초전
常陰	陰常	天空
○酉	乙亥	丁丑
亥	丑	卯

4과	3과	2과	1과
武武	后白	天空	雀陳
甲戌	丙子	丁卯	己卯
子	寅	卯	戊(巳)

주야	武武	陰常	后白	天空	蛇龍	雀陳	合合	陳雀	龍蛇	空天	白后	常陰
천반	甲戌	乙亥	丙子	丁丑	戊寅	己卯	庚辰	辛巳	壬午	癸未	○申	○酉
지반	子	丑	寅	卯	辰	巳	午	未	○申	○酉	戌	亥

- **특징** : 중심과(重審課) · 퇴간전(退間傳) · 극음(極陰) · 삼기(三奇)
- **필법** : 호좌구묘격(互坐丘墓格) · 주객형상격(主客刑上格)_상형 **주점** : 작귀격(雀鬼格)

【戊寅4국】 甲戌순, 申·酉 공망

말전	중전	초전
白后	陰常	蛇龍
○申	乙亥	戊寅
亥	寅	巳

4과	3과	2과	1과
白后	陰常	陰常	蛇龍
○申	乙亥	乙亥	戊寅
亥	寅	寅	戊(巳)

주야	常陰	武武	陰常	后白	天空	蛇龍	雀陳	合合	陳雀	龍蛇	空天	白后
천반	○酉	甲戌	乙亥	丙子	丁丑	戊寅	己卯	庚辰	辛巳	壬午	癸未	○申
지반	子	丑	寅	卯	辰	巳	午	未	○申	○酉	戌	亥

- **특징** : 원수과(元首課) · 불비(不備) · 난수(亂首)
- **필법** : 삼현태격(三玄胎格) · 명암이귀격(明暗二鬼格) · 고거감래격(苦去甘來格) · 외호
  이차야격(外好裏差枒格)

【戊寅5국】 甲戌순, 申·酉 공망

말전	중전	초전
后白	白后	合合
戊寅	壬午	甲戌
午	戌	寅

4과	3과	2과	1과
白后	合合	陳雀	天空
壬午	甲戌	○酉	丁丑
戌	寅	丑	戊(巳)

주야	龍蛇	陳雀	合合	雀陳	蛇龍	天空	后白	陰常	武武	常陰	白后	空天
천반	○申	○酉	甲戌	乙亥	丙子	丁丑	戊寅	己卯	庚辰	辛巳	壬午	癸未
지반	子	丑	寅	卯	辰	巳	午	未	○申	○酉	戌	亥

· **특징** : 중심과(重審課) · 염상(炎上) · 일여(泆女)
· **필법** : 육효현괘(六爻現卦)_부모효현괘(父母爻現卦) · 합중범살격(合中犯殺格) · 수혼신(收魂神) **야점** : 염막귀인격(簾幕貴人格) · 신장살몰격(神藏殺沒格) **주점** : 백의식시격(白蟻食尸格)

【戊寅6국】 甲戌순, 申·酉 공망

말전	중전	초전
后白	空天	蛇龍
戊寅	癸未	丙子
未	子	巳

4과	3과	2과	1과
武武	陳雀	空天	蛇龍
庚辰	○酉	癸未	丙子
○酉	寅	子	戊(巳)

주야	空天	龍蛇	陳雀	合合	雀陳	蛇龍	天空	后白	陰常	武武	常陰	白后
천반	癸未	○申	○酉	甲戌	乙亥	丙子	丁丑	戊寅	己卯	庚辰	辛巳	壬午
지반	子	丑	寅	卯	辰	巳	午	未	○申	○酉	戌	亥

· **특징** : 중심과(重審課) · 사절(四絶)
· **필법** : 태수극절격(胎受剋絶格) · 수혼신(收魂神) · 파패신임택격(破敗神臨宅格) **寅월** : 탈재생기격(脫財生氣格)

【戊寅7국】 甲戌순, 申·酉 공망

말전	중전	초전		4과	3과	2과	1과
后白	龍蛇	后白		后白	龍蛇	常陰	雀陳
戊寅	○申	戊寅		戊寅	○申	辛巳	乙亥
○申	寅	○申		○申	寅	亥	戌(巳)

주야	白后	空天	龍蛇	陳雀	合合	雀陳	蛇龍	天空	后白	陰常	武武	常陰
천반	壬午	癸未	○申	○酉	甲戌	乙亥	丙子	丁丑	戊寅	己卯	庚辰	辛巳
지반	子	丑	寅	卯	辰	巳	午	未	○申	○酉	戌	亥

- 특징 : 반음과(返吟課)·무의(無依)·도액(度厄)
- 필법 : 교차장생격(交車長生格)·피차시기해격(彼此猜忌害格)·내거구공격(來去俱空格)·삼전개공격(三傳皆空格)·간지봉절격(干支逢絶格)·수혼신(收魂神)·교호육합격(交互六合格)·주야귀가격(晝夜貴加格)

【戊寅8국】 甲戌순, 申·酉 공망

말전	중전	초전		4과	3과	2과	1과
合合	常陰	蛇龍		蛇龍	空天	陰常	合合
甲戌	辛巳	丙子		丙子	癸未	己卯	甲戌
巳	子	未		未	寅	戌	戌(巳)

주야	常陰	白后	空天	龍蛇	陳雀	合合	雀陳	蛇龍	天空	后白	陰常	武武
천반	辛巳	壬午	癸未	○申	○酉	甲戌	乙亥	丙子	丁丑	戊寅	己卯	庚辰
지반	子	丑	寅	卯	辰	巳	午	未	○申	○酉	戌	亥

- 특징 : 지일과(知一課)·주인(鑄印)·맥월(驀越)
- 필법 : 묘신부일(墓神覆日)·수미상견격(首尾相肩格)·나거취재격(懶去取財格)·수혼신(收魂神)·육편판격(六片板格) **戊년생**: 천망자이격(天網自裏格)

【戊寅9국】甲戌순, 申·酉 공망

말전	중전	초전		4과	3과	2과	1과
陳雀	白后	天空		合合	白后	天空	陳雀
○酉	壬午	丁丑		甲戌	壬午	丁丑	○酉
巳	寅	○酉		午	寅	○酉	戊(巳)

주야	武武	常陰	白后	空天	龍蛇	陳雀	合合	雀陳	蛇龍	天空	后白	陰常
천반	庚辰	辛巳	壬午	癸未	○申	○酉	甲戌	乙亥	丙子	丁丑	戊寅	己卯
지반	子	丑	寅	卯	辰	巳	午	未	○申	○酉	戌	亥

· **특징** : 묘성과(昴星課) · 여덕(勵德) · 삼기(三奇) · 삼광(三光) · 호시(虎視)
· **필법** : 호태격(互胎格) · 수혼신(收魂神) · 사승살격(四勝殺格) · 아괴성격(亞魁星格) **야
점** : 호시봉호격(虎視逢虎格)

【戊寅10국】甲戌순, 申·酉 공망

말전	중전	초전		4과	3과	2과	1과
后白	雀陳	龍蛇		龍蛇	常陰	雀陳	龍蛇
戊寅	乙亥	○申		○申	辛巳	乙亥	○申
亥	○申	巳		巳	寅	○申	戊(巳)

주야	陰常	武武	常陰	白后	空天	龍蛇	陳雀	合合	雀陳	蛇龍	天空	后白
천반	己卯	庚辰	辛巳	壬午	癸未	○申	○酉	甲戌	乙亥	丙子	丁丑	戊寅
지반	子	丑	寅	卯	辰	巳	午	未	○申	○酉	戌	亥

· **특징** : 중심과(重審課) · 불비(不備)
· **필법** : 권섭부정격(權攝不正格) · 삼현태격(三玄胎格) · 절신가생격(絶神加生格) · 수혼
신(收魂神) · 백호입상차격(白虎入喪車格) · 장상재흉격(長上災凶格) **야점** : 호
림간귀격(虎臨干鬼格) **주점_戊월** : 용가생기격(龍加生氣格)

【戊寅11국】 甲戌순, 申·酉 공망

말전	중전	초전
白后	龍蛇	合合
○申	壬午	庚辰
午	辰	寅

4과	3과	2과	1과
龍蛇	合合	常陰	空天
壬午	庚辰	○酉	癸未
辰	寅	未	戊(巳)

주야	蛇龍	雀陳	合合	陳雀	龍蛇	空天	白后	常陰	武武	陰常	后白	天空
천반	戊寅	己卯	庚辰	辛巳	壬午	癸未	○申	○酉	甲戌	乙亥	丙子	丁丑
지반	子	丑	寅	卯	辰	巳	午	未	○申	○酉	戌	亥

- **특징** : 중심과(重審課) · 순간전(順間傳) · 등삼천(登三天) · 교동(狡童) · 사기(死奇)
- **필법** : **주점** : 귀등천문격(貴登天門格) · 강색귀호격(罡塞鬼戶格) · 신장살몰격(神藏殺沒格) · 염막귀인격(簾幕貴人格)

【戊寅12국】 甲戌순, 申·酉 공망

말전	중전	초전
龍蛇	陳雀	合合
壬午	辛巳	庚辰
巳	辰	卯

4과	3과	2과	1과
合合	雀陳	空天	龍蛇
庚辰	己卯	癸未	壬午
卯	寅	午	戊(巳)

주야	天空	蛇龍	雀陳	合合	陳雀	龍蛇	空天	白后	常陰	武武	陰常	后白
천반	丁丑	戊寅	己卯	庚辰	辛巳	壬午	癸未	○申	○酉	甲戌	乙亥	丙子
지반	子	丑	寅	卯	辰	巳	午	未	○申	○酉	戌	亥

- **특징** : 중심과(重審課) · 진연주(進連珠) · 승계(昇階)
- **필법** : 왕록가림격(旺祿加臨格)

【己卯1국】 甲戌순, 申・酉 공망

말전	중전	초전		4과	3과	2과	1과
空雀	天常	合龍		合龍	合龍	白蛇	白蛇
壬午	丙子	己卯		己卯	己卯	癸未	癸未
午	子	卯		卯	卯	未	巳(未)

주야	天常	蛇白	雀空	合龍	陳陳	龍合	空雀	白蛇	常天	武后	陰陰	后武
천반	丙子	丁丑	戊寅	己卯	庚辰	辛巳	壬午	癸未	○申	○酉	甲戌	乙亥
지반	子	丑	寅	卯	辰	巳	午	未	○申	○酉	戌	亥

• 특징 : 복음과(伏吟課)・삼교(三交)・자신(自信)・용전(龍戰)
• 필법 : 나거취재격(懶去取財格)・의혹격(疑惑格) 巳년_태세 행년 연명 포함 : 상조전봉격(喪弔全逢格) 야점 : 양구협묘격(兩勾夾墓格)・주작격(朱雀格)

【己卯2국】 甲戌순, 申・酉 공망

말전	중전	초전		4과	3과	2과	1과
后武	天常	蛇白		蛇白	雀空	龍蛇	空雀
乙亥	丙子	丁丑		丁丑	戊寅	辛巳	壬午
子	丑	寅		寅	卯	午	巳(未)

주야	后武	天常	蛇白	雀空	合龍	陳陳	龍合	空雀	白蛇	常天	武后	陰陰
천반	乙亥	丙子	丁丑	戊寅	己卯	庚辰	辛巳	壬午	癸未	○申	○酉	甲戌
지반	子	丑	寅	卯	辰	巳	午	未	○申	○酉	戌	亥

• 특징 : 중심과(重審課)・퇴연여(退連茹)・여덕(勵德)・삼기(三奇)・연주삼기(連珠三奇)・맥월(驀越)
• 필법 : 왕록가림격(旺祿加臨格)・삼전삼기격(三傳三奇格) 야점 : 주작격(朱雀格) 辰년_태세 행년 연명 포함 : 상조전봉격(喪弔全逢格)

【己卯3국】 甲戌순, 申·酉 공망

말전	중전	초전		4과	3과	2과	1과
白蛇	武后	后武		后武	蛇白	合龍	龍合
癸未	○酉	乙亥		乙亥	丁丑	己卯	辛巳
○酉	亥	丑		丑	卯	巳	己(未)

주야	陰陰	后武	天常	蛇白	雀空	合龍	陳陳	龍合	空雀	白蛇	常天	武后
천반	甲戌	乙亥	丙子	丁丑	戊寅	己卯	庚辰	辛巳	壬午	癸未	○申	○酉
지반	子	丑	寅	卯	辰	巳	午	未	○申	○酉	戌	亥

- 특징 : 섭해과(涉害課)·퇴간전(退間傳)·시둔(時遁)·구추(九醜)
- 필법 : 불행전자격(不行傳者格) **卯년_태세 행년 연명 포함** : 상조전봉격(喪弔全逢格)
  주점_未월 : 용가생기격(龍加生氣格)

【己卯4국】 甲戌순, 申·酉 공망

말전	중전	초전		4과	3과	2과	1과
空陰	武蛇	天陳		武蛇	天陳	蛇龍	陳常
壬午	○酉	丙子		○酉	丙子	丁丑	庚辰
○酉	子	卯		子	卯	辰	己(未)

주야	武蛇	陰雀	后合	天陳	蛇龍	雀空	合白	陳常	龍武	空陰	白后	常天
천반	○酉	甲戌	乙亥	丙子	丁丑	戊寅	己卯	庚辰	辛巳	壬午	癸未	○申
지반	子	丑	寅	卯	辰	巳	午	未	○申	○酉	戌	亥

- 특징 : 요극과(遙尅課)·탄사(彈射)·삼교(三交)·여덕(勵德)·이번(二煩)
- 필법 : 피차시기해격(彼此猜忌害格)·불행전자격(不行傳者格)·참관격(斬關格)·나거
  취재격(懶去取財格) **야점** : 양상협묘격(兩常夾墓格) **寅년_태세 행년 연명 포함** :
  상조전봉격(喪弔全逢格)

【己卯5국】 甲戌순, 申·酉 공망

말전	중전	초전		4과	3과	2과	1과
后合	合白	白后		白后	后合	后合	合白
乙亥	己卯	癸未		癸未	乙亥	乙亥	己卯
卯	未	亥		亥	卯	卯	己(未)

주야	常天	武蛇	陰雀	后合	天陳	蛇龍	雀空	合白	陳常	龍武	空陰	白后
천반	○申	○酉	甲戌	乙亥	丙子	丁丑	戊寅	己卯	庚辰	辛巳	壬午	癸未
지반	子	丑	寅	卯	辰	巳	午	未	○申	○酉	戌	亥

- **특징** : 섭해과(涉害課) · 곡직(曲直) · 불비(不備) · 일여(泆女) · 순환(循環)
- **필법** : 최관부(催官符) · 목락귀근격(木落歸根格) · 회환격(回環格) · 곡직화귀격(曲直化鬼格) · 명암이귀격(明暗二鬼格) **야점** : 호귀가간격(虎鬼加干格) · 최관사자(催官使者) · 호림간귀격(虎臨干鬼格) **丑년_태세 행년 연명 포함** : 상조전봉격(喪弔全逢格)

【己卯6국】 甲戌순, 申·酉 공망

말전	중전	초전		4과	3과	2과	1과
天陳	白武	雀雀		白武	雀雀	合蛇	陰空
丙子	辛巳	甲戌		辛巳	甲戌	○酉	戊寅
巳	戌	卯		戌	卯	寅	己(未)

주야	龍后	陳天	合蛇	雀雀	蛇合	天陳	后龍	陰空	武白	常常	白武	空陰
천반	癸未	○申	○酉	甲戌	乙亥	丙子	丁丑	戊寅	己卯	庚辰	辛巳	壬午
지반	子	丑	寅	卯	辰	巳	午	未	○申	○酉	戌	亥

- **특징** : 중심과(重審課) · 사절(四絶)
- **필법** : 태수극절격(胎受剋絶格) **야점** : 폐구격(閉口格) **子년_태세 행년 연명 포함** : 상조전봉격(喪弔全逢格) **주점** : 백의식시격(白蟻食尸格)

【己卯7국】 甲戌순, 申·酉 공망

말전	중전	초전		4과	3과	2과	1과
武白	合蛇	武白		武白	合蛇	龍后	后龍
己卯	○酉	己卯		己卯	○酉	癸未	丁丑
○酉	卯	○酉		○酉	卯	丑	己(未)

주야	空陰	龍后	陳天	合蛇	雀雀	蛇合	天陳	后龍	陰空	武白	常常	白武
천반	壬午	癸未	○申	○酉	甲戌	乙亥	丙子	丁丑	戊寅	己卯	庚辰	辛巳
지반	子	丑	寅	卯	辰	巳	午	未	○申	○酉	戌	亥

- **특징** : 반음과(返吟課)·무의(無依)·삼교(三交)·구추(九醜)·용전(龍戰)
- **필법** : 삼전개공격(三傳皆空格)·두괴상가격(斗魁相加格) **亥년_태세 행년 연명 포함** : 상조전봉격(喪弔全逢格)

【己卯8국】 甲戌순, 申·酉 공망

말전	중전	초전		4과	3과	2과	1과
武白	雀雀	白武		后龍	陳天	白武	天陳
己卯	甲戌	辛巳		丁丑	○申	辛巳	丙子
戌	巳	子		○申	卯	子	己(未)

주야	白武	空陰	龍后	陳天	合蛇	雀雀	蛇合	天陳	后龍	陰空	武白	常常
천반	辛巳	壬午	癸未	○申	○酉	甲戌	乙亥	丙子	丁丑	戊寅	己卯	庚辰
지반	子	丑	寅	卯	辰	巳	午	未	○申	○酉	戌	亥

- **특징** : 지일과(知一課)·주인(鑄印)·여덕(勵德)·육의(六儀)
- **필법** : 육편판격(六片板格)·말조초혜격(末助初兮格)·귀복간지격(貴覆干支格) **戌년_태세 행년 연명 포함** : 상조전봉격(喪弔全逢格) **야점** : 양귀공해격(兩貴空害格)·염막귀인격(簾幕貴人格) **寅월** : 탈재생기격(脫財生氣格) **주점** : 폐구격(閉口格)·귀인기탄격(貴人忌憚格)

【己卯9국】 甲戌순, 申·酉 공망

말전	중전	초전		4과	3과	2과	1과
武白	蛇合	龍后		蛇合	龍后	武白	蛇合
己卯	乙亥	癸未		乙亥	癸未	己卯	乙亥
亥	未	卯		未	卯	亥	己(未)

주야	常常	白武	空陰	龍后	陳天	合蛇	雀雀	蛇合	天陳	后龍	陰空	武白
천반	庚辰	辛巳	壬午	癸未	○申	○酉	甲戌	乙亥	丙子	丁丑	戊寅	己卯
지반	子	丑	寅	卯	辰	巳	午	未	○申	○酉	戌	亥

- **특징** : 섭해과(涉害課)·곡직(曲直)·불비(不備)·난수(亂首)
- **필법** : 곡직화귀격(曲直化鬼格)·목락귀근격(木落歸根格)·회환격(回環格)·전재화귀격(傳財化鬼格) **酉년_태세 행년 연명 포함** : 상조전봉격(喪弔全逢格)

※ 초전·중전·말전을 亥·卯·未로 보기도 한다.

【己卯10국】 甲戌순, 申·酉 공망

말전	중전	초전		4과	3과	2과	1과
武龍	天常	合后		合后	空雀	后白	雀陰
己卯	丙子	○酉		○酉	壬午	丁丑	甲戌
子	○酉	午		午	卯	戌	己(未)

주야	武龍	常陳	白合	空雀	龍蛇	陳天	合后	雀陰	蛇武	天常	后白	陰空
천반	己卯	庚辰	辛巳	壬午	癸未	○申	○酉	甲戌	乙亥	丙子	丁丑	戊寅
지반	子	丑	寅	卯	辰	巳	午	未	○申	○酉	戌	亥

- **특징** : 중심과(重審課)·삼교(三交)·맥월(驀越)·용전(龍戰)
- **필법** : 묘신부일(墓神覆日)·절신가생격(絶神加生格)·교차삼교격(交車三交格)·나거취재격(懶去取財格)·권섭부정격(權攝不正格) **申년_태세 행년 연명 포함** : 상조전봉격(喪弔全逢格) **야점** : 주작격(朱雀格) **戌년생** : 천망자이격(天網自裏格)

【己卯11국】 甲戌순, 申·酉 공망

말전	중전	초전
武龍	后白	蛇武
己卯	丁丑	乙亥
丑	亥	○酉

4과	3과	2과	1과
龍蛇	白合	蛇武	合后
癸未	辛巳	乙亥	○酉
巳	卯	○酉	己(未)

주야	陰空	武龍	常陳	白合	空雀	龍蛇	陳天	合后	雀陰	蛇武	天常	后白
천반	戊寅	己卯	庚辰	辛巳	壬午	癸未	○申	○酉	甲戌	乙亥	丙子	丁丑
지반	子	丑	寅	卯	辰	巳	午	未	○申	○酉	戌	亥

- **특징** : 요극과(遙剋課)·순간전(順間傳)·명몽(溟濛)
- **필법** : 양귀수극격(兩貴受剋格)·육음격(六陰格)·탈상봉탈격(脫上逢脫格)·강색귀호격(罡塞鬼戶格)·아괴성격(亞魁星格) **未년_태세 행년 연명 포함** : 상조전봉격(喪弔全逢格)

【己卯12국】 甲戌순, 申·酉 공망

말전	중전	초전
空雀	龍合	陳陳
壬午	辛巳	庚辰
巳	辰	卯

4과	3과	2과	1과
龍合	陳陳	武后	常天
辛巳	庚辰	○酉	○申
辰	卯	○申	己(未)

주야	蛇白	雀空	合龍	陳陳	龍合	空雀	白蛇	常天	武后	陰陰	后武	天常
천반	丁丑	戊寅	己卯	庚辰	辛巳	壬午	癸未	○申	○酉	甲戌	乙亥	丙子
지반	子	丑	寅	卯	辰	巳	午	未	○申	○酉	戌	亥

- **특징** : 중심과(重審課)·진연주(進連珠)·승계(昇階)·사기(死奇)
- **필법** : **야점** : 귀인기탄격(貴人忌憚格) **午년_태세 행년 연명 포함** : 상조전봉격(喪弔全逢格) **주점** : 염막귀인격(簾幕貴人格)·태상간생격(太常干生格)

【庚辰1국】 甲戌순, 申·酉 공망

말전	중전	초전
陳雀	蛇龍	白后
辛巳	戊寅	○申
巳	寅	○申

4과	3과	2과	1과
合合	合合	白后	白后
庚辰	庚辰	○申	○申
辰	辰	○申	庚(○申)

주야	后白	天空	蛇龍	雀陳	合合	陳雀	龍蛇	空天	白后	常陰	武武	陰常
천반	丙子	丁丑	戊寅	己卯	庚辰	辛巳	壬午	癸未	○申	○酉	甲戌	乙亥
지반	子	丑	寅	卯	辰	巳	午	未	○申	○酉	戌	亥

- **특징** : 복음과(伏吟課) · 자임(自任)
- **필법** : 왕록가림격(旺祿加臨格) · 나거취재격(懶去取財格) · 협정삼전격(夾定三傳格) · 주객형상격(主客刑上格)_삼형 **午년_태세 행년 연명 포함** : 상조전봉격(喪弔全逢格) **주점** : 양귀협묘격(兩貴夾墓格)

【庚辰2국】 甲戌순, 申·酉 공망

말전	중전	초전
天空	蛇龍	雀陳
丁丑	戊寅	己卯
寅	卯	辰

4과	3과	2과	1과
蛇龍	雀陳	龍蛇	空天
戊寅	己卯	壬午	癸未
卯	辰	未	庚(○申)

주야	陰常	后白	天空	蛇龍	雀陳	合合	陳雀	龍蛇	空天	白后	常陰	武武
천반	乙亥	丙子	丁丑	戊寅	己卯	庚辰	辛巳	壬午	癸未	○申	○酉	甲戌
지반	子	丑	寅	卯	辰	巳	午	未	○申	○酉	戌	亥

- **특징** : 원수과(元首課) · 퇴연여(退連茹) · 연방(聯芳)
- **필법** : 전재태왕격(傳財太旺格) · 금일봉정격(金日逢丁格) **巳년_태세 행년 연명 포함** : 상조전봉격(喪弔全逢格) **야점** : 천거격(薦擧格) **주점** : 염막귀인격(簾幕貴人格)

【庚辰3국】 甲戌순, 申 · 酉 공망

말전	중전	초전		4과	3과	2과	1과
蛇龍	合合	龍蛇		后白	蛇龍	合合	龍蛇
戊寅	庚辰	壬午		丙子	戊寅	庚辰	壬午
辰	午	○申		寅	辰	午	庚(○申)

주야	武武	陰常	后白	天空	蛇龍	雀陳	合合	陳雀	龍蛇	空天	白后	常陰
천반	甲戌	乙亥	丙子	丁丑	戊寅	己卯	庚辰	辛巳	壬午	癸未	○申	○酉
지반	子	丑	寅	卯	辰	巳	午	未	○申	○酉	戌	亥

- **특징**: 섭해과(涉害課) · 퇴간전(退間傳) · 고조(顧祖)
- **필법**: 말조초혜격(末助初兮格) · 고조격(顧祖格) **辰년_태세 행년 연명 포함**: 상조전봉격(喪弔全逢格)

※ 초전 · 중전 · 말전을 寅 · 子 · 戌로 보기도 한다.

【庚辰4국】 甲戌순, 申 · 酉 공망

말전	중전	초전		4과	3과	2과	1과
陰常	蛇龍	陳雀		武武	天空	蛇龍	陳雀
乙亥	戊寅	辛巳		甲戌	丁丑	戊寅	辛巳
寅	巳	○申		丑	辰	巳	庚(○申)

주야	常陰	武武	陰常	后白	天空	蛇龍	雀陳	合合	陳雀	龍蛇	空天	白后
천반	○酉	甲戌	乙亥	丙子	丁丑	戊寅	己卯	庚辰	辛巳	壬午	癸未	○申
지반	子	丑	寅	卯	辰	巳	午	未	○申	○酉	戌	亥

- **특징**: 원수과(元首課)
- **필법**: 인택이화격(人宅罹禍格) · 삼현태격(三玄胎格) · 명암이귀격(明暗二鬼格) · 낙이생우격(樂裏生憂格) **卯년_태세 행년 연명 포함**: 상조전봉격(喪弔全逢格) **야점**: 작귀격(雀鬼格)

【庚辰5국】甲戌순, 申・酉 공망

말전	중전	초전
武武	龍蛇	蛇龍
庚辰	○申	丙子
○申	子	辰

4과	3과	2과	1과
龍蛇	蛇龍	蛇龍	武武
○申	丙子	丙子	庚辰
子	辰	辰	庚(○申)

주야	龍蛇	陳雀	合合	雀陳	蛇龍	天空	后白	陰常	武武	常陰	白后	空天
천반	○申	○酉	甲戌	乙亥	丙子	丁丑	戊寅	己卯	庚辰	辛巳	壬午	癸未
지반	子	丑	寅	卯	辰	巳	午	未	○申	○酉	戌	亥

- **특징** : 중심과(重審課)・윤하(潤下)・불비(不備)
- **필법** : 불행전자격(不行傳者格)・수류추동격(水流趨東格)・명암이귀격(明暗二鬼格)・
  참관격(斬關格)・자재격(自在格) **야점** : 신장살몰격(神藏殺沒格) **寅년_태세 행
  년 연명 포함** : 상조전봉격(喪弔全逢格)

【庚辰6국】甲戌순, 申・酉 공망

말전	중전	초전
龍蛇	天空	白后
○申	丁丑	壬午
丑	午	亥

4과	3과	2과	1과
白后	雀陳	合合	陰常
壬午	乙亥	甲戌	己卯
亥	辰	卯	庚(○申)

주야	空天	龍蛇	陳雀	合合	雀陳	蛇龍	天空	后白	陰常	武武	常陰	白后
천반	癸未	○申	○酉	甲戌	乙亥	丙子	丁丑	戊寅	己卯	庚辰	辛巳	壬午
지반	子	丑	寅	卯	辰	巳	午	未	○申	○酉	戌	亥

- **특징** : 섭해과(涉害課)・맥월(驀越)・사절(四絶)・절사(絶嗣)
- **필법** : 금일봉정격(金日逢丁格)・절사체(絶嗣體)・태수극절격(胎受剋絶格)・삼전무기
  격(三傳無氣格) **巳월** : 탈재생기격(脫財生氣格) **丑년_태세 행년 연명 포함** : 상조
  전봉격(喪弔全逢格)

【庚辰7국】 甲戌순, 申·酉 공망

말전	중전	초전
后白	龍蛇	后白
戊寅	○申	戊寅
○申	寅	○申

4과	3과	2과	1과
武武	合合	龍蛇	后白
庚辰	甲戌	○申	戊寅
戌	辰	寅	庚(○申)

주야	白后	空天	龍蛇	陳雀	合合	雀陳	蛇龍	天空	后白	陰常	武武	常陰
천반	壬午	癸未	○申	○酉	甲戌	乙亥	丙子	丁丑	戊寅	己卯	庚辰	辛巳
지반	子	丑	寅	卯	辰	巳	午	未	○申	○酉	戌	亥

· 특징 : 반음과(返吟課) · 무의(無依)
· 필법 : 삼전개공격(三傳皆空格) · 주야귀가격(晝夜貴加格) · 폐구격(閉口格) **子년_태세
행년 연명 포함** : 상조전봉격(喪弔全逢格)

【庚辰8국】 甲戌순, 申·酉 공망

말전	중전	초전
蛇龍	空天	后白
丙子	癸未	戊寅
未	寅	○酉

4과	3과	2과	1과
后白	陳雀	白后	天空
戊寅	○酉	壬午	丁丑
○酉	辰	丑	庚(○申)

주야	常陰	白后	空天	龍蛇	陳雀	合合	雀陳	蛇龍	天空	后白	陰常	武武
천반	辛巳	壬午	癸未	○申	○酉	甲戌	乙亥	丙子	丁丑	戊寅	己卯	庚辰
지반	子	丑	寅	卯	辰	巳	午	未	○申	○酉	戌	亥

· 특징 : 중심과(重審課) · 맥월(驀越)
· 필법 : 재신전묘격(財神傳墓格) · 묘신부일(墓神覆日) · 일간인종격(日干引從格) · 육편
판격(六片板格) · 구재대획격(求財大獲格) **亥월** : 흉괴격(凶怪格) **야점** : 인재치
화격(因財致禍格) · 염막귀인격(簾幕貴人格) **주점** : 공귀격(拱貴格) · 귀인공망
격(貴人空亡格) · 천거격(薦擧格) **亥년_태세 행년 연명 포함** : 상조전봉격(喪弔
全逢格) **丑년생** : 천망자이격(天網自裏格)

【庚辰9국】 甲戌순, 申·酉 공망

말전	중전	초전
蛇龍	龍蛇	武武
丙子	○申	庚辰
○申	辰	子

4과	3과	2과	1과
蛇龍	龍蛇	武武	蛇龍
丙子	○申	庚辰	丙子
○申	辰	子	庚(○申)

주야	武武	常陰	白后	空天	龍蛇	陳雀	合合	雀陳	蛇龍	天空	后白	陰常
천반	庚辰	辛巳	壬午	癸未	○申	○酉	甲戌	乙亥	丙子	丁丑	戊寅	己卯
지반	子	丑	寅	卯	辰	巳	午	未	○申	○酉	戌	亥

- **특징** : 원수과(元首課) · 윤하(潤下) · 여덕(勵德) · 불비(不備) · 순환(循環)
- **필법** : 수류추동격(水流趨東格) · 불행전자격(不行傳者格) · 피난도생격(避難逃生格) · 권섭부정격(權攝不正格) **戌년_태세 행년 연명 포함** : 상조전봉격(喪弔全逢格) **야점** : 탈상봉탈격(脫上逢脫格)

【庚辰10국】 甲戌순, 申·酉 공망

말전	중전	초전
龍蛇	常陰	后白
○申	辛巳	戊寅
巳	寅	亥

4과	3과	2과	1과
合合	空天	后白	雀陳
甲戌	癸未	戊寅	乙亥
未	辰	亥	庚(○申)

주야	陰常	武武	常陰	白后	空天	龍蛇	陳雀	合合	雀陳	蛇龍	天空	后白
천반	己卯	庚辰	辛巳	壬午	癸未	○申	○酉	甲戌	乙亥	丙子	丁丑	戊寅
지반	子	丑	寅	卯	辰	巳	午	未	○申	○酉	戌	亥

- **특징** : 요극과(遙尅課) · 탄사(彈射)
- **필법** : 주객형상격(主客刑上格)_삼형 · 절신가생격(絕神加生格) · 삼현태격(三玄胎格) **酉년_태세 행년 연명 포함** : 상조전봉격(喪弔全逢格)

【庚辰11국】 甲戌순, 申·酉 공망

말전	중전	초전
后白	武武	白后
內子	甲戌	○申
戌	○申	午

4과	3과	2과	1과
白后	龍蛇	后白	武武
○申	壬午	丙子	甲戌
午	辰	戌	庚(○申)

주야	蛇龍	雀陳	合合	陳雀	龍蛇	空天	白后	常陰	武武	陰常	后白	天空
천반	戊寅	己卯	庚辰	辛巳	壬午	癸未	○申	○酉	甲戌	乙亥	丙子	丁丑
지반	子	丑	寅	卯	辰	巳	午	未	○申	○酉	戌	亥

- 특징 : 섭해과(涉害課)·순간전(順間傳)·섭삼연(涉三淵)
- 필법 : 낙이생우격(樂裏生憂格) **申년_태세 행년 연명 포함** : 상조전봉격(喪弔全逢格) **주점** : 신장살몰격(神藏殺沒格)·귀등천문격(貴登天門格)·강색귀호격(罡塞鬼戶格)

【庚辰12국】 甲戌순, 申·酉 공망

말전	중전	초전
白后	空天	龍蛇
○申	癸未	壬午
未	午	巳

4과	3과	2과	1과
龍蛇	陳雀	武武	常陰
壬午	辛巳	甲戌	○酉
巳	辰	○酉	庚(○申)

주야	天空	蛇龍	雀陳	合合	陳雀	龍蛇	空天	白后	常陰	武武	陰常	后白
천반	丁丑	戊寅	己卯	庚辰	辛巳	壬午	癸未	○申	○酉	甲戌	乙亥	丙子
지반	子	丑	寅	卯	辰	巳	午	未	○申	○酉	戌	亥

- 특징 : 요극과(遙尅課)·효시(嚆矢)·진연주(進連珠)·여명(麗明)
- 필법 : 왕록가림격(旺祿加臨格)·아괴성격(亞魁星格)·협정삼전격(夾定三傳格) **未년_태세 행년 연명 포함** : 상조전봉격(喪弔全逢格)

【辛巳1국】 甲戌순, 申・酉 공망

말전	중전	초전		4과	3과	2과	1과
天陳	空陰	合蛇		合蛇	合蛇	常常	常常
戊寅	○申	辛巳		辛巳	辛巳	甲戌	甲戌
寅	○申	巳		巳	巳	戌	辛(戌)

주야	陰空	后龍	天陳	蛇合	雀雀	合蛇	陳天	龍后	空陰	白武	常常	武白
천반	丙子	丁丑	戊寅	己卯	庚辰	辛巳	壬午	癸未	○申	○酉	甲戌	乙亥
지반	子	丑	寅	卯	辰	巳	午	未	○申	○酉	戌	亥

- **특징** : 복음과(伏吟課) · 자신(自信)
- **필법** : 주객형상격(主客刑上格)_삼형 · 복음중전공망격(伏吟中傳空亡格) **야점** : 사수충택격(獅獸沖宅格)

【辛巳2국】 甲戌순, 申・酉 공망

말전	중전	초전		4과	3과	2과	1과
后龍	天陳	蛇合		蛇合	雀雀	空陰	白武
丁丑	戊寅	己卯		己卯	庚辰	○申	○酉
寅	卯	辰		辰	巳	○酉	辛(戌)

주야	武白	陰空	后龍	天陳	蛇合	雀雀	合蛇	陳天	龍后	空陰	白武	常常
천반	乙亥	丙子	丁丑	戊寅	己卯	庚辰	辛巳	壬午	癸未	○申	○酉	甲戌
지반	子	丑	寅	卯	辰	巳	午	未	○申	○酉	戌	亥

- **특징** : 원수과(元首課) · 퇴연여(退連茹) · 여덕(勵德) · 연방(聯芳)
- **필법** : 금일봉정격(金日逢丁格) · 나거취재격(懶去取財格) · 왕록가림격(旺祿加臨格) · 아괴성격(亞魁星格)

【辛巳3국】 甲戌순, 申·酉 공망

말전	중전	초전
白武	武白	后龍
○酉	乙亥	丁丑
亥	丑	卯

4과	3과	2과	1과
后龍	蛇合	陳天	空陰
丁丑	己卯	壬午	○申
卯	巳	○申	辛(戌)

주야	常常	武白	陰空	后龍	天陳	蛇合	雀雀	合蛇	陳天	龍后	空陰	白武
천반	甲戌	乙亥	丙子	丁丑	戊寅	己卯	庚辰	辛巳	壬午	癸未	○申	○酉
지반	子	丑	寅	卯	辰	巳	午	未	○申	○酉	戌	亥

· **특징** : 중심과(重審課) · 퇴간전(退間傳) · 극음(極陰) · 삼기(三奇) · 맥월(驀越)
· **필법** : 교차합재격(交車合財格) · 금일봉정격(金日逢丁格) · 복태격(服胎格)

【辛巳4국】 甲戌순, 申·酉 공망

말전	중전	초전
空陰	合白	天陳
○申	乙亥	戊寅
亥	寅	巳

4과	3과	2과	1과
合白	天陳	陰雀	白后
乙亥	戊寅	庚辰	癸未
寅	巳	未	辛(戌)

주야	龍武	常陳	合白	雀空	蛇龍	天陳	后合	陰雀	武蛇	常天	白后	空陰
천반	○酉	甲戌	乙亥	丙子	丁丑	戊寅	己卯	庚辰	辛巳	壬午	癸未	○申
지반	子	丑	寅	卯	辰	巳	午	未	○申	○酉	戌	亥

· **특징** : 요극과(遙剋課)
· **필법** : 삼현태격(三玄胎格)

【辛巳5국】 甲戌순, 申·酉 공망

말전	중전	초전
陳常	天陳	常天
甲戌	戊寅	壬午
寅	午	戌

4과	3과	2과	1과
龍武	蛇龍	天陳	常天
○酉	丁丑	戊寅	壬午
丑	巳	午	辛(戌)

주야	空陰	龍武	陳常	合白	雀空	蛇龍	天陳	后合	陰雀	武蛇	常天	白后
천반	○申	○酉	甲戌	乙亥	丙子	丁丑	戊寅	己卯	庚辰	辛巳	壬午	癸未
지반	子	丑	寅	卯	辰	巳	午	未	○申	○酉	戌	亥

- **특징** : 원수과(元首課) · 염상(炎上)
- **필법** : 최관부(催官符) · 명암이귀격(明暗二鬼格) · 중귀수창격(衆鬼雖彰格) · 합중범살
격(合中犯殺格) **야점** : 귀승천을격(鬼乘天乙格) · 인택이화격(人宅罹禍格) **주점**
: 염막귀인격(簾幕貴人格) · 주야귀가격(晝夜貴加格) · 사호둔귀격(蛇虎遁鬼格)
주점_寅월 : 내외효복격(內外孝服格)

【辛巳6국】 甲戌순, 申·酉 공망

말전	중전	초전
龍合	天常	白蛇
○酉	戊寅	癸未
寅	未	子

4과	3과	2과	1과
白蛇	雀空	雀空	武后
癸未	丙子	丙子	辛巳
子	巳	巳	辛(戌)

주야	白蛇	空雀	龍合	陳陳	合龍	雀空	蛇白	天常	后武	陰陰	武后	常天
천반	癸未	○申	○酉	甲戌	乙亥	丙子	丁丑	戊寅	己卯	庚辰	辛巳	壬午
지반	子	丑	寅	卯	辰	巳	午	未	○申	○酉	戌	亥

- **특징** : 섭해과(涉害課) · 불비(不備) · 난수(亂首) · 사절(四絶) · 무록(無祿)
- **필법** : 명암이귀격(明暗二鬼格)

【辛巳7국】 甲戌순, 申·酉 공망

말전	중전	초전
武后	合龍	武后
辛巳	乙亥	辛巳
亥	巳	亥

4과	3과	2과	1과
武后	合龍	陳陳	陰陰
辛巳	乙亥	甲戌	庚辰
亥	巳	辰	辛(戌)

주야	常天	白蛇	空雀	龍合	陳陳	合龍	雀空	蛇白	天常	后武	陰陰	武后
천반	壬午	癸未	○申	○酉	甲戌	乙亥	丙子	丁丑	戊寅	己卯	庚辰	辛巳
지반	子	丑	寅	卯	辰	巳	午	未	○申	○酉	戌	亥

- **특징** : 반음과(返吟課) · 무의(無依)
- **필법** : 양귀수극격(兩貴受剋格) · 참관격(斬關格) · 덕입천문격(德入天門格)

【辛巳8국】 甲戌순, 申·酉 공망

말전	중전	초전
蛇白	空雀	后武
丁丑	○申	己卯
○申	卯	戌

4과	3과	2과	1과
后武	陳陳	空雀	后武
己卯	甲戌	○申	己卯
戌	巳	卯	辛(戌)

주야	武后	常天	白蛇	空雀	龍合	陳陳	合龍	雀空	蛇白	天常	后武	陰陰
천반	辛巳	壬午	癸未	○申	○酉	甲戌	乙亥	丙子	丁丑	戊寅	己卯	庚辰
지반	子	丑	寅	卯	辰	巳	午	未	○申	○酉	戌	亥

- **특징** : 중심과(重審課) · 여덕(勵德) · 불비(不備) · 난수(亂首)
- **필법** : 호생격(互生格) · 육편판격(六片板格) · 불행전자격(不行傳者格) · 금일봉정격(金日逢丁格) **巳월** : 탈재생기격(脫財生氣格) **야점** : 폐구격(閉口格) · 양호협묘격(兩虎夾墓格) · 호묘격(虎墓格) · 호승정귀격(虎乘丁鬼格) **주점** : 사호둔귀격(蛇虎遁鬼格)

말전	중전	초전		4과	3과	2과	1과
武后	蛇白	龍合		蛇白	龍合	常天	天常
辛巳	丁丑	○酉		丁丑	○酉	壬午	戊寅
丑	○酉	巳		○酉	巳	寅	辛(戌)

주야	陰陰	武后	常天	白蛇	空雀	龍合	陳陳	合龍	雀空	蛇白	天常	后武
천반	庚辰	辛巳	壬午	癸未	○申	○酉	甲戌	乙亥	丙子	丁丑	戊寅	己卯
지반	子	丑	寅	卯	辰	巳	午	未	○申	○酉	戌	亥

- **특징** : 지일과(知一課) · 종혁(從革) · 교동(狡童)
- **필법** : 금강격(金剛格) · 권섭부정격(權攝不正格) · 금일봉정격(金日逢丁格) · 합중범살격(合中犯殺格) **야점** : 염막귀인격(簾幕貴人格) · 호묘격(虎墓格) · 호승정귀격(虎乘丁鬼格)

말전	중전	초전		4과	3과	2과	1과
天常	武龍	空雀		武龍	空雀	雀陰	后白
戊寅	乙亥	○申		乙亥	○申	庚辰	丁丑
亥	○申	巳		○申	巳	丑	辛(戌)

주야	蛇武	雀陰	合后	陳天	龍蛇	空雀	白合	常陳	武龍	陰空	后白	天常
천반	己卯	庚辰	辛巳	壬午	癸未	○申	○酉	甲戌	乙亥	丙子	丁丑	戊寅
지반	子	丑	寅	卯	辰	巳	午	未	○申	○酉	戌	亥

- **특징** : 중심과(重審課)
- **필법** : 백호입상차격(白虎入喪車格) · 절신가생격(絶神加生格) · 삼현태격(三玄胎格) · 묘신부일(墓神覆日) **亥월** : 흉괴격(凶怪格) **야점** : 호승정귀격(虎乘丁鬼格) · 호묘격(虎墓格) · 간승묘호격(干乘墓虎格) **丑년생** : 천망자이격(天網自裏格)

【辛巳11국】 甲戌순, 申·酉 공망

말전	중전	초전
陳天	雀陰	天常
壬午	庚辰	戊寅
辰	寅	子

4과	3과	2과	1과
白合	龍蛇	天常	陰空
○酉	癸未	戊寅	丙子
未	巳	子	辛(戌)

주야	天常	蛇武	雀陰	合后	陳天	龍蛇	空雀	白合	常陳	武龍	陰空	后白
천반	戊寅	己卯	庚辰	辛巳	壬午	癸未	○申	○酉	甲戌	乙亥	丙子	丁丑
지반	子	丑	寅	卯	辰	巳	午	未	○申	○酉	戌	亥

· **특징** : 요극과(遙剋課) · 순간전(順間傳) · 출양(出陽)
· **필법** : 강색귀호격(罡塞鬼戶格) · 피차시기해격(彼此猜忌害格) **야점** : 탈공격(脫空格)

【辛巳12국】 甲戌순, 申·酉 공망

말전	중전	초전
空陰	龍后	陳天
○申	癸未	壬午
未	午	巳

4과	3과	2과	1과
龍后	陳天	陰空	武白
癸未	壬午	丙子	乙亥
午	巳	亥	辛(戌)

주야	后龍	天陳	蛇合	雀雀	合蛇	陳天	龍后	空陰	白武	常常	武白	陰空
천반	丁丑	戊寅	己卯	庚辰	辛巳	壬午	癸未	○申	○酉	甲戌	乙亥	丙子
지반	子	丑	寅	卯	辰	巳	午	未	○申	○酉	戌	亥

· **특징** : 요극과(遙剋課) · 진연주(進連珠) · 여명(麗明)
· **필법** : 호가호위격(狐假虎威格) · 탈상봉탈격(脫上逢脫格) **야점** : 귀승천을격(鬼乘天乙格)

【壬午1국】 甲戌순, 申·酉 공망

말전	중전	초전
武龍	合后	常空
丙子	壬午	乙亥
子	午	亥

4과	3과	2과	1과
合后	合后	常空	常空
壬午	壬午	乙亥	乙亥
午	午	亥	壬(亥)

주야	武龍	陰陳	后合	天雀	蛇蛇	雀天	合后	陳陰	龍武	空常	白白	常空
천반	丙子	丁丑	戊寅	己卯	庚辰	辛巳	壬午	癸未	○申	○酉	甲戌	乙亥
지반	子	丑	寅	卯	辰	巳	午	未	○申	○酉	戌	亥

- 특징 : 복음과(伏吟課) · 자임(自任) · 두전(杜傳)
- 필법 : 왕록가림격(旺祿加臨格) · 나거취재격(懶去取財格) · 덕입천문격(德入天門格)

【壬午2국】 甲戌순, 申·酉 공망

말전	중전	초전
龍武	空常	白白
○申	○酉	甲戌
○酉	戌	亥

4과	3과	2과	1과
蛇蛇	雀天	空常	白白
庚辰	辛巳	○酉	甲戌
巳	午	戌	壬(亥)

주야	常空	武龍	陰陳	后合	天雀	蛇蛇	雀天	合后	陳陰	龍武	空常	白白
천반	乙亥	丙子	丁丑	戊寅	己卯	庚辰	辛巳	壬午	癸未	○申	○酉	甲戌
지반	子	丑	寅	卯	辰	巳	午	未	○申	○酉	戌	亥

- 특징 : 원수과(元首課) · 퇴연여(退連茹) · 유금(流金)
- 필법 : 괴도천문격(魁度天門格) · 양사협묘격(兩蛇夾墓格) · 호림간귀격(虎臨干鬼格) · 불행전자격(不行傳者格) · 최관사자(催官使者) · 호귀가간격(虎鬼加干格)

【壬午3국】甲戌순, 申 · 酉 공망

말전	중전	초전
龍白	合龍	蛇合
甲戌	丙子	戊寅
子	寅	辰

4과	3과	2과	1과
蛇合	后蛇	常陰	空常
戊寅	庚辰	癸未	○酉
辰	午	○酉	壬(亥)

주야	龍白	陳空	合龍	雀陳	蛇合	天雀	后蛇	陰天	武后	常陰	白武	空常
천반	甲戌	乙亥	丙子	丁丑	戊寅	己卯	庚辰	辛巳	壬午	癸未	○申	○酉
지반	子	丑	寅	卯	辰	巳	午	未	○申	○酉	戌	亥

- **특징** : 원수과(元首課) · 퇴간전(退間傳) · 명음(冥陰)
- **필법** : 아괴성격(亞魁星格)

【壬午4국】甲戌순, 申 · 酉 공망

말전	중전	초전
陳空	蛇合	陰天
乙亥	戊寅	辛巳
寅	巳	○申

4과	3과	2과	1과
合龍	天雀	陰天	白武
丙子	己卯	辛巳	○申
卯	午	○申	壬(亥)

주야	空常	龍白	陳空	合龍	雀陳	蛇合	天雀	后蛇	陰天	武后	常陰	白武
천반	○酉	甲戌	乙亥	丙子	丁丑	戊寅	己卯	庚辰	辛巳	壬午	癸未	○申
지반	子	丑	寅	卯	辰	巳	午	未	○申	○酉	戌	亥

- **특징** : 원수과(元首課)
- **필법** : 유여탈기격(有餘脫氣格) · 장상재흉격(長上災凶格) · 삼현태격(三玄胎格)

【壬午5국】甲戌순, 申·酉 공망

말전	중전	초전		4과	3과	2과	1과
蛇合	武后	龍白		龍白	蛇合	天雀	常陰
戊寅	壬午	甲戌		甲戌	戊寅	己卯	癸未
午	戌	寅		寅	午	未	壬(亥)

주야	白武	空常	龍白	陳空	合龍	雀陳	蛇合	天雀	后蛇	陰天	武后	常陰
천반	○申	○酉	甲戌	乙亥	丙子	丁丑	戊寅	己卯	庚辰	辛巳	壬午	癸未
지반	子	丑	寅	卯	辰	巳	午	未	○申	○酉	戌	亥

- **특징** : 중심과(重審課) · 염상(炎上) · 여덕(勵德)
- **필법** : 명암이귀격(明暗二鬼格) · 화강격(火强格) · 인택수탈격(人宅受脫格) · 최관부(催官符) · 교차탈격(交車脫格) **주점** : 폐구격(閉口格) **주점_卯월** : 내외효복격(內外孝服格)

【壬午6국】甲戌순, 申·酉 공망

말전	중전	초전		4과	3과	2과	1과
白武	雀陳	武后		白武	雀陳	雀陳	武后
○申	丁丑	壬午		○申	丁丑	丁丑	壬午
丑	午	亥		丑	午	午	壬(亥)

주야	常陰	白武	空常	龍白	陳空	合龍	雀陳	蛇合	天雀	后蛇	陰天	武后
천반	癸未	○申	○酉	甲戌	乙亥	丙子	丁丑	戊寅	己卯	庚辰	辛巳	壬午
지반	子	丑	寅	卯	辰	巳	午	未	○申	○酉	戌	亥

- **특징** : 중심과(重審課) · 불비(不備) · 췌서(贅壻) · 사절(四絶)
- **필법** : 복태격(服胎格) · 삼전무기격(三傳無氣格) · 수일봉정격(水日逢丁格) · 태수극절격(胎受剋絶格) · 초조협극격(初遭夾剋格) **申월** : 탈재생기격(脫財生氣格) **주점** : 백의식시격(白蟻食尸格)

【壬午7국】 甲戌순, 申·酉 공망

말전	중전	초전
武蛇	合白	武蛇
壬午	丙子	壬午
子	午	子

4과	3과	2과	1과
武蛇	合白	陳空	陰天
壬午	丙子	乙亥	辛巳
子	午	巳	壬(亥)

주야	武蛇	常雀	白合	空陳	龍龍	陳空	合白	雀常	蛇武	天陰	后后	陰天
천반	壬午	癸未	○申	○酉	甲戌	乙亥	丙子	丁丑	戊寅	己卯	庚辰	辛巳
지반	子	丑	寅	卯	辰	巳	午	未	○申	○酉	戌	亥

- **특징** : 반음과(返吟課) · 무의(無依) · 삼교(三交) · 도액(度厄) · 여덕(勵德)
- **필법** : 양귀수극격(兩貴受剋格) **야점** : 지승묘호격(支乘墓虎格) **주점** : 염막귀인격(簾幕貴人格)

【壬午8국】 甲戌순, 申·酉 공망

말전	중전	초전
蛇武	空陳	后后
戊寅	○酉	庚辰
○酉	辰	亥

4과	3과	2과	1과
后后	陳空	空陳	后后
庚辰	乙亥	○酉	庚辰
亥	午	辰	壬(亥)

주야	陰天	武蛇	常雀	白合	空陳	龍龍	陳空	合白	雀常	蛇武	天陰	后后
천반	辛巳	壬午	癸未	○申	○酉	甲戌	乙亥	丙子	丁丑	戊寅	己卯	庚辰
지반	子	丑	寅	卯	辰	巳	午	未	○申	○酉	戌	亥

- **특징** : 지일과(知一課) · 불비(不備) · 귀묘(鬼墓)
- **필법** : 권섭부정격(權攝不正格) · 묘신부일(墓神覆日) · 주객형상격(主客刑上格)_자형 · 불행전자격(不行傳者格) · 양후협묘격(兩后夾墓格) · 참관격(斬關格) · 피난도생득재격(避難逃生得財格) **야점** : 육편관격(六片板格) **辰년생** : 천망자이격(天網自裏格)

【壬午9국】 甲戌순, 申·酉 공망

말전	중전	초전
天陰	常空	陳雀
己卯	癸亥	癸未
亥	未	卯

4과	3과	2과	1과
后武	白龍	陳雀	天陰
戊寅	甲戌	癸未	己卯
戌	午	卯	壬(亥)

주야	蛇后	雀天	合蛇	陳雀	龍合	空陳	白龍	常空	武白	陰常	后武	天陰
천반	庚辰	辛巳	壬午	癸未	○申	○酉	甲戌	乙亥	丙子	丁丑	戊寅	己卯
지반	子	丑	寅	卯	辰	巳	午	未	○申	○酉	戌	亥

- **특징**: 중심과(重審課)·곡직(曲直)
- **필법**: 삼육상호격(三六相呼格)·옥택관광격(屋宅寬廣格)·목락귀근격(木落歸根格)
  야점: 염막귀인격(簾幕貴人格)·폐구격(閉口格) **주점**: 중귀수창격(衆鬼雖彰格)

【壬午10국】 甲戌순, 申·酉 공망

말전	중전	초전
天陰	武白	空陳
己卯	丙子	○酉
子	○酉	午

4과	3과	2과	1과
武白	空陳	雀天	后武
丙子	○酉	辛巳	戊寅
○酉	午	寅	壬(亥)

주야	天陰	蛇后	雀天	合蛇	陳雀	龍合	空陳	白龍	常空	武白	陰常	后武
천반	己卯	庚辰	辛巳	壬午	癸未	○申	○酉	甲戌	乙亥	丙子	丁丑	戊寅
지반	子	丑	寅	卯	辰	巳	午	未	○申	○酉	戌	亥

- **특징**: 중심과(重審課)·삼교(三交)·과숙(寡宿)·이번(二煩)
- **필법**: 탈상봉탈격(脫上逢脫格)·절신가생격(絶神加生格)

【壬午11국】 甲戌순, 申·酉 공망

말전	중전	초전
武白	白龍	龍合
丙子	甲戌	○申
戌	○申	午

4과	3과	2과	1과
白龍	龍合	天陰	陰常
甲戌	○申	己卯	丁丑
○申	午	丑	壬(亥)

주야	后武	天陰	蛇后	雀天	合蛇	陳雀	龍合	空陳	白龍	常空	武白	陰常
천반	戊寅	己卯	庚辰	辛巳	壬午	癸未	○申	○酉	甲戌	乙亥	丙子	丁丑
지반	子	丑	寅	卯	辰	巳	午	未	○申	○酉	戌	亥

- 특징 : 중심과(重審課) · 순간전(順間傳) · 섭삼연(涉三淵) · 구추(九醜) · 여덕(勵德)
- 필법 : 수일봉정격(水日逢丁格) · 강색귀호격(罡塞鬼戶格) **야점_酉월** : 내외효복격(內外孝服格) **주점** : 폐구격(閉口格)

【壬午12국】 甲戌순, 申·酉 공망

말전	중전	초전
天陰	后武	陰常
己卯	戊寅	丁丑
寅	丑	子

4과	3과	2과	1과
龍合	陳雀	陰常	武白
○申	癸未	丁丑	丙子
未	午	子	壬(亥)

주야	陰常	后武	天陰	蛇后	雀天	合蛇	陳雀	龍合	空陳	白龍	常空	武白
천반	丁丑	戊寅	己卯	庚辰	辛巳	壬午	癸未	○申	○酉	甲戌	乙亥	丙子
지반	子	丑	寅	卯	辰	巳	午	未	○申	○酉	戌	亥

- 특징 : 원수과(元首課) · 진연주(進連珠) · 무음(蕪淫) · 삼기(三奇)
- 필법 : 피차시기해격(彼此猜忌害格) · 부부무음격(夫婦蕪淫格) · 녹피현탈격(祿被玄奪格) · 수일봉정격(水日逢丁格) · 피아부상격(彼我負傷格)

【癸未1국】 甲戌순, 申·酉 공망

말전	중전	초전		4과	3과	2과	1과
陰陳	白白	陳陰		陰陳	陰陳	陳陰	陳陰
癸未	甲戌	丁丑		癸未	癸未	丁丑	丁丑
未	戌	丑		未	未	丑	癸(丑)

주야	龍武	陳陰	合后	雀天	蛇蛇	天雀	后合	陰陳	武龍	常空	白白	空常
천반	丙子	丁丑	戊寅	己卯	庚辰	辛巳	壬午	癸未	○申	○酉	甲戌	乙亥
지반	子	丑	寅	卯	辰	巳	午	未	○申	○酉	戌	亥

- **특징** : 복음과(伏吟課)·가색(稼穡)·자신(自信)·삼기(三奇)
- **필법** : 교차충격(交車沖格)·주객형상격(主客刑上格)_삼형·신임정마격(信任丁馬格)·태양조현격(太陽照玄格)·수일봉정격(水日逢丁格)

【癸未2국】 甲戌순, 申·酉 공망

말전	중전	초전		4과	3과	2과	1과
雀天	蛇蛇	天雀		天雀	后合	空常	龍武
己卯	庚辰	辛巳		辛巳	壬午	乙亥	丙子
辰	巳	午		午	未	子	癸(丑)

주야	空常	龍武	陳陰	合后	雀天	蛇蛇	天雀	后合	陰陳	武龍	常空	白白
천반	乙亥	丙子	丁丑	戊寅	己卯	庚辰	辛巳	壬午	癸未	○申	○酉	甲戌
지반	子	丑	寅	卯	辰	巳	午	未	○申	○酉	戌	亥

- **특징** : 요극과(遙尅課)·탄사(彈射)·퇴연여(退連茹)·맥월(驀越)
- **필법** : 호태격(互胎格)·양사협묘격(兩蛇夾墓格)·나거취재격(懶去取財格)·말조초혜격(末助初兮格)·상하구합격(上下俱合格) **야점** : 녹피현탈격(祿被玄奪格)·귀인입옥격(貴人入獄格) **주점** : 왕록가림격(旺祿加臨格)

【癸未3국】 甲戌순, 申 · 酉 공망

말전	중전	초전
陳雀	雀天	天陰
丁丑	己卯	辛巳
卯	巳	未

4과	3과	2과	1과
雀天	天陰	常空	空陳
己卯	辛巳	○酉	乙亥
巳	未	亥	癸(丑)

주야	白龍	空陳	龍合	陳雀	合蛇	雀天	蛇后	天陰	后武	陰常	武白	常空
천반	甲戌	乙亥	丙子	丁丑	戊寅	己卯	庚辰	辛巳	壬午	癸未	○申	○酉
지반	子	丑	寅	卯	辰	巳	午	未	○申	○酉	戌	亥

- **특징** : 요극과(遙尅課) · 탄사(彈射) · 퇴간전(退間傳) · 전패(轉悖) · 해리(解離)
- **필법** : 나거취재격(懶去取財格) · 수일봉정격(水日逢丁格) · 체호작절격(遞互作絶格)
  야점 : 주야귀가격(晝夜貴加格)

【癸未4국】 甲戌순, 申 · 酉 공망

말전	중전	초전
蛇后	陰常	白龍
庚辰	癸未	甲戌
未	戌	丑

4과	3과	2과	1과
陳雀	蛇后	陰常	白龍
丁丑	庚辰	癸未	甲戌
辰	未	戌	癸(丑)

주야	常空	白龍	空陳	龍合	陳雀	合蛇	雀天	蛇后	天陰	后武	陰常	武白
천반	○酉	甲戌	乙亥	丙子	丁丑	戊寅	己卯	庚辰	辛巳	壬午	癸未	○申
지반	子	丑	寅	卯	辰	巳	午	未	○申	○酉	戌	亥

- **특징** : 원수과(元首課) · 가색(稼穡) · 유자(游子) · 백화(魄化)
- **필법** : 태양조현격(太陽照玄格) **주점** : 최관사자(催官使者) · 호림간귀격(虎臨干鬼格) · 이흉제흉격(二凶制凶格)

【癸未5국】 甲戌순, 申 · 酉 공망

말전	중전	초전
常空	陳雀	天陰
○酉	丁丑	辛巳
丑	巳	○酉

4과	3과	2과	1과
空陳	雀天	天陰	常空
乙亥	己卯	辛巳	○酉
卯	未	○酉	癸(丑)

주야	武白	常空	白龍	空陳	龍合	陳雀	合蛇	雀天	蛇后	天陰	后武	陰常
천반	○申	○酉	甲戌	乙亥	丙子	丁丑	戊寅	己卯	庚辰	辛巳	壬午	癸未
지반	子	丑	寅	卯	辰	巳	午	未	○申	○酉	戌	亥

· **특징** : 섭해과(涉害課) · 종혁(從革) · 여덕(勵德)
· **필법** : 합중범살격(合中犯殺格) · 아괴성격(亞魁星格) · 금강격(金剛格) · 유여탈기격
(有餘脫氣格)

※ 초전 · 중전 · 말전을 卯 · 亥 · 未로 보기도 한다.

【癸未6국】 甲戌순, 申 · 酉 공망

말전	중전	초전
天陰	白龍	雀天
辛巳	甲戌	己卯
戌	卯	○申

4과	3과	2과	1과
常空	合蛇	雀天	武白
○酉	戊寅	己卯	○申
寅	未	○申	癸(丑)

주야	陰常	武白	常空	白龍	空陳	龍合	陳雀	合蛇	雀天	蛇后	天陰	后武
천반	癸未	○申	○酉	甲戌	乙亥	丙子	丁丑	戊寅	己卯	庚辰	辛巳	壬午
지반	子	丑	寅	卯	辰	巳	午	未	○申	○酉	戌	亥

· **특징** : 중심과(重審課) · 단륜(斷輪) · 여덕(勵德) · 사절(四絶)
· **필법** : 유여탈기격(有餘脫氣格) · 후목무용격(朽木無用格) **야점** : 장봉내전격(將逢內戰
格) · 백의식시격(白蟻食尸格) **주점** : 귀인입옥격(貴人入獄格)

【癸未7국】 甲戌순, 申·酉 공망

말전	중전	초전		4과	3과	2과	1과
雀常	常雀	雀常		雀常	常雀	常雀	雀常
癸未	丁丑	癸未		癸未	丁丑	丁丑	癸未
丑	未	丑		丑	未	未	癸(丑)

주야	蛇武	雀常	合白	陳空	龍龍	空陳	白合	常雀	武蛇	陰天	后后	天陰
천반	壬午	癸未	○申	○酉	甲戌	乙亥	丙子	丁丑	戊寅	己卯	庚辰	辛巳
지반	子	丑	寅	卯	辰	巳	午	未	○申	○酉	戌	亥

- **특징** : 반음과(返吟課)·무의(無依)·가색(稼穡)·유자(游子)·난수(亂首)
- **필법** : 주객형상격(主客刑上格)_삼형·양귀수극격(兩貴受剋格)·두괴상가격(斗魁相加格)·수일봉정격(水日逢丁格)·태양조현격(太陽照玄格) **卯월** : 효백개처두격(孝白蓋妻頭格) **야점_卯월** : 내외효복격(內外孝服格) **주점** : 작귀격(雀鬼格)

【癸未8국】 甲戌순, 申·酉 공망

말전	중전	초전		4과	3과	2과	1과
陰天	龍龍	天陰		天陰	白合	空陳	蛇武
己卯	甲戌	辛巳		辛巳	丙子	乙亥	壬午
戌	巳	子		子	未	午	癸(丑)

주야	天陰	蛇武	雀常	合白	陳空	龍龍	空陳	白合	常雀	武蛇	陰天	后后
천반	辛巳	壬午	癸未	○申	○酉	甲戌	乙亥	丙子	丁丑	戊寅	己卯	庚辰
지반	子	丑	寅	卯	辰	巳	午	未	○申	○酉	戌	亥

- **특징** : 지일과(知一課)·주인(鑄印)·도액(度厄)
- **필법** : 권섭부정격(權攝不正格)·피차시기해격(彼此猜忌害格)·교차합재격(交車合財格)·용파신심격(用破身心格)·덕록전묘격(德祿傳墓格)·이귀공년명격(二貴拱年命格) **야점** : 귀인입옥격(貴人入獄格) **주점** : 육편판격(六片板格)

말전	중전	초전		4과	3과	2과	1과
天雀	常陰	陳空		陰天	空常	陳空	天雀
辛巳	丁丑	○酉		己卯	乙亥	○酉	辛巳
丑	○酉	巳		亥	未	巳	癸(丑)

주야	后蛇	天雀	蛇合	雀陳	合龍	陳空	龍白	空常	白武	常陰	武后	陰天
천반	庚辰	辛巳	壬午	癸未	○申	○酉	甲戌	乙亥	丙子	丁丑	戊寅	己卯
지반	子	丑	寅	卯	辰	巳	午	未	○申	○酉	戌	亥

- 특징 : 섭해과(涉害課) · 종혁(從革)
- 필법 : 간지봉절격(干支逢絶格) **야점** : 염막귀인격(簾幕貴人格)

말전	중전	초전		4과	3과	2과	1과
龍白	雀陳	后蛇		常陰	龍白	雀陳	后蛇
甲戌	癸未	庚辰		丁丑	甲戌	癸未	庚辰
未	辰	丑		戌	未	辰	癸(丑)

주야	陰天	后蛇	天雀	蛇合	雀陳	合龍	陳空	龍白	空常	白武	常陰	武后
천반	己卯	庚辰	辛巳	壬午	癸未	○申	○酉	甲戌	乙亥	丙子	丁丑	戊寅
지반	子	丑	寅	卯	辰	巳	午	未	○申	○酉	戌	亥

- 특징 : 원수과(元首課) · 가색(稼穡)
- 필법 : 묘신부일(墓神覆日) · 태양조현격(太陽照玄格) · 절신가생격(絶神加生格) · 참관격(斬關格) **야점** : 이흉제흉격(二凶制凶格) **주점** : 귀색귀호격(貴塞鬼戶格) **辰년생** : 천망자이격(天網自裹格)

【癸未11국】 甲戌순, 申・酉 공망

말전	중전	초전		4과	3과	2과	1과
陳空	雀陳	天雀		空常	陳空	天雀	陰天
○酉	癸未	辛巳		乙亥	○酉	辛巳	己卯
未	巳	卯		○酉	未	卯	癸(丑)

주야	武后	陰天	后蛇	天雀	蛇合	雀陳	合龍	陳空	龍白	空常	白武	常陰
천반	戊寅	己卯	庚辰	辛巳	壬午	癸未	○申	○酉	甲戌	乙亥	丙子	丁丑
지반	子	丑	寅	卯	辰	巳	午	未	○申	○酉	戌	亥

- 특징 : 요극과(遙尅課)・순간전(順間傳)・변영(變盈)・여덕(勵德)
- 필법 : 원소근단격(原消根斷格)・강색귀호격(罡塞鬼戶格) **주점 :** 주야귀가격(晝夜貴加格) 염막귀인격(簾幕貴人格)

【癸未12국】 甲戌순, 申・酉 공망

말전	중전	초전		4과	3과	2과	1과
合龍	武后	合龍		陳空	合龍	陰天	武后
○申	戊寅	○申		○酉	○申	己卯	戊寅
未	丑	未		○申	未	寅	癸(丑)

주야	常陰	武后	陰天	后蛇	天雀	蛇合	雀陳	合龍	陳空	龍白	空常	白武
천반	丁丑	戊寅	己卯	庚辰	辛巳	壬午	癸未	○申	○酉	甲戌	乙亥	丙子
지반	子	丑	寅	卯	辰	巳	午	未	○申	○酉	戌	亥

- 특징 : 묘성과(昴星課)・동사(冬蛇)
- 필법 : 탈상봉탈격(脫上逢脫格)・호시봉호격(虎視逢虎格)・사반음괘(似返吟卦)

【甲申1국】 甲申순, 午 · 未 공망

말전	중전	초전
后白	雀陳	龍蛇
甲申	癸巳	庚寅
申	巳	寅

4과	3과	2과	1과
后白	后白	龍蛇	龍蛇
甲申	甲申	庚寅	庚寅
申	申	寅	甲(寅)

주야	白后	空天	龍蛇	陳雀	合合	雀陳	蛇龍	天空	后白	陰常	武武	常陰
천반	戊子	己丑	庚寅	辛卯	壬辰	癸巳	○午	○未	甲申	乙酉	丙戌	丁亥
지반	子	丑	寅	卯	辰	巳	○午	○未	申	酉	戌	亥

- **특징** : 복음과(伏吟課) · 자임(自任)
- **필법** : 삼현태격(三玄胎格) · 왕록가림격(旺祿加臨格) · 주객형상격(主客刑上格)_삼형 · 교차충격(交車沖格) · 체호작절격(遞互作絶格)

【甲申2국】 甲申순, 午 · 未 공망

말전	중전	초전
武武	常陰	白后
丙戌	丁亥	戊子
亥	子	丑

4과	3과	2과	1과
蛇龍	天空	白后	空天
○午	○未	戊子	己丑
○未	申	丑	甲(寅)

주야	常陰	白后	空天	龍蛇	陳雀	合合	雀陳	蛇龍	天空	后白	陰常	武武
천반	丁亥	戊子	己丑	庚寅	辛卯	壬辰	癸巳	○午	○未	甲申	乙酉	丙戌
지반	子	丑	寅	卯	辰	巳	○午	○未	申	酉	戌	亥

- **특징** : 지일과(知一課) · 퇴연여(退連茹) · 중음(重陰) · 삼기(三奇)
- **필법** : 귀복간지격(貴覆干支格) **주점** : 염막귀인격(簾幕貴人格)

【甲申3국】 甲申순, 午·未 공망

말전	중전	초전
龍蛇	合合	蛇龍
庚寅	壬辰	○午
辰	○午	申

4과	3과	2과	1과
合合	蛇龍	武武	白后
壬辰	○午	丙戌	戊子
○午	申	子	甲(寅)

주야	武武	常陰	白后	空天	龍蛇	陳雀	合合	雀陳	蛇龍	天空	后白	陰常
천반	丙戌	丁亥	戊子	己丑	庚寅	辛卯	壬辰	癸巳	○午	○未	甲申	乙酉
지반	子	丑	寅	卯	辰	巳	○午	○未	申	酉	戌	亥

· **특징** : 섭해과(涉害課)·퇴간전(退間傳)·고조(顧祖)·여덕(勵德)
· **필법** : 고조격(顧祖格)·답각진공격(踏脚眞空格)·간지개패격(干支皆敗格)

【甲申4국】 甲申순, 午·未 공망

말전	중전	초전
常陰	龍蛇	雀陳
丁亥	庚寅	癸巳
寅	巳	申

4과	3과	2과	1과
龍蛇	雀陳	后白	常陰
庚寅	癸巳	甲申	丁亥
巳	申	亥	甲(寅)

주야	陰常	武武	常陰	白后	空天	龍蛇	陳雀	合合	雀陳	蛇龍	天空	后白
천반	乙酉	丙戌	丁亥	戊子	己丑	庚寅	辛卯	壬辰	癸巳	○午	○未	甲申
지반	子	丑	寅	卯	辰	巳	○午	○未	申	酉	戌	亥

· **특징** : 원수과(元首課)
· **필법** : 삼현태격(三玄胎格)·낙이생우격(樂裏生憂格)·상하구합격(上下俱合格)·피차시기해격(彼此猜忌害格) **야점** : 양공협묘격(兩空夾墓格) **주점** : 태상간생격(太常干生格)

【甲申5국】 甲申순, 午 · 未 공망

말전	중전	초전		4과	3과	2과	1과
白后	后白	合合		龍蛇	武武	后白	合合
庚寅	○午	丙戌		戊子	壬辰	○午	丙戌
午	戌	寅		辰	申	戌	甲(寅)

주야	蛇龍	雀陳	合合	陳雀	龍蛇	空天	白后	常陰	武武	陰常	后白	天空
천반	甲申	乙酉	丙戌	丁亥	戊子	己丑	庚寅	辛卯	壬辰	癸巳	○午	○未
지반	子	丑	寅	卯	辰	巳	○午	○未	申	酉	戌	亥

- **특징** : 섭해과(涉害課) · 염상(炎上) · 교동(狡童)
- **필법** : 불행전자격(不行傳者格) · 폐구격(閉口格) · 취환혼채격(取還魂債格) · 초조협극격(初遭夾剋格) **주점** : 신장살몰격(神藏殺沒格) · 사호둔귀격(蛇虎遁鬼格)

※ 초전 · 중전 · 말전을 子 · 申 · 辰으로 보기도 한다.

【甲申6국】 甲申순, 午 · 未 공망

말전	중전	초전		4과	3과	2과	1과
龍蛇	陰常	合合		合合	常陰	武武	雀陳
戊子	癸巳	丙戌		丙戌	辛卯	壬辰	乙酉
巳	戌	卯		卯	申	酉	甲(寅)

주야	天空	蛇龍	雀陳	合合	陳雀	龍蛇	空天	白后	常陰	武武	陰常	后白
천반	○未	甲申	乙酉	丙戌	丁亥	戊子	己丑	庚寅	辛卯	壬辰	癸巳	○午
지반	子	丑	寅	卯	辰	巳	○午	○未	申	酉	戌	亥

- **특징** : 지일과(知一課) · 주인(鑄印) · 사절(四絶)
- **필법** : 태수극절격(胎受剋絶格) · 아괴성격(亞魁星格) · 호왕격(互旺格) **주점** : 작귀격(雀鬼格)

【甲申7국】 甲申순, 午·未 공망

말전	중전	초전
白后	蛇龍	白后
庚寅	甲申	庚寅
申	寅	申

4과	3과	2과	1과
蛇龍	白后	白后	蛇龍
甲申	庚寅	庚寅	甲申
寅	申	申	甲(寅)

주야	后白	天空	蛇龍	雀陳	合合	陳雀	龍蛇	空天	白后	常陰	武武	陰常
천반	○午	○未	甲申	乙酉	丙戌	丁亥	戊子	己丑	庚寅	辛卯	壬辰	癸巳
지반	子	丑	寅	卯	辰	巳	○午	○未	申	酉	戌	亥

- **특징** : 반음과(返吟課) · 무의(無依) · 난수(亂首)
- **필법** : 권섭부정격(權攝不正格) · 주야귀가격(晝夜貴加格) · 절체괘(絶體卦) · 명암이귀격(明暗二鬼格) · 간지봉절격(干支逢絶格) **주점** : 사호둔귀격(蛇虎遁鬼格) · 양귀협묘격(兩貴夾墓格)

【甲申8국】 甲申순, 午·未 공망

말전	중전	초전
合合	陰常	龍蛇
丙戌	癸巳	戊子
巳	子	○未

4과	3과	2과	1과
后白	空天	龍蛇	天空
○午	己丑	戊子	○未
丑	申	○未	甲(寅)

주야	陰常	后白	天空	蛇龍	雀陳	合合	陳雀	龍蛇	空天	白后	常陰	武武
천반	癸巳	○午	○未	甲申	乙酉	丙戌	丁亥	戊子	己丑	庚寅	辛卯	壬辰
지반	子	丑	寅	卯	辰	巳	○午	○未	申	酉	戌	亥

- **특징** : 지일과(知一課) · 주인(鑄印) · 삼기(三奇) · 천옥(天獄)
- **필법** : 간지승묘격(干支乘墓格) · 묘공격(墓空格) · 묘신부일(墓神覆日) · 육편판격(六片板格) **未년생** : 천망자이격(天網自裏格) **야점** : 공상승공격(空上乘空格) · 염막귀인격(簾幕貴人格) **주점** : 부귀패굴격(富貴敗屈格) · 사과개공격(四課皆空格) · 귀인공망격(貴人空亡格)

【甲申9국】 甲申순, 午 · 未 공망

말전	중전	초전
龍蛇	蛇龍	武武
戊子	甲申	壬辰
申	辰	子

4과	3과	2과	1과
武武	龍蛇	合合	后白
壬辰	戊子	丙戌	○午
子	申	○午	甲(寅)

주야	武武	陰常	后白	天空	蛇龍	雀陳	合合	陳雀	龍蛇	空天	白后	常陰
천반	壬辰	癸巳	○午	○未	甲申	乙酉	丙戌	丁亥	戊子	己丑	庚寅	辛卯
지반	子	丑	寅	卯	辰	巳	○午	○未	申	酉	戌	亥

- **특징** : 원수과(元首課) · 윤하(潤下) · 여덕(勵德) · 맥월(驀越)
- **필법** : 권속풍영격(眷屬風盈格) · 삼전체생격(三傳遞生格) · 합중범살격(合中犯殺格) · 간지전승사격(干支全乘死格)

【甲申10국】 甲申순, 午 · 未 공망

말전	중전	초전
白后	陳雀	蛇龍
庚寅	丁亥	甲申
亥	申	巳

4과	3과	2과	1과
白后	陳雀	蛇龍	陰常
庚寅	丁亥	甲申	癸巳
亥	申	巳	甲(寅)

주야	常陰	武武	陰常	后白	天空	蛇龍	雀陳	合合	陳雀	龍蛇	空天	白后
천반	辛卯	壬辰	癸巳	○午	○未	甲申	乙酉	丙戌	丁亥	戊子	己丑	庚寅
지반	子	丑	寅	卯	辰	巳	○午	○未	申	酉	戌	亥

- **특징** : 중심과(重審課)
- **필법** : 백호입상차격(白虎入喪車格) · 교차장생격(交車長生格) · 피차시기해격(彼此猜忌害格) · 절신가생격(絶神加生格) · 삼현태격(三玄胎格) · 탈상봉탈격(脫上逢脫格) · 교차탈격(交車脫格) **주점** : 사호둔귀격(蛇虎遁鬼格) · 양공협묘격(兩空夾墓格)

【甲申11국】 甲申순, 午 · 未 공망

말전	중전	초전
后白	蛇龍	合合
甲申	○午	壬辰
○午	辰	寅

4과	3과	2과	1과
白后	武武	蛇龍	合合
戊子	丙戌	○午	壬辰
戌	申	辰	甲(寅)

주야	龍蛇	陳雀	合合	雀陳	蛇龍	天空	后白	陰常	武武	常陰	白后	空天
천반	庚寅	辛卯	壬辰	癸巳	○午	○未	甲申	乙酉	丙戌	丁亥	戊子	己丑
지반	子	丑	寅	卯	辰	巳	○午	○未	申	酉	戌	亥

- **특징** : 섭해과(涉害課) · 순간전(順間傳) · 등삼천(登三天)
- **필법** : 불행전자격(不行傳者格) · 참관격(斬關格) · 폐구격(閉口格) **야점** : 강색귀호격
  (罡塞鬼戶格) · 신장살몰격(神藏殺沒格) · 귀등천문격(貴登天門格)

【甲申12국】 甲申순, 午 · 未 공망

말전	중전	초전
蛇龍	雀陳	合合
○午	癸巳	壬辰
巳	辰	卯

4과	3과	2과	1과
武武	陰常	合合	陳雀
丙戌	乙酉	壬辰	辛卯
酉	申	卯	甲(寅)

주야	空天	龍蛇	陳雀	合合	雀陳	蛇龍	天空	后白	陰常	武武	常陰	白后
천반	己丑	庚寅	辛卯	壬辰	癸巳	○午	○未	甲申	乙酉	丙戌	丁亥	戊子
지반	子	丑	寅	卯	辰	巳	○午	○未	申	酉	戌	亥

- **특징** : 중심과(重審課) · 진연주(進連珠) · 승계(昇階)
- **필법** : 호좌구묘격(互坐丘墓格) · 호태격(互胎格) · 왕록가림격(旺祿加臨格) · 나망격
  (羅網格) · 개왕격(皆旺格) · 나거취재격(懶去取財格)

【乙酉1국】 甲申순, 午 · 未 공망

말전	중전	초전
龍合	后武	陳陳
辛卯	乙酉	壬辰
卯	酉	辰

4과	3과	2과	1과
后武	后武	陳陳	陳陳
乙酉	乙酉	壬辰	壬辰
酉	酉	辰	乙(辰)

주야	常天	白蛇	空雀	龍合	陳陳	合龍	雀空	蛇白	天常	后武	陰陰	武后
천반	戊子	己丑	庚寅	辛卯	壬辰	癸巳	○午	○未	甲申	乙酉	丙戌	丁亥
지반	子	丑	寅	卯	辰	巳	○午	○未	申	酉	戌	亥

- **특징** : 복음과(伏吟課) · 자신(自信) · 두전(杜傳)
- **필법** : 간지내외구합격(干支內外俱合格) · 참관격(斬關格)

【乙酉2국】 甲申순, 午 · 未 공망

말전	중전	초전
雀空	蛇白	天常
○午	○未	甲申
○未	申	酉

4과	3과	2과	1과
蛇白	天常	空雀	龍合
○未	甲申	庚寅	辛卯
申	酉	卯	乙(辰)

주야	武后	常天	白蛇	空雀	龍合	陳陳	合龍	雀空	蛇白	天常	后武	陰陰
천반	丁亥	戊子	己丑	庚寅	辛卯	壬辰	癸巳	○午	○未	甲申	乙酉	丙戌
지반	子	丑	寅	卯	辰	巳	○午	○未	申	酉	戌	亥

- **특징** : 요극과(遙尅課) · 퇴연여(退連茹)
- **필법** : 나거취재격(懶去取財格) · 불행전자격(不行傳者格) · 왕록가림격(旺祿加臨格)
  야점 : 호묘격(虎墓格) **주점** : 귀승천을격(鬼乘天乙格)

【乙酉3국】 甲申순, 午·未 공망

말전	중전	초전
龍合	合龍	蛇白
辛卯	癸巳	○未
巳	○未	酉

4과	3과	2과	1과
合龍	蛇白	常天	空雀
癸巳	○未	戊子	庚寅
○未	酉	寅	乙(辰)

주야	陰陰	武后	常天	白蛇	空雀	龍合	陳陳	合龍	雀空	蛇白	天常	后武
천반	丙戌	丁亥	戊子	己丑	庚寅	辛卯	壬辰	癸巳	○午	○未	甲申	乙酉
지반	子	丑	寅	卯	辰	巳	○午	○未	申	酉	戌	亥

- **특징**: 요극과(遙剋課)·탄사(彈射)·회양(回陽)·퇴간전(退間傳)
- **필법**: 나거취재격(懶去取財格) **야점**: 지승묘호격(支乘墓虎格)·호묘격(虎墓格) **주점_**
  子년 巳월: 묘문중상격(墓門重喪格)

【乙酉4국】 甲申순, 午·未 공망

말전	중전	초전
后白	雀陰	龍蛇
○未	丙戌	己丑
戌	丑	辰

4과	3과	2과	1과
白合	陰空	雀陰	龍蛇
辛卯	○午	丙戌	己丑
○午	酉	丑	乙(辰)

주야	蛇武	雀陰	合后	陳天	龍蛇	空雀	白合	常陳	武龍	陰空	后白	天常
천반	乙酉	丙戌	丁亥	戊子	己丑	庚寅	辛卯	壬辰	癸巳	○午	○未	甲申
지반	子	丑	寅	卯	辰	巳	○午	○未	申	酉	戌	亥

- **특징**: 중심과(重審課)·가색(稼穡)·구추(九醜)
- **필법**: 지묘재성격(支墓財星格)·주객형상격(主客刑上格)_삼형 **야점**: 호묘격(虎墓格)

【乙酉5국】 甲申순, 午 · 未 공망

말전	중전	초전		4과	3과	2과	1과
蛇武	龍蛇	武龍		龍蛇	武龍	天常	陳天
乙酉	己丑	癸巳		己丑	癸巳	甲申	戊子
丑	巳	酉		巳	酉	子	乙(辰)

주야	天常	蛇武	雀陰	合后	陳天	龍蛇	空雀	白合	常陳	武龍	陰空	后白
천반	甲申	乙酉	丙戌	丁亥	戊子	己丑	庚寅	辛卯	壬辰	癸巳	○午	○未
지반	子	丑	寅	卯	辰	巳	○午	○未	申	酉	戌	亥

• **특징** : 원수과(元首課) · 종혁(從革)
• **필법** : 금강격(金剛格) **야점** : 천거격(薦擧格) **주점** : 염막귀인격(簾幕貴人格) · 주야귀
　　가격(晝夜貴加格)

【乙酉6국】 甲申순, 午 · 未 공망

말전	중전	초전		4과	3과	2과	1과
龍后	陰空	合蛇		合蛇	常常	陰空	合蛇
己丑	○午	丁亥		丁亥	壬辰	○午	丁亥
○午	亥	辰		辰	酉	亥	乙(辰)

주야	后龍	天陳	蛇合	雀雀	合蛇	陳天	龍后	空陰	白武	常常	武白	陰空
천반	○未	甲申	乙酉	丙戌	丁亥	戊子	己丑	庚寅	辛卯	壬辰	癸巳	○午
지반	子	丑	寅	卯	辰	巳	○午	○未	申	酉	戌	亥

• **특징** : 지일과(知一課) · 불비(不備) · 사절(四絕)
• **필법** : 간지상회격(干支相會格_寄宮日支相合) · 주객형상격(主客刑上格)_자형 · 불행
　　전자격(不行傳者格)

【乙酉7국】 甲申순, 午·未 공망

말전	중전	초전		4과	3과	2과	1과
白武	蛇合	白武		蛇合	白武	常常	雀雀
辛卯	乙酉	辛卯		乙酉	辛卯	壬辰	丙戌
酉	卯	酉		卯	酉	戌	乙(辰)

주야	陰空	后龍	天陳	蛇合	雀雀	合蛇	陳天	龍后	空陰	白武	常常	武白
천반	○午	○未	甲申	乙酉	丙戌	丁亥	戊子	己丑	庚寅	辛卯	壬辰	癸巳
지반	子	丑	寅	卯	辰	巳	○午	○未	申	酉	戌	亥

- **특징** : 반음과(返吟課) · 무의(無依) · 삼교(三交) · 용전(龍戰)
- **필법** : 권섭부정격(權攝不正格) · 의혹격(疑惑格)

【乙酉8국】 甲申순, 午·未 공망

말전	중전	초전		4과	3과	2과	1과
武白	陳天	后龍		后龍	空陰	空陰	蛇合
癸巳	戊子	○未		○未	庚寅	庚寅	乙酉
子	○未	寅		寅	酉	酉	乙(辰)

주야	武白	陰空	后龍	天陳	蛇合	雀雀	合蛇	陳天	龍后	空陰	白武	常常
천반	癸巳	○午	○未	甲申	乙酉	丙戌	丁亥	戊子	己丑	庚寅	辛卯	壬辰
지반	子	丑	寅	卯	辰	巳	○午	○未	申	酉	戌	亥

- **특징** : 지일과(知一課) · 불비(不備) · 난수(亂首) · 맥월(驀越)
- **필법** : 구재대획격(求財大獲格) · 간지상회격(干支相會格_寄宮日支相合) · 명암이귀격(明暗二鬼格) · 아괴성격(亞魁星格) · 육편판격(六片板格) **야점** : 부귀패굴격(富貴敗屈格)

【乙酉9국】 甲申순, 午 · 未 공망

말전	중전	초전		4과	3과	2과	1과
常常	陳天	天陳		武白	龍后	陳天	天陳
壬辰	戊子	甲申		癸巳	己丑	戊子	甲申
子	申	辰		丑	酉	申	乙(辰)

주야	常常	武白	陰空	后龍	天陳	蛇合	雀雀	合蛇	陳天	龍后	空陰	白武
천반	壬辰	癸巳	○午	○未	甲申	乙酉	丙戌	丁亥	戊子	己丑	庚寅	辛卯
지반	子	丑	寅	卯	辰	巳	○午	○未	申	酉	戌	亥

- **특징** : 원수과(元首課) · 윤하(潤下)
- **필법** : 복태격(服胎格) · 알구화출격(謁求禍出格) · 수류추동격(水流趨東格) · 권속풍영격(眷屬風盈格) · 삼육상호격(三六相呼格) **야점** : 주야귀가격(晝夜貴加格) · 염막귀인격(簾幕貴人格) **주점** : 덕귀합국생신격(德貴合局生身格) · 귀승천을격(鬼乘天乙格)

【乙酉10국】 甲申순, 午 · 未 공망

말전	중전	초전		4과	3과	2과	1과
白后	陰雀	蛇龍		龍武	常天	陰雀	蛇龍
己丑	丙戌	○未		辛卯	戊子	丙戌	○未
戌	○未	辰		子	酉	○未	乙(辰)

주야	龍武	陳常	合白	雀空	蛇龍	天陳	后合	陰雀	武蛇	常天	白后	空陰
천반	辛卯	壬辰	癸巳	○午	○未	甲申	乙酉	丙戌	丁亥	戊子	己丑	庚寅
지반	子	丑	寅	卯	辰	巳	○午	○未	申	酉	戌	亥

- **특징** : 중심과(重審課) · 가색(稼穡)
- **필법** : 묘신부일(墓神覆日) · 절신가생격(絶神加生格) · 주객형상격(主客刑上格)_삼형 · 묘공격(墓空格) **申 · 酉 · 戌 월** : 관묘초용격(關墓初用格) **未년생** : 천망자이격(天網自裏格)

【乙酉11국】 甲申순, 午·未 공망

말전	중전	초전
常天	陰雀	天陳
戊子	丙戌	甲申
戌	申	○午

4과	3과	2과	1과
白后	武蛇	天陳	雀空
己丑	丁亥	甲申	○午
亥	酉	○午	乙(辰)

주야	空陰	龍武	陳常	合白	雀空	蛇龍	天陳	后合	陰雀	武蛇	常天	白后
천반	庚寅	辛卯	壬辰	癸巳	○午	○未	甲申	乙酉	丙戌	丁亥	戊子	己丑
지반	子	丑	寅	卯	辰	巳	○午	○未	申	酉	戌	亥

- **특징** : 중심과(重審課)·순간전(順間傳)·섭삼연(涉三淵)·육의(六儀)
- **필법** : 강색귀호격(罡塞鬼戶格)·탈상봉탈격(脫上逢脫格)·양귀수극격(兩貴受剋格)
  야점 : 공상승공격(空上乘空格) **주점** : 양사협묘격(兩蛇夾墓格)

【乙酉12국】 甲申순, 午·未 공망

말전	중전	초전
白蛇	常天	武后
己丑	戊子	丁亥
子	亥	戌

4과	3과	2과	1과
武后	陰陰	雀空	合龍
丁亥	丙戌	○午	癸巳
戌	酉	巳	乙(辰)

주야	白蛇	空雀	龍合	陳陳	合龍	雀空	蛇白	天常	后武	陰陰	武后	常天
천반	己丑	庚寅	辛卯	壬辰	癸巳	○午	○未	甲申	乙酉	丙戌	丁亥	戊子
지반	子	丑	寅	卯	辰	巳	○午	○未	申	酉	戌	亥

- **특징** : 중심과(重審課)·진연주(進連珠)·용잠(龍潛)
- **필법** : 권속풍영격(眷屬風盈格)

【丙戌1국】 甲申순, 午·未 공망

말전	중전	초전		4과	3과	2과	1과
白合	蛇武	陳空		后后	后后	陳空	陳空
庚寅	甲申	癸巳		丙戌	丙戌	癸巳	癸巳
寅	申	巳		戌	戌	巳	丙(巳)

주야	武蛇	常雀	白合	空陳	龍龍	陳空	合白	雀常	蛇武	天陰	后后	陰天
천반	戊子	己丑	庚寅	辛卯	壬辰	癸巳	○午	○未	甲申	乙酉	丙戌	丁亥
지반	子	丑	寅	卯	辰	巳	○午	○未	申	酉	戌	亥

- **특징** : 복음과(伏吟課) · 자임(自任) · 길복음(吉伏吟)
- **필법** : 주객형상격(主客刑上格)_삼형 · 녹신폐구격(祿神閉口格) · 왕록가림격(旺祿加臨格) · 나거취재격(懶去取財格) · 녹작폐구격(祿作閉口格) · 길복음과(吉伏吟課) **야점** : 폐구격(閉口格)

【丙戌2국】 甲申순, 午·未 공망

말전	중전	초전		4과	3과	2과	1과
常雀	白合	空陳		蛇武	天陰	空陳	龍龍
己丑	庚寅	辛卯		甲申	乙酉	辛卯	壬辰
寅	卯	辰		酉	戌	辰	丙(巳)

주야	陰天	武蛇	常雀	白合	空陳	龍龍	陳空	合白	雀常	蛇武	天陰	后后
천반	丁亥	戊子	己丑	庚寅	辛卯	壬辰	癸巳	○午	○未	甲申	乙酉	丙戌
지반	子	丑	寅	卯	辰	巳	○午	○未	申	酉	戌	亥

- **특징** : 원수과(元首課) · 퇴연여(退連茹) · 연방(聯芳)
- **필법** : 인왕쇠택격(人旺衰宅格) · 참관격(斬關格)

【丙戌3국】 甲申순, 午 · 未 공망

말전	중전	초전
天陰	雀天	陳雀
乙酉	丁亥	己丑
亥	丑	卯

4과	3과	2과	1과
武白	后武	陳雀	空陳
○午	甲申	己丑	辛卯
申	戌	卯	丙(巳)

주야	蛇后	雀天	合蛇	陳雀	龍合	空陳	白龍	常空	武白	陰常	后武	天陰
천반	丙戌	丁亥	戊子	己丑	庚寅	辛卯	壬辰	癸巳	○午	○未	甲申	乙酉
지반	子	丑	寅	卯	辰	巳	○午	○未	申	酉	戌	亥

· **특징** : 중심과(重審課) · 퇴간전(退間傳) · 극음(極陰)
· **필법** : **주점** : 주야귀가격(晝夜貴加格) · 폐구격(閉口格)

【丙戌4국】 甲申순, 午 · 未 공망

말전	중전	초전
常空	后武	雀天
癸巳	甲申	丁亥
申	亥	寅

4과	3과	2과	1과
白龍	陰常	雀天	龍合
壬辰	○未	丁亥	庚寅
○未	戌	寅	丙(巳)

주야	天陰	蛇后	雀天	合蛇	陳雀	龍合	空陳	白龍	常空	武白	陰常	后武
천반	乙酉	丙戌	丁亥	戊子	己丑	庚寅	辛卯	壬辰	癸巳	○午	○未	甲申
지반	子	丑	寅	卯	辰	巳	○午	○未	申	酉	戌	亥

· **특징** : 요극과(遙剋課) · 효시(嚆矢) · 육의(六儀)
· **필법** : 삼현태격(三玄胎格) · 폐구격(閉口格) **주점_辰월** : 용가생기격(龍加生氣格)

【丙戌5국】 甲申순, 午・未 공망

말전	중전	초전
陳雀	常空	天陰
己丑	癸巳	乙酉
巳	酉	丑

4과	3과	2과	1과
龍合	武白	天陰	陳雀
庚寅	○午	乙酉	己丑
○午	戌	丑	丙(巳)

주야	后武	天陰	蛇后	雀天	合蛇	陳雀	龍合	空陳	白龍	常空	武白	陰常
천반	甲申	乙酉	丙戌	丁亥	戊子	己丑	庚寅	辛卯	壬辰	癸巳	○午	○未
지반	子	丑	寅	卯	辰	巳	○午	○未	申	酉	戌	亥

- 특징 : 요극과(遙剋課) · 탄사(彈射) · 종혁(從革)
- 필법 : 녹신폐구격(祿神閉口格) **주점** : 상장조재격(上將助財格)

【丙戌6국】 甲申순, 午・未 공망

말전	중전	초전
龍合	陰常	合蛇
庚寅	○未	戊子
○未	子	巳

4과	3과	2과	1과
合蛇	常空	陰常	合蛇
戊子	癸巳	○未	戊子
巳	戌	子	丙(巳)

주야	陰常	后武	天陰	蛇后	雀天	合蛇	陳雀	龍合	空陳	白龍	常空	武白
천반	○未	甲申	乙酉	丙戌	丁亥	戊子	己丑	庚寅	辛卯	壬辰	癸巳	○午
지반	子	丑	寅	卯	辰	巳	○午	○未	申	酉	戌	亥

- 특징 : 지일과(知一課) · 불비(不備) · 삼기(三奇) · 사절(四絶)
- 필법 : 권섭부정격(權攝不正格) · 불행전자격(不行傳者格) · 태수극절격(胎受剋絶格) ·
  녹신폐구격(祿神閉口格) · 삼전호극격(三傳互剋格)

【丙戌7국】 甲申순, 午·未 공망

말전	중전	초전
常空	雀天	常空
癸巳	丁亥	癸巳
亥	巳	亥

4과	3과	2과	1과
蛇蛇	白白	常空	雀天
丙戌	壬辰	癸巳	丁亥
辰	戌	亥	丙(巳)

주야	武龍	陰陳	后合	天雀	蛇蛇	雀天	合后	陳陰	龍武	空常	白白	常空
천반	○午	○未	甲申	乙酉	丙戌	丁亥	戊子	己丑	庚寅	辛卯	壬辰	癸巳
지반	子	丑	寅	卯	辰	巳	○午	○未	申	酉	戌	亥

- **특징** : 반음과(返吟課) · 무의(無依)
- **필법** : 녹신폐구격(祿神閉口格) · 명암이귀격(明暗二鬼格) · 주객형상격(主客刑上格)_
자형 · 전상좌극격(全傷坐剋格) · 간지봉절격(干支逢絶格) · 결절격(結絶格) · 덕입천문격(德入天門格) **야점** : 귀승천을격(鬼乘天乙格) **주점** : 염막귀인격(簾幕貴人格) · 작귀격(雀鬼格)

【丙戌8국】 甲申순, 午·未 공망

말전	중전	초전
武龍	陳陰	后合
○午	己丑	甲申
丑	申	卯

4과	3과	2과	1과
后合	空常	空常	蛇蛇
甲申	辛卯	辛卯	丙戌
卯	戌	戌	丙(巳)

주야	常空	武龍	陰陳	后合	天雀	蛇蛇	雀天	合后	陳陰	龍武	空常	白白
천반	癸巳	○午	○未	甲申	乙酉	丙戌	丁亥	戊子	己丑	庚寅	辛卯	壬辰
지반	子	丑	寅	卯	辰	巳	○午	○未	申	酉	戌	亥

- **특징** : 지일과(知一課) · 불비(不備)
- **필법** : 묘신부일(墓神覆日) · 양사협묘격(兩蛇夾墓格) · 재신전묘격(財神傳墓格) · 간지상회격(干支相會格) · 삼전무기격(三傳無氣格) **야점** : 육편판격(六片板格) **戌년생** : 천망자이격(天網自裏格)

【丙戌9국】 甲申순, 午·未 공망

말전	중전	초전		4과	3과	2과	1과
陳空	常陰	天雀		合龍	白武	常陰	天雀
癸巳	己丑	乙酉		○午	庚寅	己丑	乙酉
丑	酉	巳		寅	戌	酉	丙(巳)

주야	龍白	陳空	合龍	雀陳	蛇合	天雀	后蛇	陰天	武后	常陰	白武	空常
천반	壬辰	癸巳	○午	○未	甲申	乙酉	丙戌	丁亥	戊子	己丑	庚寅	辛卯
지반	子	丑	寅	卯	辰	巳	○午	○未	申	酉	戌	亥

- **특징** : 중심과(重審課)·종혁(從革)
- **필법** : 금강격(金剛格)·장생재신격(將生財神格)·녹신폐구격(祿神閉口格)·양귀수극격(兩貴受剋格)·아괴성격(亞魁星格)·합중범살격(合中犯殺格) **야점** : 염막귀인격(簾幕貴人格) **주점** : 상장조재격(上將助財格)

【丙戌10국】 甲申순, 午·未 공망

말전	중전	초전		4과	3과	2과	1과
白武	陰天	蛇合		龍白	常陰	陰天	蛇合
庚寅	丁亥	甲申		壬辰	己丑	丁亥	甲申
亥	申	巳		丑	戌	申	丙(巳)

주야	空常	龍白	陳空	合龍	雀陳	蛇合	天雀	后蛇	陰天	武后	常陰	白武
천반	辛卯	壬辰	癸巳	○午	○未	甲申	乙酉	丙戌	丁亥	戊子	己丑	庚寅
지반	子	丑	寅	卯	辰	巳	○午	○未	申	酉	戌	亥

- **특징** : 중심과(重審課)·육의(六儀)
- **필법** : 삼전체생격(三傳遞生格)·백호입상차격(白虎入喪車格)·절신가생격(絕神加生格)·삼현태격(三玄胎格)

【丙戌11국】 甲申순, 午·未 공망

말전	중전	초전
龍白	白武	武后
壬辰	庚寅	戊子
寅	子	戌

4과	3과	2과	1과
白武	武后	天雀	雀陳
庚寅	戊子	乙酉	○未
子	戌	○未	丙(巳)

주야	白武	空常	龍白	陳空	合龍	雀陳	蛇合	天雀	后蛇	陰天	武后	常陰
천반	庚寅	辛卯	壬辰	癸巳	○午	○未	甲申	乙酉	丙戌	丁亥	戊子	己丑
지반	子	丑	寅	卯	辰	巳	○午	○未	申	酉	戌	亥

- **특징** : 중심과(重審課)·순간전(順間傳)·삼양(三陽)·삼기(三奇)
- **필법** : 강색귀호격(罡塞鬼戶格)

【丙戌12국】 甲申순, 午·未 공망

말전	중전	초전
常陰	武后	陰天
己丑	戊子	丁亥
子	亥	戌

4과	3과	2과	1과
武后	陰天	雀陳	合龍
戊子	丁亥	○未	○午
亥	戌	○午	丙(巳)

주야	常陰	白武	空常	龍白	陳空	合龍	雀陳	蛇合	天雀	后蛇	陰天	武后
천반	己丑	庚寅	辛卯	壬辰	癸巳	○午	○未	甲申	乙酉	丙戌	丁亥	戊子
지반	子	丑	寅	卯	辰	巳	○午	○未	申	酉	戌	亥

- **특징** : 중심과(重審課)·진연주(進連珠)·용잠(龍潛)
- **필법** : 복태격(服胎格)·녹신폐구격(祿神閉口格)·왕록가림격(旺祿加臨格) **야점** : 귀승천을격(鬼乘天乙格)

【丁亥1국】 甲申순, 午·未 공망

말전	중전	초전		4과	3과	2과	1과
雀常	常雀	天陰		天陰	天陰	常雀	常雀
己丑	○未	丁亥		丁亥	丁亥	○未	○未
丑	○未	亥		亥	亥	○未	丁(○未)

주야	蛇武	雀常	合白	陳空	龍龍	空陳	白合	常雀	武蛇	陰天	后后	天陰
천반	戊子	己丑	庚寅	辛卯	壬辰	癸巳	○午	○未	甲申	乙酉	丙戌	丁亥
지반	子	丑	寅	卯	辰	巳	○午	○未	申	酉	戌	亥

- **특징** : 복음과(伏吟課)·자신(自信)·두전(杜傳)
- **필법** : 복음중전공망격(伏吟中傳空亡格)·덕입천문격(德入天門格) **酉년_태세 행년 연명 포함** : 상조전봉격(喪弔全逢格) **주점** : 귀승천을격(鬼乘天乙格)

【丁亥2국】 甲申순, 午·未 공망

말전	중전	초전		4과	3과	2과	1과
武蛇	陰天	后后		陰天	后后	空陳	白合
甲申	乙酉	丙戌		乙酉	丙戌	癸巳	○午
酉	戌	亥		戌	亥	○午	丁(○未)

주야	天陰	蛇武	雀常	合白	陳空	龍龍	空陳	白合	常雀	武蛇	陰天	后后
천반	丁亥	戊子	己丑	庚寅	辛卯	壬辰	癸巳	○午	○未	甲申	乙酉	丙戌
지반	子	丑	寅	卯	辰	巳	○午	○未	申	酉	戌	亥

- **특징** : 원수과(元首課)·퇴연여(退連茹)·유금(流金)
- **필법** : 왕록가림격(旺祿加臨格)·나거취재격(懶去取財格)·괴도천문격(魁度天門格) **申년_태세 행년 연명 포함** : 상조전봉격(喪弔全逢格) **야점** : 귀인입옥격(貴人入獄格)

【丁亥3국】 甲申순, 午・未 공망

말전	중전	초전
空常	常陰	陰天
癸巳	○未	乙酉
○未	酉	亥

4과	3과	2과	1과
常陰	陰天	陳空	空常
○未	乙酉	辛卯	癸巳
酉	亥	巳	丁(○未)

주야	后蛇	天雀	蛇合	雀陳	合龍	陳空	龍白	空常	白武	常陰	武后	陰天
천반	丙戌	丁亥	戊子	己丑	庚寅	辛卯	壬辰	癸巳	○午	○未	甲申	乙酉
지반	子	丑	寅	卯	辰	巳	○午	○未	申	酉	戌	亥

- **특징** : 요극과(遙尅課)・탄사(彈射)・퇴간전(退間傳)・여명(勵明)
- **필법** : 나거취재격(懶去取財格)・불행전자격(不行傳者格) **未년_태세 행년 연명 포함** : 상조전봉격(喪弔全逢格) 야점 : 주야귀가격(晝夜貴加格)

【丁亥4국】 甲申순, 午・未 공망

말전	중전	초전
天雀	合龍	空常
丁亥	庚寅	癸巳
寅	巳	申

4과	3과	2과	1과
空常	武后	雀陳	龍白
癸巳	甲申	己丑	壬辰
申	亥	辰	丁(○未)

주야	陰天	后蛇	天雀	蛇合	雀陳	合龍	陳空	龍白	空常	白武	常陰	武后
천반	乙酉	丙戌	丁亥	戊子	己丑	庚寅	辛卯	壬辰	癸巳	○午	○未	甲申
지반	子	丑	寅	卯	辰	巳	○午	○未	申	酉	戌	亥

- **특징** : 원수과(元首課)
- **필법** : 폐구격(閉口格)・삼현태격(三玄胎格)・참관격(斬關格) **午년_태세 행년 연명 포함** : 상조전봉격(喪弔全逢格)

【丁亥5국】 甲申순, 午·未 공망

말전	중전	초전
天雀	陳空	常陰
丁亥	辛卯	○未
卯	○未	亥

4과	3과	2과	1과
陳空	常陰	天雀	陳空
辛卯	○未	丁亥	辛卯
○未	亥	卯	丁(○未)

주야	武后	陰天	后蛇	天雀	蛇合	雀陳	合龍	陳空	龍白	空常	白武	常陰
천반	甲申	乙酉	丙戌	丁亥	戊子	己丑	庚寅	辛卯	壬辰	癸巳	○午	○未
지반	子	丑	寅	卯	辰	巳	○午	○未	申	酉	戌	亥

- **특징** : 섭해과(涉害課) · 곡직(曲直) · 불비(不備)
- **필법** : 회환격(回環格) · 목락귀근격(木落歸根格) **巳년_태세 행년 연명 포함** : 상조전봉격(喪弔全逢格)

【丁亥6국】 甲申순, 午·未 공망

말전	중전	초전
武后	雀陳	白武
甲申	己丑	○午
丑	○午	亥

4과	3과	2과	1과
雀陳	白武	陰天	合龍
己丑	○午	乙酉	庚寅
○午	亥	寅	丁(○未)

주야	常陰	武后	陰天	后蛇	天雀	蛇合	雀陳	合龍	陳空	龍白	空常	白武
천반	○未	甲申	乙酉	丙戌	丁亥	戊子	己丑	庚寅	辛卯	壬辰	癸巳	○午
지반	子	丑	寅	卯	辰	巳	○午	○未	申	酉	戌	亥

- **특징** : 중심과(重審課) · 사절(四絶)
- **필법** : 공록격(空祿格) · 권섭부정격(權攝不正格) · 삼전무기격(三傳無氣格) · 절체괘(絶體卦) **야점_辰월** : 용가생기격(龍加生氣格) **주점** : 장봉내전격(將逢內戰格) **辰년_태세 행년 연명 포함** : 상조전봉격(喪弔全逢格)

【丁亥7국】 甲申순, 午·未 공망

말전	중전	초전		4과	3과	2과	1과
空常	天雀	空常		天雀	空常	陳陰	陰陳
癸巳	丁亥	癸巳		丁亥	癸巳	○未	己丑
亥	巳	亥		巳	亥	丑	丁(○未)

주야	龍武	陳陰	合后	雀天	蛇蛇	天雀	后合	陰陳	武龍	常空	白白	空常
천반	○午	○未	甲申	乙酉	丙戌	丁亥	戊子	己丑	庚寅	辛卯	壬辰	癸巳
지반	子	丑	寅	卯	辰	巳	○午	○未	申	酉	戌	亥

- **특징** : 반음과(返吟課)·무의(無依)
- **필법** : 두괴상가격(斗魁相加格)·탈상봉탈격(脫上逢脫格) **卯년_태세 행년 연명 포함** : 상조전봉격(喪弔全逢格)

【丁亥8국】 甲申순, 午·未 공망

말전	중전	초전		4과	3과	2과	1과
常空	蛇蛇	空常		雀天	白白	空常	后合
辛卯	丙戌	癸巳		乙酉	壬辰	癸巳	戊子
戌	巳	子		辰	亥	子	丁(○未)

주야	空常	龍武	陳陰	合后	雀天	蛇蛇	天雀	后合	陰陳	武龍	常空	白白
천반	癸巳	○午	○未	甲申	乙酉	丙戌	丁亥	戊子	己丑	庚寅	辛卯	壬辰
지반	子	丑	寅	卯	辰	巳	○午	○未	申	酉	戌	亥

- **특징** : 중심과(重審課)·주인(鑄印)·관작(官爵)
- **필법** : 명암이귀격(明暗二鬼格)·피아부상격(彼我負傷格)·일지인종격(日支引從格)·양사협묘격(兩蛇夾墓格)·초말인종지지격(初末引從地支格) **야점** : 귀인입옥격(貴人入獄格) **寅년_태세 행년 연명 포함** : 상조전봉격(喪弔全逢格) **주점** : 육편판격(六片板格)

【丁亥9국】 甲申순, 午·未 공망

말전	중전	초전
常空	天陰	陳雀
辛卯	丁亥	○未
亥	○未	卯

4과	3과	2과	1과
陳雀	常空	常空	天陰
○未	辛卯	辛卯	丁亥
卯	亥	亥	丁(○未)

주야	白龍	空陳	龍合	陳雀	合蛇	雀天	蛇后	天陰	后武	陰常	武白	常空
천반	壬辰	癸巳	○午	○未	甲申	乙酉	丙戌	丁亥	戊子	己丑	庚寅	辛卯
지반	子	丑	寅	卯	辰	巳	○午	○未	申	酉	戌	亥

- 특징 : 중심과(重審課)·곡직(曲直)·불비(不備)·순환(循環)
- 필법 : 목락귀근격(木落歸根格)·양귀수극격(兩貴受剋格)·회환격(回環格) **야점** : 삼전개공격(三傳皆空格)·염막귀인격(簾幕貴人格)·사과개공격(四課皆空格) **주점** : 귀승천을격(鬼乘天乙格) **丑년_태세 행년 연명 포함** : 상조전봉격(喪弔全逢格)

【丁亥10국】 甲申순, 午·未 공망

말전	중전	초전
武白	蛇后	龍合
庚寅	丙戌	○午
亥	○未	卯

4과	3과	2과	1과
空陳	武白	陰常	蛇后
癸巳	庚寅	己丑	丙戌
寅	亥	戌	丁(○未)

주야	常空	白龍	空陳	龍合	陳雀	合蛇	雀天	蛇后	天陰	后武	陰常	武白
천반	辛卯	壬辰	癸巳	○午	○未	甲申	乙酉	丙戌	丁亥	戊子	己丑	庚寅
지반	子	丑	寅	卯	辰	巳	○午	○未	申	酉	戌	亥

- 특징 : 묘성과(昴星課)·염상(炎上)·동사(冬蛇)
- 필법 : 절신가생격(絶神加生格)·피난불능격(避難不能格)·묘신부일(墓神覆日)·육효생간상격(六爻生干上格)_전형제화자식(傳兄弟化子息) **야점** : 호시봉호격(虎視逢虎格) **子년_태세 행년 연명 포함** : 상조전봉격(喪弔全逢格) **戌년생** : 천망자이격(天網自裏格)

【丁亥11국】 甲申순, 午·未 공망

말전	중전	초전
陰常	天陰	雀天
己丑	丁亥	乙酉
亥	酉	○未

4과	3과	2과	1과
常空	陰常	天陰	雀天
辛卯	己丑	丁亥	乙酉
丑	亥	酉	丁(○未)

주야	武白	常空	白龍	空陳	龍合	陳雀	合蛇	雀天	蛇后	天陰	后武	陰常
천반	庚寅	辛卯	壬辰	癸巳	○午	○未	甲申	乙酉	丙戌	丁亥	戊子	己丑
지반	子	丑	寅	卯	辰	巳	○午	○未	申	酉	戌	亥

- **특징** : 중심과(重審課)
- **필법** : 아구피사격(我求彼事格) · 강색귀호격(罡塞鬼戶格) · 아괴성격(亞魁星格) **주점** : 주야귀가격(晝夜貴加格) · 염막귀인격(簾幕貴人格) **亥년_태세 행년 연명 포함** : 상조전봉격(喪弔全逢格)

【丁亥12국】 甲申순, 午·未 공망

말전	중전	초전
蛇后	雀天	合蛇
丙戌	乙酉	甲申
酉	申	○未

4과	3과	2과	1과
陰常	后武	雀天	合蛇
己丑	戊子	乙酉	甲申
子	亥	申	丁(○未)

주야	陰常	武白	常空	白龍	空陳	龍合	陳雀	合蛇	雀天	蛇后	天陰	后武
천반	己丑	庚寅	辛卯	壬辰	癸巳	○午	○未	甲申	乙酉	丙戌	丁亥	戊子
지반	子	丑	寅	卯	辰	巳	○午	○未	申	酉	戌	亥

- **특징** : 중심과(重審課) · 진연주(進連珠) · 유금(流金)
- **필법** : 병체난담하격(病體難擔荷格) · 복태격(服胎格) · 전재화귀격(傳財化鬼格) **戌년_태세 행년 연명 포함** : 상조전봉격(喪弔全逢格)

【戊子1국】 甲申순, 午 · 未 공망

말전	중전	초전
蛇龍	白后	陳雀
庚寅	甲申	癸巳
寅	申	巳

4과	3과	2과	1과
后白	后白	陳雀	陳雀
戊子	戊子	癸巳	癸巳
子	子	巳	戊(巳)

주야	后白	天空	蛇龍	雀陳	合合	陳雀	龍蛇	空天	白后	常陰	武武	陰常
천반	戊子	己丑	庚寅	辛卯	壬辰	癸巳	○午	○未	甲申	乙酉	丙戌	丁亥
지반	子	丑	寅	卯	辰	巳	○午	○未	申	酉	戌	亥

- 특징 : 복음과(伏吟課) · 자임(自任) · 흉복음(凶伏吟)
- 필법 : 녹작폐구격(祿作閉口格) · 주객형상격(主客刑上格)_삼형 · 양면도격(兩面刀格) · 왕록가림격(旺祿加臨格) · 우중다행격(憂中多幸格) · 말조초혜격(末助初兮格) · 삼전호극격(三傳互剋格) · 흉복음과(凶伏吟課) · 녹신폐구격(祿神閉口格)

【戊子2국】 甲申순, 午 · 未 공망

말전	중전	초전
白后	常陰	武武
甲申	乙酉	丙戌
酉	戌	亥

4과	3과	2과	1과
武武	陰常	雀陳	合合
丙戌	丁亥	辛卯	壬辰
亥	子	辰	戊(巳)

주야	陰常	后白	天空	蛇龍	雀陳	合合	陳雀	龍蛇	空天	白后	常陰	武武
천반	丁亥	戊子	己丑	庚寅	辛卯	壬辰	癸巳	○午	○未	甲申	乙酉	丙戌
지반	子	丑	寅	卯	辰	巳	○午	○未	申	酉	戌	亥

- 특징 : 지일과(知一課) · 퇴연여(退連茹) · 유금(流金)
- 필법 : 참관격(斬關格) · 괴도천문격(魁度天門格)

【戊子3국】 甲申순, 午・未 공망

말전	중전	초전		4과	3과	2과	1과
常陰	陰常	天空		白后	武武	天空	雀陳
乙酉	丁亥	己丑		甲申	丙戌	己丑	辛卯
亥	丑	卯		戌	子	卯	戌(巳)

주야	武武	陰常	后白	天空	蛇龍	雀陳	合合	陳雀	龍蛇	空天	白后	常陰
천반	丙戌	丁亥	戊子	己丑	庚寅	辛卯	壬辰	癸巳	○午	○未	甲申	乙酉
지반	子	丑	寅	卯	辰	巳	○午	○未	申	酉	戌	亥

- **특징** : 중심과(重審課) · 퇴간전(退間傳) · 극음(極陰) · 여덕(勵德)
- **필법** : 간지상신상합격(干支上神相合格) **주점** : 작귀격(雀鬼格)

【戊子4국】 甲申순, 午・未 공망

말전	중전	초전		4과	3과	2과	1과
白后	陰常	蛇龍		龍蛇	常陰	陰常	蛇龍
甲申	丁亥	庚寅		○午	乙酉	丁亥	庚寅
亥	寅	巳		酉	子	寅	戌(巳)

주야	常陰	武武	陰常	后白	天空	蛇龍	雀陳	合合	陳雀	龍蛇	空天	白后
천반	乙酉	丙戌	丁亥	戊子	己丑	庚寅	辛卯	壬辰	癸巳	○午	○未	甲申
지반	子	丑	寅	卯	辰	巳	○午	○未	申	酉	戌	亥

- **특징** : 섭해과(涉害課)
- **필법** : 삼현태격(三玄胎格) · 명암이귀격(明暗二鬼格) · 고거감래격(苦去甘來格)

【戊子5국】 甲申순, 午·未 공망

말전	중전	초전		4과	3과	2과	1과
天空	龍蛇	常陰		武武	龍蛇	陳雀	天空
己丑	甲申	癸巳		壬辰	甲申	乙酉	己丑
巳	子	酉		申	子	丑	戊(巳)

주야	龍蛇	陳雀	合合	雀陳	蛇龍	天空	后白	陰常	武武	常陰	白后	空天
천반	甲申	乙酉	丙戌	丁亥	戊子	己丑	庚寅	辛卯	壬辰	癸巳	○午	○未
지반	子	丑	寅	卯	辰	巳	○午	○未	申	酉	戌	亥

- **특징** : 묘성과(昴星課)·호시(虎視)
- **필법** : 폐구격(閉口格)·녹신폐구격(祿神閉口格)·수혼신(收魂神) **야점** : 염막귀인격(簾幕貴人格)·신장살몰격(神藏殺沒格) **주점** : 백의식시격(白蟻食尸格)

【戊子6국】 甲申순, 午·未 공망

말전	중전	초전		4과	3과	2과	1과
后白	空天	蛇龍		后白	空天	空天	蛇龍
庚寅	○未	戊子		庚寅	○未	○未	戊子
○未	子	巳		○未	子	子	戊(巳)

주야	空天	龍蛇	陳雀	合合	雀陳	蛇龍	天空	后白	陰常	武武	常陰	白后
천반	○未	甲申	乙酉	丙戌	丁亥	戊子	己丑	庚寅	辛卯	壬辰	癸巳	○午
지반	子	丑	寅	卯	辰	巳	○午	○未	申	酉	戌	亥

- **특징** : 중심과(重審課)·불비(不備)·삼기(三奇)·췌서(贅壻)·사절(四絶)·순환(循環)
- **필법** : 불행전자격(不行傳者格)·수혼신(收魂神)·태수극절격(胎受剋絶格)·췌서격(贅壻格) **야점** : 호귀승마격(虎鬼乘馬格) **寅월** : 탈재생기격(脫財生氣格)

【戊子7국】 甲申순, 午·未 공망

말전	중전	초전		4과	3과	2과	1과
白后	蛇龍	白后		蛇龍	白后	常陰	雀陳
○午	戊子	○午		戊子	○午	癸巳	丁亥
子	○午	子		○午	子	亥	戊(巳)

주야	白后	空天	龍蛇	陳雀	合合	雀陳	蛇龍	天空	后白	陰常	武武	常陰
천반	○午	○未	甲申	乙酉	丙戌	丁亥	戊子	己丑	庚寅	辛卯	壬辰	癸巳
지반	子	丑	寅	卯	辰	巳	○午	○未	申	酉	戌	亥

- 특징 : 반음과(返吟課)·삼교(三交)·고개(高蓋)·무의(無依)
- 필법 : 수혼신(收魂神)·재승정마격(財乘丁馬格)·녹신폐구격(祿神閉口格)·삼전개공격(三傳皆空格)·내거구공격(來去俱空格)·주야귀가격(晝夜貴加格)

【戊子8국】 甲申순, 午·未 공망

말전	중전	초전		4과	3과	2과	1과
陰常	合合	常陰		合合	常陰	陰常	合合
辛卯	丙戌	癸巳		丙戌	癸巳	辛卯	丙戌
戌	巳	子		巳	子	戌	戌(巳)

주야	常陰	白后	空天	龍蛇	陳雀	合合	雀陳	蛇龍	天空	后白	陰常	武武
천반	癸巳	○午	○未	甲申	乙酉	丙戌	丁亥	戊子	己丑	庚寅	辛卯	壬辰
지반	子	丑	寅	卯	辰	巳	○午	○未	申	酉	戌	亥

- 특징 : 중심과(重審課)·주인(鑄印)
- 필법 : 권섭부정격(權攝不正格)·묘신부일(墓神覆日)·녹신폐구격(祿神閉口格)·덕록전묘격(德祿傳墓格)·육편판격(六片板格)·수혼신(收魂神) **야점** : 호귀승마격(虎鬼乘馬格) **戊년생** : 천망자이격(天網自裏格)

【戊子9국】 甲申순, 午・未 공망

말전	중전	초전
蛇龍	龍蛇	武武
戊子	甲申	壬辰
申	辰	子

4과	3과	2과	1과
龍蛇	武武	天空	陳雀
甲申	壬辰	己丑	乙酉
辰	子	酉	戌(巳)

주야	武武	常陰	白后	空天	龍蛇	陳雀	合合	雀陳	蛇龍	天空	后白	陰常
천반	壬辰	癸巳	○午	○未	甲申	乙酉	丙戌	丁亥	戊子	己丑	庚寅	辛卯
지반	子	丑	寅	卯	辰	巳	○午	○未	申	酉	戌	亥

- **특징** : 원수과(元首課)・윤하(潤下)・사기(死奇)
- **필법** : 수류추동격(水流趨東格)・수혼신(收魂神)・태신좌장생격(胎神坐長生格)・아괴성격(亞魁星格)

【戊子10국】 甲申순, 午・未 공망

말전	중전	초전
陳雀	白后	陰常
乙酉	○午	辛卯
○午	卯	子

4과	3과	2과	1과
白后	陰常	雀陳	龍蛇
○午	辛卯	丁亥	甲申
卯	子	申	戌(巳)

주야	陰常	武武	常陰	白后	空天	龍蛇	陳雀	合合	雀陳	蛇龍	天空	后白
천반	辛卯	壬辰	癸巳	○午	○未	甲申	乙酉	丙戌	丁亥	戊子	己丑	庚寅
지반	子	丑	寅	卯	辰	巳	○午	○未	申	酉	戌	亥

- **특징** : 요극과(遙尅課)・효시(嚆矢)・삼교(三交)
- **필법** : 불행전자격(不行傳者格)・수혼신(收魂神)・절신가생격(絶神加生格) **야점** : 호귀승마격(虎鬼乘馬格) **야점_亥월** : 효백개처두격(孝白盖妻頭格) **주점_戌월** : 용가생기격(龍加生氣格)

【戊子11국】 甲申순, 午·未 공망

말전	중전	초전		4과	3과	2과	1과
白后	龍蛇	合合		合合	蛇龍	常陰	空天
甲申	○午	壬辰		壬辰	庚寅	乙酉	○未
○午	辰	寅		寅	子	○未	戊(巳)

주야	蛇龍	雀陳	合合	陳雀	龍蛇	空天	白后	常陰	武武	陰常	后白	天空
천반	庚寅	辛卯	壬辰	癸巳	○午	○未	甲申	乙酉	丙戌	丁亥	戊子	己丑
지반	子	丑	寅	卯	辰	巳	○午	○未	申	酉	戌	亥

- **특징** : 중심과(重審課)·순간전(順間傳)·등삼천(登三天)·일여(泆女)·육의(六儀)
- **필법** : 위중취재격(危中取財格)·불행전자격(不行傳者格) **주점**: 귀등천문격(貴登天門格)·신장살몰격(神藏殺沒格)·강색귀호격(罡塞鬼戶格)·염막귀인격(簾幕貴人格)

【戊子12국】 甲申순, 午·未 공망

말전	중전	초전		4과	3과	2과	1과
合合	雀陳	蛇龍		蛇龍	天空	空天	龍蛇
壬辰	辛卯	庚寅		庚寅	己丑	○未	○午
卯	寅	丑		丑	子	○午	戊(巳)

주야	天空	蛇龍	雀陳	合合	陳雀	龍蛇	空天	白后	常陰	武武	陰常	后白
천반	己丑	庚寅	辛卯	壬辰	癸巳	○午	○未	甲申	乙酉	丙戌	丁亥	戊子
지반	子	丑	寅	卯	辰	巳	○午	○未	申	酉	戌	亥

- **특징** : 지일과(知一課)·진연주(進連珠)·정화(正和)
- **필법** : 귀적불범격(鬼賊不犯格)·유여탈기격(有餘脫氣格)·복태격(服胎格)

【己丑1국】 甲申순, 午·未 공망

말전	중전	초전		4과	3과	2과	1과
白蛇	陰陰	蛇白		蛇白	蛇白	白蛇	白蛇
○未	丙戌	己丑		己丑	己丑	○未	○未
○未	戌	丑		丑	丑	○未	己(○未)

주야	天常	蛇白	雀空	合龍	陳陳	龍合	空雀	白蛇	常天	武后	陰陰	后武
천반	戊子	己丑	庚寅	辛卯	壬辰	癸巳	○午	○未	甲申	乙酉	丙戌	丁亥
지반	子	丑	寅	卯	辰	巳	○午	○未	申	酉	戌	亥

- 특징 : 복음과(伏吟課)·가색(稼穡)·자신(自信)
- 필법 : 주객형상격(主客刑上格)_삼형·간지동류격(干支同類格) **야점** : 양구협묘격(兩勾夾墓格)

【己丑2국】 甲申순, 午·未 공망

말전	중전	초전		4과	3과	2과	1과
陰陰	后武	天常		后武	天常	龍合	空雀
丙戌	丁亥	戊子		丁亥	戊子	癸巳	○午
亥	子	丑		子	丑	○午	己(○未)

주야	后武	天常	蛇白	雀空	合龍	陳陳	龍合	空雀	白蛇	常天	武后	陰陰
천반	丁亥	戊子	己丑	庚寅	辛卯	壬辰	癸巳	○午	○未	甲申	乙酉	丙戌
지반	子	丑	寅	卯	辰	巳	○午	○未	申	酉	戌	亥

- 특징 : 중심과(重審課)·퇴연여(退連茹)·중음(重陰)·여덕(勵德)·삼기(三奇)
- 필법 : 호태격(互胎格)·상하구합격(上下俱合格)·교차해격(交車害格)·왕록가림격(旺祿加臨格)·간지동류격(干支同類格) **야점** : 주작격(朱雀格)·우녀상회격(牛女相會格)

【己丑3국】 甲申순, 午·未 공망

말전	중전	초전
白蛇	武后	后武
○未	乙酉	丁亥
酉	亥	丑

4과	3과	2과	1과
武后	后武	合龍	龍合
乙酉	丁亥	辛卯	癸巳
亥	丑	巳	己(○未)

주야	陰陰	后武	天常	蛇白	雀空	合龍	陳陳	龍合	空雀	白蛇	常天	武后
천반	丙戌	丁亥	戊子	己丑	庚寅	辛卯	壬辰	癸巳	○午	○未	甲申	乙酉
지반	子	丑	寅	卯	辰	巳	○午	○未	申	酉	戌	亥

- 특징 : 중심과(重審課)·퇴간전(退間傳)·시둔(時遁)
- 필법 : 간지동류격(干支同類格) **주점_未월** : 용가생기격(龍加生氣格)

【己丑4국】 甲申순, 午·未 공망

말전	중전	초전
陰雀	陳常	天陳
丙戌	壬辰	戊子
丑	○未	卯

4과	3과	2과	1과
白后	陰雀	蛇龍	陳常
○未	丙戌	己丑	壬辰
戌	丑	辰	己(○未)

주야	武蛇	陰雀	后合	天陳	蛇龍	雀空	合白	陳常	龍武	空陰	白后	常天
천반	乙酉	丙戌	丁亥	戊子	己丑	庚寅	辛卯	壬辰	癸巳	○午	○未	甲申
지반	子	丑	寅	卯	辰	巳	○午	○未	申	酉	戌	亥

- 특징 : 묘성과(昴星課)·천번(天煩)·삼기(三奇)·동사(冬蛇)
- 필법 : 참관격(斬關格)·간지동류격(干支同類格)·나거취재격(懶去取財格) **야점** : 양상협묘격(兩常夾墓格)

【己丑5국】 甲申순, 午·未 공망

말전	중전	초전		4과	3과	2과	1과
武蛇	蛇龍	龍武		龍武	武蛇	后合	合白
乙酉	己丑	癸巳		癸巳	乙酉	丁亥	辛卯
丑	巳	酉		酉	丑	卯	巳(○未)

주야	常天	武蛇	陰雀	后合	天陳	蛇龍	雀空	合白	陳常	龍武	空陰	白后
천반	甲申	乙酉	丙戌	丁亥	戊子	己丑	庚寅	辛卯	壬辰	癸巳	○午	○未
지반	子	丑	寅	卯	辰	巳	○午	○未	申	酉	戌	亥

- 특징 : 섭해과(涉害課)·종혁(從革)·맥월(驀越)
- 필법 : 간지동류격(干支同類格)·합중범살격(合中犯殺格)·금강격(金剛格)·명암이귀격(明暗二鬼格) **야점** : 최관사자(催官使者)·호귀가간격(虎鬼加干格)·호림간귀격(虎臨干鬼格)

※ 초전·중전·말전을 卯·亥·未로 보기도 한다.

【己丑6국】 甲申순, 午·未 공망

말전	중전	초전		4과	3과	2과	1과
白武	雀雀	武白		武白	陳天	合蛇	陰空
癸巳	丙戌	辛卯		辛卯	甲申	乙酉	庚寅
戌	卯	申		申	丑	寅	巳(○未)

주야	龍后	陳天	合蛇	雀雀	蛇合	天陳	后龍	陰空	武白	常常	白武	空陰
천반	○未	甲申	乙酉	丙戌	丁亥	戊子	己丑	庚寅	辛卯	壬辰	癸巳	○午
지반	子	丑	寅	卯	辰	巳	○午	○未	申	酉	戌	亥

- 특징 : 중심과(重審課)·단륜(斷輪)·사절(四絶)
- 필법 : 나망격(羅網格)·간지동류격(干支同類格)·후목무용격(朽木無用格)·중귀수창격(衆鬼雖彰格) **주점** : 백의식시격(白蟻食尸格)·폐구격(閉口格)

【己丑7국】 甲申순, 午·未 공망

말전	중전	초전		4과	3과	2과	1과
后龍	龍后	蛇合		后龍	龍后	龍后	后龍
己丑	○未	丁亥		己丑	○未	○未	己丑
○未	丑	巳		○未	丑	丑	己(○未)

주야	空陰	龍后	陳天	合蛇	雀雀	蛇合	天陳	后龍	陰空	武白	常常	白武
천반	○午	○未	甲申	乙酉	丙戌	丁亥	戊子	己丑	庚寅	辛卯	壬辰	癸巳
지반	子	丑	寅	卯	辰	巳	○午	○未	申	酉	戌	亥

- 특징 : 반음과(返吟課)·정란(井欄)
- 필법 : 간지동류격(干支同類格)·두괴상가격(斗魁相加格)·사과개공격(四課皆空格)·
  나거취재격(懶去取財格)·불행전자격(不行傳者格)

【己丑8국】 甲申순, 午·未 공망

말전	중전	초전		4과	3과	2과	1과
武白	雀雀	白武		蛇合	空陰	白武	天陳
辛卯	丙戌	癸巳		丁亥	○午	癸巳	戊子
戌	巳	子		○午	丑	子	己(○未)

주야	白武	空陰	龍后	陳天	合蛇	雀雀	蛇合	天陳	后龍	陰空	武白	常常
천반	癸巳	○午	○未	甲申	乙酉	丙戌	丁亥	戊子	己丑	庚寅	辛卯	壬辰
지반	子	丑	寅	卯	辰	巳	○午	○未	申	酉	戌	亥

- 특징 : 지일과(知一課)·주인(鑄印)·여덕(勵德)
- 필법 : 권섭부정격(權攝不正格)·전묘입묘격(傳墓入墓格)·말조초혜격(末助初兮格)·
  육편판격(六片板格)·간지동류격(干支同類格)·피차시기해격(彼此猜忌害格)
  야점 : 염막귀인격(簾幕貴人格) **寅월** : 탈재생기격(脫財生氣格) **주점** : 귀인기탄
  격(貴人忌憚格)

【己丑9국】 甲申순, 午・未 공망

말전	중전	초전		4과	3과	2과	1과
白武	后龍	合蛇		合蛇	白武	武白	蛇合
癸巳	己丑	乙酉		乙酉	癸巳	辛卯	丁亥
丑	酉	巳		巳	丑	亥	己(○未)

주야	常常	白武	空陰	龍后	陳天	合蛇	雀雀	蛇合	天陳	后龍	陰空	武白
천반	壬辰	癸巳	○午	○未	甲申	乙酉	丙戌	丁亥	戊子	己丑	庚寅	辛卯
지반	子	丑	寅	卯	辰	巳	○午	○未	申	酉	戌	亥

- 특징 : 섭해과(涉害課) · 종혁(從革)
- 필법 : 재승정마격(財乘丁馬格) · 간지동류격(干支同類格) · 취환혼채격(取還魂債格)

【己丑10국】 甲申순, 午・未 공망

말전	중전	초전		4과	3과	2과	1과
常陳	雀陰	空雀		龍蛇	常陳	后白	雀陰
壬辰	丙戌	○午		○未	壬辰	己丑	丙戌
丑	○未	卯		辰	丑	戌	己(○未)

주야	武龍	常陳	白合	空雀	龍蛇	陳天	合后	雀陰	蛇武	天常	后白	陰空
천반	辛卯	壬辰	癸巳	○午	○未	甲申	乙酉	丙戌	丁亥	戊子	己丑	庚寅
지반	子	丑	寅	卯	辰	巳	○午	○未	申	酉	戌	亥

- 특징 : 묘성과(昴星課) · 여덕(勵德) · 이번(二煩) · 동사(冬蛇)
- 필법 : 주작격(朱雀格) · 묘신부일(墓神覆日) · 간지동류격(干支同類格) · 절신가생격(絶神加生格) **戊년생** : 천망자이격(天網自裏格)

【己丑11국】 甲申순, 午·未 공망

말전	중전	초전
龍蛇	白合	武龍
○未	癸巳	辛卯
巳	卯	丑

4과	3과	2과	1과
白合	武龍	蛇武	合后
癸巳	辛卯	丁亥	乙酉
卯	丑	酉	己(○未)

주야	陰空	武龍	常陳	白合	空雀	龍蛇	陳天	合后	雀陰	蛇武	天常	后白
천반	庚寅	辛卯	壬辰	癸巳	○午	○未	甲申	乙酉	丙戌	丁亥	戊子	己丑
지반	子	丑	寅	卯	辰	巳	○午	○未	申	酉	戌	亥

· 특징 : 원수과(元首課)·순간전(順間傳)·영양(盈陽)
· 필법 : 아괴성격(亞魁星格)·탈상봉탈격(脫上逢脫格)·강색귀호격(罡塞鬼戶格)·간지동류격(干支同類格)·양귀수극격(兩貴受剋格)

【己丑12국】 甲申순, 午·未 공망

말전	중전	초전
陳陳	合龍	雀空
壬辰	辛卯	庚寅
卯	寅	丑

4과	3과	2과	1과
合龍	雀空	武后	常天
辛卯	庚寅	乙酉	甲申
寅	丑	申	己(○未)

주야	蛇白	雀空	合龍	陳陳	龍合	空雀	白蛇	常天	武后	陰陰	后武	天常
천반	己丑	庚寅	辛卯	壬辰	癸巳	○午	○未	甲申	乙酉	丙戌	丁亥	戊子
지반	子	丑	寅	卯	辰	巳	○午	○未	申	酉	戌	亥

· 특징 : 원수과(元首課)·진연주(進連珠)·정화(正和)
· 필법 : 간지동류격(干支同類格)·중귀수창격(衆鬼雖彰格) **주점** : 염막귀인격(簾幕貴人格)·폐구격(閉口格)·태상간생격(太常干生格)

【庚寅1국】 甲申순, 午·未 공망

말전	중전	초전
陳雀	蛇龍	白后
癸巳	庚寅	甲申
巳	寅	申

4과	3과	2과	1과
蛇龍	蛇龍	白后	白后
庚寅	庚寅	甲申	甲申
寅	寅	申	庚(申)

주야	后白	天空	蛇龍	雀陳	合合	陳雀	龍蛇	空天	白后	常陰	武武	陰常
천반	戊子	己丑	庚寅	辛卯	壬辰	癸巳	○午	○未	甲申	乙酉	丙戌	丁亥
지반	子	丑	寅	卯	辰	巳	○午	○未	申	酉	戌	亥

- **특징** : 복음과(伏吟課)·자임(自任)
- **필법** : 나거취재격(懶去取財格)·주객형상격(主客刑上格)_삼형·교차충격(交車沖格)·체호작절격(遞互作絶格)·협정삼전격(夾定三傳格) **야점** : 왕록가림격(旺祿加臨格) **주점** : 녹피현탈격(祿被玄奪格)·양귀협묘격(兩貴夾墓格)

【庚寅2국】 甲申순, 午·未 공망

말전	중전	초전
武武	陰常	后白
丙戌	丁亥	戊子
亥	子	丑

4과	3과	2과	1과
后白	天空	龍蛇	空天
戊子	己丑	○午	○未
丑	寅	○未	庚(申)

주야	陰常	后白	天空	蛇龍	雀陳	合合	陳雀	龍蛇	空天	白后	常陰	武武
천반	丁亥	戊子	己丑	庚寅	辛卯	壬辰	癸巳	○午	○未	甲申	乙酉	丙戌
지반	子	丑	寅	卯	辰	巳	○午	○未	申	酉	戌	亥

- **특징** : 지일과(知一課)·퇴연여(退連茹)·중음(重陰)·삼기(三奇)
- **필법** : 금일봉정격(金日逢丁格)·호승묘신격(互乘墓神格)·귀복간지격(貴覆干支格) **야점** : 천거격(薦擧格) **주점** : 염막귀인격(簾幕貴人格)

【庚寅3국】 甲申순, 午・未 공망

말전	중전	초전
蛇龍	合合	龍蛇
庚寅	壬辰	○午
辰	○午	申

4과	3과	2과	1과
武武	后白	合合	龍蛇
丙戌	戊子	壬辰	○午
子	寅	○午	庚(申)

주야	武武	陰常	后白	天空	蛇龍	雀陳	合合	陳雀	龍蛇	空天	白后	常陰
천반	丙戌	丁亥	戊子	己丑	庚寅	辛卯	壬辰	癸巳	○午	○未	甲申	乙酉
지반	子	丑	寅	卯	辰	巳	○午	○未	申	酉	戌	亥

- ・특징 : 섭해과(涉害課)・퇴간전(退間傳)・고조(顧祖)・여덕(勵德)
- ・필법 : 상호승사격(上互乘死格)・포계불투격(抱鷄不鬪格)・간지개패격(干支皆敗格)・
고조격(顧祖格)

【庚寅4국】 甲申순, 午・未 공망

말전	중전	초전
陰常	蛇龍	陳雀
丁亥	庚寅	癸巳
寅	巳	申

4과	3과	2과	1과
白后	陰常	蛇龍	陳雀
甲申	丁亥	庚寅	癸巳
亥	寅	巳	庚(申)

주야	常陰	武武	陰常	后白	天空	蛇龍	雀陳	合合	陳雀	龍蛇	空天	白后
천반	乙酉	丙戌	丁亥	戊子	己丑	庚寅	辛卯	壬辰	癸巳	○午	○未	甲申
지반	子	丑	寅	卯	辰	巳	○午	○未	申	酉	戌	亥

- ・특징 : 원수과(元首課)
- ・필법 : 낙이생우격(樂裏生憂格)・금일봉정격(金日逢丁格)・인택이화격(人宅罹禍格)・
명암이귀격(明暗二鬼格)・상하구합격(上下俱合格)・삼현태격(三玄胎格)・폐구
격(閉口格)・피차시기해격(彼此猜忌害格) 야점 : 작귀격(雀鬼格)

【庚寅5국】 甲申순, 午 · 未 공망

말전	중전	초전		4과	3과	2과	1과
后白	白后	合合		白后	合合	蛇龍	武武
庚寅	○午	丙戌		○午	丙戌	戊子	壬辰
○午	戌	寅		戌	寅	辰	庚(申)

주야	龍蛇	陳雀	合合	雀陳	蛇龍	天空	后白	陰常	武武	常陰	白后	空天
천반	甲申	乙酉	丙戌	丁亥	戊子	己丑	庚寅	辛卯	壬辰	癸巳	○午	○未
지반	子	丑	寅	卯	辰	巳	○午	○未	申	酉	戌	亥

- **특징** : 섭해과(涉害課) · 염상(炎上) · 교동(狡童)
- **필법** : 참관격(斬關格) · 불행전자격(不行傳者格) · 명암이귀격(明暗二鬼格) **야점** : 신장살몰격(神藏殺沒格)

※ 초전 · 중전 · 말전을 子 · 申 · 辰으로 보기도 한다.

【庚寅6국】 甲申순, 午 · 未 공망

말전	중전	초전		4과	3과	2과	1과
蛇龍	常陰	合合		武武	陳雀	合合	陰常
戊子	癸巳	丙戌		壬辰	乙酉	丙戌	辛卯
巳	戌	卯		酉	寅	卯	庚(申)

주야	空天	龍蛇	陳雀	合合	雀陳	蛇龍	天空	后白	陰常	武武	常陰	白后
천반	○未	甲申	乙酉	丙戌	丁亥	戊子	己丑	庚寅	辛卯	壬辰	癸巳	○午
지반	子	丑	寅	卯	辰	巳	○午	○未	申	酉	戌	亥

- **특징** : 지일과(知一課) · 사절(四絶)
- **필법** : 태수극절격(胎受剋絶格) · 나망격(羅網格) · 인택좌묘격(人宅坐墓格) · 호왕격(互旺格) **巳월** : 탈재생기격(脫財生氣格)

【庚寅7국】 甲申순, 午 · 未 공망

말전	중전	초전
后白	龍蛇	后白
庚寅	甲申	庚寅
申	寅	申

4과	3과	2과	1과
后白	龍蛇	龍蛇	后白
庚寅	甲申	甲申	庚寅
申	寅	寅	庚(申)

주야	白后	空天	龍蛇	陳雀	合合	雀陳	蛇龍	天空	后白	陰常	武武	常陰
천반	○午	○未	甲申	乙酉	丙戌	丁亥	戊子	己丑	庚寅	辛卯	壬辰	癸巳
지반	子	丑	寅	卯	辰	巳	○午	○未	申	酉	戌	亥

- **특징** : 반음과(返吟課) · 무의(無依) · 순환(循環)
- **필법** : 간지봉절격(干支逢絶格) · 주야귀가격(晝夜貴加格) · 권섭부정격(權攝不正格)

【庚寅8국】 甲申순, 午 · 未 공망

말전	중전	초전
合合	常陰	蛇龍
丙戌	癸巳	戊子
巳	子	○未

4과	3과	2과	1과
蛇龍	空天	白后	天空
戊子	○未	○午	己丑
○未	寅	丑	庚(申)

주야	常陰	白后	空天	龍蛇	陳雀	合合	雀陳	蛇龍	天空	后白	陰常	武武
천반	癸巳	○午	○未	甲申	乙酉	丙戌	丁亥	戊子	己丑	庚寅	辛卯	壬辰
지반	子	丑	寅	卯	辰	巳	○午	○未	申	酉	戌	亥

- **특징** : 지일과(知一課) · 주인(鑄印) · 삼기(三奇) · 맥월(驀越)
- **필법** : 묘신부일(墓神覆日) · 육편판격(六片板格) **야점** : 사과개공격(四課皆空格) · 염막귀인격(簾幕貴人格) **주점** : 천거격(薦擧格) · 귀인공망격(貴人空亡格) **丑년생** : 천망자이격(天網自裏格)

【庚寅9국】 甲申순, 午·未 공망

말전	중전	초전		4과	3과	2과	1과
蛇龍	龍蛇	武武		合合	白后	武武	蛇龍
戊子	甲申	壬辰		丙戌	○午	壬辰	戊子
申	辰	子		○午	寅	子	庚(申)

주야	武武	常陰	白后	空天	龍蛇	陳雀	合合	雀陳	蛇龍	天空	后白	陰常
천반	壬辰	癸巳	○午	○未	甲申	乙酉	丙戌	丁亥	戊子	己丑	庚寅	辛卯
지반	子	丑	寅	卯	辰	巳	○午	○未	申	酉	戌	亥

- **특징** : 원수과(元首課) · 윤하(潤下) · 여덕(勵德) · 육의(六儀)
- **필법** : 간지전승사격(干支全乘死格) · 합중범살격(合中犯殺格) **야점** : 탈상봉탈격(脫上逢脫格)

【庚寅10국】 甲申순, 午·未 공망

말전	중전	초전		4과	3과	2과	1과
后白	雀陳	龍蛇		龍蛇	常陰	后白	雀陳
庚寅	丁亥	甲申		甲申	癸巳	庚寅	丁亥
亥	申	巳		巳	寅	亥	庚(申)

주야	陰常	武武	常陰	白后	空天	龍蛇	陳雀	合合	雀陳	蛇龍	天空	后白
천반	辛卯	壬辰	癸巳	○午	○未	甲申	乙酉	丙戌	丁亥	戊子	己丑	庚寅
지반	子	丑	寅	卯	辰	巳	○午	○未	申	酉	戌	亥

- **특징** : 중심과(重審課)
- **필법** : 백호입상차격(白虎入喪車格) · 금일봉정격(金日逢丁格) · 절신가생격(絕神加生格) · 삼현태격(三玄胎格) · 교차탈격(交車脫格) · 교차장생격(交車長生格) · 피차시기해격(彼此猜忌害格) · 위중취재격(危中取財格)

【庚寅11국】 甲申순, 午·未 공망

말전	중전	초전		4과	3과	2과	1과
白后	龍蛇	合合		龍蛇	合合	后白	武武
甲申	○午	壬辰		○午	壬辰	戊子	丙戌
○午	辰	寅		辰	寅	戌	庚(申)

주야	蛇龍	雀陳	合合	陳雀	龍蛇	空天	白后	常陰	武武	陰常	后白	天空
천반	庚寅	辛卯	壬辰	癸巳	○午	○未	甲申	乙酉	丙戌	丁亥	戊子	己丑
지반	子	丑	寅	卯	辰	巳	○午	○未	申	酉	戌	亥

- 특징 : 섭해과(涉害課) · 순간전(順間傳) · 등삼천(登三天) · 육의(六儀) · 사기(死奇)
- 필법 : 참관격(斬關格) · 불행전자격(不行傳者格) 주점 : 귀등천문격(貴登天門格) · 강색귀호격(罡塞鬼戶格) · 신장살몰격(神藏殺沒格)

【庚寅12국】 甲申순, 午·未 공망

말전	중전	초전		4과	3과	2과	1과
龍蛇	陳雀	合合		合合	雀陳	武武	常陰
○午	癸巳	壬辰		壬辰	辛卯	丙戌	乙酉
巳	辰	卯		卯	寅	酉	庚(申)

주야	天空	蛇龍	雀陳	合合	陳雀	龍蛇	空天	白后	常陰	武武	陰常	后白
천반	己丑	庚寅	辛卯	壬辰	癸巳	○午	○未	甲申	乙酉	丙戌	丁亥	戊子
지반	子	丑	寅	卯	辰	巳	○午	○未	申	酉	戌	亥

- 특징 : 중심과(重審課) · 진연주(進連珠) · 맥월(驀越) · 승계(昇階)
- 필법 : 아괴성격(亞魁星格) · 왕록가림격(旺祿加臨格) · 개왕격(皆旺格) · 호태격(互胎格) · 호좌구묘격(互坐丘墓格)

【辛卯1국】 甲申순, 午 · 未 공망

말전	중전	초전		4과	3과	2과	1과
陳天	陰空	蛇合		蛇合	蛇合	常常	常常
○午	戊子	辛卯		辛卯	辛卯	丙戌	丙戌
○午	子	卯		卯	卯	戌	辛(戌)

주야	陰空	后龍	天陳	蛇合	雀雀	合蛇	陳天	龍后	空陰	白武	常常	武白
천반	戊子	己丑	庚寅	辛卯	壬辰	癸巳	○午	○未	甲申	乙酉	丙戌	丁亥
지반	子	丑	寅	卯	辰	巳	○午	○未	申	酉	戌	亥

- **특징** : 복음과(伏吟課) · 삼교(三交) · 자신(自信) · 용전(龍戰)
- **필법** : 교차합재격(交車合財格) · 간지내외구합격(干支內外俱合格) · 의혹격(疑惑格)

【辛卯2국】 甲申순, 午 · 未 공망

말전	중전	초전		4과	3과	2과	1과
武白	陰空	后龍		后龍	天陳	空陰	白武
丁亥	戊子	己丑		己丑	庚寅	甲申	乙酉
子	丑	寅		寅	卯	酉	辛(戌)

주야	武白	陰空	后龍	天陳	蛇合	雀雀	合蛇	陳天	龍后	空陰	白武	常常
천반	丁亥	戊子	己丑	庚寅	辛卯	壬辰	癸巳	○午	○未	甲申	乙酉	丙戌
지반	子	丑	寅	卯	辰	巳	○午	○未	申	酉	戌	亥

- **특징** : 중심과(重審課) · 퇴연여(退連茹) · 여덕(勵德) · 천옥(天獄)
- **필법** : 아괴성격(亞魁星格) · 금일봉정격(金日逢丁格) **야점** : 왕록가림격(旺祿加臨格) · 호승정귀격(虎乘丁鬼格) **주점** : 녹피현탈격(祿被玄奪格)

【辛卯3국】 甲申순, 午·未 공망

말전	중전	초전
龍后	白武	武白
○未	乙酉	丁亥
酉	亥	丑

4과	3과	2과	1과
武白	后龍	陳天	空陰
丁亥	己丑	○午	甲申
丑	卯	申	辛(戌)

주야	常常	武白	陰空	后龍	天陳	蛇合	雀雀	合蛇	陳天	龍后	空陰	白武
천반	丙戌	丁亥	戊子	己丑	庚寅	辛卯	壬辰	癸巳	○午	○未	甲申	乙酉
지반	子	丑	寅	卯	辰	巳	○午	○未	申	酉	戌	亥

- **특징**: 섭해과(涉害課)·퇴간전(退間傳)·시둔(時遁)
- **필법**: 금일봉정격(金日逢丁格)·복태격(服胎格) **야점**: 호승정귀격(虎乘丁鬼格)

【辛卯4국】 甲申순, 午·未 공망

말전	중전	초전
雀空	白后	雀空
戊子	○未	戊子
卯	戌	卯

4과	3과	2과	1과
龍武	雀空	陰雀	白后
乙酉	戊子	壬辰	○未
子	卯	○未	辛(戌)

주야	龍武	常陳	合白	雀空	蛇龍	天陳	后合	陰雀	武蛇	常天	白后	空陰
천반	乙酉	丙戌	丁亥	戊子	己丑	庚寅	辛卯	壬辰	癸巳	○午	○未	甲申
지반	子	丑	寅	卯	辰	巳	○午	○未	申	酉	戌	亥

- **특징**: 묘성과(昴星課)·여덕(勵德)·삼기(三奇)·동사(冬蛇)
- **필법**: 피차시기해격(彼此猜忌害格)·사승살격(四勝殺格) **야점**: 삼전개공격(三傳皆空格) **주점**: 호시봉호격(虎視逢虎格)

【辛卯5국】 甲申순, 午・未 공망

말전	중전	초전		4과	3과	2과	1과
合白	后合	白后		白后	合白	天陳	常天
丁亥	辛卯	○未		○未	丁亥	庚寅	○午
卯	○未	亥		亥	卯	○午	辛(戌)

주야	空陰	龍武	陳常	合白	雀空	蛇龍	天陳	后合	陰雀	武蛇	常天	白后
천반	甲申	乙酉	丙戌	丁亥	戊子	己丑	庚寅	辛卯	壬辰	癸巳	○午	○未
지반	子	丑	寅	卯	辰	巳	○午	○未	申	酉	戌	亥

- **특징** : 지일과(知一課)・비용(比用)・곡직(曲直)・과숙(寡宿)・일여(泆女)
- **필법** : 금일봉정격(金日逢丁格)・재화귀격(財化鬼格)・이귀개공격(二貴皆空格)・최관부(催官符)・목락귀근격(木落歸根格)・명암이귀격(明暗二鬼格) **야점** : 인택이화격(人宅罹禍格)・호승정귀격(虎乘丁鬼格) **주점** : 염막귀인격(簾幕貴人格) **주점_寅월** : 내외효복격(內外孝服格)

【辛卯6국】 甲申순, 午・未 공망

말전	중전	초전		4과	3과	2과	1과
雀空	武后	陳陳		武后	陳陳	雀空	武后
戊子	癸巳	丙戌		癸巳	丙戌	戊子	癸巳
巳	戌	卯		戌	卯	巳	辛(戌)

주야	白蛇	空雀	龍合	陳陳	合龍	雀空	蛇白	天常	后武	陰陰	武后	常天
천반	○未	甲申	乙酉	丙戌	丁亥	戊子	己丑	庚寅	辛卯	壬辰	癸巳	○午
지반	子	丑	寅	卯	辰	巳	○午	○未	申	酉	戌	亥

- **특징** : 중심과(重審課)・불비(不備)・사절(四絶)
- **필법** : 명암이귀격(明暗二鬼格)・간지상회격(干支相會格_寄宮日支相合)

【辛卯7국】 甲申순, 午 · 未 공망

말전	중전	초전
后武	龍合	后武
辛卯	乙酉	辛卯
酉	卯	酉

4과	3과	2과	1과
后武	龍合	陳陳	陰陰
辛卯	乙酉	丙戌	壬辰
酉	卯	辰	辛(戌)

주야	常天	白蛇	空雀	龍合	陳陳	合龍	雀空	蛇白	天常	后武	陰陰	武后
천반	○午	○未	甲申	乙酉	丙戌	丁亥	戊子	己丑	庚寅	辛卯	壬辰	癸巳
지반	子	丑	寅	卯	辰	巳	○午	○未	申	酉	戌	亥

- **특징** : 반음과(返吟課) · 무의(無依) · 삼교(三交) · 용전(龍戰)
- **필법** : 양귀수극격(兩貴受剋格) · 권섭부정격(權攝不正格) · 참관격(斬關格) · 의혹격(疑惑格)

【辛卯8국】 甲申순, 午 · 未 공망

말전	중전	초전
蛇白	空雀	后武
己丑	甲申	辛卯
申	卯	戌

4과	3과	2과	1과
蛇白	空雀	空雀	后武
己丑	甲申	甲申	辛卯
申	卯	卯	辛(戌)

주야	武后	常天	白蛇	空雀	龍合	陳陳	合龍	雀空	蛇白	天常	后武	陰陰
천반	癸巳	○午	○未	甲申	乙酉	丙戌	丁亥	戊子	己丑	庚寅	辛卯	壬辰
지반	子	丑	寅	卯	辰	巳	○午	○未	申	酉	戌	亥

- **특징** : 중심과(重審課) · 여덕(勵德) · 불비(不備) · 췌서(贅壻) · 용전(龍戰) · 육의(六儀)
- **필법** : 구재급취격(求財急取格) · 간지상회격(干支相會格_寄宮日支相合) · 육편판격(六片板格) **巳月** : 탈재생기격(脫財生氣格) **야점** : 호묘격(虎墓格) · 양호협묘격(兩虎夾墓格)

【辛卯9국】 甲申순, 午・未 공망

말전	중전	초전		4과	3과	2과	1과
后武	合龍	白蛇		合龍	白蛇	常天	天常
辛卯	丁亥	○未		丁亥	○未	○午	庚寅
亥	○未	卯		○未	卯	寅	辛(戌)

주야	陰陰	武后	常天	白蛇	空雀	龍合	陳陳	合龍	雀空	蛇白	天常	后武
천반	壬辰	癸巳	○午	○未	甲申	乙酉	丙戌	丁亥	戊子	己丑	庚寅	辛卯
지반	子	丑	寅	卯	辰	巳	○午	○未	申	酉	戌	亥

- **특징** : 섭해과(涉害課)・곡직(曲直)・과숙(寡宿)・일여(泆女)
- **필법** : 금일봉정격(金日逢丁格)・태신좌장생격(胎神坐長生格) **야점** : 염막귀인격(簾幕 貴人格)

※ 초전・중전・말전을 亥・卯・未로 보기도 한다.

【辛卯10국】 甲申순, 午・未 공망

말전	중전	초전		4과	3과	2과	1과
蛇武	陰空	白合		白合	陳天	雀陰	后白
辛卯	戊子	乙酉		乙酉	○午	壬辰	己丑
子	酉	○午		○午	卯	丑	辛(戌)

주야	蛇武	雀陰	合后	陳天	龍蛇	空雀	白合	常陳	武龍	陰空	后白	天常
천반	辛卯	壬辰	癸巳	○午	○未	甲申	乙酉	丙戌	丁亥	戊子	己丑	庚寅
지반	子	丑	寅	卯	辰	巳	○午	○未	申	酉	戌	亥

- **특징** : 중심과(重審課)・삼교(三交)・구추(九醜)・여덕(勵德)・천번(天煩)・용전(龍 戰)
- **필법** : 묘신부일(墓神覆日)・절신가생격(絶神加生格)・위중취재격(危中取財格) **야점** : 호묘격(虎墓格)・귀승천을격(鬼乘天乙格)・간승묘호격(干乘墓虎格) **丑년생** : 천망자이격(天網自裏格)

【辛卯11국】 甲申순, 午 · 未 공망

말전	중전	초전
白合	龍蛇	合后
乙酉	○未	癸巳
○未	巳	卯

4과	3과	2과	1과
龍蛇	合后	天常	陰空
○未	癸巳	庚寅	戊子
巳	卯	子	辛(戌)

주야	天常	蛇武	雀陰	合后	陳天	龍蛇	空雀	白合	常陳	武龍	陰空	后白
천반	庚寅	辛卯	壬辰	癸巳	○午	○未	甲申	乙酉	丙戌	丁亥	戊子	己丑
지반	子	丑	寅	卯	辰	巳	○午	○未	申	酉	戌	亥

- **특징** : 요극과(遙剋課) · 효시(嚆矢) · 순간전(順間傳) · 변영(變盈) · 일여(泆女)
- **필법** : 원소근단격(原消根斷格) · 불행전자격(不行傳者格) · 강색귀호격(罡塞鬼戶格)
  야점 : 탈공격(脫空格)

【辛卯12국】 甲申순, 午 · 未 공망

말전	중전	초전
陳天	合蛇	雀雀
○午	癸巳	壬辰
巳	辰	卯

4과	3과	2과	1과
合蛇	雀雀	陰空	武白
癸巳	壬辰	戊子	丁亥
辰	卯	亥	辛(戌)

주야	后龍	天陳	蛇合	雀雀	合蛇	陳天	龍后	空陰	白武	常常	武白	陰空
천반	己丑	庚寅	辛卯	壬辰	癸巳	○午	○未	甲申	乙酉	丙戌	丁亥	戊子
지반	子	丑	寅	卯	辰	巳	○午	○未	申	酉	戌	亥

- **특징** : 중심과(重審課) · 진연주(進連珠) · 승계(昇階) · 사기(死奇)
- **필법** : 탈상봉탈격(脫上逢脫格) · 호생격(互生格) · 호가호위격(狐假虎威格) **야점** : 호승정귀격(虎乘丁鬼格)

말전	중전	초전		4과	3과	2과	1과
白白	蛇蛇	常空		蛇蛇	蛇蛇	常空	常空
丙戌	壬辰	丁亥		壬辰	壬辰	丁亥	丁亥
戌	辰	亥		辰	辰	亥	壬(亥)

주야	武龍	陰陳	后合	天雀	蛇蛇	雀天	合后	陳陰	龍武	空常	白白	常空
천반	戊子	己丑	庚寅	辛卯	壬辰	癸巳	○午	○未	甲申	乙酉	丙戌	丁亥
지반	子	丑	寅	卯	辰	巳	○午	○未	申	酉	戌	亥

- **특징** : 복음과(伏吟課)・자임(自任)・두전(杜傳)
- **필법** : 수일봉정격(水日逢丁格)・신임정마격(信任丁馬格)・왕록가림격(旺祿加臨格)・
  덕입천문격(德入天門格)

말전	중전	초전		4과	3과	2과	1과
龍武	空常	白白		合合	天雀	空常	白白
甲申	乙酉	丙戌		庚寅	辛卯	乙酉	丙戌
酉	戌	亥		卯	辰	戌	壬(亥)

주야	常空	武龍	陰陳	后合	天雀	蛇蛇	雀天	合后	陳陰	龍武	空常	白白
천반	丁亥	戊子	己丑	庚寅	辛卯	壬辰	癸巳	○午	○未	甲申	乙酉	丙戌
지반	子	丑	寅	卯	辰	巳	○午	○未	申	酉	戌	亥

- **특징** : 지일과(知一課)・퇴연여(退連茹)・유금(流金)
- **필법** : 괴도천문격(魁度天門格)・양사협묘격(兩蛇夾墓格)・호림간귀격(虎臨干鬼格)・
  호귀가간격(虎鬼加干格)・최관사자(催官使者)

【壬辰3국】 甲申순, 午·未 공망

말전	중전	초전		4과	3과	2과	1과
龍白	合龍	蛇合		合龍	蛇合	常陰	空常
丙戌	戊子	庚寅		戊子	庚寅	○未	乙酉
子	寅	辰		寅	辰	酉	壬(亥)

주야	龍白	陳空	合龍	雀陳	蛇合	天雀	后蛇	陰天	武后	常陰	白武	空常
천반	丙戌	丁亥	戊子	己丑	庚寅	辛卯	壬辰	癸巳	○午	○未	甲申	乙酉
지반	子	丑	寅	卯	辰	巳	○午	○未	申	酉	戌	亥

- **특징** : 원수과(元首課)·퇴간전(退間傳)·명음(冥陰)
- **필법** : 교차탈격(交車脫格)·아괴성격(亞魁星格) **주점** : 사수충택격(獅獸沖宅格)

【壬辰4국】 甲申순, 午·未 공망

말전	중전	초전		4과	3과	2과	1과
陳空	蛇合	陰天		龍白	雀陳	陰天	白武
丁亥	庚寅	癸巳		丙戌	己丑	癸巳	甲申
寅	巳	申		丑	辰	申	壬(亥)

주야	空常	龍白	陳空	合龍	雀陳	蛇合	天雀	后蛇	陰天	武后	常陰	白武
천반	乙酉	丙戌	丁亥	戊子	己丑	庚寅	辛卯	壬辰	癸巳	○午	○未	甲申
지반	子	丑	寅	卯	辰	巳	○午	○未	申	酉	戌	亥

- **특징** : 원수과(元首課)
- **필법** : 수일봉정격(水日逢丁格)·삼현태격(三玄胎格)·폐구격(閉口格)

【壬辰5국】甲申순, 午·未 공망

말전	중전	초전		4과	3과	2과	1과
后蛇	白武	合龍		白武	合龍	天雀	常陰
壬辰	甲申	戊子		甲申	戊子	辛卯	○未
申	子	辰		子	辰	○未	壬(亥)

주야	白武	空常	龍白	陳空	合龍	雀陳	蛇合	天雀	后蛇	陰天	武后	常陰
천반	甲申	乙酉	丙戌	丁亥	戊子	己丑	庚寅	辛卯	壬辰	癸巳	○午	○未
지반	子	丑	寅	卯	辰	巳	○午	○未	申	酉	戌	亥

- 특징 : 중심과(重審課)·윤하(潤下)·교동(狡童)·여덕(勵德)·삼기(三奇)
- 필법 : 수류추동격(水流趨東格)·합중범살격(合中犯殺格)·명암이귀격(明暗二鬼格)
  주점_卯월 : 내외효복격(內外孝服格)

【壬辰6국】甲申순, 午·未 공망

말전	중전	초전		4과	3과	2과	1과
白武	雀陳	武后		武后	陳空	雀陳	武后
甲申	己丑	○午		○午	丁亥	己丑	○午
丑	○午	亥		亥	辰	○午	壬(亥)

주야	常陰	白武	空常	龍白	陳空	合龍	雀陳	蛇合	天雀	后蛇	陰天	武后
천반	○未	甲申	乙酉	丙戌	丁亥	戊子	己丑	庚寅	辛卯	壬辰	癸巳	○午
지반	子	丑	寅	卯	辰	巳	○午	○未	申	酉	戌	亥

- 특징 : 지일과(知一課)·고진(孤辰)·불비(不備)·사절(四絶)
- 필법 : 초조협극격(初遭夾剋格)·욕기옥우격(欲棄屋宇格)·수일봉정격(水日逢丁格)·손잉격(損孕格)·삼전무기격(三傳無氣格)·권섭부정격(權攝不正格)·복태격(服胎格)·태수극절격(胎受剋絶格) 申월 : 탈재생기격(脫財生氣格)·손태격(損胎格) 야점 : 사과개공격(四課皆空格) 주점 : 백의식시격(白蟻食尸格)

【壬辰7국】 甲申순, 午 · 未 공망

말전	중전	초전
陰天	陳空	陰天
癸巳	丁亥	癸巳
亥	巳	亥

4과	3과	2과	1과
后后	龍龍	陳空	陰天
壬辰	丙戌	丁亥	癸巳
戌	辰	巳	壬(亥)

주야	武蛇	常雀	白合	空陳	龍龍	陳空	合白	雀常	蛇武	天陰	后后	陰天
천반	○午	○未	甲申	乙酉	丙戌	丁亥	戊子	己丑	庚寅	辛卯	壬辰	癸巳
지반	子	丑	寅	卯	辰	巳	○午	○未	申	酉	戌	亥

- **특징** : 반음과(返吟課) · 무의(無依) · 여덕(勵德)
- **필법** : 간지봉절격(干支逢絶格) · 양귀수극격(兩貴受剋格) · 재작폐구격(財作閉口格)
  주점 : 염막귀인격(簾幕貴人格) · 장봉내전격(將逢內戰格)

【壬辰8국】 甲申순, 午 · 未 공망

말전	중전	초전
合白	常雀	蛇武
戊子	○未	庚寅
○未	寅	酉

4과	3과	2과	1과
蛇武	空陳	空陳	后后
庚寅	乙酉	乙酉	壬辰
酉	辰	辰	壬(亥)

주야	陰天	武蛇	常雀	白合	空陳	龍龍	陳空	合白	雀常	蛇武	天陰	后后
천반	癸巳	○午	○未	甲申	乙酉	丙戌	丁亥	戊子	己丑	庚寅	辛卯	壬辰
지반	子	丑	寅	卯	辰	巳	○午	○未	申	酉	戌	亥

- **특징** : 중심과(重審課) · 불비(不備) · 난수(亂首)
- **필법** : 양후협묘격(兩后夾墓格) · 간지상회격(干支相會格) · 묘신부일(墓神覆日) · 참관격(斬關格) · 불행전자격(不行傳者格) · 화개일복격(華蓋日伏格) **야점** : 육편판격(六片板格) **辰년생** : 천망자이격(天網自裏格)

말전	중전	초전		4과	3과	2과	1과
天陰	常空	陳雀		武白	龍合	陳雀	天陰
辛卯	丁亥	○未		戊子	甲申	○未	辛卯
亥	○未	卯		申	辰	卯	壬(亥)

주야	蛇后	雀天	合蛇	陳雀	龍合	空陳	白龍	常空	武白	陰常	后武	天陰
천반	壬辰	癸巳	○午	○未	甲申	乙酉	丙戌	丁亥	戊子	己丑	庚寅	辛卯
지반	子	丑	寅	卯	辰	巳	○午	○未	申	酉	戌	亥

- **특징** : 중심과(重審課) 곡직(曲直) 과숙(寡宿)
- **필법** : 목락귀근격(木落歸根格) **야점** : 염막귀인격(簾幕貴人格) **주점** : 중귀수창격(衆鬼雖彰格) · 폐구격(閉口格)

말전	중전	초전		4과	3과	2과	1과
蛇后	陰常	白龍		白龍	陳雀	雀天	后武
壬辰	己丑	丙戌		丙戌	○未	癸巳	庚寅
丑	戌	○未		○未	辰	寅	壬(亥)

주야	天陰	蛇后	雀天	合蛇	陳雀	龍合	空陳	白龍	常空	武白	陰常	后武
천반	辛卯	壬辰	癸巳	○午	○未	甲申	乙酉	丙戌	丁亥	戊子	己丑	庚寅
지반	子	丑	寅	卯	辰	巳	○午	○未	申	酉	戌	亥

- **특징** : 요극과(遙剋課) · 가색(稼穡)
- **필법** : 태양조현격(太陽照玄格) · 탈상봉탈격(脫上逢脫格) · 중귀수창격(衆鬼雖彰格) · 절신가생격(絶神加生格) **야점** : 귀색귀호격(貴塞鬼戶格)

【壬辰11국】 甲申순, 午 · 未 공망

말전	중전	초전
武白	白龍	龍合
戊子	丙戌	甲申
戌	申	○午

4과	3과	2과	1과
龍合	合蛇	天陰	陰常
甲申	○午	辛卯	己丑
○午	辰	丑	壬(亥)

주야	后武	天陰	蛇后	雀天	合蛇	陳雀	龍合	空陳	白龍	常空	武白	陰常
천반	庚寅	辛卯	壬辰	癸巳	○午	○未	甲申	乙酉	丙戌	丁亥	戊子	己丑
지반	子	丑	寅	卯	辰	巳	○午	○未	申	酉	戌	亥

- **특징** : 중심과(重審課) · 순간전(順間傳) · 섭삼연(涉三淵)
- **필법** : 강색귀호격(罡塞鬼戶格) **야점_酉월** : 내외효복격(內外孝服格)

【壬辰12국】 甲申순, 午 · 未 공망

말전	중전	초전
天陰	后武	陰常
辛卯	庚寅	己丑
寅	丑	子

4과	3과	2과	1과
合蛇	雀天	陰常	武白
○午	癸巳	己丑	戊子
巳	辰	子	壬(亥)

주야	陰常	后武	天陰	蛇后	雀天	合蛇	陳雀	龍合	空陳	白龍	常空	武白
천반	己丑	庚寅	辛卯	壬辰	癸巳	○午	○未	甲申	乙酉	丙戌	丁亥	戊子
지반	子	丑	寅	卯	辰	巳	○午	○未	申	酉	戌	亥

- **특징** : 원수과(元首課) · 진연주(進連珠)
- **필법** : 재작폐구격(財作閉口格) · 녹피현탈격(祿被玄奪格)

말전	중전	초전		4과	3과	2과	1과
陰陳	白白	陳陰		天雀	天雀	陳陰	陳陰
○未	丙戌	己丑		癸巳	癸巳	己丑	己丑
○未	戌	丑		巳	巳	丑	癸(丑)

주야	龍武	陳陰	合后	雀天	蛇蛇	天雀	后合	陰陳	武龍	常空	白白	空常
천반	戊子	己丑	庚寅	辛卯	壬辰	癸巳	○午	○未	甲申	乙酉	丙戌	丁亥
지반	子	丑	寅	卯	辰	巳	○午	○未	申	酉	戌	亥

- 특징 : 복음과(伏吟課)·가색(稼穡)·자신(自信)·여덕(勵德)
- 필법 : 재작폐구격(財作閉口格)·주객형상격(主客刑上格)_삼형·태양조현격(太陽照玄格) **卯년_태세 행년 연명 포함** : 상조전봉격(喪弔全逢格)

말전	중전	초전		4과	3과	2과	1과
陳陰	合后	雀天		雀天	蛇蛇	空常	龍武
己丑	庚寅	辛卯		辛卯	壬辰	丁亥	戊子
寅	卯	辰		辰	巳	子	癸(丑)

주야	空常	龍武	陳陰	合后	雀天	蛇蛇	天雀	后合	陰陳	武龍	常空	白白
천반	丁亥	戊子	己丑	庚寅	辛卯	壬辰	癸巳	○午	○未	甲申	乙酉	丙戌
지반	子	丑	寅	卯	辰	巳	○午	○未	申	酉	戌	亥

- 특징 : 원수과(元首課)·퇴연여(退連茹)·연방(聯芳)·해리(解離)
- 필법 : 양사협묘격(兩蛇夾墓格)·협정삼전격(夾定三傳格)·부부무음격(夫婦蕪淫格) **야점** : 귀인입옥격(貴人入獄格)·녹피현탈격(祿被玄奪格)·피아부상격(彼我負傷格) **寅년_태세 행년 연명 포함** : 상조전봉격(喪弔全逢格) **주점** : 왕록가림격(旺祿加臨格)

【癸巳3국】 甲申순, 午 · 未 공망

말전	중전	초전
常空	空陳	陳雀
乙酉	丁亥	己丑
亥	丑	卯

4과	3과	2과	1과
陳雀	雀天	常空	空陳
己丑	辛卯	乙酉	丁亥
卯	巳	亥	癸(丑)

주야	白龍	空陳	龍合	陳雀	合蛇	雀天	蛇后	天陰	后武	陰常	武白	常空
천반	丙戌	丁亥	戊子	己丑	庚寅	辛卯	壬辰	癸巳	○午	○未	甲申	乙酉
지반	子	丑	寅	卯	辰	巳	○午	○未	申	酉	戌	亥

- 특징 : 중심과(重審課) · 퇴간전(退間傳) · 극음(極陰)
- 필법 : 수일봉정격(水日逢丁格) **야점** : 주야귀가격(晝夜貴加格) **丑년_태세 행년 연명 포함** : 상조전봉격(喪弔全逢格)

【癸巳4국】 甲申순, 午 · 未 공망

말전	중전	초전
蛇后	陰常	白龍
壬辰	○未	丙戌
○未	戌	丑

4과	3과	2과	1과
空陳	合蛇	陰常	白龍
丁亥	庚寅	○未	丙戌
寅	巳	戌	癸(丑)

주야	常空	白龍	空陳	龍合	陳雀	合蛇	雀天	蛇后	天陰	后武	陰常	武白
천반	乙酉	丙戌	丁亥	戊子	己丑	庚寅	辛卯	壬辰	癸巳	○午	○未	甲申
지반	子	丑	寅	卯	辰	巳	○午	○未	申	酉	戌	亥

- 특징 : 원수과(元首課) · 가색(稼穡)
- 필법 : 태양조현격(太陽照玄格) **子년_태세 행년 연명 포함** : 상조전봉격(喪弔全逢格)
  주점 : 최관사자(催官使者) · 태신좌장생격(胎神坐長生格) · 호림간귀격(虎臨干鬼格)

【癸巳5국】 甲申순, 午·未 공망

말전	중전	초전
常空	陳雀	天陰
乙酉	己丑	癸巳
丑	巳	酉

4과	3과	2과	1과
常空	陳雀	天陰	常空
乙酉	己丑	癸巳	乙酉
丑	巳	酉	癸(丑)

주야	武白	常空	白龍	空陳	龍合	陳雀	合蛇	雀天	蛇后	天陰	后武	陰常
천반	甲申	乙酉	丙戌	丁亥	戊子	己丑	庚寅	辛卯	壬辰	癸巳	○午	○未
지반	子	丑	寅	卯	辰	巳	○午	○未	申	酉	戌	亥

- 특징 : 원수과(元首課) · 종혁(從革)
- 필법 : 금강격(金剛格) · 아괴성격(亞魁星格) **주점** : 중귀수창격(衆鬼雖彰格) **亥년_태세 행년 연명 포함** : 상조전봉격(喪弔全逢格)

【癸巳6국】 甲申순, 午·未 공망

말전	중전	초전
天陰	白龍	雀天
癸巳	丙戌	辛卯
戌	卯	申

4과	3과	2과	1과
陰常	龍合	雀天	武白
○未	戊子	辛卯	甲申
子	巳	申	癸(丑)

주야	陰常	武白	常空	白龍	空陳	龍合	陳雀	合蛇	雀天	蛇后	天陰	后武
천반	○未	甲申	乙酉	丙戌	丁亥	戊子	己丑	庚寅	辛卯	壬辰	癸巳	○午
지반	子	丑	寅	卯	辰	巳	○午	○未	申	酉	戌	亥

- 특징 : 중심과(重審課) · 단륜(斷輪) · 사절(四絶)
- 필법 : 권섭부정격(權攝不正格) **戌년_태세 행년 연명 포함** : 상조전봉격(喪弔全逢格) **야점** : 백의식시격(白蟻食尸格) · 장봉내전격(將逢內戰格) **주점** : 귀인입옥격(貴人入獄格)

【癸巳7국】 甲申순, 午 · 未 공망

말전	중전	초전
天陰	空陳	天陰
癸巳	丁亥	癸巳
亥	巳	亥

4과	3과	2과	1과
天陰	空陳	常雀	雀常
癸巳	丁亥	己丑	○未
亥	巳	○未	癸(丑)

주야	蛇武	雀常	合白	陳空	龍龍	空陳	白合	常雀	武蛇	陰天	后后	天陰
천반	○午	○未	甲申	乙酉	丙戌	丁亥	戊子	己丑	庚寅	辛卯	壬辰	癸巳
지반	子	丑	寅	卯	辰	巳	○午	○未	申	酉	戌	亥

- **특징** : 반음과(返吟課) · 무의(無依) · 여덕(勵德)
- **필법** : 양귀수극격(兩貴受剋格) · 수일봉정격(水日逢丁格) · 덕입천문격(德入天門格) · 두괴상가격(斗魁相加格) · 전상좌극격(全傷坐剋格) **야점_卯월** : 내외효복격(內外孝服格) **酉년_태세 행년 연명 포함** : 상조전봉격(喪弔全逢格) **주점** : 작귀격(雀鬼格)

【癸巳8국】 甲申순, 午 · 未 공망

말전	중전	초전
后后	空陳	蛇武
壬辰	丁亥	○午
亥	○午	丑

4과	3과	2과	1과
陰天	龍龍	空陳	蛇武
辛卯	丙戌	丁亥	○午
戌	巳	○午	癸(丑)

주야	天陰	蛇武	雀常	合白	陳空	龍龍	空陳	白合	常雀	武蛇	陰天	后后
천반	癸巳	○午	○未	甲申	乙酉	丙戌	丁亥	戊子	己丑	庚寅	辛卯	壬辰
지반	子	丑	寅	卯	辰	巳	○午	○未	申	酉	戌	亥

- **특징** : 중심과(重審課) · 고진(孤辰)
- **필법** : 손잉격(損孕格) · 진퇴양난격(進退兩難格) **申년_태세 행년 연명 포함** : 상조전봉격(喪弔全逢格) **야점** : 귀인입옥격(貴人入獄格) **주점** : 육편판격(六片板格)

【癸巳9국】 甲申순, 午・未 공망

말전	중전	초전
天雀	常陰	陳空
癸巳	己丑	乙酉
丑	酉	巳

4과	3과	2과	1과
常陰	陳空	陳空	天雀
己丑	乙酉	乙酉	癸巳
酉	巳	巳	癸(丑)

주야	后蛇	天雀	蛇合	雀陳	合龍	陳空	龍白	空常	白武	常陰	武后	陰天
천반	壬辰	癸巳	○午	○未	甲申	乙酉	丙戌	丁亥	戊子	己丑	庚寅	辛卯
지반	子	丑	寅	卯	辰	巳	○午	○未	申	酉	戌	亥

- **특징** : 섭해과(涉害課) · 종혁(從革) · 불비(不備) · 췌서(贅壻)
- **필법** : 낙이생우격(樂裏生憂格) · 합중범살격(合中犯殺格) · 금강격(金剛格) · 재작폐구격(財作閉口格) · 파패신임택격(破敗神臨宅格) **未년_태세 행년 연명 포함** : 상조전봉격(喪弔全逢格) **야점** : 염막귀인격(簾幕貴人格)

【癸巳10국】 甲申순, 午・未 공망

말전	중전	초전
武后	空常	合龍
庚寅	丁亥	甲申
亥	申	巳

4과	3과	2과	1과
空常	合龍	雀陳	后蛇
丁亥	甲申	○未	壬辰
申	巳	辰	癸(丑)

주야	陰天	后蛇	天雀	蛇合	雀陳	合龍	陳空	龍白	空常	白武	常陰	武后
천반	辛卯	壬辰	癸巳	○午	○未	甲申	乙酉	丙戌	丁亥	戊子	己丑	庚寅
지반	子	丑	寅	卯	辰	巳	○午	○未	申	酉	戌	亥

- **특징** : 중심과(重審課)
- **필법** : 참관격(斬關格) · 백호입상차격(白虎入喪車格) · 묘신부일(墓神覆日) · 삼현태격(三玄胎格) · 절신가생격(絶神加生格) **午년_태세 행년 연명 포함** : 상조전봉격(喪弔全逢格) **주점** : 장봉내전격(將逢內戰格) **辰년생** : 천망자이격(天網自裏格)

【癸巳11국】 甲申순, 午·未 공망

말전	중전	초전		4과	3과	2과	1과
空常	陳空	雀陳		陳空	雀陳	天雀	陰天
丁亥	乙酉	○未		乙酉	○未	癸巳	辛卯
酉	○未	巳		○未	巳	卯	癸(丑)

주야	武后	陰天	后蛇	天雀	蛇合	雀陳	合龍	陳空	龍白	空常	白武	常陰
천반	庚寅	辛卯	壬辰	癸巳	○午	○未	甲申	乙酉	丙戌	丁亥	戊子	己丑
지반	子	丑	寅	卯	辰	巳	○午	○未	申	酉	戌	亥

- **특징** : 요극과(遙尅課) · 순간전(順間傳) · 입명(入冥) · 과숙(寡宿) · 여덕(勵德)
- **필법** : 수일봉정격(水日逢丁格) · 원소근단격(原消根斷格) · 강색귀호격(罡塞鬼戶格)
  巳년_태세 행년 연명 포함 : 상조전봉격(喪弔全逢格) **주점** : 삼전개공격(三傳皆空格) · 주야귀가격(晝夜貴加格) · 염막귀인격(簾幕貴人格)

【癸巳12국】 甲申순, 午·未 공망

말전	중전	초전		4과	3과	2과	1과
陳空	合龍	雀陳		雀陳	蛇合	陰天	武后
乙酉	甲申	○未		○未	○午	辛卯	庚寅
申	○未	○午		○午	巳	寅	癸(丑)

주야	常陰	武后	陰天	后蛇	天雀	蛇合	雀陳	合龍	陳空	龍白	空常	白武
천반	己丑	庚寅	辛卯	壬辰	癸巳	○午	○未	甲申	乙酉	丙戌	丁亥	戊子
지반	子	丑	寅	卯	辰	巳	○午	○未	申	酉	戌	亥

- **특징** : 요극과(遙尅課) · 진연주(進連珠) · 과숙(寡宿)
- **필법** : 탈상봉탈격(脫上逢脫格) **야점** : 삼전개공격(三傳皆空格) **辰년_태세 행년 연명 포함** : 상조전봉격(喪弔全逢格)

【甲午1국】 甲午순, 辰·巳 공망

말전	중전	초전		4과	3과	2과	1과
后白	雀陳	龍蛇		蛇龍	蛇龍	龍蛇	龍蛇
丙申	○巳	壬寅		甲午	甲午	壬寅	壬寅
申	○巳	寅		午	午	寅	甲(寅)

주야	白后	空天	龍蛇	陳雀	合合	雀陳	蛇龍	天空	后白	陰常	武武	常陰
천반	庚子	辛丑	壬寅	癸卯	○辰	○巳	甲午	乙未	丙申	丁酉	戊戌	己亥
지반	子	丑	寅	卯	○辰	○巳	午	未	申	酉	戌	亥

· 특징 : 복음과(伏吟課)·자임(自任)
· 필법 : 복음중전공망격(伏吟中傳空亡格)·왕록가림격(旺祿加臨格)·삼현태격(三玄胎格)·주객형상격(主客刑上格)_삼형 **주점** : 사수충택격(獅獸沖宅格)

【甲午2국】 甲午순, 辰·巳 공망

말전	중전	초전		4과	3과	2과	1과
武武	常陰	白后		合合	雀陳	白后	空天
戊戌	己亥	庚子		○辰	○巳	庚子	辛丑
亥	子	丑		○巳	午	丑	甲(寅)

주야	常陰	白后	空天	龍蛇	陳雀	合合	雀陳	蛇龍	天空	后白	陰常	武武
천반	己亥	庚子	辛丑	壬寅	癸卯	○辰	○巳	甲午	乙未	丙申	丁酉	戊戌
지반	子	丑	寅	卯	○辰	○巳	午	未	申	酉	戌	亥

· 특징 : 지일과(知一課)·퇴연여(退連茹)·중음(重陰)·삼기(三奇)
· 필법 : 인왕쇠택격(人旺衰宅格) **주점** : 사호둔귀격(蛇虎遁鬼格)·염막귀인격(簾幕貴人格)

【甲午3국】 甲午순, 辰·巳 공망

말전	중전	초전		4과	3과	2과	1과
蛇龍	后白	武武		龍蛇	合合	武武	白后
甲午	丙申	戊戌		壬寅	○辰	戊戌	庚子
申	戌	子		○辰	午	子	甲(寅)

주야	武武	常陰	白后	空天	龍蛇	陳雀	合合	雀陳	蛇龍	天空	后白	陰常
천반	戊戌	己亥	庚子	辛丑	壬寅	癸卯	○辰	○巳	甲午	乙未	丙申	丁酉
지반	子	丑	寅	卯	○辰	○巳	午	未	申	酉	戌	亥

- **특징** : 섭해과(涉害課)·패려(悖戾)·퇴간전(退間傳)·여덕(勵德)
- **필법** : 말조초혜격(末助初兮格)·패려격(悖戾格)·지묘재성격(支墓財星格) **주점** : 사호둔귀격(蛇虎遁鬼格)

※ 초전·중전·말전을 寅·子·戌로 보기도 한다.

【甲午4국】 甲午순, 辰·巳 공망

말전	중전	초전		4과	3과	2과	1과
龍蛇	雀陳	后白		白后	陳雀	后白	常陰
壬寅	○巳	丙申		庚子	癸卯	丙申	己亥
○巳	申	亥		卯	午	亥	甲(寅)

주야	陰常	武武	常陰	白后	空天	龍蛇	陳雀	合合	雀陳	蛇龍	天空	后白
천반	丁酉	戊戌	己亥	庚子	辛丑	壬寅	癸卯	○辰	○巳	甲午	乙未	丙申
지반	子	丑	寅	卯	○辰	○巳	午	未	申	酉	戌	亥

- **특징** : 요극과(遙剋課)
- **필법** : 삼현태격(三玄胎格)·주객형상격(主客刑上格)_삼형·폐구격(閉口格)·불행전자격(不行傳者格) **야점** : 양공협묘격(兩空夾墓格) **주점** : 태상간생격(太常干生格)

【甲午5국】 甲午순, 辰·巳 공망

말전	중전	초전		4과	3과	2과	1과
白后	后白	合合		合合	白后	后白	合合
壬寅	甲午	戊戌		戊戌	壬寅	甲午	戊戌
午	戌	寅		寅	午	戌	甲(寅)

주야	蛇龍	雀陳	合合	陳雀	龍蛇	空天	白后	常陰	武武	陰常	后白	天空
천반	丙申	丁酉	戊戌	己亥	庚子	辛丑	壬寅	癸卯	○辰	○巳	甲午	乙未
지반	子	丑	寅	卯	○辰	○巳	午	未	申	酉	戌	亥

- 특징 : 중심과(重審課) · 염상(炎上) · 교동(狡童)
- 필법 : 화강격(火强格) · 권섭부정격(權攝不正格) · 지묘재성격(支墓財星格) · 부부무음격(夫婦蕪淫格) · 욕기옥우격(欲棄屋宇格) · 취환혼채격(取還魂債格) · 초조협극격(初遭夾尅格) **주점** : 신장살몰격(神藏殺沒格)

【甲午6국】 甲午순, 辰·巳 공망

말전	중전	초전		4과	3과	2과	1과
陳雀	武武	雀陳		蛇龍	空天	武武	雀陳
己亥	○辰	丁酉		丙申	辛丑	○辰	丁酉
○辰	酉	寅		丑	午	酉	甲(寅)

주야	天空	蛇龍	雀陳	合合	陳雀	龍蛇	空天	白后	常陰	武武	陰常	后白
천반	乙未	丙申	丁酉	戊戌	己亥	庚子	辛丑	壬寅	癸卯	○辰	○巳	甲午
지반	子	丑	寅	卯	○辰	○巳	午	未	申	酉	戌	亥

- 특징 : 원수과(元首課) · 사절(四絶)
- 필법 : 아괴성격(亞魁星格) · 불행전자격(不行傳者格) · 알구화출격(謁求禍出格) · 태수극절격(胎受尅絶格) · 중귀수창격(衆鬼雖彰格)

【甲午7국】 甲午순, 辰・巳 공망

말전	중전	초전		4과	3과	2과	1과
白后	蛇龍	白后		后白	龍蛇	白后	蛇龍
壬寅	丙申	壬寅		甲午	庚子	壬寅	丙申
申	寅	申		子	午	申	甲(寅)

주야	后白	天空	蛇龍	雀陳	合合	陳雀	龍蛇	空天	白后	常陰	武武	陰常
천반	甲午	乙未	丙申	丁酉	戊戌	己亥	庚子	辛丑	壬寅	癸卯	○辰	○巳
지반	子	丑	寅	卯	○辰	○巳	午	未	申	酉	戌	亥

- 특징 : 반음과(返吟課)・무의(無依)
- 필법 : 명암이귀격(明暗二鬼格)・주야귀가격(晝夜貴加格)・전상좌극격(全傷坐剋格)
  주점 : 양귀협묘격(兩貴夾墓格)

【甲午8국】 甲午순, 辰・巳 공망

말전	중전	초전		4과	3과	2과	1과
合合	陰常	龍蛇		武武	陳雀	龍蛇	天空
戊戌	○巳	庚子		○辰	己亥	庚子	乙未
○巳	子	未		亥	午	未	甲(寅)

주야	陰常	后白	天空	蛇龍	雀陳	合合	陳雀	龍蛇	空天	白后	常陰	武武
천반	○巳	甲午	乙未	丙申	丁酉	戊戌	己亥	庚子	辛丑	壬寅	癸卯	○辰
지반	子	丑	寅	卯	○辰	○巳	午	未	申	酉	戌	亥

- 특징 : 지일과(知一課)・주인(鑄印)・삼기(三奇)
- 필법 : 묘신부일(墓神覆日)・일지인종격(日支引從格)・불행전자격(不行傳者格)・육편판격(六片板格) 未년생 : 천망자이격(天網自裏格) 야점 : 탈공격(脫空格)・염막귀인격(簾幕貴人格) 주점 : 귀인공망격(貴人空亡格)・부귀패굴격(富貴敗屈格)

【甲午9국】 甲午순, 辰·巳 공망

말전	중전	초전		4과	3과	2과	1과
合合	后白	白后		白后	合合	合合	后白
戊戌	甲午	壬寅		壬寅	戊戌	戊戌	甲午
午	寅	戌		戌	午	午	甲(寅)

주야	武武	陰常	后白	天空	蛇龍	雀陳	合合	陳雀	龍蛇	空天	白后	常陰
천반	○辰	○巳	甲午	乙未	丙申	丁酉	戊戌	己亥	庚子	辛丑	壬寅	癸卯
지반	子	丑	寅	卯	○辰	○巳	午	未	申	酉	戌	亥

- **특징** : 원수과(元首課) · 염상(炎上) · 여덕(勵德) · 일여(泆女)
- **필법** : 화강격(火强格) · 합중범살격(合中犯殺格) · 탈상봉탈격(脫上逢脫格)

【甲午10국】 甲午순, 辰·巳 공망

말전	중전	초전		4과	3과	2과	1과
白后	陳雀	蛇龍		龍蛇	雀陳	蛇龍	陰常
壬寅	己亥	丙申		庚子	丁酉	丙申	○巳
亥	申	○巳		酉	午	○巳	甲(寅)

주야	常陰	武武	陰常	后白	天空	蛇龍	雀陳	合合	陳雀	龍蛇	空天	白后
천반	癸卯	○辰	○巳	甲午	乙未	丙申	丁酉	戊戌	己亥	庚子	辛丑	壬寅
지반	子	丑	寅	卯	○辰	○巳	午	未	申	酉	戌	亥

- **특징** : 지일과(知一課)
- **필법** : 절신가생격(絶神加生格) · 삼현태격(三玄胎格) · 탈상봉탈격(脫上逢脫格) **주점** : 양공협묘격(兩空夾墓格)

【甲午11국】 甲午순, 辰·巳 공망

말전	중전	초전
后白	蛇龍	合合
丙申	甲午	○辰
午	○辰	寅

4과	3과	2과	1과
武武	后白	蛇龍	合合
戊戌	丙申	甲午	○辰
申	午	○辰	甲(寅)

주야	龍蛇	陳雀	合合	雀陳	蛇龍	天空	后白	陰常	武武	常陰	白后	空天
천반	壬寅	癸卯	○辰	○巳	甲午	乙未	丙申	丁酉	戊戌	己亥	庚子	辛丑
지반	子	丑	寅	卯	○辰	○巳	午	未	申	酉	戌	亥

- **특징** : 섭해과(涉害課)·순간전(順間傳)·등삼천(登三天)·교동(狡童)
- **필법** : 참관격(斬關格) **야점** : 신장살몰격(神藏殺沒格)·귀등천문격(貴登天門格)·강색귀호격(罡塞鬼戶格)·호귀승마격(虎鬼乘馬格)

【甲午12국】 甲午순, 辰·巳 공망

말전	중전	초전
蛇龍	雀陳	合合
甲午	○巳	○辰
○巳	○辰	卯

4과	3과	2과	1과
后白	天空	合合	陳雀
丙申	乙未	○辰	癸卯
未	午	卯	甲(寅)

주야	空天	龍蛇	陳雀	合合	雀陳	蛇龍	天空	后白	陰常	武武	常陰	白后
천반	辛丑	壬寅	癸卯	○辰	○巳	甲午	乙未	丙申	丁酉	戊戌	己亥	庚子
지반	子	丑	寅	卯	○辰	○巳	午	未	申	酉	戌	亥

- **특징** : 중심과(重審課)·진연주(進連珠)·고진(孤辰)·승계(昇階)
- **필법** : 진여공망격(進茹空亡格)·나거취재격(懶去取財格)·삼전개공격(三傳皆空格)·왕록가림격(旺祿加臨格) **야점** : 귀인차오격(貴人差誤格)

【乙未1국】甲午순, 辰·巳 공망

말전	중전	초전
白蛇	蛇白	陳陳
辛丑	乙未	○辰
丑	未	○辰

4과	3과	2과	1과
蛇白	蛇白	陳陳	陳陳
乙未	乙未	○辰	○辰
未	未	○辰	乙(○辰)

주야	常天	白蛇	空雀	龍合	陳陳	合龍	雀空	蛇白	天常	后武	陰陰	武后
천반	庚子	辛丑	壬寅	癸卯	○辰	○巳	甲午	乙未	丙申	丁酉	戊戌	己亥
지반	子	丑	寅	卯	○辰	○巳	午	未	申	酉	戌	亥

- **특징**: 복음과(伏吟課)·가색(稼穡)·자신(自信)·유자(游子)
- **필법**: 참관격(斬關格)·호승묘신격(互乘墓神格) **야점**: 지승묘호격(支乘墓虎格)·호묘격(虎墓格)

【乙未2국】甲午순, 辰·巳 공망

말전	중전	초전
雀空	龍合	陰陰
甲午	癸卯	戊戌
未	○辰	亥

4과	3과	2과	1과
合龍	雀空	空雀	龍合
○巳	甲午	壬寅	癸卯
午	未	卯	乙(○辰)

주야	武后	常天	白蛇	空雀	龍合	陳陳	合龍	雀空	蛇白	天常	后武	陰陰
천반	己亥	庚子	辛丑	壬寅	癸卯	○辰	○巳	甲午	乙未	丙申	丁酉	戊戌
지반	子	丑	寅	卯	○辰	○巳	午	未	申	酉	戌	亥

- **특징**: 묘성과(昴星課)·여덕(勵德)·동사(冬蛇)
- **필법**: 수미상견격(首尾相見格)·왕록가림격(旺祿加臨格)·인희아우격(人喜我憂格)·괴도천문격(魁度天門格)·나거취재격(懶去取財格)

【乙未3국】 甲午순, 辰·巳 공망

말전	중전	초전
合龍	空雀	武后
○巳	壬寅	己亥
未	○辰	丑

4과	3과	2과	1과
龍合	合龍	常天	空雀
癸卯	○巳	庚子	壬寅
○巳	未	寅	乙(○辰)

주야	陰陰	武后	常天	白蛇	空雀	龍合	陳陳	合龍	雀空	蛇白	天常	后武
천반	戊戌	己亥	庚子	辛丑	壬寅	癸卯	○辰	○巳	甲午	乙未	丙申	丁酉
지반	子	丑	寅	卯	○辰	○巳	午	未	申	酉	戌	亥

- **특징** : 묘성과(昴星課)·동사(冬蛇)
- **필법** : 호시봉호격(虎視逢虎格)·삼현태격(三玄胎格)·불행전자격(不行傳者格)

【乙未4국】 甲午순, 辰·巳 공망

말전	중전	초전
后白	雀陰	龍蛇
乙未	戊戌	辛丑
戌	丑	○辰

4과	3과	2과	1과
龍蛇	常陳	雀陰	龍蛇
辛丑	○辰	戊戌	辛丑
○辰	未	丑	乙(○辰)

주야	蛇武	雀陰	合后	陳天	龍蛇	空雀	白合	常陳	武龍	陰空	后白	天常
천반	丁酉	戊戌	己亥	庚子	辛丑	壬寅	癸卯	○辰	○巳	甲午	乙未	丙申
지반	子	丑	寅	卯	○辰	○巳	午	未	申	酉	戌	亥

- **특징** : 중심과(重審課)·가색(稼穡)·여덕(勵德)·유자(游子)
- **필법** : 주객형상격(主客刑上格)_삼형·차전환채격(借錢還債格)·재둔귀격(財遁鬼格)
  야점 : 호묘격(虎墓格)

【乙未5국】 甲午순, 辰·巳 공망

말전	중전	초전		4과	3과	2과	1과
后白	合后	白合		合后	白合	天常	陳天
乙未	己亥	癸卯		己亥	癸卯	丙申	庚子
亥	卯	未		卯	未	子	乙(○辰)

주야	天常	蛇武	雀陰	合后	陳天	龍蛇	空雀	白合	常陳	武龍	陰空	后白
천반	丙申	丁酉	戊戌	己亥	庚子	辛丑	壬寅	癸卯	○辰	○巳	甲午	乙未
지반	子	丑	寅	卯	○辰	○巳	午	未	申	酉	戌	亥

- **특징** : 원수과(元首課) · 곡직(曲直)
- **필법** : 피차시기해격(彼此猜忌害格) · 주객형상격(主客刑上格)_상형 · 권섭부정격(權攝不正格) · 합중범살격(合中犯殺格) **야점** : 천거격(薦擧格) · 호묘격(虎墓格) **주점** : 지승묘호격(支乘墓虎格) · 염막귀인격(簾幕貴人格)

【乙未6국】 甲午순, 辰·巳 공망

말전	중전	초전		4과	3과	2과	1과
天陳	龍后	陰空		蛇合	空陰	陰空	合蛇
丙申	辛丑	甲午		丁酉	壬寅	甲午	己亥
丑	午	亥		寅	未	亥	乙(○辰)

주야	后龍	天陳	蛇合	雀雀	合蛇	陳天	龍后	空陰	白武	常常	武白	陰空
천반	乙未	丙申	丁酉	戊戌	己亥	庚子	辛丑	壬寅	癸卯	○辰	○巳	甲午
지반	子	丑	寅	卯	○辰	○巳	午	未	申	酉	戌	亥

- **특징** : 중심과(重審課) · 사절(四絶) · 육의(六儀)
- **필법** : 삼전무기격(三傳無氣格) · 녹작폐구격(祿作閉口格) · 태수극절격(胎受剋絶格) · 은다원심격(恩多怨深格) **주점** : 녹신폐구격(祿神閉口格)

【乙未7국】 甲午순, 辰·巳 공망

말전	중전	초전		4과	3과	2과	1과
雀雀	常常	雀雀		后龍	龍后	常常	雀雀
戊戌	○辰	戊戌		乙未	辛丑	○辰	戊戌
○辰	戌	○辰		丑	未	戌	乙(○辰)

주야	陰空	后龍	天陳	蛇合	雀雀	合蛇	陳天	龍后	空陰	白武	常常	武白
천반	甲午	乙未	丙申	丁酉	戊戌	己亥	庚子	辛丑	壬寅	癸卯	○辰	○巳
지반	子	丑	寅	卯	○辰	○巳	午	未	申	酉	戌	亥

· 특징 : 반음과(返吟課) · 무의(無依) · 가색(稼穡)
· 필법 : 차전환채격(借錢還債格) · 녹작폐구격(祿作閉口格) · 삼전개공격(三傳皆空格)
　　　주점 : 녹신폐구격(祿神閉口格)

【乙未8국】 甲午순, 辰·巳 공망

말전	중전	초전		4과	3과	2과	1과
白武	雀雀	武白		武白	陳天	空陰	蛇合
癸卯	戊戌	○巳		○巳	庚子	壬寅	丁酉
戌	○巳	子		子	未	酉	乙(○辰)

주야	武白	陰空	后龍	天陳	蛇合	雀雀	合蛇	陳天	龍后	空陰	白武	常常
천반	○巳	甲午	乙未	丙申	丁酉	戊戌	己亥	庚子	辛丑	壬寅	癸卯	○辰
지반	子	丑	寅	卯	○辰	○巳	午	未	申	酉	戌	亥

· 특징 : 지일과(知一課) · 주인(鑄印) · 도액(度厄) · 여덕(勵德)
· 필법 : 육편판격(六片板格) · 명암이귀격(明暗二鬼格) · 탈기입묘격(脫氣入墓格) · 아괴
　　　성격(亞魁星格) 주점 : 사호승정격(蛇虎乘丁格)

【乙未9국】 甲午순, 辰·巳 공망

말전	중전	초전
后龍	白武	合蛇
乙未	癸卯	己亥
卯	亥	未

4과	3과	2과	1과
白武	合蛇	陳天	天陳
癸卯	己亥	庚子	丙申
亥	未	申	乙(O辰)

주야	常常	武白	陰空	后龍	天陳	蛇合	雀雀	合蛇	陳天	龍后	空陰	白武
천반	O辰	O巳	甲午	乙未	丙申	丁酉	戊戌	己亥	庚子	辛丑	壬寅	癸卯
지반	子	丑	寅	卯	O辰	O巳	午	未	申	酉	戌	亥

- 특징 : 중심과(重審課)·곡직(曲直)·교동(狡童)
- 필법 : 유시무종격(有始無終格)·목락귀근격(木落歸根格)·간지봉절격(干支逢絶格)
  야점 : 염막귀인격(簾幕貴人格) **주점** : 귀승천을격(鬼乘天乙格)

【乙未10국】 甲午순, 辰·巳 공망

말전	중전	초전
白后	陰雀	蛇龍
辛丑	戊戌	乙未
戌	未	O辰

4과	3과	2과	1과
白后	陰雀	陰雀	蛇龍
辛丑	戊戌	戊戌	乙未
戌	未	未	乙(O辰)

주야	龍武	陳常	合白	雀空	蛇龍	天陳	后合	陰雀	武蛇	常天	白后	空陰
천반	癸卯	O辰	O巳	甲午	乙未	丙申	丁酉	戊戌	己亥	庚子	辛丑	壬寅
지반	子	丑	寅	卯	O辰	O巳	午	未	申	酉	戌	亥

- 특징 : 중심과(重審課)·가색(稼穡)·불비(不備)·췌서(贅壻)
- 필법 : 절신가생격(絶神加生格)·부부무음격(夫婦蕪淫格)·구재급취격(求財急取格)·
  묘신부일(墓神覆日)·화개일복격(華蓋日伏格)·주객형상격(主客刑上格)_삼
  형·차전환채격(借錢還債格) **申·酉·戌월** : 관묘초용격(關墓初用格) **未년생** :
  천망자이격(天網自裏格)

【乙未11국】 甲午순, 辰·巳 공망

말전	중전	초전
常天	陰雀	天陳
庚子	戊戌	丙申
戌	申	午

4과	3과	2과	1과
武蛇	后合	天陳	雀空
己亥	丁酉	丙申	甲午
酉	未	午	乙(o辰)

주야	空陰	龍武	陳常	合白	雀空	蛇龍	天陳	后合	陰雀	武蛇	常天	白后
천반	壬寅	癸卯	o辰	o巳	甲午	乙未	丙申	丁酉	戊戌	己亥	庚子	辛丑
지반	子	丑	寅	卯	o辰	o巳	午	未	申	酉	戌	亥

- **특징** : 중심과(重審課)·순간전(順間傳)·섭삼연(涉三淵)
- **필법** : 위중취재격(危中取財格)·양귀수극격(兩貴受剋格)·교차탈격(交車脫格)·탈상봉탈격(脫上逢脫格)·사승살격(四勝殺格)·강색귀호격(罡塞鬼戶格) **야점** : 탈공격(脫空格) **주점** : 양사협묘격(兩蛇夾墓格)

【乙未12국】 甲午순, 辰·巳 공망

말전	중전	초전
武后	陰陰	后武
己亥	戊戌	丁酉
戌	酉	申

4과	3과	2과	1과
后武	天常	雀空	合龍
丁酉	丙申	甲午	o巳
申	未	o巳	乙(o辰)

주야	白蛇	空雀	龍合	陳陳	合龍	雀空	蛇白	天常	后武	陰陰	武后	常天
천반	辛丑	壬寅	癸卯	o辰	o巳	甲午	乙未	丙申	丁酉	戊戌	己亥	庚子
지반	子	丑	寅	卯	o辰	o巳	午	未	申	酉	戌	亥

- **특징** : 요극과(遙剋課)·진연주(進連珠)
- **필법** : 귀살삼사격(鬼殺三四格) **야점_辰월** : 효백개처두격(孝白盖妻頭格) **주점** : 귀승천을격(鬼乘天乙格)

【丙申1국】 甲午순, 辰 · 巳 공망

말전	중전	초전		4과	3과	2과	1과
白合	蛇武	陳空		蛇武	蛇武	陳空	陳空
壬寅	丙申	○巳		丙申	丙申	○巳	○巳
寅	申	○巳		申	申	○巳	丙(○巳)

주야	武蛇	常雀	白合	空陳	龍龍	陳空	合白	雀常	蛇武	天陰	后后	陰天
천반	庚子	辛丑	壬寅	癸卯	○辰	○巳	甲午	乙未	丙申	丁酉	戊戌	己亥
지반	子	丑	寅	卯	○辰	○巳	午	未	申	酉	戌	亥

- **특징** : 복음과(伏吟課) · 과숙(寡宿) · 자임(自任) · 길복음(吉伏吟) · 여덕(勵德)
- **필법** : 주객형상격(主客刑上格)_삼형 · 나거취재격(懶去取財格) · 왕록가림격(旺祿加臨格) · 간지내외구합격(干支內外俱合格) · 길복음과(吉伏吟課)

【丙申2국】 甲午순, 辰 · 巳 공망

말전	중전	초전		4과	3과	2과	1과
常雀	白合	空陳		合白	雀常	空陳	龍龍
辛丑	壬寅	癸卯		甲午	乙未	癸卯	○辰
寅	卯	○辰		未	申	○辰	丙(○巳)

주야	陰天	武蛇	常雀	白合	空陳	龍龍	陳空	合白	雀常	蛇武	天陰	后后
천반	己亥	庚子	辛丑	壬寅	癸卯	○辰	○巳	甲午	乙未	丙申	丁酉	戊戌
지반	子	丑	寅	卯	○辰	○巳	午	未	申	酉	戌	亥

- **특징** : 원수과(元首課) · 퇴연여(退連茹) · 연방(聯芳)
- **필법** : 참관격(斬關格)

【丙申3국】 甲午순, 辰·巳 공망

말전	중전	초전		4과	3과	2과	1과
天陰	雀天	陳雀		白龍	武白	陳雀	空陳
丁酉	己亥	辛丑		○辰	甲午	辛丑	癸卯
亥	丑	卯		午	申	卯	丙(○巳)

주야	蛇后	雀天	合蛇	陳雀	龍合	空陳	白龍	常空	武白	陰常	后武	天陰
천반	戊戌	己亥	庚子	辛丑	壬寅	癸卯	○辰	○巳	甲午	乙未	丙申	丁酉
지반	子	丑	寅	卯	○辰	○巳	午	未	申	酉	戌	亥

· **특징** : 중심과(重審課) · 퇴간전(退間傳) · 극음(極陰)
· **필법** : 수미상견격(首尾相見格) · 간지개패격(干支皆敗格) **야점** : 지승묘호격(支乘墓虎格) **주점** : 주야귀가격(晝夜貴加格)

【丙申4국】 甲午순, 辰·巳 공망

말전	중전	초전		4과	3과	2과	1과
雀天	龍合	常空		龍合	常空	雀天	龍合
己亥	壬寅	○巳		壬寅	○巳	己亥	壬寅
寅	○巳	申		○巳	申	寅	丙(○巳)

주야	天陰	蛇后	雀天	合蛇	陳雀	龍合	空陳	白龍	常空	武白	陰常	后武
천반	丁酉	戊戌	己亥	庚子	辛丑	壬寅	癸卯	○辰	○巳	甲午	乙未	丙申
지반	子	丑	寅	卯	○辰	○巳	午	未	申	酉	戌	亥

· **특징** : 원수과(元首課) · 과숙(寡宿) · 불비(不備)
· **필법** : 간지상회격(干支相會格_寄宮日支相合) · 권섭부정격(權攝不正格) · 삼현태격(三玄胎格) **주점_辰월** : 용가생기격(龍加生氣格)

말전	중전	초전		4과	3과	2과	1과
白龍	后武	合蛇		合蛇	白龍	天陰	陳雀
○辰	丙申	庚子		庚子	○辰	丁酉	辛丑
申	子	○辰		○辰	申	丑	丙(○巳)

주야	后武	天陰	蛇后	雀天	合蛇	陳雀	龍合	空陳	白龍	常空	武白	陰常
천반	丙申	丁酉	戊戌	己亥	庚子	辛丑	壬寅	癸卯	○辰	○巳	甲午	乙未
지반	子	丑	寅	卯	○辰	○巳	午	未	申	酉	戌	亥

- **특징** : 중심과(重審課)·윤하(潤下)·삼기(三奇)
- **필법** : 중귀수창격(衆鬼雖彰格)·삼육상호격(三六相呼格)·전귀화재격(傳鬼化財格)·수류추동격(水流趨東格)

말전	중전	초전		4과	3과	2과	1과
合蛇	常空	蛇后		蛇后	空陳	陰常	合蛇
庚子	○巳	戊戌		戊戌	癸卯	乙未	庚子
○巳	戌	卯		卯	申	子	丙(○巳)

주야	陰常	后武	天陰	蛇后	雀天	合蛇	陳雀	龍合	空陳	白龍	常空	武白
천반	乙未	丙申	丁酉	戊戌	己亥	庚子	辛丑	壬寅	癸卯	○辰	○巳	甲午
지반	子	丑	寅	卯	○辰	○巳	午	未	申	酉	戌	亥

- **특징** : 지일과(知一課)·주인(鑄印)·사절(四絶)
- **필법** : 태수극절격(胎受剋絶格)·주객형상격(主客刑上格)_상형·불행전자격(不行傳者格)

【丙申7국】 甲午순, 辰·巳 공망

말전	중전	초전
龍武	后合	龍武
壬寅	丙申	壬寅
申	寅	申

4과	3과	2과	1과
后合	龍武	常空	雀天
丙申	壬寅	○巳	己亥
寅	申	亥	丙(○巳)

주야	武龍	陰陳	后合	天雀	蛇蛇	雀天	合后	陳陰	龍武	空常	白白	常空
천반	甲午	乙未	丙申	丁酉	戊戌	己亥	庚子	辛丑	壬寅	癸卯	○辰	○巳
지반	子	丑	寅	卯	○辰	○巳	午	未	申	酉	戌	亥

- **특징** : 반음과(返吟課) · 무의(無依)
- **필법** : 결절격(結絶格) · 간지봉절격(干支逢絶格) · 명암이귀격(明暗二鬼格) **야점** : 귀 승천을격(鬼乘天乙格) · 작귀격(雀鬼格) **주점** : 염막귀인격(簾幕貴人格)

【丙申8국】 甲午순, 辰·巳 공망

말전	중전	초전
陳陰	后合	空常
辛丑	丙申	癸卯
申	卯	戌

4과	3과	2과	1과
武龍	陳陰	空常	蛇蛇
甲午	辛丑	癸卯	戊戌
丑	申	戌	丙(○巳)

주야	常空	武龍	陰陳	后合	天雀	蛇蛇	雀天	合后	陳陰	龍武	空常	白白
천반	○巳	甲午	乙未	丙申	丁酉	戊戌	己亥	庚子	辛丑	壬寅	癸卯	○辰
지반	子	丑	寅	卯	○辰	○巳	午	未	申	酉	戌	亥

- **특징** : 원수과(元首課)
- **필법** : 양사협묘격(兩蛇夾墓格) · 묘신부일(墓神覆日) · 간지승묘격(干支乘墓格) **야점** : 육편판격(六片板格) **戌년생** : 천망자이격(天網自裏格)

【丙申9국】 甲午순, 辰·巳 공망

말전	중전	초전
陳空	常陰	天雀
○巳	辛丑	丁酉
丑	酉	○巳

4과	3과	2과	1과
龍白	武后	常陰	天雀
○辰	庚子	辛丑	丁酉
子	申	酉	丙(○巳)

주야	龍白	陳空	合龍	雀陳	蛇合	天雀	后蛇	陰天	武后	常陰	白武	空常
천반	○辰	○巳	甲午	乙未	丙申	丁酉	戊戌	己亥	庚子	辛丑	壬寅	癸卯
지반	子	丑	寅	卯	○辰	○巳	午	未	申	酉	戌	亥

- **특징** : 중심과(重審課) · 종혁(從革)
- **필법** : 재승정마격(財乘丁馬格) · 장생재신격(將生財神格) · 합중범살격(合中犯殺格) · 간지전승사격(干支全乘死格) · 태신좌장생격(胎神坐長生格) · 아괴성격(亞魁星格) · 양귀수극격(兩貴受剋格) · 금강격(金剛格) **야점** : 염막귀인격(簾幕貴人格)
  주점 : 상장조재격(上將助財格)

【丙申10국】 甲午순, 辰·巳 공망

말전	중전	초전
白武	陰天	蛇合
壬寅	己亥	丙申
亥	申	○巳

4과	3과	2과	1과
武白	陰天	陰天	蛇合
壬寅	己亥	己亥	丙申
亥	申	申	丙(○巳)

주야	空常	龍白	陳空	合龍	雀陳	蛇合	天雀	后蛇	陰天	武后	常陰	白武
천반	癸卯	○辰	○巳	甲午	乙未	丙申	丁酉	戊戌	己亥	庚子	辛丑	壬寅
지반	子	丑	寅	卯	○辰	○巳	午	未	申	酉	戌	亥

- **특징** : 중심과(重審課) · 불비(不備) · 췌서(贅壻)
- **필법** : 위중취재격(危中取財格) · 삼현태격(三玄胎格) · 간지상회격(干支相會格_寄宮日支相合) · 절신가생격(絶神加生格) · 췌서격(贅壻格) **야점** : 귀승천을격(鬼乘天乙格) **주점** : 낙이생우격(樂裏生憂格)

【丙申11국】 甲午순, 辰·巳 공망

말전	중전	초전		4과	3과	2과	1과
龍白	白武	武后		武后	后蛇	天雀	雀陳
○辰	壬寅	庚子		庚子	戊戌	丁酉	乙未
寅	子	戌		戌	申	未	丙(○巳)

주야	白武	空常	龍白	陳空	合龍	雀陳	蛇合	天雀	后蛇	陰天	武后	常陰
천반	壬寅	癸卯	○辰	○巳	甲午	乙未	丙申	丁酉	戊戌	己亥	庚子	辛丑
지반	子	丑	寅	卯	○辰	○巳	午	未	申	酉	戌	亥

- **특징** : 중심과(重審課)·순간전(順間傳)·삼양(三陽)·삼기(三奇)
- **필법** : 강색귀호격(罡塞鬼戶格)

【丙申12국】 甲午순, 辰·巳 공망

말전	중전	초전		4과	3과	2과	1과
陰天	后蛇	天雀		后蛇	天雀	雀陳	合龍
己亥	戊戌	丁酉		戊戌	丁酉	乙未	甲午
戌	酉	申		酉	申	午	丙(○巳)

주야	常陰	白武	空常	龍白	陳空	合龍	雀陳	蛇合	天雀	后蛇	陰天	武后
천반	辛丑	壬寅	癸卯	○辰	○巳	甲午	乙未	丙申	丁酉	戊戌	己亥	庚子
지반	子	丑	寅	卯	○辰	○巳	午	未	申	酉	戌	亥

- **특징** : 요극과(遙剋課)·진연주(進連珠)
- **필법** : 사승살격(四勝殺格)·왕록가림격(旺祿加臨格)·나망격(羅網格)·나거취재격(懶去取財格)·개왕격(皆旺格) **야점** : 귀인입옥격(貴人入獄格)

【丁酉1국】 甲午순, 辰·巳 공망

말전	중전	초전		4과	3과	2과	1과
雀常	常雀	陰天		陰天	陰天	常雀	常雀
辛丑	乙未	丁酉		丁酉	丁酉	乙未	乙未
丑	未	酉		酉	酉	未	丁(未)

주야	蛇武	雀常	合白	陳空	龍龍	空陳	白合	常雀	武蛇	陰天	后后	天陰
천반	庚子	辛丑	壬寅	癸卯	○辰	○巳	甲午	乙未	丙申	丁酉	戊戌	己亥
지반	子	丑	寅	卯	○辰	○巳	午	未	申	酉	戌	亥

- 특징 : 복음과(伏吟課)·자신(自信)·두전(杜傳)·여덕(勵德)·용전(龍戰)
- 필법 : 의혹격(疑惑格)

【丁酉2국】 甲午순, 辰·巳 공망

말전	중전	초전		4과	3과	2과	1과
白合	常雀	武蛇		常雀	武蛇	空陳	白合
甲午	乙未	丙申		乙未	丙申	○巳	甲午
未	申	酉		申	酉	午	丁(未)

주야	天陰	蛇武	雀常	合白	陳空	龍龍	空陳	白合	常雀	武蛇	陰天	后后
천반	己亥	庚子	辛丑	壬寅	癸卯	○辰	○巳	甲午	乙未	丙申	丁酉	戊戌
지반	子	丑	寅	卯	○辰	○巳	午	未	申	酉	戌	亥

- 특징 : 요극과(遙尅課)·퇴연여(退連茹)
- 필법 : 나거취재격(懶去取財格) **야점** : 왕록가림격(旺祿加臨格) **주점** : 녹피현탈격(祿被玄奪格)

【丁酉3국】 甲午순, 辰·巳 공망

말전	중전	초전		4과	3과	2과	1과
空常	空常	雀陳		空常	常陰	陳空	空常
○巳	○巳	辛丑		○巳	乙未	癸卯	○巳
未	未	卯		未	酉	○巳	丁(未)

주야	后蛇	天雀	蛇合	雀陳	合龍	陳空	龍白	空常	白武	常陰	武后	陰天
천반	戊戌	己亥	庚子	辛丑	壬寅	癸卯	○辰	○巳	甲午	乙未	丙申	丁酉
지반	子	丑	寅	卯	○辰	○巳	午	未	申	酉	戌	亥

- **특징** : 별책과(別責課) · 무음(蕪淫) · 불비(不備)
- **필법** : 불행전자격(不行傳者格)

【丁酉4국】 甲午순, 辰·巳 공망

말전	중전	초전		4과	3과	2과	1과
蛇合	陳空	白武		陳空	白武	雀陳	龍白
庚子	癸卯	甲午		癸卯	甲午	辛丑	○辰
卯	午	酉		午	酉	○辰	丁(未)

주야	陰天	后蛇	天雀	蛇合	雀陳	合龍	陳空	龍白	空常	白武	常陰	武后
천반	丁酉	戊戌	己亥	庚子	辛丑	壬寅	癸卯	○辰	○巳	甲午	乙未	丙申
지반	子	丑	寅	卯	○辰	○巳	午	未	申	酉	戌	亥

- **특징** : 원수과(元首課) · 삼교(三交) · 헌개(軒蓋)
- **필법** : 참관격(斬關格) · 폐구격(閉口格) · 교차삼교격(交車三交格) · 권섭부정격(權攝 不正格)

말전	중전	초전		4과	3과	2과	1과
陰天	雀陳	空常		雀陳	空常	天雀	陳空
丁酉	辛丑	○巳		辛丑	○巳	己亥	癸卯
丑	○巳	酉		○巳	酉	卯	丁(未)

주야	武后	陰天	后蛇	天雀	蛇合	雀陳	合龍	陳空	龍白	空常	白武	常陰
천반	丙申	丁酉	戊戌	己亥	庚子	辛丑	壬寅	癸卯	○辰	○巳	甲午	乙未
지반	子	丑	寅	卯	○辰	○巳	午	未	申	酉	戌	亥

- 특징 : 원수과(元首課) · 종혁(從革)
- 필법 : 육효현괘(六爻現卦)_재효현괘(財爻現卦) · 합중범살격(合中犯殺格) · 금강격(金剛格)

말전	중전	초전		4과	3과	2과	1과
雀陳	白武	天雀		天雀	龍白	陰天	合龍
辛丑	甲午	己亥		己亥	○辰	丁酉	壬寅
午	亥	○辰		○辰	酉	寅	丁(未)

주야	常陰	武后	陰天	后蛇	天雀	蛇合	雀陳	合龍	陳空	龍白	空常	白武
천반	乙未	丙申	丁酉	戊戌	己亥	庚子	辛丑	壬寅	癸卯	○辰	○巳	甲午
지반	子	丑	寅	卯	○辰	○巳	午	未	申	酉	戌	亥

- 특징 : 중심과(重審課) · 사절(四絶)
- 필법 : 구생격(俱生格) **야점_辰월** : 용가생기격(龍加生氣格) **주점** : 귀인입옥격(貴人入獄格)

【丁酉7국】 甲午순, 辰 · 巳 공망

말전	중전	초전		4과	3과	2과	1과
常空	雀天	常空		雀天	常空	陳陰	陰陳
癸卯	丁酉	癸卯		丁酉	癸卯	乙未	辛丑
酉	卯	酉		卯	酉	丑	丁(未)

주야	龍武	陳陰	合后	雀天	蛇蛇	天雀	后合	陰陳	武龍	常空	白白	空常
천반	甲午	乙未	丙申	丁酉	戊戌	己亥	庚子	辛丑	壬寅	癸卯	○辰	○巳
지반	子	丑	寅	卯	○辰	○巳	午	未	申	酉	戌	亥

- **특징** : 반음과(返吟課) · 무의(無依) · 삼교(三交) · 여덕(勵德) · 용전(龍戰)
- **필법** : 호생격(互生格) · 두괴상가격(斗魁相加格) · 탈상봉탈격(脫上逢脫格) · 의혹격(疑惑格) **주점** : 장봉내전격(將逢內戰格)

【丁酉8국】 甲午순, 辰 · 巳 공망

말전	중전	초전		4과	3과	2과	1과
空常	后合	陳陰		陳陰	武龍	空常	后合
○巳	庚子	乙未		乙未	壬寅	○巳	庚子
子	未	寅		寅	酉	子	丁(未)

주야	空常	龍武	陳陰	合后	雀天	蛇蛇	天雀	后合	陰陳	武龍	常空	白白
천반	○巳	甲午	乙未	丙申	丁酉	戊戌	己亥	庚子	辛丑	壬寅	癸卯	○辰
지반	子	丑	寅	卯	○辰	○巳	午	未	申	酉	戌	亥

- **특징** : 섭해과(涉害課) · 도액(度厄)
- **필법** : 명암이귀격(明暗二鬼格) · 양사협묘격(兩蛇夾墓格) **주점** : 육편판격(六片板格)

【丁酉9국】甲午순, 辰‧巳 공망

말전	중전	초전
陳雀	常空	天陰
乙未	癸卯	己亥
卯	亥	未

4과	3과	2과	1과
空陳	陰常	常空	天陰
○巳	辛丑	癸卯	己亥
丑	酉	亥	丁(未)

주야	白龍	空陳	龍合	陳雀	合蛇	雀天	蛇后	天陰	后武	陰常	武白	常空
천반	○辰	○巳	甲午	乙未	丙申	丁酉	戊戌	己亥	庚子	辛丑	壬寅	癸卯
지반	子	丑	寅	卯	○辰	○巳	午	未	申	酉	戌	亥

• 특징 : 원수과(元首課) · 곡직(曲直)
• 필법 : 양귀수극격(兩貴受剋格) · 목락귀근격(木落歸根格) **야점** : 염막귀인격(簾幕貴人格) **주점** : 귀승천을격(鬼乘天乙格)

【丁酉10국】甲午순, 辰‧巳 공망

말전	중전	초전
龍合	常空	后武
甲午	癸卯	庚子
卯	子	酉

4과	3과	2과	1과
常空	后武	陰常	后蛇
癸卯	庚子	辛丑	戊戌
子	酉	戌	丁(未)

주야	常空	白龍	空陳	龍合	陳雀	合蛇	雀天	蛇后	天陰	后武	陰常	武白
천반	癸卯	○辰	○巳	甲午	乙未	丙申	丁酉	戊戌	己亥	庚子	辛丑	壬寅
지반	子	丑	寅	卯	○辰	○巳	午	未	申	酉	戌	亥

• 특징 : 요극과(遙剋課) · 삼교(三交) · 고개(高蓋) · 삼기(三奇)
• 필법 : 묘신부일(墓神覆日) · 절신가생격(絶神加生格) · 위중취재격(危中取財格) **戌년생** : 천망자이격(天網自裏格)

【丁酉11국】 甲午순, 辰·巳 공망

말전	중전	초전
陰常	天陰	雀天
辛丑	己亥	丁酉
亥	酉	未

4과	3과	2과	1과
陰常	天陰	天陰	雀天
辛丑	己亥	己亥	丁酉
亥	酉	酉	丁(未)

주야	武白	常空	白龍	空陳	龍合	陳雀	合蛇	雀天	蛇后	天陰	后武	陰常
천반	壬寅	癸卯	○辰	○巳	甲午	乙未	丙申	丁酉	戊戌	己亥	庚子	辛丑
지반	子	丑	寅	卯	○辰	○巳	午	未	申	酉	戌	亥

- **특징** : 중심과(重審課) · 순간전(順間傳) · 응음(凝陰) · 불비(不備) · 용전(龍戰) · 순환(循環)
- **필법** : 아괴성격(亞魁星格) · 귀인임림격(貴人臨林格) · 강색귀호격(罡塞鬼戶格) · 췌서격(贅壻格) · 재승정마격(財乘丁馬格) · 귀복간지격(貴覆干支格) **연명상신 戌일 경우** : 초말인종지지격(初末引從地支格) **주점** : 귀승천을격(鬼乘天乙格) · 주야귀가격(晝夜貴加格) · 염막귀인격(簾幕貴人格)

【丁酉12국】 甲午순, 辰·巳 공망

말전	중전	초전
陰常	后武	天陰
辛丑	庚子	己亥
子	亥	戌

4과	3과	2과	1과
天陰	蛇后	雀天	合蛇
己亥	戊戌	丁酉	丙申
戌	酉	申	丁(未)

주야	陰常	武白	常空	白龍	空陳	龍合	陳雀	合蛇	雀天	蛇后	天陰	后武
천반	辛丑	壬寅	癸卯	○辰	○巳	甲午	乙未	丙申	丁酉	戊戌	己亥	庚子
지반	子	丑	寅	卯	○辰	○巳	午	未	申	酉	戌	亥

- **특징** : 지일과(知一課) · 진연주(進連珠) · 용잠(龍潛)
- **필법** : 복태격(服胎格) **주점** : 귀인입옥격(貴人入獄格)

【戊戌1국】 甲午순, 辰·巳 공망

말전	중전	초전
蛇龍	白后	陳雀
壬寅	丙申	○巳
寅	申	○巳

4과	3과	2과	1과
武武	武武	陳雀	陳雀
戊戌	戊戌	○巳	○巳
戌	戌	○巳	戌(○巳)

주야	后白	天空	蛇龍	雀陳	合合	陳雀	龍蛇	空天	白后	常陰	武武	陰常
천반	庚子	辛丑	壬寅	癸卯	○辰	○巳	甲午	乙未	丙申	丁酉	戊戌	己亥
지반	子	丑	寅	卯	○辰	○巳	午	未	申	酉	戌	亥

- 특징 : 복음과(伏吟課)·자임(自任)·흉복음(凶伏吟)
- 필법 : 말조초혜격(末助初兮格)·주객형상격(主客刑上格)_삼형·삼전호극격(三傳互剋格)·간지동류격(干支同類格)·우중다행격(憂中多幸格)·흉복음과(凶伏吟課)·양면도격(兩面刀格)

【戊戌2국】 甲午순, 辰·巳 공망

말전	중전	초전
天空	蛇龍	雀陳
辛丑	壬寅	癸卯
寅	卯	○辰

4과	3과	2과	1과
白后	常陰	雀陳	合合
丙申	丁酉	癸卯	○辰
酉	戌	○辰	戌(○巳)

주야	陰常	后白	天空	蛇龍	雀陳	合合	陳雀	龍蛇	空天	白后	常陰	武武
천반	己亥	庚子	辛丑	壬寅	癸卯	○辰	○巳	甲午	乙未	丙申	丁酉	戊戌
지반	子	丑	寅	卯	○辰	○巳	午	未	申	酉	戌	亥

- 특징 : 원수과(元首課)·퇴연여(退連茹)·연방(聯芳)
- 필법 : 참관격(斬關格)·간지동류격(干支同類格)

【戊戌3국】甲午순, 辰·巳 공망

말전	중전	초전		4과	3과	2과	1과
常陰	陰常	天空		龍蛇	白后	天空	雀陳
丁酉	己亥	辛丑		甲午	丙申	辛丑	癸卯
亥	丑	卯		申	戌	卯	戌(○巳)

주야	武武	陰常	后白	天空	蛇龍	雀陳	合合	陳雀	龍蛇	空天	白后	常陰
천반	戊戌	己亥	庚子	辛丑	壬寅	癸卯	○辰	○巳	甲午	乙未	丙申	丁酉
지반	子	丑	寅	卯	○辰	○巳	午	未	申	酉	戌	亥

- 특징 : 중심과(重審課)·퇴간전(退間傳)·극음(極陰)·여덕(勵德)
- 필법 : 간지동류격(干支同類格) **주점** : 작귀격(雀鬼格)

【戊戌4국】甲午순, 辰·巳 공망

말전	중전	초전		4과	3과	2과	1과
白后	陰常	蛇龍		合合	空天	陰常	蛇龍
丙申	己亥	壬寅		○辰	乙未	己亥	壬寅
亥	寅	○巳		未	戌	寅	戌(○巳)

주야	常陰	武武	陰常	后白	天空	蛇龍	雀陳	合合	陳雀	龍蛇	空天	白后
천반	丁酉	戊戌	己亥	庚子	辛丑	壬寅	癸卯	○辰	○巳	甲午	乙未	丙申
지반	子	丑	寅	卯	○辰	○巳	午	未	申	酉	戌	亥

- 특징 : 원수과(元首課)
- 필법 : 간지동류격(干支同類格)·고거감래격(苦去甘來格)·삼현태격(三玄胎格)·명암이귀격(明暗二鬼格)

【戊戌5국】 甲午순, 辰・巳 공망

말전	중전	초전
白后	合合	后白
甲午	戊戌	壬寅
戌	寅	午

4과	3과	2과	1과
后白	白后	陳雀	天空
壬寅	甲午	丁酉	辛丑
午	戌	丑	戌(ㅇ巳)

주야	龍蛇	陳雀	合合	雀陳	蛇龍	天空	后白	陰常	武武	常陰	白后	空天
천반	丙申	丁酉	戊戌	己亥	庚子	辛丑	壬寅	癸卯	ㅇ辰	ㅇ巳	甲午	乙未
지반	子	丑	寅	卯	ㅇ辰	ㅇ巳	午	未	申	酉	戌	亥

- 특징 : 요극과(遙剋課) · 염상(炎上)
- 필법 : 수혼신(收魂神) · 화강격(火强格) · 합중범살격(合中犯殺格) · 간지동류격(干支同類格) **야점** : 신장살몰격(神藏殺沒格) · 염막귀인격(簾幕貴人格) **주점** : 백의식시격(白蟻食尸格)

【戊戌6국】 甲午순, 辰・巳 공망

말전	중전	초전
后白	空天	蛇龍
壬寅	乙未	庚子
未	子	ㅇ巳

4과	3과	2과	1과
蛇龍	常陰	空天	蛇龍
庚子	ㅇ巳	乙未	庚子
ㅇ巳	戌	子	戌(ㅇ巳)

주야	空天	龍蛇	陳雀	合合	雀陳	蛇龍	天空	后白	陰常	武武	常陰	白后
천반	乙未	丙申	丁酉	戊戌	己亥	庚子	辛丑	壬寅	癸卯	ㅇ辰	ㅇ巳	甲午
지반	子	丑	寅	卯	ㅇ辰	ㅇ巳	午	未	申	酉	戌	亥

- 특징 : 중심과(重審課) · 불비(不備) · 삼기(三奇) · 사절(四絶)
- 필법 : 수혼신(收魂神) · 권섭부정격(權攝不正格) · 태수극절격(胎受剋絶格) · 간지동류격(干支同類格) **寅월** : 탈재생기격(脫財生氣格) **주점** : 사과개공격(四課皆空格)

【戊戌7국】甲午순, 辰·巳 공망

말전	중전	초전
常陰	雀陳	常陰
○巳	己亥	○巳
亥	○巳	亥

4과	3과	2과	1과
合合	武武	常陰	雀陳
戊戌	○辰	○巳	己亥
○辰	戌	亥	戌(○巳)

주야	白后	空天	龍蛇	陳雀	合合	雀陳	蛇龍	天空	后白	陰常	武武	常陰
천반	甲午	乙未	丙申	丁酉	戊戌	己亥	庚子	辛丑	壬寅	癸卯	○辰	○巳
지반	子	丑	寅	卯	○辰	○巳	午	未	申	酉	戌	亥

- **특징** : 반음과(返吟課) · 무의(無依) · 과숙(寡宿)
- **필법** : 주야귀가격(晝夜貴加格) · 사과개공격(四課皆空格) · 덕입천문격(德入天門格) ·
  내거구공격(來去俱空格) · 간지동류격(干支同類格) · 삼전개공격(三傳皆空格) ·
  수혼신(收魂神)

※ 초전 · 중전 · 말전을 亥 · 巳 · 亥로 보기도 한다.

【戊戌8국】甲午순, 辰·巳 공망

말전	중전	초전
白后	天空	龍蛇
甲午	辛丑	丙申
丑	申	卯

4과	3과	2과	1과
龍蛇	陰常	陰常	合合
丙申	癸卯	癸卯	戊戌
卯	戌	戌	戌(○巳)

주야	常陰	白后	空天	龍蛇	陳雀	合合	雀陳	蛇龍	天空	后白	陰常	武武
천반	○巳	甲午	乙未	丙申	丁酉	戊戌	己亥	庚子	辛丑	壬寅	癸卯	○辰
지반	子	丑	寅	卯	○辰	○巳	午	未	申	酉	戌	亥

- **특징** : 원수과(元首課) · 불비(不備)
- **필법** : 삼전무기격(三傳無氣格) · 간지동류격(干支同類格) · 육편판격(六片板格) · 묘신
  부일(墓神覆日) · 수혼신(收魂神) · 간지상회격(干支相會格) · 장생탈기입묘격
  (長生脫氣入墓格) **야점_亥월** : 효백개처두격(孝白盖妻頭格) **戌년생** : 천망자이
  격(天網自裏格)

【戊戌9국】 甲午순, 辰·巳 공망

말전	중전	초전		4과	3과	2과	1과
合合	白后	后白		白后	后白	天空	陳雀
戊戌	甲午	壬寅		甲午	壬寅	辛丑	丁酉
午	寅	戌		寅	戌	酉	戌(ㅇ巳)

주야	武武	常陰	白后	空天	龍蛇	陳雀	合合	雀陳	蛇龍	天空	后白	陰常
천반	○辰	○巳	甲午	乙未	丙申	丁酉	戊戌	己亥	庚子	辛丑	壬寅	癸卯
지반	子	丑	寅	卯	○辰	○巳	午	未	申	酉	戌	亥

- 특징 : 원수과(元首課) · 염상(炎上) · 여덕(勵德) · 일여(泆女)
- 필법 : 아괴성격(亞魁星格) · 간지동류격(干支同類格) · 수혼신(收魂神)

【戊戌10국】 甲午순, 辰·巳 공망

말전	중전	초전		4과	3과	2과	1과
常陰	后白	雀陳		武武	天空	雀陳	龍蛇
○巳	壬寅	己亥		○辰	辛丑	己亥	丙申
寅	亥	申		丑	戌	申	戌(ㅇ巳)

주야	陰常	武武	常陰	白后	空天	龍蛇	陳雀	合合	雀陳	蛇龍	天空	后白
천반	癸卯	○辰	○巳	甲午	乙未	丙申	丁酉	戊戌	己亥	庚子	辛丑	壬寅
지반	子	丑	寅	卯	○辰	○巳	午	未	申	酉	戌	亥

- 특징 : 요극과(遙剋課)
- 필법 : 삼현태격(三玄胎格) · 간지동류격(干支同類格) · 절신가생격(絶神加生格) · 수혼신(收魂神) **주점_戌월** : 용가생기격(龍加生氣格)

【戊戌11국】 甲午순, 辰·巳 공망

말전	중전	초전
合合	蛇龍	后白
○辰	壬寅	庚子
寅	子	戌

4과	3과	2과	1과
蛇龍	后白	常陰	空天
壬寅	庚子	丁酉	乙未
子	戌	未	戌(○巳)

주야	蛇龍	雀陳	合合	陳雀	龍蛇	空天	白后	常陰	武武	陰常	后白	天空
천반	壬寅	癸卯	○辰	○巳	甲午	乙未	丙申	丁酉	戊戌	己亥	庚子	辛丑
지반	子	丑	寅	卯	○辰	○巳	午	未	申	酉	戌	亥

- 특징 : 중심과(重審課)·순간전(順間傳)·삼양(三陽)·일여(決女)·삼기(三奇)
- 필법 : 나거취재격(懶去取財格)·간지동류격(干支同類格) **주점** : 염막귀인격(簾幕貴人格)·신장살몰격(神藏殺沒格)·귀등천문격(貴登天門格)·강색귀호격(罡塞鬼戶格)

【戊戌12국】 甲午순, 辰·巳 공망

말전	중전	초전
天空	后白	陰常
辛丑	庚子	己亥
子	亥	戌

4과	3과	2과	1과
后白	陰常	空天	龍蛇
庚子	己亥	乙未	甲午
亥	戌	午	戌(○巳)

주야	天空	蛇龍	雀陳	合合	陳雀	龍蛇	空天	白后	常陰	武武	陰常	后白
천반	辛丑	壬寅	癸卯	○辰	○巳	甲午	乙未	丙申	丁酉	戊戌	己亥	庚子
지반	子	丑	寅	卯	○辰	○巳	午	未	申	酉	戌	亥

- 특징 : 중심과(重審課)·진연주(進連珠)·용잠(龍潛)
- 필법 : 육효현괘(六爻現卦)_재효현괘(財爻現卦)·복태격(服胎格)·간지동류격(干支同類格)·왕록가림격(旺祿加臨格)

【己亥1국】 甲午순, 辰·巳 공망

말전	중전	초전		4과	3과	2과	1과
蛇白	白蛇	后武		后武	后武	白蛇	白蛇
辛丑	乙未	己亥		己亥	己亥	乙未	乙未
丑	未	亥		亥	亥	未	己(未)

주야	天常	蛇白	雀空	合龍	陳陳	龍合	空雀	白蛇	常天	武后	陰陰	后武
천반	庚子	辛丑	壬寅	癸卯	○辰	○巳	甲午	乙未	丙申	丁酉	戊戌	己亥
지반	子	丑	寅	卯	○辰	○巳	午	未	申	酉	戌	亥

- **특징** : 복음과(伏吟課)·자신(自信)·두전(杜傳)
- **필법** : 나거취재격(懶去取財格) **야점** : 양구협묘격(兩勾夾墓格) **酉년_태세 행년 연명 포함** : 상조전봉격(喪弔全逢格)

【己亥2국】 甲午순, 辰·巳 공망

말전	중전	초전		4과	3과	2과	1과
常天	武后	陰陰		武后	陰陰	龍合	空雀
丙申	丁酉	戊戌		丁酉	戊戌	○巳	甲午
酉	戌	亥		戌	亥	午	己(未)

주야	后武	天常	蛇白	雀空	合龍	陳陳	龍合	空雀	白蛇	常天	武后	陰陰
천반	己亥	庚子	辛丑	壬寅	癸卯	○辰	○巳	甲午	乙未	丙申	丁酉	戊戌
지반	子	丑	寅	卯	○辰	○巳	午	未	申	酉	戌	亥

- **특징** : 원수과(元首課)·퇴연여(退連茹)·여덕(勵德)·유금(流金)
- **필법** : 왕록가림격(旺祿加臨格)·괴도천문격(魁度天門格) **申년_태세 행년 연명 포함** : 상조전봉격(喪弔全逢格) **야점** : 주작격(朱雀格)

【己亥3국】 甲午순, 辰·巳 공망

말전	중전	초전
后武	蛇白	合龍
己亥	辛丑	癸卯
丑	卯	○巳

4과	3과	2과	1과
白蛇	武后	合龍	龍合
乙未	丁酉	癸卯	○巳
酉	亥	○巳	己(未)

주야	陰陰	后武	天常	蛇白	雀空	合龍	陳陳	龍合	空雀	白蛇	常天	武后
천반	戊戌	己亥	庚子	辛丑	壬寅	癸卯	○辰	○巳	甲午	乙未	丙申	丁酉
지반	子	丑	寅	卯	○辰	○巳	午	未	申	酉	戌	亥

- 특징 : 요극과(遙剋課)·퇴간전(退間傳)·단간(斷澗)
- 필법 : 육음격(六陰格)·포계불투격(抱鷄不鬪格) **未년_태세 행년 연명 포함** : 상조전봉격(喪弔全逢格) **주점_未월** : 용가생기격(龍加生氣格)

【己亥4국】 甲午순, 辰·巳 공망

말전	중전	초전
后合	雀空	龍武
己亥	壬寅	○巳
寅	○巳	申

4과	3과	2과	1과
龍武	常天	蛇龍	陳常
○巳	丙申	辛丑	○辰
申	亥	○辰	己(未)

주야	武蛇	陰雀	后合	天陳	蛇龍	雀空	合白	陳常	龍武	空陰	白后	常天
천반	丁酉	戊戌	己亥	庚子	辛丑	壬寅	癸卯	○辰	○巳	甲午	乙未	丙申
지반	子	丑	寅	卯	○辰	○巳	午	未	申	酉	戌	亥

- 특징 : 원수과(元首課)·과숙(寡宿)·여덕(勵德)
- 필법 : 나거취재격(懶去取財格)·삼현태격(三玄胎格)·참관격(斬關格) **야점** : 양상협묘격(兩常夾墓格) **午년_태세 행년 연명 포함** : 상조전봉격(喪弔全逢格)

【己亥5국】 甲午순, 辰·巳 공망

말전	중전	초전		4과	3과	2과	1과
后合	合白	白后		合白	白后	后合	合白
己亥	癸卯	乙未		癸卯	乙未	己亥	癸卯
卯	未	亥		未	亥	卯	己(未)

주야	常天	武蛇	陰雀	后合	天陳	蛇龍	雀空	合白	陳常	龍武	空陰	白后
천반	丙申	丁酉	戊戌	己亥	庚子	辛丑	壬寅	癸卯	○辰	○巳	甲午	乙未
지반	子	丑	寅	卯	○辰	○巳	午	未	申	酉	戌	亥

- **특징** : 섭해과(涉害課)·곡직(曲直)·도액(度厄)·불비(不備)·난수(亂首)
- **필법** : 회환격(回環格)·목락귀근격(木落歸根格)·명암이귀격(明暗二鬼格)·곡직화귀격(曲直化鬼格)·최관부(催官符) **巳년_태세 행년 연명 포함** : 상조전봉격(喪弔全逢格) **야점** : 호림간귀격(虎臨干鬼格)·호귀가간격(虎鬼加干格)·최관사자(催官使者)

【己亥6국】 甲午순, 辰·巳 공망

말전	중전	초전		4과	3과	2과	1과
陳天	后龍	空陰		后龍	空陰	合蛇	陰空
丙申	辛丑	甲午		辛丑	甲午	丁酉	壬寅
丑	午	亥		午	亥	寅	己(未)

주야	龍后	陳天	合蛇	雀雀	蛇合	天陳	后龍	陰空	武白	常常	白武	空陰
천반	乙未	丙申	丁酉	戊戌	己亥	庚子	辛丑	壬寅	癸卯	○辰	○巳	甲午
지반	子	丑	寅	卯	○辰	○巳	午	未	申	酉	戌	亥

- **특징** : 중심과(重審課)·사절(四絶)
- **필법** : 권섭부정격(權攝不正格)·삼전무기격(三傳無氣格) **주점** : 백의식시격(白蟻食尸格) **辰년_태세 행년 연명 포함** : 상조전봉격(喪弔全逢格)

【己亥7국】甲午순, 辰·巳 공망

말전	중전	초전
白武	蛇合	白武
○巳	己亥	○巳
亥	○巳	亥

4과	3과	2과	1과
蛇合	白武	龍后	后龍
己亥	○巳	乙未	辛丑
○巳	亥	丑	己(未)

주야	空陰	龍后	陳天	合蛇	雀雀	蛇合	天陳	后龍	陰空	武白	常常	白武
천반	甲午	乙未	丙申	丁酉	戊戌	己亥	庚子	辛丑	壬寅	癸卯	○辰	○巳
지반	子	丑	寅	卯	○辰	○巳	午	未	申	酉	戌	亥

· 특징 : 반음과(返吟課)·무의(無依)·과숙(寡宿)
· 필법 : 나거취재격(懶去取財格)·삼전개공격(三傳皆空格)·내거구공격(來去俱空格)·두괴상가격(斗魁相加格) **卯년_태세 행년 연명 포함** : 상조전봉격(喪弔全逢格)

【己亥8국】甲午순, 辰·巳 공망

말전	중전	초전
武白	雀雀	白武
癸卯	戊戌	○巳
戌	○巳	子

4과	3과	2과	1과
合蛇	常常	白武	天陳
丁酉	○辰	○巳	庚子
○辰	亥	子	己(未)

주야	白武	空陰	龍后	陳天	合蛇	雀雀	蛇合	天陳	后龍	陰空	武白	常常
천반	○巳	甲午	乙未	丙申	丁酉	戊戌	己亥	庚子	辛丑	壬寅	癸卯	○辰
지반	子	丑	寅	卯	○辰	○巳	午	未	申	酉	戌	亥

· 특징 : 지일과(知一課)·주인(鑄印)·여덕(勵德)
· 필법 : 전묘입묘격(傳墓入墓格)·육편판격(六片板格)·말조초혜격(末助初兮格)·초말인종지지격(初末引從地支格) **子월** : 효백개처두격(孝白盖妻頭格) **야점** : 염막귀인격(簾幕貴人格) **寅년_태세 행년 연명 포함** : 상조전봉격(喪弔全逢格) **寅월** : 탈재생기격(脫財生氣格) **주점** : 귀인기탄격(貴人忌憚格)

【己亥9국】 甲午순, 辰·巳 공망

말전	중전	초전		4과	3과	2과	1과
武白	蛇合	龍后		龍后	武白	武白	蛇合
癸卯	己亥	乙未		乙未	癸卯	癸卯	己亥
亥	未	卯		卯	亥	亥	巳(未)

주야	常常	白武	空陰	龍后	陳天	合蛇	雀雀	蛇合	天陳	后龍	陰空	武白
천반	○辰	○巳	甲午	乙未	丙申	丁酉	戊戌	己亥	庚子	辛丑	壬寅	癸卯
지반	子	丑	寅	卯	○辰	○巳	午	未	申	酉	戌	亥

- **특징** : 섭해과(涉害課)·곡직(曲直)·불비(不備)·췌서(贅壻)
- **필법** : 목락귀근격(木落歸根格)·전재화귀격(傳財化鬼格)·위중취재격(危中取財格)·
  곡직화귀격(曲直化鬼格)·회환격(回環格)·췌서격(贅壻格) **丑년_태세 행년 연
  명 포함** : 상조전봉격(喪弔全逢格)

※ 초전·중전·말전을 亥·卯·未로 보기도 한다.

【己亥10국】 甲午순, 辰·巳 공망

말전	중전	초전		4과	3과	2과	1과
陳天	白合	陰空		白合	陰空	后白	雀陰
丙申	○巳	壬寅		○巳	壬寅	辛丑	戊戌
○巳	寅	亥		寅	亥	戌	己(未)

주야	武龍	常陳	白合	空雀	龍蛇	陳天	合后	雀陰	蛇武	天常	后白	陰空
천반	癸卯	○辰	○巳	甲午	乙未	丙申	丁酉	戊戌	己亥	庚子	辛丑	壬寅
지반	子	丑	寅	卯	○辰	○巳	午	未	申	酉	戌	亥

- **특징** : 요극과(遙剋課)·여덕(勵德)
- **필법** : 삼현태격(三玄胎格)·불행전자격(不行傳者格)·절신가생격(絶神加生格)·묘신
  부일(墓神覆日)·덕입천문격(德入天門格)·주객형상격(主客刑上格)_삼형 **야점**
  : 삼전개공격(三傳皆空格) **子년_태세 행년 연명 포함** : 상조전봉격(喪弔全逢格)
  戌년생 : 천망자이격(天網自裏格)

【己亥11국】 甲午순, 辰 · 巳 공망

말전	중전	초전		4과	3과	2과	1과
白合	武龍	后白		武龍	后白	蛇武	合后
○巳	癸卯	辛丑		癸卯	辛丑	己亥	丁酉
卯	丑	亥		丑	亥	酉	己(未)

주야	陰空	武龍	常陳	白合	空雀	龍蛇	陳天	合后	雀陰	蛇武	天常	后白
천반	壬寅	癸卯	○辰	○巳	甲午	乙未	丙申	丁酉	戊戌	己亥	庚子	辛丑
지반	子	丑	寅	卯	○辰	○巳	午	未	申	酉	戌	亥

- 특징 : 섭해과(涉害課) · 순간전(順間傳) · 출호(出戶)
- 필법 : 강색귀호격(罡塞鬼戶格) · 양귀수극격(兩貴受剋格) · 아괴성격(亞魁星格) · 파패
  신임택격(破敗神臨宅格) · 탈상봉탈격(脫上逢脫格) **亥년_태세 행년 연명 포함** :
  상조전봉격(喪弔全逢格)

【己亥12국】 甲午순, 辰 · 巳 공망

말전	중전	초전		4과	3과	2과	1과
合龍	雀空	蛇白		蛇白	天常	武后	常天
癸卯	壬寅	辛丑		辛丑	庚子	丁酉	丙申
寅	丑	子		子	亥	申	己(未)

주야	蛇白	雀空	合龍	陳陳	龍合	空雀	白蛇	常天	武后	陰陰	后武	天常
천반	辛丑	壬寅	癸卯	○辰	○巳	甲午	乙未	丙申	丁酉	戊戌	己亥	庚子
지반	子	丑	寅	卯	○辰	○巳	午	未	申	酉	戌	亥

- 특징 : 원수과(元首課) · 진연주(進連珠) · 삼기(三奇)
- 필법 : 복태격(服胎格) · 귀복간지격(貴覆干支格) **戌년_태세 행년 연명 포함** : 상조전봉
  격(喪弔全逢格) **야점** : 중귀수창격(衆鬼雖彰格) **주점** : 염막귀인격(簾幕貴人
  格) · 태상간생격(太常干生格)

【庚子1국】 甲午순, 辰·巳 공망

말전	중전	초전		4과	3과	2과	1과
陳雀	蛇龍	白后		后白	后白	白后	白后
○巳	壬寅	丙申		庚子	庚子	丙申	丙申
○巳	寅	申		子	子	申	庚(申)

주야	后白	天空	蛇龍	雀陳	合合	陳雀	龍蛇	空天	白后	常陰	武武	陰常
천반	庚子	辛丑	壬寅	癸卯	○辰	○巳	甲午	乙未	丙申	丁酉	戊戌	己亥
지반	子	丑	寅	卯	○辰	○巳	午	未	申	酉	戌	亥

- **특징** : 복음과(伏吟課) · 자임(自任)
- **필법** : 협정삼전격(夾定三傳格) · 주객형상격(主客刑上格)_삼형 · 나거취재격(懶去取財格) **戌년_태세 행년 연명 포함** : 상조전봉격(喪弔全逢格) **야점** : 왕록가림격(旺祿加臨格) **주점** : 양귀협묘격(兩貴夾墓格) · 녹피현탈격(祿被玄奪格)

【庚子2국】 甲午순, 辰·巳 공망

말전	중전	초전		4과	3과	2과	1과
白后	常陰	武武		武武	陰常	龍蛇	空天
丙申	丁酉	戊戌		戊戌	己亥	甲午	乙未
酉	戌	亥		亥	子	未	庚(申)

주야	陰常	后白	天空	蛇龍	雀陳	合合	陳雀	龍蛇	空天	白后	常陰	武武
천반	己亥	庚子	辛丑	壬寅	癸卯	○辰	○巳	甲午	乙未	丙申	丁酉	戊戌
지반	子	丑	寅	卯	○辰	○巳	午	未	申	酉	戌	亥

- **특징** : 원수과(元首課) · 퇴연여(退連茹) · 유금(流金)
- **필법** : 금일봉정격(金日逢丁格) · 협정삼전격(夾定三傳格) · 괴도천문격(魁度天門格) **야점** : 천거격(薦擧格) **酉년_태세 행년 연명 포함** : 상조전봉격(喪弔全逢格) **주점** : 염막귀인격(簾幕貴人格)

【庚子3국】 甲午순, 辰·巳 공망

말전	중전	초전		4과	3과	2과	1과
蛇龍	合合	龍蛇		白后	武武	合合	龍蛇
壬寅	○辰	甲午		丙申	戊戌	○辰	甲午
○辰	午	申		戌	子	午	庚(申)

주야	武武	陰常	后白	天空	蛇龍	雀陳	合合	陳雀	龍蛇	空天	白后	常陰
천반	戊戌	己亥	庚子	辛丑	壬寅	癸卯	○辰	○巳	甲午	乙未	丙申	丁酉
지반	子	丑	寅	卯	○辰	○巳	午	未	申	酉	戌	亥

- **특징** : 섭해과(涉害課)·퇴간전(退間傳)·고조(顧祖)·육의(六儀)
- **필법** : 왕주악인격(枉做惡人格)·불행전자격(不行傳者格)·고조격(顧祖格) **申년_태세 행년 연명 포함** : 상조전봉격(喪弔全逢格)

【庚子4국】 甲午순, 辰·巳 공망

말전	중전	초전		4과	3과	2과	1과
后白	雀陳	龍蛇		龍蛇	常陰	蛇龍	陳雀
庚子	癸卯	甲午		甲午	丁酉	壬寅	○巳
卯	午	酉		酉	子	○巳	庚(申)

주야	常陰	武武	陰常	后白	天空	蛇龍	雀陳	合合	陳雀	龍蛇	空天	白后
천반	丁酉	戊戌	己亥	庚子	辛丑	壬寅	癸卯	○辰	○巳	甲午	乙未	丙申
지반	子	丑	寅	卯	○辰	○巳	午	未	申	酉	戌	亥

- **특징** : 지일과(知一課)·삼교(三交)·고개(高蓋)·헌개(軒蓋)·육의(六儀)
- **필법** : 폐구격(閉口格)·장상재흉격(長上災凶格)·낙이생우격(樂裏生憂格)·명암이귀격(明暗二鬼格)·인택이화격(人宅罹禍格) **未년_태세 행년 연명 포함** : 상조전봉격(喪弔全逢格) **야점** : 작귀격(雀鬼格)

【庚子5국】 甲午순, 辰·巳 공망

말전	중전	초전
武武	龍蛇	蛇龍
○辰	丙申	庚子
申	子	○辰

4과	3과	2과	1과
武武	龍蛇	蛇龍	武武
○辰	丙申	庚子	○辰
申	子	○辰	庚(申)

주야	龍蛇	陳雀	合合	雀陳	蛇龍	天空	后白	陰常	武武	常陰	白后	空天
천반	丙申	丁酉	戊戌	己亥	庚子	辛丑	壬寅	癸卯	○辰	○巳	甲午	乙未
지반	子	丑	寅	卯	○辰	○巳	午	未	申	酉	戌	亥

- 특징 : 중심과(重審課) · 윤하(潤下) · 불비(不備) · 삼기(三奇) · 순환(循環)
- 필법 : 참관격(斬關格) · 명암이귀격(明暗二鬼格) · 권섭부정격(權攝不正格) · 구생격(俱生格) · 사취개불가격(捨就皆不可格) **야점** : 신장살몰격(神藏殺沒格) **午년_태세 행년 연명 포함** : 상조전봉격(喪弔全逢格)

【庚子6국】 甲午순, 辰·巳 공망

말전	중전	초전
蛇龍	常陰	合合
庚子	○巳	戊戌
○巳	戌	卯

4과	3과	2과	1과
后白	空天	合合	陰常
壬寅	乙未	戊戌	癸卯
未	子	卯	庚(申)

주야	空天	龍蛇	陳雀	合合	雀陳	蛇龍	天空	后白	陰常	武武	常陰	白后
천반	乙未	丙申	丁酉	戊戌	己亥	庚子	辛丑	壬寅	癸卯	○辰	○巳	甲午
지반	子	丑	寅	卯	○辰	○巳	午	未	申	酉	戌	亥

- 특징 : 지일과(知一課) · 사절(四絶)
- 필법 : 불행전자격(不行傳者格) · 태수극절격(胎受剋絶格) · 재작폐구격(財作閉口格) **巳년_태세 행년 연명 포함** : 상조전봉격(喪弔全逢格) **巳월** : 탈재생기격(脫財生氣格)

【庚子7국】 甲午순, 辰·巳 공망

말전	중전	초전
后白	龍蛇	后白
壬寅	丙申	壬寅
申	寅	申

4과	3과	2과	1과
蛇龍	白后	龍蛇	后白
庚子	甲午	丙申	壬寅
午	子	寅	庚(申)

주야	白后	空天	龍蛇	陳雀	合合	雀陳	蛇龍	天空	后白	陰常	武武	常陰
천반	甲午	乙未	丙申	丁酉	戊戌	己亥	庚子	辛丑	壬寅	癸卯	○辰	○巳
지반	子	丑	寅	卯	○辰	○巳	午	未	申	酉	戌	亥

- 특징 : 반음과(返吟課)·무의(無依)
- 필법 : 주야귀가격(晝夜貴加格) **辰년_태세 행년 연명 포함** : 상조전봉격(喪弔全逢格)

【庚子8국】 甲午순, 辰·巳 공망

말전	중전	초전
陰常	合合	常陰
癸卯	戊戌	○巳
戌	○巳	子

4과	3과	2과	1과
合合	常陰	白后	天空
戊戌	○巳	甲午	辛丑
○巳	子	丑	庚(申)

주야	常陰	白后	空天	龍蛇	陳雀	合合	雀陳	蛇龍	天空	后白	陰常	武武
천반	○巳	甲午	乙未	丙申	丁酉	戊戌	己亥	庚子	辛丑	壬寅	癸卯	○辰
지반	子	丑	寅	卯	○辰	○巳	午	未	申	酉	戌	亥

- 특징 : 중심과(重審課)·주인(鑄印)·과숙(寡宿)·무음(蕪淫)
- 필법 : 묘신부일(墓神覆日)·교차극격(交車剋格)·장생입묘격(長生入墓格)·부부무음격(夫婦蕪淫格)·육편판격(六片板格)·피아부상격(彼我負傷格) **卯년_태세 행년 연명 포함** : 상조전봉격(喪弔全逢格) **야점** : 염막귀인격(簾幕貴人格) **주점** : 천거격(薦擧格)·귀인공망격(貴人空亡格) **丑년생** : 천망자이격(天網自裏格)

【庚子9국】 甲午순, 辰·巳 공망

말전	중전	초전		4과	3과	2과	1과
蛇龍	龍蛇	武武		龍蛇	武武	武武	蛇龍
庚子	丙申	○辰		丙申	○辰	○辰	庚子
申	○辰	子		○辰	子	子	庚(申)

주야	武武	常陰	白后	空天	龍蛇	陳雀	合合	雀陳	蛇龍	天空	后白	陰常
천반	○辰	○巳	甲午	乙未	丙申	丁酉	戊戌	己亥	庚子	辛丑	壬寅	癸卯
지반	子	丑	寅	卯	○辰	○巳	午	未	申	酉	戌	亥

- 특징 : 원수과(元首課) · 윤하(潤下) · 여덕(勵德) · 사기(死奇)
- 필법 : 피난도생격(避難逃生格) · 수류추동격(水流趨東格) · 인택수탈격(人宅受脫格)
  야점 : 탈상봉탈격(脫上逢脫格) 寅년_태세 행년 연명 포함 : 상조전봉격(喪弔全逢格)

【庚子10국】 甲午순, 辰·巳 공망

말전	중전	초전		4과	3과	2과	1과
蛇龍	陳雀	白后		白后	陰常	后白	雀陳
庚子	丁酉	甲午		甲午	癸卯	壬寅	己亥
酉	午	卯		卯	子	亥	庚(申)

주야	陰常	武武	常陰	白后	空天	龍蛇	陳雀	合合	雀陳	蛇龍	天空	后白
천반	癸卯	○辰	○巳	甲午	乙未	丙申	丁酉	戊戌	己亥	庚子	辛丑	壬寅
지반	子	丑	寅	卯	○辰	○巳	午	未	申	酉	戌	亥

- 특징 : 요극과(遙剋課) · 삼교(三交) · 육의(六儀)
- 필법 : 금일봉정격(金日逢丁格) · 절신가생격(絶神加生格) 丑년_태세 행년 연명 포함 :
  상조전봉격(喪弔全逢格)

【庚子11국】 甲午순, 辰 · 巳 공망

말전	중전	초전		4과	3과	2과	1과
白后	龍蛇	合合		合合	蛇龍	后白	武武
丙申	甲午	○辰		○辰	壬寅	庚子	戊戌
午	○辰	寅		寅	子	戌	庚(申)

주야	蛇龍	雀陳	合合	陳雀	龍蛇	空天	白后	常陰	武武	陰常	后白	天空
천반	壬寅	癸卯	○辰	○巳	甲午	乙未	丙申	丁酉	戊戌	己亥	庚子	辛丑
지반	子	丑	寅	卯	○辰	○巳	午	未	申	酉	戌	亥

- **특징** : 섭해과(涉害課) · 순간전(順間傳) · 등삼천(登三天) · 과숙(寡宿) · 육의(六儀)
- **필법** : 육양격(六陽格) **子년_태세 행년 연명 포함** : 상조전봉격(喪弔全逢格) **주점** : 강색
  귀호격(罡塞鬼戶格) · 신장살몰격(神藏殺沒格) · 귀등천문격(貴登天門格)

【庚子12국】 甲午순, 辰 · 巳 공망

말전	중전	초전		4과	3과	2과	1과
合合	雀陳	蛇龍		蛇龍	天空	武武	常陰
○辰	癸卯	壬寅		壬寅	辛丑	戊戌	丁酉
卯	寅	丑		丑	子	酉	庚(申)

주야	天空	蛇龍	雀陳	合合	陳雀	龍蛇	空天	白后	常陰	武武	陰常	后白
천반	辛丑	壬寅	癸卯	○辰	○巳	甲午	乙未	丙申	丁酉	戊戌	己亥	庚子
지반	子	丑	寅	卯	○辰	○巳	午	未	申	酉	戌	亥

- **특징** : 지일과(知一課) · 진연주(進連珠) · 정화(正和)
- **필법** : 왕록가림격(旺祿加臨格) · 아괴성격(亞魁星格) · 나거취재격(懶去取財格) · 호생
  격(互生格) **亥년_태세 행년 연명 포함** : 상조전봉격(喪弔全逢格)

【辛丑1국】 甲午순, 辰・巳 공망

말전	중전	초전		4과	3과	2과	1과
龍后	常常	后龍		后龍	后龍	常常	常常
乙未	戊戌	辛丑		辛丑	辛丑	戊戌	戊戌
未	戌	丑		丑	丑	戌	辛(戌)

주야	陰空	后龍	天陳	蛇合	雀雀	合蛇	陳天	龍后	空陰	白武	常常	武白
천반	庚子	辛丑	壬寅	癸卯	○辰	○巳	甲午	乙未	丙申	丁酉	戊戌	己亥
지반	子	丑	寅	卯	○辰	○巳	午	未	申	酉	戌	亥

- **특징**: 복음과(伏吟課)·가색(稼穡)·자신(自信)
- **필법**: 주객형상격(主客刑上格)_삼형·교차해격(交車害格)·교차형격(交車刑格)

【辛丑2국】 甲午순, 辰・巳 공망

말전	중전	초전		4과	3과	2과	1과
常常	武白	陰空		武白	陰空	空陰	白武
戊戌	己亥	庚子		己亥	庚子	丙申	丁酉
亥	子	丑		子	丑	酉	辛(戌)

주야	武白	陰空	后龍	天陳	蛇合	雀雀	合蛇	陳天	龍后	空陰	白武	常常
천반	己亥	庚子	辛丑	壬寅	癸卯	○辰	○巳	甲午	乙未	丙申	丁酉	戊戌
지반	子	丑	寅	卯	○辰	○巳	午	未	申	酉	戌	亥

- **특징**: 중심과(重審課)·퇴연여(退連茹)·중음(重陰)·여덕(勵德)·삼기(三奇)
- **필법**: 인희아우격(人喜我憂格)·아괴성격(亞魁星格) **야점**: 왕록가림격(旺祿加臨格)
  주점: 호승정귀격(虎乘丁鬼格)·녹피현탈격(祿被玄奪格)

【辛丑3국】 甲午순, 辰·巳 공망

말전	중전	초전		4과	3과	2과	1과
龍后	白武	武白		白武	武白	陳天	空陰
乙未	丁酉	己亥		丁酉	己亥	甲午	丙申
酉	亥	丑		亥	丑	申	辛(戌)

주야	常常	武白	陰空	后龍	天陳	蛇合	雀雀	合蛇	陳天	龍后	空陰	白武
천반	戊戌	己亥	庚子	辛丑	壬寅	癸卯	○辰	○巳	甲午	乙未	丙申	丁酉
지반	子	丑	寅	卯	○辰	○巳	午	未	申	酉	戌	亥

- **특징** : 중심과(重審課)·퇴간전(退間傳)·시둔(時遁)
- **필법** : 금일봉정격(金日逢丁格) **주점** : 호승정귀격(虎乘丁鬼格)·귀탈승현격(鬼脫乘玄格)

【辛丑4국】 甲午순, 辰·巳 공망

말전	중전	초전		4과	3과	2과	1과
白后	白后	武蛇		白后	常陳	陰雀	白后
乙未	乙未	○巳		乙未	戊戌	○辰	乙未
戌	戌	申		戌	丑	未	辛(戌)

주야	龍武	常陳	合白	雀空	蛇龍	天陳	后合	陰雀	武蛇	常天	白后	空陰
천반	丁酉	戊戌	己亥	庚子	辛丑	壬寅	癸卯	○辰	○巳	甲午	乙未	丙申
지반	子	丑	寅	卯	○辰	○巳	午	未	申	酉	戌	亥

- **특징** : 별책과(別責課)·불비(不備)
- **필법** : 사승살격(四勝殺格) **주점** : 인택수탈격(人宅受脫格)

【辛丑5국】 甲午순, 辰 · 巳 공망

말전	중전	초전		4과	3과	2과	1과
龍武	蛇龍	武蛇		武蛇	龍武	天陳	常天
丁酉	辛丑	○巳		○巳	丁酉	壬寅	甲午
丑	○巳	酉		酉	丑	午	辛(戌)

주야	空陰	龍武	陳常	合白	雀空	蛇龍	天陳	后合	陰雀	武蛇	常天	白后
천반	丙申	丁酉	戊戌	己亥	庚子	辛丑	壬寅	癸卯	○辰	○巳	甲午	乙未
지반	子	丑	寅	卯	○辰	○巳	午	未	申	酉	戌	亥

- **특징** : 지일과(知一課) · 종혁(從革) · 과숙(寡宿)
- **필법** : 금일봉정격(金日逢丁格) · 권섭부정격(權攝不正格) · 사승살격(四勝殺格) · 명암이귀격(明暗二鬼格) · 금강격(金剛格) · 합중범살격(合中犯殺格) **야점** : 귀승천을격(鬼乘天乙格) · 인택이화격(人宅罹禍格) **주점** : 염막귀인격(簾幕貴人格) **주점_寅월** : 내외효복격(內外孝服格)

【辛丑6국】 甲午순, 辰 · 巳 공망

말전	중전	초전		4과	3과	2과	1과
武后	陳陳	后武		后武	空雀	雀空	武后
○巳	戊戌	癸卯		癸卯	丙申	庚子	○巳
戌	卯	申		申	丑	○巳	辛(戌)

주야	白蛇	空雀	龍合	陳陳	合龍	雀空	蛇白	天常	后武	陰陰	武后	常天
천반	乙未	丙申	丁酉	戊戌	己亥	庚子	辛丑	壬寅	癸卯	○辰	○巳	甲午
지반	子	丑	寅	卯	○辰	○巳	午	未	申	酉	戌	亥

- **특징** : 중심과(重審課) · 단륜(斷輪) · 주인(鑄印) · 일여(泆女) · 사절(四絶)
- **필법** : 명암이귀격(明暗二鬼格) · 태수극절격(胎受剋絶格) · 후목무용격(朽木無用格)

【辛丑7국】 甲午순, 辰·巳 공망

말전	중전	초전		4과	3과	2과	1과
陰陰	白蛇	合龍		蛇白	白蛇	陳陳	陰陰
○辰	乙未	己亥		辛丑	乙未	戊戌	○辰
戌	丑	○巳		未	丑	○辰	辛(戌)

주야	常天	白蛇	空雀	龍合	陳陳	合龍	雀空	蛇白	天常	后武	陰陰	武后
천반	甲午	乙未	丙申	丁酉	戊戌	己亥	庚子	辛丑	壬寅	癸卯	○辰	○巳
지반	子	丑	寅	卯	○辰	○巳	午	未	申	酉	戌	亥

· 특징 : 반음과(返吟課)·정란(井欄)·고진(孤辰)
· 필법 : 참관격(斬關格)·양귀수극격(兩貴受剋格) 야점 : 호묘격(虎墓格)

【辛丑8국】 甲午순, 辰·巳 공망

말전	중전	초전		4과	3과	2과	1과
蛇白	空雀	后武		合龍	常天	空雀	后武
辛丑	丙申	癸卯		己亥	甲午	丙申	癸卯
申	卯	戌		午	丑	卯	辛(戌)

주야	武后	常天	白蛇	空雀	龍合	陳陳	合龍	雀空	蛇白	天常	后武	陰陰
천반	○巳	甲午	乙未	丙申	丁酉	戊戌	己亥	庚子	辛丑	壬寅	癸卯	○辰
지반	子	丑	寅	卯	○辰	○巳	午	未	申	酉	戌	亥

· 특징 : 중심과(重審課)·무음(蕪淫)·여덕(勵德)
· 필법 : 재작폐구격(財作閉口格)·수미상견격(首尾相見格)·육편판격(六片板格) 巳월 : 탈재생기격(脫財生氣格) 야점 : 귀승천을격(鬼乘天乙格)·양호협묘격(兩虎夾墓格)·호묘격(虎墓格)

【辛丑9국】 甲午순, 辰·巳 공망

말전	중전	초전
武后	蛇白	龍合
○巳	辛丑	丁酉
丑	酉	○巳

4과	3과	2과	1과
龍合	武后	常天	天常
丁酉	○巳	甲午	壬寅
○巳	丑	寅	辛(戌)

주야	陰陰	武后	常天	白蛇	空雀	龍合	陳陳	合龍	雀空	蛇白	天常	后武
천반	○辰	○巳	甲午	乙未	丙申	丁酉	戊戌	己亥	庚子	辛丑	壬寅	癸卯
지반	子	丑	寅	卯	○辰	○巳	午	未	申	酉	戌	亥

- **특징**: 지일과(知一課) · 종혁(從革) · 교동(狡童) · 무음(蕪淫)
- **필법**: 금일봉정격(金日逢丁格) **야점**: 염막귀인격(簾幕貴人格) · 호묘격(虎墓格)

【辛丑10국】 甲午순, 辰·巳 공망

말전	중전	초전
后白	后白	合后
辛丑	辛丑	○巳
戌	戌	寅

4과	3과	2과	1과
龍蛇	雀陰	雀陰	后白
乙未	○辰	○辰	辛丑
○辰	丑	丑	辛(戌)

주야	蛇武	雀陰	合后	陳天	龍蛇	空雀	白合	常陳	武龍	陰空	后白	天常
천반	癸卯	○辰	○巳	甲午	乙未	丙申	丁酉	戊戌	己亥	庚子	辛丑	壬寅
지반	子	丑	寅	卯	○辰	○巳	午	未	申	酉	戌	亥

- **특징**: 별책과(別責課) · 과숙(寡宿) · 불비(不備)
- **필법**: 묘신부일(墓神覆日) · 절신가생격(絶神加生格) **야점**: 간승묘호격(干乘墓虎格) · 호묘격(虎墓格) **丑년생**: 천망자이격(天網自裏格)

【辛丑11국】 甲午순, 辰・巳 공망

말전	중전	초전		4과	3과	2과	1과
龍蛇	合后	蛇武		合后	蛇武	天常	陰空
乙未	○巳	癸卯		○巳	癸卯	壬寅	庚子
○巳	卯	丑		卯	丑	子	辛(戌)

주야	天常	蛇武	雀陰	合后	陳天	龍蛇	空雀	白合	常陳	武龍	陰空	后白
천반	壬寅	癸卯	○辰	○巳	甲午	乙未	丙申	丁酉	戊戌	己亥	庚子	辛丑
지반	子	丑	寅	卯	○辰	○巳	午	未	申	酉	戌	亥

- **특징** : 원수과(元首課)・순간전(順間傳)・영양(盈陽)・무음(蕪淫)
- **필법** : 교차합재격(交車合財格)・간지전승사격(干支全乘死格)・불행전자격(不行傳者格)・주객형상격(主客刑上格)_상형・강색귀호격(罡塞鬼戶格) **야점** : 탈공격(脫空格) **주점** : 사수충택격(獅獸沖宅格)

【辛丑12국】 甲午순, 辰・巳 공망

말전	중전	초전		4과	3과	2과	1과
雀雀	蛇合	天陳		蛇合	天陳	陰空	武白
○辰	癸卯	壬寅		癸卯	壬寅	庚子	己亥
卯	寅	丑		寅	丑	亥	辛(戌)

주야	后龍	天陳	蛇合	雀雀	合蛇	陳天	龍后	空陰	白武	常常	武白	陰空
천반	辛丑	壬寅	癸卯	○辰	○巳	甲午	乙未	丙申	丁酉	戊戌	己亥	庚子
지반	子	丑	寅	卯	○辰	○巳	午	未	申	酉	戌	亥

- **특징** : 원수과(元首課)・진연주(進連珠)・정화(正和)
- **필법** : 탈상봉탈격(脫上逢脫格)・호가호위격(狐假虎威格)

【壬寅1국】 甲午순, 辰·巳 공망

말전	중전	초전		4과	3과	2과	1과
雀天	后合	常空		后合	后合	常空	常空
○巳	壬寅	己亥		壬寅	壬寅	己亥	己亥
○巳	寅	亥		寅	寅	亥	壬(亥)

주야	武龍	陰陳	后合	天雀	蛇蛇	雀天	合后	陳陰	龍武	空常	白白	常空
천반	庚子	辛丑	壬寅	癸卯	○辰	○巳	甲午	乙未	丙申	丁酉	戊戌	己亥
지반	子	丑	寅	卯	○辰	○巳	午	未	申	酉	戌	亥

- **특징**: 복음과(伏吟課)·자임(自任)·여덕(勵德)
- **필법**: 삼현태격(三玄胎格)·간지내외구합격(干支內外俱合格)·왕록가림격(旺祿加臨格)·나거취재격(懶去取財格)·덕입천문격(德入天門格) **야점**: 용파신심격(用破身心格)

【壬寅2국】 甲午순, 辰·巳 공망

말전	중전	초전		4과	3과	2과	1과
白白	常空	武龍		武龍	陰陳	空常	白白
戊戌	己亥	庚子		庚子	辛丑	丁酉	戊戌
亥	子	丑		丑	寅	戌	壬(亥)

주야	常空	武龍	陰陳	后合	天雀	蛇蛇	雀天	合后	陳陰	龍武	空常	白白
천반	己亥	庚子	辛丑	壬寅	癸卯	○辰	○巳	甲午	乙未	丙申	丁酉	戊戌
지반	子	丑	寅	卯	○辰	○巳	午	未	申	酉	戌	亥

- **특징**: 지일과(知一課)·퇴연여(退連茹)·중음(重陰)·삼기(三奇)
- **필법**: 호림간귀격(虎臨干鬼格)·괴도천문격(魁度天門格)·호귀가간격(虎鬼加干格)·최관사자(催官使者)·양사협묘격(兩蛇夾墓格)

【壬寅3국】 甲午순, 辰·巳 공망

말전	중전	초전		4과	3과	2과	1과
武后	白武	龍白		龍白	合龍	常陰	空常
甲午	丙申	戊戌		戊戌	庚子	乙未	丁酉
申	戌	子		子	寅	酉	壬(亥)

주야	龍白	陳空	合龍	雀陳	蛇合	天雀	后蛇	陰天	武后	常陰	白武	空常
천반	戊戌	己亥	庚子	辛丑	壬寅	癸卯	○辰	○巳	甲午	乙未	丙申	丁酉
지반	子	丑	寅	卯	○辰	○巳	午	未	申	酉	戌	亥

- 특징 : 원수과(元首課) · 패려(悖戾) · 퇴간전(退間傳) · 맥월(驀越)
- 필법 : 아괴성격(亞魁星格) · 수일봉정격(水日逢丁格)

【壬寅4국】 甲午순, 辰·巳 공망

말전	중전	초전		4과	3과	2과	1과
陳空	蛇合	陰天		白武	陳空	陰天	白武
己亥	壬寅	○巳		丙申	己亥	○巳	丙申
寅	○巳	申		亥	寅	申	壬(亥)

주야	空常	龍白	陳空	合龍	雀陳	蛇合	天雀	后蛇	陰天	武后	常陰	白武
천반	丁酉	戊戌	己亥	庚子	辛丑	壬寅	癸卯	○辰	○巳	甲午	乙未	丙申
지반	子	丑	寅	卯	○辰	○巳	午	未	申	酉	戌	亥

- 특징 : 원수과(元首課) · 과숙(寡宿) · 불비(不備)
- 필법 : 사익취손격(捨益就損格) · 권섭부정격(權攝不正格) · 간지상회격(干支相會格_寄宮日支相合) · 삼현태격(三玄胎格) **야점** : 삼전개공격(三傳皆空格)

말전	중전	초전		4과	3과	2과	1과
蛇合	武后	龍白		武后	龍白	天雀	常陰
壬寅	甲午	戊戌		甲午	戊戌	癸卯	乙未
午	戌	寅		戌	寅	未	壬(亥)

주야	白武	空常	龍白	陳空	合龍	雀陳	蛇合	天雀	后蛇	陰天	武后	常陰
천반	丙申	丁酉	戊戌	己亥	庚子	辛丑	壬寅	癸卯	○辰	○巳	甲午	乙未
지반	子	丑	寅	卯	○辰	○巳	午	未	申	酉	戌	亥

• **특징** : 중심과(重審課)・염상(炎上)・여덕(勵德)
• **필법** : 최관부(催官符)・명암이귀격(明暗二鬼格)・취환혼채격(取還魂債格)・삼육상호격(三六相呼格) **주점** : 일희일비격(一喜一悲格) **주점_卯월** : 내외효복격(內外孝服格)

말전	중전	초전		4과	3과	2과	1과
白武	雀陳	武后		后蛇	空常	雀陳	武后
丙申	辛丑	甲午		○辰	丁酉	辛丑	甲午
丑	午	亥		酉	寅	午	壬(巳)

주야	常陰	白武	空常	龍白	陳空	合龍	雀陳	蛇合	天雀	后蛇	陰天	武后
천반	乙未	丙申	丁酉	戊戌	己亥	庚子	辛丑	壬寅	癸卯	○辰	○巳	甲午
지반	子	丑	寅	卯	○辰	○巳	午	未	申	酉	戌	亥

• **특징** : 중심과(重審課)・사절(四絶)
• **필법** : 파패신임택격(破敗神臨宅格)・수일봉정격(水日逢丁格)・초조협극격(初遭夾剋格)・인택좌묘격(人宅坐墓格)・사승살격(四勝殺格)・복태격(服胎格)・태수극절격(胎受剋絶格)・삼전체생격(三傳遞生格)・삼전무기격(三傳無氣格) **申월** : 탈재생기격(脫財生氣格) **주점** : 백의식시격(白蟻食尸格)

【壬寅7국】 甲午순, 辰·巳 공망

말전	중전	초전		4과	3과	2과	1과
蛇武	白合	蛇武		蛇武	白合	陳空	陰天
壬寅	丙申	壬寅		壬寅	丙申	己亥	○巳
申	寅	申		申	寅	○巳	壬(亥)

주야	武蛇	常雀	白合	空陳	龍龍	陳空	合白	雀常	蛇武	天陰	后后	陰天
천반	甲午	乙未	丙申	丁酉	戊戌	己亥	庚子	辛丑	壬寅	癸卯	○辰	○巳
지반	子	丑	寅	卯	○辰	○巳	午	未	申	酉	戌	亥

- **특징** : 반음과(返吟課)·무의(無依)·여덕(勵德)
- **필법** : 양귀수극격(兩貴受剋格)·용파신심격(用破身心格)·간지봉절격(干支逢絕格)·
  주점 : 염막귀인격(簾幕貴人格)·지승묘호격(支乘墓虎格)

【壬寅8국】 甲午순, 辰·巳 공망

말전	중전	초전		4과	3과	2과	1과
龍龍	陰天	合白		合白	常雀	空陳	后后
戊戌	○巳	庚子		庚子	乙未	丁酉	○辰
○巳	子	未		未	寅	○辰	壬(亥)

주야	陰天	武蛇	常雀	白合	空陳	龍龍	陳空	合白	雀常	蛇武	天陰	后后
천반	○巳	甲午	乙未	丙申	丁酉	戊戌	己亥	庚子	辛丑	壬寅	癸卯	○辰
지반	子	丑	寅	卯	○辰	○巳	午	未	申	酉	戌	亥

- **특징** : 지일과(知一課)·삼기(三奇)
- **필법** : 묘신부일(墓神覆日)·간지승묘격(干支乘墓格)·불행전자격(不行傳者格)·양후협묘격(兩后夾墓格)·묘공격(墓空格)·참관격(斬關格) **야점** : 육편판격(六片板格) **辰년생** : 천망자이격(天網自裏格)

【壬寅9국】 甲午순, 辰·巳 공망

말전	중전	초전		4과	3과	2과	1과
天陰	常空	陳雀		白龍	合蛇	陳雀	天陰
癸卯	己亥	乙未		戊戌	甲午	乙未	癸卯
亥	未	卯		午	寅	卯	壬(亥)

주야	蛇后	雀天	合蛇	陳雀	龍合	空陳	白龍	常空	武白	陰常	后武	天陰
천반	○辰	○巳	甲午	乙未	丙申	丁酉	戊戌	己亥	庚子	辛丑	壬寅	癸卯
지반	子	丑	寅	卯	○辰	○巳	午	未	申	酉	戌	亥

· 특징 : 중심과(重審課) · 곡직(曲直)
· 필법 : 간지전승사격(干支全乘死格) · 수미상견격(首尾相見格) · 목락귀근격(木落歸根格) **야점** : 염막귀인격(簾幕貴人格) **주점** : 중귀수창격(衆鬼雖彰格)

【壬寅10국】 甲午순, 辰·巳 공망

말전	중전	초전		4과	3과	2과	1과
后武	常空	龍合		龍合	雀天	雀天	后武
壬寅	己亥	丙申		丙申	○巳	○巳	壬寅
亥	申	○巳		○巳	寅	寅	壬(亥)

주야	天陰	蛇后	雀天	合蛇	陳雀	龍合	空陳	白龍	常空	武白	陰常	后武
천반	癸卯	○辰	○巳	甲午	乙未	丙申	丁酉	戊戌	己亥	庚子	辛丑	壬寅
지반	子	丑	寅	卯	○辰	○巳	午	未	申	酉	戌	亥

· 특징 : 중심과(重審課) · 불비(不備) · 췌서(贅壻)
· 필법 : 간지상회격(干支相會格_寄宮日支相合) · 절신가생격(絶神加生格) · 탈상봉탈격(脫上逢脫格) · 삼현태격(三玄胎格) **주점** : 장봉내전격(將逢內戰格)

【壬寅11국】 甲午순, 辰·巳 공망

말전	중전	초전		4과	3과	2과	1과
龍合	合蛇	蛇后		合蛇	蛇后	天陰	陰常
丙申	甲午	○辰		甲午	○辰	癸卯	辛丑
午	○辰	寅		○辰	寅	丑	壬(亥)

주야	后武	天陰	蛇后	雀天	合蛇	陳雀	龍合	空陳	白龍	常空	武白	陰常
천반	壬寅	癸卯	○辰	○巳	甲午	乙未	丙申	丁酉	戊戌	己亥	庚子	辛丑
지반	子	丑	寅	卯	○辰	○巳	午	未	申	酉	戌	亥

- 특징 : 중심과(重審課) · 순간전(順間傳) · 등삼천(登三天) · 일여(泆女) · 육의(六儀) · 사기(死奇) · 귀묘(鬼墓)
- 필법 : 강색귀호격(罡塞鬼戶格) · 난변이격(難變易格) **야점_酉월** : 내외효복격(內外孝服格)

【壬寅12국】 甲午순, 辰·巳 공망

말전	중전	초전		4과	3과	2과	1과
合蛇	雀天	蛇后		蛇后	天陰	陰常	武白
甲午	○巳	○辰		○辰	癸卯	辛丑	庚子
○巳	○辰	卯		卯	寅	子	壬(亥)

주야	陰常	后武	天陰	蛇后	雀天	合蛇	陳雀	龍合	空陳	白龍	常空	武白
천반	辛丑	壬寅	癸卯	○辰	○巳	甲午	乙未	丙申	丁酉	戊戌	己亥	庚子
지반	子	丑	寅	卯	○辰	○巳	午	未	申	酉	戌	亥

- 특징 : 중심과(重審課) · 진연주(進連珠) · 과숙(寡宿) · 승계(昇階) · 육의(六儀) · 귀묘(鬼墓)
- 필법 : 진퇴양난격(進退兩難格) · 개왕격(皆旺格) · 삼전개공격(三傳皆空格) · 견재무재격(見財無財格) · 나거취재격(懶去取財格) · 진여공망격(進茹空亡格) · 녹피현탈격(祿被玄奪格) · 나망격(羅網格) **야점** : 귀인입옥격(貴人入獄格)

【癸卯1국】 甲午순, 辰・巳 공망

말전	중전	초전		4과	3과	2과	1과
陰陳	白白	陳陰		雀天	雀天	陳陰	陳陰
乙未	戊戌	辛丑		癸卯	癸卯	辛丑	辛丑
未	戌	丑		卯	卯	丑	癸(丑)

주야	龍武	陳陰	合后	雀天	蛇蛇	天雀	后合	陰陳	武龍	常空	白白	空常
천반	庚子	辛丑	壬寅	癸卯	○辰	○巳	甲午	乙未	丙申	丁酉	戊戌	己亥
지반	子	丑	寅	卯	○辰	○巳	午	未	申	酉	戌	亥

- 특징 : 복음과(伏吟課)・가색(稼穡)・자신(自信)・여덕(勵德)
- 필법 : 주객형상격(主客刑上格)_삼형・태양조현격(太陽照玄格)

【癸卯2국】 甲午순, 辰・巳 공망

말전	중전	초전		4과	3과	2과	1과
空常	龍武	陳陰		陳陰	合后	空常	龍武
己亥	庚子	辛丑		辛丑	壬寅	己亥	庚子
子	丑	寅		寅	卯	子	癸(丑)

주야	空常	龍武	陳陰	合后	雀天	蛇蛇	天雀	后合	陰陳	武龍	常空	白白
천반	己亥	庚子	辛丑	壬寅	癸卯	○辰	○巳	甲午	乙未	丙申	丁酉	戊戌
지반	子	丑	寅	卯	○辰	○巳	午	未	申	酉	戌	亥

- 특징 : 중심과(重審課)・퇴연여(退連茹)
- 필법 : 양사협묘격(兩蛇夾墓格) **야점** : 녹피현탈격(祿被玄奪格) **주점** : 왕록가림격(旺祿加臨格)

【癸卯3국】 甲午순, 辰·巳 공망

말전	중전	초전
常空	空陳	陳雀
丁酉	己亥	辛丑
亥	丑	卯

4과	3과	2과	1과
空陳	陳雀	常空	空陳
己亥	辛丑	丁酉	己亥
丑	卯	亥	癸(丑)

주야	白龍	空陳	龍合	陳雀	合蛇	雀天	蛇后	天陰	后武	陰常	武白	常空
천반	戊戌	己亥	庚子	辛丑	壬寅	癸卯	○辰	○巳	甲午	乙未	丙申	丁酉
지반	子	丑	寅	卯	○辰	○巳	午	未	申	酉	戌	亥

- 특징 : 섭해과(涉害課) · 퇴간전(退間傳) · 극음(極陰) · 순환(循環)
- 필법 : 수일봉정격(水日逢丁格)

※ 초전 · 중전 · 말전을 亥 · 酉 · 未로 보기도 한다.

【癸卯4국】 甲午순, 辰·巳 공망

말전	중전	초전
蛇后	陰常	白龍
○辰	乙未	戊戌
未	戌	丑

4과	3과	2과	1과
常空	龍合	陰常	白龍
丁酉	庚子	乙未	戊戌
子	卯	戌	癸(丑)

주야	常空	白龍	空陳	龍合	陳雀	合蛇	雀天	蛇后	天陰	后武	陰常	武白
천반	丁酉	戊戌	己亥	庚子	辛丑	壬寅	癸卯	○辰	○巳	甲午	乙未	丙申
지반	子	丑	寅	卯	○辰	○巳	午	未	申	酉	戌	亥

- 특징 : 원수과(元首課) · 가색(稼穡)
- 필법 : 권섭부정격(權攝不正格) · 사승살격(四勝殺格) · 태양조현격(太陽照玄格) **주점** : 이흉제흉격(二凶制凶格) · 호림간귀격(虎臨干鬼格) · 최관사자(催官使者)

【癸卯5국】 甲午순, 辰·巳 공망

말전	중전	초전		4과	3과	2과	1과
空陳	雀天	陰常		陰常	空陳	天陰	常空
己亥	癸卯	乙未		乙未	己亥	○巳	丁酉
卯	未	亥		亥	卯	酉	癸(丑)

주야	武白	常空	白龍	空陳	龍合	陳雀	合蛇	雀天	蛇后	天陰	后武	陰常
천반	丙申	丁酉	戊戌	己亥	庚子	辛丑	壬寅	癸卯	○辰	○巳	甲午	乙未
지반	子	丑	寅	卯	○辰	○巳	午	未	申	酉	戌	亥

- **특징** : 섭해과(涉害課) · 곡직(曲直) · 여덕(勵德)
- **필법** : 아괴성격(亞魁星格) · 수일봉정격(水日逢丁格) · 합중범살격(合中犯殺格) · 목락귀근격(木落歸根格) **야점** : 중귀수창격(衆鬼雖彰格)

【癸卯6국】 甲午순, 辰·巳 공망

말전	중전	초전		4과	3과	2과	1과
天陰	白龍	雀天		天陰	白龍	雀天	武白
○巳	戊戌	癸卯		○巳	戊戌	癸卯	丙申
戌	卯	申		戌	卯	申	癸(丑)

주야	陰常	武白	常空	白龍	空陳	龍合	陳雀	合蛇	雀天	蛇后	天陰	后武
천반	乙未	丙申	丁酉	戊戌	己亥	庚子	辛丑	壬寅	癸卯	○辰	○巳	甲午
지반	子	丑	寅	卯	○辰	○巳	午	未	申	酉	戌	亥

- **특징** : 지일과(知一課) · 단륜(斷輪) · 무음(蕪淫) · 용전(龍戰) · 사절(四絶)
- **필법** : 후목무용격(朽木無用格) **야점** : 장봉내전격(將逢內戰格) · 귀인입옥격(貴人入獄格) · 일희일비격(一喜一悲格) · 백의식시격(白蟻食尸格)

【癸卯7국】 甲午순, 辰 · 巳 공망

말전	중전	초전
陰天	陳空	陰天
癸卯	丁酉	癸卯
酉	卯	酉

4과	3과	2과	1과
陰天	陳空	常雀	雀常
癸卯	丁酉	辛丑	乙未
酉	卯	未	癸(丑)

주야	蛇武	雀常	合白	陳空	龍龍	空陳	白合	常雀	武蛇	陰天	后后	天陰
천반	甲午	乙未	丙申	丁酉	戊戌	己亥	庚子	辛丑	壬寅	癸卯	○辰	○巳
지반	子	丑	寅	卯	○辰	○巳	午	未	申	酉	戌	亥

- **특징** : 반음과(返吟課) · 무의(無依) · 삼교(三交) · 여덕(勵德) · 용전(龍戰)
- **필법** : 양귀수극격(兩貴受剋格) · 의혹격(疑惑格) · 두괴상가격(斗魁相加格) · 수일봉정격(水日逢丁格) · 전상좌극격(全傷坐剋格) **卯월** : 효백개처두격(孝白盖妻頭格) **야점_卯월** : 내외효복격(內外孝服格) **주점** : 작귀격(雀鬼格)

【癸卯8국】 甲午순, 辰 · 巳 공망

말전	중전	초전
后后	空陳	蛇武
○辰	己亥	甲午
亥	午	丑

4과	3과	2과	1과
常雀	合白	空陳	蛇武
辛丑	丙申	己亥	甲午
申	卯	午	癸(丑)

주야	天陰	蛇武	雀常	合白	陳空	龍龍	空陳	白合	常雀	武蛇	陰天	后后
천반	○巳	甲午	乙未	丙申	丁酉	戊戌	己亥	庚子	辛丑	壬寅	癸卯	○辰
지반	子	丑	寅	卯	○辰	○巳	午	未	申	酉	戌	亥

- **특징** : 중심과(重審課)
- **필법** : 진퇴양난격(進退兩難格) **야점** : 지승묘호격(支乘墓虎格) **주점** : 육편판격(六片板格)

말전	중전	초전
天雀	常陰	陳空
○巳	辛丑	丁酉
丑	酉	○巳

4과	3과	2과	1과
空常	雀陳	陳空	天雀
己亥	乙未	丁酉	○巳
未	卯	○巳	癸(丑)

주야	后蛇	天雀	蛇合	雀陳	合龍	陳空	龍白	空常	白武	常陰	武后	陰天
천반	○辰	○巳	甲午	乙未	丙申	丁酉	戊戌	己亥	庚子	辛丑	壬寅	癸卯
지반	子	丑	寅	卯	○辰	○巳	午	未	申	酉	戌	亥

- **특징**: 섭해과(涉害課)·종혁(從革)·고진(孤辰)·용전(龍戰)·절사(絶嗣)
- **필법**: 인왕쇠택격(人旺衰宅格)·수일봉정격(水日逢丁格)·염막귀인격(簾幕貴人格)
  야점: 염막귀인격(簾幕貴人格)

말전	중전	초전
陰天	白武	陳空
癸卯	庚子	丁酉
子	酉	午

4과	3과	2과	1과
陳空	蛇合	雀陳	后蛇
丁酉	甲午	乙未	○辰
午	卯	○辰	癸(丑)

주야	陰天	后蛇	天雀	蛇合	雀陳	合龍	陳空	龍白	空常	白武	常陰	武后
천반	癸卯	○辰	○巳	甲午	乙未	丙申	丁酉	戊戌	己亥	庚子	辛丑	壬寅
지반	子	丑	寅	卯	○辰	○巳	午	未	申	酉	戌	亥

- **특징**: 중심과(重審課)·삼교(三交)·용전(龍戰)
- **필법**: 묘신부일(墓神覆日)·묘공격(墓空格)·수일봉정격(水日逢丁格)·절신가생격
  (絶神加生格)·참관격(斬關格) **辰년생**: 천망자이격(天網自裏格)

【癸卯11국】 甲午순, 辰·巳 공망

말전	중전	초전
空常	陳空	雀陳
己亥	丁酉	乙未
酉	未	○巳

4과	3과	2과	1과
雀陳	天雀	天雀	陰天
乙未	○巳	○巳	癸卯
○巳	卯	卯	癸(丑)

주야	武后	陰天	后蛇	天雀	蛇合	雀陳	合龍	陳空	龍白	空常	白武	常陰
천반	壬寅	癸卯	○辰	○巳	甲午	乙未	丙申	丁酉	戊戌	己亥	庚子	辛丑
지반	子	丑	寅	卯	○辰	○巳	午	未	申	酉	戌	亥

- **특징** : 요극과(遙剋課) · 순간전(順間傳) · 입명(入冥) · 여덕(勵德) · 불비(不備)
- **필법** : 원소근단격(原消根斷格) · 강색귀호격(罡塞鬼戶格) **야점** : 삼전개공격(三傳皆空格) **주점** : 염막귀인격(簾幕貴人格) · 주야귀가격(晝夜貴加格)

【癸卯12국】 甲午순, 辰·巳 공망

말전	중전	초전
蛇合	天雀	后蛇
甲午	○巳	○辰
○巳	○辰	卯

4과	3과	2과	1과
天雀	后蛇	陰天	武后
○巳	○辰	癸卯	壬寅
○辰	卯	寅	癸(丑)

주야	常陰	武后	陰天	后蛇	天雀	蛇合	雀陳	合龍	陳空	龍白	空常	白武
천반	辛丑	壬寅	癸卯	○辰	○巳	甲午	乙未	丙申	丁酉	戊戌	己亥	庚子
지반	子	丑	寅	卯	○辰	○巳	午	未	申	酉	戌	亥

- **특징** : 중심과(重審課) · 진연주(進連珠) · 과숙(寡宿) · 승계(昇階) · 사기(死奇)
- **필법** : 탈공격(脫空格_進茹 중) · 탈상봉탈격(脫上逢脫格) · 진퇴양난격(進退兩難格) · 삼전개공격(三傳皆空格) **주점** : 귀인입옥격(貴人入獄格)

【甲辰1국】 甲辰순, 寅·卯 공망

말전	중전	초전		4과	3과	2과	1과
后白	雀陳	龍蛇		合合	合合	龍蛇	龍蛇
戊申	乙巳	○寅		甲辰	甲辰	○寅	○寅
申	巳	○寅		辰	辰	○寅	甲(○寅)

주야	白后	空天	龍蛇	陳雀	合合	雀陳	蛇龍	天空	后白	陰常	武武	常陰
천반	壬子	癸丑	○寅	○卯	甲辰	乙巳	丙午	丁未	戊申	己酉	庚戌	辛亥
지반	子	丑	○寅	○卯	辰	巳	午	未	申	酉	戌	亥

- 특징 : 복음과(伏吟課) · 자임(自任)
- 필법 : 왕록가림격(旺祿加臨格) · 삼현태격(三玄胎格) · 주객형상격(主客刑上格)_삼형

【甲辰2국】 甲辰순, 寅·卯 공망

말전	중전	초전		4과	3과	2과	1과
武武	常陰	白后		龍蛇	陳雀	白后	空天
庚戌	辛亥	壬子		○寅	○卯	壬子	癸丑
亥	子	丑		○卯	辰	丑	甲(○寅)

주야	常陰	白后	空天	龍蛇	陳雀	合合	雀陳	蛇龍	天空	后白	陰常	武武
천반	辛亥	壬子	癸丑	○寅	○卯	甲辰	乙巳	丙午	丁未	戊申	己酉	庚戌
지반	子	丑	○寅	○卯	辰	巳	午	未	申	酉	戌	亥

- 특징 : 지일과(知一課) · 퇴연여(退連茹) · 중음(重陰)
- 필법 : 사손취익격(捨損取益格) · 재작폐구격(財作閉口格) **야점** : 귀인기탄격(貴人忌憚格) **주점** : 염막귀인격(簾幕貴人格)

【甲辰3국】 甲辰순, 寅·卯 공망

말전	중전	초전		4과	3과	2과	1과
蛇龍	后白	武武		白后	龍蛇	武武	白后
丙午	戊申	庚戌		壬子	○寅	庚戌	壬子
申	戌	子		○寅	辰	子	甲(○寅)

주야	武武	常陰	白后	空天	龍蛇	陳雀	合合	雀陳	蛇龍	天空	后白	陰常
천반	庚戌	辛亥	壬子	癸丑	○寅	○卯	甲辰	乙巳	丙午	丁未	戊申	己酉
지반	子	丑	○寅	○卯	辰	巳	午	未	申	酉	戌	亥

· **특징** : 섭해과(涉害課)·패려(悖戾)·퇴간전(退間傳)·여덕(勵德)
· **필법** : 말조초혜격(末助初兮格)·권섭부정격(權攝不正格)
※ 초전·중전·말전을 寅·子·戌로 보기도 한다.

【甲辰4국】 甲辰순, 寅·卯 공망

말전	중전	초전		4과	3과	2과	1과
龍蛇	雀陳	后白		武武	空天	后白	常陰
○寅	乙巳	戊申		庚戌	癸丑	戊申	辛亥
巳	申	亥		丑	辰	亥	甲(○寅)

주야	陰常	武武	常陰	白后	空天	龍蛇	陳雀	合合	雀陳	蛇龍	天空	后白
천반	己酉	庚戌	辛亥	壬子	癸丑	○寅	○卯	甲辰	乙巳	丙午	丁未	戊申
지반	子	丑	○寅	○卯	辰	巳	午	未	申	酉	戌	亥

· **특징** : 요극과(遙剋課)
· **필법** : 삼현태격(三玄胎格)·주객형상격(主客刑上格)_삼형·폐구격(閉口格)·재작폐구격(財作閉口格) **야점** : 양공협묘격(兩空夾墓格) **주점** : 태상간생격(太常干生格) 辰·戌·丑·未월 : 일희일비격(一喜一悲格)

【甲辰5국】 甲辰순, 寅·卯 공망

말전	중전	초전
白后	后白	合合
○寅	丙午	庚戌
午	戌	○寅

4과	3과	2과	1과
蛇龍	龍蛇	后白	合合
戊申	壬子	丙午	庚戌
子	辰	戌	甲(○寅)

주야	蛇龍	雀陳	合合	陳雀	龍蛇	空天	白后	常陰	武武	陰常	后白	天空
천반	戊申	己酉	庚戌	辛亥	壬子	癸丑	○寅	○卯	甲辰	乙巳	丙午	丁未
지반	子	丑	○寅	○卯	辰	巳	午	未	申	酉	戌	亥

- **특징** : 섭해과(涉害課) · 염상(炎上) · 교동(狡童)
- **필법** : 초조협극격(初遭夾剋格) · 재둔귀격(財遁鬼格) · 취환혼채격(取還魂債格) · 합중 범살격(合中犯殺格) **주점** : 신장살몰격(神藏殺沒格)
※ 초전 · 중전 · 말전을 子 · 申 · 辰으로 보기도 한다.

【甲辰6국】 甲辰순, 寅·卯 공망

말전	중전	초전
蛇龍	空天	后白
戊申	癸丑	丙午
丑	午	亥

4과	3과	2과	1과
后白	陳雀	武武	雀陳
丙午	辛亥	甲辰	己酉
亥	辰	酉	甲(○寅)

주야	天空	蛇龍	雀陳	合合	陳雀	龍蛇	空天	白后	常陰	武武	陰常	后白
천반	丁未	戊申	己酉	庚戌	辛亥	壬子	癸丑	○寅	○卯	甲辰	乙巳	丙午
지반	子	丑	○寅	○卯	辰	巳	午	未	申	酉	戌	亥

- **특징** : 지일과(知一課) · 사절(四絶)
- **필법** : 삼전무기격(三傳無氣格) · 주객형상격(主客刑上格)_자형 · 아괴성격(亞魁星 格) · 태수극절격(胎受剋絶格) **주점** : 작귀격(雀鬼格)

【甲辰7국】 甲辰순, 寅·卯 공망

말전	중전	초전		4과	3과	2과	1과
白后	蛇龍	白后		武武	合合	白后	蛇龍
○寅	戊申	○寅		甲辰	庚戌	○寅	戊申
申	○寅	申		戌	辰	申	甲(○寅)

주야	后白	天空	蛇龍	雀陳	合合	陳雀	龍蛇	空天	白后	常陰	武武	陰常
천반	丙午	丁未	戊申	己酉	庚戌	辛亥	壬子	癸丑	○寅	○卯	甲辰	乙巳
지반	子	丑	○寅	○卯	辰	巳	午	未	申	酉	戌	亥

- 특징 : 반음과(返吟課) · 무의(無依) · 고진(孤辰)
- 필법 : 알구화출격(謁求禍出格) · 주야귀가격(晝夜貴加格) · 삼전개공격(三傳皆空格) · 내거구공격(來去俱空格) · 명암이귀격(明暗二鬼格) · 공록격(空祿格) **주점** : 양귀협묘격(兩貴夾墓格)

【甲辰8국】 甲辰순, 寅·卯 공망

말전	중전	초전		4과	3과	2과	1과
龍蛇	天空	白后		白后	雀陳	龍蛇	天空
壬子	丁未	○寅		○寅	己酉	壬子	丁未
未	○寅	酉		酉	辰	未	甲(○寅)

주야	陰常	后白	天空	蛇龍	雀陳	合合	陳雀	龍蛇	空天	白后	常陰	武武
천반	乙巳	丙午	丁未	戊申	己酉	庚戌	辛亥	壬子	癸丑	○寅	○卯	甲辰
지반	子	丑	○寅	○卯	辰	巳	午	未	申	酉	戌	亥

- 특징 : 섭해과(涉害課) · 과숙(寡宿) · 도액(度厄)
- 필법 : 육편판격(六片板格) · 재승정마격(財乘丁馬格) · 묘신부일(墓神覆日) · 공록격(空祿格) **巳월** : 정신염목격(丁神厭目格) **야점** : 염막귀인격(簾幕貴人格) · 탈공격(脫空格) **주점** : 부귀패굴격(富貴敗屈格) · 귀인공망격(貴人空亡格) **未년생** : 천망자이격(天網自裏格)

※ 초전 · 중전 · 말전을 子 · 巳 · 戌로 보기도 한다.

【甲辰9국】 甲辰순, 寅・卯 공망

말전	중전	초전		4과	3과	2과	1과
武武	龍蛇	蛇龍		龍蛇	蛇龍	合合	后白
甲辰	壬子	戊申		壬子	戊申	庚戌	丙午
子	申	辰		申	辰	午	甲(o寅)

주야	武武	陰常	后白	天空	蛇龍	雀陳	合合	陳雀	龍蛇	空天	白后	常陰
천반	甲辰	乙巳	丙午	丁未	戊申	己酉	庚戌	辛亥	壬子	癸丑	o寅	o卯
지반	子	丑	o寅	o卯	辰	巳	午	未	申	酉	戌	亥

- **특징** : 요극과(遙尅課)・윤하(潤下)・여덕(勵德)
- **필법** : 수류추동격(水流趨東格)・말조초혜격(末助初兮格)・합중범살격(合中犯殺格)・위중취재격(危中取財格)

【甲辰10국】 甲辰순, 寅・卯 공망

말전	중전	초전		4과	3과	2과	1과
白后	陳雀	蛇龍		合合	天空	蛇龍	陰常
o寅	辛亥	戊申		庚戌	丁未	戊申	乙巳
亥	申	巳		未	辰	巳	甲(o寅)

주야	常陰	武武	陰常	后白	天空	蛇龍	雀陳	合合	陳雀	龍蛇	空天	白后
천반	o卯	甲辰	乙巳	丙午	丁未	戊申	己酉	庚戌	辛亥	壬子	癸丑	o寅
지반	子	丑	o寅	o卯	辰	巳	午	未	申	酉	戌	亥

- **특징** : 중심과(重審課)
- **필법** : 절신가생격(絶神加生格)・백호입상차격(白虎入喪車格)・삼현태격(三玄胎格)・탈상봉탈격(脱上逢脱格) **주점** : 양공협묘격(兩空夾墓格)

【甲辰11국】 甲辰순, 寅·卯 공망

말전	중전	초전		4과	3과	2과	1과
后白	蛇龍	合合		后白	蛇龍	蛇龍	合合
戊申	丙午	甲辰		戊申	丙午	丙午	甲辰
午	辰	○寅		午	辰	辰	甲(○寅)

주야	龍蛇	陳雀	合合	雀陳	蛇龍	天空	后白	陰常	武武	常陰	白后	空天
천반	○寅	○卯	甲辰	乙巳	丙午	丁未	戊申	己酉	庚戌	辛亥	壬子	癸丑
지반	子	丑	○寅	○卯	辰	巳	午	未	申	酉	戌	亥

- **특징** : 섭해과(涉害課)·순간전(順間傳)·등삼천(登三天)·교동(狡童)·췌서(贅壻)
- **필법** : 참관격(斬關格) **야점** : 귀등천문격(貴登天門格)·강색귀호격(罡塞鬼戶格)·신장살몰격(神藏殺沒格)

【甲辰12국】 甲辰순, 寅·卯 공망

말전	중전	초전		4과	3과	2과	1과
蛇龍	雀陳	合合		蛇龍	雀陳	合合	陳雀
丙午	乙巳	甲辰		丙午	乙巳	甲辰	○卯
巳	辰	○卯		巳	辰	○卯	甲(○寅)

주야	空天	龍蛇	陳雀	合合	雀陳	蛇龍	天空	后白	陰常	武武	常陰	白后
천반	癸丑	○寅	○卯	甲辰	乙巳	丙午	丁未	戊申	己酉	庚戌	辛亥	壬子
지반	子	丑	○寅	○卯	辰	巳	午	未	申	酉	戌	亥

- **특징** : 중심과(重審課)·진연주(進連珠)·승계(昇階)
- **필법** : 왕록가림격(旺祿加臨格)·나거취재격(懶去取財格)

【乙巳1국】 甲辰순, 寅・卯 공망

말전	중전	초전		4과	3과	2과	1과
天常	合龍	陳陳		合龍	合龍	陳陳	陳陳
戊申	乙巳	甲辰		乙巳	乙巳	甲辰	甲辰
申	巳	辰		巳	巳	辰	乙(辰)

주야	常天	白蛇	空雀	龍合	陳陳	合龍	雀空	蛇白	天常	后武	陰陰	武后
천반	壬子	癸丑	○寅	○卯	甲辰	乙巳	丙午	丁未	戊申	己酉	庚戌	辛亥
지반	子	丑	○寅	○卯	辰	巳	午	未	申	酉	戌	亥

- **특징** : 복음과(伏吟課) · 자신(自信)
- **필법** : 참관격(斬關格)

【乙巳2국】 甲辰순, 寅・卯 공망

말전	중전	초전		4과	3과	2과	1과
白蛇	空雀	龍合		龍合	陳陳	空雀	龍合
癸丑	○寅	○卯		○卯	甲辰	○寅	○卯
○寅	○卯	辰		辰	巳	○卯	乙(辰)

주야	武后	常天	白蛇	空雀	龍合	陳陳	合龍	雀空	蛇白	天常	后武	陰陰
천반	辛亥	壬子	癸丑	○寅	○卯	甲辰	乙巳	丙午	丁未	戊申	己酉	庚戌
지반	子	丑	○寅	○卯	辰	巳	午	未	申	酉	戌	亥

- **특징** : 원수과(元首課) · 퇴연여(退連茹) · 불비(不備) · 맥월(驀越) · 연방(聯芳)
- **필법** : 삼전개공격(三傳皆空格) · 유여탈기격(有餘脫氣格) · 진퇴양난격(進退兩難格) · 답각공망격(踏脚空亡格) · 나거취재격(懶去取財格) · 왕록가림격(旺祿加臨格)

【乙巳3국】 甲辰순, 寅・卯 공망

말전	중전	초전		4과	3과	2과	1과
后武	武后	白蛇		白蛇	龍合	常天	空雀
己酉	辛亥	癸丑		癸丑	○卯	壬子	○寅
亥	丑	○卯		○卯	巳	○寅	乙(辰)

주야	陰陰	武后	常天	白蛇	空雀	龍合	陳陳	合龍	雀空	蛇白	天常	后武
천반	庚戌	辛亥	壬子	癸丑	○寅	○卯	甲辰	乙巳	丙午	丁未	戊申	己酉
지반	子	丑	○寅	○卯	辰	巳	午	未	申	酉	戌	亥

- 특징 : 중심과(重審課)・퇴간전(退間傳)・극음(極陰)・맥월(驀越)
- 필법 : 나거취재격(懶去取財格)・사과개공격(四課皆空格)・권섭부정격(權攝不正格)

【乙巳4국】 甲辰순, 寅・卯 공망

말전	중전	초전		4과	3과	2과	1과
后白	雀陰	龍蛇		合后	空雀	雀陰	龍蛇
丁未	庚戌	癸丑		辛亥	○寅	庚戌	癸丑
戌	丑	辰		○寅	巳	丑	乙(辰)

주야	蛇武	雀陰	合后	陳天	龍蛇	空雀	白合	常陳	武龍	陰空	后白	天常
천반	己酉	庚戌	辛亥	壬子	癸丑	○寅	○卯	甲辰	乙巳	丙午	丁未	戊申
지반	子	丑	○寅	○卯	辰	巳	午	未	申	酉	戌	亥

- 특징 : 중심과(重審課)・가색(稼穡)・유자(游子)
- 필법 : 주객형상격(主客刑上格)_삼형・폐구격(閉口格)・재작폐구격(財作閉口格)・호묘격(虎墓格)

【乙巳5국】 甲辰순, 寅·卯 공망

말전	중전	초전		4과	3과	2과	1과
龍蛇	武龍	蛇武		蛇武	龍蛇	天常	陳天
癸丑	乙巳	己酉		己酉	癸丑	戊申	壬子
巳	酉	丑		丑	巳	子	乙(辰)

주야	天常	蛇武	雀陰	合后	陳天	龍蛇	空雀	白合	常陳	武龍	陰空	后白
천반	戊申	己酉	庚戌	辛亥	壬子	癸丑	○寅	○卯	甲辰	乙巳	丙午	丁未
지반	子	丑	○寅	○卯	辰	巳	午	未	申	酉	戌	亥

- **특징** : 요극과(遙剋課) · 종혁(從革)
- **필법** : 재작폐구격(財作閉口格) · 육효생간상격(六爻生干上格)_전귀화부모(傳鬼化父母) **야점** : 천거격(薦擧格) **주점** : 부구앙수격(俯丘仰瞽格) · 염막귀인격(簾幕貴人格)

【乙巳6국】 甲辰순, 寅·卯 공망

말전	중전	초전		4과	3과	2과	1과
天陳	龍后	陰空		后龍	陳天	陰空	合蛇
戊申	癸丑	丙午		丁未	壬子	丙午	辛亥
丑	午	亥		子	巳	亥	乙(辰)

주야	后龍	天陳	蛇合	雀雀	合蛇	陳天	龍后	空陰	白武	常常	武白	陰空
천반	丁未	戊申	己酉	庚戌	辛亥	壬子	癸丑	○寅	○卯	甲辰	乙巳	丙午
지반	子	丑	○寅	○卯	辰	巳	午	未	申	酉	戌	亥

- **특징** : 중심과(重審課) · 사절(四絕)
- **필법** : 공록격(空祿格) · 은다원심격(恩多怨深格) · 삼전무기격(三傳無氣格)

【乙巳7국】 甲辰순, 寅·卯 공망

말전	중전	초전
武白	合蛇	武白
乙巳	辛亥	乙巳
亥	巳	亥

4과	3과	2과	1과
武白	合蛇	常常	雀雀
乙巳	辛亥	甲辰	庚戌
亥	巳	戌	乙(辰)

주야	陰空	后龍	天陳	蛇合	雀雀	合蛇	陳天	龍后	空陰	白武	常常	武白
천반	丙午	丁未	戊申	己酉	庚戌	辛亥	壬子	癸丑	○寅	○卯	甲辰	乙巳
지반	子	丑	○寅	○卯	辰	巳	午	未	申	酉	戌	亥

· **특징** : 반음과(返吟課) · 무의(無依)
· **필법** : 공록격(空祿格)

【乙巳8국】 甲辰순, 寅·卯 공망

말전	중전	초전
陳天	后龍	空陰
壬子	丁未	○寅
未	○寅	酉

4과	3과	2과	1과
白武	雀雀	空陰	蛇合
○卯	庚戌	○寅	己酉
戌	巳	酉	乙(辰)

주야	武白	陰空	后龍	天陳	蛇合	雀雀	合蛇	陳天	龍后	空陰	白武	常常
천반	乙巳	丙午	丁未	戊申	己酉	庚戌	辛亥	壬子	癸丑	○寅	○卯	甲辰
지반	子	丑	○寅	○卯	辰	巳	午	未	申	酉	戌	亥

· **특징** : 중심과(重審課) · 과숙(寡宿) · 여덕(勵德)
· **필법** : 명암이귀격(明暗二鬼格) · 육편판격(六片板格) · 아괴성격(亞魁星格) · 알구화출격(謁求禍出格) **야점** : 부귀패굴격(富貴敗屈格)

【乙巳9국】甲辰순, 寅・卯 공망

말전	중전	초전		4과	3과	2과	1과
武白	龍后	蛇合		龍后	蛇合	陳天	天陳
乙巳	癸丑	己酉		癸丑	己酉	壬子	戊申
丑	酉	巳		酉	巳	申	乙(辰)

주야	常常	武白	陰空	后龍	天陳	蛇合	雀雀	合蛇	陳天	龍后	空陰	白武
천반	甲辰	乙巳	丙午	丁未	戊申	己酉	庚戌	辛亥	壬子	癸丑	○寅	○卯
지반	子	丑	○寅	○卯	辰	巳	午	未	申	酉	戌	亥

- 특징 : 중심과(重審課)・종혁(從革)
- 필법 : 금강격(金剛格)・교차삼합격(交車三合格)・합중범살격(合中犯殺格)・최관부
  (催官符)・복태격(服胎格)・태신좌장생격(胎神坐長生格) **야점** : 염막귀인격(簾
  幕貴人格) **주점** : 귀승천을격(鬼乘天乙格)

【乙巳10국】甲辰순, 寅・卯 공망

말전	중전	초전		4과	3과	2과	1과
白后	陰雀	蛇龍		武蛇	天陳	陰雀	蛇龍
癸丑	庚戌	丁未		辛亥	戊申	庚戌	丁未
戌	未	辰		申	巳	未	乙(辰)

주야	龍武	陳常	合白	雀空	蛇龍	天陳	后合	陰雀	武蛇	常天	白后	空陰
천반	○卯	甲辰	乙巳	丙午	丁未	戊申	己酉	庚戌	辛亥	壬子	癸丑	○寅
지반	子	丑	○寅	○卯	辰	巳	午	未	申	酉	戌	亥

- 특징 : 지일과(知一課)・가색(稼穡)・유자(游子)
- 필법 : 절신가생격(絶神加生格)・묘신부일(墓神覆日)・주객형상격(主客刑上格)_삼
  형・전재화귀격(傳財化鬼格)・재승정마격(財乘丁馬格) **巳월** : 흉괴격(凶怪格)
  ・정신염목격(丁神厭目格) **申・酉・戌월** : 관묘초용격(關墓初用格) **주점** : 귀승
  천을격(鬼乘天乙格) **未년생** : 천망자이격(天網自裏格)

【乙巳11국】 甲辰순, 寅・卯 공망

말전	중전	초전
常天	陰雀	天陳
壬子	庚戌	戊申
戌	申	午

4과	3과	2과	1과
后合	蛇龍	天陳	雀空
己酉	丁未	戊申	丙午
未	巳	午	乙(辰)

주야	空陰	龍武	陳常	合白	雀空	蛇龍	天陳	后合	陰雀	武蛇	常天	白后
천반	○寅	○卯	甲辰	乙巳	丙午	丁未	戊申	己酉	庚戌	辛亥	壬子	癸丑
지반	子	丑	○寅	○卯	辰	巳	午	未	申	酉	戌	亥

- **특징** : 중심과(重審課)・순간전(順間傳)・섭삼연(涉三淵)
- **필법** : 양귀수극격(兩貴受剋格)・탈상봉탈격(脫上逢脫格)・강색귀호격(罡塞鬼戶格)
  야점 : 탈공격(脫空格) **주점** : 양사협묘격(兩蛇夾墓格)

【乙巳12국】 甲辰순, 寅・卯 공망

말전	중전	초전
后武	天常	蛇白
己酉	戊申	丁未
申	未	午

4과	3과	2과	1과
蛇白	雀空	雀空	合龍
丁未	丙午	丙午	乙巳
午	巳	巳	乙(辰)

주야	白蛇	空雀	龍合	陳陳	合龍	雀空	蛇白	天常	后武	陰陰	武后	常天
천반	癸丑	○寅	○卯	甲辰	乙巳	丙午	丁未	戊申	己酉	庚戌	辛亥	壬子
지반	子	丑	○寅	○卯	辰	巳	午	未	申	酉	戌	亥

- **특징** : 요극과(遙剋課)・진연주(進連珠)・불비(不備)・맥월(驀越)
- **필법** : 호묘격(虎墓格)

말전	중전	초전		4과	3과	2과	1과
白合	蛇武	陳空		合白	合白	陳空	陳空
○寅	戊申	乙巳		丙午	丙午	乙巳	乙巳
○寅	申	巳		午	午	巳	丙(巳)

주야	武蛇	常雀	白合	空陳	龍龍	陳空	合白	雀常	蛇武	天陰	后后	陰天
천반	壬子	癸丑	○寅	○卯	甲辰	乙巳	丙午	丁未	戊申	己酉	庚戌	辛亥
지반	子	丑	○寅	○卯	辰	巳	午	未	申	酉	戌	亥

· **특징** : 복음과(伏吟課) · 자임(自任) · 길복음(吉伏吟) · 여덕(勵德)
· **필법** : 주객형상격(主客刑上格)_삼형 · 왕록가림격(旺祿加臨格) · 나거취재격(懶去取
財格) · 길복음과(吉伏吟課) · 간지동류격(干支同類格)

말전	중전	초전		4과	3과	2과	1과
常雀	白合	空陳		龍龍	陳空	空陳	龍龍
癸丑	○寅	○卯		甲辰	乙巳	○卯	甲辰
○寅	○卯	辰		巳	午	辰	丙(巳)

주야	陰天	武蛇	常雀	白合	空陳	龍龍	陳空	合白	雀常	蛇武	天陰	后后
천반	辛亥	壬子	癸丑	○寅	○卯	甲辰	乙巳	丙午	丁未	戊申	己酉	庚戌
지반	子	丑	○寅	○卯	辰	巳	午	未	申	酉	戌	亥

· **특징** : 원수과(元首課) · 퇴연여(退連茹) · 불비(不備) · 연방(聯芳)
· **필법** : 간지동류격(干支同類格) · 심사격(尋死格) · 권섭부정격(權攝不正格) · 참관격
(斬關格) · 삼전개공격(三傳皆空格)

【丙午3국】 甲辰순, 寅‧卯 공망

말전	중전	초전		4과	3과	2과	1과
天陰	雀天	陳雀		龍合	白龍	陳雀	空陳
己酉	辛亥	癸丑		○寅	甲辰	癸丑	○卯
亥	丑	○卯		辰	午	○卯	丙(巳)

주야	蛇后	雀天	合蛇	陳雀	龍合	空陳	白龍	常空	武白	陰常	后武	天陰
천반	庚戌	辛亥	壬子	癸丑	○寅	○卯	甲辰	乙巳	丙午	丁未	戊申	己酉
지반	子	丑	○寅	○卯	辰	巳	午	未	申	酉	戌	亥

- **특징** : 중심과(重審課)‧퇴간전(退間傳)‧극음(極陰)
- **필법** : 간지동류격(干支同類格) **주점** : 주야귀가격(晝夜貴加格)

【丙午4국】 甲辰순, 寅‧卯 공망

말전	중전	초전		4과	3과	2과	1과
武白	天陰	合蛇		合蛇	空陳	雀天	龍合
丙午	己酉	壬子		壬子	○卯	辛亥	○寅
酉	子	○卯		○卯	午	○寅	丙(巳)

주야	天陰	蛇后	雀天	合蛇	陳雀	龍合	空陳	白龍	常空	武白	陰常	后武
천반	己酉	庚戌	辛亥	壬子	癸丑	○寅	○卯	甲辰	乙巳	丙午	丁未	戊申
지반	子	丑	○寅	○卯	辰	巳	午	未	申	酉	戌	亥

- **특징** : 요극과(遙剋課)‧효시(嚆矢)‧삼교(三交)
- **필법** : 장상재흉격(長上災凶格)‧구생격(俱生格)‧간지동류격(干支同類格)‧사과개공격(四課皆空格)‧유여탈기격(有餘脫氣格) **주점_辰월** : 용가생기격(龍加生氣格)

【丙午5局】 甲辰순, 寅·卯 공망

말전	중전	초전		4과	3과	2과	1과
龍合	武白	蛇后		蛇后	龍合	天陰	陳雀
○寅	丙午	庚戌		庚戌	○寅	己酉	癸丑
午	戌	○寅		○寅	午	丑	丙(巳)

주야	后武	天陰	蛇后	雀天	合蛇	陳雀	龍合	空陳	白龍	常空	武白	陰常
천반	戊申	己酉	庚戌	辛亥	壬子	癸丑	○寅	○卯	甲辰	乙巳	丙午	丁未
지반	子	丑	○寅	○卯	辰	巳	午	未	申	酉	戌	亥

- **특징** : 중심과(重審課)·염상(炎上)·일여(泆女)
- **필법** : 간지동류격(干支同類格)·화강격(火强格)·합중범살격(合中犯殺格)

【丙午6局】 甲辰순, 寅·卯 공망

말전	중전	초전		4과	3과	2과	1과
龍合	陰常	合蛇		后武	陳雀	陰常	合蛇
○寅	丁未	壬子		戊申	癸丑	丁未	壬子
未	子	巳		丑	午	子	丙(巳)

주야	陰常	后武	天陰	蛇后	雀天	合蛇	陳雀	龍合	空陳	白龍	常空	武白
천반	丁未	戊申	己酉	庚戌	辛亥	壬子	癸丑	○寅	○卯	甲辰	乙巳	丙午
지반	子	丑	○寅	○卯	辰	巳	午	未	申	酉	戌	亥

- **특징** : 지일과(知一課)·사절(四絶)
- **필법** : 태수극절격(胎受剋絶格)·간지동류격(干支同類格)·삼전호극격(三傳互剋格)·중귀수창격(衆鬼雖彰格)

【丙午7국】 甲辰순, 寅·卯 공망

말전	중전	초전		4과	3과	2과	1과
武龍	合后	武龍		武龍	合后	常空	雀天
丙午	壬子	丙午		丙午	壬子	乙巳	辛亥
子	午	子		子	午	亥	丙(巳)

주야	武龍	陰陳	后合	天雀	蛇蛇	雀天	合后	陳陰	龍武	空常	白白	常空
천반	丙午	丁未	戊申	己酉	庚戌	辛亥	壬子	癸丑	○寅	○卯	甲辰	乙巳
지반	子	丑	○寅	○卯	辰	巳	午	未	申	酉	戌	亥

- **특징** : 반음과(返吟課) · 무의(無依) · 삼교(三交)
- **필법** : 간지동류격(干支同類格) · 결절격(結絶格) · 명암이귀격(明暗二鬼格) · 전상좌극격(全傷坐剋格) **야점** : 귀승천을격(鬼乘天乙格) **주점** : 작귀격(雀鬼格) · 염막귀인격(簾幕貴人格)

【丙午8국】 甲辰순, 寅·卯 공망

말전	중전	초전		4과	3과	2과	1과
龍武	天雀	白白		白白	雀天	空常	蛇蛇
○寅	己酉	甲辰		甲辰	辛亥	○卯	庚戌
酉	辰	亥		亥	午	戌	丙(巳)

주야	常空	武龍	陰陳	后合	天雀	蛇蛇	雀天	合后	陳陰	龍武	空常	白白
천반	乙巳	丙午	丁未	戊申	己酉	庚戌	辛亥	壬子	癸丑	○寅	○卯	甲辰
지반	子	丑	○寅	○卯	辰	巳	午	未	申	酉	戌	亥

- **특징** : 지일과(知一課) · 비용(比用)
- **필법** : 간지동류격(干支同類格) · 양사협묘격(兩蛇夾墓格) · 묘신부일(墓神覆日) **야점** : 육편관격(六片板格) · 귀승천을격(鬼乘天乙格) **주점** : 귀인입옥격(貴人入獄格) **戌년생** : 천망자이격(天網自裏格)

【丙午9국】甲辰순, 寅·卯 공망

말전	중전	초전		4과	3과	2과	1과
陳空	常陰	天雀		白武	后蛇	常陰	天雀
乙巳	癸丑	己酉		○寅	庚戌	癸丑	己酉
丑	酉	巳		戌	午	酉	丙(巳)

주야	龍白	陳空	合龍	雀陳	蛇合	天雀	后蛇	陰天	武后	常陰	白武	空常
천반	甲辰	乙巳	丙午	丁未	戊申	己酉	庚戌	辛亥	壬子	癸丑	○寅	○卯
지반	子	丑	○寅	○卯	辰	巳	午	未	申	酉	戌	亥

· 특징 : 중심과(重審課)·종혁(從革)
· 필법 : 아괴성격(亞魁星格)·간지동류격(干支同類格)·금강격(金剛格)·장생재신격
(將生財神格)·양귀수극격(兩貴受剋格)·합중범살격(合中犯殺格) **戌월장** : 태
양사택격(太陽射宅格) **야점** : 염막귀인격(簾幕貴人格) **주점** : 상장조재격(上將助
財格)

【丙午10국】甲辰순, 寅·卯 공망

말전	중전	초전		4과	3과	2과	1과
白武	陰天	蛇合		武后	天雀	陰天	蛇合
○寅	辛亥	戊申		壬子	己酉	辛亥	戊申
亥	申	巳		酉	午	申	丙(巳)

주야	空常	龍白	陳空	合龍	雀陳	蛇合	天雀	后蛇	陰天	武后	常陰	白武
천반	○卯	甲辰	乙巳	丙午	丁未	戊申	己酉	庚戌	辛亥	壬子	癸丑	○寅
지반	子	丑	○寅	○卯	辰	巳	午	未	申	酉	戌	亥

· 특징 : 지일과(知一課)·비용(比用)
· 필법 : 백호입상차격(白虎入喪車格)·절신가생격(絶神加生格)·삼현태격(三玄胎格)·
간지동류격(干支同類格)·차전환채격(借錢還債格)

【丙午11국】 甲辰순, 寅·卯 공망

말전	중전	초전		4과	3과	2과	1과
武后	后蛇	蛇合		后蛇	蛇合	天雀	雀陳
壬子	庚戌	戊申		庚戌	戊申	己酉	丁未
戌	申	午		申	午	未	丙(巳)

주야	白武	空常	龍白	陳空	合龍	雀陳	蛇合	天雀	后蛇	陰天	武后	常陰
천반	○寅	○卯	甲辰	乙巳	丙午	丁未	戊申	己酉	庚戌	辛亥	壬子	癸丑
지반	子	丑	○寅	○卯	辰	巳	午	未	申	酉	戌	亥

- 특징 : 중심과(重審課)·순간전(順間傳)·섭삼연(涉三淵)
- 필법 : 강색귀호격(罡塞鬼戶格)·간지동류격(干支同類格) **巳월** : 정신염목격(丁神厭目格)

【丙午12국】 甲辰순, 寅·卯 공망

말전	중전	초전		4과	3과	2과	1과
后蛇	天雀	蛇合		蛇合	雀陳	雀陳	合龍
庚戌	己酉	戊申		戊申	丁未	丁未	丙午
酉	申	未		未	午	午	丙(巳)

주야	常陰	白武	空常	龍白	陳空	合龍	雀陳	蛇合	天雀	后蛇	陰天	武后
천반	癸丑	○寅	○卯	甲辰	乙巳	丙午	丁未	戊申	己酉	庚戌	辛亥	壬子
지반	子	丑	○寅	○卯	辰	巳	午	未	申	酉	戌	亥

- 특징 : 요극과(遙尅課)·탄사(彈射)·진연주(進連珠)·불비(不備)·유금(流金)
- 필법 : 간지동류격(干支同類格)·왕록가림격(旺祿加臨格)·일진근린격(日辰近隣格)·나거취재격(懶去取財格)

【丁未1국】 甲辰순, 寅·卯 공망

말전	중전	초전		4과	3과	2과	1과
后后	雀常	常雀		常雀	常雀	常雀	常雀
庚戌	癸丑	丁未		丁未	丁未	丁未	丁未
戌	丑	未		未	未	未	丁(未)

주야	蛇武	雀常	合白	陳空	龍龍	空陳	白合	常雀	武蛇	陰天	后后	天陰
천반	壬子	癸丑	○寅	○卯	甲辰	乙巳	丙午	丁未	戊申	己酉	庚戌	辛亥
지반	子	丑	○寅	○卯	辰	巳	午	未	申	酉	戌	亥

- **특징** : 복음과(伏吟課)·가색(稼穡)·자신(自信)
- **필법** : 주객형상격(主客刑上格)_삼형·탈상봉탈격(脫上逢脫格) **巳월** : 정신염목격(丁神厭目格)

【丁未2국】 甲辰순, 寅·卯 공망

말전	중전	초전		4과	3과	2과	1과
白合	白合	陳空		空陳	白合	空陳	白合
丙午	丙午	○卯		乙巳	丙午	乙巳	丙午
未	未	辰		午	未	午	丁(未)

주야	天陰	蛇武	雀常	合白	陳空	龍龍	空陳	白合	常雀	武蛇	陰天	后后
천반	辛亥	壬子	癸丑	○寅	○卯	甲辰	乙巳	丙午	丁未	戊申	己酉	庚戌
지반	子	丑	○寅	○卯	辰	巳	午	未	申	酉	戌	亥

- **특징** : 팔전과(八專課)·삼교(三交)·유박(帷薄)
- **필법** : 인왕쇠택격(人旺衰宅格)·권섭부정격(權攝不正格)·사승살격(四勝殺格) **야점** : 왕록가림격(旺祿加臨格) **주점** : 녹피현탈격(祿被玄奪格)

【丁未3국】 甲辰순, 寅·卯 공망

말전	중전	초전
空常	空常	雀陳
乙巳	乙巳	癸丑
未	未	○卯

4과	3과	2과	1과
陳空	空常	陳空	空常
○卯	乙巳	○卯	乙巳
巳	未	巳	丁(未)

주야	后蛇	天雀	蛇合	雀陳	合龍	陳空	龍白	空常	白武	常陰	武后	陰天
천반	庚戌	辛亥	壬子	癸丑	○寅	○卯	甲辰	乙巳	丙午	丁未	戊申	己酉
지반	子	丑	○寅	○卯	辰	巳	午	未	申	酉	戌	亥

- **특징** : 팔전과(八專課) · 유박(帷薄)
- **필법** : **주점** : 삼전개공격(三傳皆空格) · 사과개공격(四課皆空格)

【丁未4국】 甲辰순, 寅·卯 공망

말전	중전	초전
龍白	龍白	天雀
甲辰	甲辰	辛亥
未	未	○寅

4과	3과	2과	1과
雀陳	龍白	雀陳	龍白
癸丑	甲辰	癸丑	甲辰
辰	未	辰	丁(未)

주야	陰天	后蛇	天雀	蛇合	雀陳	合龍	陳空	龍白	空常	白武	常陰	武后
천반	己酉	庚戌	辛亥	壬子	癸丑	○寅	○卯	甲辰	乙巳	丙午	丁未	戊申
지반	子	丑	○寅	○卯	辰	巳	午	未	申	酉	戌	亥

- **특징** : 팔전과(八專課) · 삼기(三奇) · 유박(帷薄)
- **필법** : 사승살격(四勝殺格) · 참관격(斬關格)

【丁未5국】 甲辰순, 寅・卯 공망

말전	중전	초전
常陰	天雀	陳空
丁未	辛亥	○卯
亥	○卯	未

4과	3과	2과	1과
天雀	陳空	天雀	陳空
辛亥	○卯	辛亥	○卯
○卯	未	○卯	丁(未)

주야	武后	陰天	后蛇	天雀	蛇合	雀陳	合龍	陳空	龍白	空常	白武	常陰
천반	戊申	己酉	庚戌	辛亥	壬子	癸丑	○寅	○卯	甲辰	乙巳	丙午	丁未
지반	子	丑	○寅	○卯	辰	巳	午	未	申	酉	戌	亥

- **특징** : 원수과(元首課)・곡직(曲直)
- **필법** : 인왕쇠택격(人旺衰宅格)・사과개공격(四課皆空格)

【丁未6국】 甲辰순, 寅・卯 공망

말전	중전	초전
天雀	龍白	陰天
辛亥	甲辰	己酉
辰	酉	○寅

4과	3과	2과	1과
陰天	合龍	陰天	合龍
己酉	○寅	己酉	○寅
○寅	未	○寅	丁(未)

주야	常陰	武后	陰天	后蛇	天雀	蛇合	雀陳	合龍	陳空	龍白	空常	白武
천반	丁未	戊申	己酉	庚戌	辛亥	壬子	癸丑	○寅	○卯	甲辰	乙巳	丙午
지반	子	丑	○寅	○卯	辰	巳	午	未	申	酉	戌	亥

- **특징** : 지일과(知一課)・비용(比用)・고진(孤辰)・사절(四絶)
- **필법** : 사과개공격(四課皆空格) **야점** : 용가생기격(龍加生氣格) **주점** : 귀인입옥격(貴人入獄格)

【丁未7국】 甲辰순, 寅·卯 공망

말전	중전	초전
陰陳	陰陳	空常
癸丑	癸丑	乙巳
未	未	亥

4과	3과	2과	1과
陳陰	陰陳	陳陰	陰陳
丁未	癸丑	丁未	癸丑
丑	未	丑	丁(未)

주야	龍武	陳陰	合后	雀天	蛇蛇	天雀	后合	陰陳	武龍	常空	白白	空常
천반	丙午	丁未	戊申	己酉	庚戌	辛亥	壬子	癸丑	○寅	○卯	甲辰	乙巳
지반	子	丑	○寅	○卯	辰	巳	午	未	申	酉	戌	亥

- **특징** : 반음과(返吟課) · 정란(井欄) · 여덕(勵德)
- **필법** : 두괴상가격(斗魁相加格) · 탈상봉탈격(脫上逢脫格)

【丁未8국】 甲辰순, 寅·卯 공망

말전	중전	초전
常空	蛇蛇	空常
○卯	庚戌	乙巳
戌	巳	子

4과	3과	2과	1과
空常	后合	空常	后合
乙巳	壬子	乙巳	壬子
子	未	子	丁(未)

주야	空常	龍武	陳陰	合后	雀天	蛇蛇	天雀	后合	陰陳	武龍	常空	白白
천반	乙巳	丙午	丁未	戊申	己酉	庚戌	辛亥	壬子	癸丑	○寅	○卯	甲辰
지반	子	丑	○寅	○卯	辰	巳	午	未	申	酉	戌	亥

- **특징** : 지일과(知一課) · 비용(比用) · 주인(鑄印)
- **필법** : 양사협묘격(兩蛇夾墓格) · 명암이귀격(明暗二鬼格) · 호가호위격(狐假虎威格)
  주점 : 육편판격(六片板格)

【丁未9국】 甲辰순, 寅·卯 공망

말전	중전	초전		4과	3과	2과	1과
陳雀	常空	天陰		常空	天陰	常空	天陰
丁未	○卯	辛亥		○卯	辛亥	○卯	辛亥
○卯	亥	未		亥	未	亥	丁(未)

주야	白龍	空陳	龍合	陳雀	合蛇	雀天	蛇后	天陰	后武	陰常	武白	常空
천반	甲辰	乙巳	丙午	丁未	戊申	己酉	庚戌	辛亥	壬子	癸丑	○寅	○卯
지반	子	丑	○寅	○卯	辰	巳	午	未	申	酉	戌	亥

- 특징 : 중심과(重審課)·곡직(曲直)·삼기(三奇)·순환(循環)
- 필법 : 사승살격(四勝殺格)·양귀수극격(兩貴受剋格)·목락귀근격(木落歸根格)·체호
작절격(遞互作絶格)·불행전자격(不行傳者格)·간지봉절격(干支逢絶格) **야점** :
염막귀인격(簾幕貴人格) **주점** : 귀승천을격(鬼乘天乙格)

【丁未10국】 甲辰순, 寅·卯 공망

말전	중전	초전		4과	3과	2과	1과
蛇后	蛇后	天陰		陰常	蛇后	陰常	蛇后
庚戌	庚戌	辛亥		癸丑	庚戌	癸丑	庚戌
未	未	申		戌	未	戌	丁(未)

주야	常空	白龍	空陳	龍合	陳雀	合蛇	雀天	蛇后	天陰	后武	陰常	武白
천반	○卯	甲辰	乙巳	丙午	丁未	戊申	己酉	庚戌	辛亥	壬子	癸丑	○寅
지반	子	丑	○寅	○卯	辰	巳	午	未	申	酉	戌	亥

- 특징 : 팔전과(八專課)·삼기(三奇)·유박(帷薄)
- 필법 : 절신가생격(絶神加生格)·묘신부일(墓神覆日) **戌년생** : 천망자이격(天網自裏
格)

【丁未11국】 甲辰순, 寅·卯 공망

말전	중전	초전
陰常	天陰	雀天
癸丑	辛亥	己酉
亥	酉	未

4과	3과	2과	1과
天陰	雀天	天陰	雀天
辛亥	己酉	辛亥	己酉
酉	未	酉	丁(未)

주야	武白	常空	白龍	空陳	龍合	陳雀	合蛇	雀天	蛇后	天陰	后武	陰常
천반	○寅	○卯	甲辰	乙巳	丙午	丁未	戊申	己酉	庚戌	辛亥	壬子	癸丑
지반	子	丑	○寅	○卯	辰	巳	午	未	申	酉	戌	亥

- **특징** : 중심과(重審課) · 순간전(順間傳) · 응음(凝陰)
- **필법** : 강색귀호격(罡塞鬼戶格) · 아괴성격(亞魁星格) · 사승살격(四勝殺格) **주점** : 염막귀인격(簾幕貴人格) · 주야귀가격(晝夜貴加格)

【丁未12국】 甲辰순, 寅·卯 공망

말전	중전	초전
蛇后	雀天	合蛇
庚戌	己酉	戊申
酉	申	未

4과	3과	2과	1과
雀天	合蛇	雀天	合蛇
己酉	戊申	己酉	戊申
申	未	申	丁(未)

주야	陰常	武白	常空	白龍	空陳	龍合	陳雀	合蛇	雀天	蛇后	天陰	后武
천반	癸丑	○寅	○卯	甲辰	乙巳	丙午	丁未	戊申	己酉	庚戌	辛亥	壬子
지반	子	丑	○寅	○卯	辰	巳	午	未	申	酉	戌	亥

- **특징** : 중심과(重審課) · 진연주(進連珠) · 유금(流金)
- **필법** : 병체난담하격(病體難擔荷格)

말전	중전	초전		4과	3과	2과	1과
蛇龍	白后	陳雀		白后	白后	陳雀	陳雀
○寅	戊申	乙巳		戊申	戊申	乙巳	乙巳
○寅	申	巳		申	申	巳	戊(巳)

주야	后白	天空	蛇龍	雀陳	合合	陳雀	龍蛇	空天	白后	常陰	武武	陰常
천반	壬子	癸丑	○寅	○卯	甲辰	乙巳	丙午	丁未	戊申	己酉	庚戌	辛亥
지반	子	丑	○寅	○卯	辰	巳	午	未	申	酉	戌	亥

- **특징** : 복음과(伏吟課) · 자임(自任) · 흉복음(凶伏吟)
- **필법** : 흉복음과(凶伏吟課) · 삼전호극격(三傳互剋格) · 왕록가림격(旺祿加臨格) · 우중다행격(憂中多幸格) · 양면도격(兩面刀格) · 교차장생격(交車長生格) · 말조초혜격(末助初兮格) · 주객형상격(主客刑上格)_삼형 · 간지내외구합격(干支內外俱合格)

【戊申2국】甲辰순, 寅·卯 공망

말전	중전	초전		4과	3과	2과	1과
天空	蛇龍	雀陳		龍蛇	空天	雀陳	合合
癸丑	○寅	○卯		丙午	丁未	○卯	甲辰
○寅	○卯	辰		未	申	辰	戊(巳)

주야	陰常	后白	天空	蛇龍	雀陳	合合	陳雀	龍蛇	空天	白后	常陰	武武
천반	辛亥	壬子	癸丑	○寅	○卯	甲辰	乙巳	丙午	丁未	戊申	己酉	庚戌
지반	子	丑	○寅	○卯	辰	巳	午	未	申	酉	戌	亥

- **특징** : 원수과(元首課) · 퇴연여(退連茹) · 연방(聯芳)
- **필법** : 참관격(斬關格) · 삼전개공격(三傳皆空格) · 답각공망격(踏脚空亡格)

【戊申3국】 甲辰순, 寅·卯 공망

말전	중전	초전		4과	3과	2과	1과
常陰	陰常	天空		合合	龍蛇	天空	雀陳
己酉	辛亥	癸丑		甲辰	丙午	癸丑	○卯
亥	丑	○卯		午	申	○卯	戊(巳)

주야	武武	陰常	后白	天空	蛇龍	雀陳	合合	陳雀	龍蛇	空天	白后	常陰
천반	庚戌	辛亥	壬子	癸丑	○寅	○卯	甲辰	乙巳	丙午	丁未	戊申	己酉
지반	子	丑	○寅	○卯	辰	巳	午	未	申	酉	戌	亥

· 특징 : 중심과(重審課) · 퇴간전(退間傳) · 극음(極陰) · 여덕(勵德)
· 필법 : 주점 : 작귀격(雀鬼格)

【戊申4국】 甲辰순, 寅·卯 공망

말전	중전	초전		4과	3과	2과	1과
白后	陰常	蛇龍		蛇龍	陳雀	陰常	蛇龍
戊申	辛亥	○寅		○寅	乙巳	辛亥	○寅
亥	○寅	巳		巳	申	○寅	戊(巳)

주야	常陰	武武	陰常	后白	天空	蛇龍	雀陳	合合	陳雀	龍蛇	空天	白后
천반	己酉	庚戌	辛亥	壬子	癸丑	○寅	○卯	甲辰	乙巳	丙午	丁未	戊申
지반	子	丑	○寅	○卯	辰	巳	午	未	申	酉	戌	亥

· 특징 : 지일과(知一課) · 비용(比用) · 불비(不備)
· 필법 : 삼현태격(三玄胎格) · 명암이귀격(明暗二鬼格) · 간지상회격(干支相會格_寄宮
　　　　日支相合) · 고거감래격(苦去甘來格) · 권섭부정격(權攝不正格)

【戊申5국】 甲辰순, 寅·卯 공망

말전	중전	초전		4과	3과	2과	1과
武武	龍蛇	蛇龍		蛇龍	武武	陳雀	天空
甲辰	戊申	壬子		壬子	甲辰	己酉	癸丑
申	子	辰		辰	申	丑	戌(巳)

주야	龍蛇	陳雀	合合	雀陳	蛇龍	天空	后白	陰常	武武	常陰	白后	空天
천반	戊申	己酉	庚戌	辛亥	壬子	癸丑	○寅	○卯	甲辰	乙巳	丙午	丁未
지반	子	丑	○寅	○卯	辰	巳	午	未	申	酉	戌	亥

- 특징 : 중심과(重審課)·윤하(潤下)
- 필법 : 수혼신(收魂神)·수미상견격(首尾相見格)·호승묘신격(互乘墓神格)·전재태왕격(傳財太旺格)·나거취재격(懶去取財格)·수류추동격(水流趨東格)·삼육상호격(三六相呼格) **야점** : 염막귀인격(簾幕貴人格)·신장살몰격(神藏殺沒格) **주점** : 백의식시격(白蟻食尸格)

【戊申6국】 甲辰순, 寅·卯 공망

말전	중전	초전		4과	3과	2과	1과
后白	空天	蛇龍		合合	陰常	空天	蛇龍
○寅	丁未	壬子		庚戌	○卯	丁未	壬子
未	子	巳		○卯	申	子	戌(巳)

주야	空天	龍蛇	陳雀	合合	雀陳	蛇龍	天空	后白	陰常	武武	常陰	白后
천반	丁未	戊申	己酉	庚戌	辛亥	壬子	癸丑	○寅	○卯	甲辰	乙巳	丙午
지반	子	丑	○寅	○卯	辰	巳	午	未	申	酉	戌	亥

- 특징 : 섭해과(涉害課)·도액(度厄)·사절(四絶)
- 필법 : 상호승사격(上互乘死格)·수혼신(收魂神)·주객형상격(主客刑上格)_상형·태수극절격(胎受剋絶格) **야점** : 마재호귀격(馬載虎鬼格) **寅월** : 탈재생기격(脫財生氣格)

【戊申7국】 甲辰순, 寅·卯 공망

말전	중전	초전		4과	3과	2과	1과
后白	龍蛇	后白		龍蛇	后白	常陰	雀陳
○寅	戊申	○寅		戊申	○寅	乙巳	辛亥
申	○寅	申		○寅	申	亥	戌(巳)

주야	白后	空天	龍蛇	陳雀	合合	雀陳	蛇龍	天空	后白	陰常	武武	常陰
천반	丙午	丁未	戊申	己酉	庚戌	辛亥	壬子	癸丑	○寅	○卯	甲辰	乙巳
지반	子	丑	○寅	○卯	辰	巳	午	未	申	酉	戌	亥

- **특징** : 반음과(返吟課)·무의(無依)
- **필법** : 간지봉절격(干支逢絶格)·주야귀가격(晝夜貴加格)·수혼신(收魂神)·내거구공격(來去俱空格)·삼전개공격(三傳皆空格) **야점** : 마재호귀격(馬載虎鬼格)

【戊申8국】 甲辰순, 寅·卯 공망

말전	중전	초전		4과	3과	2과	1과
天空	龍蛇	陰常		白后	天空	陰常	合合
癸丑	戊申	○卯		丙午	癸丑	○卯	庚戌
申	○卯	戌		丑	申	戌	戌(巳)

주야	常陰	白后	空天	龍蛇	陳雀	合合	雀陳	蛇龍	天空	后白	陰常	武武
천반	乙巳	丙午	丁未	戊申	己酉	庚戌	辛亥	壬子	癸丑	○寅	○卯	甲辰
지반	子	丑	○寅	○卯	辰	巳	午	未	申	酉	戌	亥

- **특징** : 원수과(元首課)
- **필법** : 육편판격(六片板格)·묘신부일(墓神覆日)·수혼신(收魂神) **야점** : 삼전개공격(三傳皆空格) **戌년생** : 천망자이격(天網自裏格)

【戊申9국】 甲辰순, 寅·卯 공망

말전	중전	초전
蛇龍	龍蛇	武武
壬子	戊申	甲辰
申	辰	子

4과	3과	2과	1과
武武	蛇龍	天空	陳雀
甲辰	壬子	癸丑	己酉
子	申	酉	戌(巳)

주야	武武	常陰	白后	空天	龍蛇	陳雀	合合	雀陳	蛇龍	天空	后白	陰常
천반	甲辰	乙巳	丙午	丁未	戊申	己酉	庚戌	辛亥	壬子	癸丑	○寅	○卯
지반	子	丑	○寅	○卯	辰	巳	午	未	申	酉	戌	亥

- 특징 : 원수과(元首課) · 윤하(潤下) · 여덕(勵德)
- 필법 : 호좌구묘격(互坐丘墓格) · 태신좌장생격(胎神坐長生格) · 수혼신(收魂神) · 아괴성격(亞魁星格)

【戊申10국】 甲辰순, 寅·卯 공망

말전	중전	초전
龍蛇	常陰	后白
戊申	乙巳	○寅
巳	○寅	亥

4과	3과	2과	1과
后白	雀陳	雀陳	龍蛇
○寅	辛亥	辛亥	戊申
亥	申	申	戌(巳)

주야	陰常	武武	常陰	白后	空天	龍蛇	陳雀	合合	雀陳	蛇龍	天空	后白
천반	○卯	甲辰	乙巳	丙午	丁未	戊申	己酉	庚戌	辛亥	壬子	癸丑	○寅
지반	子	丑	○寅	○卯	辰	巳	午	未	申	酉	戌	亥

- 특징 : 요극과(遙剋課) · 효시(嚆矢) · 불비(不備)
- 필법 : 간지상회격(干支相會格_寄宮日支相合) · 절신가생격(絶神加生格) · 수혼신(收魂神) · 주객형상격(主客刑上格)_삼형 · 삼현태격(三玄胎格) **야점** : 마재호귀격(馬載虎鬼格) **주점_戌월** : 용가생기격(龍加生氣格)

【戊申11국】 甲辰순, 寅·卯 공망

말전	중전	초전		4과	3과	2과	1과
合合	蛇龍	后白		后白	武武	常陰	空天
甲辰	○寅	壬子		壬子	庚戌	己酉	丁未
○寅	子	戌		戌	申	未	戌(巳)

주야	蛇龍	雀陳	合合	陳雀	龍蛇	空天	白后	常陰	武武	陰常	后白	天空
천반	○寅	○卯	甲辰	乙巳	丙午	丁未	戊申	己酉	庚戌	辛亥	壬子	癸丑
지반	子	丑	○寅	○卯	辰	巳	午	未	申	酉	戌	亥

- **특징**: 중심과(重審課)·순간전(順間傳)·삼양(三陽)·일여(泆女)
- **필법**: 나거취재격(懶去取財格)·불행전자격(不行傳者格) **巳월**: 정신염목격(丁神厭目格) **야점**: 용파신심격(用破身心格) **주점**: 강색귀호격(罡塞鬼戶格)·염막귀인격(簾幕貴人格)·신장살몰격(神藏殺沒格)·귀등천문격(貴登天門格)

【戊申12국】 甲辰순, 寅·卯 공망

말전	중전	초전		4과	3과	2과	1과
龍蛇	常陰	武武		武武	常陰	空天	龍蛇
丙午	己酉	庚戌		庚戌	己酉	丁未	丙午
巳	申	酉		酉	申	午	戌(巳)

주야	天空	蛇龍	雀陳	合合	陳雀	龍蛇	空天	白后	常陰	武武	陰常	后白
천반	癸丑	○寅	○卯	甲辰	乙巳	丙午	丁未	戊申	己酉	庚戌	辛亥	壬子
지반	子	丑	○寅	○卯	辰	巳	午	未	申	酉	戌	亥

- **특징**: 묘성과(昴星課)·호시(虎視)
- **필법**: 나망격(羅網格)·사승살격(四勝殺格)·파패신임택격(破敗神臨宅格)·왕록가림격(旺祿加臨格)

【己酉1국】 甲辰순, 寅·卯 공망

말전	중전	초전		4과	3과	2과	1과
蛇白	白蛇	武后		武后	武后	白蛇	白蛇
癸丑	丁未	己酉		己酉	己酉	丁未	丁未
丑	未	酉		酉	酉	未	己(未)

주야	天常	蛇白	雀空	合龍	陳陳	龍合	空雀	白蛇	常天	武后	陰陰	后武
천반	壬子	癸丑	○寅	○卯	甲辰	乙巳	丙午	丁未	戊申	己酉	庚戌	辛亥
지반	子	丑	○寅	○卯	辰	巳	午	未	申	酉	戌	亥

- **특징** : 복음과(伏吟課)·자신(自信)·용전(龍戰)
- **필법** : 의혹격(疑惑格)·신임정마격(信任丁馬格) **巳月** : 정신염목격(丁神厭目格) **야점** : 간지공귀격(干支拱貴格)·양구협묘격(兩勾夾墓格)

【己酉2국】 甲辰순, 寅·卯 공망

말전	중전	초전		4과	3과	2과	1과
常天	空雀	陰陰		白蛇	常天	龍蛇	空雀
戊申	丙午	庚戌		丁未	戊申	乙巳	丙午
酉	未	亥		申	酉	午	己(未)

주야	后武	天常	蛇白	雀空	合龍	陳陳	龍合	空雀	白蛇	常天	武后	陰陰
천반	辛亥	壬子	癸丑	○寅	○卯	甲辰	乙巳	丙午	丁未	戊申	己酉	庚戌
지반	子	丑	○寅	○卯	辰	巳	午	未	申	酉	戌	亥

- **특징** : 묘성과(昴星課)·여덕(勵德)·동사(冬蛇)
- **필법** : 왕록가림격(旺祿加臨格)·괴도천문격(魁度天門格) **야점** : 주작격(朱雀格) **주점** : 호시봉호격(虎視逢虎格)

【己酉3국】 甲辰순, 寅·卯 공망

말전	중전	초전
后武	蛇白	合龍
辛亥	癸丑	○卯
丑	○卯	巳

4과	3과	2과	1과
龍合	白蛇	合龍	龍合
乙巳	丁未	○卯	乙巳
未	酉	巳	己(未)

주야	陰陰	后武	天常	蛇白	雀空	合龍	陳陳	龍合	空雀	白蛇	常天	武后
천반	庚戌	辛亥	壬子	癸丑	○寅	○卯	甲辰	乙巳	丙午	丁未	戊申	己酉
지반	子	丑	○寅	○卯	辰	巳	午	未	申	酉	戌	亥

- 특징 : 요극과(遙尅課) · 효시(嚆矢) · 퇴간전(退間傳) · 단간(斷澗) · 교동(狡童) · 불비(不備) · 용전(龍戰)
- 필법 : 포계불투격(抱鷄不鬪格) **주점_未월** : 용가생기격(龍加生氣格)

【己酉4국】 甲辰순, 寅·卯 공망

말전	중전	초전
天陳	合白	空陰
壬子	○卯	丙午
○卯	午	酉

4과	3과	2과	1과
合白	空陰	蛇龍	陳常
○卯	丙午	癸丑	甲辰
午	酉	辰	己(未)

주야	武蛇	陰雀	后合	天陳	蛇龍	雀空	合白	陳常	龍武	空陰	白后	常天
천반	己酉	庚戌	辛亥	壬子	癸丑	○寅	○卯	甲辰	乙巳	丙午	丁未	戊申
지반	子	丑	○寅	○卯	辰	巳	午	未	申	酉	戌	亥

- 특징 : 원수과(元首課) · 삼교(三交) · 고개(高蓋) · 헌개(軒蓋)
- 필법 : 불행전자격(不行傳者格) · 권섭부정격(權攝不正格) · 호생격(互生格) · 나거취재격(懶去取財格) · 참관격(斬關格) · 주객형상격(主客刑上格)_자형 **야점** : 양상협묘격(兩常夾墓格) · 교차삼교격(交車三交格) **주점** : 삼전개공격(三傳皆空格)

【己酉5국】 甲辰순, 寅·卯 공망

말전	중전	초전		4과	3과	2과	1과
武蛇	蛇龍	龍武		蛇龍	龍武	后合	合白
己酉	癸丑	乙巳		癸丑	乙巳	辛亥	○卯
丑	巳	酉		巳	酉	○卯	己(未)

주야	常天	武蛇	陰雀	后合	天陳	蛇龍	雀空	合白	陳常	龍武	空陰	白后
천반	戊申	己酉	庚戌	辛亥	壬子	癸丑	○寅	○卯	甲辰	乙巳	丙午	丁未
지반	子	丑	○寅	○卯	辰	巳	午	未	申	酉	戌	亥

- 특징 : 섭해과(涉害課) · 종혁(從革)
- 필법 : 금강격(金剛格) · 명암이귀격(明暗二鬼格) · 합중범살격(合中犯殺格) **야점** : 호귀가간격(虎鬼加干格) · 최관사자(催官使者) **야점** : 호림간귀격(虎臨干鬼格)

※ 초전 · 중전 · 말전을 卯 · 亥 · 未로 보기도 한다.

【己酉6국】 甲辰순, 寅·卯 공망

말전	중전	초전		4과	3과	2과	1과
后龍	空陰	蛇合		蛇合	常常	合蛇	陰空
癸丑	丙午	辛亥		辛亥	甲辰	己酉	○寅
午	亥	辰		辰	酉	○寅	己(未)

주야	龍后	陳天	合蛇	雀雀	蛇合	天陳	后龍	陰空	武白	常常	白武	空陰
천반	丁未	戊申	己酉	庚戌	辛亥	壬子	癸丑	○寅	○卯	甲辰	乙巳	丙午
지반	子	丑	○寅	○卯	辰	巳	午	未	申	酉	戌	亥

- 특징 : 중심과(重審課) · 삼기(三奇) · 맥월(驀越) · 사절(四絶)
- 필법 : **주점** : 백의식시격(白蟻食尸格)

【己酉7국】 甲辰순, 寅·卯 공망

말전	중전	초전		4과	3과	2과	1과
武白	合蛇	武白		合蛇	武白	龍后	后龍
○卯	己酉	○卯		己酉	○卯	丁未	癸丑
酉	○卯	酉		○卯	酉	丑	己(未)

주야	空陰	龍后	陳天	合蛇	雀雀	蛇合	天陳	后龍	陰空	武白	常常	白武
천반	丙午	丁未	戊申	己酉	庚戌	辛亥	壬子	癸丑	○寅	○卯	甲辰	乙巳
지반	子	丑	○寅	○卯	辰	巳	午	未	申	酉	戌	亥

· **특징** : 반음과(返吟課) · 무의(無依) · 삼교(三交) · 용전(龍戰)
· **필법** : 삼전개공격(三傳皆空格) · 내거구공격(來去俱空格) · 두괴상가격(斗魁相加格) · 의혹격(疑惑格) **주점** : 귀탈승현격(鬼脫乘玄格)

【己酉8국】 甲辰순, 寅·卯 공망

말전	중전	초전		4과	3과	2과	1과
白武	天陳	龍后		龍后	陰空	白武	天陳
乙巳	壬子	丁未		丁未	○寅	乙巳	壬子
子	未	○寅		○寅	酉	子	己(未)

주야	白武	空陰	龍后	陳天	合蛇	雀雀	蛇合	天陳	后龍	陰空	武白	常常
천반	乙巳	丙午	丁未	戊申	己酉	庚戌	辛亥	壬子	癸丑	○寅	○卯	甲辰
지반	子	丑	○寅	○卯	辰	巳	午	未	申	酉	戌	亥

· **특징** : 섭해과(涉害課) · 절사(絶嗣)
· **필법** : 삼전일진내전격(三傳日辰內戰格) · 육편판격(六片板格) **야점** : 염막귀인격(簾幕貴人格) **寅월** : 탈재생기격(脫財生氣格)

【己酉9국】 甲辰순, 寅·卯 공망

말전	중전	초전		4과	3과	2과	1과
龍后	武白	蛇合		白武	后龍	武白	蛇合
丁未	○卯	辛亥		乙巳	癸丑	○卯	辛亥
○卯	亥	未		丑	酉	亥	己(未)

주야	常常	白武	空陰	龍后	陳天	合蛇	雀雀	蛇合	天陳	后龍	陰空	武白
천반	甲辰	乙巳	丙午	丁未	戊申	己酉	庚戌	辛亥	壬子	癸丑	○寅	○卯
지반	子	丑	○寅	○卯	辰	巳	午	未	申	酉	戌	亥

- **특징** : 중심과(重審課)·곡직(曲直)·교동(狡童)·삼기(三奇)
- **필법** : 불행전자격(不行傳者格)·전재화귀격(傳財化鬼格)·목락귀근격(木落歸根格)·
  용파신심격(用破身心格)·곡직화귀격(曲直化鬼格)

【己酉10국】 甲辰순, 寅·卯 공망

말전	중전	초전		4과	3과	2과	1과
合后	空雀	武龍		武龍	天常	后白	雀陰
己酉	丙午	○卯		○卯	壬子	癸丑	庚戌
午	○卯	子		子	酉	戌	己(未)

주야	武龍	常陳	白合	空雀	龍蛇	陳天	合后	雀陰	蛇武	天常	后白	陰空
천반	○卯	甲辰	乙巳	丙午	丁未	戊申	己酉	庚戌	辛亥	壬子	癸丑	○寅
지반	子	丑	○寅	○卯	辰	巳	午	未	申	酉	戌	亥

- **특징** : 요극과(遙尅課)·효시(嚆矢)·삼교(三交)·용전(龍戰)
- **필법** : 절신가생격(絶神加生格)·묘신부일(墓神覆日) **야점** : 주작격(朱雀格) **戌년생** :
  천망자이격(天網自裏格)

【己酉11국】 甲辰순, 寅·卯 공망

말전	중전	초전
白合	武龍	后白
乙巳	○卯	癸丑
○卯	丑	亥

4과	3과	2과	1과
后白	蛇武	蛇武	合后
癸丑	辛亥	辛亥	己酉
亥	酉	酉	己(未)

주야	陰空	武龍	常陳	白合	空雀	龍蛇	陳天	合后	雀陰	蛇武	天常	后白
천반	○寅	○卯	甲辰	乙巳	丙午	丁未	戊申	己酉	庚戌	辛亥	壬子	癸丑
지반	子	丑	○寅	○卯	辰	巳	午	未	申	酉	戌	亥

- 특징 : 원수과(元首課)·순간전(順間傳)·출호(出戶)·불비(不備)
- 필법 : 양귀수극격(兩貴受剋格)·불행전자격(不行傳者格)·아괴성격(亞魁星格)·강색귀호격(罡塞鬼戶格)·탈상봉탈격(脫上逢脫格)

【己酉12국】 甲辰순, 寅·卯 공망

말전	중전	초전
蛇白	天常	后武
癸丑	壬子	辛亥
子	亥	戌

4과	3과	2과	1과
后武	陰陰	武后	常天
辛亥	庚戌	己酉	戊申
戌	酉	申	己(未)

주야	蛇白	雀空	合龍	陳陳	龍合	空雀	白蛇	常天	武后	陰陰	后武	天常
천반	癸丑	○寅	○卯	甲辰	乙巳	丙午	丁未	戊申	己酉	庚戌	辛亥	壬子
지반	子	丑	○寅	○卯	辰	巳	午	未	申	酉	戌	亥

- 특징 : 중심과(重審課)·진연주(進連珠)·삼기(三奇)·연주삼기(連珠三奇)·용잠(龍潛)
- 필법 : 견재무재격(見財無財格)·복태격(服胎格) 주점 : 염막귀인격(簾幕貴人格)·태상간생격(太常干生格)

【庚戌1국】 甲辰순, 寅·卯 공망

말전	중전	초전
陳雀	蛇龍	白后
乙巳	○寅	戊申
巳	○寅	申

4과	3과	2과	1과
武武	武武	白后	白后
庚戌	庚戌	戊申	戊申
戌	戌	申	庚(申)

주야	后白	天空	蛇龍	雀陳	合合	陳雀	龍蛇	空天	白后	常陰	武武	陰常
천반	壬子	癸丑	○寅	○卯	甲辰	乙巳	丙午	丁未	戊申	己酉	庚戌	辛亥
지반	子	丑	○寅	○卯	辰	巳	午	未	申	酉	戌	亥

- 특징 : 복음과(伏吟課) · 자임(自任)
- 필법 : 복음중전공망격(伏吟中傳空亡格) · 주객형상격(主客刑上格)_삼형 · 협정삼전격
  (夾定三傳格) · 나거취재격(懶去取財格) 야점 : 왕록가림격(旺祿加臨格) 주점 :
  양귀협묘격(兩貴夾墓格) · 녹피현탈격(祿被玄奪格)

【庚戌2국】 甲辰순, 寅·卯 공망

말전	중전	초전
合合	陳雀	龍蛇
甲辰	乙巳	丙午
巳	午	未

4과	3과	2과	1과
白后	常陰	龍蛇	空天
戊申	己酉	丙午	丁未
酉	戌	未	庚(申)

주야	陰常	后白	天空	蛇龍	雀陳	合合	陳雀	龍蛇	空天	白后	常陰	武武
천반	辛亥	壬子	癸丑	○寅	○卯	甲辰	乙巳	丙午	丁未	戊申	己酉	庚戌
지반	子	丑	○寅	○卯	辰	巳	午	未	申	酉	戌	亥

- 특징 : 요극과(遙剋課) · 효시(嚆矢) · 퇴연여(退連茹)
- 필법 : 巳월 : 정신염목격(丁神厭目格) 야점 : 천거격(薦擧格) 주점 : 염막귀인격(簾幕貴
  人格)

【庚戌3국】 甲辰순, 寅·卯 공망

말전	중전	초전		4과	3과	2과	1과
蛇龍	合合	龍蛇		龍蛇	白后	合合	龍蛇
○寅	甲辰	丙午		丙午	戊申	甲辰	丙午
辰	午	申		申	戌	午	庚(申)

주야	武武	陰常	后白	天空	蛇龍	雀陳	合合	陳雀	龍蛇	空天	白后	常陰
천반	庚戌	辛亥	壬子	癸丑	○寅	○卯	甲辰	乙巳	丙午	丁未	戊申	己酉
지반	子	丑	○寅	○卯	辰	巳	午	未	申	酉	戌	亥

- 특징 : 원수과(元首課) · 퇴간전(退間傳) · 고조(顧祖) · 여덕(勵德) · 불비(不備)
- 필법 : 왕주악인격(枉做惡人格) · 권섭부정격(權攝不正格) · 고조격(顧祖格)

【庚戌4국】 甲辰순, 寅·卯 공망

말전	중전	초전		4과	3과	2과	1과
陰常	蛇龍	陳雀		合合	空天	蛇龍	陳雀
辛亥	○寅	乙巳		甲辰	丁未	○寅	乙巳
○寅	巳	申		未	戌	巳	庚(申)

주야	常陰	武武	陰常	后白	天空	蛇龍	雀陳	合合	陳雀	龍蛇	空天	白后
천반	己酉	庚戌	辛亥	壬子	癸丑	○寅	○卯	甲辰	乙巳	丙午	丁未	戊申
지반	子	丑	○寅	○卯	辰	巳	午	未	申	酉	戌	亥

- 특징 : 원수과(元首課)
- 필법 : 삼현태격(三玄胎格) · 호생격(互生格) · 불행전자격(不行傳者格) · 인택이화격(人宅罹禍格) · 명암이귀격(明暗二鬼格) **야점** : 작귀격(雀鬼格)

【庚戌5국】 甲辰순, 寅・卯 공망

말전	중전	초전		4과	3과	2과	1과
武武	龍蛇	蛇龍		后白	白后	蛇龍	武武
甲辰	戊申	壬子		○寅	丙午	壬子	甲辰
申	子	辰		午	戌	辰	庚(申)

주야	龍蛇	陳雀	合合	雀陳	蛇龍	▨空	后白	陰常	武武	常陰	白后	空天
천반	戊申	己酉	庚戌	辛亥	壬子	癸丑	○寅	○卯	甲辰	乙巳	丙午	丁未
지반	子	丑	○寅	○卯	辰	巳	午	未	申	酉	戌	亥

- 특징 : 중심과(重審課)・윤하(潤下)
- 필법 : 구생격(俱生格)・참관격(斬關格)・수류추동격(水流趨東格)・명암이귀격(明暗二鬼格)・합중범살격(合中犯殺格) **야점** : 신장살몰격(神藏殺沒格)

【庚戌6국】 甲辰순, 寅・卯 공망

말전	중전	초전		4과	3과	2과	1과
蛇龍	常陰	合合		蛇龍	常陰	合合	陰常
壬子	乙巳	庚戌		壬子	乙巳	庚戌	○卯
巳	戌	○卯		巳	戌	○卯	庚(申)

주야	空天	龍蛇	陳雀	合合	雀陳	蛇龍	天空	后白	陰常	武武	常陰	白后
천반	丁未	戊申	己酉	庚戌	辛亥	壬子	癸丑	○寅	○卯	甲辰	乙巳	丙午
지반	子	丑	○寅	○卯	辰	巳	午	未	申	酉	戌	亥

- 특징 : 지일과(知一課)・비용(比用)・무음(蕪淫)・사절(四絶)
- 필법 : 재신공망격(財神空亡格)・손잉격(損孕格)・교차극격(交車剋格)・태수극절격(胎受剋絶格) **巳월** : 손태격(損胎格)・탈재생기격(脱財生氣格)

【庚戌7국】 甲辰순, 寅·卯 공망

말전	중전	초전		4과	3과	2과	1과
后白	龍蛇	后白		合合	武武	龍蛇	后白
○寅	戊申	○寅		庚戌	甲辰	戊申	○寅
申	○寅	申		辰	戌	○寅	庚(申)

주야	白后	空天	龍蛇	陳雀	合合	雀陳	蛇龍	天空	后白	陰常	武武	常陰
천반	丙午	丁未	戊申	己酉	庚戌	辛亥	壬子	癸丑	○寅	○卯	甲辰	乙巳
지반	子	丑	○寅	○卯	辰	巳	午	未	申	酉	戌	亥

- 특징 : 반음과(返吟課) · 무의(無依)
- 필법 : 삼전개공격(三傳皆空格) · 재신공망격(財神空亡格) · 내거구공격(來去俱空格) ·
주야귀가격(晝夜貴加格)

【庚戌8국】 甲辰순, 寅·卯 공망

말전	중전	초전		4과	3과	2과	1과
白后	天空	龍蛇		龍蛇	陰常	白后	天空
丙午	癸丑	戊申		戊申	○卯	丙午	癸丑
丑	申	○卯		○卯	戌	丑	庚(申)

주야	常陰	白后	空天	龍蛇	陳雀	合合	雀陳	蛇龍	天空	后白	陰常	武武
천반	乙巳	丙午	丁未	戊申	己酉	庚戌	辛亥	壬子	癸丑	○寅	○卯	甲辰
지반	子	丑	○寅	○卯	辰	巳	午	未	申	酉	戌	亥

- 특징 : 지일과(知一課)
- 필법 : 묘신부일(墓神覆日) · 재신전묘격(財神傳墓格) · 삼전무기격(三傳無氣格) · 육편
판격(六片板格) **야점** : 염막귀인격(簾幕貴人格) **야점_亥월** : 효백개처두격(孝白
蓋妻頭格) **주점** : 천거격(薦擧格) · 귀인공망격(貴人空亡格) **丑년생** : 천망자이격
(天網自裏格)

말전	중전	초전		4과	3과	2과	1과
蛇龍	龍蛇	武武		白后	后白	武武	蛇龍
壬子	戊申	甲辰		丙午	○寅	甲辰	壬子
申	辰	子		○寅	戌	子	庚(申)

주야	武武	常陰	白后	空天	龍蛇	陳雀	合合	雀陳	蛇龍	天空	后白	陰常
천반	甲辰	乙巳	丙午	丁未	戊申	己酉	庚戌	辛亥	壬子	癸丑	○寅	○卯
지반	子	丑	○寅	○卯	辰	巳	午	未	申	酉	戌	亥

- **특징** : 섭해과(涉害課)·윤하(潤下)·여덕(勵德)
- **필법** : **야점** : 탈상봉탈격(脫上逢脫格)

말전	중전	초전		4과	3과	2과	1과
龍蛇	常陰	后白		武武	天空	后白	雀陳
戊申	乙巳	○寅		甲辰	癸丑	○寅	辛亥
巳	○寅	亥		丑	戌	亥	庚(申)

주야	陰常	武武	常陰	白后	空天	龍蛇	陳雀	合合	雀陳	蛇龍	天空	后白
천반	○卯	甲辰	乙巳	丙午	丁未	戊申	己酉	庚戌	辛亥	壬子	癸丑	○寅
지반	子	丑	○寅	○卯	辰	巳	午	未	申	酉	戌	亥

- **특징** : 요극과(遙剋課)·탄사(彈射)
- **필법** : 삼현태격(三玄胎格)·절신가생격(絕神加生格)·주객형상격(主客刑上格)_삼형

【庚戌11국】 甲辰순, 寅·卯 공망

말전	중전	초전		4과	3과	2과	1과
合合	蛇龍	后白		蛇龍	后白	后白	武武
甲辰	○寅	壬子		○寅	壬子	壬子	庚戌
○寅	子	戌		子	戌	戌	庚(申)

주야	蛇龍	雀陳	合合	陳雀	龍蛇	空天	白后	常陰	武武	陰常	后白	天空
천반	○寅	○卯	甲辰	乙巳	丙午	丁未	戊申	己酉	庚戌	辛亥	壬子	癸丑
지반	子	丑	○寅	○卯	辰	巳	午	未	申	酉	戌	亥

- 특징 : 중심과(重審課)·순간전(順間傳)·삼양(三陽)·불비(不備)·췌서(贅壻)
- 필법 : 불행전자격(不行傳者格) **주점** : 귀등천문격(貴登天門格)·강색귀호격(罡塞鬼戶格)·신장살몰격(神藏殺沒格)

【庚戌12국】 甲辰순, 寅·卯 공망

말전	중전	초전		4과	3과	2과	1과
天空	后白	陰常		后白	陰常	武武	常陰
癸丑	壬子	辛亥		壬子	辛亥	庚戌	己酉
子	亥	戌		亥	戌	酉	庚(申)

주야	天空	蛇龍	雀陳	合合	陳雀	龍蛇	空天	白后	常陰	武武	陰常	后白
천반	癸丑	○寅	○卯	甲辰	乙巳	丙午	丁未	戊申	己酉	庚戌	辛亥	壬子
지반	子	丑	○寅	○卯	辰	巳	午	未	申	酉	戌	亥

- 특징 : 중심과(重審課)·진연주(進連珠)·삼기(三奇)·연주삼기(連珠三奇)·용잠(龍潛)
- 필법 : 왕록가림격(旺祿加臨格)·아괴성격(亞魁星格)

【辛亥1국】 甲辰순, 寅·卯 공망

말전	중전	초전		4과	3과	2과	1과
龍后	常常	武白		武白	武白	常常	常常
丁未	庚戌	辛亥		辛亥	辛亥	庚戌	庚戌
未	戌	亥		亥	亥	戌	辛(戌)

주야	陰空	后龍	天陳	蛇合	雀雀	合蛇	陳天	龍后	空陰	白武	常常	武白
천반	壬子	癸丑	○寅	○卯	甲辰	乙巳	丙午	丁未	戊申	己酉	庚戌	辛亥
지반	子	丑	○寅	○卯	辰	巳	午	未	申	酉	戌	亥

- 특징 : 복음과(伏吟課) · 자신(自信) · 두전(杜傳) · 삼기(三奇)
- 필법 : 금일봉정격(金日逢丁格) · 신임정마격(信任丁馬格)

【辛亥2국】 甲辰순, 寅·卯 공망

말전	중전	초전		4과	3과	2과	1과
空陰	白武	常常		白武	常常	空陰	白武
戊申	己酉	庚戌		己酉	庚戌	戊申	己酉
酉	戌	亥		戌	亥	酉	辛(戌)

주야	武白	陰空	后龍	天陳	蛇合	雀雀	合蛇	陳天	龍后	空陰	白武	常常
천반	辛亥	壬子	癸丑	○寅	○卯	甲辰	乙巳	丙午	丁未	戊申	己酉	庚戌
지반	子	丑	○寅	○卯	辰	巳	午	未	申	酉	戌	亥

- 특징 : 원수과(元首課) · 퇴연여(退連茹) · 불비(不備) · 유금(流金)
- 필법 : 아괴성격(亞魁星格) · 괴도천문격(魁度天門格) · 회환격(回環格) · 호생격(互生格) **午월** : 효백개처두격(孝白盖妻頭格) **야점** : 왕록가림격(旺祿加臨格) **주점** : 녹피현탈격(祿被玄奪格)

【辛亥3국】 甲辰순, 寅·卯 공망

말전	중전	초전
天陳	雀雀	陳天
○寅	甲辰	丙午
辰	午	申

4과	3과	2과	1과
龍后	白武	陳天	空陰
丁未	己酉	丙午	戊申
酉	亥	申	辛(戌)

주야	常常	武白	陰空	后龍	天陳	蛇合	雀雀	合蛇	陳天	龍后	空陰	白武
천반	庚戌	辛亥	壬子	癸丑	○寅	○卯	甲辰	乙巳	丙午	丁未	戊申	己酉
지반	子	丑	○寅	○卯	辰	巳	午	未	申	酉	戌	亥

· 특징 : 원수과(元首課) · 퇴간전(退間傳) · 고조(顧祖)
· 필법 : 권섭부정격(權攝不正格) · 고조격(顧祖格) · 나거취재격(懶去取財格)

【辛亥4국】 甲辰순, 寅·卯 공망

말전	중전	초전
合白	天陳	武蛇
辛亥	○寅	乙巳
○寅	巳	申

4과	3과	2과	1과
武蛇	空陰	陰雀	白后
乙巳	戊申	甲辰	丁未
申	亥	未	辛(戌)

주야	龍武	常陳	合白	雀空	蛇龍	天陳	后合	陰雀	武蛇	常天	白后	空陰
천반	己酉	庚戌	辛亥	壬子	癸丑	○寅	○卯	甲辰	乙巳	丙午	丁未	戊申
지반	子	丑	○寅	○卯	辰	巳	午	未	申	酉	戌	亥

· 특징 : 원수과(元首課) · 맥월(驀越)
· 필법 : 불행전자격(不行傳者格) · 삼현태격(三玄胎格) **巳月** : 정신염목격(丁神厭目格)
　　　　야점 : 호승정귀격(虎乘丁鬼格)

【辛亥5국】 甲辰순, 寅·卯 공망

말전	중전	초전		4과	3과	2과	1과
合白	后合	白后		后合	白后	天陳	常天
辛亥	○卯	丁未		○卯	丁未	○寅	丙午
○卯	未	亥		未	亥	午	辛(戌)

주야	空陰	龍武	陳常	合白	雀空	蛇龍	天陳	后合	陰雀	武蛇	常天	白后
천반	戊申	己酉	庚戌	辛亥	壬子	癸丑	○寅	○卯	甲辰	乙巳	丙午	丁未
지반	子	丑	○寅	○卯	辰	巳	午	未	申	酉	戌	亥

- 특징 : 섭해과(涉害課)·곡직(曲直)·도액(度厄)
- 필법 : 삼육상호격(三六相呼格)·금일봉정격(金日逢丁格)·명암이귀격(明暗二鬼格)·
  최관부(催官符)·목락귀근격(木落歸根格)·불행전자격(不行傳者格) **야점** : 인
  택이화격(人宅罹禍格)·재화귀격(財化鬼格)·귀승천을격(鬼乘天乙格) **주점** :
  호승정귀격(虎乘丁鬼格)·염막귀인격(簾幕貴人格) **주점_寅월** : 내외효복격(內
  外孝服格)

【辛亥6국】 甲辰순, 寅·卯 공망

말전	중전	초전		4과	3과	2과	1과
空雀	蛇白	常天		蛇白	常天	雀空	武后
戊申	癸丑	丙午		癸丑	丙午	壬子	乙巳
丑	午	亥		午	亥	巳	辛(戌)

주야	白蛇	空雀	龍合	陳陳	合龍	雀空	蛇白	天常	后武	陰陰	武后	常天
천반	丁未	戊申	己酉	庚戌	辛亥	壬子	癸丑	○寅	○卯	甲辰	乙巳	丙午
지반	子	丑	○寅	○卯	辰	巳	午	未	申	酉	戌	亥

- 특징 : 중심과(重審課)·사절(四絶)
- 필법 : 삼전무기격(三傳無氣格)·명암이귀격(明暗二鬼格) **야점** : 호묘격(虎墓格)·귀
  승천을격(鬼乘天乙格)

【辛亥7국】 甲辰순, 寅 · 卯 공망

말전	중전	초전
武后	合龍	武后
乙巳	辛亥	乙巳
亥	巳	亥

4과	3과	2과	1과
合龍	武后	陳陳	陰陰
辛亥	乙巳	庚戌	甲辰
巳	亥	辰	辛(戌)

주야	常天	白蛇	空雀	龍合	陳陳	合龍	雀空	蛇白	天常	后武	陰陰	武后
천반	丙午	丁未	戊申	己酉	庚戌	辛亥	壬子	癸丑	○寅	○卯	甲辰	乙巳
지반	子	丑	○寅	○卯	辰	巳	午	未	申	酉	戌	亥

· 특징 : 반음과(返吟課) · 무의(無依)
· 필법 : 참관격(斬關格) · 양귀수극격(兩貴受剋格) · 덕입천문격(德入天門格)

【辛亥8국】 甲辰순, 寅 · 卯 공망

말전	중전	초전
蛇白	空雀	后武
癸丑	戊申	○卯
申	○卯	戌

4과	3과	2과	1과
龍合	陰陰	空雀	后武
己酉	甲辰	戊申	○卯
辰	亥	○卯	辛(戌)

주야	武后	常天	白蛇	空雀	龍合	陳陳	合龍	雀空	蛇白	天常	后武	陰陰
천반	乙巳	丙午	丁未	戊申	己酉	庚戌	辛亥	壬子	癸丑	○寅	○卯	甲辰
지반	子	丑	○寅	○卯	辰	巳	午	未	申	酉	戌	亥

· 특징 : 중심과(重審課) · 고진(孤辰) · 여덕(勵德)
· 필법 : 손잉격(損孕格) · 인택수탈격(人宅受脫格) · 육편판격(六片板格) **巳월** : 탈재생기격(脫財生氣格) · 손태격(損胎格) **야점** : 호묘격(虎墓格) · 양호협묘격(兩虎夾墓格)

【辛亥9국】 甲辰순, 寅·卯 공망

말전	중전	초전
后武	合龍	白蛇
○卯	辛亥	丁未
亥	未	○卯

4과	3과	2과	1과
白蛇	后武	常天	天常
丁未	○卯	丙午	○寅
○卯	亥	○寅	辛(戌)

주야	陰陰	武后	常天	白蛇	空雀	龍合	陳陳	合龍	雀空	蛇白	天常	后武
천반	甲辰	乙巳	丙午	丁未	戊申	己酉	庚戌	辛亥	壬子	癸丑	○寅	○卯
지반	子	丑	○寅	○卯	辰	巳	午	未	申	酉	戌	亥

- **특징** : 지일과(知一課) · 곡직(曲直)
- **필법** : 이귀개공격(二貴皆空格) · 재신공망격(財神空亡格) · 사과개공격(四課皆空格) · 금일봉정격(金日逢丁格) · 교차공격(交車空格) · 교차삼합격(交車三合格) · 목락귀근격(木落歸根格) · 태신좌장생격(胎神坐長生格) **야점** : 염막귀인격(簾幕貴人格) · 사호둔귀격(蛇虎遁鬼格) **주점** : 호승정귀격(虎乘丁鬼格)

【辛亥10국】 甲辰순, 寅·卯 공망

말전	중전	초전
武龍	空雀	合后
辛亥	戊申	乙巳
申	巳	○寅

4과	3과	2과	1과
合后	天常	雀陰	后白
乙巳	○寅	甲辰	癸丑
○寅	亥	丑	辛(戌)

주야	蛇武	雀陰	合后	陳天	龍蛇	空雀	白合	常陳	武龍	陰空	后白	天常
천반	○卯	甲辰	乙巳	丙午	丁未	戊申	己酉	庚戌	辛亥	壬子	癸丑	○寅
지반	子	丑	○寅	○卯	辰	巳	午	未	申	酉	戌	亥

- **특징** : 요극과(遙剋課) · 효시(嚆矢) · 여덕(勵德)
- **필법** : 절신가생격(絶神加生格) · 삼현태격(三玄胎格) · 묘신부일(墓神覆日) **야점** : 간승묘호격(干乘墓虎格) · 호묘격(虎墓格) **丑년생** : 천망자이격(天網自裏格)

【辛亥11국】 甲辰순, 寅·卯 공망

말전	중전	초전		4과	3과	2과	1과
合后	蛇武	后白		蛇武	后白	天常	陰空
乙巳	○卯	癸丑		○卯	癸丑	○寅	壬子
○卯	丑	亥		丑	亥	子	辛(戌)

주야	天常	蛇武	雀陰	合后	陳天	龍蛇	空雀	白合	常陳	武龍	陰空	后白
천반	○寅	○卯	甲辰	乙巳	丙午	丁未	戊申	己酉	庚戌	辛亥	壬子	癸丑
지반	子	丑	○寅	○卯	辰	巳	午	未	申	酉	戌	亥

- **특징** : 섭해과(涉害課)·순간전(順間傳)·출호(出戶)·일여(泆女)
- **필법** : 불행전자격(不行傳者格)·말조초혜격(末助初兮格)·강색귀호격(罡塞鬼戶格)
  야점 : 호묘격(虎墓格)·탈공격(脫空格)

【辛亥12국】 甲辰순, 寅·卯 공망

말전	중전	초전		4과	3과	2과	1과
蛇合	天陳	后龍		后龍	陰空	陰空	武白
○卯	○寅	癸丑		癸丑	壬子	壬子	辛亥
○寅	丑	子		子	亥	亥	辛(戌)

주야	后龍	天陳	蛇合	雀雀	合蛇	陳天	龍后	空陰	白武	常常	武白	陰空
천반	癸丑	○寅	○卯	甲辰	乙巳	丙午	丁未	戊申	己酉	庚戌	辛亥	壬子
지반	子	丑	○寅	○卯	辰	巳	午	未	申	酉	戌	亥

- **특징** : 원수과(元首課)·진연주(進連珠)·불비(不備)
- **필법** : 호가호위격(狐假虎威格)·탈상봉탈격(脫上逢脫格)·불행전자격(不行傳者格)

【壬子1국】 甲辰순, 寅·卯 공망

말전	중전	초전		4과	3과	2과	1과
天雀	武龍	常空		武龍	武龍	常空	常空
○卯	壬子	辛亥		壬子	壬子	辛亥	辛亥
○卯	子	亥		子	子	亥	壬(亥)

주야	武龍	陰陳	后合	天雀	蛇蛇	雀天	合后	陳陰	龍武	空常	白白	常空
천반	壬子	癸丑	○寅	○卯	甲辰	乙巳	丙午	丁未	戊申	己酉	庚戌	辛亥
지반	子	丑	○寅	○卯	辰	巳	午	未	申	酉	戌	亥

- **특징** : 복음과(伏吟課) · 자임(自任) · 두전(杜傳) · 여덕(勵德) · 삼기(三奇)
- **필법** : 간지동류격(干支同類格) · 인처치병격(因妻致病格) · 왕록가림격(旺祿加臨格) · 덕입천문격(德入天門格)

【壬子2국】 甲辰순, 寅·卯 공망

말전	중전	초전		4과	3과	2과	1과
龍武	空常	白白		白白	常空	空常	白白
戊申	己酉	庚戌		庚戌	辛亥	己酉	庚戌
酉	戌	亥		亥	子	戌	壬(亥)

주야	常空	武龍	陰陳	后合	天雀	蛇蛇	雀天	合后	陳陰	龍武	空常	白白
천반	辛亥	壬子	癸丑	○寅	○卯	甲辰	乙巳	丙午	丁未	戊申	己酉	庚戌
지반	子	丑	○寅	○卯	辰	巳	午	未	申	酉	戌	亥

- **특징** : 원수과(元首課) · 퇴연여(退連茹) · 불비(不備) · 유금(流金)
- **필법** : 간지동류격(干支同類格) · 호귀가간격(虎鬼加干格) · 최관사자(催官使者) · 괴도천문격(魁度天門格) · 권섭부정격(權攝不正格) · 호림간귀격(虎臨干鬼格) · 양사협묘격(兩蛇夾墓格) · 인처치병격(因妻致病格)

【壬子3국】 甲辰순, 寅·卯 공망

말전	중전	초전		4과	3과	2과	1과
武后	白武	龍白		白武	龍白	常陰	空常
丙午	戊申	庚戌		戊申	庚戌	丁未	己酉
申	戌	子		戌	子	酉	壬(亥)

주야	龍白	陳空	合龍	雀陳	蛇合	天雀	后蛇	陰天	武后	常陰	白武	空常
천반	庚戌	辛亥	壬子	癸丑	○寅	○卯	甲辰	乙巳	丙午	丁未	戊申	己酉
지반	子	丑	○寅	○卯	辰	巳	午	未	申	酉	戌	亥

- **특징** : 원수과(元首課)·패려(悖戾)·퇴간전(退間傳)
- **필법** : 인처치병격(因妻致病格)·아괴성격(亞魁星格)·간지동류격(干支同類格) **야점** : 지승묘호격(支乘墓虎格) **주점** : 일희일비격(一喜一悲格)

【壬子4국】 甲辰순, 寅·卯 공망

말전	중전	초전		4과	3과	2과	1과
合龍	天雀	武后		武后	空常	陰天	白武
壬子	○卯	丙午		丙午	己酉	乙巳	戊申
○卯	午	酉		酉	子	申	壬(亥)

주야	空常	龍白	陳空	合龍	雀陳	蛇合	天雀	后蛇	陰天	武后	常陰	白武
천반	己酉	庚戌	辛亥	壬子	癸丑	○寅	○卯	甲辰	乙巳	丙午	丁未	戊申
지반	子	丑	○寅	○卯	辰	巳	午	未	申	酉	戌	亥

- **특징** : 지일과(知一課)·비용(比用)·삼교(三交)·고개(高蓋)·헌개(軒蓋)
- **필법** : 간지동류격(干支同類格)·불행전자격(不行傳者格)·인처치병격(因妻致病格)

말전	중전	초전
陳空	天雀	常陰
辛亥	○卯	丁未
○卯	未	亥

4과	3과	2과	1과
后蛇	白武	天雀	常陰
甲辰	戊申	○卯	丁未
申	子	未	壬(亥)

주야	白武	空常	龍白	陳空	合龍	雀陳	蛇合	天雀	后蛇	陰天	武后	常陰
천반	戊申	己酉	庚戌	辛亥	壬子	癸丑	○寅	○卯	甲辰	乙巳	丙午	丁未
지반	子	丑	○寅	○卯	辰	巳	午	未	申	酉	戌	亥

- **특징** : 섭해과(涉害課) · 곡직(曲直) · 여덕(勵德)
- **필법** : 인처치병격(因妻致病格) · 불행전자격(不行傳者格) · 수일봉정격(水日逢丁格) · 간지동류격(干支同類格) · 명암이귀격(明暗二鬼格) · 목락귀근격(木落歸根格)
  申월 : 정신염목격(丁神厭目格) **주점** : 중귀수창격(衆鬼雖彰格) **주점_卯월** : 내외효복격(內外孝服格)

말전	중전	초전
白武	雀陳	武后
戊申	癸丑	丙午
丑	午	亥

4과	3과	2과	1과
蛇合	常陰	雀陳	武后
○寅	丁未	癸丑	丙午
未	子	午	壬(亥)

주야	常陰	白武	空常	龍白	陳空	合龍	雀陳	蛇合	天雀	后蛇	陰天	武后
천반	丁未	戊申	己酉	庚戌	辛亥	壬子	癸丑	○寅	○卯	甲辰	乙巳	丙午
지반	子	丑	○寅	○卯	辰	巳	午	未	申	酉	戌	亥

- **특징** : 중심과(重審課) · 일여(泆女) · 사절(四絶)
- **필법** : 수일봉정격(水日逢丁格) · 초조협극격(初遭夾剋格) · 인처치병격(因妻致病格) · 복태격(服胎格) · 간지동류격(干支同類格) · 삼전체생격(三傳遞生格) · 삼전무기격(三傳無氣格) · 태수극절격(胎受剋絶格) **申월** : 탈재생기격(脫財生氣格) **주점** : 백의식시격(白蟻食尸格) · 연희치병격(宴喜致病格)

【壬子7국】 甲辰순, 寅·卯 공망

말전	중전	초전		4과	3과	2과	1과
武蛇	合白	武蛇		合白	武蛇	陳空	陰天
丙午	壬子	丙午		壬子	丙午	辛亥	乙巳
子	午	子		午	子	巳	壬(亥)

주야	武蛇	常雀	白合	空陳	龍龍	陳空	合白	雀常	蛇武	天陰	后后	陰天
천반	丙午	丁未	戊申	己酉	庚戌	辛亥	壬子	癸丑	○寅	○卯	甲辰	乙巳
지반	子	丑	○寅	○卯	辰	巳	午	未	申	酉	戌	亥

- 특징 : 반음과(返吟課)·무의(無依)·삼교(三交)·여덕(勵德)
- 필법 : 인처치병격(因妻致病格)·양귀수극격(兩貴受剋格)·간지동류격(干支同類格)· 차전환채격(借錢還債格) 주점 : 염막귀인격(簾幕貴人格)

【壬子8국】 甲辰순, 寅·卯 공망

말전	중전	초전		4과	3과	2과	1과
天陰	龍龍	陰天		龍龍	陰天	空陳	后后
○卯	庚戌	乙巳		庚戌	乙巳	己酉	甲辰
戌	巳	子		巳	子	辰	壬(亥)

주야	陰天	武蛇	常雀	白合	空陳	龍龍	陳空	合白	雀常	蛇武	天陰	后后
천반	乙巳	丙午	丁未	戊申	己酉	庚戌	辛亥	壬子	癸丑	○寅	○卯	甲辰
지반	子	丑	○寅	○卯	辰	巳	午	未	申	酉	戌	亥

- 특징 : 중심과(重審課)·주인(鑄印)
- 필법 : 묘신부일(墓神覆日)·양귀인종천간격(兩貴引從天干格)·참관격(斬關格)·양후협묘격(兩后夾墓格)·덕록전묘격(德祿傳墓格)·간지동류격(干支同類格)·인처치병격(因妻致病格) 야점 : 육편관격(六片板格) 주점 : 귀인입옥격(貴人入獄格) 辰년생 : 천망자이격(天網自裏格)

【壬子9국】 甲辰순, 寅 · 卯 공망

말전	중전	초전
天陰	常空	陳雀
○卯	辛亥	丁未
亥	未	○卯

4과	3과	2과	1과
龍合	蛇后	陳雀	天陰
戊申	甲辰	丁未	○卯
辰	子	○卯	壬(亥)

주야	蛇后	雀天	合蛇	陳雀	龍合	空陳	白龍	常空	武白	陰常	后武	天陰
천반	甲辰	乙巳	丙午	丁未	戊申	己酉	庚戌	辛亥	壬子	癸丑	○寅	○卯
지반	子	丑	○寅	○卯	辰	巳	午	未	申	酉	戌	亥

- **특징** : 중심과(重審課) · 곡직(曲直)
- **필법** : 수일봉정격(水日逢丁格) · 간지동류격(干支同類格) · 목락귀근격(木落歸根格) · 합중범살격(合中犯殺格) · 인처치병격(因妻致病格) · 염막귀인격(簾幕貴人格)
  야점 : 염막귀인격(簾幕貴人格) · 삼전개공격(三傳皆空格) **주점** : 사묘극지격(蛇墓剋支格) · 중귀수창격(衆鬼雖彰格)

【壬子10국】 甲辰순, 寅 · 卯 공망

말전	중전	초전
武白	空陳	合蛇
壬子	己酉	丙午
酉	午	○卯

4과	3과	2과	1과
合蛇	天陰	雀天	后武
丙午	○卯	乙巳	○寅
○卯	子	○寅	壬(亥)

주야	天陰	蛇后	雀天	合蛇	陳雀	龍合	空陳	白龍	常空	武白	陰常	后武
천반	○卯	甲辰	乙巳	丙午	丁未	戊申	己酉	庚戌	辛亥	壬子	癸丑	○寅
지반	子	丑	○寅	○卯	辰	巳	午	未	申	酉	戌	亥

- **특징** : 요극과(遙剋課) · 탄사(彈射) · 삼교(三交)
- **필법** : 사과개공격(四課皆空格) · 절신가생격(絶神加生格) · 탈상봉탈격(脫上逢脫格) · 간지동류격(干支同類格) · 인처치병격(因妻致病格) · 이귀개공격(二貴皆空格)

【壬子11국】 甲辰순, 寅·卯 공망

말전	중전	초전		4과	3과	2과	1과
龍合	合蛇	蛇后		蛇后	后武	天陰	陰常
戊申	丙午	甲辰		甲辰	○寅	○卯	癸丑
午	辰	○寅		○寅	子	丑	壬(亥)

주야	后武	天陰	蛇后	雀天	合蛇	陳雀	龍合	空陳	白龍	常空	武白	陰常
천반	○寅	○卯	甲辰	乙巳	丙午	丁未	戊申	己酉	庚戌	辛亥	壬子	癸丑
지반	子	丑	○寅	○卯	辰	巳	午	未	申	酉	戌	亥

- **특징** : 중심과(重審課)·순간전(順間傳)·등삼천(登三天)·일여(泆女)·육의(六儀)· 귀묘(鬼墓)
- **필법** : 난변이격(難變易格)·인처치병격(因妻致病格)·강색귀호격(罡塞鬼戶格)·간지 동류격(干支同類格) **야점_酉월** : 내외효복격(內外孝服格)

【壬子12국】 甲辰순, 寅·卯 공망

말전	중전	초전		4과	3과	2과	1과
蛇后	天陰	后武		后武	陰常	陰常	武白
甲辰	○卯	○寅		○寅	癸丑	癸丑	壬子
○卯	○寅	丑		丑	子	子	壬(亥)

주야	陰常	后武	天陰	蛇后	雀天	合蛇	陳雀	龍合	空陳	白龍	常空	武白
천반	癸丑	○寅	○卯	甲辰	乙巳	丙午	丁未	戊申	己酉	庚戌	辛亥	壬子
지반	子	丑	○寅	○卯	辰	巳	午	未	申	酉	戌	亥

- **특징** : 지일과(知一課)·진연주(進連珠)·정화(正和)·불비(不備)
- **필법** : 일진근린격(日辰近隣格)·녹피현탈격(祿被玄奪格)·간지동류격(干支同類格)· 인처치병격(因妻致病格)·삼전개공격(三傳皆空格)·진여공망격(進茹空亡格) **야점** : 우녀상회격(牛女相會格) **야점_酉월** : 효백개처두격(孝白蓋妻頭格)

【癸丑1국】 甲辰순, 寅·卯 공망

말전	중전	초전		4과	3과	2과	1과
陰陳	白白	陳陰		陳陰	陳陰	陳陰	陳陰
丁未	庚戌	癸丑		癸丑	癸丑	癸丑	癸丑
未	戌	丑		丑	丑	丑	癸(丑)

주야	龍武	陳陰	合后	雀天	蛇蛇	天雀	后合	陰陳	武龍	常空	白白	空常
천반	壬子	癸丑	○寅	○卯	甲辰	乙巳	丙午	丁未	戊申	己酉	庚戌	辛亥
지반	子	丑	○寅	○卯	辰	巳	午	未	申	酉	戌	亥

- **특징** : 복음과(伏吟課)·가색(稼穡)·자신(自信)·여덕(勵德)·유자(游子)·난수(亂首)
- **필법** : 주객형상격(主客刑上格)_삼형·태양조현격(太陽照玄格)·신임정마격(信任丁馬格)·수일봉정격(水日逢丁格)·인처치병격(因妻致病格)

【癸丑2국】 甲辰순, 寅·卯 공망

말전	중전	초전		4과	3과	2과	1과
白白	空常	龍武		空常	龍武	空常	龍武
庚戌	辛亥	壬子		辛亥	壬子	辛亥	壬子
亥	子	丑		子	丑	子	癸(丑)

주야	空常	龍武	陳陰	合后	雀天	蛇蛇	天雀	后合	陰陳	武龍	常空	白白
천반	辛亥	壬子	癸丑	○寅	○卯	甲辰	乙巳	丙午	丁未	戊申	己酉	庚戌
지반	子	丑	○寅	○卯	辰	巳	午	未	申	酉	戌	亥

- **특징** : 중심과(重審課)·퇴연여(退連茹)·중음(重陰)
- **필법** : 양사협묘격(兩蛇夾墓格)·권섭부정격(權攝不正格)·인처치병격(因妻致病格)
  야점 : 녹피현탈격(祿被玄奪格) **주점** : 왕록가림격(旺祿加臨格)

【癸丑3국】 甲辰순, 寅·卯 공망

말전	중전	초전		4과	3과	2과	1과
陰常	常空	空陳		常空	空陳	常空	空陳
丁未	己酉	辛亥		己酉	辛亥	己酉	辛亥
酉	亥	丑		亥	丑	亥	癸(丑)

주야	白龍	空陳	龍合	陳雀	合蛇	雀天	蛇后	天陰	后武	陰常	武白	常空
천반	庚戌	辛亥	壬子	癸丑	○寅	○卯	甲辰	乙巳	丙午	丁未	戊申	己酉
지반	子	丑	○寅	○卯	辰	巳	午	未	申	酉	戌	亥

- **특징** : 중심과(重審課) · 퇴간전(退間傳) · 시둔(時遁) · 삼기(三奇)
- **필법** : 사승살격(四勝殺格) · 인처치병격(因妻致病格) · 수일봉정격(水日逢丁格)

【癸丑4국】 甲辰순, 寅·卯 공망

말전	중전	초전		4과	3과	2과	1과
蛇后	陰常	白龍		陰常	白龍	陰常	白龍
甲辰	丁未	庚戌		丁未	庚戌	丁未	庚戌
未	戌	丑		戌	丑	戌	癸(丑)

주야	常空	白龍	空陳	龍合	陳雀	合蛇	雀天	蛇后	天陰	后武	陰常	武白
천반	己酉	庚戌	辛亥	壬子	癸丑	○寅	○卯	甲辰	乙巳	丙午	丁未	戊申
지반	子	丑	○寅	○卯	辰	巳	午	未	申	酉	戌	亥

- **특징** : 원수과(元首課) · 가색(稼穡) · 유자(游子)
- **필법** : 인처치병격(因妻致病格) · 태양조현격(太陽照玄格) **주점** : 최관사자(催官使者) · 호림간귀격(虎臨干鬼格) · 이흉제흉격(二凶制凶格)

【癸丑5국】 甲辰순, 寅・卯 공망

말전	중전	초전		4과	3과	2과	1과
常空	陳雀	天陰		天陰	常空	天陰	常空
己酉	癸丑	乙巳		乙巳	己酉	乙巳	己酉
丑	巳	酉		酉	丑	酉	癸(丑)

주야	武白	常空	白龍	空陳	龍合	陳雀	合蛇	雀天	蛇后	天陰	后武	陰常
천반	戊申	己酉	庚戌	辛亥	壬子	癸丑	○寅	○卯	甲辰	乙巳	丙午	丁未
지반	子	丑	○寅	○卯	辰	巳	午	未	申	酉	戌	亥

- **특징** : 원수과(元首課)・종혁(從革)・여덕(勵德)
- **필법** : 금강격(金剛格)・인처치병격(因妻致病格)・아괴성격(亞魁星格)・합중범살격
  (合中犯殺格)・사승살격(四勝殺格)

【癸丑6국】 甲辰순, 寅・卯 공망

말전	중전	초전		4과	3과	2과	1과
天陰	白龍	雀天		雀天	武白	雀天	武白
乙巳	庚戌	○卯		○卯	戊申	○卯	戊申
戌	○卯	申		申	丑	申	癸(丑)

주야	陰常	武白	常空	白龍	空陳	龍合	陳雀	合蛇	雀天	蛇后	天陰	后武
천반	丁未	戊申	己酉	庚戌	辛亥	壬子	癸丑	○寅	○卯	甲辰	乙巳	丙午
지반	子	丑	○寅	○卯	辰	巳	午	未	申	酉	戌	亥

- **특징** : 중심과(重審課)・단륜(斷輪)・사절(四絶)
- **필법** : 후목무용격(朽木無用格)・인처치병격(因妻致病格) **야점** : 백의식시격(白蟻食尸格)・장봉내전격(將逢內戰格) **주점** : 귀인입옥격(貴人入獄格)

【癸丑7국】 甲辰순, 寅 · 卯 공망

말전	중전	초전		4과	3과	2과	1과
雀常	常雀	雀常		常雀	雀常	常雀	雀常
丁未	癸丑	丁未		癸丑	丁未	癸丑	丁未
丑	未	丑		未	丑	未	癸(丑)

주야	蛇武	雀常	合白	陳空	龍龍	空陳	白合	常雀	武蛇	陰天	后后	天陰
천반	丙午	丁未	戊申	己酉	庚戌	辛亥	壬子	癸丑	○寅	○卯	甲辰	乙巳
지반	子	丑	○寅	○卯	辰	巳	午	未	申	酉	戌	亥

- 특징 : 반음과(返吟課) · 무의(無依) · 가색(稼穡) · 여덕(勵德) · 유자(游子)
- 필법 : 태양조현격(太陽照玄格) · 양귀수극격(兩貴受剋格) · 두괴상가격(斗魁相加格) · 인처치병격(因妻致病格) · 수일봉정격(水日逢丁格) **巳月** : 정신염목격(丁神厭目格) **야점** : 연희치병격(宴喜致病格) **야점_卯월** : 내외효복격(內外孝服格) **주점** : 작귀격(雀鬼格)

【癸丑8국】 甲辰순, 寅 · 卯 공망

말전	중전	초전		4과	3과	2과	1과
后后	空陳	蛇武		空陳	蛇武	空陳	蛇武
甲辰	辛亥	丙午		辛亥	丙午	辛亥	丙午
亥	午	丑		午	丑	午	癸(丑)

주야	天陰	蛇武	雀常	合白	陳空	龍龍	空陳	白合	常雀	武蛇	陰天	后后
천반	乙巳	丙午	丁未	戊申	己酉	庚戌	辛亥	壬子	癸丑	○寅	○卯	甲辰
지반	子	丑	○寅	○卯	辰	巳	午	未	申	酉	戌	亥

- 특징 : 중심과(重審課)
- 필법 : 사승살격(四勝殺格) · 호태격(互胎格) · 진퇴양난격(進退兩難格) · 인처치병격(因妻致病格) **주점** : 육편판격(六片板格)

말전	중전	초전		4과	3과	2과	1과
天雀	常陰	陳空		陳空	天雀	陳空	天雀
乙巳	癸丑	己酉		己酉	乙巳	己酉	乙巳
丑	酉	巳		巳	丑	巳	癸(丑)

주야	后蛇	天雀	蛇合	雀陳	合龍	陳空	龍白	空常	白武	常陰	武后	陰天
천반	甲辰	乙巳	丙午	丁未	戊申	己酉	庚戌	辛亥	壬子	癸丑	○寅	○卯
지반	子	丑	○寅	○卯	辰	巳	午	未	申	酉	戌	亥

- **특징** : 섭해과(涉害課)·종혁(從革)
- **필법** : 낙이생우격(樂裏生憂格)·체호작절격(遞互作絶格)·인처치병격(因妻致病格)
  야점 : 염막귀인격(簾幕貴人格)

말전	중전	초전		4과	3과	2과	1과
龍白	雀陳	后蛇		雀陳	后蛇	雀陳	后蛇
庚戌	丁未	甲辰		丁未	甲辰	丁未	甲辰
未	辰	丑		辰	丑	辰	癸(丑)

주야	陰天	后蛇	天雀	蛇合	雀陳	合龍	陳空	龍白	空常	白武	常陰	武后
천반	○卯	甲辰	乙巳	丙午	丁未	戊申	己酉	庚戌	辛亥	壬子	癸丑	○寅
지반	子	丑	○寅	○卯	辰	巳	午	未	申	酉	戌	亥

- **특징** : 원수과(元首課)·가색(稼穡)·유자(游子)·사기(死奇)
- **필법** : 인처치병격(因妻致病格)·절신가생격(絶神加生格)·참관격(斬關格)·묘신부일 (墓神覆日)·사승살격(四勝殺格)·태양조현격(太陽照玄格) **야점** : 이흉제흉격 (二凶制凶格) **주점** : 귀색귀호격(貴塞鬼戶格) **辰년생** : 천망자이격(天網自裏格)

【癸丑11국】 甲辰순, 寅 · 卯 공망

말전	중전	초전		4과	3과	2과	1과
雀陳	天雀	陰天		天雀	陰天	天雀	陰天
丁未	乙巳	○卯		乙巳	○卯	乙巳	○卯
巳	○卯	丑		○卯	丑	○卯	癸(丑)

주야	武后	陰天	后蛇	天雀	蛇合	雀陳	合龍	陳空	龍白	空常	白武	常陰
천반	○寅	○卯	甲辰	乙巳	丙午	丁未	戊申	己酉	庚戌	辛亥	壬子	癸丑
지반	子	丑	○寅	○卯	辰	巳	午	未	申	酉	戌	亥

· 특징 : 원수과(元首課) · 순간전(順間傳) · 영양(盈陽) · 여덕(勵德) · 불비(不備) · 삼기(三奇)
· 필법 : 수일봉정격(水日逢丁格) · 사과개공격(四課皆空格) · 이귀개공격(二貴皆空格) · 인처치병격(因妻致病格) · 강색귀호격(罡塞鬼戶格) · 염막귀인격(簾幕貴人格)
　　　주점 : 염막귀인격(簾幕貴人格) · 주야귀가격(晝夜貴加格)

【癸丑12국】 甲辰순, 寅 · 卯 공망

말전	중전	초전		4과	3과	2과	1과
后蛇	陰天	武后		陰天	武后	陰天	武后
甲辰	○卯	○寅		○卯	○寅	○卯	○寅
○卯	○寅	丑		○寅	丑	○寅	癸(丑)

주야	常陰	武后	陰天	后蛇	天雀	蛇合	雀陳	合龍	陳空	龍白	空常	白武
천반	癸丑	○寅	○卯	甲辰	乙巳	丙午	丁未	戊申	己酉	庚戌	辛亥	壬子
지반	子	丑	○寅	○卯	辰	巳	午	未	申	酉	戌	亥

· 특징 : 원수과(元首課) · 진연주(進連珠) · 정화(正和) · 고진(孤辰)
· 필법 : 사과개공격(四課皆空格) · 탈공격(脫空格_進茹 중) · 탈상봉탈격(脫上逢脫格) · 인처치병격(因妻致病格) · 삼전개공격(三傳皆空格)

【甲寅1국】 甲寅순, 子·丑 공망

말전	중전	초전		4과	3과	2과	1과
后白	雀陳	龍蛇		龍蛇	龍蛇	龍蛇	龍蛇
庚申	丁巳	甲寅		甲寅	甲寅	甲寅	甲寅
申	巳	寅		寅	寅	寅	甲(寅)

주야	白后	空天	龍蛇	陳雀	合合	雀陳	蛇龍	天空	后白	陰常	武武	常陰
천반	○子	○丑	甲寅	乙卯	丙辰	丁巳	戊午	己未	庚申	辛酉	壬戌	癸亥
지반	○子	○丑	寅	卯	辰	巳	午	未	申	酉	戌	亥

- 특징 : 복음과(伏吟課) · 자임(自任)
- 필법 : 간지동류격(干支同類格) · 삼현태격(三玄胎格) · 권섭부정격(權攝不正格) · 신임 정마격(信任丁馬格) · 호귀승마격(虎鬼乘馬格) · 주객형상격(主客刑上格)_삼 형 · 왕록가림격(旺祿加臨格) **야점** : 사호둔귀격(蛇虎遁鬼格) · 마재호귀격(馬載 虎鬼格)

【甲寅2국】 甲寅순, 子·丑 공망

말전	중전	초전		4과	3과	2과	1과
武武	常陰	白后		白后	空天	白后	空天
壬戌	癸亥	○子		○子	○丑	○子	○丑
亥	○子	○丑		○丑	寅	○丑	甲(寅)

주야	常陰	白后	空天	龍蛇	陳雀	合合	雀陳	蛇龍	天空	后白	陰常	武武
천반	癸亥	○子	○丑	甲寅	乙卯	丙辰	丁巳	戊午	己未	庚申	辛酉	壬戌
지반	○子	○丑	寅	卯	辰	巳	午	未	申	酉	戌	亥

- 특징 : 지일과(知一課) · 퇴연여(退連茹) · 중음(重陰) · 고진(孤辰)
- 필법 : 간지동류격(干支同類格) · 사과개공격(四課皆空格) · 복공격(服空格) **주점** : 염 막귀인격(簾幕貴人格)

【甲寅3국】 甲寅순, 子·丑 공망

말전	중전	초전		4과	3과	2과	1과
蛇龍	后白	武武		武武	白后	武武	白后
戊午	庚申	壬戌		壬戌	○子	壬戌	○子
申	戌	○子		○子	寅	○子	甲(寅)

주야	武武	常陰	白后	空天	龍蛇	陳雀	合合	雀陳	蛇龍	天空	后白	陰常
천반	壬戌	癸亥	○子	○丑	甲寅	乙卯	丙辰	丁巳	戊午	己未	庚申	辛酉
지반	○子	○丑	寅	卯	辰	巳	午	未	申	酉	戌	亥

- **특징** : 원수과(元首課)·패려(悖戾)·퇴간전(退間傳)·여덕(勵德)
- **필법** : 사과개공격(四課皆空格)·간지동류격(干支同類格)·말조초혜격(末助初兮格)
  야점 : 호귀승마격(虎鬼乘馬格)·마재호귀격(馬載虎鬼格)

【甲寅4국】 甲寅순, 子·丑 공망

말전	중전	초전		4과	3과	2과	1과
常陰	常陰	空天		后白	常陰	后白	常陰
癸亥	癸亥	○丑		庚申	癸亥	庚申	癸亥
寅	寅	辰		亥	寅	亥	甲(寅)

주야	陰常	武武	常陰	白后	空天	龍蛇	陳雀	合合	雀陳	蛇龍	天空	后白
천반	辛酉	壬戌	癸亥	○子	○丑	甲寅	乙卯	丙辰	丁巳	戊午	己未	庚申
지반	○子	○丑	寅	卯	辰	巳	午	未	申	酉	戌	亥

- **특징** : 팔전과(八專課)·과숙(寡宿)
- **필법** : 복공격(服空格)·사승살격(四勝殺格)·간지동류격(干支同類格)·폐구격(閉口格) **야점** : 귀인입옥격(貴人入獄格)·양공협묘격(兩空夾墓格)·마재호귀격(馬載虎鬼格)·태상간생격(太常干生格)·태상지생격(太常支生格)

【甲寅5국】 甲寅순, 子 · 丑 공망

말전	중전	초전		4과	3과	2과	1과
白后	后白	合合		后白	合合	后白	合合
甲寅	戊午	壬戌		戊午	壬戌	戊午	壬戌
午	戌	寅		戌	寅	戌	甲(寅)

주야	蛇龍	雀陳	合合	陳雀	龍蛇	空天	白后	常陰	武武	陰常	后白	天空
천반	庚申	辛酉	壬戌	癸亥	○子	○丑	甲寅	乙卯	丙辰	丁巳	戊午	己未
지반	○子	○丑	寅	卯	辰	巳	午	未	申	酉	戌	亥

- **특징** : 중심과(重審課) · 염상(炎上) · 교동(狡童)
- **필법** : 초조협극격(初遭夾剋格) · 간지동류격(干支同類格) · 육효생간상격(六爻生干上格)_전자식화재효(傳子息化財爻) · 취환혼채격(取還魂債格) **주점** : 신장살몰격(神藏殺沒格)

【甲寅6국】 甲寅순, 子 · 丑 공망

말전	중전	초전		4과	3과	2과	1과
陳雀	武武	雀陳		武武	雀陳	武武	雀陳
癸亥	丙辰	辛酉		丙辰	辛酉	丙辰	辛酉
辰	酉	寅		酉	寅	酉	甲(寅)

주야	天空	蛇龍	雀陳	合合	陳雀	龍蛇	空天	白后	常陰	武武	陰常	后白
천반	己未	庚申	辛酉	壬戌	癸亥	○子	○丑	甲寅	乙卯	丙辰	丁巳	戊午
지반	○子	○丑	寅	卯	辰	巳	午	未	申	酉	戌	亥

- **특징** : 원수과(元首課) · 사절(四絶)
- **필법** : 중귀수창격(衆鬼雖彰格) · 사승살격(四勝殺格) · 간지동류격(干支同類格) · 태수극절격(胎受剋絶格) · 아괴성격(亞魁星格) **주점** : 작귀격(雀鬼格)

【甲寅7국】 甲寅순, 子·丑 공망

말전	중전	초전		4과	3과	2과	1과
白后	蛇龍	白后		白后	蛇龍	白后	蛇龍
甲寅	庚申	甲寅		甲寅	庚申	甲寅	庚申
申	寅	申		申	寅	申	甲(寅)

주야	后白	天空	蛇龍	雀陳	合合	陳雀	龍蛇	空天	白后	常陰	武武	陰常
천반	戊午	己未	庚申	辛酉	壬戌	癸亥	○子	○丑	甲寅	乙卯	丙辰	丁巳
지반	○子	○丑	寅	卯	辰	巳	午	未	申	酉	戌	亥

- **특징** : 반음과(返吟課) · 무의(無依)
- **필법** : 주야귀가격(晝夜貴加格) · 간지봉절격(干支逢絶格) · 전상좌극격(全傷坐剋格) · 명암이귀격(明暗二鬼格) · 간지동류격(干支同類格) **주점** : 양귀협묘격(兩貴夾墓格)

【甲寅8국】 甲寅순, 子·丑 공망

말전	중전	초전		4과	3과	2과	1과
合合	陰常	龍蛇		龍蛇	天空	龍蛇	天空
壬戌	丁巳	○子		○子	己未	○子	己未
巳	○子	未		未	寅	未	甲(寅)

주야	陰常	后白	天空	蛇龍	雀陳	合合	陳雀	龍蛇	空天	白后	常陰	武武
천반	丁巳	戊午	己未	庚申	辛酉	壬戌	癸亥	○子	○丑	甲寅	乙卯	丙辰
지반	○子	○丑	寅	卯	辰	巳	午	未	申	酉	戌	亥

- **특징** : 지일과(知一課) · 고진(孤辰) · 도액(度厄) · 주인(鑄印)
- **필법** : 육편판격(六片板格) · 간지동류격(干支同類格) · 호승묘신격(互乘墓神格) · 묘신부일(墓神覆日) **야점** : 사과개공격(四課皆空格) · 탈공격(脫空格) · 염막귀인격(簾幕貴人格) **주점** : 부귀패굴격(富貴敗屈格) · 귀인공망격(貴人空亡格) **未년생** : 천망자이격(天網自裏格)

말전	중전	초전
后白	后白	蛇龍
戊午	戊午	庚申
寅	寅	辰

4과	3과	2과	1과
合合	后白	合合	后白
壬戌	戊午	壬戌	戊午
午	寅	午	甲(寅)

주야	武武	陰常	后白	天空	蛇龍	雀陳	合合	陳雀	龍蛇	空天	白后	常陰
천반	丙辰	丁巳	戊午	己未	庚申	辛酉	壬戌	癸亥	○子	○丑	甲寅	乙卯
지반	○子	○丑	寅	卯	辰	巳	午	未	申	酉	戌	亥

- **특징** : 팔전과(八專課) · 여덕(勵德) · 유박(帷薄)
- **필법** : 상호승사격(上互乘死格) · 간지동류격(干支同類格) · 간지전승사격(干支全乘死格) · 사승살격(四勝殺格)

말전	중전	초전
白后	陳雀	蛇龍
甲寅	癸亥	庚申
亥	申	巳

4과	3과	2과	1과
蛇龍	陰常	蛇龍	陰常
庚申	丁巳	庚申	丁巳
巳	寅	巳	甲(寅)

주야	常陰	武武	陰常	后白	天空	蛇龍	雀陳	合合	陳雀	龍蛇	空天	白后
천반	乙卯	丙辰	丁巳	戊午	己未	庚申	辛酉	壬戌	癸亥	○子	○丑	甲寅
지반	○子	○丑	寅	卯	辰	巳	午	未	申	酉	戌	亥

- **특징** : 중심과(重審課)
- **필법** : 간지동류격(干支同類格) · 백호입상차격(白虎入喪車格) · 탈상봉탈격(脫上逢脫格) · 삼현태격(三玄胎格) · 절신가생격(絶神加生格) **주점** : 양공협묘격(兩空夾墓格)

【甲寅11국】 甲寅순, 子 · 丑 공망

말전	중전	초전
后白	蛇龍	合合
庚申	戊午	丙辰
午	辰	寅

4과	3과	2과	1과
蛇龍	合合	蛇龍	合合
戊午	丙辰	戊午	丙辰
辰	寅	辰	甲(寅)

주야	龍蛇	陳雀	合合	雀陳	蛇龍	天空	后白	陰常	武武	常陰	白后	空天
천반	甲寅	乙卯	丙辰	丁巳	戊午	己未	庚申	辛酉	壬戌	癸亥	○子	○丑
지반	○子	○丑	寅	卯	辰	巳	午	未	申	酉	戌	亥

- **특징** : 중심과(重審課) · 순간전(順間傳) · 등삼천(登三天) · 사기(死奇)
- **필법** : 참관격(斬關格) · 간지동류격(干支同類格) · 사승살격(四勝殺格) **야점** : 마재호
  귀격(馬載虎鬼格) · 신장살몰격(神藏殺沒格) · 호귀승마격(虎鬼乘馬格) · 사호둔
  귀격(蛇虎遁鬼格) · 강색귀호격(罡塞鬼戶格) · 귀등천문격(貴登天門格)

【甲寅12국】 甲寅순, 子 · 丑 공망

말전	중전	초전
蛇龍	雀陳	合合
戊午	丁巳	丙辰
巳	辰	卯

4과	3과	2과	1과
合合	陳雀	合合	陳雀
丙辰	乙卯	丙辰	乙卯
卯	寅	卯	甲(寅)

주야	空天	龍蛇	陳雀	合合	雀陳	蛇龍	天空	后白	陰常	武武	常陰	白后
천반	○丑	甲寅	乙卯	丙辰	丁巳	戊午	己未	庚申	辛酉	壬戌	癸亥	○子
지반	○子	○丑	寅	卯	辰	巳	午	未	申	酉	戌	亥

- **특징** : 중심과(重審課) · 진연주(進連珠) · 승계(昇階)
- **필법** : 왕록가림격(旺祿加臨格) · 나거취재격(懶去取財格) · 유여탈기격(有餘脫氣格) ·
  간지동류격(干支同類格) · 진퇴양난격(進退兩難格)

【乙卯1국】 甲寅순, 子·丑 공망

말전	중전	초전
常天	龍合	陳陳
○子	乙卯	丙辰
○子	卯	辰

4과	3과	2과	1과
龍合	龍合	陳陳	陳陳
乙卯	乙卯	丙辰	丙辰
卯	卯	辰	乙(辰)

주야	常天	白蛇	空雀	龍合	陳陳	合龍	雀空	蛇白	天常	后武	陰陰	武后
천반	○子	○丑	甲寅	乙卯	丙辰	丁巳	戊午	己未	庚申	辛酉	壬戌	癸亥
지반	○子	○丑	寅	卯	辰	巳	午	未	申	酉	戌	亥

- **특징**: 복음과(伏吟課)·자신(自信)·두전(杜傳)
- **필법**: 참관격(斬關格)·교차해격(交車害格)·간지동류격(干支同類格)·권섭부정격
  (權攝不正格)·피차시기해격(彼此猜忌害格)

【乙卯2국】 甲寅순, 子·丑 공망

말전	중전	초전
武后	常天	白蛇
癸亥	○子	○丑
○子	○丑	寅

4과	3과	2과	1과
白蛇	空雀	空雀	龍合
○丑	甲寅	甲寅	乙卯
寅	卯	卯	乙(辰)

주야	武后	常天	白蛇	空雀	龍合	陳陳	合龍	雀空	蛇白	天常	后武	陰陰
천반	癸亥	○子	○丑	甲寅	乙卯	丙辰	丁巳	戊午	己未	庚申	辛酉	壬戌
지반	○子	○丑	寅	卯	辰	巳	午	未	申	酉	戌	亥

- **특징**: 중심과(重審課)·퇴연여(退連茹)
- **필법**: 삼전개공격(三傳皆空格)·왕록가림격(旺祿加臨格)·나거취재격(懶去取財格)·
  간지동류격(干支同類格)·복공격(服空格)·심사격(尋死格) **주점**: 백호혹승임
  축격(白虎或乘臨丑格)

【乙卯3국】 甲寅순, 子·丑 공망

말전	중전	초전		4과	3과	2과	1과
蛇白	后武	武后		武后	白蛇	常天	空雀
己未	辛酉	癸亥		癸亥	○丑	○子	甲寅
酉	亥	○丑		○丑	卯	寅	乙(辰)

주야	陰陰	武后	常天	白蛇	空雀	龍合	陳陳	合龍	雀空	蛇白	天常	后武
천반	壬戌	癸亥	○子	○丑	甲寅	乙卯	丙辰	丁巳	戊午	己未	庚申	辛酉
지반	○子	○丑	寅	卯	辰	巳	午	未	申	酉	戌	亥

- **특징** : 섭해과(涉害課) · 퇴간전(退間傳) · 시둔(時遁) · 구추(九醜) · 삼기(三奇)
- **필법** : 나거취재격(懶去取財格) · 간지동류격(干支同類格) · 복공격(服空格) · 답각진공격(踏脚眞空格) · 호묘격(虎墓格) **주점** : 사과개공격(四課皆空格)

【乙卯4국】 甲寅순, 子·丑 공망

말전	중전	초전		4과	3과	2과	1과
后白	雀陰	龍蛇		蛇武	陳天	雀陰	龍蛇
己未	壬戌	○丑		辛酉	○子	壬戌	○丑
戌	○丑	辰		○子	卯	○丑	乙(辰)

주야	蛇武	雀陰	合后	陳天	龍蛇	空雀	白合	常陳	武龍	陰空	后白	天常
천반	辛酉	壬戌	癸亥	○子	○丑	甲寅	乙卯	丙辰	丁巳	戊午	己未	庚申
지반	○子	○丑	寅	卯	辰	巳	午	未	申	酉	戌	亥

- **특징** : 중심과(重審課) · 가색(稼穡) · 여덕(勵德)
- **필법** : 주객형상격(主客刑上格)_삼형 · 간지동류격(干支同類格) · 복공격(服空格) · 사과개공격(四課皆空格) · 외호이차야격(外好裏差杅格) **야점** : 호묘격(虎墓格) 子 **월장** : 태양사택격(太陽射宅格)

【乙卯5국】 甲寅순, 子·丑 공망

말전	중전	초전		4과	3과	2과	1과
合后	白合	后白		后白	合后	天常	陳天
癸亥	乙卯	己未		己未	癸亥	庚申	○子
卯	未	亥		亥	卯	○子	乙(辰)

주야	天常	蛇武	雀陰	合后	陳天	龍蛇	空雀	白合	常陳	武龍	陰空	后白
천반	庚申	辛酉	壬戌	癸亥	○子	○丑	甲寅	乙卯	丙辰	丁巳	戊午	己未
지반	○子	○丑	寅	卯	辰	巳	午	未	申	酉	戌	亥

- 특징 : 원수과(元首課) · 곡직(曲直) · 일여(泆女)
- 필법 : 합중범살격(合中犯殺格) · 구생격(俱生格) · 간지동류격(干支同類格) · 이귀개공격(二貴皆空格) · 목락귀근격(木落歸根格) **야점** : 호묘격(虎墓格) · 천거격(薦擧格) **주점** : 염막귀인격(簾幕貴人格)

【乙卯6국】 甲寅순, 子·丑 공망

말전	중전	초전		4과	3과	2과	1과
天陳	龍后	陰空		武白	雀雀	陰空	合蛇
庚申	○丑	戊午		丁巳	壬戌	戊午	癸亥
○丑	午	亥		戌	卯	亥	乙(辰)

주야	后龍	天陳	蛇合	雀雀	合蛇	陳天	龍后	空陰	白武	常常	武白	陰空
천반	己未	庚申	辛酉	壬戌	癸亥	○子	○丑	甲寅	乙卯	丙辰	丁巳	戊午
지반	○子	○丑	寅	卯	辰	巳	午	未	申	酉	戌	亥

- 특징 : 섭해과(涉害課) · 사절(四絶)
- 필법 : 삼전무기격(三傳無氣格) · 복공격(服空格) · 간지동류격(干支同類格) · 불행전자격(不行傳者格) · 은다원심격(恩多怨深格) **야점** : 삼전개공격(三傳皆空格)

【乙卯7국】 甲寅순, 子·丑 공망

말전	중전	초전		4과	3과	2과	1과
白武	蛇合	白武		白武	蛇合	常常	雀雀
乙卯	辛酉	乙卯		乙卯	辛酉	丙辰	壬戌
酉	卯	酉		酉	卯	戌	乙(辰)

주야	陰空	后龍	天陳	蛇合	雀雀	合蛇	陳天	龍后	空陰	白武	常常	武白
천반	戊午	己未	庚申	辛酉	壬戌	癸亥	○子	○丑	甲寅	乙卯	丙辰	丁巳
지반	○子	○丑	寅	卯	辰	巳	午	未	申	酉	戌	亥

- 특징 : 반음과(返吟課) · 무의(無依) · 삼교(三交) · 용전(龍戰)
- 필법 : 의혹격(疑惑格) · 피차시기해격(彼此猜忌害格) · 간지동류격(干支同類格)

【乙卯8국】 甲寅순, 子·丑 공망

말전	중전	초전		4과	3과	2과	1과
陳天	后龍	空陰		龍后	天陳	空陰	蛇合
○子	己未	甲寅		○丑	庚申	甲寅	辛酉
未	寅	酉		申	卯	酉	乙(辰)

주야	武白	陰空	后龍	天陳	蛇合	雀雀	合蛇	陳天	龍后	空陰	白武	常常
천반	丁巳	戊午	己未	庚申	辛酉	壬戌	癸亥	○子	○丑	甲寅	乙卯	丙辰
지반	○子	○丑	寅	卯	辰	巳	午	未	申	酉	戌	亥

- 특징 : 중심과(重審課) · 여덕(勵德)
- 필법 : 간지동류격(干支同類格) · 아괴성격(亞魁星格) · 육편판격(六片板格) · 복공격(服空格) · 명암이귀격(明暗二鬼格) **야점** : 부귀패굴격(富貴敗屈格) · 가법부정격(家法不正格) **주점** : 귀승천을격(鬼乘天乙格)

【乙卯9국】 甲寅순, 子·丑 공망

말전	중전	초전
白武	合蛇	后龍
乙卯	癸亥	己未
亥	未	卯

4과	3과	2과	1과
合蛇	后龍	陳天	天陳
癸亥	己未	○子	庚申
未	卯	申	乙(辰)

주야	常常	武白	陰空	后龍	天陳	蛇合	雀雀	合蛇	陳天	龍后	空陰	白武
천반	丙辰	丁巳	戊午	己未	庚申	辛酉	壬戌	癸亥	○子	○丑	甲寅	乙卯
지반	○子	○丑	寅	卯	辰	巳	午	未	申	酉	戌	亥

- 특징 : 섭해과(涉害課) · 곡직(曲直)
- 필법 : 간지동류격(干支同類格) · 알구화출격(謁求禍出格) **야점** : 염막귀인격(簾幕貴人格) **주점** : 귀승천을격(鬼乘天乙格)

※ 초전 · 중전 · 말전을 亥 · 卯 · 未로 보기도 한다.

【乙卯10국】 甲寅순, 子·丑 공망

말전	중전	초전
龍武	常天	后合
乙卯	○子	辛酉
○子	酉	午

4과	3과	2과	1과
后合	雀空	陰雀	蛇龍
辛酉	戊午	壬戌	己未
午	卯	未	乙(辰)

주야	龍武	陳常	合白	雀空	蛇龍	天陳	后合	陰雀	武蛇	常天	白后	空陰
천반	乙卯	丙辰	丁巳	戊午	己未	庚申	辛酉	壬戌	癸亥	○子	○丑	甲寅
지반	○子	○丑	寅	卯	辰	巳	午	未	申	酉	戌	亥

- 특징 : 섭해과(涉害課) · 삼교(三交) · 여덕(勵德) · 용전(龍戰)
- 필법 : 간지동류격(干支同類格) · 묘신부일(墓神覆日) · 불행전자격(不行傳者格) · 외호이차야격(外好裏差枒格) · 절신가생격(絶神加生格) **未년생** : 천망자이격(天網自裏格)

【乙卯11국】 甲寅순, 子·丑 공망

말전	중전	초전		4과	3과	2과	1과
常天	陰雀	天陳		蛇龍	合白	天陳	雀空
○子	壬戌	庚申		己未	丁巳	庚申	戊午
戌	申	午		巳	卯	午	乙(辰)

주야	空陰	龍武	陳常	合白	雀空	蛇龍	天陳	后合	陰雀	武蛇	常天	白后
천반	甲寅	乙卯	丙辰	丁巳	戊午	己未	庚申	辛酉	壬戌	癸亥	○子	○丑
지반	○子	○丑	寅	卯	辰	巳	午	未	申	酉	戌	亥

- 특징 : 중심과(重審課) · 순간전(順間傳) · 섭삼연(涉三淵)
- 필법 : 강색귀호격(罡塞鬼戸格) · 탈상봉탈격(脫上逢脫格) · 간지동류격(干支同類格) · 양귀수극격(兩貴受剋格) **야점** : 탈공격(脫空格) **주점** : 양사협묘격(兩蛇夾墓格)

【乙卯12국】 甲寅순, 子·丑 공망

말전	중전	초전		4과	3과	2과	1과
雀空	合龍	陳陳		合龍	陳陳	雀空	合龍
戊午	丁巳	丙辰		丁巳	丙辰	戊午	丁巳
巳	辰	卯		辰	卯	巳	乙(辰)

주야	白蛇	空雀	龍合	陳陳	合龍	雀空	蛇白	天常	后武	陰陰	武后	常天
천반	○丑	甲寅	乙卯	丙辰	丁巳	戊午	己未	庚申	辛酉	壬戌	癸亥	○子
지반	○子	○丑	寅	卯	辰	巳	午	未	申	酉	戌	亥

- 특징 : 중심과(重審課) · 진연주(進連珠) · 난수(亂首) · 승계(昇階) · 사기(死奇)
- 필법 : 간지동류격(干支同類格)

【丙辰1국】甲寅순, 子・丑 공망

말전	중전	초전		4과	3과	2과	1과
白合	蛇武	陳空		龍龍	龍龍	陳空	陳空
甲寅	庚申	丁巳		丙辰	丙辰	丁巳	丁巳
寅	申	巳		辰	辰	巳	丙(巳)

주야	武蛇	常雀	白合	空陳	龍龍	陳空	合白	雀常	蛇武	天陰	后后	陰天
천반	○子	○丑	甲寅	乙卯	丙辰	丁巳	戊午	己未	庚申	辛酉	壬戌	癸亥
지반	○子	○丑	寅	卯	辰	巳	午	未	申	酉	戌	亥

- 특징 : 복음과(伏吟課) · 자임(自任) · 길복음(吉伏吟) · 여덕(勵德) · 육의(六儀)
- 필법 : 나거취재격(懶去取財格) · 길복음과(吉伏吟課) · 왕록가림격(旺祿加臨格) · 신임 정마격(信任丁馬格) · 주객형상격(主客刑上格)_삼형

【丙辰2국】甲寅순, 子・丑 공망

말전	중전	초전		4과	3과	2과	1과
常雀	白合	空陳		白合	空陳	空陳	龍龍
○丑	甲寅	乙卯		甲寅	乙卯	乙卯	丙辰
寅	卯	辰		卯	辰	辰	丙(巳)

주야	陰天	武蛇	常雀	白合	空陳	龍龍	陳空	合白	雀常	蛇武	天陰	后后
천반	癸亥	○子	○丑	甲寅	乙卯	丙辰	丁巳	戊午	己未	庚申	辛酉	壬戌
지반	○子	○丑	寅	卯	辰	巳	午	未	申	酉	戌	亥

- 특징 : 원수과(元首課) · 퇴연여(退連茹) · 불비(不備) · 육의(六儀) · 연방(聯芳)
- 필법 : 복공격(服空格) · 참관격(斬關格) · 손잉격(損孕格)

【丙辰3국】 甲寅순, 子·丑 공망

말전	중전	초전		4과	3과	2과	1과
天陰	雀天	陳雀		合蛇	龍合	陳雀	空陳
辛酉	癸亥	○丑		○子	甲寅	○丑	乙卯
亥	○丑	卯		寅	辰	卯	丙(巳)

주야	蛇后	雀天	合蛇	陳雀	龍合	空陳	白龍	常空	武白	陰常	后武	天陰
천반	壬戌	癸亥	○子	○丑	甲寅	乙卯	丙辰	丁巳	戊午	己未	庚申	辛酉
지반	○子	○丑	寅	卯	辰	巳	午	未	申	酉	戌	亥

- **특징** : 중심과(重審課)·퇴간전(退間傳)·극음(極陰)·과숙(寡宿)
- **필법** : 복공격(服空格)·답각진공격(踏脚眞空格) **주점** : 주야귀가격(晝夜貴加格)

【丙辰4국】 甲寅순, 子·丑 공망

말전	중전	초전		4과	3과	2과	1과
常空	后武	雀天		蛇后	陳雀	雀天	龍合
丁巳	庚申	癸亥		壬戌	○丑	癸亥	甲寅
申	亥	寅		○丑	辰	寅	丙(巳)

주야	天陰	蛇后	雀天	合蛇	陳雀	龍合	空陳	白龍	常空	武白	陰常	后武
천반	辛酉	壬戌	癸亥	○子	○丑	甲寅	乙卯	丙辰	丁巳	戊午	己未	庚申
지반	○子	○丑	寅	卯	辰	巳	午	未	申	酉	戌	亥

- **특징** : 요극과(遙剋課)·삼기(三奇)
- **필법** : 폐구격(閉口格)·삼현태격(三玄胎格)·복공격(服空格) **주점_辰월** : 용가생기격(龍加生氣格)

【丙辰5국】 甲寅순, 子·丑 공망

말전	중전	초전		4과	3과	2과	1과
白龍	后武	合蛇		后武	合蛇	天陰	陳雀
丙辰	庚申	○子		庚申	○子	辛酉	○丑
申	○子	辰		○子	辰	○丑	丙(巳)

주야	后武	天陰	蛇后	雀天	合蛇	陳雀	龍合	空陳	白龍	常空	武白	陰常
천반	庚申	辛酉	壬戌	癸亥	○子	○丑	甲寅	乙卯	丙辰	丁巳	戊午	己未
지반	○子	○丑	寅	卯	辰	巳	午	未	申	酉	戌	亥

- **특징** : 중심과(重審課) · 윤하(潤下) · 과숙(寡宿) · 여덕(勵德)
- **필법** : 사과개공격(四課皆空格) · 수류추동격(水流趨東格) · 삼육상호격(三六相呼格) · 복공격(服空格) · 묘공격(墓空格) · 중귀수창격(衆鬼雖彰格) **야점** : 장봉내전격(將逢內戰格)

【丙辰6국】 甲寅순, 子·丑 공망

말전	중전	초전		4과	3과	2과	1과
后武	陳雀	武白		武白	雀天	陰常	合蛇
庚申	○丑	戊午		戊午	癸亥	己未	○子
○丑	午	·亥		亥	辰	○子	丙(巳)

주야	陰常	后武	天陰	蛇后	雀天	合蛇	陳雀	龍合	空陳	白龍	常空	武白
천반	己未	庚申	辛酉	壬戌	癸亥	○子	○丑	甲寅	乙卯	丙辰	丁巳	戊午
지반	○子	○丑	寅	卯	辰	巳	午	未	申	酉	戌	亥

- **특징** : 지일과(知一課) · 사절(四絶)
- **필법** : 복공격(服空格) · 태수극절격(胎受剋絶格) · 불행전자격(不行傳者格) · 삼전무기격(三傳無氣格) · 묘공격(墓空格) **야점** : 귀승천을격(鬼乘天乙格)

【丙辰7국】 甲寅순, 子·丑 공망

말전	중전	초전		4과	3과	2과	1과
常空	雀天	常空		白白	蛇蛇	常空	雀天
丁巳	癸亥	丁巳		丙辰	壬戌	丁巳	癸亥
亥	巳	亥		戌	辰	亥	丙(巳)

주야	武龍	陰陳	后合	天雀	蛇蛇	雀天	合后	陳陰	龍武	空常	白白	常空
천반	戊午	己未	庚申	辛酉	壬戌	癸亥	○子	○丑	甲寅	乙卯	丙辰	丁巳
지반	○子	○丑	寅	卯	辰	巳	午	未	申	酉	戌	亥

· 특징 : 반음과(返吟課) · 무의(無依) · 여덕(勵德)
· 필법 : 명암이귀격(明暗二鬼格) · 간지봉절격(干支逢絶格) · 전상좌극격(全傷坐剋格) ·
　　　　결절격(結絶格) · 덕입천문격(德入天門格) **야점** : 귀승천을격(鬼乘天乙格) **주점**
　　　　: 염막귀인격(簾幕貴人格) · 작귀격(雀鬼格)

【丙辰8국】 甲寅순, 子·丑 공망

말전	중전	초전		4과	3과	2과	1과
合后	陰陳	龍武		龍武	天雀	空常	蛇蛇
○子	己未	甲寅		甲寅	辛酉	乙卯	壬戌
未	寅	酉		酉	辰	戌	丙(巳)

주야	常空	武龍	陰陳	后合	天雀	蛇蛇	雀天	合后	陳陰	龍武	空常	白白
천반	丁巳	戊午	己未	庚申	辛酉	壬戌	癸亥	○子	○丑	甲寅	乙卯	丙辰
지반	○子	○丑	寅	卯	辰	巳	午	未	申	酉	戌	亥

· 특징 : 중심과(重審課) · 육의(六儀)
· 필법 : 양사협묘격(兩蛇夾墓格) · 삼전호극격(三傳互剋格) · 손잉격(損孕格) · 묘신부일
　　　　(墓神覆日) **야점** : 육편판격(六片板格) **戌년생** : 천망자이격(天網自裏格)

말전	중전	초전		4과	3과	2과	1과
陳空	常陰	天雀		武后	蛇合	常陰	天雀
丁巳	○丑	辛酉		○子	庚申	○丑	辛酉
○丑	酉	巳		申	辰	酉	丙(巳)

주야	龍白	陳空	合龍	雀陳	蛇合	天雀	后蛇	陰天	武后	常陰	白武	空常
천반	丙辰	丁巳	戊午	己未	庚申	辛酉	壬戌	癸亥	○子	○丑	甲寅	乙卯
지반	○子	○丑	寅	卯	辰	巳	午	未	申	酉	戌	亥

- **특징** : 중심과(重審課) · 종혁(從革)
- **필법** : 불행전자격(不行傳者格) · 금강격(金剛格) · 장생재신격(將生財神格) · 태신좌장생격(胎神坐長生格) · 복공격(服空格) · 아괴성격(亞魁星格) · 양귀수극격(兩貴受剋格) · 합중범살격(合中犯殺格) **야점** : 염막귀인격(簾幕貴人格) **주점** : 상장조재격(上將助財格)

말전	중전	초전		4과	3과	2과	1과
白武	陰天	蛇合		后蛇	雀陳	陰天	蛇合
甲寅	癸亥	庚申		壬戌	己未	癸亥	庚申
亥	申	巳		未	辰	申	丙(巳)

주야	空常	龍白	陳空	合龍	雀陳	蛇合	天雀	后蛇	陰天	武后	常陰	白武
천반	乙卯	丙辰	丁巳	戊午	己未	庚申	辛酉	壬戌	癸亥	○子	○丑	甲寅
지반	○子	○丑	寅	卯	辰	巳	午	未	申	酉	戌	亥

- **특징** : 중심과(重審課) · 육의(六儀)
- **필법** : 절신가생격(絶神加生格) · 삼현태격(三玄胎格) · 백호입상차격(白虎入喪車格) · 삼전체생격(三傳遞生格)

【丙辰11국】 甲寅순, 子 · 丑 공망

말전	중전	초전
武后	后蛇	蛇合
○子	壬戌	庚申
戌	申	午

4과	3과	2과	1과
蛇合	合龍	天雀	雀陳
庚申	戊午	辛酉	己未
午	辰	未	丙(巳)

주야	白武	空常	龍白	陳空	合龍	雀陳	蛇合	天雀	后蛇	陰天	武后	常陰
천반	甲寅	乙卯	丙辰	丁巳	戊午	己未	庚申	辛酉	壬戌	癸亥	○子	○丑
지반	○子	○丑	寅	卯	辰	巳	午	未	申	酉	戌	亥

- **특징** : 중심과(重審課) · 순간전(順間傳) · 섭삼연(涉三淵) · 여덕(勵德) · 천옥(天獄)
- **필법** : 주구상회격(朱勾相會格) · 손잉격(損孕格) · 강색귀호격(罡塞鬼戶格)

【丙辰12국】 甲寅순, 子 · 丑 공망

말전	중전	초전
合龍	合龍	陰天
戊午	戊午	癸亥
巳	巳	戌

4과	3과	2과	1과
合龍	陳空	雀陳	合龍
戊午	丁巳	己未	戊午
巳	辰	午	丙(巳)

주야	常陰	白武	空常	龍白	陳空	合龍	雀陳	蛇合	天雀	后蛇	陰天	武后
천반	○丑	甲寅	乙卯	丙辰	丁巳	戊午	己未	庚申	辛酉	壬戌	癸亥	○子
지반	○子	○丑	寅	卯	辰	巳	午	未	申	酉	戌	亥

- **특징** : 별책과(別責課) · 무음(蕪淫) · 불비(不備) · 삼기(三奇)
- **필법** : 권섭부정격(權攝不正格) · 왕록가림격(旺祿加臨格)

【丁巳1국】 甲寅순, 子·丑 공망

말전	중전	초전		4과	3과	2과	1과
合白	武蛇	空陳		空陳	空陳	常雀	常雀
甲寅	庚申	丁巳		丁巳	丁巳	己未	己未
寅	申	巳		巳	巳	未	丁(未)

주야	蛇武	雀常	合白	陳空	龍龍	空陳	白合	常雀	武蛇	陰天	后后	天陰
천반	○子	○丑	甲寅	乙卯	丙辰	丁巳	戊午	己未	庚申	辛酉	壬戌	癸亥
지반	○子	○丑	寅	卯	辰	巳	午	未	申	酉	戌	亥

- **특징** : 복음과(伏吟課) · 자신(自信) · 여덕(勵德)
- **필법** : 간지공정일록격(干支拱定日祿格) · 간지동류격(干支同類格) · 주객형상격(主客刑上格)_삼형

【丁巳2국】 甲寅순, 子·丑 공망

말전	중전	초전		4과	3과	2과	1과
雀常	合白	陳空		陳空	龍龍	空陳	白合
○丑	甲寅	乙卯		乙卯	丙辰	丁巳	戊午
寅	卯	辰		辰	巳	午	丁(未)

주야	天陰	蛇武	雀常	合白	陳空	龍龍	空陳	白合	常雀	武蛇	陰天	后后
천반	癸亥	○子	○丑	甲寅	乙卯	丙辰	丁巳	戊午	己未	庚申	辛酉	壬戌
지반	○子	○丑	寅	卯	辰	巳	午	未	申	酉	戌	亥

- **특징** : 원수과(元首課) · 퇴연여(退連茹) · 육의(六儀) · 연방(聯芳)
- **필법** : 복공격(服空格) · 간지동류격(干支同類格) · 손잉격(損孕格) **야점** : 왕록가림격(旺祿加臨格) **주점** : 녹피현탈격(祿被玄奪格)

【丁巳3국】 甲寅순, 子・丑 공망

말전	중전	초전
陰天	天雀	雀陳
辛酉	癸亥	○丑
亥	○丑	卯

4과	3과	2과	1과
雀陳	陳空	陳空	空常
○丑	乙卯	乙卯	丁巳
卯	巳	巳	丁(未)

주야	后蛇	天雀	蛇合	雀陳	合龍	陳空	龍白	空常	白武	常陰	武后	陰天
천반	壬戌	癸亥	○子	○丑	甲寅	乙卯	丙辰	丁巳	戊午	己未	庚申	辛酉
지반	○子	○丑	寅	卯	辰	巳	午	未	申	酉	戌	亥

- **특징** : 중심과(重審課) · 퇴간전(退間傳) · 극음(極陰) · 불비(不備) · 췌서(贅壻)
- **필법** : 간지동류격(干支同類格) · 나거취재격(懶去取財格) · 복공격(服空格) · 답각진공격(踏脚眞空格) **야점** : 주야귀가격(晝夜貴加格)

【丁巳4국】 甲寅순, 子・丑 공망

말전	중전	초전
空常	武后	天雀
丁巳	庚申	癸亥
申	亥	寅

4과	3과	2과	1과
天雀	合龍	雀陳	龍白
癸亥	甲寅	○丑	丙辰
寅	巳	辰	丁(未)

주야	陰天	后蛇	天雀	蛇合	雀陳	合龍	陳空	龍白	空常	白武	常陰	武后
천반	辛酉	壬戌	癸亥	○子	○丑	甲寅	乙卯	丙辰	丁巳	戊午	己未	庚申
지반	○子	○丑	寅	卯	辰	巳	午	未	申	酉	戌	亥

- **특징** : 요극과(遙剋課) · 삼기(三奇)
- **필법** : 간지동류격(干支同類格) · 복공격(服空格) · 삼현태격(三玄胎格) · 참관격(斬關格) · 폐구격(閉口格)

말전	중전	초전
陳空	常陰	天雀
乙卯	己未	癸亥
未	亥	卯

4과	3과	2과	1과
陰天	雀陳	天雀	陳空
辛酉	○丑	癸亥	乙卯
○丑	巳	卯	丁(未)

주야	武后	陰天	后蛇	天雀	蛇合	雀陳	合龍	陳空	龍白	空常	白武	常陰
천반	庚申	辛酉	壬戌	癸亥	○子	○丑	甲寅	乙卯	丙辰	丁巳	戊午	己未
지반	○子	○丑	寅	卯	辰	巳	午	未	申	酉	戌	亥

· **특징** : 요극과(遙剋課)·곡직(曲直)·여덕(勵德)·삼기(三奇)
· **필법** : 복공격(服空格)·간지동류격(干支同類格)

말전	중전	초전
天雀	龍白	陰天
癸亥	丙辰	辛酉
辰	酉	寅

4과	3과	2과	1과
常陰	蛇合	陰天	合龍
己未	○子	辛酉	甲寅
○子	巳	寅	丁(未)

주야	常陰	武后	陰天	后蛇	天雀	蛇合	雀陳	合龍	陳空	龍白	空常	白武
천반	己未	庚申	辛酉	壬戌	癸亥	○子	○丑	甲寅	乙卯	丙辰	丁巳	戊午
지반	○子	○丑	寅	卯	辰	巳	午	未	申	酉	戌	亥

· **특징** : 섭해과(涉害課)·도액(度厄)·사절(四絶)
· **필법** : 간지동류격(干支同類格) **야점_辰월** : 용가생기격(龍加生氣格) **주점** : 귀인입옥격(貴人入獄格)

【丁巳7국】 甲寅순, 子·丑 공망

말전	중전	초전		4과	3과	2과	1과
空常	天雀	空常		空常	天雀	陳陰	陰陳
丁巳	癸亥	丁巳		丁巳	癸亥	己未	○丑
亥	巳	亥		亥	巳	○丑	丁(未)

주야	龍武	陳陰	合后	雀天	蛇蛇	天雀	后合	陰陳	武龍	常空	白白	空常
천반	戊午	己未	庚申	辛酉	壬戌	癸亥	○子	○丑	甲寅	乙卯	丙辰	丁巳
지반	○子	○丑	寅	卯	辰	巳	午	未	申	酉	戌	亥

- **특징** : 반음과(返吟課) · 무의(無依) · 여덕(勵德)
- **필법** : 두괴상가격(斗魁相加格) · 묘공격(墓空格) · 탈상봉탈격(脫上逢脫格) · 복공격(服空格) · 간지동류격(干支同類格) **주점** : 귀승천을격(鬼乘天乙格)

【丁巳8국】 甲寅순, 子·丑 공망

말전	중전	초전		4과	3과	2과	1과
常空	蛇蛇	空常		常空	蛇蛇	空常	后合
乙卯	壬戌	丁巳		乙卯	壬戌	丁巳	○子
戌	巳	○子		戌	巳	○子	丁(未)

주야	空常	龍武	陳陰	合后	雀天	蛇蛇	天雀	后合	陰陳	武龍	常空	白白
천반	丁巳	戊午	己未	庚申	辛酉	壬戌	癸亥	○子	○丑	甲寅	乙卯	丙辰
지반	○子	○丑	寅	卯	辰	巳	午	未	申	酉	戌	亥

- **특징** : 중심과(重審課) · 주인(鑄印)
- **필법** : 양사협묘격(兩蛇夾墓格) · 간지동류격(干支同類格) · 손잉격(損孕格) · 명암이귀격(明暗二鬼格) **주점** : 육편판격(六片板格)

【丁巳9국】 甲寅순, 子·丑 공망

말전	중전	초전
空陳	陰常	雀天
丁巳	○丑	辛酉
○丑	酉	巳

4과	3과	2과	1과
陰常	雀天	常空	天陰
○丑	辛酉	乙卯	癸亥
酉	巳	亥	丁(未)

주야	白龍	空陳	龍合	陳雀	合蛇	雀天	蛇后	天陰	后武	陰常	武白	常空
천반	丙辰	丁巳	戊午	己未	庚申	辛酉	壬戌	癸亥	○子	○丑	甲寅	乙卯
지반	○子	○丑	寅	卯	辰	巳	午	未	申	酉	戌	亥

- **특징**: 중심과(重審課)·종혁(從革)
- **필법**: 복공격(服空格)·금강격(金剛格)·불행전자격(不行傳者格)·귀복간지격(貴覆干支格)·합중범살격(合中犯殺格)·최관부(催官符)·재화귀격(財化鬼格)·양귀수극격(兩貴受剋格)·간지동류격(干支同類格) **야점**: 염막귀인격(簾幕貴人格) **주점**: 귀승천을격(鬼乘天乙格)

【丁巳10국】 甲寅순, 子·丑 공망

말전	중전	초전
武白	天陰	合蛇
甲寅	癸亥	庚申
亥	申	巳

4과	3과	2과	1과
天陰	合蛇	陰常	蛇后
癸亥	庚申	○丑	壬戌
申	巳	戌	丁(未)

주야	常空	白龍	空陳	龍合	陳雀	合蛇	雀天	蛇后	天陰	后武	陰常	武白
천반	乙卯	丙辰	丁巳	戊午	己未	庚申	辛酉	壬戌	癸亥	○子	○丑	甲寅
지반	○子	○丑	寅	卯	辰	巳	午	未	申	酉	戌	亥

- **특징**: 중심과(重審課)
- **필법**: 백호입상차격(白虎入喪車格)·삼현태격(三玄胎格)·복공격(服空格)·묘신부일(墓神覆日)·절신가생격(絶神加生格)·간지동류격(干支同類格) **戌년생**: 천망자이격(天網自裏格)

【丁巳11국】 甲寅순, 子 · 丑 공망

말전	중전	초전		4과	3과	2과	1과
陰常	天陰	雀天		雀天	陳雀	天陰	雀天
○丑	癸亥	辛酉		辛酉	己未	癸亥	辛酉
亥	酉	未		未	巳	酉	丁(未)

주야	武白	常空	白龍	空陳	龍合	陳雀	合蛇	雀天	蛇后	天陰	后武	陰常
천반	甲寅	乙卯	丙辰	丁巳	戊午	己未	庚申	辛酉	壬戌	癸亥	○子	○丑
지반	○子	○丑	寅	卯	辰	巳	午	未	申	酉	戌	亥

- **특징** : 중심과(重審課) · 순간전(順間傳) · 응음(凝陰) · 여덕(勵德) · 불비(不備)
- **필법** : 복공격(服空格) · 강색귀호격(罡塞鬼戶格) · 손잉격(損孕格) · 아괴성격(亞魁星格) · 간지동류격(干支同類格) **주점** : 염막귀인격(簾幕貴人格) · 주야귀가격(晝夜貴加格)

【丁巳12국】 甲寅순, 子 · 丑 공망

말전	중전	초전		4과	3과	2과	1과
蛇后	雀天	合蛇		陳雀	龍合	雀天	合蛇
壬戌	辛酉	庚申		己未	戊午	辛酉	庚申
酉	申	未		午	巳	申	丁(未)

주야	陰常	武白	常空	白龍	空陳	龍合	陳雀	合蛇	雀天	蛇后	天陰	后武
천반	○丑	甲寅	乙卯	丙辰	丁巳	戊午	己未	庚申	辛酉	壬戌	癸亥	○子
지반	○子	○丑	寅	卯	辰	巳	午	未	申	酉	戌	亥

- **특징** : 중심과(重審課) · 진연주(進連珠) · 유금(流金)
- **필법** : 병체난담하격(病體難擔荷格) · 전재태왕격(傳財太旺格) · 간지동류격(干支同類格) · 권섭부정격(權攝不正格)

【戊午1국】 甲寅순, 子 · 丑 공망

말전	중전	초전
蛇龍	白后	陳雀
甲寅	庚申	丁巳
寅	申	巳

4과	3과	2과	1과
龍蛇	龍蛇	陳雀	陳雀
戊午	戊午	丁巳	丁巳
午	午	巳	戊(巳)

주야	后白	天空	蛇龍	雀陳	合合	陳雀	龍蛇	空天	白后	常陰	武武	陰常
천반	○子	○丑	甲寅	乙卯	丙辰	丁巳	戊午	己未	庚申	辛酉	壬戌	癸亥
지반	○子	○丑	寅	卯	辰	巳	午	未	申	酉	戌	亥

- 특징 : 복음과(伏吟課) · 자임(自任) · 흉복음(凶伏吟)
- 필법 : 삼전호극격(三傳互剋格) · 왕록가림격(旺祿加臨格) · 흉복음과(凶伏吟課) · 우중 다행격(憂中多幸格) · 말조초혜격(末助初兮格) · 주객형상격(主客刑上格)_삼 형 · 양면도격(兩面刀格) · 신임정마격(信任丁馬格)

【戊午2국】 甲寅순, 子 · 丑 공망

말전	중전	초전
天空	蛇龍	雀陳
○丑	甲寅	乙卯
寅	卯	辰

4과	3과	2과	1과
合合	陳雀	雀陳	合合
丙辰	丁巳	乙卯	丙辰
巳	午	辰	戊(巳)

주야	陰常	后白	天空	蛇龍	雀陳	合合	陳雀	龍蛇	空天	白后	常陰	武武
천반	癸亥	○子	○丑	甲寅	乙卯	丙辰	丁巳	戊午	己未	庚申	辛酉	壬戌
지반	○子	○丑	寅	卯	辰	巳	午	未	申	酉	戌	亥

- 특징 : 원수과(元首課) · 퇴연여(退連茹) · 불비(不備) · 연방(聯芳)
- 필법 : 권섭부정격(權攝不正格) · 피난도생격(避難逃生格) · 복공격(服空格) · 참관격 (斬關格)

【戊午3국】 甲寅순, 子・丑 공망

말전	중전	초전
常陰	陰常	天空
辛酉	癸亥	○丑
亥	○丑	卯

4과	3과	2과	1과
蛇龍	合合	天空	雀陳
甲寅	丙辰	○丑	乙卯
辰	午	卯	戊(巳)

주야	武武	陰常	后白	天空	蛇龍	雀陳	合合	陳雀	龍蛇	空天	白后	常陰
천반	壬戌	癸亥	○子	○丑	甲寅	乙卯	丙辰	丁巳	戊午	己未	庚申	辛酉
지반	○子	○丑	寅	卯	辰	巳	午	未	申	酉	戌	亥

- **특징** : 중심과(重審課)・퇴간전(退間傳)・극음(極陰)・과숙(寡宿)・여덕(勵德)
- **필법** : 복공격(服空格) **주점** : 작귀격(雀鬼格)

【戊午4국】 甲寅순, 子・丑 공망

말전	중전	초전
白后	陰常	蛇龍
庚申	癸亥	甲寅
亥	寅	巳

4과	3과	2과	1과
后白	雀陳	陰常	蛇龍
○子	乙卯	癸亥	甲寅
卯	午	寅	戊(巳)

주야	常陰	武武	陰常	后白	天空	蛇龍	雀陳	合合	陳雀	龍蛇	空天	白后
천반	辛酉	壬戌	癸亥	○子	○丑	甲寅	乙卯	丙辰	丁巳	戊午	己未	庚申
지반	○子	○丑	寅	卯	辰	巳	午	未	申	酉	戌	亥

- **특징** : 원수과(元首課)
- **필법** : 폐구격(閉口格)・삼현태격(三玄胎格)・고거감래격(苦去甘來格)

【戊午5국】 甲寅순, 子·丑 공망

말전	중전	초전
后白	白后	合合
甲寅	戊午	壬戌
午	戌	寅

4과	3과	2과	1과
合合	后白	陳雀	天空
壬戌	甲寅	辛酉	○丑
寅	午	○丑	戌(巳)

주야	龍蛇	陳雀	合合	雀陳	蛇龍	天空	后白	陰常	武武	常陰	白后	空天
천반	庚申	辛酉	壬戌	癸亥	○子	○丑	甲寅	乙卯	丙辰	丁巳	戊午	己未
지반	○子	○丑	寅	卯	辰	巳	午	未	申	酉	戌	亥

- **특징**: 중심과(重審課) · 염상(炎上) · 교동(狡童) · 구추(九醜)
- **필법**: 수혼신(收魂神) · 화강격(火强格) · 복공격(服空格) · 육효생간상격(六爻生干上格)_전부모화형제(傳父母化兄弟) · 합중범살격(合中犯殺格) · 묘공격(墓空格) **야점**: 신장살몰격(神藏殺沒格) · 염막귀인격(簾幕貴人格) **주점**: 백의식시격(白蟻食尸格)

【戊午6국】 甲寅순, 子·丑 공망

말전	중전	초전
后白	空天	蛇龍
甲寅	己未	○子
未	○子	巳

4과	3과	2과	1과
龍蛇	天空	空天	蛇龍
庚申	○丑	己未	○子
○丑	午	○子	戌(巳)

주야	空天	龍蛇	陳雀	合合	雀陳	蛇龍	天空	后白	陰常	武武	常陰	白后
천반	己未	庚申	辛酉	壬戌	癸亥	○子	○丑	甲寅	乙卯	丙辰	丁巳	戊午
지반	○子	○丑	寅	卯	辰	巳	午	未	申	酉	戌	亥

- **특징**: 중심과(重審課) · 구추(九醜) · 사절(四絶) · 육의(六儀)
- **필법**: 손잉격(損孕格) · 수혼신(收魂神) · 사과개공격(四課皆空格) · 복공격(服空格) · 이귀개공격(二貴皆空格) · 태수극절격(胎受剋絶格) **寅월**: 탈재생기격(脫財生氣格) · 손태격(損胎格) **주점**: 마재호귀격(馬載虎鬼格)

【戊午7국】 甲寅순, 子・丑 공망

말전	중전	초전		4과	3과	2과	1과
白后	蛇龍	白后		白后	蛇龍	常陰	雀陳
戊午	○子	戊午		戊午	○子	丁巳	癸亥
○子	午	○子		○子	午	亥	戊(巳)

주야	白后	空天	龍蛇	陳雀	合合	雀陳	蛇龍	天空	后白	陰常	武武	常陰
천반	戊午	己未	庚申	辛酉	壬戌	癸亥	○子	○丑	甲寅	乙卯	丙辰	丁巳
지반	○子	○丑	寅	卯	辰	巳	午	未	申	酉	戌	亥

- **특징** : 반음과(返吟課) · 무의(無依) · 삼교(三交)
- **필법** : 주야귀가격(晝夜貴加格) · 재작폐구격(財作閉口格) · 수혼신(收魂神) · 내거구공격(來去俱空格) · 삼전개공격(三傳皆空格)

【戊午8국】 甲寅순, 子・丑 공망

말전	중전	초전		4과	3과	2과	1과
后白	陳雀	武武		武武	雀陳	陰常	合合
甲寅	辛酉	丙辰		丙辰	癸亥	乙卯	壬戌
酉	辰	亥		亥	午	戌	戊(巳)

주야	常陰	白后	空天	龍蛇	陳雀	合合	雀陳	蛇龍	天空	后白	陰常	武武
천반	丁巳	戊午	己未	庚申	辛酉	壬戌	癸亥	○子	○丑	甲寅	乙卯	丙辰
지반	○子	○丑	寅	卯	辰	巳	午	未	申	酉	戌	亥

- **특징** : 지일과(知一課) · 도액(度厄)
- **필법** : 재작폐구격(財作閉口格) · 수혼신(收魂神) · 묘신부일(墓神覆日) · 육편판격(六片板格) **戌년생** : 천망자이격(天網自裏格)

【戊午9국】 甲寅순, 子·丑 공망

말전	중전	초전		4과	3과	2과	1과
合合	白后	后白		后白	合合	天空	陳雀
壬戌	戊午	甲寅		甲寅	壬戌	○丑	辛酉
午	寅	戌		戌	午	酉	戊(巳)

주야	武武	常陰	白后	空天	龍蛇	陳雀	合合	雀陳	蛇龍	天空	后白	陰常
천반	丙辰	丁巳	戊午	己未	庚申	辛酉	壬戌	癸亥	○子	○丑	甲寅	乙卯
지반	○子	○丑	寅	卯	辰	巳	午	未	申	酉	戌	亥

- 특징 : 원수과(元首課) · 염상(炎上) · 교동(狡童) · 여덕(勵德)
- 필법 : 수혼신(收魂神) · 복공격(服空格) · 화강격(火强格) · 아괴성격(亞魁星格)

【戊午10국】 甲寅순, 子·丑 공망

말전	중전	초전		4과	3과	2과	1과
陰常	蛇龍	陳雀		蛇龍	陳雀	雀陳	龍蛇
乙卯	○子	辛酉		○子	辛酉	癸亥	庚申
○子	酉	午		酉	午	申	戊(巳)

주야	陰常	武武	常陰	白后	空天	龍蛇	陳雀	合合	雀陳	蛇龍	天空	后白
천반	乙卯	丙辰	丁巳	戊午	己未	庚申	辛酉	壬戌	癸亥	○子	○丑	甲寅
지반	○子	○丑	寅	卯	辰	巳	午	未	申	酉	戌	亥

- 특징 : 중심과(重審課) · 삼교(三交)
- 필법 : 불행전자격(不行傳者格) · 수혼신(收魂神) · 절신가생격(絶神加生格) **주점_戊월**
  : 용가생기격(龍加生氣格)

【戊午11국】 甲寅순, 子·丑 공망

말전	중전	초전
后白	武武	白后
○子	壬戌	庚申
戌	申	午

4과	3과	2과	1과
武武	白后	常陰	空天
壬戌	庚申	辛酉	己未
申	午	未	戌(巳)

주야	蛇龍	雀陳	合合	陳雀	龍蛇	空天	白后	常陰	武武	陰常	后白	天空
천반	甲寅	乙卯	丙辰	丁巳	戊午	己未	庚申	辛酉	壬戌	癸亥	○子	○丑
지반	○子	○丑	寅	卯	辰	巳	午	未	申	酉	戌	亥

- **특징** : 중심과(重審課)·순간전(順間傳)·섭삼연(涉三淵)
- **필법** : 나거취재격(懶去取財格) **주점** : 강색귀호격(罡塞鬼戶格)·귀등천문격(貴登天門格)·신장살몰격(神藏殺沒格)·염막귀인격(簾幕貴人格)

【戊午12국】 甲寅순, 子·丑 공망

말전	중전	초전
龍蛇	龍蛇	蛇龍
戊午	戊午	甲寅
巳	巳	○丑

4과	3과	2과	1과
白后	空天	空天	龍蛇
庚申	己未	己未	戊午
未	午	午	戌(巳)

주야	天空	蛇龍	雀陳	合合	陳雀	龍蛇	空天	白后	常陰	武武	陰常	后白
천반	○丑	甲寅	乙卯	丙辰	丁巳	戊午	己未	庚申	辛酉	壬戌	癸亥	○子
지반	○子	○丑	寅	卯	辰	巳	午	未	申	酉	戌	亥

- **특징** : 별책과(別責課)·무음(蕪淫)·불비(不備)
- **필법** : 일진근린격(日辰近隣格)·왕록가림격(旺祿加臨格)·자재격(自在格)

【己未1국】甲寅순, 子・丑 공망

말전	중전	초전		4과	3과	2과	1과
陰陰	蛇白	白蛇		白蛇	白蛇	白蛇	白蛇
壬戌	○丑	己未		己未	己未	己未	己未
戌	○丑	未		未	未	未	己(未)

주야	天常	蛇白	雀空	合龍	陳陳	龍合	空雀	白蛇	常天	武后	陰陰	后武
천반	○子	○丑	甲寅	乙卯	丙辰	丁巳	戊午	己未	庚申	辛酉	壬戌	癸亥
지반	○子	○丑	寅	卯	辰	巳	午	未	申	酉	戌	亥

- **특징** : 복음과(伏吟課)·가색(稼穡)·자신(自信)
- **필법** : 간지동류격(干支同類格)·복음중전공망격(伏吟中傳空亡格)·주객형상격(主客刑上格)_삼형·독족격(獨足格)·복공격(服空格) **야점** : 양구협묘격(兩勾夾墓格)

【己未2국】甲寅순, 子・丑 공망

말전	중전	초전		4과	3과	2과	1과
空雀	空雀	合龍		龍合	空雀	龍合	空雀
戊午	戊午	乙卯		丁巳	戊午	丁巳	戊午
未	未	辰		午	未	午	己(未)

주야	后武	天常	蛇白	雀空	合龍	陳陳	龍合	空雀	白蛇	常天	武后	陰陰
천반	癸亥	○子	○丑	甲寅	乙卯	丙辰	丁巳	戊午	己未	庚申	辛酉	壬戌
지반	○子	○丑	寅	卯	辰	巳	午	未	申	酉	戌	亥

- **특징** : 팔전과(八專課)·삼교(三交)·유박(帷薄)
- **필법** : 권섭부정격(權攝不正格)·호태격(互胎格)·간지동류격(干支同類格)·왕록가림격(旺祿加臨格)·사승살격(四勝殺格) **야점** : 주작격(朱雀格)

【己未3국】 甲寅순, 子·丑 공망

말전	중전	초전		4과	3과	2과	1과
龍合	龍合	蛇白		合龍	龍合	合龍	龍合
丁巳	丁巳	○丑		乙卯	丁巳	乙卯	丁巳
未	未	卯		巳	未	巳	己(未)

주야	陰陰	后武	天常	蛇白	雀空	合龍	陳陳	龍合	空雀	白蛇	常天	武后
천반	壬戌	癸亥	○子	○丑	甲寅	乙卯	丙辰	丁巳	戊午	己未	庚申	辛酉
지반	○子	○丑	寅	卯	辰	巳	午	未	申	酉	戌	亥

· **특징** : 팔전과(八專課)·고진(孤辰)·유박(帷薄)
· **필법** : 간지동류격(干支同類格)·복공격(服空格)·간지봉절격(干支逢絶格) **주점_未월**
  : 용가생기격(龍加生氣格)

【己未4국】 甲寅순, 子·丑 공망

말전	중전	초전		4과	3과	2과	1과
陳常	陳常	后合		蛇龍	陳常	蛇龍	陳常
丙辰	丙辰	癸亥		○丑	丙辰	○丑	丙辰
未	未	寅		辰	未	辰	己(未)

주야	武蛇	陰雀	后合	天陳	蛇龍	雀空	合白	陳常	龍武	空陰	白后	常天
천반	辛酉	壬戌	癸亥	○子	○丑	甲寅	乙卯	丙辰	丁巳	戊午	己未	庚申
지반	○子	○丑	寅	卯	辰	巳	午	未	申	酉	戌	亥

· **특징** : 팔전과(八專課)·여덕(勵德)·삼기(三奇)
· **필법** : 사승살격(四勝殺格)·폐구격(閉口格)·참관격(斬關格)·간지동류격(干支同類格)·나거취재격(懶去取財格)·간지승묘격(干支乘墓格)·복공격(服空格) **야점**
  : 양상협묘격(兩常夾墓格)

【己未5국】 甲寅순, 子·丑 공망

말전	중전	초전
白后	后合	合白
己未	癸亥	乙卯
亥	卯	未

4과	3과	2과	1과
后合	合白	后合	合白
癸亥	乙卯	癸亥	乙卯
卯	未	卯	己(未)

주야	常天	武蛇	陰雀	后合	天陳	蛇龍	雀空	合白	陳常	龍武	空陰	白后
천반	庚申	辛酉	壬戌	癸亥	○子	○丑	甲寅	乙卯	丙辰	丁巳	戊午	己未
지반	○子	○丑	寅	卯	辰	巳	午	未	申	酉	戌	亥

- **특징** : 원수과(元首課)·곡직(曲直)·교동(狡童)
- **필법** : 곡직화귀격(曲直化鬼格)·간지동류격(干支同類格)·간지전승사격(干支全乘死格)·최관부(催官符)·명암이귀격(明暗二鬼格) **야점** : 호림간귀격(虎臨干鬼格)·호귀가간격(虎鬼加干格)·지승묘호격(支乘墓虎格)·최관사자(催官使者)

【己未6국】 甲寅순, 子·丑 공망

말전	중전	초전
蛇合	常常	合蛇
癸亥	丙辰	辛酉
辰	酉	寅

4과	3과	2과	1과
合蛇	陰空	合蛇	陰空
辛酉	甲寅	辛酉	甲寅
寅	未	寅	己(未)

주야	龍后	陳天	合蛇	雀雀	蛇合	天陳	后龍	陰空	武白	常常	白武	空陰
천반	己未	庚申	辛酉	壬戌	癸亥	○子	○丑	甲寅	乙卯	丙辰	丁巳	戊午
지반	○子	○丑	寅	卯	辰	巳	午	未	申	酉	戌	亥

- **특징** : 지일과(知一課)·사절(四絶)·무록(無祿)
- **필법** : 간지동류격(干支同類格) **주점** : 백의식시격(白蟻食尸格)

【己未7국】 甲寅순, 子·丑 공망

말전	중전	초전		4과	3과	2과	1과
后龍	后龍	白武		龍后	后龍	龍后	后龍
○丑	○丑	丁巳		己未	○丑	己未	○丑
未	未	亥		○丑	未	○丑	己(未)

주야	空陰	龍后	陳天	合蛇	雀雀	蛇合	天陳	后龍	陰空	武白	常常	白武
천반	戊午	己未	庚申	辛酉	壬戌	癸亥	○子	○丑	甲寅	乙卯	丙辰	丁巳
지반	○子	○丑	寅	卯	辰	巳	午	未	申	酉	戌	亥

- **특징** : 반음과(返吟課)·정란(井欄)
- **필법** : 묘공격(墓空格)·간지동류격(干支同類格)·복공격(服空格)·불행전자격(不行傳者格)·두괴상가격(斗魁相加格)·사과개공격(四課皆空格)

【己未8국】 甲寅순, 子·丑 공망

말전	중전	초전		4과	3과	2과	1과
武白	雀雀	白武		白武	天陳	白武	天陳
乙卯	壬戌	丁巳		丁巳	○子	丁巳	○子
戌	巳	○子		○子	未	○子	己(未)

주야	白武	空陰	龍后	陳天	合蛇	雀雀	蛇合	天陳	后龍	陰空	武白	常常
천반	丁巳	戊午	己未	庚申	辛酉	壬戌	癸亥	○子	○丑	甲寅	乙卯	丙辰
지반	○子	○丑	寅	卯	辰	巳	午	未	申	酉	戌	亥

- **특징** : 지일과(知一課)·주인(鑄印)·여덕(勵德)
- **필법** : 사과개공격(四課皆空格)·손잉격(損孕格)·호태격(互胎格)·말조초혜격(末助初兮格)·육편판격(六片板格)·간지동류격(干支同類格) **야점** : 염막귀인격(簾幕貴人格) **寅월** : 손태격(損胎格)·탈재생기격(脫財生氣格) **주점** : 귀인기탄격(貴人忌憚格)

말전	중전	초전		4과	3과	2과	1과
龍后	武白	蛇合		武白	蛇合	武白	蛇合
己未	乙卯	癸亥		乙卯	癸亥	乙卯	癸亥
卯	亥	未		亥	未	亥	己(未)

주야	常常	白武	空陰	龍后	陳天	合蛇	雀雀	蛇合	天陳	后龍	陰空	武白
천반	丙辰	丁巳	戊午	己未	庚申	辛酉	壬戌	癸亥	○子	○丑	甲寅	乙卯
지반	○子	○丑	寅	卯	辰	巳	午	未	申	酉	戌	亥

- 특징 : 중심과(重審課) · 곡직(曲直) · 교동(狡童) · 삼기(三奇)
- 필법 : 목락귀근격(木落歸根格) · 재작폐구격(財作閉口格) · 간지동류격(干支同類格) · 사승살격(四勝殺格) · 간지봉절격(干支逢絕格) · 전재화귀격(傳財化鬼格) · 곡직화귀격(曲直化鬼格)

말전	중전	초전		4과	3과	2과	1과
雀陰	雀陰	蛇武		后白	雀陰	后白	雀陰
壬戌	壬戌	癸亥		○丑	壬戌	○丑	壬戌
未	未	申		戌	未	戌	己(未)

주야	武龍	常陳	白合	空雀	龍蛇	陳天	合后	雀陰	蛇武	天常	后白	陰空
천반	乙卯	丙辰	丁巳	戊午	己未	庚申	辛酉	壬戌	癸亥	○子	○丑	甲寅
지반	○子	○丑	寅	卯	辰	巳	午	未	申	酉	戌	亥

- 특징 : 팔전과(八專課) · 여덕(勵德) · 삼기(三奇)
- 필법 : 묘신부일(墓神覆日) · 인택좌묘격(人宅坐墓格) · 절신가생격(絕神加生格) 복공격(服空格) · 간지동류격(干支同類格) · 나거취재격(懶去取財格) 戌년생 : 천망자이격(天網自裏格)

【己未11국】 甲寅순, 子·丑 공망

말전	중전	초전
合后	合后	合后
辛酉	辛酉	辛酉
未	未	未

4과	3과	2과	1과
蛇武	合后	蛇武	合后
癸亥	辛酉	癸亥	辛酉
酉	未	酉	己(未)

주야	陰空	武龍	常陳	白合	空雀	龍蛇	陳天	合后	雀陰	蛇武	天常	后白
천반	甲寅	乙卯	丙辰	丁巳	戊午	己未	庚申	辛酉	壬戌	癸亥	○子	○丑
지반	○子	○丑	寅	卯	辰	巳	午	未	申	酉	戌	亥

- **특징** : 팔전과(八專課)·삼교(三交)
- **필법** : 간지동류격(干支同類格)·강색귀호격(罡塞鬼戶格)·양귀수극격(兩貴受剋格)·
  탈상봉탈격(脫上逢脫格)·사승살격(四勝殺格)·독족격(獨足格)·아괴성격(亞
  魁星格)

【己未12국】 甲寅순, 子·丑 공망

말전	중전	초전
常天	常天	白蛇
庚申	庚申	己未
未	未	午

4과	3과	2과	1과
武后	常天	武后	常天
辛酉	庚申	辛酉	庚申
申	未	申	己(未)

주야	蛇白	雀空	合龍	陳陳	龍合	空雀	白蛇	常天	武后	陰陰	后武	天常
천반	○丑	甲寅	乙卯	丙辰	丁巳	戊午	己未	庚申	辛酉	壬戌	癸亥	○子
지반	○子	○丑	寅	卯	辰	巳	午	未	申	酉	戌	亥

- **특징** : 팔전과(八專課)·유박(帷薄)
- **필법** : 간지동류격(干支同類格) **주점** : 태상간생격(太常干生格)·염막귀인격(簾幕貴人
  格)·태상지생격(太常支生格)

【庚申1국】 甲寅순, 子・丑 공망

말전	중전	초전		4과	3과	2과	1과
陳雀	蛇龍	白后		白后	白后	白后	白后
丁巳	甲寅	庚申		庚申	庚申	庚申	庚申
巳	寅	申		申	申	申	庚(申)

주야	后白	天空	蛇龍	雀陳	合合	陳雀	龍蛇	空天	白后	常陰	武武	陰常
천반	○子	○丑	甲寅	乙卯	丙辰	丁巳	戊午	己未	庚申	辛酉	壬戌	癸亥
지반	○子	○丑	寅	卯	辰	巳	午	未	申	酉	戌	亥

- 특징 : 복음과(伏吟課)・자임(自任)
- 필법 : 신임정마격(信任丁馬格)・주객형상격(主客刑上格)_삼형・협정삼전격(夾定三傳格)・간지동류격(干支同類格)・나거취재격(懶去取財格)・권섭부정격(權攝不正格)・금일봉정격(金日逢丁格) **야점** : 왕록가림격(旺祿加臨格) **주점** : 녹피현탈격(祿被玄奪格)・양귀협묘격(兩貴夾墓格)

【庚申2국】 甲寅순, 子・丑 공망

말전	중전	초전		4과	3과	2과	1과
空天	空天	常陰		龍蛇	空天	龍蛇	空天
己未	己未	辛酉		戊午	己未	戊午	己未
申	申	戌		未	申	未	庚(申)

주야	陰常	后白	天空	蛇龍	雀陳	合合	陳雀	龍蛇	空天	白后	常陰	武武
천반	癸亥	○子	○丑	甲寅	乙卯	丙辰	丁巳	戊午	己未	庚申	辛酉	壬戌
지반	○子	○丑	寅	卯	辰	巳	午	未	申	酉	戌	亥

- 특징 : 팔전과(八專課)
- 필법 : 간지동류격(干支同類格) **야점** : 천거격(薦擧格) **주점** : 염막귀인격(簾幕貴人格)

【庚申3국】 甲寅순, 子·丑 공망

말전	중전	초전		4과	3과	2과	1과
蛇龍	合合	龍蛇		合合	龍蛇	合合	龍蛇
甲寅	丙辰	戊午		丙辰	戊午	丙辰	戊午
辰	午	申		午	申	午	庚(申)

주야	武武	陰常	后白	天空	蛇龍	雀陳	合合	陳雀	龍蛇	空天	白后	常陰
천반	壬戌	癸亥	○子	○丑	甲寅	乙卯	丙辰	丁巳	戊午	己未	庚申	辛酉
지반	○子	○丑	寅	卯	辰	巳	午	未	申	酉	戌	亥

- **특징** : 원수과(元首課) · 퇴간전(退間傳) · 고조(顧祖) · 여덕(勵德)
- **필법** : 간지동류격(干支同類格) · 고조격(顧祖格) · 사승살격(四勝殺格) · 말조초혜격(末助初兮格)

【庚申4국】 甲寅순, 子·丑 공망

말전	중전	초전		4과	3과	2과	1과
陰常	蛇龍	陳雀		蛇龍	陳雀	蛇龍	陳雀
癸亥	甲寅	丁巳		甲寅	丁巳	甲寅	丁巳
寅	巳	申		巳	申	巳	庚(申)

주야	常陰	武武	陰常	后白	天空	蛇龍	雀陳	合合	陳雀	龍蛇	空天	白后
천반	辛酉	壬戌	癸亥	○子	○丑	甲寅	乙卯	丙辰	丁巳	戊午	己未	庚申
지반	○子	○丑	寅	卯	辰	巳	午	未	申	酉	戌	亥

- **특징** : 원수과(元首課)
- **필법** : 명암이귀격(明暗二鬼格) · 폐구격(閉口格) · 간지동류격(干支同類格) · 인택이화격(人宅罹禍格) · 금일봉정격(金日逢丁格) · 삼현태격(三玄胎格) **야점** : 작귀격(雀鬼格)

【庚申5국】 甲寅순, 子·丑 공망

말전	중전	초전
武武	龍蛇	蛇龍
丙辰	庚申	○子
申	○子	辰

4과	3과	2과	1과
蛇龍	武武	蛇龍	武武
○子	丙辰	○子	丙辰
辰	申	辰	庚(申)

주야	龍蛇	陳雀	合合	雀陳	蛇龍	天空	后白	陰常	武武	常陰	白后	空天
천반	庚申	辛酉	壬戌	癸亥	○子	○丑	甲寅	乙卯	丙辰	丁巳	戊午	己未
지반	○子	○丑	寅	卯	辰	巳	午	未	申	酉	戌	亥

- **특징** : 중심과(重審課)·윤하(潤下)
- **필법** : 사승살격(四勝殺格)·명암이귀격(明暗二鬼格)·참관격(斬關格)·구생격(俱生格)·수류추동격(水流趨東格)·간지동류격(干支同類格) **야점** : 신장살몰격(神藏殺沒格)

【庚申6국】 甲寅순, 子·丑 공망

말전	중전	초전
蛇龍	常陰	合合
○子	丁巳	壬戌
巳	戌	卯

4과	3과	2과	1과
合合	陰常	合合	陰常
壬戌	乙卯	壬戌	乙卯
卯	申	卯	庚(申)

주야	空天	龍蛇	陳雀	合合	雀陳	蛇龍	天空	后白	陰常	武武	常陰	白后
천반	己未	庚申	辛酉	壬戌	癸亥	○子	○丑	甲寅	乙卯	丙辰	丁巳	戊午
지반	○子	○丑	寅	卯	辰	巳	午	未	申	酉	戌	亥

- **특징** : 지일과(知一課)·사절(四絕)
- **필법** : 금일봉정격(金日逢丁格)·인택좌묘격(人宅坐墓格)·태수극절격(胎受剋絕格)·간지동류격(干支同類格) **巳월** : 탈재생기격(脫財生氣格)

【庚申7국】 甲寅순, 子·丑 공망

말전	중전	초전		4과	3과	2과	1과
后白	龍蛇	后白		龍蛇	后白	龍蛇	后白
甲寅	庚申	甲寅		庚申	甲寅	庚申	甲寅
申	寅	申		寅	申	寅	庚(申)

주야	白后	空天	龍蛇	陳雀	合合	雀陳	蛇龍	天空	后白	陰常	武武	常陰
천반	戊午	己未	庚申	辛酉	壬戌	癸亥	○子	○丑	甲寅	乙卯	丙辰	丁巳
지반	○子	○丑	寅	卯	辰	巳	午	未	申	酉	戌	亥

- **특징**: 반음과(返吟課)·무의(無依)
- **필법**: 간지동류격(干支同類格)·주야귀가격(晝夜貴加格)·간지봉절격(干支逢絶格)

【庚申8국】 甲寅순, 子·丑 공망

말전	중전	초전		4과	3과	2과	1과
天空	天空	陰常		白后	天空	白后	天空
○丑	○丑	乙卯		戊午	○丑	戊午	○丑
申	申	戌		○丑	申	○丑	庚(申)

주야	常陰	白后	空天	龍蛇	陳雀	合合	雀陳	蛇龍	天空	后白	陰常	武武
천반	丁巳	戊午	己未	庚申	辛酉	壬戌	癸亥	○子	○丑	甲寅	乙卯	丙辰
지반	○子	○丑	寅	卯	辰	巳	午	未	申	酉	戌	亥

- **특징**: 팔전과(八專課)·유박(帷薄)
- **필법**: 복공격(服空格)·불행전자격(不行傳者格)·육편판격(六片板格)·간지동류격(干支同類格)·독족격(獨足格)·묘공격(墓空格)·묘신부일(墓神覆日)·사과개공격(四課皆空格) **야점**: 염막귀인격(簾幕貴人格) **주점**: 귀인공망격(貴人空亡格)·천거격(薦擧格) **丑년생**: 천망자이격(天網自裏格)

【庚申9국】 甲寅순, 子・丑 공망

말전	중전	초전		4과	3과	2과	1과
蛇龍	龍蛇	武武		武武	蛇龍	武武	蛇龍
○子	庚申	丙辰		丙辰	○子	丙辰	○子
申	辰	○子		○子	申	○子	庚(申)

주야	武武	常陰	白后	空天	龍蛇	陳雀	合合	雀陳	蛇龍	天空	后白	陰常
천반	丙辰	丁巳	戊午	己未	庚申	辛酉	壬戌	癸亥	○子	○丑	甲寅	乙卯
지반	○子	○丑	寅	卯	辰	巳	午	未	申	酉	戌	亥

- **특징** : 원수과(元首課)・윤하(潤下)・여덕(勵德)
- **필법** : 간지전승사격(干支全乘死格)・상호승사격(上互乘死格)・간지동류격(干支同類格)・사과개공격(四課皆空格) **야점** : 탈상봉탈격(脫上逢脫格)

【庚申10국】 甲寅순, 子・丑 공망

말전	중전	초전		4과	3과	2과	1과
雀陳	雀陳	天空		后白	雀陳	后白	雀陳
癸亥	癸亥	○丑		甲寅	癸亥	甲寅	癸亥
申	申	戌		亥	申	亥	庚(申)

주야	陰常	武武	常陰	空天	龍蛇	陳雀	合合	雀陳	蛇龍	天空	后白
천반	乙卯	丙辰	丁巳	戊午	己未	庚申	辛酉	壬戌	癸亥	○子	○丑	甲寅
지반	○子	○丑	寅	卯	辰	巳	午	未	申	酉	戌	亥

- **특징** : 팔전과(八專課)・과숙(寡宿)・유박(帷薄)
- **필법** : 절신가생격(絶神加生格)・사승살격(四勝殺格)・간지동류격(干支同類格)・복공격(服空格) **주점** : 귀인입옥격(貴人入獄格)

【庚申11국】 甲寅순, 子·丑 공망

말전	중전	초전		4과	3과	2과	1과
合合	蛇龍	后白		后白	武武	后白	武武
丙辰	甲寅	○子		○子	壬戌	○子	壬戌
寅	○子	戌		戌	申	戌	庚(申)

주야	蛇龍	雀陳	合合	陳雀	龍蛇	空天	白后	常陰	武武	陰常	后白	天空
천반	甲寅	乙卯	丙辰	丁巳	戊午	己未	庚申	辛酉	壬戌	癸亥	○子	○丑
지반	○子	○丑	寅	卯	辰	巳	午	未	申	酉	戌	亥

- **특징** : 중심과(重審課) · 순간전(順間傳) · 삼양(三陽) · 일여(泆女)
- **필법** : 간지동류격(干支同類格) **주점** : 강색귀호격(罡塞鬼戶格) · 귀등천문격(貴登天門格) · 신장살몰격(神藏殺沒格)

【庚申12국】 甲寅순, 子·丑 공망

말전	중전	초전		4과	3과	2과	1과
常陰	常陰	陰常		武武	常陰	武武	常陰
辛酉	辛酉	癸亥		壬戌	辛酉	壬戌	辛酉
申	申	戌		酉	申	酉	庚(申)

주야	天空	蛇龍	雀陳	合合	陳雀	龍蛇	空天	白后	常陰	武武	陰常	后白
천반	○丑	甲寅	乙卯	丙辰	丁巳	戊午	己未	庚申	辛酉	壬戌	癸亥	○子
지반	○子	○丑	寅	卯	辰	巳	午	未	申	酉	戌	亥

- **특징** : 팔전과(八專課) · 삼기(三奇) · 유박(帷薄)
- **필법** : 사승살격(四勝殺格) · 아괴성격(亞魁星格) · 간지동류격(干支同類格) · 왕록가림격(旺祿加臨格)

【辛酉1국】 甲寅순, 子・丑 공망

말전	중전	초전
龍后	常常	白武
己未	壬戌	辛酉
未	戌	酉

4과	3과	2과	1과
白武	白武	常常	常常
辛酉	辛酉	壬戌	壬戌
酉	酉	戌	辛(戌)

주야	陰空	后龍	天陳	蛇合	雀雀	合蛇	陳天	龍后	空陰	白武	常常	武白
천반	○子	○丑	甲寅	乙卯	丙辰	丁巳	戊午	己未	庚申	辛酉	壬戌	癸亥
지반	○子	○丑	寅	卯	辰	巳	午	未	申	酉	戌	亥

- 특징 : 복음과(伏吟課) · 자신(自信) · 용전(龍戰)
- 필법 : 권섭부정격(權攝不正格) · 간지동류격(干支同類格) · 의혹격(疑惑格)

【辛酉2국】 甲寅순, 子・丑 공망

말전	중전	초전
白武	白武	后龍
辛酉	辛酉	○丑
戌	戌	寅

4과	3과	2과	1과
龍后	空陰	空陰	白武
己未	庚申	庚申	辛酉
申	酉	酉	辛(戌)

주야	武白	陰空	后龍	天陳	蛇合	雀雀	合蛇	陳天	龍后	空陰	白武	常常
천반	癸亥	○子	○丑	甲寅	乙卯	丙辰	丁巳	戊午	己未	庚申	辛酉	壬戌
지반	○子	○丑	寅	卯	辰	巳	午	未	申	酉	戌	亥

- 특징 : 별책과(別責課) · 여덕(勵德) · 불비(不備)
- 필법 : 간지동류격(干支同類格) · 복공격(服空格) · 아괴성격(亞魁星格) **야점** : 왕록가림격(旺祿加臨格) **주점** : 녹피현탈격(祿被玄奪格)

【辛酉3국】 甲寅순, 子・丑 공망

말전	중전	초전
天陳	雀雀	陳天
甲寅	丙辰	戊午
辰	午	申

4과	3과	2과	1과
合蛇	龍后	陳天	空陰
丁巳	己未	戊午	庚申
未	酉	申	辛(戌)

주야	常常	武白	陰空	后龍	天陳	蛇合	雀雀	合蛇	陳天	龍后	空陰	白武
천반	壬戌	癸亥	○子	○丑	甲寅	乙卯	丙辰	丁巳	戊午	己未	庚申	辛酉
지반	○子	○丑	寅	卯	辰	巳	午	未	申	酉	戌	亥

- 특징 : 원수과(元首課) · 퇴간전(退間傳) · 고조(顧祖)
- 필법 : 간지동류격(干支同類格) · 고조격(顧祖格) · 나거취재격(懶去取財格)

【辛酉4국】 甲寅순, 子・丑 공망

말전	중전	초전
雀空	后合	常天
○子	乙卯	戊午
卯	午	酉

4과	3과	2과	1과
后合	常天	陰雀	白后
乙卯	戊午	丙辰	己未
午	酉	未	辛(戌)

주야	龍武	常陳	合白	雀空	蛇龍	天陳	后合	陰雀	武蛇	常天	白后	空陰
천반	辛酉	壬戌	癸亥	○子	○丑	甲寅	乙卯	丙辰	丁巳	戊午	己未	庚申
지반	○子	○丑	寅	卯	辰	巳	午	未	申	酉	戌	亥

- 특징 : 원수과(元首課) · 삼교(三交) · 고개(高蓋) · 헌개(軒蓋) · 여덕(勵德)
- 필법 : 간지동류격(干支同類格) · 외호이차야격(外好裏差枒格) **야점** : 귀승천을격(鬼乘天乙格) **주점_寅월** : 효백개처두격(孝白盖妻頭格)

【辛酉5국】 甲寅순, 子·丑 공망

말전	중전	초전		4과	3과	2과	1과
龍武	蛇龍	武蛇		蛇龍	武蛇	天陳	常天
辛酉	○丑	丁巳		○丑	丁巳	甲寅	戊午
○丑	巳	酉		巳	酉	午	辛(戌)

주야	空陰	龍武	陳常	合白	雀空	蛇龍	天陳	后合	陰雀	武蛇	常天	白后
천반	庚申	辛酉	壬戌	癸亥	○子	○丑	甲寅	乙卯	丙辰	丁巳	戊午	己未
지반	○子	○丑	寅	卯	辰	巳	午	未	申	酉	戌	亥

- **특징** : 지일과(知一課) · 종혁(從革)
- **필법** : 금강격(金剛格) · 간지동류격(干支同類格) · 불행전자격(不行傳者格) · 명암이귀격(明暗二鬼格) · 복공격(服空格) · 금일봉정격(金日逢丁格) **야점** : 귀승천을격(鬼乘天乙格) · 인택이화격(人宅罹禍格) · 사호둔귀격(蛇虎遁鬼格) **주점** : 염막귀인격(簾幕貴人格) **주점_寅월** : 내외효복격(內外孝服格)

【辛酉6국】 甲寅순, 子·丑 공망

말전	중전	초전		4과	3과	2과	1과
蛇白	常天	合龍		合龍	陰陰	雀空	武后
○丑	戊午	癸亥		癸亥	丙辰	○子	丁巳
午	亥	辰		辰	酉	巳	辛(戌)

주야	白蛇	空雀	龍合	陳陳	合龍	雀空	蛇白	天常	后武	陰陰	武后	常天
천반	己未	庚申	辛酉	壬戌	癸亥	○子	○丑	甲寅	乙卯	丙辰	丁巳	戊午
지반	○子	○丑	寅	卯	辰	巳	午	未	申	酉	戌	亥

- **특징** : 중심과(重審課) · 삼기(三奇) · 사절(四絶)
- **필법** : 명암이귀격(明暗二鬼格) · 간지동류격(干支同類格) · 복공격(服空格) **야점** : 호묘격(虎墓格)

【辛酉7국】 甲寅순, 子·丑 공망

말전	중전	초전
后武	龍合	后武
乙卯	辛酉	乙卯
酉	卯	酉

4과	3과	2과	1과
龍合	后武	陳陳	陰陰
辛酉	乙卯	壬戌	丙辰
卯	酉	辰	辛(戌)

주야	常天	白蛇	空雀	龍合	陳陳	合龍	雀空	蛇白	天常	后武	陰陰	武后
천반	戊午	己未	庚申	辛酉	壬戌	癸亥	○子	○丑	甲寅	乙卯	丙辰	丁巳
지반	○子	○丑	寅	卯	辰	巳	午	未	申	酉	戌	亥

- 특징 : 반음과(返吟課)·무의(無依)·삼교(三交)·용전(龍戰)
- 필법 : 의혹격(疑惑格)·피차시기해격(彼此猜忌害格)·간지동류격(干支同類格)·양귀수극격(兩貴受剋格)·참관격(斬關格)

【辛酉8국】 甲寅순, 子·丑 공망

말전	중전	초전
武后	雀空	白蛇
丁巳	○子	己未
○子	未	寅

4과	3과	2과	1과
白蛇	天常	空雀	后武
己未	甲寅	庚申	乙卯
寅	酉	卯	辛(戌)

주야	武后	常天	白蛇	空雀	龍合	陳陳	合龍	雀空	蛇白	天常	后武	陰陰
천반	丁巳	戊午	己未	庚申	辛酉	壬戌	癸亥	○子	○丑	甲寅	乙卯	丙辰
지반	○子	○丑	寅	卯	辰	巳	午	未	申	酉	戌	亥

- 특징 : 지일과(知一課)·도액(度厄)·여덕(勵德)
- 필법 : 금일봉정격(金日逢丁格)·말조초혜격(末助初兮格)·불행전자격(不行傳者格)·육편판격(六片板格)·간지동류격(干支同類格)·차전환채격(借錢還債格)·삼전호극격(三傳互剋格)·삼전일진내전격(三傳日辰內戰格) **巳月** : 탈재생기격(脫財生氣格) **야점** : 양호협묘격(兩虎夾墓格)

【辛酉9국】 甲寅순, 子·丑 공망

말전	중전	초전		4과	3과	2과	1과
陳陳	常天	天常		武后	蛇白	常天	天常
壬戌	戊午	甲寅		丁巳	○丑	戊午	甲寅
午	寅	戌		○丑	酉	寅	辛(戌)

주야	陰陰	武后	常天	白蛇	空雀	龍合	陳陳	合龍	雀空	蛇白	天常	后武
천반	丙辰	丁巳	戊午	己未	庚申	辛酉	壬戌	癸亥	○子	○丑	甲寅	乙卯
지반	○子	○丑	寅	卯	辰	巳	午	未	申	酉	戌	亥

- **특징** : 중심과(重審課) · 염상(炎上) · 육의(六儀)
- **필법** : 복공격(服空格) · 간지동류격(干支同類格) · 삼전체생격(三傳遞生格) · 합중범살
  격(合中犯殺格) **야점** : 호묘격(虎墓格) · 염막귀인격(簾幕貴人格) · 주야귀가격
  (晝夜貴加格) · 지승묘호격(支乘墓虎格)

【辛酉10국】 甲寅순, 子·丑 공망

말전	중전	초전		4과	3과	2과	1과
白合	陳天	蛇武		蛇武	陰空	雀陰	后白
辛酉	戊午	乙卯		乙卯	○子	丙辰	○丑
午	卯	○子		○子	酉	○丑	辛(戌)

주야	蛇武	雀陰	合后	陳天	龍蛇	空雀	白合	常陳	武龍	陰空	后白	天常
천반	乙卯	丙辰	丁巳	戊午	己未	庚申	辛酉	壬戌	癸亥	○子	○丑	甲寅
지반	○子	○丑	寅	卯	辰	巳	午	未	申	酉	戌	亥

- **특징** : 요극과(遙尅課) · 삼교(三交) · 과숙(寡宿) · 여덕(勵德) · 용전(龍戰)
- **필법** : 간지동류격(干支同類格) · 외호이차야격(外好裏差枒格) · 묘공격(墓空格) · 사과
  개공격(四課皆空格) · 절신가생격(絶神加生格) · 묘신부일(墓神覆日) · 복공격
  (服空格) **야점** : 간승묘호격(干乘墓虎格) · 호묘격(虎墓格) **丑년생** : 천망자이격
  (天網自裏格)

【辛酉11국】 甲寅순, 子·丑 공망

말전	중전	초전		4과	3과	2과	1과
合后	蛇武	后白		后白	武龍	天常	陰空
丁巳	乙卯	○丑		○丑	癸亥	甲寅	○子
卯	○丑	亥		亥	酉	○子	辛(戌)

주야	天常	蛇武	雀陰	合后	陳天	龍蛇	空雀	白合	常陳	武龍	陰空	后白
천반	甲寅	乙卯	丙辰	丁巳	戊午	己未	庚申	辛酉	壬戌	癸亥	○子	○丑
지반	○子	○丑	寅	卯	辰	巳	午	未	申	酉	戌	亥

- **특징** : 원수과(元首課)·순간전(順間傳)·출호(出戶)·과숙(寡宿)·일여(泆女)
- **필법** : 말조초혜격(末助初兮格)·강색귀호격(罡塞鬼戶格)·간지동류격(干支同類格)· 복공격(服空格)·금일봉정격(金日逢丁格) **야점** : 공상승공격(空上乘空格)·호 묘격(虎墓格)

【辛酉12국】 甲寅순, 子·丑 공망

말전	중전	초전		4과	3과	2과	1과
后龍	陰空	武白		武白	常常	陰空	武白
○丑	○子	癸亥		癸亥	壬戌	○子	癸亥
○子	亥	戌		戌	酉	亥	辛(戌)

주야	后龍	天陳	蛇合	雀雀	合蛇	陳天	龍后	空陰	白武	常常	武白	陰空
천반	○丑	甲寅	乙卯	丙辰	丁巳	戊午	己未	庚申	辛酉	壬戌	癸亥	○子
지반	○子	○丑	寅	卯	辰	巳	午	未	申	酉	戌	亥

- **특징** : 중심과(重審課)·진연주(進連珠)·불비(不備)·삼기(三奇)·용잠(龍潛)
- **필법** : 호가호위격(狐假虎威格)·피난도생격(避難逃生格)·간지동류격(干支同類格)· 탈상봉탈격(脫上逢脫格)·복공격(服空格)·불행전자격(不行傳者格)

【壬戌1국】 甲寅순, 子·丑 공망

말전	중전	초전		4과	3과	2과	1과
陳陰	白白	常空		白白	白白	常空	常空
己未	壬戌	癸亥		壬戌	壬戌	癸亥	癸亥
未	戌	亥		戌	戌	亥	壬(亥)

주야	武龍	陰陳	后合	天雀	蛇蛇	雀天	合后	陳陰	龍武	空常	白白	常空
천반	○子	○丑	甲寅	乙卯	丙辰	丁巳	戊午	己未	庚申	辛酉	壬戌	癸亥
지반	○子	○丑	寅	卯	辰	巳	午	未	申	酉	戌	亥

- **특징** : 복음과(伏吟課)·자임(自任)·여덕(勵德)·삼기(三奇)
- **필법** : 왕록가림격(旺祿加臨格)·녹작폐구격(祿作閉口格)·덕입천문격(德入天門格)

【壬戌2국】 甲寅순, 子·丑 공망

말전	중전	초전		4과	3과	2과	1과
龍武	空常	白白		龍武	空常	空常	白白
庚申	辛酉	壬戌		庚申	辛酉	辛酉	壬戌
酉	戌	亥		酉	戌	戌	壬(亥)

주야	常空	武龍	陰陳	后合	天雀	蛇蛇	雀天	合后	陳陰	龍武	空常	白白
천반	癸亥	○子	○丑	甲寅	乙卯	丙辰	丁巳	戊午	己未	庚申	辛酉	壬戌
지반	○子	○丑	寅	卯	辰	巳	午	未	申	酉	戌	亥

- **특징** : 원수과(元首課)·퇴연여(退連茹)·불비(不備)·난수(亂首)·유금(流金)
- **필법** : 호귀가간격(虎鬼加干格)·재둔귀격(財遁鬼格)·최관사자(催官使者)·호림간귀격(虎臨干鬼格)·양사협묘격(兩蛇夾墓格)·괴도천문격(魁度天門格)

【壬戌3국】 甲寅순, 子・丑 공망

말전	중전	초전
蛇合	后蛇	武后
甲寅	丙辰	戊午
辰	午	申

4과	3과	2과	1과
武后	白武	常陰	空常
戊午	庚申	己未	辛酉
申	戌	酉	壬(亥)

주야	龍白	陳空	合龍	雀陳	蛇合	天雀	后蛇	陰天	武后	常陰	白武	空常
천반	壬戌	癸亥	○子	○丑	甲寅	乙卯	丙辰	丁巳	戊午	己未	庚申	辛酉
지반	○子	○丑	寅	卯	辰	巳	午	未	申	酉	戌	亥

- **특징** : 원수과(元首課)・퇴간전(退間傳)・고조(顧祖)・여덕(勵德)・일여(泆女)
- **필법** : 고조격(顧祖格)・아괴성격(亞魁星格)

【壬戌4국】 甲寅순, 子・丑 공망

말전	중전	초전
陳空	蛇合	陰天
癸亥	甲寅	丁巳
寅	巳	申

4과	3과	2과	1과
后蛇	常陰	陰天	白武
丙辰	己未	丁巳	庚申
未	戌	申	壬(亥)

주야	空常	龍白	陳空	合龍	雀陳	蛇合	天雀	后蛇	陰天	武后	常陰	白武
천반	辛酉	壬戌	癸亥	○子	○丑	甲寅	乙卯	丙辰	丁巳	戊午	己未	庚申
지반	○子	○丑	寅	卯	辰	巳	午	未	申	酉	戌	亥

- **특징** : 원수과(元首課)・육의(六儀)
- **필법** : 수일봉정격(水日逢丁格)・삼현태격(三玄胎格)・지상상생격(支上相生格) **주점** : 연희치병격(宴喜致病格)

【壬戌5국】 甲寅순, 子·丑 공망

말전	중전	초전
陳空	天雀	常陰
癸亥	乙卯	己未
卯	未	亥

4과	3과	2과	1과
蛇合	武后	天雀	常陰
甲寅	戊午	乙卯	己未
午	戌	未	壬(亥)

주야	白武	空常	龍白	陳空	合龍	雀陳	蛇合	天雀	后蛇	陰天	武后	常陰
천반	庚申	辛酉	壬戌	癸亥	○子	○丑	甲寅	乙卯	丙辰	丁巳	戊午	己未
지반	○子	○丑	寅	卯	辰	巳	午	未	申	酉	戌	亥

- 특징 : 섭해과(涉害課)·곡직(曲直)·여덕(勵德)
- 필법 : 목락귀근격(木落歸根格)·취환혼채격(取還魂債格)·명암이귀격(明暗二鬼格)
  주점 : 중귀수창격(衆鬼雖彰格) 주점_卯월 : 내외효복격(內外孝服格)

【壬戌6국】 甲寅순, 子·丑 공망

말전	중전	초전
白武	雀陳	武后
庚申	○丑	戊午
○丑	午	亥

4과	3과	2과	1과
合龍	陰天	雀陳	武后
○子	丁巳	○丑	戊午
巳	戌	午	壬(亥)

주야	常陰	白武	空常	龍白	陳空	合龍	雀陳	蛇合	天雀	后蛇	陰天	武后
천반	己未	庚申	辛酉	壬戌	癸亥	○子	○丑	甲寅	乙卯	丙辰	丁巳	戊午
지반	○子	○丑	寅	卯	辰	巳	午	未	申	酉	戌	亥

- 특징 : 중심과(重審課)·일여(泆女)·사절(四絶)
- 필법 : 초조협극격(初遭夾剋格)·백의식시격(白蟻食尸格)·복공격(服空格)·불행전자
  격(不行傳者格)·수일봉정격(水日逢丁格)·태수극절격(胎受剋絶格)·삼전무기
  격(三傳無氣格) 申월 : 탈재생기격(脫財生氣格)

【壬戌7국】 甲寅순, 子・丑 공망

말전	중전	초전
陰天	陳空	陰天
丁巳	癸亥	丁巳
亥	巳	亥

4과	3과	2과	1과
龍龍	后后	陳空	陰天
壬戌	丙辰	癸亥	丁巳
辰	戌	巳	壬(亥)

주야	武蛇	常雀	白合	空陳	龍龍	陳空	合白	雀常	蛇武	天陰	后后	陰天
천반	戊午	己未	庚申	辛酉	壬戌	癸亥	○子	○丑	甲寅	乙卯	丙辰	丁巳
지반	○子	○丑	寅	卯	辰	巳	午	未	申	酉	戌	亥

- **특징** : 반음과(返吟課)・무의(無依)・여덕(勵德)
- **필법** : 수일봉정격(水日逢丁格)・양귀수극격(兩貴受剋格) **주점** : 염막귀인격(簾幕貴人格)・장봉내전격(將逢內戰格)

【壬戌8국】 甲寅순, 子・丑 공망

말전	중전	초전
蛇武	空陳	后后
甲寅	辛酉	丙辰
酉	辰	亥

4과	3과	2과	1과
白合	天陰	空陳	后后
庚申	乙卯	辛酉	丙辰
卯	戌	辰	壬(亥)

주야	陰天	武蛇	常雀	白合	空陳	龍龍	陳空	合白	雀常	蛇武	天陰	后后
천반	丁巳	戊午	己未	庚申	辛酉	壬戌	癸亥	○子	○丑	甲寅	乙卯	丙辰
지반	○子	○丑	寅	卯	辰	巳	午	未	申	酉	戌	亥

- **특징** : 섭해과(涉害課)・귀묘(鬼墓)
- **필법** : 참관격(斬關格)・양후협묘격(兩后夾墓格)・묘신부일(墓神覆日) **야점** : 육편판격(六片板格) **辰년생** : 천망자이격(天網自裏格)

말전	중전	초전		4과	3과	2과	1과
天陰	常空	陳雀		合蛇	后武	陳雀	天陰
乙卯	癸亥	己未		戊午	甲寅	己未	乙卯
亥	未	卯		寅	戌	卯	壬(亥)

주야	蛇后	雀天	合蛇	陳雀	龍合	空陳	白龍	常空	武白	陰常	后武	天陰
천반	丙辰	丁巳	戊午	己未	庚申	辛酉	壬戌	癸亥	○子	○丑	甲寅	乙卯
지반	○子	○丑	寅	卯	辰	巳	午	未	申	酉	戌	亥

· 특징 : 중심과(重審課)・곡직(曲直)
· 필법 : 태신좌장생격(胎神坐長生格)・목락귀근격(木落歸根格)・교차삼합격(交車三合格) **야점** : 염막귀인격(簾幕貴人格) **주점** : 중귀수창격(衆鬼雖彰格)

말전	중전	초전		4과	3과	2과	1과
白龍	陳雀	蛇后		蛇后	陰常	雀天	后武
壬戌	己未	丙辰		丙辰	○丑	丁巳	甲寅
未	辰	○丑		○丑	戌	寅	壬(亥)

주야	天陰	蛇后	雀天	合蛇	陳雀	龍合	空陳	白龍	常空	武白	陰常	后武
천반	乙卯	丙辰	丁巳	戊午	己未	庚申	辛酉	壬戌	癸亥	○子	○丑	甲寅
지반	○子	○丑	寅	卯	辰	巳	午	未	申	酉	戌	亥

· 특징 : 요극과(遙剋課)・가색(稼穡)・여덕(勵德)・귀묘(鬼墓)
· 필법 : 절신가생격(絶神加生格)・복공격(服空格)・태양조현격(太陽照玄格)・탈상봉탈격(脫上逢脫格)・중귀수창격(衆鬼雖彰格) **야점** : 귀색귀호격(貴塞鬼戶格)

【壬戌11국】 甲寅순, 子・丑 공망

말전	중전	초전		4과	3과	2과	1과
蛇后	后武	武白		后武	武白	天陰	陰常
丙辰	甲寅	○子		甲寅	○子	乙卯	○丑
寅	○子	戌		○子	戌	○丑	壬(亥)

주야	后武	天陰	蛇后	雀天	合蛇	陳雀	龍合	空陳	白龍	常空	武白	陰常
천반	甲寅	乙卯	丙辰	丁巳	戊午	己未	庚申	辛酉	壬戌	癸亥	○子	○丑
지반	○子	○丑	寅	卯	辰	巳	午	未	申	酉	戌	亥

- **특징** : 중심과(重審課)・순간전(順間傳)・삼양(三陽)・여덕(勵德)
- **필법** : 강색귀호격(罡塞鬼戶格)・복공격(服空格)・사과개공격(四課皆空格) **야점_酉월**
  : 내외효복격(內外孝服格)

【壬戌12국】 甲寅순, 子・丑 공망

말전	중전	초전		4과	3과	2과	1과
陰常	武白	常空		武白	常空	陰常	武白
○丑	○子	癸亥		○子	癸亥	○丑	○子
○子	亥	戌		亥	戌	○子	壬(亥)

주야	陰常	后武	天陰	蛇后	雀天	合蛇	陳雀	龍合	空陳	白龍	常空	武白
천반	○丑	甲寅	乙卯	丙辰	丁巳	戊午	己未	庚申	辛酉	壬戌	癸亥	○子
지반	○子	○丑	寅	卯	辰	巳	午	未	申	酉	戌	亥

- **특징** : 중심과(重審課)・진연주(進連珠)・삼기(三奇)・난수(亂首)・용잠(龍潛)
- **필법** : 권섭부정격(權攝不正格)・복공격(服空格)・불행전자격(不行傳者格)・왕록가림
  격(旺祿加臨格) **야점** : 삼전개공격(三傳皆空格)・사과개공격(四課皆空格)

【癸亥1국】 甲寅순, 子·丑 공망

말전	중전	초전		4과	3과	2과	1과
陰陳	白白	陳陰		空常	空常	陳陰	陳陰
己未	壬戌	○丑		癸亥	癸亥	○丑	○丑
未	戌	○丑		亥	亥	○丑	癸(○丑)

주야	龍武	陳陰	合后	雀天	蛇蛇	天雀	后合	陰陳	武龍	常空	白白	空常
천반	○子	○丑	甲寅	乙卯	丙辰	丁巳	戊午	己未	庚申	辛酉	壬戌	癸亥
지반	○子	○丑	寅	卯	辰	巳	午	未	申	酉	戌	亥

- **특징** : 복음과(伏吟課) · 가색(稼穡) · 자신(自信) · 여덕(勵德)
- **필법** : 태양조현격(太陽照玄格) · 간지동류격(干支同類格) · 주객형상격(主客刑上格)_
  삼형 · 복공격(服空格) · 간지공정일록격(干支拱定日祿格) **주점** : 사과개공격(四課皆空格)

【癸亥2국】 甲寅순, 子·丑 공망

말전	중전	초전		4과	3과	2과	1과
武龍	常空	白白		常空	白白	空常	龍武
庚申	辛酉	壬戌		辛酉	壬戌	癸亥	○子
酉	戌	亥		戌	亥	○子	癸(○丑)

주야	空常	龍武	陳陰	合后	雀天	蛇蛇	天雀	后合	陰陳	武龍	常空	白白
천반	癸亥	○子	○丑	甲寅	乙卯	丙辰	丁巳	戊午	己未	庚申	辛酉	壬戌
지반	○子	○丑	寅	卯	辰	巳	午	未	申	酉	戌	亥

- **특징** : 원수과(元首課) · 퇴연여(退連茹) · 유금(流金)
- **필법** : 지승묘호격(支乘墓虎格) · 괴도천문격(魁度天門格) · 왕록가림격(旺祿加臨格) ·
  양사협묘격(兩蛇夾墓格) · 간지동류격(干支同類格)

【癸亥3국】 甲寅순, 子 · 丑 공망

말전	중전	초전		4과	3과	2과	1과
雀天	天陰	陰常		陰常	常空	常空	空陳
乙卯	丁巳	己未		己未	辛酉	辛酉	癸亥
巳	未	酉		酉	亥	亥	癸(○丑)

주야	白龍	空陳	龍合	陳雀	合蛇	雀天	蛇后	天陰	后武	陰常	武白	常空
천반	壬戌	癸亥	○子	○丑	甲寅	乙卯	丙辰	丁巳	戊午	己未	庚申	辛酉
지반	○子	○丑	寅	卯	辰	巳	午	未	申	酉	戌	亥

- **특징** : 요극과(遙剋課) · 회양(回陽) · 퇴간전(退間傳) · 불비(不備)
- **필법** : 나거취재격(懶去取財格) · 파패신임택격(破敗神臨宅格) · 간지동류격(干支同類格) **야점** : 주야귀가격(晝夜貴加格) · 연희치병격(宴喜致病格)

【癸亥4국】 甲寅순, 子 · 丑 공망

말전	중전	초전		4과	3과	2과	1과
空陳	合蛇	天陰		天陰	武白	陰常	白龍
癸亥	甲寅	丁巳		丁巳	庚申	己未	壬戌
寅	巳	申		申	亥	戌	癸(○丑)

주야	常空	白龍	空陳	龍合	陳雀	合蛇	雀天	蛇后	天陰	后武	陰常	武白
천반	辛酉	壬戌	癸亥	○子	○丑	甲寅	乙卯	丙辰	丁巳	戊午	己未	庚申
지반	○子	○丑	寅	卯	辰	巳	午	未	申	酉	戌	亥

- **특징** : 지일과(知一課)
- **필법** : 수일봉정격(水日逢丁格) · 폐구격(閉口格) · 삼현태격(三玄胎格) · 간지동류격(干支同類格) **야점** : 일희일비격(一喜一悲格) **주점** : 최관사자(催官使者) · 호림간귀격(虎臨干鬼格)

【癸亥5국】 甲寅순, 子·丑 공망

말전	중전	초전		4과	3과	2과	1과
空陳	雀天	陰常		雀天	陰常	天陰	常空
癸亥	乙卯	己未		乙卯	己未	丁巳	辛酉
卯	未	亥		未	亥	酉	癸(○丑)

주야	武白	常空	白龍	空陳	龍合	陳雀	合蛇	雀天	蛇后	天陰	后武	陰常
천반	庚申	辛酉	壬戌	癸亥	○子	○丑	甲寅	乙卯	丙辰	丁巳	戊午	己未
지반	○子	○丑	寅	卯	辰	巳	午	未	申	酉	戌	亥

- **특징** : 섭해과(涉害課) · 곡직(曲直) · 도액(度厄) · 여덕(勵德)
- **필법** : 목락귀근격(木落歸根格) · 간지동류격(干支同類格) · 아괴성격(亞魁星格) **야점** : 중귀수창격(衆鬼雖彰格) **야점_卯월** : 효백개처두격(孝白盖妻頭格)

【癸亥6국】 甲寅순, 子·丑 공망

말전	중전	초전		4과	3과	2과	1과
天陰	白龍	雀天		陳雀	后武	雀天	武白
丁巳	壬戌	乙卯		○丑	戊午	乙卯	庚申
戌	卯	申		午	亥	申	癸(○丑)

주야	陰常	武白	常空	白龍	空陳	龍合	陳雀	合蛇	雀天	蛇后	天陰	后武
천반	己未	庚申	辛酉	壬戌	癸亥	○子	○丑	甲寅	乙卯	丙辰	丁巳	戊午
지반	○子	○丑	寅	卯	辰	巳	午	未	申	酉	戌	亥

- **특징** : 지일과(知一課) · 단륜(斷輪) · 주인(鑄印) · 사절(四絶)
- **필법** : 수일봉정격(水日逢丁格) · 후목무용격(朽木無用格) · 복공격(服空格) · 태수극절격(胎受剋絶格) · 간지동류격(干支同類格) **야점** : 백의식시격(白蟻食尸格) · 장봉내전격(將逢內戰格) **주점** : 귀인입옥격(貴人入獄格)

【癸亥7국】 甲寅순, 子·丑 공망

말전	중전	초전
天陰	空陳	天陰
丁巳	癸亥	丁巳
亥	巳	亥

4과	3과	2과	1과
空陳	天陰	常雀	雀常
癸亥	丁巳	○丑	己未
巳	亥	未	癸(○丑)

주야	蛇武	雀常	合白	陳空	龍龍	空陳	白合	常雀	武蛇	陰天	后后	天陰
천반	戊午	己未	庚申	辛酉	壬戌	癸亥	○子	○丑	甲寅	乙卯	丙辰	丁巳
지반	○子	○丑	寅	卯	辰	巳	午	未	申	酉	戌	亥

· **특징** : 반음과(返吟課)·무의(無依)·여덕(勵德)
· **필법** : 복공격(服空格)·수일봉정격(水日逢丁格)·두괴상가격(斗魁相加格)·간지동류격(干支同類格)·덕입천문격(德入天門格)·양귀수극격(兩貴受剋格) **卯月** : 효백개처두격(孝白盖妻頭格) **야점_卯月** : 내외효복격(內外孝服格) **주점** : 작귀격(雀鬼格)

【癸亥8국】 甲寅순, 子·丑 공망

말전	중전	초전
后后	空陳	蛇武
丙辰	癸亥	戊午
亥	午	○丑

4과	3과	2과	1과
陳空	后后	空陳	后武
辛酉	丙辰	癸亥	戊午
辰	亥	午	癸(○丑)

주야	天陰	蛇武	雀常	合白	陳空	龍龍	空陳	白合	常雀	武蛇	陰天	后后
천반	丁巳	戊午	己未	庚申	辛酉	壬戌	癸亥	○子	○丑	甲寅	乙卯	丙辰
지반	○子	○丑	寅	卯	辰	巳	午	未	申	酉	戌	亥

· **특징** : 중심과(重審課)
· **필법** : 주객형상격(主客刑上格)_자형·진퇴양난격(進退兩難格)·간지동류격(干支同類格) **申月** : 혈염극택격(血厭剋宅格) **주점** : 육편관격(六片板格)

【癸亥9국】甲寅순, 子·丑 공망

말전	중전	초전
天雀	常陰	陳空
丁巳	○丑	辛酉
○丑	酉	巳

4과	3과	2과	1과
雀陳	陰天	陳空	天雀
己未	乙卯	辛酉	丁巳
卯	亥	巳	癸(○丑)

주야	后蛇	天雀	蛇合	雀陳	合龍	陳空	龍白	空常	白武	常陰	武后	陰天
천반	丙辰	丁巳	戊午	己未	庚申	辛酉	壬戌	癸亥	○子	○丑	甲寅	乙卯
지반	○子	○丑	寅	卯	辰	巳	午	未	申	酉	戌	亥

- 특징 : 섭해과(涉害課)·종혁(從革)·도액(度厄)
- 필법 : 수일봉정격(水日逢丁格)·합중범살격(合中犯殺格)·불행전자격(不行傳者格)·
  간지동류격(干支同類格)·복공격(服空格) **야점** : 염막귀인격(簾幕貴人格)·삼
  전개공격(三傳皆空格)

【癸亥10국】甲寅순, 子·丑 공망

말전	중전	초전
龍白	雀陳	后蛇
壬戌	己未	丙辰
未	辰	○丑

4과	3과	2과	1과
天雀	武后	雀陳	后蛇
丁巳	甲寅	己未	丙辰
寅	亥	辰	癸(○丑)

주야	陰天	后蛇	天雀	蛇合	雀陳	合龍	陳空	龍白	空常	白武	常陰	武后
천반	乙卯	丙辰	丁巳	戊午	己未	庚申	辛酉	壬戌	癸亥	○子	○丑	甲寅
지반	○子	○丑	寅	卯	辰	巳	午	未	申	酉	戌	亥

- 특징 : 원수과(元首課)·가색(稼穡)
- 필법 : 태양조현격(太陽照玄格)·묘신부일(墓神覆日)·절신가생격(絶神加生格)·간지
  동류격(干支同類格)·중귀수창격(衆鬼雖彰格)·참관격(斬關格) **야점** : 이흉제
  흉격(二凶制凶格) **주점** : 귀색귀호격(貴塞鬼戶格) **辰년생** : 천망자이격(天網自裏
  格)

【癸亥11국】 甲寅순, 子·丑 공망

말전	중전	초전		4과	3과	2과	1과
天雀	陰天	常陰		陰天	常陰	天雀	陰天
丁巳	乙卯	○丑		乙卯	○丑	丁巳	乙卯
卯	○丑	亥		○丑	亥	卯	癸(○丑)

주야	武后	陰天	后蛇	天雀	蛇合	雀陳	合龍	陳空	龍白	空常	白武	常陰
천반	甲寅	乙卯	丙辰	丁巳	戊午	己未	庚申	辛酉	壬戌	癸亥	○子	○丑
지반	○子	○丑	寅	卯	辰	巳	午	未	申	酉	戌	亥

- **특징** : 섭해과(涉害課)·순간전(順間傳)·출호(出戶)·여덕(勵德)·불비(不備)
- **필법** : 포계불투격(抱鷄不鬪格)·복공격(服空格)·수일봉정격(水日逢丁格)·간지동류격(干支同類格)·강색귀호격(罡塞鬼戶格) **주점** : 염막귀인격(簾幕貴人格)·주야귀가격(晝夜貴加格)

【癸亥12국】 甲寅순, 子·丑 공망

말전	중전	초전		4과	3과	2과	1과
陰天	武后	常陰		常陰	白武	陰天	武后
乙卯	甲寅	○丑		○丑	○子	乙卯	甲寅
寅	○丑	○子		○子	亥	寅	癸(○丑)

주야	常陰	武后	陰天	后蛇	天雀	蛇合	雀陳	合龍	陳空	龍白	空常	白武
천반	○丑	甲寅	乙卯	丙辰	丁巳	戊午	己未	庚申	辛酉	壬戌	癸亥	○子
지반	○子	○丑	寅	卯	辰	巳	午	未	申	酉	戌	亥

- **특징** : 원수과(元首課)·진연주(進連珠)
- **필법** : 간지동류격(干支同類格)·권섭부정격(權攝不正格)·탈상봉탈격(脫上逢脫格)·복공격(服空格)

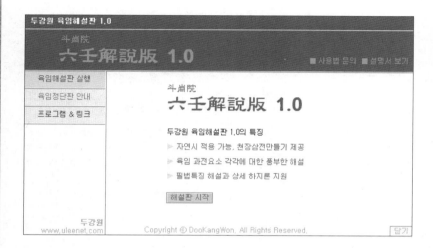

1. 프로그램 설치 환경과 사용자 매뉴얼

『육임대전』의 독자에게 제공되는 육임 프로그램 〈두강원 육임 해설판 1.0〉은 윈도98 이상 환경에서 설치 사용할 수 있으며, 프로그램 자체에 내장된 설명서 보기를 이용하여 국내 유일의 탁월한 기능과 풍부한 해설을 누구나 쉽게 찾아볼 수 있다.

2. 프로그램의 특징

1) 자연시 적용 지원

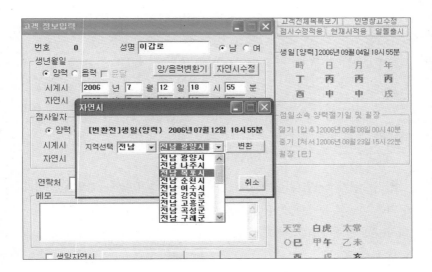

　　자연시는 시계시에 날짜별 정오시의 차이와 지역별 차이를 고려하여 빼거나 더한 시간을 말한다. 육임 과전을 조식할 때 이를 일일이 계산하여 적용하기는 불가능하다. 프로그램은 생년월일과 점사일자에 대한 날짜별·지역별 자연시를 자체적으로 계산하여 정확한 조식과 판단을 할 수 있도록 되어 있다. 또한 자연시 버튼을 사용하는 경우, 천을귀인도 卯·酉시의 경계에서 정확하게 일출·일몰시각을 구분하여 조식이 된다.

2) 천신·천장삼전 만들기 제공

방문성공 내객여부	■ 천장(天將) 또는 천신(天神)의 **삼전은 왼쪽 마우스로** 클릭하면 만들어 집니다. ■ 천장(天將) 또는 천신(天神)의 **해설은 오른쪽 마우스로** 클릭하면 볼수 있습니다. ■ **1국인 복음국** : 이간(易簡),삼재이간지법(三才易簡之法)을 적용할 수 없습니다.									
분실도난 가출도망	玄武 丙申	太陰 丁酉	天后 戊戌	天乙 己亥	騰蛇 庚子	朱雀 辛丑	六合 壬寅	勾陳 癸卯	青龍 ○辰	天空 ○巳	白虎 甲午
소망달성 시험취직	子 胎	丑 養	寅 生	卯 浴	○辰 帶	○巳 祿	午 旺	未 衰	申 病	酉 死	戌 墓
소송분쟁			行							時	本歲

腾蛇를(를) 초전으로 한 삼전

	末傳	中傳	初傳	
	青龍	玄武	騰蛇	
	○辰	丙申	庚子	
	申	子	○辰	

| 질병우환 |
| 매매손익 |
| 계약체결 |
| 임신출산 |

천신·천장삼전법은 이간(易簡) 또는 삼재이간지법(三才易簡之法)이라 불리는 비전의 육임 판단 방법이다. 프로그램에서는 하나의 천신이나 천장의 이름만 클릭하면 그에 해당되는 삼전을 만들어줄 뿐만 아니라 각각의 해설도 보여준다.

3) 육임의 과전 요소별 상세 해설

육임은 지반·천반·천장으로 구성된 천지반도를 바탕으로 사과와 삼전을 만들어서 점단한다. 프로그램에서는 이러한 육임의 구성 요소 각각에 대한 상세한 해설을 지원한다. 해당 구성 요소를 클릭하면 각종 점단에 도움이 되는 해설 창이 나타나며, 육임을 좀더 깊이 있게 공부하는 데 도움이 되는 폭넓고 깊이 있는 내용을 설명해준다.

4) 전통 특징과 필법 특징 해설

육임의 과전에는 사과와 삼전의 구성으로 구분하는 전통적인 특징과 필법부의 시각으로 본 특징이 있다. 프로그램은 주점과 야점을 구분한 육임 1440국에 대한 전통적인 특징과 필법부의 특징을 지원하여, 각각의 특징을 클릭하면 상세한 해설은 물론 과전의 예와 속국까지 보여준다. 이러한 필법부 100법 해설은 국내의 어떤 육임 해설 프로그램보다도 깊이가 있고 앞서 있다고 자부한다.

5) 점단 사항별 하지론 지원

육임의 하지론은 각 과전을 통해 특정 사안을 어떻게 판단할지를 다루는 분야이다. 프로그램은 재물 성취에서부터 날씨 판단에 이르기까지 19개의 사안별 점단 사항을 간단히 알아볼 수 있도록 되어 있다. 또한, 각 점단 사항에 대한 하지론의 전체적인 판단 방법을 상세히 수록하여 공부하는 이가 참고할 수 있도록 하였다.

6) 육임국 자동 찾기

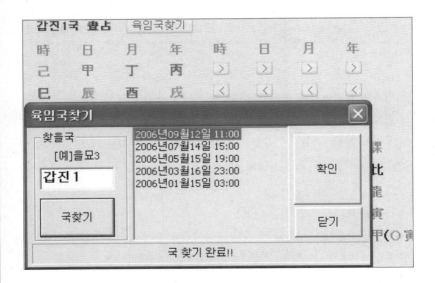

학습과 택방·택시를 위해서는 육임 각 국의 내용을 한눈에 파악하는 것이 필수이다. 프로그램에는 육임국 이름만 입력하면 자동으로 해당 일시를 찾아서 해당되는 국을 보여주는 기능이 있다.

3. 프로그램 사용자를 위한 기능

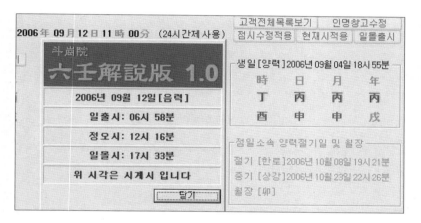

〈두강원 육임 해설판 1.0〉에는 프로그램의 사용 편의를 위해 다음의 기능들이 내장되어 있다.

- 고객 목록 : 고객을 관리하고 점단 내용을 수정할 수 있다.
- 음 · 양력 변환 : 음력과 양력을 자유롭게 변환할 수 있다.
- HTLM 인쇄 기능 : 조식 사항을 복사하고 출력할 수 있다.
- 점시 수정 : 활성창에서 다른 일시의 육임국을 바로 확인할 수 있다.
- 현재시 적용 : 프로그램 사용 중 현재시로 조식하는 것을 지원한다.
- 일출 · 일몰시각 보기 : 점일의 정확한 일출 · 일몰시각을 확인할 수 있다.

※ 그 밖에 〈두강원 육임 해설판 1.0〉의 상세한 기능과 사용법은 프로그램을 제작한 두강원의 홈페이지 www.uleenet.com을 참고한다.

※ 프로그램 사용환경 : 윈도2000 이상 권장 / CPU 300Mhz 이상 / 메모리 64M 이상

※ 프로그램은 인증번호가 부여된 컴퓨터에서만 사용 가능하다.

complete book of Yukim

CD로 완성하는 육임대전

글쓴이 | 이을로
펴낸이 | 유재영
펴낸곳 | 동학사

기 획 | 이화진
편 집 | 김기숙
디자인 | 김보영
본문 디자인 | 박준철 · 김정원

1판 1쇄 | 2006년 9월 25일
1판 2쇄 | 2015년 10월 25일
출판등록 | 1987년 11월 27일 제10-149

주소 | 04083 서울 마포구 토정로 53 (합정동)
전화 | 324-6130, 324-6131 · 팩스 | 324-6135

E-메일 | dhsbook@hanmail.net
홈페이지 | www.donghaksa.co.kr
www.green-home.co.kr

ⓒ 이을로, 2006

ISBN 89-7190-201-9 03150